LES
MILLIONS DU TRAPPEUR

DEUXIÈME ÉPISODE

LE ROI
DES
AVENTURIERS

PREMIÈRE PARTIE

LE CHEF INCONNU

CHAPITRE PREMIER

Le neveu de M. Balouzet.

Nous sommes à San-Francisco, ville étrange qui a surgi du sol par la toute-puissance de l'or.

En 1848, ce n'était rien ; aujourd'hui c'est la capitale d'un État ; elle a cent quatre-vingt mille habitants ; son port renferme des flottes innombrables, elle développe ses quais sur une immense étendue ; elle commerce avec le monde entier ; elle grandit chaque jour ; chaque année un quartier nouveau s'improvise. Tant que les mines fourniront de l'or, de l'argent, du plomb, on ne pourra assigner de terme à sa prospérité. Tout y est singulier.

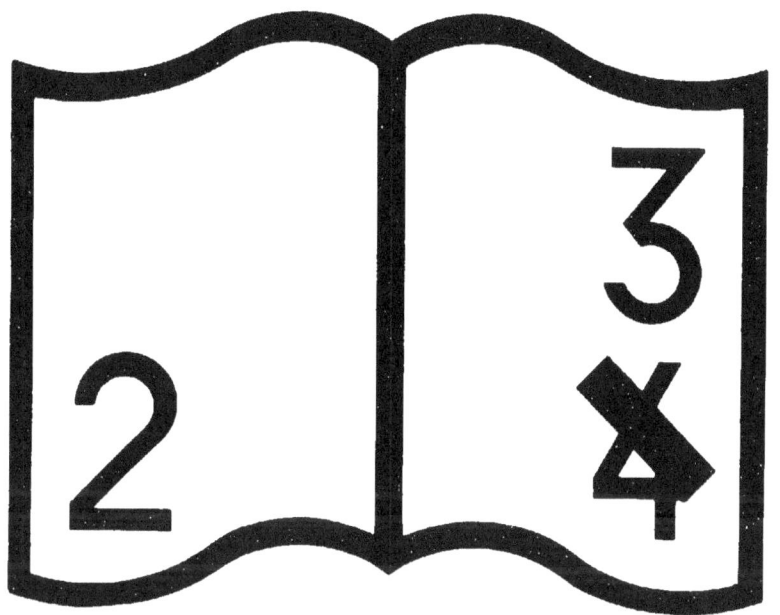

Pagination incorrecte — date incorrecte
NF Z 43-120-12

Au centre, splendeur, civilisation, confortable, mœurs et coutumes des États-Unis, sécurité, police admirable.

Dans le quartier de la marine, l'élite et l'écume des navigateurs du monde entier ; tous les costumes de matelots, tous les pavillons s'y mêlent et forment une diversité pittoresque ; on y parle tous les dialectes, on s'y dispute en tous patois, on s'y bat à toutes armes.

Dans les faubourgs, on rencontre des groupes de nationalités diverses, parqués selon leurs affinités ; les Chinois occupent plusieurs rues, les juifs se serrent autour de leur synagogue, les Dalmates ont créé des jardins maraîchers qui inondent la ville de légumes ; des colonies sont ainsi essaimées autour de la cité.

Dans les rues les plus excentriques, on coudoie des types singuliers d'hommes de la Prairie, trappeurs, chasseurs, squatters, mineurs et Peaux-Rouges, gens farouches toujours, cruels souvent, susceptibles à l'excès, disposés à jouer du couteau et du revolver.

Ils semblent fuir le centre de la cité et ils aiment à se tenir aussi près que possible de la campagne.

Après un mauvais coup, il est bon d'avoir de l'espace devant soi.

Du reste, les taverniers qui logent ces sortes de gens au passage, font généralement de bonnes affaires.

Indiens, mineurs, trappeurs viennent, la bourse garnie, pour faire des achats ; ils sèment l'or à profusion.

N'en ont-ils plus, ils partent pour se rejeter à corps perdu dans la vie d'aventures.

C'est dans ces tavernes que se font les engagements.

Un négociant audacieux veut-il organiser un convoi pour traverser la Prairie et porter des marchandises aux villes mexicaines privées de communications faciles, il engagera des guides et il trouvera des associés dans les établissements fréquentés par les aventuriers.

Combien d'entre eux n'ont qu'une blouse de chasse sur les reins et portent dans leur ceinture un livret de tchèques, leur permettant d'acheter un fourgon chargé qui les constituera associés de caravane.

Avec cette sorte de monde, il est difficile de savoir à qui l'on a affaire : un homme de cœur, un chasseur d'une probité scrupuleuse, comme Oreilles-d'Argent, ne fait pas meilleure figure qu'un bandit comme le Gentleman.

Tel est misérable au point de coucher dehors, qui ne se distingue pas d'un autre riche de cent mille dollars.

Bizarre est l'aspect de pareilles tavernes, dont la plus célèbre, la plus confortable, la mieux fréquentée, est celle du *Buffalo*, à la devanture de laquelle sont clouées deux têtes de bison magnifiquement encornées.

Là, les consommations sont cotées haut, mais parfaites.

On y boit un gin qui fait éternuer les Apaches ; le champagne est aux meilleures marques, le bordeaux y est signé, et l'on y joue gros jeu.

C'est là que M. Balouzet et Oreilles-d'Argent, qui connaît l'endroit, viennent d'élire domicile.

Ils sont arrivés à l'instant dans la ville.

Pierre Long-Couteau et les siens ont dû accompagner au consulat anglais lady Bernett et miss Jane ; M. Balouzet a juré de se rendre à la première invitation du consul, laquelle ne pouvait tarder.

Mais il s'est promis à lui-même de se livrer à la recherche de son neveu Choquart, de l'emmener à Paris, de l'établir et de finir tranquillement ses jours loin de lady Bernett.

Les longues fatigues d'une marche interminable ont épuisé et altéré M. Balouzet ; en entrant dans la taverne, après avoir abandonné son cheval aux soins des garçons, il n'a eu qu'une pensée : faire un bon dîner en tête à tête avec Oreilles-d'Argent.

Ils avaient choisi la taverne du *Buffalo*, précisément parce que la cuisine et le service étaient à la française.

La salle était bondée de consommateurs et présentait une collection inouïe de types bizarres, causant, criant, se disputant, hurlant dans toutes les langues.

M. Balouzet s'était recueilli au milieu de tout ce bruit, et il avait commandé un repas tout parisien.

En attendant, lui et son ami savouraient un bitter, lorsqu'à la table voisine, très-près d'eux, vinrent s'asseoir trois individus qu'Oreilles-d'Argent reconnut pour être des chasseurs de jaguar et des chercheurs de pépites d'or.

Il leur serra cordialement la main et leur présenta M. Balouzet sous son nom de Prairie :

— Vous ne connaissez pas encore mon ami Touche-Toujours? dit-il. Mais, à l'exception de Balle-Enchantée, qui est sans rival, personne, au désert, ne tire comme lui ; pas même toi, Tombe-à-Terre.

Le camarade auquel il disait cela parut étonné et regarda M. Balouzet d'un œil d'envie, en murmurant :

— Il faudrait voir !

— Quand tu voudras! dit Oreilles-d'Argent. Touche-Toujours fera tout ce que tu feras, et, de plus, ce que tu ne pourras pas faire.

— Il faudra tenter l'épreuve avant peu, car nous partons bientôt, dit Tombe-à-Terre ; le capitaine de notre bande nous a prévenus de nous tenir prêts. Ce soir, il fixe le jour de la mise en marche du convoi.

— Où allez-vous ?

— Nous n'en savons rien.

— Tiens, c'est drôle.

Et l'Auvergnat parut fort étonné.

Tombe-à-Terre reprit :

— C'est drôle, en effet; mais il a bien fallu marcher de confiance ; le capitaine n'irait pas engager cinquante mille dollars dans l'affaire si elle ne valait rien. Nous connaissons l'homme. Il n'a pas son pareil pour le commerce dans San-Francisco.

— Il a été ruiné, dit un autre trappeur nommé Barbe-Bleue ; mais c'est par un incendie qui a dévoré la ville ; toutes les compagnies d'assurances ont fait faillite, et Choquart a tout perdu, mais c'est un homme en qui l'on peut avoir foi.

M. Balouzet demanda vivement :

— Votre capitaine se nomme Choquart ?

— Oui, camarade, répondit Barbe-Bleue.

Vous devez avoir entendu parler de lui?

— C'est un Parisien ?

— Justement.

— Et vous dites qu'il met cinquante mille dollars dans l'affaire ?

— J'en suis sûr.

— Mais puisqu'il était ruiné ?

— Depuis, il a hérité, ou du moins il va hériter, dit Barbe-Bleue ; c'est authentique, puisque le banquier Kroppfer lui a avancé les cinquante mille dollars sur cet héritage.

— Il paraît, fit Tombe-à-Terre, que cela lui vient d'un de ses oncles qui est mort dans le naufrage du *Véloce*.

— Mais, ventrebleu! s'écria M. Balouzet furieux, je suis cet oncle, mais vivant, bien vivant, j'ai échappé à la mort et me voilà !

— Tant mieux ! dit Tombe-à-Terre.

— Ah ! tant mieux ! répéta Barbe-Bleue avec conviction.

— Vous avez au moins un million, peut-être deux millions de fortune, n'est-ce pas? demanda Tombe-à-Terre.

— On vous dit très-riche ! fit Barbe-Bleue. Vous allez mettre tous vos fonds dans l'affaire.

— Jamais de la vie ! s'écria M. Balouzet.

En ce moment la porte s'ouvrit, un jeune homme entra. A sa vue, il y eut un certain brouhaha parmi les habitués ; c'était un personnage connu et apprécié.

— Mon coquin de neveu! s'écria M. Balouzet en pâlissant.

Et il se précipita vers le nouveau venu les bras ouverts.

Mais celui-ci ne reconnut pas son oncle et repoussa son étreinte.

— Etes-vous fou, gentleman ? fit-il. Je ne sais pas qui vous êtes et j'aime peu ces façons-là.

— Malheureux ! s'écria M. Balouzet. Non-seulement tu enterres ton oncle tout vivant, mais tu l'insultes !

Alors seulement Choquart reconnut M. Balouzet.

— Vous ! En trappeur ! s'écria-t-il.

Et il embrassa joyeusement son oncle.

Puis gaiement :

— Vous alliez dîner ! J'en suis ! Nous allons boire à votre résurrection. A table, vous me conterez par quel miracle vous avez échappé au naufrage.

Et il appela :

— Garçon !

Quand celui-ci fut venu, il lui demanda :

— Qu'est-ce que ces messieurs ont commandé ?

Le garçon énuméra.

— Très-bien ! dit Choquart. Vous y ajouterez une omelette aux œufs de tortue et un nid d'hirondelles au gingembre.

Puis à M. Balouzet.

— Je vous écoute, mon oncle. Sapristi, quelle drôle de tête vous avez comme ça ! Si vos amis du boulevard vous voyaient, ils riraient de bon cœur. Demain, je vous fais photographier ; non ce soir, à l'électricité ; nous enverrons une douzaine d'épreuves à Lantric. Maintenant, mon oncle, causez, je vous écoute.

Et le jeune homme contempla avec admiration la belle prestance de son oncle sous sa blouse de chasse.

Nous connaissons l'oncle, esquissons le neveu.

Choquart est resté, à San Francisco même, un type original ; personne n'y a gagné plus d'argent que lui, personne n'en a perdu davantage.

C'était à cette époque un beau garçon, d'une très-jolie figure, avenante, souriante, aimable, gaie, insouciante ; l'intelligence se lisait sur le front haut, large, ouvert ; l'esprit pétillait dans les yeux gris, vifs, perçants, malicieux ; le nez légèrement relevé était interrogateur ; les lèvres riaient d'un rire franc et malin.

Choquart avait vingt-cinq ans, de la turbulence, de l'audace, et en même temps une certaine prudence due à plus d'expérience que l'on en aurait attendu d'un si jeune homme, prudence qui se montrait dans l'exécution des plus hardis projets, et qui comportait un sang-froid produit par une insouciance inouïe.

Choquart s'était battu avec un bonheur insolent contre les plus mauvais chenapans des faubourgs, il avait spéculé avec une réussite incroyable, il s'était montré aimable avec les femmes, généreux avec les hommes, bon garçon et pourtant roué en affaires tout en restant royal, ce qui semble difficile à un Français, mais ce qui est très-conciliable à San Francisco.

Bref, Choquart avait le respect de tous, l'estime de beaucoup et l'affection de quelques-uns ; toutes les femmes l'adoraient.

De là le bon accueil qu'il avait reçu dans le restaurant.

Il y avait beaucoup de monde dans l'établissement ; le garçon tardait à servir ; comme M. Balouzet ouvrait la bouche pour raconter ses aventures, Choquart tira son révolver de sa poche et cassa une glace d'une balle, ce qui fit un grand tapage sans que les consommateurs y prissent attention.

M. Balouzet admira en cette circonstance le calme des Américains : personne n'eut l'air de s'émouvoir.

Mais lui, Balouzet, protesta.

— Es-tu ? fou demanda-t-il.

— Taisez-vous donc, dit Choquart à son oncle. Vous allez me faire perdre le bénéfice de cette réclame.

— Quelle réclame ? demanda Balouzet. Quel bénéfice ?

— Tout le quartier va savoir que je vous ai retrouvé ; que loin de perdre à cette rencontre, vous mettez vos millions dans mon affaire ; que je ne ménage plus rien ; que je brise trois cents francs de glace comme d'autres un verre à champagne. Demain, trente à quarante associés se présenteront ; je ne les prendrai qu'à 50 0/0 de rabais dans la participation au gain. Voilà la réclame. Voilà le bénéfice. Vous êtes un enfant, mon oncle, mais vous avez une tête superbe, qui inspirera confiance à mes hommes. Demain, pour mille dollars, nous ferons insérer le récit de vos aventures dans le *Courrier de San-Francisco*, j'annoncerai que vous devenez mon lieutenant ; vous trouverez l'occasion de casser la tête à quelque drôle ; vous tirez sans doute toujours admirablement ; vous défierez, comme champion de Paris, tous les amateurs. Il y en a de très-forts, mais vous les vaincrez. Vous serez la coqueluche de la ville et nous aurons les trois cents hommes qu'il me faut.

— Ce Choquart est très-fort ! murmura Oreilles-d'Argent.

M. Balouzet trouvait son neveu insensé ; il protesta :

— Je ne donnerai pas mes millions, comme tu dis, je ne ferai pas les bêtises que tu me proposes, je t'emmènerai à Paris où nous vivrons heureux et tranquilles, je ne casserai la tête à aucun chenapan, détestant les querelles et...

En ce moment M. Balouzet se retourna, étonné de sentir derrière lui une série de cahotements assez désagréables imprimés au dossier de sa chaise.

Il vit que c'était un gentleman qui, en se balançant sur son siège, contre-balançait le sien, à lui Balouzet.

Il céda un peu de place à ce malotru, se rapprocha de la table et reprit :

— Oui, je refuse de m'embarquer dans une expédition insensée. Je venais ici pour l'arracher à la fièvre des spéculations, prévoyant ce qui est arrivé. Il ne *nous* reste que *ma* fortune ; je ne la compromettrai pas.

En ce moment, M. Balouzet sentit de nouveau que son voisin secouait sa chaise avec un sans-gêne irritant ; il lui céda encore quelques pouces de terrain, se trouva ventre contre table et continua :

— Je suis rangé, sérieux, et si j'ai eu des aventures, que je ne regrette pas, du reste, c'est par pur hasard, sans les avoir cherchées. Maintenant que j'ai tué mon jaguar, je veux retourner en Europe et y vivre en bourgeois paisible...

La chaise de l'incommode voisin secoua encore celle de M. Balouzet, qui perdit patience.

Il tourna la tête et vit à quel homme il avait affaire ; il le jugea ce qu'il valait : peu de chose au point de vue de l'éducation.

— Gentleman, lui dit-il poliment, voilà une demi-heure que vous me poussez avec le dossier de votre chaise. Je vous prie d'y prendre garde.

L'homme se retourna à son tour, toisa M. Balouzet et lui dit du ton le plus insolent avec une intention évidemment provocatrice :

— Si je te gêne, va-t'en ailleurs !

— Vous êtes grossier ! fit M. Balouzet en pâlissant.

Dans la salle, on commençait à s'intéresser à cette scène en raison du caractère de l'antagoniste de M. Balouzet.

Cet homme se leva, mit son poing fermé sous le nez de M. Balouzet et lui dit d'un air féroce.

— Tu vas me faire des excuses, méchant lièvre de Prairie, sinon je t'assomme. Je suis Tobby le boxeur !

Ce nom redouté ne produisit aucun effet de terreur sur M. Balouzet ; tout au contraire, il devint très-rouge et se leva à son tour.

La haute stature, les muscles énormes, la physionomie brutale et menaçante de son adversaire n'intimidèrent pas M. Balouzet, qui fit très-belle contenance.

Il se sentait soutenu, du reste.

Le nom de lièvre de Prairie est une insulte, appliqué à un chasseur. Qui offense l'un de ceux-ci irrite tous les autres ; une dizaine de trappeurs s'étaient approchés, et parmi eux les trois associés de Choquart.

Du côté de Tobby une vingtaine de scélérats s'apprêtaient à le soutenir ; c'était toute une bande qui aimait à provoquer des rixes pour couper la bourse aux battus.

Cette fois, cette meute hésitait parce que les trappeurs étaient en nombre et redoutables ; Tobby avait engagé la partie maladroitement avec ce mot : lièvre de Prairie.

La salle semblait sympathique aux chasseurs.

Choquart comprit les dispositions des bandits et en profita pour réaliser son programme.

— Est-ce que vous approuveriez, par hasard, s'écria-t-il d'une voix tonnante en s'adressant à la bande, la conduite de ce *rascal* (chenapan) ? Si vous le défendez, il faut le dire : nous vous exterminons.

Tous les trappeurs avaient le révolver au poing ; la bande faiblit et n'osa pas relever le défi.

— Très-bien ! dit Choquart ; Tobby est seul, seul mon oncle va lui répondre ; c'est un duel au pistolet à vingt pas, ici, à l'instant. Et je tiens Tobby pour un homme mort ! Mon oncle a été surnommé Touche-Toujours. Je parie pour lui cent dollars contre vingt. Place, gentlemen! Ne laissez pas échapper Tobby, qui a peur d'une balle; il y a longtemps que ce bull-dog aboie aux jambes de tout le monde; vous serez tous charmés d'en être débarrassés.

La foule des consommateurs exécrait Tobby, et, chose fréquente, ses souteneurs, ses familiers eux-mêmes, ne l'aimaient pas; l'heure de secouer le joug était venue.

— Hurrah! cria-t-on de toutes parts. Hurrah pour Choquart! hurrah pour Touche-Toujours!

Déjà les portes se fermaient et étaient gardées.

Tobby avait vu tourner les choses autrement qu'il ne pensait; il était décontenancé.

Assommer dans une bagarre, c'était son affaire.

Echanger des balles dans un duel régulier lui souriait médiocrement; il jetait des regards obliques autour de lui.

Mais Oreilles-d'Argent le tenait sous son révolver; M. Balouzet avait l'air menaçant d'un bison irrité; la galerie riait et gouaillait; il fallait se battre.

Tobby s'y résigna.

M. Balouzet, quoique furieux contre Choquart qui le poussait dans ce guêpier, n'en était que plus déterminé à casser la tête à Tobby, contre lequel il était indigné.

Lièvre de Prairie! lui! Balouzet! dit Touche-Toujours!... Il lui était impossible d'accepter une pareille qualification.

Puis la grossièreté du boxeur avait froissé les habitudes d'urbanité et de courtoisie du bourgeois parisien.

Il montra Tobby du doigt et le menaça du regard :

— Je vais, dit-il, donner une leçon à cette brute qui ne boxera plus.

Cette déclaration, faite avec assurance, produisit un grand enthousiasme parmi les spectateurs; les hurrahs, les bravos, les vivats retentirent à faire crouler la salle.

Toutefois, les rangs s'ouvrirent pour laisser passer les adversaires, qui se posèrent en face l'un de l'autre, ayant chacun une glace derrière eux, détail peu important, Choquart répondant de la casse.

Entre les combattants, placés aux deux extrémités de la salle, il y avait de vingt à vingt-cinq pas.

Choquart s'improvisa juge de camp et dit :

— Je frappe trois coups. Au troisième, feu à volonté.

La foule approuva ces dispositions; on ne demanda pas à Tobby si elles lui convenaient.

Ce boxeur, qui avait terrifié la ville, avait peur d'une balle; on changeait son terrain de lutte et il tremblait.

M. Balouzet, sous le feu de tous ces regards, eût bravé mille morts; il était fier et superbe.

On pariait pour lui à 90 contre 10; Choquart offrait même 95 contre 5.

Il mit un terme à la bourse aux paris en criant :

— Attention!

Un silence profond se fit.

Choquart frappa trois fois dans ses mains, les deux adversaires se tenaient en joue.

On remarqua que Tobby tira avant le signal, mais sa précipitation lui fut nuisible; il ne toucha que la glace, tandis que M. Balouzet lui logeait une balle dans l'œil droit.

Le boxeur s'affaissait, aux acclamations de la galerie, qui saluait ce beau coup de révolver.

M. Balouzet fut l'objet d'une ovation bruyante, et il reçut cent poignées de main vigoureuses, il fut étourdi, assommé, écrasé de compliments.

Choquart, qui était un *lanceur* incomparable, monta sur une table, et profita de l'enthousiasme général.

— Gentlemen! cria-t-il, vous savez tous que j'ai besoin de trois cents associés; vous me connaissez tous comme loyal commerçant, hardi compagnon et spéculateur habile. J'ai fais mes preuves. Hier, je prenais encore des associés pour ma grande expédition, en ne faisant subir que 25 0/0 de rabais sur les parts de prise. Aujourd'hui, le fameux Touche-Toujours, mon oncle, m'apporte des capitaux considérables, sa vieille expérience, son adresse dont vous venez d'avoir les preuves, l'appui du consul anglais, sir Evans, dont il a sauvé la fille, aidé par son ami, non moins ameux que lui, l'intrépide Oreilles-d'Argent, sans pareil au désert, depuis la mort de Long-Couteau. En conséquence, je fais un rabais de 50 0/0 ; le registre est toujours ouvert au comptoir. Je répète qu'il s'agit de 50 millions de francs au moins, soit 10 mil-

Une troupe de trappeurs le trouva mort. (Page 22.)

lions de dollars. L'affaire est dangereuse ; je me réserve le droit de refuser les hommes d'un courage douteux.

En entendant son neveu le mettre ainsi en avant et l'engager sans son consentement, M. Balouzet fut suffoqué de surprise et d'indignation.

Ce n'était donc pas assez d'avoir escompté

son héritage, de l'avoir poussé dans cette affaire contre Tobby, qui aurait pu lui coûter la vie ; voilà que Choquart risquait la fortune de son oncle.

Il s'élança pour protester ; mais il fut retenu par Oreilles-d'Argent qui, devinant ses intentions, lui dit :

— Laissez donc faire. Votre neveu est très-fort ! Il a certainement une idée qui doit être excellente.

— Comment, vous avez confiance dans ce cerveau brûlé ? demanda M. Balouzet.

— Je trouve ce jeune homme très-adroit ; dans l'affaire de Tobby, il a montré de la décision et de la prudence.

— Comment, de la prudence ! s'écria M. Balouzet ébouriffé.

— Sans doute ; et il vous a peut-être sauvé la vie.

— En me faisant battre avec ce misérable boxeur ?

Oreilles-d'Argent sourit et dit :

— Une lutte était inévitable ; votre neveu s'est arrangé pour qu'elle fût tout à votre avantage.

« Supposez qu'au lieu de ce qui s'est passé, la chose eût tourné en rixe ; il y avait une mêlée : c'est ce que voulaient Tobby et ses rascals ; dans cette bagarre, vous, peu accoutumé à ces échauffourées, vous auriez été criblé de coups de couteau.

« Votre neveu vous a mis en face d'un seul homme, troublé, moins bon tireur que vous, et auquel la galerie était hostile.

« Je trouve cela habile et prudent ; j'accorde beaucoup de confiance à ce jeune homme, et, s'il veut me dire un mot de ses projets, me laisser seulement entrevoir le but de l'expédition, avec part de second capitaine, je m'engagerais volontiers pour plusieurs milliers de dollars.

M. Balouzet fut obligé de reconnaître que l'Auvergnat était dans le vrai quant à la valeur de Choquart et à sa conduite ; mais le commerçant routinier, le bourgeois prudent, se révoltaient en lui contre les instincts d'aventures.

Toutefois, il n'arrêta point l'élan qui poussait les trappeurs et les mineurs à s'inscrire.

Le registre se couvrit de signatures en peu d'instants.

M. Balouzet, cependant, s'inquiétait de l'homme qu'il avait tué.

— Que va-t-on faire du corps ? demanda-t-il à Oreilles-d'Argent.

— Le maître de taverne a déjà enlevé le cadavre ! dit Oreilles-d'Argent.

— Et la justice ? demanda M. Balouzet non sans inquiétude.

— Elle recevra du maître de la taverne et de ses garçons une déclaration portant que Tobby a trouvé la mort dans une rixe provoquée par lui, et qu'il a été frappé d'une balle par un inconnu dans la bagarre.

— Mais toute la ville va savoir que ce n'est pas vrai !

— Peu importe ! Si Tobby n'était pas un fieffé coquin, les magistrats feraient une enquête sérieuse ; pour un pareil drôle, ils seraient désolés de tracasser un galant homme comme vous. Le jury d'enquête, composé de citoyens qui savent le peu que valait Tobby, rendra un verdict tel que personne ne pourra vous inquiéter.

— Ça ne se passerait pas comme ça en France, dit M. Balouzet.

Choquart en ce moment, mettait la main sur l'épaule de son oncle et lui disait :

— Nous ne sommes pas à Paris, mais à San-Francisco ; prenons les gens tels qu'ils sont, les mœurs pour ce qu'elles valent et les villes pour ce qu'on peut y gagner. Dînons, mon oncle.

Malgré le duel, malgré le tapage, malgré la mort possible d'un des convives, le dîner commandé avait été préparé ; le garçon venait de le servir.

— A table ! dit gaiement Choquart.

Et quand on fut assis, il demanda :

— Savez-vous ce que nous avons économisé ce soir, mon oncle ?

— Les 600 francs de glaces brisées ? fit M. Balouzet.

— Ceci est à déduire ! dit Choquart. Mais sachez que ce duel nous dispense des mille dollars que nous eût coûtés la réclame à faire pour vous dans les journaux.

« Déjà les rédactions envoient leurs reporters qui vont venir aux renseignements et qui s'empresseront de raconter gratis vos hauts faits ; vous êtes, dès ce soir, le lion de San-Francisco. Et nous allons bénéficier de votre popularité pour notre affaire.

— Je n'en suis pas ! dit M. Balouzet.

— Vous en serez, vous en êtes! dit Choquart. Oreilles-d'Argent en sera.

— Peut-être ! fit l'Auvergnat. Mon nom est une fameuse garantie ; si vous me faites des avantages et si vous me faites quelque peu connaître vos projets, je me déciderai probablement.

— Nous allons dîner, dit Choquart. Au dessert, mon oncle fera un récit sommaire de ses aventures aux rédacteurs de journaux qui ne vont pas manquer d'accourir ; je ferai mon profit de son récit, qui doit être intéressant. Ensuite nous causerons entre nous et je vous dirai... tout. Il s'agit de sommes incalculables.

— Heuh ! heuh ! fit M. Balouzet.

Choquart haussa les épaules en voyant son oncle si sceptique ; puis, se penchant vers Oreilles-d'Argent, il lui dit :

— Il s'agit d'un temple inconnu découvert par le vieux trappeur Trompe-la-Mort. Vous avez connu l'homme ; je vous ferai voir sa signature, et vous ne douterez pas.

Les yeux d'Oreilles-d'Argent s'allumèrent, il donna un coup de poing sur la table, et il s'écria joyeusement :

— Choquart, s'il en est ainsi, comptez sur moi... à de bonnes conditions. A votre santé !

M. Balouzet aurait voulu des explications immédiates ; mais Choquart lui dit :

— Mon oncle, chaque chose en son temps ; buvons et attaquons le potage à la bisque.

CHAPITRE II

Révélations.

Les reporters accoururent comme l'avait prévu Choquart ; ils écoutèrent le récit que M. Balouzet leur fit gracieusement ; ils l'expliquèrent et brodèrent sur ce thème.

Quand ils se furent jetés dans des voitures pour regagner les imprimeries, Choquart fit servir le café, jeta un regard autour de lui, s'assura que les autres consommateurs étaient assez éloignés pour ne pas entendre une conversation faite à mi-voix, et il commença ses révélations.

— Mon oncle, dit-il, et vous, Oreilles-d'Argent, je veux vous constituer tous deux seconds capitaines ; vous aurez une compagnie chacun ; il est juste que les chefs connaissent le but d'une expédition. Que je tombe tué par les Indiens, si je ne vous ai pas révélé le secret, il restera enseveli dans ma tombe.

M. Balouzet essaya de protester qu'il ne voulait pas accepter ; Choquart lui dit :

— Pas d'entêtement, mon oncle. Vous n'avez pas le droit de juger d'une affaire avant de la connaître.

Et il reprit :

— Au temps où j'étais à la tête de deux millions de dollars, car il y a quelques mois je valais cette somme, mon oncle, le vieux trappeur Trompe-la-Mort, qu'Oreilles-d'Argent connaît, vint me proposer la magnifique spéculation que nous allons réaliser.

— Je répète, dit l'Auvergnat, que j'ai confiance dans la parole de mon vieux camarade Trompe-la-Mort. Je l'ai trop connu pour douter de lui.

— Et vous avez raison ! reprit Choquart. Il m'offrit donc l'affaire à des conditions que j'acceptai ; il réclamait pour lui le quart des bénéfices.

— Et il s'agissait de.., fit M. Balouzet, plus intéressé qu'il ne voulait paraître.

— Il s'agissait, mon oncle, répondit Choquart en baissant la voix, d'un *temple inconnu* ; c'est-à-dire, d'une de ces grottes pareilles à celles où vous fûtes enfermé, mais dans laquelle se trouvent encore, à cette heure, les richesses incalculables qu'y ont entassées les prêtres aztèques fuyant la conquête espagnole.

— Rêves, que tout cela ! fit M. Balouzet.

Oreilles-d'Argent donna un coup de poing sur la table et dit :

— Touche-Toujours, vous êtes assommant ; pourquoi vous entêtez-vous à nier ? Si Trompe-la-Mort a signé une déclaration aux mains de M. Choquart ; si je reconnais bien *son signe*, il n'y aura plus à douter.

— D'autant plus que j'ai vu le temple, de mes yeux vu ! dit Choquart.

— Vraiment ! fit M. Balouzet.

— Croyez-vous donc que je m'embarquerais à la légère dans une aventure qui exige tant de capitaux !

« Je suis parti pour les grandes forêts du Colorado, avec Trompe-la-Mort ; il m'a conduit dans le temple inconnu.

« Vous connaissez tous deux les *portes de pierre* et les souterrains de cette porte ; je ne vous en ferai pas la description.

« Je vous dirai seulement que nous avons compté cinq statues colossales en or massif, des images du Soleil constellées de pierreries, des déesses d'argent au nombre de cent au moins ; c'est une féerie pour le regard ; l'imagination est éblouie ; je suis resté pendant huit jours fasciné par ces splendeurs ; j'en ai fait l'inventaire que je vous soumettrai.

« Les calculs les plus modérés m'ont donné un total si formidable que je n'ose vous avouer à combien j'évalue réellement ces trésors.

« Chez moi, cette nuit, dans une heure, nous referons mes additions.

« En attendant, voici l'attestation de Trompe-la-Mort, décédé depuis deux mois, et me constituant l'héritier de ses plans.

Choquart développa un parchemin sur lequel M. Balouzet lut les dernières volontés du vieux trappeur, et au bas duquel était sa signature dont Oreilles-d'Argent constata l'authenticité.

— Eh bien ! mon oncle? demanda Choquart à M. Balouzet.

Ce dernier hésitait à répondre.

En ce moment un commissionnaire entra, portant une lettre et cherchant M. Balouzet, auquel il remit le pli.

M. Balouzet le lut, fit un geste de mauvaise humeur et dit :

— Pas de réponse ! j'écrirai demain !

Puis, quand le commissionnaire fut parti, il dit à son neveu :

— Toi qui es avisé, mon cher, donne-moi donc un conseil.

« Et d'abord, crois-tu qu'ayant signé un engagement de mariage, je sois condamné par la loi américaine à m'exécuter?

— Sans aucun doute, mon oncle. Est-ce que vous auriez commis une folie de ce genre?

— Hélas ! oui, dit M. Balouzet.

Et il raconta ce qui s'était passé entre lui et lady Bernett. Il termina en ajoutant que la lettre qu'il venait de recevoir était une mise en demeure de tenir sa parole.

Choquart en rit aux larmes.

— Finis donc de te moquer de moi, s'écria M. Balouzet impatienté ; je te trouve impertinent, à la fin. Songe plutôt à me tirer de ce mauvais pas.

— Mon oncle, dit Choquart, je ne vois qu'un moyen d'éviter un procès ; venez avec moi.

— Et tu pars...?

— Avant peu.

M. Balouzet redoutait tellement de devenir l'époux de lady Bernett et il craignait tant les persécutions de celle-ci, qu'il s'écria :

— Eh bien, soit ! je pars.

— Bravo ! dit Choquart.

— Vivat ! s'écria Oreilles-d'Argent, qui aimait beaucoup M. Balouzet.

On vida une dernière bouteille de champagne, et Choquart emmena chez lui son oncle et Oreilles-d'Argent.

En chemin, sur les trottoirs, devant les tavernes, on criait déjà les journaux ; les vendeurs annonçaient à tue-tête :

« Aventures du fameux trappeur Touche-Toujours, champion de Paris, le meilleur tireur de la Prairie, l'un des survivants du *Véloce;* sa biographie, son portrait d'après un dessin fait, l'original sous les yeux, par Dinon-Lindenn ; son combat contre un jaguar, sa lutte contre les Douze-Apôtres ; délivrance de miss Jane Evans, fille du consul anglais, » etc., etc.

La foule des promeneurs se précipitait sur les feuilles et lisait avidement à la clarté des réverbères.

M. Balouzet fit arrêter la voiture qui les conduisait, et il acheta les journaux importants de San-Francisco.

— Je vais les mettre sous bande, dit-il,

et les envoyer à Lantric qui les montrera à la Bourse.

— Lisez-les! dit Choquart.

— Peuh! à quoi bon! fit M. Balouzet d'un air indifférent.

— Lisez donc, dit Choquart, cela fait toujours plaisir.

Il prit dans sa poche une de ces merveilleuses bougies-lampes comme savent en fabriquer les Américains, et qui ne tiennent pas dans la poche la place d'un rat-de-cave; il l'alluma pendant que M. Balouzet dépliait ses journaux.

Celui-ci vit tout d'abord que l'on annonçait qu'il défiait au tir tout amateur, quel qu'il fût.

— Mais, on m'exhibe! dit-il.

— Tant mieux! fit Choquart.

— Je vais passer à l'état de bête curieuse, de phénomène.

— De héros, vous voulez dire. Vous allez exciter un enthousiasme universel et jouir d'une immense popularité.

M. Balouzet lut la biographie du boxeur Tobby; on y racontait ses exploits, sa force herculéenne, ses meurtres, sa férocité et sa fin, sous la balle de l'invincible Touche-Toujours.

— Est-ce que vraiment ce Tobby était aussi redoutable que cela? demanda M. Balouzet; a-t-il commis tous ces crimes?

— Oui, dit Choquart; et vous voyez que vous avez débarrassé la cité d'un bandit qui faisait trembler les plus déterminés.

— Mais pourquoi ne l'arrêtait-on pas? fit M. Balouzet.

— On l'a arrêté, mis en accusation, mais les témoignages ont manqué; personne n'a osé déposer contre lui.

— Et dire que je me reprochais presque cette mort! fit M. Balouzet en se frottant les mains; je ne me repens plus d'avoir si bien visé. Choquart, tu as bien fait de me mettre en face de cet homme.

— Mon oncle, j'ai joui de la vie, vous aussi; je n'ai pas de charge; vous êtes libre; vous avez dû assurer un sort à la seule personne qui vous intéressât en dehors de moi; nous n'avons donc, ni vous, ni moi, l'ombre d'une raison pour tenir à la vie, qui n'est intéressante que quand on a des devoirs à remplir, et qui n'est amusante que quand on la risque sans souci dans des entreprises hasardeuses.

« Il y a en vous deux hommes.

« L'un, c'est un vieux rentier, épris de routines, bourré de préjugés, gonflé de proverbes, sans relief, sans ressort et sans caractère.

— Oh! sans caractère..., s'écria M. Balouzet, sans caract...

— Laissez-moi donc finir! interrompit Choquart.

Et il reprit:

— Cet homme-là, vous l'avez laissé à Paris, vous l'y retrouverez si vous voulez plus tard; ici je veux voir l'autre et ne veux voir que lui. Cet autre homme, qui est vous, qui est le vrai, pense comme moi sur la vie; il aime les aventures, le mouvement, l'obstacle brisé, le péril bravé. Il est Gaulois, il est vaillant, il rit au trépas. Il montrera à ces Yankees orgueilleux qu'il est de cette race de guerriers celtes disant à Alexandre: — Nous ne craignons rien au monde; pas même que le ciel tombe; nous le soutiendrons avec le fer de nos lances. — Je me suis juré, ici, d'étonner ces Américains, qui nous jugent mal; je veux leur montrer ce que valent les Français; vous m'y aiderez, mon oncle; vous serez ici le porte-drapeau de l'honneur national, qui est en baisse ici depuis l'expédition du Mexique.

M. Balouzet, entraîné, s'écria:

— Mais tais-toi donc, animal; tu me grises avec ces mots-là!

— Mon oncle, il fallait vous expliquer le motif qui me guide, lorsque je me lance dans ce que vous venez d'appeler des folies; même en excentricités, je ne veux pas être vaincu par ces Américains; aussi je vous préviens que je ferai bon marché de moi, d'abord, et de vous ensuite, chaque fois qu'il s'agira d'étonner ce peuple, dont l'outrecuidance et la vanité dépassent tout ce que vous pouvez imaginer.

— Soit! dit M. Balouzet. Du moment où il s'agit de la France... tu comprends que pour la patrie... je suis prêt à tout... même à faire des bêtises.

— A la bonne heure! fit Choquart.

Oreilles-d'Argent, qui avait tout entendu, approuva bruyamment.

— Choquart, dit-il, vous êtes jeune, mais j'ai déjà remarqué que les jeunes gens ont du bon et qu'ils montrent souvent plus de sens que des vieilles têtes comme moi et Touche-Toujours.

« Ainsi, je ne savais pas pourquoi, moi, un chasseur prudent, j'avais souvent bêtement risqué ma peau devant ces Yankees. Je comprends aujourd'hui que j'étais poussé par l'amour-propre national.

« A la première occasion, j'aurai plus de plaisir à me fourrer dans un danger, en présence des Yankees ; au moins, je n'aurai plus de reproches à me faire après. Je me dirai que c'est pour soutenir la réputation des Français.

— Topez-là ! dit Choquart.

Tout à coup M. Balouzet s'écria :

— Ah ! voilà qui est fort !

« Lis ceci, Choquart !

Et il présenta un journal à son neveu, qui lut à haute voix :

« Nous annonçons à nos lecteurs que lady Bernett, si miraculeusement sauvée du naufrage du *Vélace*, épouse le gentleman français qui l'a sauvée ; il y a entre elle et lui promesse de mariage. »

Et Choquart s'écria en riant :

— Mon oncle, vous le voyez, il n'y a qu'un seul moyen d'échapper à cette persécution, c'est de persister à me suivre jusqu'au temple inconnu.

— J'irais au fin fond des enfers, dit M. Balouzet furieux, plutôt que d'épouser cette folle...

— Mais, mon oncle, quelle imprudence de signer un engagement !

— Mon ami, dit M. Balouzet, je croyais que nous étions condamnés à mourir sans espoir possible de salut. Lady Bernett me dit qu'elle aurait honte si, la grotte étant ouverte un jour, on retrouvait son squelette auprès du mien sans un engagement écrit de l'épouser. Je ne pouvais guère refuser ; je comptais si peu sur la délivrance que je ne pensais pas avoir jamais à regretter cette complaisance.

— Ah ! ah ! ah ! s'écria Choquart, jovial comme un masque de carnaval ; ah ! ah ! ah ! Elle est bien bonne, celle-là. C'est épique ! Le spectre de lady Bernett qui a peur de laisser croire qu'elle vit maritalement avec M. Balouzet ! Elle ne veut pas être un squelette mal famé, un squelette cocotte ! Mon oncle, si vous racontez cela dans vos Mémoires, les critiques trouveront la chose si drôle, si fantastique, si insensée, qu'ils la citeront dans des feuilles à grand tirage, et vous donneront dix mille lecteurs sur lesquels vous ne comptiez pas.

— Qu'y a-t-il donc de si étrange à 'ce qu'une femme, étant sur le point de mourir, cherche à sauvegarder sa réputation contre les suppositions fâcheuses qui pourraient être faites plus tard ?

— Mon oncle, dit Choquart continuant à plaisanter, je vois lady Bernett calomniée dans le cimetière ; des morts faisant des cancans, se rendant des visites de cercueils à cercueils.

— Il ne s'agit pas des morts, mais des parents survivants, recherchant et retrouvant les corps dans la grotte. Lady Bernett tenait, pour eux, à ce que l'honneur du nom fût sauvegardé.

Choquart ne voulut rien entendre à cette explication ; il trouvait plaisant de railler son oncle ; il continua à parler de cercueils interlopes et de cimetières où l'on tient des raouts ; M. Balouzet laissa dire ; son neveu ayant un parti-pris dans cette affaire et n'étant pas de bonne foi, les plus beaux raisonnements du monde ne l'auraient pas convaincu.

On arriva chez Choquart, qui mit un terme à ses plaisanteries lugubres, pour placer sérieusement sous les yeux de ses deux futurs lieutenants, l'inventaire des richesses du temple inconnu.

Le jeune homme introduisit ses compagnons dans une chambre où il leur montra des colliers de brillants, de rubis et d'émeraudes qui provenaient du temple inconnu.

M. Balouzet, qui était connaisseur, évalua qu'il y avait là pour 300,000 francs de pierreries.

— C'est pendant mon voyage que mes docks ont brûlé, dit Choquart. Fort heureusement, je rapportais des joyaux avec Trompe-la-Mort; j'en ai déposé la moitié, comme gage, dans une maison de banque, pour obtenir des fonds; je réservais cette autre moitié pour recommencer quelque autre spéculation, si, par hasard, mon entreprise échouait.

« Il faut tout prévoir.

« Nous pouvions perdre une bataille contre les pirates ou les Indiens, être dépouillés de nos trésors en les ramenant ici.

« Il est bon d'avoir des valeurs pour tenter une nouvelle affaire.

— Tu es plus prudent que je ne pensais! dit M. Balouzet, tout en faisant jouer aux lumières les pierreries scintillantes.

— L'expérience mûrit vite un homme en Amérique, dit Choquart. Mais je vous propose d'étudier l'inventaire de nos richesses; il faut que vous sachiez quels seront les bénéfices probables de l'expédition.

Choquart mit sous les yeux de son oncle et d'Oreilles-d'Argent une vaste feuille de carnet, pouvant se plier ou se déplier comme un plan.

M. Balouzet et l'Auvergnat furent, dès le début, prodigieusement émerveillés; le premier paragraphe contenait l'énumération suivante :

« Cinq statues de dieux en or massif, rendant un son plein, fondues d'un seul bloc, de trois à quatre fois plus hautes qu'un homme ordinaire, devant peser dix mille kilos chacune, soit cinquante mille kilos, soit en valeur, cent millions de francs, au bas mot. »

— Es-tu sûr, demanda M. Balouzet, épouvanté du chiffre, es-tu sûr que ces statues soient pleines?

— Nous en avons attaqué une, Trompe-la-Mort et moi, à coups de tomahaw; nos haches ont taillé en plein dos du dieu; nous sommes arrivés au quart de l'épaisseur, entendant toujours sonner plein et trouvant toujours l'or pur.

— Avec ma part de prise, dit Oreilles-d'Argent, j'aurais de quoi acheter mon village tout entier.

M. Balouzet, dont le regard brillait singulièrement, lisait une annotation au premier paragraphe :

« Les yeux des dieux, disait cette note, sont d'énormes escarboucles, des rubis ou des émeraudes; leurs poitrines sont resplendissantes de pierreries enchâssées dans l'or; ces *accessoires* ont plus de valeur que les objets principaux et en doublent au moins le prix. »

— Pourquoi, diable, demanda M. Balouzet, n'as-tu pas détaché ces pierreries et ne les as-tu pas rapportées?

— Par prudence, dit Choquart. A cette époque j'avais encore mes millions; je pouvais lever ma petite armée; je n'avais pas besoin de fonds immédiatement. Or, avec mon chargement de pierreries, je pouvais tomber aux mains des pirates.

« Ils m'auraient enlevé ce que je portais, ils auraient soupçonné la vérité, m'auraient fait subir la torture et obligé de les conduire au Temple.

« Pris avec quelques colliers d'émeraude seulement, je pouvais les tromper, cacher le but de mon voyage et n'avoir à payer que ma rançon.

— Très-bien! fit M. Balouzet. Tu raisonnes supérieurement, mon cher.

En ce moment, Oreilles-d'Argent lisait le second paragraphe.

« Cent dix-sept dieux ou déesses d'argent massif, de même hauteur que les précédentes et à peu près de même poids, soit cent millions; mais les ornements et les pierreries quadruplent au moins cette somme. »

M. Balouzet se frottait les yeux pour s'assurer qu'il lisait bien; il se tâtait pour être sûr de ne pas faire un rêve; il regardait Choquart pour s'affermir dans la foi qu'il avait mise dans son neveu.

— C'est renversant! murmurait-il. Nous arrivons à des totaux fabuleux.

Les articles de l'inventaire défilaient un à un, éblouissant l'imagination et ouvrant à l'ambition des rêves gigantesques.

Lorsqu'il fut arrivé, haletant, au bout du carnet, M. Balouzet demanda à son neveu d'une voix émue :

— Pourquoi n'as-tu pas fait les additions générales? Je ne vois pas le total.

— Mon oncle, dit Choquart, j'ai reculé devant l'énormité du chiffre. Vous avez dû remarquer que tout d'abord je ne vous parlais que de cent millions.

— C'est vrai, murmura M. Balouzet.

— Or, il s'agit certainement de plus d'un milliard !

— C'est effrayant ! s'écria M. Balouzet en pâlissant.

— Avec ma part de capitaine, dit Choquart, je suis maître du marché à San-Francisco ; je fais la hausse et la baisse ; je gagne des sommes folles....

— Comment ! tu n'aurais pas assez de ce qui te reviendrait? fit M. Balouzet.

— Non, mon oncle, non. Je veux lever une armée de flibustiers, mettre Cuba, la reine des Antilles, en insurrection, en chasser les Espagnols et abolir l'esclavage.

— Et après ?

— Après, je tenterai quelque chose d'impossible : la conquête de la Chine, par exemple.

— Bon, après ?

— Eh ! mon oncle, il y a toujours quelque chose à faire en ce monde, ne serait-ce que d'essayer d'un voyage dans la lune !

— Mais, malheureux, tu ne songes donc pas à te reposer un jour ?

— Jamais, mon oncle. Se reposer, c'est mourir par anticipation. Je regarde comme manquant à leur devoir d'hommes, tous ceux qui ne rêvent qu'à réaliser une certaine fortune pour croupir ensuite dans la paresse du corps et de l'esprit.

« C'est le vice de notre bourgeoisie française, le secret de sa faiblesse ; le but du commerçant et de l'industriel français est d'arriver à ce qu'il appelle une honnête aisance ; une fois son rêve réalisé, il vit de ses rentes ; à vrai dire, il en meurt, car il s'atrophie et perd ses facultés en végétant.

Choquart reprit en s'animant :

— Vous voilà sauvé, vous, mon oncle ! Au lieu d'une vieillesse monotone, vous allez avoir une seconde jeunesse, pleine d'activité, de mouvement, d'émotions ; lutter, c'est vivre ! Nous ferons de grandes choses, d'immenses horizons nous sont ouverts. Nous pouvons être frappés, il est vrai ; mais nous tomberons sur la route, au milieu de passants qui salueront notre vaillance, estimeront notre énergie et respecteront nos funérailles.

« Nous laisserons un vide au milieu de nos compagnons ; il faudra serrer les rangs pour le remplir ; alors on constatera que nous étions quelque chose.

— Tu as raison, dit chaleureusement M. Balouzet ; je n'avais jamais songé à cela. Par routine, par esprit d'imitation, j'ai refoulé longtemps en moi mes aspirations et j'ai comprimé ma vocation. Maintenant, je veux étouffer mes instincts bourgeois et donner un libre cours à mes penchants pour les aventures.

Oreilles-d'Argent réfléchissait :

— Vous avez peut-être raison, Choquart, dit-il ; mais j'aurais pourtant voulu un jour revoir mon pays.

— Allez-y ! dit Choquart. C'est une affaire de trois mois, aller et retour, car je suis sûr que vous n'y resterez pas quinze jours ; vous ne pourrez pas tirer sur un merle sans avoir procès-verbal.

— C'est pourtant vrai ! murmura M. Balouzet.

— Allons ! dit Choquart, une poignée de main, messieurs ; vous allez rentrer à la taverne du *Buffalo*, vous y signerez votre engagement, que j'accepte, en vous prenant comme seconds tous deux.

« Chacun de vous, en dehors de son grade, constituant son droit aux parts, selon les coutumes des flibustiers, aura tant pour cent, au prorata des capitaux engagés.

« A demain !

Mais en ce moment, l'on frappait à la porte, et sur l'invitation de Choquart, un homme entra.

C'était Pierre Long-Couteau.

Choquart sourit.

— Soyez le bienvenu, monsieur, dit-il. Je vous attendais.

— J'ignorais, monsieur, dit Long-Couteau, il y a une demi-heure, que je devais venir ici.

— Cependant, monsieur, dit Choquart, la logique voulait que vous fussiez mon troisième second.

« J'ai trois compagnies, il me faut trois capitaines.

Le camp des volontaires.

« Sachant bien que le consul Evans refuserait son consentement au mariage de miss Jane avec vous ; que celle-ci vous accorderait sa main malgré la volonté de son père, mais que vous voudriez constituer à votre femme une position de fortune digne d'elle ; comme, d'autre part, vous deviez entendre parler de mon expédition, de l'engagement de vos deux amis, il était naturel que vous vinssiez me demander la troisième place de capitaine, que je vous réservais.

— J'accepte ! dit Pierre.

— Maintenant, dit Choquart, veuillez lire cet inventaire.

« Vous connaissez le désert et vous jugerez de nos chances.

Pierre étudia le carnet avec le flegme que nous lui connaissons, et il conclut :

— L'affaire est bonne ; l'évaluation est au-dessous de la vérité ; je crois au succès si les éléments de l'expédition sont bons ; mais les émeutes et les trahisons sont à craindre.

— Là est le vrai danger, reprit Choquart.

— Je propose de prendre au moins cent cinquante Pieds-Rouges dans la troupe ; on choisira parmi l'élite de la tribu, que j'ai amenée avec moi. Avec nos Indiens, on aura un élément sûr pour rompre toute coalition contre les officiers.

— Voilà qui est parfait, dit Choquart.

— De plus, je propose d'engager mon frère avec une trentaine de jeunes gens qui sont les meilleurs éclaireurs du monde entier.

— Soit ! dit Choquart, j'accepte votre frère et sa troupe.

Et tendant ses mains à ses trois capitaines, il scella les conventions faites dans une cordiale étreinte.

CHAPITRE III

Père et fille.

Sir Evans était un gentleman anglais qui conservait tous les préjugés et toutes les qualités de sa caste.

Il avait les cheveux et les favoris roux, la taille haute, les épaules carrées, l'air massif de la solide race des Anglo-Saxons ; l'œil bleu sous les cils roux était dur ; le front élevé et bombé annonçait l'entêtement et l'intelligence ; les lèvres minces révélaient une nature avide et avare, mais l'éducation et les habitudes de luxe avaient atténué ces défauts pour en faire des qualités ; sir Evans ne se montrait pas rapace et savait dépenser ses revenus.

Il avait un grand air de dignité ; il mettait beaucoup de froideur dans ses rapports, même avec ses proches ; il était rigide en affaires et d'une probité parfaite.

Immensément riche, il occupait, à San-Francisco, un poste qui lui permettait de se livrer à de grandes et heureuses spéculations ; en dehors de l'importance de la cité et des difficultés qui se présentaient souvent, le consulat de San-Francisco était presque considéré comme l'équivalent d'une ambassade.

Sir Evans avait donc une haute position, et il était pénétré de l'importance de ses fonctions.

Lorsque, sans en avoir été préalablement averti, il vit arriver miss Jane escortée magnifiquement, il éprouva un singulier mélange de joie, d'orgueil, de surprise et d'inquiétude.

Il eût préféré une entrée sans apparat ; mais la chose étant faite, il constata que les cavaliers indiens étaient superbement montés et splendidement vêtus.

Pourtant la vue de Pierre Long-Couteau, un Européen, un aventurier, en tête de cette cavalcade, le préoccupa.

Toutefois il fit un accueil princier aux sauveurs de sa fille.

Il avait été convenu entre Pierre et miss Jane que ce serait celle-ci qui révélerait au consul l'engagement pris par elle ; il n'en fut pas question d'abord.

Lorsque le consul eut remercié les guerriers, Pierre envoya ceux-ci camper hors la ville, et fut retenu par sir Evans.

Leur entrevue fut courte.

— Monsieur, dit le consul, vous m'avez rendu un service inappréciable. Que puis-je faire pour vous ? Ma fortune et mon influence sont à votre disposition.

— Monsieur, dit Pierre, j'ai fait mon devoir ; je suis gentilhomme et me tiens pour satisfait quand j'ai conscience de m'être conduit comme je le devais.

— Vous vous nommez d'un autre nom que celui de Long-Couteau ? demanda le consul.

— Oui, monsieur. Mon père était le comte de Sommerive ; je vous dis là un secret que je confie à votre loyauté ; miss Jane vous expliquera pourquoi j'ai dû vous le révéler.

Et Pierre, saluant le consul, sortit fièrement.

Sir Evans avait pâli, entrevoyant la vérité.

Il demanda sa fille.

Celle-ci se présenta, pâle, émue, mais ayant pris une inébranlable résolution.

Elle connaissait son père.

Elle avait peu d'espoir qu'il approuvât son mariage.

Mais elle savait qu'en Angleterre les volontés d'une jeune fille sont respectées par sa famille.

Celle-ci peut renier l'enfant qui se marie contre le gré de ses parents ; mais toute union qu'un clergyman a consacrée est légale.

Miss Jane raconta son odyssée sans que le consul fît une réflexion, sans qu'il dît un mot.

Il pesait chaque fait, appréciait et se formait gravement, impartialement même, une opinion.

Point d'expansion du côté de miss Jane, point de tendresse apparente chez le consul ; les Anglais aiment leurs enfants autrement que nous.

Il y a moins d'élans sympathiques, moins de démonstrations ; un respect profond de part et d'autre arrête la sympathie ; les enfants, du reste, sont élevés par des gouvernantes et ont un appartement à part.

Ils ne sont admis qu'à l'âge de raison à prendre place à la table de famille ; il ne faut donc pas juger d'après les mœurs françaises de la scène que nous racontons.

Lorsque miss Jane fut arrivée au moment où, enfermée dans la grotte, elle avait avoué son amour et s'était fiancée à Pierre, sir Evans auquel elle avait révélé la condamnation du comte de Sommerive, sir Evans, qui se voyait allié à une famille déshonorée, sir Evans devint pourpre, mais il se tut.

Miss Jane tressaillit et s'arrêta : il y eut un temps de lourd silence.

Le consul reprit son sang-froid altéré par la violence du sang qui montait à son cerveau, et il dit à sa fille :

— Continuez.

Miss Jane termina son récit, s'abstenant de plaider ni sa cause, ni celle de son fiancé.

Quand elle eut tout dit, elle attendit la décision paternelle.

Le consul lui dit laconiquement :

— Concluez !

— Monsieur, dit-elle, j'ai promis, je dois tenir.

— C'est irrévocable ?

— Oui, monsieur.

— Alors, il ne me reste plus qu'à voir ce que je puis faire pour vous dans cette *déplorable* et *malheureuse* affaire ! dit le consul.

Le consulat était relié par un fil au bureau central de télégraphie. L'appareil était installé dans le cabinet même où sir Evans avait reçu miss Jane.

En Amérique, les administrations publiques s'ingénient à donner au public toutes les commodités désirables : nombre d'hôtels ont un bureau télégraphique.

Le consul télégraphia sur-le-champ à Paris, où son correspondant était l'un de nos banquiers les plus honorables.

Par un double hasard, les communications électriques entre l'Amérique et Paris n'étaient pas encombrées, et le banquier pouvait renvoyer sur-le-champ les renseignements que demandait sir Evans.

Celui-ci n'attendit la réponse que pendant trois heures, et, pendant tout ce temps, il ne s'échangea point une parole entre le père et la fille ; celui-ci expédia ses affaires avec autant de netteté d'esprit que si rien ne se passait d'anormal ; miss Jane lut vingt chapitres de Dickens sans manifester d'impatience.

Enfin, la sonnette d'appel retentit, et sir Evans reçut le télégramme.

Il le relut deux fois et dit froidement à sa fille en scandant chaque mot :

— Votre fiancé est, paraît-il, un gentleman accompli ; je crois que vous serez heureuse si vous pouvez oublier son origine et... la vôtre.

Miss Jane devint si pâle que le consul ajouta vivement :

— Je ne vous condamne pas, je ne vous reproche rien. Vous et *nous*, nous sommes frappés par la fatalité. Je conviens que vous avez subi les plus terribles épreuves, que vous avez été entraînée par un courant de circonstances irrésistibles ; je vous pardonne, ou plutôt, pour être correct, je ne puis vous blâmer. Les lois impitoyables de notre monde exigent notre séparation ; un Evans ne peut recevoir le fils d'un... de Sommerive.

« Je suis désolé, très-désolé ; je suis plus triste que je ne l'ai jamais été, j'aimerais mieux me voir mort, que là, devant vous, forcé de séparer ma vie de la vôtre.

« Mais c'est impossible.

« J'ai réfléchi, longuement réfléchi, au milieu des déchirements de mon cœur ; j'aurais voulu trouver un moyen de tourner les difficultés, d'accueillir ce jeune homme ; mais je me suis heurté à des obstacles insurmontables.

« En vérité, je le redis, c'est impossible.

« C'est moi, Evans, chef de famille, qui affirme cela, parce que je suis un juré, un juge, et qu'il faut me prononcer.

« Mais il reste votre père qui proteste, qui vous aimera toujours et qui fera tout ce qu'il faudra pour vous être utile et vous rendre la vie agréable.

« D'abord, embrassez-moi et disons-nous adieu, ne devant plus nous revoir...

Sir Evans avait les larmes aux yeux ; miss Jane se jeta dans ses bras.

— Je vous comprends, dit-elle, je me suis jugée comme vous l'avez fait ; mais si vous saviez comme il est...

— Chut ! dit le consul. Ne parlons pas de lui ! c'est un charmant gentleman, mais...

A son tour, elle mit son doigt sur ses lèvres.

— N'en parlons plus, dit-elle.

Puis elle ajouta :

— Plus tard il vous forcera à l'estimer et à l'aimer.

— Mon enfant, le monde...

— Ah ! le monde, je le connais peu ; mais je sais qu'il pardonne à ceux qui le dominent.

— Je ferai tout pour qu'il puisse se créer une position telle que mes pairs eux-mêmes me sollicitent d'oublier le passé de cette famille.

— Monsieur, dit miss Jane, nous ne devons accepter de vous qu'une attention bienveillante ; vous suivrez avec intérêt ses efforts ; vous nous souhaiterez le succès ; Pierre est trop digne pour accepter autre chose que vos souhaits de réussite.

— Mais il est pauvre ; son père avait, dit-on, des millions ; il parait qu'ils sont perdus, tout au moins introuvables.

— Qu'importe ! Il est jeune, énergique, intelligent et il connaît la Prairie.

— Mais vous ne savez donc pas ce que c'est que commencer sans un penny !

— Oh ! permettez. Notre futur oncle, par alliance, M. Balouzet, qui va se marier avec lady Bernett...

— Comment ! ma sœur aussi ?...

— Ne vous l'avait-elle pas dit ?

— Non. Ah ! lady Bernett se marie avec un étranger, un inconnu...

— Pardon ; M. Balouzet est millionnaire, et c'est un honorable gentleman.

— Ainsi, je vais rester seul !

— Si je n'étais pas Anglaise, et même si je n'étais pas votre fille, une Evans, je me mettrais à genoux et je vous demanderais en grâce de braver le préjugé.

« Mais je veux être seule à porter le poids de cette mésalliance ; j'y mets ma coquetterie et mon orgueil.

« Embrassez-moi encore, mon père, et disons-nous adieu.

— Que vas-tu faire ? demanda le consul, tutoyant sa fille pour la première fois.

— Me marier ! dit-elle en rougissant.

— Je vous conseille de vous faire assister par une famille qui vous est dévouée. Il sera très-honorable pour vous d'être assistée en cette affaire par les Bedfort, auxquels je ferai savoir qu'il me plairait beaucoup de les voir vous accueillir et vous sauvegarder.

— Je vous remercie ! dit miss Jane. Je vous serai profondément reconnaissante de ces attentions.

— Vous savez que votre mère vous a laissé une fortune considérable ; elle est à votre disposition.

— Qu'il vous plaise de la gérer ! dit miss Jane. Je suis certaine qu'*il* ne voudrait rien de ce qui ressemblerait à une dot.

— C'est un désintéressement trop romanesque ; mais mieux vaut l'excès de délicatesse.

Sir Evans était de nouveau, mais peu à peu, redevenu pourpre, comme au début des aveux de sa fille ; l'émotion l'étouffait ; il se sentait faiblir.

— Ma chère enfant, dit-il, mettez-vous à genoux !

Et il donna sa bénédiction avec une solennelle simplicité à miss Jane ; il l'embrassa une dernière fois en lui disant :

— Si vous êtes malheureuse, ne m'oubliez pas ; il vous reste dans mon cœur toute la place que vous y avez toujours occupée ; car mon cœur, Jane, je ne suis pas forcé de le montrer à tout venant, comme les livres de caisse de ma maison à tous mes clients et notre livre d'alliances à tous nos tenants. Adieu, Jane !

La jeune fille quitta la maison paternelle en pleurant.

Une demi-heure plus tard, le médecin attaché à la maison Evans, selon la mode anglaise, saignait le consul menacé d'apoplexie.

On a beau se croire de bronze, quand on est père, on s'aperçoit que l'on est taillé en pleine pâte humaine.

CHAPITRE IV

Départ.

Il se faisait grand bruit dans San-Francisco au sujet de l'expédition projetée par Choquart.

On s'occupait aussi beaucoup du champion de Paris, le trappeur Touche-Toujours, qui acceptait tous les défis.

Pendant huit jours, M. Balouzet l'emporta sur ses concurrents ; il renouvela tous les exploits des héros de Fenimore Cooper et les dépassa ; il montra une adresse vraiment inouïe.

Mais après avoir laissé M. Balouzet jouir en paix de son triomphe, Choquart, qui voulait entretenir l'émotion populaire, ses cadres n'étant pas encore remplis, Choquart, impresario habile, suscita un concurrent redoutable à M. Balouzet.

Le but de Choquart était d'aviver sans cesse la curiosité et de donner une haute idée des officiers de ses compagnies.

Il fit donc annoncer que le trappeur canadien, Balle-Enchantée, lieutenant dans la troisième compagnie des volontaires du Colorado, c'était le nom que Choquart donnait à ses hommes, allait disputer la palme de tir au capitaine Touche-Toujours.

Les journaux firent grand bruit de cette lutte entre deux champions fameux. Qui connait les Américains sait à quel délire d'enthousiasme ils arrivent en pareille circonstance ; ils se passionnent au delà de toute idée.

Les deux champions étaient tenus pour des hommes distingués, cotés haut sur la place, reçus dans le meilleur monde.

Ce qui eût paru une exhibition à Paris semblait tout naturel en Amérique ; les noms bizarres des adversaires ne choquaient en rien des oreilles accoutumées à des sobriquets de chasseurs.

La lutte eut lieu ; elle dura trois jours devant un jury composé des gentlemen les plus compétents et les mieux posés de San-Francisco.

Les paris atteignirent des prix fabuleux, surtout dans la dernière séance du troisième jour qui devait être décisive.

Il s'agissait d'enfoncer, à cent mètres de distance, avec une balle, un clou à demi engagé dans une planche.

La tête du clou était polie, et se détachait sur la planche peinte en noir.

Les deux adversaires réussirent également, aux applaudissements de la foule.

On recula la planche, et l'on recommença toujours avec succès, jusqu'au moment où M. Balouzet déclara que, ne voyant plus la tête du clou, il ne pouvait plus tirer.

C'était s'avouer vaincu ; mais la défaite était honorable.

On célébra la victoire de Balle-Enchantée par un grand banquet dont M. Balouzet partagea les honneurs ; tous les volontaires du Colorado assistaient à cette fête.

Choquart constata qu'il avait recruté une armée remarquable.

Il n'avait pas voulu que des gens sans aveu, sans ressources, prissent un engagement dans ses compagnies ; aussi avait-il décidé que tout volontaire verserait à la caisse une somme de cinq cents dollars au minimum, ce qui constituait une action.

On était libre de prendre autant d'actions que l'on voudrait.

En agissant ainsi, Choquart prouvait qu'il avait le sens pratique ; chaque volontaire, outre sa vie, avait son argent à défendre ; tel qui risque sa tête dans une affaire n'y engagerait pas sa bourse.

Les compagnies étaient complètes ; mais personne ne croyait à un prompt départ ; on pensait que Choquart avait à faire de longs préparatifs.

Mais le jeune commandant était trop fin pour assembler son armée, quitter la ville en grande pompe et s'exposer ainsi à des désagréments possibles.

Par exemple : intervention de l'autorité, qui aurait pu exiger de connaître le but de l'expédition.

Ou encore, espionnage des émissaires de bandes hostiles.

Il n'était pas sans exemple que des troupes nombreuses de mineurs, organisées pour l'exploitation en grand d'une région, eussent été exterminées et pillées.

En conséquence, Choquart avait, sans bruit, envoyé ses fourgons à l'avance, sous petite escorte, camper çà et là sur la lisière de la Prairie.

C'étaient les Indiens de Pierre qui étaient chargés de conduire ces voitures.

Les cadres des compagnies étant nommés, Choquart rassembla un soir ses officiers, leur apprit que le convoi, chargé de tout ce dont la colonne pouvait avoir besoin, se trouvait échelonné aux abords de la Prairie ; il fixa à chaque escouade de volontaires un itinéraire et un jour de départ ; il recommanda que l'on quittât la ville sans bruit, homme par homme en quelque sorte.

Au bout de quinze jours, il n'y avait plus un seul volontaire dans la ville; personne n'avait vu partir la petite armée. On oublia peu à peu le bruit qui s'était fait autour de cette expédition : Choquart avait pleinement réussi à dissimuler sa marche.

Mais si la cité, distraite par le grand bruit des affaires menées sur cette place commerciale avec une activité dévorante, si San-Francisco avait perdu de vue les volontaires du Colorado, deux jeunes filles s'attristaient et s'inquiétaient de ne pas avoir vu leurs fiancés depuis quelques jours.

Quant à lady Bernett, elle était exaspérée; M. Balouzet ne donnait pas signe de vie depuis quarante-huit heures.

Toutes trois ignoraient le départ définitif des volontaires.

Toutes trois, elles avaient reçu l'hospitalité dans la famille Bedfort, honorables négociants tout dévoués aux Evans.

M. Balouzet avait admirablement joué son rôle.

Il avait pris sur lui d'envoyer des bouquets à lady Bernett; il avait écrit en France pour recevoir au plus vite certaines pièces indispensables; il avait eu l'air empressé et pressé.

Comme Balle-Enchantée, comme Pierre, il avait un matin annoncé qu'il partait pour exercer sa compagnie dans une courte reconnaissance où l'on simulerait une attaque et une défense de convoi; depuis, il n'avait, pas plus que ses compagnons, donné signe de vie.

Enfin, un courrier mexicain arriva à San-Francisco, apportant trois lettres qui annonçaient toutes trois la même chose et qui exprimaient les mêmes regrets. Elles disaient en substance que Choquart avait exigé que chacun se tût sur son départ; qu'il avait fallu tenir la promesse faite, que l'expédition était en marche et qu'on espérait revenir bientôt avec d'immenses richesses.

Le style variait selon les hommes.

Balle-Enchantée abusait des métaphores et des fleurs de la rhétorique indienne; Pierre était laconique comme un Spartiate; M. Balouzet masquait beaucoup d'ironie sous une politesse affectée.

Lady Bernett ne s'y trompa pas.

— C'est une trahison! s'écria-t-elle; il m'échappe; il ne s'est jeté dans cette folle équipée que pour ne pas tenir ses promesses vis-à-vis de moi.

Et, brisée par cette ingratitude, elle fondit en larmes.

En vain miss Jane et Fleur-d'Eglantier, quoique très-émues elles-mêmes de cette nouvelle, essayèrent-elles de consoler lady Bernett : celle-ci resta plongée dans un profond désespoir.

Enfin elle se décida à répondre, car le courrier indien voulait emporter les réponses et il avait hâte de partir.

Lady Bernett écrivit dix-huit pages de reproches à son volage fiancé.

Fleur-d'Églantier se contenta de six pages, toutes pleines de comparaisons à l'indienne et de charmantes naïvetés.

Miss Jane traça dix lignes d'une main ferme, mais elle enferma dans sa lettre un myosotis.

Et le *marcheur* mexicain partit.

Malheureusement il n'arriva jamais; une troupe de trappeurs le trouva mort; sur lui, aucune lettre.

Par qui avait-il été dépouillé?

Nous le saurons plus tard et nous verrons quelles conséquences eut cette affaire.

Le lendemain du départ de ce courrier, on lisait dans tous les journaux de San-Francisco :

« On demande un guide sûr, intelligent, discret, dévoué, connaissant à fond la Prairie, ayant une excellente réputation, pour accompagner une lady dans un voyage. Inutile de se présenter sans les meilleures références. Forte prime! »

Nous verrons bientôt aussi quel rapport a cet avis avec notre histoire.

V

Le révérend.

Six jours se sont écoulés depuis que les fiancés de miss Jane et de Fleur-d'Eglantier ont annoncé leur départ définitif.

Çà et là, dans les tavernes, on a fait cette remarque que l'on ne voit plus aucun des trappeurs, des mineurs, des aventuriers qui se sont engagés aux volontaires du Colorado.

Un groupe d'individus en parle précisément, mais à voix basse, à la taverne du *Buffalo*.

Il y a là autour d'une table trois drôles de mauvaise tournure.

Tous trois sont misérables d'aspect ; ils ne payent pas de mine.

Détail significatif : le garçon s'est fait solder les consommations d'avance ; mais voyant sortir des bourses pleines d'or, il s'est rassuré sur la solvabilité de ses clients.

Ils sont rasés, ils portent des lunettes et ils se coiffent bas sur le front.

Nul doute qu'ils n'aient fait de mauvais coups ; évidemment, ils ont coupé leur barbe pour changer l'expression de leur visage ; les lunettes n'ont pas d'autre but.

Ils viennent d'arriver ; ils sont inquiets et surveillent la porte.

— C'est singulier ! dit l'un à voix basse ; le capitaine a de drôles d'idées. A San-Francisco, nous pouvons rencontrer des gens qui nous dénonceront ; ici même, dans cette taverne, des trappeurs peuvent nous reconnaître.

— Si le Gentleman n'est pas ici dans une heure, dit très-bas un autre, je détale.

— Il paraît, fit le troisième, qu'il doit nous amener un sauvage.

— Je n'aime plus avoir affaire aux Indiens depuis la dernière aventure. Qui aurait reconnu ce Tonnerre-des-Montagnes, un Sioux, sous cette peinture nègre ?

— Nous a-t-il massacrés terriblement, ce sachem ! En un instant, nous étions morts, blessés ou en fuite.

— Et voilà notre bande réduite à trois hommes.

— Plus le capitaine.

— Que peut manigancer le Gentleman avec un Indien ?

— Nous verrons.

— Tiens, un clergyman !

Les trois bandits levèrent la tête pour regarder avec surprise un ministre méthodiste qui entrait, suivi d'un Comanche.

On sait qu'en Amérique les prédicateurs ont souvent d'étranges allures ; il n'est pas rare d'en voir monter sur des bancs pour adresser des sermons à la foule.

D'autres se risquent jusque dans les tavernes.

Jusqu'ici, toutefois, rarement on en avait vu d'assez hardis pour pénétrer dans l'établissement du *Buffalo*. Le dernier qui l'avait tenté avait été mis à la porte et rossé de telle sorte que les autres révérends étaient découragés. Le *Buffalo* n'avait pas eu de prêcheurs depuis plus d'une année.

Celui qui entrait portait la redingote longue et de coupe spéciale qui caractérise les ministres protestants ; il avait l'air austère, et son regard étincelait d'un feu ardent derrière ses lunettes immenses ; il paraissait homme de résolution et d'énergie.

Il monta sur une chaise, malgré les réclamations déjà bruyantes des consommateurs, qui paraissaient fort mal disposés ; mais il mata son auditoire du premier coup. Le geste, la voix, la stature, le langage du nouvel arrivant étaient faits pour séduire de pareils hommes.

— Gentlemen, dit-il sévèrement, vous grognez comme des jaguars qui flairent un chasseur, mais je suis un dogue de bonne race, chassant pour ramener les brebis égarées au bercail ; je sais donner au besoin un bon coup de dents aux plus récalcitrantes, et je n'ai pas le nez gelé. Je vous connais tous ; le premier rascal qui bronchera entendra de dures vérités. Toi, là-bas, Jackson, qui as l'air de me menacer, tu ferais mieux de te taire ; je ne dirai rien de ce que tu as fait le 15 février dernier, à deux heures du matin ! Le vieux père Grimm-Stokett peut aussi garder le silence quand je parle, puisque je suis décidé à ne pas révéler les vols qu'il commet et notamment celui qu'il a perpétré hier au soir même. Ecoutez donc en silence, je ne serai pas long ; j'ai de bons avis à vous donner ; j'ai converti des sauvages ; vous êtes des gentlemen, et je ne désespère pas de ramener quelques-uns de vous au bien, quoique vous soyez de fameux chenapans, pour la plupart.

On salua cette exorde d'un éclat de rire ;

le révérend père obtint un immense succès, car il continua tout son discours sur ce ton, surprenant ces natures violentes, les intéressant, les amusant et les émouvant; il paraissait connaître la Prairie comme pas un, et il faisait des apologues qui enchantaient son auditoire ; il fut excentrique, mais il resta correct, et dit des énormités sans se compromettre. On l'applaudit à outrance quand il descendit de sa chaise, et on l'engagea à revenir, ce qu'il promit, en refusant les verres de gin qu'on lui offrait.

Il sortit accompagné de son Comanche, qui n'avait pas dit un mot.

Derrière eux les trois Douze-Apôtres survivants quittèrent la taverne.

Le révérend se retourna en entendant marcher ces trois hommes derrière lui, et il leur demanda :

— Est-ce que vous seriez touchés par la parole divine, et aurais-je eu le bonheur de vous convertir ?

Plusieurs personnes entendaient cette conversation et l'écoutaient.

Les bandits s'approchèrent du révérend, et l'un d'eux lui dit :

— Vous avez si bien expliqué que tôt ou tard la mort saisit son homme et vous avez si bien montré que l'enfer est un très-désagréable séjour, bref, nous sommes si convaincus que nous ferons bien de changer d'existence, que nous voulons en essayer et nous vous en demandons les moyens ?

— Venez avec moi, dit le révérend.

Et il s'éloigna avec les bandits.

Il les conduisit dans un magasin de confections pour hommes, où l'on trouvait tout vêtement, depuis la blouse de chasse jusqu'au maillot de saltimbanque.

Il y avait aussi des redingotes longues comme les aiment les sacristains et les concierges des temples méthodistes ; il fit habiller les nouveaux convertis de si belle façon cléricale, qu'on les eût pris pour des apprentis missionnaires.

Ainsi transformés, il les emmena dans un hôtel modeste, mais respectable, où l'on avait pour lui toutes sortes d'égards.

Il ordonna qu'on préparât un lunch et qu'on le servît dans sa chambre, où il s'installa bientôt avec son Comanche et les trois Douze-Apôtres.

Lorsque, selon la mode américaine, le garçon eût mis sur la table tous les services et se fût retiré, le révérend tendit les mains aux bandits, qui riaient de bon cœur, mais sans bruit.

— Quand m'avez-vous reconnu ? demanda le faux pasteur.

— Moi, Gentleman, dit l'un, j'ai commencé à prêter l'oreille quand vous avez dit : « Il se forme sur les montagnes des nuages recélant le tonnerre ; ces nuages affectent des formes diverses, tantôt ils ressemblent à un cheval, tantôt à un sachem des Sioux. »

— C'était une allusion au Tonnerre-des-Montagnes, dit le Gentleman.

— Nous l'avons compris. Du reste, vous avez parlé des Douze-Apôtres, de nos camarades morts, toujours par allusion ; nous avons eu alors la certitude que c'était vous qui prêchiez.

— Et celui-ci, le reconnaissez-vous ? demanda le Gentleman.

Il montrait le Comanche.

— Je n'ai jamais vu ce vieux guerrier, dit un bandit.

— Point de souvenance de cette figure-là ! dit un autre.

Le Gentleman sourit.

— Les sauvages pouvant se peindre la figure, dit-il, rien de plus facile pour eux que de se grimer. Sous ce masque, il y a un jeune sachem de mes amis : Soleil-d'Or.

— Oh ! oh ! firent les bandits assez étonnés.

— Le sachem, sur les dénonciations de Tonnerre-des-Montagnes, se défiait de vous ; mais je l'ai éclairé. Je lui ai montré que le Sioux était son ennemi.

— Och ! dit Soleil-d'Or. Ceci est vrai. J'étais aveugle ; je croyais le Tonnerre-des-Montagnes mon ami, mais les discours du Gentleman m'ont ouvert les yeux.

Le Gentleman ajouta :

— Le sachem nous engage à sa solde, vous et moi ; il paye généreusement.

— Och ! dit le jeune sachem. J'ai beaucoup d'or ; ma main s'ouvre généreusement pour qui me rend des services. Si les Douze-Apôtres enlèvent la squaw que j'aime, ils ne

Kilpatrik et Soleil-d'Or discutant sur les sorcelleries. (Page 31.)

pourront porter les lingots que je leur donnerai.

— Voici ce dont il s'agit! dit le Gentleman.

« Le sachem a juré une trêve avec les Pieds-Rouges ; il a pris à témoin de sa sincérité tous les manitous ; il ne saurait ouvertement les attaquer ; cependant il veut enlever Fleur-d'Églantier à Balle-Enchantée.

— On prétend, dit un des bandits, que le Canadien est parti avec tous les volontaires du Colorado, dont on ne voit plus un seul.

— Oui, maître Penono, dit le Gentleman, oui, vous avez raison : le jeune homme est loin maintenant.

— Mais, dit Penono, ce n'est pas facile, malgré l'absence de Balle-Enchantée, de nous emparer en pleine ville de cette petite Indienne.

— Pas facile pour vous, Penono, qui êtes un homme de peu d'imagination et qui n'avez jamais été d'une intelligence assez remarquable pour faire partie de mon parlement !

Penono baissa humblement la tête.

Le Gentleman reprit :

— Mais moi, je ne serais pas digne d'être capitaine si je ne savais pas trouver un plan.

« Vous remarquerez d'abord que nous voilà tous bien déguisés ; personne ne soupçonnera jamais ni vous ni moi d'un mauvais coup.

« Tous les soirs j'irai prêcher dans les tavernes avec vous et j'annoncerai que je vais cherchant à convertir des hommes de Prairie pour en faire des missionnaires capables de catéchiser des Peaux-Rouges.

— Vous amuserez les rascals, comme aujourd'hui, Gentleman, mais vous n'en convaincrez pas un! dit Penone.

— J'aurai l'air de faire des conversions étonnantes! fit le Gentleman. Vous observerez les figures, vous étudierez votre monde, vous tâterez les plus capables de compléter notre bande à douze.

« Au fur et à mesure qu'un homme aura traité avec nous, il se fera mon disciple en attendant le moment d'agir.

« Qui aura l'œil sur nous?

« Qui se défiera?

« Personne, je le répète.

— Vous avez raison! dit Penone. J'approuve votre idée; mais comment opérerons-nous l'enlèvement?

— Je vous le dirai en son temps. En tous cas, dès que les journaux auront parlé de nous, que l'on saura que le révérend Schmidt fait des prosélytes parmi les aventuriers, j'irai quêter dans les maisons, sous le patronage des comités méthodistes. Je pourrai me présenter chez les Bedfort et sonder le terrain.

— Très-bien! oh! très-bien! ceci, dit Penone.

Les autres bandits approuvèrent, et le sachem aussi.

— Maintenant, dit le Gentleman, nous avons lunché, nous nous entendons, allons ensemble par la ville, que l'on nous voie un peu et que je prêche dans les tavernes.

Il emmena son monde.

Le lendemain, il n'était bruit dans San-Francisco que du révérend Schmidt, de ses succès, de son éloquence singulière, de ses projets.

Le révérend avait raconté aux reporters envoyés vers lui toute une odyssée, dont lui, missionnaire méthodiste, avait été le héros chez les sauvages.

La fable eut un immense succès; toutes les autres sectes envièrent le révérend Schmidt aux méthodistes.

Il y eut même ceci de prodigieux, c'est que quelques trappeurs, gens honnêtes, simples et portés à la crédulité, voulurent se convertir et devenir sérieusement missionnaires; mais le révérend éluda leurs offres.

C'est ainsi que s'ourdissait la trame destinée à envelopper les jeunes filles.

Nous disons les jeunes filles, parce que le Gentleman avait son arrière-pensée; il tenait à s'emparer de miss Jane.

— Nous allons, dit-il un jour à Penone, travailler pour nous, en même temps que pour le sachem.

— Que ferons-nous? demanda le bandit.

— Nous réaliserons le projet que nous avions conçu: nous rendre maîtres de miss Jane et rançonner à la fois le consul son père, et le capitaine Long-Couteau, son fiancé, si toutefois l'expédition lui rapporte bonne part.

— Le consul a renié sa fille, dit Penone.

— Imbécile! tu ne comprends pas que si le consul, pour le monde, cesse de voir miss Jane, il n'en paierait pas moins des sommes considérables pour la tirer de nos mains!

Et le Gentleman avait haussé les épaules d'un air méprisant.

Le recrutement de la bande marchait très-bien.

Bientôt elle fut complète.

Le Gentleman retrouvait dans les nouveaux venus des Douze-Apôtres dignes des anciens; c'était l'élite des bandits de San-Francisco.

L'heure d'agir approchait.

Le Gentleman rendit audacieusement visite aux Bedfort.

Avec son imperturbable aplomb, il avait inspiré toute confiance aux comités religieux méthodistes; il en avait obtenu des lettres de recommandation.

Nous avons vu, ici, en France, où la chose est plus difficile, des escrocs quêter ainsi en soutane et à domicile.

Donc, le Gentleman s'introduisit chez les Bedfort, et une fois dans la place il sut comment dresser ses batteries.

Mais il survint, dans l'intervalle, un événement que nous devons raconter.

CHAPITRE VI

Un coup de tête.

Dans une ville comme San-Francisco, une annonce demandant un guide pour un voyage dans la Prairie devait faire assiéger d'offres les bureaux de journaux.

La personne qui avait fait insérer l'avis eut le choix entre plus de trois cents demandes.

Presque toutes étaient accompagnées de très-belles références.

Le trappeur le mieux recommandé était un vieux coureur de savanes, un certain Robinson ; du moins tel était son surnom.

On l'avait appelé ainsi parce qu'il était toujours accompagné par un nègre, son domestique ; tous deux étaient bien connus dans la Prairie et leur histoire leur valait la sympathie des honnêtes gens.

Vendredi, le nègre, alors qu'il s'appelait Tobby, était esclave sur les plantations d'un riche propriétaire du Sud ; il avait la manie des évasions.

Il s'enfuit de la maison du maître une première fois, fut repris, fouetté à outrance et tenta une seconde fois de s'échapper.

Il fut de nouveau chassé par les chiens destinés à traquer les nègres marrons, et il retomba encore au pouvoir de son maître, qui lui fit déchirer la peau de cent coups de lanière.

Tobby faillit en mourir.

Néanmoins, il guérit et s'évada une troisième fois.

Il atteignit heureusement la frontière d'un État libre et il se croyait sauvé ; mais comme la prime offerte pour le rattraper était considérable, les chasseurs d'esclaves n'hésitèrent pas, eux et leurs chiens, à violer le territoire mexicain.

Ils surprirent le pauvre Tobby au moment où il se croyait en sécurité ; ils le garrottèrent et l'emmenèrent après l'avoir roué de coups.

Mais, en chemin, ils rencontrèrent le trappeur Robinson, qui s'étonna de les voir sur un terrain où ils n'avaient pas le droit d'arrêter les nègres.

Robinson leur en fit l'observation, ils se moquèrent de lui.

Le brave trappeur ne dit rien et s'éloigna ; il s'engagea dans les hautes herbes, fit un crochet, gagna de l'avance, et attendit les chasseurs d'esclaves sous un bois qu'ils devaient longer.

Il en tua trois, avant qu'ils eussent eu le temps de se défendre et de reconnaître d'où venaient les coups de carabine ; ils se lancèrent dans les fourrés, mais ils perdirent quatre hommes en dix minutes.

Leurs chiens cependant avaient été lancés ; mais ils furent si rudement reçus par Robinson à coups de révolver et de couteau qu'ils renoncèrent à la partie.

Ainsi la meute fuit devant les coups de boutoir du sanglier.

Deux autres trappeurs arrivèrent au son de la carabine de Robinson, et complétèrent la déroute des esclavagistes ; qui détalèrent abandonnant Tobby.

Robinson prit le nègre à son service ; il en fit un homme de Prairie accompli ; mais il le traita toujours comme un être de race inférieure.

— Tobby, lui dit-il en l'engageant, on discute beaucoup à propos de l'esclavage des noirs ; je crois que, pouvant être chrétien, croire en Dieu et entrer dans son paradis, vous êtes un homme ; mais quant à être mon égal, non ; si les singes avaient la parole, ils vous seraient certainement supérieurs.

« En conséquence, je vous traiterai avec bonté, vous battant dans votre intérêt et dans le mien, quand vous le mériterez, vous nourrissant et vous fournissant le rhum nécessaire pour vous entretenir en belle humeur ; mais je vous défends de vous enivrer sans permission.

« Tant que je vivrai, vous serez très-heureux, Tobby.

« Si je meurs, vous choisirez un autre bon maître, juste et surtout sévère, qui vous châtie bien quand vous en aurez besoin ; c'est indispensable pour vous empêcher de vous abrutir.

Tobby, enchanté, avait manifesté bientôt pour son maître un dévouement inaltérable, entretenu par des corrections paternelles quoique rudes.

Le plus étrange en cette affaire, c'est que Robinson était un homme simple, très-primitif, ne sachant presque rien en dehors de son métier, incapable d'inventer quoique ce fût en dehors de la routine de sa profession.

Vendredi ou Tobby, comme on voudra, était fin, intelligent, ingénieux, subtil, et il avait plusieurs fois sauvé la vie à son maître par des ruses et des stratagèmes dont tout l'honneur revenait à Robinson.

Vendredi était si convaincu de son infériorité qu'il vénérait son maître comme un être d'essence supérieure, et qu'il aurait regardé comme un sacrilége de se targuer des services qu'il lui rendait.

Robinson, cependant, sentait si bien que Vendredi était habile à certaines choses qu'il lui laissait toujours la parole dans les cas difficiles.

Tel était le couple qui se trouvait un matin en présence de lady Bernett.

Celle-ci avait fait avertir Robinson qu'elle se proposait de le choisir comme guide parmi tous ceux qui s'étaient présentés.

— Milady, disait le trappeur, vous m'avez fait l'honneur de me mander; me voici à votre disposition avec mon nègre Tobby ou Vendredi, comme il vous plaira de l'appeler.

Lady Bernett trouva que Robinson avait la plus honnête figure du monde; elle lui dit :

— Il s'agit de m'accompagner dans un voyage à travers la Prairie. Cela vous convient-il ?

— Certainement, milady, si le prix que vous offrez est suffisant.

— Combien demandez-vous ? fit lady Bernett.

Robinson se gratta le bout du nez et parut plongé dans de profonds calculs ; au fond, il ne pensait qu'à se faire payer le plus cher possible, mais il n'était pas apte à discuter un prix.

Il se tourna brusquement vers son nègre et lui dit d'un air furieux :

— Tout à l'heure, drôle que vous êtes, j'ai prononcé votre nom devant cette respectable lady ; je crois, Dieu me pardonne, que vous n'avez pas salué pour reconnaître l'honneur que je vous ai fait en attirant l'attention d'une personne distinguée sur un nègre infime comme vous. Est-ce ainsi que vous profitez de mes leçons ?

Vendredi fit la plus respectueuse révérence à lady Bernett, et Robinson s'écria :

— A la bonne heure ! Maintenant que cette lady sait que vous êtes bien dressé, elle me permettra de vous adresser une question. J'ai peu de mémoire, vous le savez, Vendredi ; Dieu permet quelquefois qu'une créature inférieure ait certaines facultés qui manquent à l'homme ; ainsi les corbeaux ont une mémoire prodigieuse ; ils ne sont pourtant que des oiseaux de mauvais augure et ne se nourrissent que d'une pâture immonde. (Que milady m'excuse de ces détails !) Ne vous enorgueillissez donc pas, Vendredi, de vous souvenir mieux que moi de certaines choses : un chien a plus de flair que nous, et ce n'est qu'un chien.

« Vous rappelez-vous à quel prix nous avons déjà servi de guide en pareille circonstance ?

— Master Robinson, dit Vendredi en glissant un regard intelligent vers lady Bernett pour l'observer, il me semble que vous avez loué vos services cinq dollars par jour dans un cas à peu près semblable.

— En êtes-vous sûr, Tobby ?

Vendredi avait cru s'apercevoir que la somme ne semblait pas assez élevée à lady Bernett ; il pensa qu'il pouvait demander davantage.

Il s'y prit adroitement.

— Oui, master, répondit-il. Pour vos services *personnels*, c'était bien cinq dollars. Pour les miens, pauvre nègre, quoique je tire juste, et que je n'aie peur que de vous, master pour moi vous n'avez demandé que deux dollars.

— Tobby, vous visez bien, c'est vrai ; vous êtes brave, c'est vrai ; mais si vous en tirez vanité, je vous corrigerai. Une fourmi est brave, elle est habile ouvrière ; qu'est-ce cependant qu'une fourmi sous mon talon ?

— Rien, rien, moins que rien, master. Ce que j'en disais, c'était pour convaincre milady qu'en me louant deux dollars, elle ne serait pas trompée.

— Soit, fit lady Bernett.

— Que milady me pardonne, dit Vendredi voyant que le prix ne semblait pas exorbitant ; pour ne pas être battu par master Robinson, je dois tout lui faire observer, car il a peu de mémoire et il ne songerait peut-être pas, que ces prix étaient ceux d'il y a quinze ans.

« Depuis, l'or a baissé de moitié et en doublant la somme, nous serions dans le vrai aujourd'hui.

— Oui, en doublant, dit Robinson, nous tombons d'accord.

Vendredi rectifia encore les chiffres en insinuant :

— Quoique l'escorte d'une lady mérite au moins une plus-value d'un tiers, vu la responsabilité et le mal qu'on se donne.

— Cet imbécile a raison, dit Robinson, il ne pense à rien ; j'allais oublier combien il est plus difficile de conduire une dame qu'un gentleman. Il faut compter vingt dollars par jour.

Lady Bernett se récria.

— C'est trop ! beaucoup trop ! dit-elle. Vous exagérez.

Robinson savait qu'il demandait un prix très-élevé ; il en éprouva quelque honte et dit sévèrement à Vendredi :

— Vous tromperiez-vous, par hasard ? Aurais-je, par votre faute, des prétentions exagérées ? Tobby, prenez-y garde.

— Master Robinson, dit le nègre, il vous faut représenter à milady que nous avons à la nourrir et à nourrir trois chevaux de selle et deux pour les bagages.

Lady Bernett parut trouver le prix modéré en raison de cette observation ; elle ne songeait pas que les chevaux pâturaient gratis et que les repas se composaient de venaison tuée à six *cents* (trente centimes) le coup.

Le nègre profita de la bonne impression produite par la remarque et il conclut en disant :

— Tout compris, il me semble qu'à vingt-cinq dollars.....

— Taisez-vous ! dit Robinson. A-t-on jamais vu pareille audace ? Vous allez faire les chiffres maintenant. Je vous ai demandé de me rappeler les marchés passés ; on dirait que vous vous permettez de prendre des décisions.

Et à lady Bernett :

— Nous traiterons à vingt-cinq dollars si vous voulez, milady.

— Soit !

— Jamais lady n'aura mieux été accompagnée, je m'en vante ! dit joyeusement Robinson enchanté, car le marché était excellent.

Et il demanda :

— Où allons-nous ?

— Je veux, mais ceci doit être secret, je veux rejoindre les volontaires du Colorado qui sont partis.

— Très-bien ! milady, très-bien ! dit Robinson.

— Vous vous chargerez de tous les préparatifs ; voici une bourse qui contient une provision suffisante.

« Quand serez-vous prêt ?

— Mais dès demain, milady.

— Demain, soit ! Où faudra-t-il me trouver ?

— Où vous voudrez ! Ici, si bon vous semble.

— Non. Je veux cacher mon départ à mes amis.

— Milady, prenez une voiture qui transportera vos valises ; emportez le moins de choses possible. Faites-vous conduire à la taverne du *Buffalo*. Le cocher nous hélera ; nous serons prêts avec les chevaux et nous partirons de la ville en suivant la voiture.

« Une fois hors des faubourgs, vous monterez à cheval.

— C'est une chose convenue ! dit lady Bernett.

Le trappeur emmena son nègre.

Une fois dehors, Robinson, qui éprouvait toujours le besoin de prouver sa prétendue supériorité sur son nègre, dit à Vendredi :

— Vous êtes d'une maladresse incroyable ; vous avez tellement exagéré les prix, tout d'un coup, sans finesse, que j'ai cru un moment l'affaire rompue. Ainsi vous n'avez pas parlé tout d'abord de la nourriture, et c'était important, puisque c'est ce qui a produit effet sur cette lady.

— Master, fit humblement Vendredi, je réservais cette observation pour décider cette lady au dernier moment.

— Vous trouvez toujours des excuses, dit Robinson. Si je n'étais pas là pour réparer vos bêtises, je ferais de tristes marchés. Vous ne serez jamais qu'un pauvre nègre sans jugement, Tobby. Allons boire un coup de rhum. Je vous permettrai de vous griser ce soir en ma compagnie à la taverne du *Buffalo*, vu l'entrée en campagne ; mais n'oubliez pas, quand je serai endormi, de me porter dans ma chambre ; et vous ne viderez votre dernier verre qu'après avoir assuré mon sommeil, comme c'est votre devoir.

— Oui, master Robinson ! dit joyeusement Vendredi.

Pauvre Tobby !

Il était convaincu que, sans l'habileté de son maître, l'affaire était manquée.

CHAPITRE VII

Fâcheuse rencontre.

Lady Bernett fut exacte au rendez-vous fixé par Robinson.

Quoique le vieux trappeur, en prévision des privations qu'on endure dans un voyage, se fût grisé à outrance, ainsi que Vendredi, il était prêt depuis une heure quand le cocher de lady Bernett frappa aux vitres de la taverne du *Buffalo*.

Le trappeur, en ce moment, prenait le coup de l'étrier avec quelques amis ; ceux-ci le félicitaient d'avoir été choisi par une lady pour la guider à travers la Prairie.

Il fut bientôt hélé par Vendredi, qui avait fait sortir les chevaux de selle et de charge ; il prit congé de ses camarades et il enfourcha sa monture.

Déjà la voiture s'était remise en route et le convoi suivait, lorsque l'on rencontra le Gentleman ou révérend, suivi de ses acolytes.

Master Robinson, qui appréciait fort l'éloquence du prédicateur, lui fit le plus gracieux salut.

Le révérend s'arrêta.

Allongeant un regard dans la voiture, il aperçut lady Bernett, et, comme il avait quêté chez les Bedfort ; comme il avait reçu riche offrande de la vieille dame ; comme celle-ci, sous un déguisement pareil, ne l'avait pas reconnu, il put sans danger entamer avec elle une conversation rapide.

— Vous partez donc, milady ? demanda-t-il avec un vif intérêt.

— Oui, mon révérend, dit lady Bernett, je vais où mon devoir m'appelle.

Puis, baissant la voix :

— Je vous prie, mon révérend, de prier Dieu que je réussisse.

— Encore faut-il savoir ce que je dois demander au Seigneur ?

— Je vais, mon révérend, partager les périls que mon fiancé va courir.

— N'est-ce pas un capitaine des volontaires du Colorado ?

— C'est M. Balouzet, que ses compagnons ont surnommé Touche-Toujours.

— Hum ! quoiqu'une fiancée ait contracté des engagements sacrés, est-ce bien à elle de se risquer dans un camp ? demanda le révérend d'un air sévère.

Lady Bernett rougit légèrement et s'excusa en disant :

— M. Balouzet est Français, je crains qu'il ne soit volage et oublieux de ses promesses.

— Alors vous avez raison, milady, dit le révérend. Il ne faut pas qu'une promesse de mariage soit foulée aux pieds. Allez, et Dieu vous bénira.

Sur cette édifiante parole, le faux révérend s'éloigna avec ses convertis qui le suivaient partout ; mais à peine eut-il fait cent pas qu'il dit à l'un de ses hommes.

— Tu vas suivre Robinson et tu viendras nous dire quel chemin il a pris.

Puis il retourna sur-le-champ à son hôtel, y régla les comptes de tous, annonça qu'il partait pour une tournée dans la Prairie, où il voulait catéchiser des tribus avec l'aide des nouveaux convertis, et il fit acheter dans ce but tout ce qu'il lui fallait.

Toute sa troupe furent en état de monter à cheval le soir même.

L'homme envoyé à la suite de Robinson revint et fit son rapport.

— Très-bien ! dit le Gentleman ; nous partons demain au jour.

La bande était au complet.

Elle avait même retrouvé un excellent lieutenant dans la personne d'un Irlandais, nommé Kilpatrik, qui avait été pendu une fois, à demi-scalpé, flambé au poteau de la torture par les Indiens, et qui, en somme, était toujours parvenu à sauver sa peau.

C'était un singulier garçon, jovial, décidé, homme de ressources et de vigueur ; mais extrêmement fantasque et superstitieux.

Comme fantaisiste, il poussait l'excentricité du costume jusqu'à se vêtir à la mode des gardes de Lafayette.

On sait, du reste, qu'en Amérique, tout un corps de volontaires a conservé l'uniforme des soldats de Lafayette.

Parmi ces volontaires, Kilpatrik avait eu un ami et, pour se mettre à l'unisson de celui-ci, l'Irlandais s'était affublé comme lui.

Donc il avait chapeau tricorne, habit à la française et culotte courte.

Quant à la superstition de Kilpatrik, elle faisait à certains moments un lièvre de ce dogue vigoureux.

Rien n'était plus curieux que de le voir discuter avec le Soleil-d'Or sur les sorcelleries et les apparitions.

Toutefois il était ordinairement le plus crâne de la bande et il conquit de l'influence.

Selon l'usage, le Gentleman tint conseil avec cinq des plus intelligents de la bande. Kilpatrik compris.

— Camarades, dit le capitaine, la sœur de sir Evans, une dame plusieurs fois riche de cent mille dollars, s'en va chevaucher par la Prairie, à la recherche de son fiancé.

« Qu'en pensez-vous ?

— Je suppose, dit l'Irlandais Kilpatrick qu'il faut s'emparer d'elle et la mettre à la rançon. Elle payera vite et bien, étant vieille.

— Approuvé ! fit le conseil à l'unanimité.

— Donc, nous partons ! dit le capitaine.

— Quand ?

— Cette nuit même.

— Jusqu'où irons-nous ?

— Jusqu'à une heure du bivac de maître Robinson ; nous marcherons chaque jour de façon à ne pas la perdre de vue.

— Très-bien !

Et la bande des Douze-Apôtres était partie joyeusement, certaine de venir à bout de Robinson.

Pour elle Vendredi ne comptait pas.

CHAPITRE VIII

Fausse chasse.

Depuis six grandes journées lady Bernett cheminait.

Elle voulait arriver vite, arriver à tout prix.

Si les chevaux eussent pu fournir trente lieues par jour, elle les eût exigées d'eux ; Robinson avait toutes les peines du monde à modérer tant d'ardeur.

Lui et Vendredi, ils avaient eu l'heureuse chance de trouver la piste d'un détachement, de la suivre, d'arriver au point de concentration des volontaires, et, une fois là, les fourgons avaient laissé de trop belles pistes pour que l'on pût s'égarer.

Chaque jour l'on gagnait sur la colonne expéditionnaire.

Le sixième jour au soir, lady Bernett, au bivac, se lamentait, en dînant, de la lenteur avec laquelle on avançait.

Master Robinson avait eu la galanterie de s'occuper, avant le départ, du bien-être de la dame qu'il devait escorter ; il avait donc placé dans les bagages une petite table pliante et un siége du même système.

Lady Bernett était servie dans de la vaisselle d'étain luisante comme de l'argent ; derrière elle, Vendredi se tenait attentif comme un domestique de bonne maison ; Master Robinson découpait, offrait les meilleurs morceaux, et, assis par terre, mangeait sur le pouce.

Ce qui marquait suffisamment les distances, mais n'empêchait pas de causer.

Qu'on se figure en pleine campagne américaine, dans une immense prairie, sous les rayons du soleil couchant, ce petit campement autour d'un feu de bois sec; lady Bernett et sa figure originale savourant une tranche de venaison, la figure déjà légèrement empourprée ; car le rhum que l'on boit en pareilles expéditions est plus chaud que le porto.

Qu'on s'imagine l'excellent Robinson masticuant vigoureusement et répondant de son mieux aux questions dont l'importunait lady Bernett; dominant la scène, Tobby, dit Vendredi, pénétré de l'importance de ses fonctions ; autour du camp les chevaux en liberté paissaient librement ; au loin, un panorama de montagnes enluminé par les rouges reflets du crépuscule ; le calme partout, partout le silence troublé seulement par le dialogue de lady Bernett et de Robinson ; que l'on se représente ce tableau tout pastoral et l'on avouera que le Gentleman et ses bandits, dont les silhouettes s'estompaient à l'horizon, dans la pénombre descendue sur la vallée, étaient de bien grands misérables de troubler ainsi, par leurs desseins criminels, la paix du paysage.

Vendredi ne quitta plus des yeux les formes vagues et presque imperceptibles qu'il entrevoyait ; cette préoccupation lui causa des distractions dans le service.

Master Robinson le releva vertement.

— Quel domestique distrait et mal appris vous êtes, Vendredi ! dit-il. Lady Bernett vous tend son gobelet pour que vous y versiez du rhum, et vous laissez votre maîtresse le bras en l'air comme un télégraphe d'autrefois au repos.

Vendredi s'empressa de remplir ses fonctions d'échanson, mais il fut maladroit ; il regardait d'un œil le gobelet ; de l'autre, il étudiait les formes entrevues.

Il versa à côté.

— Vendredi ! s'écria Robinson irrité, vous seriez cravaché si j'étais debout ; je me lèverais si vous en valiez la peine pour vous battre à outrance. Vous arrosez cette respectable lady avec le rhum ; ce n'est pourtant pas une omelette.

— Je vous prie de m'excuser, master Robinson, dit Tobby ; mais je vois au loin une troupe de cavaliers ; une ban de dans la

prairie, à plusieurs milles de nous, ce n'est pas rassurant.

— Seigneur Dieu ! s'écria lady Bernett, sommes-nous donc menacés et vais-je tomber au pouvoir des brigands avant d'avoir revu mon fiancé ?

— Ne craignez rien, milady ; tant que nous vivrons, personne ne touchera à un cheveu de votre tête. Combien y a-t-il d'hommes, Vendredi ?

— Treize ! dit le nègre.

— Je sais ce que c'est ! dit Robinson d'un air satisfait.

— Vous connaissez ces gens-là ? demanda lady Bernett un peu rassurée.

— Oui, milady ; tout le monde les connaît dans la Prairie.

— Et ce sont des personnes honnêtes ?

Master Robinson se prit à rire aux éclats, et Vendredi se permit de l'imiter, mais le trappeur lui dit :

— Taisez-vous, Tobby ; vous êtes inconvenant. Que moi je rie parce que milady dit une bêtise, rien de plus naturel ; mais vous, un noir, vous devriez être honteux de vous moquer d'une lady blanche.

Et à lady Bernett :

— Je vous fais mes excuses pour ce pauvre noir mal élevé ! dit-il.

— Vous pourriez m'en faire aussi pour votre compte personnel ! dit lady Bernett d'un air pincé.

— Pourquoi donc, milady ?

— Vous prétendez que j'ai dit une bêtise ; est-ce poli de votre part ?

— Oh ! c'est sans intention de froisser ; par conséquent, pas d'offense. Dieu me garde de faire de la peine à une femme ! Du reste, la bêtise que vous avez dite est grosse comme une montagne.

« Ah ! ah ! ah ! hi ! hi ! hi ! Prendre les Douze-Apôtres pour des honnêtes gens !

Et master Robinson se tordait en lançant dans l'espace le rire le plus sonore et le plus joyeux.

— Les Douze-Apôtres ! s'écria lady Bernett en pâlissant.

— Eux-mêmes ! fit master Robinson. Le Gentleman a reconstitué sa bande, trouvé

Kilpatrik dans une crise superstitieuse.

notre trace et celle de l'expédition, et il nous suit pour nous attaquer!

— Nous sommes perdus!

— Peut-être oui, peut-être non, milady; on ne sait jamais au désert de quoi il retournera dans une affaire.

— Mais vous disiez tout à l'heure...

— Je vous disais que, nous vivants, on ne vous prendrait pas.

— Mais vous morts...?

— Alors notre mission serait finie, j'aurais tenu mes engagements, et je me soucie très-peu de ce qui peut advenir, moi libéré de mon contrat, n'étant plus de ce monde et y laissant bonne réputation.

— Comment! s'écria lady Bernett, vous prenez les choses ainsi!

— Eh! connaissez-vous le moyen de les prendre autrement? Je n'ai pas deux existences à vous donner. Du reste, j'en aurais deux, que, n'ayant traité que pour une, je garderais l'autre pour moi.

— Mais vous riez, vous restez assis, vous mangez, vous buvez, et dans quelques heures peut-être vous serez tué.

— Milady, c'est ma vie de tous les jours depuis trente ans. J'en ai vu bien d'autres; je ne m'émeus jamais.

— Enfin, qu'allez-vous faire?

— Vendredi va inventer une ruse; il est très-malin pour les stratagèmes, étant d'une race inférieure, voisine du singe.

— Ne pouvez-vous penser vous-même de votre côté à nous sortir de là?

— Milady, c'est comme si vous demandiez au chasseur de quêter le gibier, le nez sur la piste, à côté de son chien. C'est l'affaire de Vendredi de trouver des ruses et non la mienne.

— Mais alors, ce noir que vous méprisez est plus intelligent que vous.

— Oh non! ce que vous prenez pour de l'intelligence, ce n'est que de l'instinct, dit majestueusement Robinson. Quant à mépriser Vendredi, je m'en garderais bien ; je l'estime comme... nègre. Parmi ses égaux, il est supérieur.

Vendredi accepta ce compliment l'œil brillant de fierté.

Il était ravi.

— Avez-vous trouvé le moyen de dépister ces Douze-Apôtres? demanda Robinson.

— Oui, master Robinson, dit Tobby, et je crois que vous allez jouer à ces gens-là un tour dont il sera parlé dans la Prairie.

— Tant mieux! fit le trappeur en se frottant les mains. Comme finesse, ma réputation est faite ; mais je ne suis pas fâché de l'entretenir. Que vais-je faire, maître Tobby? Que vais-je faire pour tromper le Gentleman?

— Master, vous allez laisser le feu allumé ; mais si peu que ce ne sera pas la peine de dire.

— Bien, Vendredi, très-bien! Je te vois venir, mon garçon. Continue.

Robinson ne devinait rien du plan de Vendredi ; mais il voulait avoir l'air de le comprendre.

Le nègre reprit :

— Je me permets de faire observer que les traces de l'expédition sont devenues très-fraîches, que nous ne lui laissons plus guère qu'une avance de vingt lieues (à la française). Dans quarante-huit heures nous aurons rejoint l'armée.

— Et j'embrasserai mon fiancé ! s'écria lady Bernett.

Robinson ne se scandalisa point ; l'usage donnait à lady Bernett le droit de donner et de recevoir un chaste baiser.

Vendredi reprit :

— Mais pour rattraper l'expédition, il faut attraper le Gentleman.

— Puissamment raisonné! approuva Robinson en riant.

— Je vais préparer deux chevaux! continua Vendredi ; nous allons fabriquer deux mannequins que nous couvrirons de nos blouses de chasse ; un sur chaque cheval avec nos coiffures ; plus un autre mannequin qui figurera milady ; nous placerons les mannequins sur les chevaux de façon que vous ayiez, vous, master Robinson, l'air d'enlever lady Bernett; hi! hi! hi! Ce sera drôle, très-drôle. Quand les pirates seront à trois cents pas du camp, nous attacherons sous la queue des deux chevaux portant les mannequins, des petits paquets de chardons et nous les lancerons dans la campagne, hors de notre direction.

— Très-bien! très-bien! dit master Robinson riant à gorge déployée. Je vois le Gentleman s'escrimant à rattraper ce qu'il croira être nous. Lui et tous ses bandits vont courir longtemps !

— D'autant plus que nos chevaux, ne portant que des mannequins légers, gagneront facilement sur les Douze-Apôtres, fit Vendredi. La bande va courir pendant douze heures de nuit et je vois la langue de leurs mustangs tirée d'un pied hors de la bouche.

— Et nous, s'écria master Robinson gaiement, nous gagnerons tranquillement du terrain avec les trois chevaux qui nous restent ; nous ferons d'abord une bonne petite marche de nuit qui nous donnera une étape ; nous ferons reposer nos bêtes, nous les frictionnerons avec du rhum, et après six heures de halte, nous repartirons et nous gagnerons encore une étape. Une nuit de sommeil là-dessus, nouvelle friction et marche forcée le lendemain, je jure que le soir même d'après-demain nous tomberons au milieu du camp des volontaires.

— Dieu vous entende! dit lady Bernett.

— Il faudra, milady, que vous fassiez un peu comme nous ; pour soulager les chevaux, nous marcherons à pied ; quand vous serez fatiguée, vous monterez tantôt sur une bête, tantôt sur une autre...

— Et, dit Vendredi, il faudra abandonner tout le bagage qui, du reste, devient inutile ;

nous aurons au camp tout ce que nous voudrons.

— Silence, Tobby, dit sévèrement Robinson ; il me semble que vous interpellez personnellement lady Bernett et que vous lui donnez un avis. C'est choquant de votre part. Toutefois, milady voudra bien croire que l'avis est de moi et s'y conformer.

— Oui, dit lady Bernett, je ferai tout ce qu'il faudra.

— Vendredi ! ordonna Robinson, fabriquez les mannequins. N'oubliez pas que je suis gros et lourd, que vous êtes long et mince, et que lady Bernett est très-maigre, la peau et les os ! Allez, mon garçon !

Lady Bernett fronça le sourcil, mais elle n'osa protester. Dire qu'elle n'était point maigre, c'eût été nier l'évidence ; reprocher à Robinson d'avoir fait une remarque désagréable, c'eût été peine perdue : le brave trappeur appelait les choses par leur nom, sans intention de froisser personne.

Lady Bernett fit un petit paquet de ce qu'elle avait de plus précieux ; elle donna à Vendredi de quoi habiller le mannequin qui la représentait, et elle admira l'habileté du nègre.

Celui-ci, en quelques tours de main, eut bientôt préparé ses *trompe-l'œil*, et quand Robinson vit les deux chevaux équipés et chargés, il s'écria :

— Parfait ! parfait ! Le Gentleman est enfoncé. Il partira sur le leurre comme un faucon et il s'acharnera dans la poursuite.

Puis, se tournant vers lady Bernett :

— Comment trouvez-vous mon idée ? Franchement n'est-ce pas une bonne farce ?

— Mais c'est Vendredi et non vous qui a eu cette inspiration, dit lady Bernett, outrée de voir Robinson s'attribuer le mérite du plan.

— Pardon, dit le trappeur, expliquons-nous. Est-ce que Vendredi n'est pas à moi ?

— Sans doute, mais...

— S'il est à moi, ses idées, quand il en a (et il en a toujours) m'appartiennent. Donc j'avais le droit de dire ce que j'ai dit. Avez-vous jamais entendu parler de nègres esclaves ou domestiques de blancs avoir des idées à eux ?

« Il ferait beau voir que Vendredi eût de pareilles idées, je le rosserais d'importance.

Puis au nègre :

— Je conduis les trois chevaux qui nous restent, dans ce pli de terrain, là-bas, près de la source ; on ne nous y verra point. Toi, ici, tu attendras les bandits et quand ils seront à la bonne distance, tu lâcheras *le leurre ;* puis, pendant que les bandits partiront à fond de train sur la fausse piste, tu reviendras en rampant nous rejoindre, et nous filerons dans la bonne voie.

— Très-bien, master.

Vendredi prit son poste, maître Robinson et lady Bernett gagnèrent la source.

Ce qui avait été prévu arriva.

Les bandits avaient combiné leur marche pour envelopper le bivac des voyageurs et les surprendre ; mais au moment où vers neuf heures du soir environ, ils allaient se former en chaîne pour cerner le petit camp, les deux chevaux portant les mannequins filèrent à grand bruit.

Toute la bande se précipita à leur poursuite.

La lune, éclairant les mannequins, produisait illusion ; le Gentlemn ne douta point qu'il ne fût sur la vraie piste.

Et Robinson fournit gaiement sa marche de nuit, se moquant des Douze-Apôtres riant de leur niaiserie et scandalisant lady Bernett par la vanité avec laquelle il se vantait d'avoir eu une bonne idée, une idée étonnante, une idée qui lui faisait honneur.

Il faut dire que lady Bernett n'était pas un de ces esprits droits, justes, que la logique frappe et convainc. Elle ne pouvait se mettre en tête que, Vendredi étant à Robinson, les idées de Vendredi appartenaient au trappeur.

Du reste, en général, les femmes sont portées à la contradiction ; vous avez beau leur donner des raisons excellentes, elles gardent leur opinion, même quand il est évident qu'elles ont tort.

CHAPITRE IX

L'homme propose et la femme dispose.

Le lendemain au soir, les volontaires du Colorado étaient campés près d'une source abondante, dans une prairie où les chevaux avaient de l'herbe jusqu'au ventre, où le gibier abondait, où l'on trouvait des salades de pré tendres et excellentes.

On se trouvait donc dans d'admirables conditions de bien-être ; aussi le camp était bruyant, joyeux, animé.

Devant les feux, par quartiers, flambaient les rôtis.

Les Indiens et les trappeurs, qui n'avaient pas de préjugés contre les grenouilles, en faisaient griller d'immenses brochettes. Les grandes et excellentes couleuvres rouges mijotaient dans les marmites avec le rhum et les baies odorantes, qui font une si délicieuse matelote.

Le gibier de plumes se dorait à la crapaudine (méthode trappeur) ; les côtes de bisons se préparaient en potage, promettant des consommés parfaits.

Partout des parfums de bonne chère saisissaient les narines, partout des chants et de la gaîté.

Tout à coup l'air retentit d'acclamations.

Tout le camp se porta aux avant-postes.

M. Balouzet venait d'y arriver, ramenant sur le dos d'un solide cheval un ours colossal.

Un Indien de sa compagnie était venu précédemment chercher le cheval, annonçant que M. Balouzet, ou plutôt le capitaine Touche-Toujours, s'était battu à coups de couteau avec un grizly formidable et l'avait tué.

On venait voir la bête et acclamer le chasseur qui chaque jour étonnait le camp par ses prouesses.

L'animal était colossal.

Choquart, Balle-Enchantée, Oreilles-d'Argent, Pierre Long-Couteau, tous les chefs félicitaient M. Balouzet ; jamais on n'avait vu plus beau grizly mieux traversé d'un coup droit de *macheta* ; l'entrée au camp se fit au milieu des acclamations.

Les officiers décidèrent que, le soir même, on souperait des pattes de la bête, morceau exquis, qui ferait le fonds d'un banquet offert par l'état-major à M. Balouzet.

Et celui-ci, enivré, entendit pendant un quart d'heure des hurrahs et les cris de : « Vive le capitaine Touche-Toujours ! » Son amour-propre était satisfait ; il nageait en pleine vanité.

L'animal dépouillé, les pattes furent sur-le-champ préparées et enterrées dans un four à la caraïbe.

On apporta la dépouille en grande pompe au capitaine et les Indiens dansèrent devant lui le pas solennel de l'ours.

C'était un grand honneur dont les Peaux-Rouges sont très-avares.

M. Balouzet reçut gravement cette longue ovation, à la suite de laquelle il s'assit avec émotion à la table du banquet au milieu de tous les officiers.

Pour faire fête à son oncle, Choquart offrit du champagne tiré de son fourgon particulier ; les têtes se montèrent ; on toasta beaucoup ; on chanta.

Amateur de Béranger, ayant une voix agréable, M. Balouzet obtint de bruyants succès en chantant des grivoiseries.

Tout allait fort bien, très-gaillardement, et chacun était content.

On se fatigua un peu des refrains et des gaudrioles ; on causa avec l'épanchement auquel pousse le vin mousseux. M. Balouzet versait ses confidences dans les larges oreilles de son collègue auvergnat, pour lequel il avait beaucoup d'affection.

— Voyez-vous, Oreilles-d'Argent, disait-il, je ne reviendrai pas à San-Francisco ; non, pas si bête. Je laisserai mon neveu liquider ma part de bénéfices dans cette entreprise et je filerai droit sur Paris.

— Je sais..., fit l'Auvergnat ; vous voulez éviter lady Bernett ! vous avez raison, on vous emprisonnerait ou on vous ferait payer les deux tiers de votre fortune, si vous ne teniez votre engagement de l'épouser. Entre nous, je vous approuve ; ce n'est pas une femme, c'est un manche à balai !

— Une tête de casse-noisettes ! dit peu charitablement M. Balouzet.

— Et vieille !

— Et laide !

— Janoé n'est qu'une Indienne, mais au moins elle est jolie.

— Moi aussi j'ai une Janoë !

— Oh ! oh !

— Une Janoë qui s'appelle Louisa, et qui

m'aime, quoique j'aie passé la quarantaine depuis longtemps.

— Vous allez la voir à Paris ?

— Vous jugez quelle réception ! Je reviens enveloppé de prestige. Je jouirai de mon succès, je me donnerai du bon temps, et je reviendrai trouver Choquart quand il aura organisé une autre expédition. Je ramènerai Louisa.

— Voudra-t-elle venir ?

— Elle me suivrait au bout du monde !

En ce moment il se fit une rumeur dans le camp.

— Il paraît qu'il se passe quelque chose, dit Oreilles-d'Argent.

— En effet, voici un Indien qui apporte des nouvelles de nos avants-postes ; est-ce que nous serions menacés ?

Choquart reçut le rapport de l'Indien et il dit tout haut :

— Gentlemen, je vous annonce qu'une amazone s'est présentée devant une grand'garde ; elle demande l'hospitalité que je lui accorde volontiers ; je délègue le capitaine Touche-Toujours pour faire à cette dame les honneurs de notre camp.

— Vous avez raison, commandant, dit Oreilles-d'Argent ; Touche-Toujours est le gentleman le mieux élevé de nous tous. A sa santé !

— A votre santé, mon oncle : soyez galant !

M. Balouzet demanda à l'Indien des renseignements.

— La dame est-elle jeune ? est-elle jolie ? Qui l'accompagne ?

Avant que le messager eût pu répondre, Choquart s'écriait :

— A cheval, mon oncle ! Hâtez-vous. Cette gracieuse amazone va-t-elle attendre ?

« Messieurs, j'ai idée que c'est quelque miss excentrique et de belliqueuse humeur que le bruit de notre expédition a exaltée. En selle, mon oncle !

On criait bruyamment en trinquant :

— Hurrah ! pour Touche-Toujours !

M. Balouzet rendit raison du toast et monta sur le cheval qu'on lui avait amené.

Il voyait tout en rose, l'amazone surtout.

Il supposait qu'il allait avoir affaire à une de ces filles charmantes et un peu folles, comme l'Amérique avec son système d'éducation en produit quelques-unes ; il se voyait cavalier empressé et aimable *flirtant* avec cette héroïne.

C'est dans ces dispositions qu'il arriva aux avants-postes.

Lady Bernett, enveloppée d'un long châle, à cheval, lui apparut dans l'ombre, escortée de deux guides.

Il s'avança vers elle.

— Miss, lui dit-il, au nom des volontaires du Colorado, je suis délégué pour vous souhaiter la bienvenue.

— Pardon, mon ami, fit lady Bernett, la joie de me revoir vous trouble ; je ne suis plus une miss, mais une lady !

Il serait difficile de peindre le désespoir de M. Balouzet.

Après un premier moment de stupeur, il fut saisi d'une sombre fureur.

— Milady, dit-il les dents serrées, vous allez retourner sur-le-champ d'où vous venez : *comme fiancé* (il souligna le mot) je vous défends de suivre une expédition militaire, sinon je retire ma promesse de mariage.

— Mon ami, dit froidement lady Bernett, cette campagne que vous faites est pleine de périls ; je veux les partager et mourir si vous mourez. Le monde approuvera ma conduite et la jugera digne d'une honnête fiancée qui s'associe noblement aux dangers courus par son futur mari.

Que répondre ?

M. Balouzet, quelque exaspéré qu'il fût, devait se résigner, au moins provisoirement ; il ne pouvait faire scandale devant tout le camp.

— Milady, dit-il, je ne nie pas que dans votre coup de tête il n'y ait pas quelque chose de flatteur pour moi et d'honorable pour vous ; je regrette cette démarche risquée ; toutefois, puisque vous voici, veuillez me suivre, que je pourvoie à votre installation.

Et M. Balouzet guida lady Bernett à travers les avants-postes.

Robinson et Vendredi suivaient, assez surpris.

— Il me semble, disait Robinson, que le fiancé n'est pas très-enchanté ; il ne nous a même pas remerciés.

— La dame est laide ! dit Vendredi en faisant la grimace.

— Il est certain, murmura Robinson, que pour mon compte, eût-elle un million de dollars, que je n'en voudrais pas. J'aimerais mieux me battre tous les jours avec un ours grizly que de me trouver pour le reste de mes jours avec ce vieux museau ! Pourtant il faudra tâcher d'obtenir une gratification du capitaine Touche-Toujours ; je lui raconterai la ruse que j'ai inventée contre le Gentleman.

— Prenez-y garde, master Robinson ! dit Vendredi ; il ne vous en saura peut-être aucun gré.

— Tu as peut-être raison, dit Robinson. Ton cerveau obtus de nègre est fait de telle sorte que, tout en étant inférieur au mien, il arrive *quelquefois* que tu vois aux choses des conséquences auxquelles je ne pensais pas. Mais que font-ils donc là-bas au camp ?

Entre les avants-postes et le bivac s'étendait une colline qui masquait l'entrée.

La hauteur franchie, on avait vue sur le bivac, qui apparaissait resplendissant de lumières.

— Que diable cela veut-il dire ? pensait M. Balouzet.

Voici ce qui s'était passé.

Outre qu'il était un enragé taquin et un mystificateur plein de verve, Choquart avait un puissant intérêt à ce que son oncle se mariât à lady Bernett. Garçon, M. Balouzet pouvait être tenté de s'endormir dans les délices de Paris, pour peu que Louisa ne voulût point quitter la capitale.

Marié à lady Bernett, M. Balouzet fuyait sa femme au bout du monde et se laissait entraîner où Choquart le voudrait.

En raison de ces motifs, le neveu voulait rendre éclatantes les fiançailles de l'oncle ; aussi avait-il empêché l'Indien de s'expliquer sur ce que pouvait être la dame venue aux avants-postes ; aussi avait-il ordonné une réception aux flambeaux.

Il avait sur-le-champ fait crier l'ordre du jour suivant :

« Volontaires du Colorado !

« Une femme de cœur, sympathique à notre expédition, fiancée du capitaine Touche-Toujours, vient se joindre à nous courageusement ; nous devons l'accueillir par nos hourrahs et par une chaleureuse ovation.

« Hourrah pour lady Bernett !

« Hourrah pour le capitaine Touche-Toujours ! »

Et les volontaires, prenant les armes, s'étaient rangés en bataille ; ils avaient planté des mèches, poudrées en torches et enflammées devant les fronts de compagnie ; les canonniers de la batterie de montagne, emmenés par Choquart, étaient à leurs pièces ; quand lady Bernett et son escorte parurent, le canon tonna, les volontaires tirèrent des salves de mousqueterie, les clairons sonnèrent et les tambours battirent ; l'air retentit d'acclamations.

Des Indiens en grande pompe exécutèrent autour du cortége la danse des fiançailles. L'état-major, Choquart en tête, félicita lady Bernett et M. Balouzet, dont la rage était au comble, mais qui n'osait pas montrer d'irritation.

Le camp témoignait trop d'enthousiasme.

Il fallut faire contre fortune bon cœur.

Et, pour comble de malheur, il fallut terminer cette touchante cérémonie par un baiser à lady Bernett.

Choquart fit un speech à ses hommes pour clore la fête ; il termina son discours en disant à son oncle :

— Capitaine Touche-Toujours, votre fiancée ne recueillera parmi nous que des hommages respectueux, et nous lui serons tous dévoués avec déférence. Embrassez celle qui sera bientôt votre femme et conduisez-la dans ma tente que je lui cède.

M. Balouzet fit mine de déposer un baiser sur le front de lady Bernett, entre ces boucles de cheveux filasse qui lui faisaient tant horreur, et il se hâta d'en finir en la guidant vers la tente qui lui était réservée.

— Merci, mon ami ; merci, Ernest, dit lady Bernett ; je ne m'attendais pas à cet accueil.

Et elle pressait avec émotion, dans ses doigts décharnés, les mains de M. Balouzet.

— Mais celui-ci, à ce contact désagréable, retrouva toute l'énergie de sa mauvaise humeur, longtemps comprimée, et dit d'une voix ironique.

— J'ai idée, milady, que vous vous faites d'étranges illusions.

Lady Bernett, effrayée et indignée, s'écria :

— Que dites-vous donc, Ernest ?

— Je dis, madame, que s'il y a le moindre combat, la moindre lutte, je me fais tuer. Je n'aime pas qu'on me persécute. Vous avez un billet de moi, c'est vrai ; mais, dussé-je mourir, il sera protesté !

Puis, comme en se retournant, il vit Choquart derrière lui, il ajouta d'un air railleur :

— Mon neveu et héritier, madame, moi mort, fera honneur à ma signature, si bon lui semble.

Sur ce, il laissa lady Bernett tomber évanouie dans les bras de Choquart.

Il était vengé.

CHAPITRE X

Déception.

Pendant que lady Bernett s'échappait, le Gentleman et sa bande donnaient la chasse aux mannequins emportés par le galop furieux des chevaux.

Au jour, le Gentleman n'avait plus autour de lui que trois hommes ; les autres avaient dû abandonner la partie.

Homme prudent, le capitaine se disait déjà que Robinson et Vendredi étaient des trappeurs redoutables et que c'était peut-être peu de quatre pirates pour en venir à bout.

Il songeait presque à la retraite, lorsque l'un des chevaux poursuivis vint à s'abattre ; l'autre continua sa course.

C'était celui qui portait le mannequin représentant Vendredi.

A terre, gisaient les deux autres mannequins figurant lady Bernett et Robinson.

— Hourrah ! crièrent les bandits.

Et ils se précipitèrent.

Ils étaient à distance de mille pas environ de l'endroit où l'accident venait d'arriver ; on se trouvait au milieu d'une plaine, sans refuges, sans abris.

Le Gentleman, d'un coup de sifflet, arrêta ses hommes, qui redoublaient d'ardeur, et ils revinrent se grouper autour de lui.

— Etes-vous fous ? leur dit-il. Ne savez-vous pas que les trappeurs tirent très-bien et que maître Robinson nous a peut-être préparé une embuscade ; il ne bouge pas plus que lady Bernett ; je me méfie. S'il allait nous attendre en faisant le mort et nous envoyer coup sur coup à chacun une balle à cinq ou six cents pas, nous serions touchés certainement.

Et avec inquiétude :

— A la distance où nous sommes, je ne suis même pas rassuré.

Il mit pied à terre et ses hommes en firent autant.

— Faites comme moi ! dit-il.

Il allongea de toute la longeur de son lazzo la bride de son cheval, ce qui lui permit de se tenir derrière celui-ci et de le conduire à grandes guides.

Ses compagnons l'imitèrent.

— Marchons, dit-il ; nous sommes protégés par nos bêtes ; de cette façon-là nous nous approcherons en risquant beaucoup moins d'être atteints si ce vieux trappeur est en état de tirer sur nous.

Ils avancèrent prudemment.

La monture abattue, essoufflée, rendue, courbaturée, demi-morte, n'essayait pas de se relever ; les mannequins oscillaient légèrement, néanmoins, quand l'animal respirait bruyamment ou faisait un léger mouvement.

A quatre cents pas, le Gentleman, très-inquiet, commanda : Halte !

— Camarades, dit-il, décidément tout ceci est suspect. Le nègre ne s'est pas arrêté pour défendre son maître ; je trouve cela singulier de la part de Vendredi, qui est brave, fidèle et dévoué.

— Vous avez raison, tout ceci est louche fit le lieutenant.

— Vous tirez bien et moi aussi, dit le Gentleman à ce dernier : que les autres tiennent nos chevaux ; nous allons nous coucher à plat ventre et envoyer du plomb à ce vieux drôle. S'il n'est pas mort dans sa chute, nous le tuerons. Surtout ne touchons pas à la vieille dame.

— Je suis sûr de mes coups à cette distance, fit le lieutenant.

— Et moi aussi, dit le capitaine.

Ils se couchèrent sur le terrain et ils firent feu après avoir consciencieusement visé ; le cheval atteint se releva à demi avec les deux mannequins, puis il retomba.

Les deux bandits continuèrent le feu et usèrent chacun trois balles.

— Assez ! dit alors le Gentleman. Je suis convaincu que mon dernier coup a porté en plein, et j'affirmerais presque que les autres ne sont pas mauvais.

« Dans tout ceci, fit le Gentleman, une chose me paraît étrange. Pourquoi lady Bernett ne cherche-t-elle pas à fuir ?

— Elle s'est évanouie ! fit le lieutenant.

— Possible ! riposta le Gentleman ; mais la défiance est la mère nourrice de la vie. Marchons comme précédemment.

Ils se remirent tous derrière leurs chevaux et avaient fait cent pas environ, lorsque le Gentleman, qui ne quittait pas des yeux le groupe formé par le cheval et les mannequins, sauta en selle tout à coup et se mit à galoper, bannissant toute crainte et poussant des jurons.

Les hommes étonnés se demandaient quelle mouche le piquait.

Il leur cria :

— Venez, par tous les diables, venez !

Il avait sauté à terre, coupé les cordes et les ficelles qui retenaient les mannequins, et, furieusement, il les faisait danser dans l'air à coups de bottes.

Celui qui représentait lady Bernett faisait un drôle d'effet, soit qu'il montât, soit qu'il redescendit.

Le Gentleman s'acharnait.

— Une si belle affaire ! s'écriait-il. Je les tenais et ce Robinson m'a dupé !

Il criblait les mannequins de coups et s'acharnait sur eux.

— Tiens, brigand ! grondait-il. A toi ça, vieille folle ! Ah ! si je vous tenais réellement ! Mais je vous tiendrai un jour !

Il serrait les poings.

— Je vais être bafoué par tous les chefs de bande ! s'écria-t-il.

Un de ses hommes riait ; il tomba sur lui et l'écrasa sous une avalanche de coups de poing ; il passa ainsi sa colère.

— Capitaine, demanda enfin le lieutenant, que faisons-nous ?

— Rien à espérer du côté de la tante, maintenant ! dit le Gentleman. Ces gueux de trappeurs sont sûrs d'arriver au camp avant nous. Il faut prendre une revanche sur la nièce. En route pour San-Francisco ; retournons sur nos pas et rallions la bande.

Ainsi fut fait.

Plusieurs jours après avoir subi cette déception cruelle, le Gentleman reprenait son travestissement et se grimait de nouveau.

Sous sa perruque, sous les épais sourcils qu'il se collait d'une tempe à l'autre, toute sa barbe étant rasée, une paire de lunettes cachant ses yeux, le Gentleman était méconnaissable ; personne n'aurait deviné le bandit sous le révérend.

Nous allons voir avec quelle habileté il prépara son plan pour enlever les jeunes filles après avoir manqué la tante.

CHAPITRE XI

Le message

Balle-Enchantée avait certes de grandes qualités ; mais il avait un défaut : enfant de la Prairie, il n'avait jamais eu l'occasion d'apprendre à lire, et il avait besoin pour écrire de dicter ses lettres.

Nous avons omis d'instruire le lecteur de ce détail, parce que la précipitation d'un récit aussi mouvementé ne permet pas d'insister sur toutes les particularités ; mais nous réparons cette omission.

Donc la première lettre envoyée par Balle-Enchantée n'était pas de sa main ; mais elle était bien de son style ou plutôt du style familier aux Indiens et aux gens de la Prairie.

Ces préliminaires posés, nous dirons que le départ de lady Bernett avait impressionné les jeunes filles, en ce sens d'abord qu'elles redoutaient pour leur tante les dangers de ce voyage, et ensuite parce qu'elles regrettaient beaucoup de ne pas l'avoir suivie.

Elles en causaient un matin, exprimant leurs regrets.

— Jane, disait Fleur-d'Églantier, lady Bernett a fait son devoir et nous ne faisons pas le nôtre; nous devrions payer des guides, partir et rejoindre nos fiancés. Je suis habi-

En un clin d'œil ils tuèrent le pauvre Siméon et ses compagnons. (Page 46.)

tuée à la Prairie et vous, vous y êtes presque accoutumée; nous aurions bientôt rejoint les volontaires, en doublant les marches.

— Je crains, répondit miss Jane, que Pierre n'approuve pas cette démarche; s'il l'eût voulu, il m'eût emmenée. Nous sommes fiancées, c'est vrai; toutefois les jeunes filles doivent prendre garde de s'afficher.

— Lady Bernett sera au camp.

— Je le sais. Je ne crains rien du reste pour ma réputation et je n'en dois compte qu'à Pierre ; mais je ne suis pas certaine qu'il serait content de me voir arriver au camp.

— Moi, je réponds que Balle-Enchantée serait bien heureux s'il pouvait m'embrasser ; mon frère Pierre vous aime trop pour ne pas être content de vous revoir. Puisque nos pensées volent vers nos fiancés comme les colombes traversent les airs d'une aile rapide pour retourner au nid dont on les a arrachées, suivons nos pensées.

— Je ne l'oserai jamais ! dit miss Jane.

— Mais, faisait observer Fleur-d'Eglantier, rien ne prouve que nos fiancés ne nous auraient pas emmenées, si nous avions su quand ils partaient, et si nous les avions priés de nous laisser les suivre ; ils s'en sont allés secrètement.

— C'est vrai ! murmura miss Jane. C'est très-vrai. J'aurais peut-être réussi à convaincre Pierre, si j'avais été prévenue.

— Le proverbe indien, reprit Fleur-d'Eglantier, dit qu'une jeune fille marche toujours bien quand son cœur la précède.

— Je vous en supplie, ne me tentez pas ! pria miss Jane.

En ce moment, un domestique annonça qu'un trappeur venait d'apporter une lettre pour Fleur-d'Eglantier.

— Faites-le monter ! dit celle-ci.

Le trappeur remit la lettre.

Pendant que Fleur-d'Eglantier, le cœur palpitant, la lisait, miss Jane questionnait le messager.

Celui-ci ne savait presque rien de l'expédition ; des Indiens avaient été envoyés vers la frontière pour préparer des provisions et un convoi de ravitaillement destiné aux volontaires ; un de ces Indiens avait remis cette lettre et beaucoup d'autres, à lui trappeur, pour qu'il les portât à San-Francisco, où il se rendait ; il paraît qu'une compagnie des volontaires devait revenir sur ses pas pour prendre le convoi de ravitaillement et l'escorte. A part cela, il ne pouvait donner de renseignements.

Miss Jane fit récompenser ce courrier et le renvoya.

Une fois seule, elle se hâta de lire par-dessus l'épaule de Fleur-d'Eglantier la lettre qui était de Balle-Enchantée, non de sa main, il ne faut pas l'oublier, mais de son style imagé.

Fleur-d'Eglantier baisa le papier dix fois avec une folle joie.

— Nous partons ! dit-elle en sautant joyeusement à travers la chambre.

— C'est-à-dire que vous partez... fit miss Jane assez tristement.

— Vous aussi ! N'avez-vous donc pas lu : Balle-Enchantée m'a fait savoir que c'est lui qui commande, avec Pierre, le détachement d'escorte. Ils viennent tous deux sur la frontière, et nous pouvons aller les voir là, les déterminer à nous emmener. Balle-Enchantée y semble décidé.

— Pierre ne m'a pas écrit ! dit miss Jane.

— Non, mais Balle-Enchantée a lu dans le cœur de son ami. Il prétend que Pierre est trop fier pour demander que vous veniez, mais qu'il serait bien aise de vous voir.

Tout ce que disait Fleur-d'Eglantier était bien contenu dans la lettre.

Miss Jane ne demandait qu'à se laisser convaincre.

De San-Francisco aux frontières de l'Etat, il n'y avait pas grands périls à redouter ; on pouvait se procurer une bonne escorte de braves gens connus par leur honnêteté et leur expérience. Somme toute, l'affaire se présentait sous un jour séduisant.

Miss Jane mûrit son dessein et suspendit sa résolution pendant vingt-quatre heures ; après quoi elle décida de partir.

Trouver quatre guides sûrs, c'était chose facile ; on en avait déjà un sous la main dans la personne du courrier ; miss Jane en choisit trois autres sur certificats authentiques et excellents.

Les préparatifs furent rapidement faits et l'on se mit en route.

Le chef d'escorte était un vétéran de la Prairie, une barbe blanche respectable, un patriarche vénéré de tous les trappeurs.

Miss Jane pouvait avoir foi en lui.

CHAPITRE XII

Encore une idée de Robinson.

Nous laisserons miss Jane et Fleur-d'Eglantier continuer leur aventureux voyage et nous reviendrons au camp des volontaires du Colorado.

En quittant lady Bernett pour retourner vers sa compagnie, M. Balouzet rencontra Robinson et Vendredi qui le cherchaient.

Master Robinson aurait voulu s'engager dans les volontaires ; il voyait tout le camp saisi d'un si grand espoir, il entendait parler de tant de richesses à conquérir, qu'il se laissait séduire.

Donc, saluant M. Balouzet, il lui dit :

— Capitaine, je crois avoir rempli ma mission avec tout le succès désirable ; je viens vous demander comme récompense de me recevoir au nombre de vos hommes, avec mon nègre Vendredi.

— Impossible ! répondit M. Balouzet d'un ton sec, nous sommes au complet. Du reste, recevoir quelqu'un maintenant, c'est diminuer la part des autres.

— Capitaine, si vous vouliez bien !... fit Robinson insistant.

— Je ne dis pas qu'à tout prendre, je ne parviendrais point à vous faire accueillir par la compagnie ; mais je n'y tiens pas du tout, dit M. Balouzet.

— Cependant, capitaine...

— Oui ! oui ! vous croyez m'avoir rendu service en amenant cette dame ! Eh bien ! je ne vous sais aucun gré pour cette surprise désagréable que vous m'avez faite.

— Capitaine...

— Au diable ! Je vais me coucher ! Bonsoir ! J'espère que demain vous retournerez à San-Francisco et que vous n'accepterez plus de mission aussi ridicule que celle d'accompagner des folles à travers la Prairie.

— Mais, capitaine...

— Au diable ! vous dis-je.

Et M. Balouzet, furieux, rentra dans sa tente.

Robinson, déconfit, se retourna, espérant trouver quelque sourire sur les lèvres de Vendredi, auquel alors il aurait infligé une correction, ce qui l'eût soulagé, lui, Robinson ; mais celui-ci était un trop bon nègre pour se moquer de son maître.

Il cherchait même à lui trouver une fiche de consolation.

— J'ai idée, master Robinson, dit-il, que nous pouvons gagner quelques dollars en retournant à San-Francisco. Il doit y avoir beaucoup de volontaires qui désirent donner de leurs nouvelles là-bas ; en prenant un dollar par lettre à ceux qui nous chargeraient de leur courrier, nous ferions peut-être une très-jolie affaire.

— C'est probable ! dit master Robinson en se frottant les mains. Demain je ferai annoncer mon départ et les conditions auxquelles je prends les lettres.

Le lendemain, master Robinson se levait en se disant :

— Fameuse, l'idée que j'ai eue hier !

Et il alla trouver un tambour pour qu'il fît l'annonce autour du camp.

On avait deux heures à soi avant que la colonne se mît en marche.

Choquart ne voulait pas qu'on fît route sans que les éclaireurs eussent exploré le terrain à longue distance.

Le tarif des lettres était un peu élevé, mais les occasions de correspondre étaient rares ; beaucoup de volontaires se mirent à écrire, et master Robinson reçut près de soixante lettres, soit comme prix un total de trois cents francs de notre monnaie en or.

— Quelle excellente idée j'ai eue hier au soir ! murmurait-il chaque fois qu'on lui mettait dans la main une lettre affranchie par un dollar !

Il eut même meilleure aubaine qu'il ne s'y attendait.

Choquart était très-aimé, trop aimé peut-être à San-Francisco ; il confia cinq ou six lettres à Robinson, mais il lui fit pour chacune des recommandations spéciales ; il fallait s'y prendre de telle ou telle façon pour les remettre.

— Commandant, lui dit Robinson, j'ai une mémoire de lièvre ; parlez à Vendredi, qui se souviendra de tout ce que vous lui direz. Il est très-fin, quoique nègre ; du reste je serai là pour veiller à ce que vos instructions soient remplies.

Vendredi, aux prises avec Choquart, lui arracha dix dollars pour Robinson et cinq dollars pour lui, Vendredi, pauvre nègre qui risquait de recevoir des volées de coups de cannes en portant des messages d'amour à des jolies femmes.

Enfin Balle-Enchantée et Pierre Long-Couteau vinrent trouver Robinson et lui donnèrent chacun deux dollars pour porter de leurs nouvelles à leurs fiancées.

Voyant ces jeunes gens lui faire des recommandations pressantes, et les jugeant très-épris, Robinson essaya de conclure un marché avantageux.

— Si vous vouliez, dit-il, je vous amènerais ces jeunes filles. On peut se fier à moi et à Vendredi.

— Je vous défends absolument, pour mon compte, de proposer rien de pareil à miss Jane, répondit Long-Couteau.

— Et moi de même pour Fleur-d'Eglantier, dit Balle-Enchantée.

Comment allier ces réponses avec la lettre reçue par les jeunes filles ?

Maître Robinson se mit en route avec Vendredi et ils s'acheminèrent joyeusement tous deux vers San-Francisco.

Chaque soir, en bivaquant, master Robinson disait à Vendredi :

— Mon garçon, quand nous arriverons en ville, il y aura bien une trentaine de jours, un mois plein que nous aurons vécu sobrement ; comme tu aimes le rhum plus que de raison, je te permettrai de t'enivrer à notre rentrée dans la taverne du *Buffalo*.

— En votre compagnie, master Robinson ?

— En ma compagnie.

— Ce sera double plaisir !

Et Vendredi prenait joyeusement, dans cet espoir, la première faction autour du feu ; car les trappeurs veillaient tour à tour.

Nous verrons bientôt ce que Vendredi vit d'étrange un beau soir.

CHAPITRE XIII

Une trahison.

Le patriarche qui escortait miss Jane avait été surnommé le père Siméon.

Pourquoi ?

Il suffisait de l'entendre pendant une demi-heure pour comprendre qu'il méritait d'être appelé du nom de ce vieux serviteur de Dieu.

Le trappeur avait la manie de s'écrier à tout propos et hors de propos :

— Maintenant, je puis mourir !

On sait que ce qui a fait la célébrité de saint Siméon, c'est précisément d'avoir poussé cette exclamation enthousiaste lorsqu'il apprit la naissance du Christ.

Mais ce qui était un élan sublime de cœur chez le saint, devenait une habitude banale et souvent ridicule chez le trappeur.

Tuait-il une tourterelle ou un perroquet, il s'écriait, comme si la pièce en valait la peine :

— Maintenant, je puis mourir !...

Vous demandait-il des nouvelles de votre santé : si vous lui répondiez que vous vous portiez bien, il vous secouait la main en s'écriant :

— Oh ! tant mieux ! je puis mourir !

Ce qui ne laissait pas que de vous causer un certain étonnement.

A part cela, l'homme était parfait.

Il était encore vigoureux, poli, prévenant, affable, discret, prudent et brave ; il était l'idéal des guides.

Les deux autres trappeurs engagés par lui étaient, de leur côté, de très-bons garçons, pas ivrognes, point trop bruyants, tenant leur langue devant des jeunes filles, vaillants et dévoués.

L'un était un Italien qui équivalait à un Auvergnat, étant Piémontais ; il avait le léger défaut d'être avare, mais sa loyauté était à toute épreuve.

L'autre aurait pu donner la réplique à un Gascon, puisqu'il était Andalou ; ex-muletier, gai compère, il savait mille chansons agréables, dont il égrenait joyeusement les couplets pendant les marches.

Le soir, au bivac, il pinçait fort agréablement de la guitare.

Mais il avait soin de choisir dans son répertoire les sérénades que des oreilles chastes pouvaient entendre.

Cependant, ce ne fut ni celui-ci, ni son compagnon, ni son chef, qui obtinrent la confiance des jeunes filles.

Elles trouvèrent dans le trappeur qui avait apporté la lettre de Balle-Enchantée un serviteur d'une telle obséquiosité qu'elles se fièrent absolument à lui.

Les femmes sont ainsi faites qu'elles aiment à dominer les hommes ; celui-là est presque certain de conquérir leurs bonnes grâces qui humilie sa force devant leur faiblesse.

Les meilleures sont flattées de l'empire qu'elles exercent, même sur un valet.

Le trappeur, aux petits soins, attentif à satisfaire les moindres caprices des jeunes filles, était toujours de leur avis.

Le guide qui avait ainsi capté la confiance des jeunes filles se nommait Trécati ; c'était un Mexicain.

Il parvint, malgré la préférence dont il était l'objet, à vivre en bonne intelligence avec les autres trappeurs, qui, du reste, ne le connaissaient pas. Sans se défier de lui, ils le tenaient d'abord à distance ; mais, peu à peu, la glace se fondit, et le Mexicain obtint l'amitié de ses compagnons.

On gagna ainsi la frontière par des marches rapides.

Une fois là, il s'agissait de trouver le détachement de volontaires annoncé ; mais en vain s'informait-on ; aucun guide, aucun chasseur, aucun Indien n'avait vu ni troupe, ni convoi, ni bandes.

Une seule de ces dernières fut signalée, celle du *missionnaire*.

Miss Jane apprit, en effet, que le missionnaire dont on avait tant parlé à San-Francisco avait converti une dizaine d'hommes de Prairie, et qu'avec eux, il se disposait à prêcher chez les Indiens.

Sur ces entrefaites, un soir, la bande du missionnaire parut aux environs du bivac, et Siméon partit au-devant d'elle.

Qui se serait défié d'un clergyman s'en allant en mission ?

Qui aurait reconnu un Douze-Apôtres sous la longue lévite du révérend ?

Tous ceux qui le suivaient avaient adopté le sévère costume des ministres anglicans, sauf le rabat, qu'ils ne portaient point, n'ayant pas encore été ordonnés.

Troupe modèle !

Troupe modeste !

Troupe disciplinée !

On sait quelles sont les habitudes américaines et les usages protestants ; les méthodistes, notamment, abusent des chants pieux.

Le Gentleman, comédien consommé, suivi de ses sacripants à cheval et déguisés, se mit à entonner un saint cantique dont ses hommes répétèrent avec hypocrisie les refrains édifiants.

Impressionnable comme toutes les jeunes filles, élevée dans le mysticisme, miss Jane fut profondément émue au spectacle de cette troupe de cavaliers honorant le Seigneur et chantant ses louanges.

Fleur-d'Églantier, accoutumée aux pompes indiennes, trouvait cette espèce de cérémonie fort belle et les cantiques très-poétiques ; ils étaient faits pour lui plaire, du reste, étant conçus dans le style imagé et biblique qui caractérise les œuvres de ce genre.

L'Andalou, très-catholique, mais tolérant, prit sa guitare et plaqua des accords sur le plain-chant des missionnaires ; ceux-ci défilèrent lentement autour du bivac, toujours chantant.

Enfin, ils mirent pied à terre.

Était-il possible de dire à ces hommes pieux qu'ils devaient aller établir leur camp plus loin ?

Siméon ne l'eût pas osé.

La pensée, du reste, n'en vint à personne.

Le Gentleman ou le révérend, comme on voudra, vint saluer les jeunes filles.

Il joua son rôle admirablement.

Papelard, onctueux, douceâtre, béat, il

leur laissa l'impression la plus favorable ; elles virent en lui un saint homme.

Il les appela colombes du paradis, vierges saintes de Sion, élues du Seigneur, amphores de pureté, et leur prodigua, sous forme biblique et évangélique, mille compliments flatteurs qui caressaient leurs oreilles sans éveiller leur susceptibilité.

Mais ce qui surtout lui mérita la sympathie des jeunes filles, ce fut la nouvelle qu'il donna de l'arrivée prochaine du convoi des volontaires.

Il affirma l'avoir rencontré et le précéder de deux journées de marche.

La joie des jeunes filles fut si vive que le révérend leur en fit un reproche voilé sous forme de conseil religieux.

— Il n'est pas bon, dit-il, d'oublier les intérêts de son âme en se livrant sans réserve aux espérances terrestres.

Miss Jane rougit beaucoup de cette observation ; Fleur-d'Églantier eut l'air de la trouver bonne ; mais, au fond, véritable fille de la Prairie qu'elle était, très-peu chrétienne, et pour la forme seulement, son culte à elle était voué au fiancé choisi, à l'homme aimé qui s'était montré à elle, sortant des roseaux, l'arc en main, enguirlandé comme un dieu marin, beau comme le Bacchus antique.

Toutefois, elle se garda de protester.

Le révérend se retira en souhaitant une nuit calme à ses voisines et en appelant sur elles la bénédiction du ciel.

Miss Jane, une heure plus tard, remarqua que le saint homme bénissait le repas qu'il allait prendre avec ses compagnons.

Plus tard encore, il bénissait les deux bivacs.

On pouvait dormir en paix.

Vers minuit, Siméon cédait la faction au Mexicain.

Pendant une heure celui-ci, immobile aux faisceaux d'armes, parut remplir consciencieusement ses devoirs ; mais quand il jugea Siméon profondément endormi, il donna un signal à la sentinelle du bivac voisin.

Éclairé en plein par la lune, il étendit trois fois les bras en croix.

Les missionnaires, ou pour mieux dire les bandits, s'approchèrent sans bruit, en rampant, et ils entourèrent le bivac ; trois d'entre eux s'emparèrent du faisceau d'armes et les autres sautèrent sur les trappeurs endormis.

En un clin d'œil ils tuèrent, avec ses compagnons, le pauvre Siméon, qui tant de fois s'était écrié : « Maintenant je puis mourir ! »

Les deux jeunes filles opposèrent en vain une résistance désespérée ; elles furent garrottées, liées sur des chevaux et l'on jeta sur elles des voiles faits de toile de coton qui les cachaient.

Le Gentleman était ravi d'avoir si bien réussi ; il avait pris une revanche de sa dernière déception.

— En route ! dit-il. Si nous rencontrons, au jour, quelques bandes de chasseurs, nous leur chanterons le cantique que je vous ai appris ; ils ne penseront guère à lever les voiles qui cachent les jeunes filles.

Puis, au Mexicain, qui avait trahi :

— N'oublie pas la guitare du trappeur andalou ; il faudra distraire ces enfants-là !

Et il donna le signal du départ.

En route, il se frottait les mains et se congratulait.

— Vraiment, murmurait-il, le piége était bon ! Quelle chance que ce Balle-Enchantée ne sache pas lire et qu'on puisse lui attribuer des lettres ! Le Soleil-d'Or payera cher la petite Indienne. Pierre Long-Couteau donnera plus cher encore pour délivrer miss Jane. De ce coup-là, je me retire, je me range, je gagne New-Yorck et je me fais négociant.

Il allait rêvant ainsi, bercé par le pas de son cheval et parfaitement insensible aux sanglots des jeunes filles.

CHAPITRE XIV

Une nouvelle ruse de Robinson.

Vendredi était en faction, comme nous l'avons dit.

C'était un nègre.

Or, d'après les idées de Robinson, un nègre est plus près de la bête que de l'homme. Nous ne voulons pas approuver les opinions du trappeur à ce sujet ; nous nous contentons de les croire à moitié vraies, en ce sens que les noirs sont certainement doués de certaines facultés plus puissantes que les nôtres : odorat plus subtil, vue plus perçante, forces physiques plus résistantes.

Sous ce rapport, Vendredi était admirable : il percevait les sons à des distances inouïes.

Etait-il intelligent ?

Le lecteur a pu en juger. Master Robinson prétendait que tout cela n'était que de l'instinct.

Nous n'oserions pas nous inscrire à faux contre cette assertion d'un homme aussi respectable ; mais nous faisons nos réserves.

Toujours est-il que Vendredi montait sa faction, et il avait une façon de se tenir en sentinelle qui lui eût certainement valu quinze jours de prison si, soldat, il eût été surpris par une ronde dans la position où il se tenait.

Etendu sur le sol, endormi en apparence, ayant la terre pour oreiller, il ne bougeait pas plus qu'un terme.

Que faisait-il ainsi ?

Il tenait son oreille près de terre, écoutant les bruits lointains, les analysant et en tirant des conséquences absolument comme si l'instinct que lui prêtait master Robinson eût été de l'intelligence.

Ainsi, la nuit même où les deux jeunes filles avaient été enlevées, Vendredi poursuivait son deuxième quart de faction, c'est-à-dire veillait de trois heures du matin jusqu'à l'aube.

Il était couché, comme nous l'avons décrit ; toutefois, il avait à plusieurs reprises remué, changé de position et collé son oreille à terre avec persistance.

Il entendait quelque chose à coup sûr, quelque chose d'inquiétant.

Il se leva et réveilla master Robinson.

Celui-ci se mit sur ses pieds prestement et saisit ses armes.

Vendredi avait déjà jeté des masses de terre sur le feu.

— Qu'y a-t-il ? demanda Robinson. Pourquoi m'éveiller ?

— J'entends venir à nous une troupe de cavaliers ! dit le nègre.

— Nombreuse ?

— Douze ou treize hommes.

— Bon ! fit le trappeur ; décampons...

— Avez-vous idée, maître, demanda le nègre, de ce que peuvent être ces gens-là ? Douze hommes !... Si c'était...

— En effet, ce pourraient être les Douze-Apôtres.

— Je le crois aussi.

— En tous cas, filons ! Il fait nuit noire ; la lune vient justement de se coucher ; nous pouvons nous dissimuler dans l'ombre.

— Vous n'êtes donc pas curieux, master Robinson, de savoir ce que les Douze-Apôtres ont en vue de faire dans cette expédition ?

— Peu nous importe !

— Ils nous cherchent peut-être.

— Le supposes-tu, Vendredi ?

— Master, vous leur avez joué un si mauvais tour qu'ils doivent être pleins de rancune.

— As-tu un moyen de savoir si c'est à eux que nous avons affaire, et si c'est à nous qu'ils en veulent ?

— J'espère y réussir.

— Va, Tobby, va, mon garçon ! essaie de tirer cette affaire au clair.

Tobby fit signe à son maître de ne pas bouger et il s'éloigna rapidement, faisant plus d'un mille obliquement ; bientôt master Robinson vit briller sur la droite du bivac un feu clair, distant de quinze cents pas environ.

— Pourquoi diable ce feu ? pensa-t-il.

Mais ce n'était pas un homme à se creuser la tête inutilement ; il se dit que Tobby devant revenir, il s'expliquerait, ce qui vaudrait mieux que de chercher le mot de l'énigme.

Mais le nègre tarda.

Robinson entendit bientôt distinctement le bruit d'une troupe ; il remarqua qu'elle passait à très-peu de distance du feu nouveau qu'avait allumé Vendredi, et comme ce foyer était très-brillant, comme cette troupe s'arrêtait près de lui, Robinson se mit à ramper curieusement pour voir de quoi il retournait.

A mesure qu'il avança, il reconnut que les

gens qui tournaient autour du foyer étaient revêtus de lévites à la façon des révérends.

Robinson reconnut même le fameux missionnaire qui avait prêché dans la taverne du *Buffalo*.

Il avait trouvé le prédicateur très-éloquent et il lui avait voué une très-grande sympathie.

Il était loin de reconnaître, sous ce costume, le bandit qu'il avait si bien mystifié.

Son premier mouvement fut de se lever et d'aller au-devant d'un si honnête homme.

Toutefois, la prudence le retint encore un peu.

— Que fait-il là ? pensa-t-il.

Intelligence lourde, quoique supérieure, maître Robinson ne s'expliquait surtout pas ce que pouvaient cacher les deux voiles en coton sous lesquels étaient attachées les jeunes filles.

Il résolut cependant d'avancer encore pour mieux voir.

Devant lui, dans le sable, une très-petite butte formait un léger renflement du sol ; il se dirigea de ce côté et se fit un abri de ce relief de terrain.

Les bandits continuaient à se tenir autour du foyer ; quelques-uns, à terre, cherchaient, mais en vain, à étudier des pistes. A trente pas du foyer, on ne pouvait plus voir de traces.

Robinson, fort intrigué, certain d'avoir affaire à un respectable ministre de la religion, Robinson, curieux, se leva ; mais du sable même qui formait la butte, une main sortit, comme d'une fosse, et le saisit par son pantalon.

Le trappeur, stupéfait, porta néanmoins la main à son revolver. Mais une tête crépue secoua le sable qui la couvrait presque entièrement, un corps suivit la tête et Robinson reconnut Vendredi.

— Ce n'est pas assez d'avoir la finesse du renard, se dit Robinson ; ce nègre en a les instincts ; il se terre ; décidément ce n'est qu'un animal.

Le nègre avait creusé dans le sol un trou de sa longueur et patiemment il avait, de son mieux, ramené le sable sur lui. Il sortait de sa cachette pour empêcher son maître de commettre une sottise. Celui-ci se coucha près du noir ; d'une voix sourde, dont le souffle caressait à peine l'oreille, Vendredi dit à son maître :

— N'allez pas là-bas, master !

— Pourquoi ? demanda Robinson. Je connais ce brave révérend.

— Et moi aussi !

— Eh bien, alors...

— Master, douze hommes plus un treizième, fussent-ils sous la lévite de gens d'église, me paraissent suspects. Ce sont les Douze-Apôtres, je le parierais.

— Cependant, le révérend...

— Souvenez-vous qu'il portait des lunettes énormes, une perruque probablement et des sourcils extraordinaires.

— C'est vrai !

— Cela sent le déguisement !

— Tu dois avoir raison.

— Le révérend n'a plus ses lunettes, ici, dans la Prairie ; pourtant l'on n'a jamais tant besoin d'y voir plus clair que la nuit. C'est louche.

— Vendredi, tu ne serais pas un nègre que je finirais par te croire intelligent ; l'instinct vaudrait-il mieux que la raison ?

— Chut !...

Les deux trappeurs se turent.

Ils continuèrent toutefois à observer avec attention, et Vendredi fit plus d'une remarque.

Entre autres, il observa que les bandits levaient les voiles et semblaient s'assurer de l'état où se trouvaient les fardeaux dissimulés sous ces balles de coton.

— C'est bizarre ! fit-il.

— En effet ! murmura le trappeur.

— Si c'étaient là des marchandises, les bandits n'iraient pas, à chaque instant, vérifier les charges.

— Tu me rends plus curieux que jamais.

— Nous verrons à trouver une combinaison pour savoir ce qu'emportent là ces brigands ou ces révérends ! dit Vendredi.

— Trouve, mon garçon, trouve ! c'est ton affaire.

Tout à coup, un voile s'agita sans qu'il fît de vent.

Robinson seul, debout, fit une résistance héroïque. (Page 58.)

— Eh! eh!... fit toujours à voix basse le nègre aux aguets.

Un cri perçant déchira les airs et fit tressaillir les deux trappeurs.

— C'est une voix de femme! dit Robinson.
— Ils enlèvent deux dames probablement, dit Vendredi.
« Il faut s'en assurer à tout prix, et je tiens mon moyen.
— Dis-le-moi.
— Master, suivons tout simplement ces gens-là; avant peu nous pourrons leur préparer une embuscade.

Les bandits se remirent en route, abandonnant le foyer.

Robinson et Vendredi les laissèrent gagner de l'avance et marchèrent de façon à les suivre, mais parallèlement, sur le conseil de Vendredi, et non tout à fait sur leurs traces.

— Ces gens-là, dit le nègre, vont être en défiance, ayant vu un feu inoccupé. Peut-être laisseront-ils des espions en arrière-garde. En prenant direction à mille pas sur la gauche ou la droite, nous éviterons de donner dans un piége.

Ainsi fut fait.

Au jour, Vendredi et Robinson laissèrent plus d'avance encore à la troupe qu'ils pouvaient voir de bien plus loin.

Ils marchèrent ainsi jusqu'à ce que le Gentleman s'arrêtât.

Ils l'imitèrent et campèrent.

Ils étaient fermement résolus à savoir quelle capture les bandits avaient pu faire. En braves gens qu'ils étaient, ils auraient voulu délivrer ces femmes encore inconnues qui avaient été capturées par les pirates.

Vendredi songea toute la nuit à ce que l'on pourrait faire dans ce but, et à l'aube il éveilla maître Robinson et lui montra un visage souriant.

— Aurais-tu, par hasard, demanda le trappeur, découvert un stratagème pour sauver ces prisonnières?

— Oui, master Robinson, répondit le nègre; mais il faut dépenser un peu de poudre pour y arriver.

— A cela près! dit le trappeur. Nous avons fait de bonnes recettes; nous pouvons brûler un cornet de poudre pour faire une bonne action.

— D'autant plus, fit observer Vendredi, que nous serons très-probablement très-bien payés par les parents des prisonnières.

— Ce sont peut-être de pauvres diablesses sans un penny.

— Master, il est peu probable que les bandits se donnent le mal d'enlever des femmes de peu.

— Ton flair de singe doit te faire deviner juste.

— Je crois donc qu'il y aura profit, conclut Vendredi.

— En tous cas, nous y gagnerons beaucoup d'honneur, et cela suffit.

— En route, master! recommençons à marcher parallèlement à ces gredins-là.

Comme précédemment, au lieu de suivre pas pour pas la piste des bandits, les deux trappeurs prirent une direction telle qu'à deux kilomètres environ ils parcouraient une ligne parallèle à celle suivie par la troupe des Douze-Apôtres.

Grâce à cette précaution, ils évitèrent d'être aperçus par les deux cavaliers que le prudent Gentleman avait soin de laisser en arrière-garde.

Pendant toute cette journée de marche, tout en arpentant le chemin du long compas de ses jambes, Vendredi, avec la vrille de son couteau de campagne, prépara des trous dans des morceaux de bois.

— Que diable fais-tu là? demanda maître Robinson.

— Des trous dans des morceaux de bois, master Robinson, répondit Vendredi. Il faut bien fabriquer le piége.

— C'est avec des branches d'arbres ainsi trouées que tu comptes délivrer les prisonnières? fit Robinson étonné.

— Comment, master, dit le nègre, vous, un blanc, vous ne devinez pas mon plan? c'est pourtant bien simple.

Et Vendredi commença son explication :

— Je...

— Assez! dit Robinson l'interrompant. Vous êtes un impertinent drôle. Je n'ai pas besoin de vos stupides explications; il y a longtemps que je me doutais de ce que vous comptiez faire avec ces branches d'arbres percées; mais je voulais être sûr que vous rendriez compte de vos actions.

Vendredi baissa la tête, humilié et convaincu que son maître disait vrai.

En réalité, master Robinson ne savait pas le moins du monde quel plan ruminait son nègre ; mais l'observation de celui-ci l'avait froissé ; il voulait avoir l'air d'être au courant.

Après avoir percé, mais non d'outre en outre, dans diverses branches d'arbres une trentaine de trous qu'il agrandit avec son couteau, de façon à leur donner le calibre d'un canon de pistolet, maître Vendredi fabriqua des tampons de bois qu'il ajusta comme des bouchons sur les trous, puis il murmura avec satisfaction :

— Je crois que nous allons leur causer une immense peur !

En vain master Robinson se creusait la tête : il ne devinait rien.

Trop fier pour l'avouer, il attendit que Vendredi opérât.

Les pirates avaient hâte d'arriver à leur but, car ils marchèrent jusqu'au soir, ne s'arrêtant qu'une seule fois pour faire un repas rapide et laisser un peu souffler les chevaux.

Bien embusqués, les deux chasseurs crurent voir que l'on déliait les prisonnières pour les faire manger.

Ils étaient trop éloignés, cependant, pour être sûrs d'avoir deviné juste.

Le soir venu, les bandits atteignirent une source et campèrent auprès d'elle.

Comme de coutume, le Gentleman fit placer quatre sentinelles à cent pas en avant du bivac, aux quatre points cardinaux ; puis la troupe vaqua aux occupations habituelles en pareille circonstance.

Après le repas du soir, le silence se fit dans son camp.

Établis à distance suffisante, jusqu'à dix heures du soir, Vendredi et master Robinson avaient travaillé tous deux au piège de Vendredi qui, peu à peu, sans s'en douter, avait mis son maître à même de comprendre son plan.

Ainsi il avait chargé de poudre ces trous fabriqués dans les branches d'arbres, et Robinson avait deviné que c'étaient des pétards. Une fois sur la voie, il avait pu faire parler Vendredi.

— Crois-tu les épouvanter beaucoup avec cela ? avait-il demandé.

— Oui, master, avait dit le nègre. En disposant bien les branches, les tampons seront lancés en avant et siffleront comme des balles ; les pirates croiront réellement qu'une troupe très-nombreuse tire sur eux.

Puis réfléchissant :

— Le difficile sera d'allumer une mèche sans qu'ils la voient brûler ; mais nous ferons un trou en terre et nous établirons un masque de gazon découpé au couteau ; les mèches ne produisent que quelques étincelles et une fumée qu'on n'aperçoit pas la nuit.

« Les pétards seront placés sur le masque même et la mèche derrière celui-ci.

« Au moment où la sentinelle verra la lueur, les coups partiront presque aussitôt.

— Très-bien ! très-bien ! dit Robinson. Je vois déjà le remue-ménage qui se fera dans le bivac.

— Trente coups de feu, master ! dit le nègre. Ils vont fuir du côté opposé à celui d'où viendra la fusillade, et nous aurons eu le temps de nous poster là pour les canarder quand ils arriveront sur nous en désordre.

Robinson avait tout à fait compris, sans compromettre sa dignité. Il était ravi et il s'écria joyeusement :

— Nous les laisserons arriver presque sur nous et nous les tirerons à trente pas ; nous tirerons d'abord sur ceux qui enlèveront les jeunes filles ; après, nous canarderons les autres.

Le brave Robinson ne douta pas du succès.

Si l'on veut calculer que la troupe allait être réveillée par deux ou trois salves de détonations, à court intervalle l'une de l'autre, car Vendredi disposait ses engins pour produire cet effet ; si l'on peut se figurer les bandits surpris ainsi, on jugera sans doute qu'ils ne pouvaient avoir rien de plus pressé que de sauter à cheval par alerte ; peut-être deux d'entre eux emporteraient-ils les jeunes filles en travers de leur selle ; peut-être les prisonnières seraient-elles abandonnées.

En tout cas, la probabilité était que les bandits fuiraient dans la direction opposée à l'attaque, et là, ils allaient tomber sous les balles des trappeurs.

Ceux-ci avaient cet avantage d'attendre de pied ferme, de posséder des carabines à répétition leur permettant d'envoyer quinze balles sans recharger, les cartouches étant contenues dans la crosse de ces sortes de carabines et se plaçant dans la chambre de culasse à chaque coup tiré.

De plus ils avaient des révolvers.

Une troupe lancée en déroute, accueillie ainsi, devait être décimée.

Les deux trappeurs s'avancèrent avec des précautions extrêmes, dans l'ombre épaisse de la nuit, jusqu'à trois cents pas du camp.

Là, sans bruit, lentement, ils découpèrent les gazons en carrés, les entassèrent, formèrent le masque et firent tous leurs préparatifs avec l'adresse consommée d'hommes accoutumés aux chasses les plus difficiles, et exigeant que l'on approchât le gibier sans l'effaroucher.

Comme tous les trappeurs américains, Robinson avait depuis longtemps apprécié les avantages du briquet automatique, qui fonctionne sans éclat de lumière et sans bruit ; il en portait un, de même que son nègre.

Derrière le masque, Vendredi alluma la mèche bien dissimulée.

Cela fait, ils se retirèrent, contournèrent le bivac et s'embusquèrent à l'endroit qu'ils jugèrent le meilleur.

Vendredi avait calculé que la mèche devait durer près de deux heures ; il l'avait savamment fabriquée en conséquence pour avoir du temps devant lui ; les chasseurs purent donc se préparer tout à leur aise.

Vendredi, qui était possédé du démon de l'ingéniosité, imagina un perfectionnement à son idée première.

Il demanda à son maître son lazzo, attacha le sien au bout de celui-ci et dit à voix basse à Robinson :

— Nous avons là cent mètres de corde, barrons la fuite aux pirates en tendant cet obstacle sur deux bâtons enfoncés en terre. Je vois justement là-bas un bouquet de fustinelle qui nous fournira les piquets nécessaires.

« Nous tirerons d'abord sur ceux qui porteront les jeunes filles et nous lèverons aussitôt le lazzo.

« Les autres, lancés à toute volée, viendront buter sur la ficelle et s'entasseront les uns sur les autres.

— Pourvu qu'ils passent bien par ici ! fit Robinson.

— C'est presque sûr. Nous sommes sur une pente, en aval du camp ; la bête ou l'homme qui fuit cherche un terrain qui favorise sa course et qui l'abrite. De plus, nous sommes sur un chemin foulé par les caravanes et les bandes. Or, d'instinct, sans même avoir besoin d'être guidés par les cavaliers, les chevaux enfilent plus volontiers un terrain plat et façonné qu'une prairie couverte de hautes herbes.

Le nègre disait vrai.

Les chemins, à cette distance de la frontière, étaient assez souvent sillonnés par les tribus, les caravanes et les bandes pour être nettement tracés.

Les deux chasseurs attendirent...

Ils s'étaient placés chacun à un bout de la corde tendue.

En main ils tenaient leur carabine ; au guidon et au cran de mire, chacun avait attaché du papier blanc pour bien viser, malgré la nuit.

A leur ceinture, ils avaient leurs révolvers.

Certes, ils avaient affaire à treize redoutables brigands ; mais cependant les chances étaient en faveur de ces deux braves gens.

Après vingt minutes d'attente, ils entendirent des détonations ; les pétards éclataient et le camp des pirates retentissait de clameurs, d'imprécations et d'appels.

Le Gentleman criait des ordres.

Ce qui était prévu arriva ; les bandits sautèrent à cheval ; ils s'enfuirent dans un ordre qui permit aux trappeurs de tirer d'abord sur ceux par lesquels les jeunes filles étaient enlevées.

Le Gentleman et son lieutenant, aux premières détonations, s'étaient entendus pour essayer de rallier leurs hommes :

— Du calme ! Emmenons les prisonnières ! criait le Gentleman. Ici, chiens d'enfer ! protégez notre retraite !

Et le lieutenant, de son côté, hurlait de rage contre ceux qui sautaient en selle et fuyaient au plus vite.

Mais les bandits n'écoutaient rien; ils étaient épouvantés.

Le Gentleman s'empara de miss Jane, et le lieutenant de Fleur-d'Eglantier; ils furent les derniers à quitter le camp; mais ils enfoncèrent leurs éperons dans le ventre de leurs chevaux.

Semblables à un troupeau d'isards en fuite, les bandits filaient, éparpillés d'abord; mais bientôt, serrés sur le chemin, ils se rapprochaient d'instinct pour se soutenir les uns les autres en cas de lutte; derrière eux, à cinquante mètres, galopaient ventre à terre les mustangs des chefs.

— Attendez-nous, tas de lâches! criait le Gentleman. Pas de part de butin si vous nous abandonnez. Halte! misérables poltrons!

Mais personne ne l'écouta.

Cette scène, du reste, se passait avec une rapidité extrême.

Tout à coup les bandits donnèrent dans la corde tendue qu'ils ne voyaient point; ils culbutèrent les uns sur les autres.

A ceux-là, les chasseurs n'envoyèrent point de projectiles d'abord; mais ils tirèrent sur les mustangs des deux chefs.

Les deux chevaux s'abattirent.

Aussitôt les trappeurs déchargèrent des coups de carabines dans le tas grouillant des bandits entassés, et ceux-ci ne songèrent qu'à se sauver à pied et à toutes jambes; il ne s'en échappa que trois.

Le reste était étourdi, blessé grièvement ou tué.

Le Gentleman et son lieutenant s'étaient relevés en toute hâte et avaient cherché le salut en s'enfuyant dans l'ombre.

Robinson et Vendredi, vainqueurs, parcoururent le terrain de la lutte.

Révolver au poing, ils achevèrent les blessés sans pitié; jamais un trappeur ne faisait grâce à pareille canaille.

L'exécution faite, Vendredi s'occupa d'entraver les chevaux bons encore pour faire service; Robinson courut aux prisonnières.

Celles-ci étaient dans un état lamentable; un pareil voyage, dans une situation semblable, les avait brisées; même pour dormir, on leur laissait leurs liens et leur bâillon.

Il était impossible qu'elles se tinssent debout; à peine pouvaient-elles parler.

Robinson frictionna avec du rhum leurs poignets endoloris, et leur prodigua ses soins; il les rassura et les questionna.

Vendredi revint, amenant les quatre meilleurs chevaux.

— Combien y a-t-il de bandits à terre? demanda Robinson.

— Sept, dit le nègre.

— Reste cinq vivants, et peut-être y en a-t-il de blessés parmi eux : il est peu probable que ces coquins osent nous attaquer.

— J'ai idée, en effet, dit Vendredi, que, pour nous attaquer, il leur faudrait plus de cœur qu'ils n'en ont; mais ils vont nous espionner. Les ladies ne peuvent-elles pas monter à cheval? Nous ferions seulement quelques milles et au jour nous nous arrêterions. Je crois qu'il est bon de gagner de l'avance.

— En vérité, Vendredi, vous êtes un insupportable donneur de conseils. J'allais justement demander à ces ladies si elles peuvent se tenir sur des bêtes allant au pas.

— Je l'espère, dit miss Jane.

— J'en suis sûre! dit plus énergiquement Fleur-d'Eglantier.

Les deux trappeurs mirent les jeunes filles en selle; grâce aux soins qu'ils leur avaient donnés, elles avaient repris des forces.

Tout à coup Fleur-d'Eglantier demanda :

— Où sont les scalps de ces brigands?

— Les scalps! dit Robinson étonné. Mais nous ne scalpons pas.

— Balle-Enchantée, lui, coupe toujours la tête de son ennemi. J'ai entendu tout à l'heure votre compagnon...

— Mon domestique..., rectifia maître Robinson.

— J'ai entendu votre domestique dire que les chefs avaient fui; je jure de ne me marier à Balle-Enchantée que quand il m'aura montré leurs têtes. Et vous, si vous voulez me faire plaisir, vous prendrez les chevelures de ces bandits.

Miss Jane intervint et dit :

— Je vous prie, Fleur-d'Eglantier, n'insistez pas pour obtenir cela de nos sauveurs;

il n'est pas dans leurs usages de commettre ces barbaries, qui me font horreur.

Fleur-d'Eglantier céda, mais à contre-cœur ; l'Apache en elle se réveillait, vindicative et cruelle dans les grandes crises.

Miss Jane avait cependant conquis assez d'autorité sur cette nature primitive pour en calmer les violences.

Du reste, Robinson vint faire diversion en disant à la jeune Indienne :

— Ne venez vous pas de parler d'un certain Balle-Enchantée, trappeur et officier dans les volontaires de Colorado ?

— Oui ! dit la jeune fille. C'est mon fiancé. Le connaissez-vous ?

— Certainement. J'ai même, de lui une lettre pour vous.

Et il demanda à miss Jane :

— N'êtes-vous point fiancée au capitaine Pierre Long-Couteau ?

— Oui ! répondit la jeune fille.

— J'ai aussi un billet à vous remettre ; mais vous ne pourrez le lire que demain au jour. Il nous faut partir.

Les jeunes filles firent à master Robinson des questions auxquelles il répondit sommairement ; il les mit au courant de ce qui c'était passé et leur affirma que la lettre, précédemment reçue par Fleur-d'Eglantier, ne pouvait être de Balle-Enchantée.

On se remit en marche...

Vendredi regarda derrière lui, à l'endroit où les hommes et les chevaux étaient tombés ; il dit en riant à son maître :

— Master Robinson, ce pauvre Gentleman n'a pas de chance avec vous ! Le deuxième tour que vous lui jouez vaut le premier !

— Avec un peu de finesse, dit Robinson, on arrive à des résultats surprenants.

— Nous direz-vous, monsieur, demanda miss Jane, comment à deux vous avez pu venir à bout de ces douze hommes ?

— Oh ! une idée que j'ai eue... fit Robinson.

Et il raconta gravement, de la meilleure foi du monde, comment il avait conçu le plan d'un stratagème.

— Trappeur, s'écria Fleur-d'Églantier avec admiration, et, revenant au tutoiement indien, tu es un fin renard. Balle-Enchantée et mon frère le Jaguar sont très-subtils ; mais tu leur en remontrerais.

— Peuh ! fit dédaigneusement Robinson, ce n'est rien, cela.

Et comme Vendredi lui avait suggéré d'autres bons tours en maintes circonstances, pour charmer les ennuis du voyage, il voulut les narrer pendant qu'à deux cents pas en avant Vendredi assurait la marche et éclairait le chemin avec la vigilance d'un excellent batteur d'estrade.

Il débuta par la farce qui avait sauvé la vie à lady Bernett.

Puis il donna, maintenant que l'on était en route, les plus longs détails sur les personnes qui étaient chères aux jeunes filles.

Toutefois, se souvenant du mauvais accueil que lui avait fait M. Balouzet ; se rappelant que ni Balle-Enchantée ni Pierre n'avaient paru vouloir que lui, Robinson, ramenât les jeunes filles, il crut devoir dire à celles-ci :

— Je pense que maintenant vous voulez retourner à San-Francisco ?

— Non ! dirent-elles ensemble. Maintenant que nous sommes dans la Prairie sans qu'il y ait de notre faute, nous vous prions de nous conduire au camp des volontaires.

Master Robinson était un homme de sens, brave, il est vrai, généreux de son sang à risquer gratis sa peau pour sauver quelqu'un, mais très-amateur de dollars et aimant à en gagner.

— Diable ! diable ! fit-il. Je vais à San-Francisco, moi. J'ai des affaires à terminer là-bas, des lettres à porter. A moins d'une forte prime, je ne retournerai point sur mes pas ; tandis que je vous escorte pour rien, comme c'est mon devoir, si vous venez avec moi vers la ville.

— Nous vous paierons ! dit miss Jane. Voulez-vous traiter pour chacune de nous au même prix que pour ma tante ?

— Oui ! dit le trappeur. Plus, et c'est juste, une gratification pour les affaires que je manque en n'allant pas à San-Francisco.

On le voit, Robinson profitait des leçons de rouerie commerciale que Vendredi lui avait données.

Mais Miss Jane coupa court à ce débat entre elle et lui.

— Monsieur, lui dit-elle, vous nous avez sauvé la vie, l'honneur peut-être. Il n'y a pas à marchander entre nous. Conduisez-nous au camp et vous serez récompensé, je vous l'assure, selon notre fortune.

— Je vous tiendrais quitte de tout si vous me faisiez obtenir une place dans une compagnie.

— Vous l'aurez, dit miss Jane.

— Alors, fit joyeusement Robinson, demain nous nous mettrons en route pour rejoindre les volontaires.

Et il reprit le cours de ses histoires qui émerveillèrent Fleur-d'Églantier.

Quant à miss Jane, elle eût bien voulu que Robinson se tût pour rêver tout à l'aise à la joie de revoir Pierre.

Mais le vieux trappeur était intarissable; il causa jusqu'à ce qu'on fut arrivé au lieu où l'on devait camper.

CHAPITRE XV

Péril renaissant.

Après avoir échappé aux balles de Robinson et de Vendredi, le Gentleman et son lieutenant tinrent un conseil de guerre avec les trois hommes qui avaient survécu et qu'ils avaient ralliés.

Le Gentleman était dans une fureur facile à comprendre, après cette seconde défaite; mais il ne savait à qui il avait eu affaire.

Il crut, comme tous ses hommes, que deux détachements nombreux les avaient attaqués.

Au jour, on décida de tâcher de savoir comment les choses s'étaient passées.

En conséquence, les bandits se rapprochèrent prudemment du terrain de combat.

Après avoir reconnu qu'il était abandonné, ils l'étudièrent avec soin, et ils finirent par trouver, enfoncés en terre, les bâtons auxquels avaient été attachés des lazzos.

Ensuite, ils trouvèrent les branches carbonisées qui avaient servi à fabriquer les pétards.

Enfin, la piste des vainqueurs révéla qu'ils n'étaient que deux, puisqu'il n'y avait que quatre chevaux.

Le Gentleman rétablit avec beaucoup de sagacité les faits, tels qu'ils avaient dû se passer.

Il devina que les deux hommes qui lui avaient enlevé les prisonnières devaient être Robinson et Vendredi.

— Ils revenaient du camp des volontaires, dit-il à ses hommes; ils nous auront rencontrés, et ils nous ont effarés avec leur infernal stratagème.

Furieux, il accabla sa troupe de reproches vitupérants.

— Si vous aviez tenu comme moi et le lieutenant, disait-il avec forces injures, vous n'auriez pas à rougir aujourd'hui de votre lâcheté imbécile et ridicule.

Parmi les chevaux qui s'étaient relevés et qui pâturaient non loin de là, il y en avaient qui n'étaient que légèrement blessés.

— Prenez-en un, dit-il au lieutenant. Courez au lieu où le Soleil-d'Or nous attend avec sa troupe de quinze serviteurs à lui dévoués particulièrement. Racontez-lui ce qui s'est passé et ramenez-le avec son monde.

— Il a juré la trève avec les Pieds-Rouges; vous savez, Gentleman, qu'il tient à avoir l'air de l'observer. Voudra-t-il agir avec ses Indiens? Nous devions lui garder Fleur-d'Églantier jusqu'à l'expiration de la trève qui a été conclue.

— Vous lui direz, lieutenant, de déguiser ses hommes et de se déguiser lui-même en Comanches; qu'ils mettent des masques au besoin; ils s'en tailleront dans des fourrures.

— Vous avez là une idée heureuse, dit le lieutenant. Plus tard, Fleur-d'Églantier elle-même ne pourra pas dire que le Soleil-d'Or a rompu la trève. Les faux Comanches seront censés l'avoir livrée au chef.

— Vous ajouterez, reprit le Gentleman, que je prends la piste dès ce matin; je laisserai mon signe derrière moi à peu près tous les milles, ma marque, vous le savez, est douze objets de même nature en file. Douze pierres, douze branches, douze trous en terre.

— Bien! dit le lieutenant.

Il monta à cheval et partit.

Le Gentleman fit ramasser des armes et il envoya son monde en chasse, pour que l'on pût déjeuner ; mais comme le gibier, effrayé par la lutte, avait fui, on ne trouva rien ; il fallut couper des filets sur les chevaux morts et en faire des grillades.

Le Gentleman mangea la sienne en proférant cette menace qu'il devait réaliser prochainement :

— Ces deux coquins me forcent ce matin à manger du cheval rôti ; moi, je veux les rôtir sur des charbons ardents.

Et il prit la piste de Robinson pour ne plus la quitter jusqu'à ce que Soleil-d'Or l'eût rejoint.

Quarante-huit heures plus tard, le chef des Pieds-Noirs rattrapait le Gentleman à la tête de tout un détachement.

C'étaient des guerriers d'élite, clients du sachem, ses frères d'armes depuis l'enfance, ses serviteurs, ses fanatiques, dévoués à lui jusqu'au crime.

Selon le conseil du Gentleman, ils étaient déguisés en Comanches et ils avaient tous un masque de peau.

Le Gentleman annonça que, selon ses calculs, on devait être tout au plus à cinq heures de marche derrière les jeunes filles et leur escorte.

— Nous les reprendrons cette nuit ! dit le sachem.

Et il donna sur-le-champ des ordres à ses guerriers.

Le Gentleman se frotta les mains en murmurant :

— Je ne m'en dédis point : ce soir, ces deux farceurs rôtiront sous mes yeux.

Le plan du sachem était infaillible.

CHAPITRE XVI

Capture.

Les Indiens sont cruels.

Le fond de la nature humaine est la cruauté.

Les peuples dont les instincts n'ont pas été corrigés par la civilisation sont cruels : barbarie est synonyme de cruauté.

Parmi les nations policées, les basses classes sont cruelles : ignorance est synonyme de cruauté.

Les enfants sont cruels tant que l'éducation n'a pas adouci leurs tendances à la férocité.

Le Peau-Rouge souhaite ardemment s'emparer de son ennemi vivant pour le torturer ; toutes les natures incultes ou dégradées sont ainsi. Les bandits souhaitaient autant que Soleil-d'Or ne pas tuer les deux trappeurs dans le combat qui allait avoir lieu.

Tout le plan du sachem était basé sur cette espérance.

Le chef savait que les deux trappeurs, avec leurs carabines à répétition et leurs revolvers, possédaient un grand nombre de coups à tirer ; mais, une fois ces armes déchargées, il fallait du temps pour les recharger, à moins de tirer balle à balle, ce qui enlevait tous les avantages aux trappeurs.

Le sachem avait imaginé de faire user aux deux guides les cartouches garnissant leurs armes et de tomber sur eux au moment où ils ne pourraient plus se servir du tir rapide.

— Nous pouvons, avait-il dit au Gentleman, disposer de vingt chevaux.

« Avec tous ces mustangs, mes quatre plus braves cavaliers et moi nous attaquerons le camp de la façon suivante :

« Nous lancerons d'abord trois chevaux sans cavaliers, avec des chiffons brûlés dans l'oreille sur le bivac.

— Bon ! dit le Gentleman. Les chasseurs feront feu dessus.

— Trois autres chevaux partiront presque aussitôt après.

— Et ainsi trois à trois, de telle façon que les trappeurs, forcés de faire feu continuellement, usent toutes leurs cartouches, fit le Gentleman. C'est très-bien.

Le sachem reprit :

— Avec les cinq derniers chevaux, mes guerriers et moi, nous fournirons une charge rapide et nous aurons en main nos lazzos. Nous arriverons sur les chasseurs au moment où vous autres, pirates, d'un côté, le reste de mes guerriers à pied, de l'autre, vous attirerez l'attention de nos adversaires

Fleur-d'Églantier se mit à genoux. (Page 59.)

par un feu subit, très-vif, commencé de très-près, car vous aurez eu le temps de vous avancer.

— Sachem, on a raison de dire beaucoup de bien de vous dans la Prairie, fit le Gentleman; vous êtes un guerrier remarquable et vous n'avez pas votre pareil pour un coup de main.

— Och! fit le sachem orgueilleusement, je remercie mon frère de son compliment, et je saurai toujours le mériter.

Chacun, sur cette fière déclaration, se rendit à son poste.

En chemin, le Gentleman dit à son lieutenant :

— Ce sauvage pue la vanité comme un ivrogne sent le trois-six; cette bouffissure d'un pareil singe rouge m'est d'autant plus insupportable que j'ai été *roulé* deux fois par ces trappeurs.

« Aussi vais-je leur faire passer un très-mauvais quart d'heure.

« Mais je me réserve de donner une leçon au sachem quand il en sera temps, et de lui prouver qu'un blanc vaut plusieurs rouges ; je lui savonnerai sa face de cuivre d'une jolie façon.

— Je suis pour cette petite lessive, dit le lieutenant. Rien ne me vexe plus que de subir les airs insolents d'un Indien que j'estime moins qu'un chien.

De son côté, le sachem disait à ses compagnons :

— Maintenant que nous sommes déguisés en Comanches, nous n'avons plus de raisons pour ménager les pirates.

« Nous pouvons garder les prisonniers jusqu'à la rupture de la trêve sans être accusés de l'avoir rompue.

— Och! firent les guerriers.

— Nous allons donc attacher d'abord au poteau de la torture les deux trappeurs; mais quand le bûcher de ceux-ci sera allumé, nous combattrons avec les pirates.

« Je suppose que, le Wacondah aidant, quinze Apaches viendront bien à bout de cinq bandits plus lâches que des coyotes.

— Och! répondirent tous ensemble les Indiens ; nous tuerons les pirates et tu auras, sachem, l'honneur de scalper le Gentleman.

Telles étaient, de part et d'autre, les honnêtes dispositions des deux troupes alliées.

Encore si la lutte avait commencé entre elles avant l'attaque du camp, Vendredi et Robinson n'auraient pas été attachés au poteau de la torture au-dessus d'un bûcher.

Le sachem arriva jusqu'à cinq cents pas du bivac avec sa troupe ; il ne se gênait point et ne cherchait pas à cacher son attaque ; c'était inutile.

Il fit rapidement ses préparatifs.

Vendredi, qui avait entendu du bruit, venait de réveiller master Robinson, quand les trois premiers chevaux partirent.

Les trappeurs, un genou en terre, firent feu dès qu'ils virent les trois masses dans l'ombre ; l'impulsion était telle qu'il fallut sept ou huit balles pour jeter bas les trois mustangs ; les autres arrivaient, bride abattue, par paquets de trois.

Miss Jane et Fleur-d'Églantier étaient éveillées ; elles voyaient avec effroi cette cavalerie se précipiter sur le camp.

Jane voulut parler, questionner ; mais Fleur-d'Églantier lui dit :

— Que ma sœur se taise et qu'elle laisse agir les hommes ; ils ont besoin de toute leur attention pour viser dans l'ombre.

Chaque jeune fille avait ramassé un revolver, la veille, sur le champ de lutte ; elles attendirent le moment de s'en servir vaillamment, mais leur cœur se serrait par l'appréhension d'être encore une fois prisonnières.

Ces sortes de scènes se passent si rapidement que le récit le plus précipité est lourd, comparé à l'action.

Cinq détachements de trois chevaux se ruèrent successivement sur le camp ; les cartouches s'usèrent vite ; Vendredi n'en ayant plus dans sa carabine mit revolver au poing ; son maître en fit autant ; les deux derniers groupes de mustangs ne furent donc tirés qu'à courte distance.

Vendredi, les voyant sans cavaliers, s'écria avec colère :

— Nous sommes volés, master, ce sont des chevaux sans maître ; le péril n'est pas de ce côté-là.

Et la fusillade des gens à pied éclatait en ce moment.

Les trappeurs se retournèrent pour y faire face, ne se préoccupant pas des cinq mustangs montés qui venaient sur eux ; ils croyaient qu'ils ne portaient personne.

Mais un cri tardif de miss Jane les avertit de leur erreur.

En vain Robinson, seul, debout, Vendredi étant déjà terrassé, fit-il une résistance héroïque ; il fut impuissant contre ses adversaires.

Les lazzos sifflèrent dans l'air ; les cordes nouèrent son corps ; le galop des chevaux entraîna prisonniers et prisonnières.

Étourdis, meurtris, les captifs étaient au pouvoir de leurs adversaires.

Quand ceux-ci arrêtèrent leur course, les Indiens à pied, au milieu desquels les cavaliers s'étaient dirigés, garrottèrent les trappeurs et les jeunes filles.

Ils célébrèrent leur triomphe par des hurlements sauvages.

Le Gentleman, ivre de vengeance, vint insulter Robinson.

— Vous voilà donc enfin entre mes mains, vieux renard pelé ! Toutes vos ruses ne vous ont pas fait éviter le piège ; je vais vous écorcher vif avec un certain plaisir.

Vendredi, qui avait la riposte vive, répondit pour son maître :

— C'est une peau d'honnête homme qui vous restera entre les doigts, Gentleman ; si vous pouvez vous fourrer dedans, vous ferez bien ; ce sera la seule occasion que vous aurez d'éviter la potence.

— Taisez-vous, Vendredi, ordonna Robinson. Si j'avais daigné riposter à ces misérables, voilà précisément ce que j'aurais répondu ; mais ni vous, ni moi, nous ne devons faire l'honneur de parler à pareille canaille.

Les pirates, furieux, tombèrent à coups de pommeaux de revolvers, sur les trappeurs, qui subirent cette avanie avec le stoïcisme des gens de leur trempe ; ils ne poussèrent pas une plainte.

Le sachem intervint.

— Och ! fit-il. Mes frères blancs sont insensés ; ils vont assommer les captifs ; ce n'est pas ainsi qu'on se venge. Il faut que la torture soit lente et que l'on ménage les coups pour prolonger l'agonie.

— C'est vrai ! dit le Gentleman ; le sachem parle d'or. Cherchons un arbre auquel nous puissions attacher ces gens-là.

Quelques hommes se mirent en quête d'un

terrain boisé et l'un d'eux le trouva ; il revint l'annoncer.

En ce moment miss Jane, sortie d'un long évanouissement, intervenait en faveur de ses guides.

— J'offre, disait-elle, de payer la rançon que vous voudrez pour ces deux hommes ! Ne les tuez pas.

Le Gentleman, ordinairement sensible à l'argent, ne voulut rien entendre, cette fois ; il repoussa cette offre.

— Vous me donneriez leur poids d'or pesant, dit-il, que je ne l'accepterais pas contre leur salut. Il faut qu'ils meurent de ma main. Ils m'ont joué, roulé, bafoué, *perdu d'honneur*, de réputation. Je veux une vengeance terrible.

Le Soleil-d'Or se tourna vers miss Jane et lui dit :

— Que la squaw blanche n'essaie pas de tenter le Gentleman par des promesses ; mes frères blancs voudraient sauver les prisonniers que, moi, je m'y refuserais.

Le Gentleman fronça le sourcil ; il avait bien envie de protester, mais il se contint et cacha sa colère.

La prétention du sachem lui eût presque donné l'envie de sauver les trappeurs ; mais la haine l'emporta sur l'amour-propre.

Toutefois, revenant à ses habitudes de politesse pour les ladies, il voulut adoucir ce que son refus avait de cruel.

Il tenait à ménager miss Jane et à se faire apprécier par de bons procédés.

— Miss, dit-il, vous le voyez, je me laisserais aller à la pitié que ce chef comanche ne me permettrait pas d'épargner vos amis ; mais je vais faire quelque chose pour vous.

Et au Soleil-d'Or :

— Sachem, il est inutile de forcer ces squaws, auxquelles, en fin de compte, ni vous, ni moi, ne voulons du mal ; il est inutile, dis-je, de les forcer à voir mourir leurs amis. Laissez-les ici sous la garde de quelques Indiens.

Le sachem réfléchit.

Il pensa que peut-être le Gentleman, défiant, voulait diviser les forces de ses alliés ; il résolut de conserver les proportions numériques tout en satisfaisant le bandit.

— Och ! fit-il. Mon frère est blanc, il est faible avec les squaws ; je veux lui être agréable. Trois de mes hommes et un des siens vont rester ici à la garde des femmes. Le bois où nous allons brûler les prisonniers est à deux mille pas d'ici ; nous laisserons quatre chevaux sur sept qui nous restent. En cas d'alerte, il serait facile aux gardiens des squaws de nous rejoindre avec elles.

— Tout est bien de cette façon, dit le Gentleman. En route !

En vain miss Jane essaya-t-elle de fléchir Soleil-d'Or ; celui-ci ne daigna même pas lui répondre.

Pendant toute cette scène l'attitude de Fleur-d'Églantier avait été superbe d'indifférence et de dédain.

Elle n'avait pas daigné dire un seul mot.

Le Soleil-d'Or tenta de vaincre cet orgueil stoïque ; il fit un signe à deux des siens qui conduisirent la jeune fille derrière un bouquet d'arbres à cent pas de là, au bord d'une rivière ; il la suivit et congédia les deux Indiens.

Là, seul, en face d'elle, il lui dit d'une voix menaçante :

— Puisque tu ne veux pas être ma femme, il faut te préparer à mourir.

Fleur-d'Églantier se mit à genoux, joignit les mains sous son menton dans la posture des Indiens qui, vaincus, attendent le coup mortel, et elle défia d'un regard méprisant le chef indien.

Celui-ci, le sourcil froncé, murmura d'une voix sourde en montrant le groupe des prisonniers :

— Après ceux-ci !...

Nul doute qu'il ne fût résolu à cette heure de tuer la jeune fille, si elle bravait encore après la mort des trappeurs.

— Relève-toi ! dit-il. Tu as une heure pour réfléchir. Si tu résistes à ma volonté, ta robe d'innocence sera rouge de ton sang.

Et il rejoignit les siens avec elle.

Les deux troupes se séparèrent : l'une demeurant, l'autre s'éloignant.

A ceux qu'il avait désignés pour rester, le sachem avait fait un signe mystérieux, indiquant qu'ils devaient se débarrasser du seul pirate qui se trouverait au milieu d'eux.

CHAPITRE XVII

Le bûcher (1).

L'Europe a vu des héros mourir sous les balles du peloton d'exécution avec un calme superbe ; des martyrs ont gravi les marches de l'échafaud pour des causes sacrées avec une résignation sublime. Mais ces attitudes vaillantes devant la fusillade ou sous le couteau ne sauraient inspirer le même étonnement, la même admiration que le stoïcisme dont font preuve les hommes de la Prairie au poteau de la torture.

Les raffinements de la barbarie indienne sont poussés au delà de tout ce que peut concevoir l'imagination d'un homme de race blanche ; les supplices sont gradués avec un art infini ; le Peau-Rouge ne piquera pas à coups de pointes de poignard ; il enfonce lentement dans la peau des épines qui distillent un venin corrosif ; après vous avoir arraché les ongles, il sème de la cendre chaude sur les nerfs mis à nu ; s'il vous met en mains des mèches poudrées tout allumées, il les attache avec des lianes mouillées et il arrose les doigts du patient pour que la chaleur fasse gonfler la peau et que la brûlure soit plus douloureuse.

Ces supplices de prisonniers durent souvent pendant six et sept heures.

Or, les trappeurs mettent leur gloire à supporter ces tourments avec un flegme inébranlable ; les Indiens, qui savent les blancs plus sensibles qu'eux à la douleur, s'étonnent de voir les hommes de la Prairie demeurer impassibles dans ces épouvantables agonies ; ils prétendent que cette attitude est le résultat d'un sortilége.

Robinson avait trop longtemps risqué sa vie pour se troubler en face d'un dénoûment tragique ; il avait déjà deux fois été lié à un arbre par les Peaux-Rouges, et, miraculeu-

(1) *Voir* notre gravure, page 1, du *Roi des aventuriers*. Robinson seul est en vue, Vendredi étant attaché de l'autre côté de l'arbre. Le dessin est d'une exactitude scrupuleuse.

sement délivré, il disait qu'il avait l'habitude de la torture.

C'était un fier homme, du reste, rempli du sentiment de sa dignité, grand cœur, esprit un peu étroit, mais fanatique de l'honneur professionnel.

Pour lui, un homme de Prairie était au-dessus du reste de l'humanité ; de bonne foi, il se croyait supérieur au commun des mortels ; pour rien au monde, il n'eût consenti à faiblir, ne fût-ce que l'espace d'une seconde.

Vendredi avait reçu trop de coups de fouet après ses tentatives de fuite, pour ne pas être, lui aussi, familiarisé avec la souffrance ; il était trop fier d'être au service de Robinson pour ne pas l'imiter dans son stoïcisme.

Seulement tous deux avaient une expression de figure différente.

Lorsque les Indiens, arrivés à l'arbre, mirent à nu jusqu'à la ceinture et lièrent les deux captifs, Robinson regarda devant lui, levant les yeux au-dessus de la ligne d'horizon, pour ne pas voir ses ennemis et imprimant à ses traits un air de parfaite indifférence.

Vendredi, lui, muet comme son maître, avait, au contraire, le feu de la malice dans les yeux ; sur ses lèvres, errait un sourire railleur ; il se moquait réellement de ses bourreaux, qui s'en aperçurent.

— Qu'a donc à rire de nous ce fond de marmite couvert de suie ? fit le Gentleman intrigué et inquiet. Tu n'es pourtant pas dans une situation gaie, barbouillé ! mal blanchi ! ramoneur de naissance !

Le nègre ne dit mot. Il avait encore les mains libres et il les porta à son cou ; il tira la langue si longue, si longue, il imita si bien l'horrible crispation des traits d'un pendu, que tout le monde comprit l'allusion qu'il faisait, par cette mimerie, au genre de mort que le Gentleman devait subir un jour.

— Och ! dit Soleil-d'Or ; je crois, Gentleman, que ce nègre prétend qu'un jour vous ferez triste tête sous une branche d'arbre à laquelle vous serez attaché par une corde !

Et le sachem parut enchanté de cette facétie de Vendredi.

Mais le noir, par le jeu des muscles du

front, fit mouvoir ses cheveux crépus et simula l'action de scalper.

— Eh! eh! dit le Gentleman, je crois, sachem, que Vendredi annonce que vous serez chauve un de ces jours.

Le Soleil-d'Or était irritable ; la colère le saisit.

Il fit un geste terrible.

Les Indiens se jetèrent sur les captifs, et les flagellèrent avec des lianes épineuses ; les bandits en firent autant avec une joie hideuse.

Vendredi continua de rire, et tantôt de faire mouvoir la peau de son crâne, tantôt de tirer la langue.

En ce moment, une voix mâle entonna un noël naïf, souvenir lointain des jours paisibles et riants où la main maternelle berçait les longs sommeils de l'enfance.

Robinson savait que l'Indien torturé chante son chant de mort ; il n'avait appris que des noëls de son pays et il lançait les notes sonores de ce cantique de paix au milieu des furieuses clameurs de ses bourreaux.

C'était une scène émouvante dans un cadre immense et sombre.

Un feu brillait, seule lueur dans cette solitude sans fin sur laquelle pesait le lourd manteau d'ombre des nuits sans lune ; la flamme éclairait vigoureusement les acteurs de ce drame poignant ; les ténèbres qui bordaient ce tableau de meurtre donnaient aux parties lumineuses un relief énergique.

Les victimes, ensanglantées déjà, formaient elles-mêmes un saisissant contraste ; l'une ressemblait à ces chrétiens des premiers âges qui tombaient dans l'arène avec l'auguste majesté des convictions saintes, en psalmodiant le *Credo* chrétien.

L'autre, avec son masque satirique, grimaçait les plus étranges défis ; son rire silencieux, crispé par la souffrance, prenait une expression satanique, et son noir visage, dans ses grimaces menaçantes, avait cette sublime et démoniaque laideur que le ciseau des artistes du moyen âge a prêté aux anges en révolte.

Autour d'eux, acharnés, hideux, se déchaînaient, comme des monstres en délire, les Apaches et les bandits, lacérant les chairs des victimes au milieu de danses bizarres et de vociférations épouvantables, entremêlées de silences lugubres ; car les Indiens rhythment ces cérémonies atroces.

Tout à coup, au milieu de ce déchaînement, retentit le bruit lointain de plusieurs détonations.

Tous s'arrêtèrent.

Tous se turent.

Quelques coups de feu retentirent encore et le Gentleman s'écria :

— On attaque les gardiens des prisonnières, là-bas!

Le sachem, de son côté, criait :

— Allumez les bûchers!

Et les Indiens mirent le feu aux fagots entassés sous les pieds des pirates, qu'une épaisse fumée enveloppa bientôt.

Alors Soleil-d'Or dit à l'un de ses Indiens :

— Le bandit s'est défendu là-bas contre nos frères ; il a fait feu de toutes ses armes et il est mort. On n'a pas attaqué les prisonnières que nos frères vont ramener ici. Qu'à leur arrivée les pirates soient morts, si le Grand Esprit le permet.

— Och! dit l'Indien.

Les bandits couraient déjà vers l'endroit où les prisonnières devaient se trouver ; sur un signe du sachem, les Apaches tirèrent traîtreusement sur leurs alliés.

Aux premiers coups de fusil, le Gentleman et les siens s'étaient jetés à plat ventre ; ils ripostèrent avec adresse.

Ils avaient sur leurs adversaires cet avantage que ceux-ci étaient encore éclairés par le feu, tandis que les Indiens ne tiraient qu'au juger sur des hommes ensevelis dans l'ombre ; plusieurs sauvages tombèrent.

Mais le sachem s'aperçut de la faute qu'il commettait. Il dispersa ses guerriers et les éloigna de la lumière.

En ce moment un galop de chevaux retentit rapide ; Soleil-d'Or jugea que ses Apaches lui revenaient, ayant expédié le pirate et lui ramenant ses prisonnières ; mais il vit passer des mustangs dans les ténèbres.

Il appela.

Point de réponse.

Tout à coup, dans le cercle de lumière où les bûchers commençaient à s'embraser après avoir longtemps fumé, le sachem vit trois personnages couverts de manteaux indiens et ramenant cinq chevaux ; ils coupèrent les liens qui attachaient les prisonniers, les hissèrent à cheval, leur donnèrent des armes, et, avec eux, chargèrent avec fureur en poussant le cri de guerre des Sioux ; en tête le sachem avait reconnu le guerrier fameux que redoutaient toutes les tribus et toutes les bandes.

Tonnerre-des-Montagnes, une fois encore, délivrait miss Jane.

Il y avait eu deux bandits de tués, le lieutenant et un autre ; du côté du Soleil-d'Or cinq hommes étaient à bas.

Devant la charge qui arrivait sur eux, Indiens et bandits s'enfuirent, à jamais ennemis !

La victoire était encore une fois aux trappeurs.

Ceux-ci n'avaient pas été atteints assez gravement par les coups de lianes ou par le feu, pour être privés de mouvements.

Exaltés par le danger couru, par la torture subie, ils s'acharnèrent à la poursuite et ils purent achever deux blessés qu'ils trouvèrent râlant et incapables de s'échapper.

Ils revinrent.

Auprès du bûcher, ils aperçurent, sous les manteaux indiens, les deux jeunes filles qui tenaient fièrement en mains leurs carabines.

— C'est fini ! leur cria Robinson ; ces brigands sont encore une fois en déroute, et je jure bien qu'ils n'y reviendront plus.

« Miss, je vous félicite ; vous n'avez reçu aucun mauvais coup. Ni vous non plus, Fleur-d'Églantier ! C'est bien heureux.

— Vous êtes couvert de blessures ! s'écria miss Jane, effrayée de voir le corps du trappeur rouge de plaies.

— Ça, dit Robinson en riant, ce n'est rien du tout.

— Nous n'avons que des égratignures ! dit à son tour Vendredi.

Il chercha de l'eau dans une gourde et il se mit à laver le buste de master Robinson et à le frotter avec du rhum, service que lui rendit ensuite son maître.

Celui-ci cependant demandait :

— Mais comment vous êtes-vous tirée d'affaire, miss ?

Ne recevant pas de réponse, il regarda autour de lui.

Les jeunes filles s'étaient éloignées discrètement.

Les deux chasseurs s'empressèrent de remettre leurs blouses et ils rappelèrent miss Jane et sa compagne auprès du feu.

Robinson, très-intrigué, répéta sa question.

Fleur-d'Églantier répondit :

— Nous avons été sauvées par Tonnerre-des-Montagnes, un grand guerrier.

— Je ne l'avais jamais vu, dit Robinson, mais j'en avais entendu parler ; c'est, en effet, un Sioux fameux.

Vendredi, amateur de stratagèmes, demanda curieusement :

— Comment s'y est-il pris ?

— Tobby, mon garçon, lui fit observer maître Robinson, je crois, Dieu me damne, que vous devenez familier avec une miss qui est Indienne, c'est vrai, mais fille de Long-Couteau, un fort brave trappeur.

Dans les circonstances les plus graves, Robinson n'oubliait jamais de saisir l'occasion d'une bonne remontrance à son nègre.

C'est ainsi que l'on forme les bons serviteurs.

— Miss Jane, dit-il alors, je vous prie de me raconter ce qui s'est passé ; vous permettrez à Tobby de l'entendre ; mais il saura bien que ce n'est pas pour lui que vous parlez.

— Le nègre est un homme, un brave homme ! dit miss Jane.

Et elle tendit la main au pauvre Vendredi, qui mit gauchement ses grosses lèvres sur le bout de ses doigts mignons.

— Miss, miss ! s'écria Robinson, vous me gâtez mon domestique ! Du reste, vous le traitez en homme, et ce n'est qu'un chien fidèle. Voyez comme il vous lèche les ongles.

— Qu'eussiez-vous donc fait à sa place ? demanda miss Jane, tendant la main à Robinson.

— Moi ?... voilà ! fit le trappeur.

Et il serra vigoureusement les doigts de la jeune fille.

« Je suis un gentleman, moi, dit Robinson. Je suis votre égal, miss ! Pour rien au monde je ne vous accorderais la marque d'humilité que vient si naturellement de vous donner cet esclave.

Malgré les émotions violentes qui venaient de les troubler profondément, les jeunes filles se regardèrent et se mirent à rire de la naïveté de maître Robinson.

Celui-ci maintint son opinion.

— Riez, riez ! fit-il. Vous vous croyez peut-être au-dessus de moi parce que vous êtes riches et que vous, miss Jane, vous avez un père employé dans le gouvernement.

« Tout cela m'est égal, indifférent, et je prétends que l'égalité règne dans la Prairie ; le président des Etats-Unis ou un roi quelconque n'est pas plus que moi ici ; je prétends même être plus que lui, si je suis plus brave et plus adroit. Maintenant, dites-moi ce qui est arrivé, d'autant plus que je ne vois pas revenir ce Tonnerre-des-Montagnes.

— Vous ne le reverrez pas, dit miss Jane. Il nous a quittées brusquement en nous criant du haut de son cheval : « Je veillerai sur vous jusqu'à votre arrivée au camp, mais je ne veux pas marcher avec vous. »

— C'est singulier ! fit Robinson.

Miss Jane reprit :

— Nous étions, vous le savez, sous la garde de plusieurs Indiens.

« Tout à coup, pendant qu'ils causaient, les yeux tournés du côté où vous enduriez la torture, un homme qui avait rampé jusqu'auprès de nous, fit feu de ses révolvers sur nos gardiens avec une si grande adresse qu'il les jeta bas, sauf deux.

« Ceux-ci s'enfuirent ; sans se préoccuper d'eux, il s'empara des chevaux, nous jeta sur les épaules les manteaux des morts, nous fit monter en selle, et nous vinmes vous délivrer ; vous sauvés, il est parti comme je vous l'ai dit.

« C'est Fleur-d'Eglantier qui m'a appris son nom.

— Voilà une singulière aventure ! dit maître Robinson.

— Ne vous en étonnez pas, dit Fleur-d'Eglantier ; le chef Sioux défend aux Peaux-Rouges de se battre entre eux ; il aime notre tribu ; il a fait jurer une trêve à Soleil-d'Or.

« Sans doute Tonnerre-des-Montagnes aura deviné comme moi que, sous le masque, c'était le sachem qui se cachait, violant ses serments.

« Il a voulu le punir et nous sauver.

— Encore, si le Gentleman était mort ! s'écrie Robinson.

— Nous saurons cela un jour ! dit Vendredi : en attendant, plus rien à craindre ; nous pouvons dormir ! Je commence la première veille, si l'on veut.

— Vous pensez donc, demanda miss Jane, que, du côté des bandits et des Apaches, tout danger est écarté ?

— A coup sûr ! fit Robinson. Le sachem aurait-il une nouvelle troupes de cent hommes qu'il ne se hasarderait plus à nous attaquer ; jamais un chef Peau-Rouge ne se jette dans l'inconnu et n'agit sans se croire sûr du succès.

« Or, le Tonnerre-des-Montagnes étant apparu, c'en est assez pour que les sauvages craignent de sa part quelque embuscade.

— Dormons donc, dit miss Jane.

— Un instant, fit Vendredi, il faut préparer les lits.

Avec les manteaux il forma des matelas, et bientôt les respirations douces et égales des jeunes filles annoncèrent qu'elles oubliaient dans des rêves tranquilles les horreurs de cette nuit.

Quant à maître Robinson, il ronfla à épouvanter les jaguars qui se seraient aventurés aux environs du bivac.

CHAPITRE XVIII

L'assemblée des sachems.

Quelques jours se sont écoulés.

Les volontaires du Colorado approchent du but de leur expédition.

Ni les Indiens, ni les pirates de savane n'ont contrarié leur marche ; pas une balle n'a été tirée contre eux.

Ils ont eu à traverser la grande forêt des Elans ; Choquart a craint d'y trouver des tribus ou des bandes embusquées; il a fait fouiller les bois avant de s'y engager.

Au rapport d'éclaireurs sûrs, rien de suspect dans l'immense étendue des terrains couverts de fourrés.

L'expédition a passé paisiblement.

Pendant qu'elle continue sa route dans la nuit qui suit son défilé sous bois, de petites troupes de cavaliers indiens arrivent de toutes parts dans la forêt, y pénètrent en silence, échangent des signes, et vont s'installer dans les clairières éparses çà et là.

Ce sont des chefs de tribus suivis de leur escorte.

Avant minuit, toutes les nations aborigènes qui parcourent la Prairie sont représentées dans la forêt par quelque guerrier illustre ; les Apaches, les Cheyennes, les Comanches, les Sioux, les Cheltoés, toutes les peuplades enfin ont envoyé des députations.

Des haines féroces, d'implacables rancunes, tout un passé de luttes sanglantes a fait des ennemis acharnés de la plupart des chefs qui sont là, voisins de bivacs, dans les éclaircies ; mais un calme profond règne partout.

Pas un mot, pas un cri.

Les obis et les jongleurs reçoivent ceux qui arrivent, échangent des gestes mystérieux, indiquent la direction à prendre, et la troupe s'enfonce sous les arbres.

Des feux sont allumés, mais leur flamme claire ne donne pas de fumée ; les grands chênes séculaires cachent ces clartés qui, en plaine, révéleraient la présence d'une armée.

La venaison rôtit sur les charbons ardents, et les guerriers prennent en paix leur repas; puis, roulés dans leur manteau de guerre, ils s'endorment sous la foi d'un serment solennel de trêve, inviolable et sacré, car aucune troupe ne place de sentinelle pour veiller à sa sûreté.

Il s'agit sans doute de quelque grande assemblée, convoquée pour sauvegarder de graves intérêts concernant toute la race rouge; des messagers revêtus d'un caractère religieux ont sans doute présenté à toutes les tribus l'écaille de tortue symbolique.

Vers minuit, les dernières bandes attendues sont à leur poste; on entend alors, dans le silence profond qui règne, retentir un son de trompe auquel répondent des cris divers de bêtes fauves.

Chaque tribu a choisi pour emblème un animal dont elle adopte soit le chant, soit le rugissement, soit la plainte.

Tour à tour, du fond de la forêt, s'élevèrent des coassements, des sifflements, des rugissements, des gémissements, des miaulements, des aboiements qui se perdaient dans l'espace après avoir fait vibrer les échos.

On eût dit que toutes les bêtes de la faune américaine s'étaient assemblées dans ces bois pour y former spontanément une exposition du règne animal.

Quand le dernier cri eût déchiré l'air, la trompe retentit de nouveau et la forêt s'agita.

Les sachems de chaque tribu, seuls, quittant les bivacs, s'acheminèrent vers le point central d'où le signal d'appel était parti; là, autour d'un feu, les obis, les jongleurs, les sorciers étaient réunis autour d'un guerrier à la vue duquel les autres chefs semblaient éprouver une sensation de profond respect, car tous venaient le saluer avec des démonstrations de déférence inusitées.

Cet homme portait sur son manteau de guerre, comme signe distinctif, un aigle des serres duquel s'échappaient des foudres.

C'était le guerrier révéré, le héros de la race indienne : Tonnerre-des-Montagnes.

Il apparaissait au milieu d'un cortége de prêtres, d'augures indiens, auxquels la superstition des tribus prêtait un grand prestige; à cette autorité religieuse il joignait l'influence de ses victoires sur les blancs.

Pour l'observateur, cet homme offrait cette particularité que, malgré la couleur de sa peau, malgré sa coiffure, malgré ses vêtements indiens, il avait un type européen.

En vain sa figure, teinte à la façon des guerriers suivant le sentier de guerre, était-elle défigurée par de nombreuses cicatrices, suite de récentes blessures, avait-il dit ; en vain imprimait-il d'ordinaire à ses traits le masque de l'impassibilité indienne.

L'embuscade placée sous le Cheval-Fantôme... (Page 72.)

Il avait des froncements de sourcils qui trahissaient un genre d'énergie particulier à la race blanche; celle-ci concentre rapidement à un moment voulu toutes les forces nerveuses sur un point; les plis du front décèlent ses appels à la volonté.

L'Indien, lui, prend une résolution lentement; il suit immuablement l'impulsion qu'il s'est donnée; il ne déploie pas plus de force de volonté dans un moment que dans l'autre; il a l'implacabilité d'une machine.

Le blanc est capable d'efforts qui le transforment; l'Indien est toujours semblable à lui-même.

Aussi l'Européen triomphe-t-il toujours des autres races, qui presque toutes sont marquées au coin de l'infériorité sous le rapport du vouloir énergique.

Les chefs subissaient donc le pouvoir de cet homme étrange.

Qui était-il?

On savait qu'il avait eu pour ami Long-Couteau.

Mais, bizarrerie qui faisait réfléchir les esprits observateurs, on ne les avait jamais vus ensemble.

Ce sachem, du reste, portait, il est vrai, le costume des Sioux.

Il n'était cependant pas né parmi leurs tribus.

Quand on questionnait un Sioux sur le Tonnerre-des-Montagnes, on n'en obtenait que de vagues renseignements.

La tribu était fière de ce grand guerrier; elle l'avait adopté sans protestation, lorsqu'il avait déclaré s'affilier à elle; mais rarement il avait paru dans les réunions de cette nation.

Il apparaissait de loin en loin, choisissait un certain nombre de guerriers, menait une expédition à bonne fin et partait pour des régions inconnues.

Il avait, du reste, frappé toutes les imaginations par l'emploi de moyens qui lui donnaient des victoires inattendues et en quelque sorte surnaturelles.

Les Indiens ignorent la force de la dynamite; devant eux, pour écraser une colonne de cavaliers blancs dans une gorge, il avait fait sauter d'énormes rochers avec des sacs de cette substance qui ressemble à la poussière, puisque c'est de la nitro-glycérine mêlée à du sable.

Les Indiens avaient cru que leur chef avait le don de transformer la terre en poudre; ils le révéraient comme un personnage doué d'une science occulte.

Le Tonnerre-des-Montagnes restait parfois toute une année sans faire parler de lui, puis on apprenait quelque grand exploit accompli par lui avec une poignée d'hommes.

Toutes les tribus le regardaient comme un protecteur, comme le sauveur, comme le Messie de la race indienne.

Dans cette forêt, à cette heure, sous ce ciel étoilé, au milieu du cercle formé par les sachems, ce chef avait, sans effort, sans recherche, une attitude imposante; ses yeux rayonnaient d'audace, son front resplendissait du feu de la pensée; il promena autour de lui un long regard qui pesa sur chacun des chefs, parmi lesquels Soleil-d'Or fut le seul qui conserva une attitude hautaine.

Marchant vers lui, le sachem sioux posa sa main sur l'épaule de l'orgueilleux Apache et se penchant à son oreille.

— Dois-je, lui demanda-t-il, te demander, à haute voix, devant tes frères, pourquoi tu étais peint comme un Comanche, dans cette nuit où tu violais la trêve par toi jurée? Tous ces chefs, dont plusieurs te haïssent et qui tous te jalousent, demanderaient aux obis ton châtiment, pire que la mort, puisque ton corps déshonoré aurait pour sépulture le ventre des coyottes!

Rien ne saurait donner une idée de l'horreur qu'éprouve l'Indien pour la mort ignominieuse infligée aux traîtres.

Ceci tient à une croyance de ces peuples primitifs; ils s'imaginent tous, d'après leurs traditions, que Darwin, un savant illustre, a réhabilitées, ils s'imaginent, disons-nous, descendre d'animaux qui, de transformations en transformations, sont devenus des hommes.

Mais, de plus, ils sont fermement convaincus que les hommes se transforment en bêtes; de plus, ils croient que si un homme est dévoré par un animal, son âme habite le corps de celui-ci.

Or la coyotte inspire aux Indiens la même horreur que l'hyène aux Arabes; on juge de l'invincible répulsion que devait éprouver le Soleil-d'Or pour un trépas devant aboutir à l'abandon fait de ses restes aux fauves immondes et impures qu'un Indien ne voudrait même pas toucher.

Le Soleil-d'Or, malgré les révoltes de sa vanité féroce, malgré les frémissements de son amour-propre offensé, baissa la tête et se tut.

Le sachem sioux reprit sa place, et tous les chefs échangèrent un sourire en voyant le superbe Apache tête basse, dans l'attitude d'un homme que quelque subite menace a foudroyé.

Tonnerre-des-Montagnes, revenu au milieu du cercle, s'assit, et l'on accomplit les cérémonies religieuses par lesquelles les Indiens ouvrent les conseils qu'ils tiennent.

Nous les avons trop souvent décrites pour y revenir.

Lorsque le calumet, bourré du tabac sacré, eut circulé dans toutes les bouches ; lorsque les paroles cabalistiques eurent été prononcées, le chef sioux se leva, et, au lieu de procéder à la façon indienne, par figures, en enveloppant sa pensée du voile des métaphores, il demanda brusquement :

— Mes frères savent-ils qu'un grand chef blanc conduit beaucoup de Visages-Pâles à travers la Prairie ?

— Och ! dirent les Indiens. Nous le savons et nous nous en inquiétons.

— Mes frères, demanda de nouveau le sachem, savez-vous ce que les Visages-Pâles vont faire et quel est le but de leur marche ?

— Non ! dirent les chefs.

— Je le sais, moi ! fit le sachem.

Et il laissa tomber sur les sachems cette révélation :

— Ils vont, dit-il, vers la montagne sainte du Cheval-Sacré, ce géant de pierre qui a été taillé dans le roc par nos ancêtres, et dont le squelette déchiqueté représente les Indiens en fuite devant les Visages-Pâles, les Indiens opprimés, dépouillés, n'ayant plus sur les os un lambeau de chair.

« Près du roc où s'élève cet emblème, les tribus se sont arrêtées ; elles emportaient leurs dieux et leurs déesses, immenses statues d'or et d'argent, dont la marche des convois était embarrassée.

« Les prêtres qui avaient le *secret de la pierre* et qui savaient mouvoir d'immenses blocs, connaissaient l'existence d'une grotte immense où s'étaient longtemps célébrées les cérémonies du culte mystérieux voué à la déesse de la Nuit ; ils cachèrent les statues dans le souterrain, en fermèrent l'entrée par des amoncellements de rochers, et pour en marquer la place à jamais, ils firent tailler ce colossal squelette de mustang que tous vous avez vu se dresser sur la montagne sainte.

« Un homme a surpris le secret de nos pères...

« Cet homme veut s'emparer de notre trésor, et moi, je demande aux sachems, je demande à mes frères s'il faut laisser ce Visage-Pâle et ses compagnons voler ces richesses qui appartiennent à nos tribus.

Une sombre et énergique protestation contre les blancs accueillit cette révélation.

Le sachem reprit :

— Notre race est chassée, traquée, poursuivie, massacrée aujourd'hui comme autrefois ; deux forces seulement peuvent nous sauver.

« L'union !

« L'or !

« En unissant tous nos efforts, nous opposerons aux Visages-Pâles un si grand nombre de guerriers, nous qui sommes tous combattants, nous formerons une telle armée que nous arrêterons leurs envahissements.

« Mais il faut donner des armes aux guerriers, des armes à tir rapide, des canons que nos enfants apprendront à manier, des munitions inépuisables ; le trésor que veulent nous enlever les Visages-Pâles nous permettra de faire la guerre.

— Il faut exterminer les Visages-Pâles ! crièrent les sachems.

— Qui de vous, demanda le chef sioux, croit que nos tribus peuvent attaquer cette armée de volontaires qui traîne avec elle ces nouvelles armes, les mitrailleuses et les canons-révolvers, dont les décharges écrasent en un instant des centaines d'hommes ?

Les sachems se turent.

De fréquentes expériences leur avaient démontré leur impuissance contre les engins perfectionnés des Européens.

Le sachem reprit :

— Voulez-vous, tous, fils d'une même mère rouge, voulez-vous jurer de m'obéir, d'amener au combat, sous mes ordres, tous les guerriers dont vous disposez? Si vous faites serment d'exécuter mes ordres, je m'engage, moi qui n'ai jamais menti, à m'emparer du trésor que les Visages-Pâles nous volent à cette heure.

« Car, au moment où je vous parle, ils sont dans le souterrain sacré ; la *porte de pierre* s'est ouverte devant eux.

« Mais je sais le moyen de vaincre ces aventuriers et de leur reprendre nos richesses, sans perdre un seul de vos fils.

A cette déclaration, un enthousiasme violent transporta les sachems.

Ils entamèrent le chant de guerre, et les étranges cérémonies qui consacrent la nomination d'un chef commencèrent pour se prolonger longtemps.

Une heure avant le jour, chaque chef de tribu quitta la forêt et s'enfonça au trot rapide de son coursier dans les profondeurs de la Prairie.

En cette nuit, un grand fait s'accomplit : un pacte fut scellé entre tribus jusqu'alors hostiles ; l'alliance des nations rouges contre les blancs était conclue.

Depuis, les Etats-Unis ont trouvé devant leurs soldats et leurs milices des corps d'armée indiens presque disciplinés, bien armés, bien commandés, qui leur offrent une résistance souvent heureuse, toujours acharnée.

Il y a deux ans, les MM'Iladokes obligeaient les Etats-Unis à augmenter l'effectif de l'armée, et ils ne succombaient qu'après avoir infligé des échecs sanglants à leurs adversaires.

Depuis six mois, la guerre a recommencé, et les Sioux viennent d'écraser, dans les défilés de leurs montagnes, une colonne expéditionnaire, dont cinq cavaliers seulement se sont échappés.

Aujourd'hui, le gouvernement envoie six mille hommes contre les Sioux ; de l'aveu même des généraux américains, la victoire est loin d'être assurée.

Celui qui dirige les Peaux-Rouges dans cette guerre est l'homme extraordinaire qui joue un rôle si important dans le drame que nous racontons à nos lecteurs.

Il y a trois ans, ce héros de l'indépendance des Indiens d'Amérique venait à Liége commander des armes pour ses guerriers, et il exposait son plan de campagne à un des plus remarquables officiers de l'armée belge, qui lui prédit le succès.

Nos lecteurs vont voir, du reste, quelles étaient les immenses et fécondes ressources de cette vaste intelligence.

CHAPITRE XIX

L'amour et l'or!

Comme l'avait annoncé Tonnerre-des-Montagnes aux sachems, les volontaires du Colorado étaient arrivés au but.

Un jour, à leurs yeux surpris, sur un sommet abrupte, était apparue l'étrange silhouette du squelette de cheval taillé dans la pierre ; il produisait une impression de terreur superstitieuse, tant l'effet en était bizarre et puissant sur ces imaginations.

Choquart, montrant le Cheval-Fantôme, avait crié à son armée :

— C'est là que nous allons.

« C'est là que se trouve un trésor immense qu'ont vu mes yeux et que mes mains ont touché.

La colonne marcha avec une ardeur incomparable ; cependant elle ne put atteindre le jour même les sommets de la montagne.

Le squelette semblait être si rapproché qu'on aurait pu l'abattre à coups de canon ; mais c'était un effet d'optique, ordinaire dans les pays de montagnes.

L'œil était trompé par la transparence de l'air.

Enfin, le lendemain, vers midi, la colonne arrivait au pied du squelette.

Choquart fit installer le camp, il plaça lui-même des grand'gardes d'Indiens auxiliaires, il fit mettre sous les armes deux compagnies, charger les canons et prit enfin toutes ses mesures de défense.

— Jusqu'ici, dit-il à ses officiers, les Indiens, ignorant ce que nous voulons, nous ont laissés passer.

« A cette heure, le péril commence !... Nous avons vu qu'il ne se trompait point.

Ayant pris toutes ses précautions, il choisit dans chaque compagnie une députation chargée de l'accompagner et d'inventorier le trésor, il fit préparer des torches et il s'achemina vers la *porte de pierre* qu'il connaissait.

Autour de lui se tenaient tous les héros de cette aventure : Pierre Long-Couteau, M. Balouzet, Balle-Enchantée, Oreilles-d'Argent, le Jaguar, lady Bernett elle-même.

Mais alors que tous les yeux étaient fixés sur la pierre formant porte et que Choquart avait désignée, lady Bernett n'avait de regard que pour M. Balouzet.

Son vrai, son seul trésor était ce fiancé ; elle craignait toujours qu'il ne lui échappât.

Déjà Choquart, qui savait où il fallait opérer une pression pour déplacer la roche, s'apprêtait à ouvrir le souterrain, quand un bruit de galop retentit.

Au milieu de l'émotion générale, chacun se retourna, l'œil froncé, pour savoir qui venait ainsi troubler une opération aussi grave, aussi importante.

Les trésors annoncés, l'incertitude de les trouver en place, la fièvre qui secouait les imaginations, l'impatience dévorante de chacun, tout donnait à cette scène un caractère solennel ; cependant, lorsque sur deux mustangs l'on vit paraître Fleur-d'Eglantier et miss Jane, derrière elles Robinson et Vendredi, un long cri joyeux salua l'arrivée des jeunes filles.

Elles semblaient être des messagères de joie et d'espérance.

Au milieu des félicitations, des cris, des acclamations, un homme, Pierre Long-Couteau, le sourcil froncé, s'avança et dit à Fleur-d'Eglantier :

— Comme frère, je vous blâme d'être venue sans être appelée ; mais la conduite à tenir envers vous regarde Balle-Enchantée.

Puis à miss Jane, il allait faire un reproche quand Fleur-d'Eglantier, tirant de son sein la fausse lettre de Balle-Enchantée, la tendit à Pierre.

Celui-ci la lut en écoutant les explications de sa sœur.

Il prit alors la main de miss Jane ; mais celle-ci lui tendit son front avec une grâce timide et charmante.

Cette jolie scène avait suspendu pour un instant les convoitises ; le charme féminin avait triomphé de l'attrait de l'or.

La victoire était à l'amour.

Ce fut l'honneur de ces hommes au cœur loyal et chevaleresque, d'avoir dominé, en ce moment, les instincts cupides violemment surexcités, pour donner le temps à deux couples d'amoureux de se réconcilier.

Nous sommes, hélas ! obligé d'estomper ce tableau radieux d'une ombre noire, et d'avouer qu'un homme y faisait tache.

M. Balouzet, sombre, loin de montrer de l'enthousiasme comme fiancé, se dissimulait derrière ses compagnons, jetant des regards sournois, alarmés, haineux sur lady Bernett, qui le cherchait pour sceller, elle aussi, une fois de plus, par un baiser, le pacte des fiançailles ; Long-Couteau embrassait miss Jane ; Balle-Enchantée tenait Fleur-d'Eglantier sur son cœur ; c'était bien le moins que M. Balouzet se montrât tendre et galant.

Mais il se tenait derrière le dos épais de son ami Oreilles-d'Argent.

Tout à coup Choquart l'aperçut et il lui cria :

— Allons, mon oncle, embrassez lady Bernett, qui nous a porté bonheur !... Depuis son arrivée, le convoi a marché comme sur des roulettes.

Et M. Balouzet fut obligé de s'exécuter, aux applaudissements des assistants.

Mais, à part lui, il murmura :

— Je donnerais ma part de butin pour être débarrassé de cette vieille folle !

Puis, passant derrière son neveu, qui attaquait la porte avec un levier, il lui dit :

— Choquart, je te ferai payer un jour tes plaisanteries de mauvais goût.

Mais la pierre s'ouvrait et les porteurs de torches se précipitaient dans le souterrain, éclairant des splendeurs inouïes.

CHAPITRE XX

Splendeurs.

Quelle que fût la confiance des volontaires dans la parole de Choquart, ils doutaient de la réalisation de leurs espérances ; les promesses du jeune homme semblaient fantastiques. Beaucoup s'avouaient que le dixième, le centième des richesses annoncées suffirait à payer chacun largement de ses peines et de ses avances.

Mais, lorsque les délégués des volontaires se furent précipités dans la galerie souterraine qui s'ouvrait devant eux, lorsque leurs yeux furent éblouis par le resplendissement de l'or, de l'argent, des pierreries, lorsque leur imagination fut frappée par le colossal aspect de ces statues, ils furent saisis du délire de l'enthousiasme.

La fièvre de l'or est redoutable, elle enivre, elle exalte, elle affole, elle tue même...

Les natures inférieures résistent difficilement à cette surexcitation.

Les dieux et les déesses, rangés sur deux files, formaient une haie de statues qui s'étendait au delà des rayons de lumière projetés par les torches.

Cette grotte est l'une des plus longues qui soit au monde ; les derniers trappeurs qui l'ont visitée et mesurée affirment qu'elle s'étend, pareille à un tunnel, sur une longueur de deux kilomètres.

Les effigies des divinités, espacées et montées sur des piédestaux de pierres brutes, déroulaient leur procession imposante jusqu'au bout de cette voie sacrée.

Les porteurs de torches donnèrent bientôt des signes inquiétants de folie ; les uns embrassaient frénétiquement ces masses de métal précieux, d'autres poussaient des cris sauvages de triomphe, quelques-uns paraissaient stupides d'étonnement.

Parmi les chefs, deux seulement ne surent pas maîtriser leur émotion.

L'un, Balle-Enchantée, jeune homme élevé dans les superstitions de la race normande qui a peuplé le Canada, eut un moment d'égarement.

Dans ses rêves, il n'avait jamais cru, pour lui, comme avenir, qu'à une aisance gagnée dans les chasses de la Prairie ; sa part de butin lui parut devoir être si formidable qu'il en fut comme écrasé.

Sa raison vacilla.

En même temps, les croyances aux choses surnaturelles qu'on lui avait inculquées dès l'enfance reprirent tout à coup leur empire sur lui.

On l'entendit rire du rire strident des aliénés.

En même temps, il se moquait de ses compagnons, criant que tout cela était trompe-l'œil, chimère, créations des fées et des génies souterrains.

Tout s'évanouirait en fumée et tomberait en cendres d'un moment à l'autre.

D'autre part, Oreilles-d'Argent, cupide comme le sont les Auvergnats, fut si rudement secoué qu'il eut comme un accès de rage.

Il divagua furieusement.

Son délire consistait à croire qu'on voulait ravir le trésor, enlever les statues, dérober toutes ces richesses.

Il se jeta sur les porteurs de torches qui voulaient étreindre et baiser l'or, il les frappa avec fureur, les traitant de voleurs et menaçant de les tuer.

Heureusement Long-Couteau, dont la force était prodigieuse, parvint à saisir Oreilles-d'Argent, et, aidé par M. Balouzet, à le porter dehors.

Il était temps d'arracher ce malheureux à cette fascination ; le cou gonflé, la figure violette, les yeux égarés, il était menacé d'une attaque d'apoplexie.

Long-Couteau la conjura en le saignant comme eût fait un médecin.

Bientôt Balle-Enchantée était à son tour amené dehors par Choquart lui-même ; le Canadien exhilarait d'une façon inquiétante.

— Emmenez ces deux malades, dit Choquart à Pierre et à M. Balouzet ; Oreilles-d'Argent me paraît guéri. Balle-Enchantée le sera avec une potion calmante. Voyez le docteur, mais surveillez les compagnies et exigez d'elles qu'elles restent sous les armes. Allez vite ! Il me semble que j'entends des murmures.

En effet, les volontaires, impatients, s'agitaient.

M. Balouzet et Pierre, après avoir livré Balle-Enchantée aux soins du docteur, firent masser les compagnies afin de mieux les tenir sous l'œil et sous la main ; puis M. Balouzet fit un discours qui produisit impression.

— Le trésor existe, dit-il sommairement, je l'ai vu. Il est tel que Choquart vous l'a dit. Vous le verrez tous par troupes de dix hommes ; mais si vous vous débandez, vous êtes perdus : on signale des masses de cavalerie indienne de tous côtés.

Grâce à ce stratagème, grâce à la peur qu'il leur fit d'être surpris et massacrés, M. Balouzet calma l'ardeur des volontaires, assura le service et la discipline, et organisa le bivac et sa défense.

En même temps, par troupes de dix hommes, c'est-à-dire par escouade, les volontaires pénétraient dans la galerie, la parcouraient et en ressortaient, faisant place à d'autres.

Les porteurs de torches, qui s'étaient enfin calmés, Choquart et plusieurs officiers qui avaient conservé tout leur sang-froid, présidaient à cette visite ; les volontaires, prévenus du danger de se laisser aller à cette première impression, se raidissaient contre l'émotion.

Le docteur n'en eût pas moins des saignées à pratiquer et des gouttes d'opium à administrer.

En somme, il était difficile de résister au spectacle merveilleux que présentait le souterrain.

Qu'on s'imagine, à la lueur des torches, ces divinités étranges, dont beaucoup avaient un aspect monstrueux, vous regardant avec leurs yeux énormes d'escarboucles, de topazes, de rubis et d'émeraudes.

Qu'on se représente sur l'or bruni et sur l'argent mat les ornements fabuleux dont les vêtements sculptés étaient surchargés ; les glaives, les lances, les massues aux mains des dieux, les attributs dans celles des déesses.

Qu'on songe aux coiffures guerrières des héros divinisés, coiffures de forme menaçante, contrastant avec les tiares, les diadèmes, les couronnes des statues de femme.

Que l'on prolonge ce spectacle dans un défilé interminable, et l'on comprendra toutes les défaillances qui se produisirent.

On voit des gens mourir de joie en apprenant qu'ils ont gagné le gros lot de 100,000 francs.

Par privilége, les dames avaient pu rester dans la grotte autant qu'il leur avait plu d'y demeurer.

Telle est la nature de la femme, que ce qui frappa le plus les jeunes filles, ce fut la toilette des déesses.

Lorsque, installées toutes trois sous une tente, elles causèrent de leurs impressions, il ne fut question ni des richesses amoncelées dans la grotte, ni des pierreries.

Les discussions se poursuivirent à perte de vue sur la question de savoir quelle déesse était la plus jolie, la mieux coiffée et la plus coquettement drapée.!

Faut-il blâmer tant de légèreté et des préoccupations si futiles en présence d'un trésor immense ?

Faut-il au contraire, admirer cette délicatesse de goût, ce désintéressement ?

Nous laissons à chacun le soin d'en décider.

Mais, au fond, pour la femme, la question d'argent ne se résout-elle pas presque toujours à ceci : dépenser pour se parer et pour plaire ?

Nous avons très-rapidement et très-insuffisamment décrit cette *grotte des dieux*, comme on l'appelle aujourd'hui encore qu'elle est vide ; nous serions entrés dans les plus menus détails que rien n'aurait valu le chiffre que nous allons donner.

Vérification faite, de l'estimation des hommes les plus compétents de la colonne expéditionnaire, qui apposèrent leur signature au bas de l'inventaire, que Choquart fit publier plus tard, il n'y avait pas moins de

UN MILLIARD

dans le souterrain.

CHAPITRE XXI

Le défilé des Squelettes.

Trop longue serait la description du travail acharné auquel se livrèrent les volontaires pour charger leurs richesses sur les fourgons.

Il fallut dépecer les statues, les diviser par fragments ; le convoi des fourgons était énorme ; il fut presque insuffisant.

Pendant ces jours de labeur, les uns occupaient les avant-postes, d'autres travaillaient dans la grotte, un certain nombre chassaient.

A ceux-ci, Choquart recommandait d'explorer avec soin les abords du camp et de se défier des Indiens.

Il ordonna que la moindre trace d'ennemis fût suivie et qu'on lui signalât chaque soir les indices que l'on aurait trouvés ; mais on ne rencontra pas un seul Peau-Rouge.

Une seule fois, par une soirée d'orage, l'embuscade placée sous le Cheval-Fantôme même, crut voir un groupe de cavaliers indiens à la lueur des éclairs ; mais il lui fut impossible de savoir exactement à qui elle avait affaire.

Sauf cet incident, rien de suspect.

Miss Jane, Fleur-d'Églantier, lady Bernett, escortées de leurs fiancés et de leurs amis, faisaient de magnifiques battues ; les jours s'écoulaient pour les jeunes filles pleins de promesses d'avenir et de joies présentes.

Robinson et Vendredi avaient été admis, à leur grande joie, parmi les volontaires ; ils étaient veneurs émérites et ils étaient chargés de diriger les traqueurs.

Seul, dans cette bande de chasseurs et de chasseresses, un homme ne partageait pas la gaieté générale.

C'était M. Balouzet.

La présence de lady Bernett lui était odieuse.

Aussi, partant tous les matins avec le gros de la troupe, parvenait-il à s'égarer dans la journée.

Alors, enchanté d'être loin de sa fiancée, suivi de deux volontaires qui lui étaient dévoués, il se livrait avec frénésie à sa passion pour la chasse.

Il tua les jaguars par douzaines, il abattit quatre ours, il en vint à lacer les bisons et à leur couper le jarret aussi bien que pas un.

Il fit des choses merveilleuses, invraisemblables, impossibles.

Mais, malgré les triomphes que chaque soir lui décernaient les volontaires, il reprenait son air soucieux dès qu'il entrevoyait à l'horizon les boucles roussâtres qui voltigeaient, folâtres, autour du visage couperosé de lady Bernett.

Celle-ci redoublait en vain de prévenances, en vain elle minaudait.

Plus elle cherchait à se montrer charmante, plus elle agaçait M. Balouzet.

Oreilles-d'Argent, remis de sa folie, chassait aussi seul selon son habitude ; mais le soir, il rendait visite à son ami Balouzet. Ils buvaient ferme tous deux et se faisaient des confidences.

L'Auvergnat racontait sa première mésaventure conjugale ; M. Balouzet exprimait cent fois dans une heure l'énergique résolution de ne pas se marier.

Les jours se succédaient, le travail avançait, les Indiens ne paraissaient pas.

Un soir, Choquart convoqua ses officiers en conseil.

— Messieurs, dit-il, tout est prêt pour le départ ; nous levons le camp demain ; si les Indiens nous laissent aussi tranquilles pendant le voyage de retour que jusqu'à présent, nous serons à San-Francisco dans un mois.

— Hurrah ! crièrent quelques officiers.

Les plus expérimentés ne s'associèrent pas à cet enthousiasme.

Pierre Long-Couteau prit la parole.

— Je crois, dit-il, que ce serait s'illusionner beaucoup que de compter passer sans avoir de rudes combats à livrer.

— Sûrement, dit Oreilles-d'Argent, nous serons attaqués, et d'autant plus vigoureusement que les Indiens se cachent.

— Je m'attendais à quelque surprise, dit Choquart. Aussi vous ai-je convoqués pour vous prier d'étudier avec moi l'itinéraire que

Bivac du Tonnerre-des-Montagnes.

nous devons suivre et pour deviner quelle embuscade les Indiens chercheront à nous tendre.

— Pour moi, dit Balle-Enchantée, je suppose que l'affaire aura lieu dans le *défilé des Squelettes;* c'est là que plusieurs caravanes ont péri ; c'est là que nous trouverons le plus dangereux passage.

Tous les officiers partagèrent l'avis du jeune Canadien.

Choquart conclut qu'il fallait fouiller le défilé, couronner ses hauteurs et ne commencer le passage que quand on serait certain de ne pas être assailli par les tribus.

— Nous fouillerons les alentours de cette gorge à dix milles à la ronde, dit-il. Si l'on ne voit rien, le convoi s'engagera dans la passe; avec les compagnies, sur les sommets, nous flanquerons sa marche. Nous avons nos canons, nous ne craindrons pas d'être pris à l'improviste ; nous serons donc en bonnes conditions pour repousser toute attaque.

Les dispositions de Choquart étant excellentes, les plus défiants cessèrent d'être inquiets; aussi, le lendemain, se mit-on en marche avec l'espérance au cœur.

Du reste, le défilé était à huit étapes de là.

On avait quitté le camp vers neuf heures du matin, après que la rosée avait séché sur le chemin et que l'avant-garde avait exploré les terrains à parcourir.

Depuis une demi-heure on était en route, quand un cavalier vint rejoindre Choquart et lui dit de la part de Balle-Enchantée, qui commandait les éclaireurs :

— Nous sommes espionnés par un cavalier qui, à longue distance, regarde ce que nous faisons et s'assure que nous levons le camp.

— Avez-vous essayé de prendre ce curieux ? demanda Choquart.

— Oui, commandant, dit le volontaire. Mais nous avons affaire à un drôle si rusé qu'il s'est défié du mouvement tournant très bien imaginé par notre officier. Il a détalé.

— Qu'on veille avec soin ! dit Choquart.

Et il fit savoir à toute la colonne *qu'elle était tenue sous l'œil* par l'ennemi.

Chacun redoubla de vigilance, car personne n'ignorait combien les Indiens sont dangereux et combien leurs attaques sont inopinées.

La journée s'écoula sans autre incident. L'espion disparut vers midi.

S'il avait été possible de le suivre, on aurait reconnu qu'il piquait droit vers le *défilé des Squelettes* ; qu'au bout d'une demi-heure de galop vertigineux, il rencontrait un autre cavalier auquel il jetait un avis ; ce cavalier partait à son tour et lançait l'avis, après une demi-heure de galop, à une autre vedette ; ainsi jusqu'au défilé.

Là un seul homme, à cheval lui aussi, attendait la nouvelle.

C'était Tonnerre-des-Montagnes.

La nuit était tombée sur le défilé au moment où l'espion arriva pour faire son rapport au sachem.

Celui-ci, sur un roc, au sommet et à l'entrée de la gorge, la voyait se dérouler dans ses méandres, comme un gigantesque ténia ; la lune jetait sa lumière froide et blanche dans les profondeurs de cette immense déchirure qui s'était faite au flanc des montagnes du Colorado ; on distinguait dans ces ravins des masses qui apparaissaient grisâtres sur le fond sombre du sol.

C'étaient les ossements amoncelés d'hommes et de chevaux qui, à différentes reprises, avaient péri dans ce lieu sinistre, sous les balles des Peaux-Rouges.

Impossible, dans cette direction, d'éviter cette périlleuse étape.

Des hommes, des chevaux, pouvaient escalader les pentes de la montagne ; mais il n'y avait que ce chemin pour les wagons.

Tonnerre-des-Montagnes attendait, impassible, depuis de longs jours, la nouvelle que son espion lui apportait.

Pendant que les blancs travaillaient, loin de là, dans la grotte, lui, dans ce défilé, avait dirigé les efforts de milliers d'Indiens transformés en pionniers.

Ceux-ci avaient remué le sol, creusé des excavations, levé et replacé des rocs ; ils avaient ensuite tracé un sillon qui allait se perdre au loin, puis recouvert ce sillon ; tous ces préparatifs singuliers terminés, ils avaient arrosé avec soin des gazonnements destinés à faire disparaître toutes les traces des travaux.

Autour des rocs déplacés, ils avaient plaqué de la mousse.

L'eau aidant, le soleil avait redonné en peu de temps une vigueur extrême à la végétation ; nulle trace n'apparaissait d'un travail souterrain.

Alors, le sachem sioux avait renvoyé ses guerriers, et, seul, il était resté pour recevoir la nouvelle de la levée du camp.

Lorsque son espion la lui donna, un sourire se dessina sur son mâle visage, et il dit à l'Indien :

— Ici, dans ce défilé, vont s'entasser les trésors qui me permettront de délivrer *ta* race.

L'Indien, étonné que le sachem n'eût pas dit *notre* race, le regarda et *il* lui demanda :

— Le même sang rouge ne coule donc pas dans nos veines ?

À cette question, le sachem ne répondit pas ; il fit volter son cheval, indiqua d'un signe à l'espion qu'il fallait le suivre, et il se lança vers un but inconnu à travers les ténèbres.

Derrière lui, cet homme mystérieux laissait tendu un piège dans lequel devait tomber l'armée des volontaires.

CHAPITRE XXII

Coup de filet.

La colonne des volontaires du Colorado était très-difficile à nourrir ; on avait tous les jours à fournir de gibier les trois cents Européens et les Indiens auxiliaires.

Dans ces conditions, il fallait chasser, et quelquefois le gibier était rare.

Quand on trouvait l'occasion de pêcher, on était ravi, car le poisson venait varier l'ordinaire des compagnies.

Habituellement les traqueurs que les chasseurs employaient étaient des Indiens ; Choquart tenait à conserver autour de lui les Européens, gens disciplinés, maniables et sachant la tactique.

En cas de lutte, il comptait sur eux pour fournir une résistance solide et méthodique ;

aussi ne donnait-il aux veneurs que des Pieds-Rouges pour battre la broussaille.

Or, parmi ces Indiens, depuis quelque temps, il se passait des choses qui eussent dû donner l'éveil aux blancs, leurs alliés.

Tous les soirs, autour des feux, les danses se prolongeaient.

Jusque-là rien d'extraordinaire.

L'Indien est né danseur ; il danse dans tous les actes importants de la vie ; il danse à tout propos et hors propos.

C'était là, du reste, la coutume des anciens peuples.

David a dansé devant l'arche.

Rien donc de suspect jusqu'ici dans cette exagération d'une habitude invétérée ; mais il y avait ce fait particulier :

Les danseurs formaient de grands cercles auxquels les sachems se mêlaient ; puis, peu à peu, de la circonférence vers le centre de ce cercle, les chefs se détachaient de façon à former un groupe qu'enveloppait un cordon de guerriers en branle.

Impossible alors de voir ce que faisaient les sachems, impossible d'entendre ce qu'ils disaient ; aucun Européen ne pouvait se mêler aux danses frénétiques des Apaches.

Quelques-uns, par entraînement, l'avaient essayé, mais ils avaient trouvé tellement brutales les façons de leurs alliés, qu'ils avaient dû se retirer ; les Peaux-Rouges frappaient, déchiraient, mordaient leurs amis, les Visages-Pâles, dans les étranges figures de la danse de l'ours et du jaguar.

Ou bien, dans les cérémonies de la danse du scalp, ils simulaient l'enlèvement de la peau du crâne avec tant d'ardeur et de conviction, que leurs couteaux entamaient le cuir chevelu des Visages-Pâles, assez mal avisés pour s'égarer parmi eux.

Dans ces conditions, l'on conçoit que les blancs devaient se contenter d'être simples spectateurs de divertissements aussi grossiers.

Les Indiens, libres de tout espionnage, finissaient toujours par allumer rapidement un feu avec quelques branches de bois sec ; ils terminaient la soirée par la danse du calumet.

Si les blancs, perçant le cercle des danseurs, avaient vu les chefs assis autour de ce feu masqués par le rideau des danseurs et causant avec gravité, ils se seraient demandé quelles graves questions se débattaient.

Seul le Jaguar aurait pu le savoir ; mais le jeune homme se sentait beaucoup plus attiré par les blancs que par les Peaux-Rouges. Le gentilhomme s'éveillait en lui au contact de Pierre Long-Couteau, son frère.

Il rêvait d'être instruit comme lui, comme lui d'être appelé à vivre en Europe et d'épouser enfin comme lui une fille blanche.

Aussi ne quittait-il plus son frère.

Il y eut un grand conseil plus vif que les précédents, le troisième jour de marche, à la veille d'une grande partie de pêche projetée pour le lendemain.

On devait trouver une rivière très-vaste qui coupait le chemin suivi par la caravane des volontaires.

Cette rivière n'avait qu'un gué praticable aux fourgons.

Il fut convenu que Choquart ferait traverser le gué à son avant-garde, que celle-ci étudierait le terrain fort loin au delà de la rivière et le long de ses rives.

Si rien de sérieux ne s'offrait aux yeux des éclaireurs, le convoi traverserait le gué et continuerait sa marche sous l'escorte des compagnies et des canons.

L'arrière-garde, composée des Indiens alliés, devait occuper le gué et se livrer en même temps à une grande pêche.

L'expédition avait été organisée par des hommes trop intelligents et trop pratiques, pour qu'ils eussent oublié de garnir les coffres des wagons de longs filets destinés à ramasser le poisson des lagunes, des ruisseaux et des fleuves que l'on devait rencontrer.

Les pêches étaient prévues ; on en avait déjà exécuté plus d'une avec succès ; M. Balouzet, grand amateur, présidait aux opérations avec beaucoup d'intelligence.

Donc, le lendemain, il devait commander l'arrière-garde.

Il s'était formé une société joyeuse qui adorait ces sortes de parties de plaisir.

Les dames voulurent tout naturellement

voir cette pêche, qui, au dire de M. Balouzet, devait être miraculeuse.

En conséquence, il fut convenu que Balle-Enchantée, Pierre Long-Couteau, Oreilles-d'Argent, le Jaguar, toutes les dames, resteraient à l'arrière-garde.

D'autre part, les Indiens, qui savaient que cette résolution était prise, tinrent un très-long conciliabule.

Ils causèrent longuement avec une animation farouche.

En levant le conseil de guerre qu'ils tenaient, ils firent tous un solennel serment.

. . . .

Le lendemain, on partit de très-bonne heure, afin que l'on trouvât le temps nécessaire à la pêche.

L'avant-garde prit une avance considérable; Choquart fut même inquiet de s'en voir éloigné à ce point.

Toutefois, tout se passa sans incident jusqu'au gué, qui fut atteint par le convoi vers neuf heures du matin.

Alors Choquart vit venir à lui des courriers que lui dépêchaient ses chefs d'éclaireurs : ceux-ci annonçaient que nulle part on n'avait vu l'ennemi.

Nulle trace !

Nul indice !

Le terrain avait été fouillé fort loin en tous sens.

Donc on pouvait être tranquille.

Le convoi passa.

A midi, le dernier fourgon était sur l'autre rive et continuait à suivre la file des voitures qui s'éloignaient.

Il ne restait que l'arrière-garde sur les bords de la rivière.

En attendant que le convoi eût défilé, M. Balouzet avait fait ses préparatifs.

Les filets étaient étendus, la rivière explorée, les fonds en étaient sondés.

Déjà un vaste gile barrait le passage des poissons au travers du gué.

D'autre part, on avait déjeuné avec entrain; tout le monde était joyeux, sauf les Indiens qui étaient sombres.

Le Jaguar le remarqua; mais il attribua leur attitude à la préoccupation.

Il supposa que, se sentant destinés à protéger l'armée en défendant le gué, ils étaient inquiets de voir le convoi s'éloigner de la rive avec l'armée, ce qui ne permettrait pas d'être soutenus par les volontaires en cas d'attaque.

Il crut donc devoir les rassurer.

Il s'approcha de l'Oiseau-Moqueur, qui se trouvait au milieu d'un groupe de chefs, et il lui dit :

— D'où vient que toi, dont le sourire est radieux comme un rayon de soleil, tu sois soucieux ?

« As-tu peur de voir l'ennemi surgir tout à coup et nous attaquer ?

« Personne ne peut passer cette rivière à dix milles d'ici, sans mouiller sa poudre; tous les abords ont été explorés.

« Ce gué est facile à défendre; nous pouvons donc pêcher à l'aise.

L'Oiseau-Moqueur parut se laisser convaincre et dit :

— Tu as raison, sachem, fils de sachem; la vérité est sur tes lèvres comme l'abeille sur les fleurs. Nous allons laisser ici la moitié des nôtres pour garder le gué. Les autres vont tendre les filets du trappeur Touche-Toujours.

La pêche commença tout aussitôt; on mit les filets à l'eau.

Pendant plusieurs heures, on traîna les giles, on fit rafle de poissons énormes qui furent entassés en monceaux frétillants; la lumière tirait des écailles des effets éblouissants.

La sécurité était complète !

On riait, on saluait chaque beau coup de filet par des hourrahs, on se livrait à une joie franche, sonore, bruyante.

L'Oiseau-Moqueur était plus gai que qui que ce fût.

— Je prédis, s'écriait-il, que tout ce que vous voyez là n'est rien. Le plus beau coup de gile sera celui de la fin !

Et les Indiens, si longtemps taciturnes, finissaient par rire de cette prédiction.

Cependant, le soleil déclinait à l'horizon; il y avait des amoncellements de poissons; on résolut de donner à l'Oiseau-Moqueur une satisfaction.

Il avait tant répété que le dernier coup de filet serait le plus beau, qu'on voulut faire une dernière et magnifique traînée des giles.

Mais on déclara qu'ensuite on se mettrait en route avec les trois fourgons laissés à l'arrière-garde pour qu'elle les remplit des produits de sa pêche.

On se mit donc à promener les giles et on ne les hissa sur la rive que quand ils furent remplis à se rompre.

L'Oiseau-Moqueur parut enchanté.

On versa les poissons sur l'herbe.

L'Oiseau-Moqueur poussa tout à coup une exclamation et s'écria :

— Le poisson-femme !

Aussitôt des Indiens accoururent, parurent fous de joie et se mirent à danser en criant aussi :

— Le poisson-femme ! le poisson-femme ! Venez donc voir !

Tout le monde s'empressa.

Personne ne doutait que l'on n'eût capturé un poisson extraordinaire.

— Qu'est-ce ? fit M. Balouzet. Serait-ce une sirène ? Tête de femme et queue de poisson. Où est-ce ? Je ne vois pas.

L'Oiseau-Moqueur fouillait dans le tas et répétait :

— Je l'ai vu ! Nous l'avons vu ! C'est le Wacondah qui nous l'envoie. Le poisson-femme porte bonheur.

Tous les blancs, curieux et étonnés, se penchaient sur le tas.

Tout à coup, les Indiens, qui s'y étaient préparés, jetèrent sur eux un vaste filet, qui les emprisonna.

Ce fut l'affaire d'un instant.

Paralysés, roulés, garrottés, bientôt réduits à l'impuissance en moins de rien, ils furent en outre bâillonnés, chargés en tas dans les wagons vides.

Le piège avait été si bien combiné, si habilement exécuté, que l'effet en fut foudroyant.

Les Indiens avaient apporté dans l'exécution de leur complot une adresse merveilleuse.

Du reste, rien de paralysant comme un filet ; un lion enveloppé dans les mailles d'un épervier serait aussi impuissant qu'un goujon.

Les fourgons, attelés avec des mustangs, furent lancés dans une direction qu'indiqua l'Oiseau-Moqueur, et les Peaux-Rouges disparurent avec leurs prisonniers.

Choquart perdait ses meilleurs officiers et ses auxiliaires.

CHAPITRE XXIII

Entrevue.

Les prisonniers furent entraînés pendant toute la nuit par les fourgons avec une rapidité telle que les attelages semblaient voler dans l'espace.

Les wagons, solides et légers, étaient peu chargés ; des relais avaient été préparés ; toutes les heures, des postes d'Indiens, échelonnés le long du chemin suivi, amenaient des chevaux frais.

Pendant toute la nuit, les prisonniers furent cahotés.

Enfin, le jour parut et les attelages se lancèrent dans une magnifique vallée, couverte d'une végétation pittoresque, arrosée d'eau vive, et occupée par un camp immense dont les tentes, ornées de dessins éclatants, étincelaient au soleil.

Là se trouvaient réunis des détachements nombreux de toutes les tribus indiennes.

Accourant de toutes parts, les guerriers se précipitèrent avec enthousiasme au-devant des Pieds-Rouges, saluant leur arrivée de cris retentissants.

Ils savaient tous ce que contenaient les fourgons.

Les prisonniers cependant étaient couchés au fond des voitures ; ils ne pouvaient ni voir, ni être vus.

On les conduisit au milieu du bivac, en face d'une tente plus ornée que les autres, et dans laquelle se trouvait Tonnerre-des-Montagnes.

L'illustre chef sortit, examina le groupe des prisonniers que l'on avait placés à terre, car il leur était impossible de se tenir debout, tant le voyage les avait brisés.

Le sachem sioux parut éprouver une fugitive émotion en apercevant Fleur-d'Églantier ; il tressaillit lorsque son œil se fixa sur celui de Pierre ; mais il sourit en voyant Oreilles-d'Argent qui couvrait son bâillon d'écume.

L'Auvergnat, de son côté, se calma tout à coup en reconnaissant le chef sioux, et il sembla ruminer dans sa tête les données d'un problème qui lui paraissait insoluble.

Tous les prisonniers, du reste, étaient étonnés.

Ils savaient que le chef avait sauvé les Pieds-Rouges, délivré miss Jane et ses compagnons, porté un vif intérêt à tous ceux qu'il venait de faire enlever.

Pourquoi alors les avoir si brutalement capturés ?

Pourquoi avoir provoqué la trahison des Pieds-Rouges ?

Autant de questions insolubles.

Le sachem donna des ordres, et aussitôt les prisonniers furent déliés et conduits dans des tentes préparées pour eux.

On fit ensuite entourer, par un cordon d'Indiens Comanches, le coin du camp qu'on leur réservait, puis on leur apporta des vivres.

Tous savaient que questionner un Indien est chose inutile ; fiers, du reste, dignes, affectant tous l'impassibilité, ils attendaient que l'on décidât de leur sort.

Quatre jours s'écoulèrent sans qu'aucun changement fût apporté à la situation des captifs.

On avait pour eux tous les égards possibles en pareille circonstance ; mais rien ne paraissait devoir les fixer sur leur sort futur.

Seraient-ils ou ne seraient-ils pas attachés au poteau de la torture ?

Enfin, le cinquième jour, au matin, le camp fut levé. Les guerriers indiens prirent les armes.

Ils montraient une agitation extraordinaire.

Une forte colonne quitta le bivac, et un millier d'Indiens seulement demeura à la garde du camp et des captifs. Les prisonniers comprirent qu'un dénouement approchait.

— Qu'en pensez-vous ? demandait M. Balouzet, montrant les trois ou quatre mille Indiens qui se mettaient en marche.

— Je crois, dit Oreilles-d'Argent, qu'il va se passer des choses terribles au *défilé des Squelettes*.

— En effet, c'est aujourd'hui le neuvième jour de marche depuis le départ de la grotte. Hier déjà les volontaires auraient dû franchir le défilé.

« J'imagine que Choquart aura perdu tout un jour pour envoyer sur nos traces.

« Aujourd'hui il s'engage dans la gorge, et qui sait ce qui va arriver ?

— Je crains pour lui et pour nous, dit M. Balouzet.

— Il a des canons, il est prudent ; il passera, dit Long-Couteau.

— Je crains, fit M. Balouzet, que notre ami ne tombe dans quelque piège ; le Tonnerre-des-Montagnes est un génie rusé et perfide.

— Choquart est fin, dit-on.

— Alors nous sommes perdus ! Si mon neveu se sauve, nous qui sommes des otages, nous courons de grands dangers. Nous serons les gages d'une transaction.

— Pour mon compte, dit Long-Couteau, je suis déterminé à ne pas permettre ce marché ; dussé-je me tuer !

— C'est notre devoir ! dit froidement M. Balouzet. Si l'on compte sur nous pour forcer Choquart à livrer sa cargaison de statues, il faut déclarer que nous saurons mourir plutôt que de mettre nos amis dans la nécessité de transiger.

Mais, regardant miss Jane, il se tut tout à coup.

La jeune fille comprit cette réserve subite.

— Monsieur, dit-elle, nous sommes aussi déterminées que vous à faire notre devoir.

Et elle tendit silencieusement la main à Pierre.

— Moi ! dit Fleur-d'Églantier, je n'hésiterai jamais quand il s'agira de sauver la réputation de mon fiancé.

Lady Bernett s'avança pour faire aussi sa protestation.

Elle dit solennellement :

— Je suivrai mon fiancé partout, dussé-je y périr !

— Hélas! murmura M. Balouzet, je vois que je la trouverai sur mes talons même en enfer!

En ce moment un brouhaha se fit entendre. Le chef sioux, Tonnerre-des-Montagnes, s'avançait vers les prisonniers.

Le sachem, en se présentant devant les prisonniers, avait un visage souriant; ils furent tous frappés de l'expression bienveillante de sa figure.

Ils examinèrent ses traits avec l'attention qu'apportent les gens menacés d'une condamnation à mort à l'étude des dispositions que peuvent avoir, pour ou contre eux, ceux qui sont destinés à les juger.

Les captifs durent s'avouer que le chef sioux semblait animé des intentions les plus conciliantes.

Il prit la parole.

Contre l'attente générale, il s'exprima d'abord en anglais.

Cette langue était comprise par tous les intéressés, y compris M. Balouzet.

Le chef promena un regard ému, presque attendri, sur tous ceux qui se trouvaient devant lui, et il commença ainsi avec un geste solennel :

— La terre est à ceux qui l'occupent; ceux qui, sans motif, envahissent un pays, dépossèdent les habitants, s'emparent de ce qui leur appartient, ceux-là sont des voleurs!

Il y eut un murmure parmi les prisonniers. M. Balouzet, dont les joues s'empourprèrent, dit même :

— Je n'ai pas fait deux mille lieues pour être traité de voleur!

Le chef sioux scruta, d'un œil attentif et perçant, le visage de M. Balouzet et lut sa pensée dans ses yeux.

A la surprise générale, le chef s'approcha du bourgeois parisien et lui dit en français :

— Vous, particulièrement, monsieur, vous n'auriez pas dû vous associer à la spoliation condamnable imaginée par votre neveu, tentée par lui, exécutée par lui.

Ces mots, prononcés avec l'accent parisien, causèrent une stupéfaction profonde.

— Monsieur!... fit M. Balouzet.

— Je répète, déclara le chef sioux, que vous, bourgeois de Paris, homme d'ordre — vous le répétez assez souvent — ami de la paix — vous le déclarez à tout propos — protecteur de la propriété; vous, ex-lieutenant de la garde nationale sous Louis-Philippe, vous êtes en ce moment un flibustier, un homme qui ne mérite plus le titre de citoyen; vous êtes hors la loi, hors le droit des gens.

Puis, grave, laissant tomber lentement chacun des mots, le chef sioux ajouta :

— Aucun de vous n'a fait son devoir! Je devrais tous vous faire brancher aux arbres voisins, si l'on ne devait avoir pitié de la faiblesse humaine.

M. Balouzet était furieux, plus furieux qu'aucun de ses compagnons.

— C'est trop fort! dit-il.

« De deux choses l'une :

« Ou ce sauvage est un homme civilisé qui trahit la cause des blancs.

« Ou c'est un Indien qui s'est civilisé et qui devrait comprendre que le progrès exige la conquête des territoires occupés par les tribus barbares.

« En tous cas, j'ai assez de ses sermons, et je ne veux pas en entendre davantage.

Le sachem pâlit, s'avança, prit M. Balouzet par la main, le tira hors du groupe des prisonniers, le toisa et lui dit :

— Vous avez parlé de progrès. Soit! j'admets qu'une nation civilisée manquant de terre ait le droit de s'agrandir aux dépens des tribus sauvages occupant des régions aussi vastes; mais comment doit s'accomplir cette conquête de territoire?

« Est-ce par la corruption?

« Doit-on abrutir avec les spiritueux ces tribus guerrières, énergiques, douées de qualités admirables et surtout stoïques?

« Doit-on abuser des engins perfectionnés, des moyens de destruction supérieurs pour déposséder les possesseurs du sol?

« Doit-on enfin, sous prétexte de progrès, décimer une race d'hommes?

« C'est ce que font les États-Unis, et en général les nations civilisées.

« Je prétends, moi, que la devise des peuples arrivés à un degré supérieur de culture intellectuelle et morale devrait être : Civilisez, ne tuez pas !...

M. Balouzet sentait l'argumentation du chef sioux l'étreindre et l'enlacer.

Il ne répondit rien.

Le sachem continua :

— Dans le cas particulier qui nous occupe, qu'avez-vous fait ?

« D'un côté, je vois des Indiens, des hommes libres, occupant un territoire qui leur appartient, qui ne leur a jamais été contesté, même par les Mexicains, leurs voisins du Sud, même par les Américains, leurs voisins du Nord.

« Or, vous, sans mandat, sans titres, sans droit, sans justice, sans honneur, parce que des trésors vous tentent, vous venez en bandes de pillards, de voleurs, d'assassins, vous emparer des richesses qui ne vous appartiennent pas, qui appartiennent à d'autres !

« Je vais plus loin :

« Vous violez un sentiment plus sacré que celui de la propriété : vous commettez une profanation !

« Vous attentez à des croyances que vous devez respecter.

« La base de toutes les religions est la croyance à une essence supérieure, à une Providence.

« Que l'homme adore un Dieu unique ou qu'il divise les attributs de la divinité comme les peuples rouges, ici, en Amérique, ou comme les païens ; qu'il confonde toutes les vertus dans les devoirs en un seul culte ou qu'il honore, sous un symbole, chaque vertu en particulier, vous n'avez pas le droit de vous faire juges et de déclarer que telle religion est mauvaise, que la vôtre seule est bonne.

« Ce qui serait un sacrilège en France est un sacrilège ici.

« Pourquoi avez-vous volé les dieux des tribus ?...

Il se fit un silence profond.

M. Balouzet lui-même, homme d'ordre, ami de la paix, de la tranquillité et de la loi ; M. Balouzet, bourgeois honnête et consciencieux, était atterré.

La légitimité de l'entreprise commençait à lui paraître douteuse.

Le chef sioux reprit :

— Supposez que la France, l'Angleterre, telle nation que vous voudrez choisir, soit envahie et qu'un temple soit pillé.

« Vous crierez à la profanation !

« Ici vous êtes, de gaieté de cœur, des profanateurs !

« Et vous êtes cependant des hommes de progrès, des porte-lumière, les aînés, les initiateurs des Indiens !

Tous les prisonniers courbaient la tête.

En ce moment l'on entendait une détonation formidable.

Tous les prisonniers tressaillirent.

Le chef sioux reprit lentement :

— A cette heure, le châtiment commence, brutal, impitoyable, terrible pour les uns ; ce sont ceux qui succombent pour la plupart en ce moment, sous l'action des mines qui vont écraser cette armée de flibustiers.

Une seconde, une troisième détonation retentirent.

Puis, les explosions continuèrent, épouvantables, secouant le sol, attestant une œuvre de vengeance préparée sûrement, et anéantissant les volontaires.

Impassible, dominant son auditoire, le sachem ajouta :

— Vous êtes les meilleurs de ces hommes égarés ; je vous ai sauvés !

« Ils meurent...

« Vous allez vivre...

« Je ne vous impose rien...

« Vous êtes libres...

« Mais souvenez-vous !

« Lorsqu'on vous proposera, à vous, hommes d'action, une entreprise, quelle qu'elle soit, si méprisables que vous paraissent vos adversaires, avant d'accepter un rôle dans une expédition, étudiez-en le principe et les conséquences devant le tribunal de votre conscience.

« Si vous voulez mourir en paix, ne faites pas injustement la guerre.

« Si vous avez des âmes chevaleresques et si vous êtes dévorés par la soif des aventures, choisissez un champ d'action où doivent germer, grandir, se développer les idées généreuses et fécondes.

En ce moment, le sol fut secoué par une

Aspect du défilé après la catastrophe.

explosion si formidable, que quelques-uns furent précipités à terre.

On eût dit qu'un grand cataclysme bouleversait cette région.

Le chef sioux devint livide; une sueur froide perla sur son front.

Il éprouvait à cette heure l'angoisse qui s'empare des grands justiciers, quand ils accomplissent une œuvre de meurtre.

La responsabilité du sang pesait sur lui et l'écrasait.

Mais il se redressa.

— Quand on défend un peuple opprimé, dit-il, on ne peut répondre d'épargner toutes les natures d'élite égarées dans les rangs ennemis; j'ai fait pour vous épargner ce qu'il était humainement possible de faire.

« J'aurais voulu connaître et juger individuellement chacun de ces volontaires; c'était chose irréalisable.

« En masse, ils appartenaient à cette tourbe d'aventuriers européens pour qui cette terre d'Amérique est, depuis des siècles, vouée au fer et au feu, à l'extermination des peuples primitifs.

« Ils ont vécu!

« Que quelques-uns d'entre eux échappent à cette catastrophe, je le souhaite et je leur fais grâce.

« Je me réserve d'en questionner un, s'il n'est pas frappé à mort.

« Je parle du chef de cette expédition!

— Mon neveu est une nature généreuse et enthousiaste, déclara M. Balouzet.

— Je souhaite, dit le sachem, qu'il en soit ainsi.

Puis, promenant un long regard sur tous les prisonniers, il laissa lentement tomber sur eux ces mots solennels :

— Il n'est pas un de vous qui n'ait quelque chose à réparer. Vous partagez tous la responsabilité du chef qui vous a entraînés.

« A l'avenir, songez moins à l'or qu'à l'honneur; n'ayez pour règle que le devoir.

« Si vous combattez, que ce soit pour l'émancipation des peuples.

Il fit un signe à ses Indiens.

Ceux-ci amenèrent des chevaux.

— En selle, gentlemen ! dit le chef en anglais, avec la désinvolture d'un baronnet invitant ses amis à une promenade.

Et il sauta sur un coursier pur sang, qui piaffait aux mains d'un Sioux.

Il piqua vers le lieu où ces détonations avaient retenti.

Derrière lui s'ébranla le groupe des prisonniers.

Quel spectacle les attendait !

A mesure que l'on approchait du défilé des Squelettes, vers lequel on se dirigeait, on entendait grandir une rumeur, vague d'abord, qui devint peu à peu lamentable et puissante; mugissements de bœufs, hennissements de chevaux, cris humains...

Nul doute que les volontaires du Colorado n'eussent péri ensevelis dans un cataclysme préparé par le chef sioux.

Les prisonniers suivaient le terrible sachem sans mot dire, la poitrine serrée par l'émotion.

Ils étaient encore sous l'impression des graves paroles prononcées par le sachem, sous l'accusation de vol qu'il leur avait lancée; ils sentaient à cette heure qu'un peuple, même sauvage, a des droits sur son territoire, des droits sur ses richesses, des droits sur les statues symboliques représentant ses croyances et honorées de son culte.

Chacun à cette heure entendait le cri de sa conscience.

Chacun envisageait sous un autre jour cette expédition, commencée sans remords, poursuivie gaiement, et dénouée d'une façon si triste.

Car il n'y avait pas à espérer que beaucoup d'hommes eussent survécu.

Ceux dont on entendait les voix devaient être horriblement blessés pour lancer des appels aussi déchirants, aussi désespérés.

On arriva sur les crêtes du défilé par un débouché brusque du sentier suivi, et l'on aperçut tout à coup, dans toute son horreur, la scène de carnage qui ensanglantait la gorge des cimes à la base.

Le sachem avait miné le passage en haut, en bas, aux deux extrémités, le long des pentes, partout...

Le défilé était, en quelque sorte, bourré de dynamite.

Plusieurs fils électriques, enduits de gutta-percha, cachés dans le sol, aboutissant à un appareil portatif, permettaient de faire sauter ce volcan aux cent cratères, sur lequel allaient s'engager les volontaires.

Les emplacements des fourneaux avaient été choisis avec une rare sagacité ; çà et là, des plate-formes naturelles, positions tout indiquées pour les canons, devaient être occupées par l'artillerie de Choquart ; toutes avaient été minées.

On voyait les pièces renversées et les affûts brisés.

Les caissons, broyés par les pierres, avaient pris feu par la détonation des obus percutants, dont les amarres s'étaient enflammées par le choc ; les explosions avaient été meurtrières au delà de toute idée.

Qu'on s'imagine ces malheureux volontaires, formant cordon sur les crêtes, reliant entre elles les pièces en batterie.

Tout à coup, le sol tremble, les coups de mine éclatent de toutes parts, soulevant des blocs énormes qui retombent en débris, les caissons détonent, la grêle des éclats d'obus, la pluie de la mitraille sillonnent l'air en tous sens avec des sifflements lugubres ; des nuages de poussière sont déchirés par les gerbes étincelantes des explosions ; tous se sentent perdus ; une invincible terreur s'empare des malheureux volontaires éperdus au milieu de cette fournaise ; ils fuient, mais ils tombent foudroyés.

En bas, la confusion est plus affreuse encore !

Le convoi s'allonge dans les méandres que décrit le chemin à travers les ravins ; les mines sautent sous les pieds des attelages qui se ruent de toutes parts, brisant les traits ; des pentes roulent ses roches qui écrasent tout sous leurs avalanches... Au milieu de ce désordre inexprimable, à travers la fumée, semblables aux monstres de l'Apocalypse, des taureaux s'élancent corne basse, les naseaux brûlants, l'œil en flamme, peuplant cette réalité sinistre de visions fantastiques. Puis, peu à peu, de ces bruits retentissants, de ces courses folles, fuites insensées et sans but, il n'était resté que les râles des mourants et les longues plaintes des bœufs qui se traînaient blessés, s'éloignant d'instinct de ce lieu où ils respiraient l'odeur du sang et du carnage.

Lorsque ce tableau lamentable se déroula devant ses yeux, le chef sioux parut le contempler avec une joie féroce ; ses narines dilatées, ses yeux démesurément ouverts, son front rayonnant d'orgueil, tout annonçait qu'il savourait son triomphe.

Toutefois, d'un geste superbe, il arrêta son armée, accourue derrière lui, meute haletante, acharnée, qui voulait se précipiter à la curée.

Poussant son cheval au-devant de ses guerriers frémissants, il les domina en leur criant :

— J'ai fait ces morts ! Ils sont à moi ! Qu'un seul de vous s'avance, et, par ma volonté, la terre s'ouvre sous ses pas.

Ce que voulaient les Indiens, c'était scalper les blancs morts ou survivants !...

La crainte superstitieuse que leur inspirait leur chef les contint.

Le sachem dit alors aux prisonniers :

— Parcourez le terrain ! Voyez si quelques-uns ont survécu ! Amenez tous les blessés autour de mon cheval. Je les sauverai !

M. Balouzet trouva que le sachem rachetait par cette clémence le mouvement de férocité qui s'était peint sur sa figure quand il avait aperçu ce champ funèbre.

— Chef, dit-il, vous vous honorez par cette pitié. Je vous remercie au nom de mes compagnons.

Une voix dit avec fermeté :

— Moi, je proteste ! Je n'ai aucune reconnaissance pour mes ennemis, et je ne prends qu'un engagement : celui de venger mes amis !

C'était Pierre qui lançait cette menace au chef sioux.

A côté de lui se plaça son frère, qui lui serra silencieusement la main en lui disant :

— Frère, tu as parlé comme un homme qui sent couler dans ses veines le sang de Long-Couteau.

Tous se turent.

Tous s'attendaient, en frémissant, à quelque terrible explosion de colère de la part du chef sioux.

Celui-ci se contenta de dire à Pierre :

— Allez d'abord, *monsieur* (il souligna ce mot) secourir les blessés ; puis je vous parlerai au nom de votre père.

Pierre tressaillit.

Tous savaient que le chef sioux avait connu le comte de Sommerive.

Quelle révélation le sachem allait-il faire?

Toutefois, il fallait avant tout profiter des bonnes dispositions du sachem. Avec l'aide d'un certain nombre de Pieds-Rouges, on se mit à chercher les blessés.

M. Balouzet n'espérait guère retrouver son neveu.

— Le pauvre garçon est mort, murmurait-il ; il vaudrait mieux que ce fût moi.

Et il cherchait ardemment au milieu des cadavres amoncelés.

Pierre, qui l'entendit, lui demanda amèrement :

— Puisque vous aimiez Choquart, pourquoi avez-vous remercié celui qui l'a frappé? Êtes-vous donc de la nature des chiens, qui lèchent la main qui les frappe ?

— Monsieur, dit M. Balouzet, vous avez de grandes qualités ; mais votre indomptable orgueil gâte tout. La guerre est la guerre ; quand on la fait, il faut en subir les conséquences. C'est nous qui avons commencé, nous qui sommes les agresseurs, et, ma foi, je dois avouer que le mot flibustier dont nous a fustigés le sachem n'est pas volé. Si j'avais réfléchi, j'aurais refusé de prendre part à cette expédition. Maintenant que le mal est fait, je trouve qu'en l'atténuant le plus possible, ce sachem fait preuve de générosité. En somme, si, par bonheur, je retrouve mon neveu, si je le sauve, je le devrai à notre adversaire.

— A notre ennemi ! dit Pierre.

— Ennemi, soit! mais ennemi chevaleresque! ennemi que nous avons provoqué! ennemi qui se défend chez lui!

— Vous ne vous sentez donc pas humilié, fit Pierre, d'avoir été pris au filet comme un poisson stupide?

— Ah! c'est là que le bât vous blesse, jeune homme! fit M. Balouzet. Vous êtes vexé, vous êtes furieux, parce que votre amour-propre est froissé. Ce n'est plus de l'orgueil, cela : c'est une petite vanité tout à fait indigne d'un gentilhomme comme vous !

— Monsieur !....

— Mon cher, je vous dis ce que je pense ; je vous avertis que vous faites fausse route. Je vous engage à descendre dans votre conscience et à vous demander si ce n'est pas obéir à un sentiment vil que s'inspirer d'une mesquine rancune.

Pierre fronça le sourcil, contint un violent accès de fureur, et s'éloigna les poings fermés.

M. Balouzet continua ses recherches avec un zèle qui fut enfin couronné de succès.

Il trouva Choquart sous un tas de cadavres.

Le jeune homme respirait encore, ce qui causa une joie vive à son oncle.

Celui-ci examina le blessé, et reconnut qu'il n'avait reçu que des contusions, et qu'il était resté évanoui sous les corps d'un groupe de ses soldats renversés sur lui.

Ces couches humaines avaient fait matelas en quelque sorte, et l'avaient protégé contre l'écrasement.

Choquart fut transporté à l'ambulance improvisée où plusieurs autres blessés se trouvaient déjà.

Quand les prisonniers eurent parcouru le champ de bataille, fouillé le terrain, enlevé tous ceux qui survivaient, le sachem sioux fit un signe ; son armée s'élança dans le défilé et sur les hauteurs.

Tous les guerriers, le couteau en main, cherchaient les morts pour les scalper.

Les prisonniers détournaient leurs yeux de cette scène hideuse.

En ce moment, Pierre s'approcha du sachem, et lui montrant les sauvages guerriers se livrant à une orgie sanglante, il lui dit :

— Je suis certain, *monsieur*, que vous êtes un Européen. Regardez les hommes pour lesquels vous avez exterminé trois cents soldats de votre race! Dites-moi si ces brutes indiennes en valent la peine...

— Puisque vous voulez une explication, monsieur, dit le chef sioux, suivez-moi. Je vais vous la donner.

Et il ajouta :

— Attendez-vous, monsieur, à éprouver une grande émotion ; car vous ne vous doutez guère de ce qui vous attend.

Il emmena Pierre, laissant les prisonniers très-impressionnés par ses dernières paroles.

Le sachem conduisait Long-Couteau loin du défilé.

Le chef sioux avait lancé son cheval au galop, et le jeune homme, l'imitant, le suivait se demandant ce qui allait se passer entre eux, et prévoyant quelque scène inattendue.

Cet homme, qu'il avait menacé, dont il avait blâmé la conduite, était un ancien ami de son père.

Cet homme avait montré qu'il était dévoué aux descendants du comte de Sommerive et il les avait sauvés.

A coup sûr — Pierre n'en doutait plus — cet homme était un Européen.

Qu'allait-il dire ?

Qu'allait-il faire ?

Le sachem, à deux mille pas du camp, loin de tout regard, arrêta son cheval sous un pistin.

Pierre l'imita.

Le chef mit pied à terre.

Pierre en fit autant.

Ils laissèrent tous deux leurs mustangs en liberté, ces coursiers intelligents reviennent au coup de sifflet du cavalier.

Le sachem, s'adossant au pistin, croisa les bras, parut longtemps réfléchir, pesa sans doute dans son esprit le pour et le contre d'une décision à prendre, et il finit par poser brusquement cette question à Pierre.

— Pourquoi, monsieur, êtes-vous revenu en Amérique, sans que Long-Couteau, mon ami, vous y ait rappelé ?

Pierre fronça le sourcil :

Plus que jamais il était convaincu qu'il avait affaire à un blanc ; mais le ton que prenait cet homme le blessait.

Il se sentait en face d'une nature supérieure ; mais c'était une raison de plus pour que son orgueil se cabrât.

— Monsieur, répondit-il, j'ignore qui vous êtes et de quel droit vous m'interrogez.

Le sachem sourit :

— Vous êtes, dit-il, d'une race fière dont la devise est : *Je m'attaque aux forts !* Toutefois, vous devriez montrer moins de raideur vis-à-vis de celui qui vous a sauvé dans cette grotte où vous alliez mourir, et qui a délivré votre fiancée.

— En agissant ainsi, dit Pierre, vous avez accompli deux fois votre devoir, monsieur ; vous avez agi en homme qui se sent brave et qui met son courage au service des honnêtes gens attaqués par des bandits ; vous avez fait ce que tout trappeur eût fait avec plus ou moins de succès.

« A votre place, j'aurais agi comme vous, et je ne vous le reprocherais pas.

— Je ne vous reproche rien, sinon d'avoir quitté l'Europe.

— Ceci est une question qui ne regarde que moi, mon père étant mort.

— Mort en me laissant ses pleins pouvoirs, monsieur, dit le sachem.

Et il prit à sa ceinture un carnet dont il tira une lettre sur parchemin.

Il la tendit à Pierre.

Celui-ci la lut avec émotion.

Voici ce qu'elle contenait :

« Au sachem sioux, Tonnerre-des-Montagnes, mon meilleur ami !

« Je lui lègue mon *secret*, avec mission d'exécuter mes projets.

« Je veux que Pierre, mon fils aîné, sa mère, mon second fils et Fleur-d'Églantier se laissent conseiller et guider par mon exécuteur testamentaire.

« Telles sont mes dispositions dernières.

« Pour que Pierre ne soit point tenté de revenir en Amérique, pour qu'il reste en Europe, et pour qu'il institue autour de sa mère une nouvelle famille, si je meurs frappé par un ennemi, je défends à Pierre de s'occuper de me venger.

« C'est un soin qui regardera mon fils indien et mon gendre.

« Au besoin, Tonnerre-des-Montagnes se chargera de la punition de mes meurtriers.

« Que Pierre regarde l'obéissance à mes volontés comme un devoir sacré.

« Sa mère a subi un long martyre... la destinée lui a enlevé son mari... je veux qu'elle garde son fils, que sa vieillesse soit heureuse, et qu'elle soit entourée de petits-enfants.

« J'embrasse tous les miens et j'ai le pressentiment que je vais bientôt mourir.

« Comte DE SOMMERIVE. »

Pierre baisa respectueusement cette lettre et la rendit au sachem.

Celui-ci, fort des pouvoirs qui lui avaient été donnés, répéta pour la troisième fois sa question :

— Monsieur, pourquoi avez-vous quitté l'Europe ?

— Parce que ma mère l'a voulu, monsieur, répondit-il ; elle m'a chargé d'une mission. Elle voulait que je suppliasse mon père de la laisser revenir près de lui ; elle voulait vivre et mourir à ses côtés.

— Il était cependant mort pour elle, dit le sachem. Vous deviez bien savoir que votre père avait depuis longtemps résolu de ne pas imposer à sa femme une existence impossible à côté d'un banni, disons le mot, d'un forçat.

Pierre pâlit.

— Vous savez, dit-il, comment et pourquoi le comte fut condamné ?

— Inutile de plaider pour lui ; il était mon ami. Je l'ai jugé digne de mon affection et de mon estime ; je dirai plus et mieux : il s'était lui-même absous, et sa conscience était de celles qui ne s'apaisent pas facilement.

« Mais il m'a souvent confié ses projets, et il jugeait sainement que votre mère ne devait pas venir en Amérique.

— Ma mère, cependant, voyait dans cette réunion le bonheur de sa vie.

— Elle sera plus heureuse à Paris quand vous y retournerez avec miss Jane, votre femme.

— Ce n'est pas là mon plan d'avenir ! dit énergiquement Pierre.

— Parce que... ?

— Parce que, monsieur, je veux trouver quelque grande et belle occasion de me couvrir de gloire pour réhabiliter mon nom !

— C'est en France, à Paris, au milieu de vos compatriotes, monsieur, que vous devez à votre père et à vos ancêtres de combattre pied à pied le préjugé qui pourrait encore subsister contre les fils des condamnés.

« Là où est la brèche, là doit se tenir un vaillant soldat.

« Votre champ de bataille est Paris ; ne quittez pas Paris.

« Vous allez posséder une fortune considérable et c'est un puissant moyen d'action ; vous aurez un levier d'or.

— Vous venez cependant d'anéantir mes rêves de fortune.

— Cette fortune, je vous l'ai dit, eût été mal acquise ; mais vous semblez oublier que votre père m'a légué son secret.

« Il avait un trésor, des millions !

« Lui mort, je les ai enlevés et ils sont à cette heure à votre disposition.

« Votre mère a été avisée que dix millions lui seraient remis par une maison de banque de Paris ; elle les a reçus, j'en ai eu avis. Elle vous les confiera à votre retour.

Le sachem avait baissé les yeux en faisant cette révélation.

Peut-être s'attendait-il à trouver une expression joyeuse sur le front de Pierre ; car il le regarda tout à coup brusquement.

Aucune satisfaction avide ne se peignit sur le visage du jeune homme.

— J'admets, monsieur, dit-il, que voilà un moyen d'accomplir de grandes choses ; mais non pas à Paris.

« Avec cette somme, je puis entreprendre quelque long et périlleux voyage scientifique ; je puis encore, comme le rêvait le commandant de notre expédition, soulever un peuple opprimé. Mais à Paris, que ferai-je ?

— Vous serez utile, monsieur, utile sans chercher la popularité, solidement, loyalement, intelligemment utile.

« Si vous adoptiez une résolution désespérée, si vous partiez pour quelque aventure dans le genre de celle où périt Raousset de Boulbon, on jugerait que le nom de votre père vous pesait.

« Le sentiment public est très-fin, très-délicat ; on devinerait vos intentions, on vous admirerait, on vous plaindrait ; vous auriez établi votre renommée sur un piédestal ; mais dépassant le but, vous l'auriez manqué.

« Il ne s'agit pas, pour lever la honte imméritée de votre nom, qu'un de Sommerive passe comme un météore, éblouisse pendant un instant et disparaisse.

« Ce qu'il faut, monsieur, c'est une lutte longue et patiente.

« Ce qu'il faut, c'est que l'on s'accoutume,

dans le peuple et dans le faubourg Saint-Germain, à entendre prononcer votre nom avec estime ; vous n'avez pas à passer les portes des salons fermées pour vous, à vous imposer à grands coups d'héroïsme : il faut qu'une à une, lentement, ces portes s'ouvrent d'elles-mêmes.

« Votre mère, monsieur, est restée digne de tous les respects.

« Votre femme sera charmante, et son caractère est précisément celui qui peut le plus contribuer à votre succès.

« Vous serez donc dans des conditions excellentes.

« Il restait à votre père, en Europe, un ami : c'est le magistrat qui présidait la cour d'assises où le comte fut condamné. C'est aujourd'hui un homme politique considérable.

« Le comte a toujours correspondu avec lui ; c'est ce magistrat qui lui a tracé la ligne de conduite que vous devez suivre.

« Vous irez le trouver à votre arrivée à Paris et il vous guidera.

« Dans son opinion, une ère politique nouvelle s'ouvre, dans laquelle les hommes de bonne volonté de tous les partis devront s'unir pour préserver la France des luttes stériles, et pour travailler à l'application de ce qui est réalisable dans les aspirations généreuses vers le progrès.

Le sachem continua :

— Étudiez les problèmes sociaux, acquérez de l'expérience, devenez un homme d'État ; obtenez lentement, mais sûrement, l'estime des classes supérieures et la confiance du peuple ; le jour où vous aurez obtenu les suffrages des électeurs de l'arrondissement où se trouve le château de Sommerive, racheté par vous, vous aurez effacé déjà de bien fâcheux souvenirs.

« Plus tard, à la Chambre, si les députés vous apprécient assez pour vous donner les fonctions de secrétaire ou pour vous établir président d'un bureau, vous pourrez espérer, monsieur, que personne ne se souviendra plus du passé.

« Alors, monsieur, le monde vous sera ouvert ; alors vous aurez mieux que la gloire des aventuriers : vous serez un citoyen honorable.

« Alors votre mère, fière de vous, sera récompensée de son long martyre.

Pierre avait écouté avec émotion le sachem qui déroulait cet avenir devant lui ; il comprit que c'était la voie dans laquelle il devait s'engager.

Le chef sioux reprit :

— Je crois que vous ferez bien d'emmener votre frère à Paris.

« Il est plus Français qu'Indien.

Pierre, qui aimait tendrement le jeune homme, fut ravi.

— Et Fleur-d'Églantier ? demanda-t-il.

— Elle est Indienne ! dit le sachem. Du reste, elle n'est pas libre. Elle aime Balle-Enchantée, et ce trappeur ne saurait vivre ailleurs que dans la Prairie.

— Vous savez que le chef des Pieds-Noirs prétend obtenir la main de ma sœur ; il est parmi vos alliés.

— De ceci, ne vous inquiétez pas ; je saurai terminer ce différend. Le sort des armes décidera entre les deux prétendants.

— Mais si Balle-Enchantée est tué !...

— Je crois que, lui mort, Fleur-d'Églantier devrait épouser le sachem.

— Elle sera malheureuse ; et c'est chose triste pour moi que de songer à l'avenir qui l'attendrait avec un mari détesté.

— Rassurez-vous. J'ai dit que Fleur-d'Églantier devrait épouser ; je n'ai pas dit qu'elle épouserait.

— Vous trouverez donc le moyen d'éluder cette difficulté ?

— Oui, je l'espère.

— Ceci est une très-fâcheuse affaire qui fut très-mal engagée.

— Votre père...

— Je sais que mon père avait presque promis autrefois sa fille au Soleil-d'Or ; mais, depuis, le comte avait autorisé la jeune fille à se marier dans deux années.

— Voilà justement ce qui sauve la situation ! dit le sachem.

« Les deux ans ne sont pas écoulés.

« Si le sachem est vaincu, s'il est tué, car c'est un combat à mort, j'autorise le mariage avec Balle-Enchantée sur-le-champ.

« Si le trappeur est tué, je forcerai le Soleil-d'Or à attendre le délai fixé par le comte.

« D'ici là... j'aviserai...

— Si je vous comprends, le sachem mourra avant cette époque.

« Laissez-moi vous dire que lui tendre une embuscade ne serait pas loyal.

— Vous ignorez qu'il s'est rendu coupable d'une trahison odieuse?...

« Avec un homme qui viole les serments les plus solennels, on peut agir de ruse.

« Du reste, je ne fausserai pas ma parole.

« A cheval, comte de Sommerive! Regagnons le défilé.

— Un mot encore, monsieur!

« Vous êtes Européen, n'est-ce pas ?

Le sachem hésita et dit enfin :

— Je suis Français, monsieur.

« Je me trouve absolument dans la position où se trouvait votre père.

— Et vous voulez l'émancipation de la race indienne ?

— Oui ! comme le voulait aussi le comte de Sommerive.

— Eh bien! monsieur, dit gravement Long-Couteau, puisque vous me jugez capable de devenir un homme politique un jour, laissez-moi vous avertir que vous n'élèverez jamais cette race à la civilisation.

— Je puis au moins le tenter.

— Soit; mais dans cette guerre, de grâce, ne procédez pas par exterminations foudroyantes comme vous l'avez fait cette fois.

« Vous regretterez un jour tant de sang inutilement versé.

Le sachem parut frappé de cette prédiction ; mais il n'en dit pas moins :

— Je dois poursuivre cette tentative jusqu'au bout. Je vois partout et toujours les blancs procéder par l'extermination ; ils justifient les représailles ; ma conscience est en paix.

Long-Couteau comprit que rien ne pourrait ébranler la résolution du sachem, et il n'osa pas insister.

Tous deux revinrent vers le défilé.

Un étrange spectacle les y attendait.

Pas un Indien, pas un seul n'était resté sur les hauteurs.

Tous étaient descendus dans les ravins.

Ce qui les attirait invinciblement, c'étaient des barils de rhum, les uns encore intacts, d'autres à demi défoncés.

Les guerriers d'en bas avaient appelé ceux d'en haut, et ils s'étaient tous précipités pour boire à longs traits l'eau-de-feu.

Ils s'enivraient avec une sorte d'ardeur sombre, et, déjà, entre ces tribus rivales, les vieilles rancunes s'éveillaient sourdement.

Peu à peu, selon leurs affinités, les bandes se groupaient.

Pour tout homme connaissant les mœurs de ces peuplades, un conflit sanglant était inévitable avant peu.

Pierre vit d'un coup d'œil le danger et il dit au sachem :

— Voyez !

Celui-ci poussa un cri de colère :

— Les brutes ! murmura-t-il.

— Ils vont s'entre-tuer ! dit Long-Couteau. Jamais vous ne ferez rien de ces hordes.

— Qui sait ! Pierre le Grand a imposé la civilisation aux Russes.

« J'emploierai le fer et le feu.

— Vous échouerez.

Et comme le sachem se préparait à descendre dans le ravin, il lui dit :

— Vous allez en vain compromettre votre autorité. Il est trop tard.

— Vous avez raison ! murmura le sachem tristement.

Puis il dit aux prisonniers :

— Suivez-moi au camp : quand ces misérables se seront écharpés, peut-être voudraient-ils vous massacrer.

Et il fit relever les blessés que l'on emporta au bivac, lequel, nous l'avons dit, était gardé par une troupe de Sioux.

A peine avait-on quitté les hauteurs, qu'une clameur furieuse s'éleva; les Indiens étaient aux prises.

Le combat, livré corps à corps sur les débris de l'expédition, fut acharné. Divisés en deux partis, les sauvages guerriers se chargèrent d'abord en masse.

Mais peu à peu les tribus, d'abord alliées entre elles, se ruèrent l'une contre ; la lutte se subdivisait.

Heuschter faillit être surpris par un chien. (Page 93.)

Ce fut une mêlée confuse, atroce, effroyable, qui dura toute la nuit.

Choquart, qui avait repris connaissance et qui était un incorrigible railleur, eut l'audace de dire devant le sachem sioux qui passait près de lui :

— Voilà ces bons Indiens qui se donnent des preuves *touchantes* de tendresse et de fraternité !

Le sachem, étonné de cette provocation, regarda le jeune homme avec attention, secoua la tête et passa.

— Malheureux ! dit M. Balouzet à son neveu, tu viens d'offenser un homme qui tient ta vie entre ses mains.

— Mon oncle, dit le jeune homme, je ne puis plus que *blaguer* M. de Tranche-Montagnes, et... je le *blague* !

Choquart était Parisien.

Couché sur un brancard improvisé, sans armes, il lui restait une force... l'ironie !

En arrivant au camp, les prisonniers, libres désormais, rentrèrent dans les tentes qu'on leur avait accordées.

Deux d'entre eux seulement songèrent à quitter immédiatement le bivac.

C'étaient Robinson et Vendredi.

Ils allèrent trouver le Tonnerre-des-Montagnes.

Celui-ci les reçut comme de vieilles connaissances.

Robinson, comme toujours, prit la parole le premier, mais il n'avait pas l'intention de la garder longtemps.

— Chef, dit-il au sachem, j'ai une idée. Vous m'avez accordé la liberté ; je voudrais en profiter pour me venger.

— De qui ? demanda le sachem, qui sourit, car il savait comment les idées venaient à maître Robinson.

— Nous avons été rôtis par le Gentleman et nous voulons le brûler vif à son tour.

— Bonne idée ! Excellente idée ! dit Tonnerre-des-Montagnes. Mais, moi-même, j'ai un compte à régler avec le Gentleman.

— Sachem, si vous ne terminez pas cette petite affaire cette nuit même, il paraîtrait que vous auriez à attendre longtemps pour le prendre.

— Pourquoi dites-vous : il paraîtrait ? demanda le chef.

— Parce que, fit Robinson, mon nègre Vendredi, qui est aussi fin qu'un singe et dont l'instinct est subtil, prétend qu'il faut pincer ce pirate le plus tôt possible.

Et las d'avoir noué le fil de tant de phrases, Robinson se tourna vers son esclave et lui dit :

— En vérité, c'est honteux. Vous êtes bavard comme un perroquet et vous voilà tout à coup devenu muet comme un poisson. Vous savez que je n'aime pas à faire de longs discours, et vous me laissez causer pendant cinq minutes sans dire un mot. C'est de la paresse. Je n'ai pas un esclave pour peiner à sa place.

Le sachem retint une forte envie de rire et Vendredi murmura :

— Maître, c'était par respect.
— Pour qui ?

« Pas pour moi, puisque je vous invite à parler.

« Pas pour le sachem, puisque vous ne devez respecter que moi au monde, après Dieu.

« Je vous ai déjà répété qu'en ma présence vous deviez être hardi devant tout le monde ; l'homme le plus puissant ne peut faire plus que vous tuer, et, comme je vous défendrais et mourrais avec vous, ce serait une très-honorable façon de quitter le monde en ma compagnie.

Puis au sachem :

— Ces nègres sont idiots ; ils ne savent pas distinguer entre les rangs et entre les personnes ; ils sont comme les souris, qui ont aussi peur d'un chat que d'un lion.

« Vous n'êtes qu'un Indien, vous, sachem ; je suis sûr que s'il vous appartenait, il tremblerait autant devant vous qu'il tremble devant moi quand je suis en colère. Et je suis un blanc.

Le sachem (qui était Français, nous le savons) ne releva par cette impertinence que Robinson lui adressait sans s'en douter et de la meilleure foi du monde.

C'était, du reste, un homme trop supérieur pour prendre ombrage de si peu.

— Vendredi, dit-il, je vous écoute ! Parlez mon ami.

— Sachem, dit le nègre, sur les bords de la rivière où vous nous avez fait prendre aux filets, mon maître et moi, j'ai remarqué une piste et c'était celle du Gentleman. J'ai reconnu la marque de sa botte.

— Le drôle, fit le sachem, rôdait autour de votre convoi.

— Je le crois ! fit Vendredi. Il est de l'espèce des coyottes qui suivent les armées pour dévorer les morts.

— Je comprends votre idée, fit le sachem. Vous supposez que ce bandit va profiter du combat de mes tribus pour se glisser dans le défilé, fouiller le sol et voler quelque pierre précieuse ou quelque fragment de statue.

Quand Robinson entendit le chef sioux donner cette preuve de perspicacité, il murmura entre ses dents :

— Étonnant ! étonnant !
— Que trouvez-vous de surprenant dans ce que je dis ? fit le sachem.

— J'admire la subtilité de l'instinct qui vaut mieux que le raisonnement, dit gravement maître Robinson. Ainsi, vous, un Indien, un simple Peau-Rouge, vous arrivez d'un coup, par le flair, à comprendre ce qui m'a demandé, à moi blanc, beaucoup de réflexions !

— Que voulez-vous ! fit le sachem avec bonhommie, il faut bien que nous autres, sauvages, nous nous rattrapions de notre infériorité d'esprit par quelque chose.

« Êtes-vous bien sûrs de vous emparer du bandit ?

— Absolument sûrs !

Le sachem connaissait les deux hommes auxquels il avait affaire ; il leur fit rendre leurs armes et leur donna congé, certain qu'ils s'empareraient du Gentleman, si c'était chose possible.

Une fois dehors, Vendredi poussa son maître du coude et lui dit :

— Master Robinson, il n'y a que vous pour vous moquer d'un sauvage ; vous avez humilié ce grand sachem sans qu'il s'en aperçoive ; mais s'il s'en était aperçu, vous étiez un homme mort.

— Ah ! qu'est-ce que tu chantes-là, imbécile ? Quel air est-ce là ?

— Master, vous avez dit au chef qu'il n'avait que de l'instinct, et c'était le comparer à un chien ou à un pauvre niais comme moi. S'il s'en était douté, orgueilleux comme il l'est, il vous tuait.

— Triple brute ! s'écria Robinson, furieux

du danger qu'il avait couru sans s'en douter, tu ne m'as pas averti sur-le-champ que je disais une bêtise... par distraction ! C'est pourtant vrai que j'offensais le sachem ! Il fallait me donner un coup de coude, animal !...

— Maître, par respect, je...

— Je vais t'en flanquer, moi, du respect ! dit Robinson.

Et il crossa Vendredi consciencieusement ; puis il conclut :

— La leçon te profitera ! Quand, par inadvertance, je m'exposerai à un désagrément, tu y feras attention et tu me préviendras.

Vendredi, l'oreille basse comme un chien corrigé, se remit en route derrière le trappeur, se jurant, à l'avenir, d'ouvrir l'œil et d'avertir Robinson quand il dirait des bêtises.

CHAPITRE XXIV

Le châtiment.

Décidément Vendredi avait du flair.

Le Gentleman avait pu fuir, on s'en souvient, avec deux des siens.

Il avait eu la douleur de perdre un de ses compagnons, blessé, qui n'avait pu le suivre longtemps.

Les Douze-Apôtres étaient donc réduits à leur plus simple expression : un apôtre et le Gentleman, qui se qualifiait de Saint-Esprit, quoiqu'il n'eût rien de l'innocence de la colombe.

Comme l'avait reconnu le nègre, le bandit rôdait autour de la colonne, et il avait conservé l'espoir de faire bon butin.

Dans la nuit du combat entre les tribus, il s'était rapproché du défilé, avait laissé partir le sachem sioux avec les blessés et les blancs, puis il s'était installé sur la hauteur avec le seul survivant de sa bande.

C'était un certain Heuschter, de Lubeck, matelot déserteur, voleur émérite, très-remarquable assassin.

Il était long et mince, mais d'une force colossale.

Le Gentleman, rampant jusqu'au bord de l'abîme, regardait, couché à plat ventre, la lutte des Indiens.

Dans les ténèbres, on voyait les groupes tourbillonner, s'envelopper, se disperser, se reformer ; les bandes passaient sur les bandes ; elles s'écrasaient et s'exterminaient.

Les rugissements de ces sauvages auraient fait fuir un jaguar ; pas une bête féroce ne rôdait aux environs.

Le Gentleman se frottait les mains et se réjouissait.

— Voyez, Heuschter, disait-il, ce que c'est que l'intelligence d'un homme patient, tenace et calculateur !

« Vous croyiez tout perdu, vous, lourd Allemand que vous êtes ; je vous disais que nous finirions par tirer quelque chose de cette affaire, et nous allons y faire bon butin.

« Il était certain que la colonne serait attaquée.

« Or, nous avons beaucoup à espérer d'une bataille.

— Capitaine, j'avoue que vous avez une forte tête ! dit Heuschter. Vraiment, c'est plaisir de s'associer avec vous.

— Les démons ! dit le Gentleman en montrant les Indiens, comme ils se battent ! On dirait que nous regardons dans l'enfer par une lucarne et que nous assistons à un combat entre damnés.

— Je crois, dit Heuschter, que cela va bientôt finir, au train dont ils y vont !

— Pas si vite que vous pensez.

— Mais il me semble, dit l'Allemand, que voilà une grosse troupe victorieuse des autres. Tenez, elle foule aux pieds cette dernière bande qui lui résiste.

— Cette troupe qui a la victoire est composée de deux races ; j'ai reconnu cela aux cris de guerre, dit le Gentleman. Ce sont des Sioux et des Comanches. Éloignés les uns des autres, se rencontrant rarement, ils n'ont pas de griefs les uns contre les autres, mais vous allez voir ce qui va se passer.

En effet, les vainqueurs, maîtres des barils de rhum, recommencèrent à boire sans se préoccuper des cadavres qu'ils foulaient, du sang dans lequel ils piétinaient.

Ils se mirent à chanter leurs interminables mélopées.

Cela dura une heure à peine.

Une rixe s'éleva entre deux guerriers ; les voisins intervinrent, la querelle se généralisa et la bataille recommença entre les deux grandes tribus.

Le Gentleman dit à Heuschter :

— Ne vous avais-je pas prévenu ?

Et tous deux se serrèrent joyeusement la main.

Cette dernière mêlée fut plus horrible et plus acharnée que les autres ; les deux partis étaient à peu près d'égale force ; ils en étaient venus au paroxysme de l'ivresse.

Longtemps les combattants se hachèrent à coups de tomahawk ; longtemps ils se criblèrent à coups de couteau ; longtemps les éclairs des détonations déchirèrent l'ombre.

Enfin, une heure avant l'aube, la lutte cessa, faute de combattants.

L'ivresse d'une part, la mort de l'autre, avaient couché les Indiens à terre : on n'entendait plus que les râles des mourants.

— C'est l'heure ! dit alors le Gentleman à son compagnon.

— Oui, dit l'autre. Maintenant que les jaguars se sont battus et qu'ils ne peuvent plus se défendre, allons comme des coyottes (hyènes) faire curée sans danger.

Ils se glissèrent tous les deux dans le ravin.

Ils cherchèrent à tâtons parmi les rochers amoncelés et les débris des fourgons ; souvent ils sentaient sous leurs mains des quartiers énormes d'or ou d'argent provenant de dieux sciés par morceaux ; mais il leur était impossible de soulever ces blocs.

Ces deux bandits éprouvaient un douloureux supplice ; ils foulaient d'immenses richesses ; ils prenaient dans leurs étreintes des lingots qui valaient des millions ; ils s'épuisaient en efforts impuissants pour s'en emparer.

Les masses de métal défiaient, par leur poids, la cupidité des deux pirates.

Saisis de rage, chaque fois qu'ils heurtaient un Indien vivant encore, ils le criblaient de coups de couteau.

Lâche et féroce vengeance contre des mourants qui ne leur avaient nui en rien.

A différentes reprises ils essayèrent d'entamer les blocs avec leur hache ; ils ne parvenaient qu'à détacher des copeaux, précieux certainement, mais qui leur paraissaient misérables, comparés au trésor entier.

La sueur au front, la fièvre dans le sang, l'œil enflammé, les mains crispées, le corps frémissant, ils fouillèrent ainsi le défilé.

Le désespoir les envahit, quand ils virent les premières lueurs de l'aube, filtrant à travers les sinuosités des pentes, descendant lentement par échappées sur les bas-fonds, et les éclairant par places de lueurs pâles.

— Le jour ! murmura le Gentleman avec terreur.

Pour ces bandits, comme pour les bêtes fauves, le jour semblait redoutable ; le soleil semble aux hommes de rapines et de fraude un œil providentiel qui les gêne et les trouble.

— Il faut partir ! dit Heuschter, tremblant. Le chef sioux va revenir avec des bandes nouvelles qu'il est allé probablement chercher dans la Prairie.

— Profitons de l'aurore ; cherchons ! dit le Gentleman, en pointant son regard çà et là sur les parties éclairées par les taches lumineuses qui allaient se multipliant et grandissant.

— Si nous sommes surpris, nous serons pendus ! dit Heuschter, livide.

— Quitter tout cela ! s'écriait le Gentleman, frappant la terre du talon de sa botte.

Il entendit un son de fer, assourdi par le contact du sol.

Il tressaillit !

En ce moment les deux pirates se trouvaient sur une voiture qu'un éboulement avait ensevelie.

Le Gentleman eut comme un vague pressentiment qu'il piétinait sur un coffret, et il déblaya le terrain.

Il mit à nu une cassette assez lourde, solidement fermée.

Un éclair d'espérance illumina son visage bouleversé par les émotions de cette nuit.

— Si nous étions tombés sur un coffret contenant des pierreries ! murmura-t-il en frissonnant de joie.

— Ouvrez ! dit laconiquement Heuschter, dont les dents s'entrechoquaient.

Le Gentleman introduisit le tranchant de sa pioche-hachette dans la jointure du couvercle et, se servant du dos, en forme de marteau, de la hachette de son associé, il fit sauter les serrures.

Un rayon de soleil en frappa le contenu et des éblouissements en jaillirent.

Rubis, diamants, escarboucles, topazes, émeraudes, saphirs, une collection resplendissante de pierres précieuses énormes, représentant une fortune immense, jeta des gerbes de feux d'une puissance inouïe.

Le ravin parut s'illuminer.

Couchés sur la précieuse cassette, les mains avides, la poitrine oppressée, la respiration haletante, les traits contractés, les deux bandits la vidèrent hâtivement ; puis, d'un pas furtif, ils s'enfuirent l'œil hagard, l'âme épouvantée de leur bonheur, l'esprit inquiet des dangers qui les menaçaient.

Ils franchirent les pentes, s'arrêtèrent un instant sur les hauteurs, écrasés par la fatigue.

Mais cette halte fut courte.

Soudain le Gentleman, la cassette en mains, bondit et disparut dans les broussailles ; il venait d'apercevoir trois Peaux-Rouges survivants qui rampaient vers lui.

Heuschter plus lent, faillit être surpris par un chien appartenant à la tribu des Indiens qui donnaient la chasse à ces deux pirates.

L'Allemand lâcha un coup de revolver au chien, un autre coup au Peau-Rouge qui le serrait de plus près.

En ce moment, le Gentleman faisait feu successivement sur les deux autres qui tombaient morts.

— Vite ! dit-il à Heuschter ; marchons.

Ils reprirent leur marche précipitée et s'enfoncèrent dans la direction du nord, c'est-à-dire vers San-Francisco.

Chemin faisant, le Gentleman disait à Heuschter :

— Vous êtes heureux que je sois honnête ; j'aurais pu vous laisser tuer par les deux autres Indiens ; l'un vous ajustait déjà. Mais je suis un bon capitaine et je ne trahis jamais les miens. Pourtant j'héritais de vous si vous aviez été massacré,

— Je vous remercie dit Heuschter en affectant la reconnaissance. Mais croyez-vous que les coups de feu tirés par nous n'aient pas donné l'alarme à quelque troupe indienne ?

— Non. Nous étions encore près du ravin. Si l'on a entendu tirer, on croira que ce sont les derniers coups de fusil de ces ivrognes acharnées à se massacrer. Mais, ici, par exemple, je ne voudrais décharger ma carabine pour rien au monde.

« Nous sommes en plaine, et si quelque troupe indienne, ou quelque bande de trappeurs nous entendait, nous serions poursuivis.

— Vous avez raison. A aucun prix ne donnons l'éveil.

— Et pressons le pas ! fit le Gentleman.

Ils se hâtèrent plus que jamais.

Ils avaient raison, car Robinson et Vendredi cherchaient leur proie.

Les deux bandits avaient passé depuis environ une demi-heure sur la sente qui les avait menés hors du défilé, quand Vendredi, qui parcourait en tous sens ce côté des crêtes, s'arrêta et reconnut la piste.

Il siffla le chant du zébu, et Robinson qui, guettait le gibier de potence de l'autre côté des hauteurs, répondit à cet appel par les notes perlées et sonores du rossignol préludant à ses vocalises.

Vendredi, attendant son maître, étudia avec soin les traces qu'il avait relevées, puis, sûr de la direction prise par les bandits, il dit à Robinson, quand celui-ci arriva :

— Nous les tenons !

Couchés sur le sol, ils examinèrent ensemble les traces avec un soin extrême ; ils conclurent que la voie était bonne.

Et ils partirent tous deux de ce pas souple, allongé, cadencé, qui permet aux coureurs de Prairie de fournir des marches prodigieusement rapides.

Ils suivent ainsi des chevaux trottant l'amble, et les Indiens eux-mêmes sont impuissants à les dépasser.

Bientôt ils se trouvèrent sur les talons des deux bandits.

Ils ralentirent leur allure.

Arrivés au sommet d'une colline, ils aperçurent à quelques mille pas d'eux les pirates arrêtés et paraissant occupés à un partage hâtif de leur butin.

— Master Robinson, dit Vendredi, vous savez ce qu'ils font, n'est-ce pas, ces deux gredins-là ?

— Sans doute ! sans doute ! dit Robinson. Ils partagent...

— Et vous vous doutez bien de ce qui va arriver ?

Robinson ne se doutait de rien du tout ; il répondit néanmoins :

— Parbleu !... Mais... voyons voir ce que tu en penses, toi ! Je te dirai si tu es dans le vrai.

— Eh bien ! master, ils veulent se séparer pour diviser les pistes ! voilà pourquoi ils se distribuent les parts de prise ; mais... à mon idée, ils vont se battre.

Robinson n'avait pas prévu cela, néanmoins il fit mine d'avoir eu cette perspicacité.

— Vous y êtes, Vendredi, dit-il, vous y êtes, mon garçon ! Je vous félicite de votre flair ! Les voilà qui commencent.

En effet, les deux bandits étaient déjà aux prises.

La lutte entre ces deux natures avides était inévitable.

A vrai dire, pourtant, le Gentleman, qui avait une certaine probité commerciale en affaires, sut donner à ses prétentions, au sujet du partage, une apparence de légalité.

— Heuschter, dit-il, hâtons-nous de faire les parts et filons. Le Tonnerre-des-Montagnes pourrait trouver notre piste.

— Il ne s'apercevra pas de l'enlèvement de la cassette, dit l'Allemand. Sait-il seulement qu'elle existe !

— Je crois, en effet, qu'il se passera du temps avant que le sachem ne se sache volé. Tous ces débris de roches à remuer prendront des jours et des jours ! Mais enfin le hasard peut nous trahir.

— Moi, j'aurais préféré, dit Heuschter, continuer à faire route ensemble ; mais puisque vous ne le voulez pas, Gentleman, partageons donc. Prenez une pierre à votre choix, moi une autre. Nous continuerons ainsi jusqu'à la fin.

— Non pas, dit le Gentleman ; je suis capitaine, je veux ma part de capitaine.

— La bande n'existe plus, dit Heuschter.

— Tant qu'il reste un homme et un capitaine, il y a une bande, maître Heuschter.

L'Allemand, grand, fort, agile et déterminé, avait jugé, lui, nouveau dans la troupe, que le Gentleman n'était pas brave ; il ne savait pas avec quelle résolution cet homme prudent était capable de défendre sa peau et son or.

Il se planta donc droit et ferme devant le capitaine, et lui dit :

— Tenez, Gentleman, un bon conseil : ne jouez pas avec moi ce petit jeu-là : si vous m'échauffiez trop les oreilles, je serais capable de prendre la cassette après vous avoir ouvert la gorge avec mon couteau.

Le Gentleman ne répondit pas et tira son poignard.

Il y eut un temps de silence...

Aucun de ces deux hommes ne voulait se servir d'une arme à feu : le bruit, retentissant au loin, eût pu les dénoncer à une troupe d'Indiens.

A l'attitude de son chef, l'Allemand comprit que le combat serait mortel ; mais il n'était plus temps de reculer.

Le Gentleman avait assuré sur sa tête son chapeau haute forme par une jugulaire ; petite précaution qu'il ne prenait que dans les circonstances solennelles ; il tenait savamment son arme et il attendait le choc de son adversaire dans une pose remarquable de rectitude et de science.

— Quand vous voudrez ! dit-il à Heuschter. J'aurais dû vous laisser tuer par les Indiens comme j'en avais envie ; mais ma réputation d'honnête homme étant faite, je n'ai pas voulu la compromettre. J'ai eu tort, car vous êtes une immonde canaille.

— Tu ne diras plus cela dans un instant ! s'écria Heuschter en se jetant sur le Gentleman.

Celui-ci rompit, para, porta un coup et se retrouva sain et solide, campé sur ses hanches, le couteau en main.

Heuschter avait reçu une blessure au bras gauche.

Il se lança de nouveau, et, cette fois, à

corps perdu, sur son adversaire. Les deux combattants s'étreignirent et roulèrent sur le sol.

Dans cette situation, chacun cherchait à comprimer les bras de l'autre ; les doigts crispés formaient, au poignet de l'adversaire, un bracelet de fer ; les muscles se roidissaient en efforts furieux ; parfois la lame d'un couteau brillait, puis ressortait des chairs pourpre de sang.

Pendant que ces deux misérables se débattaient ainsi, Robinson et Vendredi s'étaient approchés en rampant.

Dans leur rage, les deux combattants ne les voyaient pas.

Robinson suivait avec placidité les péripéties de ce duel.

Vendredi riait de son large rire.

Couchés tous deux sur le sol, à demi soulevés sur le coude, le lazzo en main, ils se préparaient à s'emparer du vainqueur.

— A votre idée, master Robinson, qui l'emportera ? demanda Vendredi à voix basse.

— Heuh ! Heuh ! Le sait-on ? fit Robinson.

— Sauf votre respect, master, c'est facile à voir ! Vous qui êtes intelligent, vous sauriez à quoi vous en tenir si vous vous donniez la peine de réfléchir.

— Tu es bien heureux, toi, d'avoir un instinct qui te permet de deviner tout sans avoir la peine de raisonner ; je ne veux pas me casser la tête à peser le pour et le contre. Parle, puisque tu sais qui gagnera.

— C'est le Gentleman.

— Pourquoi ?

— Parce qu'il est le moins fatigué et qu'il a du souffle. Entendez Heuschter râler par soupirs rauques et courts ; le Gentleman, au contraire, a la respiration longue et il jure distinctement. Il est donc moins gravement blessé que l'autre.

— C'est étonnant ! murmura Robinson. Ton flair ressemble presque à un raisonnement.

En ce moment, le Gentleman, qui avait plus souvent été dessous que dessus son adversaire, le fit sauter en l'air par un brusque coup de genou au ventre et une rude secousse de l'avant-bras.

L'Allemand retomba à terre à trois pas de là.

Il se releva en chancelant comme un homme ivre, mais il retomba sur un genou. Le Gentleman ensanglanté, sûr de lui-même, s'était relevé, et debout, rajustait son chapeau, disant tranquillement à son adversaire :

— Mon garçon, ton affaire est faite, et je n'ai que des égratignures.

Mais en ce moment il aperçut Robinson et Vendredi qui le regardaient d'un air goguenard.

Les deux lazzos des trappeurs volèrent en même temps dans l'air et vinrent enlacer le Gentleman, qui tomba impuissant et fut garrotté en un tour de main.

— Gentleman, dit Robinson au bandit, je crois que nous avons gagné la belle, et je ne donnerais pas un penny de votre peau.

— Qui sait ?... fit le pirate.

Et il faut lui rendre cette justice, qu'il fit fière contenance à partir de ce moment.

Robinson, sans se préoccuper de l'Allemand qui, pareil à un cheval mourant, envoyait du pied dans l'air les dernières ruades de l'agonie, Robinson ramassa la cassette, vérifiant avec soin si quelques pierres n'en étaient point sorties.

Le brave trappeur examina les richesses que contenait le précieux coffret et dit d'un air connaisseur :

— Joli ! très-joli magot ! Vous perdez là une belle occasion de vous faire riche et honnête, Gentleman.

Le bandit riposta :

— Le sachem saura que vous avez pris la cassette : il vous poursuivra et me vengera.

Robinson fronça le sourcil.

— Que chantez-vous là, oiseau de rapine au cri rauque ? s'écria le trappeur indigné. « Me prenez-vous pour un voleur de votre sorte ?

— Comment ! fit le Gentleman, vous allez rendre cela au sachem ?...

— Certainement ! Est-ce à moi ? Le chef sioux nous a rendu la liberté, nous tenant quittes de la vie. Il a conquis le trésor et il est à lui. Nous n'irons pas, nous, ses obligés, le voler, comme si nous étions des bandits de votre espèce...

Le Gentleman fut stupéfait de voir une probité aussi parfaite devant un pareil trésor.

Rien, dans l'âme de l'héroïque Robinson, n'était accessible aux tentations de la cupidité.

C'était un honnête homme dans le sens absolu du mot.

Il discutait âprement son salaire avant de louer ses services ; mais, une fois un marché conclu, tout l'or du monde ne l'aurait pas fait dévier d'une ligne dans la voie droite de l'honneur.

Le Gentleman admira le flegme avec lequel le trappeur ferma la cassette, la lia et la mit sous son bras ; il portait ce trésor sans plus de souci *qu'une peau de lièvre.*

Nous citons l'expression d'un de ceux qui le virent rentrer au camp.

Il dit à Vendredi :

— Voyez donc si cet Allemand est mort ! S'il respire encore, plantez-lui son propre couteau dans le cœur ; inutile de salir votre lame dans le sang de cette bête immonde.

Vendredi examina Heuschter.

— Il est crevé ! dit-il.

— Mettez-lui mon signe ! dit Robinson.

Le Gentleman protesta et dit avec énergie :

— C'est moi qui l'ai tué. Si vous êtes loyal, c'est mon signe et non le vôtre que portera le corps.

— Soit ! dit Robinson.

Et à Vendredi :

— Enfoncez le couteau du Gentleman dans la poitrine de cet Allemand ! Il ne faut pas s'attribuer les morts d'autrui.

Vendredi obéit.

— En route ! dit alors Robinson. Allons au camp du sachem.

On se mit en marche silencieusement ; mais le trappeur ruminait quelque chose dans sa tête.

Robinson n'était pas homme à insulter un ennemi vaincu ; toutefois il conservait contre le Gentleman une rancune trop profonde pour ne pas lui infliger une torture morale avant le supplice.

— Vendredi, dit-il à son nègre, nous allons conduire le prisonnier au Tonnerre-des-Montagnes, au lieu de le pendre sur-le-champ. Le chef sioux est un Indien qui se connaît en supplices ; il en trouvera un qui sera très-pénible pour ce misérable et qui durera longtemps.

— Je tiendrais beaucoup, sauf votre respect, master, dit Vendredi, à ce que ce chien fût brûlé.

— Ceci me paraît juste et c'est une torture confortable, Vendredi ! Mais si le sachem allait trouver mieux...

— J'en doute ! fit le nègre.

— Vous êtes présomptueux et ignorant, Vendredi. J'ai entendu parler d'un supplice chinois, très-récréatif pour ceux qui l'infligent aux autres.

— Sans vous commander, master, pouvez-vous me dire de quoi il s'agit?

— On enterre l'homme dans le sable jusqu'au cou, dit placidement Robinson, on lui coupe le nez, les paupières, les oreilles et le bas du menton ; on lui rase le crâne au vif et l'on enduit les plaies de miel. Les mouches viennent sucer le sucre et c'est tout à fait désagréable, puisqu'il paraît que les Chinois, ayant le choix, préfèrent le bûcher.

— Diable ! diable ! disait Vendredi. C'est curieux et plaisant de voir mourir un ennemi de cette façon-là.

— Nous pouvons en parler au sachem ! dit Robinson.

Le prisonnier haussa les épaules et murmura entre ses dents :

— Lâches et imbéciles !

— Imbéciles ! fit Robinson froissé par cette qualification.

— Lâches ! s'écria Vendredi furieux.

— Oui, répéta le prisonnier. Oui, imbéciles ! Car entre blancs, on pend un homme, on le brûle, on l'assassine à petits coups ; mais on ne s'amuse pas comme des enfants à lui débiter des niaiseries aux oreilles pour lui faire peur.

« C'est puéril, c'est petit, c'est mesquin, c'est bête.

« Je ne suis pas pour rien le Gentleman, un homme connu, redouté, haut coté dans la Prairie.

« J'ai du courage, et j'ai fait mes preuves.

« Oui, lâches ! car vous me donnez les

Couchés sur le sol, ils examinèrent... (Page 93.)

qualifications de « misérable » et de « chien »; je ne suis ni l'un ni l'autre; vous abusez de ma position pour m'injurier.

— Gentleman, dit gravement l'honnête Robinson, je retire les expressions qui vous ont froissé ; mais, quant au supplice...

— Eh! brûlez-moi ; puisque j'ai voulu vous rôtir les côtes, et je trouve juste d'être tué d'une façon ou d'une autre. Tout ce que je vous demandais, c'était de ne pas vous déconsidérer à mes yeux en vous rapetissant par des bassesses. Qu'il soit dit au moins dans le désert que j'ai été pris et expédié pour l'autre monde par les meilleurs trappeurs de la Prairie.

« Mourir pour mourir, j'aime autant que ce soit de la main de braves et intelligents adversaires !

Robinson et Vendredi, flattés, presque émus, regardèrent le Gentleman d'un air moins farouche; ils cessèrent le jeu cruel auquel ils se livraient et ne lui parlèrent plus de son prochain supplice.

De son côté, le Gentleman garda un fier silence.

On arriva au camp du sachem au moment où celui-ci envoyait vers le défilé de nombreux détachements sioux, venus pendant la nuit.

Ces hommes étaient des fidèles, des fanatiques du chef.

Il les avait presque disciplinés et il pouvait compter sur eux.

Ils saluèrent la prise du Gentleman par de violentes clameurs.

Devant ce sauvage accueil, le bandit ne sourcilla point.

Les Pieds-Rouges qui étaient au camp accoururent, menaçant le prisonnier et l'injuriant avec rage.

Rien n'ébranla son flegme imperturbable ; il paraissait superbe, dédaigneux, droit autant que ses liens gênants le lui permettaient. Sa figure longue, coiffée bizarrement du chapeau à haute forme, loin d'être ridicule, avait un grand caractère de résolution.

On eût dit que la mort prochaine, effleurant déjà cet homme, épurait son cœur et relevait son type qui n'était pas dépourvu d'une certaine beauté, longtemps voilée par l'habitude du vice.

Il est des individualités qui se révèlent ainsi au moment où la tombe s'ouvre moralement pour eux.

Le grand sachem des Sioux avait donné

l'ordre que l'on amenât le prisonnier devant lui si Robinson s'en emparait.

On conduisit donc le Gentleman devant Tonnerre-des-Montagnes.

Le chef sioux regarda dédaigneusement le bandit, et il allait prononcer sa sentence, lorsque le Gentleman lui dit :

— Avant de mourir, je souhaiterais parler à un Français, M. Balouzet, s'il est ici ; s'il n'y était pas, je demanderais à voir Pierre Long-Couteau.

Le sachem sioux parut étonné de ce désir du prisonnier.

— Je consens à ce que tu voies ces hommes, dit-il d'un air défiant ; mais c'est en ma présence que tu leur parleras.

— Cela m'est parfaitement indifférent, dit le Gentleman.

Par dignité, ni Pierre, ni M. Balouzet ne s'étaient mêlés aux curieux ; ils avaient été mus en cette circonstance par un sentiment tout parisien : ils n'avaient point voulu paraître badauds.

On les manda de la part du sachem, et ils se rendirent à cet appel.

D'un geste, le Sioux, à leur arrivée, congédia la foule, et, la tente vide des curieux qui l'encombraient, le sachem dit à M. Balouzet :

— Cet homme désire vous parler.

Puis, se croisant les bras, il écouta.

Le Gentleman salua de la tête M. Balouzet et lui dit :

— Si j'avais les mains libres, monsieur, j'ôterais volontiers mon chapeau devant vous ; j'ai rarement entendu parler d'un homme plus juste, plus honnête et plus humain ; c'est pourquoi je vous prie d'être mon exécuteur testamentaire. S'il vous arrivait malheur, je pense que M. Pierre Long-Couteau ne me refuserait pas le service de vous succéder.

L'attitude de M. Balouzet prouvait qu'il consentait.

Pierre, impassible, ne laissait pas deviner sa pensée.

— Je vous ferai observer, lui dit le Gentleman, que je ne suis pas un criminel comme vous semblez le croire ; je suis loyalement un bandit. J'ai carrément déclaré la guerre aux caravanes sur le libre territoire de la Prairie ; pris, je suis pendu ; prenant, je pends. Je vaux un Indien qui, comme le sachem ici présent, extermine les Visages-Pâles, sous le prétexte qu'il n'en veut pas souffrir sur les territoires des Peaux-Rouges ; je vaux les flibustiers fameux qui ont fait des expéditions à la tête de troupes d'aventuriers. Général de cent mille hommes allant conquérir une province sur laquelle je n'aurais eu aucun droit, j'aurais été couvert de gloire ; à la tête d'un millier d'hommes, enlevant une ville, j'aurais passé pour un aventurier heureux ; n'ayant que douze hommes, je ne suis qu'un brigand.

« Brigand, soit !

« Mais j'ai toujours été un honnête brigand ; je n'ai jamais violé, jamais faussé ma parole, jamais trahi.

« Quand une caravane m'a payé pour la protéger, j'ai exécuté la convention avec probité.

« Du reste, M. Balouzet sait que, sans moi, votre fiancée, Pierre Long-Couteau, aurait été déshonorée.

« Plus tard, cette même fiancée et votre sœur ont été enlevées par moi, mais je les ai fait respecter.

« Qu'on me haïsse, je le comprends ! Que l'on trouve ma profession illégale et dangereuse, qu'on me frappe et qu'on me tue, très-bien !

« Mais que l'on me méprise, je ne crois pas que l'on en ait le droit !

Pierre Long-Couteau avait tressailli quand le Gentleman lui avait parlé de la conduite que lui, bandit délicat après tout, avait tenue vis-à-vis de Fleur-d'Églantier et de miss Jane.

Le sachem sioux avait écouté attentivement la plaidoirie du prisonnier.

Il parut s'intéresser à lui.

Pierre fit une objection :

— Pourquoi, demanda-t-il au Gentleman, pourquoi avez-vous choisi une pareille profession ?

Le Gentleman haussa les épaules et dit :

— Supposez que votre père eût été un voleur de Prairie, au lieu d'être un honorable trappeur, croyez-vous qu'en ce moment vous seriez l'honnête homme que vous êtes ?

« Je suis né d'un père marqué à l'épaule par le bourreau de Londres ; si son histoire n'était pas trop longue à raconter, je vous prouverais qu'il était plus malheureux que coupable.

« Son premier crime fut d'avoir chassé sur les terres d'un lord.

« Les autres furent la conséquence de la situation où il se trouva après sa condamnation...

« Moi, j'ai suivi la pente où j'étais lancé...

Il s'arrêta un moment, ferma les yeux comme pour revoir son passé, et reprit :

— J'ai un enfant. Voilà pourquoi je vous ai fait mes exécuteurs testamentaires ; je voudrais que l'enfant fût honnête et qu'il devint un bon trappeur ou un bon ouvrier. Son avenir est assuré avec de l'or *propre*, sur lequel il n'y a ni boue ni sang.

« J'ai trouvé de loin en loin des pépites ; d'autres fois j'ai fait des marchés loyaux avec des convois de marchands.

« J'ai placé ces bénéfices-là, et l'enfant a un capital de dix mille dollars ; avec cela on peut l'élever et en faire un brave garçon.

« Vous autres, vous n'avez pas intérêt à ce qu'il y ait des voleurs ; prenez donc soin du petit et cachez-lui le nom de son père.

— Sapristi ! fit M. Balouzet, c'est dommage vraiment, Yorik, que vous ayez tourné de cette façon.

Pierre ne dit mot, mais il semblait assombri.

Le sachem mit la main sur l'épaule du Gentleman qui sentit ses liens, coupés par le chef, tomber à ses pieds.

Il se retourna et vit le Sioux qui, les yeux dans les yeux, lui demanda :

— A votre âge, Yorik, croyez-vous impossible de faire oublier le Gentleman ? Ne pouvez-vous donner un père à votre fils en devenant honnête ? N'y a-t-il pas mieux à faire que de piller les caravanes ?

— Il est bien tard ! dit Yorik.

Le sachem le prit par le bras, le conduisit hors du camp, au milieu des murmures d'étonnement de la foule et de la stupéfaction des Européens.

Hors du bivac, il lui mit en mains une carabine et lui tendit un couteau de chasse, puis il lui dit :

— Je tente une expérience ! Vous êtes libre. Allez !

Il laissa le Gentleman stupéfait s'éloigner en chancelant sous le poids de l'étonnement et de la joie.

CHAPITRE XXV

Le duel.

Après la ruine de l'expédition tentée par Choquart, les incidents de cette aventure allaient se précipitant et se dénouant rapidement.

Le sort de Pierre Long-Couteau ou plutôt de Pierre de Sommerive, était désormais fixé ainsi que celui de miss Jane ; il restait à savoir si Balle-Enchantée épouserait Fleur-d'Eglantier, et ce qui adviendrait de M. Balouzet et de lady Bernett.

En revenant au bivac, après avoir accompagné le Gentleman, le sachem sioux envoya des messagers de tous côtés.

Les bandes d'Indiens éparses çà et là vinrent en grand nombre, à l'appel des envoyés du sachem, se fixer autour de lui.

Elles formèrent bientôt une armée imposante.

Chaque jour et chaque nuit, des postes nombreux et des travailleurs étaient envoyés dans le défilé pour dégager les wagons et reformer le convoi.

Les bœufs, les chars, les chevaux arrivaient du reste, de tous côtés.

Les prisonniers, auxquels le sachem avait promis la liberté, la réclamèrent ; il leur enjoignit d'attendre encore, avant de partir pour San-Francisco.

Enfin le convoi fut réorganisé.

Le lendemain du jour où cette nouvelle lui fut donnée, le sachem fit publier que le duel arrêté entre Soleil-d'Or et Balle-Enchantée allait avoir lieu ce jour-là même, en exécution de la convention faite entre lui, Tonnerre-des-Montagnes, et le chef des Pieds-Noirs.

Les Pieds-Noirs s'étaient rassemblés aussitôt que l'annonce d'un prochain combat avait couru dans le camp.

Leur détachement était devenu très-peu nombreux, du reste, car il avait été décimé dans la nuit d'orgie et de mêlée sanglante que nous avons décrite.

A la louange du chef, nous devons dire qu'il avait essayé de s'opposer à ce que les siens s'enivrassent ; mais sa voix n'avait pas été écoutée.

Alors il s'était retiré.

Soleil-d'Or avait toujours eu sur les siens un grand prestige.

Ils éprouvaient une vive anxiété, craignant une défaite pour leur chef.

Celui-ci savait que, carabine en main, Balle-Enchantée était invincible ; mais il avait trop d'orgueil pour refuser une lutte inégale.

Il parut donc au milieu des siens et leur montra un visage impassible.

— Sachem, lui dit un guerrier, tu vas te battre avec Balle-Enchantée ; son plomb ne manque jamais le but ; tu tomberas au premier coup de carabine, et nous n'aurons plus de chef.

— Ton frère est trop jeune pour nous commander, dit un autre ; nous ne connaissons parmi nous personne qui puisse commander notre grande tribu ; elle va se disperser comme la horde nombreuse d'un grand dix cors que la balle du chasseur a tué. Refuse de te battre ainsi à la carabine ; c'est une mode nouvelle et nos usages te permettent de ne pas l'accepter.

Le Soleil-d'Or répondit fièrement et lentement :

— Mes fils, je suis un grand chef et je n'ai jamais craint la mort ! Je suis le Soleil-d'Or qui rayonne et je ne veux pas d'ombre à ma gloire ; personne ne pourra dire que j'ai reculé devant le péril.

Puis s'exaltant :

— A quoi reconnaissez-vous l'ours grizly pour un noble animal ?

« A ce qu'il ne fuit devant aucun autre ; il ne craint même pas le jaguar.

« Mieux vaut être un grizly déchiré par les griffes d'une bande de panthères, qu'une coyotte vivante mais immonde.

« Je me battrai, même à la carabine.

Les guerriers regardèrent leur chef avec admiration.

En ce moment, le galop de deux chevaux retentissait.

Soleil-d'Or regarda du côté d'où venait le bruit et il reconnut M. Balouzet et Oreilles-d'Argent qui accouraient à toute vitesse.

— Voici, dit-il aux siens, deux guerriers blancs qui, d'après les usages des Visages-Pâles, viennent me provoquer au combat. Je dois désigner deux d'entre vous pour leur répondre, et je choisis le Bison-Rouge et le Bison-Blanc. Qu'ils se souviennent que Tonnerre-des-Montagnes et les sachems ont décidé qu'en tout les coutumes des Yankees seraient suivies. A l'avenir, on ne se battra plus de tribu à tribu ; un homme offensé appellera en duel son ennemi ; c'est une loi sage ; je l'approuve et je m'y conforme.

Sur cette conclusion le sachem se tut après avoir imposé sa volonté à ses guerriers.

Certes, un homme de la trempe de Soleil-d'Or devait obéir en frémissant aux volontés d'un autre ; mais toute révolte contre le chef sioux était impossible.

Il eût suffi que Tonnerre-des-Montagnes révéla le parjure dont Soleil-d'Or s'était rendu coupable, pour que celui-ci fût massacré par les tribus et déshonoré.

On eût laissé son corps sans sépulture : c'est le plus terrible châtiment pour un Indien.

De là, cette soumission inattendue du sachem aux volontés de Tonnerre-des-Montagnes.

Cependant les témoins du Canadien arrivaient devant les Pieds-Noirs ; ils mirent pied à terre, saluèrent les guerriers et leur chef, puis Oreilles-d'Argent prit la parole.

— Soleil-d'Or, dit-il, nous sommes chargés d'une mission pénible. Vous avez des prétentions sur la fiancée d'un de nos amis : Balle-Enchantée.

« Il considère comme une offense votre attitude envers lui et il vous en demande raison. Mais comme vous êtes un homme de bon sens et que vous avez le cœur juste, vous pouvez parfaitement reconnaître vos torts...

— Jamais, ma langue ne condamnera mes actions, dit le sachem. Voici deux de mes guerriers. Ils seront mes témoins, comme vous êtes ceux de mon ennemi. Entendez-vous avec eux ; ce que vous voudrez, ils le voudront.

Et Soleil-d'Or se retira majestueusement sous sa tente.

M. Balouzet et Oreilles-d'Argent essayèrent, pour la forme, d'arranger l'affaire ; mais les deux Bisons se montrèrent intraitables.

Toutefois le Bison-Blanc demanda :

— Est-ce que l'usage des Visages-Pâles n'est point de se battre avec une seule arme dans ces duels?

— Oui ! dit M. Balouzet. Mais c'est l'offensé qui a le choix.

— Pourquoi? demanda le Bison-Blanc.

— Parce qu'on a toujours tort d'offenser quelqu'un. Il est juste que celui qui est outragé conserve un avantage sur l'autre.

— Och ! fit le Bison-Blanc d'un ton amer, les Visages-Pâles ont des coutumes à leur avantage.

— Pas du tout ! dit M. Balouzet. Les blancs qui offensent un Indien se mettent dans un mauvais cas ; le Peau-Rouge choisit son arme. Pourquoi ne serait-ce pas le blanc insulté qui aurait le même droit.

Le Bison-Noir intervint.

— Le sachem, dit-il, accepte même la carabine. Il a parlé ; sa parole s'est gelée comme une coulée d'or qui se fige. Ce qui est dit est dit.

Puis il demanda :

— Balle-Enchantée, sans doute, gardera sa carabine?

— Nous l'ignorons, dit M. Balouzet ; il a été convenu que les deux adversaires se présenteraient avec toutes leurs armes, et, que l'offensé jetterait une à une les siennes, ne gardant que celle de son choix ; son adversaire l'imitera ; on saura ainsi de quelle façon les deux rivaux doivent combattre.

— Pourquoi les choses sont-elles ainsi et non autrement? demanda le Bison-Blanc.

— Parce que, dit nettement Oreilles-d'Argent, Soleil-d'Or sera en présence de toutes les tribus, et que, si Balle-Enchantée garde sa carabine, le sachem n'osera fuir sous tant de regards.

En ce moment le sachem reparaissait et entendant ces derniers mots, il dit avec un magnifique élan de fierté.

— Vous n'auriez pas dû douter de mon courage ; j'ai toujours été devant la mort aussi dédaigneux que l'aigle pour le passereau. Allez vers mon ennemi et dites-lui que, devant lui, il trouvera un homme.

— Je n'en ai jamais douté ! dit M. Balouzet en saluant.

— Et je te savais un grand chef, dit maître Oreilles-d'Argent.

Les deux témoins montèrent en selle et quittèrent le bivac pour aller trouver Balle-Enchantée.

Le sachem les regarda s'éloigner et il dit à ses guerriers :

— Les Visages-Pâles, eux-mêmes, me rendent justice. Vous, mes frères, vous redirez à vos enfants que Soleil-d'Or fut un brave.

Et il se fit orner de ses plus beaux vêtements, armer de ses meilleures armes, pour se rendre au rendez-vous, en tête de sa tribu.

Cependant Oreilles-d'Argent, tout en chevauchant, disait à M. Balouzet :

— Ce Soleil-d'Or va recevoir une balle entre les deux yeux. Pour moi, c'est un homme fini.

— Qui sait? fit M. Balouzet. Il ne m'est pas prouvé que Balle-Enchantée voudra abuser de son droit.

— Il serait bien sot ! dit l'Auvergnat, de ne pas profiter de la circonstance. A sa place, le sachem n'hésiterait pas.

— Cependant celui-ci vient de montrer de la grandeur d'âme.

— Ah ouitche ! Vous vous figurez cela ! On voit bien que vous ne connaissez pas les Indiens. Si le Tonnerre-des-Montagnes n'avait pas quelque moyen de forcer le sachem à se battre, croyez bien que le gaillard aurait refusé.

— En tous cas, dit M. Balouzet, à mon avis, Balle-Enchantée serait chevaleresque en renonçant à sa carabine.

— Chevaleresque !... En voilà un mot qui

me paraît bête. Chevaleresque veut donc dire imbécile ? Et puis, songez-y, Touche-Toujours, si Balle-Enchantée renonce à la carabine, il faudra adopter une arme à laquelle il sera inférieur à Soleil-d'Or.

« Serait-ce juste ?

— Non ! dit M. Balouzet. Je n'avais pas pensé à cela.

On arrivait au camp des prisonniers; Balle-Enchantée attendait ses témoins.

— Eh bien ! demanda-t-il en souriant, il refuse, n'est-ce pas ?

— Il accepte ! dit Oreilles-d'Argent.

— C'est un brave ! fit M. Balouzet. Il sait pourtant bien que vous êtes le meilleur tireur de la Prairie.

Balle-Enchantée secoua la tête et murmura :

— Je n'aurais pas cru ce Pied-Noir capable de se battre en duel. Est-ce que ce Peau-Rouge aurait l'âme d'un blanc.

Une voix dit gravement :

— Mon père, Long-Couteau, avait jugé le sachem digne de son alliance ; mon père se connaissait en hommes.

C'était Pierre qui venait de parler ainsi.

Balle-Enchantée se retourna vivement ; il était Canadien, par conséquent il avait du sang normand dans les veines, c'est-à-dire qu'il ne reculait point devant une discussion ; il avait de la susceptibilité et il se querellait volontiers.

— Est-ce, que par hasard, demanda-t-il à Pierre, vous trouvez que le sachem vaut mieux que moi ?

— Je n'en sais rien encore, dit froidement Pierre.

— Et quand le saurez-vous ?

— Après le combat ?

— Savez-vous que vos paroles semblent mettre mon courage en doute ?

— Vous doutiez de celui de votre adversaire, dit Pierre ; j'aurais le droit de douter du vôtre ; mais je vous sais très-vaillant.

Le front crispé de Balle-Enchantée se rasséréna ; mais Pierre reprit :

— Seulement...

— Seulement quoi ? fit le Canadien en fronçant le sourcil.

— Seulement, dit lentement Pierre, en dehors de la bravoure, il y a une question de caractère. Je saurai, je le répète, après ce duel, qui, de vous ou du sachem, a l'âme la plus fière. Je ne vous offense pas en disant cela ; j'attends...

Et Pierre s'éloigna lentement.

Le Canadien surpris se retourna vers ses amis comme pour leur demander le mot de l'énigme.

Oreilles d'Argent haussait les épaules :

— Mon fils, dit-il en riant à Balle-Enchantée, tu n'as pas compris, n'est-ce pas ? Je vais t'expliquer la chose.

« Pierre est gentilhomme, comte, grand seigneur et... chevaleresque, comme disait Touche-Toujours.

M. Balouzet salua en signe d'assentiment.

— Or, reprit l'Auvergnat, un gentilhomme a sur la conscience une paire de lunettes qui lui fait voir les choses autrement que nous. Long-Couteau était comme ça ; son fils est comme lui. Sous prétexte de te juger au-dessus du sachem *par le caractère*, il voudrait te voir renoncer à la carabine.

Le Canadien se mit à rire.

— Je serais aussi niais qu'un oison ! dit Balle-Enchantée.

« Comment ! je suis sûr de tuer Soleil-d'Or et je lui donnerais l'occasion de me tuer, moi !

« Et moi mort, il épouserait ma fiancée, Fleur-d'Eglantier...

« Non !

« J'aurai peut-être l'infériorité du caractère, mais la supériorité de l'entendement !

— Bravo ! dit l'Auvergnat.

— Vous avez raison, fit Robinson qui écoutait et qui approuvait.

M. Balouzet ne dit mot.

— N'êtes-vous pas de mon avis ? demanda le Canadien.

— Si vous maniiez une autre arme que la carabine aussi bien que le sachem et à chance égale, dit M. Balouzet, je penserais comme M. Pierre. Mais du moment où l'adversaire aurait avantage sur vous à la lance, à la flèche ou à la hache, je vous conseille le fusil.

— Vous aussi, vous êtes chevaleresque! dit Balle-Enchantée d'un air narquois.

— Je suis un bon bourgeois très-simple, fit M. Balouzet.

— Très-simple en effet! dit Oreilles-d'Argent en riant.

M. Balouzet devint subitement pourpre et dit à l'Auvergnat.

— Comment l'entendez-vous, monsieur? Vous m'insultez!

Heureusement Robinson, se jetant entre les deux amis, s'écria :

— Assez ! assez !

« Deux camarades ne vont pas se quereller pour une parole dite de travers, Oreilles-d'Argent, vous avez le premier tort, tendez la main à Touche-Toujours.

« Vous, Touche-Toujours, serrez la main de votre ami.

« Bien ! Très-bien !

« Vous, jeune homme, allez donc causer deux mots à votre fiancée qui vous attend là-bas et battez-vous à votre idée sans vous occuper de l'opinion d'autrui.

Et ayant étouffé dans l'œuf, la querelle des deux amis, il y mit fin en poussant doucement et amicalement par les deux épaules Balle-Enchantée vers Fleur-d'Églantier.

Mais il entendit derrière lui une voix qui disait :

— Bravo !

Il se retourna et aperçut Vendredi qui s'extasiait sur la conduite de son maître et battait des mains.

— Ah ! coquin, s'écria Robinson, tu te permets de juger ma conduite !

Et il brandit sa baguette de fusil sur le nègre qui s'enfuit.

M. Balouzet arrêta master Robinson dans sa poursuite :

— Pourquoi diable le voulez-vous battre? fit-il.

— Eh! dit Robinson, le drôle vient de commettre une inconvenance.

— Il vous approuvait...

— Il n'en a pas la permission ; si j'accepte ses éloges, je devrai aussi subir son blâme, et j'aimerais mieux avaler mon fusil par la crosse que de me soumettre au jugement d'un inférieur.

« Mais voilà qu'on s'agite dans le camp, l'heure est venue. A cheval!

En effet, le moment décisif approchait ; Balle-Enchantée précipitait son dernier entretien avec sa fiancée.

Celle-ci, comme le Canadien, avait supposé que le chef refuserait le duel; les dames ne s'étant pas mêlées aux chasseurs, la nouvelle de l'acceptation du sachem ne leur avait pas encore été donnée.

Fleur-d'Églantier, cependant, à l'animation du bivac, comprit que le duel aurait lieu.

Elle vint au-devant de son fiancé et lui dit joyeuse :

— Il se bat! Tu vas le tuer! Tu me vengeras! Je veux sa tête!

Elle était tout entière au souvenir des injures passées.

En elle, pas un doute sur la victoire du jeune homme.

— Oui, dit celui-ci, avant une heure le sachem aura vécu.

Mais le souvenir des paroles de Pierre lui revint au cœur.

— Ton frère, dit-il amèrement, ne paraît pas souhaiter ma victoire ; j'avais besoin de te voir, de t'entendre, pour être sûr que tu n'avais pas changé.

— Tu te trompes, dit-elle surprise ; Pierre t'estime et il t'aime.

— Pourquoi donc veut-il m'exposer à mourir de la main du sachem? protesta le Canadien.

« Pourquoi me donne-t-il le perfide conseil de renoncer à me battre à la carabine comme c'est mon droit ?

« Pourquoi donne-t-il à entendre que, tué par moi d'une balle, le sachem sera chevaleresque, comme il dit, et supérieur à moi ?

— Mon frère a dit cela? fit Fleur-d'Églantier, en devenant rêveuse.

— Oui, dit Balle-Enchantée. L'approuves-tu?

— Non! dit-elle résolûment. Moi, je suis ta fiancée et je veux que tu vives. Une autre femme cependant pourrait trouver que le sachem a montré un grand courage. Il sera pleuré...

— Mais, dit le jeune homme, si j'étais vaincu (et je puis l'être, car si habile que je sois, ma balle peut s'égarer, un brouillard peut passer sur mes yeux, mon bras peut trembler), si je succombais, ton frère serait bien puni, car tu serais la femme du sachem:

« Il y a parole donnée.

La jeune fille releva sa tête vaillante et dit avec énergie.

— Pars tranquille pour cette lutte. Jamais je ne serai la femme d'un autre guerrier que toi. Meurs joyeusement, s'il faut mourir, puisque je te suivrai pour me marier à toi dans les territoires de chasses du Grand-Esprit.

Fleur-d'Eglantier, malgré les tentatives de miss Jane, était au fond restée Indienne ; elle croyait plus aux charmantes rêveries de la mythologie des tribus qu'au Paradis.

Ainsi sont les femmes musulmanes qui ont les mêmes convictions.

Elles se croient certaines, si elles ont été aimées par un fidèle croyant, d'aller au paradis du prophète et d'y être transformées en houris.

De pareilles croyances expliquent pourquoi les femmes indiennes comme les femmes arabes poussent leurs maris à la guerre, les excitent et prennent elles-mêmes part à la lutte.

Pour elles, mourir c'est échanger la terre contre le ciel.

De son côté, le Canadien, élevé dans les croyances catholiques, étant enfant, avait entendu des prêches protestants dans son adolescence; puis, très-jeune encore, il n'avait plus fréquenté qu'un temple, l'immense solitude de la Prairie où la grande voix de la nature parle au cœur des hommes.

Les souvenirs des dogmes étroits, s'étaient effacés peu à peu, confondus, élargis dans le cœur du jeune homme ; il avait adopté les superstitions de tous les trappeurs et y avait mêlé des croyances indiennes.

Il ne se faisait pas une idée bien exacte du ciel chrétien, et, à vrai dire, sans nier qu'il existât, il avait une tendance à croire qu'on y chassait et qu'on y aimait comme dans le paradis des Indiens.

Il ne contredit donc pas aux croyances de sa fiancée.

Il l'avait écoutée et sa figure avait pris une expression singulière.

Il murmura d'abord.

— Oui, ce sachem serait regretté ; il laisserait une grande mémoire. Tu as raison, en disant cela, Fleur-d'Eglantier !

— J'ai entendu tout à l'heure encore, dit naïvement celle-ci, miss Jane faire l'éloge de Soleil-d'Or au cas où il oserait se battre avec toi.

— Ah! ah! fit Balle-Enchantée. Miss Jane elle-même !

— Aussi lady Bernett.

— Aussi cette vieille folle !

Il se pinça les lèvres.

— Mais que m'importe l'opinion des autres femmes ? Moi ta fiancée, je te dis : Je veux la tête du sachem et je l'aurai, n'est-ce pas ?

— Oui... tu l'auras.

Puis le Canadien, prenant tout à coup les deux mains de la jeune fille, lui dit en fixant ses deux yeux sur les siens :

— Tu meurs, si je meurs, tu le jures, n'est-ce pas ?

— Je le jure, lui dit-elle en lui donnant ses lèvres à baiser.

Il la prit dans ses bras, l'étouffa dans une étreinte ardente, puis la posa sur l'herbe et partit d'un pas rapide sans tourner la tête.

Cependant la conque d'appel des tribus retentissait.

Les détachements divers se formèrent dans un ordre attestant la discipline obtenue par le chef suprême.

L'armée indienne se forma en un vaste cercle, hors du camp, avec un ordre qui eût étonné un officier européen.

Déjà Tonnerre-des-Montagnes avait réussi à donner aux contingents des tribus cette science tactique, cet ordre de combat qui surprend si fort, en ce moment, les généraux des Etats-Unis, à cette heure aux prises avec les Sioux.

Cinq mille guerriers, sur quatre rangs, semblaient former les murs vivants d'une arène ; les premiers rangs étaient accroupis sur leurs talons, à l'indienne ; les autres se tenaient debout, les hommes de plus haute taille en arrière. Le silence était profond.

Le spectacle d'un duel, scène absolument nouvelle pour eux, excitait extraordinairement la curiosité des Indiens.

Fleur-d'Églantier était debout contre le tronc du vieux chêne. (Page 117.)

Tous, du reste, approuvaient cette façon loyale de lutter qui mettait deux hommes aux prises, pour leurs intérêts personnels, évitant ainsi de faire intervenir les tribus dans ces querelles particulières.

Le Soleil-d'Or, armé de sa hache, se tenait superbe à la tête des Pieds-Noirs.

A le voir, son manteau ruisselant de pierreries sur les épaules, ses armes étincelantes sous le soleil, son royal bandeau orné de plumes d'aigle au front, son mustang plein de feu contenu par sa main puissante; à le voir ainsi dans sa beauté sauvage et majestueuse, on se sentait pris d'admiration pour ce type merveilleux de la race indienne.

Tous les chefs, tous les guerriers sentirent à sa vue tressaillir en eux la fibre nationale; ils lui souhaitèrent la victoire.

Mais le grand sachem parut entouré des Européens, escorté de chefs sioux, et toute l'attention se porta vers lui.

On cherchait du regard Balle-Enchantée.

On ne le reconnaissait pas d'abord: à la grande surprise de tous, il était vêtu en Indien et peint comme un Apache.

Un long murmure courut dans les rangs, commentant favorablement pour le jeune homme le choix du costume.

— Il se fait Indien! disaient les guerriers. Il se fera adopter par une tribu. Il sera l'un de nos frères!

C'était encore là une marque de l'habile politique du chef suprême.

Beaucoup, depuis ce moment, souhaitèrent qu'il l'emportât sur son ennemi.

Il eût été difficile, du reste, de résister à la grâce triomphante de ce jeune homme.

Il avait le charme des blonds, auxquels les boucles de leur chevelure donnent une couronne, dont les chatoyants reflets forment une auréole. La figure fine et brunie du jeune homme ressemblait à une médaille de bronze, entourée d'un nimbe d'or lumineux et représentant l'Apollon des Grecs.

Le corps souple ondulait aux mouvements du cheval avec une incomparable élégance, les gestes étaient vifs, spirituellement esquissés, harmonieux et séduisants.

Fleur-d'Églantier, fière de son fiancé, se tourna vers miss Jane et lui dit à voix basse:

— Est-il au monde plus beau cavalier?

— Chut! fit la jeune miss. On pourrait nous entendre. Puis est-ce le moment de parler ainsi? La mort plane sur lui et sur son adversaire.

— Oh! dit Fleur-d'Églantier, je ne crains rien; il se battra avec sa carabine; je le lui ai recommandé.

Lady Bernett, qui perdait rarement l'occasion d'être désagréable à quelqu'un, intervint et dit d'un ton sec:

— Vous auriez dû plutôt conseiller à ce jeune homme la générosité qui honore un gentleman; en profitant de sa supériorité, votre fiancé s'aliène les sympathies.

Fleur-d'Églantier froissée riposta:

— S'il s'agissait de M. Balouzet, vos lèvres siffleraient une autre chanson. (*Proverbe indien.*)

Lady Bernett se tut, étant dûment remise à sa place.

Elle ajusta son lorgnon pour voir les préparatifs du duel.

Les jongleurs réglèrent les cérémonies du combat; on remarqua que le Canadien se soumit à toutes les formalités avec bonne grâce.

Le serment de loyauté juré, les armes des combattants visitées, l'évocation au Grand-Esprit terminée, les deux adversaires furent placés à cent pas l'un de l'autre.

Au son d'une trompe de guerre, ils pouvaient s'élancer ou attendre le choc selon leur inspiration.

Une émotion profonde avait saisi les spectateurs; car si Soleil-d'Or excitait l'admiration des uns, Balle-Enchantée avait conquis la sympathie des autres.

Il faut cependant reconnaître que Soleil-d'Or était plaint par la majorité; car tous s'attendaient à le voir tomber au premier feu.

Il n'y avait pas à douter que le jeune homme ne se battît au fusil; il l'avait annoncé.

Toutefois les yeux se fixèrent sur les deux combattants au moment où ils devaient jeter leurs armes superflues.

Ils étaient en présence.

Balle-Enchantée, avec désinvolture, tira de son carquois une flèche, l'ajusta sur son arc débandé et tira, visant son adversaire.

La flèche sans force, tomba à vingt pas de là.

C'était le salut indien.

Le jeune homme, aussitôt, lança loin de lui arc et carquois.

Le sachem en fit autant, mais sans rendre le salut.

Il y eut un long murmure.

Les uns approuvaient, les autres blâmaient.

— C'est un manque de courtoisie! disait M. Balouzet.

— Au diable la politesse! ripostait Oreilles-d'Argent.

« Le sachem sait qu'il sera abattu au premier feu et il est de mauvaise humeur. Ça se comprend.

Dès lors Balle-Enchantée, ne saluant plus l'homme qui ne daignait pas répondre, avait laissé tomber la lance et le bouclier indien ; le sachem l'avait imité.

— Allons, fit Oreilles-d'Argent, bas la hache et feu !

Puis avec enthousiasme :

— Nous allons voir quelque beau coup ; je parie pour une balle en pleine tête. Le Canadien voudra se distinguer.

— Il est à cheval! fit observer Robinson. Le feu est moins certain.

— Peuh! fit M. Balouzet, qu'importe! Moi, à cheval, je touche un chapeau lancé en l'air. Le Canadien est encore plus adroit que moi.

— Il voit plus loin! dit Oreilles-d'Argent. Ce n'est qu'une question d'œil et d'âge. Mais à cinquante pas vous le valez.

Soudain Oreilles-d'Argent s'interrompit pour s'écrier :

— Tiens, tiens...

Et l'Auvergnat resta bouche béante!

Il y avait de quoi.

De toutes parts retentissaient des exclamations, des hurrahs indiens, des cris, des applaudissements frénétiques.

Balle-Enchantée venait de jeter loin de lui sa carabine.

Il ne gardait donc que le tomahaw, la hache indienne, l'arme par excellence des Peaux-Rouges. Si le duel était inégal, c'était de son côté maintenant que se trouvaient les mauvaises chances.

L'action du jeune homme était héroïque, aussi la foule l'acclamait-elle !

Et son adversaire, cette fois, reconnaissant la magnanimité de son rival, le saluait d'une balle perdue, tirée en l'air, et il se débarrassait de son rifle.

Parmi les Européens la sensation avait été profonde.

— Décidément, disait M. Balouzet, voilà un brave jeune homme !

— Je trouve qu'il a tort, disait l'honnête Robinson ; mais il nous honore tous en agissant ainsi.

Et à Vendredi qui ouvrait sa large bouche pour parler.

— Taisez-vous !

« Allez-vous donc donner votre opinion sur un blanc !

Le pauvre garçon mit une sourdine à son enthousiasme.

Quant à Oreilles-d'Argent, il s'écria, seul de son avis :

— C'est bête!

Lady Bornett rendait son estime au Canadien et agitait son mouchoir ; miss Jane applaudissait.

Le chef sioux, Tonnerre-des-Montagnes, se retourna tout à coup, regarda Fleur-d'Églantier, la vit pâle, profondément émue, et il lui dit d'une voix très-haute.

— Si ton père, jeune fille, était là, il te féliciterait ; de cette heure seulement, ce jeune homme est digne de toi.

— Je répondrais à mon père, dit Fleur-d'Églantier : — Si mon fiancé est vaincu, je meurs.....

Le chef eut un frémissement qu'il réprima et il détourna la tête sans prononcer un mot.

En ce moment, le frère de Fleur-d'Églantier, le Jaguar, se glissait près d'elle et lui disait rapidement à voix basse.

— Je te jure que sur la tombe qui vous réunirait, je déposerais le scalp du Soleil-d'Or.

Tous deux se serrèrent la main en silence.

Les Européens étaient anxieux sur l'issue du duel.

— Les Indiens, disait Robinson, sont maîtres dans l'art de jouer du tomahaw ; nul ne pare mieux qu'eux avec le manche; et ne frappe aussi rude du taillant.

En ce moment, arrivait Choquart, faible de ses blessures qui se guérissaient vite, car ce n'étaient que des contusions ; il était monté sur une mule.

Il voulait voir ce combat.

— Mon cher, lui dit M. Balouzet, tu vas perdre un compagnon que tu aimais beaucoup.

« Ton ami Balle-Enchantée se bat à la hache et je crains qu'il ne soit tué.

Choquart secoua la tête.

— Je crois, dit-il, que tout n'est pas perdu.

« Le Canadien a été squatter, et comme tous ceux de cette profession, c'est un bûcheron adroit.

— C'est vrai! fit M. Balouzet. Je lui ai vu manier la hache habilement.

— En chasse, reprit Choquart, il avait un coup hardi dont il se servait contre les bisons.

« Par exemple, s'il l'employait contre le sachem et s'il le manquait, il serait perdu...

— Chut! fit M. Balouzet. Fleur-d'Eglantier peut t'entendre.

Choquart se tut.

Les conques, du reste, donnaient le signal de l'attaque.

En ce moment, ceux et celles qui s'intéressaient le plus à la lutte et qui s'étaient tenus par les hasards de la conversation et des rencontres en arrière des premiers rangs, se portèrent instinctivement en avant.

Chacun retenait son souffle.

Les conques sonnaient toujours; à la dernière note de ces cornets de guerre, les deux combattants avaient champ libre l'un contre l'autre.

Lady Bernett s'était rapprochée de M. Balouzet.

Miss Jane, très-pâle, s'appuyait au bras de Pierre, silencieux et grave.

Fleur-d'Eglantier se tenait auprès du sachem sioux, et les yeux noirs de la jeune fille reflétaient une détermination implacable.

De temps à autre le sachem la regardait à la dérobée; un sourire se dessinait alors sur les lèvres sérieuses de cet homme énergique; on eût dit qu'il portait un tendre intérêt à cette jeune fille.

La foule était muette.

Les conques se turent!

Un silence de mort plana sur l'arène!

Ensemble les deux adversaires partirent à fond de train, l'un sur l'autre...

Mais on voyait que Balle-Enchantée retenait peu à peu son cheval, tandis que l'Indien lançait le sien à toute vitesse.

Soudain le Canadien arrêta court son mustang.

Soleil-d'Or laissa le sien continuer sa course.

Les Européens frémirent.

Tout l'avantage était à l'Indien qui allait atteindre Balle-Enchantée avec la vigueur de l'élan, frapper en passant ce but immobile et n'offrir au coup du jeune homme qu'un but se mouvant avec une rapidité vertigineuse.

— Mauvaise tactique! disait Robinson.

— Le plan du Canadien est bien bizarre! disait Oreilles-d'Argent.

« Que diable veut-il en faire?

— C'est le coup que je vous prédisais! dit Choquart. Attention! Il va tenter le sort et jouer son va-tout.

En effet le Canadien, voyant son adversaire à vingt pas de lui, leva les bras, brandit sa hache et la lança comme une arme de jet contre l'Indien.

Le fer poli resplendit sous la lumière, le tranchant frappa Soleil-d'Or au col, et s'enfonça si profondément que l'on eût dit voir une cognée plantée au tronc d'un arbre.

Le chef indien, frappé à mort, chancela; son cheval l'entraîna, sanglant, jusqu'aux pieds du grand sachem.

Une immense clameur s'éleva, saluant ce trépas si prompt et cette victoire remportée d'une manière si inattendue.

Fleur-d'Eglantier poussa un cri sauvage.

Miss Jane effrayée la regarda, craignant qu'elle ne s'évanouît.

Loin de là.

Une énergie terrible imprimait à la figure ordinairement si douce de la jeune Apache un caractère effrayant de férocité.

Elle avait du sang sur les lèvres.

D'un bond, elle se précipita vers le corps du sachem, et, saisissant le tomahaw, elle acheva de décapiter le cadavre en deux coups de hache!

Pierre avait voulu s'élancer...

Le chef sioux, d'un geste l'arrêta en lui disant :

— Laissez ! C'est le droit de cette enfant ! Le sachem l'avait offensée.

Et tout aussitôt Tonnerre-des-Montagnes accomplit brusquement une résolution prise depuis longtemps, mais qui étonna tout le monde.

Quittant les siens, sans plus s'occuper du corps de Soleil-d'Or, il lança son cheval vers Balle-Enchantée, se fit suivre par le jeune homme surpris et vint le présenter aux Pieds-Noirs, silencieux et consternés.

Avec une autorité irrésistible de geste, il leur montra le Canadien rayonnant des joies du triomphe et enveloppé du prestige de la victoire.

Il y eut entre le jeune homme et les Pieds-Noirs un choc de regards hostiles ; mais Tonnerre-des-Montagnes prit la parole impérieusement :

— Mes frères, dit-il, ont perdu un grand chef, brave, mais orgueilleux ; ils choisiront pour sachem Balle-Enchantée, dont le cœur est d'or pur.

L'effet fut brusque et saisissant ; il prouva que Tonnerre-des-Montagnes connaissait à fond le caractère indien.

Les natures primitives ne résistent jamais à l'ascendant des victorieux.

Balle-Enchantée, dont la générosité avait frappé les Pieds-Noirs, fut acclamé joyeusement et adopté sur-le-champ avec enthousiasme ardent par cette tribu qui l'eût égorgé avec ivresse quelques secondes plus tôt.

Ce sont là des revirements familiers aux foules.

Pendant que cette scène inattendue se déroulait, Fleur-d'Églantier poussait sa vengeance jusqu'au bout.

Le chef sioux s'étant éloigné, Pierre s'était de nouveau élancé vers sa sœur et avait voulu l'entraîner.

Elle le repoussa avec une énergie qui souleva l'improbation de miss Jane.

La masse des Indiens, au contraire, approuvaient la jeune Apache.

Cependant Fleur-d'Églantier ayant saisi d'une main la tête du sachem, la montrait aux tribus et criait d'une voix stridente :

— Voilà le visage de celui qui a osé m'enlever ! Regardez-le ! Ainsi périront tous ceux qui oseront disputer Fleur-d'Églantier à Balle-Enchantée !

Les guerriers admirèrent cette action ; les trappeurs flottaient entre des sentiments contraires que M. Balouzet résuma ainsi :

— C'est très-crâne, ce que fait cette petite fille, mais c'est un peu... sauvage !

Toutefois il vint doucement lui enlever des mains son sanglant trophée, lui offrit son bras et la ramena auprès de miss Jane, qui, froissée, garda le silence.

Mais les vieilles dames aiment à parler.

— Miss, dit lady Bernett à la petite Apache, il ne faut pas être aussi vindicative ; la religion le défend.

— Quelle religion ? fit Fleur-d'Églantier toujours farouche.

— Celle du Christ que nous vous avons enseignée.

— Je l'ai oubliée ! fit Fleur-d'Églantier.

— Que dites-vous là ?

Elle montra son fiancé.

— Mon mari est indien maintenant et je ne me faisais chrétienne qu'à cause de lui. Apache il devient, Apache je reste.

— C'est assez naturel ! fit M. Balouzet.

Sur ce, une discussion s'engagea entre lui et lady Bernett ; inutile d'ajouter qu'elle tourna bien vite à l'aigre.

Pendant ce temps, Robinson disait gravement à Oreilles-d'Argent :

— Le jeune homme a joué le tout pour le tout !...

— C'était risquer beaucoup ! dit Oreilles-d'Argent.

— Il était mort si la hache avait manqué le but ! fit Robinson.

— Master, dit bas Vendredi en lui poussant le coude, n'en dites pas plus.

— Pourquoi ? demanda Robinson furieux.

— Master, vous m'aviez recommandé de vous prévenir quand vous diriez une bêtise.

— Et alors, je viens d'en dire une ?

— Master, le jeune homme aurait pu ramasser sa hache, après avoir évité le choc du Soleil-d'Or. J'ai vu des trappeurs du Nord jouter ainsi.

— Vendredi, vous êtes un drôle ! s'écria Robinson furieux. Vous m'avez coupé impoliment la parole, fit-il avec une mauvaise foi insigne, lui honnête homme pourtant ! — Oui, vous m'avez coupé la parole, singe humain que vous êtes. Si vous m'aviez laissé parler j'aurais terminé ma phrase. J'aurais dit : « Le jeune homme était mort, si la hache avait manqué l'Indien... à moins que Balle-Enchantée n'eût ramassé son arme ! »

Et allongeant à Vendredi de vigoureuses bourrades, il ajouta :

— Cela vous apprendra à supposer votre maître capable de dire une bêtise.

Le pauvre nègre, abasourdi murmurait :

— Mais, master vous... commandé de...

« Je croyais que...

Robinson redoubla de violence et Vendredi prit le sage parti de s'enfuir.

Personne ne protesta contre les rigueurs de Robinson, car on suivait du regard un groupe qui emportait le cadavre du vaincu.

C'étaient les serviteurs du sachem et sa mère.

Un silence respectueux régna jusqu'au moment où ils se furent éloignés ; mais bientôt l'arène s'anima bruyamment.

Le grand sachem venait se replacer à la tête des Sioux.

D'autre part, Balle-Enchantée, suivi des Pieds-Noirs que désormais il commandait, marchait au devant de Tonnerre-des-Montagnes, en simulant des dispositions hostiles.

— Qu'est-ce que cela signifie ? demandait miss Jane.

— Va-t-on se battre ! s'écria lady Bernett.

— Non, dit M. Balouzet. C'est la cérémonie du mariage qui commence séance tenante.

— Il y a donc un révérend dans le camp ? demanda lady Bernett.

— Non pas que je sache ! dit M. Balouzet.

— Eh bien alors ce mariage...

— Il consiste en un simple enlèvement de la fiancée par le fiancé.

— Et... voilà tout !

— Cette méthode en vaut bien une autre ; elle a pour témoins et garants les deux familles, et il est sans exemple qu'un ménage indien divorce.

— Mon ami, dit vivement lady Bernett, vous tenez ce mariage pour bon et valable, n'est-ce pas ?

— Oui.

— Foi de gentleman !

— Foi de galant homme.

— Eh bien ! puisque vous voulez sincèrement m'épouser, allez vous placer auprès de Balle-Enchantée et... enlevez-moi.

— Mais je ne suis pas un sauvage, moi ! s'écria M. Balouzet. Je dois suivre les usages civilisés.

— Ma tante! Oh! shocking ! disait de son côté miss Jane.

Et quelques trappeurs qui avaient entendu éclatèrent de rire.

Lady Bernett dut se résigner à ne pas se marier... à l'indienne, devant le peu de succès de sa proposition.

Cependant la lutte simulée s'engageait entre les défenseurs de Fleur-d'Eglantier et les partisans de son fiancé.

L'affaire, pour être une cérémonie, n'en était pas moins chaude et bruyante.

Les Pieds-Rouges, rangés autour du Jaguar, leur sachem, s'opposaient à l'enlèvement de la jeune fille.

Les Pieds-Noirs montraient une ardeur extrême, oublieux de Soleil-d'Or, enthousiastes de leur nouveau chef, charmés de ce mariage, aimant beaucoup la jolie femme qui allait être l'honneur de leur tribu.

Le champ de bataille disparut bientôt sous des nuages de poussière et de fumée zébrés de rouges éclairs par les coups de feu ; à la lueur de la fusillade, on voyait passer à toute bride les cavaliers dont les mustangs s'élançaient par des bonds superbes décrivant des fantasias qu'eussent admirées des Arabes.

C'était un spectacle à la fois gracieux et émouvant qui tenait tous les spectateurs sous le charme.

Personne ne pensait plus au vaincu qu'une civière improvisée transportait mort, décapité, sanglant, loin des joies du triomphe.

Personne ne regrettait le sachem, hier idole de sa tribu. Les masses sont partout semblables à elles-mêmes, partout oublieuses, ingrates partout.

Personne ne pleurait ce guerrier magnifique, redouté la veille dans toute la Prairie.

Personne... excepté six de ses serviteurs, de ses féaux, de ses compagnons, de ceux qui se lient à un chef indien comme autrefois l'écuyer au chevalier.

Et, au milieu d'eux, une femme muette, pâle, les yeux sans larmes, mais hagards et lançant des éclairs livides !

Une femme que rien ne pouvait consoler... sa mère...

Elle marchait de ce pas fébrile qui scande l'allure de ceux qu'une douleur profonde, supportée avec énergie, fait se redresser derrière un char funéraire.

Elle allait la tête haute, l'air tragique, le geste sobre, drapée fièrement à son insu dans son manteau.

Pas un muscle de son visage ne tressaillait; pas un pli ne crispait son front; cependant on lisait sur cette face impassible une implacable résolution.

Lorsque le convoi fut arrivé dans un bouquet de bois, que d'un regard elle avait désigné, les porteurs s'arrêtèrent à l'ombre d'un cèdre dont le feuillage sombre, éternellement vert, est consacré, chez les Indiens, à ombrager les tombes.

Le corps fut placé sous l'arbre et les serviteurs se préparaient à remplir les cérémonies funèbres, lorsque l'Indienne, les écartant, saisit d'une main frémissante, par sa chevelure, la tête de son fils.

Pareille, à cette heure solennelle, au bourreau montrant au peuple que justice est faite, elle tendit le bras vers le camp.

Autour d'elle, ses guerriers reculaient d'horreur.

En ce moment, sur l'arène, éclataient en fanfares de joie, les cris des Pieds-Noirs saluant leur jeune sachem qui venait de s'emparer de Fleur-d'Eglantier et qui fuyait avec elle.

Les yeux ouverts de Soleil-d'Or semblaient voir cette scène avec la fixité effrayante de regard que la mort imprime à la prunelle humaine.

L'Indienne, dirigeant la tête coupée, lui faisait suivre la direction que prenaient les fiancés.

Quand ceux-ci eurent disparu, elle prit à deux mains le front de son enfant et dit :

— Toi qui resplendissais dans mon cœur comme le soleil dans l'espace, toi dont le regard était doux pour moi comme le printemps en fleur, toi qui vas dormir sous la terre et que je ne verrai plus, mon fils, tu seras vengé.

Et posant pieusement son précieux fardeau sur la mousse, elle se releva farouche.

— Vous, dit-elle aux guerriers, vous qui l'aimiez, venez...

« Celui qui a tué votre chef doit voir sa nuit d'amour se changer en nuit de deuil.

« Sur le manteau de sa femme, je veux du sang.

A un vieux guerrier :

— Toi, toi seul, ici, veille sur ce cadavre. Ou je reviendrai enterrer avec lui le scalp de son ennemi, ou j'aurai vécu...

Et, suivie de ses guerriers, échevelée, sublime de fureur, ivre de vengeance, elle s'élança sur la trace des deux époux, accompagnée de ses Indiens.

CHAPITRE XXVI

La nuit de noces.

Balle-Enchantée s'était dirigé vers les bois dont le bivac était entouré.

L'instinct des amoureux les pousse à chercher l'ombre.

Le Canadien devait, du reste, mettre beaucoup de célérité dans sa fuite, car, d'après les usages des Indiens, on s'apprêtait à le poursuivre vivement.

La coutume des Peaux-Rouges de ces tribus est de tourmenter, d'inquiéter, de harceler les nouveaux mariés.

Il en est ainsi, du reste, dans beaucoup de nos villages.

Les époux sont l'objet de niches, le plus souvent très-désagréables, de la part des jeunes gens.

Chez les Apaches, la tribu du marié met le feu dans les herbes sèches derrière lui pour dérober sa piste.

Les parents de la mariée et tous leurs amis

contournent l'incendie, reprennent la piste s'ils la trouvent, et se livrent à une chasse acharnée.

C'est un grand plaisir et un grand honneur pour eux de reprendre la mariée ; c'est pour l'époùseur une honte et un grand ennui ; il doit recommencer le lendemain la cérémonie de l'enlèvement.

Si trois fois de suite on lui reprend sa femme, le mariage est définitivement cassé et le mari perd les cadeaux qu'il a dû faire à son beau-père.

On conçoit que Balle-Enchantée tenait essentiellement, pour soutenir sa réputation, à ne pas se laisser surprendre ; il devait donc être sur ses gardes jusqu'au lendemain matin.

Le but de cette coutume est de bien établir que le mari est capable de protéger sa femme.

On conçoit que de pareilles traditions se perpétuent dans des régions où la famille indienne est toujours en danger.

La position du mari, dans cette épreuve, est très-difficile, très-délicate, pour peu qu'il soit épris.

Avoir là, sous ses yeux, la femme aimée, la tenir enlacée dans ses bras et ne pouvoir oublier un instant que l'ennemi vous guette, vous talonne et peut vous arracher votre trésor à tout instant !..

La situation est piquante !...

Beaucoup de jeunes femmes sont filles encore au lendemain de ces nuits troublées ; et c'est une demi-défaite pour le mari dont les jeunes gens se moquent.

Quand, au jour, on le retrouve et que la fiancée porte encore son manteau sur ses épaules, en signe de virginité, on ramène le couple au camp ; il est réputé bien marié ; mais on leur inflige un charivari qui dure toute la nuit suivante.

Si, au contraire, la jeune femme n'a plus son manteau, qu'elle a brûlé au soleil levant, on fête le mâle garçon qui a eu cette énergie et cette adresse de trouver, au milieu des embûches, assez de temps pour consommer le mariage entre le lever de l'étoile qui précède l'aurore d'un quart d'heure à peine et le plein jour.

Quant à tricher, à brûler le vêtement sans avoir cessé d'être vierge, aucune fille n'y consentirait.

Les superstitions indiennes font croire qu'en pareil cas, tous les enfants à venir seraient bossus.

Balle-Enchantée connaissait parfaitement toutes ces particularités.

Vêtu en Indien, comme nous l'avons dit, monté sur un cheval merveilleux, l'un des meilleurs de ceux qui servaient au grand chef des Sioux, ayant la ruse et l'expérience d'un chasseur consommé, le jeune homme ne doutait point d'échapper aux poursuites et d'être très-sérieusement et très-complétement marié cette nuit-là.

Il gagna une forte avance et il atteignit les bords d'une vaste forêt ; il mit pied à terre avec Fleur-d'Églantier et traînant son cheval par la bride, il s'enfonça sous une coulée ouverte par les bisons.

Il connaissait ce bois, y ayant chassé précédemment.

Fleur-d'Églantier, silencieuse, jouant déjà son rôle de femme indienne, fouettait de temps à autre à coups de baguette le mustang quand il essayait de regimber, le passage devenant trop difficile.

On fit ainsi deux mille pas environ sous le couvert et l'on déboucha dans une clairière où se reposaient plus d'une centaine de bisons.

Balle-Enchantée se tourna en souriant vers sa femme et lui dit :

— Depuis quelque temps je savais où gîtait ce troupeau ; je n'en ai rien dit et je ne l'ai jamais effarouché, sachant qu'aujourd'hui j'en aurais besoin.

— Pourquoi faire? demanda Fleur-d'Églantier surprise.

— Tu vas voir, dit le jeune homme.

Il ajusta le troupeau et fit feu trois fois dans le tas, avec sa carabine américaine à répétition.

Un mâle énorme et deux autres moins forts tombèrent foudroyés, le reste s'enfuit par des sentiers divers, dans la direction opposée aux coups de feu.

Le Canadien se précipita dans la clairière et, avec une dextérité merveilleuse, il se mit à écorcher les jambes des trois bêtes abattues ; il eut soin d'opérer de telle façon que les sabots restassent bien attachés à la peau.

Choquart salua gravement.

Qu'on s'imagine un bas terminé par un sabot, et l'on aura une idée de la chaussure que représentaient les fourrures enlevées aux bisons.

Il ajusta aux quatre jambes de son mustang, les quatre sabots du gros taureau ; on conçoit que la solide peau du bison, collant sur le jarret du cheval et fortement ficelée du reste, l'animal pouvait marcher, un peu gauchement il est vrai, dans les sabots d'un bison.

Balle-Enchantée, du reste, était fort expert pour la fabrication de pareille chaussure. Souventes fois, il avait pratiqué cette ruse.

Après le cheval, il s'occupa de sa femme.

Il travailla ensuite de façon à ce que Fleur-d'Églantier entrât son talon dans un sabot et l'autre partie du pied dans un autre sabot ; deux sabots pour chaque pied, réunis sur les côtés par des lanières et serrés sur le cou-de-pied par un ingénieux système de cordonnets taillés dans la peau du bison.

C'était un agencement difficile ; mais il était rompu aux préparations que ce stratagème demandait ; il réussit fort bien et très-vite pour elle et ensuite pour lui-même.

— Voilà, lui dit-il, une ruse, qui m'a souvent sauvé la vie ; nous lui devrons une nuit tranquille.

Et montrant une coulée fraîchement foulée, il dit à Fleur-d'Églantier :

— Nous passerons par là.

Puis il entassa des branches sèches sur les bisons morts et mit le feu à ce bûcher.

— Ils retrouveront ces animaux à demi calcinés, dit-il, ils ne sauront quelle conclusion tirer de leur découverte.

— Ils sont à notre poursuite, fit observer Fleur-d'Églantier.

— Oui, mais ils sont éloignés encore. Les Pieds-Noirs ont allumé un beau feu dans les herbes entre les poursuivants et nous.

— N'importe! fit-elle inquiète. Hâtons-nous.

— Partons, dit-il. Notre piste ne sera pas distincte de celle des taureaux.

Il reprit la bride de son mustang qui suivit d'autant plus docilement que ses pas mal assurés ne lui permettaient ni ruades, ni écarts.

Fleur-d'Églantier riait de l'allure du cheval, de sa démarche à elle-même et de celle de son mari.

On s'engagea dans la coulée et Balle-Enchantée dit :

— En sortant de la forêt par ce sentier, nous trouverons un ruisseau où les bisons vont boire ; nous y entrerons. Une fois dedans, je débarrasserai mon mustang de ses sabots d'emprunts, nous remonterons en selle et nous suivrons le lit du ruisseau ; dans l'eau notre trace sera perdue. Personne ne pourra deviner que nous y sommes entrés.

— Oh! fit-elle, comme les blancs sont rusés ! J'ai épousé un homme qui a autant de malice qu'un renard.

— Chut! fit-il.

Ils entraient dans le sentier.

Pendant plus d'une heure, ils marchèrent très-péniblement, gênés qu'ils étaient par leurs étranges chaussures.

Le mustang n'avançait que très-difficilement, risquant de choir à chaque pas.

Mais, enfin, on arriva au ruisseau, peu profond et praticable pour un cheval indien ; Balle-Enchantée fit comme il avait dit et il eut soin d'emporter les faux sabots.

S'il les eût jetés, il eût donné l'éveil aux poursuivants, qui probablement les auraient découverts.

Quand le jeune homme se sentit en selle, Fleur-d'Églantier, en croupe derrière lui, il jugea la partie gagnée.

— A cette heure, dit-il, ils atteignent problement la clairière.

— Alors ! fit la jeune fille, ils ne sont pas loin de nous.

— Non, sans doute. Mais ils vont chercher nos traces bien longtemps sans rien trouver ; ils examineront les arbres, pensant que nous sommes cachés dessus ; ils ne sauront ni que faire, ni quel parti adopter.

— Ils supposeront qu'il y a de la magie dans notre disparition.

— Ils croiront même que j'ai brûlé mon cheval avec les bisons pour le faire disparaître, et, que nous sommes perchés dans quelque pistil. Voilà l'idée qui leur viendra.

Et il ne se hâtait pas, laissant son excellente monture prendre l'allure qui lui plaisait, tant il se sentait en sécurité.

Le vaillant coursier, du reste, semblait heureux d'être débarrassé de ses faux sabots, et, il avançait grand train, malgré l'eau, dont la fraîcheur rétablissait la circulation dans ses jambes engourdies.

Par malheur, Balle-Enchantée ignorait

que les serviteurs de Soleil-d'Or l'espionnaient depuis son entrée sous bois.

La mère du sachem et les cinq Indiens étaient en deçà du rideau de feu allumé par les Pieds-Noirs; Balle-Enchantée, sur ces ennemis mortels, n'avait donc que l'avance qu'ils lui laissaient prendre.

A peine, s'engageait-il dans le ruisseau que les gens de Soleil-d'Or y arrivaient en rampant.

Comme ces généraux d'un talent hors ligne, qui, se croyant sûrs de leurs combinaisons, ont conçu un beau plan de bataille et sont battus par suite d'un incident inattendu, Balle-Enchantée allait être surpris, non par des adversaires prévus, mais par des ennemis imprévus.

A une demi-journée de marche environ, c'est-à-dire à trois lieues de là pour un mustang, le jeune homme connaissait une retraite, sûre selon lui, en ce sens qu'elle était abordable sur un seul point facile à défendre.

On était aux deux tiers de la journée; on pouvait donc atteindre cet endroit à la nuit.

C'était, dans une forêt, une sorte de clairière, au milieu de laquelle s'élevait un chêne creux, six fois séculaire, dont la mousse formait un moelleux tapis, sous l'ombre impénétrable de ses énormes rameaux.

Pendant trois heures, on suivit le lit du ruisseau.

Enfin, on en sortit, mais Balle-Enchantée eut soin de choisir pour quitter la voie d'eau un endroit où la rive rocheuse ne gardait pas d'empreintes.

Puis lui et Fleur-d'Églantier, avant d'arriver sur un terrain mou, avaient attaché aux pieds du cheval, les sabots de bisons qu'ils avaient conservés.

Ils s'en étaient chaussés eux-mêmes de nouveau.

Prenant alors le mustang, chacun d'un côté, par la bride, ils l'avaient conduit jusqu'à l'entrée d'une nouvelle forêt.

Là, Balle-Enchantée avait forcé son cheval à s'engager, en pliant les jarrets dans une sente de bisons, la seule de cette forêt, et, cette fois, il l'avait fermée derrière lui, à l'aide de lianes et de plantes grimpantes, ingénieusement disposées en rideau.

Ceux de nos lecteurs qui ont traversé des taillis, ont dû remarquer que, même en Europe, où la végétation est moins puissante que dans les terres vierges, les bords et surtout l'entrée des sentiers sont plus abondamment garnis de ronces et d'épines.

Or, Balle-Enchantée détachant avec adresse de longues traînées de lianes, habilement enchevêtrées de façon à former un masque ondulant et mobile, très-difficile à traverser.

Il y travailla pendant plus d'une heure et quand il fut terminé, il dit joyeusement à Fleur-d'Églantier :

— Il n'y a pas de gibier au monde, pas d'homme sous le ciel qui ait mieux dérobé sa trace que moi.

Puis, presque sans souci, tranquille, ne craignant plus que les fauves, il donna à sa fiancée le premier baiser, sous lequel elle rougit comme les baies de Tchilua pendues aux arbres.

Dès lors ils se croyaient en sûreté.

Ils suivirent la sente, traînant leur mustang derrière eux, et bientôt ils arrivèrent sur un plateau élevé, rocailleux, hérissé de granits énormes, dépourvu de végétation, sauf par places.

Çà et là, des bouquets de chênes géants trouvant de l'humus sous leurs racines, les avaient poussées profondes dans les crevasses de ce sol et avaient grandi d'autant plus majestueux qu'ils étaient isolés et buvaient l'air par tous les pores de leurs feuilles.

La nuit tombait quand Balle-Enchantée arriva en cet endroit.

Il montra un point où s'élevait le plus vieux chêne et il dit à Fleur-d'Églantier :

— Voilà notre campement pour cette nuit ! Elle rougit encore.

Ils atteignirent l'arbre géant.

Déjà les dernières clartés du crépuscule s'éteignaient ; la coyotte avait jeté son premier cri ; les échos de la forêt s'animaient du prélude des rugissements de la panthère.

Fleur-d'Églantier, fille de la Prairie, ne s'effrayait pas pour si peu ; mais voyant son mari allumer du feu, elle lui demanda :

— Ne crains-tu pas d'attirer les regards sur nous ?

— Non ! dit-il. Le plateau est élevé ; mais les arbres qui le bordent sont si hauts et forment une muraille si épaisse que l'on ne peut rien voir au dehors.

Puis se tournant vers le sentier par lequel ils étaient venus, il dit :

— La seule voie possible pour arriver ici est le chemin que nous avons pris ; pas d'autre ne donne accès à ce plateau.

Et il ne se trompait pas.

On ne s'imagine que difficilement ce que c'est qu'une forêt vierge.

Les promeneurs qui cheminent à travers les allées de nos bois d'Europe, ceux de Fontainebleau ou de Compiègne, par exemple, se font des couverts une idée fausse.

Au lieu de hautes futaies, ou de plantations de baliveaux bien peignées, presque alignées, qu'on s'imagine un fouillis inextricable de taillis, de plantes grimpantes, de lierre, d'arbustes épineux, le tout serré à ne pas permettre à un oiseau d'étendre ses ailes ; çà et là, quelques arbres percent péniblement cette voûte et tendent les branches de leur sommet à l'air, à la lumière, à la vie ; ceux-là semblent avoir fait effort, avoir eu le sentiment du danger ; ils sont sauvés à partir du moment où ils épanouissent leur panache sous le soleil.

A partir de cet instant, leur développement rapide leur permet de gagner en tige, et ils piquent droit vers le ciel.

Ils ne s'attardent pas à étaler leurs rameaux, à prendre du large.

Ils ont conscience du danger.

Déjà les lianes s'attachent à eux, montent aussi, cherchent à les enlacer et à les replonger sous la voûte où ils ne respireraient plus.

Ils fuient et ils ne s'arrêtent que quand ils sont arrivés à dominer de cent pieds le taillis dont ils sortent.

Alors seulement ils s'étendent.

C'est ce qui explique pourquoi le premier embranchement commence si loin du sol.

Pour un arbre qui a percé, cent mille ont été étouffés sur une espace de quelques mètres carrés ; la concurrence vitale produit son œuvre.

D'après ce que nous venons dire, on peut se figurer la forêt vierge d'Amérique.

Ce sont des fourrés impénétrables où le meilleur chien ne pourrait se glisser dans les massifs ; les bisons seuls tracent des chemins qu'un homme ou un cheval parviennent à suivre.

Grâce à son crin épais, le bison brave les piqûres douloureuses ; le troupeau qui flaire une clairière et un pâturage dans un bois, adopte pour y arriver une tactique qui prouve que l'instinct des bêtes pourrait bien être du raisonnement au service de sens merveilleusement développés.

Un mâle enfonce ses cornes dans le massif et soulève les obstacles ; un autre le suit et foule le sol des sabots ; un troisième pénètre et agrandit le chemin en se frottant les flancs aux épines ; le troupeau suit, sur une file, les veaux venant les derniers, mais protégés par une arrière-garde de femelles, qui, la corne au vent, sont prêtes à défendre les petits.

Les sangliers font aussi des tracées, mais très-basses et praticables seulement en certains cas ; quant aux daims, aux cerfs, aux élans, ils vivent en plaine :

Les jaguars, qui aiment à dormir sur les arbres et à s'y poster, ont une façon à eux de voyager en forêt.

Ils sautent d'arbre en arbre.

Les couverts, du reste, sont peuplés d'une foule de petits animaux qui, avec patience, s'y tracent des chemins et s'y établissent des refuges.

Le lecteur comprend maintenant comment Balle-Enchantée pouvait affirmer qu'un seul chemin conduisait à la clairière.

Une seule sente avait été pratiquée par les bisons.

Le pâturage du plateau était maigre, partant peu fréquenté.

Le Canadien qui précédemment avait fouillé tout le bois, en vue de sa prochaine nuit de noces, était donc sûr de n'avoir à surveiller qu'une issue.

Il l'avait si bien dissimulée qu'il était tranquille.

Cependant, par excès de précaution, *il tendit des sentinelles.*

Les trappeurs appellent ainsi des lianes qu'ils disposent en travers du chemin de façon à faire ressort.

Au moindre contact, elles se détendent battant l'air et les plantes avec bruit ; on est prévenu de l'arrivée de l'ennemi par de vigoureux coups de fouet.

Toutes ces explications étaient indispensables pour comprendre la scène qui va suivre.

Le feu était allumé, toutes les précautions étaient prises, un quartier de bison grillait sur les braises, le mustang paissait près du bivac, scellé, la bride au-dessus du col.

Balle-Enchantée avait rafraîchi la soif de son coursier en coupant des lianes qui fournissent goutte à goutte une eau limpide et claire.

Les chevaux broient la plante et mangent en même temps qu'ils boivent.

Les hommes recueillent ce breuvage parfumé dans des calebasses ou des gourdes cueillies aux alentours ; car, là où pousse la *liane-source*, non loin d'elle croît le vase qui permet de conserver sa sève.

Fleur-d'Eglantier était debout, contre le tronc du vieux chêne ; elle regardait son mari avec une admiration muette et passionnée.

Et lui, assis sur un quartier de roc, levait les yeux sur elle, de temps à autre, et lui souriait.

Mais pas un mot ne s'échappait de ses lèvres.

Que dire ?

La tradition (et ils étaient trop superstitieux tous les deux pour ne pas la respecter), la tradition ne leur permettait de s'aimer que quand l'étoile des amours brillerait au ciel, vingt minutes, ou le temps d'un baiser, avant l'aurore.

Si un couple manque à cette loi, l'union sera stérile.

Et pour rien au monde, ces jolis jeunes gens n'eussent voulu risquer d'échanger des caresses stériles.

Oh ! cette nuit de noces était bien une nuit d'épreuve !

De longues heures allaient donc s'écouler dans l'attente...

Quand le Canadien levait les yeux, la jeune fille baissait la tête ; elle craignait d'allumer dans son cœur un incendie au feu de ses regards.

Elle n'osait dire un mot.

Il eût craint de parler.

La voix aimée caresse, émeut, attendrit ; c'était le chant des sirènes qui était dangereux ; on se suspend aux lèvres qui disent de douces choses.

La jeune fille fuyait donc le regard de Balle-Enchantée.

Depuis peu de temps ils étaient dans la clairière ; des ennemis, pour les atteindre, eussent dû faire diligence.

Une attaque était invraisemblable.

Cependant Fleur-d'Eglantier remarqua que le mustang dressait tout à coup l'oreille et écoutait des bruits lointains.

Et le fit observer à son mari :

— Ton coursier est aux écoutes ! dit-elle ; n'y aurait-il pas du danger ?

Il regarda le cheval qui s'était remis à paître.

— Ce n'est rien, dit-il.

Puis avec assurance :

— Nous sommes si bien cachés !

Et il s'occupa fort tranquillement de retourner la grillade.

Comme tous les chasseurs, Balle-Enchantée était un garçon d'un remarquable appétit ; capable de jeûner comme tous ceux qui ont bon estomac, il ne manquait pourtant jamais l'occasion de dîner, quand le dîner rentrait dans les choses possibles.

Le danger le plus redoutable ne lui enlevait pas l'appétit.

Il avait servi de guide à un général sudiste pendant la guerre de sécession entre les Etats du Nord et ceux du Sud d'Amérique ; or, un certain jour que la brigade d'avant-garde qu'il dirigeait s'était établie dans une redoute à la tête d'un pont, on annonça à l'état-major que ladite redoute était minée et que les Nordistes pouvaient la faire sauter à l'aide d'un fil électrique.

Le général avait l'ordre formel, quoi qu'il arrivât, de rester à son poste ; il intima aux soldats l'ordre de ne pas bouger et aux pionniers celui de chercher le fil.

Et pour donner l'exemple du sang-froid, il se promena lentement sur les retranchements.

Il aperçut un homme qui dans un coin, et commodément assis sur un bissac, mangeait fort paisiblement une tranche de bœuf froid.

C'était Balle-Enchantée.

L'extrême jeunesse de ce gentil garçon (le trappeur avait alors quinze ans) toucha le général; il voulut qu'en cas de malheur il fût épargné.

— Eh! mon ami, lui dit-il, vous avez donc bien faim?

— Oui, mon général.

— Vous qui êtes un guide et même un bon guide, vous devriez vous en aller d'ici; nous allons peut-être sauter; il est inutile que vous soyez tué.

— Avec votre permission, mon général, je resterai.

— Pourquoi?

— Parce que le généralissime Lee, qui me connaît, m'a dit en m'envoyant vers vous pour être guide : — Tu ne quitteras pas d'un pas ton général Hopp. — Vous concevez bien que mon honneur est de demeurer quoi qu'il arrive.

— Tu es un brave guide! dit le général. Tu vas me faire un plaisir. Mes soldats trouvent peut-être le temps un peu long; promène-toi devant eux en mangeant comme tu fais, ça leur donnera l'exemple du sang-froid.

Ainsi fit le trappeur.

Et les Américains, qui ne s'étonnent de rien, furent cependant surpris ce jour-là du flegme de Balle-Enchantée.

Lee le complimenta devant tout son état-major, quelques heures plus tard; car le fil fut trouvé et la redoute ne sauta point.

On conçoit donc que Balle-Enchantée fit honneur à la grillade dès qu'elle fut cuite à point.

Il en présenta galamment une tranche à Fleur-d'Eglantier, l'invitant à s'asseoir près de lui.

Mais elle refusa.

Elle craignait, si rapprochée, de trouver l'étoile du matin lente à venir.

Ils dînèrent donc...

Mais comme Balle-Enchantée tendait à boire à sa jeune femme, celle-ci lui montra de nouveau le cheval et dit :

— Tu es un grand chasseur, j'ai foi en toi; mais si tu prétends encore que ton mustang n'est pas inquiet, je dirai, moi, que tu ne connais rien à l'instinct des chevaux.

Le pur sang venait, en effet, de tendre les naseaux et de humer l'air.

Puis, du pied gauche, il s'était mis à gratter le sol.

— C'est bien! dit Balle-Enchantée.

Et, avec un accent d'autorité auquel il n'y avait pas à résister :

— Ne bouge pas;

« Ne fais pas un geste;

« Écoute mes instructions. »

Il commença par écarter les branches du foyer et les éteindre une à une, sans hâte, de façon à diminuer lentement l'éclat du feu.

En même temps, il disait à Fleur-d'Eglantier :

— Dès que j'aurai jeté l'eau sur le foyer, ce qui va produire une grosse fumée, tu entreras dans le creux du chêne.

— Serons-nous cachés ainsi?

— Il n'y a pas d'autre retraite! dit le jeune homme d'un ton bref.

« Le mustang a flairé du côté de la sente, qui est le seul passage.

« Donc l'ennemi vient par là.

— Penses-tu donc que la cachette de l'arbre suffise pour nous abriter?

— Puisque nous n'avons pas le choix! dit le Canadien.

« Nous ne pouvons fuir.

« Partout nous sommes entourés de taillis impénétrables; nous y serions traqués comme des loups et pris honteusement après avoir été ensanglantés par les épines.

« Puis, nous serions mal placés pour combattre nos adversaires.

— Combattre! fit la jeune femme.

« Vas-tu donc tirer?

— Eh! fit-il, ce ne sont pas les jeunes gens des Pieds-Rouges qui vont venir.

« Nos mesures étaient trop bien prises

pour ne pas les dépister; ce sont d'autres gens et de sérieux ennemis.

— Ah tant mieux! dit-elle:

« Je préfère une lutte.

« Au moins tu n'auras pas la honte qu'on m'enlève d'entre tes bras avec des risées et des moqueries.

— Sois sûre, fit-il, que nous aurons à faire parler la poudre.

Et, tout en causant, il achevait lentement, comme nous l'avons dit déjà, de disperser le feu de son bivac.

Il avait ses raisons pour parler ainsi, avec une tranquillité relative et pour ne point se hâter.

Ses raquettes, ou, pour parler le langage des trappeurs, ses *sentinelles* n'avaient point encore parlé.

Donc il avait du temps.

Il dit cependant à Fleur-d'Eglantier :

— Prépare-toi.

« Je vais répandre l'eau.

« Si, par impossible, quelqu'un était déjà arrivé à la lisière de la clairière et nous espionnait, il n'aurait ni le temps de tirer, ni la possibilité de voir.

« J'ai parlé et agi jusqu'au dernier moment comme un homme qui ne se défie de rien; celui qui nous épierait ne s'attendrait pas à ce que nous allons faire.

On voit que l'intelligent Canadien agissait avec une adresse consommée.

En effet, dans la supposition qu'un ennemi, par un merveilleux hasard, eût réussi à gagner le bord du plateau sans toucher aux *sentinelles*, il était présumable qu'avant d'agir, il attendait, comme tout homme de Prairie, une occasion favorable.

Jamais, fût-on cent contre un, on ne se jette sur l'ennemi en aveugle, au désert; on observe, on étudie, on se glisse le plus près possible en rampant.

L'homme y prend les allures du tigre et du serpent.

Tout à coup et tout d'un coup Balle-Enchantée jeta son eau sur les braises, et une fumée s'éleva d'autant plus épaisse que les tisons avaient été écartés sur un plus grand espace.

Celui qui eût observé cet incident aurait cru à un accident, à une marmite de campement renversée par mégarde ou à une gourde tombant sur le foyer.

La base du chêne, le Canadien et sa jeune femme disparurent dans un nuage; celui-ci, lourd de vapeur d'eau, ne se dissipa qu'au bout de quelques secondes.

Quand il fut tout à fait levé, les deux jeunes gens avaient disparu dans le creux de l'arbre.

Un peu plus tard le bruit sec, le *clac* retentissant d'une raquette détendue annonça l'approche de l'ennemi.

Les serviteurs de Soleil-d'Or s'avançaient donc dans la coulée.

Ils allaient, à la file l'un de l'autre, courbés, rampant, altérés de vengeance, excités par Rosée-du-Soir, la mère de leur sachem.

Lorsque la raquette se détendit, comprenant que leur présence était dénoncée, ils craignirent quelque coup de feu du Canadien à l'affût.

Du même mouvement, ils se jetèrent à plat ventre.

Mais Rosée-du-Soir se levant, au contraire, les groupa d'un geste auprès d'elle autant que le permettait la largeur du sentier.

— Que pensez-vous donc, leur dit-elle à voix basse, pour craindre ainsi?

« Le Canadien ne tirera point; il nous prend pour des amis qui cherchent seulement à troubler sa nuit.

« Courez, avant qu'il ne s'échappe, et tuons-le.

Les Indiens ont une invincible répugnance pour les attaques brusques.

En cette circonstance cependant, le raisonnement de Rosée-du-Soir et la crainte de voir leur ennemi s'échapper les fit se presser sur la sente.

Mais leur invincible instinct de défiance les arrêta net au débouché.

Ils ne distinguèrent rien ayant forme humaine, eux dont les yeux perçants voyaient à travers les ténèbres des nuits sans lune.

Le mustang seul, flairant l'ennemi comme eût fait un chien, caracolait, essayant de fuir et ne trouvant pas d'issue.

Rosée-du-Soir poussa ses guerriers en

avant en les cinglant de phrases qui produisirent sur eux l'effet des coups de fouet sur les chevaux.

— Vous n'êtes pas des hommes, mais des coyottes ! leur disait-elle.

« Il gagne du terrain et vous restez là, lâches !

« Mais songez donc qu'il vous croit des amis !

« N'aurait-il pas tiré sans cela ?

« Des femmes auraient plus d'esprit et plus de courage que vous.

Les Indiens se lancèrent donc dans la clairière.

Mais, rusés, ils poussaient des cris joyeux comme gens qui se livrent à une folle et gaie recherche.

Ils voulaient ainsi tromper Balle-Enchantée.

Ils se dirigèrent vers le vieux chêne séculaire dans le creux duquel les jeunes gens s'étaient cachés.

Là, ils virent le foyer éteint et ils sentirent le sol humide.

Le creux de l'arbre visité, ils n'y découvrirent personne.

Alors Rosée-du-Soir s'écria :

— Ils fuient à pied par quelque sente de bison.

Et tous se mirent à examiner avec ardeur, les bords de la clairière.

Mais, gens d'expérience, ils reconnurent bientôt qu'aucune autre voie n'était praticable à un homme que celle qui les avait amenés.

Le plus âgé et le plus expérimenté le déclara à Rosée-du-Soir.

— Élan-Rapide, lui demanda la vieille Indienne, je te sais un guerrier digne de foi. Tu m'assures qu'il n'y a point de passage, je te crois ; mais je jure que si tu te trompes, moi, de mes mains, je t'étranglerai.

— Je répète à ma sœur, fit l'Indien, que ce chien de Visage-Pâle n'a pu fuir ; il est ici, caché, avec Fleur-d'Églantier ; il est peut-être dans un arbre.

— Allumons des feux, dit précipitamment la vieille Indienne.

L'Élan-Rapide l'arrêta.

— Les femmes, dit-il, sont mauvaises conseillères, parce que ce sont des têtes folles et des cœurs chauds.

« Ma sœur va se taire.

« Ma sœur va se calmer.

« Ma sœur obéira.

— Non ! dit-elle.

— Et moi, je dis : Oui ! »

« Je jure de ne pas quitter le sentier de guerre, de ne pas boire une goutte d'eau de feu, de ne pas reposer dans mon câli, jusqu'à ce que Balle-Enchantée soit mort et que le sachem soit vengé.

« Mais j'exige que ma sœur ne ressemble plus à une panthère à laquelle on a volé ses petits et qui vient, sans prudence, se faire tuer par le chasseur.

« Mes frères pensent comme moi.

— Och ! dirent les guerriers.

La vieille Indienne dut se résigner ; mais la soif du sang la dévorait.

— Oh ! murmurait-elle, s'il échappait !... Si, cette nuit, de mes griffes, je ne pouvais lui ouvrir la poitrine et lui arracher le cœur !...

— Il faut savoir s'arrêter à un plan, dit froidement l'Élan.

« Si Balle-Enchantée est en fuite, jeune comme il est, brave et forte comme est sa femme, ayant de l'avance, il est impossible de les rattraper.

« Si, au contraire, ils sont ici sur quelque chêne, inutile de se hâter.

« Nous les trouverons.

Déjà deux guerriers gardaient la sente ; il n'y avait donc pas à s'inquiéter de ce côté-là.

L'Élan-Rapide fit allumer de grands feux qui projetèrent des clartés immenses dans la clairière.

Alors le plus agile des guerriers explora les chênes avec cette merveilleuse habileté que les singes ne dépassent point.

En une heure, il eut fouillé les arbres les plus élevés et les plus touffus.

Et il n'avait rien trouvé.

Rien, absolument rien.

Un sauvage, procédant toujours méthodiquement, dans de pareilles perquisitions, il est inutile de recommencer derrière lui les recherches.

Où il a passé, on peut dire que cent autres passeraient sans obtenir de résultats.

Les Indiens étaient donc convaincus que Balle-Enchantée ne se trouvait pas sur les arbres.

L'Elan-Rapide conclut que n'étant ni sur

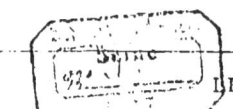

Guidés par un chien... (Page 125.)

terre ni dans l'air, le Canadien devait être blotti sous le sol.

— Mes frères, dit-il, ce trappeur est un homme des hauts pays du Nord.

« Il a les ruses des blancs du Canada qui sont très-fins et qui savent se terrer comme les renards gris; cherchons son repaire.

On activa la flamme des feux en y jetant

du bois, et la clairière resplendit sous l'éclat des bûchers.

Toujours méthodiques, les Indiens divisèrent par carrés le sol à explorer; il se mirent à l'inspecter et à le sonder; partout le terrain sonna franc, plein, et nulle part il ne montra indice de souterrain, de trace de silo dissimulé.

Un seul point restait à explorer; l'Elan-Rapide l'indiqua.

— Que mes frères, dit-il, fouillent le creux du vieux chêne.

« Souvent, dans ces sols rocheux, une racine se glisse entre des blocs, les disjoint en grossissant et forme des trous où peuvent se tapir des hommes avisés comme l'est ce Canadien.

— Och! dirent les Indiens avec satisfaction.

« L'Elan-Rapide est un guerrier très-expérimenté; il doit avoir deviné juste; si le Canadien est dans la clairière, nous le trouverons au milieu des racines du chêne.

Et ils firent leurs préparatifs.

En ce moment, Rosée-du-Soir se leva et s'approcha.

Jusque-là, le sourcil froncé, la main crispée sous les lèvres, les doigts sous les dents, les mâchoires rongeant les ongles, elle avait paru désapprouver ses guerriers; mais, depuis que l'Elan-Rapide avait parlé de tanière dans les racines du chêne, elle avait pressenti que le chef ne se trompait pas.

La haine lui donnait le sûr pressentiment de la vérité.

Elle voulut entrer dans le creux de l'arbre; elle aurait fouillé le sol avec ses ongles comme la panthère avec ses griffes; elle s'écria avec une joie sauvage :

— Ils sont là !

« Nous les tenons...

Mais l'Elan-Rapide la prit brusquement par le bras et lui dit :

— Femme, femme, tu parles haut et tu préviens l'ennemi.

« Tais-toi !

Elle frémit de tous ses membres et son œil s'enflamma de colère.

— Puisqu'il est là, ce maudit chien ! criait-elle, la lèvre écumante, le pied battant le sol, les muscles se tordant.

« Qu'attendez-vous, pour le prendre et le tuer ?

« Vous avez peur !...

L'Elan, malgré le respect qu'il avait pour elle, la saisit, la porta en arrière, et la regardant froidement :

— Femme, dit-il, si tu ne veux ni te taire, ni nous laisser agir, je t'attacherai et te mettrai un bâillon sur les lèvres; mais si tu veux m'écouter, avant peu nous aurons le Canadien, mort ou vivant.

— Vivant ! dit-elle. Donne-le-moi vivant !

— Soit ! fit-il.

« Mais dompte les impatiences; mets à la colère une entrave, comme fait le cavalier pour le cheval indocile.

Elle se domina par un suprême effort de volonté, passa, sur son front livide, ses doigts jaunis et murmura :

— Va ! mais va vite !...

Et les yeux fixes, clouée à la place où elle se trouvait, elle suivit les péripéties de la scène que nous allons décrire.

L'Elan-Rapide revint au chêne et à ses compagnons.

— Mes frères, dit-il, si le Canadien est sous l'arbre, nous allons le savoir.

Il voulut entrer dans le creux du chêne, un guerrier l'arrêta.

— Non ! fit cet Indien.

— Je suis le chef ! dit l'Elan.

— Aussi ne peux-tu pas risquer ta vie; tu dois, jusqu'à la fin, guider nos compagnons, et, si le Canadien est là, il tirera, se sentant découvert.

« Moi je suis vieux, mes os cherchent le repos et courbent ma taille vers la tombe où est le sommeil éternel.

« J'entre...

« Je vais être frappé; mais je veux être enterré aux pieds du sachem que j'ai si souvent porté dans mes bras quand il était enfant.

L'Elan-Rapide s'effaça et dit simplement à ce serviteur dévoué, à cet obscur héros d'une vendetta :

— Entre, Natchylao !

« Tu as vécu comme un grizly, sans peur et sans faiblesse, tu vas mourir comme tu as vécu.

« Quand les vaillants passeront devant la tombe du Soleil-d'Or, ils salueront tes ossements.

— Och! dirent tous ses compagnons. Tu es un vaillant guerrier, Natchylao.

Le vieillard se débarrassa de son manteau, et ne garda que son tomahaw; puis, résolûment, il pénétra dans le chêne, dont il se mit à creuser l'intérieur.

Tout à coup, une pierre, poussée d'en bas par un canon de fusil, se souleva et se renversa; un coup de feu partit; le vieux Natchylao tomba, se débattant dans les angoisses d'une courte agonie.

Les Pieds-Noirs poussèrent un terrible cri de colère et de triomphe.

Plus de doutes...

Balle-Enchantée était là, presque sous leur talon et ils le tenaient.

Ils ne doutaient pas de s'emparer de lui.

Rosée-du-Soir s'était élancée et elle voulait se jeter dans le creux de l'arbre; mais, encore une fois, l'Elan-Rapide l'en empêcha.

— Il est à nous! dit-il.

« Ne veux-tu donc pas lui planter ton couteau dans le cœur?

« Si tu l'offres follement à ses balles, tu mourras sans être sûre de la vengeance.

— Oui! s'écria-t-elle, oui, frère, tu dis vrai; mais, à genoux, je t'en prie comme on prie le Grand-Esprit, dépêche-toi.

« Les heures s'écoulent et les hommes des tribus pourraient venir.

Cette considération frappa l'Elan-Rapide qui fit un signe aux siens.

Il leur montra en silence, tour à tour, le chêne et les bûchers.

Ils comprirent.

Pendant que le chef retirait par un pied le cadavre de Natchylao, les autres Pieds-Noirs entassaient contre le tronc du chêne des masses de branches de pin et y mettaient le feu avec des tisons.

En peu d'instants, un cercle de flammes cerna le tronc pourri du vieil arbre; cette fois les Pieds-Noirs étaient sûrs de prendre leur adversaire.

Il était évident que celui-ci, réfugié dans une galerie étroite avec sa femme, se tenait blotti dans une anfractuosité.

Mais comme le renard enfoncé dans son terrier est obligé d'en sortir, de même Balle-Enchantée allait être chassé de son repaire.

Les Indiens, silencieux et prudents, tant que durent les préparatifs du combat, s'exaltent pendant l'action.

Voyant les flammes si épaisses, qu'il eût été difficile à Balle-Enchantée de traverser cette muraille de feu, sans être aveuglé et rôti, ils se mirent à danser en hurlant la danse du scalp.

Derrière le cercle qu'ils formaient autour du bûcher, Rosée-du-Soir, immobile, le visage empreint d'un masque effrayant de férocité, attendait, un couteau à la main, que le Canadien parût.

Mais les minutes passaient s'accumulant et le chasseur ne se montrait pas...

Déjà le chêne menaçait de s'écrouler; le Canadien ne donnait pas signe de vie; peut-être était-il asphyxé.

Elle eut peur de ne pas le tenir vivant et palpitant sous son poignard, et, d'un cri, elle arrêta ses guerriers :

— Vous chantez le scalp, dit-elle, et vous ne le scalperez pas....

« Le feu dévore son cadavre en ce moment.

Tous pensaient comme elle.

— Och! dit joyeusement l'Elan-Rapide. A moins que, comme le canard d'eau, ce chien ne soit incombustible, il ne reste plus de lui à cette heure que des cendres.

Rosée-du-Soir jeta son couteau et dit avec découragement.

— Ce n'est pas la mort que j'aurais voulue pour lui.

— Mais il a souffert! s'écria l'Elan. Il a été brûlé et étouffé.

— Je ne l'ai pas vu se tordre dans les charbons! dit-elle.

« Quand on ne boit pas les larmes d'un ennemi, on ne peut pas dire qu'il a pleuré...

— Femme, tes guerriers, serviteurs de ton fils, t'ont donné ce que tu voulais... une vengeance prompte.

« Tu nous as pressés...

— C'est vrai! dit-elle avec un soupir.

Puis reprenant un air de joie sauvage, elle s'écria :

— Enfin, tout est bien !

« Tout est mieux même que je ne l'espérais, puisque Fleur-d'Églantier a péri aussi.

« Vous n'auriez peut-être pas voulu tuer avec lui cette femme qui a préféré ce visage de clair de lune au Soleil-d'Or ; mais elle est morte. .

Les guerriers baissèrent la tête.

— Ceci est un malheur ! dirent-ils.

« Une femme est libre de son cœur ; nous n'avions pas de haine contre Fleur-d'Eglantier et c'est un mal qu'elle soit, à cette heure, arrachée de sa tige et desséchée.

— La rose ne s'est pas épanouie ! dit Rosée-du-Soir.

« Cette fille est morte vierge!

« Nous la mettrons donc à côté du corps de mon enfant.

« Il l'épousera dans les territoires de chasses du Grand-Esprit...

Un incident se produisit tout à coup.

— Prenez garde ! cria l'Élan.

« Par ici, tous !...

« Le chêne va tomber !

Et il entraîna ses compagnons du côté opposé à celui qui était menacé par la chute de l'arbre.

Ils se groupèrent en masse, attendant le moment où ils pourraient chercher les restes carbonisés de Balle-Enchantée et de Fleur-d'Églantier.

Que se passait-il en ce moment entre les racines de ce géant de la clairière ?

Quelle résolution suprême avait prise Balle-Enchantée ?

Echappait-il à ce danger bien autrement grave que celui d'être découvert par les bandes nombreuses qui le cherchaient de tous côtés, car jamais, on va le voir, chasse aux nouveaux mariés ne fut plus ardente ?

CHAPITRE XXVII

Le pari.

Pendant tout le jour, pendant toute la nuit, les Pieds-Rouges, les trappeurs, les Indiens de toutes tribus, sauf les Pieds-Noirs, avaient fouillé au loin les campagnes.

Ils n'avaient pas eu de peine à pénétrer jusqu'à la clairière dans laquelle le Canadien avait tué les bisons ; mais là, toute empreinte humaine, tout pas de cheval disparaissaient.

On avait fait mille commentaires sur les bisons tués et brûlés.

Oreilles-d'Argent avait beaucoup juré, beaucoup tempêté, beaucoup disputé.

Vendredi avait été battu parce qu'il se taisait ne trouvant rien, battu encore parce qu'il avait parlé n'ayant rien à dire.

M. Balouzet riait, se moquait des autres et prétendait que Balle-Enchantée ayant l'anneau de Gygès s'était rendu invisible.

— Au diable, vous, votre Gygès, son anneau, et toutes vos rengaines, s'était écrié l'Auvergnat furieux du ton ironique et badin que prenait M. Balouzet.

« C'est une blague, ce Gygès !

« Ce n'est pas en vous moquant que vous nous aiderez à découvrir des indices.

« Du reste, vous êtes Touche-Toujours, le bien nommé, et vous tirez juste ; mais pour ce qui est des pistes, vous n'y connaissez encore rien, mon vieux camarade.

« Un enfant des tribus vous en remontrerait.

— Possible ! fit M. Balouzet vexé.

« Vous ne me paraissez pas si fort que cela, vous.

« En somme, Balle-Enchantée n'ayant pas de ballon, a dû marcher sur le sol et laisser sa marque.

« Or, vous, le fin des fins trappeurs, vous ne trouvez rien.

Puis raillant :

— J'ai lu quelque part qu'un individu

s'était fait enlever par des hannetons ; peut-être que...

— Taisez-vous donc, Touche-Toujours ; vous n'êtes qu'un vieux farceur.

« Vos plaisanteries m'irritent comme un chant de sauterelle.

« Avant une heure, je vous mettrai le nez sur la piste.

— Je parie bien que vous n'aurez rien découvert d'ici au terme fixé par l'usage.

— Je parie que si.

— Combien?

— Ce que vous voudrez.

— Si je n'étais pas sûr de gagner, je dirais cent dollars.

— Cent dollars c'est peu !

« Mettons deux cents !

— J'en mettrai trois cents, si vous voulez, mon camarade.

— Je tiens.

— Vous êtes témoins, gentlemen (messieurs).

— Oui ! dit Robinson.

— Oui ! fit Vendredi.

Il reçut de son maître une bourrade et une observation.

— Etes-vous donc subitement devenu un gentleman que vous avez répondu : Oui? s'écria Robinson indigné.

« Malheureux ! Il y a des tribunaux où l'on ne vous accepterait pas comme témoin, et partout le jury ne prêterait qu'une attention fort légère à votre déposition.

— En chasse! criait Oreilles-d'Argent.

Et tous redonnaient à ceux qui les entourait l'ardeur et l'espoir.

Mais M. Balouzet se moquait de tout le monde.

Les mesures du Canadien avaient été si bien prises, que tout le monde, en effet, était dépisté et dépité.

En fait de traces, on avait bien rencontré çà et là, en battant les prés et les bois, celles des serviteurs du sachem qui n'avaient point dissimulé leur marche à travers les forêts et les plaines.

Mais on les avait coupées, foulées, effacées même par endroits, sans y prendre même garde.

Car ce n'était pas Rosée-du-Soir que l'on cherchait.

C'était Fleur-d'Églantier.

Ce n'était pas le deuil...

C'étaient les amants...

Cependant tous les chercheurs revenaient toujours au point de départ, c'est-à-dire dans la première clairière où le Canadien avait tué les bisons.

Nous avons expliqué comment, en raison des hautes cimes des arbres bordant le plateau où se passait la scène que nous avons décrite, on pouvait y allumer des feux sans que l'on en vit rien.

Personne donc ne se douta de ce qui pouvait se passer là.

Cependant, à quatre heures du matin, découragés, tous les groupes divers ou presque tous au moins, étaient revenus à la clairière aux bisons.

On causait, on riait, on mangeait, on buvait, on discutait ; mais, au fond, tout ce monde était vexé, sauf M. Balouzet, miss Jane et lady Bernett.

Ces deux dames étaient venues à cheval, avec l'escorte de Pierre Long-Couteau qui prenait peu d'intérêt à la chasse aux amoureux et qui restait silencieux.

Miss Jane souhaitait ardemment que Balle-Enchantée triomphât.

Lady Bernett, au fond, eût voulu que la cérémonie fût à recommencer.

Elle ne désespérait pas d'amener M. Balouzet à se marier à l'indienne par l'entraînement de l'exemple.

— Pensez-vous, demanda miss Jane à Long-Couteau, que nos amis soient assez bien cachés pour attendre le jour ?

— Je n'ai aucun indice qui me permette de répondre ! dit Pierre.

« Seulement je constate que les chercheurs sont las et reviennent découragés ; voyez ce groupe qui entre dans la clairière.

« C'est Oreilles-d'Argent, M. Balouzet, Robinson, la fine fleur des trappeurs.

« Ils ont couru partout, guidés par un chien dressé à la chasse aux esclaves et doué d'un flair étonnant.

« Dans ces conditions, ils ont échoué.

« Si ceux-là n'ont plus d'espoir, qui en conservera?

— Le hasard peut faire plus que l'habileté! dit lady Bernett.

« C'est au hasard que l'on doit les plus belles découvertes.

« Ainsi Newton...

— On dirait, ma tante, fit observer miss Jane, que vous souhaitez un désagrément à nos amis ; ce ne serait pas charitable.

— Vous vous trompez! dit ladit Bernett.

« Je crains qu'on ne les découvre, mais je ne le désire pas.

Lady Bernett mentait ; mais comme elle ne s'avouait pas à elle-même ses petites hypocrisies, elle se croyait de la meilleure foi du monde.

Toutefois elle vint à la rencontre de M. Balouzet.

Une fiancée a des droits ; elle peut, même devant le monde, d'après les usages anglais, se permettre des familiarités.

Elle questionna donc son futur époux en le qualifiant de son cher ami, ce qui fit faire une moue très-laide à l'excellent M. Balouzet.

Il haussa les épaules et répondit :

— Je ne suis pas encore assez expérimenté pour être juge de la chose, mais Robinson prétend qu'on trouverait plutôt une aiguille dans une botte de foin que ce damné garçon dans la forêt.

Et il se mit à rire.

— Tout n'est pas dit! protesta Oreilles-d'Argent.

— Oh! fit M. Balouzet, vous vous entêtez, mais vous avez perdu votre pari ; le jour se lèvera dans une heure et j'empocherai vos dollars, mon cher.

— Vous avez donc parié? demanda lady Bernett.

— Oui.

— Si vous gagnez, vous me ferez un présent, n'est-ce pas, mon ami ?

— Certainement... je vous offrirai... une orange... un porte-cigarre... non... je veux dire un foulard! fit monsieur Balouzet outré de la prétention de lady Bernett et se troublant parce qu'il luttait pour contenir sa mauvaise humeur.

— Vous balbutiez, mon ami! fit lady Bernett d'un air câlin.

« Vous êtes ému par le plaisir que vous cause la permission que je vous donne de me faire un cadeau.

« Mais les convenances le permettent et j'accepterai le châle.

— J'ai donc dit un châle? fit M. Balouzet étonné de voir le foulard prendre des proportions démesurées.

— Si vous ne l'avez pas dit, vous l'avez pensé certainement.

« Combien avez-vous parié?

— Trois cents dollars ?

— Juste de quoi acheter un cachemire en ajoutant cent dollars au bout.

— Mais il ne les a pas encore mylady s'écria soudain joyeusement Oreilles-d'Argent qui venait d'apercevoir un indice.

« J'espère même que je ne payerai jamais ces trois cents dollars et que, tout au contraire, je les empocherai.

— Pourquoi donc? demanda M. Balouzet assez intrigué.

Oreilles-d'Argent avait tout l'air d'un homme qui vient de se raccrocher à une branche de salut.

— J'ai croisé, dit l'Auvergnat, non loin de la lisière de l'autre forêt, dans cette direction, une certaine piste.

« C'était celle de la mère du Soleil-d'Or et de ses serviteurs.

« J'ai prêté peu d'attention à ces marques et j'ai eu tort.

« En ce moment, au centre même de la forêt, j'entrevois des lueurs vagues.

« Regardez.

Tous les yeux se dirigèrent du coté indiqué.

— En effet! dit Robinson.

« On dirait des reflets.

— Maître, il y a du feu! appuya l'imprudent Vendredi.

— Quand j'ai parlé, dit Robinson en décochant un coup de pied à son nègre, je n'ai pas besoin de votre approbation.

— Que concluez-vous de ce feu? demandait M. Balouzet.

— Eh! Eh! fit Oreilles-d'Argent. Eh !

eh! eh! Je conclus que les feux ne s'allument pas tout seuls.

— Ainsi Balle-Enchantée aurait la bêtise de nous indiquer sa retraite! demanda dédaigneusement M. Balouzet.

— Mais je ne dis pas cela!

« Je crois tout simplement que Rosée-du-Soir est sur la trace et que Balle-Enchantée est traqué.

« Ces Peaux-Rouges pour le débusquer auront mis le feu au taillis.

— Et vous restez là!... s'écria miss Jane.

— Encore fallait-il creuser mon idée, la peser, la contrôler à l'opinion des camarades! dit l'Auvergnat.

« Qu'en pensent les autres?

— En avant! crièrent tous ceux qui se trouvaient là.

— Suivez-moi! dit Oreilles-d'Argent. J'ai à gagner trois cents dollars et nous avons tous à sauver Balle-Enchantée et Fleur-d'Eglantier.

L'on se précipita en masse vers le plateau de rocs.

Mais la distance était grande; puis il fallait trouver la sente de bisons, ouverte, il est vrai, par les Pieds-Noirs et Rosée-du-Soir.

Au moment où on venait de découvrir l'entrée du chemin, on vit, au-dessus du plateau, des étincelles monter vers le ciel et retomber en pluie.

— Ça chauffe là-bas! dit d'une voix triste M. Balouzet.

« Balle-Enchantée doit-être aux abois en ce moment.

« Je parierais qu'il était sur un arbre et que les Indiens l'en ont délogé en y mettant le feu!

— Vous nous désespérez! s'écria miss Jane en joignant les mains.

— Un si joli jeune homme! murmura lady Bernett.

Cependant, un à un, les Indiens et les trappeurs s'engageaient dans la sente trop étroite pour que l'on pût y marcher deux de front.

En tête le Jaguar, Pierre et Oreilles-d'Argent couraient autant que le permettait le terrain; ils devaient déboucher les premiers dans la clairière.

En arrière, tout à fait en queue, M. Balouzet escortait les dames qui avaient voulu quand même s'engager dans ce difficile chemin.

Tout à coup, en avant, retentirent des clameurs et des appels stridents.

Miss Jane sentit son cœur se serrer.

Elle eut le pressentiment du triste spectacle qui allait bientôt se présenter à ses yeux, dénoûment du drame dont nous allons reprendre le récit.

CHAPITRE XXVIII

Un nid d'amour.

Le Canadien s'était, nous l'avons vu, réfugié dans le creux du vieux chêne avec Fleur-d'Eglantier.

Les Pieds-Noirs avaient mis le feu au chêne.

Ils avaient imité la tactique du chasseur qui enfume le renard pour l'obliger à sortir de son terrier; si le Canadien avait pu se tapir dans quelque trou avec Fleur-d'Eglantier, il devait ou le quitter ou périr, étouffé avec sa jeune femme.

Mais les Pieds-Noirs se hâtaient un peu trop de chanter victoire; c'était bien à un vrai renard qu'ils avaient affaire, à un renard fin et prévoyant.

Le jeune homme, lorsqu'il avait ordonné à Fleur-d'Eglantier de se réfugier dans l'arbre, n'avait pas eu le temps de lui expliquer qu'il s'y trouvait une cachette.

Ayant produit avec l'eau répandue sur les tisons, une épaisse fumée, il pénétra dans le creux du chêne à son tour, se hâta de soulever une pierre plate et large cachée sous l'humus et dégagea une ouverture permettant à un homme de passer et de descendre dans une fissure du roc.

— Va! dit-il à Fleur-d'Eglantier.

Elle obéit sans hésiter.

Elle se laissa glisser le long d'une énorme racine qui avait trouvé ce passage, l'avait élargi par la toute-puissance de la séve et du lent grossissement; comme il arrive toujours, la pierre s'était fendue en une large entaille.

A sa grande surprise, Fleur-d'Eglantier avait coulé beaucoup plus bas qu'elle ne s'y attendait.

Tellement bas qu'elle en fut effrayée; et que, se cramponnant à la racine, elle remonta vers l'ouverture.

Elle rencontra bientôt les pieds de Balle-Enchantée.

Celui-ci s'était introduit à son tour dans fente et il avait abaissé sur sa tête la pierre plate.

Il cherchait maintenant à savoir quelle sorte de gens étaient entrés dans la clairière.

En collant son oreille sur le sol on entend le pas d'un cheval à deux kilomètres de distance.

Le bois est meilleur conducteur encore; en fera qui voudra l'expérience suivante qui est curieuse.

On place quelqu'un à un bout d'une longue pièce de charpente, serait-ce un arbre de cinquante mètres de long.

A l'autre bout on applique l'oreille et l'on perçoit le bruit d'un grattement d'épingle fait à l'autre extrémité.

Il est facile dès lors de comprendre, que Balle-Enchantée pouvait entendre tout ce qui se faisait.

Très-préoccupé d'abord, il restait frémissant contre la racine.

A qui avait-il affaire?

Il l'ignorait.

Les ennemis étaient-il nombreux?

Etaient-ce même des ennemis?

Il se rendit bientôt compte qu'il n'y avait que six personnes dans la clairière; un chasseur comme lui ne s'y pouvait tromper; il avait même tant d'expérience qu'il reconnut que parmi ses adversaires il y avait une femme.

Il descendit sans bruit vers Fleur-d'Eglantier; la pente s'élargissant le permettait.

Il lui dit d'un ton si bas qu'on eût dit un souffle imperceptible :

— Colle ton oreille à la racine et écoute continuellement.

« Pour me répondre ou me questionner, reprit-il, tu parleras très-bas, toujours contre la racine.

— Bien ! dit-elle.

Il remonta.

Il voulait se tenir là en observation et être prêt à tout.

Il surprit le dialogue, très-animé qui eut lieu entre l'Elan et Rosée-du-Soir; il sut qui l'attaquait.

Il avertit Fleur-d'Eglantier :

— La mère de Soleil-d'Or, dit-il, est là avec ses guerriers.

« Ils viennent venger le sachem.

— Sortons et tuons-les ! dit froidement Fleur-d'Eglantier.

— Non ! répondit le jeune homme.

— Pourquoi?

— Il est trop tôt.

— Jamais, pour tuer un ennemi.

— Nous sommes bien cachés, ici. Pour les combattre, il faudrait se montrer. Si d'autres venaient, d'autres de nos amis, on nous entourerait et on l'enlèverait.

— Tu as raison.

— Tu comprends bien qu'avant le jour, malgré ce qui se passe, il faut...

— Oui... tais-toi !

Et ils ne dirent plus un mot, jusqu'au moment où Natchylao entra dans le creux du chêne.

Un peu auparavant le Canadien avait dit à sa jeune femme :

— En voilà un qui va mourir ! Aussitôt que j'aurai tiré, tiens-toi prête à descendre; et laisse-toi glisser aussi bas que tu le pourras, dès que je te le dirai.

Et entendant le Pied-Noir gratter le sol avec son tomahaw, le Canadien, avait soulevé la pierre et fait feu.

Le vieillard avait été tué.

Balle-Enchantée ne s'amusa pas à retirer la pierre sur l'ouverture.

Il ne l'aurait pas pu, du reste; le cadavre couvrait le trou.

— Descends ! dit-il alors à Fleur-d'Eglantier qui se laissa glisser.

Derrière elle, il descendit aussi.

Le chêne avait des maîtresses racines, sans

Robinson sauvant miss Jane. (Voir les livraisons précédentes.)

exagérer, grosses comme quatre fois le corps d'un homme.

Comme nous l'avons dit, ce terrain était fait d'amoncellements de rocs, soulevés à fleur de terre par quelque convulsion du sol dans les premiers âges du monde.

Et les racines, suivant les anfractuosités, avaient poussé sans cesse leurs ramifications jusqu'à ce qu'elles eussent trouvé sous les pierres la couche de terre où elles puisaient leur nourriture.

Là où les arbres avaient grandi, ce phénomène s'était opéré.

Nous avons expliqué au lecteur, que le vieux chêne creux dont il s'agit, était le centre d'un bouquet d'arbres, dont trois ou quatre étaient énormes aussi, quoique moins entamés par la vétusté, puisqu'aucun d'eux n'était pourri au cœur.

Toutefois tous avaient vaillamment creusé à travers les fendillements, cherché leur nourriture vers les couches tendres, atteint et enfoui dans ce fond, au-dessous des rocs, leurs racines qui étreignaient puissamment les blocs.

Et ce qui pouvait, ce qui même devait arriver, s'était produit : des racines de divers arbres, rampant, se glissant, se tordant de blocs en blocs, s'étaient rejointes.

Il était même advenu que sous un des plus gros rochers, une des assises du plateau, appuyée sur plusieurs fragments énormes, il se trouvait un creux, une grotte si l'on veut, de quelques mètres de large, de long et de haut : une chambre, une tanière, un nid, selon les hôtes qui y descendraient.

Et là, surtout, déviant sur la vaste assise, se rejoignant en dessous, les racines de plusieurs arbres formaient comme des colonnades renversées descendant de l'épais plafond sur le sol.

C'est à cette retraite qu'aboutissait la maîtresse racine du chêne.

C'est là que Fleur-d'Eglantier vint poser son pied au bout d'une assez longue glissade.

C'est là que le Canadien la rejoignit bientôt.

Il connaissait l'endroit où il se trouvait, car il avait agi en homme qui sait les moindres particularités du lieu dans lequel il se meut.

Cependant il eut un moment de tâtonnement et d'hésitation à cause de l'obscurité qui régnait.

Il prit une boîte d'allumettes dont il s'était muni et il en fit flamber une qui projeta de vives lueurs.

Fleur-d'Eglantier retint un cri d'admiration et d'étonnement.

Elle vit... dans un angle, un lit de mousse...

Un lit préparé d'avance à n'en pas douter.

Un lit qu'*il* avait pensé à dresser là en vue de leur nuit de noces, si étrange que ce drame semblait tourner au fantastique.

Mais la femme est ainsi faite que l'amour n'est jamais étouffé dans son cœur et qu'il surgit en toutes occasions avec son cortège de pudeur charmante, d'élans passionnés, de reconnaissance délicate pour une attention galante.

Malgré le péril qui prenait en haut une forme imminente et terrible, malgré la bizarrerie de la situation, malgré tout, à la vue du lit, Fleur-d'Eglantier rougit, mais rougit si bien, si fort, qu'aux derniers reflets de l'allumette mourante, le Canadien s'en aperçut.

Il sourit.

Un homme est toujours ravi de faire ainsi monter le pourpre aux joues d'une jeune femme par la pensée d'une prochaine caresse.

Au même moment, cédant à un irrésistible entraînement, elle lui sauta au col et lui donna un baiser et une étreinte qui le troublèrent profondément.

Mais, tout à coup, elle ouvrit ses deux bras précipitamment.

— Non ! dit-elle. Non !

Et, lui, répéta :

— Non... pas encore.

« Si nous devions mourir ici, je voudrais que...

— Tais-toi ! fit-elle.

Puis vivement :

— Nous nous sauverons donc.

— Certainement ! dit-il.

« Nous devons attendre le jour, puisque sans cela notre mariage serait stérile.

— Nous l'attendrons...

« Mais ne vont-ils pas descendre ?

— Qu'importe ! fit-il.

« J'ai tout calculé.

« Si l'un d'eux s'aventure jusqu'à glisser le long de la racine, j'ai le temps de le tuer dix fois.

« Et ainsi des autres.

— Un à un ! fit-elle.

Puis elle reprit :

— Cela nous aidera à attendre.

Mais elle songea à une chose.

— Comment saurons-nous que l'étoile s'est levée, demanda-t-elle.

— N'ai-je pas ma montre ? dit-il.

« Je sais l'heure exacte où cette bienheureuse étoile paraît.

— Alors, fit-elle, espérons... Ces cinq hommes ne sont pas bien redoutables.

— Quatre seulement ! dit-il.

En ce moment il sentit une odeur de fumée.

Il devina ce qui se passait en haut de la galerie.

— Ils nous enfument ! dit-il.

— Nous sommes perdus ! fit-elle.

— Pas du tout ! dit-il.

« Un bon renard ménage toujours deux issues à son terrier.

Il alluma une autre allumette, et, cette fois, cherchant dans un coin de la grotte, il trouva un paquet de branches résineuses, pouvant servir de torches.

Il éclaira splendidement la caverne.
— Ne crains-tu rien en illuminant ainsi notre retraite? demanda Fleur-d'Eglantier.
— Absolument rien! dit-il.
« Comme tu le sauras bientôt, la seconde issue est introuvable.
« Or, comme ils viennent d'incendier l'entrée, ils ne peuvent plus s'en servir pour pénétrer jusqu'à nous.
— Qu'allons-nous faire?
— Monter vers la seconde issue.
— Et fuir?
— Non pas.
— Sortir et tirer sur eux?
— Tuer, oui!
« Sortir, non!
— Mais, demanda-t-elle étonnée, tu as donc tout calculé et tout prévu?
— Sans doute! fit-il.
« Le Tonnerre-des-Montagnes m'avait prévenu, dès le premier jour, que le duel aurait lieu; que, vainqueur, je t'épouserais à la mode indienne; que l'on nous chasserait dans la nuit de noces.
« Il m'a invité à chercher quelque sûre cachette.
« Je n'avais pas besoin de cet excellent conseil; je me suis mis en quête et j'ai découvert cette grotte.
« Je l'ai explorée en tous sens avec soin et j'ai tout aménagé pour être sûr de ma nuit.
— Pourquoi, demanda-t-elle encore, ne sommes-nous pas descendus ici sur-le-champ?
— Parce que, dit-il, la nuit est longue et que tu es jolie...
Cette fois elle lui sourit sans trop rougir et lui tendit son front à baiser.
On entendait le feu rugir en haut et l'odeur de fumée devenait âcre.
— Viens! dit le jeune homme.
« Il est temps d'aller respirer un air plus frais.
Il laissa les torches plantées en terre et précéda la jeune fille.
Au lieu de remonter vers le sol par la fissure qui leur avait permis de descendre, ils en suivirent une autre, plus large encore que la première et d'aussi facile accès.

Ils mirent plus de temps à ramper le long des pentes et contours que décrivait la racine qui avait ouvert cet autre passage.
Fleur-d'Eglantier comprit qu'ils se dirigeaient vers un autre chêne.
En effet, on atteignit un endroit où se formait un dôme dessiné par huit ou dix racines, de formes diverses, soutenant le tronc de l'arbre.
Ce dôme, comme il arrive souvent, avait sa calotte au ras de terre, et Fleur-d'Eglantier, à travers les interstices des branches, vit la lumière du feu.
Balle-Enchantée dit bas à sa jeune femme:
— Nous sommes ici comme dans un blockhaus; on dirait que l'on a percé exprès des meurtrières, juste de façon à y passer le canon d'une carabine.
— C'est vrai! dit-elle.
« Tirons sur ces chiens.
— Pas encore! dit-il.
— Pourquoi?
— Je veux leur envoyer mes balles au moment où l'arbre s'écroulera.
« Le bruit des détonations se confondra avec celui de la chute du chêne; ils ne sauront d'où la mort leur est venue.
— Tu as raison! dit-elle.
« Attendons.
Si nous nous sommes bien expliqué, le lecteur doit se figurer très-nettement la position.
D'abord la configuration de l'arbre à l'intérieur ou l'extérieur.
Il n'est personne qui n'ait vu des grands chênes, en forêt, ramifier leurs racines de telle façon, qu'ils semblent enfoncer des jambes de force dans le terrain.
Le tronc est porté au-dessus du sol comme par un toit formé au point de réunion des racines.
Quelques fendillements, correspondant au creux où se trouvaient les deux jeunes gens, permettaient à ceux-ci de tirer dans plusieurs directions.
Fleur-d'Eglantier savait manier une carabine.
D'autre part, comme tout chasseur bien monté, Balle-Enchantée avait un fusil à deux coups (portée de deux cents mètres) pour le

petit gibier, une carabine à répétition pour la guerre, sans compter les révolvers.

Il donna son fusil à Fleur-d'Églantier et lui dit :

— Tu seras heureuse, j'en suis sûr, d'abattre nos ennemis.

« Tire donc quand je le commanderai.

Elle lui serra la main avec reconnaissance.

Pour elle, la vengeance était un plaisir qu'elle mettait au-dessus de tous les autres ; elle avait du sang apache dans les veines, et la haine en elle, à certaines heures, primait l'amour.

Du reste, le spectacle qui se déroulait à leurs yeux était bien fait pour exciter leur colère contre leurs ennemis.

Ceux-ci dansaient avec des cris féroces autour de l'arbre.

On eût dit des démons.

Rien de plus irritant que ces démonstrations sauvages.

Balle-Enchantée avait peine à ne pas tirer sur-le-champ.

— Attendez ! murmurait-il.

« Vous vous tordez de joie maintenant, tout à l'heure la mort vous raidira, et ce sera moi qui chanterai victoire.

Mais tout à coup, pris d'un scrupule, il dit :

— La mère du Soleil-d'Or est là.

« Qu'en ferons-nous ?

— C'est une ennemie ! dit Fleur-d'Églantier résolûment.

— Mais c'est une femme !

— Tu hésites ! fit-elle.

« Je comprends cela.

« Les blancs ont de ces idées-là.

« Je tirerai sur elle, moi.

— Non ! dit-il. Non, non !

— Mais elle veut ma mort !

— Songe que c'est une mère...

« Si l'on te tuait ton fils... un jour ?

La jeune femme répondit d'un ton farouche.

— Je ferais comme elle !

« Je le vengerais !

« Mais je n'attendrais aucune pitié ni de mes ennemis ni de ceux de mon enfant.

Le sentiment même de la maternité future n'ouvrait pas son cœur à la clémence.

— Il faut l'épargner ! reprit le Canadien.

Les autres étant morts, elle n'est plus à craindre.

— Qui sait ! dit la jeune fille.

— En la livrant au Tonnerre-des-Montagnes, il obtiendra d'elle de renoncer à sa vengeance.

— Si elle le jure, j'y croirai.

« Jurera-t-elle ?

« J'en doute.

« Cette femme est de bonne race, comme moi ; sa haine ne mourra qu'avec elle.

— Nous verrons bien !

« En tout cas, je t'en prie, ne la tue pas cette nuit.

« J'ai le pressentiment que cela nous porterait malheur.

— J'obéirai ! dit-elle.

« Souviens-toi que tu l'auras voulu.

En ce moment la clairière était éclairée comme en plein jour.

Mais les ombres vigoureusement accentuées par la vigueur de la lumière, produisaient des effets puissants ; les apparitions heurtées de splendeur et d'obscurité, donnaient un caractère étrange à la scène qui se déroulait sous les yeux des deux jeunes gens.

Les sauvages brandissant leurs armes, poussant des cris de fauves, hurlant la mort ; cette femme implacable, muette, silencieuse ; les bêtes féroces attirées par les feux, tenues à distance par eux, rôdant tout autour de la clairière, flairant la chair, mêlant leurs rugissements aux voix des Indiens altérés de sang ; ce chêne géant, ce colosse en flammes, que quittaient des milliers d'oiseaux nichés dans ses ramures ; la fièvre de l'attente, la catastrophe prochaine, les baisers charmants qui devaient succéder à un affreux massacre ; tout donnait à ce spectacle un caractère singulier où la poignante émotion du drame se mêlait aux plus gracieuses espérances de l'amour.

Comme nous l'avons raconté, le moment vint où l'Elan-Rapide massa son monde du côté opposé à celui vers lequel le chêne penchait.

Balle-Enchantée poussa légèrement du coude la jeune femme et lui dit en souriant avec une ironie cruelle :

— Vois donc !

« On dirait une horde de daims timides que la peur presse les uns contre les autres ! Toute balle portera.

« Prépare-toi !

Il arma sa carabine.

Elle fit de même.

Bientôt l'arbre chancela avec des craquements formidables.

— Feu ! dit-il.

Il déchargea son arme.

On sait ce que sont ces terribles carabines à répétition.

Elles ont treize cartouches de réserve dans la crosse.

A chaque fois que le doigt presse la détente, une cartouche nouvelle remplace dans le canon celle que l'on vient de tirer.

On voit quelle est la puissance meurtrière de cette arme.

Balle-Enchantée fit feu cinq fois seulement et Fleur-d'Églantier deux fois.

Par la clarté qu'il faisait, c'était assez, c'était trop.

Il fut constaté plus tard que trois des Pieds-Noirs avaient reçu deux balles.

Un autre avait trois blessures mortelles et des projectiles avaient certainement fait coup double sur celui-là.

Fleur-d'Églantier avait tenu sa promesse ; elle n'avait point tiré sur Rosée-du-Soir.

La place qu'occupait la mère du sachem avait permis de l'épargner.

Un seul Indien se releva ; mais il battit l'air des deux bras, et, tout aussitôt, il retomba inerte.

— Voilà des chiens qui ne mordront plus ! dit Balle-Enchantée.

Mais tout aussitôt les sentiments de générosité reprirent le dessus en lui sur la joie de la vengeance.

— Après tout, fit-il, c'étaient de vaillants hommes.

« Ils servaient bien leur sachem vivant et voulaient lui rester fidèles même après sa mort !

« J'honorerai leur mémoire.

Fleur-d'Églantier resta silencieuse ; elle était, au fond, trop Apache pour ne pas savourer son triomphe.

Balle-Enchantée observait les gestes de Rosée-du-Soir.

— Que va-t-elle faire ? se demandait-il avec curiosité.

La vieille Indienne restait clouée au sol par la stupeur.

Elle n'avait pas entendu les coups de feu, en raison du bruit des flammes, du fracas de la chute et du trouble qui s'était emparé d'elle.

Elle supposa que du centre même du foyer, Balle-Enchantée avait tiré ; du moins il est à croire que ce fut la pensée qui s'empara d'elle, étant donné ce qu'elle fit ensuite.

Se figurant sans doute que le meurtrier de son fils avait trouvé le moyen de vivre, malgré la fumée, dans les fentes du rocher ; que de là, il avait fait feu, elle s'empara du tomahaw d'un mort et bondit au milieu des tisons embrasés.

Le désespoir, l'impuissance, l'élan furieux d'une nature sauvage lui avaient fait perdre le sentiment de la douleur et l'instinct de la conservation ; elle s'acharna, au milieu des charbons, des tourbillons de fumée et de flammes, à creuser le sol avec une rage insensée.

Ses vêtements s'embrasèrent, ses cheveux épars prirent feu, elle fut enlacée par les gerbes mêmes d'étincelles qu'elle soulevait sous ses pieds.

Elle creusait toujours.

Enfin elle se releva, poussa deux terribles cris, se tordit comme une baguette de résine ; elle semblait une torche humaine prêtant une voix au bûcher.

D'un coup, elle s'affaissa, râla une dernière imprécation et disparut dans le foyer qui dévora son corps...

Balle-Enchantée éprouvait un saisissement douloureux.

Il regarda Fleur-d'Églantier.

Les rouges reflets des feux éclairaient, à travers les interstices, le visage de la jeune fille ; il était effrayant de résolution et d'ironie.

— Tu le vois, dit-elle, le Grand-Esprit n'approuvait pas ta clémence ; il a donné à Rosée-du-Soir la démence de la vipère qui, entourée de charbons, se mord elle-même et meurt de son venin.

Il ne protesta pas.

Il comprit que cette jolie fille, de si douce figure, savait haïr, comme elle savait aimer.

En ce moment, une bouffée de vent chassait le dernier nuage de fumée qui couvrait la clairière, et il vit un coin du ciel bleu qui semblait lui sourire; il songea à regarder l'heure.

Il tira sa montre : un de ces chronomètres porte-boussole, de fabrication américaine, spécialement destinés aux chasseurs, aux mineurs et aux gens de Prairie.

Il exposa le cadran aux lueurs et vit quelle heure il était.

— Dans cinq minutes, dit-il à Fleur-d'Églantier, l'étoile des amours sera levée sur le Désert...

— Et nous vivons ! s'écria-t-elle.

« Et nous nous aimons !...

— Viens ! fit-il.

« Descendons...

Ils regagnèrent leur retraite.

Là, pendant plusieurs heures encore, ils n'avaient rien à craindre.

Le feu les protégeait contre toute tentative d'attaque...

Ils oublièrent, à la vue de leur lit de mousse, le drame sanglant dont ils venaient d'être les héros ; ils tombèrent palpitants dans les bras l'un de l'autre . . . . .
. . . .
. . . .

Les heures de nuit étaient écoulées rapides; ils avaient triomphé de tous les dangers, et leurs baisers consacrèrent leur mariage.

Elle était sa femme, toute à lui, bien à lui.

Il l'avait conquise une fois encore cette nuit-là, après l'avoir disputée la hache en main le matin même . . . .
. . . .

On les cherchait toujours...

CHAPITRE XXIX

Le manteau brûlé.

Cependant, derrière Oreilles-d'Argent, la chasse avait repris de plus belle ; la foule était sur la bonne voie ; elle courait au feu.

Quand la tête de la file des chasseurs déboucha dans la clairière, le chêne abattu brûlait toujours.

La surprise de tous fut grande en reconnaissant les cadavres sur le sol, et, dans le feu, les restes de Rosée-du-Soir.

Comment Balle-Enchantée avait-il tué tous ces adversaires?

Où était-il ?

On le héla.

Point de réponse !

On fouilla partout.

Rien !

Une scène de recherches, pareille à celle qui avait été faite par les guerriers de Rosée-du-Soir, recommença, menée cette fois par plus d'un millier de personnes ; mais il fut bientôt constaté que le jeune homme et sa femme étaient introuvables, et l'on en conclut qu'ils avaient quitté la clairière après le massacre.

Oreilles-d'Argent était furieux de voir ses trois cents dollars lui échapper, quand il avait été probablement si près de les empocher ; il ne perdait pas toute espérance pourtant.

— Eh ! eh ! lui dit M. Balouzet en lui montrant le ciel.

« Voyez-vous l'étoile?

Il montrait l'astre radieux des jeunes amours.

— Il n'est pas encore jour ! s'écria l'Auvergnat.

« Vous chanterez plus tard votre cocorico de triomphe, vieux coq !

« Le jeune homme a dû fuir par la sente, dans l'intervalle de sa victoire et de notre arrivée.

Cette explication, paraissant la plus plausible, tout le monde reprit la file pour suivre en hâte l'Auvergnat, qui parut avoir une excellente inspiration.

Il fallait se hâter...

Et rien ne permettant de supposer que Balle-Enchanté fût resté là, il y eut poussée et confusion pour quitter ce terrain désert, peuplé seulement de cadavres.

On évacua le plateau en tumulte.

Le jour allait bientôt pointer à l'horizon...

Tant de monde avait envahi la clairière, que déjà l'aube blanchissait à l'Orient quand les derniers chasseurs et Indiens eurent disparu dans le sentier.

Peu à peu le ciel s'empourpra; des rayons d'or glissèrent sur la cime des arbres; les oiseaux, s'éveillant, mêlèrent leurs premiers gazouillements aux doux murmures de la brise matinale; les fleurs des lianes s'ouvrirent, semant leurs parfums dans los airs; les insectes aux ailes diaprées s'agitèrent, préludant à leur vol par une activité fiévreuse sous les herbes et les feuilles; la vie renaissait de toutes parts; on sentait la joie sourdre de tous côtés.

La lumière vengeresse chassait la nuit, cette nuit effrayante du désert avec son cortège d'horreurs, de trahisons, de surprises et de meurtres.

Si un spectateur fût resté sur ce plateau, il eût été surpris d'entendre résonner non pas sur, mais dans un arbre, des coups de hache, légers d'abord, puissants bientôt et redoublés.

C'était Balle-Enchantée qui s'ouvrait passage dans le dôme du chêne où nous l'avons vu faire feu sur les Pieds-Noirs.

Il était vainqueur...

L'aurore souriait à la terre et le trappeur voulait que sa femme brûlât son manteau de jeune fille.

Il se taillait donc une ouverture dans l'abri qui avait protégé leurs amours.

L'échancrure, qu'il élargissait, s'agrandit bientôt et il cessa de frapper.

Le soleil parut, versant ses gerbes d'or sur la forêt qui présenta un merveilleux spectacle : chaque goutte de rosée frémissante aux feuilles ou resplendit comme un brillant, ou s'irisa des teintes nacrées de la perle, ou s'empourpra des feux rouges du rubis, selon les jeux de la lumière.

Fleur-d'Églantier, n'ayant sur les épaules que la tunique indienne, sortit de sa retraite, et, par un charmant hasard, elle fut enveloppée d'une auréole de rayons.

Le soleil lui donnait sur les épaules un baiser sous lequel elle frémit, fermant les yeux aux éblouissements.

La bruyante fanfare des oiseaux éclata soudain : on eût dit le salut de la nature à l'Eve du paradis terrestre.

Balle-Enchantée, paraissant à son tour, comme l'Adam de la Genèse, ayant aux yeux le feu divin de la passion, jeta sur la jeune femme un regard brûlant; leurs lèvres s'effleurèrent; puis il courut au bûcher et en rapporta un tison.

Elle déroula son manteau et le livra aux flammes.

De ce vêtement de jeune fille, il ne resta plus bientôt qu'une poussière impalpable qui s'envola dans l'espace.

Se retournant alors vers son mari, qui souriait, elle se jeta dans ses bras, confiante et ne regrettant rien des rêves de son adolescence, puisqu'ils avaient pris corps et se trouvaient réalisés dans ce jeune homme, beau à cette heure comme un demi-dieu de l'antiquité.

Ils formaient, tous deux, un groupe poétique et ravissant, en face des cadavres dont le sol était jonché à vingt pas de là.

Spectacle éternellement renouvelé des contradictions auxquelles les hommes sont voués.

La vie jaillit, avec l'amour, près de la mort au devant de laquelle nous pousse le destin.

Le Canadien, après s'être enivré de la caresse de Fleur-d'Églantier, lui dit en souriant :

— Puisque nous en avons le temps, construisons-nous un câli (une tente)

« Nous rirons de nos amis, et, quand ils paraîtront, tu les recevras assise à la porte de notre demeure et moi debout dans ma tente, comme il convient au chef d'une grande tribu.

Elle battit joyeusement des mains et lui aida.

Il courut à son mustang, qui pendant tous ces événements avait erré dans la clairière, et qui, à ce moment, paissait tranquillement l'herbe fraîche.

Balle-Enchantée dépaqueta son campement, roulé sur la selle, étendit sur les branches du chêne, en rideau, sa toile de tente, improvisa un câli, alluma une cigarette et attendit...

Près de lui, la tête penchée sur son épaule, Fleur-d'Églantier jetait du côté du sentier un malicieux regard.

Bientôt quelqu'un parut.

C'était Choquart, guéri des nombreuses contusions qu'il avait reçues, Choquart qui avait son uniforme de capitaine de volontaires et que suivaient des Pieds-Noirs dont, nous l'avons dit, Balle-Enchantée était devenu le sachem.

Le jeune homme, trop faible encore pour prendre une part active à la chasse, était resté au campement, comme toute la tribu des Pieds-Noirs qui, elle, ne devait chercher son chef qu'au jour.

Mais, du camp, on avait vu les étincelles au-dessus de la forêt, lorsque le chêne s'était écroulé.

De là une vive inquiétude.

La tribu, et Choquart avec elle, s'était mise en route ; elle avait, elle aussi, découvert la sente, mais après que les autres chasseurs et Indiens avaient abandonné le plateau ; en ce moment c'était son avant-garde qui débouchait dans la clairière et qui voyait Fleur-d'Églantier sans manteau...

C'était le triomphe.

Ils poussaient des cris d'enthousiasme qui eurent de longs échos parmi le reste de la tribu, engagée sous bois, dans le chemin.

A l'aspect des nouveaux venus, Balle-Enchantée s'était retiré sous le câli ; sa femme s'assit selon les usages.

Elle devait, sans se lever, recevoir les nouveaux venus, répondre à leurs questions et leur annoncer que le maître était prêt à les accueillir.

Choquart s'avança, salua gravement, le chapeau sur la tête, selon la méthode indienne, qui est de ne pas se découvrir.

Il se garda de gêner Fleur-d'Églantier, même par un sourire.

Il n'était pas homme à causer de l'embarras à une jeune femme dans cette position, où la pudeur est en alarme.

Toutefois, comme il avait loyalement regardé Fleur-d'Églantier en face, il resta ébloui par la splendeur de ses épaules et la merveilleuse beauté de sa jambe nue jusqu'au genou.

Il passa...

Derrière lui entrèrent les Pieds-Noirs qui n'eurent pas l'air de prendre garde à Fleur-d'Églantier.

Il n'est pas dans les coutumes indiennes de prêter attention à une femme, même à celle d'un grand chef.

Cependant, malgré l'habitude de dissimuler leurs impressions, il était impossible aux guerriers d'éteindre le feu de leurs yeux où l'orgueil éclatait.

Balle-Enchantée reçut Choquart en ami, ses guerriers en frères d'armes, et il sortit bientôt du câli avec eux.

La tribu avait envahi le plateau, elle acclama son chef.

Celui-ci rassembla les principaux chefs de famille, et l'inévitable cérémonie du calumet commença sur-le-champ.

Autant que possible on l'écourta.

Les femmes des Pieds-Noirs, pendant ce temps-là, entouraient Fleur-d'Églantier et l'accablaient de leurs compliments.

On lui jetait sur les épaules un magnifique manteau ; sur le front on ajustait une sorte de diadème extraordinairement riche ; les bras et les jambes de la jeune femme se couvrirent de bracelets ; on la para comme une reine qu'elle était.

Cependant les sachems des Pieds-Noirs, ayant épuisé le tabac du calumet, le jeune chef annonça ses intentions aux siens.

— Mes frères, dit-il, un homme est mort qui était mon ennemi, mais qui fut un grand guerrier et que vous avez aimé.

« Une femme est morte, qui était la mère de ce guerrier.

Planant sur les flots ! (Voir les livraisons suivantes.)

« Des serviteurs de ce chef sont morts pour le venger.

« En me haïssant, le Soleil-d'Or suivait une pente aussi naturelle que celle qui fait couler les ruisseaux.

« Si donc, vous tous, mes frères, vous le trouvez bon, on conservera, sous la garde de nos meilleurs guerriers, les restes de ceux qui ont succombé, et les fêtes du mariage terminées, nous célébrerons de belles funérailles.

— Och! s'écria le plus vieux des sachems! Tes lèvres laissent tomber des perles; nous aimerons à l'entendre parler.

Choquart, qui assistait au conseil, serra la main de Balle-Enchantée.

— Mon cher compagnon, dit-il, voilà des sentiments qui vous honorent beaucoup !

« Mais je crois qu'il est temps de gagner la plaine.

— Oui, dit Balle-Enchantée, partons!

Tous défilèrent de nouveau par la sente.

Le plateau témoin de ce drame resta désert... Hors la sente, les Pieds-Noirs se rangèrent en bataille et tirèrent des salves ; on accourut avec curiosité. M. Balouzet arriva précédant miss Jane et lady Bernett.

— Ah! ah! fit-il en se frottant les mains, j'ai gagné, paraît-il ?

Miss Jane courut embrasser la mariée et lady Bernett soupira à l'oreille de M. Balouzet : « C'est charmant, adorable !

« Eh bien, mon ami, voilà comment nous serons bientôt!

— Avec cette différence que nous sommes vieux, milady.

Lady Bernott, sur ce compliment, fit la grimace, ce qui ne l'embellit point.

Oreilles-d'Argent accourut, menant un tapage infernal.

Il jurait, sacrait ; les fouchtra, les milladious et tout le vocabulaire des blasphèmes auvergnats roulaient dans sa bouche avec le retentissement du tonnerre.

Il protestait !

Il réclamait !

Il demandait à voir...

Pierre, qui venait d'accourir, trouva cette querelle inconvenante ; il se planta devant ce terrible sanglier du Cantal et lui dit froidement :

— Taisez-vous !

— Hein ! me taire ! gronda Oreilles-d'Argent en rougissant.

« Tu m'imposes silence, toi, un enfant que j'ai vu si petit !

« Je veux crier à mon aise.

— Alors je renonce à tout rapport d'amitié avec vous ! fit Pierre.

« C'est l'avarice qui vous donne tant de mauvaise foi !

« J'en suis honteux.

« Un homme qui a un si beau trésor, si bien caché, là-bas...

— Chut ! que dis-tu ? s'écria Oreilles-d'Argent épouvanté...

« Tais-toi donc !

« Est-ce que tu saurais ?...

Pierre, voyant que le coup avait porté, ne daigna plus s'occuper de l'Auvergnat que pour lui dire :

— Si vous ne payez pas M. Balouzet, je sais où aller prendre les trois cents dollars et je les lui donnerai.

Sur ce, il alla serrer la main à Balle-Enchantée.

— Tous mes compliments ! lui dit-il, et du fond du cœur.

Il embrassa sa sœur.

Tout le monde étant arrivé, on reprit le chemin du bivac où Tonnerre-des-Montagnes avait fait préparer le festin de noces.

Il était sûr de Balle-Enchantée auquel il fit, du reste, une réception chaleureuse.

Des pièces avaient été retirées du défilé où le convoi s'était englouti ; le bruit solennel du canon salua le retour de la mariée.

Des Pieds-Noirs s'étaient occupés des morts, et tout aussitôt, sans souci des drames qui venaient de se succéder, les fêtes avaient commencé. Fêtes patriarcales ! Fêtes splendides dans leur simplicité primitive ! . . . .

. . . .

Cette nuit-là, Fleur-d'Églantier regretta la précédente et le lit de mousse.

On lui disputa si bien son mari que le soleil était levé depuis deux heures quand il fut libre de la rejoindre.

Le lendemain du troisième jour consacré à ces noces, le convoi chargé d'or se mettait en route pour une direction inconnue, escorté par l'armée indienne.

Au camp, un détachement de Sioux demeurait avec Tonnerre-des-Montagnes.

Le chef sioux déclara que, pendant une semaine encore, les prisonniers resteraient au camp ; puis qu'il les accompagnerait jusqu'à San-Francisco avec une forte escorte.

Il ne voulait pas qu'aucun d'eux pût suivre la trace du convoi.

Le jour même où le convoi défilait pour une destination inconnue, Choquart, assis sur l'herbe, dans la Prairie, regardait tristement passer les wagons chargés d'or et d'argent ; il avait quitté son uniforme de capitaine, n'ayant plus de volontaires à commander.

Il portait un costume de trappeur de l'Arkansas.

Il était venu jusque-là sur son mustang, qui piétinait près de là, ce qui empêcha le jeune aventurier d'entendre le bruit des pas d'un homme qui se dirigeait de son côté.

Intérieurement, il maudissait Tonnerre-des-Montagnes, lorsqu'il sentit une main s'appuyer sur son épaule.

Il tourna la tête et vit le chef des Sioux, qui l'avait rejoint, pendant qu'il était plongé dans ses réflexions.

Depuis quelques jours, Tonnerre-des-Montagnes étudiait le caractère du jeune aventurier.

Cet homme extraordinaire avait sans doute porté sur Choquart un jugement qu'il voulait contrôler par la discussion.

C'était la première fois qu'il lui adressait la parole.

— Monsieur, lui dit-il, vous semblez d'ordinaire peu disposé à faire bon accueil aux avis que l'on serait disposé à vous donner; toutefois, je vous prie d'entendre un bon conseil.

— Eh! monsieur, dit Choquart en riant, vous me jugez mal.

« Je suis trop gai compagnon et trop insouciant pour être vaniteux!

« Parlez donc.

« Si votre conseil est aussi bon que vous le pensez, ce dont, je l'espère, vous me permettrez de juger, croyez que j'en ferai le meilleur profit.

— En ce cas, monsieur, je vous engage à moins vous affecter de la perte des *millions du trappeur*.

« Vous me semblez fort triste de votre malheur ou plutôt de ce que vous jugez être un malheur.

« Tant d'or, à votre âge, c'était un danger; et vous pouvez faire mieux qu'un satrape gorgé de richesses et croupissant dans le marais des jouissances.

— Sacrebleu! s'écria Choquart, vous me la donnez belle!

« Il vous est facile, à vous qui avez les millions, de conseiller aux autres le désintéressement.

— Moi, monsieur, riposta le sachem, j'emploierai cet or à une grande œuvre: la régénération des Indiens!

— C'est une utopie! fit Choquart en haussant les épaules.

« Je ne crois pas à l'Indien laboureur, artisan ou commerçant.

« Jamais on ne fera rien des Peaux-Rouges, à moins de mêler du sang blanc à leur sang cuivré.

— Encore est-il permis d'espérer!

« Ne trouvez-vous pas qu'il est plus noble de tenter cette œuvre de civilisation que de gaspiller l'or à des satisfactions personnelles.

— Sans doute!

« Mais vous m'avez prêté des instincts de satrape que je n'ai pas.

« J'ai horreur de la vie plate, unie, tranquille et oisive.

« Je suis trop actif pour m'avachir et m'abrutir.

« J'avais aussi une idée, moi, monsieur, et elle valait mieux que la vôtre! Mais vous venez de faire crouler tout l'échafaudage d'un plan généreusement conçu et habilement étudié.

« Toutefois, c'est partie remise, et j'aurai ma revanche de cette déveine; je me referai une fortune pour posséder le nerf de cette guerre que je veux entreprendre, pour jeter des millions dans des préparatifs de campagne.

— Que voulez-vous donc tenter? demanda curieusement le sachem.

Choquart regarda en face le chef Sioux, le dévisagea, puis il prit confiance et lui dit tout.

— Monsieur, dit-il, vous êtes Français, ceci me paraît prouvé; vous êtes gentilhomme très-certainement; vous avez des *toquades* chevaleresques, pardon de l'expression; donc vous ne pouvez qu'approuver mes plans.

« Je ne risque rien à vous les exposer.

Le sachem sourit.

— Je relève votre mot! dit-il.

— Le mot *toquade?*

— Oui.

— Vous savez que c'est de l'argot de théâtre? fit Chopart.

— C'est précisément parce que j'en connais la signification exacte que je ne l'admets point.

— Monsieur, dit Choquart, je ne voudrais pas vous froisser; mais nous sommes gens d'assez de valeur, tous les deux, pour tout nous dire avec sincérité.

« Je sens que mon but est grand, que je l'atteindrai, qu'il est pratique, et que, moi mort, d'autres poursuivraient l'œuvre.

« Mon idée est de celles qui doivent se réaliser quand même.

« Vous, au contraire, vous vous acharnez

à une œuvre mort-née, qui pèche par la base même.

« Que faire, monsieur, avec un peuple imperfectible, avec une race rebelle à tout progrès, qui ne sait et ne peut que chasser, qui ne s'est jamais élevée au-dessus de l'état sauvage, inapte au travail et sans aspiration vers un idéal supérieur?

« Vous échouerez donc.

« Toutefois, vous aurez héroïquement rempli un devoir.

« Avant que ce peuple soit exterminé par la race pâle qui le refoule sans cesse, il est bon qu'un homme de votre trempe justifie cette terrible conquête des blancs, en démontrant que la civilisation devait, ou s'arrêter devant une terre immense, laissée inculte par quelques milliers de sauvages, ou noyer la résistance de ces sauvages dans le sang.

« En tous cas, monsieur, vous serez salué respectueusement par la postérité.

Le sachem baissa la tête et réfléchit longuement.

Enfin il demanda :

— Et vous, monsieur?

« Que vouliez-vous ?

— Ce que je veux encore, monsieur ; ce que je voudrai toujours.

— Et c'est?...

— Délivrer Cuba du joug de l'Espagne, et, en même temps, détruire le dernier refuge de l'esclavage.

« Veuillez songer, monsieur, à ce fait que, Cuba indépendante proclamerait l'émancipation des noirs.

« Alors l'esclavage n'existerait plus nulle part.

« Alors les abominations de la traite des nègres cesseraient.

— Et vous croyez que les nègres sont capables de se civiliser?

— Ils l'ont prouvé et ils le prouvent tous les jours.

« L'avenir est même à cette race, vigoureuse, puissante, qui sent bouillonner dans son sein généreux toutes les passions, tous les besoins ; qui a des désirs vifs, qui veut avec ardeur et qui est artiste, intelligente, merveilleusement douée.

« Elle est à l'aurore de son épanouissement.

« C'est une race qui débute, mais qui se développera dès que la civilisation pénétrera en Afrique.

« Voyez, du reste, quelle différence entre le Peau-Rouge et le nègre.

« Le premier est chasseur, rien que chasseur ; il ne peut, ne sait, ne veut que se battre et vivre de gibier.

« Le nègre, en Afrique, est pasteur, il est agriculteur, il plante, il sème, il récolte, il est de plus forgeron, tisserand, charron maçon, vannier, artisan enfin !

« Sur les fleuves, sur les bords de la mer il est marin.

« Enfin il trafique.

« Dites-moi, monsieur, s'il n'y a pas là tous les germes du progrès.

« Étions-nous donc si avancés, il y a dix-huit siècles, au temps où Jules César nous trouvait Gaulois barbares, divisés entre nous, très-peu développés sous le rapport de la culture de l'industrie?... sans Rome qui nous conquit et nous donna et ses mœurs et ses lois, aurions-nous marché si vite et serions-nous la France ?

« En cent ans, la Gaule s'était assimilée à l'Italie.

« En cent ans, une peuplade nègre se transformera de même sous la domination d'un peuple civilisé.

« Et comme mélange de sang, monsieur, voyez ce qu'enfantent les mulâtres.

« Les hommes de génie et de talent abondent.

« Je citerai seulement Alexandre Dumas, et vous conviendrez que les grandes intelligences de cette génération métisse valent celles du plus pur sang de la race blanche.

« Voilà donc bien prouvée la valeur intellectuelle des noirs.

« Or, monsieur, savez-vous ce qui surtout s'oppose au développement de la civilisation des peuplades nègres ?

« C'est la traite.

« Pour avoir des esclaves, les rois des tribus font la guerre, afin de capturer des adversaires, et de les vendre.

« On est épouvanté du mal que fait le commerce des esclaves.

« Partout les guerres éclatent entre les nègres, sous l'instigation des marchands d'esclaves.

« Que la traite cesse et la paix régnera en Afrique !

« Or Cuba est la dernière terre américaine où l'esclavage existe.

« Délivrer Cuba de l'Espagne, c'est résoudre, terminer le grand problème de ce siècle, dont l'œuvre immortelle aura été l'émancipation des esclaves.

— C'est vrai ! dit le sachem.

— Remarquez, reprit Choquart, que les nations ont conscience de cette mission, car partout l'esclavage est attaqué dans ses derniers repaires.

« La Russie, après avoir aboli le servage, détruit l'esclavage en Asie.

« Le khédive d'Égypte l'attaque au sud de son royaume.

« Le jour n'est pas loin où l'Espagne elle-même, l'Espagne régénérée, accomplira dans le Maroc la même œuvre que la France en Algérie.

« N'ayant plus à Cuba cette plaie de l'esclavage au flanc, elle voudra la guérir chez les autres.

« Voilà mon but, monsieur !...

« Quant aux moyens, ils sont nombreux et excellents.

« Les Cubains sont très-mécontents et prêts à la révolte ; les nègres fourniront de nombreux volontaires, l'Amérique nous donnera ses flibustiers.

« Il ne manque que l'argent et je l'avais, monsieur !

« Maintenant je n'ai plus rien que mon génie d'aventurier, et j'espère que je n'ai pas perdu mon talent de spéculateur.

— Je vous le souhaite aussi, monsieur, dit le sachem.

« Je ne vous connaissais pas et je vous jugeais sévèrement.

« Je sais ce que vous valez maintenant, et je vous estime !...

Sur ce mot le sachem salua le jeune homme et s'éloigna.

Choquart le regarda partir, puis il murmura :

— Quel dommage que cet homme aime les Indiens !

« S'il avait épousé mon idée...

Mais il s'arrêta soudain, fronça les sourcils et dit :

— Mais non !

« Tout est au mieux.

« Mon idée est à moi, c'est ma maîtresse. Je n'ai pas besoin qu'un autre l'épouse !

Sur ce, il rentra au camp.

Là il trouva M. Balouzet fort occupé à nettoyer ses armes.

Il lui demanda :

— Eh ! mon oncle, que faites-vous là, je vous prie ?

— Cher ami, j'astique ! j'astique ! dit M. Balouzet.

— Et pourquoi cette rage d'astiquer, s'il vous plait ?

— Mais, mon cher, un trappeur doit avoir soin de ses armes.

« Nous allons du reste bientôt lever le camp ; voilà le convoi parti d'un côté, je suppose que le sachem va nous emmener dans une autre direction.

« Nous irons bientôt voir San-Francisco ; où je dois me marier.

Et il se mit à rire ironiquement.

— Mon oncle, dit Choquart devinant les intentions de son oncle, vous voulez vous évader !

— Parbleu !

— Et votre parole au sachem ?

— Je la tiendrai.

« Il m'a promis la liberté dès que nous mettrions le pied sur le territoire américain ; je file aussitôt et je repasse la frontière pour rentrer dans la Prairie.

— Et puis ?

— Et puis je gagne le Mexique et je m'embarque.

— Pour...

— Pour Paris, parbleu !

— Et qu'y ferez-vous, à Paris ?

— J'épouserai Louisa...

Cette prétention suffoqua Choquart qui s'écria :

— A votre âge !

— Je suis encore vert ! dit M. Balouzet fièrement.

« Du reste, je n'aurais jamais fait cette bêtise-là sans cette vieille folle de lady Bernett.

« En me mariant avec Louisa, je me mets à l'abri des persécutions de cette Anglaise enragée.

« On ne me forcera pas à être bigame, que diable !

— Mon oncle, dit Choquart, en affectant de rire, vous marier avec Louisa, c'est me faire tort.

— Tant pis !

— Je comptais sur votre héritage.

— Tu n'auras rien.

« Je donnerai tout à mes enfants !

— Vous ne vous marierez pas.

— Qui m'en empêchera ?

— Moi.

— Nous verrons bien.

— Astiquez ! astiquez ! mon oncle. Moi je vais prendre mes mesures.

— Choquart, mon garçon, prends-y gardes ne me contrarie pas dans cette affaire-là ; je serais capable de tout.

— Je sais que vous êtes un parent dénaturé ; au revoir !

— Tu vas prévenir lady Bernett.

— Certainement.

— Si tu fais cela...

— J'y cours !

Et Choquart sortit de la tente laissant M. Balouzet en fureur.

CHAPITRE XXX

Le courrier.

Choquart était trop fin pour aller prévenir sur-le-champ lady Bernett ; il attendit.

L'heure du déjeuner venue, il s'en alla chez son oncle pour s'attabler près de lui ; M. Balouzet bouda ; mais sa rancune ne tint pas contre les plaisanteries de Coquart.

Du reste le jeune homme, dissimulant, prétendit que le matin il avait tout simplement voulu contrarier un peu son oncle ; il affirma qu'au fond la Parisienne lui plaisait même plus que l'Anglaise, et que, ayant à choisir une tante, il la prendrait plutôt aimable et jolie, que laide et désagréable.

Sur ce, la paix fut conclue.

— Vous comprenez, mon oncle, disait le jeune homme, que n'ayant pas le sou, étant ruiné par le sachem, je n'ai plus à tenter des aventures coûteuses.

« Il me faut recommencer le trafic et cela demandera du temps.

« Vous retournerez à Paris, vous vous marierez, vous serez de nouveau mon commissionnaire et tout sera dans le meilleur des mondes, avec le meilleur des oncles et la plus charmante des tantes possibles.

— A la bonne heure ! s'écria M. Balouzet enchanté.

Et il but à la santé de Choquart, qui porta un toast à Louisa.

L'oncle et le neveu se séparèrent dans les meilleurs termes.

En quittant la tente, Choquart avait sur les lèvres un sourire railleur qui aurait sans doute inquiété son oncle, si celui-ci l'avait remarqué.

Deux heures plus tard, lady Bernett recevait la visite du jeune homme.

— Mylady, lui dit-il, je viens vous demander si vous êtes femme à rester discrète et à ne jamais révéler à mon oncle que je vous ai donné un bon avis.

Lady Bernett savait que Choquart voulait la marier.

Elle lui en était infiniment reconnaissante.

— Elle jura de se taire.

— Sachez donc, lui dit Choquart, que mon oncle médite une trahison.

— Aoh ! fit lady Bernett en pâlissant. Je m'en doutais.

Et elle versa la larme qu'elle tenait toujours en réserve pour ces sortes de circonstances ; Choquart lui laissa essuyer son pleur et il reprit :

— Il faut aviser !

« Le malheur veut que mon oncle ne soit pas naturalisé Américain ; il faut que le mariage se célèbre au consulat de France ;

l'envoi des pièces nécessaires demandera un certain temps.

« M. Balouzet prétextera de ce retard pour garder sa liberté et en profitera pour nous échapper, ce qui me chagrinera.

« Je vous aime beaucoup, milady ; je serais très-fier et très-heureux de vous avoir pour tante !

Lady Bernett rougit beaucoup.

Elle avait lu dans les romans des histoires de tantes adorées par leur neveu, elle ne se voyait pas ce qu'elle était : un monstre de laideur !

Elle crut que Choquart nourrissait pour elle une sympathie tendre, et comme, après tout, elle était libre de son choix, le neveu lui convenait mieux encore que l'oncle, elle murmura du ton le plus encourageant :

— Je vous en supplie !...

« Ne me dites pas de ces choses-là ; je ne puis les entendre.

« J'ai promis ma main à votre oncle et je ne veux pas me parjurer, quelles que soient vos supériorités sur lui.

— Aïe ! pensa le jeune homme.

« Où allons-nous !

Il vit avec terreur l'abîme tendu sous ses pas.

— Mylady, dit-il d'un ton grave, je vous avouerai, en grand secret, que vous vous trompez sur mes intentions.

« Je suis marié.

« Ma femme est à New-York.

« Mais pas un mot de cela à mon oncle qui l'ignore.

Lady Bernett voulait un mari, non un amant.

La prétendue révélation de Choquart mettait entre elle et lui une barrière infranchissable.

Elle soupira et dit :

— Mon cher enfant, j'aimerai beaucoup votre femme.

« Ce sera ma nièce, ma vraie nièce, autant que si elle m'était parente par le sang.

« Mais revenons à M. Balouzet,

« C'est affreux ce qu'il médite, cet homme déloyal !

« Seulement, sachez-le : irait-il en enfer je l'y poursuivrais, son engagement écrit à la main !

L'œil de lady Bernett lançait des éclairs et ses traits prirent une expression si implacable que Choquart en fut épouvanté.

Il finit pourtant par se sentir heureux de cette résolution inébranlable prise par la vieille dame ; pour la fuir, M. Balouzet ne devait reculer devant rien.

Choquart (et c'était là son but) pouvait se jeter dans les aventures les plus extraordinaires ; il était certain que son oncle l'y suivrait.

Lady Bernett continua :

— Du reste, j'ai déjà pris mes mesures et j'ai écrit en France pour obtenir toutes les pièces nécessaires et pour faire faire toutes les démarches indispensables.

— Il faut que le mariage soit affiché ! fit observer Choquart.

— Il le sera.

« On enverra un ordre, dans ce but, par le télégraphe.

« A cette heure tous les actes doivent être arrivés à San-Francisco.

— Très-bien ! fit Choquart.

Il admirait la prévoyance et la ruse de lady Bernett.

— Nous tenons mon oncle ! fit-il.

« Je vais, ce soir, lui monter la tête avec du rhum.

« Oreilles-d'Argent, Robinson, les autres trappeurs seront là.

« Je m'arrangerai de façon à lui faire avouer devant eux, qu'il ne veut pas se marier et il fuira.

« Puis, nous obtiendrons du sachem qu'un courrier parte sur-le-champ pour San-Francisco où il portera une plainte de vous aux magistrats ; la loi est très-sévère.

— Aoh ! Aoh ! fit lady Bernett avec joie, car elle commençait à comprendre le plan machiavélique du jeune homme.

« Je sais qu'ici, en Amérique, un homme accusé de séduction et qui ne veut pas se marier, est puni de prison.

— Mais il y a une difficulté ! fit observer Choquart.

— Laquelle ?

— Mon oncle peut prétendre que vous le

calomniez et qu'il ne cherche pas à se soustraire à ses engagements.

« Or, avec le témoignage des trappeurs et une tentative de fuite, nous aurons assez de preuves contre lui.

« J'écrirai, ce soir même, à un schériff très-intelligent et de mes amis.

« Il viendra muni des ordres nécessaires pour arrêter mon oncle, quand M. Balouzet nous aura faussé compagnie.

« Je connais ce schériff.

« Il est capable de faire signer à votre fiancé sa propre condamnation !

— N'est-ce pas le fameux chef de *détectifs* (agents) Schleman ?

— Lui-même.

— C'est un homme étonnant !

« Mais si M. Balouzet s'est échappé dans la Prairie, comment le prendre ?

— Ne vous en inquiétez pas.

« Mon ami est le meilleur *pisteur* des Etats-Unis.

« Il *pincera* M. Balouzet.

Dans son enthousiasme, lady Bernett sauta au cou de Choquart et lui donna deux baisers.

Elle le serra même sur son cœur et l'appela son fils.

Ce fut pour Choquart un châtiment cruel de sa perfidie.

Le même soir, M. Balouzet était un peu gris en nombreuse société et il commettait l'imprudence de tomber dans le piège que Choquart lui tendait.

Il jura que jamais, il n'épouserait lady Bernett.

C'en était fait !

Il avait un pied dans le traquenard.

Le lendemain matin, sur l'instante prière du jeune homme, le grand sachem consentait à expédier un courrier à San-Francisco ; ce messager emportait les lettres nécessaires à l'exécution du plan de Choquart.

Pendant quinze jours encore, Tonnerre-des-Montagnes garda ses prisonniers ; il ne voulait pas qu'aucun d'eux pût découvrir les traces du convoi.

Enfin, un soir, il annonça que l'on partirait le lendemain.

Il déclara qu'il accompagnerait avec une escorte, ses hôtes jusqu'à San-Francisco ; ce dont on s'étonna.

Il fut arrêté que Balle-Enchantée et Fleur-d'Églantier rejoindraient le grand campement des Pieds-Noirs.

Pour eux, une vie nouvelle commençait et il était urgent du reste que le Canadien ne quittât pas sa tribu.

Il fallait qu'il affermît sur elle son autorité.

La veille même du départ, Balle-Enchantée se trouva investi d'un nouveau commandement.

Le Jaguar déclara au Tonnerre-des-Montagnes qu'il désirait suivre Pierre et miss Jane.

La vie indienne ne lui plaisait plus ; il voulait voir Paris.

Le départ de ce jeune homme pour l'Europe parut plaire au grand sachem.

Tonnerre-des-Montagnes, grâce à ses relations bien connues avec feu le comte de Sommerive, grâce aux volontés écrites de ce dernier, Tonnerre-des-Montagnes, disons-nous, exerçait une sorte de tutelle sur toute la famille de son ancien ami.

Pierre, lui-même, subissait l'ascendant du chef.

Lorsque le Jaguar déclara sa résolution, le sachem lui dit :

— Ton père vivant, il t'approuverait, j'en suis certain !

« Souvent il m'avait parlé de ses desseins sur toi.

« Fils d'Européen, va chercher en Europe la science et les arts.

« Avant dix ans, tu en auras assez appris pour me succéder dans le commandement suprême des tribus ; tu auras assez souffert pour éprouver le besoin d'agir, afin d'oublier.

« Va...

« Tu reviendras !

« Fils d'une Indienne, tu voudras mourir dans la Prairie.

Cette prédiction avait pour base la grande connaissance des hommes.

Mais avec les illusions d'un jeune homme,

L'entrevue. (Voir les livraisons suivantes.)

le Jaguar se figurait Paris si attrayant, qu'il croyait ne devoir jamais revenir à la vie sauvage.

Toutefois il ne protesta pas.

Il savait que jusqu'à un certain point, Pierre dépendait du sachem.

Puis, s'il faut tout dire, cet adolescent qui ne craignait rien au monde, éprouvait la mystérieuse impression de respect, de crainte même que tout le monde ressentait en présence du terrible chef.

On eût dit que celui-ci exerçait une fascination mystérieuse.

Il fut donc très-heureux que le chef l'encourageât dans sa résolution, dont la conséquence fut la réunion des Pieds-Noirs et des Pieds-Rouges en une seule tribu.

En dehors de ces deux grandes agglomérations, les Apaches ne formaient que des petites familles, incapables de résister à l'attraction d'une aussi puissante masse que celle des deux grandes peuplades fondues ensemble.

Les Apaches devaient bientôt composer un peuple compact et uni.

Le rêve qu'avait fait le comte de Sommerive se trouvait donc réalisé par son ami.

Le lendemain on partit.

Les adieux furent tendres entre Fleur-d'Eglantier et ses frères.

Toutefois, inconsciemment, miss Jane éprouvait une sympathie moins vive qu'autrefois pour sa belle-sœur.

Les femmes sont plus esclaves des préjugés que nous.

Or miss Jane était protestante zélée et elle voyait avec peine Fleur-d'Eglantier oublier absolument le Dieu des chrétiens pour retourner au culte des Apaches, si toutefois de vagues croyances à un être suprême et quelques cérémonies d'un sens plus vague encore, constituent un culte sérieux.

En réalité, Fleur-d'Eglantier adorait son mari.

Le beau Canadien était son Dieu !

Elle l'aimait en païenne comme les filles de l'Ionie aimaient l'Apollon grec.

Lorsque les résolutions prises avaient été connues, miss Jane avait eu une entrevue avec Fleur-d'Eglantier.

Les Anglaises, les protestantes surtout, sont nées missionnaires ; mais missionnaires sans la charité, missionnaires sèches de parole, hautaines, impérieuses et très-pédantes.

Elles font un étalage ridicule de leur petite science théologique ; elles citent la Bible à tout propos ; elles ont des airs de supériorité insupportables.

Elles ne cherchent pas à convaincre, à entraîner, à persuader ; elles vous imposent leur foi d'autorité.

A vrai dire, si jolies que soient ces prêcheuses, elles font peu de prosélytes, et le plus souvent elles provoquent des réponses dans le genre de celles que fit un jour Pierre Zaccone, notre confrère et ami, à l'une d'elles.

— Madame, dit-il, je me laisserai peut-être convaincre que la religion protestante est la plus vraie, mais je n'admettrai jamais qu'elle soit la plus aimable.

On ne s'étonnera donc pas, si miss Jane essayant, dans un dernier entretien, de convertir Fleur-d'Eglantier, celle-ci résista en raillant le zèle de sa future belle-sœur.

— Je ne vois pas, dit-elle, pourquoi ma sœur Jeanne se tourmente ainsi à mon sujet : car une femme doit suivre son mari partout ; c'est son devoir.

« Or Balle-Enchantée est d'une autre religion que miss Jane.

« Il est baptisé catholique par les prêtres de robe noire.

« De plus, il ne fait pas du tout les cérémonies de son culte et je l'ai entendu se moquer de ceux qui vont au prêche ou à la messe.

« Il les appelle des imbéciles ; il prétend que Dieu est un esprit qui anime la nature et que c'est bête de croire qu'on peut l'enfermer dans une chambre.

« Il m'a dit que Dieu était partout.

« Nulle part on ne sent mieux sa présence que dans la Prairie, affirme mon mari.

« Et à moi qui parle, il a semblé entendre la voix du Grand-Esprit chaque fois que j'ai écouté les bruits du désert.

« Je puis dire du reste que je suis une bonne fille, aimant sa mère ; une bonne sœur, aimant ses frères ; une bonne femme aimant son mari.

« Je suis brave et mes enfants seront fiers de moi.

« Que faut-il de plus ?

« Chanter dans une église ?

« Avec l'oiseau, au lever du soleil, je chante les joies que l'amour me met au cœur.

« Cela vaut mieux et cela est plus agréable aux hommes que les cantiques auxquels on ne comprend rien du tout et qui ennuient tout le monde.

« Moi, l'on m'écoute et ceux qui passent s'arrêtent pour m'entendre.

« Si Dieu aime la voix de la fauvette, il doit aussi aimer la mienne qui lui ressemble ; Balle-Enchantée me l'a dit.

« En tous cas, si ce que prétend miss Jane est vrai, mon mari ira en enfer ; n'étant pas du tout un homme de croyance, il sera condamné au feu.

« Où, il ira j'irai !

« Inutile donc de me prêcher, car quand même je croirais, je fermerais mon esprit à la vérité, pour me tromper sur Dieu avec Balle-Enchantée.

— Promettez-moi au moins, dit miss Jane, d'élever vos enfants dans la foi.

— Non !

« Car je ne parlerai pas à mes fils un langage autre que celui qu'ils entendront dans la bouche de leur père.

— Vous êtes une malheureuse obstinée ! s'écria miss Jane.

— Je suis heureuse, dit en riant Fleur-d'Églantier, et si je m'obstine, c'est dans mon bonheur. Je vais embrasser Balle-Enchantée.

Elle sortit.

Derrière la tenture, miss Jane entendit un rire discret :

Elle souleva la portière de la tente et vit Pierre dont le visage avait une expression ironique.

Il entra.

Le comte de Sommerive était d'ordinaire si grave, que miss Jane fut stupéfaite en le voyant sourire.

En même temps, elle fut blessée de sentir qu'il se moquait d'elle.

— Chère Jeanne, lui dit-il avec fermeté, cette petite sauvage a raison.

« Elle dit juste.

« Dieu n'est pas dans ceci, ou dans cela ; il est partout.

« Dieu n'est pas cantonné dans telle ou telle religion.

« Il est dans toutes.

« C'est singulièrement rapetisser un principe infini, sans bornes, sans limites, sans commencement ni fin, que l'enfermer dans tel ou tel culte.

« Je suis né catholique.

« Vous êtes protestante.

« Que seront vos enfants ?

Miss Jane garda un silence embarrassé ; elle abordait pour la première fois, par ses grands côtés, cette question de la religion dans laquelle elle se croyait si savante, parce qu'elle avait un petit arsenal de controverses sur l'excellence du culte réformé.

En quelques mots Pierre venait de lui ouvrir une échappée de vue sur le problème insondable de l'infini.

Il reprit la parole :

— Toute religion, dit-il, est bonne, pratiquée par l'homme de bien ; mauvaise, quand elle masque des actions basses sous le voile hypocrite de pratiques extérieures.

« Un musulman du caractère et de la trempe d'Abd-el-Kader ou de Schamyl vaut n'importe quel catholique.

« Un protestant comme Livingston vaut n'importe quel musulman.

« Un catholique comme saint Vincent de Paul vaut n'importe quel protestant.

— C'est vrai ! dit la jeune fille.

— Il y a donc ! reprit-il, une morale indépendante de telle ou telle croyance.

« C'est cette morale que nous enseignons à nos enfants.

« Puis, plus tard, selon le mari qu'elles auront choisi, nos filles adopteront la religion qui assurera la paix de leur ménage.

« Quant aux garçons, à l'âge de discernement, ils iront où les poussera leur vocation ; peut-être l'un sera-t-il ministre et missionnaire protestant comme Livingston.

« Un autre peut-être aussi sera prêtre catholique.

« Nous les aimerons *tous !*

« Ils s'aimeront *tous !*

« J'ai la certitude que *tous* forceront également le monde à l'estime.

« Et maintenant, chère Jeanne, laissez-moi vous dire que si vous me voyez plus expansif que de coutume, c'est que notre sort est assuré.

— Qu'entendez-vous par là? fit-elle.

Pierre lui dit :

— Mon père avait des millions cachés dans une île au milieu d'une lagune.

« Il paraît qu'avant de partir pour San-Francisco, voyage dans lequel il périt, il eut des craintes pour son trésor.

« Il le retira de l'endroit où il était et le confia au Tonnerre-des-Montagnes.

« Celui-ci l'a fait passer en Europe où nous le retrouverons.

« Vous aurez donc auprès de la comtesse de Sommerive, ma mère, un rang digne de vous et des vôtres.

Et se penchant sur la main de la jeune fille, il y déposa un baiser.

Mais elle lui tendit son front.

— Vous voudrez bien, fit-elle, présenter mes excuses à votre sœur.

— Oh! dit-il, Fleur-d'Églantier ne pense déjà plus à cette querelle.

« Ecoutez-la.

La jeune Apache chantait déjà dans la tente voisine.

Vraiment elle avait une voix de fauvette, comme elle l'avait dit.

Elle improvisait en vers libres sur des mélodies pures et fraîches.

Tout autour de la tente, les trappeurs et les Indiens écoutaient ravis.

Miss Jane prit le bras de Pierre et sortit pour mieux entendre.

Tout à coup Fleur-d'Eglantier s'interterrompit, mit la tête à la portière de la tente et vit miss Jane.

— Ah! dit-elle en riant, ma sœur aussi prête l'oreille.

« Qu'elle chante donc un cantique pour voir si tous les guerriers viendront l'écouter, charmés par sa musique de chapelle!

Et riant aux éclats, elle se remit à vocaliser de façon si merveilleuse qu'un murmure d'enthousiasme s'éleva dans la foule

Miss Jane, un peu froissée, s'éloigna avec Pierre qui sut bien vite calmer ce léger mouvement de colère.

Le lendemain, comme nous l'avons dit, le départ eut lieu.

On eût dit une migration antique.

D'un côté, les Pieds-Noirs et les Pieds-Rouges se dirigeaient vers les montagnes de l'Apacheria pour regagner les territoires de chasse; de l'autre, les Sioux et les prisonniers devenus les hôtes du Tonnerre-des-Montagnes.

Les deux troupes défilaient l'une devant l'autre, les amis se saluant une dernière fois.

C'était à la fois grand, simple et touchant.

D'immenses espaces allaient séparer ces hommes; la Prairie avec ses solitudes sans fin, s'étendrait entre eux.

Les hasards de la vie remettraient-ils jamais en présence l'un de l'autre les héros de ce drame?

C'est ce que nous verrons dans l'épisode qui suivra celui-ci.

CHAPITRE XXXI

M. Balouzet parjure!

Tonnerre-des-Montagnes accompagnait ses hôtes à San-Francisco.

Il avait déclaré y avoir affaire.

On s'étonnera peut-être qu'ayant massacré dans sa vie beaucoup de Yankees, le célèbre sachem osât s'aventurer sur le territoire des États-Unis.

Mais il était dans la position d'un chef arabe vis-à-vis de nous, avant la conquête définitive de l'Algérie.

Chaque révolte avait été suivie de traités de paix et d'amnistie.

Tous les faits que l'on pouvait reprocher au fameux sachem étaient périmés; le dernier, le massacre des volontaires, avait eu lieu sur un territoire neutre; de plus, les gens de Choquart et Choquart lui-même ne pouvaient être considérés que comme des flibustiers, ne tenant à aucune nation.

En conséquence, Tonnerre-des-Montagnes

n'avait rien à redouter de la justice américaine, il était du reste très-populaire à San-Francisco, ville d'émigrants, cosmopolite et d'une physionomie toute spéciale.

Tonnerre-des-Montagnes pendant le voyage causa longuement avec Choquart.

Chaque jour, il semblait prendre plus d'estime pour ce hardi jeune homme; on l'avait même vu souvent sourire de ses saillies, et pourtant le fond du caractère de ce singulier homme n'était pas la gaieté.

Souvent aussi le sachem causait avec Pierre.

Leurs entretiens, qu'aucun importun n'eût osé troubler, étaient sérieux.

Une fois cependant, M. Balouzet fut appelé à donner son avis sur l'état politique de la France et à juger entre le sachem et Pierre.

Il s'agissait du parti légitimiste que le sachem croyait devoir, en fin de compte, recruter un jour dans les rangs de la bourgeoisie de nombreux partisans.

Le jeune comte de Sommerive soutenait que la légitimité était morte, bien morte et pour toujours.

M. Balouzet prononça avec l'assurance d'un homme qui était l'oracle politique de son quartier.

— Messieurs, dit-il, vous me prenez comme arbitre et je vous avouerai, sans fausse modestie, que je connais à fond l'esprit de la bourgeoisie de Paris et de la province, ayant eu beaucoup de relations avec les principales villes de France.

« Croyez-moi donc quand je vous déclare que, moi, homme d'ordre, de paix, de tranquillité, partisan de la légalité, ex-officier de la garde nationale, commerçant bien posé, je prendrais mon fusil et je descendrais dans la rue, si jamais Henri V revenait...

Cette déclaration fit une profonde impression sur le sachem.

Le soir, M. Balouzet annonçait à Oreilles-d'Argent que Pierre se disposait sans doute à jouer un rôle politique en France et que c'était là le sujet de ses conversations avec le grand sachem.

— Ça va faire un aristocrate comme son père! dit Oreilles-d'Argent qui était autrefois porteur d'eau et socialiste.

« Long-Couteau était mon ami; mais nous n'avons jamais pu nous entendre sur la politique.

« Il voulait d'Henri V et moi je suis pour la République.

— L'ami de Long-Couteau, dit M. Balouzet, Tonnerre-des-Montagnes, est aussi légitimiste.

— Ça ne m'étonne pas! fit l'Auvergnat; Long-Couteau l'aura converti à son idée; ils se connaissaient beaucoup et Long-Couteau m'a souvent dit : « Tonnerre-des-Montagnes et moi c'est la même tête sous deux bonnets. »

— Je crois, fit M. Balouzet, que Tonnerre-des-Montagnes est gentilhomme et qu'il est légitimiste de naissance.

— Comme Pierre, qui est à cette heure devenu comte de Sommerive, gros comme le bras, et qui tranche du grand seigneur.

— Moi, je suis sûr que vous vous trompez sur ses sentiments!

« Tout à l'heure, je prédisais au sachem qu'un jour la France serait en République; Pierre m'a fait signe de la tête qu'il pensait comme moi.

— A la bonne heure! fit l'Auvergnat.

Et il se promit de féliciter le comte à ce sujet.

Le lendemain, chevauchant à côté de M. Balouzet, son intime, il parut rêveur et M. Balouzet s'en étonna.

— Ah çà! demanda ce dernier, est-ce que vous pensez à la mort de Louis XVI?

— Non, dit Oreilles d'Argent. Je pense à celle de Long-Couteau.

— Pourquoi?

— Parce qu'il m'est venu une idée bizarre hier.

« Ne m'avez-vous pas dit que vous étiez sûr que Tonnerre-des-Montagnes était un gentilhomme français.

— C'est mon opinion.

— Eh bien, il se pourrait... Enfin je saurai à quoi m'en tenir bientôt...

— Mettez-moi au courant au moins ! fit M. Balouzet.

« Que soupçonnez-vous ?

— Je ne vous en dirai pas un mot ! dit Oreilles-d'Argent.

« On ne doit pas parler légèrement en pareil cas.

« Causons d'autre chose.

M. Balouzet, par discrétion, n'insista point.

Il remarqua cependant qu'Oreilles-d'Argent examinait souvent le sachem à la dérobée.

L'Auvergnat murmurait alors des paroles sans suite, mais qui avaient certainement un sens pour lui.

Pendant tout le reste du voyage, il épia ainsi le sachem.

M. Balouzet suivait ce manége avec curiosité.

Enfin l'on arriva à quelques journées de marche du premier établissement de la frontière.

M. Balouzet eut un entretien avec Oreilles-d'Argent.

— Mon cher, lui dit-il, vous savez ce que nous a promis le sachem.

« Bientôt, en touchant le territoire de l'État, nous sommes libres.

« Or, vous connaissez mes intentions.

— Vous voulez fuir ?

« Eh ! eh ! eh !.....

— Ne riez pas.

— Si vous saviez ce qui me rend si gai, vous m'approuveriez, dit l'Auvergnat.

« Je suis content en pensant que vous êtes comme moi.

« Un monsieur embêté par une femme !

« Nous faisons la paire !

« Je ne vous l'avais jamais avoué tout à fait, mais puisque vous voilà au même cran que moi, je vous en fais la confidence complète.

« Vous n'aurez pas à me blaguer.

Et l'Auvergnat raconta son histoire à M. Balouzet avec des détails qu'il n'avait jamais donnés à personne.

— Voilà qui va bien ! dit M. Balouzet enchanté.

« Nous sympathisons.

« Vous allez m'aider.

— A fuir ?

— Sans doute.

— Mais rien de plus facile, mon vieux camarade ; vous montez à cheval, vous gagnez le large... et... bonsoir la vieille !

M. Balouzet avait une arrière-pensée et il dit :

— C'est que, malgré tout, je suis encore un trappeur novice.

« Je m'effraie à l'idée de traverser seul la Prairie.

« Mon plan est de gagner le Mexique pour m'embarquer.

« J'espérais que vous consentiriez à m'accompagner dans ce voyage.

— Diable ! fit l'Auvergnat, ça tombe mal, car il faut que j'aille à San-Francisco, ayant à surveiller Tonnerre-des-Montagnes, à cause du soupçon qui m'est venu.

« Mais partez toujours ; je vous rattraperai facilement.

« Du reste, peut-être y a-t-il des trappeurs au gîte de l'étape que nous ferons demain ; vous pourriez vous entendre avec l'un d'eux.

— Ça me ferait plaisir, dit M. Balouzet ; je souhaite de trouver cette bonne occasion et je partirais à petites journées avec un guide.

« Vous me rejoindriez.

— Entendu.

Sur ce, ils se serrèrent la main.

On arriva sept jours après à l'établissement ; M. Balouzet fut ravi d'apprendre par Choquart, que plusieurs trappeurs allaient partir pour la Prairie et précisément dans une direction qui lui convenait parfaitement.

M. Balouzet demanda à être présenté à ces gentlemen.

Choquart, qui les connaissait particulièrement s'en chargea.

M. Balouzet trouva dans ces trappeurs des compagnons très-affables qui le reçurent très-cordialement.

L'un était un grand diable d'homme au regard dur, à la parole sèche et qui avait un accent d'autorité tel qu'il avait toujours l'air de commander en parlant.

M. Balouzet en fit la remarque à Choquart.

— Mon oncle, dit le jeune homme, ce gentleman est un ex-officier de l'armée confédérée.

— C'est donc pour cela, fit M. Balouzet que je lui trouvais des allures militaires ; il me fait l'effet d'un capitaine de gendarmerie en bourgeois, autant du moins qu'un Européen peut se comparer à un Américain ; mais étant données les différences de peuple à peuple, j'aurais juré que ce digne trappeur avait eu un grade dans la maréchaussée.

— Vous êtes étonnant pour le flair, mon cher oncle.

« Le capitaine Schleman était prévôt de maréchaussée.

« Il a repris son métier de trappeur après la guerre.

« C'est du reste un homme dans le genre de Long-Couteau ; il aime beaucoup à pendre les pirates de Prairie et autre gibier de potence.

« Ce sont même ses exploits en ce genre qui lui ont valu son grade quand la guerre est venue.

« Avec lui vous serez entre les mains d'un parfait honnête homme.

— Très-bien ! dit M. Balouzet enchanté et en se frottant les mains.

« Choquart, mon garçon, je te revaudrai tes bons services.

— Merci, mon oncle.

« Voyez-vous, à l'idée d'avoir pour tante lady Bernett je suis épouvanté ; cette Anglaise m'embrassant comme neveu, ce n'est pas une perspective agréable.

« Je vous aiderais à fuir au bout du monde.

— Va, mon garçon ! bientôt nous aurons mis du chemin entre elle et moi.

Sur ce, on alla trouver les trappeurs et M. Balouzet fit ses conventions avec eux.

Pour lui être agréable et sur la recommandation de Choquart que Schleman aimait beaucoup, disait-il, les nouveaux amis de M. Balouzet consentirent à quitter l'étape vers deux heures du matin.

Il fut entendu qu'on ferait le plus de chemin possible, le premier jour, et qu'on passerait par une certaine région très-dure et très-sèche où les sabots des chevaux ne laissaient point d'empreintes.

Tout semblait aller comme sur des roulettes.

Lady Bernett, ne manifestait aucune inquiétude, elle semblait même confiante et joyeuse.

M. Balouzet, il faut le dire, montrait une hypocrisie qui n'était pas dans le fond de son caractère ; mais le commerce de détail avait développé l'art de la dissimulation dans cette nature loyale.

Ainsi pour endormir toute méfiance dans l'âme de sa fiancée, M. Balouzet se montra galant.

La veille même de la nuit où il devait accomplir son forfait, il cueillit un bouquet de fleurs des prairies et il l'offrit à sa fiancée.

Elle l'accepta avec une grâce touchante et dit avec tendresse :

— Je le garderai, mon ami, comme le souvenir de la première amabilité dont vous m'ayiez honorée.

M. Balouzet, on s'en aperçut, rougit légèrement.

Toutefois il persévéra dans sa résolution et prit toutes ses mesures.

Il laissa des lettres d'adieu pour Pierre, miss Jane et ses amis.

On conçoit qu'il ne voulait point prendre bruyamment, au milieu de la nuit, congé de tout ce monde.

Il avait eu à se repentir d'avoir un peu trop parlé certain soir, après des libations de rhum très-copieuses.

Depuis ce moment-là, Robinson se moquait de temps à autre des ennuis de M. Balouzet ; Oreilles-d'Argent lui rééditait trop souvent la fameuse *Histoire du pompier*, ou *Mésaventures conjugales d'un porteur d'eau socialiste*.

M. Balouzet s'était tenu plus discret et n'avait plus reparlé de fuite depuis quelques jours.

Il ne voulut même pas serrer la main de

l'Auvergnat avant son départ; il lui écrivit, le priant de le rejoindre au plus tôt.

Donc, tout étant prêt, à l'heure fixée, il partit.

— Ça me fend le cœur, disait-il à voix basse à Choquart en sellant son cheval, de ne pas embrasser miss Jane avant de m'éloigner d'elle pour si longtemps.

« Mais je me console en pensant que je la retrouverai à Paris, mariée, riche, comtesse et heureuse.

« J'aime cette charmante enfant que j'ai contribué à sauver, je puis le dire ; tu lui présenteras mes excuses, n'est-ce pas ?... tu seras mon avocat auprès d'elle.

— Ouï ! dit Choquart.

— Le temps, reprit M. Balouzet, adoucit les ressentiments.

« Elle aime...

« Elle comprendra qu'un engagement antérieur me liait.

« Plus tard, à Paris, elle m'accordera un généreux pardon.

— Présenterez-vous Louisa à l'hôtel de Sommerive ? demanda malicieusement Choquart.

— Tu blagues toujours, mauvais plaisant ! dit M. Balouzet.

« Je ne me dissimule pas que Louisa n'est qu'une demi-vertu.

« Mais, d'autre part, ce n'est qu'un demi-vice ! Et il y a remède au mal.

« Elle n'a jamais fait ni scandale, ni esbrouffe, cette fille.

« Sans doute, je ne l'aurais point épousée, n'était la persécution que m'inflige lady Bernett.

« Mais du moment où elle sera ma femme, je la mettrai au-dessus du passé, et j'en sais les moyens.

« Je lui ferai offrir un ostensoir à l'église de sa paroisse.

« Elle sera dame de charité, dame patronesse et quêteuse.

« Au bal de sa mairie, elle quêtera aussi pour les pauvres.

« Enfin je l'imposerai !....

Et sur cette conclusion, dite d'un ton magistral, M. Balouzet embrassa tendrement Choquart.

— Mon ami, lui dit-il, tu as à refaire ta fortune.

« Compte sur moi pour t'y aider de mon mieux.

« Aussitôt à Paris je t'écrirai, tu m'enverras des commandes.

« Je serai ton commissionnaire actif, intelligent et dévoué à Paris.

« Toujours les mêmes conditions.

« Cinq pour cent...

— Mon oncle, vous devriez me faire un petit rabais.

« Les temps sont durs.

« J'ai ma position à reconstituer.

— Mon cher enfant, les affaires sont les affaires.

« Donc ma prime de commission sera 5 0/0 à prendre ou à laisser ; pas un centime de moins.

« En dehors de là, ma bourse est à toi.

« Je te ferai seulement observer que désormais, me mariant, ayant des charges, tu devras en tenir compte.

— Allons, tout est prêt, dit-il.

« Un coup de main, pas de faiblesse, tiens-moi l'étrier...

« ... Là, ça y est.

— Mon oncle... fit Choquart ayant l'air d'essuyer une larme.

M. Balouzet, en selle, tendit la main à son neveu, et lui dit avec une fermeté très-remarquable.

— Ne t'émotionne donc pas.

« Tu es un bon garçon et je te sais gré de ton attendrissement.

« Mais *il faut avoir du caractère*, nom d'un petit bonhomme.

« Nous nous reverrons.

« Je veux un jour faire voir la Prairie à Louisa.

« Allons, encore une fois, au revoir !

— Mon oncle, je tiens à vous conduire à Schleman.

« Je veux vous recommander à lui.

« Je veux vous quitter le plus tard possible !

Et Choquart suivit à pied M. Balouzet, qui maintenait son mustang au petit pas en se dirigeant vers le campement des trappeurs.

— Au moins, dit-il à Choquart, ne va

Il portait le costume des trappeurs de l'Arkansas. (Page 138.)

pas montrer de la faiblesse devant ces gens-là.

— Entre parents, mon oncle, on peut se laisser aller à verser un pleur, mais devant des étrangers, jamais.

— Très-bien! dit M. Balouzet.

Et il se mit à rire.

La joie de la délivrance étouffait en lui le sentiment de la famille.

Il ne songeait qu'à son bonheur et pas du tout au chagrin touchant de Choquart.

— Je pense, dit-il, à la tête que fera demain lady Bernett.

« Elle va pousser des cris de fureur à faire beugler tous les bœufs du convoi.

« A propos, qu'as-tu raconté au trappeur Schieman pour justifier ma fuite?

— Rien.

— Comment rien!

— Schleman est mon ami.

« C'est un intime.

« Je lui ai dit: — Voilà mon oncle! Il a besoin d'un service. — Cela lui a suffi.

« Cependant, pour éviter toute mauvaise interprétation, vous pourrez vous expliquer un de ces soirs avec lui.

— Bon! bon!

« Je lui conterai cela ce soir même, à l'étape.

— A votre aise.

« Nous arrivons.

« Ils sont prêts!

— Ce sont des gens exacts.

Schleman en effet était à cheval en tête des siens.

M. Balouzet se prépara à son entrevue avec ses futurs compagnons. Il savait prendre pour toutes les occasions un air de circonstance.

C'est la science de la vie.

CHAPITRE XXXII

En fuite.

M. Balouzet, gracieux et souriant à la fois, aborda les trappeurs.

Schleman lui souhaita la bienvenue avec cordialité.

— Salut Touche-Toujours! dit-il. Nous sommes heureux et fier de faire votre connaissance.

Puis à Choquart :

— Il sera le bien gardé!

— Veillez sur lui! dit le jeune homme. Il est très-courageux.

« Il se jette dans le péril tête basse.

« Pas d'imprudence!

— Soyez tranquille.

— Vous me répondez de lui, Schleman, songez-y!

« Il vous racontera lui-même ce soir les motifs de cette espèce de fuite.

— Espèce! fit M. Balouzet en riant joyeusement. Dis donc une fuite réelle, une fuite sérieuse.

« Je ne le cache pas.

« J'ai peur... et je me sauve.

Puis, avec un geste délibéré :

— Choquart, fit-il, une dernière poignée de main, mon garçon.

Et aux trappeurs :

— En route, s'il vous plait, gentlemen.

— En route! ordonna Schleman.

« Au revoir, Choquart.

« Dieu vous garde! cher ami ;

— Et vous, *gardez* mon oncle, fit Choquart d'un air étrange.

— Nous n'y manquerons pas.

M. Balouzet était déjà de vingt pas en avant, il brusquait la séparation.

Malgré son contentement, malgré *sa force de caractère*, il se sentait la paupière humide; il aimait son neveu.

Pour couper court à l'émotion naissante et se distraire, il siffla.

En ce moment, Schleman se penchait vers un de ses hommes.

— Eveling, lui dit-il à voix basse, au jour, vous consignerez dans l'acte d'accusation pour le jury, que Balouzet, dit Touche-Toujours, a, de sa propre bouche, avoué que c'était une fuite, une vraie fuite, une fuite sérieuse.

« Vous ajouterez qu'il sifflait comme un merle, ce qui prouve la sécheresse de son cœur; c'est une note pour les efforts oratoires de l'avocat qui plaidera en faveur de lady Bernett.

Notez tout en conscience, Eveling, et faites signer nos quatre assesseurs.

Sur ce, Schleman rejoignit M. Balouzet et il entreprit avec lui une conversation à la fois perfide d'intentions et amicale de ton, dans laquelle il fut question des femmes.

M. Balouzet, sur ce chapitre, se montra d'une légèreté toute française.

Quand le jour vint, Eveling eut à écrire beaucoup de notes.

Cet Eveling était un petit homme qui, pour un trappeur, avait une physionomie vraiment originale.

Point de barbe!

Une figure chafouine d'homme de loi, un museau affûté de renard, des yeux petits, vifs, pénétrants, sous des paupières sans cils.

Un corps maigre, chétif, perdu sous la blouse de chasse.

Enfin (c'était là sa plus grande originalité pour un homme de Prairie) : il portait des lunettes!

Schleman en expliqua la raison.

— Ce pauvre Eveling, dit-il, a eu jadis une ophthalmie purulente.

« Il lui faut des conserves pour ménager sa vue affaiblie.

« C'est un piètre trappeur maintenant ; mais c'est un ami, nous chassons pour lui, le gardant comme associé.

« C'est du reste un garçon précieux pour le commerce.

« Il tient nos comptes d'abord ; mais il a une autre utilité pour la bande.

« Regardez-le!

« Il est toujours en train d'écrire et il prend des notes.

— Pourquoi ces notes?

— Pour gagner pas mal de dollars en envoyant la relation de nos voyages aux journaux.

« Il vous arrive de curieuses aventures que les feuilles publiques sont heureuses de reproduire.

« On est très-amateur de récits pareils aux États-Unis.

« De plus Eveling est botaniste.

« Il dresse un catalogue de la flore de la Prairie.

« Avant d'être trappeur, il avait fait de belles étude à l'Université de New-York...

— Alors, c'est un savant! dit M. Balouzet, prenant tout aussitôt du respect pour le trappeur Eveling qui lui était d'abord antipathique.

— Un savant, oui, mais, je vous l'ai dit, un mauvais chasseur.

« Ne vous étonnez point s'il manque une pièce de gibier à dix pas.

— Pauvre homme! fit M. Balouzet.

— Autrefois, reprit Schleman, il avait du coup d'œil, mais maintenant, après son ophthalmie, on comprend qu'il soit devenu maladroit; malheureusement il a la rage de tirer, et il brûle sa poudre inutilement.

— C'est un défaut à lui pardonner! dit M. Balouzet.

« Je deviendrais aveugle que je tirerais encore, je crois, au juger de l'oreille.

Et ils continuèrent à parler choses et autres entre eux.

Les autres trappeurs étaient des gens silencieux, expéditifs en tout, de types un peu effacés.

M. Balouzet remarqua qu'ils avaient des façons d'être régulières, disciplinées et tout à fait militaires.

Il en fit l'observation à Schleman avec surprise.

— Décidément, vous êtes observateur, dit celui-ci.

« S'ils ont ces allures-là, mon cher, c'est parce que ce sont tous de mes anciens soldats, alors que j'étais ce que vous appelleriez en France, le grand prévôt d'une armée sudiste.

— Ce sont des ex-gendarmes alors! dit M. Balouzet.

— Gendarmes, oui, en tant que nous autres Américains en ayions.

« Ce n'est pas tout à fait la même organisation que chez vous.

Et il donna des détails.

Puis, à un moment, il s'attarda pour aller retrouver Eveling.

Celui-ci était toujours en arrière, Schleman lui dit en confidence :

— Je vous avais défendu de tirer, malgré votre bonne envie de chasser.

« Votre maladresse doit être remarquable, Eveling ; vous m'êtes arrivé comme clerc, de New-York, il y a quelques mois à peine ; je suis sûr que vous n'avez jamais tué un lièvre.

— Et, dit Eveling, j'ai bonne envie de me payer ce plaisir, puisque le hasard m'amène, moi, greffier, à faire le métier de trappeur en pleine Prairie.

— Grâce à moi, vous pouvez vous passer cette fantaisie.

« Votre inhabileté aurait paru suspecte à Touche-Toujours.

« J'ai inventé un conte.

« J'ai dit que vous étiez myope par suite d'une ophthalmie purulente.

Et Schleman mit son greffier au fait du rôle à jouer.

Ensuite, il lui donna carte blanche et un quart d'heure après, Eveling faisait feu sur une perdrix bleue.

Par un de ces coups de bonheur qui arrivent aux débutants, il tua ce gibier très-difficile à abattre.

— Eh! eh! s'écria M. Balouzet. Voilà qui n'est pas mal.

« Que me disiez-vous donc!

— Vous comprenez, dit Schleman que notre ami tue quand il y voit, ce qui arrive quand la disposition de la lumière lui est favorable.

« Mais, quand un reflet de soleil le gêne, il rate son coup.

En effet, plus tard Eveling se montra remarquablement maladroit.

On déjeuna toutefois; mais il avait peu contribué à augmenter le repas.

On repartit, on chassa en marchant et enfin l'on arriva au gîte.

Ce sont là des périodes, des étapes et celle-là ne fut troublée par aucun incident qui fût digne de remarque.

Cependant, entre deux coups de fusil, Eveling écrivait souvent.

— Il prend note des plantes ! disait Schleman à M. Balouzet.

— Mais, fit celui-ci, nous voilà sur du roc depuis une heure !

« Il ne pousse pas une herbe.

— C'est qu'Eveling est aussi géologue ; il décrit la nature de ces pierres.

— Ah ! très-bien !

Et M. Balouzet accorda de plus en plus sa considération à Eveling.

On était au gîte.

Grâce surtout à M. Balouzet qui avait fait des coups merveilleux à distance invraisemblable, on avait un beau dîner.

On se prépara donc gaiement à prendre un bon repas et passer la nuit.

Les beaux coups de fusil de M. Balouzet l'avaient mis en belle humeur ; ses compagnons ne lui avaient pas ménagé les éloges ; il rayonnait de vanité.

Rien, du reste, ne manquait à la satisfaction de son amour-propre.

Schleman qui tirait bien, très-bien même, avait cependant éprouvé des échecs ; et Schleman n'était point le premier venu ; il avait l'air remarquablement énergique, on aurait même pu dire imposant.

Quelquefois M. Balouzet surprit ce trappeur au moment où celui-ci l'examinait ; il tressaillait alors sous la fixité et l'éclat des regards lancés par ce singulier personnage.

Mais Schleman souriait aussitôt et disait quelque mot aimable qui flattait M. Balouzet.

Tous les trappeurs, du reste, montraient sinon des égards, c'eût été peut-être beaucoup dire, mais des attentions pour M. Balouzet, qu'ils écoutaient parler avec une attention pleine de déférence.

Et plusieurs calembours, faits par lui en anglais (c'est la langue des États-Unis, que M. Balouzet parlait très-correctement), plusieurs calembours, disons-nous, avaient même été notés avec soin par Eveling.

Nous ne pouvons pas en donner une idée à nos lecteurs, parce que, en français, un jeu de mots anglais perd toute saveur ; mais il y avait dans ceux dont M. Balouzet se rendit coupable, cette particularité que tous étaient des plaisanteries contre les dames.

Eveling consigna même l'observation suivante sur son carnet :

— Balouzet, dit Touche-Toujours, n'a pas cessé de nous scandaliser par des jeux de mots ironiques et blessants, tous dirigés contre le beau sexe.

« On dirait qu'il a la haine des femmes poussée jusqu'au *delirium tremens*.

Ce fut surtout pendant les préparatifs du dîner que M. Balouzet plaisanta si dangereusement pour lui.

On pluma le gibier de plume, on dépouilla les bêtes à poil ; on fouilla dans les bagages et l'on en tira des gourdes bien et dûment remplies de liquide ; il y avait même quelques bouteilles de champagne au col argenté.

Pendant que le feu flambait, M. Balouzet se frottait les mains.

— Nous avons fait au moins vingt lieues, dit-il.

Schleman calcula par milles et dit :

— Oui, vingt lieues de France !

— Eh bien, fit M. Balouzet, j'espère avec une pareille avance, échapper à ma douce fiancée ; ce qui, après tant de calembours en anglais me donne l'occasion d'en faire un en français.

— Faites, Touche-Toujours ! dit familièrement Schleman.

« Faites, ne vous gênez point.

M. Balouzet demanda :

— Savez-vous ce que, dans la langue française, veut dire le mot *berné* ?

— Oui ! dit Schleman.

« Il y a assez de vos compatriotes à San-Francisco pour nous l'avoir appris.

— Supposez donc que, par suite d'une torture morale, d'une surprise, j'aie signé à une vieille dame une promesse de mariage et qu'elle s'appelle lady Bernett.

— Bon ! fit Schleman.

« Nous supposons.

— Supposez encore, continua M. Balouzet d'un air fin, que j'aie faussé compagnie ce matin à cette vieille tourterelle.

— Nous supposons toujours.

— Eh bien, demanda M. Balouzet d'un air triomphant, à cette heure-ci lady Bernett ne serait-elle pas lady bernée ?

Et de rire !

Tous les trappeurs firent écho sur le signal qu'en donna Schleman.

Un bel éclat d'hilarité fendit la bouche de l'ex-grand prévôt jusqu'aux oreilles.

Si ses hommes avaient pu fendre leurs lèvres plus loin, ils n'eussent point hésité à donner cette preuve de bonne humeur.

Il était même étonnant qu'un simple calembour pût paraître drôle à ce point ; si M. Balouzet eût eu moins d'amour-propre d'auteur, il aurait compris qu'il y avait un dessous de cartes ; mais il accepta son succès sans le contrôler.

Il était flatté.

Tous ses compagnons se tordaient sur l'herbe.

— Ah ! ah ! ah ! s'écria M. Balouzet, faisant chorus, vous justifiez le proverbe.

« Vous êtes bien d'anciens gendarmes, de bons gendarmes !

— Pourquoi ?

« De quel proverbe s'agit-il ?

— On dit chez nous :

> *Quand un gendarme rit,*
> *Tous les gendarmes rient,*
> *Dans la gendarmerie !*

— Est-ce que ça se chante, ces vers-là ? demanda Eveling.

— Certainement.

— En chœur, alors !

« Guidez l'orchestre, Touche-Toujours !

« Nous serons ravis de savoir une chanson française.

— Malgré votre air grave, vous êtes plein de gaieté ! dit M. Balouzet.

« Écoutez l'air.

« Nous reprendrons tous ensemble.

Et il apprit le refrain à ses compagnons qui y mirent tant de bonne volonté que le chœur fut magnifiquement enlevé à la troisième répétition.

Cela mit M. Balouzet en verve de confidences.

— Vous saurez, dit-il, que toutes les suppositions que je viens de faire sont des réalités ; l'histoire de lady Bernett est vraie.

— Ah ! fit Schleman.

— Tout ce qu'il y a de plus vrai.

— C'est elle que vous fuyez, alors ?

— Oui, mon cher Schleman.

— Mais... l'engagement !...

— D'abord elle m'a forcé la main.

« Ensuite un engagement d'amour... n'engage pas... en France, du moins.

— Diable ! diable ! fit Schleman.

Et il demanda :

— Vous n'avez pas écrit au moins.

— Pardon !

— Vous avez eu tort.

— A qui le dites-vous !

« Je ne commettrai jamais plus une pareille imprudence.

— Comment avez-vous pu vous laisser aller à celle-là ?

« Aux États-Unis les lois sont rigoureuses à cet égard.

« Vous pourriez, sur la plainte de lady Bernett, être arrêté.

« Un schériff vous mettrait la main au collet et vous jetterait en prison.

M. Balouzet se frappa deux fois le pliant du bras gauche du bout des doigts de la main droite, geste familier aux gamins de Paris, et il dit d'une voix gouailleuse :

— Aussi... je me sauve !.....

Mais les figures de ses compagnons prirent une expression de blâme ; il était clair qu'ils le désapprouvaient.

M. Balouzet plaida aussitôt les circonstances atténuantes :

— Vous êtes Américains, dit-il, et vous avez des idées trop sévères sur les promesses de mariage.

« Vous me blâmez intérieurement.

« Mais laissez-moi vous raconter comment c'est arrivé.

Schleman changea aussitôt de physionomie, et dit :

— Si l'on vous a tendu un piége, ça change tout à fait.

« Parlez.

— Nous sommes tout oreilles.

Eveling intervint.

— Est-ce intéressant ? demanda-t-il. Si oui, je demande à prendre des notes pour noter cela dans les journaux avec lesquels je suis en relations.

— Je suppose que vous n'allez pas me livrer tout vif à la publicité! dit M. Balouzet quelque peu alarmé.

— Non pas.

« Je ne donnerai point les noms.

« Je ferai un conte amusant, mais anonyme de cette aventure.

M. Balouzet inquiet se rassura et dit à Eveling.

— De cette façon, cela m'est égal.

Et il commença.

Eveling tira son formidable calepin et rédigea.

Les trappeurs encouragèrent M. Balouzet pendant son récit par des marques d'approbation fréquentes.

Il était évident que Schleman, et d'après lui ses compagnons, amenaient M. Balouzet à des aveux détaillés par un jeu habile de physionomie et de conversation.

Il dit tout...

Il conta jusqu'à la fameuse histoire du pistin sur lequel il avait fait mine de prendre lady Bernett pour un ours, afin de la corriger d'importance.

Et le perfide Eveling écrivait, envenimant tout par l'habileté de la rédaction.

Quand M. Balouzet eut terminé, Schleman, pour éviter de se compromettre par une approbation, s'écria :

— Ces diables de Français ont un esprit infernal.

« Voilà le rôti quasi brûlé et personne n'a songé à dîner.

« Nous écoutions bouche béante.

« A table!

Et chacun s'empressa de dresser le couvert.

L'on se mit à table, c'est-à-dire que l'on s'assit par terre pour dîner; et M. Balouzet, la première faim passée, fut remis sur le récit de son aventure; le sujet, pour lui, était inépuisable.

Les trappeurs avaient eu soin d'emporter un cabaret bien garni comme ils font toujours quand ils partent à cheval ; ils aiment à faire bombance dans les premiers jours de marche.

On but sec.

Le champagne aidant, au dessert, M. Balouzet fut éblouissant de verve pour se moquer de lady Bernett.

Il finit par avouer qu'il se rendait à Paris pour épouser Louisa...

Au point de vue de la morale américaine, rien de plus coupable !

Abandonner une honnête fiancée pour une fille suspecte !

Schocking !

Horreur !

Trois fois horreur !

Le pauvre M. Balouzet s'enfonçait de plus en plus dans l'abîme au fond duquel il glissait depuis le matin sans s'en apercevoir.

Mais, Eveling lui joua un tour de sa façon qui était un chef-d'œuvre de duplicité yankee.

D'un air bonhomme, il lui demanda permission de lui lire ses notes.

Et M. Balouzet, acquiesçant avec satisfaction, le greffier débita son factum.

M. Balouzet fut émerveillé de la fidélité avec laquelle Eveling avait traduit sa pensée ; le document était complet, très-plaisant, très-incisif contre lady Bernett.

M. Balouzet complimenta de tout cœur l'habile rédacteur.

— Vous avez un style remarquable ! dit-il.

« A Paris, M. de Villemessant, du *Figaro*, vous payerait vos chroniques très-cher.

Cependant, malgré les éloges de M. Balouzet, Eveling soupirait.

— Quel dommage ! murmurait-il.

« On paye mieux encore les reporters en Amérique qu'à Paris.

« Je perds, et puisque les camarades font bourse commune avec moi, nous perdons trois cents dollars pour le moins.

— Pourquoi ? demanda M. Balouzet étonné et chagrin.

— Parce que, cher camarade, au retour à San-Francisco, dans six mois, j'aurais publié ce récit authentique.

— Qui vous en empêchera ?

— On dira que j'invente !

« Au lieu d'un récit vrai, ayant l'attrait de la réalité, je ne donnerai aux feuilles publiques qu'un petit roman comique, une œuvre d'imagination.

« Cependant vous seriez bien loin et en sûreté à Paris.

— Eh bien... mettez mon nom, dit M. Balouzet, mais non celui de lady Bernett.

« Vous m'enverrez des numéros et ça me posera auprès de Louisa.

« C'est une jeune femme !

« Il est bon qu'elle sache qu'elle a affaire à un luron.

— C'est grave, dit Eveling de mettre un nom dans un journal.

« J'aurai beau dire que vous m'y avez autorisé ; rien ne le prouvera.

« On me croirait, si vous attestiez de ma sincérité.

« Mais sans votre signature aucun journal ne publiera ça.

« Et cependant...

— Cependant, quoi ? demanda M. Balouzet encore très-indécis.

Mais Eveling tenait son homme.

Il lui dit d'un air grave en secouant la tête :

— Il viendra un jour où vous serez bien aise de voir les feuilles publiques prendre votre défense.

— Ma défense !

— Sans doute !

« Cette affaire va retentir d'un bout à l'autre du monde.

— Vous riez sans doute, dit M. Balouzet en protestant.

— Que non pas, fit Eveling.

« Vous êtes célèbre !

« Vous avez été imprimé tout vif dans les journaux de San-Francisco.

« Tous ceux d'Amérique et d'Europe ont reproduit ou sont en train de reproduire le récit de vos aventures.

« On s'est attendri sur votre romanesque amour pour lady Bernett.

« Les âmes sensibles tiennent naturellement à ce que vous l'épousiez.

« Or, vous l'abandonnez...

« Voyez d'ici quel effet.

— Vous m'inquiétez ! fit M. Balouzet en interrogeant Schleman de l'œil.

— Ah ! fit celui-ci, votre affaire est mauvaise.

« Vous allez avoir une renommée déplorable et vous serez honni, vilipendé, exécré.

— Diable ! fit M. Balouzet.

Eveling reprit :

— Je ne voudrais pas être à votre place pour cent mille dollars.

« Ce sera dans tous les États-Unis un tapage infernal.

« A Londres, ça fera un scandale épouvantable qui retentira à Paris.

« Lady Bernett, parente du consul anglais, est une femme d'un rang très-élevé.

« L'Angleterre se passionnera pour cette honorable lady.

« On présentera les choses sous un jour défavorable pour vous.

« On vous fera passer pour un aventurier, pour un vil séducteur.

— Pour un saltimbanque ! fit Schleman d'un ton pénétré.

— Pour un rien du tout ! déclara un autre trappeur.

— Pour un va-nu-pieds !

— Pour un homme sans honneur !

— Pour...

— Assez gentlemen ! s'écria M. Balouzet pourpre de honte.

Mais Eveling ne lâchait pas sa proie et il ajouta :

— Si la parole est à vos seuls adversaires, aux partisans de lady Bernett, voyez quelle opinion l'on aura de vous.

— Sans compter, dit Schleman, que les parents de lady Bernett lui conseilleront de faire insérer dans les journaux de Paris une note contre vous.

« Vous serez déshonoré avant d'arriver en France.

« Tandis qu'un récit comme celui que je viens de vous lire, récit vrai, sincère, ayant le cachet de l'exactitude, rectifiera toutes les erreurs et les insinuations.

« On se moquera de lady Bernett et vous aurez les rieurs pour vous.

— Et... en signant... je puis être certain que vous ne publierez ceci qu'en cas d'attaque de la part de lady Bernett.

— Vous ferez cette réserve, vous-même, sur mon carnet.

« Du reste, le procès sera entamé avant un mois.

— Quel procès ?
— Celui qu'elle va vous intenter.
— Mais elle ne me pincera pas.
— On vous jugera par contumace.

L'idée d'une action intentée contre lui et jugée par contumace désarçonnait M. Balouzet.

Il murmura :

— S'il y a procès, vous avez raison.

« Je dois me défendre, sacrebleu !

« Cette vieille folle est capable de tout pour se venger.

— A votre place, Touche-Toujours, moi je signerais ! dit Schleman.

« J'engage ma parole d'honneur que l'on ne fera de ceci qu'un bon usage et du consentement de votre neveu.

« Du reste, stipulez cela par écrit.

— Passez-moi votre crayon, Eveling, dit M. Balouzet...

« Je me décide !

Et avec amertume :

— Sapristi ! comme cette affaire se complique ; en France, ce serait beaucoup plus simple ; vos lois sont stupides, je ne vous le cache pas.

« Me voilà forcé, bien malgré moi, à bafouer lady Bernett.

« Mais du moment où il peut y avoir plainte, chicane, procédure et clabauderies dans les feuilles publiques, il est urgent que je me défende et c'est vous que j'en charge.

Regardant le crayon :

— Tiens ! le drôle de crayon !

— C'est une invention nouvelle ! dit Eveling.

« En voyage, c'est excellent.

« Ça marque comme une mine de plomb ordinaire sur le papier.

« On mouille légèrement et ça devient alors noir comme de l'encre.

— Étonnant ! fit M. Balouzet.

« Comme inventeurs, vous avez la palme, vous autres Yankees !

Il écrivit :

« *Moi, Balouzet...* »

— Ajoutez : « *dit Touche-Toujours !* » fit Eveling ; vous avez le droit d'être fier de ce surnom sous lequel vous êtes avantageusement connu.

M. Balouzet continua donc :

« *...dit Touche-Toujours,*

« *Je certifie que le récit ci-dessus est conforme à la vérité.*

« *Le jour où des versions mensongères, un procès, des attaques de la partie adverse rendraient nécessaire la publication de ce document, d'après l'avis de mon neveu Choquart, j'autorise celui-ci à le livrer à la publicité.*

« *En foi de quoi je signe.*

« Ernest BALOUZET. »

— Très-bien ! fit Eveling avec un léger tremblement dans la voix, car, de ce moment, lui et ses amis avaient gagné une grosse prime.

« Vous venez de prendre une mesure salutaire pour vous.

« Buvons encore une bouteille de champagne à votre santé.

« Vous nous faites gagner gros, cher camarade !

« On nous payera cher cette rédaction dans les gazettes.

Schleman, lui-même, paraissait ému.

Il serra silencieusement la main de M. Balouzet.

Les autres trappeurs se regardaient en souriant.

— Cet excellent Touche-Toujours ! murmurait l'un béatement.

— Une perle ! faisait un autre.

— Il nous paie largement d'avance les soins et les peines qu'il nous donnera *pour le garder !*

Et ce fut un concert de bénédictions.

M. Balouzet fut touché de tant de reconnaissance ; il estimait qu'il avait affaire à de braves cœurs.

Mais les heures se passaient.

Après avoir vidé une bouteille et séché un punch, on se coucha.

Bientôt M. Balouzet ronfla.

Infortuné Balouzet !...

CHAPITRE XXXIII

Pincé !...

M. Balouzet dormit d'un sommeil pesant et pénible.

Louisa. (D'après une esquisse de Gavarni.)

Il s'était couché la tête lourde, à la suite des libations auxquelles l'avaient poussé ses nouveaux camarades; ceux-ci ne l'avaient point éveillé pour faire faction selon la coutume des troupes de chasseurs.

Déjà l'aurore dorait la Prairie de ses reflets;

M. Balouzet n'avait pas encore ouvert les yeux, mais il avait prononcé des mots incohérents.

Ce n'était pas là le repos du juste qui se laisse bercer par des rêves doux et honnêtes de fortune et de bonheur bien mérités.

M. Balouzet avait eu un cauchemar effrayant !

On ne s'enivre pas impunément ; on ne manque pas à ses serments écrits ; même quand il s'agit d'amour, sans que la conscience alarmée ne proteste dans le silence des nuits, quand l'implacable volonté du criminel ne la comprime plus.

Grâce à son caractère (on sait qu'il mettait sa gloire à avoir du caractère), M. Balouzet avait eu l'énergie d'étouffer ses remords pendant toute la journée qui avait suivi sa fuite ; mais le juge que nous portons en nous-mêmes avait repris ses droits.

M. Balouzet avait donc fait un rêve épouvantable, un rêve atroce.

L'idée que les journaux allaient inévitablement s'occuper de lui, que la presse le désignerait à la vindicte publique, cette crainte redoutable pour un bourgeois d'être mis au ban de l'opinion publique, lui avait troublé la cervelle.

Dans un songe où, comme dans les visions qu'eurent jadis les personnages bibliques, les objets, modernes cependant, prenaient des proportions fantastiques, M. Balouzet vit une sorte de ballon lumineux, un météore éblouissant qui sillonnait l'espace à des hauteurs vertigineuses.

L'enveloppe du ballon était faite de fils de verre filé, tissés comme ceux de la soie, étincelants, souples, légers et d'un éclat extraordinaire ; un tain de mercure à l'intérieur du tissu formait glace ; un vernis obtenu avec de la poussière de strass fondu, donnait extérieurement à cette espèce de gaze l'imperméabilité, l'éclat et le poli d'un prodigieux miroir.

En raison de la forme ronde de l'aérostat, ce globe réflecteur produisait, avec des grossissements inouïs, les effets grotesques de déformation qui causent d'ineffables joies aux bourgeois, quand ils regardent les autres dans les boules de verre dont sont ornés les jardins où des propriétaires sans goût s'acharnent à enlaidir la nature.

M. Balouzet, placé dans la nacelle, laquelle avait la forme d'un lit, se trouvait couché auprès de lady Bernett, son épouse.

Leurs images étaient grandies au millième par le gigantesque aérostat et représentaient deux monstres épouvantables ; les dents de lady Bernett ressemblaient à des lances ébréchées ; son nez eut offert à un marin l'aspect d'un promontoire.

Le ventre de M. Balouzet lui faisait l'effet d'une montagne ; sa figure reproduisait la caricature de la lune et il avait les jambes d'un poussah.

Il se trouvait hideux !

Il avait conscience qu'on le regardait d'en bas, qu'on le voyait distinctement, que, dans sa course vagabonde, le météore les montrait, lui et elle, à tous les habitants de la terre.

Il excitait les rires inextinguibles des peuples civilisés ; il causait des terreurs profondes aux tribus sauvages et il était adoré en Chine où l'on sonnait du gong à son apparition.

Lady Bernett, toujours tendre, toujours aimable, prodiguait sa tendresse à son époux, et c'était un supplice pour le malheureux Balouzet de recevoir ces preuves d'amour et de les rendre, ce à quoi une force invincible le poussait.

Lady Bernett semblait avoir été douée d'un pouvoir d'attraction comparable à celui de l'aimant sur le fer.

En vain M. Balouzet eût cherché à résister !...

Il était attiré dans les bras vainqueurs de son épouse chaque fois que celle-ci les tendait vers lui.

Il agissait alors comme une mécanique qui fonctionne inconsciemment ; il n'éprouvait aucune sensation physique ; mais, au moral, il était horripilé de dégoût.

En comparaison, une éternité de tortures inventées par les bourreaux les plus ingénieux eut paru douce à M. Balouzet.

Détail navrant !

L'enseigne de la maison de M. Balouzet,

de cette maison de commerce si honorable, qu'il avait si longtemps tenue, s'étalait en lettres fulgurantes sur le ballon; elle signait en quelque sorte la caricature du patron, la charge du digne commerçant parisien.

Sur une autre face du ballon miroir, on voyait une scène charivaresque où M. Balouzet se montrait cynique, et son surnom de chasseur se détachait flamboyant comme un stigmate :

TOUCHE-TOUJOURS !...

Et cette honte, le météore la promenait partout !

Dans sa nuit, M. Balouzet fit ainsi en rêve, trois fois, en tous sens, le tour du monde, avec sa compagne inséparable.

Saint Laurent sur son gril, Montezuma sur ses charbons, les damnés dans les flammes de l'enfer souffraient moins que M. Balouzet dans cette hallucination horripilante.

Heureusement cette torture devait avoir une fin ; M. Balouzet, après son troisième voyage aérien autour du globe, eut comme une vague impression que le jour se levait.

Il sentit alors le ballon s'abaisser vers la mer peu à peu; le tissu parut se dissoudre sous l'action de l'atmosphère saline.

Lui-même, Balouzet, éprouvait étrangement les effets dissolvants des brumes.

Son corps perdait son poids, se volatilisait, devenait une ombre légère; sa figure se rajeunissait même et il redevenait le joli garçon qu'il était à vingt-cinq ans.

M. Balouzet sentait qu'il ne pesait plus rien; qu'un souffle le soutiendrait en l'air.

Aussi, se vit-il sans terreur au-dessus des flots, au moment où le ballon s'évanouit en fumée.

M. Balouzet, comme un léger duvet, fut chassé par le vent, dans les airs.

Il se crut délivré de lady Bernett ; mais celle-ci, comme lui, traversait l'espace.

Elle avait l'apparence d'un fantôme, coiffé d'un bonnet de coton; elle gardait une mine renfrognée ; mais sa voix murmurait sans cesse :

— Love you (je vous aime!).

Lui et *elle* passèrent par-dessus la ville de San-Francisco endormie (1), et, poussés par une forte brise, ils arrivèrent vers le point même de la Prairie où M. Balouzet s'était endormi.

A mesure qu'il en approchait, il entendait un chœur qui, vaguement d'abord, très-nettement ensuite, chantait :

Dans la gendarmerie! etc.

Et ceux qui exécutaient cette symphonie militaire n'étaient autres que Schleman et ses acolytes dont il reconnaissait les voix.

De plus, M. Balouzet entendait distinctement le rire sonore de Choquart qui scandait son hilarité de réflexions ironiques.

Ce coquin de neveu lisait tout haut le contenu du carnet d'Eveling.

Tout à coup, à cette lecture, lady Bernett s'efforçait de toucher le sol, y parvenait, reprenait sa forme primitive, courait vers Choquart, et, prêtant l'oreille aux révélations tirées de ce carnet, elle poussait des gémissements plaintifs.

Choquart lui expliquait malicieusement les calembours de M. Balouzet, et notamment, celui où il la qualifiait de *lady bernée!*

Et il concluait en disant :

— C'est lui qui est *berné;* il pourra mettre sur son enseigne à Paris :

Balouzet berné et Cie.

« Il faut maintenant qu'il vous épouse ou il sera condamné à la prison.

« Je le connais.

« Jamais il ne voudra subir une condamnation infamante.

« Or, celle-ci est inévitable, à moins qu'il ne se marie avec vous.

« Il a signé, lui-même, le procès-verbal que le clerc Eveling a écrit et que le schériff Schleman a contre-signé avec ses acolytes.

Pendant qu'il entendait très-distinctement ce dialogue, auquel le chœur des gendarmes

(1) Voir dans la livraison 18 la gravure qui représente cette vision. Elle reproduit un dessin publié par un journal illustré de New-York, lorsque les aventures de notre héros firent tant de bruit aux États-Unis.

servait de base, M. Balouzet avait ouvert les yeux et il avait vu, mais vu, bien vu, Choquart et lady Bernett!...

Pas d'illusions possibles !

Le choc brutal de la réalité faisait évanouir le rêve.

M. Balouzet se sentit en face d'êtres positifs.

Son coquin de neveu était bien là en chair et en os.

Lady Bernett aussi était là, mais en os seulement.

Le soleil qui se levait mettait trop bien en relief la figure en lame de couteau de la vieille dame et ses tire-bouchons filasse, pour que M. Balouzet conservât l'ombre d'un doute.

Il ferma pourtant les paupières, les rouvrit, regarda de nouveau...

Le couple fâcheux n'avait point disparu; il était toujours là...

. . . .

M. Balouzet se leva.

Une fureur terrible l'animait.

Heureusement il avait la tête un peu alourdie; il tournoya pendant quelque secondes avec des éblouissements.

Mais comme il allait bondir pour étrangler Choquart, une main toucha son épaule et une voix dit :

— Balouzet, je vous arrête. . . . .

. . . .

Le malheureux se retourna.

Il vit Schleman, porteur des insignes de ses fonctions, flanqué d'Eveling, soutenu par ses assesseurs.

— Vous êtes accusé d'avoir suborné une dame en lui faisant des promesses écrites, continua Schleman avec solennité.

« Vous avez signé vous-même vos aveux aux mains de mon greffier.

« Vous avez à répondre de votre crime devant le jury.

— Par qui vous êtes condamné d'avance! ajouta Eveling.

M. Balouzet chercha une arme d'un regard désespéré.

S'il eût eu un revolver à sa portée, il eût fait un malheur, comme il le dit textuellement plus tard.

Mais il avait été désarmé.

Il murmura le mot fatal que finissent toujours par prononcer les grands criminels :

— Pincé ! dit-il.

Le schériff reprit cependant d'un ton plus doux :

— Vous pouvez éviter que je vous mette les fers aux mains.

— Comment les fers ! s'écria M. Balouzet en pâlissant.

— Votre affaire est assez grave pour que je prenne cette mesure, si vous ne me donnez pas votre parole d'honneur que vous ne ferez aucune tentative de fuite, de meurtre, de sévices, ou d'injures contre qui que ce soit.

« Malgré votre forfaiture, je vous tiens pour un galant homme que les mœurs dissolues de sa nation égarent dans le sentier du cynisme, quand il s'agit des femmes; mais qui est capable de tenir un serment fait à un magistrat.

« Jurez-vous ?

M. Balouzet hésitait.

Il eût essentiellement tenu à couvrir de reproches et de malédictions son infâme neveu ; il se souvenait aussi de cette scène du pistin dans laquelle il avait corrigé lady Bernett.

Il eût volontiers recommencé.

La peau de la main lui en démangeait; mais le schériff reprit :

— Je voudrais vous épargner la honte de passer à travers la foule, enchaîné comme un voleur et escorté comme un malfaiteur.

— Voleur ! protesta M. Balouzet.

— De votre propre aveu, dit Schleman avec autorité.

« La réputation d'une femme est un bien plus précieux que l'or.

« Il eût mieux valu pour vous, dérober la montre de lady Bernett que lui ravir son honneur.

« Ici l'on est impitoyable pour les séducteurs; nous aurons toutes les peines du monde à vous soustraire aux mauvais traitements de la multitude.

« Les femmes des faubourgs, à votre entrée en ville, voudront vous fouetter.

M. Balouzet frémit; il avait vu une de ces scènes très-populaires et féminines dans son court séjour à San-Francisco.

Il se résigna à jurer.

— Eveling, écrivez la formule du serment! dit le schériff.

Le clerc écrivit.

M. Balouzet signa.

— Maintenant lui dit le schériff, un bon conseil!

« Pendant, que l'on va préparer le déjeuner, je vous engage à causer avec votre neveu et votre fiancée; et je vous donne un bon avis :

« Transigez!

« Surtout pas d'injures.

« Discutez franchement votre affaire!

Sur ce, le schériff et les siens vaquèrent aux apprêts du repas.

CHAPITRE XXXIV

Transaction.

Choquart aurait dû baisser la tête; en somme, il avait leuré son oncle et organisé avec le schériff un guet-apens judiciaire; c'était odieux!

Lady Bernett était dans son rôle, le schériff aussi.

Mais Choquart!

Quelle excuse pouvait-il présenter?

Le misérable cependant avait l'air gouailleur; il riait avec cynisme.

On eût dit qu'il avait tout simplement joué une bonne farce inoffensive, dont la victime devait rire aussi.

M. Balouzet, pour se donner une contenance, s'arrangea une tête de circonstance, essayant de mettre sur ses traits l'auguste résignation des martyrs.

Il s'avança d'un pas noble et lent, l'air navré, le front triste et pénible.

Il salua lady Bernett qui lui rendit cette politesse d'un air pincé.

Se tournant alors vers Choquart, il lui dit d'une voix caverneuse :

— Quant à vous, monsieur, je ne puis vous injurier comme vous le méritez.

« Mon serment me le défend.

« Je me dispense de vous saluer... vous savez ce que cela veut dire!

— Oui, dit Choquart en riant au nez de M. Balouzet, je le sais.

« Ça veut dire que vous êtes vexé...

Et de rire aux éclats.

— N'avez-vous pas honte, monsieur!

— Et vous donc, beau séducteur!

— C'est une affaire entre lady Bernett et moi, monsieur!

« Cela ne vous regarde pas!

— Mais vous croyez donc que l'on a des oncles pour leur laisser faire des bêtises?

« Est-ce que vous ne vous êtes pas souvent mêlé de mes affaires!

« Est-ce que vous ne m'avez pas empêché d'épouser une petite étudiante, assez rouée, dont je m'étais entiché.

— Vous étiez d'âge alors, à ce que je vous donnasse des conseils.

— Mon oncle, on fait des bêtises à tous les âges; vous en êtes la preuve.

« D'abord vous avez commis cette bourde de signer à lady Bernett un engagement écrit de vous marier avec elle.

— Nous croyions la mort inévitable!

— Raison de plus pour ne pas vous engager; c'était inutile.

M. Balouzet ne pouvait nier qu'il avait eu une faiblesse dans cette malencontreuse grotte; il ne protesta pas.

Choquart reprit :

— Deuxième faute!

« Vous voulez épouser une cocotte.

— Schocking! cria lady Bernett.

M. Balouzet protesta.

— Monsieur, dit-il, Louisa a droit à tous vos respects!

Choquart haussa les épaules et dit :

— Si vous n'aviez pas des cheveux gris, mon oncle, je vous dirais :

« *As-tu fini!*

« Je me doutais bien qu'un jour ou l'autre vous voudriez l'épouser, cette Louisa!

« Vous vous figurez, n'est-ce pas, après ce que vous avez fait pour elle, qu'elle vous attend gentiment et sagement.

« Eh bien, avant de quitter San-Francisco, j'ai télégraphié à notre ami Lantric la demande suivante :

Prendre des informations sur Louisa et m'écrire en adressant la lettre à mon neveu Choquart.

Signé : Balouzet.

« Or, Lantric a répondu.

« J'ai fait prendre sa lettre chez moi, par le courrier que j'ai envoyé à San-Francisco et qui est revenu hier.

« Lisez, malheureux.

« Que la dernière illusion tombe !

« Louisa est...

« Mais non, lisez vous-même.

Et il tendit une lettre à M. Balouzet qui la lut avec accablement.

Lantric donnait sur la conduite de Louisa les plus déplorables détails.

Depuis que M. Balouzet avait fait un sort à cette fille, elle avait levé le masque, profitant de son absence.

Elle s'était établie modiste sur le boulevard avec les fonds qu'elle avait reçus de la générosité de M. Balouzet ; et, bien en vue dans son magasin, elle y faisait plus de conquêtes que de chapeaux.

La lettre comprenait des passages terribles pour l'amour-propre de M. Balouzet que Lantric ne ménageait pas.

« Malgré mes conseils, disait-il, tu as voulu assurer l'avenir de cette petite drôlesse qui s'est toujours moquée de toi.

« Tu vois l'usage qu'elle fait de son argent et de celui qu'elle gagne ; elle a pour amant de cœur le petit Léon, ce garçon perruquier qui la coiffait de ton temps et te coiffait par la même occasion.

« Il lui mange tout et ils se moquent de toi.

« Dernièrement, au théâtre des Variétés, je les ai rencontrés et je n'ai pas pu me dispenser de les saluer.

« Nous avons causé de toi naturellement et Louisa t'a traité de *vieux canard ;* le petit Léon ne te désigne pas autrement qu'en t'appelant *le vieux serin.*

« Ils lisent en petit comité les lettres que tu envoies de là-bas à Louisa et ils te tournent en ridicule.

« Ils comptent te faire *casquer* avant peu de la bonne façon.

« Louisa prétend qu'avec ta manie de chasses, tu ne reviendras plus et que tu passeras ta vie dans la Prairie à tuer des daims et... à *l'être !*

« Elle espère te monter le coup par lettres et te soutirer des billets de mille à la douzaine.

« Voilà ce que c'est que de ne pas écouter tes amis.

« Nous te disions tous qu'à ton âge les femmes ne pouvaient t'aimer que pour le sac ; mais ta vanité t'aveuglait, etc., etc. »

Et la lettre se terminait par un post-scriptum qui piqua au vif M. Balouzet dans son amour-propre.

« J'ai lu, écrivait Lantric, le fameux récit de tes aventures à tous les camarades qui se sont moqué de moi.

« Ils prétendent que c'est un *puff,* que tous les journalistes américains sont des *puffistes,* que c'est enfin un tas de blagues.

« Tu aurais dû te souvenir avant de nous envoyer ça, qu'il y a des Yankees à Paris et qu'ils savent le tarif de ces réclames-là ; celle que tu t'es fait faire dans les journaux de San-Francisco ont dû te coûter bon.

« Tu as eu tort de te donner le surnom de Touche-Toujours.

« C'est ridicule.

« Quand tu reviendras ici, on t'assommera en te cornant aux oreilles ce sobriquet par dérision.

« Tout ce que je t'en dis, c'est en bon camarade et pour t'avertir.

« Tu arriverais à Paris sans être prévenu et tu croirais qu'on va te faire une ovation ; tandis qu'on se prépare à te monter des scies.

« C'est ta faute aussi, il ne fallait pas nous prendre pour des imbéciles et l'imaginer que nous te croirions capable de tuer des jaguars à la douzaine. »

On le voit, le post-scriptum était aussi long que désagréable.

M. Balouzet déchira la lettre en morceaux et s'écria avec dépit :

— Voilà les amis !
— Et voilà la femme dont vous vouliez faire madame Balouzet, ma tante ! dit Choquart triomphant.

« Avouez, mon oncle, que je vous ai empêché de faire une bêtise corsée et que vous me devez quelque reconnaissance.

— Monsieur, dit M. Balouzet, je vous déshérite et je ne vous adresserai plus la parole de ma vie.

« Si je n'avais pas juré de vous épargner les injures, je vous traiterais de polisson ; malheureusement mon serment me le défend et je contiens ma colère.

Puis se tournant vers lady Bernett, il lui dit sèchement :

— Je transige, madame, mais contraint et forcé par les circonstances.

— Je fais votre bonheur malgré vous, mon ami, dit doucereusement lady Bernett. Vous serez le plus heureux des hommes.

— Non, madame, non.

« Le cœur n'y est pas...

— J'en aurai pour deux, mon ami.

La réponse (et M. Balouzet n'en comprenait que trop le sens), la réponse était grosse de menaces.

— Madame, protesta-t-il, pas d'illusions ! N'espérez pas que... ne vous figurez pas... enfin, croyez que je serai votre mari... sans l'être !

Et après avoir foudroyé les deux coupables du regard, M. Balouzet alla retrouver Schleman qui lui demanda :

— Eh bien ! cette transaction est-elle faite ? Épousez-vous ?

— Oui, j'épouse ! dit M. Balouzet.

— C'est un engagement absolu, irrévocable que vous prenez devant un magistrat !

— Drôle de magistrat !

« Enfin... en Amérique !

— Balouzet, fit sévèrement Eveling, vous parleriez avec plus de respect du schériff Schleman, si vous saviez quels services immenses il a rendus à la ville de San-Francisco.

« C'est lui qui l'a purgée des bandits dont elle était remplie.

— Bon ! possible ! fit M. Balouzet. Je ne dis pas non ! Le schériff est un honnête homme ; mais son procédé envers moi est indélicat.

— Nous sommes restés dans la légalité ! dit Schleman prenant la parole.

« Je n'ai agi qu'après avoir eu la preuve absolue de votre trahison envers lady Bernett et je vous ai fait beaucoup d'honneur en vous traitant avec ménagements.

« Nous avons loyalement gagné notre prime et vous nous la payerez vous-même le lendemain de votre mariage, sur la grosse dot que vous apporte votre femme.

« On dit vos affaires un peu dérangées par la commandite que vous avez accordée à votre neveu pour les frais de l'expédition qui a si malheureusement échoué.

« Vous voilà remis sur pied par un riche mariage.

— Schériff, je ne vous demande pas de consolations, dit M. Balouzet d'un ton rogue.

« Je stipule seulement, c'est mon droit, que me mariant à la française, j'userai des pouvoirs que la loi me confère.

« Je veux partir pour Paris le lendemain de mon mariage.

— Je vous y suivrai ! dit lady Bernett, croyant que M. Balouzet voulait l'abandonner à San-Francisco pendant qu'il fuirait vers Paris.

Mais, à la grande surprise de tout le monde, M. Balouzet répondit :

— Oui, madame, oui ! Vous me suivrez en France, je l'entends, je l'exige.

« Notre mariage aura lieu la veille du départ du paquebot qui traverse le Pacifique et nous ferons ce voyage par les Indes.

« Nous nous embarquerons le lendemain même de nos noces.

— Mon ami, je ferai tout à votre idée pourvu que je vous suive.

— C'est donc entendu, madame.

— Oui, mon cher Ernest !

— Ernest ! Ernest ! Pas encore !... murmura M. Balouzet entre ses dents.

Puis à Eveling :

— Vous qui notez tout, notez donc la dernière convention que nous venons de prendre d'un commun accord.

— C'est fait ! dit Eveling.

— Maintenant je demande, afin d'éviter

le scandale, à retourner seul vers nos amis ; je tiens à bénéficier de la transaction que j'ai consentie et je ne veux pas avoir l'air d'être ramené comme un malfaiteur.

— Soit! dit Schleman.

« Je vous retrouverais toujours, du reste, si vous ne teniez pas vos promesses.

— Je les tiendrai.

— Je n'en doute pas.

« Les Français, je le répète, sont gens d'honneur... excepté avec les femmes.

— Au revoir donc ! dit M. Balouzet.

— Au revoir, mon ami! fit lady Bernett en tendant son front.

Mais M. Balouzet se contenta de saluer sa future femme.

Puis il monta à cheval.

— Vous avez tort de partir sans déjeuner ! dit Schleman.

Mais M. Balouzet avait hâte de s'éloigner ; il piqua des deux.

Schleman n'était pas sans inquiétude ; il questionna Choquart.

— Croyez-vous à la parole de votre oncle? demanda-t-il.

« Epousera-t-il?

— Soyez-en certain ! dit Choquart.

— Tout est bien, alors, dit joyeusement Schleman. La prime est gagnée pour nous ; vous, milady, vous avez un mari !

« A table.

— Moi, pensa Choquart, je perds mon oncle Balouzet, mais je gagne le trappeur Touche-Toujours.

Et il déjeuna gaiement.

CHAPITRE XXXV

Dernières dispositions avant le sacrifice!

Ce que M. Balouzet eût redouté, c'eût été de rentrer au camp et d'y être accueilli par les sourires goguenards des gens de l'escorte.

D'autre part, M. Balouzet avait voué à miss Jane une profonde et sincère affection.

A coup sûr il avait chagriné cette charmante jeune fille.

On ne voit pas ses proches parents tels qu'ils sont.

Miss Jane trouvait très-faisable ce mariage de M. Balouzet et de sa tante; celui-ci, plusieurs fois, avait entendu miss Evans s'applaudir de cette union où tout était assorti, disait-elle : les âges, les goûts, la fortune.

Jamais M. Balouzet n'avait osé protester.

Mais Jane exerçait sur lui la fascination de son caractère dominateur et le prestige de sa beauté irrésistible.

Reparaître devant elle, subir ses reproches, M. Balouzet ne voulait point s'y exposer !

Puis il y avait Long-Couteau ou plutôt le comte de Sommerive, qui était inflexible sur les questions d'honneur et sur les engagements pris, quels qu'ils fussent.

M. Balouzet s'était plaint un certain soir à Pierre des persécutions de lady Bernett et il avait reçu cette réponse sèche.

— Monsieur, j'ai fait, vous l'avez vu, dans la grotte, tout mon possible pour vous aider à éluder les pressantes sollicitations de lady Bernett qui me scandalisaient.

« Vous avez perdu la tête au dernier moment et vous vous êtes laissé arracher cette signature.

« Que voulez-vous que j'y fasse?

— Mais, avait protesté M. Balouzet, ce qui surtout me gênait et me paralysait, c'était la crainte de déplaire à miss Jane et de la chagriner ; sans cela, j'eusse envoyé promener sa tante au diable.

— Eh! monsieur, avait fait Pierre, moi qui aimais miss Jane, je ne lui ai jamais fait de concession et je lui ai même dit de dures vérités ; vous qui ne l'aimiez point, comme moi du moins, vous avez eu cette niaiserie de tergiverser pour ne pas contrarier une petite fille.

« Subissez donc les conséquences de votre insigne faiblesse.

Et Pierre avait planté là M. Balouzet tout interloqué.

On conçoit, qu'après sa fugue, celui-ci n'était point pressé de revoir le comte.

Puis il y avait Oreilles-d'Argent qui n'eût pas manqué de rire au nez de son ami Touche-Toujours.

Puis Robinson aurait fait les plus désagréables commentaires et le nègre Vendredi lui-même se fût moqué en faisant ses grimaces de singe, quitte à recevoir une bourrade de son maître.

Le chancelier tenait déjà sa canne. (Page 170.)

Puis...

Mais c'est assez de développements.

M. Balouzet avait mille raisons enfin pour ne pas éprouver l'invincible besoin de ne revoir personne avant son mariage; il p1 ses mesures en conséquence.

Il fit une longue traite, gagna un établiss ment, y échangea son cheval pour un mu tang reposé, dormit deux heures, repartit, atteignit un autre établissement, dormit quatre heures, fit encore un échange de cheval et parvint enfin à une station de chemin de fer.

Là, il prit un train et il arriva à San-Francisco.

Il se rendit au meilleur hôtel.

Il s'y fit raser, baigner, habiller, et sans plus tarder, il se rendit au consulat de France où il expliqua son affaire au chancelier.

Celui-ci, prêt à sortir, tenait déjà sa canne en main ; il se rassit pour écouter M. Balouzet qui le mit au courant, puis lui donna toutes les signatures nécessaires, annonçant qu'il ne reparaîtrait que pour le jour de la cérémonie.

Ensuite il s'en alla sûr d'avoir été bien compris, et il se rendit chez le consul Evans.

Celui-ci le reçut avec courtoisie.

Il savait ce que valait M. Balouzet ; il le tenait pour un galant homme et pour un parfait gentleman.

Il avait eu auparavant plusieurs entrevues avec lui ; loin de faire opposition au mariage, le consul en était enchanté : car lady Bernett n'était pas d'un facile placement et son caractère rendait pénible la vie de famille avec elle.

Le consul était enchanté de s'en débarrasser.

Quand il vit entrer M. Balouzet, il se douta de ce que celui-ci avait à lui dire au sujet du mariage, mais il était avide de savoir comment sa fille se portait ; toutefois il ne voulait pas questionner M. Balouzet.

Celui-ci donna au consul des nouvelles de l'expédition et de celles de lady Bernett, ajoutant que *toutes les personnes auxquelles celle-ci s'intéressait se portaient à merveille.*

Ce qui était une façon délicate de rassurer le consul au sujet de sa fille sans la nommer.

Après ce qui s'était passé entre sir Evans et miss Jane, étant données les mœurs des hautes classes anglaises et le caractère du consul, c'eût été le froisser que l'entretenir directement de sa fille.

Nous l'avons dit, pour lui, désormais, elle était comme si elle n'était point.

Ces préliminaires réglés, M. Balouzet aborda la grande question du mariage.

Il n'avait, bien entendu, point de consentement à demander, mais un assentiment que le consul donna avec empressement.

M. Balouzet expliqua ensuite comment il désirait que la cérémonie se fît et il dit à sir Evans :

— Je me permets de vous laisser ci-joint une copie du contrat, tel que je souhaite le voir rédigé ; j'ai, pour ce, consentement de lady Bernett elle-même.

« Du reste, je stipule séparation absolue de nos biens.

Comme lady Bernett était fort riche et que cette clause était tout en sa faveur, le consul anglais s'inclina.

M. Balouzet reprit :

— Pour ce qui est des autres formalités, je vous prierai de vous entendre avec votre collègue, le consul de France.

« Il a toutes mes pièces.

« Lady Bernett s'était occupée de les faire venir de Paris.

« J'ai donné toutes les signatures et j'acquiesce à tout.

« Le jour fixé est la veille même du départ du paquebot pour la Chine, l'Inde et l'Égypte, voie que je choisis pour retourner en France.

— Vous emmenez donc lady Bernett à Paris ? demanda le consul.

— Oui ! dit M. Balouzet.

« Elle est, du reste, enchantée du voyage pour plusieurs raisons.

« Elle servira de mère à une jeune personne qui partira le même jour avec son fiancé qu'elle va épouser en France.

— Très-bien ! dit le consul en maîtrisant son émotion.

M. Balouzet continua :

— Ce que j'ai à vous dire maintenant est assez délicat.

« Je suis, pour des raisons personnelles et très-graves, dans la nécessité de m'absenter jusqu'au matin même de la cérémonie.

« Un de mes amis, homme des plus honorables, M. Varly que vous connaissez, sera mon témoin principal et mon représentant; il viendra chercher en mon nom lady Bernett et la conduira au consulat.

« Je ne me ferai pas attendre une minute, soyez-en sûr.

« Tout doit se passer au consulat même, excepté la cérémonie religieuse.

« Étant libre penseur, je ne tiens pas au mariage devant un prêtre catholique et j'accepte que la bénédiction soit donnée par un pasteur protestant.

« Sur ce, je pars en vous laissant cette lettre que je vous prie de remettre à lady Bernett, et je serai de retour à l'heure, à la minute, à la seconde convenue.

— Monsieur, c'est parfait! dit le consul. Je vous offre une cordiale poignée de main et je suis ravi de vous voir entrer dans ma famille.

C'était un compliment des plus flatteurs pour M. Balouzet.

Mais, hélas! il payait cher l'honneur que lui faisait le consul.

Toutefois, il serra la main de sir Evans, et il sortit enchanté de sa négociation.

Deux heures après, M. Balouzet, qui avait fait deux ou trois autres visites importantes, prenait le chemin de la campagne.

Il partait déguisé.

Personne ne l'eût reconnu sous l'étrange costume qu'il avait adopté; il était déguisé en jardinier dalmate.

Les Dalmates ont un centre d'émigration à San-Francisco.

Ils ont conservé leur costume particulier et ils sont maraîchers.

M. Balouzet avait un projet que nous lui verrons mettre à exécution.

CHAPITRE XXXVI

Viendra-t-il?...

Lady Bernett n'arriva à San-Francisco que trois jours après M. Balouzet.

Celui-ci n'ayant pas reparu au camp, elle était loin d'être rassurée; cependant un courrier lui avait été expédié par M. Balouzet qui lui annonçait sa formelle résolution de ne la voir que le matin même du mariage au consulat de France.

Il la priait de regarder M. Varly comme son fondé de pouvoirs.

M. Varly, on le sait, était chargé de représenter le marié; il était célibataire; par conséquent il était apte à jouer le double rôle de garçon d'honneur et de témoin.

Lady Bernett s'empressa d'abord d'aller voir son frère le consul Evans.

Celui-ci lui remit la lettre laissée par M. Balouzet.

Il y ajouta des explications de vive voix et s'étonna de voir lady Bernett perplexe et très-inquiète.

— Soyez sûre, lui dit-il, que ce gentleman arrivera, comme il le promet, à la minute précise.

« Je me connais en hommes et je réponds de celui-là.

Le consul n'était pas au fait des choses et il ignorait certains détails de la plus haute importance.

— Si vous saviez! murmura lady Bernett

— Qu'avez-vous? demanda le consul étonné de l'accent navré avec lequel sa sœur prononçait cette exclamation.

— J'ai... j'ai que mon fiancé est un monstre.

— Qu'a-t-il fait?

— Il voulait m'abandonner?

— Oh! fit le consul étonné, et déjà indigné de cet affront.

— Il m'a même battue!

— Oh! Oh!

— Il a tout fait pour éluder son engagement écrit!

— C'est une infamie! s'écria le consul. Je ne me serais attendu à rien de pareil de cet homme qui m'avait l'air honorable.

« Il faut casser ce mariage.

« L'honneur le commande.

A cette déclaration, lady Bernett bondit sur son fauteuil.

— Casser mon mariage! fit-elle avec épouvante.

« Y pensez-vous?

« J'ai eu trop de mal à obtenir un engagement de mon fiancé pour ne pas en exiger l'accomplissement.

« C'est en face de la mort, grâce à mon sang-froid, à ma ténacité, que je suis parvenue à faire signer ce Français volage qui a horreur des liens réguliers.

— Mais s'il vous hait ! dit le consul.

Lady Bernett prit une pose tragique, l'émailla d'une larme et répondit par ce cri du cœur :

— Et si je l'aime, moi !

« Croyez-vous que l'on trouve des hommes comme celui-là à la douzaine.

« Sain comme l'œil, brave, adroit, bien élevé, spirituel et très-fort à tous les exercices, un gentleman accompli.

« Il se grise rarement, et, dans ces cas-là, il est très-gai.

« Non, jamais, je ne renoncerai à être sa femme.

Le consul, qui jugeait sainement les choses, comprit que si M. Balouzet avait frappé lady Bernett, il devait y avoir été poussé.

Il jugea qu'il épousait malgré lui et il essaya d'éclairer lady Bernett.

Il lui dit :

— Mais vous ne songez donc pas que le mariage n'est, en somme, qu'une vaine cérémonie si le prétendu est contraint et forcé.

« Vous serez bien avancée d'avoir le droit de vous appeler lady Balouzet, si votre mari vous abandonne le soir même des noces pour ne vous revoir jamais...

— Voilà ce qui m'épouvante ! s'écria lady Bernett en sanglotant.

« Être mariée et rester... vierge !

« C'est affreux !

— Croyez-moi, dit le consul, il vaut mieux avoir un peu de fierté, congédier ce pauvre homme qui n'est pas aussi coupable que je le croyais d'après vos premières explications, et en épouser un autre.

« Je vous trouverai ici quelqu'un de passable parmi les négociants.

« Il en est qui, gênés dans leurs affaires, seraient remplis d'égards pour vous, si je les commanditais.

« Vous auriez le choix !

— Je vous remercie, mon frère, dit lady Bernett avec une reconnaissance mitigée de réserves.

« Vous m'avez mariée déjà, et je vous ai dû quelques années de bonheur mélangées par bien des désagréments, mon époux étant ivrogne et brutal.

— Mais il me semble, fit le consul, que M. Balouzet vous a battue, ce qui n'annonce pas des mœurs extraordinairement douces et pacifiques.

— Je dois vous dire, en sa faveur, qu'il me prenait pour un ours.

— Pour un ours, fit le consul ahuri de cette révélation.

— Eh oui ! J'avais une fourrure de grizly sur le dos.

— Alors, dit le consul, rien de plus naturel que la conduite de M. Balouzet ; il vous eût tuée que son erreur eût été pour lui une excuse.

« Pourquoi donc tout à l'heure lui reprochiez-vous cette correction qui ne s'adressait pas à vous ?

« Vous êtes illogique comme toutes les femmes.

— Moins que vous ne croyez ! fit piteusement lady Bernett.

« Si j'étais bien certaine qu'il me prenait pour un ours, je ne lui en voudrais pas du tout ; mais je ne suis pas sûre de sa bonne foi.

— Ni moi de la vôtre ! dit le consul avec mauvaise humeur.

« Il reste évident pour moi que vous tenez absolument à vous marier et que ce gentleman vous convient tel qu'il est, malgré les risques que vous courez en lui forçant la main.

« Épousez, ma chère, épousez-donc !

« Mais sachez-le bien : jamais je ne m'interposerai entre vous et votre mari !

« En tous cas, je vous donnerai tous les torts ; je suis forcé de convenir que ce gentleman a été tourmenté par vous au delà des bornes de la *flirtation* permise aux veuves pour trouver des maris.

« Je ne vous entendrai jamais quand vous viendrez vous plaindre, et je veux, en ce mariage, ne paraître que pour les convenances, le désapprouvant en somme.

« Ne venez donc jamais me tourmenter de vos doléances.

« Vous m'avez assez fatigué avec les querelles de votre premier ménage, et j'avais de l'influence sur votre premier mari ; il m'écoutait... quelquefois...

« Quant à M. Balouzet, c'est un gentleman indépendant ; s'il vous prend souvent pour une ourse dans son ménage, et vous bat comme sur le pistin, tant pis, tant pis, tant pis !... je dirais presque tant mieux ! »

Sur cette sortie vigoureuse, peignant parfaitement les ennuis d'un frère ennuyé par sa sœur, le digne consul sortit en grognant à l'anglaise.

Lady Bernett n'avait pas manqué de lâcher le pleur de réserve toujours prêt dans un coin de sa paupière.

Ce fut sa seule et muette protestation contre les brusqueries de sir Evans.

Mais se donnant les airs de colombe effarouchée que prennent les femmes, même les plus vieilles, quand un homme a bousculé leur fausse sentimentalité et mis à découvert leur hypocrisie native, lady Bernett, disons-le, sécha son pleur, rajusta sa coiffure dans une glace, prit son air colombin-martyr et gagna sa voiture.

Elle allait chez M. Varly, représentant de M. Balouzet.

Varly (Jean-Baptiste) était un des Français qui avaient le mieux réussi à San-Francisco, lors de l'émigration de 1849.

Ce Varly (Jean-Baptiste), forgeron de profession, Franc-Comtois d'origine, avait comme tant d'autres, été saisi de la fièvre de l'or, lorsque l'on avait annoncé la découverte des mines californiennes.

Et comme tant d'autres, il avait éprouvé des déceptions avec les placers.

Il comprit sur-le-champ, que les mineurs isolés, à moins de chances extraordinaires, ne faisaient que très-difficilement fortune ; mais il imagina qu'en lavant les sables aurifères avec une certaine machine de son invention, on obtiendrait un rendement considérable.

Il revint à San-Francisco, monta ses laveuses et obtint un succès énorme.

Plus tard, il établit des usines pour fabriquer la serrurerie, puis des grands ateliers dans le genre de ceux des maisons Cail et Gargan ; il gagna des millions.

Mais il resta toujours Varly (Jean-Baptiste), bon diable, gai luron, Franc-Comtois, rond et malin, rieur, mais très-fin en affaires, paysan sous un certain vernis de bourgeoisie qui tombait vite dans l'intimité, garçon du reste, fort galant, empressé près des dames, mais n'ayant jamais fait la bêtise de M. Balouzet : car loin de prendre comme lui des engagements envers le beau sexe, c'est lui qui en faisait signer aux jolies femmes.

Nous en avons vu un qui prouve combien Varly (Jean-Baptiste) redoutait le mariage forcé et se défiait des lois américaines.

En voici la teneur :

« Moi, Claire Krampton, âgée de vingt-trois ans, majeure, en pleine puissance d'agir à ma guise, libre de tout engagement, j'accepte, après y avoir mûrement réfléchi, mille dollars par mois de Varly (Jean-Baptiste) pour l'aimer et me conduire envers lui comme une maîtresse loyale, tant qu'il continuera à me servir ma rente mensuelle et que je voudrai tenir mes promesses.

« Il est stipulé que s'il survenait un enfant il serait doté par Varly (Jean-Baptiste) d'une somme de dix mille dollars.

« Ce, sans que jamais je puisse réclamer le mariage, renonçant à toutes poursuites, procès, etc., etc.

« *Signé :* Claire Krampton. »

Et Varly (Jean-Baptiste) se la coulait douce pour employer l'expression boulevardière qui peint si bien la façon dont un homme heureux glisse sur la planche savonnée d'une existence facile.

Généreux du reste, prêt à rendre service dans la mesure où l'on n'est pas dupe toutefois, ce digne industriel était la providence des Français à San-Francisco.

Il avait connu M. Balouzet commercialement, comme son commissionnaire et comme son représentant à Paris.

Varly avait envoyé ses produits à l'Exposition et M. Balouzet avait organisé au mieux cette affaire ; tant et si bien que Varly avait obtenu des succès, la croix d'honneur et des commandes.

On juge si M. Balouzet avait eu bon accueil de Jean-Baptiste.

Aussi quand M. Balouzet lui avait demandé d'être son représentant jusqu'au dernier moment avant la cérémonie du mariage, Varly avait-il accepté avec joie.

Primo, par reconnaissance.

Secundo, par amour du mouvement, des fêtes, des cérémonies joyeuses.

Tertio, pour se mettre en évidence, ce qu'adorent les paysans arrivés, et pour se gonfler d'importance à côté de sir Evans.

Enfin, parce que dans le remue-ménage d'une noce, on trouve quelquefois une bonne occasion pour pincer le mollet d'une dame et la taille d'une jeune fille.

Car Varly (Jean-Baptiste) en *pinçait*, comme disent nos paysans ; c'était son fort ou son faible, comme on voudra.

Gros, court, la face enluminée, joviale, fendue d'un large rire, Varly était la joie de la Bourse de San-Francisco qu'il éclairait et animait des éclats de sa gaieté.

La ville l'aimait.

Ah ! s'il eût voulu se marier !

Si riche ! Si dodu ! Si gaudriolant ! Si affriandant pour les Américaines, lasses du spleen des hommes de leur race, et fascinées par la verve rieuse des Gaulois !

Mais il ne se mariait point.

Pas si bête !

Il les connaissait, les Américaines, avec leurs sensibleries, leurs minauderies, leurs tyrannies intimes, leurs poses et leurs exigences.

Des femmes que nous a esquissées d'un seul trait, un acteur de nos camarades qui nous en disait :

— Elles sont rasantes, collantes, tannantes et poseuses.

Aussi conseillons-nous à nos amis de ne jamais aimer des Américaines, des Yankees s'entend.

Des Anglaises, oui !

Il faut faire un choix sans doute, mais enfin il y a des Anglaises possibles, capables d'aimer un homme, de ne pas l'embêter (pardon du mot), de causer sincèrement, franchement, gentiment avec lui ; mais les Américaines !

Jamais une minute, une seconde d'abandon, de vérité.

Toujours la recherche de l'effet ! Toujours le mensonge !

L'Américaine croit du reste que tout lui est dû, rapporte tout à elle ; elle a le droit d'insolence, d'égoïsme, de... tous les droits enfin.

Si, parmi mes lecteurs, un malheureux jeune homme avait l'ombre d'une arrière-pensée de mariage avec une Américaine (des États-Unis du Nord), je lui prédis l'enfer en ménage.

Jamais un Français ne se pliera aux exigences de ses femmes-là.

L'éducation qu'elles reçoivent les rendent impossibles.

J'oubliais le trait le plus fâcheux de leur caractère.

Toutes bas-bleus !

Toutes pédantes !

Toutes fanatiques de leur secte religieuse et disputeuses théologiques !

Toutes ayant le plus mauvais goût dans les arts et la prétention de s'y connaître !

Lecteurs, si après cela, le cœur vous en dit, allez-y !

Mariez-vous !

Mais, vous savez, pas de reproches !

Je vous préviens.

On s'est bien illusionné sur les États-Unis, et il a fallu l'exposition de Philadelphie pour que l'on sache combien nous nous trompions sur ce monde-là.

Mais ce qu'il y a de plus insupportable là-bas, c'est l'arrogance des femmes ; rien de curieux comme une heure de conversation avec elles.

Elles sont littéralement hargneuses !

Vous croyez devoir causer sincèrement et vous restez naturel.

Pauvre homme !

Elles sont là trois ou quatre espèces de maîtresses d'école hautaines, armées du désir venimeux de vous prouver que vous êtes un sot et qu'elles sont des puits de science, que vous êtes un imbécile et qu'elles ont infiniment d'esprit, que vous êtes un lourdaud et qu'elles ont de la grâce.

On vous écrase, on vous assomme, on vous aplatit ; et vous entendez ces dames célébrer leur triomphe par un petit rire sec, irritant, sonnant faux comme le bruit répété de pistolets qu'on arme.

Oh ! les Parisiennes qui savent rire, les Françaises qui savent causer, les Espagnoles qui savent regarder, les Italiennes qui savent aimer, les Allemandes qui savent chanter, les Hollandaises qui savent récurer, les Anglaises qui savent faire le plum-pudding, voilà des femmes ! voilà des êtres charmants qu'on adore !

Mais les Américaines, fuyez-les comme la peste !

Et, remarquez-le !

Dans mes notes je trouve ce détail :

Varly eut de nombreuses liaisons à San-Francisco !

Ses moyens et ses procédés le lui permettaient.

Jean-Baptiste aima des femmes brunes, mulâtresses de Cuba ; des femmes jaunes, Chinoises au petit pied ; des négresses à la peau d'ébène la plus foncée ; il eut des Irlandaises blanches et roses, des Catalanes, des Canadiennes, des Péruviennes, des Chiliennes, des Brésiliennes ; il en eut de toutes qualités, de toutes couleurs, de toutes provenances, de toutes grandeurs, de toutes grosseurs ; mais jamais, oh ! grand jamais, par tous les dieux, par tous les diables, il ne voulut répondre aux agaceries des Américaines !

Car ceci est à noter.

Elles sont très-coquettes, très-vaniteuses ; elles veulent soumettre au joug le plus grand nombre d'admirateurs possible.

Mais Varly résista.

— Prendre pour maîtresse une Américaine, ce serait mettre un éteignoir sur une bougie : je ne flamberais plus ! disait-il.

Tel était l'homme chez lequel se rendait lady Bernett.

Jean-Baptiste la reçut avec les plus grands égards ; il lui jura que M. Balouzet n'était parti qu'en raison d'affaires d'une gravité exceptionnelle ; il se porta garant que le digne M. Balouzet reviendrait avec une exactitude commerciale et ponctuelle.

Et, sur ce, comme preuve des excellentes intentions de M. Balouzet, il demanda permission de montrer la corbeille de noces que lui, Varly, avait été chargé d'acheter.

Elle venait d'arriver.

Elle était fort belle et du meilleur goût, ce qui fit pousser des cris de joie joyeux à lady Bernett pleinement rassurée.

Elle essaya tout.

Elle mit les bracelets.

Elle se coiffa de la couronne.

Elle ignorait que M. Balouzet n'avait pas plus pensé à cette corbeille qu'à un voyage dans la lune.

C'était Varly (Jean-Baptiste) qui avait fait les frais de ce cadeau par reconnaissance du passé et en vue de relations à venir, Balouzet devant être son correspondant à Paris et redevenir son commissionnaire installateur à la prochaine exposition.

Et la fiancée attribuait la corbeille à l'amour de son futur, amour bien invraisemblable pourtant.

— Quelle délicatesse ! murmurait lady Bernett rayonnante.

« Ce cher Ernest !

« Il est vraiment charmant !

Et avec une joie intime :

— Je savais bien qu'il s'habituerait à cette idée d'être mon mari !

Puis à M. Varly :

— Mais où est-il ?

« Vous pouvez bien me le dire.

— Madame... impossible !

« La discrétion...

— Puisque je vais l'épouser.

— Eh bien, je crois qu'il est allé déterrer des valeurs qu'il a cachées au moment où il débarquait après son naufrage.

« Du moins il me l'a donné à entendre.

— Du moment où il en est ainsi, dit lady Bernett, qui crut à cette bourde imaginée par M. Balouzet, je comprends tout.

Elle contempla encore longtemps la corbeille, prit toutes les mesures nécessaires à l'accomplissement du mariage, de concert avec Varly et s'en alla en disant :

— Pourvu qu'Ernest ne se laisse ni voler ni tuer !

Elle le voyait courant vers la plage où elle s'imaginait toujours que M. Balouzet avait eu l'audace d'abuser de son sommeil.

Nous disons s'imaginait...

Car affirmer qu'elle le croyait, nous n'oserions ; mais elle voulait y croire.

Or, M. Balouzet était pour le quart d'heure en train de jardiner, et très-agréablement, comme on va le voir.

CHAPITRE XXXVII

A côté du bonheur.

Ce qu'il faisait, M. Balouzet ?

Il était jardinier !

Drôle d'idée !

Pas si extraordinaire cependant qu'on l'eût cru !

On juge un homme trop vite quand on se laisse guider par les apparences, sans se donner la peine d'examiner les motifs de ses actions.

Que voulait-il ?

Vivre tranquillement, échapper aux ennuis de sa situation jusqu'au moment même du mariage, ne pas être assommé de tendresses un peu trop éventées par lady Bernett, éviter les sarcasmes de ses amis, les banalités des préparatifs.

Pour cela il se faisait jardinier ?

Pourquoi jardinier ?

Eh, laissez donc !

Il avait ses raisons.

Que craignait-il ?

D'être découvert.

Le terrible Schleman pouvait s'inquiéter, se mettre en recherches.

Le farouche et subtil schériff pouvait le tenir sous son œil de basilic, l'entourer d'agents.

Même il pouvait apprendre à lady Bernett le secret de la retraite de son futur, qu'elle viendrait relancer sûrement.

Il avait pris ses mesures pour échapper à cette éventualité désagréable.

Mais, dira-t-on, pourquoi jardinier ?

Pourquoi si près de San-Francisco ?

N'était-ce pas manquer de bon sens ?

Au premier abord, nous l'avouons, se réfugier aux environs de San-Francisco, dans un faubourg ou pour mieux dire dans la banlieue, cela semble imprudent.

Ne jugeons pas témérairement, a dit l'Évangile avec sagesse.

Et d'abord, n'avons-nous pas vu certains coupables échapper aux perquisitions de la police et demeurant tout près de chez eux où l'on n'avait pas l'idée de les croire ?

M. Balouzet s'était posé cette question lorsqu'il s'était agi de se cacher ?

« Où supposera-t-on que j'ai dû me réfugier ? »

Et il se répondit :

« Dans la Prairie.

« Donc, pas de Prairie.

« C'est trop loin.

« Le mieux serait peut-être de rester à San-Francisco.

« Mais là, le schériff fera fouiller les hôtels, les boarding-houses, les tripots, les pensions, et même il lancera ses agents dans les ruelles les plus humbles.

« Donc pas de San-Francisco.

« C'est trop près.

« Il faut choisir un juste milieu. »

Et, en y songeant, M. Balouzet se souvint que, pendant son séjour à San-Francisco, il avait eu une aventure.

Oh ! une toute petite aventure, et très-peu mouvementée.

Une aventure agréable comme souvenir et tout à son honneur.

Il s'agissait d'un bienfait délicat, discrètement rendu.

Un jour, sur le marché aux légumes, M. Balouzet, curieux d'observer les types, avait vu une vieille veuve vêtue à la façon dalmate qui avait attiré son attention.

Les Dalmates, nos lecteurs nous permettront de leur dire et ils ne s'en formaliseront pas, sont un peuple de race italienne, parlant l'italien, mêlés de Slaves, et habitant la côte orientale de l'Adriatique, aux environs de Trieste.

Ils sont soumis à l'empire d'Autriche, et,

Juanita.

on en peut juger par leur attitude, assez attachés à cette puissance.

Ce sont leurs marins qui, en 1866, sous les ordres de l'amiral autrichien Tegetoff, ont battu les Italiens à Lissa où l'amiral Persans perdit en partie sa flotte.

Or, ces Dalmates, marins et jardiniers, émigrent volontiers.

Beaucoup d'entre eux s'en allèrent à la conquête de l'or en Californie.

La plupart trouvèrent bientôt que la meilleure mine à exploiter, ce n'était pas celle contenant des quartz aurifères, mais le simple terreau produisant des carottes et autres vulgaires légumes, sans négliger les fleurs.

Ils achetèrent à vil prix des terrains maraîchers aux environs de San-Francisco, y formèrent un village, et fournirent la ville de tout ce qu'ils étaient fort ingénieux à faire pousser dans un sol fertile.

Ce fut pour eux la prospérité; non pas la fortune, mais l'aisance.

Ils vécurent donc là, heureux, unis, paisibles, faisant venir de Dalmatie leurs proches et leurs connaissances, gardant leur costume national, leurs mœurs et se mariant entre eux.

Par malheur, le Dalmate a un défaut; il est chaleureux ami, dévoué parent; mais il reste absolument indifférent pour tout ce qui n'est pas Dalmate. A dire tout, il a même la haine profonde de l'étranger.

Quoi qu'il en soit, le marché aux légumes et aux fleurs est pittoresque, étant rempli de jolies filles ayant un profil italien très-pur et vêtues très-élégamment à la mode de leur pays.

Le poète latin l'a dit : *trahit sua quemquem voluptas.*

(Chacun suit son penchant.)

Pour les hommes qui ont passé la quarantaine, quoi de plus attrayant que de frais minois au milieu de bouquets.

Les femmes d'âge vendaient, il est vrai,

de vulgaires navets sur ce marché; mais les fillettes offraient des roses aux amateurs, et elles étaient aussi fraîches qu'elles.

Comme tous les célibataires, entraîné du reste par son ami Varly, M. Balouzet avait visité le marché.

Il y était revenu.

Quoi de mal?

N'est-il pas bon de jouir des doux spectacles de la nature et de l'art?

La nature et l'art peuvent-ils produire rien de mieux que des jolis minois, émergeant de corbeilles remplies de fleurs?

Honni soit qui mal y pense!

M. Balouzet revint souvent.

Il avait certainement du plaisir à respirer les parfums qui se dégageaient de cette promenade, émaillée tous les deux jours de jasmins, de violettes et d'héliotropes.

Puis il aspirait aussi l'*odor del femina* qui embaumait l'air saturé de parfums avec lesquels elle se mêlait agréablement en leur donnant du montant.

Mais soyons justes.

Un souci, oui un souci, le ramenait souvent de ce côté.

Il avait vu là une vieille femme vêtue de deuil, triste, morne, propre, mais pauvre à coup sûr.

Son éventaire était mal garni; elle souffrait certainement d'une misère mal cachée, mais fièrement supportée.

M. Balouzet s'intéressait à cette vieille femme.

Pourquoi diable l'avait-il remarquée?

C'est si peu intéressant, c'est si laid et si commun, une vieille femme.

Mais celle-là n'était pas laide quoiqu'elle fût émaciée par les privations; elle n'avait pas le type vulgaire et banal de tant de pauvresses que l'on secourt par charité sans être très-apitoyé.

Elle forçait l'attention!

Elle se posait devant vous comme un problème dont la solution vous semblait devoir être émouvante.

Elle n'était pas, en un mot, la première vieille femme venue.

M. Balouzet, — était-ce un pressentiment? — se sentait sollicité à connaître le passé de cette malheureuse.

Ah! bien malheureuse!

Elle ne disait rien.

Elle ne se plaignait jamais.

Mais quels regards éloquents!

Comme elle vous conjurait silencieusement d'être généreux en lui achetant ce que vous lui marchandiez.

Une fois M. Balouzet avait payé un petit bouquet un dollar.

La figure de la vieille marchande s'était animée d'un rayon si joyeux, le sang était monté si chaleureux à ses joues pâles, qu'un reflet de jeunesse les avait empourprées.

Pendant cette minute-là, la marchande était redevenue une femme.

Les grand'mères ont quelquefois de ces transformations en embrassant leurs petits enfants, un jour de triomphe scolaire ou de première communion.

La bouquetière n'avait pas embrassé M. Balouzet, mais elle avait tremblé de tous ses membres, pleuré un peu et dit d'une voix émue :

— Gratia, signor!

Elle avait aux yeux des larmes vraies, claires, loyales, touchantes.

Ces larmes-là ne ressemblaient en rien au pleur de lady Bernett.

M. Balouzet, plus touché qu'il n'eût voulu le paraître, questionna cette femme, et il apprit une triste histoire.

Elle avait une fille de seize ans!

Les jeunes filles, à cet âge, ne sont-elles pas toujours très-intéressantes?

De plus la fillette était malade depuis plus de trois mois.

De quel mal souffrait-elle?

M. Balouzet comprit qu'un seul mot pouvait résumer les circonlocutions de la mère.

L'enfant avait faim.

Mon Dieu, pas faim d'un morceau de pain, pas faim d'une soupe sans beurre; mais, c'était une fille délicate que les privations tuaient, une fille accoutumée à un luxe princier dans son enfance et au confortable ensuite; mais réduite à la misère depuis deux ans.

Elle s'étiolait.

On sait quels soins réclament les adolescentes de quatorze ans à dix-sept.

Le père était un Vénitien, un avocat comme Manin.

Il avait eu l'imprudence généreuse de se mêler aux conspirations de 1848 et au soulèvement de 1849.

On l'avait exilé.

Il avait quitté Venise avec les siens, et il avait vécu à Trieste.

Puis il était venu en Californie en 1852 pour s'y faire mineur.

Après bien des déboires, il avait eu cette intelligence de profiter d'un petit gain pour acheter de la terre et se faire jardinier au milieu des Dalmates.

Tant qu'il avait vécu, malgré la sourde hostilité de ceux-ci, il avait suffi aux besoins de sa famille.

Il était mort depuis deux ans !...

Or, louer les bras de quelqu'un pour cultiver le jardin qu'il laissait, il n'y fallait point songer.

La terre se vendant à très-bon marché, se donnant presque, quiconque en veut en a; on préfère donc cultiver son champ que celui d'autrui, quand on se résigne à bêcher.

Que faire ?

Dona Marchese, la veuve, avait fait le possible.

Mais quoi, en somme ?

Une femme, âgée déjà, minée par le désespoir, sans force, élevée à la ville, ne peut pas grand'chose quand il s'agit de culture maraîchère.

L'enfant, fort délicate, pouvait encore moins.

Puis des maladies étaient venues pour toutes deux.

Et les médecins (quels médecins !), les remèdes (quels pharmaciens !) se payaient si cher à San-Francisco !

Enfin, avec le dollar de M. Balouzet, la pauvre veuve allait, disait-elle, pouvoir acheter un remède excellent, qui faisait grand bien à Juanita, mais que deux fois seulement elle avait pu lui donner.

M. Balouzet était un brave homme, un très-brave homme.

Il pria discrètement la vieille dame de se débarrasser de ses fleurs et de venir le rejoindre dans une grande rue un peu éloignée de là.

L'Italienne vint bientôt le rejoindre.

Il était devant la maison d'un pharmacien français, exilé de 1852 par Louis-Napoléon Bonaparte, président assermenté de la République française, qui avait jugé à propos d'assassiner cette République et avec elle beaucoup de Français, sans compter ceux qu'il fit emprisonner, déporter et bannir.

Ce qui n'empêcha pas sept millions de Français de ratifier ces infamies par un vote parfaitement falsifié, du reste.

L'ignorance rend les peuples lâches et imbéciles.

Bref, il y avait là un pharmacien de Rouen, qui avait échappé par la fuite aux commissions mixtes.

Il était médecin dans une certaine mesure, et il avait surtout une remarquable expérience chirurgicale.

Il avait bien réussi à San-Francisco, surtout parmi les mineurs et les trappeurs ; on avait confiance en lui.

M. Balouzet s'était fait enlever par ce pharmacien une verrue gênante sur le nez produite par un tiquet, autrement dit poux de bois ; il avait lié connaissance avec cet excellent opérateur.

Il entra dans son officine avec dona Marchese, et il pria son compatriote de se rendre au village des Dalmates avec lui et la mère de l'enfant.

Ils trouvèrent, grelottant la fièvre sur son lit, une belle jeune fille, au regard noir et doux, ayant la belle tête régulière des Vénitiennes ; le pharmacien déclara qu'il la guérirait en peu de semaines.

Il décréta la quinine, le fer, les bifsteaks et le bordeaux.

M. Balouzet prit ses mesures pour assurer tout ce qui était nécessaire à ces pauvres femmes dont il fut le bienfaiteur discret et ingénieux.

Il connaissait un vieux trappeur, encore vigoureux pourtant, mais qu'une blessure à la jambe empêchait de faire de longues marches.

Il avait un pécule, mais il vivait chèrement

à la taverne du Buffalo où il s'ennuyait depuis trois mois à ne rien faire.

Sans rien lui dire, il l'amena avec lui, puis l'apitoya sur le sort de ces deux femmes et il finit par l'engager à vivre chez elles et à cultiver leurs terres.

Ce que le trappeur accepta avec joie.

C'était un brave homme, dans le genre de Robinson ; il fut bientôt apprécié par les deux Vénitiennes.

Il devint la providence de la maison et fut choyé à l'envie.

Il s'associa avec dona Marchese, et M. Balouzet leur mit une fortune en main par un bon conseil.

Dans son fameux pied-à-terre de Colombes, M. Balouzet avait eu la passion des roses, et il savait comment on fait des plantations de rosiers.

Il fit transformer le jardin de dona Marchese, y fit planter les meilleures variétés de roses et bientôt on en obtint un rendement merveilleux.

M. Balouzet partit pour l'expédition du Corolado, au moment où les premiers boutons de roses crevaient leur verte enveloppe et où l'étroit corsage de Juanita craquait déjà sous les efforts d'une gorge naissante dont le développement avait été trop retardé, mais qui réparait le temps perdu avec ardeur.

La jeune fille embrassa bien tendrement M. Balouzet et pleura beaucoup de son départ.

Mais il jura de revenir.

Et il revenait.

C'est chez dona Marchese qu'il allait demander asile.

Là, le trappeur Martin devait lui faire bon accueil.

Là, Juanita et sa mère seraient ravies de le revoir.

On lui devait l'aisance.

M. Balouzet, informations prises, savait que Martin avait fait prospérer la petite association formée avec dona Marchese.

Quant à celle-ci et à sa fille, M. Balouzet était sûr d'elles.

En conséquence, il s'habilla en jardinier, se promettant de passer agréablement une quinzaine de jours au milieu des jasmins et des roses.

Franchement, voir cette jolie Juanita parmi les fleurs, cela valait bien un tête-à-tête avec lady Bernett.

M. Balouzet se promettait de tailler les rosiers, de donner force leçons d'horticulture à Martin et de passer agréablement son temps, hors de tous tracas.

Il ne se doutait pas, non, il ne se serait jamais douté de ce qui devait lui arriver ; mais s'il s'en était douté, fût-il allé au village dalmate ?

Question dont on jugera.

Lorsque M. Balouzet arriva dans le village des Dalmates, à pied, un paquet d'outils à la main, il était certain de n'être trahi par personne ; car, à personne il n'avait raconté sa bonne action.

Seuls, les intéressés et le pharmacien en savaient quelque chose.

Or, le pharmacien avait promis d'être discret et l'on sait que cette profession impose le secret.

Ainsi, j'ai raconté les choses les plus graves à mon ami Sireygeol, qui exerce cette utile, aimable et savante profession ; jamais il n'en a ouvert la bouche, alors qu'un autre ami, un docteur fort savant du reste, livrait aux quatre vents de la publicité mes plus chers secrets.

Le pharmacien de M. Balouzet avait donc été muet comme un sphynx.

Sur la recommandation de M. Balouzet, Martin s'était tu aussi.

M. Balouzet savait d'autre part, qu'il pouvait compter sur la reconnaissance de ses obligées ; il se présenta donc en toute assurance au cottage de la signora Marchese.

Le hasard fit que Juanita s'y trouvait toute seule.

M. Balouzet avait quitté la petite Vénitienne au moment où sa convalescence s'affermissait assez pour que les formes de la jeune fille s'accusassent sous le corsage ; mais c'était encore une adolescente ; il y avait en elle plus de promesses que de réalités.

M. Balouzet, en la retrouvant, fut frappé d'admiration.

Le bouton de rose s'était épanoui, Juanita était en pleine explosion de beauté ; elle resplendissait comme la fleur à son premier matin.

La robe dalmate emprisonnait des trésors naissants qui se dénonçaient naïvement dans les efforts du geste ; Juanita restait svelte, élégante, gracieuse, souple, élancée, mais la femme se révélait par des courbes charmantes sur ce beau corps de jeune fille.

Quand M. Balouzet sonna, quand la porte du jardinet s'ouvrit, quand Juanita, poussant un cri de joie, sauta au cou du trappeur et lui donna sur les lèvres un baiser à l'italienne qui avait la saveur de la fraise écrasée par une bouche gourmande ; quand il eut été brûlé par un regard noir, étincelant, enflammé du feu de la reconnaissance ; quand il vit pourpre ce beau visage si pur dans son ovale allongé, si fin de traits, si parfait de lignes ; quand il eut serré sur sa poitrine, avec un élan de tendresse paternelle, cette gorge palpitante ; quand ensuite il vit Juanita, un peu confuse, mais bientôt rieuse, le prendre par la main et l'entraîner vers la maison, il éprouva une telle joie en suivant non pas la marche, mais le vol de cette vierge de dix-sept ans, il eut de tels éblouissements, qu'une lumière se fit en lui.

Il sentit que sa vie sans but et sans résultat, puisqu'il n'avait pas d'enfants, allait avoir à changer tout à coup.

Il était trop délicat pour ne pas regarder comme un sacrilége une pensée d'amour autre qu'une paternelle tendresse.

Il se sentait sûr de lui.

Il se savait incapable de tenter jamais une séduction qui eut été une infamie ; mais il se jura de traiter Juanita comme sa fille ; il s'abandonna, dès ce moment, au plaisir que lui causait cette résolution.

La petite Vénitienne, de son côté, avait cette franchise d'affection des filles de sa race et l'audace d'allures des enfants élevés dans la solitude et l'ignorance.

Elle aimait ce trappeur qui l'avait sauvée de la misère et de la maladie ; elle avait vu cet homme apparaître tout à coup au milieu du désespoir dont elles allaient mourir, elle et sa mère ; M. Balouzet, extraordinairement viril encore, dans ce qu'on appelle la seconde jeunesse, ayant l'air fier, résolu et décidé d'un homme qui tue son Peau-Rouge ou son jaguar avec une désinvolture crâne, M. Balouzet, loin de San-Francisco pendant un grand mois, vanté par Martin comme un des héros de la Prairie, grandi par le prestige de ses aventures, M. Balouzet ayant conservé cependant un certain vernis parisien qui lui donnait un cachet de distinction au milieu de tous ces Yankees et de ces émigrants, M. Balouzet bruni par le hâle, semblait superbe à Juanita, même sous son costume de jardinier.

Elle lui fit fête, l'embrassa, le réembrassa, le fit rafraîchir ; puis, ingénûment, par un caprice d'enfant, elle le conduisit dans sa chambre, parce que, lui dit-elle :

— Là, il me semble que vous serez tout à moi et rien qu'à moi pour toute cette matinée.

« Martin est allé en forêt chercher des rosiers sauvages.

« Ma mère est à la ville pour vendre des fleurs.

« Depuis votre départ, je me disais que je vous demanderais, au retour, de me donner des heures pour moi.

« J'aime tant à causer et à rire avec vous, qui contez si bien.

« Asseyez-vous là !

« Embrassez-moi encore !

« Vous restez avec nous, puisque vous avez le costume des jardiniers.

« Quel bonheur !

Elle frappait ses mains l'une contre l'autre et dansait dans la chambre.

M. Balouzet étourdi, étonné, surpris, paralysé, électrisé, entraîné, sentait le sang lui monter au cerveau.

Il ne savait que dire, que penser, que faire, et se laissait aller au gré de ce tourbillon de caresses, de regards, de paroles, de gestes, dans lequel elle l'enveloppait.

— On nous a conté, reprit-elle, que votre expédition n'avait pas réussi.

— Ah ! vous savez cela, mon enfant ? fit M. Balouzet.

« Hélas oui, nous avons échoué !

— Pas d'hélas! fit-elle.

« Je suis heureuse, moi, que vous n'ayez pas rapporté tous ces dieux en or et ces déesses en argent.

— Vous avez tort, Juanita.

« Je vous aurais dotée.

— Dotée! fit-elle.

— Oui, et mariée!

— Avec qui?

— Je ne sais.

« A vous de trouver un fiancé.

Elle se mit à rire.

— Martin me l'avait bien dit! s'écria-t-elle, que vous penseriez à me marier.

« Mais moi, je ne le veux pas.

— Ah! ah! fit M. Balouzet, votre cœur n'a pas encore parlé.

« Vous n'avez distingué aucun jeune homme dans ce village.

— Des Dalmates! fit-elle avec un air de profond mépris.

— C'est vrai! Je vous parle de jeunes hommes dont vous haïssez la race.

« Mais, à San-Francisco, vous rencontrerez un amoureux.

— C'est singulier! fit-elle.

« Quels hommes bizarres vous êtes, Martin et vous!

« Pourquoi donc vouloir me séparer de vous deux?

Elle eut un joli mouvement de colère et donna un coup sur les doigts de M. Balouzet avec une rose qu'elle tenait en main.

— Je resterai avec vous! dit-elle.

« Vous nous montrerez à cultiver le jardin qui rapporte déjà beaucoup d'argent et vous m'achèterez de belles toilettes, car on dit que vous êtes très-généreux.

« Je sais, du reste, tout ce que vous avez fait pour nous.

« Vous verrez comme je serai belle et comme vous serez fier de me promener dans la ville, le dimanche.

« Martin m'a emmenée quelquefois et tout le monde le félicitait.

« C'est après-demain fête, dit-elle; nous irons à la ville, si vous voulez.

— C'est impossible! dit-il.

— Pourquoi?

— Je dois me cacher.

— Pourquoi?

— Pour éviter des importunités.

« J'ai à craindre de rencontrer certaines personnes.

— Pourquoi?

Ces éternels pourquoi gênaient beaucoup M. Balouzet.

Et Juanita, le voyant embarrassé, riait comme une folle et sautillait en répétant sur un rhythme de danse.

— Pourquoi? Pourquoi? Pourquoi?

Fort heureusement l'arrivée de dona Marchese, rentrant plutôt qu'à l'ordinaire, tira M. Balouzet d'embarras.

— Votre mère! dit-il.

— Maman! cria Juanita la voyant dans le jardin, maman! Il est là!

« Viens vite!

M. Balouzet fit la moitié du chemin et vint saluer dona Marchese.

Celle-ci pleurait de joie.

Une transformation s'était aussi faite en elle.

Quand M. Balouzet l'avait rencontrée, elle paraissait avoir cinquante ans; elle en avait quarante à cette heure.

— J'ai appris votre arrivée à San-Francisco, signor, dit-elle.

« Les journaux l'annoncent et l'on criait dans les rues que le célèbre trappeur Touche-Toujours, un des rares survivants de l'expédition du Colorado, était dans la ville, mais qu'il repartait pour une destination mystérieuse.

« Vite je suis revenue ici.

« J'ai espéré que vous nous feriez une petite visite avant de vous éloigner de nouveau; mon cœur heureusement ne m'avait pas trompé.

— Signora, dit M. Balouzet, je resterai ici pendant quinze jours!

— Quelle joie pour nous!

— Si vous restez quinze jours, vous ne vous en irez plus! dit Juanita.

— Je le voudrais bien, mais...

— Oh! fit-elle d'un air mutin, je vous retiendrai, moi!

— Impossible! dit-il.

« Maintenant un mot.

« J'ai une recommandation grave, sérieuse à vous faire.

« Je suis, pour tous vos voisins, un ouvrier français; un pépiniériste.

« Martin sera censé m'avoir engagé pour quelques semaines.

« Si vous tenez à me garder ici, il faut faire ce conte à tous ; sans quoi il m'arrivera de fâcheux contre-temps.

— Comptez sur ma discrétion, signor, et sur celle de ma fille.

— Savez-vous dans quelle partie du bois se trouve Martin?

— A la fontaine des Verdiers.

— Il faut que j'y aille ! dit M. Balouzet, et que l'on me voie revenir avec ma charge de rosiers sauvages.

— Je vous accompagne ! dit Juanita.

— Mon enfant, je...

Elle avait déjà mis sa mantille.

— Venez! dit-elle.

— C'est que...

Mais elle était devant.

— Allez, signor! dit à voix basse dona Marchese.

« L'enfant est Vénitienne.

« Elle a fait et fera toute sa vie ses volontés sans que rien au monde puisse l'en empêcher; ce qui arrivera, arrivera.

Puis plus bas encore, tristement et comme se parlant à elle-même :

— Ce ne sera ni ma faute, ni celle de personne, pas même la sienne si elle tourne à gauche ou à droite.

Et dona Marchese poussa un profond et douloureux soupir.

M. Balouzet allait la questionner quand, du dehors, il s'entendit appeler :

— Monsieur Christophe! criait Juanita.

« Monsieur Christophe, venez-vous?

Il comprit que c'était lui qu'elle baptisait ainsi, il prit une serpe et une piochette et il la rejoignit :

— N'est-ce pas, dit-elle, que je vous ai donné un beau nom.

« Christophe!

Et de rire.

— On m'a entendue, fit-elle, chez les voisins, vous appeler ainsi.

« Ils ne se douteront jamais que vous êtes M. Balouzet.

Et elle le conduisit par les rues du village ; tous les garçons se retournaient pour la voir passer.

— Que d'amoureux j'aurais, si je voulais ! disait-elle en riant et en se moquant des Dalmates.

« Mais je n'en veux pas.

« Ils m'ont dédaignée pauvre et malade, me croyant laide !

« Ils m'aiment maintenant parce que je suis belle et que nous vendons nos beaux rosiers deux dollars le pied.

« Vous, Christophe, vous m'avez secourue dans nos malheurs, et je me jetterais dans le feu pour vous.

« Je crois que je vous aime autant que mon père.

— Sacrebleu ! dit M. Balouzet en essuyant une larme, taisez-vous donc !

« Vous allez me faire pleurer comme un veau devant ces imbéciles.

« Attendez que nous soyons hors du village pour me dire de ces choses-là.

Et ils gagnèrent la campagne en silence sous le feu des regards curieux.

Le bruit courut aussitôt dans le village qu'un nouvel ouvrier était entré au service de dona Marchese.

On en conclut que les affaires de celle-ci marchaient extraordinairement bien, pour pouvoir prendre un second aide, étant donné le prix de la main-d'œuvre.

En marchant dans les rues du village, M. Balouzet avait fait des réflexions fort sensées sur la déplorable ignorance dans laquelle on laisse les filles sous prétexte de conserver à leur esprit une prétendue chasteté qui n'est tout simplement que le mépris des lois les plus sacrées de la nature.

Le rôle des femmes est la maternité.

Pourquoi ne pas les y préparer sagement, au lieu de leur cacher le devoir futur et les dangers prochains?

Pourquoi les livrer désarmées à des séductions dont elles ne prévoient pas les conséquences ?

Pourquoi, en l'absence de données réelles,

laisser leur imagination se créer un idéal faux, plein de périls ?

Les unes, inquiètes, se posent des problèmes qui les tourmentent, les obsèdent, éveillent la curiosité et les sens.

Les autres, en pleine candeur, font des rêves immatériels, et, tout à coup, inexpérimentées, devant une brusque attaque, n'opposent qu'une défense d'autant plus maladroite, qu'elles ne savent pas au juste ce qu'il faut sauver.

M. Balouzet songeait à cela en entendant Juanita parler d'amoureux, de mariage, avec une sérénité parfaite.

Elle avait des regards clairs, francs, où la tendresse éclatait si vivement que M. Balouzet en était embarrassé.

Évidemment elle ne savait rien.

Sans doute, elle avait une affection très pure pour lui.

Mais, que diable! sa mère aurait dû lui apprendre; elle aurait dû lui dire qu'un homme est un homme, même quand il ne veut être qu'un père adoptif.

Et il se promettait de parler à dona Marchese.

Il marchait vite, s'abandonnant à son pas de trappeur, absorbé par le problème qu'il creusait.

Problème difficile.

Comment dire certaines choses à la mère de Juanita ?

C'était délicat.

Enfin il le fallait...

Il voyait déjà cette jeune fille en butte aux intrigues de quelque gaillard comme il y en a tant.

A cette idée, il serrait les dents et son regard brillait.

Il forcerait le drôle à se marier; il lui imposerait le mariage; il avait, au besoin, une balle pour lui dans sa cartouchière.

Mais si c'était un homme marié !

Cette idée le taquinait.

Certainement il n'était pas jaloux; non, pas du tout.

Il éprouvait tout simplement une colère bien naturelle, à l'idée qu'un polisson tromperait une pareille fillette.

Mais cependant, dona Marchese était d'une imprudence à faire frémir.

En somme, lui, Balouzet avait un tempérament inflammable.

Témoin Louisa qu'il avait beaucoup aimée, sans compter des fantaisies.

Puis, enfin, pourquoi tant de confiance en lui ?

Dona Marchese ne le connaissait point sous le rapport des mœurs.

Il était un bienfaiteur, soit !

Il pouvait être assez indélicat pour abuser de la candeur de Juanita.

En résumé, on ne devait pas mettre un galant homme à pareille épreuve.

Heureusement, M. Balouzet avait des principes et du caractère.

Il le ferait voir !

On était à un mille du village et M. Balouzet ruminait toujours, quand il sentit un petit bras se glisser doucement sous le sien, une petite main s'appuyer sur son poignet en le caressant tout doucement de petites claquettes.

Et Juanita essoufflée lui dit :

— Pas si vite, mon ami !

« Je suis lasse !

Puis elle ajouta :

— Nous avons le temps.

« Retrouvons Martin le plus tard possible; ne le cherchons pas.

« Je veux causer avec vous.

— Mais... dit M. Balouzet.

Elle lui coupa la parole sans réplique par un procédé irrésistible.

Se haussant sur la pointe de ses pieds cambrés, jetant son bras au cou du trappeur, elle lui donna encore un baiser à l'Italienne.

M. Balouzet en fut à demi pâmé; il crut devenir fou.

Et Juanita riait.

— N'est-ce pas, dit-elle que vous ne me contrarierez plus ?

« Je suis irrésistible.

« On ne veut pas faire ce que je veux, je donne un baiser et l'on m'obéit tout aussitôt.

— Mais, protesta M. Balouzet scandalisé, j'espère bien que vous ne donnez pas des baisers à tout le monde.

Madame Vendredi. (Voir les livraisons suivantes.)

— Oh non ! dit-elle.

« A ceux que j'aime seulement.

— Et qui aimez-vous ?

— Maman, vous et mes oiseaux.

— Pas d'autres ?

— Non.

— Vous aimez Martin, le trappeur, je suppose ! fit M. Balouzet.

— Oui, mais d'amitié.

« Vous, je vous aime d'amour...

M. Balouzet crut devoir éclater de rire devant cette énormité, dite avec le plus naïf aplomb.

Il fallait bien qu'il se donnât une contenance; du reste, il tenait pour certain que Juanita ne comprenait pas la portée de cette déclaration.

Elle fronça le sourcil, frappa du pied le sol et dit :

— Ne riez pas !

« Je ne veux pas que vous vous moquiez de moi.

« Parce que je suis une petite fille, vous vous figurez que je ne sais pas ce que je dis, n'est-ce pas ?

« Vous croyez peut-être que je confonds l'amour et l'amitié ?

« Eh bien, non !

Elle se campa devant M. Balouzet d'un air triomphant et déclara :

— On a de l'amitié, quand on souhaite du bien à un homme, mais quand on peut se passer de lui.

« On a de l'amour quand on pleure lorsque son amant est absent, quand on lui envoie des baisers à cent milles de distance, quand on ne rêve que de lui, comme je faisais pendant votre voyage.

« On a de l'amitié quand on éprouve de l'affection, quoique l'on trouve un homme très-laid, comme Martin.

« Mais si on le trouve beau, si l'on est fière de se dire : Ce trappeur dont tout le monde parle, sera mon mari et il m'appartiendra, alors c'est de l'amour.

« Et vous m'épouserez, malgré votre air narquois !

« C'est parce que je suis une petite fille que vous avez cet air-là.

« Attendez que je grandisse !

« Vous serez amoureux à votre tour et je suis même sûre que vous l'êtes déjà, parce que je vous sens frissonner, quand je vous embrasse et que je frissonne aussi.

« Et puis, vous m'avez sauvée et l'on s'attache à ceux qui vous doivent la vie.

« J'ai soigné un pauvre petit Kilingi qui se mourait; je ne me sentais rien pour lui dans le cœur, puisque cet oiseau-là ne chante pas et qu'il est laid.

« Et maintenant, je le préfère aux autres, l'ayant guéri.

« Et c'est pour cela que je suis contente que vous n'ayez pas réussi à rapporter des dieux d'or et d'argent.

« Vous voilà pauvre comme moi et vous ne trouverez pas certainement une plus jolie femme que moi.

« Venez maintenant.

« Je vous ai tout dit.

Elle lui prit le bras et l'entraîna vers la forêt.

M. Balouzet marchait hébété, abasourdi, assommé.

Le bonheur était là, devant lui; il ne pouvait l'accepter.

Il se mariait, le malheureux !

Il fallait tenir son serment !

Quelle perspective il voyait fuir devant lui !

Quelle autre s'ouvrait à ses yeux épouvantés ?

D'un côté Juanita !

De l'autre lady Bernett !

Et quel triomphe, à son âge, d'être adoré si naïvement, si sincèrement, si passionnément par une des plus belles créatures qu'il eût admirées sous le soleil !

Quelle revanche, enfin, de l'abandon de Louisa !

Quelle victoire de se montrer au théâtre, dans une loge d'avant-scène, à Paris, en écrasant ses amis de son bonheur !

Ou mieux encore, quelle leçon à Choquart, son polisson de neveu !

Puis, en dehors de la vanité et de ses satisfactions excessives, quelle vie heureuse auprès de cette jeune fille qui âgée de dix-sept ans, avait une éternité de paradis à lui donner !

Et tout cela il fallait y renoncer !

M. Balouzet marchait en proie à un trouble inexprimable.

On atteignit la forêt; Juanita, qui avait réfléchi et observé, força M. Balouzet à s'asseoir sous un beau chêne, elle prit place à côté de lui.

Il était si accablé qu'il eût fait pitié à Choquart lui-même.

— Mon ami, lui dit Juanita, je devine la vérité.

« Vous êtes marié !

— Non ! dit-il avec fureur. Mais je suis obligé de me marier avec une certaine lady Bernett !...

Cette déclaration parut ne causer aucune impression à la fillette.

— Vous n'aimez pas cette femme-là ! dit-elle, sûre de ne pas se tromper. Ne l'épousez pas !

M. Balouzet comprit qu'il fallait raconter son histoire.

Il le fit, non sans des malédictions contre lady Bernett.

Mais, à sa profonde stupéfaction, Juanita ne s'attristait pas le moins du monde et elle prenait la chose gaiement.

Elle s'en expliqua.

— J'étais sans inquiétude, dit-elle, et j'avais bien raison !

« Quand j'ai compris que je vous aimais je me suis dit tout de suite : — S'il avait une femme ! — Mais j'ai compris que pour avoir quitté la France et pour courir la Prairie, ou vous étiez libre, ou vous n'aimiez pas votre femme.

« Donc, vous m'aimeriez, moi !

« Voilà maintenant que vous êtes obligé, à cause du serment, d'être le mari de cette femme que vous détestez.

« Vous la haïssez.

« Voilà l'important !

« Vous la fuirez !

« C'est certain.

« Nous la fuirons ensemble.

— Mais...

— Au lieu d'être mon mari, vous serez mon amant, voilà tout !

M. Balouzet s'attendait à tout, sauf à cela.

Il voulut dire un mot :

— Mon ami, fit-elle, j'ai causé de tout ceci avec ma mère devant Martin.

« On m'a dit qu'une maîtresse était mal regardée.

« Qu'est-ce que cela peut faire à moi et à vous ?

« Maman m'a dit aussi que je serais damnée.

« Je ne puis pas le croire ; Dieu me pardonnera, puisque l'amour est plus fort que moi, et que je mourrais si je n'étais pas votre maîtresse.

« Maman sait si bien que je ne peux pas vivre sans vous, qu'elle a fini par ne plus me contrarier.

— Et Martin ?

— Martin a dit... des bêtises !

— Enfin qu'a-t-il dit ?

— Que vous ne voudriez pas...

« Je me suis moquée de lui.

« Me résister, à moi !

Elle jeta ses bras au cou de M. Balouzet et lui dit :

— Ici même, nous allons nous aimer jusqu'au soir...

Non, jamais personne ne fut aussi malheureux que ce pauvre M. Balouzet !

Il vit bien, du reste, ce que Juanita entendait par aimer.

Des baisers !

Des lutineries !

Puis des enlacements de mains et de longs regards, les yeux dans les yeux !

Cela dura une heure ou deux.

M. Balouzet ne comptait plus.

Il lui en fallut, du caractère, pour ne pas apprendre à Juanita les détails très-importants qu'elle ignorait.

Enfin son supplice cessa.

Martin s'en retournant par un sentier, non loin du chêne, entendit la voix de Juanita résonner comme une fanfare.

Il se dirigea de ce côté et il apparut tout à coup.

— Ah ! ah ! ah ! s'écria Juanita à sa vue ; je l'avais bien dit, Martin.

« Il m'aime.

« Depuis deux heures, nous nous aimons de tout notre cœur.

« Vous qui disiez...

« Regardez !

Et elle embrassait M. Balouzet sur les deux joues.

Celui-ci fit un signe de négation à Martin qui comprit.

Le vieux trappeur dit :

— Puisque c'est ainsi, j'avoue que je me suis trompé.

— Vous, Martin, qui répétiez que j'étais trop jeune !

« N'est-ce pas, mon ami, que je ne suis point si jeune qu'il croit ?

— En route ! dit Martin, pour couper court à l'embarras de M. Balouzet.

« Juanita, pas un mot de ceci à votre mère.

« Je lui en parlerai tout doucement pour l'y habituer.

— Ah ! voilà qui est d'un bon cœur.

« Partons !

« Ce pauvre Martin, qui se figurait que je ne saurais pas gagner le cœur de son ami !

« J'étais bien sûre du contraire, moi ; je ne vois pas pourquoi j'aurais été plus sotte que d'autres filles qui, moins âgées que moi, ont trouvé des maris !

Et tout le long du chemin, Juanita revint sur ce thème.

Elle ne quitta le bras de M. Balouzet que pour rentrer dans le village dalmate ; mais elle regarda les jeunes gens si fièrement et d'un air si moqueur que ceux-ci en chuchotèrent entre eux.

M. Balouzet, retrempé par la vie du désert, ne paraissait pas avoir passé la quarantaine.

On jasa d'un mariage possible entre lui et Juanita.

D'autre part, on savait que Martin voulait épouser dona Marchese qui, ne fût-ce que par convenance, ne pouvait qu'être très-heureuse de cette union.

Les Dalmates s'attendirent donc un jour ou l'autre à une double cérémonie, ce dont ils furent contrits.

Combien regrettaient alors d'avoir été si cruellement indifférents pour Juanita dans la misère !

CHAPITRE XXXVIII

M. Balouzet montre son caractère!

Dona Marchese, fort triste, attendait sur le pas de sa porte, le retour de sa fille et de M. Balouzet.

Celui-ci lut dans les yeux de cette femme l'inquiétude, l'angoisse même.

Il comprit que ce n'était point là une mère indifférente à l'honneur de son enfant, une mère négligente, une mère complaisante et complice.

Il se dit que, connaissant le caractère de Juanita, dona Marchese avait fait pour le mieux.

Cette pauvre femme semblait éprouver la douleur morne et résignée de ceux qui, se sentant frapper par la fatalité, ont reconnu leur impuissance, courbent désespérément la tête et ne luttent plus.

M. Balouzet eut pitié de cette malheureuse.

Du plus loin qu'il put, il la rassura par un sourire bienveillant et certains airs de tête accompagnés de dénégations.

Juanita embrassa impétueusement sa mère et remplit la maison d'une joie folle qui contrastait avec le chagrin de dona Marchese, que l'attitude de M. Balouzet ne parvenait pas à calmer.

— Signora, lui dit-il à voix basse dès que l'occasion s'en présenta, je devine l'objet de vos préoccupations.

« Croyez que je suis trop galant homme pour abuser de la situation où nous nous trouvons tous ; j'ai du caractère et je vous le prouverai ce soir même.

Dona Marchese serra la main de M. Balouzet avec plus d'estime que de reconnaissance ; on eût dit qu'elle n'avait pas foi dans son moyen, quel qu'il pût être.

Pendant que l'on s'occupait des préparatifs du dîner, Juanita était montée dans sa chambre ; elle s'était arrangée une toilette charmante.

Quand elle redescendit pour se mettre à table à côté de M. Balouzet, celui-ci fut plus ébloui encore que la première fois ; la jeune fille s'était couronnée de roses blanches qui encadraient admirablement sa brune tête de madone ; sa beauté rayonnait de toutes les splendeurs que l'amour heureux allume dans les yeux d'une femme ; à cette heure, Juanita était dans tout son éclat.

Elle ne s'aperçut ni du silence de sa mère, ni de la réserve de Martin, ni de la contrainte de M. Balouzet.

Elle parla toute seule et dit des choses ravissantes.

C'était comme un chant d'amour ; chaque parole tombait harmonieuse, rythmée, caressante et douce.

M. Balouzet écoutait, ravi, deux conversations, l'une parlée, l'autre muette ; le petit pied de Juanita avait attaqué celui du trappeur avec une mutine audace.

Tout ce que disait la bouche, était commenté, appuyé, expliqué par le pied avec infiniment d'esprit.

Jamais M. Balouzet n'aurait cru qu'une pointe de bottine pût être aussi éloquente ; il en fut émerveillé.

Ses regrets s'en accrurent.

Si une petite fille, ignorant tant de choses, montrait de si belles dispositions pour parler la langue de l'amour, que serait-ce, quand un homme d'expérience l'aurait instruite ?

Le repas se prolongea.

D'ordinaire, dona Marchese se retirait tôt ; mais ce soir, elle voulait parler à M. Balouzet.

Elle demeura donc.

Ce fut Juanita qui céda ; elle était fatiguée des émotions de cette journée et de sa longue course au bois ; elle était envahie par la réaction dont tous les élans sont suivis.

Peu à peu sa tête s'inclina sur son épaule, ses yeux se fermèrent et dona Marchese lui dit doucement :

— Tu luttes en vain contre le sommeil, il t'accable !

« Bonne nuit, fillette !

Juanita se sentait vaincue ; il lui fallait dormir.

Elle donna, par une pression du pied un bonsoir tendre à M. Balouzet, elle embrassa sa mère, serra la main aux deux trappeurs et monta dans sa chambre.

Entre M. Balouzet et ses hôtes, il se fit un silence embarrassé.

C'est le prélude pénible des explications difficiles.

Enfin, M. Balouzet prit courageusement la parole.

— Signora, dit-il, je ne vous ai point encore exposé le pourquoi de ma présence ici, et je ne vous ai point dit quel service je venais vous demander.

« Permettez-moi de vous expliquer quelles circonstances m'amènent.

Et M. Balouzet raconta sa situation vis-à-vis de lady Bernett.

Il termina en s'adressant à Martin et lui demanda :

— En conscience, puis-je manquer à mon serment ?

— Non ! dit le trappeur.

— Non ! dit dona Marchese à son tour. L'honneur vous impose le devoir d'épouser cette dame et vous l'épouserez.

— Mais vous divorcerez ensuite ! fit observer Martin.

— Impossible ! dit M. Balouzet.

« Le divorce n'existe pas en France, et je me marie au consulat de France, étant toujours Français.

Le front de Martin se rembrunit.

— Voyons, mon vieux camarade, dit Martin brusquement, affrontons l'affaire brutalement, en face, comme s'il s'agissait d'attaquer un buffalo par les cornes et sortons d'embarras.

« Ce n'est un mystère ni pour vous, ni pour moi, ni pour sa mère, que Juanita vous aime.

« Nous savons cela depuis longtemps, et, en votre absence, cette passion s'est révélée aussi clairement que l'incendie d'une forêt de pins dans les montagnes.

« Je dirai même que c'est quelque chose d'effrayant de voir flamber le cœur de cette enfant-là ; je ne sais ce qui en adviendra.

Et le vieux trappeur secoua sa tête grisonnante.

Dona Marchese s'était mise à pleurer en silence.

M. Balouzet crut devoir dire :

— Peut-être eut-il fallu instruire l'enfant plus qu'elle ne l'est.

La Vénitienne lui répondit avec énergie :

— Signor, j'y ai songé !

« Mais partout je trouvais danger, obstacle, péril, incertitude.

« Quand une Vénitienne aime, tout est vain contre sa volonté.

« Dans ma famille, de mère en fille, la passion prend le caractère implacable et terrible du Destin.

« Un homme surgit, celui pour qui nous sommes faites et, de ce jour, l'avenir est fixé.

« S'il nous repousse, c'est la mort pour la femme.

« S'il nous trompe, c'est la mort pour tous deux.

« Ma famille était patricienne, ennemie de celle de mon mari ; j'ai tout quitté, tout perdu, tout abandonné pour lui.

« Ainsi, fit ma mère.

« Ainsi fera ma fille !

« L'instruire ! disiez-vous....

« Mais je n'avais rien à craindre que d'un seul homme, celui qui était marqué d'avance du signe mystérieux de la fascination irrésistible.

« A quoi bon dès lors allumer une étincelle hâtive dans le cœur de mon enfant ?

« Elle était à votre merci, ignorante ou pas.

« Ah ! nous sommes de bien heureuses ou de bien malheureuses créatures !

« Notre existence est une longue joie, si celui que nous avons choisi peut vivre.

« Nous sommes des désespérées s'il meurt.

« J'aime mon mari dans la tombe autant que je l'aimais vivant.

M. Balouzet eut un léger mouvement de surprise.

Dona Marchese l'interpréta.

— Vous pensez, monsieur, que cette fidélité s'accorde mal avec mon mariage prochain.

« Si j'épouse Martin, signor, c'est par

convenance d'intérêt, de respectabilité, et pour avoir un protecteur.

« Mais votre ami sait que nous serons étrangers l'un à l'autre.

M. Balouzet s'inclina en homme qui sait apprécier les délicatesses de sentiment ; il salua aussi Martin.

Celui-ci dit énergiquement :

— Dona Marchese et sa fille n'auront pas à se repentir de cette union.

— Je n'en doute pas, dit M. Balouzet. En vous amenant ici, Martin, je savais ce que je faisais.

« Mais, si j'avais su ce que j'y ferais, moi, je n'y serais jamais revenu.

— Le sort l'a voulu ! dit Martin. Maintenant, qu'allez-vous faire ?

— Mon devoir ! dit M. Balouzet.

« Je vais partir !

« C'est une épreuve à tenter !

— C'est ce que je conseille ! dit Martin. Essayons-en.

« Je connais une retraite sûre, c'est une espèce de cabane de bûcheron que je me suis bâtie à dix lieues d'ici environ, au milieu d'une forêt, où je déracinais des rosiers, il y a trois mois.

« Vous attendrez-là le moment de vous marier avec cette lady Bernett que le diable emporte ; vous chasserez et vous emporterez d'ici vos provisions pour le temps que vous devez rester hors de San-Francisco.

— C'est dit ! déclara M. Balouzet.

« Nous partons dans une heure.

Dona Marchese tendit la main à M. Balouzet en signe de reconnaissance ; mais il était facile de voir qu'elle redoutait les conséquences de ce départ.

On en fit, sans bruit, tous les préparatifs, et M. Balouzet, armé de la carabine de Martin et d'un de ses révolvers, fut bientôt prêt à se mettre en marche avec lui.

Lorsqu'il fut sur le seuil de la porte, dona Marchese le prit à part et lui dit d'une voix brisée :

— J'apprécie, monsieur, votre grandeur d'âme ; ce que vous faites est héroïque !

« Adieu !

« Que la Madone vous protège !

« Qu'à vous là-bas, à l'enfant ici, elle donne l'oubli !

Et elle rentra en sanglotant.

M. Balouzet se tourna alors vers Martin et lui dit en scandant chaque syllabe :

— J'ai du caractère !

« Je vous le montre, n'est-ce pas ?

— Oh oui ! dit Martin.

— Eh bien... c'est dur !

Et M. Balouzet envoya un baiser vers la fenêtre de Juanita.

Puis il se mit résolûment en marche.

— Je vais, lui dit Martin, vous accompagner jusqu'à un ruisseau qui prend sa source dans la forêt vers laquelle vous vous dirigez.

« Une fois là, en remontant le cours, vous arrivez nécessairement.

« Vous trouverez la cabane, à la source même du ruisseau.

— Bien ! dit M. Balouzet.

Une heure après, les deux trappeurs se quittaient sur la rive.

— Dites-lui que je l'aime ! avait recommandé M. Balouzet à son ami.

« Si je pars, c'est pour sauver son honneur !

Et sur ce mot, qui résumait son admirable sacrifice, M. Balouzet partit en murmurant :

— Oui, j'ai montré du caractère ! Mais c'est dur !...

CHAPITRE XXXIX

Une partie invraisemblable.

Le temps que M. Balouzet devait passer dans la forêt était relativement court ; il ne resta pourtant pas un jour entier dans la cabane de Martin.

Il s'y ennuyait à mourir.

En vain, il chassa avec fureur et succès, tuant le gibier pour tuer le temps.

Sa pensée était distraite invinciblement : il voyait partout l'image de Juanita, partout il croyait entendre sa voix ; vingt fois il se retourna sur le bruit léger d'un oiseau prenant sa volée ou d'un lapin débusquant ; il s'imaginait que la jeune fille était derrière lui.

Cette obcession fut si forte que M. Balouzet se sentit las de lutter contre elle ; il éprouvait une telle tentation de retourner au Jardin des Roses, qu'il prit la résolution de mettre une plus longue distance entre sa personne et lui.

Marcheur infatigable, il se mit en route, gagna une station de chemin de fer et y fit certains calculs.

Il compta ce qui lui restait de temps avant la cérémonie et prit le premier train rapide qui passa ; il avait l'intention de ne s'arrêter que juste à la gare où en prenant l'autre train allant en sens inverse, il pouvait revenir à temps pour se marier.

M. Balouzet fut stupéfait du spectacle qui se présenta à ses yeux quand il fut entré dans le *rapide*.

On sait ce que sont les chemins de fer américains, comme matériel roulant.

Les wagons s'unissent les uns aux autres par un couloir qui permet de circuler d'un bout du train à l'autre.

Il y a fumoir, terrasse à ciel ouvert, cabinet, restaurant.

Les strapontins sont disposés le long des côtés et on les lève ou on les abaisse à volonté pour en faire des sièges ; de même pour les tables.

La nuit, on abat des lits agencés contre les flancs des voitures.

Bref, on vit presque commodément dans ces convois qui filent à toute vapeur à travers les espaces immenses que traversent les voies ferrées des États-Unis.

A chaque station, les crieurs de journaux vendent les feuilles publiques, des livres et des brochures.

Dans le *rapide* qui va de New-York à San-Francisco, en transportant les voyageurs des bords de l'Atlantique sur ceux du Pacifique, un journaliste a fondé une feuille qui s'imprime dans le train même.

Ceux qui prennent ce train sont généralement des commerçants fort riches, des ingénieurs, des banquiers, tous gens faisant de grandes affaires et se trouvant à la tête d'entreprises colossales, ayant un puissant intérêt à être bien renseignés.

Le directeur du journal ambulant a un bureau dans chaque station et on y reçoit pour lui les télégrammes sur tous les faits importants qui se passent dans le monde entier.

A chaque station, il reçoit son bulletin de nouvelles des mains de son employé sédentaire ; si celui-ci en a eu le temps, il a *composé* ce bulletin en caractères d'imprimerie, si l'heure ou plutôt la minute ne lui a pas permis de le faire, des ouvriers typographes composent dans le train et l'on y imprime.

A chaque station nouveau journal.

De cette façon, en arrivant à San-Francisco, un négociant de New-York est tout aussi renseigné, tout aussi prêt à conclure des affaires que ceux de la ville où il arrive ; il connaît tout : état du marché, mercuriale, politique, événements extérieurs.

De plus, à chaque station, il a pu, par le télégraphe, envoyer des ordres.

On conçoit quelle activité règne dans de pareils trains.

Qu'on y ajoute certaines façons d'agir américaines qui font le désespoir d'un Européen formaliste, mais qui suppriment toute gêne.

Par exemple, on n'a pas de place attitrée.

Vous quittez celle que vous avez adoptée ; un autre la prend.

Vous laissez un livre sur une table ; votre voisin l'ouvre et le lit.

Vous lui rendez la pareille à l'occasion et personne ne se formalise.

On mange à toute heure, on boit de même, on va, on vient, on cause en toute liberté : c'est charmant !

M. Balouzet qui n'avait pris qu'un train de banlieue une seule fois auparavant et pour très-peu de temps, fut stupéfait de ce genre de vie si nouveau et il y trouva une puissante distraction.

Il refit connaissance avec un très-riche banquier anglais qu'il avait vu à San-Francisco.

Ce banquier, nommé Hawart, était l'un des plus heureux spéculateurs de San-Francisco ; il se trouvait à la tête d'une maison qui faisait des affaires colossales.

Joueur effréné du reste, toujours favorisé par la chance, il gagnait des sommes folles contre quiconque en hasardait contre lui ; il avait ruiné de fond en comble plusieurs banquiers, ses rivaux.

Les San-Franciscains admirent toutes les supériorités.

Sir Hawart devint célèbre, et eut sa cour dès qu'il fut bien constaté que nul ne pouvait le gagner dans une partie de longue haleine.

Le club des joueurs de San-Francisco le nomma champion de la ville.

New-York envoya son champion qui fut battu à fond.

Lord Narfolk vint tâter Hawart et perdit contre lui dix-huit de ses propriétés dans le Northumberland.

Le prince Schauvaloff fit un voyage interminable pour se mesurer avec le célèbre Hawart et il fut quasi ruiné.

Bref, Hawart en vint à rendre un nombre formidable de points pour trouver quelqu'un qui se risquât contre lui.

Il avait été mandé un jour à Boston par le télégraphe pour livrer bataille à un comte poméranien, possesseur de mines fabuleusement productives, produisant 10 millions de revenus par an et joueur aussi enragé, aussi chanceux qu'Hawart, disait-on.

Le comte avait laissé un million de dollars en bank-notes, entre les mains d'Hawart.

Enfin, par ce train-là même, il allait à Washington où il devait se tenir pendant un mois à la disposition de qui voudrait jouer contre lui ; s'il sortait au bout de ce mois, encore une fois vainqueur, il devait être acclamé champion des États-Unis d'Amérique.

Tous les journaux retentissaient de la lutte future et la célébraient.

Comment connaissait-il M. Balouzet ?

Par le club des Victorieux dont le trappeur Touche-Toujours faisait partie.

Tout homme qui a remporté un prix de sport, qui est réputé maître dans un art ou un métier quelconque, fait partie de droit, à San-Francisco, d'un club exclusivement composé de vainqueurs, qui s'appelle aussi club des Rois.

M. Balouzet ayant triomphé de tous ses rivaux au tir, excepté de Balle-Enchantée aux longues distances, avait partagé un prix avec ce dernier ; donc il était du fameux club.

Là Hawart s'était lié avec lui.

Il aborda donc familièrement le trappeur et lui demanda de ses nouvelles, où il allait, comment il quittait San-Francisco au moment où il devait se marier.

Car on parlait beaucoup de ce futur mariage.

Touche-Toujours n'avait pas cessé d'être cher aux San-Franciscains qui s'occupaient fort de lui.

M. Balouzet répondit à sir Hawart que, mourant de faim, il désirait s'attabler et que si le banquier voulait lui faire l'honneur d'être son vis-à-vis en face d'un dîner succulent, il lui raconterait son histoire en confidence.

Hawart accepta par curiosité.

Comme tout bon Anglais il avait un robuste appétit et un bon repas ne lui faisait pas peur, au contraire.

Il comprit que M. Balouzet ne voulait pas parler devant tout le monde.

— Mon cher, lui dit-il, si vous voulez, ce sera moi qui vous prierai de partager mon dîner, et nous prendrons une table à deux pour n'être gênés par personne.

« J'ai eu soin de faire embarquer une cave bien garnie.

« J'ai des vins excellents, entre autres un certain porto qui a trente ans.

« De la sorte, nous mangerons beaucoup, nous boirons longtemps, et cela nous aidera à tuer le temps qui me paraît extraordinairement long en chemin de fer.

« Figurez-vous que même en rendant trois points sur sept à l'écarté, je ne trouve pas un gentleman qui consente à tenir les cartes contre moi.

— Si vous étiez homme à jouer dans mes modestes moyens contre moi, dit M. Balouzet, nous ferions dans ces conditions quelques parties que je me chargerais de vous gagner.

— Hein, vous dites ? fit Hawart en redressant la tête comme un cheval de bataille au son de la trompette.

— Je dis qu'après dîner, je vous ferai une partie si vous voulez. J'irai jusqu'à un louis comme enjeu et si je perds, ma foi, je serai bien étonné, car j'ai de la chance.

Lady Bernett au bras de Varly (Jean-Baptiste), le jour du mariage. (Voir les livraisons suivantes.)

— Dînons, dit Hawart joyeux.

« Un louis ce n'est rien, mais l'honneur est tout et vous me piquez au vif. »

Le banquier donna ses ordres et l'on s'occupa du repas. En attendant on but du malaga.

M. Balouzet remarqua que dix à douze gentlemen se rangeaient sans affectation autour de la table et il les signala d'un regard au banquier :

— Ne vous en préoccupez pas, dit celui-ci ; ce sont mes gardes du corps. Pour jouer, billets sur table, j'ai toujours sur moi, en portefeuille, des valeurs considérables.

« Ainsi, dans ce moment, j'ai une somme dont le chiffre vous étonnerait.

« Or, à Washington où je vais lier partie, je pourrais être attaqué, dévalisé, tué comme on a déjà tenté de le faire à New-York.

« Mais j'avais déjà mon entourage.

« Ce sont de bons Anglais, des matelots loyaux que je paye bien, qui sont à la fois mes employés à la banque et mes fidèles gardiens.

« Ils ont donné aux voleurs une leçon dont il a été parlé.

« Mais contez-moi donc votre affaire, mon cher Touche-Toujours.

M. Balouzet, tout en dînant, fit ses confidences.

Il mangea si bien qu'Hawart le complimenta.

Il but si sec que le banquier lui dit amicalement :

— Prenez-y garde !

« Mon porto, quoique vieux, est encore solide et vous terrasse un homme.

M. Balouzet haussa les épaules et tendit son verre en disant :

— Versez toujours !

« J'y verrai assez clair pour vous gagner des louis.

— By God ! fit Hawart, piqué de cette prétention.

« Je vous viderai vos poches.

« Au jeu !

A peine les deux joueurs eurent-ils engagé partie, qu'un cercle de curieux se forma.

C'était un plaisir pour tous de voir le fameux Hawart les cartes en main.

On avait tant parlé de sa chance !

M. Balouzet avait, lui, une tête solide ; il avait beaucoup de calme, ne s'emballait jamais ; il était fort gai et doué d'une prodigieuse mémoire, ce qui est une grande force à tous les yeux.

Il gagna la première partie, à la grande surprise de tous.

Le banquier s'entêta à rendre toujours des points ; il perdit cinq parties consécutives.

La galerie était stupéfaite.

M. Balouzet proposa de jouer à égalité et força Hawart à accepter.

Celui-ci perdit encore.

Il y eut de longs murmures de surprise parmi les spectateurs.

Hawart alors voulut élever l'enjeu.

Comme M. Balouzet jouait sur le velours, c'est-à-dire sur ses gains, peu lui importait ; il laissa Hawart s'emballer ; il consentit à des quitte ou double ; il mena la partie avec une habileté remarquable, eut quelques déveines suivies de séries de beaux coups, et rapidement il réalisa des sommes considérables en bank-notes.

Bientôt, au milieu d'un silence de mort, il joua vingt-cinq mille dollars !

Hawart s'irritait de sa malchance et commettait des fautes.

M. Balouzet ne perdait point la tête.

Il enleva les vingt-cinq mille dollars brillamment et dit au banquier en riant :

— Décidément, je crois que je puis vous rendre des points à mon tour.

La galerie, cette fois, poussa des hourrahs et Hawart en devint pâle de rage.

Il exigea revanche sur revanche ; les péripéties de la lutte devinrent palpitantes ; mais, en fin de compte, M. Balouzet gagnait toujours. Il entassa dans un portefeuille les valeurs sur les valeurs.

Hawart déclara qu'il engageait partie à fond et qu'il voulait avoir raison de la veine insolente de son adversaire.

M. Balouzet dit qu'il tiendrait tête à Hawart ; mais il l'avertit qu'il descendait à une station qui fut marquée au crayon rouge sur l'itinéraire de chacun.

Il fut entendu que là M. Balouzet ferait *charlemagne*, s'il gagnait toujours.

Il gagna imperturbablement.

Jamais on ne vit pareille veine.

Le *Journal du train* donna le détail des parties.

Tous les voyageurs se passionnèrent, les

uns pour le joueur français, d'autres, contre ; comme toujours, les paris s'ouvrirent.

Une exaltation extraordinaire s'empara peu à peu des esprits.

M. Balouzet jouait au milieu des hourrahs saluant ses victoires ; il fut délirant de brio.

Après cinquante-deux heures dix-sept minutes et vingt-trois secondes de luttes, le banquier anglais n'avait plus un dollar à mettre sur table, non plus qu'un marchand de cochons de Cincinnati qui eut l'imprudence de faire les enjeux d'Hawart quand il eut été décavé ; avec eux, trois gentlemen qui avaient voulu fournir des fonds au banquier, virent leurs valeurs passer aux mains de M. Balouzet qui se leva enfin, pâle mais calme, en entendant le nom de la station où il devait descendre.

Il n'avait pas dormi, à peine avait-il mangé, mais il avait bu beaucoup.

Il avait montré un flegme inouï qui stupéfiait les Yankees ; ses partisans déclarèrent qu'il était le roi des joueurs, sans conteste ; ses adversaires firent cette réserve que n'ayant pas perdu, on ne pouvait le juger que pour le gain, et qu'il faudrait le voir dans la déveine.

Mais on s'accorda à dire que jamais plus beau joueur n'avait mené plus belle partie.

Tous lui serrèrent la main ; les ladies l'embrassèrent.

On salua sa descente du train d'acclamations enthousiastes ; les voyageuses agitaient leurs mouchoirs, les gentlemen ôtaient leurs chapeaux.

M. Balouzet ne pensait qu'à une chose : c'est qu'il était riche et qu'il pourrait consoler Juanita en lui envoyant une dot formidable.

— Ma vie est perdue ! se disait-il, à moins qu'un bonheur inouï ne me débarrasse de lady Bernett, bientôt hélas ! madame Balouzet.

« Je ne peux épouser Juanita.

« Je ne veux pas la déshonorer.

« Je respecte trop cet ange et dona Marchese, et j'ai trop de caractère pour me conduire comme un polisson.

« Je ne porterai pas le déshonneur dans cette famille.

« Mais je vais envoyer une fortune à Juanita et elle sera heureuse.

Sur ce, M. Balouzet, en attendant le train de retour, se faisait servir à dîner dans le restaurant de la gare et il comptait ses gains.

Il avait trois millions de francs de valeurs en poche...

— Et dire, murmura-t-il, qu'à Paris j'éprouvais plus d'émotion en jouant le whist à dix sous la fiche dans mon cercle !

En ce moment des télégrammes avaient déjà signalé partout cette partie extraordinaire et ses péripéties.

On juge des fureurs de lady Bernett, quand elle sut par son journal à quoi s'occupait son fiancé.

Ce dont M. Balouzet ne se doutait pas, c'était des dangers qu'il courait.

Quand l'on sut à San-Francisco et dans les stations précédentes, que M. Balouzet vainqueur et porteur de valeurs considérables, avait repris un train revenant sur San-Francisco, nombre de bandits californiens eurent l'idée de tenter un mauvais coup pour lui enlever son or.

Cette idée vint à beaucoup de mauvais drôles.

Isolément, par bandes de quatre ou cinq, ou par groupes de dix à quinze, ces chenapans gagnèrent les stations pour monter dans le train où M. Balouzet devait revenir.

Il en résulta, que ce dernier devait se trouver à la merci d'une centaine de scélérats qui ne pouvaient manquer de s'entendre pour s'emparer du train, imposer leur volonté à tous les honnêtes gens, dépouiller ceux-ci y compris et avant tous M. Balouzet.

Pareils faits arrivent assez souvent aux États-Unis.

On a vu, un jour de fête, des gredins, au nombre de trente, s'emparer d'un train, lier les maris, insulter leurs femmes, voler tout le monde et disparaître sans qu'il fût possible d'en châtier un seul.

Nous citerions bien des faits de ce genre, si nous n'avions pas à raconter ce qui advint à M. Balouzet ; au milieu de tant d'affaires à peu près semblables, celle-là intéressera plus particulièrement le lecteur.

Donc le train marchait toujours, et, à chaque gare, de nouveaux personnages montaient et le remplissaient.

M. Balouzet, lui, s'était fort tranquillement couché, la nuit étant venue ; il était mort de fatigue.

Ce que le banquier Howart lui avait dit des gardes ne l'avait pas suffisamment éclairé.

En effet, M. Balouzet ne se serait jamais imaginé, que dans un train, tous wagons communiquant, on pouvait égorger quelqu'un pour le voler.

En France, on assassine de loin en loin un individu isolé dans un compartiment où se trouvent lui et le meurtrier.

Aussi ce que nous espérons et réclamons pour obtenir la sécurité, c'est la communication entre les wagons telle qu'elle existe en Amérique.

Nous en sommes chez nous à cette idée naïve, que le nombre des honnêtes gens est supérieur à celui des coquins ; en Amérique, les bandits sont si nombreux, et ils savent si bien profiter de l'association et des télégraphes, qu'ils peuvent, sur un point donné, faire la loi.

Donc, pendant que M. Balouzet sommeillait, des bandes diverses avaient envahi le train.

Mais, entre elles, la cohésion n'existait pas d'abord.

Seulement l'instinct des voleurs étant de se créer une langue en quelque sorte universelle, des signes connus d'eux seuls et d'eux tous, il se produisit ce phénomène que tous les bandits du train furent bientôt en relations entre eux.

Il faut l'avouer, le voleur étant traqué sans cesse, voit s'éveiller en lui certaines facultés qui deviennent excessives.

Le flair d'abord.

De même que le gibier traqué ou le chien traqueur, un voleur est averti par des sens merveilleux.

Là où vous verrez un honnête bourgeois, un filou devine un agent de la sûreté, un de ses camarades prêt à faire des dupes ou un banquier en fuite.

Les voleurs, en quelques instants, se mirent en relations.

Agir séparément, c'était s'exposer à manquer leur coup.

Il fallait de l'ensemble.

Chaque bande, voire chaque individu, comprit que si l'on attaquait, si l'on tuait M. Balouzet sans ensemble, au moment du partage, il y aurait entre les troupes des rixes sanglantes et meurtrières.

Il fallait donc s'entendre.

C'est ce qu'on fit.

Tout d'abord les chefs de trois troupes très-fortes s'abouchèrent.

Il y avait :

1° Spiritus Sanctus.

C'était un prêtre catholique mexicain défroqué, condamné pour attentat à la pudeur et assassinat, devenu la terreur de San-Francisco et célèbre dans les annales judiciaires de cette ville où tant de fameux coquins se sont fait un nom.

Il avait sept acolytes, faute d'avoir eu le temps d'en raccoler davantage ; car parfois il avait jusqu'à trente hommes et plus pour un coup d'audace.

2° On remarquait le célèbre Kalkrass, un aventurier hongrois.

Il disposait de cinq hommes.

C'était une bête fauve qui avait débuté par être heiduque, ou si l'on veut chef d'insurgés contre les Turcs, ou mieux encore bandit de grands chemins sans couleur politique.

Sa tête, étant mise à prix à dix mille ducats en Autriche, à trente mille piastres dans les états du Sultan, il avait échappé à quatre ou cinq trahisons et il était venu se réfugier en Californie pour s'y faire mineur.

Mais, en fait de mines, il n'avait jamais exploité que les poches des autres.

3° Un certain Nantais de notre connaissance, dit *Va-de-l'Avant*, *Va-Bon-Train*, *A l'abordage*, etc., etc., tous surnoms caractéristiques, Va-de-l'Avant, le bien nommé, Va-de-l'Avant, l'ami du Gentleman, se trouvait là avec des matelots.

Il en avait onze.

Ces trois chefs se reconnurent et s'entendirent.

Il fut convenu, stipulé, juré entre voleurs les conditions suivantes :

D'abord on devait proposer association à tous ceux qui voudraient accepter le pacte et traiter sur les conditions ordinaires de partage des pirates de prairies.

Tant par homme.

Et chaque bande entre ses membres selon ses conditions particulières.

Donc, on mit les trois bandes au courant du traité conclu entre les chefs et l'on rechercha les autres voleurs en troupes ou séparés ; on eut bientôt trouvé.

En une demi-heure, tout fut arrêté, conclu, signé verbalement par paroles d'honneur et poignée de main.

Et M. Balouzet dormait béatement du sommeil du juste.

A côté de son fauteuil, en soutane, un prêtre catholique sommeillait aussi ; il était entré avec les premiers voleurs.

Cet ecclésiastique avait le visage rayé, l'air grave et recueilli, autant que permettait d'en juger un visage enveloppé à demi d'un mouchoir à cause d'une fluxion causée sans doute par un mal de dent.

Le Seigneur ne met pas ses élus à l'abri de ces petites infirmités, pas plus que du mal d'amour.

Le saint homme dormait, non, sommeillait.

De temps à autre il laissait filtrer un regard demi voilé autour de lui ; puis il se rendormait.

Faut-il tout dire ?

Ce personnage, par le peu qu'on voyait de ses traits avait l'aspect très-sérieux, mais rébarbatif.

Pour un prêtre catholique, il n'avait rien de papelard.

Pour un homme d'église, il présentait des traits heurtés, annonçant volonté, obstination et audace.

On n'en voyait pas très-grand, de cette figure significative.

Mais ce qui en apparaissait suffisait pour faire supposer que ce n'était pas là le vulgaire et pacifique desservant d'une paroisse paisible.

Toutefois, comme les curés ne portent pas généralement de millions sur eux, peu importait aux voleurs que celui-ci fut là.

Mais le Nantais, seul parmi ses confrères, se préoccupait de ce prêtre.

Il le montra à un certain Kergoat, son lieutenant, une espèce de brute géante des environs de Plou-Gastel, dans le Finistère.

— Vois-tu ce curé ? lui demanda-t-il.

— Oui ! dit Kergoat.

— Qu'en penses-tu ?

— Que ça m'ennuie de le voir là près de Touche-Toujours.

« Je n'aimerais pas à taper dessus ; ça porte malheur.

— Imbécile !

— Je te dis moi que ça porte malheur ! Qui tue un prêtre meurt dans l'année ; c'est bien connu.

— Tu n'es qu'un âne.

— Tu ne crois pas à ça ?

— Non.

— Alors qu'est-ce que ça te fait que le prêtre soit là ?

— Je ne sais...

« D'abord il me semble que je connais cette tête-là.

— Tiens, tiens, tiens !

« Moi aussi j'ai vu ce nez-là quelque part.

— Enfin, somme toute, bien récapitulé, je ne vois rien qui puisse faire manquer notre coup ; il faut agir.

« Ce prêtre n'est qu'un homme.

— Tu verras qu'il fera tout manquer, dit Kergoat.

— Allons donc !

« Un seul oiseau de cette plume, un méchant corbeau ne fera pas reculer une centaine d'hommes résolus.

Et, comme il avait le commandement, le Nantais donna ses ordres.

Vingt hommes avec Kalkrass se chargèrent de garder à vue le personnel, notamment le mécanicien et le chauffeur.

Trente hommes reçurent mission de terrifier les voyageurs et de les dépouiller dans les wagons qui précédaient celui de M. Balouzet ; Spiritus Sanctus commandait cette bande ; trente autres eurent même mission pour l'arrière avec le capitaine Halifox, un voleur de grands chemins, qui, condamné comme convict à la déportation en Australie, s'était évadé et exploitait maintenant l'Amérique.

Le lecteur n'oublie pas que les couloirs unissaient toutes les voitures.

Une trentaine de bandits occupaient le wagon même de M. Balouzet et se chargeaient de l'expédier.

Mission facile.

Le trappeur dormait comme un sourd avec une imprudence incroyable.

Il avait cependant pris la précaution de cacher son portefeuille de valeurs sur sa peau même et de l'y assujettir en bouclant dessus sa ceinture de cuir.

Le portefeuille gonflé lui entrait dans les côtes, car il dormait dessus ; mais M. Balouzet estimait sans doute que tant de bancknotes ne lui causaient point plus de gêne qu'une feuille de rose dans le lit d'un sybarite.

Cependant, à côté de M. Balouzet, le prêtre catholique suivait attentivement d'un regard sournois les manœuvres des bandits.

Quand il les vit se grouper, se masser, se diviser en pelotons, il ouvrit un bréviaire comme pour dire ses heures.

Un mouvement se produisit alors très-silencieusement parmi une douzaine de voyageurs, montés récemment dans le compartiment ; ils se rangèrent aux portes du wagon.

Le Nantais le remarqua.

— Diable, dit-il à un autre chef, voilà des confrères inconnus.

Il montrait les individus qui s'étaient placés aux portes.

— Ce sont, dit le chef, des gens que je n'ai jamais vus parmi nous.

« Peut-être viennent-ils d'ailleurs que de San-Francisco.

« En tous cas, ce ne sont pas des affiliés ; ils n'ont pas répondu aux signes.

— Qu'en faisons-nous ?

— On les laissera agir avec nous, puis... on s'en débarrassera.

Les personnages en question avaient des mines patibulaires.

Longues barbes incultes, vêtements râpés trop amples, figures rébarbatives.

Le Nantais jugeait à la mine que ce devaient être des coquins.

Le wagon s'était rapidement vidé de tous les honnêtes gens qui s'y trouvaient, tant les dispositions des bandits étaient devenues tout à coup manifestement hostiles.

Seul le prêtre restait.

Tous les autres voyageurs avait compris d'instinct qu'un guet-apens allait s'accomplir.

Déjà, dans les autres voitures on échangeait ses impressions, on se concertait, on maudissait la présence de M. Balouzet qui avait attiré le péril sur ce train.

Mais que faire ?

Les honnêtes gens se comptaient de l'œil et se trouvaient trop peu nombreux.

Cependant, çà et là, on en voyait qui préparaient leurs revolvers.

Mais, fait singulier, les manœuvres opérées dans le wagon de M. Balouzet se répétaient dans les autres.

Partout, à chaque porte, il y avait des hommes, non affiliés aux voleurs de San-Francisco, voleurs eux-mêmes — du moins, personne n'en doutait, vu les allures, — qui gardaient les issues.

Le train filait avec l'effroyable rapidité des express américains :

Quarante lieues à l'heure !

Il volait sur les rails, dévorait l'espace, brûlait la voie.

Et, dans ce convoi coupant l'air comme une flèche, un drame sanglant allait commencer.

Pour la première fois de sa vie cependant, le Nantais hésitait.

Le prêtre l'inquiétait.

Les bandits non affiliés le préoccupaient beaucoup.

Mais il fallait en finir.

Il tenta d'établir une entente avec ceux qu'il appelait ses confrères.

Il vint droit à cinq d'entre eux à l'une des portes et leur dit à voix basse :

— Nous sommes vingt-six dans ce wagon et vous êtes dix en tout.

« Cinq à cette porte, pas un de plus à l'autre.

« Évidemment vous avez la même idée que nous.

« Voulez-vous être des nôtres et partager ?

— Non ! dit sèchement celui qui paraissait commander.

— Que prétendez-vous, alors ?

En ce moment le prêtre se levait, jetait un manteau sur le corps de M. Balouzet et criait à haute voix :

— Va-de-l'Avant, je vous connais ; je vous somme de vous rendre !

« Vous ne tirerez pas un penny de toute cette affaire.

— Au diable, canaille ! répondit le Nantais, en donnant le signal du combat par un coup de revolver tiré sur le curé.

Soudain, jamais coup de théâtre ne fut plus rapide, les mac-farlane qui couvraient les adversaires du Nantais tombèrent et dix constables parurent, en uniformes, débarrassés de leurs fausses barbes.

C'étaient les hommes de Schleman, lequel lui-même jeta bas le mouchoir qui couvrait sa fausse fluxion, et se montra aux yeux des bandits à la place du prêtre catholique.

Sans qu'une seconde fût perdue, les constables firent un feu terrible sur les voleurs qui ripostèrent.

Le Nantais se précipita sur Schleman et lui lâcha deux balles à bout portant, sans résultat.

Le schériff abaissa sur le fameux matelot sa redoutable main, le prit à la gorge, et lui coupant la respiration, le maintint ainsi pendant que les constables en finissaient avec les autres bandits.

Tous ceux qui ne sautèrent point par les fenêtres, furent tués.

Trois constables seulement furent blessés très-légèrement aux bras ou aux jambes.

Le secret de leur supériorité consistait en une espèce de cotte de mailles qui couvraient la poitrine et le bas-ventre sous l'uniforme et que portait aussi Schleman.

Les balles ne pouvaient rien sur ces hommes blindés.

On sait avec quelle rapidité le revolver expédie son monde.

En moins de vingt secondes le combat était fini.

Fini, non-seulement dans le wagon de M. Balouzet, mais partout, car partout les constables du schériff avaient agi avec une vigueur, un ensemble et une résolution qui avaient fait l'admiration des voyageurs.

Pendant une demi-minute, ceux qui virent passer ce train comme un éclair, virent pleuvoir des corps par les fenêtres ; c'étaient les bandits en fuite qui, pour la plupart, se brisaient en tombant sur la voie.

Les détonations éclataient, les éclairs brillaient, les hurlements retentissaient ; le sang coulait par les portes.

Ce fut une affreuse scène.

Puis le calme se fit comme par enchantement.

Les bandits qui n'étaient que blessés furent, en un tour de main, portés dans un wagon à part, désarmés, gardés à vue par un poste de constables.

Les garçons du wagon-restaurant lavèrent le sang versé.

Les morts furent pendus aux portières pour servir à intimider les coquins et à rassurer les braves gens.

Et... l'on but à outrance au schériff Schlemann et à ses hommes.

Mais... M. Balouzet...

M. Balouzet s'était réveillé tout à coup au bruit d'une revolverade enragée ; il s'était dressé, comme mu par un ressort, avait vu de la fumée, des gens debout et des cadavres.

C'était déjà fini.

Et il n'avait pas encore eu le temps de se rendre compte de rien que la voix grave de Schlemann lui disait :

— Touche-Toujours, je suis venu fort à propos pour vous empêcher d'être assassiné et volé par des coquins.

« J'espère que vous me tiendrez compte de ce service.

« Vous oublierez votre arrestation et les désagréments qu'elle vous a causés ; mais vous n'oublierez pas de gratifier mes constables qui vous ont conservé votre fortune.

M. Balouzet, ahuri, serra la main de Schlemann avec reconnaissance.

Autour de lui dix-sept cadavres jonchaient le plancher.

Quel réveil !

— Mon cher, lui dit Schlemann en ouvrant la porte et en lui montrant le wagon voisin, partout la besogne est finie.

« Offrez-nous du champagne ! »

M. Balouzet ne se le fit pas dire deux fois.

Il commanda de servir autant de mouët qu'il y en aurait dans le wagon-restaurant et l'on but gaiement.

— Ne pensez-vous pas ? demanda le schériff, que ce serait le moment de chanter le fameux chœur que vous nous avez appris ?

— Oui ! oui ! dit Eveling qui se serait bien gardé de manquer pareille partie.

« Ensemble. »

Et tous les constables entonnèrent le refrain connu :

Dans la gendarmerie....

Les voyageurs firent chorus du mieux qu'ils purent.

Si un voyageur entend répéter cette chanson dans les corps de garde des policemen de San-Francisco, il saura dans quelles circonstances il est devenu si populaire parmi eux.

Cependant Eveling notait, notait, notait, comme toujours.

Schlemann, laissant ses hommes s'en donner à cœur joie, causa avec M. Balouzet, lui donnant des explications.

— Oui, lui disait-il, vous êtes né coiffé ; vous avez une chance inouïe.

« Une femme que vous avez fui, une femme que vous n'aimez pas s'acharne à vous protéger, à vous conserver, à vous adorer.

« C'est lady Bernett qui est venue me trouver, qui m'a dit que vous alliez être probablement en danger.

« C'est elle qui m'a offert une prime pour vous amener sain et sauf à San-Francisco.

« C'est elle...

— Assez Schlemann ! dit M. Balouzet avec un soupir profond.

« Quand je pense au sort qui m'attend je me demande si mieux ne vaudrait être tombé tout à l'heure sous les balles de ces sacripants.

En vain Schlemann essaya-t-il de remonter le moral au trappeur.

M. Balouzet était navré.

Il y avait de quoi.

Qui que ce fût, à sa place, en comparant lady Bernett à Juanita, eût été tenté de se suicider en se voyant forcé de renoncer à l'une pour épouser l'autre.

On arriva à la dernière station avant San Francisco.

Là Schlemann télégraphia à lady Bernett et aux journaux :

« Balouzet sauvé !

« Quarante bandits morts !

« Quinze blessés prisonniers.

« Le reste en fuite ou écrasé sur la voie. »

On juge de l'émotion qui saisit les San-Franciscains à cette nouvelle.

Immédiatement la ville se mit en branle ; tous les clubs, toutes les corporations, toutes les sociétés, musique en tête, se rendirent à la gare d'arrivée.

Trois cent mille personnes s'étouffèrent pour saluer le fameux Schlemann, voir le fameux Va-de-l'Avant prisonnier et acclamer M. Balouzet vainqueur du roi des joueurs, le banquier Hawart.

On juge de l'effet produit par les cadavres pendus aux fenêtres des wagons quand le rapide entra en gare.

L'enthousiasme fut délirant.

Schlemann et Balouzet furent l'objet d'une ovation folle, comme savent en faire les Américains.

Ce fut en pompe et suivi d'une multitude innombrable que M. Balouzet se rendit à l'hôtel d'abord pour s'y habiller rapidement, et au consulat de France pour se marier.

CHAPITRE XL

Le mariage.

Tout était prêt au consulat de France pour la cérémonie.

Les télégrammes avaient rassuré tout le

monde, excepté lady Bernett qui tremblait encore et qui n'osait croire à son bonheur prochain.

Elle avait voulu se faire transporter à la gare au-devant de son fiancé, mais sir Evans s'y était formellement opposé.

Tentative de mourir. Voir les livraisons suivantes.

— Votre fiancé, avait-il dit, vous prie de l'attendre au consulat ; c'est là qu'est votre place.

La fermeté de sir Evans avait triomphé des impatiences de sa sœur. Mais c'était chose comique que de voir dans la grande salle du consulat la vieille dame agitée sur sa chaise, se démenant, se remuant, interrogeant la pendule d'un œil inquiet, demandant si l'on ne voyait rien venir.

Varly la calmait de son mieux, quand de grandes clameurs retentirent.

M. Balouzet, en voiture découverte, ayant Schleman à ses côtés, arrivait précédé, suivi, entouré par la foule.

Lady Bernett ne put y tenir ; elle s'élança vers la fenêtre, vit celui qu'elle allait enfin avoir le droit d'appeler Ernest tout court, lui envoya des baisers et agita follement son mouchoir.

— Voyez, Touche-Toujours, dit le shériff à M. Balouzet.

« Voyez donc quel touchant accueil vous fait votre fiancée !

— Je la voudrais aux cinq cents diables ! dit M. Balouzet.

Schleman trouva lady Bernett si laide, si grotesque, si ridicule, et il vit M. Balouzet prendre un air si piteux qu'il ne put s'empêcher de rire.

— J'avoue, dit-il, que je ne trouve pas cette lady précisément jolie ; cependant, la nuit, sans bougie, avec beaucoup d'imagination.....

— Oh ! taisez-vous, Schleman ! dit M. Balouzet épouvanté.

« Ne me parlez pas de ce qui m'attend ce soir.

« Je donnerais les dollars à la pelle pour éviter cette nuit terrible et ses conséquences épouvantables.

— Mais après celle-là... d'autres ! fit Schleman.

« Tenez, Touche-Toujours, je vous plains ; et si le sentiment de mon devoir, surexcité par une forte prime, ne m'avait point poussé à vous arrêter, vraiment je ne l'aurais point fait, tant j'envie peu votre sort.

« Après le mariage, si je puis protéger votre fuite, je n'y manquerai pas.

M. Balouzet regarda Schleman dans les yeux.

— Je vous parle sincèrement ! dit le shériff ; j'en jure sur mon honneur.

« La loi exige que l'on s'unisse à la femme que l'on a compromise ou à laquelle on a fait une promesse ; mais elle n'oblige pas à consommer le mariage.

— Eh bien, dit M. Balouzet, si je puis, sans trop de scandale, éviter le lit nuptial cette nuit, je suis sauvé.

— Comment cela ?

— Schleman, ceci est mon secret ; je m'en tairai.

« Sachez seulement que l'homme habile qui me débarrasserait de lady Bernett de minuit à huit heures du matin, c'est-à-dire jusqu'au moment d'embarquer, sachez, dis-je, que cet homme pourrait être sûr de ma reconnaissance.

Schleman était un magistrat sérieux, terrible même dans l'exécution de ses mandats ; mais s'il était intègre, il n'en avait pas moins pour l'or l'estime que lui voue tout bon Américain.

Il ne laissait jamais passer une bonne occasion d'empocher un gain légitime et il avait l'esprit inventif qui fait naître ces sortes d'occasions.

Il demanda à M. Balouzet :

— Vous parlez de reconnaissance pour qui vous débarrasserait de lady Bernett, sans violence, bien entendu. Dites-moi à combien on peut taxer votre gratitude.

— Mettons mille, deux mille dollars ! fit M. Balouzet.

— Dites trois mille et je fais l'affaire, Touche-Toujours.

— Est-ce sérieusement que vous parlez, mon cher ?

— Très-sérieusement.

— Songez qu'on somme, je n'aurais, si je le voulais, qu'à fuir après la cérémonie.

« Ce serait mon droit.

— Est-ce pour diminuer la prime que vous me dites cela ?

— Non ! fit M. Balouzet.

« Je n'en rabats pas un dollar ; je veux seulement vous faire comprendre que je n'admettrais pas de scandale.

« Je vous le répète, pouvant m'esquiver, je ne le fais point, du moins la première nuit, parce que je veux ménager sir Evans qui a été parfait pour moi.

« J'ai horreur du bruit, des scènes ; je sais comment quitter ma femme sans esclandre ; sans que San-Francisco retentisse de ses lamentations et de ses pleurs.

— Je saisis votre idée.

« Ça ce passera pendant le voyage.

— Précisément.

— En conséquence, partant demain, demain matin, une fois à bord, en mer, vous vous moquerez des exigences conjugales de votre femme ; le mal de mer, l'étroitesse des cabines, tout vous y aidera.

— Bref, fit M. Balouzet, trouvez moyen de me débarrasser du tête-à-tête de cette nuit et je vous compte trois mille dollars, si réellement ni le consul ni ma femme ne peuvent m'incriminer.

— Topez là, Touche-Toujours !

— Vous savez... pas de scandale, je le répète.

« Pour rien au monde je ne voudrais manquer de respect au consul Evans.

— Soyez tranquille.

« Tout se passera en incidents, sans que personne puisse vous accuser.

« Comptez sur moi.

En ce moment l'on arrivait au consulat où toute la noce était réunie.

Choquart formait dans le salon un groupe avec Oreilles-d'Argent, Robinson, son nègre Vendredi, l'élite des trappeurs présents à San-Francisco en ce moment et Tonnerre-des-Montagnes, qui en grand costume de chef Sioux, attirait tous les regards par la splendeur de ses armes et la fabuleuse richesse des bijoux dont il s'était orné.

Etant donné le caractère grave du sachem, il semblait qu'il eut dû éviter une cérémonie bruyante, à laquelle Varly avait imprimé un caractère tout particulier de gaieté et de turbulence à la française.

Mais le sachem était si merveilleusement solennel, éblouissant, majestueux, qu'il produisait un effet saisissant sur chaque invité en retard qui entrait.

On eût dit que, par le contraste du costume indien avec l'habit européen, il voulait humilier la race blanche.

Peut-être était-ce là son but.

Plusieurs grands chefs l'entouraient, lui composant un cortège imposant, une cour royale.

Cette fête, en somme, ne manquait pas de pittoresque.

Ces Indiens en manteau de guerre, une trentaine d'hommes de la Prairie, héros dignes d'Homère, types remarquables, tous portant la blouse de chasse tissée de coton-soie, mais ayant tous comme boutons, agrafes, boucles de ceinture, des joyaux d'un grand prix ; en face d'eux les consuls des nations diverses, invités par leur confrère sir Evans, les plus riches négociants de San-Francisco, et avec eux tout ce qui était coté à plus de deux cent mille dollars dans la ville.

Bref l'aristocratie de la cité en présence de celle du désert.

Puis çà et là des personnages d'un caractère original, entre autres un vieux capitaine des armées de l'Union, en uniforme de volontaire de La Fayette, culotte courte, habit à la française, chapeau à trois cornes, et son ami le marquis de Chamarande, noble ruiné, qui avait fait fortune en Amérique, y était resté et gardait encore quelque chose des modes du premier Empire.

Ils se donnaient le bras tous deux et Castelli a dessiné leurs têtes sympathiques dans la vignette représentant le moment où la mariée au bras de Varly (Jean-Baptiste) se rend du salon du consulat à la chapelle protestante (1).

Nous signalons la toilette de satin gris-mauve de lady Bernett, ses bouquets, ses pieds chaussés de souliers roses et la joie du triomphe qui embellit ses traits.

Oreilles-d'Argent, qui avait vu deux petits Auvergnats dans la foule, avait senti son cœur s'attendrir.

Mais il aimait répandre ses bienfaits sans bourse délier, étant fort avare.

Il savait que des largesses seraient faites à la sortie du consulat ; il résolut de faire le bonheur de ses jeunes compatriotes sans qu'il lui en coûtât un sou.

Allant donc cueillir au milieu de la multitude les deux enfants, — le frère et la sœur — il les planta lui-même en tête des curieux, tout contre le mur du consulat ; il déclara que quiconque leur disputerait cette place aurait affaire à lui.

(1) Voir page 103.

C'est pourquoi ces deux intéressants personnages figurent sur notre vignette où ils représentent l'avant-garde d'une masse de trois cent mille curieux.

Après avoir accompli cette bonne action qui ne lui avait coûté qu'un peu de peine, Oreilles-d'Argent était rentré dans le salon, sûr qu'à l'issue de la cérémonie civile, ses petits protégés recevraient bonne aubaine.

Pour achever de peindre le coup d'œil, nous signalerons des femmes charmantes de toutes nations, du reste, quelques-unes portant la coiffure de leur pays.

Hélas miss Jane n'était point là !

Mais il y avait de fort jolies personnes, ce qui allumait le regard de Varly (Jean-Baptiste) et animait singulièrement les trappeurs, lesquels se promettaient de faire merveille au bal après le dîner.

Car les gens de Prairie sont les premiers danseurs du monde.

Telle était la composition de la noce.

M. Balouzet ne s'attendait pas à voir tant de monde.

Il avait, sans s'en douter, plus de cinq cents invités !

Quand il entra dans la salle au bras de Schleman, le consul Evans, par de sévères paroles, était parvenu à calmer lady Bernett; chacun avait pris rang.

Dans le salon, un silence profond.

Dehors un tonnerre retentissant de hourrahs poussés par trois cent mille poitrines !

Sur les cils roux de lady Bernett, les pleurs inévitables des grandes circonstances, perles suspendues à des brins d'herbes un peu fanés, ce qui n'empêchait point l'œil de briller avec un éclat fulgurant.

M. Balouzet, au milieu de tous les regards qui se fixèrent sur lui quand il parut, ne remarqua que celui de lady Bernett.

Il frissonna...

Il lui sembla voir dans les yeux de cette vieille femme tous les feux de l'enfer.

Mais Schleman, sentant défaillir le trappeur, le soutint.

En ce moment, tous les hommes de Prairie et les Indiens saluaient leur camarade d'un ouaouh ! strident qui ébranla les murs du salon.

M. Balouzet leva son chapeau, remerciant du geste tous ces amis chaleureux dont il avait compris l'estime.

Lady Bernett avait voulu courir au-devant de lui; mais le consul Evans, mettant un doigt sur l'épaule de sa sœur, l'avait maintenue en place, ce dont elle enrageait au point d'en pâlir.

M. Balouzet vint lui présenter ses hommages d'un air suffisamment respectueux.

Elle eût voulu l'interroger, lui prodiguer des phrases tendres; mais sir Evans, par une habile manœuvre, coupa court à ces tentatives, en s'emparant de M. Balouzet pour le présenter aux personnages importants qui se trouvaient là.

Puis, comme personne n'avait intérêt à prolonger la cérémonie, on procéda aux formalités habituelles.

Le consul faisant fonctions de maire, fit un petit discours, puis il posa les questions d'usage.

Lady Bernett se trémoussait sur son fauteuil, de façon à faire croire qu'elle était assise sur un cent d'épingles.

Lorsque le consul demanda au fiancé s'il consentait, lady Bernett donna les signes d'une agitation extraordinaire.

Enfin, le oui fatal, le oui si longtemps attendu, le oui qu'elle souhaitait si ardemment d'entendre fut prononcé.

Et d'une voix joyeuse, éclatante comme la fanfare d'un cornet à bouquin, lady Bernett donna son assentiment.

C'en était fait.

L'union était conclue à jamais, le divorce n'existant pas en France.

M. Balouzet était vert-pomme; lady Bernett ressemblait à une de ces énormes oranges mandarines, qui, sur leur écorce granulée, montrent un rouge cuivré, sur un fond jaunâtre.

Il restait à accomplir la cérémonie religieuse; mais ce n'était plus qu'une formalité, un acquit de conscience.

Lady Bernett était, de ce moment, madame Balouzet !...

La réaction de plaisir fut telle que le sang faillit l'étouffer.

Elle se pâma au moment de quitter son fauteuil.

M. Balouzet eut une lueur d'espérance trop tôt dissipée hélas ! car les dames s'étant empressées autour de l'impressionnable madame Balouzet, lui firent respirer tant d'odeurs qu'elle reprit ses sens en éternuant, et en prononçant des mots sans suite, mais non sans signification.

— Ernest... disait-elle... c'est donc vrai... je suis à toi... Mon bien-aimé... tu seras heureux...

Le consul, pour mettre un terme à ces divagations, pria Varly, comme c'était son devoir, d'offrir son bras à madame Balouzet et de l'emmener à la chapelle.

Toute la noce descendit les escaliers du consulat derrière Jean-Baptiste et la mariée qui se retourna se croyant suivie par son époux ; mais celui-ci venait d'être retenu un instant par le consul français qui voulait lui remettre certaines pièces importantes.

Varly rassurait madame Balouzet.

— Il viendra, madame ! disait-il. N'ayez aucune inquiétude.

La multitude, à la vue de la mariée, hurla des acclamations qui remplirent madame Balouzet d'orgueil.

— Je n'aurais vraiment pas cru, dit-elle, produire tant d'effet.

Elle s'attribuait modestement les sympathies qui ne lui arrivaient que par ricochet.

Tout le monde cependant montait en voiture, le marié seul tardait.

Enfin il se montra sur les marches de l'escalier et les applaudissements, les cris redoublèrent avec furie.

Mais ce qui produisit bel effet, c'est que cinquante-deux policemens de la compagnie de Schleman, rangés en bataille, présentèrent les armes à la mariée, puis tirèrent des salves d'honneur.

Toute cette fumée de gloire monta au cerveau de madame Balouzet.

Elle risqua deux pleurs, tant la circonstance lui parut émouvante, et elle dit à Varly et à sir Evans :

— Comme c'est beau d'être aimée ainsi !...

je ne me serais pas crue si populaire à San-Francisco.

— Pardon, fit le consul, ce n'est pas à vous, mais bien à votre mari que s'adressent ces hommages.

« On salue en lui un héros cher à toute cette cité, un homme dont le bonheur extraordinaire séduit la population, portée à admirer les gens heureux.

— Il est certain, dit lady Bernett, que M. Balouzet est né sous une bonne étoile ; ainsi ce mariage...

— Eh ! ce mariage ne lui donne pas la fortune ; il est riche maintenant ! fit sir Evans avec mauvaise humeur.

« Ce qui séduit les San-Franciscains, c'est le triomphe remporté par votre mari sur sir Hawart.

« Puis personne n'a oublié à quelle prodigieuse adresse il doit son surnom de Touche-Toujours.

— Je tiens beaucoup à ce surnom ! dit madame Balouzet. Je ne sais pourquoi il me plaît ; dans l'intimité, j'appellerai Ernest ainsi.

Varly, sur cette déclaration, se mit à rire, ce qui étonna d'abord la mariée ; mais après réflexion elle se pinça les lèvres et reprit des teintes d'orange.

Le consul envoyait mentalement sa sœur à tous les diables.

Enfin l'on arriva à la chapelle où les cérémonies se terminèrent par un magnifique prêche d'un chapelain anglican, qui récita un sermon de circonstance dans lequel il parlait de la belle âme de la mariée.

— Sapristi ! pensait M. Balouzet, si elle a une âme et que cette âme soit jolie, c'est tout ce qu'elle a de bien dans toute sa personne.

Le sermon fut si long, du reste, qu'au grand scandale de l'assistance, Oreilles-d'Argent s'endormit et ronfla, donnant pour basse à la voix de l'orateur les sons de l'orgue naturel dont il jouait sans s'en douter.

Enfin la bénédiction nuptiale étant donnée, on s'en alla luncher !

Il avait été convenu que l'on ferait ce premier repas et qu'ensuite on danserait à l'ombre, sous les arbres d'un parc, dans une propriété de Varly (Jean-Baptiste).

La noce — cinq cents personnes — se rendit à cette villa, où une réception fastueuse était préparée.

Varly avait somptueusement fait les choses.

Cinquante musiciens, cent tables de six couverts, des montagnes de viandes, de poissons froids ; des gâteaux ; des cascades de rafraîchissements.

Le champagne glacé notamment coulait à flots sur un rocher artificiel et formait une nappe clair et pétillante dans un petit bassin où puisait qui voulait.

Naturellement M. Balouzet avait donné le bras à sa femme en quittant la chapelle ; et, miracle, il s'était montré presque aimable ; lady Bernett se prit à espérer que le mariage aurait toutes ses conséquences naturelles.

Pendant le lunch, M. Balouzet fut galant et empressé.

La mariée en frétillait d'aise dans sa robe gris-mauve comme une anguille dans une manne d'osier.

Cette attitude avait été conseillée à M. Balouzet par Schleman.

— Puis-je toujours compter sur vous ? avait demandé M. Balouzet.

— Oui ! avait répondu le syndic.

« Mais montrez-vous résigné de façon à ce que votre femme ne se doute de rien jusqu'à minuit.

— Et... à minuit ?

— Vous devez aller la trouver dans la chambre nuptiale.

— Qu'arrivera-t-il ?

— Elle se montrera tendre, naturellement ; vous lui jouerez la comédie que vous voudrez pendant dix minutes.

— Et alors...

— Alors... vous verrez !

— Mais je voudrais savoir.

— Chut ! fit Schleman.

« On nous observe !

« Mais je vous le répète, comptez sur mon secours, comme je compte sur vos dollars.

— Entendu !

Et M. Balouzet, sachant combien le sché-

riff aimait l'argent, avait conçu bon espoir en son intervention.

Aussi repoussa-t-il celle que Choquart vint lui offrir.

Les lunchs à l'américaine sont des espèces de déjeuners où l'on mange debout, en allant et en venant autour des tables.

M. Balouzet n'avait pas encore daigné regarder son coquin de neveu.

Celui-ci cependant parvint à isoler son oncle un instant.

— Vous voilà marié ! lui dit-il ; je suis sûr maintenant que vous ne ferez plus la folie d'épouser une Louisa.

« Tranquille de ce côté, je viens vous offrir mes services.

— Quels services, monsieur !

— Eh ! mon oncle, ne faites donc pas l'ignorant ; vous devinez bien que je vous je ai compris, et que je ne vous crois pas assez ganache pour coucher cette nuit chez votre femme.

« Vous allez fuir.

« Cette fois, je suis votre guide, si vous le voulez bien.

« Tout est prêt.

— Allez vous promener... où vous voudrez polisson !... dit M. Balouzet.

« Je suis marié ; je ne ferai pas d'affront à ma femme.

« Je vous défends de vous mêler de mon ménage.

Et il tourna les talons.

— Diable ! pensa Choquart.

« Moi qui croyais...

« Est-ce qu'il songerait réellement à amener cette vieille folle à Paris ; les places sont retenues à bord du paquebot.

« Voilà qui serait contrariant.

Et il alla en causer avec Tonnerre-des-Montagnes.

Cependant madame Balouzet qui, en bonne Anglaise, aimait à luncher, avait enfin terminé une copieuse collation.

L'estomac satisfait, elle songea à son pauvre cœur dont l'appétit était fortement aiguisé.

Elle vint donc hardiment, comme c'était

son droit, se suspendre au bras de M. Balouzet qui, loin d'en marquer de la mauvaise humeur, lui dit à voix basse :

— Ma chère amie, nous voici mariés ! Vivons gentiment ensemble ! Je me conduirai bien, soyez-en certaine.

« Je vous demande seulement d'avoir confiance en moi jusqu'à minuit.

— Oh ! dit-elle, je ne vous quitte pas.

— Ne soyez ni inquiète, ni jalouse, ni déraisonnable ! fit-il d'un air persuasif.

« De minuit au matin, je vous consacrerai tout mon temps.

« Mais, sapristi ! chère enfant, d'ici là, ne vous affichez pas.

« Je tiens essentiellement au décorum.

— Jurez-moi que vous viendrez à minuit et que vous... resterez.

« Jurez-moi ça sur... sur... tenez, Ernest... sur la tête de notre premier enfant...

— Je le jure ! dit bas et rapidement M. Balouzet.

« Maintenant, laissez-moi un instant ; respectons les convenances.

« Pas trop d'empressement.

— Bien, mon ami !

« Je vous obéis.

« Mais, sachez-le, dans mon cœur, je vous donne cent baisers !

« Et si nous n'étions pas devant le monde, je...

— Pour l'amour de Dieu, murmura, M. Balouzet, ne vous enflammez pas ainsi.

« Tenez, Varly vous cherche !

— J'y vais, mais par la pensée je reste près de toi, mon ange ! dit-elle.

Et légère comme une sylphide, elle s'en alla en sautillant prendre le bras de Jean-Baptiste.

Après cette escarmouche, M. Balouzet se sentit si malheureux qu'il se jura de se suicider, si, à minuit deux minutes, Schleman ne le sauvait pas des étreintes de cette pieuvre.

Il se tamponna les tempes avec son mouchoir et alla puiser un peu de courage dans la vasque au champagne.

En ce moment l'orchestre préludait.

M. Balouzet se mit en devoir d'ouvrir le bal avec la mariée.

Lady Bernett, pardon, madame Balouzet ne se sentait pas d'aise.

Elle avait vingt ans au point de vue des jarrets.

Elle fit l'admiration des connaisseurs par la légèreté des pas et l'entrain des galops.

Le bal était féerique, du reste ; l'orchestre puissant enlevait les danseurs dont le champagne soutenait les forces.

Varly s'était montré, comme toujours, ingénieux amphytrion.

De temps à autre l'air était rafraîchi dans le parc, autour de l'allée où l'on dansait, par une pluie fine qui saturait l'air d'humidité sans mouiller personne.

Lorsque M. Balouzet eut dansé huit ou dix quadrilles, il put se perdre dans la foule et s'attabler avec Schleman, qu'il venait de retrouver.

Pour la première fois Varly faisait jouer ses appareils destinés à produire une pluie factice.

M. Balouzet s'émerveillait.

— Vraiment, dit-il à Schleman, voilà une excellente invention !

« On respire délicieusement.

« Comment obtient-on ce résultat ?

— Avec des pompes à vapeur pour les incendies, dit Schleman.

« C'est le capitaine Road, mon ami, qui a imaginé d'utiliser ainsi sa compagnie de pompiers et son matériel.

« Il inaugure précisément aujourd'hui son système.

« Et tenez, le voilà...

« En qualité de marié, vous lui devez bien un compliment.

Il héla Road.

— Par ici, capitaine !

« Un verre de punch, voulez-vous ?

« Voici M. Balouzet qui désire vous serrer la main.

Road s'assit à la table du marié et ils firent connaissance.

— Mes félicitations ! dit M. Balouzet, votre invention est étonnante.

— Oh ! l'idée est bien simple ! dit Road.

Il s'agissait tout simplement de mettre des

pommes d'arrosoir au bout des tuyaux de mes pompes.

— Encore fallait-il y penser!

— Est-ce que ces pompes à vapeur fonctionnent bien dans les incendies?

— Très-bien! dit Road.

« A Paris on les emploie peu et mal, parce que l'on ne sait pas s'en servir ; mais les anciennes pompes à bras ne sont que des jouets d'enfants à côté des nôtres.

— Cependant, pour obtenir la pression de la vapeur, il faut chauffer longtemps?

— Erreur! Nous avons des foyers disposés pour brûler du pétrole qui donne une chaleur très-active.

« Tous nos postes sont reliés par le télégraphe, et, de toutes les rues on peut avertir télégraphiquement mes hommes qu'un incendie a éclaté (1).

« En même temps qu'une sonnerie éveille les pompiers du poste, l'électricité fait tomber les anneaux qui retiennent les longes des deux chevaux de piquet tout harnachés qui doivent conduire la pompe ; ils sont dressés à se placer d'eux-mêmes en position d'être attelés.

« Les hommes, en sautant à bas du lit de camp, trouvent déjà les bêtes en place ; il n'y a plus qu'à accrocher les traits.

« Le feu est allumé.

— Par qui?

— Par l'étincelle électrique.

— C'est vraiment très-ingénieux! dit M. Balouzet.

Le capitaine reprit :

— Nous partons et nous ne mettons que cinq minutes pour arriver sur le terrain de l'incendie signalé.

« Nous avons déjà la pression voulue et nous jetons sur la maison en flammes un véritable torrent d'eau.

— Si vous avez de l'eau.

— Nous en avons toujours.

« Nous vissons les prises d'eau des pompes sur les conduites mêmes des canaux de la ville et nous obtenons jusqu'à 600 litres à la minute.

(1) Tous ces détails sont scrupuleusement exacts.

— Mais vous produisez alors de véritables inondations?

— Oh! absolument.

« Tenez, dernièrement, nous sommes appelés rue 17, au numéro 42.

« Le feu était au troisième.

« Je braque une pompe, la première arrivée, et le jet, cassant les carreaux, entre dans la chambre en flammes dont la porte était fermée en dedans.

« Elle était occupée par deux amoureux qui se suicidaient.

« Pourquoi?

« Je n'en sais rien.

« Je ne me mêle pas des choses qui ne me regardent pas.

« Avant que l'on ait eu le temps d'enfoncer cette porte, l'eau était arrivée à la hauteur des croisées de la chambre et le lit des suicidés flottait comme un radeau.

— Mon cher, dit Schleman à M. Balouzet, ceci est l'exacte vérité.

Puis en riant :

— Si, cette nuit, un incendie vous surprenait au moment où vous dormiriez avec votre femme, méfiez-vous de la pompe à vapeur du capitaine Road ; elle vous noierait.

— Sacrebleu, dit M. Balouzet imprudemment, pour un rien, je mettrais le feu au consulat afin de...

— Taisez-vous donc, Touche-Toujours! dit sévèrement Schleman.

« C'est une infernale pensée que vous avez là.

« Le code américain prononce la peine de mort contre les incendiaires.

— Je... plaisantais... dit M. Balouzet avec un rire forcé.

— Voulez-vous visiter ma pompe? demanda le capitaine.

« C'est un morceau d'orfévrerie ; les clapets sont en argent et le sifflet est en or à dix-neuf carats.

— Allons voir ce bijou! dit M. Balouzet.

M. Balouzet se rendit donc auprès des pompiers, il vit fonctionner la pompe et il félicita la compagnie ; mais rappelé vers le bal, il fut bientôt obligé de laisser Schleman seul avec Road.

Le schériff dit alors à celui-ci d'un air mystérieux :

— Vous êtes un vieil ami, capitaine, un homme sûr et prudent !

Ils se battaient dans les cafés. (Voir les livraisons suivantes.)

« Je vais vous confier une crainte qui m'est venue.

« Vous me jurez de n'en parler à personne si l'événement ne justifie pas mes appréhensions ?

— Je crois, Schleman, vous avoir prouvé souvent que je sais me taire.

— Il s'agit d'une chose grave.

« Ce Touche-Toujours est un Français, un cerveau brûlé comme son neveu, Cho-

quart, il est capable de tout. Vous savez comment je l'ai *pincé !*
— Je le sais.
— Sans moi, il n'aurait jamais épousé lady Bernett,

« Or il est furieux, exaspéré.

« Il se vengera.

— Vous croyez ?

— Je parierais cent dollars contre cinquante que cette nuit,

— ... Cette nuit.. ?

— Il mettra le feu au consulat et brûlera sa femme, le consul et tous les invités, si c'est possible.

— Quelle horreur !

— Mon cher ami, songez que c'est un hardi compagnon.

« Il ne recule devant rien.

— Sur quels indices basez-vous vos craintes ?

— N'avez-vous pas entendu ce cri du cœur qu'il a laissé échapper.

« Du reste, je sais qu'il a préparé des relais pour fuir.

— Oh ! oh !

— Tenez, lisez ce rapport.

Et Schleman tendit un carnet rédigé par Eveling sur des renseignements sûrs.

— Voilà, n'est-ce pas, dit Schleman, des préparatifs de fuite dans la Prairie très-bien organisés ?

— Et vous concluez ?

— Qu'à votre place, je laisserais mes pompes en pression toute cette nuit !

« Les chevaux seraient attelés.

« Au premier signal, vous accourez, vous inondez le consulat, vous sauvez la mariée, le consul, les invités, les archives.

— Merci du conseil.

« Vous vous chargez du coupable, n'est-ce pas ?

« C'est votre affaire.

— Soyez tranquille.

« Il a beau chercher à m'amadouer, je le laisse venir et je suis en défiance.

« J'ai l'air de me prêter à ses fantaisies, mais je le surveille.

« Je retourne au bal.

— Et moi je vais donner mes ordres à mon monde pour cette nuit.

Pendant que M. Balouzet éveillait ainsi les soupçons des pompiers par un mot imprudent, Choquart broyait du noir dans un coin du parc.

Il voyait son meilleur compagnon d'aventures perdu pour lui.

A cette heure qu'il était riche, M. Balouzet lui était précieux plus que jamais pour l'insurrection qu'il méditait.

Et voilà que ce vaillant tireur, cet habile homme, ce héros de la Prairie qui eût attiré plus de dix mille flibustiers américains parmi les insurgés cubains, voilà que Touche-Toujours enfin se résignait à être le mari galant d'une vieille folle, dont Choquart avait si bien compté lui faire un épouvantail.

Vraiment c'était du guignon !

Pauvre Choquart !

Il faisait des réflexions assez tristes quand il se sentit frapper sur l'épaule.

Il se retourna.

C'était Martin qui l'abordait.

Le vieux trappeur était soucieux.

— Gentleman, dit-il à Choquart, vous êtes le neveu du marié ?

— Oui ! dit Choquart.

— Allez, je vous prie, lui dire à l'oreille que son ami Martin, du village dalmate, désire lui parler.

« C'est important !

— Bien ! dit Choquart.

Et flairant une aventure, il vint à M. Balouzet auquel il communiqua la commission dont on venait de le charger.

Il vit son oncle pâlir.

— Ah ! ah ! dit-il en ricanant. Il paraît que c'est grave.

— Taisez-vous ! dit M. Balouzet blanc et profondément ému.

« Si vous saviez !...

Et il ajouta d'un air navré :

— Il y a plutôt matière à pleurer qu'à rire, malheureux.

Le ton dont furent dites ces paroles fit impression sur Choquart.

Il était déjà au repentir d'avoir contribué à ce mariage ; il craignit quelque catastrophe imprévue.

Jeune, charmant, irrésistible quand il le

voulait, il voulut gagner son pardon en se rendant utile à son oncle.

Il lui saisit vivement la main, l'entraîna dans le parc et lui dit :

— Écoutez-moi !

« Je vous parais un polisson, comme vous ne cessez de le répéter.

« Admettons que j'aie agi avec une certaine légèreté.

« Mais je voulais vous sauver !

— Et de quoi ? malheureux !

— De Louisa !

« Votre retour à Paris vous perdait ; vous épousiez cette femme !

— Malheureux ! Tu m'as fait tomber de Charybde en Scylla, de mal en pire, du précipice dans l'abîme.

— Oui, mais dans le précipice vous restiez à jamais.

« De l'abîme où vous êtes, que diable ! on peut sortir.

« Une Louisa vous eût trompé, berné, fasciné et tenu quand même.

« Une lady Bernett ne peut que vous inspirer de l'horreur.

« Croyez-moi, fuyez !

M. Balouzet hésitait à prendre confiance en son neveu.

Celui-ci cependant insista :

— Voyons, mon oncle, vous n'êtes pas une poule mouillée.

« De l'énergie, que diable !

« Qu'allez-vous faire à Paris avec une pareille caricature ?

« Vous êtes riche !

« Si vous vouliez...

— Eh bien, si je voulais...

— Nous voyagerions...

— Où ?

— Nous ferions une guerre d'embûches qui vous plairait.

— Mais où cela ?

« J'ai assez de la Prairie.

— Je vous ai entendu souvent déclarer que les esclavagistes méritaient la potence et qu'il faudrait délivrer les esclaves.

— Sans doute.

— Aidez-moi à délivrer les Cubains de l'Espagne et à émanciper les noirs de l'île qui est la dernière terre américaine où se trouvent encore des esclaves.

« Vous attacherez votre nom à cette œuvre immortelle.

— Ah, voilà ce que tu rêves !

— Oui, mon oncle.

— Et c'est pour cela que tu me mariais avec lady Bernett ?

— J'espérais que l'exécrant, vous vous jetteriez avec moi, tête basse, dans une entreprise héroïque.

M. Balouzet réfléchit.

— C'est bien ! dit-il.

— Vous acceptez...

— Mais oui, imbécile...

« Comment as-tu pu supposer un instant que j'étais capable de vivre en tête à tête avec ce vieux monstre !

— Oh ! mon oncle !

Et dans sa joie, Choquart embrassa M. Balouzet.

— Je vois que cette fois tu es franc ! lui dit-il.

« Tu peux t'entendre avec Schleman pour m'épargner une nuit de noces, et compte que je ne suivrai pas ma femme en France.

« Maintenant, laisse-moi !

Choquart ravi alla se jeter sur le buffet, manifestant sa satisfaction en dévorant une montagne de gâteaux et en vidant la vasque de champagne frappé.

De son côté, M. Balouzet abordait le trappeur Martin.

— Vous voilà ! lui dit-il.

« Que se passe-t-il ?

« Parlez vite !

« Vous avez l'air lugubre.

— Vous êtes marié ! fit Martin.

— Vous le voyez ! dit M. Balouzet avec un profond soupir.

— En pleines noces !

— Hélas, oui !

— Voulez-vous recueillir le dernier soupir de Juanita ?

— Hein ! Vous dites !

Et M. Balouzet s'appuya à un arbre pour ne pas tomber.

— Je dis... je dis... fit Martin, que l'enfant se meurt.

« Les fièvres l'ont reprise !

« Elle n'est plus que l'ombre d'elle-même depuis votre départ.

« Le pharmacien est venu avec un bon médecin.

« Ils ont dit que l'enfant était miné par un chagrin moral et que si l'on ne lui donnait pas satisfaction, elle mourrait avant huit jours... par votre faute.

— Martin, je proteste !

« Ce n'est pas ma faute !

— A qui donc ?

« Est-ce moi qu'elle aime ?

— Mais Martin, c'est par délicatesse que je suis parti.

Le vieux trappeur était un brave homme ; il adorait Juanita et il était au désespoir de la voir en pareil état.

— Écoutez, Touche-Toujours, dit-il avec colère, avec votre délicatesse vous me faites l'effet d'un imbécile.

— Oh ! oh ! fit M. Balouzet.

— D'un jobard !

— Martin ! Martin !

— D'un assassin...

« On ne laisse pas mourir comme ça une si belle fille... par délicatesse... sans être une canaille, doublée d'un crétin.

— Assez, monsieur.

— Si vous ne venez pas sur-le-champ, avec moi, dire à Juanita que vous l'aimez et et que vous restez avec nous, j'aurai votre peau ou vous aurez la mienne.

Et Martin se mit à pleurer comme s'il eût eu dix ans.

M. Balouzet en fut si remué qu'il pleura aussi.

— A la bonne heure ! fit Martin. Je vois que vous avez un cœur.

« J'en avais douté !

— Mais c'était par...

— ...Par délicatesse !... vous l'avez déjà dit, Touche-Toujours.

« Au diable ! Aux cinq cent mille diables votre mijaurée de délicatesse !

« Venez !

« J'ai là une voiture.

— Comme cela...

— Allez-vous attendre !

— En plein bal !

— Ah ! Touche-Toujours, si vous saviez ce que valent les minutes !

— Elle est donc bien malade ?

— A la mort.

« La voiture est là !

— J'y vais.

« Personne du reste ne fait attention à nous.

— Vous la verrez, vous la consolerez, vous lui jurerez sur la petite croix qu'elle porte au cou de revenir, puis vous irez finir ce satané mariage.

« Et si jamais l'occasion de loger une balle dans le derrière de votre vieille dinde de femme se présentait, croyez, Touche-Toujours, que je n'aurais jamais tué avec tant de plaisir une perdrix coriace !

— Mon ami, dit M. Balouzet, si... sans l'assassiner .. vous aviez un légitime sujet de tuer ma femme, la moitié de ma fortune serait à vous.

— En route !

— Oui, partons !

En ce moment, Choquart, qui épiait son oncle, le vit disparaître par une petite porte de sortie derrière le parc.

Il se jeta dehors, prit une voiture parmi celles qui avaient amené les invités et il ordonna au cocher de faire le tour de la propriété de Varly.

Il aperçut, au loin déjà, la cariole qui emmenait M. Balouzet.

— Suis là ! dit-il au cocher.

« Vingt dollars pour toi, si tu ne la perds pas de vue.

Et à part lui :

— Fuirait-il déjà sans me prévenir ?

Il se lança sur ses traces.

Si les chevaux anglais vont vite, ceux d'Amérique brûlent le chemin, surtout dans l'État de San-Francisco où les moindres bêtes ont du sang.

En une demi-heure M. Balouzet arriva au village dalmate.

Lorsque l'on fut devant la maison des roses, Martin dit :

— Attendez ! Il faut que je la prévienne que vous êtes là.

« L'émotion pourrait la tuer.

M. Balouzet resta dans la voiture, impatient et inquiet.

Mais bientôt il entendit dans la maison un grand cri de joie et il descendit précipitamment, ouvrit la porte du jardin et reçut Juanita dans ses bras.

Mais quels changements en elle !

Il en fut épouvanté.

La fièvre avait émacié en quelques jours cette pauvre enfant au point d'en faire l'ombre d'elle-même.

Les yeux semblaient démesurément agrandis tant les traits étaient amaigris ; ils avaient en quelque sorte envahi tout le visage ; Juanita ne semblait plus vivre que par le regard.

— Vous voilà donc enfin ! murmurait-elle en tenant le col de M. Balouzet enlacé pendant qu'il la portait dans la maison ; je savais bien que vous reviendriez !

Et elle lui donnait un long baiser.

— On m'a tout expliqué ! dit-elle. Vous m'aimez, mais vous ne voulez pas que je sois votre maîtresse, à cause de ma réputation ; vous avez agi ainsi par délicatesse ; mais vous avez failli me faire mourir.

« Je m'ennuyais sans vous au delà de tout ce que je pourrais dire.

« J'en étais venue à croire que les fleurs étaient décolorées, que la plaine, au lieu d'être verte, était grise ; l'air me paraissait lourd et sombre.

« Pour moi, le soleil c'est votre regard ; quand vous n'êtes pas là, il fait nuit dans mon cœur et je m'attriste.

Il l'avait posée sur une chaise.

Dona Marchese, qu'il chercha de l'œil, n'était point là.

Comme mère elle voulait sauver sa fille à tout prix ; mais elle souffrait de cette situation fausse.

Sa présence eût été gênante pour les autres, pénible pour elle.

Elle l'avait senti et s'était absentée.

Martin, lui, homme simple et droit, en face d'une passion aussi naïve, aussi ardente, donnait les convenances à tous les diables et ne s'en souciait guère.

Il eût envoyé une balle à M. Balouzet, si, libre, il n'eût pas voulu épouser Juanita ; mais, étant donné l'impossibilité d'un mariage, il trouvait très-simple que les choses suivissent leur pente naturelle.

Peu lui importait le monde !

— Le voilà ! disait-il à Juanita d'un air triomphe.

« Le voilà et il va nous dire qu'il est déterminé à abandonner sa femme pour vivre avec vous !

— Je le jure ! dit M. Balouzet.

— Maintenant, reprit Martin, il faut qu'il retourne à cette noce.

« On ne doit pas faire d'affront aux invités qui ne sont pour rien dans toute cette affaire et qui s'offenseraient, si notre ami ne revenait pas à temps.

— C'est vrai ! fit Juanita. Va-t'en !

« Je t'ai vu, je t'ai embrassé, tu m'aimes et je suis guérie.

« Tu reviendras demain...

— Oui et pour toujours !

— Quel bonheur !

En ce moment une seconde voiture s'arrêtait à la porte.

M. Balouzet craignit que ce ne fût sa femme elle-même qui vint le relancer jusque-là.

Il envoya Martin voir ce qui en était.

— Si c'est ma femme, dit-il, vous êtes chez vous ; fermez-lui la porte au nez !

« Moi, je sortirai par la porte de derrière du jardin.

Martin trouva un homme assis dans la voiture et y fumant tranquillement un cigare.

C'était Choquart.

— Oh ! c'est vous ! lui dit Martin.

« Vous venez chercher votre oncle.

« Est-ce que l'on s'est aperçu de quelque chose là-bas ?

— Non, pas encore ! dit Choquart.

— Eh bien, vous allez ramener Touche-Toujours au bal.

« Il a cru que c'était sa femme qui accourait sur sa trace.

Et Martin, sur ce, se mit à rire.

Comme c'était un homme rond, énergique, qui agissait au soleil et sans détours, il ne lui vint pas à l'idée que l'on devait cacher l'aventure à Choquart.

En conséquence, il le fit entrer et il héla M. Balouzet !

Celui-ci, qui avait déjà gagné la porte du jardin, revint sur ses pas en entendant Martin crier :

— Ce n'est pas elle !

M. Balouzet rentrait donc par une porte dans la chambre où se trouvait Juanita ; Choquart y pénétrait par l'autre porte.

Et il voyait la jeune fille suspendue de nouveau aux lèvres de son oncle.

Tableau !

D'un côté Choquart stupéfait par l'étrange beauté de Juanita et par l'heureuse fortune de son oncle qui se trouvait, passé la quarantaine, adoré par cette jolie fille.

De l'autre, M. Balouzet stupéfait de l'apparition de son neveu.

Martin, sur le pas de la porte, vu la stupéfaction des personnages, commençait à trouver qu'il avait peut-être été imprudent en introduisant Choquart.

Juanita, confuse, cachait sa tête sur l'épaule de M. Balouzet.

Celui-ci retrouva vite son sang-froid ; somme toute, il ne lui était pas désagréable que son neveu vît un pareil triomphe, lui qui avait été si railleur à propos de Louisa ; M. Balouzet prenait sa revanche.

D'autre part Choquart n'était pas homme à manquer d'à-propos.

Il salua gracieusement Juanita, et dit à M. Balouzet :

— J'ai cru, mon oncle, ayant entendu parler par Martin d'affaire grave, que mon devoir était de vous apporter mon secours si vous en aviez besoin.

« Invité à entrer par votre ami, j'ai commis malgré moi une indiscrétion ; mais puisque je suis là, si je puis être utile à quelque chose, je suis prêt.

— Mon cher ami, dit M. Balouzet, j'avais préparé pour demain ma fuite dans la Prairie ; mais voici une signorita qui désire m'accompagner ; je ne veux plus d'un voyage dans le désert par conséquent ; mademoiselle est trop faible pour supporter de pareilles fatigues.

« D'autre part je ne peux pas rester à San-Francisco.

« As-tu quelque conseil à me donner ?

« Connais-tu un coin de terre où je serai bien caché et où cette pauvre enfant malade recouvrerait la santé ?

— Mon oncle, je vous engage fortement à gagner la Havane.

— Pourquoi la Havane ?

— Parce que j'y vais.

— Toi ?

— Oui, mon oncle.

— Et tu pars ?

— Demain, avec vous, si vous vous décidez ; vous ne pouvez choisir ville plus agréable que celle-là, climat plus sain, population plus hospitalière.

« Le voyage sera charmant, du reste.

— Comment le ferons-nous ?

— Nous prendrons un train rapide qui nous mènera en peu de temps jusqu'au Missouri ; là nous nous embarquerons sur un paquebot qui descendra le fleuve, entrera dans le Mississipi et nous atteindrons la Nouvelle-Orléans.

« Là, dès que la signorita pourra supporter une traversée de mer, nous gagnerons Cuba, la perle des Antilles, et nous nous installerons dans sa capitale.

« Je vous le répète, mon oncle, la Havane est une ville charmante.

— Qu'en pensez-vous, Juanita ? demanda M. Balouzet.

Et comme la jeune fille intimidée regardait Choquart sans répondre, M. Balouzet s'écria en riant :

— J'oubliais, mon enfant, de vous présenter mon coquin de neveu.

« Je vous en ai souvent parlé en mal ; mais il ne faut pas croire tout ce que je vous en ai dit.

Juanita qui lut dans les yeux de Choquart la sympathie, lui fit la plus gracieuse révérence et lui dit :

— Monsieur, votre oncle est notre bienfaiteur ; il m'a sauvé la vie ainsi qu'à ma mère ; c'est vous dire que j'aimerai toutes les personnes qui lui sont chères.

— Mille grâces, signorita ! dit Choquart. Puis-je espérer que vous approuvez mon plan de pérégrinations ?

« C'est une magnifique tournée de quelques

mille lieues à faire sans fatigue et sans ennuis.

— Où votre oncle ira, dit Juanita, j'irai avec joie.

— Alors, fit M. Balouzet, c'est chose entendue.

« Demain j'embarque lady Bernett, je la quitte d'une façon que j'ose qualifier d'originale et... nous partons.

— Je vais retenir un wagon spécial ! dit Choquart.

« Vous savez mon oncle qu'ici, on loue des wagons admirablement construits pour que les voyageurs soient à l'aise; ces wagons ont tout le confortable, tout le luxe même d'un appartement.

« Il y a salon, chambres à coucher, cabinet de toilette et de bain, salle à manger et terrasse.

« On est chez soi.

« On évite ainsi le contact des autres voyageurs.

« On emmène un nègre et une mulâtresse, on se fait servir.

— C'est charmant, dit M. Balouzet, mais ça doit coûter cher.

— Moins que vous ne pensez, mon oncle. Du reste vous êtes riche !

— C'est vrai ! dit M. Balouzet. J'oublie toujours que j'ai gagné le banquier Hawart et que me voilà redevenu capitaliste.

— Mon oncle, laissez-moi vous rappeler que l'on doit s'inquiéter de vous là-bas ?

— C'est vrai !

« J'y retourne.

« Juanita, demain je viendrai vous chercher ; préparez-vous.

« Toi, Choquart, retiens le fameux wagon dont tu m'as parlé.

— Je n'y manquerai pas, mon oncle. Tout sera prêt.

M. Balouzet embrassa Juanita qui ne se sentait pas de joie, Choquart salua la jeune fille et donna une poignée de main à Martin, puis l'oncle et le neveu montèrent en voiture.

Dès qu'ils furent seuls, M. Balouzet prit un air vainqueur et dit à Choquart en lui pinçant le genou :

— Eh bien, mon gaillard !

Choquart, parisien et sceptique, mais bon enfant, répondit franchement :

— Si c'est sincère de la part de la petite, c'est épatant...

M. Balouzet raconta à son neveu ébahi, les faits tels qu'ils s'étaient passés.

Choquart était au-dessus des mesquineries qui sont le lot habituel du commun des mortels.

D'autre part, il s'était senti attiré par l'extrême douceur et la beauté de Juanita.

— Mon oncle, dit-il, quand M. Balouzet eut fini, je le répète, c'est épatant !

« Mais j'ajoute que vous êtes veinard !

« Elle vaut mieux que Louisa et elle vous aime, au moins, celle-là !

M. Balouzet enchanté rendit toute son amitié à son neveu.

On arrivait.

M. Balouzet fit sa rentrée dans le parc.

Le croirait-on ?

Sa femme ne s'était pas aperçue de son absence !

M. Balouzet craignait une scène de reproches, au moins des questions.

Il n'en fut rien.

En arrivant il vit de loin madame Balouzet, la coiffure légèrement ébouriffée, qui se laissait entraîner dans un galop infernal par maître Oreilles-d'Argent.

A tour de rôle les trappeurs avaient fait danser la mariée, et, véritable Anglaise, elle n'avait point refusé de faire honneur au toast que chacun de ses danseurs lui avait porté à tour de rôle.

Elle était très-rouge, très-folâtre, et elle se laissait aller aux enivrements de la danse avec entrain.

M. Balouzet, homme délicat et susceptible, fut indigné de ces allures.

Il poussa Choquart du coude et lui dit d'un ton irrité.

— Vois-la donc !

« Un peu plus, elle lèverait la jambe comme à Mabille.

« Dieu me pardonne, elle a bu !

« Je m'étais déjà aperçu, après le naufrage, qu'elle aimait le rhum !

« Quelle femme !

Et M. Balouzet leva les mains vers le ciel.

— Mon oncle, dit Choquart, vous avouerez au moins que vous pratiquez largement le système des compensations.

— Tais-toi! dit M. Balouzet.

Il attendit que le galop fut terminé et il se plaça en face de lady Bernett qu'Oreilles-d'Argent conduisait vers la vasque au champagne.

Mais M. Balouzet eut beau se donner des airs de spectre de Banco, il eut beau prendre des poses et rouler des yeux féroces, sa femme n'y prit point garde et se contenta de lui dire en se suspendant au bras d'Oreilles-d'Argent :

— Ah, vous voilà, cher Ernest!

« Je m'amuse, vous voyez! Je m'amuse même énormément.

« Et vous ?

— Moi! dit M. Balouzet d'une voix caverneuse, je m'amuse aussi, je m'amuse d'une façon colossale.

— Ah, tant mieux! dit lady Bernett.

« Comme c'est gai, une noce!

« C'est le plus beau jour de la vie!

« Voulez-vous du champagne, Ernest ?

« Voyons, faites raison à votre ami Oreilles-d'Argent du toast qu'il me porte.

M. Balouzet prit des mains du nègre qui rinçait les verres, une coupe de cristal et l'emplissant bord à bord, il trinqua avec solennité, et, avant de boire, sur le ton dont Mélingue accentuait les phrases de son rôle dans la Tour de Nesles, il dit :

— A nos amours, madame!

— Oh! fit lady Bernett qui n'oubliait jamais son rôle de poule effarouchée, oh, schocking, Ernest! schocking!

« Vous parlez de choses... Que les Françaises vous permettent ces allusions, libre à elles ; mais moi, monsieur, j'entends être respectée!

Et reprenant le bras d'Oreilles-d'Argent, elle alla danser avec lui une polka.

M. Balouzet était furieux.

— C'est inouï! dit-il à Choquart qui riait de tout son cœur, comme un sans-cœur qu'il était.

« C'est invraisemblable et renversant!

Voilà que c'est elle qui me donne des leçons de pudeur.

« Et elle est dans l'état d'une grive atteinte de la pépie et qui se serait abattue sur une treille de raisins murs!

« On n'a pas idée de ça.

— Mon oncle, dit Choquart, demain, vous vous vengerez.

« Nous partons pour Cuba.

— Oh oui! dit M. Balouzet en serrant les poings.

— Vous voilà très en colère, dit Choquart, contre cette vieille folle.

« En vaut-elle la peine?

— Non, mille fois non! dit M. Balouzet serrant les dents sur chaque mot en martelant ses phrases.

« Non, elle ne vaut pas un regard d'un homme comme moi, aimé par une des plus jolies filles du monde ; pas un regard, pas une parole, pas même un geste, fût-il inspiré par une indignation légitime et bien sentie!

« Mais au fond... je *marronne*, oui, je suis froissé.

Puis M. Balouzet s'enflamma.

— Elle porte mon nom, cette femme, et elle se conduit comme une cocotte! s'écria-t-il.

« Regarde-la! Mais regarde-la donc, je t'en prie!

« Elle danse avec Robinson maintenant et elle se donne tant de mouvement que le nègre Vendredi fait des yeux en boules de lotos pour mieux la regarder.

— Allons-nous-en, mon oncle! dit Choquart.

« Tenez, là-bas on joue aux jeux innocents sous les charmilles.

« Il n'y a que des petites filles et des petits garçons.

« Là l'innocence doit régner.

— Oui, éloignons-nous! dit M. Balouzet d'un air triste.

« Je suis écœuré.

Et il se laissa entraîner par son neveu vers les charmilles.

Un quart d'heure après, il était pris par une petite fille qui avait les yeux bandés et vers laquelle Choquart l'avait poussé ; un cénacle de morveuses et de galopins jugea

Une scène terrible se passait. (*Voir les livraisons suivantes.*)

qu'il était de bonne prise; on le fit bon gré mal gré, colin-maillard. Avec la bonhomie d'un vrai bourgeois de Paris, M. Balouzet se résigna à ce rôle imposé.

Une heure après M. Balouzet était encore prisonnier de cette bande et Varly (Jean-Baptiste), qui venait lui annoncer qu'on partait pour la ville, le trouva la tête dans le tablier d'une gamine de onze ans, le derrière en l'air et la main à plat dessus.

Et les petites filles tapaient sur cette main chaude à l'envi des garçons.

— Bravo ! dit Varly.

« Vous ferez un excellent père de famille, mon cher ami.

« Mais je vous délivre.

— Non ! non ! crièrent les enfants.

« Il n'a pas deviné, il restera jusqu'à ce qu'il devine.

— Fâché de vous contredire, fit Varly ; mais on s'en va dîner au consulat et il faut que le marié monte en voiture.

— Monsieur Touche-Toujours, dirent les enfants, après dîner nous jouerons encore, n'est-ce pas ?

— Oui ! dit paternellement M. Balouzet.

Et il murmura entre ses dents :

— Heureux si je pouvais jouer aussi innocemment toute la nuit !...

Il suivit Varly.

La noce fit sa rentrée à San-Francisco. M. Balouzet et sa femme étaient dans la même voiture.

La mariée était toujours aussi rouge, elle avait bu champagne tendre à ce moment-là ; cherchant le pied de M. Balouzet et le noyant sous sa jupe, elle le pressa avec ardeur, ce qui fit rager le marié.

Mais il n'osa pas protester, le consul étant dans la voiture.

Sir Evans avait fait des préparatifs splendides et dignes de sa fortune.

Le consulat anglais était pavoisé, tapissé, inondé de fleurs rares.

Le repas fut superbe.

Pas d'incidents, du reste, sinon quelques excentricités de la mariée.

Elle fêta les vins, notamment le porto, et son nez rougit de plus en plus ; il prit des teintes cramoisies.

Elle conservait néanmoins toute sa raison, ce qui est le privilège des ladies anglaises adonnées à la boisson ; elle minaudait, elle riait, elle caquetait ; elle était animée, surexcitée même ; mais quand on lui portait un toast, elle y répondait par un petit speech vraiment bien trouvé ; elle ne laissait tomber aucune des plaisanteries de Varly sans les relever fort spirituellement, du moins c'était l'avis d'Oreilles-d'Argent et de quelques autres ; enfin madame Balouzet se tenait fort convenablement.

Sans doute une jeune mariée aurait paru un peu trop libre à la place de madame Balouzet ; mais c'était une veuve, après tout ; elle savait à quoi s'en tenir sur beaucoup de choses ; elle n'avait donc pas de motifs pour se poser en ingénue.

Elle lorgnait souvent M. Balouzet pour juger de son attitude ; celui-ci était trop joyeux de son prochain départ avec Juanita pour ne pas laisser de temps à autre un gai sourire errer sur ses lèvres.

La mariée en conclut qu'il était enchanté d'elle.

M. Balouzet, à côté de Schleman, parlait à celui-ci de temps à autre, à voix basse et rapidement ; mais cette conversation n'inquiétait point lady Bernett ; elle croyait pouvoir compter sur le schériff.

Si cependant elle avait entendu M. Balouzet poser ses questions, elle eût pris certainement l'alarme.

Ainsi celui-ci demandait au schériff, qui buvait consciencieusement :

— Vous êtes-vous occupé de... ce que vous savez ?

— Oui ! répondit laconiquement le schériff en vidant son verre.

— Je ne vous ai pas vu vous préoccuper beaucoup de ...l'affaire.

— Elle est faite !

— Comment faite !

— Oui. Tout est prêt !

— Mais...

— Chut !...

Et le schériff revidait son verre.

M. Balouzet ne laissait pas que d'être peu satisfait des libations de Schleman ; il semblait impossible que tant d'alcool ne grisât pas le digne schériff.

— Comment diable, fit M. Balouzet, pourrez-vous agir, si vous êtes ivre.
— Ivre ! fit Schleman stupéfait.
« Pourquoi ivre ?
— Parce que vous buvez trop, que diable ! dit M. Balouzet impatienté.
— Mon ami, dit gravement Schleman, je ne me suis jamais enivré, jamais, jamais ! Votre sollicitude me touche ; toutefois si vous vous permettiez encore une pareille observation, je serais obligé de casser notre marché à mon grand regret.
« Ensuite je...
Schleman s'arrêta.
— Vous n'achevez pas ! dit M. Balouzet voulant savoir la fin de la pensée du schériff qui la compléta ainsi :
— Je vous chercherais une bonne querelle et je vous casserais la tête ou vous me la casseriez !
— Diable d'homme ! fit le trappeur.

Le dîner s'acheva vers neuf heures du soir ; il n'y avait pas eu, de mémoire de San-Franciscain, si beau repas de noces depuis la fondation de la ville.
Par miracle, personne ne s'était battu, personne n'avait roulé sous la table, personne enfin n'avait craché le trop plein de son estomac dans sa serviette.
On dira : Mais à Paris, sur cent dîners de noces, sur mille même, entre gens comme il faut, il n'y en a pas un où il arrive de pareilles énormités.
Paris est Paris.
San-Francisco ne lui ressemble pas du tout, mais du tout.
Parmi les plus riches citoyens de cette noble ville, parmi les plus considérables et les plus considérés, il y a des gens qui, des gens que, des gens enfin qui sont, je ne dirai pas mal élevés, mais autrement élevés que nous.
Il y avait à ce dîner des Anglais du haut commerce qui donnaient un excellent ton à la conversation et dont les manières parfaites inspirèrent sans doute aux invités San-Franciscains le désir de les imiter.
Bref ce fut une soirée très-remarquable et très-remarquée.

Le bal fut ouvert par M. et madame Balouzet, comme avait été ouverte la sauterie de la matinée ; la mariée, sentant peser sur elle tous les regards, fut presque majestueuse dans ce début ; elle contint sa verve.
Mais, dans les figures du quadrille, M. Balouzet sentait les doigts secs et nerveux de son épouse l'étreindre comme si des pincettes maniées par un poignet vigoureux l'avaient saisi.
Cette impression lui était extrêmement désagréable.
Lorsque, pour le galop final, il dut entourer la taille de la mariée ; celle-ci, au lieu de reposer sa main sur l'épaule de son mari, lui serra la clavicule à la briser ; M. Balouzet en souffrit réellement.
Il songea tout à coup que bientôt il allait peut-être avoir à se défendre contre des entreprises audacieuses mais légitimes de la part de cette femme à laquelle il n'eût jamais soupçonné tant de vigueur.
Il se demanda si réellement il serait le plus fort en cas de lutte.
Et ce qui l'effraya ce fut un mot qu'elle lui dit à l'oreille mais avec une énergie sauvage, ce fut un regard fulgurant dont elle accompagna ce mot.
— A minuit ! dit-elle, l'œil enflammé par la passion, le corps brûlé par un frisson de fièvre, la lèvre blêmie par l'émotion.
« A minuit...
M. Balouzet répondit — Oui — tout troublé, mais ayant reconduit sa femme à sa place, il s'enquit de Schleman.
Il voulait une dernière fois le supplier de s'occuper des préparatifs de son salut ou de son sauvetage, comme on voudra ; mais impossible de trouver le schériff : il avait disparu.
— Enfin ! pensa M. Balouzet.
« Enfin ce diable d'homme est donc à l'œuvre et s'occupe de moi.

Oui, il s'en occupait, ce digne Schleman, si M. Balouzet avait su comment, il est probable qu'il s'en fût alarmé.
En ce moment il causait au bureau de police le plus proche avec des hommes à lui

qu'il avait convoqués là et il disait au chef de poste :

— J'ai toutes raisons de croire que cette nuit on vous amènera un incendiaire que ma brigade spéciale arrêtera et surprendra en flagrant délit.

« Sous aucun prétexte, si ce n'est par mon ordre écrit, ne lâchez ce scélérat, quoiqu'il occupe une certaine position dans le monde et soit très-protégé.

— Bien ! dit le chef de poste.

Et il demanda :

— Est-ce un homme dangereux ?

— Très-dangereux.

« En confidence, il s'agit du fameux trappeur Touche-Toujours !

— Diable ! fit l'agent en secouant la tête. Voilà une terrible corvée pour votre brigade et une grosse responsabilité pour moi.

— Oui, mais il y a une prime.

« Cent dollars de gratification si je suis content de vous autres.

— Je n'aurais jamais cru ce Touche-Toujours capable d'un pareil crime ! dit le sergent.

— Moi non plus ! fit Schleman.

« Mais tenez, Lipp, vous êtes un fin limier et un homme de sens.

« Je vous dirai que ce trappeur a cherché à me rouler en m'insinuant à lui proposer une certaine affaire ce matin même.

« Depuis j'ai reçu un renseignement sur un projet de fuite dont il m'avait caché les détails ; donc il voulait me donner le change.

« J'ai creusé l'affaire et j'ai conclu à un incendie.

Puis après cette leçon donnée à ses hommes, comme un bon professeur de science policière qu'il était, il assigna des postes à sa brigade de sûreté.

Elle tint le consulat en observation.

Schleman revint alors au bal ; mais à peine y était-il rentré, que le rapport suivant lui était apporté par Eveling :

— On signale sur les toits du consulat des hommes suspects ; ils semblent y déposer des objets qui pourraient bien être des engins incendiaires.

— Laissez faire ! dit Schleman.

« Il faut qu'il y ait commencement d'exécution et que les flammes brillent.

— Mais dit Eveling, c'est dangereux.

— J'ai prévenu le capitaine Road ; ses pompes à vapeur sont en pression et attelées ; un homme à moi est au bureau télégraphique et il observe le consulat ; à la première étincelle, il prévient Road qui sera ici en trois minutes.

— Très-bien ! dit Eveling.

Il était environ, à ce moment, onze heures et demie du soir.

Pendant l'absence du schériff, M. Balouzet avait reçu, à plusieurs reprises, des marques d'attention de la part de sa femme ; à différentes fois, un domestique avait présenté au marié un rafraichissement de la part de madame Balouzet.

Comme celle-ci suivait de l'œil la façon dont son mari accueillait cette gracieuseté, celui-ci buvait sans hésiter, craignant par un refus de paraitre grossier.

Madame Balouzet, du reste, sembla lui savoir gré de cette condescendance, car elle sourit joyeusement chaque fois qu'il but ainsi.

Ceci se passait le schériff n'étant point là ; mais il rentra enfin.

M. Balouzet, apercevant le schériff, voulut l'aborder et le questionner.

— Éloignez-vous de moi ? lui dit brusquement celui-ci ; ne me parlez plus ; je ne veux pas que vous m'assommiez de questions.

Et il pirouetta sur ses talons, laissant M. Balouzet perplexe.

— Vraiment, pensa celui-ci, il y a des moments où je crains une trahison de la part de ce Schleman.

« Il m'a roulé et pincé une fois déjà de belle sorte.

« Si, par hasard, ma femme l'avait payé pour me surveiller jusqu'à demain...

Ce soupçon donna une sueur froide à M. Balouzet.

Il creusa l'abime de doutes qui venait de s'ouvrir devant lui.

— En somme, dit-il, j'ai fait marché avec ce schériff avide de dollars ; mais il n'est pas payé, mais il est libre de renoncer à sa prime et de *travailler* pour mes adversaires ; je n'ai pas donné d'arrhes...

« Avec ces Américains formalistes, il faut sceller le contrat verbal par des arrhes ; sinon l'engagement est nul.

M. Balouzet regretta amèrement son imprudence, car les Américains, si honnêtes qu'ils soient, ne respectent un pacte, n'exécutent un marché que s'ils ont rempli toutes les formalités consacrées par la loi ou par l'usage.

Ajoutons à ceci que lady Bernett ayant déjà employé le schériff pouvait avoir eu l'idée de s'assurer ses services pour le cas où, dans cette nuit solennelle et précieuse, M. Balouzet aurait des projets de fuite.

Toutes ces graves raisons de suspecter le schériff roulèrent dans la tête du marié et la mirent en combustion.

Il chercha Choquart.

Celui-ci s'occupait du futur voyage ; il n'était point là.

Plus de secours !

L'aiguille marquait minuit moins un quart ; l'heure précipitait le drame à son horrible dénouement.

Le fameux rêve sous l'obsession duquel M. Balouzet s'était trouvé dans la nuit où il avait cru fuir avec d'honnêtes trappeurs alors qu'il se mettait lui-même aux mains de la police, ce cauchemar effrayant dont il avait tant souffert allait devenir une réalité dans quelques minutes.

M. Balouzet sentait qu'il lui serait difficile de se défendre.

D'abord il venait d'éprouver la force physique de sa femme.

Puis comment résister.

Pleurs, sanglots, menaces, reproches, violences, railleries, assauts furieux, il était évident que cette épouse, dans ses légitimes revendications, mettrait tout en œuvre.

Elle serait tour à tour la gémissante brebis qui implore, la panthère féroce qui mord, la lionne indomptable qui déchire, la pieuvre qui enlace et qui suce ; elle devait être irrésistible.

Une pareille bacchante, dans la double ivresse du porto et de l'amour, devait avoir des inspirations infernales.

M. Balouzet prévoyait des tentatives de séduction inouïes.

A minuit moins un quart, Varly s'approcha d'un air mystérieux.

— Mon cher, dit-il, voilà le moment où vous devez enlever votre femme.

— Je le sais ! dit M. Balouzet en fermant les yeux avec épouvante.

— Nous avons arrangé un petit programme intelligent, continua Varly. Madame Balouzet et moi nous avons imaginé de faire jouer par l'orchestre une valse entraînante d'Olivier Metra, *Les Roses!* C'est délicieux.

— Surtout en boutons ! dit amèrement M. Balouzet en songeant à Juanita.

— Votre femme, reprit Varly, ne veut naturellement pas que l'on s'aperçoive qu'elle vous suit ; elle est trop pudique.

— Hein ! Vous dites !

— Je dis : pudique ! Qu'avez-vous donc ? Vous êtes tout chose, tout je ne sais comment. Vous avez l'air transi.

« Ah, mon gaillard, vous êtes ému. N'importe, écoutez-moi.

« Je disais donc que l'on valserait et que vous inviteriez votre femme ; vous tournerez avec elle au milieu de la foule, et, quand vous passerez devant la porte de ce petit salon que vous voyez là-bas... Voyez-vous l'entrée de ce salon ?

— Oui, je la vois.

— Eh bien, vous vous engagerez dedans et tout aussitôt un des domestiques du consul, qui se trouve en faction à cet endroit, refermera cette porte.

« On ne pourra vous suivre.

« Est-ce compris ?

— Oui !

— Venez !

— Où cela ?

— Inviter la mariée, parbleu !

— Pourquoi faire ?

— Mais sacrebleu, vous ne m'avez donc pas écouté, mon ami ?

— Mais si.

— Mais non.

« Il s'agit d'inviter votre femme, de valser *Les Roses* avec elle, de vous glisser en valsant dans le petit salon, et vous pourrez de là gagner la chambre nuptiale.

L'orchestre préludait.

M. Balouzet, une main dans la main de Varly qui l'entraînait, semblait un condamné que l'on mène au supplice.

La fatalité des événements le poussait à l'inévitable destin qui lui était réservé; il était trop tard pour éviter son sort.

Maudit Schleman !

Perfide schériff !

M. Balouzet l'aperçut au buffet buvant à longs traits.

Cependant de nouveaux rapports étaient parvenus au schériff.

Les agents lui signalaient tous que les préparatifs d'incendie devenaient de plus en plus visibles, quoique ceux qui s'y livraient ne négligeassent aucune précaution pour se cacher.

Un des agents, entre autres, avait eu l'idée de s'aventurer sur les toits du consulat et de regarder ce qu'y déposaient ces hommes mystérieux couchés à plat ventre sur les tuiles.

Il avait ramassé un paquet de matières évidemment inflammables.

Et Schleman répondait invariablement à Eveling qui lui transmettait ces rapports :

— Road est prévenu.

« Je réponds de tout.

Il invita même une jeune miss pour danser quand les premières mesures du chef-d'œuvre de Métra eurent mis l'envie de valser au cœur des cinq cents invités du consul.

Les couples tourbillonnèrent bientôt dans des cercles concentriques, et, comme l'avait si bien prévu Varly, la fascination de cette musique si dansante fut telle que chacun se laissa aller au charme.

Le marié et la mariée, oubliés un instant tournaient et retournaient, perdus dans la foule sans qu'on s'occupât d'eux.

M. Balouzet avait de nouveau senti la main d'acier de sa femme peser sur son épaule, il avait été brûlé par un regard de feu et des lèvres impérieuses lui avaient dit :

— Au deuxième tour !...

« Nous ferons une volte pour gagner l'embrasure de la porte et un écart à gauche nous mettra dans le petit salon.

« Là, tu es à moi ! . . . .

. . . .

Ce... tu es à moi! résonna comme un cri funèbre aux oreilles de la victime.

Il perdait sa volonté, il n'avait plus conscience de ses actes ; il valsait mollement conduit par elle ainsi qu'un collégien dont une femme mûre dirige les essors dans l'art chorégraphique.

Madame Balouzet s'était moralement et physiquement emparée de son mari.

Comme elle allait, il allait.

Au deuxième tour, comme elle l'avait dit, elle lui imprima une vigoureuse secousse qui les jeta, elle et lui dans le salon dont le domestique en vedette ferma brusquement la porte sur eux...

La farce était jouée.

La mariée avait bien enlevé le marié !

Varly se frotta les mains.

Mais M. Balouzet eut soudain comme un réveil subit !

Il se sentait entraîné, il reprit sa raison, il protesta.

— Madame... madame... disait-il tout en traversant des enfilades de pièces; madame, pas si vite !

« Un instant.. je vous prie... je... je...

Mais *elle* le tenait, elle déployait une puissance nerveuse qui domptait ses forces musculaires, elle ne répondait pas et tirait malgré lui M. Balouzet haletant.

Elle lui fit l'effet d'une de ces grandes araignées chasseuses, gigantesques faucheuses, qui ont saisi un moucheron et l'emportent.

Il entendit, dans cette course à travers les appartements du consulat, les douze coups de minuit tinter à toutes les pendules !

Heure néfaste!

Heure du crime !

En lui-même, par un reste d'espoir en Schleman, M. Balouzet se jura mentalement de résister pendant dix minutes ; mais ensuite, il se dit que si le schériff n'apparaissait point, il lui faudrait se résigner.

Encore jugeait-il que dix minutes c'était beaucoup et qu'il serait obligé à déployer beaucoup d'héroïsme.

Lorsqu'il entra dans la chambre de noces, elle lui parut une chapelle expiatoire ; le lit lui fit l'effet d'un autel sur lequel il allait être sacrifié.

Il ressentit une terrible impression de froid au cœur.

Il y a des dangers contre lesquels il est impossible de lutter, parce que l'horreur qu'ils inspirent paralyse les facultés, anéantit les forces vitales et jette le plus brave dans une sorte d'hébétement hagard.

M. Balouzet éprouvait devant lady Bernett cette terreur qui cloue le lièvre au sol devant le chien courant, qui fascine l'oiseau regardé par le serpent, qui précipite l'homme dans l'abîme par l'attraction du vertige.

Il eut un moment de répit dont il aurait pu profiter; les doigts qui enlaçaient son poignet se dénouèrent ; il aurait dû saisir cette occasion pour reprendre de l'énergie ; il ne put, cette fois, dompter sa défaillance.

Des mains de sa femme qui le lâchait pour aller fermer le verrou intérieur, il tomba sur un fauteuil.

Quand madame Balouzet, ayant poussé la gâchette et tourné en dedans la clef de la serrure, revint vers son époux, celui-ci était dans un tel état qu'elle le crut sur le point de mourir.

La tête penchée sur la poitrine, les bras inertes, le regard atone, la lèvre pendante, les mèches de cheveux sur le front, la plus longue sur le nez, M. Balouzet était quasi pâmé.

Un doute affreux traversa le cerveau de la mariée.

Elle s'était étonnée, pendant toute la journée de la façon presque galante dont M. Balouzet s'était comporté ; elle se souvint tout à coup des répugnances qu'il avait témoignées auparavant.

Elle s'était sentie exécrée ; elle crut à un suicide :

— Malheureux ! s'écria-t-elle.

« Vous vous êtes empoisonné !

— Plut au ciel ! murmura M. Balouzet d'une voix faible.

Mais le contact prochain du danger le ranimait enfin quelque peu et il reprenait des forces.

— Que dites-vous là, Ernest? s'écria lady Bernett.

M. Balouzet en qui la réaction de la bravoure sur la défaillance se produisait, M. Balouzet irrité d'avoir eu si peur, riposta très-vivement :

— Je dis, madame, que si j'avais su, je me serais muni d'une forte dose d'arsenic et que je l'aurais avalée devant vous, pour vous punir de vos persécutions.

— Vous persécuter, mon cher amour! Moi qui vous adore, vous persécuter ! s'écria la mariée en levant les yeux au ciel.

Et elle versa un torrent de larmes en tombant aux genoux de son mari, arrosant ses bottines de pleurs d'autant plus faciles à répandre qu'elle avait bu abondamment.

— Madame, dit M. Balouzet très-froidement, vos simagrées sont inutiles.

« Je connais ces comédies-là et je ne m'y laisse pas prendre.

— Ernest, fit-elle, prenez garde !

« Ne me poussez pas à bout !

— Que feriez-vous, madame ? demanda M. Balouzet d'un air de défi.

« Ma situation de mari a ceci de bon que vous emploieriez vainement la violence pour en arriver à vos fins.

Elle le regarda à son tour d'un air étrange, à la fois, menaçant et railleur.

— Ah ! dit-elle, vous vous figurez que vous m'échapperez !

« Ah vous pensez que je me contenterais d'un mariage pour rire !

« Je m'attendais à tout, monsieur, même à vos insolents mépris pour une veuve plus jeune que vous et que ne dédaignait point son premier mari, major dans les armées de la compagnie des Indes.

« Il valait bien un Balouzet !

« Et il m'aimait aussi souvent que je le voulais bien.

Puis avec un rire satanique :

— Vous aussi vous m'aimerez, et, avant quelques minutes encore.

— Vous avez un moyen pour cela ?

— Oui, monsieur.

« Un moyen sûr !

— Il faudra prendre un brevet, alors.

— C'est une invention tombée dans le domaine public.

— Vous me feriez plaisir en l'employant le plus tôt possible.

— C'est fait !

— Comment !

— Mais vous devez déjà sentir que vous me détestez moins.

M. Balouzet, renversé par l'aplomb de sa femme, se demanda si, par un miracle impossible, elle disait vrai.

— Est-ce que je l'aimerais en effet ! se demanda-t-il épouvanté.

Et il constata avec émotion qu'un trouble bizarre l'envahissait.

Il regardait sa femme qui attendait avec un calme superbe que la transformation annoncée se produisît ; il la trouva moins laide ; elle le lut dans ses yeux et se mit à ricaner.

— Eh bien, Ernest, dit-elle, voilà les quelques gouttes d'élixir d'amour que je vous ai versées qui opèrent.

La lumière se fit pour le malheureux mari, il se souvint.

— Comment, s'écria-t-il, ce champagne que vous m'avez forcé à boire, ces rafraîchissements que vous m'envoyiez cachaient un piège !

— Oui, monsieur.

« Prévoyant votre stupide entêtement, j'ai eu recours à un procédé très-simple et infaillible, vous vous en apercevez.

— Misérable ! s'écria M. Balouzet qui sentait la flamme des désirs factices courir dans ses veines et lui inspirer des désirs insensés pour ce vampire femelle.

« Malheureuse créature, me droguer ainsi !

« C'est une action abominable que vous avez commise.

« C'est un crime !

— Pas du tout ! dit-elle, cyniquement. Dans le mariage, il est permis de réveiller un peu le sens d'un époux sur le retour.

« Ma passion pour vous étant légitimée par un sacrement, j'use de mes droits !

Jamais, non, certainement jamais, M. Balouzet n'aurait cru qu'il se trouverait dans cette position atroce.

C'était, de point en point, la réalisation de son rêve !

Il n'aimait pas et il était invinciblement poussé vers ce monstre.

L'infâme drogue opérait ses effets et il se sentait sur le point d'être vaincu.

Il éprouvait à la fois l'envie d'étrangler sa femme et de lui prodiguer des caresses, de la mordre et de l'embrasser, de l'appeler son ange et de la tuer.

Il voulut fuir à tout prix, sortir de cette infernale situation.

— Madame, dit-il, je voulais éviter un scandale ; mais cette audace criminelle me donne la force de vous infliger une honte méritée.

« Je pensais passer la nuit sur ce fauteuil ; on aurait pu croire que l'abîme qui existait entre nous était comblé ; mais puisque vous m'avez surexcité par ce breuvage perfide, je ne puis demeurer ici.

« Je vous quitte.

Il essaya d'ouvrir la porte sans y réussir.

— La clef, madame ! demanda-t-il impérieusement.

— La clef est là, dit madame Balouzet en montrant son corsage.

Et parodiant le mot célèbre d'Anne d'Autriche au chancelier Séguier, elle ajouta :

— Prends-là si tu l'oses !

— Oui, j'oserai ! s'écria M. Balouzet aussi hardi que le chancelier.

Et il passa de la menace à l'action, portant une main téméraire sur une gorge qui n'avait jamais existé qu'à l'état embryonnaire.

Mais, oh puissance de la chimie ! oh prodige de la pharmacie érotique !

M. Balouzet sentit sa colère s'évanouir dès qu'il eut touché au corsage de la mariée ; au lieu de lui ravir la clef, il laissa ses doigts frémissants s'égarer, il murmura, mais faiblement et comme un homme qui n'y tient pas :

— La c.l.e.f ! La c.l...e..f !

Les bras de lady Bernett enlacèrent son cou et il ne s'en défendit pas.

Elle lui donna un baiser, il le rendit... C'en était fait!

Il était suspendu au-dessus de l'abîme. (*Voir les livraisons suivantes.*)

Il était perdu!

Déjà elle l'entraînait vers le lit, déjà, femme de chambre habile, l'épouse déshabillait l'époux; mais un cri terrible retentit qui ébranla le consulat dans ses fondements.

— Au feu! Au feu!

Une lumière rougeâtre illumina la rue comme en plein jour.

Le bruit des roues des pompes à vapeur retentit sur le pavé.

Madame Balouzet eut un accès de fureur frénétique.

— Scélérat ! s'écria-t-il.

« Bandit !

« Incendiaire !

« Vous avez payé pour qu'on mît le feu ici!

Et ses griffes redoutables s'enfoncèrent dans les joues de son mari.

M. Balouzet, que la dose considérable d'élixir d'amour absorbée par lui, rendait fou furieux, et, comme le disait Rabelais, féru d'amour, M. Balouzet tout enflambé de passion ne s'apercevait de rien.

L'incendie qui dévorait sa poitrine l'empêchait de voir celui du consulat.

Il crut que sa femme, lui tenant rigueur du passé, résistait.

— Je t'aime ! disait-il.

« Tu te débats en vain !

« Je...

Mais tout à coup les vitres volèrent en éclat, un jet d'eau, un torrent lancé par la pompe à vapeur du capitaine Road inonda les deux mariés, et, sur son caleçon, car il était prêt à se mettre au lit, M. Balouzet sentit le froid désagréable d'une douche puissante comme une cataracte.

En deux minutes, il y eut trois pieds d'eau dans la chambre.

Lady Bernett, renversée par le jet, se noyait déjà ; M. Balouzet abasourdi se demandait stupidement s'il n'avait pas le cauchemar, et si un second rêve ne suivait pas le premier, qu'il avait eu ; lorsque la porte défoncée à coups de hache céda et tomba précisément sur lady Bernett évanouie dans l'eau.

Des hommes armés, des constables, Schleman en tête, se précipitèrent passant sur cette porte comme sur un pont dont la mariée eût été le chevalet ; ils s'emparèrent de M. Balouzet, le garrottèrent et le transportèrent en un clin d'œil dans une voiture qui, un instant après, le déposait au poste de police voisin.

En chemin, M. Balouzet eut à peine le temps de voir jouer les pompes à vapeur du capitaine Road ; mais comme il entrait au violon (nous disons violon quoique la chose ne s'appelle point ainsi), il entendit derrière lui, à six cents pas de là, devant le consulat, un immense éclat de rire dans la foule accourue pour voir l'incendie et prêter main-forte aux pompiers.

On le poussa rudement dans la salle d'arrêt, tout trempé qu'il était et on le laissa grelotter en simple caleçon mouillé.

Il ne se rendait pas compte de ce qui lui arrivait.

Cependant l'apparition de Schleman lui fit comprendre que le schériff tenait sa promesse et le sauvait de l'amour de madame Balouzet.

Mais cet incendie ! Affaire grave ! Mais cette arrestation ! Affaire désagréable !

Il entendit bientôt rouler les pompes dans la rue et les pompiers riant questionnés par les hommes du poste répondirent.

— Fausse alerte !

« C'était un feu d'artifice.

« Il n'y avait que des flammes du Bengale sur les corniches des toits pour célébrer le mariage de Touche-Toujours.

M. Balouzet comprit tout.

Il devina que Schleman avait imaginé un faux incendie.

Le schériff avait, en effet, habilement mené l'affaire ; il avait eu si bien l'air de croire à la culpabilité de Touche-Toujours devant ses hommes et devant le capitaine des pompiers, que personne ne soupçonnait sa bonne foi.

Quant aux gens qui posaient les artifices, ils étaient envoyés par un artificier qui avait reçu dans la soirée cette commande de flammes du Bengale à poser sur les toits du consulat pour produire une surprise ; ladite commande étant accompagnée d'une bonne somme. Le schériff avait eu l'art d'introduire les ouvriers artificiers sans attirer l'attention du concierge, ivre du reste, façon à lui de prendre part à la noce.

M. Balouzet se rendit bien compte de toutes les ruses du schériff.

Le bain glacé avait atténué suffisamment l'effet de la drogue, pour qu'il sût un gré infini à Schleman de son ingénieuse intervention ; mais le prisonnier eût bien voulu un pantalon sec et un paletot.

Il héla le chef du poste.

Celui-ci ne daigna pas se déranger.

M. Balouzet, qui craignait une fluxion de poitrine, renouvela en vain ses appels.

Pendant une demi-heure, le marié transi fit retentir la salle de détention de furieuses protestations ; elles n'émurent pas les policemens ; mais enfin un agent ouvrit la porte et déposa silencieusement devant M. Balouzet un costume de ville.

C'était Schleman qui le lui envoyait.

M. Balouzet fut sensible à cette attention et il s'habilla.

Il remarqua que le policeman avait jeté son vieux manteau sur le lit de camp ; il l'en remercia.

L'agent n'eut pas l'air d'écouter.

Il le questionna.

L'homme fut muet.

Il sortit sans avoir dit un mot.

Peu importait du reste, à M. Balouzet, qui était entièrement satisfait, car il avait enfin un bon pantalon aux jambes, un excellent paletot sur les épaules, des chaussettes propres et des bottines aux pieds.

De plus, il n'avait plus rien à craindre de sa femme !

N'était-ce pas de quoi rendre un homme heureux, même en prison !

Il se coucha sur le lit de camp dans le manteau et dormit profondément.

CHAPITRE XLI

Le lendemain des noces.

Madame Balouzet, elle, passait moins paisiblement le reste de la nuit.

Lorsqu'on la releva sur le plancher et sous la porte, cette personne déjà fort plate naturellement, était encore plus aplatie ; on pouvait dire qu'elle était mince comme une planche de sapin.

Les gens de Schleman avaient piétiné sur la porte et M. Balouzet avait pesé dessus de tout son poids.

D'autre part, madame Balouzet, qui avait tant bu de champagne, avait avalé de l'eau, et ce breuvage lui était moins favorable que le premier, car elle s'en trouva fort incommodée.

On la releva meurtrie et en proie à une indigestion fâcheuse.

Elle fut transportée dans un autre appartement couchée dans un lit, soignée par sa femme de chambre.

Dans l'intervalle de deux spasmes elle demandait encore son mari.

O amour !

O tendresse !

La femme de chambre la calmait en prétendant que M. Balouzet souffrant s'était couché aussi et qu'on le soignait.

Mais la mariée réclamait toujours son marié.

Enfin, quand la pauvre dame eut restitué aux cuvettes tout ce qu'elle avait pris dans les plats et dans les verres, elle eut, comme il arrive toujours après ces crises, un grand besoin de repos et, vers une heure du matin, elle s'endormit.

La femme de chambre entendit sa maîtresse murmurer de temps à autre.

— Jouée !...

« Nuit perdue !...

« Élixir d'amour... je recommencerai...

Toutefois vers quatre heures, la malade cessa d'avoir la fièvre et elle reposa mieux.

A six heures elle s'éveilla.

Son premier mot à sa femme de chambre fut pour son mari.

Indigestée comme elle l'était, atteinte de ces crampes d'estomac qui font tout oublier, de ces coliques qui vous tordent et de ces nausées, qui font souhaiter la mort, elle n'avait pas manqué de s'informer de *lui*, et, elle voulut le voir sur-le-champ, maintenant que ce sommeil lui avait rendu des forces.

Alors la femme de chambre dut avouer la vérité.

M. Balouzet avait été arrêté par ordre de Schleman qui avait disparu.

En son absence, le chef de poste refusait absolument de rendre le prisonnier.

Madame Balouzet se leva aussitôt et pria le consul de la recevoir.

Celui-ci était sur pied.

Il ne s'était point couché.

Furieux de la méprise des pompiers, il voulait qu'on lui rendit le mari de sa sœur; mais le chef du poste, fort de la consigne reçue, tenait bon et ne voulait rien entendre.

Le schériff seul qui avait décidé de l'arrestation pouvait ordonner l'élargissement; le jury d'accusation seul aurait eu le droit de faire mettre M. Balouzet en liberté; mais il fallait en rassembler les membres et ce ce n'était pas facile...

— C'est indécent! s'écriait sir Evans.

« Quelqu'un avait eu la gracieuseté de nous réserver une surprise agréable, une illumination à laquelle je n'avais pas songé.

« Je crois que c'est M. Varly qui a eu cette idée charmante.

« L'effet eût été splendide!

« Voilà cet imbécile de capitaine Road qui éteint les flammes du Bengale.

« Puis ce Schleman, ivre, prend mon beau-frère pour un incendiaire, l'arrête, le jette dans un poste de police et disparaît sans qu'on puisse mettre la main sur lui.

Le consul regarda sa montre.

— Six heures du matin!

« La marée est pleine à dix heures; le paquebot part dans quatre heures et tous les bagages sont à bord depuis hier.

« C'est désolant.

Lady Bernett réfléchissait en silence sur les paroles de son frère.

Elle tâchait de voir clair dans cet imbroglio, quand on annonça Schleman.

— Enfin! dit le consul.

Et il se préparait à une sortie violente; mais Schleman le prévint.

— Sir Evans, dit-il, avant de rien me reprocher, écoutez-moi.

« Votre beau-frère, lui-même vous avouera qu'il avait déclaré devant moi et devant Road qu'il mettrait le feu cette nuit au consulat, pour des raisons...

— Quelles raisons... fit le consul.

— Madame les connaît sans doute! dit le schériff en désignant madame Balouzet qui baissa la tête d'un air embarrassé.

Le schériff reprit:

— A vrai dire, je ne croyais pas que la menace fut si sérieuse; cependant avec un homme comme le marié, il fallait s'attendre à d'audacieux coups de tête.

« A tout hasard, j'engageai Road à se tenir prêt.

« Tout à coup retentit le cri: Au feu! le consulat est embrasé!

« Je ne me doute plus de la culpabilité de votre beau-frère.

« Je l'arrête.

« N'était-ce pas mon devoir?

— Soit!

« Mais pourquoi fuir?

— Parce que j'étais votre invité.

« Parce que je craignais, vos sollicitations devant lesquels j'aurais été faible.

« Comment résister aux larmes de madame et à vos prières?

« Songez qu'il y allait de la tête du prétendu coupable.

« Donc, je me suis retiré sur-le-champ et j'ai pris une chambre dans un hôtel de second ordre où j'ai dormi.

« Que faire de mieux?

« Au jour, je m'habille, j'apprends la vérité et j'accours vous présenter mes excuses.

— Schériff, dit sir Evans, vous avez été maladroit; mais votre conduite est honorable pour votre caractère.

Madame Balouzet, elle, ne pensait pas comme son frère.

— Vous êtes un imbécile! dit-elle à Schleman avec colère.

« Vous...

Mais elle n'acheva pas.

Le consul la prit par le bras et la mit à la porte.

Sir Evans connaissait sa sœur; il savait qu'elle allait perdre toute retenue; il préféra ce petit scandale d'une expulsion rapide mais violente au grand scandale qui résulterait d'un torrent d'injures à un fonctionnaire public.

En ce moment, M. Balouzet, délivré par ordre de Schleman, arrivait.

Il était de fort joyeuse humeur.

Il va sans dire qu'il accepta les prétendues excuses de Schleman avec un air de bonhommie bien joué et qu'il conclut au départ quand même pour la France, en priant le consul de hâter les derniers préparatifs.

Sir Evans était trop heureux d'éloigner sa sœur de lui-même pour ne pas mettre le plus grand empressement à satisfaire aux vœux de son beau-frère.

M. Balouzet, lui aussi, avait des dispositions de départ à faire.

Il s'engagea à se trouver à bord à l'heure fixée ; puis il sortit du consulat avec Schleman qui lui expliqua par le détail toutes les combinaisons qu'il avait employées ; M. Balouzet paya la prime convenue et le schériff et lui se quittèrent les meilleurs amis du monde.

M. Balouzet, qui, depuis longtemps, avait mûri, à propos de son évasion en mer, un certain projet, M. Balouzet qui avait eu une idée originale, avait un dernier et précieux colis à faire porter sur le paquebot.

Il fallait aviser à cela.

Il prit une voiture et se fit conduire chez un certain émule de Barnum, qui montrait des figures de cire à San-Francisco.

Ce très-intelligent exhibiteur avait coutume de rajeunir son musée en faisant exécuter le modèle de toute personne devenue l'objet de l'attention publique dans la ville.

Hawart, par exemple, le fameux Hawart était exposé tenant les cartes contre les plus forts adversaires qu'il eut vaincus.

Le chef de l'expédition du Colorado, le Roi des aventuriers, Choquart y figurait avec tout le groupe des trappeurs illustres, parmi lesquels Touche-Toujours.

Et c'est chez le directeur de ce cabinet de curiosités que se dirigeait M. Balouzet ; c'est chez lui qu'il entra.

On l'attendait.

— Eh bien ! demanda-t-il au directeur, êtes-vous prêt?

— Oui, gentleman, répondit le Barnum ; et vous êtes réussi!

« Du reste vous pourrez confronter le modèle que je vous livre avec celui que je garde ; vous jugerez de la ressemblance.

Et il conduisit le trappeur dans la salle dite de la Prairie.

Là M. Balouzet vit deux bonshommes en cire lui ressemblant traits pour traits ; l'un, celui que voulait garder le Barnum, était costumé en trappeur.

L'autre, destiné à M. Balouzet, était vêtu en touriste.

— Très-bien, dit M. Balouzet satisfait. Emballez-moi ça.

« La caisse est prête?

— Oui, gentleman.

— Faites-la porter à bord du paquebot, et, d'après mes conventions avec le capitaine, on la déposera dans ma cabine.

Puis, paraissant attacher une grande importance à cette question :

— Avez-vous, demanda-t-il, préparé avec soin la vessie gonflée d'air?

— Oui, gentleman.

« Elle a été expérimentée sur un mannequin du même poids que votre effigie en cire ; elle se dégonfle en trente-trois secondes.

— C'est très-bien !

« Vous êtes payé du reste au prix convenu, mais si l'opération que je médite réussit, vous toucherez la prime promise.

— Je m'en rapporte pour cela à votre générosité et à votre loyauté bien connues.

— A propos, est-ce que vous êtes sûr que le corps restera face vers le ciel ; ceci est important?

— Si mes prescriptions sont suivies par vous, dit le directeur, tenez pour certain que ceux qui assisteront à cette scène émouvante verront pendant trente-trois secondes la figure en l'air.

— Alors, tout est bien.

— Adieu, gentleman.

— Non au revoir !

— Vous reviendrez donc à San-Francisco quelque jour?

— J'y compte bien.

— J'aurai votre visite.

— Oui certes.

Le Barnum et M. Balouzet se serrèrent la main et ce dernier remonta en voiture pour arranger encore quelques autres affaires.

Pendant ce temps, sa femme faisait bruit et tempête au consulat.

Elle voulait son mari, son Ernest ; elle prétendait qu'il cherchait à esquiver le départ ; qu'il se sauvait.

Le consul, sir Evans, homme d'énergiques résolutions, enleva sa sœur, au dernier moment, comme il eut fait d'une légère planche de volige et il la jeta en voiture.

Puis il se plaça à côté d'elle et dit au cocher.

— Pique au port !

Il avait pris le bon moyen.

Madame Balouzet poussa un cri délirant quand, par la portière de la calèche, elle aperçut son mari, debout, sur le pont du paquebot en costume de voyage.

— Il vient ! dit-elle.

« Il part avec moi !

« C'est... un ange !

— Vous l'accusiez d'être un monstre ! fit observer le consul.

— Quand on a peur de perdre un trésor, dit-elle, on est soupçonneuse.

« Au revoir, mon frère.

— Adieu, ma sœur !

— Ah ! nous nous reverrons.

— Sans doute, sans doute ! fit le consul.

Et il donna un très-froid baiser à madame Balouzet.

Celle-ci le rendit à peine, tant elle avait envie d'aller dire bonjour à son cher époux et de le tenir sous son regard.

Elle se hâta de descendre de voiture, de monter à bord et de courir passer son bras sous celui de son mari.

— Enfin, dit-elle, je vous revois.

« Ce Schleman est un sot fieffé ; ne trouvez-vous pas ?

« Sans lui...

Elle examina la tête que faisait M. Balouzet à ce souvenir.

Elle voulait par là augurer de la conduite qu'il tiendrait à l'avenir envers elle ; elle se demandait comment il avait pris l'aventure de la nuit.

M. Balouzet sourit et dit :

— Ma chère amie, nous reprendrons, après le thé du soir, dans votre cabine la conversation qui a été interrompue si maladroitement par cet imbécile de Schleman.

« Je vous assure que, cette fois, l'élixir d'amour sera inutile.

« Il m'a suffi de vous voir une fois sous l'empire de ce breuvage pour vous apprécier désormais ce que vous valez.

« Le mauvais sort est rompu.

Et M. Balouzet dit mille fadaises sur ce chapitre avec la meilleure grâce du monde ; il serrait le bras de lady Bernett avec force et celle-ci nageait dans une joie sans mélange ; elle avait lu dans les romans de chevalerie, notamment dans *Roland furieux*, que ceux qui buvaient une fois à la fontaine d'amour se mettaient à aimer la personne qu'ils détestaient ; elle prit confiance aux douces paroles dont la bernait son mari.

Cette conversation folichonne fut interrompue par l'arrivée de Pierre et de miss Jane qui étaient accompagnés par Tonnerre-des-Montagnes dont, avec la lorgnette marine qu'il avait achetée, M. Balouzet remarqua le visage bouleversé par une émotion profonde.

Pierre, lui-même, paraissait aussi sous le coup d'un grand trouble.

Tous les trappeurs présents à San-Francisco entouraient ces deux hommes dont l'un, le chef Sioux, avait une si grande renommée dans la Prairie, dont l'autre, Pierre, portait si fièrement le nom fameux de son père Long-Couteau.

Lorsque Pierre et tous ceux qui lui faisaient cortège furent au pied de l'échelle du paquebot, la masse des gens de Prairie resta sur le quai et les intimes seuls montèrent à bord.

Parmi eux Choquart, Oreilles-d'Argent, Robinson et quelques autres.

Choquart, qui savait que son oncle voulait revenir le jour même à San-Francisco, Choquart qui avait fait préparer pour minuit un wagon-appartement dans le train rapide, Choquart fort peu ému, simula cependant une peine extrême en prenant congé de son oncle et de sa tante qu'il embrassa.

Il avait tous les courages !

Oreilles-d'Argent, lui, n'étant point dans

le secret, montrait par son air maussade qu'il regrettait son ami.

— Touche-Toujours, dit-il, vous me quittez, vrai, ça m'embête.

« Je m'étais habitué à vous.

Mais il s'interrompit tout à coup pour examiner la scène qui se passait entre Tonnerre-des-Montagnes et Pierre.

Le chef indien, à la surprise générale, embrassait le Jaguar et Pierre, les deux frères, qui partaient ensemble; il serrait miss Jane sur son cœur.

Oreilles-d'Argent s'écria tout à coup :

— Décidément on n'aime pas comme cela les fils d'un ami.

« Il faut que je m'assure.

Et, se glissant doucement derrière le chef, il se baissa, releva son manteau, vit au dessus du genou une certaine cicatrice et il se releva en disant :

— C'est lui !

« C'est Long...

Le sachem se retourna, saisit violemment le bras de l'Auvergnat et lui dit :

— Tais-toi malheureux.

Mais Pierre avait entendu.

Il murmura un mot à l'oreille de miss Jane; tous deux se mirent respectueusement à genoux devant tout le monde et miss Evans et lui demandèrent sa bénédiction.

Il étendit sur eux ses mains vaillantes et il murmura ces mots :

— Voilà la seule réhabilitation que j'accepterai ! Je vous remercie, ma fille.

Miss Jane, en relevant la tête vit tout à coup son père, sir Evans très-pâle, placé derrière le sachem.

Le consul saisit sa fille dans ses bras, l'embrassa et lui dit :

— Moi aussi, je vous bénis, Jane.

« Dans un mois, je quitterai San-Francisco et j'assisterai à ton mariage.

Puis tendant la main à Pierre :

— A bientôt, comte, dit-il.

Enfin se tournant vers le sachem:

— Monsieur, demanda-il, voulez-vous me serrer la main, je vous prie.

Et comme le chef hésitait.

— Entendons-nous bien ! dit le consul.

« Ce n'est plus au vivant que je veux donner cette preuve d'estime ; c'est au mort.

Le consul voulait faire sentir au comte qui avait en quelque sorte enterré le passé en se faisant passer pour mort, le consul, disons-nous, voulait faire comprendre à M. de Sommerive qu'il donnait bien réellement une poignée de main, non au chef indien, mais à l'ancien forçat.

Le sachem tendit sa main vers sir Evans en lui disant :

— Vous avez le cœur généreux, l'esprit grand et libéral, monsieur.

« Au nom de tous ceux qui ont été frappés cruellement par la fatalité des lois, je vous remercie.

Le dernier coup de cloche retentissait.

Chacun serra une dernière fois la main à ses amis ; Oreilles-d'Argent trouva le moyen de dire à M. Balouzet en confidence.

— Je ne m'étais pas trompé.

« C'est lui !

— Qui lui ?

— Long-Couteau !

— Il est mort !

— Non, vous dis-je.

Il laissa M. Balouzet stupéfait.

Du reste, plus d'explications possibles ; on donnait le dernier coup de sifflet.

Miss Jane, Pierre, et son frère le Jaguar, M. Balouzet et sa femme, sur l'arrière, mouchoirs en main, saluaient leurs amis qui répondaient par des hourrahs retentissants.

Le paquebot, avec un pilote à bord, filait déjà bon train.

La barque du pilote suivait à la traîne aux flancs du vapeur.

On entra bientôt en pleine rade.

Cette fois madame Balouzet tenait son homme : elle ne craignait plus l'abandon.

Elle avait la sécurité, par conséquent la joie ; elle sentit aussitôt naître en elle la curiosité, cette passion qui survit à tout chez les femmes et prime toutes les autres.

M. Balouzet s'était bien gardé de lui faire part de la confidence d'Oreilles-d'Argent.

Donc elle voulut savoir ce qui s'était passé entre le sachem indien, sa nièce et son futur neveu.

Elle les questionna.

Comme c'était une femme habile, elle se garda bien de poser brusquement la principale interrogation.

Elle commmença par dire :

— Le chef Sioux paraissait extraordinairement ému.

« Pour un Indien, c'est bizarre.

Et Pierre fut obligé de répondre :

— Ce n'est pas un homme de race rouge, vous le savez, milady.

La conversation entamée ainsi continua d'escarmouche en escarmouche ; Pierre voyant bien où madame Balouzet voulait en venir et manœuvrait pour ne pas satisfaire sa curiosité.

Enfin, après cinq minutes, au moment où Pierre allait envoyer au diable sa future et respectable tante, la vigie de l'arrière cria :

— Un passager à la mer!

En même temps, on coupait le filin qui retenait attachée la bouée de sauvetage et le capitaine faisait stopper.

Mais le paquebot, sortant de rade, s'était lancé à toute vitesse.

Il laissa derrière lui l'homme tombé à l'eau que, néanmoins tout le monde reconnut à son chapeau rond, à ses vêtements, à sa figure bien en vue, et chacun s'écria :

— C'est Touche-Toujours !

« C'est M. Balouzet!

Lady Bernett avait vu son mari soulevé par une vague, la regarder d'un air étrange ; l'œil lui parut fixe, vitreux, effroyablement dilaté.

Elle eut pourtant le sang-froid de dire à Pierre :

— Il se sauvera !

« Il sait nager !

Mais Pierre répondit :

— Madame ceci, n'est pas un accident ; M. Balouzet ne se débat point.

« Voyez.

— Oh ! mon Dieu !

« Il se suicide !

— Voilà, dit froidement Pierre, les conséquences d'un mariage forcé.

Madame Balouzet n'en écouta pas davantage ; elle se mit à crier :

— Cent guinées à qui sauvera mon mari ; deux cents ; trois cents guinées !

Des matelots se jetèrent à l'eau, mais ce fut bien inutile.

Au bout d'une demi-minute à peine, M. Balouzet avait coulé bas.

On mit le canot de sauvetage à l'eau et l'on explora la mer aux environs de la bouée pendant quelque temps.

Le capitaine voyant toute recherche inutile, déclara que tout était fini et qu'il fallait se remettre en route.

En vain madame Balouzet, en proie au plus affreux désespoir, protesta-t-elle.

M. Balouzet, pour tout le monde était mort, bien mort.

Il avait préféré se jeter dans les flots et y périr misérablement que de consommer son mariage !

On conçoit qu'un paquebot, quelle soit la douleur d'une femme ne saurait être retardé indéfiniment pour un accident.

On avait fait des recherches trop longues déjà ; la mer calme, examinée à la lorgnette par les officiers, ne présentait rien qu'un miroir poli reflétant le ciel pur ; le capitaine ordonna qu'on reprit la route.

Le navire fila vers la haute mer...

Au premier tour de roue qui l'éloignait à jamais de tout espoir, madame Balouzet éperdue s'évanouit.

On la transporta dans sa cabine où miss Jane et Pierre la soignèrent ; mais la crise était violente et elle se prolongea...

Mis Jane, qui pleurait déjà M. Balouzet, se crut sur le point de perdre encore sa tante, Pierre, lui, souriait à la dérobée.

Il savait à quoi s'en tenir. . . . .

. . . .

Au milieu du brouhaha qui avait suivi la mort du trappeur, un incident s'était passé inaperçu.

Un nègre quittant le navire s'était introduit dans la barque du pilote, laquelle était trainée en remorque au flanc du paquebot.

Le nègre s'était glissé sous la levée d'avant et s'y tenait coi.

Le pilote, ayant guidé le vapeur hors rade, en pleine mer, prit congé du capitaine, sauta dans sa barque avec ses lamaneurs et retourna vers le port.

Quand il eut fait un mille environ, il héla le nègre sous la banquette.

Ils partirent au petit trop de leurs chevaux. (Page 210.)

— Hé! moricaud, dit-il, sors de là! Du vapeur on ne peut plus te voir.

Le nègre se montra. Jamais on ne vit face de noir plus gaie, plus rayonnante.

— Patron, dit-il au pilote, je double le prix dont nous avions convenu pour me rendre à San-Francisco; je vous demande la discrétion.

— On ne parlera pas! dirent les lamaneurs et le pilote.

« Tu peux compter, boule de neige, que l'on se taira.

— Mais, questionna le pilote, pourquoi fuis-tu ?

— Ceci, répondit le noir, est mon affaire, non la vôtre.

« Je paye non seulement pour vous et ro la bouche sur ma fuite, mais surtout pour me débarrasser de vos questions inopportunes.

Et il alla fumer vers l'avant un délicieux cigare qu'il tira d'un bedlet élégant.

Le pilote, à sa barre, disait cinq minutes après à ses matelots :

— Ce noir est faux teint !

« Il a une perruque de laine frisée ; sous la couche de suie qui cache la couleur de sa peau, on trouverait un blanc.

« Je crois que c'est un gaillard qui vient de faire à bord un mauvais coup.

— Il a jeté Touche-Toujours à l'eau probablement ! fit un lamaneur.

— J'en jurerais ! dit le pilote.

« Mais il paye !

« Donc... silence !

« Ces choses-là ne nous regardent pas.

On cinglait vers San-Francisco avec bonne brise du large.

En peu de temps, on gagna le port ; le nègre paya généreusement le pilote et il s'enfonça dans les rues de la ville aussitôt qu'il eut mis pied à terre.

CHAPITRE XLII

Bon teint !

M. Balouzet, arrivait assez tôt pour tenir sa promesse à Juanita qui l'attendait à l'hôtel avec Choquart.

On juge du saisissement qu'éprouva la jeune fille en se trouvant en présence de M. Balouzet transformé en nègre du plus bel ébène.

Choquart, lui, se mit à rire aux larmes, tant la tête de son oncle lui parut bizarre.

— Lavez-vous, de grâce, dit-il ; vous êtes hideux comme ça.

« Enlevez-moi votre perruque crépue et reprenez face humaine.

— Impossible ! dit M. Balouzet.

— Pourquoi ? demanda Choquart.

— Parce que Touche-Toujours est mort !

« Parce que M. Balouzet n'existe plus, noyé qu'il est dans la rade.

« Je me suis arrangé pour être si bien trépassé que je sois à jamais délivré de lady Bernett.

« Tu comprends que je ne vais pas ressusciter ici en plein Francisco.

« Si on me revoyait avec ma tête de Visage-Pâle, comme dirait un Apache, on me reconnaîtrait.

« Les journaux démentiraient ma mort, et, avant un mois, ma femme serait à mes trousses.

— Prenez un autre déguisement !

— Celui-là est bon.

— Il a ses inconvénients :

« On ne respecte pas un nègre aux États-Unis et vous serez maltraité.

— Je voudrais voir ça !

— Si un blanc vous rudoyait, que feriez-vous, mon oncle ?

— Je le calotterais.

— Et ensuite vous seriez mis en prison et bien dûment condamné.

« Croyez-moi, mon oncle, débarbouillez-vous et pensons à une autre façon de vous grimer ; il y en a mille.

M. Balouzet paraissait fort empêché et regardait Juanita.

Il voyait bien que son teint noir de fumée ne plaisait guère à la jeune fille ; mais il ne pouvait le changer à la minute.

— Nom d'un petit bonhomme ! dit-il, me voilà fort ennuyé.

— Pourquoi, mon oncle ?

— Parce que je me suis dit que se passer de la suie tous les jours sur la figure et se la cirer, ce serait fastidieux.

« Je suis donc allé trouver mon pharmacien, celui qui a soigné Juanita et je lui ai demandé une drogue qui me fonçât le teint pour quelque temps...

— En sorte que vous voilà nègre pour plusieurs semaines.

— Dis... plusieurs mois.

« Tu m'avais parlé d'un assez long voyage, et j'ai prié mon pharmacien de foncer la couleur et la pénétration.

Choquart se reprit à rire.

M. Balouzet glissa un coup d'œil inquiet du côté de Juanita.

Celle-ci boudait.

Mais, quand elle vit M. Balouzet consterné de son étourderie, elle céda à un bon mouvement et lui sauta au cou.

— Noir ou blanc ! s'écria-t-elle, je vous aime ! . . . .
. . . .

M. Balouzet rendit cent baisers à la jeune fille.

Comme il était à peine trois heures de l'après-midi, Choquart jugea que son oncle et Juanita pouvaient avoir mille choses à se dire jusqu'à minuit, heure fixée pour le départ du train-éclair ; en conséquence, garçon discret et avisé, il s'éclipsa, ayant beaucoup à faire lui-même dans son après-midi.

CHAPITRE XLIII

Entrevue. — Les deux pères.

Pendant que madame Balouzet pleurait en mer son époux suicidé, pendant que M. Balouzet aimait et que Choquart conspirait comme on le verra plus tard, le comte de Sommerive, Long-Couteau, celui que l'on croyait mort depuis longtemps, le héros de ce roman enfin, avait au consulat anglais une entrevue avec sir Evans (1).

Ils avaient tous deux à discuter sur la façon dont se ferait le mariage de leurs enfants, mariage auquel sir Evans donnait maintenant son consentement.

La grande question n'était point celle des dots.

Miss Jane avait, du chef de sa mère, une fortune énorme.

Elle était fille unique du consul qui remuait les millions sur la place de San-Francisco

(1) Voir la vignette aux livraisons précédentes.

et qui avait des valeurs considérables à la banque de Londres.

Pierre, de son côté, possédait ce trésor, les *Millions du Trappeur* que nous avons vus enfouis dans l'île mystérieuse où, seul, Long-Couteau avait su aborder, lorsque ce drame débutait.

Cet or était la légitime propriété du comte de Sommerive.

Il le donnait à son fils.

Et il lui restait ces autres *Millions du Trappeur*, ces dieux, ces déesses de métal, cette fortune incalculable que Choquart avait failli enlever.

Mais le comte considérait ces richesses comme ne lui appartenant pas.

C'était, pour lui, le bien de son peuple, le trésor national des Indiens.

Ce point fixé, restait la grande affaire de l'existence du comte.

En fait, il vivait.

En droit, il était mort.

Son décès avait été constaté.

Et tout d'abord, comment s'était-il sauvé des mains des bandits ?

Ce fut la première explication que demanda le consul.

— Monsieur, lui dit le comte de Sommerive, depuis longtemps j'avais fait le projet de délivrer ma femme et mon fils de cette terrible position qui les condamnaient au désespoir de me savoir forçat évadé et vivant.

« Je craignais toujours que ma femme ne voulût me rejoindre.

« J'avais donc résolu de me faire passer pour mort.

« Au moment où les bandits coupaient la corde, je compris que mon seul espoir de salut était d'arriver sain et sauf au bas du précipice ; car de remonter à la force des bras, je n'en avais pas le temps.

« Déjà, dans l'ombre, brillait la lame du couteau qui allait scier la corde.

« J'étais suspendu !

« Mes pieds portaient pourtant sur l'aspérité d'une roche.

« Je savais qu'en vertu d'une loi physique, une boule, roulant sur une pente presque à pic, quels que soient les arêtes du terrain, les angles et les vides, arrive en bas sans même avoir été rayée par une arête.

« Tous les peuples montagnards connaissent cette particularité et l'appliquent.

« Un de mes parents, officier d'Afrique, m'avait appris que les Kabyles poursuivis par nos soldats, leur échappaient en se pelotonnant au bord d'un précipice, la tête entre les jambes, les mains saisissant les pieds, le fusil en travers.

« Ils déroulent ainsi, franchissent des vides de dix ou quinze mètres, toujours roulant, et ils arrivent au bas de la pente parfois verticale, sans une égratignure.

« C'est prodigieux, mais c'est réel.

« Deux fois déjà, dans ma vie d'aventures, j'avais employé ce moyen.

« Il m'avait admirablement réussi.

« Dans cette soirée émouvante, j'eus encore recours à ce moyen de salut.

« Je m'appuyais aux aspérités qui me permettaient d'exécuter ce pelotonnement dont je vous ai parlé.

« Je pus donc arriver au bas des pentes sans être brisé.

« Mais, bientôt un autre corps y tombait près de moi.

« Balle-Enchantée, mon gendre aujourd'hui, venait d'arriver.

« Il m'avait porté secours et un bandit, penché sur l'abime, frappé par ce vaillant garçon, avait, en se débattant, atteint le bord de l'abime au fond duquel il gisait.

« Ma résolution fut bientôt prise.

« Je savais qu'avant une heure les coyottes auraient déchiqueté le cadavre.

« Auprès de lui je laissai une arme et des vêtements m'appartenant.

« Plus tard, Balle-Enchantée ayant fait le tour du précipice, crut avoir retrouvé mon squelette et fit courir le bruit de ma mort.

« Aujourd'hui il faut laisser ma femme bénéficier de cette situation.

Et le comte prouva au consul que sa résolution était sage.

Sir Evans finit par approuver M. de Sommerive, il lui annonça qu'ayant donné sa démission de consul à San-Francisco, il allait partir pour Paris où il marierait les deux jeunes gens.

Le comte le pria de garder son secret et de recommander à Pierre et à miss Jane de se taire sur ce point.

— Vous, dit le comte, Pierre, votre fille et mon ami Oreilles-d'Argent savent seuls que je vis encore.

« Personne ne parlera.

Le comte ignorait que M. Balouzet avait été instruit par l'Auvergnat.

Les deux pères se quittèrent en se serrant la main.

Le comte redevint le chef Sioux qui allait travailler à l'émancipation des Indiens.

Sir Evans ne songeait qu'à préparer le bonheur de sa fille et de son gendre.

CHAPITRE XLIV

Les deux martyrs.

Choquart, en quittant M. Balouzet, avait pris le chemin de la taverne du Buffalo.

Là, il était attendu.

Là, se trouvaient réunis Robinson, Vendredi, Oreilles-d'Argent et nombre de trappeurs convoqués par le Roi des aventuriers.

Tous avaient su l'apprécier à sa haute valeur pendant l'expédition du Colorado ; tous reconnaissaient que malgré la catastrophe qui avait détruit les volontaires et ruiné leurs espérances, Choquart restait un capitaine de flibustiers hors ligne, un chef auquel nul autre dans l'État de San-Francisco, ne pouvait être comparé.

Et cependant la ville foisonnait d'hommes de Prairie incomparables.

Ce que voulait le jeune homme, nul ne le savait encore.

Tous supposaient qu'il s'agissait de combats à livrer.

Dans la grande salle de la taverne du Buffalo, on remarquait deux groupes de nouveaux venus.

Les uns portaient le costume des Cubains et avaient des têtes remarquables par l'énergie de l'expression et la noblesse.

Ils formaient une bande à part.

Les autres, éloignés des premiers, étaient des individus dont il eût été difficile de constater la nationalité ; ils avaient des costumes bigarrés, mi-partie mexicains, mi-partie texiens, avec des coiffures diverses.

A coup sûr c'étaient des gens décidés.

Armés jusqu'aux dents, ayant des mines rébarbatives et gardant une certaine réserve sombre, menaçante même, on les jugeait animés de mauvaises intentions et capables d'un mauvais coup.

Ces gens se tenaient assis au nombre de sept autour de deux tables.

Ils ne se parlaient qu'entre eux, à voix basse, et qui les eût entendus eût reconnu qu'ils se servaient de la langue catalane.

Certains indices suffisaient à révéler leur nationalité ; c'étaient des Espagnols, des Catalans établis à Cuba ; ils étaient de ceux qui soutenaient le gouvernement espagnol contre les prétentions d'indépendance affichées par les Cubains.

Ils étaient, par conséquent, ennemis mortels du premier groupe.

Mais les quelques phrases qu'ils avaient échangées à voix basse, ne les avaient point dénoncés ; ils pouvaient donc se donner comme des Texiens, ce qu'ils n'avaient pas manqué de faire.

On causait autour d'eux.

Ils étaient tout oreilles, écoutant la conversation animée des trappeurs.

— Il paraît, disait Oreilles-d'Argent que Choquart va nous proposer une expédition nouvelle.

— Oui ! fit Robinson.

« Mais où nous conduira-t-il ?

— Au désert, peut-être ! dit Vendredi.

— Non, au Mexique plutôt ! dit Oreilles-d'Argent.

« Il veut, comme Raousset de Boulbon, conquérir la Sonora.

— Je crois qu'il s'agit de la République de l'Équateur, où on lève des troupes ! supposa Maracasse, un trappeur original que nous présenterons plus tard.

— La saison de chasse est fort avancée ; moi, n'ayant rien à faire, j'irais n'importe où pour trouver l'occasion d'utiliser ma poudre ! dit Robinson.

— Étant bien payé, je suivrais Choquart au diable ! fit Oreilles-d'Argent.

Les Cubains créoles écoutaient, un sourire de satisfaction aux lèvres.

Les Catalans, eux, fronçaient le sourcil et semblaient de fort mauvaise humeur.

Mais, parmi les six cents individus qui remplissaient la grande salle de la taverne du Buffalo, personne ne faisait attention à ces hommes de mauvaise mine perdus au milieu de tant d'autres.

En ce moment Choquart entrait.

Il salua ses amis qui l'accueillirent chaleureusement.

Ensuite il fit un signe d'intelligence aux Cubains.

Puis, procédant comme à l'ordinaire, il monta sur une table pour faire un speech ; ce qui produisit l'effet accoutumé.

De l'un à l'autre, tous les aventuriers de la ville, sans occupation pour l'instant, s'étaient redit que Choquart allait faire des levées.

Il n'en fallait pas plus pour qu'un nombre considérable de gens de Prairie s'assemblât dans la taverne.

Tout ce monde se tut.

On aurait entendu une souris grignoter une miette de sucre en un coin.

Choquart prit la parole.

— Mes camarades, dit-il, un dollar est un dollar, est-il vrai ?

— Oui ! oui ! cria-t-on.

— Or, les vivres, le logement quand il y en a, l'uniforme, un dollar par jour de paye, cela constitue, si je ne me trompe, une bonne solde pour des flibustiers.

On resta froid dans la salle.

Mais Choquart, qui connaissait son monde, ajouta aussitôt :

— Plus une prime de cent dollars dès que l'on aura mis le pied sur un certain bâtiment qui doit conduire quelque part.

« Plus cent autres dollars en débarquant sur la terre où je veux vous conduire.

« Enfin, après la guerre, chacun touchera la somme de deux cents dollars.

« Ne trouvez-vous pas, gentlemen, que voilà de belles conditions ?

— Oui ! cria une voix.

« La prime est bonne !

« La solde est assez bonne !

« Seulement nous n'aimons pas être soldats, conduits au feu en rangs et placés sous la gueule des canons sans pouvoir bouger.

— Non ! non ! cria-t-on.

« Pas soldats !

« Flibustiers, mais pas soldats !

Choquart salua cet orage de réclamations d'un geste et dit :

— J'ai parlé d'uniforme.

« Ce sera simplement une ceinture d'une certaine couleur pour se reconnaître entre soi et servir de signe de ralliement.

« Il ne s'agit pas d'être enrégimentés.

« Me croyez-vous assez sot pour supposer que vous voudrez jamais être des riflemen !

« Nous ne ferons que la guerre d'escarmouches et je vous donne ma parole d'honneur que pas une seule fois vous ne serez en ligne.

« J'ajoute que la tentative que nous allons faire est glorieuse.

« Il s'agit tout simplement de...

Ici tous les cous se tendirent, tous les yeux se fixèrent sur Choquart, toutes les oreilles se dressèrent, toutes les poitrines cessèrent de respirer ; mais Choquart, changeant de ton, dit en riant :

— Il s'agit de, de, de... ah ! ah ! vous voudriez tous le savoir.

« Mais si vous le saviez, outre que cela ne vous servirait absolument à rien, cela nuirait absolument aux succès de l'entreprise !

« Est-ce vrai ?

— Oui ! il a raison !

« Pourvu que la prime soit payée...

— Intégralement ! dit Choquart.

« En montant à bord, on vous mettra les dollars en mains.

— A bord de quoi ?

— On le dira à qui s'inscrira et à qui sera accepté ; je veux des hommes sûrs.

« Personne ne sera reçu s'il n'a des répondants bien connus parmi les trappeurs ou les squatters honnêtes de la Prairie.

En ce moment, l'un des Havanais qui s'était levé, disait bas à Choquart.

— Senor, vous vous engagez pour la prime ; nous n'en avons pas à donner.

« A peine pouvons-nous subvenir à fréter le navire qui emportera vos hommes.

Choquart fit signe au Cubain de se taire et il dit aux trappeurs :

— Il est bon qu'on sache qui est le banquier d'une affaire.

« Gentlemen, tous les fonds que Touche-Toujours, mon oncle regretté, a gagné au banquier Hawart, sont à moi.

« De plus Tonnerre-des-Montagnes me commandite pour un million de dollars comme première mise de fonds dans notre affaire !

« Avec cela, on peut être sûr d'être soldé à bureau ouvert.

— Hourrah ! crièrent les trappeurs.

Nous avons déjà décrit une scène d'engagements, nous ne reviendrons pas sur celle-là ; une centaine de trappeurs se présentèrent et furent reçus.

Mais les Catalans de Cuba qui s'offrirent furent repoussés sur un signe des Cubains créoles qui devinaient en eux des ennemis et des traîtres.

Une heure après une rixe violente avait lieu entre les deux groupes (1).

Les combattants séparés, Choquart se préoccupa de cette affaire.

— Quels sont ces individus ? demanda-t-il aux Cubains en leur montrant leurs adversaires.

— Des espions ! répondirent ceux-ci.

— Vous en êtes certains ?

— Absolument.

— Très-bien ! dit Choquart.

Puis, faisant un signe à deux des Cubains, il leur dit : Senores, suivez-moi.

Et il emmena hors de la taverne don Emmanuel et don César, les chefs des Cubains délégués vers lui par la junte révolutionnaire de l'île qui préparait le soulèvement.

Il monta avec eux dans une voiture dont il paya le cocher pour dépister tout espionnage, et il gagna la campagne.

Là, il renvoya le cocher à distance et il tint conseil.

— Senores dit-il, aux Cubains, j'ai écrit à la Havane, à vos compatriotes, pour qu'ils m'envoyassent des hommes sûrs.

« Vous êtes venus.

(1) Voir la gravure, page 209.

« Une grande idée m'est venue depuis longtemps : émancipez votre île !

« Je me suis mis en relations avec ceux de vos amis que je savais disposés à me seconder ; l'affaire est en bonne voie.

« Là-bas, me dites-vous, l'on m'attend.

« Ici, j'ai récolté de l'or !

« Ici, j'ai enrôlé des hommes !

— Les meilleurs rifles de la Prairie ! dit un des Cubains.

— Vous avez raison !

« Tous mes hommes ont fait leurs preuves !

« Avec eux nous aurons une élite qui nous fournira les chefs de vos bandes.

— Très-bien, senor.

— Tout est donc réglé, senores.

« Mais j'ai une nouvelle à vous apprendre, et sur ce que je vais vous dire, jusqu'à nouvel ordre, silence

« Mon oncle...

— Hélas, tous les journaux annoncent sa mort en rade aujourd'hui même.

— Senores, mon oncle est en bonne santé ici même et part pour Cuba avec moi.

— Comment !

« Nous aurions ce bonheur inespéré qu'il prendrait parti pour nous.

— Pas encore ! fit Choquart en souriant. Toutefois je vous jure que ce sera.

Il raconta comment M. Balouzet s'était transformé en nègre.

— Vous connaissez, senores, ajouta-t-il, le préjugé des Espagnols contre les noirs.

« Aussitôt arrivé à Porto-Ricco ou à la Havane, je me promènerai en voiture sur la promenade publique avec mon oncle et une jeune fille qu'il aime !

— Ce sera l'objet d'un scandale énorme ! Jamais les Espagnols n'ont supporté un nègre en voiture sur cette promenade.

— Je compte sur des insultes ! dit Choquart.

— Peut être sur des pierres lancées contre vous, lui et cette jeune fille ! fit don Emmanuel.

— Tant mieux ! dit Choquart.

— On a jeté à la mer et noyé un mulâtre qui avait eu l'audace de protester ainsi contre l'astronome ! fit observer don César.

— Un bain n'est pas à craindre ! dit Choquart. La saison sera excellente.

— Prenez garde !

— Senores, la fin justifie les moyens !

« Il faut que mon oncle soit des nôtres ; mortellement offensé il se battra avec nous pour se venger ; son nom est environné d'un grand prestige.

— Mais...

— Ma résolution est prise.

Ceci fut dit d'un ton qui n'admettait pas de répliques et qui coupa court aux observations.

Choquart reprit :

— Et maintenant, messieurs, voici un carnet d'instructions pour la junte.

« Retournez à Cuba !

« Trompez l'ennemi.

« Engagez-vous dans la Prairie avec un guide de choix que je vais vous donner ; gagnez un petit port où personne ne songera que vous puissiez vous embarquer.

« Surtout sauvez à tout prix ces instructions qui, aux mains de l'ennemi, feraient fusiller des patriotes et révéleraient nos projets. Notre expédition échouerait, si vous étiez pris.

— Vous vous chargez là d'une périlleuse et honorable mission, senor.

— Et je vous sais hommes à mourir, si vous ne pouvez l'accomplir.

« Et maintenant, remontons en voiture.

Il appela le cocher.

— Au village dalmate ! lui ordonna-t-il.

« Au cottage des Roses.

La voiture fila grand train.

Bientôt on arrivait à quelque distance du village ; là Martin attendait Choquart.

Il tenait en bride deux bons chevaux.

Il était là par ordre.

— Senores, dit Choquart, armes, provisions, montures tout est de choix. En selle !

« Partez et suivez la direction de cet arbre qui vous paraît être à un mille d'ici et qui est distant de six bonnes lieues.

« Là vous serez rejoints par Martin que voici, qui est un de mes amis, dont je vous réponds sur ma tête et qui vous rattrapera avant deux heures d'ici ; car il importe qu'il ne parte pas avec vous.

« Au revoir, senores ! Ayons bon espoir.

— Au revoir, dirent les deux vaillants Cubains ! Dieu vous garde !

Ils partirent au petit trop des chevaux.

Une heure après, ils mirent leurs bêtes au pas et cheminèrent sans mot dire absorbés dans leurs pensées.

Martin les rejoignait bientôt.

Hélas, ces deux héros, devaient être les deux premiers martyrs de la guerre d'indépendance.

Don Emmanuel et don César appartenaient aux meilleures familles créoles de Cuba.

C'étaient deux parfaits gentilshommes, généreux, chevaleresques qui, des premiers avaient préparé le prochain soulèvement de Porto-Ricco.

Ils aimaient leur patrie comme on adore une maîtresse ; cette île enchanteresse mérite la passion ardente que lui ont voué ses enfants et l'enthousiasme qu'elle excite chez ceux qui la connaissent.

C'est une terre vaste comme la France, caressée par les flots embaumés de la mer des Antilles, et sillonnée de rivières qui mêlent les senteurs balsamiques des eaux douces aux parfums salins de l'onde océanique ; elle apparaît verte et riante bordée de villes pittoresques et animées, semée de montagnes dont les sommets s'estompent légèrement sur le fond bleu d'un ciel toujours transparent et pur.

Cette chaîne volcanique offre des sites sauvages et grandioses qui contrastent avec les paysages ravissants des basses terres et la splendeur des plages.

La flore est merveilleuse de puissance et de variété ; la végétation luxuriante enguirlande le touriste, l'enveloppe de caresses, l'enivre, le fascine ; dans les campagnes, c'est au milieu des parterres fleuris, dans la ville, c'est à travers les bouquets que la femme apparaît aux yeux ravis de l'homme.

Nul n'y résiste.

Le marin qui, une fois, a senti se reposer sur lui le regard de la Havanaise et qui a reçu le baiser brûlant de ses lèvres, n'oublie jamais ni cette bouche rose et fraîche comme une grenade entr'ouverte, ni cet œil noir frangé de cils soyeux.

Plus tard, sur quelque rive qu'il aborde, il ne retrouve plus de filles comparables à celles qu'il a vues lui sourire dans la reine des Antilles.

Telle était la patrie des deux vaillants hommes qui allaient tenter d'accomplir la périlleuse mission dont ils venaient d'être chargés.

Mission plus périlleuse encore que ni eux ni leur chef ne l'imaginaient.

Ils étaient suivis depuis leur départ, trahis avant leur arrivée, espionnés sans cesse.

Les plus fins agents de la police espagnole qui est la plus habile du monde, étaient au milieu d'eux sous le masque du conspirateur ; ils étaient affiliés à la conspiration et savaient tout.

En cette circonstance même, le cocher qu'avait pris Choquart était gagné d'avance, lui et cinq ou six autres qui avaient reçu ordre de se tenir à tour de rôle aux environs de la taverne du Buffalo.

Une heure après leur départ, les deux Havanais et Martin étaient suivis par des limiers qui ne pouvaient se tromper sur une piste.

Une bande de Catalans se lançaient sur la trace des deux patriotes ; elle était guidée par trois pirates de Prairie et commandée par Herrera, le fameux agent secret qui, mandé de Madrid par le gouvernement de la Havane au premier signal d'agitation, devait, comme nous le verrons, livrer DIX NEUF CENTS TÊTES DE CUBAINS au bourreau.

Ce en quoi Herrera se montra supérieur dans cette affaire, ce fut de deviner que les deux gentilshommes Cubains emportaient le secret de la conspiration.

Il pénétra la pensée de Choquart.

Il tenait extraordinairement à s'emparer du précieux carnet.

Il aurait été muni contre Choquart d'assez de preuves pour le jeter sous les balles du peloton d'exécution et il se faisait fort d'amasser des charges assez graves contre M. Balouzet pour lui faire subir le même sort.

Car, chose étrange, dès le début de ce terrible drame qui dure toujours (on se bat à cette heure avec autant d'acharnement qu'au commencement de cette guerre) les autorités espagnoles attachaient un prix extraordinaire

Elle éclaira tout à coup la scène. (Voir les livraisons suivantes.)

à s'emparer du fameux trappeur Touche-Toujours ; on eût dit (c'est la remarque que faisait naguère encore le *Courrier de San-Francisco*), on eût dit que les oppresseurs de l'île pressentaient que ce bourgeois de Paris, égaré dans le Nouveau-Monde, serait le héros de cette guerre, comme sa maîtresse en est devenue l'héroïne.

A l'heure où nous écrivons ces lignes, un bando lancé il y a deux mois, est placardé partout, offrant cent mille piastres de la tête de M. Balouzet.

On voit quel intérêt s'attachait à la mission des deux délégués de la junte insurrectionnelle.

Herrera, averti, prit des mesures efficaces.

Il fit suivre la piste par deux pirates seulement jusqu'au moment où les Havanais furent à trois journées de marche du dernier établissement ; il se tenait avec le gros de sa troupe à une étape en arrière.

Quand il fut prévenu par les pirates que les Havanais étaient avec Martin en pleine prairie, il ordonna une marche de nuit et il se rapprocha d'eux.

Son plan était de se débarrasser de Martin d'abord.

Il fit épier le moment où celui-ci, après avoir établi le bivac, partait en chasse ; lorsque le trappeur fut à une lieue du camp, les pirates de Prairie, qui l'avaient suivi en rampant, le tuèrent à coups de fusil par surprise.

Les Catalans, eux, débarrassés de cette vigilante sentinelle qui veillait sur le bivac, entourèrent celui-ci à la nuit tombante.

Un des pirates avait revêtu les vêtements

de Martin, l'autre s'était donné l'aspect d'un honnête trappeur.

Tous deux s'avancèrent ainsi vers le campement où, à la vue de celui qu'ils prenaient pour Martin, les deux Havanais, un peu inquiets de son retard, se rassurèrent, croyant qu'il revenait accompagné d'un ami ; mais ils furent promptement et cruellement détrompés ; car dès que les pirates furent assez rapprochés pour bien tirer, quoique le crépuscule naissant jetât ses premières ombres sur eux, ils firent feu, non sur les hommes, mais sur les chevaux.

Herrera voulait prendre les conspirateurs vivants et abattre leurs montures, c'était les avoir à merci, car ses Catalans, à lui, étaient tous montés.

Les deux Havanais, voyant tomber deux de leurs chevaux sur trois, n'ayant affaire du reste qu'à deux hommes à pied (on ne voyait pas encore les Catalans), les deux Havanais, disons-nous, sautèrent sur le mustang survivant et piquèrent des deux.

L'animal était plein de feu, solide, capable de porter deux hommes.

Par malheur, après avoir pris de l'avance, il buta et roula à terre (1).

Les pirates s'élancèrent, mais Emmanuel dit rapidement à don César :

— Tu as les instructions.

« Relève le cheval, monte en selle et fuis ; moi, je riposte à ces assassins.

Le cas était pressant.

Emmanuel ne discuta pas le dévouement généreux de son ami.

Il releva le mustang sauta sur lui, et gagna l'espace.

Don César tenait en respect les deux pirates à coups de carabine.

Mais tout à coup il fut chargé par un groupe de trois Catalans qui survenaient à toute course de leurs montures.

Il fut foulé aux pieds des chevaux, pris au lazzo, traîné, paralysé, garrotté et réduit à l'impuissance.

Pendant ce temps, aux dernières lueurs du jour, don César fuyait droit devant lui, ayant sur ses talons, le gros de la bande ennemie qui gagnait sur lui.

(1) Voir la gravure, page 201.

Il allait, sans s'en douter, donner bientôt contre une barrière infranchissable ; en effet il arriva aux bords d'un ravin au fond duquel coulait une rivière formée par une cascade qui tombait non loin de là en nappe écumante.

Le malheureux jeune homme fit bien descendre à son cheval la pente du précipice ; mais presque aussitôt les Catalans parurent sur la crête, profitant des reflets du soleil couchant pour tirer.

Don César fit franchir la rivière à son coursier et il essaya par un prodigieux effort de remonter l'autre pente.

Ce fut impossible (1).

Deux Catalans avaient mis pied à terre pour faire feu sûrement.

Le reste de la bande s'éparpillait à droite et à gauche pour passer la rivière en amont et en aval.

Herrera avait jugé d'un coup d'œil que don César était emprisonné dans une impasse ; en effet, le malheureux jeune homme eut bientôt devant lui un mur de rocs à pic contre lequel lui et son cheval épuisaient en vain leurs efforts.

Derrière lui deux hommes le tenaient en joue.

De chaque côté il se vit bientôt cerné et dans l'impossibilité de passer.

Alors il prit un parti héroïque.

Il redescendit au bas des pentes et mit pied à terre.

Il sortit de sa ceinture le carnet qu'il avait reçu et versant rapidement ses cartouches sur les pages ouvertes, il y mit le feu d'un coup de revolver et l'anéantit en le brûlant.

Les Catalans qui avaient passé la rivière en haut et en bas, se précipitèrent en criant avec fureur :

— Nous le tenons !

— Il parlera !

— Prenez-le vivant ! recommandait la voix de Herrera dominant le tumulte.

Mais don César répondit par un cri de :

— Vive la patrie libre et mort pour moi !

Il se fit sauter la cervelle. . . . . .

. . . .

Il tomba première victime, premier martyr

(1) Voir la gravure, page 217.

de la dernière lutte entre l'esclavage et l'émancipation de la race nègre.

Herrera, dit-on, fit déchiqueter son cadavre et lancer les débris dans la rivière.

. . . .

Le lendemain matin le soleil éclairait une scène émouvante.

Par ordre de Herrera, Emmanuel prisonnier avait été conduit au bord de cette roche à pic, contre laquelle s'étaient heurtés en vain les efforts de don César.

Là, on avait fixé une corde sous les épaules du prisonnier et on avait attaché l'autre extrémité de cette corde à un arbre ; puis le malheureux avait été suspendu au dessus de l'abîme (1).

Alors Herrera avait fait éloigner son monde, et le couteau en main, il avait menacé don Emmanuel de couper la corde et de le précipiter dans l'abîme, s'il ne faisait point de révélations sur ses complices.

Le malheureux jeune homme planait au-dessus du gouffre ; d'un coup de revers, tranchant un brin de chanvre, Herrera pouvait le lancer dans l'éternité du néant...

Don Emmanuel parut, à un certain moment, céder à la peur.

Il se mit à révéler des noms ; Herrera écoutait avidement.

Il ne s'apercevait pas que le jeune homme avait pris, dans sa ceinture, le canif, cher aux Havanais, qui leur sert à couper le haut de leur cigare ; le prisonnier se mit à scier la corde qui se croisait sur sa poitrine.

Puis la sentant craquer, il la saisit à deux mains au dessus de sa tête et à la surprise profonde de son bourreau auquel il cria :

— Tous ceux que je t'ai désignés pour gagner du temps sont des Espagnols.

« Fais-les pendre, si tu veux !

« Tu n'as pas un seul nom de nos affiliés et tu ne sauras rien de moi.

Herrera faisait des efforts inouïs pour remonter don Emmanuel ; il appela ses hommes pour lui aider à tirer la corde à lui.

Mais le jeune homme la lâcha et tomba ; il disparut dans les profondeurs du gouffre

(1) Voir la gravure page 205.

écumant creusé par la cascade, il se perdit dans les tourbillons et l'eau ne rendit jamais son cadavre.

Mais pendant que la masse de son corps sillonnait l'espace, un grand cri était monté vers le ciel :

— Vive la Liberté !

CHAPITRE XLV

Encore vierge !

Lorsque Choquart, ayant expédié ses deux courriers Cubains à la Havane avec Martin, fut revenu à San-Francisco, il se fit conduire à l'hôtel où il avait laissé son oncle et Juanita.

Il s'attendait à retrouver l'un joyeux, triomphant et fier ; l'autre contente, confuse, embarrassée et timide comme une mariée le lendemain de la noce.

Mais point.

M. Balouzet avait l'air furieux ; Juanita semblait fort contrariée.

Choquart fit à part lui une foule de suppositions.

Il n'en souffla mot.

L'heure du départ était sonnée.

— En voiture ! dit-il.

« J'ai expédié toutes mes affaires ; partons maintenant.

— En route ! dit, d'un ton mélancolique, M. Balouzet.

— Oui, quittons cette ville ! fit d'un air maussade Juanita.

Et Choquart entendit son oncle murmurer entre ses dents :

— Fatale idée !

On arriva à l'embarcadère.

Le train-éclair était prêt et le wagon spécial attelé.

M. Balouzet y monta et y fut reçu avec tous les honneurs dus à son rang par Vendredi et une mulâtresse qui avait l'air d'une femme très-convenablement élevée.

Choquart la présenta à son oncle en lui disant :

— Je vous réservais une surprise, mon oncle ; elle vous sera agréable.

« Vendredi s'est marié du consentement de Robinson, avec cette honnête veuve, une parente de l'oncle Tom, personne très comme il faut et qui consent à servir la signora Juanita.

« Vendredi nous donnera ses soins.

« Robinson, qui nous rejoindra à la Havane ou à Santiago, a bien voulu procurer ainsi à Vendredi et à sa femme l'occasion de faire un voyage de noces.

— Très-bien ! dit M. Balouzet. Enchanté.

« Que madame Vendredi s'occupe de Juanita, et toi, viens. »

Choquart suivit son oncle dans le fumoir, et là M. Balouzet s'écria de nouveau :

— Fatale idée !

— Enfin, qu'avez-vous ? demanda Choquart.

— Il y a que je me suis fait teindre bêtement tout le corps.

— Ah bah !

— Oui.

« Je me disais que si ma femme revenant, me trouvant et me soupçonnant d'être son mari, me traînait devant les tribunaux, je montrerais que toute ma peau étant noire, je suis un vrai nègre.

« J'ai pris un bain complet.

— Qu'est-ce que cela fait, en somme ?

— Figure-toi que Juanita s'imaginait que je n'avais que la figure et les mains noires ; quand elle a vu le reste... »

Ici M. Balouzet s'interrompit pour dire entre parenthèses :

— Je te dirai que Juanita, ayant beaucoup réfléchi, ayant peut-être même questionné une jeune fille plus instruite qu'elle, n'est plus aussi naïve qu'il y a quelques mois.

« Or elle s'est avisée de comprendre que nous pourrions bien avoir un enfant ; mais me voyant noir de la tête aux pieds, elle a une peur bleue de mettre au monde un petit nègre.

« J'ai eu beau lui dire que c'était insensé ; elle m'a affirmé que l'impression était si forte qu'elle concevrait un négrillon rien que par suite de la crainte qu'elle en avait, de même que la vue d'une souris par une femme enceinte imprime le dessein de cet animal sur le corps du fœtus.

« Et...

— Et votre maîtresse, mon oncle, n'est pas plus votre maîtresse que votre femme n'est votre femme ! s'écria Choquart pris d'un fou rire.

Il quitta le wagon pour donner un libre cours à son hilarité, laissant son oncle furieux.

M. Balouzet rageait disant :

— J'en ai pour trois mois avant de déteindre et d'être heureux ! . . . . . .

. . . .

Nous verrons dans l'épisode suivant si Touche-Toujours réalisa son rêve de bonheur.

Le train-éclair filait à toute vitesse !

Il emportait à toute vitesse le Roi des aventuriers et les destinées de l'île de Cuba.

FIN DE LA DEUXIÈME PARTIE.

LES MILLIONS DU TRAPPEUR

TROISIÈME ÉPISODE

LE MORNE AUX GÉANTS

CHAPITRE PREMIER

Le monstre et la jolie femme !

Nous sommes à Santiago, l'ancienne capitale de Cuba, ville de soixante mille âmes, port de mer de la plus grande importance, cité opulente, perle de cette île qui a mérité le nom de Reine des Antilles et dont les richesses inouies sauvent, aujourd'hui encore, l'Espagne de la ruine.

Sous ce climat, tempéré par les brises de mer, au milieu d'une végétation splendide, Santiago, vers laquelle la plage étend son tapis de sable mordoré, se cache sous les verdure des palmiers et sous les fleurs tropicales.

Les rues, les places et les promenades sont ombreuses, parfumées, fraîches et joyeuses ; une population vive, gaie, pittoresque, bariolée, les sillonne, offrant des contrastes piquants.

C'est aujourd'hui dimanche ; les cloches carillonnent l'air national :

Tan, tan, tan, tan, tan.
Juanica la vieja no tiene futan.

Tout est en fête.

Les hommes ont mis leurs habits de gala ; les senoras étalent leurs merveilleuses toilettes ; le dernier coup de la messe tinte, on court à l'église.

Nul n'y manque, pas même le touriste le plus indifférent en matière religieuse.

Mais aussi quel attrait !

C'est à l'église que les femmes se montrent parées ; c'est sous les nefs que les dames

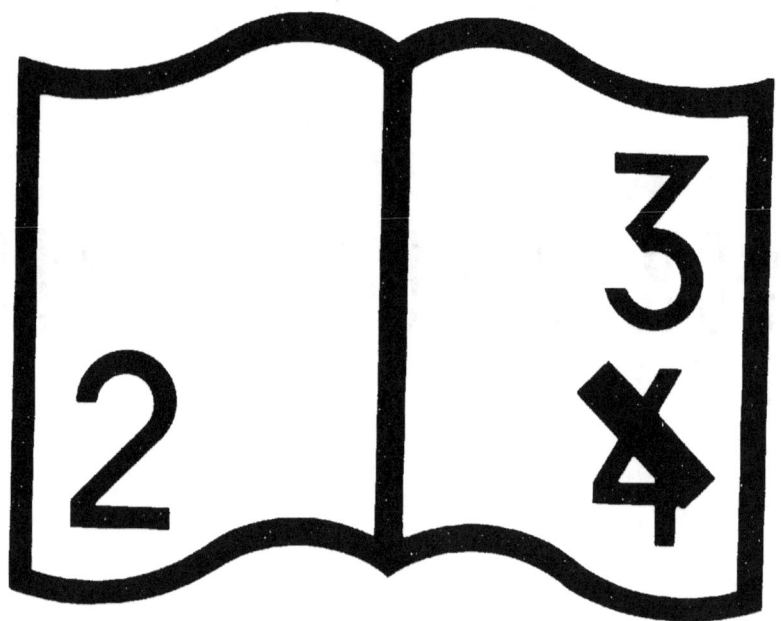

Pagination incorrecte — date incorrecte
NF Z 43-120-12

envoient des sourires aux cavaliers adossés contre les piliers ; c'est pendant le sermon que parle l'éventail, télégraphe élégant qui traduit les pensées d'amour à distance ; c'est auprès du bénitier que s'échangent les rendez-vous, alors que le cabalero a le devoir de présenter l'eau bénite à la senora qui se rencontre là... par hasard... juste à temps pour recevoir cette politesse et glisser un billet doux.

Entrons !

Le coup d'œil est charmant.

Point d'austérité !

La religion catholique est douce ici pour les faiblesses du cœur, comme Jésus le fut jadis pour Madeleine.

Que de pécheresses ravissantes !

Dans les petites nefs, des cameristes, des grisettes — il en est encore sous ce ciel fortuné, — des mulâtresses et des quarteronnes, des négresses et des indiennes, forment deux bordures de fleurs modestes, mais dont beaucoup ont jolies, aux fleurs rares et précieuses qui ornent la grande nef, où, seules, les femmes de la bourgeoisie et de la noblesse sont admises.

C'est l'heure où elles arrivent.

Avec quelle grâce elles entrent une à une, suivies d'un négrillon portant un tapis qu'il étend sur les dalles et sur lequel sa maîtresse s'agenouille avec des ondulations coquettes et murmure une prière fervente, à en juger par l'expression du regard qui s'élève vers l'autel.

Songez donc que la belle supplie le Seigneur de lui conserver son amant si elle en a un, ou de lui donner celui qu'elle désire, si elle ne l'a pas encore conquis.

Elle se relève confiante dans la divine miséricorde et aussi dans ses charmes ; le négrillon a développé un pliant et elle s'assoie.

Alors elle examine les bancs réservés aux hommes et contournant les piliers.

D'une main savante, elle ajuste sa jupe pour faire valoir un pied d'enfant qui dépasse la robe, un genou fin qui se moule sous l'étoffe, des hanches étoffées qu'on devine.

L'autre main manie l'éventail.

Soyez sûr qu'à partir de ce moment un colloque muet va s'engager avec un cavalier ; la dame pose des questions avec l'éventail ; le cabalero répond avec son lorgnon ou sa badine.

On échange des phrases avec grâce à un alphabet de signaux convenus.

Et croyez que l'amant a le geste aussi élégant que la maîtresse l'a coquet.

C'est ravissant !

Chaque nouvelle arrivée renouvelle le même jeu et le continue ; par instant le bruit des lamelles d'éventail couvre la voix des chantres.

Nous sommes plutôt dans un théâtre qu'au milieu d'une cathédrale ; il y a des étoiles parmi les senoras qui jouent la comédie de l'amour ou la tragédie de la passion.

A ces premiers rôles, on fait de grandes entrées ; on les salue de murmures flatteurs et on leur accorde l'honneur d'une sensation prolongée.

Déjà la belle comtesse de Panuela avait pris place et reçu les saluts respectueux de ses adorateurs et de ceux que son mari, un très-influent personnage, tenait sous sa dépendance.

Déjà la marquise de San Sebastiano était assise, et comme d'habitude, n'avait daigné répondre qu'au regard d'un seul : le joli vicomte d'Alcangir.

Puis la belle des belles, la plus riche veuve de la ville, très-jeune encore, la senora Lorencin avait promené son regard indécis sur tous ses prétendants.

Enfin la sémillante fille du banquier Rodriguez, en parti hors ligne, avait semblé, au grand déplaisir de plusieurs, sourire particulièrement à un jeune officier d'avenir qui soupirait discrètement pour elle.

Bref le service divin était commencé, l'on n'attendait plus personne digne d'être remarqué, quand se produisit un mouvement de têtes et un certain brouhaha mal assourdi dont fut presque troublé le vénérable prêtre qui en était à l'offertoire.

Une jeune fille, une inconnue, mise avec un goût exquis, causait cette distraction.

En vérité elle en valait la peine.

Seize ou dix-sept ans, des allures de princesse ; une taille fine, souple, élancée ; une figure de madone italienne et un cachet de suprême distinction.

C'en était assez, c'en était trop pour enflammer d'admiration les regards des hommes et de jalousie les yeux des femmes.

A n'en pas douter, cette jeune fille était vierge; tout le révélait en elle.

Le teint rose, le front lisse, l'œil rêveur, la bouche veloutée.

Le fruit n'avait rien perdu de sa fraîcheur et de son velouté.

Elle venait seule.

Nous ne comptons pas une duègne, inconnue aussi, qui semblait très-respectueuse.

Encore moins tiendrons-nous pour quelqu'un la mulâtresse qui accompagnait avec les tapis et les pliants; mais qui semblait peu au courant des usages du pays.

On s'en apercevait au premier coup d'œil; ce fut l'objet de beaucoup de commentaires chuchotés à voix basse.

Grand émoi aux bancs des cabaleros.

— Qui donc cet ange?
— Je ne sais.
— Et vous?
— Moi, j'avais entendu dire vaguement que nous verrions ce matin à la messe une étrangère de distinction, débarquée d'hier; mais que je meure, si je me doutais qu'elle fût capable de faire pâlir la marquise de jalousie et de faire rougir la comtesse de dépit?
— Où est-elle descendue?
— Chez elle.
— Chez elle?
« Où cela?
— On avait retenu d'avance, par le télégraphe, une maison toute meublée.
— Alors vous allez nous dire le nom de cette infante, à laquelle on offrirait un trône, si l'on était roi.
— Je ne sais pas un mot de plus sur son compte.
« C'est par hasard que j'ai recueilli le renseignement que je vous ai donné.
— Il faudra s'informer.
— On finira bien par pénétrer le mystère.
— Il y a mystère?
— Oui, certainement.

— Senores, celui qui plaira à cette divine créature sera bien heureux.
— Si elle est mariée cependant!...
— Elle ne l'est point!
« Comment peux-tu dire pareille sottise!
« Regarde-la et dis-moi si jamais une femme en puissance de mari aurait cet air candide; elle n'a pas pour un réal de coquetterie.
— Ah! voilà don Saluste qui s'allume.
— Gare alors!
« Senores, la fille sera pour lui!
— Peut-être!
— A-t-il jamais trouvé des cruelles?
« Quand on peut comme Jupiter se déguiser en pluie d'or pour séduire, les femmes ne vous résistent pas.
— Qui sait?
« C'est une étrangère.
— Raison de plus.
— Elle se moquera des richesses, si elle est riche comme elle le paraît.
— Don Saluste la fera enlever.
« Souvenez-vous de la Mariquita!

Il y eut un échange de regards sombres entre les jeunes gens qui causaient ainsi.

— C'est une honte pour nous, Cubains, dit l'un d'eux, que cet Espagnol ose ainsi braver les lois divines et humaines.
— Que faire?
« Il ne se bat pas en duel.
« L'insulte-t-on, il vous fait assassiner et la justice refuse de poursuivre.
« Témoin ce malheureux Nunez!
— Jamais le joug de l'Espagne ne m'a semblé si dur que depuis le jour où Nunez, poignardé par les gens de ce misérable, a été enterré comme un chien, dans un coin inconnu, pour que l'on ne pût constater sa mort.
« Tous les magistrats, toutes les autorités ont refusé de faire enquête.
— Et Mariquita?
— Oh! ceci est la plus grosse infamie!
« Faire égorger un rival, parce qu'on est trop lâche pour se battre avec lui, c'est odieux, cependant ça se comprend encore.
« Mais après avoir déshonoré Mariquita, l'envoyer dans un couvent, l'y faire enfermer dans une cellule, dans un cachot, dit-on,

voilà qui dépasse la limite des plus grandes bassesses dont un homme vil soit capable.

— Vienne l'heure de la révolte !

« Je veux aller fouiller le couvent et délivrer Mariquita.

— Pauvre fille !

« Moi, je fusillerai la supérieure qui se fait geôlière pour assurer à son couvent la plantation du Morne aux Géants. »

En ce moment, un coup de sonnette violent, que fit tinter un enfant de chœur, sur le signe d'un prêtre, rappela les fidèles au silence.

Le clergé se fâchait et trouvait que l'étrangère faisait tort à Dieu.

Bientôt l'élévation imposa silence à tous.

Les Cubains, tout en comprenant la religion à leur manière, n'en sont pas moins très-croyants ; il y a deux moments où ils manifestent une foi vive, c'est quand le prêtre lève l'hostie et quand il communie.

Un seul homme fut distrait dans ces deux instants solennels.

C'était don Saluste.

Il ne quittait pas l'étrangère du regard.

Ce don Saluste était le fils d'un marchand de nègres, richissime.

Lui-même avait succédé à son père en secret, il restait le principal marchand d'esclaves de l'île ; mais il s'en cachait.

Son père avait acheté pour lui au gouvernement espagnol un titre de noblesse et, don Saluste ne voulait plus paraître trafiquer de la chair humaine ; mais il avait un homme de paille qui le représentait et qui, de plus, était le pourvoyeur de ses plaisirs.

Après ce qu'en avaient dit les Cubains, et c'était la vérité, il serait difficile de ne pas juger cet homme comme le dernier des misérables.

Il avait toutes les audaces que donnent la certitude de l'impunité ; il se permettait tout, pouvant tout acheter...

Il avait tant de millions !

C'était du reste un personnage d'aspect sinistre et repoussant

Laid, petit, difforme, ayant un teint bilieux, une figure en lame de couteau, couperosée par un sang vicié, tourmentée par la petite vérole ; il faisait naître à première vue la répulsion.

Il suait le vice à pleins pores, respirait la débauche à pleins poumons, et il avait ce regard visqueux qui répugne tant aux natures loyales.

L'œil était intelligent, mais il avait la fixité et l'éclat métallique de celui des fauves ; l'on pensait involontairement à la prunelle des tigres, lorsque cet œil, jaune et resplendissant comme l'or en fusion, se fixait sur vous.

Tout, du reste, était petit en lui.

La maigreur extrême, la longueur du buste, les jambes et les bras courts, les ongles longs, les mains sèches et crochues, l'allure inquiète, la démarche sinueuse.

Et, détail curieux ! cette ressemblance de l'homme avec le chat était si caractérisée, qu'il ne pouvait sortir à pied sans être escorté de mâtins furieux aboyant contre lui.

Le fait avait été remarqué et commenté par les gens de Santiago.

Quant à lui, il prétendait que les gens qui l'exécraient, dressaient des mâtins à lui courir sus ; on avait fait pour lui être agréable une ordonnance de police concernant les chiens.

Mais il avait été impossible de l'appliquer ; et les chiens rompaient leur chaîne pour se précipiter sur lui.

Il ne sortait plus qu'en voiture.

Ce qui caractérisait ce type ignoble, c'était surtout la luxure.

La lèvre lippue et légèrement bavante annonçait une sensualité développée au delà de toute mesure ; c'était un des rares traits qui, dans la bestialité de cette figure, s'éloignait du chat.

On racontait sur les amours de ce misérable des choses qui donnaient le frisson.

On disait que, comme Néron, il avait fait ouvrir le ventre d'une esclave pour éprouver à la fois l'ivresse du sang et celle de la volupté.

Il avait un sérail de femmes de couleur, un autre de blanches.

Et, enfin, quand un caprice s'emparait de lui, il fallait à tout prix qu'il parvînt à le satisfaire, dût-il en coûter, à lui, des sommes énormes, aux autres beaucoup d'honneur, voire même la vie; c'était cet homme, ce tigre, ce monstre, qui lorgnait la belle étrangère.

La révolte des nègres dans la plantation du Morne aux Géants.

Pour qui le connaissait, pour tous les Cubains, pour toutes les femmes qui étaient là et dont beaucoup, si haut placées qu'elles fussent, avaient été souillées par don Saluste, pour tout le monde enfin, il fut clair, certain, absolument décidé que l'étrangère serait, de gré ou de force, la maîtresse du marchand d'esclaves.

Qui l'en eût empêché?

La loi!

Pour cet homme, il n'y avait pas de juges ; on le savait.

Il avait payé à l'Espagne le droit de s'affranchir de toute tutelle.

Avait-il à redouter les vengeances personnelles ?

Non.

Il était entouré d'une garde de bravos qui protégeaient sa personne et qui exécutaient ses ordres sanglants.

Il couvait, nous l'avons dit, littéralement du regard la belle étrangère ; il n'attendit point la fin de la messe pour s'assurer la proie qu'il convoitait.

Il se pencha hors de sa stalle et fit un signe à son intendant.

Celui-ci vint recevoir ses instructions qui furent brèves :

« Savoir qui était la jeune fille, connaître le prix qu'elle mettait à ses faveurs et les payer aussi cher qu'elle le voudrait. »

L'intendant se mit aussitôt en campagne.

Ainsi c'était au milieu de l'église même, en face d'une population qui devinait ce dont il s'agissait, que don Saluste bravait audacieusement et l'opinion publique, et la morale et la religion.

Mais rien, rien au monde, ne pouvait contenir ses caprices libidineux.

On en chuchota à voix basse.

On plaignit l'étrangère.

Soit qu'elle cédât, soit qu'elle résistât, son sort était digne de pitié.

L'émotion était grande, au banc des hommes ; plus grande encore parmi les femmes.

Enfin, la messe se terminant, on vit don Saluste se lever et diriger vers le bénitier sa marche tortueuse qu'il calcula de façon à se trouver en mesure d'offrir l'eau bénite à l'étrangère.

Personne n'aurait osé lui disputer cet honneur.

Il était là, l'attendant, en présence de tous, quand un jeune homme d'allures dégagées, de physionomie hardie et intelligente, les lèvres souriantes, entra dans l'église.

Il alla droit à la jeune fille encore engagée sous la nef, lui offrit son bras qu'elle accepta avec un sourire et se dirigea avec elle vers la porte de sortie.

Il passa devant don Saluste.

Celui-ci, derrière lequel cinq ou six drôles, ses coupe-jarrets, les commandeurs qui fouaillaient ses nègres, se tenaient, formant masse, celui-ci, fort de cet appui, présenta insolemment l'eau bénite à l'étrangère étonnée.

Mais le compagnon de celle-ci, d'un geste brusque, repoussa la main de don Saluste et sortit, emmenant la jeune fille.

Il y eut rumeur d'étonnement.

Don Saluste, outragé et furieux, se pressa sur les talons de l'étranger, le toucha, hors l'église, du bout de sa badine et lui dit :

— Vous m'avez offensé, senor !

Le jeune homme se retourna, le regarda en face et lui dit en lui riant au nez :

— Ah ! je sais !

« Vous êtes don Saluste !

« J'étais prévenu de ce que vous valez et de ce que vous osez.

« Eh bien, sachez que moi, Choquart, ex-capitaine de volontaires du Colorado, je me moque de vous, de votre or, et de vos bravos.

« Si l'un d'eux fait mine d'avancer, je le tue !

« Quant à vous...

Il n'acheva pas.

Il avait vu don Saluste lever sa badine ; il le souffleta en disant :

— Voilà ce que les Cubains auraient dû faire depuis longtemps, s'ils avaient du cœur.

La phrase cingla la foule comme un coup de fouet.

Au même moment les hommes de don Saluste s'élançaient ; mais, autour de l'étranger, surgirent plusieurs hommes vigoureux, inconnus, rudes d'allures, qui, couteau en main, reçurent les bandits du marchand d'esclaves.

Ceux-ci, étonnés de cette résistance, reculèrent au milieu des huées de la foule.

Le hardi jeune homme qui venait ainsi de braver don Saluste, lui lança une méprisante épithète et se tournant vers le peuple, il dit à haute voix :

— Si chacun de vous était aussi déterminé

que moi, des misérables comme celui-là ne seraient pas la terreur de toute une ville.

Cette scène, en plein soleil, au milieu d'une place encombrée de monde, fut le point de départ du soulèvement, comme autrefois, en Suisse, la résistance de Guillaume Tell aux arrogances de Gessler fut le signal de la révolte des cantons.

L'étranger qui venait ainsi provoquer le plus redouté des tyranneaux espagnols était un beau garçon de figure loyale, hardie et riante; il avait la tête ronde, l'œil brun et bien ouvert, la bouche vermeille, le nez un peu court et provocateur; c'était un vrai type de Gaulois, sympathique et franc.

Toute la ville comprit, de ce jour, que jamais Santiago n'avait vu d'aventurier mieux trempé que celui-là pour jouer sa vie avec une verve plus joyeuse dans les périls d'une entreprise hasardeuse.

Il y a des hommes que les peuples semblent attendre, qui sont compris dès qu'ils paraissent, qui sont suivis dès qu'ils font un appel, et qui exercent une irrésistible fascination sur les masses.

De ce jour, la ville de Santiago se donna à ce vaillant jeune homme.

En somme, il avait tout simplement repoussé quelques matamores au service d'un scélérat influent; mais l'action était grave, elle semblait pesée, calculée, voulue.

Puis des figures énergiques, inconnues, avaient tout à coup paru autour de l'étranger; les Cubains avaient deviné, par intuition, que ce devaient être là des flibutiers américains, ceux que la population appelait de tous ses vœux pour lui aider à jeter dehors les Espagnols.

Depuis 1862, une agitation sourde faisait courir des frissons de fièvre dans l'île où l'on espérait ardemment voir les États-Unis prendre en main la cause de sa délivrance; l'heure en parut arrivée.

Un mot d'ordre courut rapidement de bouche en bouche.

Un de ceux qui avaient si subitement entouré l'étranger pour le défendre, avait répondu à un Cubain qui le questionnait:

— Le jeune homme que vous voyez est le Roi des aventuriers, Choquart enfin, qui a commandé les volontaires du Colarodo à la recherche des Millions du trappeur.

— Et la jeune fille?

— C'est Juanita!

— Qui cela, Juanita?

« Sa sœur ou sa maîtresse?

— Ni l'une, ni l'autre.

Les renseignements chuchotés à l'oreille des voisins furent connus de tous en moins de temps qu'il n'en faut pour envoyer une dépêche télégraphique de Paris pour Paris.

Une animation extraordinaire s'empara des groupes; on commenta la nouvelle.

Le célèbre Français, Choquart, naturalisé Américain, le Roi des aventuriers, titre que lui avaient donné les San-Franciscains, le fameux chef de flibutiers ne pouvait être dans Cuba sans avoir une arrière-pensée.

Il venait délivrer l'île!

Ceux qui l'entouraient devaient former son état-major.

On les nomma bientôt.

Oreilles-d'Argent, Robinson, son nègre Vendredi, Maracasse, dit Poil-de-Bique, et tant d'autres étaient là.

On allait donc enfin intriguer, comploter, se révolter, se battre.

Et comme point de départ, pour passionner les Cubains enthousiastes, il y avait une femme en jeu, une fille merveilleusement belle, une de celles que les peuples artistes déifient.

Avec des gens d'une imagination aussi mobile, aussi ardente que celle des Cubains, l'affaire prit en un clin d'œil des proportions énormes.

Lorsque don Saluste eut disparu sous les huées, la foule lança des vivats en l'honneur du flibutier; on l'entoura, on l'acclama, on le fit monter en calèche découverte avec Juanita et on le reconduisit chez lui, avec elle, en pompe; les gens du peuple étendant leurs vestes sur le pavé des rues, devant le char du triomphateur, ce qui est le nec plus ultra de l'enthousiasme des races espagnoles; les dames lançaient des fleurs et les senors semaient de l'or sur la tête des pauvres gens pour faire largesse au nom de l'étranger.

Ce fut au milieu d'un concours immense

que le célèbre flibustier arriva devant la maison qu'il avait louée.

Il fit entrer la jeune fille qui l'accompagnait, la suivit et reparut à la fenêtre du premier étage d'où il jeta à la foule ces mots dont la signification cachée fut aussitôt comprise :

« Citoyens de Santiago,

« Je suis venu ici, sur les conseils d'un excellent médecin, pour m'établir sur les montagnes de votre île et y respirer un air pur et libre.

« Je pense y être rejoint par ceux d'entre vous auxquels l'atmosphère des villes paraît empoisonnée de miasmes fétides.

« Nous nous livrerons sur les hauteurs, à des exercices hygiéniques, et, la fumée de la poudre étant saine, nous en brûlerons beaucoup. »

Une acclamation immense monta vers le ciel ; le jeune aventurier y répondit par un salut et ferma sa fenêtre.

En ce moment, deux escadrons de cavalerie débouchaient dans la rue et balayaient le rassemblement qui se dispersa.

CHAPITRE II

Chez le gouverneur.

Une demi-heure à peine s'était écoulée depuis que cet événement avait agité la ville et déjà le gouverneur tenait conseil avec le chef secret de la police, un agent armé de pouvoirs supérieurs, envoyé de Madrid, et qui avait déjà fait preuve d'une habileté remarquable.

Cet homme se nommait Herrera.

Il venait de débarquer à Santiago le matin même.

Le gouverneur le croyait encore en mission quand on le lui annonça.

— Senor général, dit Herrera en saluant et en s'asseyant tout poudreux encore, vous permettez, n'est-ce pas ?

« Je suis brisé de fatigue.

— Faites ! dit laconiquement le gouverneur.

Il ne doutait pas que la puissance occulte de cet agent ne fût supérieure à la sienne, et il restait vis-à-vis lui dans une attitude réservée.

— Vous savez sans doute ce qui se passe ? demanda Herrera.

— Oui ! dit le gouverneur.

« Un certain étranger, à l'issue de la messe, provoqué par don Saluste, a vigoureusement riposté, il y a eu tumulte.

— Et vous pensez ?

— Je pense que don Saluste va nous mettre de nouveau une vilaine affaire sur les bras ; on commettra un déni de justice et la population sera plus mécontente que jamais.

— A votre avis, senor général, il semblerait que don Saluste a tort.

— Absolument.

— C'est aussi mon opinion ! dit l'agent ; mais il importe qu'il ait raison.

— Hélas ! murmura le gouverneur, pourquoi faut-il que l'Espagne ait accepté l'or de cet homme qui nous déshonore.

— Ah ! fit l'agent avec un geste de suprême dédain, en cette affaire la question d'argent est peu de chose pour moi.

« Le jour où ce don Saluste serait gênant pour nous, je sais un moyen de vous en débarrasser.

— Lequel ? demanda vivement le général.

— Le plus simple ! répondit l'agent avec un calme parfait.

« Je le ferais assassiner par un des hommes que j'ai amenés de Madrid.

Le gouverneur, étonné du flegme avec lequel l'agent parlait de ce meurtre, l'examina en silence.

Herrera qui devait bientôt épouvanter les Cubains par l'atrocité des répressions exercées contre eux, Herrera qui, pendant cinq ans, a noyé la révolte de l'île dans le sang, Herrera était un homme petit de taille, maigre, nerveux, extraordinairement brun de peau, d'une physionomie énergique, féroce, illuminée par un œil intelligent, jaune comme une topaze et qui, dit-on, brillait dans la nuit d'un éclat extraordinaire.

Cet homme singulier était doué d'une agilité incroyable ; il avait un courage à toute épreuve, un sang-froid inaltérable, une résolution implacable.

On prétendait qu'il descendait d'une famille de chaouchs (bourreaux) arabes, qui, lors de la conquête de Grenade par les chrétiens espagnols sur les Maures, serait passée au service du roi Ferdinand.

Cette origine expliquait la cruauté, le mépris absolu de la vie humaine, dont Herrera fit preuve en toute circonstance.

C'était un type remarquable !

D'une probité à toute épreuve, patriote passionné pour l'honneur et le salut de l'Espagne, incapable de malverser ou de se vendre, il maniait avec une scrupuleuse honnêteté les sommes mises à sa disposition.

Tout espion qu'il était, sa parole était sacrée ; il tenait tout ce qu'il promettait ; on avait foi en lui.

On racontait qu'un jour, ayant accordé la vie sauve à un insurgé contre un renseignement, il menaça de mort le maréchal O'Donnell qui ne voulait pas épargner cet homme.

Cet Herrera fut, dans son genre, un héros, héros sanguinaire, bête fauve méritant bien le nom de *Panthère noire* qu'on lui donna, mais ayant bien mérité de la cause à laquelle il se dévoua et qu'il servit avec un dévouement sans bornes.

Quant aux gouverneurs des provinces, c'étaient des gentilshommes espagnols, parvenus aux plus hautes dignités, grâce à leurs protections, ayant reçu une bonne éducation, mais indolents, médiocrement intelligents et tout à fait insuffisants pour remplir les fonctions qu'on leur confiait.

Le favoritisme est la plaie dont souffre le plus l'Espagne.

Animés de bonnes intentions, répugnant aux violences, ces gouverneurs, abandonnés à eux-mêmes, auraient voulu apaiser les Cubains par des concessions ; mais à Madrid on voulait tirer de l'île de l'or pour faire face aux besoins de la métropole ; on demandait dix fois plus que Cuba ne pouvait donner ; le gouverneur de Santiago, pas plus que celui de la Havane, ne savaient résister à ces exigences ; ils n'avaient pas la vigueur nécessaire pour comprimer les mécontentements.

On leur avait envoyé Herrera.

Celui-ci, leur subordonné en apparence, avait pleins pouvoirs.

Les prétendus supérieurs le savaient bien et agissaient en conséquence.

Ils finirent par lui laisser carte blanche sans qu'il eut jamais besoin d'exhiber les ordres secrets qu'il avait reçus de Madrid.

Or, ce jour-là, pour la première fois, la terrible volonté de cet homme s'affirmait devant le gouverneur de Santiago.

— Ce serait, dit celui-ci, une grave affaire que tuer don Saluste.

— L'affaire d'une heure ! dit ironiquement Herrera.

« Pas l'ombre d'embarras.

« Je vous le répète, senor, le jour où il me gênera, je dirai à un de mes hommes de le poignarder.

« Ce sera fait.

« L'on trouvera gravée à l'eau-forte sur la lame du poignard cette inscription : *Pour venger Nunez et Mariquita !*

« Tout le monde croira que c'est quelque parent des victimes de don Saluste qui a fait le coup ; nul ne nous accusera.

— Mais vous dites cela comme si un jour vous deviez agir.

— Senor, je prévois que plus tard nous aurons à nous débarrasser en même temps d'un allié odieux et d'un créancier de l'Espagne.

« Je vous dirai même que, venu ici une année plus tôt, la chose serait faite ; car, à lui seul, cet homme est aux trois quarts la cause du soulèvement qui va éclater dans la province.

« Mais aujourd'hui, ce qui vient de ce passer sur la place de l'Église, en fait un instrument utile dont nous allons nous servir.

« Nous le briserons plus tard.

— Vous parlez d'un soulèvement prochain ?

— Imminent, senor ?

— Comment. Cet incident insignifiant engendrerait une émeute ?

— Une insurrection, senor ?

« Le plan des chefs était d'abord de soulever la Havane, d'où je viens ; mais ils y ont renoncé et ils vont opérer ici.

— Vous en êtes sûr ?

— Très-sûr.

Le gouverneur parut profondément soucieux, lui dont les fonctions jusqu'ici avaient été une très-agréable sinécure.

— Mais, dit-il, les Cubains n'ont point d'armes et nous avons des troupes !

Herrera secoua la tête, rassembla ses idées et dit :

— Depuis quelques mois, je suis à la piste des conspirateurs qui sont allés s'aboucher avec un aventurier fameux.

« C'est ce Français, ce Choquart, le plus audacieux flibustier de l'Amérique.

« Il est ici.

« C'est lui qui a insulté don Saluste.

« Il a préparé tout un plan.

« Deux des conspirateurs portaient ses instructions ; je les ai suivis dans leur voyage ; ils se sont suicidés tous deux, anéantissant toute preuve et sans faire l'ombre d'une révélation.

« L'un était votre cousin par alliance : don César.

« L'autre était votre ami, votre commensal, et briguait la maison de votre sœur.

« La trahison, vous le voyez, vous entourait, senor général.

Le gouverneur fut suffoqué par cette révélation.

— Morts ! fit-il.

« Morts tous deux !

— Oui, senor ! dit cruellement Herrera. Nous en tuerons bien d'autres.

« Veuillez m'écouter.

Et il reprit :

— Avec ce Choquart, un autre aventurier non moins fameux, le trappeur Touche-Toujours est arrivé ici.

— Il me semble avoir lu sur cet homme des histoires de chasse et de combats dans les journaux américains.

— Précisément, senor.

« Ce trappeur est un bourgeois de Paris, dont le vrai nom est Balouzet ; c'était un marchand de fourrures.

« Il est venu à San-Francisco se donnant à lui-même pour prétexte qu'il voulait décider son neveu à rentrer en France.

« En réalité, ce singulier homme était dévoré du désir de mener la vie de la Prairie ; il s'était exercé au tir, passionné pour les voyages et il se rendit célèbre avant peu dans les Savanes.

« Ils ont groupé autour d'eux des flibustiers qui iront se mettre à la tête d'une bande d'aventuriers San-Franciscains que le capitaine Leone va jeter sur nos côtes.

— Quoi, Leone Fry, le corsaire qui a tant fait parler de lui !

— Oui, senor.

« Il monte le *Virginius*, un navire qui a cent fois forcé les blocus pendant la guerre de Sécession ; vous voyez à quels hommes nous avons affaire.

« Déjà, avec son audace accoutumée, le Roi des aventuriers a publiquement appelé le peuple aux armes et fixé son rendez-vous.

Herrera cita textuellement les phrases de Choquart.

— Il serait, dit-il, impossible de l'incriminer pour ces paroles.

« Cela ressemble à un badinage.

— N'importe ! dit le gouverneur.

« On peut l'expulser dans les vingt-quatre heures de notre territoire.

— Que dites-vous, senor !

« L'expulser !

« Mais nous le tenons.

« Il faut l'emprisonner et le garder sous les verrous.

— Vous dites vous-même que l'on ne peut sur ses paroles formuler une accusation sérieuse contre lui.

— Permettez !

« Si, nous, gouvernement, nous le faisions arrêter sans preuve, pour cause politique, le consul américain réclamerait sa mise en liberté avec quelque apparence de raison.

« Nous serions forcés de le relâcher et ce serait fâcheux.

« Il reviendrait, et cette fois, avec un prestige considérable, il gagnerait la montagne où des partisans nombreux iraient le rejoindre.

« Mieux vaut que don Saluste porte plainte contre lui pour guet-apens.

« Ceci devient une affaire particulière ; le procès d'un citoyen espagnol contre un étranger qui a voulu attenter à ses jours.

« Les consuls ne peuvent intervenir dans une pareille affaire.

« La justice aura son cours.

— Très-lent ! dit le gouverneur en souriant.

— Voilà un chef sous les verrous ! dit Herrera.

« L'autre est ce Touche-Toujours.

— Qui n'est pas compromis.

— Ah ! celui-là, je ne voudrais pas être dans sa peau qui est noire ! dit en souriant Herrera, ce qui lui arrivait rarement.

— C'est donc un nègre ? demanda le gouverneur avec mépris.

— Provisoirement ! fit Herrera riant franchement.

— Que voulez-vous dire ?

— Figurez-vous, senor, que cet homme, à la suite d'aventures incroyables, avait signé un engagement de mariage à lady Bernett, sœur du consul anglais de San-Francisco, sir Evans.

« Le trappeur aimait une autre femme, cette belle fille, Juanita, que vous avez vue à l'église et qui s'est mise à adorer follement ce quadragénaire.

— J'aurais plutôt supposé qu'elle était la maîtresse du plus jeune.

— Non pas, senor !

« Elle est passionnément éprise du plus âgé ; j'en suis certain. Je continue.

« Le trappeur s'est marié ; mais, détestant sa femme, il a eu l'idée de simuler un suicide en mer d'une façon fort originale ; puis, pour circuler par le monde, sans qu'on le reconnût, il a eu l'étrange pensée de prendre un certain bain qui a fait de lui pour une année au moins un nègre des pieds à la tête.

Le gouverneur regarda Herrera avec un étonnement profond.

— Herrera, lui dit-il, vous ne plaisantez pas, je suppose.

— Pas le moins du monde.

« Songez que nous avons affaire à des Français, à des Parisiens, à des fantaisistes, que rien n'étonne, que rien n'arrête, et qui sont capables d'excentricités dont les Américains eux-mêmes ont été stupéfaits.

« Une fois jeté hors de sa voie, un bourgeois de Paris est capable de tout ; c'est ce qui arrive à ce M. Balouzet, dit Touche-Toujours.

— Pourquoi ce surnom ?

— Parce qu'à six cents pas, senor, il couperait d'une balle le bout de votre oreille, ou vous enlèverait un bouton d'uniforme sans toucher à l'étoffe.

— Et vous avez des preuves contre celui-là, Herrera ?

— Non senor.

« Mais il est nègre pour l'instant !

« Un marchand d'esclaves va déclarer que c'est un noir marron, un fugitif, et il le réclamera devant le tribunal.

« Quand les juges sauront quelle importance il y aurait à reconnaître la légitimité de la réclamation du marchand d'esclaves, ils n'hésiteront point à l'admettre.

« Il s'agit de débarrasser l'Espagne d'un ennemi.

« Cet homme ira donc récolter le café sous le fouet d'un commandeur.

« Qui réclamera ?

« Qui s'occupera d'un nègre ?

« Qui admettra que ce noir soit le trappeur Touche-Toujours ?

— Personne ! dit le gouverneur.

« Seulement, un jour, toutes ces affaires finies, nous favoriserons son évasion ; car tenir un blanc sous le fouet, c'est un crime.

Herrera dit en ricanant :

— Vous avez raison.

« On ne doit pas prolonger longtemps la captivité de cet homme.

« Il voudra fuir.

« On lancera sur lui les chiens des chasseurs d'esclaves.

« Ils en feront curée.

« Je serai là, moi, pour sonner joyeusement l'hallali !

Le gouverneur sentit courir dans ses veines un frisson d'horreur.

Herrera le remarqua.

— Général, dit-il gravement, un bain de

sang retrempe les membres paralysés, dit-on ; je jure que les rivières de l'île seront rouges avant peu ; tous les Espagnols amollis feront bien de s'y tremper.

Cette phrase contenait un avertissement déguisé.

Il se fit un lourd silence.

Pour se donner une contenance, le gouverneur reprit la parole.

— Que ferez-vous de la jeune fille ? demanda-t-il espérant que son chef de police voudrait au moins épargner une femme.

— Senor, dit Herrera, la fille n'est pas à nous, puisque don Saluste la veut.

« Elle sera la récompense du pacte que nous allons conclure avec lui.

— Livrer une femme !... protesta le gouverneur qui trouvait que cette infamie dépassait ce qu'un gentilhomme pouvait tolérer.

— Non ! dit Herrera.

« Non, pas la livrer...

« La laisser prendre...

— Quelle honte !

— Eh ! senor général, que nous importe ceci ! Du reste il y a un précédent.

« Juanita ira tenir bientôt au couvent compagnie à Mariquita.

— Je n'étais pas gouverneur quand cette première affaire s'est passée.

« Je ne veux pas tremper dans la seconde.

A cette déclaration, l'œil d'Herrera s'enflamma de colère.

— Comment, dit-il, vous êtes gouverneur, donc vous devez avoir l'âme stoïque d'un diplomate.

« Vous êtes général, donc vous devez tenir pour peu de chose la vie humaine.

« Vous êtes Espagnol, donc vous devez aimer la patrie avec passion.

« Or, je vous le demande, qu'est-ce que les pleurs d'une fille comparés aux torrents de larmes qui couleraient en Espagne le jour où Cuba nous échapperait ?

« Cette révolte coûtera plus de cent mille existences, peut-être.

« Vraiment, peu importe qu'une enfant soit ou non jetée dans les bras d'un don Saluste et enfermée ensuite au couvent.

— Est-ce une courtisane, au moins ? demanda le général.

— Je crois fermement qu'elle est vierge encore, dit Herrera.

« Des circonstances diverses l'ont empêchée de se donner tout d'abord à ce trappeur ; puis, en dernier lieu, elle s'est imaginé que, de ses amours avec lui, pourrait naître un enfant nègre, ne serait-ce qu'à cause des impressions de craintes éprouvées pendant la grossesse.

« Elle est de bonne famille.

« Elle est faite pour inspirer la sympathie.

« Je conviens de tout cela.

« Mais fallût-il des hécatombes de filles aussi intéressantes que celle-ci, je ne reculerais pas et j'ordonnerais le massacre.

« Je sacrifie tout à mon pays. »

Le général gouverneur ne doutait pas que, s'il protestait, il ne fût obligé, avant quarante-huit heures, de donner sa démission sur invitation télégraphique venue de Madrid.

Il tenait à ses fonctions : il plia devant la puissante volonté d'Herrera.

— Verrez-vous don Saluste ou faut-il le faire appeler près de moi ? demanda-t-il à l'agent.

— Le mieux, général, dit Herrera, est de parler vous-même.

« Je ne suis qu'un obscur serviteur, je dois rester dans l'ombre. »

Il salua et se retira.

Une fois dehors, il murmura entre ses dents :

— Je verrai don Saluste, mais après que toi, général, gentilhomme, gouverneur de province, tu te seras compromis autant que moi, de façon à ce qu'il ne soit pas possible de me sacrifier un jour sans te mettre en cause.

On le voit, si cet homme tenait de la panthère, il tenait aussi du renard.

CHAPITRE III

Les recrues.

A la suite de l'appel, à peine voilé, que Choquart avait lancé aux Santiagois, une fermentation extraordinaire avait agité la ville; non-seulement le peuple était profondément remué, mais le mouvement avait atteint les hautes classes, plus difficiles à enthousiasmer en raison de leurs intérêts

Sa robe s'était enflammée.

qu'une révolution atteint toujours. Ainsi toute la jeunesse dorée de Santiago, celle-là même que nous avons déjà entendue stigmatiser don Salusto pendant la messe, se trouvait-elle réunie à La Glacière vers deux heures après-midi.

C'était le moment où allait commencer le défilé des calèches vers la Alameda, promenade du monde élégant.

La Glacière est l'un des plus anciens cafés de Cuba. C'est le premier endroit de la ville où l'on ait servi des sorbets et toutes les friandises congelées. Celui qui a eu l'heureuse idée de cette entreprise a dû nécessairement s'enrichir. Dans un climat comme celui de Cuba, cette spéculation devenait un bienfait. Pourtant il n'y a guère qu'une quarantaine d'années qu'on y a vu les premiers morceaux de glace. La pensée d'en faire venir n'était entrée auparavant dans la tête d'aucun négociant. Il a fallu qu'un Américain songeât au besoin de la ville et y vit une source de fortune. Quelquefois, par occasion, on vend à la Glacière des viandes fraîches de belle qualité et des poissons excellents, parfaitement conservés dans de la glace recueillie au nord de l'Amérique pendant les grands froids et transportée par des navires construits exprès (1).

La Glacière est le rendez-vous du highlife de Santiago; c'est là que les jeunes gens font des soupers fins, c'est là qu'ils lunchent à l'américaine ou qu'ils dînent à la parisienne.

Mais ce jour-là il ne s'agissait pour eux ni de galanterie, ni de parties fines; ils causaient à voix basse avec une animation extrême.

— J'ai envoyé ma carte au capitaine Choquart, disait l'un.

« Il saura ce que cela veut dire, je pense; il me fera savoir où et comment le rejoindre dans la montagne.

— Moi, dit un autre, j'irai dès demain lui serrer la main.

« J'espère que, sachant mon nom, il me fera des confidences, et je m'enrôlerai sur-le-champ.

— Mes amis, dit un grand et beau garçon, le chevalier d'Albouquir, nous avons tous l'intention de voir le capitaine; mais, à mon avis, ce serait une procession imprudente;

(1) *L'Ile de Cuba*, par Hippolyte Piron. C'est le récit le plus intéressant et le plus récent sur les événements dont l'île est le théâtre. E. PLON, *éditeur*.

je propose d'envoyer vers lui avec les noms de tous les volontaires, l'un de nous, un seul.

— Tu as raison. Vas-y.

— J'irai.

Et tirant son carnet, il inscrivit cinquante noms des plus honorables.

Cela fait, il dit à ses amis :

— Le capitaine n'est pas seul ici; vous avez dû remarquer ceux qui l'ont entouré tout à coup quand les bravi de don Saluste ont voulu lui faire un mauvais parti.

— Oui! fit-on.

— Ce sont certainement des flibustiers Yankees, des officiers de son état-major pendant sa fameuse marche à la conquête des *Millions du Trappeur*. Ils doivent être descendus dans un hôtel; je meurs d'envie de causer avec eux. Voulez-vous que nous fassions fouiller par des commissionnaires toute la ville pour les découvrir et les inviter à dîner ici avec nous.

— Oui, oui! dit-on encore avec entrain ; ce sera une protestation contre les Espagnols.

— Faisons donc appeler quelques noirs et donnons-leur des instructions.

— Inutile! senores, dit un en ce moment le maître de la Glacière. En ma qualité de Yankee, je me suis enquis de mes compatriotes et je les attends.

« Tenez même, en voici deux.

« C'est le brave Robinson et son nègre, Vendredi ; je vais vous le présenter.

— Un mot, master Peters.

« Avant la présentation, renseignez-nous un peu, nous vous en prions.

« Qu'est-ce que ce Robinson?

— Un des meilleurs trappeurs de l'Union, senores ; on l'a surnommé ainsi parce qu'ayant sauvé le nègre que vous voyez des mains des chasseurs d'esclaves marrons, il se l'est attaché; on ne les voit jamais l'un sans l'autre.

« Ce sont eux qui se sont rendus maîtres du plus dangereux pirate de savane de l'époque, celui que l'on connaît sous le nom du Gentleman, parce qu'en pleine Prairie il portait un chapeau haute forme.

— Dites donc, master, est-ce que le nègre fait partie de la présentation?

— Sans doute, senores.

« L'un ne va pas sans l'autre.

« Le nègre est un homme libre, un vaillant trappeur, un citoyen de l'Union, jouissant de tous ses droits.

« Quand son maître le cravache, ce n'est pas comme esclave, mais comme engagé ; vous savez que cette position d'engagé n'a rien d'humiliant, mais donne au maître le droit de battre son élève-trappeur.

Les jeunes gens hésitaient.

Le préjugé contre les nègres est presque aussi vif chez les Cubains que chez les Espagnols ; mais la curiosité et la générosité l'emportèrent.

— Va pour le nègre! dit le chevalier d'Albouquir.

Et il se leva pour recevoir Robinson à sa table.

Tous les jeunes gens qui l'entouraient l'imitèrent, et la présentation eut lieu avec une certaine solennité.

Les jeunes gens avaient si souvent entendu vanter les exploits des trappeurs que ceux-ci leur paraissaient des héros légendaires ; c'étaient les demi-dieux de la Prairie, des types dont la grandeur épique impressionnait vivement les imaginations.

D'autre part, les pirates de savanes, pareils à de mauvais génies, faisaient planer au-dessus de *la Prairie* comme une menace de mort ; ils étaient la terreur des caravanes ; leur renom sinistre s'étendait partout.

Or, master Peters avait annoncé que Robinson et Vendredi s'étaient emparé du trop célèbre Gentleman, le chef des Douze-Apôtres que l'on appelait aussi les Manteaux-Rouges.

On conçoit que le trappeur et son *engagé* se montraient à la jeunesse santiagoise enveloppés d'un grand prestige.

Si jamais deux hommes avaient mérité d'être estimés, c'étaient ceux-là.

Robinson était un grand cœur, simple, droit, loyal et d'une probité sublime ; on citait de lui des traits admirables ; il débattait ses intérêts, il aimait à gagner honnêtement de gros salaires ; mais on pouvait lui confier des millions, il l'avait prouvé.

Intrépide et calme, il avait un de ces caractères francs, une de ces âmes limpides qui attirent la sympathie et qui charment comme les eaux pures d'un clair ruisseau.

Il était fier sans insolence, orgueilleux avec sérénité ; il avait conscience de sa supériorité comme courage, comme stoïcisme et comme expérience de la vie de trappeur.

Il ne méprisait pas les autres ; mais il s'estimait ce qu'il valait ; il avait en outre l'amour-propre de sa profession ; pour lui, un trappeur était au-dessus du reste de l'humanité.

Ignorant, du reste, étonnamment naïf, ayant fort peu exercé son intelligence en dehors de son métier, n'ayant de sagacité que celle qui lui venait de ses longues pérégrinations, point sot certainement, mais fort peu porté à la ruse et d'un esprit peu pénétrant, il passait pour le plus fin de ses confrères.

Comment avait-il gagné cette réputation ?

Grâce à Vendredi.

Celui-ci était un grand diable de nègre, bizarrement charpenté, dont toute la physionomie respirait la malice, une malice un peu bestiale peut-être, une malice de singe, mais qui attestait une intelligence souple, déliée, subtile et alerte qu'il mettait au service de son maître sans se douter qu'il était très-supérieur à celui-ci et sans que le trappeur se doutât jamais qu'il était inférieur à son engagé par les facultés intellectuelles.

Vendredi s'imaginait que si le digne Robinson ne trouvait pas d'idées, c'est qu'il ne daignait pas s'en donner la peine, ayant Vendredi pour penser à sa place.

Quant à Robinson, il s'étonnait quelquefois, rarement pourtant, des calculs habiles et des combinaisons de son nègre ; mais il expliquait cela par l'instinct.

Pour lui, Vendredi était quelque chose comme un bon chien, ayant du flair, dépistant admirablement, trouvant des moyens de sortir d'embarras comme un griffon trouve la voie ; mais ce n'était pas de la raison.

Il eût été trop humiliant d'admettre qu'un quasi-singe, un noir, eut plus d'esprit qu'un trappeur.

Tels étaient ces deux hommes qui étaient unis depuis dix ans sans qu'un nuage eût troublé leurs rapports, cimentés par les coups que Robinson, en excellent maître, distribuait à Vendredi, lequel, un peu pétulant, méritait souvent une bourrade : ce qui ne tirait pas à conséquence.

Singularité à noter :

Vendredi était marié à une mulâtresse qui était presque une femme distinguée ; elle avait fait l'éducation des jeunes filles de sa maîtresse, étant esclave.

Affranchie par la guerre de Sécession, elle avait trouvé Vendredi à son goût et l'avait épousé.

Elle était entrée au service de Juanita.

Robinson se montrait plein de déférence pour madame Vendredi et jamais il ne battait son mari devant elle.

Point jaloux, du reste, de l'excellent parti qu'avait trouvé son engagé, il s'étonnait de sa chance, sans l'envier.

— Il est étrange, murmurait-il souvent, que ce nègre qui a juste l'instinct d'un braque ou d'un épagneul, se soit fait aimer par une femme aussi instruite et aussi intelligente.

Mais, frappé de l'estime et de la déférence de madame Vendredi pour son mari, il avait quelque peu changé de manières avec lui, il le rudoyait moins et se disait parfois :

— Après tout, mon nègre est peut-être un homme.

On conçoit que l'association du maître et de l'engagé donnait lieu souvent à des scènes assez originales.

Robinson n'était pas homme à s'étonner d'une ovation ; il savait qu'il méritait tous les honneurs qu'on voudrait bien lui faire ; il s'assit donc gravement au milieu des jeunes gens émus et curieux ; puis, montrant une chaise à Vendredi :

— Placez-vous là, Vendredi, dit-il.

« Ne roulez pas des yeux effarés, et, par tous les diables, n'hésitez pas quand je vous invite à faire une chose.

« Ces senors ont le préjugé et répugnent à fréquenter les noirs ; mais je leur réponds de vous, et, du moment où je prends l'engagement de vous battre si vous vous conduisez d'une façon peu respectueuse ou inconsidérée, ils n'ont plus à se préoccuper des sottises que vous ne manqueriez pas de dire ou de faire si je n'étais point là.

Puis, aux jeunes gens, après ce préambule, il dit :

— Vous permettez, senores.

« Vous me trouvez peut-être sans gêne ; mais enfin si j'avais un chien, il faudrait me prendre avec mon chien.

« Il se mettrait là sur son derrière et les deux pattes de devant droites, puant le chien autant que Vendredi pue le nègre ; ce qui ne vous empêcherait pas de caresser ma bête et de lui faire amitié.

« Eh bien, messieurs, Vendredi est assis sur un tabouret, voilà toute la différence avec un chien ; c'est un excellent animal, je veux dire un excellent homme ; flattez-le un peu, ça lui sera agréable et à moi aussi.

Puis à Vendredi :

— Quant à vous, attention !

« Si ces senors vous gâtent, ne vous familiarisez et n'imitez pas ces roquets mal dressés qui sautent après les gens et veulent monter sur les genoux des dames parce qu'on leur a donné une petite claquette d'amitié sur le nez ou sur le derrière.

Vendredi, ravi, se tortilla sur sa chaise, rappelant un peu les mouvements du chien qui frissonne de plaisir et remue la queue en signe de joie.

— Bon ! bon ! dit Robinson.

« Tenez-vous.

Puis aux jeunes gens :

— Et maintenant, senors, vous devez être de braves jeunes gens, puisque master Peters m'a présenté à vous.

« Je bois à vos santés.

Il leva son verre.

Vendredi voyant tout le monde lever le sien, en fit autant.

Robinson lui dit d'un ton sévère :

— Allez-vous donc trinquer avec des senores et avec votre maître ?

« C'est comme si mon chien lapait la sauce dans mon assiette.

« Parce que je vous ai affranchi, vous croyez-vous mon égal et celui de ces senors, par hasard ?

« Détrompez-vous !

« Nous allons bientôt nous battre pour

délivrer les Cubains et en même temps pour tirer les noirs de cette ile de l'esclavage, ce qui est juste.

« Vous faire libres, oui : nos égaux, jamais !...

Et laissant Vendredi un peu confus, il trinqua avec les jeunes gens de sa table, saluant les autres d'un geste ample et simple et vidant sa coupe avec majesté.

Les Santiagois qui avaient jugé l'homme au premier mot, furent charmés de sa bonhommie ; ils se trouvaient en face d'un patriarche de la Prairie, et tous se serrèrent autour de lui l'écoutant et le questionnant.

Un mot leur avait fait dresser l'oreille.

Robinson avait donné à entendre que les Américains avaient l'arrière pensée de délivrer les noirs ; or, si, parmi les Cubains, les uns étaient pour cette mesure, les autres étaient contre, tout au moins hésitants.

Le chevalier d'Albouquir prit la parole et dit :

— Señor Robinson, nous sommes ici cinquante autour de vous qui nous doutions du but que vous vous proposez, et qui, après votre toast sommes certains que vous êtes venu nous aider à faire une révolution.

« Nous nous connaissons tous ; nous sommes sûrs les uns des autres, nous pouvons conspirer ici sans crainte.

« Permettez-moi de vous questionner.

— Parlez, jeune homme ! dit Robinson avec placidité.

— Nous avons entendu l'appel de Choquart, votre capitaine.

« Beaucoup d'entre nous s'y rendront ; mais beaucoup qui voulaient se joindre à lui resteront ici.

— Pourquoi? demanda Robinson toujours du même air tranquille.

— Parce que vous voulez supprimer l'esclavage et que, parmi nous, il en est qui seraient ruinés par cette mesure.

Robinson regarda autour de lui d'un air étonné et dit :

— Qu'est-ce que ça vous ferait d'être ruinés ?

« Vous allez exposer votre peau et vous ne risqueriez pas votre argent?

« Quand on donne son sang on peut bien donner son or.

« Et puis Choquart prétend, et il doit avoir raison, car c'est un fin politique, Choquart prétend qu'il est indispensable d'émanciper les nègres.

— Pourquoi? demanda le chevalier.

Robinson se gratta l'oreille et parut embarrassé ; il avait parfaitement oublié les motifs dont le Roi des aventuriers lui avait parlé.

— Diable ! dit-il, diable !...

« Mémoire de lièvre.

« Je ne me souviens plus des explications du capitaine.

« Vous concevez que ça ne m'intéressait pas ; alors, ma foi, je n'y ai pas prêté attention ; mais le motif était bon, parole d'honneur !

Tout à coup, avisant Vendredi qui buvait sec sans prendre part à la conversation, il lui administra une forte tape sur l'épaule sous laquelle le nègre fit le gros dos et il dit d'un air furieux :

— Vous devriez avoir honte, Vendredi ; vous savez que je ne me rappelle que les choses qui m'intéressent, et vous me laissez chercher les raisons que m'a données le capitaine pour délivrer vos camarades dans cette ile.

« Ça vous regarde, cependant, et moi je suis tout à fait indifférent à cette affaire, n'étant venu ici que pour avoir le plaisir de battre les Espagnols en souvenir des anciens flibustiers et puis parce qu'il est agréable de rendre service même à des nègres.

« Parlez, voyons ; quels sont les motifs du capitaine?

La figure de Vendredi s'anima tout à coup d'un vif éclair d'intelligence ; il se fit en lui une transformation soudaine.

— Señors, dit-il, le capitaine prétend que les nègres, s'ils étaient instruits et bien dirigés dès l'enfance, seraient des hommes comme les autres.

— Une idée à lui ! fit Robinson en haussant les épaules.

« Continuez, Vendredi.

Le nègre reprit :

— Le capitaine dit que tous ceux qui

sont opprimés doivent s'unir pour s'aider mutuellement contre les tyrans.

« Pour mériter d'avoir la liberté, il faut la vouloir pour tous.

« De plus, les nègres fourniront de bons soldats pour se battre contre les Espagnols, si les Cubains proclament l'abolition de l'esclavage ; les noirs alors se passionneront pour leur cause et mourront pour eux.

« Vous aurez d'abord, dix mille nègres marrons ; puis tous ceux que les appels des sorciers Vaudoux entraîneront sous vos drapeaux.

« Enfin vous saurez tout ce qui se passe chez vos ennemis par les nègres affidés.

Les Santiagois furent frappés de la justesse de ces arguments et de la clarté avec laquelle Vendredi les avait exposés.

Presque toute cette jeunesse généreuse se sentit convaincue et entraînée.

Le chevalier d'Albouquir prit la main de Vendredi et la lui serra (c'était la première fois de sa vie qu'il lui arrivait de toucher un noir autrement que par accident).

— Vendredi, dit-il, vous venez de me prouver qu'un nègre peut être un homme d'une très-grande intelligence.

Un éclat de rire, de Robinson protesta contre l'assentiment général donné à cette déclaration du chevalier.

— Ah ! ah ! ah !.....

« De l'intelligence !... disait Robinson. Vous prenez ça pour de l'intelligence.

« Instinct ! Pur instinct !

Vendredi, qui vénérait son maître et qui le croyait sur parole, ne se croyant, lui aussi, que de l'instinct, baissa modestement la tête.

Cependant d'Albouquir, un peu interloqué, protesta.

— Vous voyez bien, dit-il, que Vendredi montre beaucoup de méthode dans l'exposé de ses idées !

— Question de mémoire ! fit Robinson. Il a comme les corbeaux une mémoire extraordinaire, une mémoire étonnante.

— Mais il parle très-bien.

— Les perroquets aussi parlent.

« Il fait comme eux.

« Tout ce qu'on dit devant lui, il peut le réciter longtemps après.

« Si je n'étais pas là pour lui expliquer les paroles qu'il répète, il serait incapable d'en comprendre le sens.

Les jeunes gens chuchotaient entre eux, et, n'était le respect qu'ils éprouvaient pour le patriarche de la Prairie, ils eussent beaucoup ri.

Ils savaient à quoi s'en tenir sur la valeur du maître et de l'engagé.

En ce moment un jeune homme entrait et jetait tout haut dans le café ces mots qui produisirent une sensation profonde :

— Savez-vous ce qui se passe, senors, sur la Alameda ?

« Eh bien, la belle étrangère Juanita s'y promène en victoria, un nègre assis près d'elle sur les coussins et le capitaine flibustier Choquart à ses côtés.

Il se fit aussitôt un grand brouhaha parmi les consommateurs.

Pour comprendre l'impression causée par cette nouvelle, il faut connaître la force du préjugé à Cuba.

Le passage suivant du voyage de M. Piron à Santiago en donnera une idée et le lecteur comprendra ensuite la violence des scènes qui suivirent l'apparition de Juanita sur la promenade, avec un noir, dans une calèche.

— Dans l'après-midi, dit M. Piron, j'allai me promener à la Alameda, vaste promenade plantée de grands arbres et qui s'étend au bord de la baie. Lorsque j'y arrivai, les voitures, rangées sur une seule et longue ligne, suivaient la grande allée qui leur est réservée, tandis que les cavaliers occupaient une allée parallèle. Les piétons se promenaient un peu à l'écart ou regardaient les senoras en calesa et les cavaliers. La musique militaire se tenait sur une petite place ornée d'un jet d'eau et faisait entendre des morceaux d'opéra, qu'elle alternait avec des valses et des rigodons. L'exécution laissait beaucoup à désirer. Pourtant quelques amateurs étaient groupés autour des musiciens ; d'autres se plaçaient de façon à les entendre et à voir les chevaux et les voitures qui passaient. Parmi les cavaliers et les personnes qui se pavanaient dans les voitures, je vis fort peu de figures brunes. J'en fis la remarque à quelqu'un qui se trouvait à mon côté, et j'appris ce qui était pour moi un mystère, le préjugé de couleur.

Ce préjugé est l'un des inévitables résultats de l'esclavage. Il naquit dès le jour qu'on débarqua des Africains sur le sol des colonies. On les condamne à toutes sortes de travaux, ils rendent d'importants services, et, pour récompense, on les méprise. L'aversion qu'ils inspirent s'étend jusqu'à leurs descendants, quelque éloignés qu'ils soient, même sur ceux qui n'ont dans les veines qu'une seule goutte de ce sang africain. Ainsi, toute personne qui n'est pas de la race blanche, quelque riche et quelque honorable qu'elle soit d'ailleurs, n'a pas le *droit* de se promener ni à cheval ni en voiture à la Alameda.

On m'a raconté qu'un dimanche, dans l'après-midi, une dame de couleur, très-considérée parmi les siens, citée pour sa richesse, pour sa beauté, pour son élégance, monta en voiture avec sa famille et eut la fantaisie de se faire conduire à la Alameda. En l'apercevant, les dames blanches frémirent d'indignation ; leurs maris, leurs pères ou leurs frères, qui les accompagnaient, ne savaient qu'imaginer pour punir une telle impertinence ; mais elles s'en chargèrent elles-mêmes, et sur l'heure. Peu à peu elles fuirent le lieu profané comme si toutes elles s'étaient donné le mot. Au bout de quelques instants, la femme de couleur s'aperçut qu'elle se promenait dans une allée déserte. Toute frémissante, elle donna l'ordre du retour à son cocher en murmurant : « Il paraît que je suis une pestiférée ! » Les femmes sont intraitables en matière de préjugé ; leur orgueil est sans pitié pour tous ceux qui ne sont pas de la race blanche. Les hommes sont plus tolérants. Il arrive assez fréquemment que les jeunes gens de couleur, — quand toutefois leur peau n'est pas très-brune, — se glissent, sur un beau cheval, parmi les cavaliers, et ceux-ci n'y prennent pas garde, où, s'ils s'en aperçoivent, ils n'en sont point choqués.

Justement, ce jour où j'allais pour la première fois à la Alameda, je remarquai un cheval dont la forme correcte et la robe magnifique attiraient les regards ; la rapidité de sa *marcha ultrapeada* — allure très-douce que n'ont que les chevaux *cubanos* — était telle, que les autres chevaux ne pouvaient le suivre au galop. Ce vaillant animal était monté par un quarteron. (Presque un blanc ; on le tolérait à cause de l'absence presque complète des signes de race. Un nègre eût été cravaché s'il se fût permis cela.)

Le préjugé de Cuba ne ressemble pas à celui des États-Unis. Aux États-Unis, il n'y a que trois castes : les blancs, les mulâtres et les nègres. A Cuba, il y a les blancs, il y a ceux qui peuvent passer pour tels, il y a les quarterons, il y a les mulâtres, il y a les *griffes* (1) et enfin les nègres. Le préjugé espagnol est si puissant, qu'il pousse les malheureux qui en sont les victimes à rougir d'eux-mêmes d'abord, puis à se mépriser les uns les autres. Ceux qui ont la peau blanche essayent de se faire passer pour blancs ; ils flattent les blancs, font cause commune avec eux et méprisent leurs frères à peau plus noire. Les blancs acceptent leurs flatteries ; mais, à la première difficulté survenue entre eux, ils les mettent à leur place par un seul mot, — mot qui dit tout : *mulatos!* La couleur brune ou noire est un stigmate ignominieux qu'ils portent sur le corps.

Les *mulatos* vivent avec le mépris et s'en font une arme pour se venger... sur des innocents. Ils sont humiliés à toute heure, à tout instant. La consolation de quelques-uns, c'est le travail, parce que, heureusement, le découragement n'est pas entré en eux. La conduite de beaucoup d'autres s'explique par ce mot : — la résignation. Ceux-ci se font une indifférence qui résiste à toutes les insultes et une gaieté qui leur donne l'oubli complet de leur avilissement. Ils organisent des fêtes, ils dansent, ils rient, ils se divertissent, ils jouent, ils se dépravent. Pour d'autres encore, la pensée de quitter un jour un tel pays est une douce et chère espérance constamment caressée, qui les aide à vivre. Ils ne sont pas aveugles ni endurcis, et ils souffrent cruellement. Ils sont victimes d'injustices criantes, et leur âme révoltée est

(1) On nomme ainsi les créatures issues d'un mulâtre et d'une négresse ou d'un nègre et d'une mulâtre.

obligée de se contenir. Le spectacle qu'ils ont sous les yeux est atroce. Tous les priviléges sont pour les blancs.

Le gouvernement déteste les *mulatos*, et la justice ne les protége même pas. Le gouvernement est très-heureux lorsque la fantaisie leur vient de quitter l'île, il profite de l'occasion pour leur interdire le retour. J'ai vu des passe-ports accordés à des jeunes gens de couleur, et ils portaient tous ces mots significatifs : « *Con prohibicion de volver jamas en la isla por ser de color.* » (Avec défense de revenir *jamais* dans l'île, parce qu'il est de couleur.) Aussitôt partis, ils deviennent des bannis dont leur patrie ne se soucie point. — Leur crime est leur couleur. — Les personnes de couleur qui ont absolument besoin de faire un voyage, et que des intérêts puissants rappellent dans leur pays réussissent, à l'aide de quelques pièces d'or, habilement distribuées, à obtenir des passe-ports qui les autorisent à revenir. Mais devraient-elles payer fort cher une autorisation aussi légitime? S'il leur arrive quelque affaire avec les blancs, elles n'osent la laisser traîner jusque devant les tribunaux, car si bonne que soit leur cause, elles sont persuadées d'avance qu'elles auront tort. La justice de Cuba a diverses sortes de poids pour sa balance, poids des blancs, poids des quarterons, poids des mulâtres, poids des nègres : ceux-là n'ont rien à espérer des tribunaux et tout à craindre de leur adversaire.

On en a vu qui étaient affranchis depuis longtemps et que l'on parvenait à livrer à l'esclavage en arguant d'un vice de forme dans l'acte d'affranchisement. Et dans ce pays un procès est d'autant plus à craindre qu'il porte presque toujours la ruine avec lui.

En résumé, le préjugé se gradue selon la teinte.

Un quarteron très-blanc est toléré, mais il faut qu'il se fasse humble et petit, qu'il caresse, qu'il flatte.

Un mulâtre est tenu à distance, on ne lui parle que du bout des lèvres.....

Un griffe est rudoyé, bousculé, méprisé en toute occasion.

Un nègre est battu comme un chien, libre ou esclave, à tout propos et hors de propos; on le tient pour moins que rien.

D'après ce fidèle tableau, fait sur les lieux mêmes, le lecteur peut juger de l'effet produit à Santiago par cette nouvelle.

L'étrangère qui avait été si remarquée à l'église, la jeune fille pour laquelle la ville s'était déjà passionnée contre don Saluste, la protégée du Roi des aventuriers, se promenait sur la Alameda, affichant audacieusement son dédain du préjugé.

A la Glacière, la jeunesse dorée reçut comme une commotion électrique, d'autant plus forte que l'on y connut presque aussitôt l'histoire de M. Balouzet.

Aussitôt que la nouvelle eût été donnée, Robinson protesta.

— Senor, dit-il à celui qui l'apportait, Juanita est une fille qui a trop d'esprit et de goût pour aimer un nègre; c'est déjà bien assez qu'une mulâtresse de beaucoup de mérite se soit emmourachée de Vendredi.

« L'homme que vous avez vu avec cette jeune fille est un Parisien :

— Parisien, soit! dit le jeune homme; mais nègre!

« Je l'ai vu.

— Vous jugez sur l'apparence, dit le vieux trappeur.

« Moi qui vous parle, j'ai pris un merle blanc pour un pigeonneau.

« L'homme que vous avez vu est M. Balouzet, l'oncle de Choquart, le meilleur tireur de nous, puisque Balle-Enchantée n'est point avec nous; c'est un gaillard qui n'a pas volé son surnom de Touche-Toujours.

— Mais, dit le Cubain s'entêtant, il est nègre.

— Non pas! fit Robinson.

« C'est par une suite de sa volonté qu'il est ainsi.

« Il s'est teint.

Un rire d'incrédulité s'éleva.

Le vieux trappeur fronça le sourcil, frappa du poing sur la table et s'écria d'une voix tonnante :

— Il n'y a pas un homme au monde qui puisse dire que j'ai menti; personne n'a le droit de repousser ma parole d'honneur; je la donne.

« Mais si quelqu'un a l'air de rire, je lui brûle la cervelle avec le revolver que voici. »

Il posa l'arme sur la table et l'on vit Vendredi tirer doucement un coup de poing à six coups de sa poche pour massacrer aussi un peu ceux qui ne croiraient point à la véracité de son maître.

A moi! cria-t-il. (Voir les livraisons suivantes.)

Il se fit un profond silence. L'indignation du trappeur était si grande que chacun comprit qu'il fallait ajouter foi à ce qu'il allait dire.

Il reprit :

— Je répète que Touche-Toujours est blanc, que je l'ai connu absolument blanc, et il s'est teint uniquement pour circuler dans les États-Unis, si bien déguisé que sa femme elle-même ne pourrait point le reconnaître.

« Il avait été forcé par les circonstances d'épouser cette dame qui est aussi maigre que vieille, laide et désagréable; j'en sais quelque chose, ayant eu l'honneur d'être son guide et de la conduire dans la Prairie à la recherche du Touche-Toujours, son futur mari.

« C'est ainsi que nous avons fait connaissance avec lui.

« Touche-Toujours s'est embarqué pour la France avec elle, le lendemain même de ses noces; il avait fait fabriquer par le montreur de figures de cire de San-Francisco un mannequin qui lui ressemblait et qui était embarqué.

« Lui, s'était teint tout le corps, sauf les mains et la figure.

« Hors du port, enfin de rade, il a lancé, de sa cabine, le mannequin dans la mer; il a laissé un écrit disant qu'il se suicidait de chagrin.

« Pendant que l'on cherchait à repêcher le mannequin qu'on prenait pour lui et qui ne fut point retrouvé, mon ami Touche-Toujours se teignait rapidement la figure et les mains, puis il sautait dans la barque du pilote qui, revenant à San-Francisco, l'y ramena.

« Là, même si sa femme, flairant sa ruse et revenant à sa recherche, parvenait à le découvrir, elle ne trouvait qu'un nègre, un nègre complet du haut en bas.

« Touche-Toujours en a pour un an peut-être avant de redevenir blanc.

« Même ça l'ennuie beaucoup.

« D'abord il est furieux parce que Juanita, une fille qui l'adore et qu'il pourrait épouser, je vous dirai pourquoi, ne veut pas de lui tant qu'il n'aura pas changé de peau, comme un lézard au printemps.

« Puis ce n'était pas la peine de se donner la peine de se noircir, puisqu'il a reçu la nouvelle que sa femme était morte de chagrin à la suite du prétendu suicide de son mari.

« Voilà pourquoi celui-ci pourrait se marier à Juanita qui attend pour être sûre qu'il reprendra sa vraie couleur.

« A cette heure-ci, Touche-Toujours est enragé pour l'indépendance des nègres, parce qu'on le vexe à chaque instant.

« Il est allé à l'Alhambra exprès pour casser la tête au premier blanc qui l'insultera; il a déjà tué cinq ou six Yankees qui se permettaient de le rudoyer.

« Voilà!

Jamais Robinson n'avait fait un si long discours de sa vie; mais l'indignation lui avait donné de l'éloquence.

Étonné d'en avoir tant dit, il remplit son verre et le vida d'un trait pendant que l'on commentait autour de lui ses étranges révélations.

Ayant bu, il reprit son revolver, le visita, le remit à sa ceinture et dit :

— Je vais vous quitter, senors.

« Il faut que j'aille faire un tour sur la promenade où l'ami Balouzet peut avoir besoin de moi; c'est le meilleur homme du monde, il ne ferait pas de mal à une mouche et pour jurer il dit : Sac à papier !

« Mais quand on le vexe, il devient ragoun!

— Gentleman, dit le chevalier d'Albouquir, nous vous suivons.

« Si une rixe s'engageait, nous vous soutiendrions.

— Vous êtes de braves jeunes gens! dit Robinson.

« Venez !

« Les camarades doivent être sur la promenade aussi.

« Je vous présenterai à eux.

En un clin d'œil La Glacière fut vide de consommateurs.

Robinson et Vendredi entraînaient toute la jeunesse derrière eux.

CHAPITRE IV

Esclave!

Une foule immense encombrait la promenade; les contre-allées étaient bordées de curieux à pied qui formaient une foule bigarrée; gens du menu peuple blanc, Indiens métis fils des Caraïbes, hommes et femmes de couleur.

Tout cela à pied, se gardant de s'aventurer au milieu de la grande allée réservée aux cavaliers et aux voitures.

Malheur au nègre qui, traversant à la hâte, se serait attardé à admirer un équipage.

Un coup de cravache le cinglant en pleine figure lui eût rappelé que là n'était pas sa place.

Or, la multitude des pauvres et des déshérités voyait, circulant en calèche, un noir, d'un certain âge déjà, très-gaillard, de figure épanouie, n'ayant ni les lèvres lippues, ni le nez épaté de sa race et tel enfin que l'on se figurerait un bon bourgeois parisien qui aurait eu l'idée de se passer une couche de cirage sur les joues.

Le fond de la physionomie exprimait la bonhomie, la gaieté et la verve.

Mais le regard brillait d'une singulière résolution, par moments.

Mis avec une simplicité élégante, ganté, badine à la main, le nègre qui faisait la stupéfaction de Santiago, se montrait parfait de ton et de manières à l'égard de la jeune fille qui était assise à ses côtés.

Celle-ci avait pour lui des attentions qui prouvaient un grand respect et elle lui jetait parfois à la dérobée un de ces coups d'œil annonçant une passion sincère et profonde.

Lorsqu'une femme, sachant n'être pas vue d'un homme, lui décoche certains regards, on peut conclure qu'elle en est éprise.

Or il semblait que la foule savait gré à cette admirable fille d'aimer cet homme; c'est par l'amour des femmes de classes supérieures que s'affirme le triomphe des déshérités.

Par suite de l'avilissement des caractères, les petits blancs, c'est-à-dire les ouvriers, les Européens pauvres, méprisaient, nous l'avons expliqué, tous les gens de couleur qui, eux-mêmes, établissaient entre eux des catégories.

Mais au fond, tout ce monde se sentant écrasé par l'aristocratie des planteurs, devait un jour s'unir en oubliant ses dédains réciproques et ses haines mutuelles.

C'est ce qui arrivait.

Des murmures caressants, des approbations doucement exprimées, des saluts sympathiques accueillaient la calèche à chaque tour et Juanita comprenait que ce peuple la portait dans son cœur.

On s'étonnait toutefois que quelque grave insulte ne fût pas encore partie des voitures qui sillonnaient la promenade.

Jamais la haute fashion de Santiago n'avait supporté pareil scandale.

Qui donc protégeait le nègre contre les cravaches?

D'abord la splendide beauté, la suprême distinction de Juanita.

Puis le nègre avait si bel air, on devinait en lui un homme de si bonne compagnie, que l'on se sentait intimidé.

Enfin Choquart était là, superbe de jeunesse, d'expansion, de rayonnement; il avait ce prestige d'avoir souffleté don Saluste.

Tout cela expliquait pourquoi les Cubains, dominant leurs répugnances, ne manifestaient aucune colère contre le noir qui provoquait ainsi le préjugé.

Il n'en était pas ainsi des Espagnols qui, à Santiago, n'étaient point gens à se laisser dominer par aucune considération.

Et cependant cavaliers et équipages circulaient sans prendre garde au nègre.

Mais on remarqua que des officiers, mêlés au défilé des voitures, semblaient faire circuler un mot d'ordre parmi leurs compatriotes.

Chaque fois qu'une nouvelle calèche arrivait, l'un d'eux disait aux personnes qu'elle contenait :

— Le gouverneur général vous prie, senors, de ne pas vous commettre avec le nègre qui fait esclandre sur la promenade.

« Il a donné des ordres à son sujet.

Cet avertissement suffisait.

Aussi Choquart, dit-il au faux noir tout en cavalcadant avec grâce à la portière :

— Décidément, mon oncle, on est plus tolérant ici qu'à New-York.

« Personne ne vous a outragé.

« La protestation a été suffisante et nous pouvons nous retirer.

— Oui, dit Juanita d'une voix douce. Tout le monde ici est charmant pour vous, mon cher ami ; vous n'aurez pas à y renouveler ces scènes dont j'ai tant souffert dans notre voyage.

— Ma bonne petite Juanita, dit M. Balouzet, je suis bien désolé des ennuis que je vous ai causés ; mais, franchement, devais-je me laisser tarabuster parce qu'on me prenait pour un nègre !

Et s'animant :

— Choquart a raison ! dit-il.

« L'esclavage est une chose infâme ; je ne pensais qu'à me marier avec vous, mignonne, puisque ma femme est morte ; je ne rêvais plus qu'un bonheur, la tranquillité auprès de vous.

« Eh bien, je vois que je reprendrai ma carabine, que je referai campagne et que mon coquin de neveu m'enrôlera encore une fois parmi ses flibustiers.

« Mon sang bouillonne, à l'idée seule que l'on est bafoué, piétiné, foulé, turlupiné parce que l'on a un teint d'ébène.

« Il faut en avoir souffert pour comprendre ce supplice-là.

« Et ce n'est rien.

« Si l'on était esclave...

Juanita frissonna :

— C'est affreux ! dit-elle.

— Ainsi, vous comprenez, chère petite, que je ne puis refuser mon concours à la grande œuvre qu'entreprend Choquart.

— Vous ai-je donc jamais paru faire obstacle à vos volontés ? fit-elle.

« Allez où vous voudrez pourvu que vous m'emmeniez !

— Pas au camp, je suppose.

— Au camp et au feu ! dit-elle.

« Je serai pour vous ce que fut pour Garibaldi sa première femme.

— C'est impossible !

« Je ne consentirai jamais...

Elle le regarda en souriant et lui dit doucement :

— Vous savez cependant bien, mon ami, que vous ne me résistez jamais.

On ne saurait rendre ce qu'il y avait de caresses dans l'accent avec lequel ces paroles furent prononcées, la tendresse du regard qui les accompagnait, la grâce de l'attitude et le charme de la confiance parfaite que la jeune fille avait en son pouvoir.

Comment M. Balouzet eût-il résisté à cette enchanteresse ?

Elle avait du reste un allié.

— Mon oncle, dit Choquart, la senora a raison ; elle fera plus pour notre cause en vous suivant que dix mille hommes.

« Elle nous gagnera toutes les femmes ; les hommes seront électrisés par sa présence ; sous ses yeux, les nègres se battront comme des fanatiques.

Une observation que fit M. Balouzet peindra son caractère ; au fond, cet intrépide aventurier était resté bourgeois.

— Est-ce bien convenable, ce que Juanita veut faire ? demanda-t-il ; comme s'il se fût agi d'une visite un peu risquée ou d'une démarche un peu compromettante.

Il s'agissait de l'indépendance d'un peuple, des plus grands sacrifices à faire, d'héroïsme à déployer, et M. Balouzet parlait... des convenances.

Personne ne fut plus terrible que lui dans cette guerre, son nom remplit les deux Amériques, il laissa gravé dans le cœur des Cubains le souvenir impérissable de ses exploits ; nous pouvons donc signaler ses faiblesses.

D'un homme pétri dans la pâte qui fait les héros, l'éducation bourgeoise, la vie bourgeoise, vingt ans de boutique avaient fait un bourgeois.

Il se préoccupait, dans les savanes, de ce qu'on penserait rue Vivienne et place de la Bourse, de ses faits d'armes ; profondément modeste et censé, il avait certaines petites vanités mesquines, portant sur des points insignifiants et rachetées par les plus rares qualités du cœur.

Généreux à l'excès, il se montrait méticuleux en affaires.

Magnanime, il refusa cependant leur grâce à quatre officiers prisonniers qu'il voulait faire fusiller pour prouver qu'il avait du caractère.

Sans l'intervention énergique de Juanita,

ces malheureux payaient de leur tête la manie bourgeoise de M. Balouzet d'afficher des prétentions à faire preuve d'inflexibilité dans le caractère.

On juge, d'après le type, quelle somme de colère dut s'amasser dans le cœur de M. Balouzet après les affronts et les tortures qu'il subit à Santiago, puis au Morne des Géants.

L'heure de l'épreuve venait de commencer ; Choquart remarqua bientôt qu'un mouvement se produisait dans la foule.

Des groupes nombreux d'individus aux allures insolentes et grossières, envahissaient les contre-allées et manœuvraient de façon à border les trottoirs faisant bordure à la grande allée.

Choquart les montra du doigt à son oncle et lui dit :

— Je vois que l'on a organisé une petite manifestation contre vous ; nous avons trop tôt chanté victoire.

« Voyez-moi cette canaille payée et dirigée qui se substitue au peuple et s'aligne de façon à nous faire défiler sous ses injures.

M. Balouzet devint fort pâle et jeta un regard inquiet sur Juanita.

La jeune fille conservait un calme admirable ; elle dit froidement :

— Les plus grands hommes ont été tour à tour acclamés et tués par les peuples ; vous avez eu vos triomphes ; vous allez subir des persécutions ; c'est le sort de tous ceux qui tentent de nobles luttes et qui se dévouent aux causes saintes des émancipations.

« Souvenez-vous que mon père, ami de Manin, le défenseur de Venise, est mort en exil, et que je savais ce qui m'attendait en aimant un homme de votre trempe.

« En gravissant votre Calvaire, vous aurez au moins cette consolation de me voir toujours à vos côtés.

Les paroles de la jeune fille étaient dictées par un pressentiment intime des scènes qui allaient suivre.

Cette vaillante nature avait dans les veines ce sang généreux des femmes vénitiennes qui se montrèrent si patriotes pendant la longue oppression de cette ville.

Choquart l'écoutait avec admiration.

M. Balouzet, quiétait homme à ne reculer devant aucun péril, se sentit capable des plus grandes choses étant ainsi poussé et soutenu par Juanita.

Il promena un long regard sur les rangs hostiles où l'on voyait la haine briller dans les yeux et le sarcasme tordre déjà les lèvres et il dit à son neveu :

— Je crois qu'aux violences de cette lie de la population, nous ne devons et ne pouvons opposer que le plus profond dédain.

— C'est ainsi que je le pense, mon oncle ! dit le jeune homme.

« Nous allons être insultés.

« Nous ne riposterons pas à des groupes qui seraient ravis de nous écharper ; nous nous donnerons des airs de martyrs et nous porterons plainte, vous au consulat de France, Juanita au consulat d'Italie, moi au consulat des États-Unis.

« L'affaire aura un bruit qui retentira jusqu'en Europe.

« Je me charge de passionner l'opinion publique par nos journaux.

Puis comme un sourd grondement annonçait l'orage, il reprit :

— Je vous en conjure, mon oncle, du flegme ; ne compromettez rien par quelque coup de revolver imprudent ; *nous sommes ici pour être insultés.*

« Après... nous nous vengerons le fusil au poing.

— J'ai approuvé ton plan, dit avec résolution M. Balouzet, je le suivrai jusqu'au bout.

Et il ajouta en souriant :

— Le hasard a fait que je sois un nègre auquel les blancs eux-mêmes s'intéresseront, puisque je suis en réalité de leur race.

« Ils ressentiront tous les coups qui m'auront frappé et notre affaire produira peut-être encore plus d'impression que le fameux livre de l'*Oncle Tom* qui a soulevé les États-Unis contre l'esclavage.

— En un mot, dit Juanita, nous sommes volontairement martyrs du préjugé.

— Hélas, je n'ai qu'un regret, c'est que vous nous accompagniez, dit M. Balouzet ; mais je ne sais pas refuser de vous obéir.

Ce fut sa dernière protestation.

— Mon ami, dit Juanita, croyez qu'une jeune fille sera très-intéressante et que, comme le disait notre ami, je gagnerai beaucoup de monde à votre cause.

Elle fut interrompue par des cris furieux poussés tout à coup.

La scène préparée par Herrera allait se dérouler avec la précision des manifestations organisées par la police.

Le personnel nombreux qu'il avait recruté pour cette circonstance était par goût, par position, par naissance et par mœurs, toujours prêt à obéir passionnément aux invitations de la police espagnole.

Il se composait des Catalans.

Or, de tous les Espagnols qui s'établissent à Cuba, ce sont ceux-là qui montrent le plus de brutalité dans les mœurs.

— La Catalogne (dit M. Piron), à elle seule, fournit un plus grand contingent d'habitants à Cuba que le reste de l'Espagne ; aussi le commerce de la ville est-il presque entièrement envahi par les Catalans. Ils accaparent tout ce qu'ils peuvent. Ils tiennent tous les magasins de nouveautés, où l'on débite une foule d'articles divers et qui forment un important commerce. Comme ils comptent beaucoup de dames dans leur clientèle, ils sont obligés d'avoir une mise soignée, des manières engageantes, et ils acquièrent une élégance qui fait contraste avec la repoussante vulgarité de leurs compatriotes. Ceux-ci sont les maîtres de l'épicerie. Dans des boutiques mal tenues, ils détaillent toutes sortes de comestibles et du vin de leur pays, vin lourd et capiteux. Vêtus très-négligemment, ils sont d'une malpropreté incroyable. Leurs figures sombres et leur affreux accent ajoutent encore à la grossièreté de leurs propos. Aucune femme comme il faut ne s'aventure dans leurs antres ignobles ; si pressée qu'elle soit par la nécessité de leur acheter quelque chose, elle envoie un domestique. Ils n'y reçoivent guère que la canaille et les esclaves, et ils les traitent avec une familiarité dégoûtante. Envers les négresses, ils sont d'une galanterie et d'une impertinence sans bornes. Ce que les étrangers remarquent promptement, c'est que tous les épiciers sont Catalans. Ceci est tellement exact qu'à Cuba le mot *épicier* est inconnu et qu'on les appelle *Catalans*. Leur nationalité a donné son nom à leur profession.

La cupidité les pousse quelquefois jusqu'au crime. En 1850, il y avait une boulangerie catalane devant laquelle on ne passait jamais sans une pénible impression. On y avait mis en action un épisode de *Monte-Cristo*. Une marâtre avait fait mourir une belle-fille pour augmenter la fortune d'un fils chéri. Le mari de cette femme avait eu l'infamie de l'aider dans les tortures qu'elle faisait, avec une froide barbarie, subir à sa propre fille, à lui. Le fils de ce hideux couple s'appelait Eduardo, comme l'enfant de Villefort. Les similitudes de la réalité avec le roman étaient poussées très-loin, et l'on demeurait surpris de cette copie à peu près fidèle de la vie sur une fiction. L'enfant mourut pour la punition des deux coupables.

Ce crime n'est qu'un exemple pris au milieu de tant d'autres de la cruauté dont les Catalans ont donné tant de preuve et de leurs mœurs à Santiago.

Et c'était là que la police était toujours sûre de trouver un appui, là que le gouvernement recruta ces volontaires féroces, impitoyables, qui ont révolté l'opinion publique du monde entier par leur barbarie.

Entre les Catalans et les Cubains, il existait déjà, à cette époque, une aversion réciproque et profonde.

Or, Herrera, par ses agents, avait fait savoir aux Catalans que le capitaine flibustier avait toutes les sympathies des Santiagois, il n'en fallait pas plus pour aviver les haines des Catalans contre Choquart et les siens.

Ils étaient donc là au nombre de plusieurs milliers, prêts à tout.

Herrera avait disséminé parmi eux une centaine d'agents munis d'instructions détaillées ; de plus, des pelotons de cavalerie, se tenaient dans la caserne bride en mains.

De plus les postes d'infanterie, triplés, avaient les armes chargées.

Toutes les précautions étaient prises pour étouffer les émeutes qui auraient pu éclater.

Mais Herrera avait calculé son plan avec beaucoup d'adresse.

Il ne voulait, en public, arrêter que M. Balouzet.

Or, si bien disposés que fussent les Cubains, étant donné leurs préjugés contre les nègres, il semblait peu probable qu'ils prissent partie pour un esclave.

On n'avait donc à craindre que les flibustiers nouvellement débarqués, avec passeports, les qualifiant de commerçants.

Mais ils étaient peu nombreux.

Herrera, par sa police les avait décomptés ; il y en avait une vingtaine en tout.

C'étaient des hommes redoutables sans doute ; cependant, avec des revolvers et des couteaux, seules armes qu'ils pussent porter, ils ne devaient pas tenir longtemps, s'ils osaient défendre M. Balouzet contre les chasseurs d'esclaves appuyés par la police.

Herrera espérait en finir d'un seul coup avec eux.

Il lui semblait impossible que des hommes aussi braves ne commissent point la faute de vouloir retirer un des leurs des mains des agents.

En ce cas, ordre était donné de les tuer sans merci dès que le premier coup de feu serait tiré par eux.

Il avait recommandé d'épargner Juanita menacée d'un autre côté.

En effet en dehors des Catalans, bien massés, se tenait une troupe d'une trentaine d'individus, assez bien vêtus, mais de mine sinistre.

C'étaient les bravi de don Saluste que dirigeait son intendant Cazalez, la plus vile nature de laquais qui eut jamais déshonoré la livrée.

Au moment où, sur un signal convenu, les Catalans commençaient à siffler et à huer, ce Cazalez dit à ses hommes :

— Attention !

« Ça va commencer.

« Le cocher qui conduit la calèche où est la jeune fille est à nous.

« Les gens de police vont tirer le nègre à bas.

« Si l'on se bat, ce sera autour de lui, et l'on négligera de s'occuper de l'étrangère.

« Il faut que vous entouriez la calèche pour faire masse, la dégager du terrain de lutte et la pousser dans une rue latérale.

« Le cocher vous y aidera de tout son pouvoir.

« Si nous réussissons, chacun de nous recevra vingt douros.

C'était plus qu'il en fallait pour donner du zèle à ces misérables.

Ils se glissèrent donc vers la voiture que déjà les Catalans entouraient en vociférant ; réclamant à grands cris l'expulsion de M. Balouzet et le menaçant :

Ils criaient :

— A mort le nègre !

« A pied les chiens comme lui !

« A la chaîne !

« Qu'on l'arrête et qu'on le fouette !

C'était un concert effroyable et assourdissant d'imprécations.

Le cheval de la calèche s'était arrêté, maintenu par le cocher qui livrait ainsi M. Balouzet à la foule, sans essayer de le tirer de ce mauvais pas.

Du reste on ne lui donnait pas d'ordres ; en vue de leur plan, auquel Juanita avait tenu à s'associer, les trois victimes de la brutalité des Catalans ne voulaient rien faire pour éviter les outrages.

Ils demeuraient donc impassibles devant les rugissements de ces bandes déchaînées.

Cependant, pour suivre les instructions de don Saluste, le cocher avait rangé la calèche au plus près d'une rue transversale où le moindre effort lui eût permis de lancer son cheval.

Mais si M. Balouzet lui eût demandé cet effort, le traître ne l'eût pas fait.

Tout à coup une clameur de satisfaction s'éleva parmi les Catalans qui se mirent à battre des mains en criant :

— La police !

« Bravo !

« Enlevez l'esclave !

C'était en effet la police spéciale du syndic des esclaves qui arrivait, munie d'un mandat régulier d'arrestation.

Ces agents, recrutés parmi les commandeurs déclassés des plantations, gens de sac et de corde, hommes de rapines et de meurtres, chassés pour vol et malversations, ces agents, disons-nous, étaient tous, comme de coutume, armés d'un fouet à manche court et suivis chacun de deux chiens énormes, braques d'une espèce spéciale, dressés à la chasse au nègre.

Lorsque Choquart les vit, il fronça le sourcil et parut s'inquiéter.

— Je crois, mon oncle, dit-il, que la police officielle va s'en mêler.

— Tant mieux! dit froidement M. Balouzet; si les autorités espagnoles se compromettent, ce sera parfait.

— Mais, fit observer Choquart, ces gens-là vont vous arrêter!

— Ils me relâcheront.

« Demain tu me feras réclamer par le consul de France.

Choquart, qui ne se doutait pas du machiavélisme d'Herrera, se dit qu'une arrestation momentanée, suivie d'une mise en liberté avec réparation solennelle, ne pourrait que servir ses projets.

Il résolut de ne pas s'opposer à ce que l'on emmenât son oncle.

Voyant ses officiers flibustiers qui tentaient de se frayer passage vers lui, il leur fit des signes impératifs pour leur recommander de ne point intervenir.

Ils durent obéir à cette consigne.

A l'approche de la police, encouragée d'abord par les plus violentes excitations, il se fit un silence relatif.

Chacun se réveillait, comme il arrive toujours, même au milieu des tumultes quand l'heure critique du dénoûment a sonné.

Seulement Choquart remarqua que les Catalans, qui jusqu'alors n'avaient pas dégaîné, sortaient leurs couteaux longs et en ajustaient les viroles.

C'est que, derrière eux, ils entendaient les murmures sourds des Santiagois au milieu desquels venaient de déboucher la jeunesse élégante sortie de la Glacière avec Robinson.

Les Espagnols pressentaient une lutte possible avec les Cubains.

Ils s'y préparaient.

Mais tout bruit cessa, même le plus léger, quand le syndic des esclaves, parvenu à deux pas de la calèche, déploya lentement son mandat.

La scène prit un grand caractère; elle est encore fixée aujourd'hui dans toutes les mémoires.

Dans la calèche, Juanita dédaigneuse, belle comme une Junon de seize ans, forçant l'admiration et montrant l'impassibilité d'une déesse.

Près d'elle, M. Balouzet, un sourire de mépris aux lèvres, l'œil plein d'éclairs, mais parfaitement résolu à se contenir.

Et dominant tout, du haut de son cheval, la tête jeune, superbe d'audace et d'esprit, du Roi des aventuriers.

Devant ce groupe, une troupe d'argousins et une bande de plusieurs milliers de fanatiques; puis, s'étendant au loin, une foule houleuse secouée par des sentiments divers.

La voix du syndic se fit entendre; il cria à M. Balouzet :

— Au nom du roi, je vous arrête! Descendez!

Il s'attendait à une résistance.

M. Balouzet se leva et dit lentement, distinctement :

— Je suis Français!

« J'ai le droit de jouir du droit de circuler où bon me semble, étant muni d'un passeport régulier.

« Je proteste, mais j'obéis provisoirement à la loi qu'il faut toujours respecter; je me réserve de prouver que c'est vous qui la violez en ce moment.

Il descendit.

Aussitôt les chasseurs d'esclaves se ruèrent sur lui et le garrottèrent.

Choquart, indigné, intervint.

— Senor, dit-il au syndic des esclaves, vous faites subir là un indigne traitement à un citoyen français.

« De quoi donc l'accusez-vous?

— D'abord ce nègre n'est pas Français! répondit le syndic en ricanant.

« Il est réclamé par le senor Fualdès, planteur au Morne des Géants, comme un esclave marron qui a fui, qui a gagné l'Amérique et qui revient nous braver ici.

« J'ai quatre attestations de témoins, ce qui suffit pour que je décide de cette af-

Le capitaine Léone Fry.

faire, et je vais renvoyer ce drôle à son maître.

« J'invite les bons citoyens à ne pas se mêler de cette affaire.

Choquart comprit qu'il était dans un guêpier ; il ne s'agissait plus de huées, d'une arrestation temporaire ; son oncle allait être envoyé sous le bâton des commandeurs.

Le jeune homme, d'un coup d'œil, jugea la gravité de la situation.

Il voulut, par un coup de main hardi, arracher son oncle aux chasseurs d'esclaves.

— A moi ! cria-t-il d'une voix puissante aux flibustiers.

Et il lança son cheval sur les gens du syndic.

Mais presque aussitôt l'animal s'abattit ayant les deux jarrets coupés.

Les Catalans bondirent sur le jeune homme renversé qui avait pu tirer un couteau de chasse de ses poches.

On vit pendant l'espace de deux minutes une mêlée furieuse sur ce point ; Choquart se défendait avec une vigueur, une adresse, une puissance d'élan inouïe ; on eût dit, à voir les Catalans tomber autour de lui, un lion assailli par une meute et la broyant sous sa griffe. Par instants il soulevait des grappes de huit ou dix hommes pelotonnés sur lui ; il roulait avec eux et tuait à coups de couteau avec un acharnement indicible ; il frappa en moins de rien quarante hommes, affirma-t-on depuis, dont une douzaine à mort.

Mais du renfort lui survint.

Robinson, se tournant vers l'élite des jeunes gens, quand il vit la tournure que prenaient les choses, leur avait dit :

— Si vous avez de l'influence sur la population, c'est le moment d'agir.

« Si vous avez du cœur, montrez-le !
Et il avait mis coutelas en main.

Vendredi, lui, s'agitait déjà comme un forcené, et, jetant aux noirs l'appel mystérieux des Vaudoux auxquels il était affilié, il ameutait tous les nègres qui se trouvaient là.

D'Albouquir avait sauté sur un banc et il haranguait la foule.

En un instant les rancunes depuis si longtemps amoncelées éclatèrent.

Le peuple, armé du stylet dont les hommes de Cuba ne se séparent jamais, se rua contre les Catalans.

La lutte s'engagea furieusement.

Les flibustiers, au premier rang, ouvrirent de larges brèches dans les groupes d'Espagnols qui protégeaient la retraite du syndic emmenant M. Balouzet; un moment même, aidés par le flot populaire, ils furent sur le point de l'atteindre et ils purent relever Choquart qui avait reçu dix-huit blessures et dont le corps était piétiné.

Mais soudain, d'un carrefour, une colonne de cavalerie déboucha écrasant tout devant elle, et il fallut plier.

Tout ce que purent faire les flibustiers, ce fut d'emporter leur capitaine.

Mais ils eurent bientôt raison des cavaliers auxquels ils opposèrent rapidement une barricade de chaises prises sur la promenade ou à la devanture des cafés.

Seulement il fut évident que l'on ne pourrait soutenir longtemps la lutte à laquelle personne n'était préparé.

Des bataillons d'infanterie parurent et les flibustiers jugèrent la partie absolument perdue; le peuple intimidé les abandonnait.

D'Albouquir, qui devait être l'un des généraux des insurgés, prit d'inspiration le commandement et cria :

— Tous hors la ville, par la mer.

« Nous gagnerons ensuite ma plantation, prenons des chevaux et courons aux montagnes.

« Nous délivrerons Touche-Toujours à main armée avant peu.

C'était l'avis le plus sage.

On le suivit.

Une calèche rencontrée sans ses maîtres, fut prise pour transporter Choquart, et d'Albouquir y prit place à côté de lui avec Robinson.

Au moment où elle partait à fond de train, un nègre accourut, couvert de sang et lançant des appels désespérés.

C'était Vendredi.

Il annonçait à son maître qu'il avait vu enlever Juanita par les gens de don Saluste.

Il était trop tard.

La calèche lancée au grand trot produisait un bruit assourdissant.

Robinson n'entendit pas les appels de Vendredi.

Les autres trappeurs gagnaient le port en toute hâte.

Il était impossible de porter secours à la jeune fille.

Vendredi se résigna à faire comme les autres, il se jeta, lui dernier, dans une des barques dont les patrons, achetés à prix d'or, consentirent à quitter le port et à forcer les voiles pour gagner la mer, sortir de la rade et jeter ensuite sur la côte.

Bientôt les embarcations furent hors de vue, poussées qu'elles étaient par un bon vent.

L'échauffourée s'apaisait dans la ville.

M. Balouzet était immédiatement envoyé sous escorte au Morne des Géants.

Juanita avait disparu.

CHAPITRE V

Coups de fouets.

Pour juger de l'humble sort qui attendait M. Balouzet, il faut savoir quelle vie on fait mener aux esclaves dans l'île de Cuba; pour ne pas être accusé d'exagération nous citons M. Piron.

Il cite d'abord un exemple atroce, pris entre mille :

« Les époux X... étaient riches et puissants ; ils tenaient dans leurs mains le sort de nombreux esclaves, et il ne pouvait être plus mal placé. Les frapper avec des fouets qui leur arrachaient des lambeaux de peau, et, sur les plaies saignantes, verser du tafia pimenté, ce n'était pas encore un supplice qui satisfit complètement leur difficile cruauté. Madame X... se donnait le triste plaisir de s'occuper particulièrement de leurs tortures; elle les faisait venir par douzaine, leur ordonnait de se dépouiller de tout vêtement, et, quand ils étaient nus, elle leur tatouait le corps avec des charbons enflammés ou des morceaux de fer rougis. Lorsqu'un de ces malheureux se reculait involontairement ou, ce qui est plus grave, faisait mine de vouloir se soustraire au supplice, elle devenait furieuse, le poursuivait avec rage et le maltraitait plus que les autres.

« Une décrépitude précoce lui avait dégarni la bouche, et elle enviait bassement les magnifiques dents de ses esclaves. Elle s'étonnait que la nature lui eût ôté ce qu'elle avait soigneusement conservé à des êtres infimes. Une négresse surtout avait des dents dont l'éblouissante blancheur excitait en madame X... une envieuse admiration. Un jour de fureur, la terrible femme n'y put tenir davantage; elle les lui arracha avec des tenailles.

« Pour les moindres fautes, elle faisait mettre ses esclaves aux fers et au carcan dans un sombre et humide cachot.

« Après une pareille vie de si horribles crimes, madame X... mourut, assaillie de remords, demandant pardon à ses victimes du mal qu'elle leur avait fait pendant de longues années. »

C'était à la ville même, sous les yeux des autorités, devant tous, au su de chacun que ces horreurs étaient commises.

Les X... étaient reçus partout.

Personne ne s'indignait, ne protestait, ne les repoussait.

Et cependant les esclaves à la ville sont moins malheureux que dans les plantations. Voyons quelles tortures allaient y attendre M. Balouzet.

Voici encore une citation de M. Piron :

« Le planteur est un maître absolu sur sa propriété : il n'est tenu de rendre aucun compte des actions brutales commises sous l'inspiration de la colère. Le nègre n'a pas près de lui, comme à la ville, un syndic pour défendre les quelques misérables droits qui lui sont accordés. La seule autorité à laquelle il puisse recourir, c'est au *capitan de partido* qui est lui-même un planteur et qui est naturellement porté à protéger les intérêts de ses confrères. Quel moyen l'esclave cultivateur a-t-il de se plaindre quand les mauvais traitements qu'on lui a infligés dépassent de beaucoup la prescription déjà sévère de la loi ?

« Aussi les planteurs abusent ils atrocement du pouvoir qui leur est laissé. Les gérants que mettent quelques-uns d'entre eux pour les remplacer sur leurs haciendas en font autant et même davantage. Ce sont tous des despotes impitoyables qui torturent les hommes et les femmes avec tous les raffinements que la méchanceté peut inventer.

« Les malheureux esclaves, méprisés, détestés, avilis, obéissent à leurs bourreaux en les maudissant, se soumettent au joug, la rage dans l'âme. C'est la généralité. D'autres montrent une résignation angélique; ils s'imaginent naïvement que leur peau noire leur fait un devoir d'un dévouement absolu quoique méconnu, à la race blanche. C'est l'exception, exception peu appréciée. Quelques-uns abandonnent la partie, s'enfuient, se font *cimarrones*, se réfugient dans les bois. Malheur à eux si on les rattrape! ils subissent un châtiment épouvantable, qui dure au moins une quinzaine de jours. On les met au cachot, les jambes dans deux morceaux de bois appelés *cèpes*; tous les matins on les en retire pour les attacher sur une échelle, et on leur inflige cinquante coups de fouet. La peau se fend, le sang jaillit, et, sur la plaie vive, on verse de l'*aguardiente* (tafia) mélangé de sel et de piment. Si ces malheureux en réchappent, ils repartent encore quelques mois plus tard.

« D'autres, mieux avisés, se réfugient dans les *palencos*, où ils mènent une vie sauvage, de rapine et de meurtre. Les palencos sont de vastes repaires dans des forêts lointaines où les esclaves fugitifs se réunissent en grandes bandes et forment des associations terribles.

« Dans presque toutes les haciendas, les nègres sont habillés avec une grande négligence; souvent des vêtements sales et en lambeaux les couvrent peu et fort mal ; quelques-uns même n'ont qu'un *tanga*, toile attachée aux reins et tombant jusqu'aux cuisses. Des enfants des deux sexes vont tout nus jusqu'à l'âge de douze ans. La pudeur des dames et des demoiselles blanches ne s'offense point de ce costume de l'heureux temps du paradis terrestre ; elles se font servir par ces négrillons avec le plus admirable sang-froid.

« Il faut que la santé des nègres soit bien vigoureuse, car on leur demande plus que la nature humaine ne peut accorder. Aussitôt que paraît le jour, ils sont tenus d'être sur pied ; leur travail commence peu d'instants après ; à midi on leur donne une demi-heure pour déjeuner ; ils dînent à la nuit. On serait tenté de croire qu'enfin il leur est permis de se reposer de la grande fatigue de la journée : point ; il faut encore qu'ils aillent chercher la pâture des chevaux, l'herbe de Guinée, et s'ils n'en apportent pas un gros paquet chacun, ils sont encore punis. Après cela seulement, si le temps est sombre, ils peuvent se livrer au repos. Si la lune brille, une veillée de plusieurs heures leur est imposée comme un pénible supplément. Durant la nuit, des gardes (choisis entre eux) sont apostés pour que des désordres ne se produisent pas et qu'ils mettent à profit les quelques instants de sommeil qui leur sont octroyés. Dans quelques haciendas, pour plus de précaution, on les enferme.

« L'esclavage inspire à quelques nègres des idées criminelles qu'ils mettent à exécution avec une persistance inouïe, effrayante. Un fait extraordinaire se renouvelait fréquemment dans une hacienda de grande importance. Tous les enfants noirs mouraient quelques jours après leur naissance, sans qu'on pût deviner l'étrange cause qui les détruisait si inexorablement. Une négresse qui était enceinte, et qui redoutait pour son enfant le sort commun aux autres, se promit de veiller attentivement sur lui, aussitôt qu'il viendrait au monde. Elle eut le courage de rester sans dormir durant trois nuits après ses couches, qui l'avaient rendue mère d'un robuste garçon ; pendant la quatrième nuit, ses forces l'abandonnèrent, et elle commençait à sommeiller, lorsqu'un léger bruit se fit entendre. Elle ouvrit les yeux à demi, et, voyant entrer un jeune nègre, qui s'avançait avec précaution, elle feignit de dormir. Il prit l'enfant, tira une épingle de sa *vareuse* et s'apprêta à la lui enfoncer dans le crâne. En ce moment la jeune mère poussa un cri d'effroi, écarta la main de l'assassin ; une lutte terrible s'engagea entre elle et lui ; mais elle réussit à lui arracher son enfant en appelant à son secours. Alors il se jeta sur elle pour l'étrangler, mais on accourut assez à temps pour l'en empêcher.

« Le malheureux, souffrant de l'esclavage et n'osant s'y soustraire, détestant ses maîtres et ne trouvant pas le courage de les frapper eux-mêmes, avait pensé qu'en tuant les esclaves nouveau-nés, il se vengeait et les soustrayait au malheur d'une vie honteuse et misérable.

« Quand une tyrannie a de pareils résultats, qu'en faut-il conclure ? Qu'elle est doublement infâme, car elle est responsable des forfaits qu'elle inspire. »

On voit quel était le sort réservé à M. Balouzet.

Il avait été conduit, comme nous l'avons raconté, au *Morne aux Géants*.

C'était une plantation immense qui s'élevait au pied d'une montagne nue et abrupte, de celles que l'on appelle un morne aux Antilles.

Sur son sommet, trois pics s'élevaient, rocs taillés qui, par un jeu de la nature, semblaient sculptés de main d'homme et prenaient, à distance, l'aspect de géants que l'on apercevait des points les plus éloignés de l'île.

On eût dit les statues colossales et monstrueuses des génies de la guerre, de la peste et de l'ouragan révérées par les anciens Caraïbes.

Le Morne, lui-même, était semé de noirs précipices, de gorges profondes, d'abîmes sans fond, de torrents impétueux et de pics taillés en aiguilles.

Les nègres marrons y trouvaient un refuge et ils l'occupaient en grand nombre ; mais ils ne pouvaient y trouver de quoi vivre.

Forcés de descendre dans les plaines pour piller les récoltes, ils livraient là des combats furieux aux chasseurs d'esclaves qui leur tendaient des embuscades.

Tout nègre marron, fait prisonnier, subissait l'atroce châtiment que M. Piron a décrit et que nous avons cité.

Les chasseurs d'esclaves touchaient une prime de cinq cents francs environ par capture et ils vivaient, couchaient, s'enivraient dans les plantations sans bourse délier.

Comme les fils d'esclaves sont esclaves eux-mêmes, les planteurs ont tout intérêt à obtenir le plus de négrillons possible ; ils laissaient donc carte blanche aux chasseurs pour violenter les négresses.

Recrutés parmi la lie et l'écume de l'émigration, les chasseurs d'esclaves menaient donc joyeuse vie sans bourse délier, empochaient l'argent des primes et formaient une sorte d'armée mercenaire protégeant les plantations contre les déprédations des nègres marrons.

Le Morne aux Géants était un des établissements les plus considérables de l'île ; il occupait six cents nègres ou négresses.

Il se trouvait être l'un des plus rapprochés du Morne.

On l'appelait souvent la citadelle avancée de l'esclavage.

Cette propriété était au nom d'un certain Rodriguez ; mais tout le monde savait qu'il servait d'homme de paille à don Saluste, lequel était maître absolu.

Toutefois, celui-ci, commercialement parlant, n'était pas en nom.

Pourquoi ?

Les hommes de cette trempe, sentant peser sur eux le poids de nombreux forfaits, craignent d'avoir des comptes à rendre.

Ils cherchent donc à mettre leur fortune à l'abri.

Don Saluste avait au Morne tout un pavillon que seul il occupait quand il venait à la plantation dont il était le maître réel.

C'est là, au milieu d'un luxe inouï, qu'il fêtait ses maîtresses.

Avec celles-ci, il avait deux façons d'agir, selon leur attitude.

Une femme consentait-elle à se vendre, il ne lésinait pas.

Argent, cadeaux, fêtes somptueuses, il lui prodiguait tout tant que durait son caprice ; puis il la renvoyait sèchement lorsqu'un matin il se réveillait blasé sur ses charmes.

On disait proverbialement :

« La senora entre au Morne aux Géants dans une calèche aux roues dorées, elle en sort dans une carriole à légumes. »

Il avait pour les femmes faciles le plus profond mépris.

Mais pour celles qui se défendaient, qui résistaient, qu'il enlevait, qu'il ne possédait que par la force, pour celles-là, il avait d'autres manières.

Il s'irritait de leur résistance, s'enflammait de leur dédain, s'ingéniait à obtenir par surprise leur consentement, imaginait les plus étranges combinaisons pour qu'elles succombassent et qu'il pût prétendre avoir triomphé sans employer la force.

C'était la première période de la séduction.

Il avait des prétentions ; il voulait se poser en lovelace, en homme irrésistible, et pour lui un viol n'était qu'un viol, c'est-à-dire une humiliation plus grande pour celui qui y a recours que pour la malheureuse victime qui le subit.

Mais après quelques jours de tentatives vaines, il s'exaltait.

La luxure l'emportait sur l'orgueil, et le misérable se livrait à toutes les fureurs lascives de son tempérament.

A ce sujet, on racontait les plus étranges aventures.

On disait que quelques-unes, comme Mariquita, avaient résisté, haï, maudit le monstre, sans jamais se soumettre !

Mais d'autres qui avaient d'abord montré la plus sincère répulsion, s'étaient laissées dompter, tant cet homme grandissait dans le mal, prenait de prestige et se transformait lorsque la passion fouettait son sang.

Il était lâche !

Il était laid !

Il était sale !

Et cependant il y avait en lui un côté mâle et viril.

Il aimait la femme, la voulait à tout prix, et c'est là une force.

Aussi prétendait-on que, plus d'une poussée de force dans sa chambre à coucher, y était restée et n'en était sortie qu'avec le regret de ne pas avoir pu garder cet amant féroce.

Tel était don Saluste aux mains duquel se trouvait Juanita.

Tel était le Morne aux Géants où M. Balouzet se trouvait en réalité l'esclave de celui qui lui enlevait sa fiancée.

De Santiago au Morne, il y a vingt lieues ; on avait amené le prisonnier à la plantation en dix-huit heures.

On l'avait attaché sur une mule, et, le long du chemin, il avait sur lui le soleil pendant le jour, la rosée glaciale pendant la nuit, sans que ses bourreaux l'eussent détaché une seule fois, sans qu'ils lui eussent donné à boire, sans qu'ils lui eussent jeté une bouchée de pain.

Un nègre, pour eux, c'était peu de chose.

En arrivant au Morne, ils devaient toucher la prime, et, comme ils savaient bien qu'on exigeait le nègre vivant, mais non en bon état, ils ne se préoccupaient pas de ses souffrances.

M. Balouzet supporta ce voyage avec un stoïcisme admirable...

Il avait été préparé au martyr par sa vie de trappeur.

Dans la Prairie, on apprend à pousser la sobriété au delà de toute idée.

Du reste, M. Balouzet, bloqué dans une grotte, avait subi les tortures de la faim pendant bien longtemps, dix-huit heures de jeûne ne pouvaient l'abattre.

Il ne proféra pas une plainte, il ne dit pas un mot pendant le trajet.

Des témoins oculaires racontent que les chasseurs d'esclaves fouettant la mule le frappaient en même temps insoucieusement, sans qu'il fit entendre une protestation.

A trois lieues de la plantation M. Balouzet crut entendre le son d'une voix qu'il connaissait et qui lui rappelait le temps où il était négociant rue Vivienne.

Il ne se trompait pas.

Le majordome, ou si l'on veut le commandeur de la plantation, le bourreau des nègres, l'homme qui les ferraillait, venait au-devant de la petite troupe.

On lui avait annoncé une capture importante, tracé une ligne de conduite, recommandé le prisonnier.

Une reconnaissance bizarre devait avoir lieu entre M. Balouzet et cet homme qui, malheureusement pour l'honneur de notre pays, était un Français et même un Parisien.

M. Piron qui a connu ce misérable donne sur lui les détails suivants :

« Avant de quitter *San Pablo*, dit-il, nous employâmes plusieurs jours à visiter toutes les *haciendas* environnantes. Nous sortîmes même plusieurs fois du quartier pour aller explorer ou des sites pittoresques ou des plantations d'une grande étendue. Notre hôte avait des connaissances partout, et partout nous fûmes accueillis avec cordialité.

« Dans nos courses, je ne fus pas peu surpris de revoir M. H..., un petit marchand parisien, qui avait fait la traversée avec don Pedro et moi. Vêtu d'une blouse grise, ayant un large chapeau sur la tête, armé d'un grand fouet, il commandait à deux cents nègres qui, sous les rayons ardents du soleil, récoltaient du café. Il était l'*économe* d'une hacienda assez considérable, sous les ordres du gérant, qui remplaçait le propriétaire absent. L'économe est chargé de la surveillance immédiate des nègres, il les suit dans tous leurs travaux pour les activer et les châtier si besoin en est, il tient lieu de commandeur, c'est-à-dire de bourreau. Voilà l'emploi qu'avait accepté le Parisien de la rue Saint-Denis. Le petit commerce qu'il avait entrepris, grâce aux exigences de la douane, ne lui rapporta que des pertes. Pour la première fois alors, on lui proposa la place d'économe ; il la refusa avec indignation, me dit-il ; mais, peu de temps après, la misère le mit dans la nécessité de la solliciter. Depuis, il s'était endurci à ce métier infâme ; il semblait vouloir se venger sur les innocents esclaves placés sous ses ordres de ce qu'il avait souffert et de la honte de sa position. C'est par malheur l'histoire de beaucoup des Français qui viennent à Cuba. D'autres y viennent avec un parti pris : ils arrivent pour se faire bourreaux des nègres. Ce vil emploi convient à leurs cœurs endurcis, et, nous le constatons à regret, ils l'exercent avec une cruauté inouïe ; ils se montrent plus méchants encore que les Espagnols, les Cubanos et les créoles. La plupart de ces hommes si déterminés sont des Béarnais, ce qui ne fait pas un grand éloge des compatriotes de Henri IV. La nation française, à part d'honorables exceptions, est tristement représentée à Cuba ; on s'y est formé d'elle une opinion aussi fausse que défavorable. Les Français distingués se tiennent généralement à la ville ; ils sont médecins ou négociants. »

L'homme que M. Piron ne désigne que par une initiale s'appelait Humbert.

Il avait eu autrefois des relations avec M. Balouzet.

On va voir de quelle nature.

Il arrivait suivi de deux mulâtres colossaux, deux bêtes féroces, esclaves, mais auxquels il donnait une certaine liberté et dont il faisait ses lieutenants et ses valets.

Cet Humbert était un petit homme bilieux, ex-culotteur de pipes dans les estaminets, commerçant carottier comme il y en a trop, traitant des affaires véreuses et n'ayant boutique que pour extorquer des marchandises aux négociants qu'ils ne payent jamais.

Il avait fait faillite plusieurs fois et il avait toujours obtenu son concordat, grâce à la nonchalance des ayants droits.

Or, la dernière fois, M. Balouzet, créancier important, démontra qu'il y avait banqueroute frauduleuse et il allait obtenir l'arrestation de ce filou, quand celui-ci s'enfuit et émigra vers Cuba.

On conçoit quelle rancune féroce devait garder cet homme, contre l'honnête homme qui l'avait démasqué.

Personne ne lui avait révélé la vérité, il ignorait que, sous cette peau noire, se cachait M. Balouzet.

Il le flaira, le devina, le reconnut, tant la haine est clairvoyante.

Il avait crié aux chasseurs d'esclaves avec cette verve qui n'abandonne jamais le Parisien où qu'il soit :

— Ohé ! là-bas ! bonjour !

« Il paraît que cette fois-ci, on en a pincé un chouette, un rupin, un malin, un qui est corsé, épatant, renversant !

« Bonne prise !

« Il y a double prime !

« Messieurs, salut, politesse, considération et rhum à indiscrétion.

« Voyons voir la tête de ce sale oiseau !

Il regarda M. Balouzet et parut frappé d'étonnement.

De son côté le prisonnier eut un regard de surprise.

— Ah ! par exemple, s'écria Humbert, voilà qui est rigolo !

« Ce nègre...

M. Balouzet, qui comptait sur le témoignage de cet homme pour prouver son identité, eut l'imprudence de lui dire :

— Ce nègre, n'est-ce pas, monsieur Humbert, ressemble beaucoup à quelqu'un que vous avez connu.

« Eh bien, c'est moi !

« Je suis M. Balouzet.

Humbert ne douta pas un seul instant de ce que disait le prisonnier.

Certes, cette peau noire l'étonnait ; mais il pensait bien que cette transformation avait une explication fort naturelle.

Or, M. Balouzet qui croyait pouvoir profiter un jour de ce que le majordome l'aurait reconnu, n'avait point calculé ce que la rancune pouvait inspirer à cet aigrefin.

Le majordome, au lieu de répondre, se contint et réfléchit.

Il observa son homme.

Pas de doutes à conserver.

C'était bien là celui qui l'avait fait condamner par contumace.

Avec beaucoup d'habileté il pesa ce qu'il devait faire.

Il voulait se venger.

Donc il fallait tenir le plus longtemps possible sa victime en sa possession, et, pour cela, il ne devait pas avoir l'air de le reconnaître.

Aussi, au bout d'un instant, dit-il aux chasseurs d'esclaves :

— Le gaillard est fou, n'est-ce pas ?

— A peu près ! firent-ils.

« Il faut qu'il ait le cerveau dérangé pour avoir osé se promener sur la Alameda en calèche découverte.

« Il ne pouvait manquer d'être reconnu et arrêté.

— Que me chante-t-il donc? fit Humbert en haussant les épaules.

« Il me parle d'un Balouzet (une canaille, par parenthèse), qui vendait des peaux de lapins et de moutons.

« Il veut se faire passer pour lui !

« Elle est bien bonne, cette blague-là, et j'en rirai longtemps !

M. Balouzet, marchand de fourrures, fut indigné de se voir appelé vendeur de peaux de lapins.

L'orgueil commercial, la vanité bourgeoise s'éveillèrent en lui.

— J'étais fourreur, monsieur Humbert, dit-il; jamais le poil d'un lapin n'a déshonoré mon étalage, et j'avais une des bonnes maisons de Paris, j'ose le dire.

« Tandis que vous, vous n'êtes qu'un banqueroutier !

Humbert se mit à rire.

— Quel aplomb ! dit-il.

« Ah ! je suis un banqueroutier !

« Eh bien, je te dois l'estrapade et cinquante coups de cordes chaque matin.

« Tu verras si je te fais tort d'un et si je ne paye pas fidèlement ce que je dois.

« N'est-ce pas, les enfants ! fit-il en s'adressant à ses mulâtres.

Puis, d'une main habile, il administra une douzaine de coups de fouet au prisonnier en lui disant :

— C'est un à-compte.

Il fit un signe aux mulâtres.

Ceux-ci frappèrent à leur tour.

Et pendant qu'ils ensanglantaient le trappeur, Humbert disait :

— Où diable ce nègre a-t-il connu Balouzet auquel il ne ressemble pas du tout et pourquoi veut-il se faire passer pour lui.

— On n'a pas idée de ça? fit un des chasseurs. C'est malin, ces singes-là et bêtes, en même temps. Pour prendre le nom de ce Balouzet, il aurait au moins fallu être blanc.

Et pendant qu'ils devisaient sur ce sujet les mulâtres frappaient toujours.

Le sang jaillissait sous les vêtements à chaque coup et il teignait la robe de la mule; les gouttes tombaient une à une le long du chemin marquant le passage de ce martyr ; les bourreaux s'acharnaient.

— Là ! là ! dit un chasseur.

« Du calme.

« Vous allez l'abîmer et l'assommer ; nous ne toucherons rien s'il est mort; ménagez-le un peu, mes camarades.

« Voilà qu'il ne parle plus et qu'il s'est évanoui.

— Évanoui ! moi évanoui ! dit M. Balouzet avec force.

« Vous ne savez pas ce que c'est qu'un trappeur !

« Les Peaux-Rouges qui s'entendent à torturer un homme ne nous arrachent pas un cri en nous brûlant à petit feu.

— Peuh ! fit Humbert entre ses dents, nous verrons bien.

Et à ses mulâtres :

— Continuez...

Ils se remirent à fouetter le prisonnier avec rage.

La chair volait avec les lambeaux d'étoffes.

Mais tout à coup le bruit d'une calèche roulant à toute vitesse et venant de Santiago retentit.

Elle était escortée d'une trentaine d'hommes à cheval.

Près de la portière de droite se tenait un cavalier qui galopait sur un merveilleux cheval de sang.

C'était don Saluste.

Lorsqu'il aperçut le convoi qui emmenait M. Balouzet, il sourit et fit signe de ralentir l'allure, si bien que l'attelage n'allait plus qu'au petit trop et passant devant la mule sur laquelle le patient était déchiré par les lanières des mulâtres.

La calèche s'arrêta tout à fait et don Saluste frappant à la portière fermée dit à quelqu'un qui se trouvait à l'intérieur :

— Ouvrez.

« Que l'infante mette la tête à la portière pour voir quelqu'un à qui elle sera charmée de dire bonjour.

La glace s'abaissa et la tête de Juanita parut.

La jeune fille vit M. Balouzet, pâlit, une larme perla sur ses cils soyeux ; elle envoya un baiser au prisonnier et lui cria :

— Courage, ami.

« A toi vivante ou morte ! A toi seul ! Et elle disparut.

Les Chevaliers de l'Ombre (Voir les livraisons suivantes).

Don Saluste fronça le sourcil. Il comptait que Juanita pousserait des cris désolés, le supplierait de délivrer M. Balouzet, s'humilierait enfin ! Elle restait fière et hautaine.

Cette résistance s'annonçait comme devant être difficile à vaincre.

Et M. Balouzet ajouta à la colère de don Saluste en lui criant :

— Elle et moi, nous saurons mourir et nous serons vengés.

« Tu seras pendu !...

Don Saluste eut la lâcheté de lancer son cheval vers la mule et de couper la figure du prisonnier à coups de cravache.

— Tout ceci sera payé ! dit M. Balouzet qui conservait son sang-froid dont s'épouvantaient ses persécuteurs.

Don Saluste redoubla, puis partit à fond de train en jurant et en blasphémant. Il cria de loin au majordome :

— Mettez-le en miettes !

Mais Humbert lui-même parut enfin se laisser impressionner par cette héroïque fermeté d'âme du prisonnier.

Il cessa d'encourager ses mulâtres qui, lassés, ne frappèrent plus.

On apercevait du reste les toits rouges de la plantation où venait d'arriver la calèche emportant Juanita.

CHAPITRE VI

Le bivac des chasseurs d'esclaves.

Le Morne aux Géants, où M. Balouzet venait d'arriver, suivant Juanita à quelque distance, était, nous l'avons dit, le refuge des nègres marrons contre lesquels expéditionnaient sans cesse les chasseurs d'esclaves qui, la nuit surtout, cherchaient à surprendre les noirs en fuite.

Le soir même du jour où la plantation du Morne recevait la visite de don Saluste, suivi de ses deux victimes, plusieurs bandes de chasseurs avaient dressé leur bivac devant les pentes les plus escarpées de la montagne.

Il y avait là une centaine de chenapans déguenillés, dépenaillés, crasseux, ignobles et terribles ; ces hommes portaient des costumes de toutes nations ; leurs troupes étaient recrutées de la lie des émigrants.

Matelots déserteurs, forçats évadés, assassins condamnés par contumace, pirates chinois ou forbans américains, bandits des Andes et des Cordillières, Indiens sans tribus et Européens sans asile, on trouvait parmi eux les épaves de toutes les civilisations et de toutes les barbaries ; il y avait, réunis là, assez de vices pour former une collection qu'aucun bagne peut-être n'aurait réunie aussi complète et aussi pittoresque.

La diversité des types eût fait la joie d'un peintre ; un philosophe eût trouvé là d'insondables mystères à sonder dans ces cœurs, pétris de boue et de sang ; un touriste, curieux d'impressions, aurait entendu autour des feux de ces bandes des récits effroyables à remplir mille et une nuits passées à la belle étoile.

Tous ces hommes étaient dégradés, corrompus, pourris ; cependant ils n'étaient point vils.

Aucun d'eux n'aurait souffert une impertinence de qui que ce fût au monde ; ils avaient un esprit d'indépendance tel qu'ils ne consentaient jamais à se mettre à la solde d'un planteur et qu'ils n'acceptaient jamais une direction pour leurs chasses, sinon de leur chef élu.

Aventuriers libres, ils appartenaient presque tous à la plus étrange société secrète qui ait jamais couvert le monde : celle des *Frères de la Côte*.

On sait qu'autrefois, sous Louis XIV, les flibustiers de Saint-Domingue et les boucaniers de l'Ile de la Tortue avaient formé une association qui se rendit redoutable aux plus puissantes nations maritimes.

Lorsqu'ils eurent été dispersés par les flottes de Louis XIV, traqués par celles de l'Espagne, les flibustiers se répandirent sur toutes les mers et ne cessèrent point de recruter des adhérents parmi les plus hardis marins, les bandits les plus énergiques, les aventuriers les plus audacieux.

C'est ainsi que cette société s'est perpétuée jusqu'à nos jours, ayant des ramifications sur tous les rivages, dans tous les ports et étonnant les polices par sa vitalité et son étendue.

On prétend que, dans les escadres de guerre des nations policées, des amiraux sont Frères de la Côte ; on a même parlé, en ces temps derniers, de scandales mal étouffés qui auraient déshonoré l'état-major de la flotte d'une puissance voisine.

Les Frères de la Côte ont une loi suprême : s'entr'aider !

Quoi qu'il arrive, ils se soutiennent.

Ils font cent métiers dangereux, permis ou défendus ; les uns, comme Walker, Raousset de Boulbon ou Choquart, tentent des conquêtes avec une poignée d'hommes ; les autres sont corsaires honorables ; beaucoup sont des pirates ; mais quoiqu'ils fassent ou qu'ils soient, bandits ou honnêtes gens, ils se protégent à outrance.

On a vu, dernièrement encore, à propos du *Fœderis Arca* dont l'équipage avait tué son capitaine, on a vu, disons-nous, un des matelots coupables, ramené en France, s'évader en pleine mer par la protection des Frères de la Côte.

La société a ses signes, ses mots de passe, ses secrets et son code spécial.

Tout Frère de la Côte est l'égal d'un autre, l'un fût-il matelot et l'autre amiral.

Si un frère croit avoir à se plaindre d'un frère, il lui suffit de rencontrer et de réunir huit frères pour que ceux-ci composent un tribunal qui juge sans appel et qui, s'il condamne, prononce la peine de mort.

Ainsi s'expliquent d'étranges événements auxquels nous osons à peine faire allusion dans la crainte d'un procès en diffamation.

Or, tous les capitaines des navires qui font la traite des nègres sont affiliés.

Il y a très-peu de bandes de chasseurs d'esclaves dont les chefs ne soient pas de l'association.

Nous insisterons sur ce point qu'un marin, chargé d'un commandement régulier, comme la surveillance de la traite, et qui pourrait s'emparer d'un négrier, ne le fera pas, s'il voit paraître le pavillon des Frères de la Côte sur le navire suspect.

On conçoit que les chasseurs d'esclaves, presque tous affiliés, n'avaient cependant aucune des passions politiques, aucuns des préjugés sociaux qui distinguent les partisans de l'esclavage.

Soit qu'ils fissent la traite ou qu'ils donnassent la chasse aux nègres, ils ne voyaient en ceux-ci qu'une marchandise et un gibier.

Ils ne méprisaient ni la race, ni la couleur, et on en avait vu adopter parmi eux des nègres marrons qui, s'étant bien défendus, avaient forcé leur estime ; malheur alors au planteur qui eût réclamé ce noir émancipé par les chasseurs.

Un de ces derniers avait répondu un jour à don Saluste lui-même :

— Si demain les nègres révoltés réduisaient les blancs en servitude, je vous traquerais, vous et les vôtres, pour peu qu'il y eût prime.

Et don Saluste n'avait pas jugé à propos de pousser plus loin la conversation.

Celui qui lui avait riposté si vertement était un certain Tobby.

Depuis peu de temps cet homme était venu à Santiago avec douze individus ; il avait déclaré aux autorités qu'ayant longtemps mené la vie de trappeur dans les savanes de la Californie et de l'Arkansas, il se sentait fort, avec ses hommes, de donner habilement la chasse aux nègres marrons.

Ces sortes d'individus étant toujours les bienvenus, le syndic des esclaves avait fait bon accueil à celui-là, et il s'était mis en campagne avec sa bande.

Il avait étonné les planteurs par ses succès rapides.

Jamais il ne se servait de limiers ; ils lui étaient inutiles.

Grâce à son talent comme trappeur, il suivait les moindres pistes à l'œil et dénichait les nègres dans leurs cachettes introuvables où ils bravaient le flair des chiens mis en défaut.

Ce Tobby était devenu bientôt populaire parmi les propriétaires d'esclaves qui ne juraient que par lui et l'appréciaient fort.

C'était, du reste, un Yankee, ayant reçu quelque peu d'instruction et d'éducation.

Homme grave, posé, réfléchi, sérieux en affaires, il était peu communicatif et il menait sa bande avec beaucoup de fermeté.

Un de ses douze chasseurs qui hésitait dans une attaque avait été tué par lui d'un coup de revolver.

Appelé devant le juge, il avait exhibé à celui-ci un engagement formel du mort, autorisant son capitaine à tirer sur lui en cas de lâcheté ou d'indiscipline.

On n'avait pas donné suite à l'affaire.

Cependant Herrera, l'homme-lynx, l'agent habile à qui rien n'échappait, et qui tenait note de tout, avait écrit sur un calepin, à une certaine page, une courte phrase :

Tobby : homme de valeur; porte toujours, même au bivac, un chapeau haute forme; n'a jamais plus de douze hommes avec lui; vérifier son identité.

Tobby avait donc attiré l'attention de l'agent secret et celui-ci avait reconnu dans ce chasseur une force méritant une étude spéciale.

Quant à la bande, le lecteur en jugera par la vignette, page 45, qui est la reproduction d'un dessin publié par un journal illustré de New-York et pris sur nature.

Cette bande se composait d'Irlandais, de Yankees, de San-Franciscains et d'Anglais ; il n'y avait qu'un seul Breton et un Mexicain d'une taille gigantesque.

Elle s'était fait redouter de toutes les autres.

Tobby ne souffrait pas que l'on marchât dans ses bottes, comme il le disait souvent aux capitaines, ses confrères.

Il ne permettait pas qu'on chassât sur ses pistes, et, dans un duel fort loyal, du reste, il avait tué un chef qui n'avait pas voulu se conformer à la défense de le suivre.

Comme il arrive toujours, la vraie supériorité s'affirmant, le prestige était venu.

On doutait fort que Tobby eût été trappeur ; mais on supposait qu'il avait été pirate dans les savanes, et ce qui portait à le croire c'est qu'il avait mis en usage dans sa troupe les habitudes de ces forbans du désert américain.

Il tirait merveilleusement, tuant son homme à mille pas, à tout coup, avec sa carabine à répétition ; il était marcheur infatigable, ingénieux, prudent, expérimenté.

Bref, il exerçait une sorte de suprématie inavouée sur les autres chefs.

Ce soir-là, il les avait convoqués.

Ceux-ci, pensant qu'il s'agissait de quelque grande expédition, s'étaient assemblés.

Toutefois les bandes ne se mêlaient point : dans chacune on causait de l'affaire sans la connaître, pendant que les rôtis d'agneaux se doraient sur les charbons du bivac.

Dans la troupe même de Tobby, on devisait à voix basse ; mais là on n'en savait pas plus long qu'ailleurs.

Le capitaine était absent.

L'Irlandais Mac-Gregor, un noble, s'il vous plait, mais fort dégradé, étai lieutenan ; gai compagnon, bruyant, causeur, ivrogne et brave, il avait l'entrain de sa nation et sa légèreté; excellent, mais sans ordre, incapable d'exercer un commandement, il avait été nommé lieutenant à cause de sa belle mine.

Comme Tobby ne revenait pas, il s'inquiétait, parce que plusieurs fois déjà les bandes avaient envoyé aux informations et que lui, Mac-Gregor se sentait humilié de ne savoir quoi répondre.

— Par saint Patrick, disait-il, je veux que le capitaine aille à tous les diables !

« Depuis midi que ce nègre est venu le chercher et qu'il est parti avec lui, je ne sais plus que faire.

« On ne laisse pas ainsi un lieutenant dans l'embarras.

« Il ne m'a pas dit ça !

Et avec l'ongle du pouce, il fit le geste d'un homme qui chercherait à s'arracher une dent du devant à la mâchoire supérieure.

— C'est drôle, tout de même, dit un autre chasseur, que le cap'n (abréviation de capitaine) ne revienne pas.

« Il rassemble tous les chasseurs, puis il nous laisse à tous le bec dans l'eau.

— C'est ce damné nègre qui est venu tout troubler ! fit le lieutenant.

« Avez-vous remarqué comme le cap'n a paru étonné de le voir.

— Et comme il lui parlait avec politesse.

— Il a un drôle de nom ce noir.

— Vendredi !

— Ah ! ah ! ah !

« Vendredi ?...

« Pourquoi pas Dimanche ?

— Attendez donc ! dit un vieux chasseur qui n'avait pas soufflé mot et qui semblait parler très-péniblement, n'ayant plus de dents.

« Vous dites, il me semble, que le nègre s'appelle Vendredi ?

— Oui, vieux Sans-Dents !

« Oui, c'est son nom.

« Ne le savais-tu pas ?
— Non.
« J'étais absent quand il s'est présenté au cap'n.
« Dites-moi, les enfants, c'est un grand diable taillé à coups de hache ?
— Oui, vieux.
— Alors il y a un Robinson qui est maître de ce Vendredi-là.
« Je me rappelle que du temps où j'étais dans la Prairie, il y avait un trappeur et son engagé portant ces noms-là.
Puis, jetant un regard significatif à ses camarades, Sans-Dents reprit :
— J'ai lu dans les journaux, que le fameux pirate Gentleman avait été capturé par ces deux trappeurs, livré à un chef indien et gracié par celui-ci.
— Tais-toi, vieux radoteur ! fit le lieutenant. Tais-toi, ou je te coupe la langue.
« Voilà plusieurs fois que tu essaies de nous faire croire que le capitaine Tobby est le même qu'Yorick, dit le Gentleman.
— Eh ! Eh ! fit en souriant le Mexicain, dont nous avons signalé l'énorme carrure.
« Eh ! eh ! lieutenant !
— Quoi ? fit Mac-Gregor.
« Que veux-tu insinuer avec tes stupides ricanements, gros buffalo ?
Le Mexicain cligna de l'œil vers Sans-Dents qui haussait les épaules.
— Enfin, dit le lieutenant, expliquez-vous tous les deux.
— Par la Très-Sainte Trinité et tous les diables de l'enfer, fit le Mexicain, vous êtes tous bêtes à manger de l'herbe.
« Le capitaine n'a-t-il pas un chapeau haute forme ?
— C'est vrai.
— Ne sommes-nous pas douze ?
— Oui... douze...
— N'est-ce pas un homme extraordinaire, un chasseur d'esclaves comme il n'y en a jamais eu dans Cuba.
— Oui, certes.
— Pourquoi donc vous étonner, si nous pensons quelquefois que notre capitaine pourrait bien être le Gentleman ?
Il y eut un long silence.
Ce Gentleman était accusé de tant de crimes que ces criminels eux-mêmes restaient épouvantés à l'idée d'avoir ce chef.
Le lieutenant Gregor qui, ayant déserté après avoir tué un midshipman, se croyait blanc comme neige, murmura entre ses dents :
— Dame ! nous autres, nous sommes des honnêtes gens.
Sans-Dents, sur cette affirmation faite de bonne foi, se fendit les lèvres jusqu'aux oreilles pour rire à son aise.
Son compère Mastondo, le Mexicain, fit des bonds d'éléphant en liesse.
— Caraï ! Caraï ! criait-il.
« Ma dernière heure est arrivée !
» J'en crèverai de rire.
« Caraï !
« Honnête Mac-Gregor !
« Et les autres ?...
« Des demoiselles...
Tous les chasseurs se mirent à rire, sauf Mac-Gregor en qui il restait quelque chose du gentilhomme écossais.
— Si ce qu'on dit du Gentleman est vrai, fit-il, et que ce soit réellement notre capitaine, je me retirerai.
— Eh ! siffla Sans-Dents, vous en êtes bien libre, lieutenant.
« On saura vous remplacer.
— Après tout, demanda le Mexicain, que reprochez-vous au Gentleman ?
— On dit qu'il a assassiné plus de six cents personnes.
— Où cela ?
— Dans la Prairie.
— Et quelles personnes ?
— Des trappeurs, des squatters, des gens de caravanes et des mineurs.
— Bon !
« Je ne nie pas le chiffre.
« J'admets la qualité des personnes.
« Mais qu'est-ce que la Prairie, s'il vous plaît, Mac-Gregor ?
Et sans donner au lieutenant le temps de répondre, le Mexicain reprit :
— La Prairie, ses savanes et ses déserts sont un pays qui appartient à tout le monde et qui n'est à personne.
« Il n'y a là ni loi, ni juges, ni police, ni société.

« Les Indiens prétendent que cette terre est à eux, ils se la disputent de tribus à tribus, et la contestent à tout le monde.

« Les trappeurs s'y octroient le droit de chasse.

« Les caravanes veulent y passer et les squatters s'y établir.

« On n'y parcourt un sentier, on n'y établit un bivac, on n'y élève une hacienda que par le droit du plus fort.

« Eh bien, les pirates de savane sont des gaillards hardis qui disent aux Indiens, trappeurs, caravanes, squatters : « A vous « tous, nous disputons cette Prairie qui est « aux plus crânes. »

« C'est une guerre loyale qu'ils déclarent et qu'ils font.

« Pris, ils sont pendus.

« Prenant, ils pendent !

« Du reste, le Gentleman est si honnête homme que sa parole est d'or.

« Jamais il n'a menti, ni failli, ni trahi, ni dupé personne.

« Quand il a répondu d'une caravane, il l'a toujours scrupuleusement escortée et fait respecter par sa bande.

« En somme, Mac-Gregor, il a été pirate de la Prairie avec un peu plus de droits et avec plus de gloire que vous n'avez été forban dans les mers du Sud.

« Et c'est vrai, caraï ! que le grand chef Sioux, Tonnerre-des-Montagnes, a éprouvé tant d'admiration pour le Gentleman que, le tenant prisonnier, il lui a fait grâce de la vie.

— Bien parlé ! dit Sans-Dents.

— Bravo ! fit la bande.

— Vu sous cet aspect, déclara Mac-Gregor, la question change de face.

— Alors, vous resterez...

— A votre idée, c'est donc décidément le Gentleman ? fit le lieutenant.

— Sot qui en douterait, maintenant !

« Pour tout dire, nous sommes de ses anciens pirates, Sans-Dents et moi.

— Lui, dit Sans-Dents, montrant le Mexicain, c'est l'Homme au canon.

Le Mexicain se redressa fièrement pendant que ses camarades le regardaient avec une franche admiration.

— Oui ! dit-il, c'est moi qui portais en bandoulière l'obusier de montagne avec lequel nous enfoncions les portes des haciendas, et je l'ai promené par des chemins où jamais artillerie n'avait passé.

« On le bourrait de poudre ; une pierre ronde ou un caillou servait de boulet ; je me plaçais sur le dos pour servir d'affût, et, en deux coups la plus forte porte tombait : en dix coups, il y avait brèche à un mur.

« C'était le bon temps !

— Ce temps-là reviendra ! fit Sans-Dents.

« Un homme comme le Gentleman ne saurait rester chasseur d'esclaves toute sa vie.

En ce moment un certain mouvement se produisit dans les hautes herbes qui avoisinaient le bivac à très-courte distance, un homme sortit des touffes et se dressa en pleine lumière !

C'était un Peau-Rouge !

Il avait le manteau de guerre indien sur les épaules, les plumes d'aigle des Apaches comme coiffure ; il était de haute taille, et, tout armé, il attendait en silence.

— Caraï ! dit le Mexicain.

« Un Pied-Rouge !

Il se leva, suivi de Sans-Dents.

Les autres chasseurs étaient stupéfaits.

Depuis longtemps il ne restait plus dans l'île un seul descendant des Caraïbes qui ne fût assimilé et qui ne portât le costume espagnol.

Ce guerrier, surgissant tout à coup, produisait une impression profonde.

Beaucoup de chasseurs d'esclaves n'avaient jamais vu d'Indiens.

Les chefs de bandes accoururent et le guerrier étranger fut entouré.

Il restait immobile, silencieux, fier, mais un sourire se dessinait sur ses lèvres ; c'était un indice significatif.

Le guerrier peau-rouge est toujours impassible ; les blancs de la Prairie les appellent souvent faces d'ours ou têtes de chiens, parce que leurs visages ne sont jamais animés par le rire.

Celui-ci faisait exception. Aussi Sans-Dents, le reconnaissant à ce signe, dit :

— Que je perde ma dernière molaire, si ce n'est pas l'Oiseau-Moqueur.

« Je salue mon frère ! »

Il brandit son fusil en signe de bienvenue.

L'Indien lança son tomahawk en l'air et dit à son tour :

— Je salue les chasseurs et je pense qu'ils seront mes frères.

— Certainement ! dit l'Homme-Canon. Dans la Prairie, nous étions ennemis ; ici, nous devons être contents de nous revoir et faire pacte d'amitié ; nous nous estimons et j'aurais du plaisir à mêler ma poudre à celle d'un Pied-Rouge.

— Och ! fit l'Indien.

« L'Homme-Canon me réjouit le cœur en parlant ainsi.

« Je viens au nom des guerriers de ma tribu pour savoir si nous serons amis ou ennemis des chasseurs.

Sans-Dents et le Mexicain se regardèrent avec étonnement.

Cet Indien, parlant d'une tribu, en pleine île de Cuba, cela leur semblait extraordinaire ; sur les rives du Colorado, en pleine Prairie, rien d'étrange à ce langage.

« Mais, près de Santiago, une tribu de Pieds-Rouges, voilà qui était bizarre.

L'Oiseau-Moqueur remarqua la surprise des chasseurs et dit :

— Nous sommes venus, au nombre de deux cents guerriers, pour suivre le sentier de guerre dans l'île des Caraïbes.

« C'est le *Virginius*, conduit par le capitaine Leone, qui nous a amené.

« D'autres viendront envoyés par les tribus des monts Apaches.

Les chasseurs étaient de plus en plus émerveillés par ce langage.

Cependant l'Oiseau-Moqueur promenait ses regards autour de lui.

— Mon œil est jaune de surprise ! fit-il, de voir vos bivacs.

« Vous n'avez pas de sentinelles.

« On vient à vous sans être annoncé.

— Jusqu'ici ce n'était pas la peine de se garder ! dit Mac-Grégor.

« Les nègres marrons n'osent jamais nous attaquer.

— Il suffit qu'une seule fois les coyotes soient commandées par un jaguar pour avoir du courage, dit l'Indien.

« Vous seriez des hommes morts si nous n'étions pas sûrs que vous serez nos amis et que vous ferez pacte d'amitié avec nous.

« Regardez ! »

Et, sifflant d'une certaine façon, il tira un coup de feu.

Aussitôt les herbes ondulèrent au loin, et les chasseurs se virent entourés d'un cercle de sept ou huit cents nègres marrons qui les enveloppaient dans un mur de fer.

Tous étaient armés de carabines munies de baïonnettes.

L'acier des armes brillait dans la nuit.

Les chasseurs restaient consternés, ne sachant que penser de cette situation.

— Par tous les diables ! dit Sans-Dents, si je n'étais pas sûr que le Gentleman a mis la main à toute cette machination, je ne serais pas rassuré.

Et se tournant vers les autres chefs qui, près de là, se concertaient à voix basse :

— Qu'en pensez-vous ? fit-il.

L'un des capitaines, un hardi matelot anglais, nommé Cartahut, vint se planter en face de Sans-Dents et dit crânement :

— Nous sommes assez nombreux pour faire une trouée et passer sur le ventre à ces moricauds-là !

« Que nous veut-on ?

« Où est Tobby ?

« Il nous a convoqués !

« Est-ce un traître ?

« Est-ce un ami ? »

Mac-Grégor, de son côté, s'écriait :

— Cartahut a raison.

« Le capitaine nous a attirés ici.

« Nous a-t-il tendu un piège, oui ou non ?

« Vous savez à quoi vous en tenir tous les deux, vous, Sans-Dents, et toi, le Mexicain !

« On ne nous aura pas à merci et l'on ne forcera pas notre volonté.

L'Oiseau-Moqueur sourit et tirant son long sifflet d'os fait d'un tibia humain, il modula des notes stridentes.

Derrière les nègres, on vit aux rayons de lune, des chevaux couchés qui se levaient et sur lesquels sautèrent des cavaliers formant deux escadrons qui se livrèrent à une course folle en cercle selon la mode des guerriers apaches.

Mais ils ne poussaient pas un seul cri.

Les chasseurs commençaient à trouver leur position aussi étrange que menaçante ; ils étaient surtout frappés par l'inattendu de cette scène.

Que des nègres se fussent réunis pour les attaquer, cela se comprenait ; mais que tout à coup apparussent des Apaches en si grand nombre, cela était bizarre.

Pourquoi le corsaire Leone avait-il amené ces Pieds-Rouges ?

L'Oiseau-Moqueur prit de nouveau son sifflet et plus de trois cents autres cavaliers en trois masses, débouchèrent de trois ravins et formèrent bientôt une ligne de bataille formidable.

L'Indien, regardant alors les chasseurs, leur dit :

— Je demanderai à mes frères, s'ils pensent pouvoir s'échapper ?

Les chasseurs restaient sombres.

En ce moment un galop retentit, un cavalier passa bride abattue, à travers les nègres sans souci de ceux qu'il écrasait et il tomba en quelque sorte au milieu du bivac ; c'était Tobby ou mieux le Gentleman.

Derrière lui, les noirs vociféraient et on pouvait s'attendre à une attaque, quand un autre cavalier, suivant le premier à une allure moins vive, calma cet orage.

Mais le Gentleman en soulevait un autre.

— Mac-Gregor ! cria-t-il en arrivant, où est Mac-Gregor !

— Voilà, capitaine ! dit le lieutenant.

— Je vous avais ordonné, dit le Gentleman, de faire bonne garde.

« J'avais mes raisons pour cela ?

« Nous voilà cernés par votre faute et votre désobéissance.

— Capitaine, je...

— Vous êtes mort !

Et le Gentleman qui, sans bruit, avait tiré son revolver, fit sauter le crâne au malheureux lieutenant.

Il y eut un long frissonnement d'horreur parmi les spectateurs de cette scène.

Le Gentleman, calme, avec sa longue figure Yankee, rasée sauf la barbiche, avec son chapeau haute forme en arrière, sa redingote et sa carabine en bandoulière, le Gentleman apparaissait aux reflets du foyer sous son véritable aspect.

Il avait cet air de froide résolution, cette magnifique et pleine possession de soi-même qui fait les grands chefs de bande.

Entendant un murmure indéfini, vague, il dit avec autorité :

— Qui commande ma bande ?

« Moi, je suppose.

« Ce que j'ai fait est dans mon droit et dans mon devoir.

« J'avais prévenu Mac-Gregor du péril qui nous menaçait.

« Il avait ordre de veiller pour assurer le salut de toutes les bandes convoquées par moi, c'est par sa faute que nous sommes en péril.

« Il est puni.

Puis il demanda :

— Et maintenant, il y a-t-il parmi vous quelqu'un qui se charge de nous tirer d'affaire ?

Personne ne répondit.

— Alors, fit-il, je prends le commandement pour cette nuit.

On ne protesta pas.

L'Oiseau-Moqueur pendant toute cette scène était resté immobile comme un roc ; pas un muscle de son visage n'avait bougé.

Le Gentleman le regardant en face, lui demanda énergiquement :

— Qui t'envoie ?

— Le chef des blancs.

— Qui est-il ?

— Le général d'Albuquir.

— Il y en a un autre.

— Celui-là est blessé.

— Que veut le général ?

— Il m'a chargé de donner aux chasseurs le choix entre la mort ou l'alliance avec lui.

— C'est bien ! dit le Gentleman.

« Retire-toi à distance.

« Quand tu entendras mon appel tu reviendras et tu auras ma réponse.

L'Oiseau-Moqueur s'éloigna d'un pas lent et assuré.

Alors le Gentleman assembla les chefs de bande et leur dit à voix basse :

— Vous vous croyez perdus !

Le colosse mexicain emportait un homme sous son bras (Voir les livraisons suivantes.)

« Avec un peu de vigueur nous allons être sauvés.

« Je sais des choses que vous ignorez et vous avez à cette heure une belle position à conquérir.

« J'ai reçu des autorités de Santiago l'offre d'organiser avec vous autant de bataillons de volontaires catalans que vous êtes de chefs ; vos hommes seraient des officiers.

« Chacun de vous serait colonel.

« Mais, d'autre part, des insurgés, car ceux qui nous cernent sont le noyau d'une armée insurrectionnelle, les insurgés, dis-je, nous ont fait des ouvertures par Vendredi, le nègre qui est venu me trouver.

« On donne également à chacun de vous le grade de colonel dans un régiment nègre ; de plus une prime de trois mille dollars sur-le-champ ; enfin, l'insurrection triomphant, on vous conterait une seconde prime de dix mille dollars.

Les chasseurs d'esclaves passaient de surprise en surprise.

L'un d'eux dit brusquement :

— Vous parlez, Gentleman, comme si nous avions le choix.

— Nous l'avons, dit le pirate.

— Et cette armée insurgée.

— Une autre qui est espagnole arrive à la Plantation en ce moment.

« Croyez-vous qu'Herrera, le chef de la police, ne savait pas tout ce qui se trouvait dans les recoins du Morne.

« Il a tendu un piège aux insurgés en envoyant un de leurs prisonniers à la Plantation avec sa maîtresse.

« Il se doutait bien que l'établissement serait l'objet de la première attaque et il a dirigé sur lui six colonnes qui vont envelopper les insurgés et les anéantir.

« A cette heure l'hacienda de Rodriguez est bordée de troupes qui sont retranchées derrière des balles de coton, les meilleurs remparts que l'on connaisse.

« Dans la campagne, dix bataillons de réguliers ou de milice s'avancent avec artillerie et cavalerie.

« Si nous commençons le feu, avant une demi-heure nous serons soutenus.

« Or, je vous ai placés ici sur une hauteur où nous pourrons nous défendre longtemps.

« Donc je conclus que vous avez le choix entre deux partis.

« Que pensez-vous ?

Les capitaines se regardaient hésitant.

— Que pensez-vous vous-même, Gentleman ? demandèrent-ils.

— L'insurrection paye comptant ? dit le Yankee, la prime est forte.

« Mais il me répugne d'avoir l'air de céder par force.

« D'autre part, en nous battant contre les insurgés ce soir, nous ferons preuve d'une grande bravoure, et, d'un seul coup, nous gagnerons la confiance de l'autorité.

« Or, je crois que le mieux serait de se rallier aux Espagnols.

« Est-ce dit ?

— C'est dit.

— Alors vous allez faire éteindre les feux et placer vos hommes à plat-ventre sur le bord de l'espèce de plate-forme que nous occupons.

« Je vais congédier l'Oiseau-Moqueur et la danse va commencer.

Il héla l'Indien.

Celui-ci revint du même pas qu'il s'était éloigné.

Quand il fut au milieu des chasseurs d'esclaves, le Gentleman lui dit :

— Va dire au général d'Albuquir qu'on ne force pas les gens comme nous à prendre un parti par une menace.

« Vous êtes bien deux mille !

« Nous sommes deux cents !

« Mais je vais lui montrer qu'avec moi un homme en vaut vingt.

L'Oiseau-Moqueur regarda le Gentleman et dit d'un ton sincère.

— Nous voilà ennemis !

« C'est dommage, tu es un grand chef.

L'Indien se retira emportant ce message de guerre.

Le Gentleman fit aussitôt l'inspection de ses hommes qui, par petits groupes, aux endroits les plus favorables, défendaient les pentes de la plate-forme.

Les nègres, de leur côté, faisaient leurs préparatifs d'attaque.

Rampant, dispersés en tirailleurs, invisibles, ils avançaient sans s'annoncer autrement que par les ondulations des herbes.

Le Gentleman murmura entre ses dents, en voyant cette tactique :

— Ces chiens-là sont bien conduits !

« Je suis sûr que Robinson et Vendredi sont à leur tête.

Les noirs, toujours à couvert, se rapprochèrent de plus en plus.

Le Gentleman, jugeant que le feu allait commencer, fit à ses hommes une dernière recommandation :

— Ménagez votre poudre !

« Ne tirez qu'à vingt ou trente pas au plus.

« La nuit, on ne doit pas ouvrir une fusillade à distance.

Et seul, debout, il attendit.

Mais tout à coup une voix, de lui connue, cria des rangs nègres :

— Ne tirez pas, Gentleman !

« Je vous envoie un parlementaire.

Le capitaine riposta :

— C'est inutile !

« Ma résolution est prise.

Mais une autre voix cria :

— Je vous somme, Gentleman, d'attendre avant d'engager la lutte.

Et, en même temps, deux sifflements singulièrement modulés, appuyèrent cette demande énergiquement formulée.

Aussitôt un certain nombre de chasseurs se mirent à chuchoter entre eux ; le Gentleman, ayant entendu les sifflements, changea d'attitude et cria :

— Celui qui a donné le signal qui vient de retentir, sera le bienvenu s'il sait prendre dans sa main la main d'un ami.

« Qu'il s'avance ! »

On vit alors un homme s'avancer, soutenu par deux nègres.

C'était Choquart, le Roi des aventuriers, le chef des insurgés qui, quoique blessé, s'était fait conduire sur le terrain.

Il vint droit au Gentleman, et, s'appuyant d'une seule main sur l'épaule de Vendredi qui l'accompagnait, il tendit l'autre au capitaine des chasseurs.

Celui-ci échangea certains attouchements mystérieux avec Choquart, puis il lui dit à voix basse :

— Vous êtes comme nous un Frère de la Côte ; il ne peut plus y avoir de sang versé entre nous.

— Aussi, dit Choquart, suis-je venu pour que vous puissiez passer en liberté à travers les troupes qui vous cernent.

« J'ai blâmé d'Albuquir de vous avoir mis dans l'alternative où vous êtes.

— Voilà qui est parlé ! s'écria le Gentleman.

Et à ses hommes :

— Vous avez entendu, camarades ?

— Oui, dirent les chasseurs d'esclaves.

— Ne trouvez-vous pas qu'un service rendu mérite récompense ?

— Oui certainement.

Le procédé de Choquart touchait ceux qui n'étaient point Frères de la Côte ; ceux qui l'étaient, se sentaient naturellement bien disposés pour un affilié.

Quant au Gentleman, maintenant que sa dignité n'était plus engagée, il se faisait en lui un revirement fort naturel.

D'instinct, il était pour les insurgés contre l'autorité.

— Général, dit-il à Choquart, à votre avis, vous nous sauvez ?

— Je le pense.

« Nous sommes si nombreux !

— Eh bien, dit le Gentleman, c'est moi qui vais vous tirer d'un mauvais pas !

Et il lui expliqua qu'avant deux heures tous les chemins seraient barrés par des forces supérieures et que l'exploitation de Rodriguez était bondée de troupes.

— Pas un instant à perdre ! dit le Gentleman en concluant.

« Il faut battre en retraite et gagner les hauteurs du Morne.

« Si nous rencontrons les Catalans, nous vous donnerons un rude coup de main !

— Vous êtes donc des nôtres ?

— Avec l'assentiment de mes hommes, oui.

Et il demanda aux siens :

— Qu'en pensez-vous ?

— Vive Choquart ! cria la bande entraînée par les Frères de la Côte.

— Nos conditions tiennent toujours ? demanda le Gentleman.

— Toujours ! dit Choquart.

« Demain, au bivac, nous signerons les engagements et je donnerai les primes.

— Hourrah ! crièrent les chasseurs d'esclaves avec enthousiasme.

— Et maintenant, dit Choquart, prends les guides, général Vendredi et conduis-nous au Morne, en lieu sûr.

Puis, avec un soupir :

— J'espérais délivrer mon oncle et Juanita cette nuit.

« C'est impossible !

« Quand pourrai-je mettre fin maintenant à leur captivité ?

En faisant cette douloureuse réflexion, il se fit hisser sur un cheval que l'on venait de lui amener.

Il fit défiler aussitôt sa petite armée vers le Morne aux Géants où elle s'engouffra dans de profonds ravins.

Là, pas de poursuite possible.

Une heure après six mille hommes débouchaient au pied du Morne.

C'étaient les Espagnols.

Ils arrivaient trop tard.

Mais si les insurgés échappaient au piège que leur avait tendu Herrera, don Saluste gardait ses prisonniers.

CHAPITRE VII
Femme et femme.

Juanita, arrivée à la Plantation, avait été remise aux mains de dona Inez, une duègne d'une trentaine d'années, qui, dans le pavillon de don Saluste, jouait le rôle de complaisante.

C'était une de ces créatures vicieuses, corrompues au delà de toute idée, qui ont le génie de l'intrigue et de la tentation.

Dona Inez, encore belle à son âge, était à la fois, dans Santiago, une femme galante et une procureuse très-appréciée.

Personne ne s'entendait comme elle à porter des paroles de séduction à une fillette; elle avait un art inouï pour faire accepter des cadeaux, amener à un rendez-vous compromettant, entamer une partie et disparaître quand sa présence gênait.

Lorsque don Saluste avait une conquête à faire dans son pavillon, il ne manquait jamais de réclamer les services de dona Inez.

Habile, insinuante, sachant prendre tous les masques et tous les visages, cette dangereuse créature jugeait d'un coup d'œil la fille à laquelle elle avait affaire.

Alors, tantôt elle se donnait elle-même comme une victime de don Saluste, tantôt elle affectait d'être une de ses maîtresses enchantée de sa générosité.

Lorsque don Saluste remit Juanita entre ses mains, elle la conduisit dans un boudoir coquet, et entourant la jeune fille de prévenances, elle chercha à en pénétrer le caractère.

— Ne vous désolez pas, ma chère enfant, disait-elle.

« Don Saluste n'est pas aussi intraitable qu'il en a l'air.

« Vous vous chagrinez pour cet amant, pour ce nègre; mais, après tout, il dépend de vous de le sauver.

« Si vous êtes aimable, don Saluste, avant huit jours (ses caprices durent peu), vous laissera libres tous les deux et vous renverra comblés de cadeaux.

« Comment avez-vous pu aimer un vieux nègre ?
— C'est un Européen, senora, dit Juanita d'un ton sec.

« C'est un Français qui n'a pas une goutte de sang noir dans les veines et qui est, de plus, un héros.

— Cependant...

Juanita, comme tous ceux qui désespèrent, cherchait secours partout ; elle raconta l'histoire de M. Balouzet.

— C'est possible! disait dona Inez. Je vous crois, chère enfant !

« Mais le tribunal n'admettra jamais qu'un nègre soit un blanc.

« Votre seul moyen de tirer votre futur mari de ce mauvais pas, c'est de céder à don Saluste.

— Jamais, senora.

— Il le faudra bien.

« Moi-même...

Ici dona Inez forgea une histoire de séduction, dont elle prétendait avoir été l'intéressante héroïne.

Elle concluait :

— Je me suis soumise à mon triste sort, et, au lieu d'aller comme Mariquita finir mes jours dans un couvent, je vis ici au soleil et en liberté.

— Je n'aurai, senora, ni votre sort, ni celui de Mariquita.

« Jamais don Saluste ne me possédera vivante, j'en jure sur mon salut !

Ces mots furent prononcés avec une telle véhémence et accompagnés d'un tel regard que dona Inez comprit à quelle volonté énergique et fière elle se heurtait.

— Hélas ! dit-elle avec hypocrisie, pauvre, pauvre enfant !

« Je ferai tout ce que je pourrai pour vous ; mais je crains que cette aventure ne finisse d'une façon tragique.

— Plus tôt que vous ne pensez ! dit Juanita avec une expression menaçante.

— Je vous laisse, chère enfant! dit dona Inez avec une feinte douceur.

« Ne précipitez rien.

« Qui sait !
« Peut-être y a-t-il quelque moyen de vous sauver.

Juanita ne répondit rien.

Elle s'assit à la fenêtre du boudoir, et, prenant sa tête à deux mains, elle garda l'attitude des désespérées.

CHAPITRE VIII

La logique de la passion.

En quittant Juanita, dona Inez emporta contre elle une haine ardente.

Elle se sentait vile et méprisable en face de cette jeune fille ; une fois déjà, en présence de Mariquita, elle avait eu honte d'elle-même ; aussi avait-elle tout fait pour irriter contre cette malheureuse enfant les colères de don Saluste.

Elle se jura de perdre aussi Juanita ; non-seulement de préparer son déshonneur, mais encore de pousser don Saluste à la jeter dans le couvent où Mariquita était ensevelie vivante.

Elle trouva don Saluste, chez lui, impatient et inquiet.

Il la questionna avec la familiarité qui s'établit toujours entre ces sortes de femmes et ceux qui les emploient.

— Quelle nouvelle ? demanda-t-il,

« As-tu dompté l'humeur rebelle de ce petit démon ?

« Belle fille, n'est-ce pas ?

Ses yeux flambèrent du feu impur de la concupiscence.

— Oui, dit Inez, belle fille !

Puis, passant son doigt sous le nez de don Saluste :

— Vous ne l'aurez pas de gré !
— Tu crois ?
— Ni de force.
— Ah ! ah !
— Elle veut se tuer.
— Tu crois à cela, toi !
— Oui.
— Mariquita le disait, elle vit cependant ; les femmes parlent toujours de se suicider et ce sont vaines menaces.

— Celle-là n'est pas une Havanaise alanguie ; c'est une Vénitienne.
— Beau caractère ! fit don Saluste.

« Voilà une lionne à dompter !

« Elle m'adorera d'autant plus qu'elle aura mieux lutté.

Puis avec passion :

— Je l'aime, celle-là, comme je n'en ai aimé aucune.

— Les hommes chantent toujours ce refrain-là à chaque caprice nouveau.

— Non, dit sourdement don Saluste, non je n'ai jamais aimé ainsi.

« C'est autre chose et c'est plus fort que tout ce que j'ai éprouvé.

« Je suis fasciné, éperdu.

« Si cette fille le voulait, elle me tiendrait à jamais enchaîné par un de ses rubans ; je la suivrais comme le tigre soumis par Galathée.

— Il ne manquerait plus que cela ! dit en ricanant Inez.

« Vous, don Saluste, ridicule et roucoulant aux genoux d'une petite fille.

« Je vous vois à quatre pattes dans la position du tigre dont vous parlez tout à l'heure et imitant les gentillesses d'un caniche !

« Elle vous fera faire le beau pour avoir du sucre.

— Si elle m'aimait, je serais capable de tout ! dit don Saluste.

« Je deviendrais bon, si elle le voulait, et je changerais ma vie.

— Pour un mois !
— Pour toujours !...

Il fit cette déclaration avec tant de sincérité que dona Inez en fut frappée.

Ainsi, au contact d'un cœur de diamant, tout s'épurait !

Ainsi le plus atroce criminel se transformait en aimant Juanita !

Ainsi ce feu de la passion purifiait cette âme gangrenée !

Dona Inez s'indigna de cette toute-puissance de Juanita.

— Senor, dit-elle ironiquement, je vous admire vraiment ; vous voilà passé saint, ange, archange, agneau de Dieu !

« Vous serez bientôt donné en exemple aux fidèles par les prédicateurs !

« Vous rêvez mariage, vertu, vie calme et beaucoup d'enfants...

« Vous...

Don Saluste, impatienté, saisit le bras de dona Inez et lui dit :

— Pourquoi pas, vipère ?

« Est-ce la première fois que l'on voit un mauvais sujet se convertir ?

Elle comprit qu'elle irritait contre elle cet homme qu'elle savait dangereux.

— Senor, dit-elle, non sans éloquence, vous n'êtes pas un mauvais sujet vulgaire.

« Vous êtes grand dans le crime comme Satan lui-même.

« Ce qu'un petit coureur de filles ferait, vous est interdit par votre nature même.

« Quand on est pétri comme vous avec la lave même de l'enfer, on ne saurait se transformer comme vous l'espérez.

— C'est la loi éternelle qui s'applique à Satan et que vous subirez comme lui, étant de sa race.

Don Saluste sentait que cette femme disait la vérité.

Elle reprit :

— Vous avez le cœur brûlé par la soif dévorante des démons.

« Votre bouche cherche l'eau pure et l'eau de la source limpide vous fuit.

« Si vous parvenez à y tremper vos lèvres, par votre haleine, vous changez le plus clair ruisseau en boue.

« Vous et moi, toutes les natures puissantes vouées au vice, ont rêvé l'amour chaste ; j'ai de l'or, j'ai été belle, je le suis encore ; j'ai voulu un amant qui eut un cœur chevaleresque ; je l'aurais adoré.

« Jamais je n'ai pu triompher du dédain de ceux auxquels j'offrais ma tendresse ; ils m'ont repoussée.

« Souvenez-vous que si vous avez aimé Mariquita, moi, j'aimais son fiancé ; et tous deux nous haïssaient.

« Et fatalement, nous avons dû les frapper, puisque la tendresse non assouvie se change en transports de haine chez nous.

Puis, forte de l'implacable logique de ses raisonnements, voyant don Saluste vaincu par l'évidence, elle lui dit :

— De deux choses l'une.

« Ou vous agirez avec violence.

« Sûrement alors, avant ou après, elle se tuera.

« Ou vous serez clément !

« En ce cas, elle s'en ira, vous exécrant et vous maudissant malgré tout, vous lui rendrez son amant et vous penserez souvent avec rage qu'ils sont heureux sans vous estimer.

Don Saluste déchirait sa poitrine avec ses ongles.

— Assez ! dit-il impérieusement.

« Tais-toi, Inez.

« Tu as raison, je resterai ce que je suis ; non pas Satan comme tu le dis ; car il n'y a pas de Dieu, donc pas de démon.

« Mais je suis doué du génie du mal et de la corruption.

« Je n'inspirerai jamais que l'horreur à cette fille.

Chose étrange !

Cet homme en arrivait à l'athéisme, parce que l'esprit de l'homme est logique.

Dona Inez était femme, une femme intelligente, supérieure même.

Cependant elle croyait, car elle se signa quand don Saluste renia Dieu.

Elle se sentait incapable de vertu et se jugeait damnée d'avance.

On sait que les courtisanes espagnoles ont une madone dans leur alcôve et qu'elles la voilent pour recevoir un galant.

Don Saluste, après un court silence, reprit :

— Il faut y prendre garde.

« Elle cherchera à se suicider.

« Je ne veux plus m'illusionner.

« Mon regard a rencontré le sien ; j'ai jugé Juanita comme toi.

« Je la veux !

« Je l'aurai !

« Après... qu'elle meure !...

« Mais tant que je n'en serai point las, qu'elle vive !

« Tu m'entends...

— Oui ! dit Inez.

« Mais il faudra une surveillance de chaque instant.

— N'y a-t-il donc pas ici un personnel suffisant ?

— Des nègres !

— Il y en a d'intelligents.
Et donnant trois coups de sifflet, il appela ainsi Humbert.
Celui-ci accourut.
Il se présenta en homme qui se sent sûr des bonnes grâces du maître.
— Senor, dit-il, à votre disposition ; heureux de vous être agréable.
— Humbert, demanda don Saluste, il y a une jolie perruche en cage, vous le savez, et j'y tiens.
« Dona Inez prétend que l'oiseau viendrait se briser la tête aux barreaux.
« Avez-vous des noirs capables de l'en empêcher.
— J'ai mes mulâtres.
« Ils sont forts, adroits et rusés.
— Très-bien.
« Mettez-les à la disposition de dona Inez, et qu'ils veillent.
« Si je suis content d'eux, c'est cent piastres de récompense.
— Et si vous êtes mécontent, senor, c'est cent coups de fouet ?
— Non pas.
« Si l'enfant se tue, je les fais jeter aux caïmans.
— Bien, senor.
Et Humbert, après un plat salut, se retira.
En ce moment, la cloche annonçait l'arrivée d'un hôte.
Don Saluste vit entrer Herrera, escorté par plusieurs agents sans uniforme.
— Du nouveau ! murmura-t-il.
« Laissez-moi, Inez.
La duègne se retira.

CHAPITRE IX

Hyène et Panthère.

La nuit tombait lorsque don Saluste vit arriver Herrera.
Celui-ci était peu connu de don Saluste, avec lequel le gouverneur, lui-même, avait traité l'affaire du trappeur Touche-Toujours.
Pour les détails, il est vrai, Herrera s'était entendu avec don Saluste qui l'avait pris pour un agent sans grande importance.
Herrera n'était pas de ceux qui tiennent à l'apparence de l'autorité ; autant que possible, il s'effaçait.
Don Saluste était de fort mauvaise humeur, lorsque Herrera, s'étant fait annoncer, se présenta devant lui :
Il n'offrit même pas une chaise à l'agent.
Il lui demanda d'un ton sec :
— Que me voulez-vous ?
« Qu'y a-t-il.
Herrera, tout poudreux du voyage et fatigué, se laissa choir sur un sopha de soie et dit à don Saluste :
— Je vous prie, senor, de me faire servir un rafraîchissement.
« Vous voudrez bien aussi ordonner que l'on prenne soin de mes hommes ; ce sont des sujets précieux, je vous assure.
L'agent n'avait point pris garde à l'attitude de don Saluste.
Il fut forcé de comprendre combien celui-ci le tenait en mépris.
— Oh ! oh ! fit don Saluste, vous me paraissez par trop sans gêne, l'ami !
« Dites vite la commission dont vous êtes chargé et vous irez vous rafraîchir ensuite à l'office avec vos hommes.
« Je veux bien, pour cette fois, vous pardonner votre arrogance.
« N'y revenez pas, sinon j'en écrirais au gouverneur.
Herrera n'était pas homme à se fâcher pour une méprise.
Il savait ce qu'il valait.
Cependant, il sentit qu'il devait mater dès le début ce Crésus omnipotent, habitué à faire plier tout le monde devant lui.
— Senor, lui dit-il, à votre idée, vous me seriez supérieur.
« Je serais heureux de savoir sur quoi vous basez votre opinion.
— Ah ! c'est trop d'audace, mon drôle ! s'écria don Saluste.
Et blême de colère, il siffla Humbert qui accourut.
— Prenez dix nègres, cent nègres, lui ordonna don Saluste, vert de fureur.
« Armez-les de fouets.

« Vous jetterez ce faquin hors de la plantation et vous l'assommerez, lui et ses hommes, s'ils essaient de résister.

« Puis vous ferez préparer un courrier, que j'envoie une lettre au gouverneur pour que ce coquin soit destitué.

Herrera sourit et haussa les épaules d'un air de pitié.

— Vous, maître Humbert, fit-il, vous ne ferez rien de ce que vient de vous commander don Saluste.

« Vous ignorez peut-être qu'il y a dans les cartons du consulat de France, à Cuba, une demande en extradition contre vous, pour crime de banqueroute frauduleuse.

« Je vous apprends ce détail afin que vous ne commettiez pas de sottise.

« Allez !

Et d'un geste impérieux, il congédia le majordome qui s'en alla chancelant sous ce coup de massue savamment donné.

Herrera se retourna vers don Saluste et lui dit :

Quant à vous, senor, je vous répète ma question.

« Sur quoi basez-vous vos airs de supériorité impertinente.

« Vous n'êtes, comme moi, qu'un citoyen espagnol.

« Encore n'avez-vous aucune fonction.

— Je puis payer assez de fonctionnaires, y compris le bourreau pour faire tomber ta tête ! dit don Saluste écumant de rage.

« Tu as pu intimider un homme qui est sous le coup de la condamnation ; mais d'autres vont exécuter mes ordres.

Et voyant Rodriguez, le propriétaire titulaire de la plantation passer dans la cour, il l'appela.

Rodriguez s'empressa.

— Mon cher, lui dit don Saluste, voici un misérable agent de police qui me brave chez vous ; chassez-moi cela.

Puis il ajouta :

— Je réponds de tout !

— Et moi je jure, senor Rodriguez, de faire parler les pierres qui ont bu le sang de votre cousin dans la nuit du 7 février, il y a deux ans, sur le chemin de Santiago.

Rodriguez pâlit.

— Hors d'ici ! lui dit Herrera d'une voix menaçante.

Et l'assassin obéit atterré.

Herrera qui s'était levé, se tourna vers don Saluste et lui dit :

— Avez-vous encore quelqu'un à appeler, senor ?

Don Saluste était dans un état difficile à décrire.

Qu'on s'imagine cet homme qui faisait tomber d'un signe un gouverneur de province, qui avait culbuté un ministère, qui soldait don Carlos, cet homme qui n'avait rien vu résister à son or, se trouvant réduit à une impuissance ridicule qu'il croyait momentanée.

Il se leva pour sortir.

Il lui semblait que son cerveau allait éclater tant son sang bilieux fouettait ses tempes ; il avait des tentations féroces de se jeter sur Herrera.

Mais la hyène flairait la panthère et ne se sentait pas de force.

Aussi, n'osa-t-il employer la violence lorsque l'agent lui barra le passage et lui dit :

— Vous sortirez, senor, quand nous aurons causé tous deux.

— Prenez-y garde ! dit don Saluste d'une voix qui ressemblait à un rugissement contenu.

« Vous abusez de quelques minutes pendant lesquelles mes instruments m'échappent des mains ; mais j'aurai ma revanche.

— Au bout d'une corde... si je veux... dit Herrera.

Et prenant don Saluste par le milieu du corps, il le souleva comme il eut fait d'un enfant, l'assit sur un siège et lui dit sans émotion, sans irritation, mais avec fermeté :

— Sifflez votre majordome.

« Commandez la collation que je veux prendre ici, devant vous.

« Sifflez... senor...

Et montrant ses agents.

— ... ¡Sinon, c'est moi qui sifflerez mes hommes.

« Alors il serait trop tard !

Don Saluste, élevé loin du contact d'autrui, n'ayant eu enfant que d'humbles cama-

Maracasse, dit Poil-de-Bique.

rades, qui se laissaient battre, ayant toujours été protégé, jeune homme, par une bande de vauriens à ses gages, don Saluste, excepté le soufflet de Choquart, n'avait jamais senti le contact brutal d'une attaque corps à corps.

Le sentiment de sa faiblesse brisa sa résistance.

La colère qui l'aveuglait tomba sur-le-champ; il n'abandonna pas les idées de vengeance, au contraire, mais il les ajourna. Ne pouvant résister, il obéit. A son coup de sifflet, Humbert parut embarrassé et confus.

— Une collation! lui dit don Saluste d'une voix brève.

— Et deux verres ! ajouta Herrera.

« Mon hôte veut boire à l'Espagne et à son triomphe.

Puis, le majordome sortit, il reprit :

— Ça, causons, senor.

« Vous vous dites, n'est-ce pas, que ceci aura une fin.

« Vous pensez que votre tour viendra.

« Alors ce sera fait de moi.

« Erreur !

« Tout d'abord, j'ai, en lieu sûr, les preuves que vous avez envoyé de l'or à don Carlos, ce qui est de la bonne trahison.

« Puis je tiens les preuves de tous vos crimes, et, quoique vous en pensiez, transporté à Madrid, vous seriez condamné.

« Vous souriez...

« Vous doutez...

« Écoutez-moi...

Et fixant don Saluste, Herrera lui dit :

— Je sais assez de secrets d'État pour que quiconque sera ministre, voire même roi ou reine en Espagne, ne se joue point de moi.

« Vous avez renversé un ministre, qui, de Madrid vous gênait ici.

« Eh bien, si je n'avais point fait jouer un certain ressort, vous auriez dépensé vos millions en pure perte.

Il tira un paquet de pièces d'un carnet et le tendit à don Saluste.

— Lisez ! dit-il.

« Vous verrez quel danger vous avez couru sans vous en douter.

« Si votre politique n'avait pas été la mienne vous étiez perdu !

Don Saluste, étonné au plus haut point, lut ces pièces qu'on lui tendait et parut surpris au plus haut point.

Il voyait, à n'en pas douter qu'il était en présence d'un homme doué d'une force occulte immense.

Plusieurs fois il murmura des exclamations étouffées.

Enfin, sa conviction faite, il rendit les pièces à Herrera et lui dit :

— Senor, quand l'on est ce que vous êtes, on ne se présente pas comme un vulgaire agent qui cherche à se donner de l'importance.

« Je ne suis pas cause de la méprise que j'ai commise et que je regrette.

Herrera sourit et dit :

— En ce moment, senor, tout en comprenant que j'ai une puissance avec laquelle il faut compter, vous jouez un jeu que je devine, sans quoi je serais un enfant en fait de police.

« Vous conservez toute votre colère ; mais vous la dissimulez en vous promettant d'étudier la situation et de trouver le moyen de me frapper.

« À votre aise.

« Je vous jure cependant que vous risquez votre tête.

Don Saluste se sentit pénétré.

Herrera reprit :

— Vous en penserez ce que vous voudrez, senor ; mais c'est vous qui seriez brisé dans une lutte contre moi.

« Quant à m'acheter, inutile de le tenter ; je pouvais à vingt reprises différentes faire fortune et spéculer sur des coups de bourse prévus quarante-huit heures d'avance.

« Je n'ai réalisé qu'un capital modeste, pour vivre indépendant.

« Je n'aime au monde que la patrie, je l'aime avec passion, avec frénésie.

« Je n'ai ni femme, ni enfants, ni maîtresse, pas même un chien !

« J'espère voir l'Espagne se relever comme l'Italie.

« Je me suis donné tout entier à mon pays, corps et âme, sans lui demander rien en échange, rien, pas même la gloire, pas même l'estime.

« Je suis comme l'obscur serviteur épris de la reine, l'adorant dans l'ombre, la protégeant, la sauvant et restant ignoré, fier des services rendus que lui seul connaît.

« À cette heure, je lutte pour lui conserver Cuba ; vous êtes une des pièces importantes de ma partie.

« Ce soir je joue un coup de dés qui peut, d'un coup, me donner la victoire dès le début ; j'attire ici tous les insurgés.

— L'insurrection est donc commencée ? demanda don Saluste surpris.

— Quoi ! vous supposeriez que l'échauffourée de Santiago n'aurait pas de suite ?

« Comment, Choquart, le plus audacieux des flibustiers, un Français impétueux, ne chercherait pas à armer les nègres marrons, la jeunesse mécontente, les planteurs d'origine créole, en leur donnant pour chefs ses trappeurs !

« Croyez, senor, que votre ennemi agira avec une rapidité foudroyante.

— Que fera-t-il ?

— N'avez-vous pas ici, sous la peau d'un nègre, son oncle, ce M. Balouzet, ce bourgeois de Paris qui cache un cœur de lion sous des airs placides et doux.

« N'avez-vous pas enlevé Juanita ?

« N'êtes-vous point, vous-même, l'ennemi personnel de Choquart.

« A cette heure, il se prépare pour attaquer la plantation.

Don Saluste pâlit et trembla ; il n'avait pas le courage physique des luttes à main armée.

— Rassurez-vous, lui dit Herrera ; j'attends cette nuit presque toutes les forces de la province à portée d'appel ; elles sont en route et elles arriveront ici avec une précision mathématique pour écraser la rébellion.

« Je vous demande le plus profond silence sur ce que je viens de vous annoncer, et je vous prie de vous entendre avec votre majordome, cet Humbert qui devait me chasser d'ici et qui désormais saura que je le tiens dans ma main.

« Vous lui direz de préparer en secret, sur-le-champ, des vivres pour trois mille hommes et du fourrage pour la cavalerie ; il se fera aider par des nègres assez brutes pour ne pas être capables de deviner ce qu'on leur fait faire.

En ce moment Humbert entrait, suivi de mulâtresses portant la collation.

Herrera éloigna ces femmes d'un geste, puis il donna ses instructions au majordome et le congédia.

Don Saluste demeura, ayant à questionner encore Herrera.

— Quelles sont, demanda-t-il à ce dernier, vos intentions quant à mon prisonnier ?

— Toujours les mêmes ! répondit l'agent.

« Il faut le maltraiter, le fouetter, lui rendre la vie très-dure.

« Ensuite on lui fournira une occasion de fuite.

« Il la saisira avec empressement, et il faudra qu'il périsse dans une embuscade en cherchant à se sauver.

— Très-bien.

« Et la senora ?

— Ceci vous regarde, senor.

« Carte blanche pour elle.

— Puis-je, ce soir même, après la victoire, faire fustiger ce Balouzet, malgré la présence des troupes.

— Sans doute !

« Il sera même heureux que beaucoup de témoins assistent à cette petite exécution et racontent ce qu'ils auront vu.

« Bientôt l'on saura partout que ce Balouzet souffre cruellement ici ; nous enlèverons ainsi à d'autres l'envie de l'imiter.

« Pour nous, bien entendu, ce n'est toujours qu'un nègre.

« Les insurgés, eux, savent que c'est un blanc.

« L'effet sera produit.

— C'est au mieux ! dit don Saluste.

« Maintenant, si vous le voulez, nous boirons à l'Espagne.

« Puis, j'irai prendre certaines dispositions concernant la senora.

Il remplit bord à bord un verre de Malaga, et, comme l'avait voulu l'agent, il but avec lui au salut de l'Espagne.

Herrera qui était sobre, avait déjà terminé son repas.

Il alluma un cigare.

Don Saluste lui demanda :

— Voulez-vous, d'ici au moment de l'attaque, que je vous envoie quelques mulâtresses de choix pour charmer l'attente.

— Merci, senor ! fit Herrera.

« Je vous l'ai dit : je n'ai point de maîtresses et n'en veux point.

— Comment... jamais...

— Jamais !

« L'on ne peut être un homme vraiment grand et dévoué à une cause qu'en restant chaste comme les moines qui ont fait la gloire de l'église catholique.

« Puis, je ne voudrais pas aimer en passant une de ces femmes.

« L'enfant que j'en aurais peut-être serait esclave...
— Bah !
« Un mulâtre !
— Un mulâtre d'honneur, élevé par moi dans l'amour de la patrie, vaudrait mieux qu'un blanc criminel et lâche.
« Mais, senor, que je ne vous retienne pas ; faites comme si je n'étais point venu.
« Vous êtes libre !...
Don Saluste salua et se retira.

CHAPITRE X

Hyène et chacal.

Parmi les fauves, il y a des animaux nobles, d'autres qui sont immondes.

La panthère est terrible dans ses élans, malheur à qui la blesse.

C'est un ennemi redoutable qu'il est honorable de tuer.

Mais l'hyène, mangeuse de cadavres, le chacal, déterreur de morts, voilà deux bêtes féroces que le chasseur méprise.

L'arabe se croirait déshonoré en les frappant de son yatagan.

On les abat à coups de bâton et l'on se lave, lorsque leur sang vous souille.

Or, si Herrera avait mérité d'être surnommé la Panthère-Noire, on pouvait trouver des analogies entre l'hyène et don Saluste, de la ressemblance entre Humbert et le chacal.

Comme ce dernier, celui-ci était agile, fin, rusé, d'allures vives, de goût dépravé ; il avait de l'avidité, il était hardi avec le petit gibier, prudent avec le moyen.

Il n'osait rien risquer contre plus gros que lui.

Il avait la dent cruelle, l'esprit ingénieux, le flair subtil.

On dit qu'en Algérie le chacal est le pourvoyeur de l'hyène.

Humbert jouait volontiers ce rôle avec don Saluste.

Ils s'entendaient fort bien tous deux pour les œuvres sournoises.

En quittant la chambre où il laissait Herrera, don Saluste rencontra Humbert qui l'attendait.

Le maître fit signe au majordome de le suivre et il l'emmena dans un coin écarté de la plantation.

Là ils tinrent conseil.

Humbert voulut s'excuser de ne pas avoir obéi.

— Inutile ! fit don Saluste.

« Tu ne le pouvais pas.

« Cet homme nous tient.

Hors de la présence du terrible agent, une réaction se produisait.

La haine revenait étreindre don Saluste à la gorge.

— Cet agent, dit-il, est autre que tu ne pouvais le supposer ; il a plein pouvoir ; il est de plus doué d'une intelligence et d'une énergie qui en font un des adversaires les plus redoutables contre lesquels je puisse me heurter.

— Achetez-le

— N'y pensons pas :

« C'est un fanatique.

« L'argent n'a point d'action sur lui.

— Lâchez contre cet homme une femme.

— Il est chaste !...

Humbert haussa les épaules.

— Personne, dit-il, ne peut résister à certaines femmes.

— Tu crois ?

« Il aurait pu choisir cependant.

« Il a dédaigné certainement des duchesses dont il savait assez les secrets pour les posséder, s'il l'eût voulu.

— Des duchesses... espagnoles... fit Humbert avec dédain.

— Eh, mais drôle, dit don Saluste, l'Espagne produit des femmes incomparables !

— Comme beauté, oui !

— Très-intelligentes.

— Je l'accorde.

— Artistes même !

— Soit encore.

— Ayant des perfections rares.

— Sans doute.

« Petits pieds !

« Cheveux noirs !

« Mains de fée !

« Des yeux de flamme !

— Ça ne suffit donc pas ?

Ce n'est rien sans l'esprit, sans une certaine grâce indéfinissable, sans ce diable au corps, sans ce que nous autres, Parisiens, nous appelons le *sacré chien*.

« Une Parisienne presque laide, mièvre, dont personne n'oserait dire qu'elle est belle, vous séduira un homme, fut-il un sauvage, un imbécile, un génie, un saint ou un blasé.

« Elle éclipsera vos Espagnoles, vos Italiennes, vos Créoles.

« Elle fera tourner toutes les têtes, même la vôtre.

— C'est possible ! murmura don Saluste.

— Tout est dans la façon de se coiffer, de porter un costume, de sourire, de regarder et de causer.

« Savez-vous pourquoi vous vous fatiguez si vite de vos maîtresses !

« Vous vous ennuyez près d'elles.

« Allez donc vous ennuyer auprès d'une Parisienne qui trouve en vingt-quatre heures le moyen de se brouiller et de se raccommoder dix fois avec vous, qui vous chamaillera comme une perruche mordant le doigt du maître au sang, qui bavardera comme une pie, gazouillera comme une fauvette, pleurera, rira, déclamera, sentimentalisera et ne vous laissera pas une minute à vous-même, vous occupant d'elle sans cesse.

« De Paris, ce que je regrette le plus, c'est la Parisienne.

« La plus pauvre fille s'y habille mieux avec une robe à cinq sous le mètre, que vos duchesses avec des toilettes à cinq mille piastres.

— Tu as raison ! dit don Saluste.

« J'ai vu à Santiago des actrices françaises en représentation.

« J'ai tenu l'une d'elles, ici, un grand mois, sans un seul jour, une seule minute de lassitude et sans savoir, si oui ou non, elle m'aimait.

— Vous l'avez laissée partir.

— Elle m'a quitté.

— Bon !

« Elle vous a lâché !

— Oui pour un cabotin.

« Je lui avais promis des monceaux d'or ; je lui avais donné des sommes considérables ; je me croyais au moins sûr qu'elle resterait.

« Point !

« Elle a filé très-habilement, prenant le paquebot sans que je m'en doutasse et me jouant avec adresse.

Humbert se mit à rire, puis demanda cyniquement :

— En avez-vous eu pour votre argent ?

— Oui ! dit don Saluste.

— Alors ne vous plaignez pas.

— Je me plains d'autant moins, dit don Saluste, qu'elle partie, je ne l'ai point regrettée et ne lui en ai point voulu.

— Ah ! voilà le triomphe ! s'écria Humbert en se frottant les mains.

« On aime ces femmes-là sans fatigue, on les quitte sans chagrin, on les reprend avec plaisir ; elles vous amusent enfin.

— D'après ta définition, je ne vois pas qu'une Parisienne puisse inspirer une grande passion à Herrera qui est serieux.

— Permettez !

« Il s'agit d'émoustiller un gaillard qui se prétend insensible à l'amour ; il faut qu'il goutte une fois au fruit défendu.

« Pour cela, vous en conviendrez, personne ne saurait mieux vous allumer un homme qu'une Parisienne.

« J'en sais une...

— Ah ! fit don Saluste. Tu en as sous la main.

— Pas précisément sous la main.

« Elle est à Paris.

— C'est loin !

— Il faut quinze jours pour aller la chercher.

« Quinze jours pour la ramener.

« Dans un mois elle sera ici.

« Envoyez-lui quelqu'un.

— Voudra-t-elle venir !

— Certainement.

« Elle avait un capital qu'un de ses amants lui avait constitué et elle l'a mangé avec un autre.

« Aujourd'hui, après faillite, de modiste en magasin qu'elle était, la voilà ouvrière chez les autres.

« Elle ne peut, à trente ans qu'elle a, retrouver facilement une bonne occasion pour plumer un pigeon, vu la concurrence.

« Elle est donc dans les meilleures dispositions pour accepter les offres d'un prétendu bailleur de fonds qui serait censé vouloir monter une maison de modes à Santiago.

« Du reste, il faudrait réellement établir cette fille-là.

« Elle fera florès ici.

« Toutes vos créoles sont bistrées, vieillies avant l'âge.

« Elle sera jeune, auprès d'elles, par comparaison.

« Je la crois assez éprouvée pour être devenue calculatrice.

« Pilotée par moi, payée par vous, elle nous servira avec le zèle, le dévouement et l'intelligence d'une femme d'expérience qui veut faire son affaire.

« Ce qu'il y a de singulier c'est que je la connais, parce qu'elle est l'ancienne maîtresse de Balouzet !

— Notre prisonnier ?

— Lui-même.

« C'est cet imbécile, qui, fortune faite, a donné des rentes à Louisa.

— Mais elle sera pour lui contre nous.

— Non pas !

« Elle hait ce vieux singe (je vous donne là ses expressions).

« Toute femme payée pour aimer, obligée de singer la tendresse, prend en haine l'homme qu'elle subit.

— Tu es un profond observateur.

— C'est le B.A-ba du métier !

« Chacun sait ça.

— Je vais expédier sur-le-champ un homme délié et sûr à Paris.

— Pas aujourd'hui.

— Pourquoi ?

— Et cet Herrera !

« Pensez-vous qu'il soit bon de rien faire sous ses yeux.

« Du reste le courrier ne part que dans trois jours.

« Attendez...

— Tu es de bon conseil.

« Je ferai ta fortune, Humbert.

— Merci, senor !

— Vengeons-nous !

« J'exècre encore plus cet Herrera qui m'a humilié, que ce Choquart qui m'a frappé au visage devant la cathédrale.

Celui-là, dit Humbert en riant, c'est Herrera lui-même qui le punira pour nous avant peu, je crois.

— Cette nuit ! dit don Saluste.

Puis il ajouta :

— Bientôt demain, dans quelques heures, nous allons voir si cette Juanita est d'acier comme on le prétend.

« Je vais faire fouetter son amant devant elle, jusqu'à la mort, si elle ne veut pas céder.

— Bravo ! bravo ! s'écria Humbert en frétillant.

« Je vais lui rembourser tous les protêts qu'il m'a fait faire.

« Là-dessus, je vous quitte, senor, avec votre permission, pour aller surveiller les nègres qui travaillent aux approvisionnements.

Et les deux hommes se quittèrent enchantés l'un de l'autre.

CHAPITRE XI

Manœuvres

Les troupes qui devaient occuper la Plantation, arrivèrent en silence, guidées par des sentiers à travers la campagne ; elles avaient marché avec un ordre admirable.

Chaussés d'espadrilles, légèrement vêtus, peu chargés, les fantassins espagnols sont les plus légers marcheurs des armées régulières.

D'une sobriété inouïe, vivant au besoin d'un morceau de pain frotté d'oignon et d'une cigarette, buvant peu, ils sont éminemment aptes à la guerre de montagne et de partisans.

Les garnisons coloniales, troupes choisies, sont surtout remarquables par l'excessif développement des qualités nationales.

Herrera pouvait donc compter sur elles et il ne doutait pas de vaincre des créoles efféminés.

Lorsqu'il vit entrer par groupes, sans bruit, les colonnes divisées en petits pelotons ; lorsque chaque officier ayant un poste désigné, l'eut occupé et fortifié en peu d'instants avec intelligence ; lorsque enfin il vit, vingt minutes après l'installation, l'ordre le plus parfait régner dans l'établissement, il éprouva un sentiment légitime de confiance et d'orgueil.

Il calculait que les autres colonnes devaient envelopper les Cubains vers deux heures du matin environ.

C'était, sur rapports de traître, l'heure à laquelle ceux-ci devaient attaquer la plantation ; il espérait que vers minuit les chasseurs d'esclaves viendraient le rejoindre.

Selon lui il était impossible qu'ils n'acceptassent point ses conditions.

Mais minuit sonna et rien ne parut.

Deux heures tintèrent, la campagne restait silencieuse.

Herrera s'impatientait.

A trois heures des masses furent signalées par les vedettes.

Une reconnaissance revint.

Elle annonça que c'était l'armée espagnole qui s'approchait.

Elle avait rencontré le bivac mal éteint des chasseurs d'esclaves et rien autre chose dans les routes qu'avaient suivies les colonnes divergentes.

Herrera écoutait ce rapport d'un air sombre, lorsque, tout à coup une immense lueur éclaira l'horizon vers le Nord.

Il se fit d'abord un silence d'étonnement ; chacun éprouvait le saisissement profond dont les natures les plus mâles ne sont même pas exemptes en face des grandes catastrophes.

Puis, il y eut des murmures, des cris et enfin une clameur :

— C'est la plantation de Pomikuana qui flambe !

Presque aussitôt un peu plus vers l'est, une autre lueur éclata, grandit, remplit le ciel et l'empourpra.

— Nadi-Nada brûle ! cria-t-on.

Puis à l'ouest, au près, au loin, partout les incendies s'allumèrent.

Vallées, montagnes, sommets, pentes, ravins, tout fut submergé sous un océan de feu, et, seul, le Morne aux Géants resta sombre, colosse menaçant !

Herrera, un instant écrasé par la sublime horreur de cette scène, retrouva son sang-froid et dit lentement aux officiers qui l'entouraient :

— Aux blancs qui s'insurgent se joignent les noirs qui se révoltent.

« C'est double péril, senor.

Et mettant chapeau en main, il s'écria avec une conviction qui lui donnait l'air inspiré des héros :

— Vive l'Espagne !

Tous les officiers levant leurs épées répondirent avec enthousiasme.

— Mort aux Cubains !

Et toute l'armée frémissante répéta les mêmes cris avec une ardeur sauvage.

Mais on entendit au loin la voix puissante des canons de rempart, tonnant dans Santiago.

La ville était donc assaillie.

Herrera jugea de ce moment ses adversaires et sut à quels hommes il allait avoir affaire ; il se trouvait, non pas en présence d'une poignée d'insurgés, risquant un coup de tête, mais en face d'ennemis intelligents qui avaient combiné un plan longuement mûri.

Il se pencha vers le général commandant les troupes et lui dit :

— Faites partir au galop votre cavalerie, car Santiago est attaqué.

« Il ne reste pour défendre la ville que deux petits bataillons.

« Si la population s'insurge, la position du gouverneur sera intenable.

« Faites-vous suivre par l'infanterie aussi vite que possible.

Le général qui avait ordre de suivre les instructions d'Herrera, se mit à la tête de son artillerie et de ses escadrons ; il partit avec eux aux allures vives.

L'infanterie s'ébranla bientôt, sauf trois compagnies, qui, sur ordre d'Herrera, formèrent la garnison de la plantation, transformée en citadelle très-utile à garder au pied du Morne aux Géants.

Au moment où la colonne d'infanterie s'ébranlait, Herrera vit paraître une voiture fermée, et autour d'elle un peloton de cavaliers ; parmi eux, don Saluste.

Herrera se jeta au devant de lui.
— Senor, demanda-t-il, où allez-vous ?
— A Santiago ! répondit don Saluste.
Herrera haussa les épaules.
Il prit la bride du cheval de don Saluste, le tira à l'écart et lui dit :
— Écoutez.
Le canon retentissait toujours au loin.
— Vous devinez ce que cela veut dire, n'est-ce pas, senor ?
Don Saluste dont l'oreille n'était pas exercée comme celle des soldats, n'entendit rien d'abord ; mais Herrera le fit descendre à terre.
— Collez votre oreille au sol ! dit-il.
« Vous vous rendrez compte de ce qui se passe à Santiago.
Don Saluste se releva très-pâle.
— On se bat donc là-bas ! dit-il.
— Oui, senor.
« La ville est en pleine révolution.
« Y aller c'est risquer votre tête.
— Que faire ? murmura don Saluste.
— Rester ici.
« Je n'en bouge pas, moi.
« Trois cents hommes nous garderont.
— C'est peu.
— C'est trop.
« Du reste, si vous préférez arriver à Santiago au milieu des balles...
— Non, non !
— Alors faites rentrer le carrosse, remettez la senora à ses gardiens et croyez que vous êtes ici mieux qu'à Santiago.
Don Saluste était dans l'angoisse, il eut donné un million pour se trouver à la Havane, capitale de l'île, où les forces militaires étaient trop nombreuses pour qu'on craignît rien d'une révolte ; mais il fallait se résigner.
Il donna des ordres et fit rentrer le carrosse.
Herrera appela l'agent dans lequel il avait le plus de confiance.
— Tu as ici, tes espions nègres ? demanda-t-il.
— Oui, senor.
— Lance-les dehors.
« Qu'ils battent la campagne.

« Je garde ici don Saluste et sa Juanita ; je suis sûr que les insurgés reviendront tenter un coup de main.
« Peut-être alors trouverai-je l'occasion de prendre ma revanche.
Ceci dit, Herrera s'entendit avec les officiers sur les mesures à prendre pour la défense ; puis il remonta dans l'appartement qu'on lui avait préparé.
Il y reçut la visite de don Saluste qui était dans un état d'inquiétude incroyable.
— Eh, senor, lui dit Herrera, la citadelle qui commande la ville est imprenable et les forts écraseront les révoltés.
« Je suis parfaitement tranquille, vous le voyez.
« Si vous aviez quelque peu le sentiment militaire, vous comprendriez ça.
« Croyez-moi, soyez en paix et dormez.
Il parvint ainsi à le rassurer.
Enfin il le renvoya en lui disant :
— A propos, quand nous nous lèverons dans quelques heures, faites donc fouetter ce Balouzet.
« Ça m'amusera.
« Bonne nuit, senor.
Et quand don Saluste se fut retiré, Herrera murmura :
— En faisant battre ce Balouzet, je suis certain d'attirer plus vite les insurgés ici.
« J'aurai ma revanche.
Il jeta la cigarette qu'il fumait, s'étendit sur un sopha et s'endormit.

CHAPITRE XII

Étrange entrevue !

Herrera n'était pas endormi depuis vingt minutes, lorsque la porte de sa chambre s'ouvrit doucement.
Un nègre absolument nu, sans armes, mais portant des menus rameaux verts en ses mains, entra et marcha lentement vers le dormeur ; quand il toucha presque au sopha, il plaça les feuilles qu'il avait apportées sous les narines d'Herrera, de telle façon que celui-ci en respirât l'odeur.
Au bout de deux minutes, le nègre déposa

Les insurgés cubains.

sur le rebord de la fenêtre, au grand air, les plantes qu'il avait apportées, et, sans craindre d'éveiller Herrera, il revint vers la porte de la chambre, se pencha dans le couloir et siffla de façon à imiter le chant du grillon des Antilles.

Deux autres nègres, robustes et agiles, s'introduisirent dans la chambre ; ils portaient des cordonnets de soie et l'un d'eux tenait un foulard.

En un tour de main, Herrera, plongé dans une torpeur profonde, fut garrotté et bâillonné. Alors les trois nègres se retirèrent, et, peu après, entra un vieillard, vêtu élégamment, soutenu par une canne qui ressemblait à une canne à épée ; c'était un noir de race abyssinienne, au nez droit, à la bouche mince et bien coupée, au type grec, ayant un beau visage régulier et imposant encadré d'une barbe blanche.

Il s'assit dans un fauteuil créole que les autres nègres, avant de s'éloigner, avaient préparé pour lui, près du lit d'Herrera, et il éveilla celui-ci en lui faisant respirer les sels d'un flacon dont il était muni.

La lune qui frappait dans la chambre à pleins rayons, éclairait le vieillard ; Herrera le défigura pleinement en ouvrant les yeux.

L'agent ne pouvait ni parler, ni agir ; il était réduit à une radicale impuissance.

Ses mains avaient été liées l'une à l'autre, poignets contre poignets, mais dos à dos ; ce qui plaçait les paumes en dehors et permettait d'en voir les lignes.

Le vieillard prit sa canne, et Herrera, malgré qu'il fît nuit, vit la lumière de la lune frapper plusieurs boutons de métal semés le long de ce rotin.

Il crut qu'il contenait une lame de fleuret,

peut-être même était-ce un tube permettant de lancer une balle.

Lorsque le vieillard pressa l'un des ressorts, l'agent conclut qu'il s'armait et qu'il allait le tuer.

Mais point.

Une virole joua ; elle démasqua une lentille qui projetait une lueur en tout semblable à celle de l'électricité.

Cette gerbe se concentrait sur un point étroit ; le vieillard la dirigea sur la main gauche de l'agent.

Il en étudia la forme.

— Ceci, dit-il, est une griffe de panthère ; l'homme est bien nommé.

« Voyons la tête !

Il palpa le crâne.

— Herrera, dit-il, tu es un fanatique, tu as la bosse de la vénération.

« Donc tu es de bonne foi.

« Veux-tu me jurer que tu ne crieras pas, je te donnerai la parole ?

« Veux-tu promettre de ne pas agir contre moi, je te rends la liberté des mouvements ?

« Si tu y consens, secoue affirmativement la tête.

Herrera fit signe qu'il acceptait cette proposition...

Le vieillard aussitôt enleva le bâillon et tirant de sa canne une petite lame de canif, il coupa les liens.

Herrera se mit sur pied d'un bond agile, pareil à une bête fauve en cage, il fit plusieurs fois le tour de la chambre, puis domptant cette agitation fiévreuse, il se rassit en face du vieillard et lui demanda brusquement :

— Qui êtes-vous ?

« Que voulez-vous ?

— Je suis envoyé par les Vaudoux, dit le nègre, pour vous faire des propositions au sujet des insurgés.

« Vous savez quelle est la force de notre mystérieuse société.

« Pour vous prouver ce que nous pouvons cette nuit, nous avons voulu que dans tout un district, mais dans un seul, les nègres se révoltassent et missent le feu aux plantations.

« C'est fait.

« Vous pouvez d'ici voir ces incendies.

« Les six cent mille nègres de l'île se lèveraient de même comme un seul homme à notre appel.

« Je viens vous offrir leur neutralité et au besoin leur concours.

— Avez-vous pleins pouvoirs pour traiter ? demanda Herrera.

— Oui.

— Vous êtes le chef des Vaudoux.

— Leur chef suprême.

— C'est donc vous qui avez dirigé leur action pendant la guerre des États-Unis du Sud contre ceux du Nord ?

— C'est moi.

Herrera considéra un instant en silence cet homme extraordinaire, dont la diplomatie habile avait forcé Lincoln qui ne le voulait pas, à proclamer l'émancipation des esclaves.

— Je devine ce que vous attendez de l'Espagne ! fit l'agent.

« Vous venez me demander la suppression de l'esclavage.

— Et si l'Espagne l'accorde, elle aura cinquante mille noirs pour écraser l'insurrection ; vous savez que les Américains du Nord n'ont pas eu de meilleures troupes que les nègres.

— C'est vrai ! dit Herrera.

« En principe, du reste, je suis pour l'émancipation des noirs.

« Mais vous devez savoir que quelle que soit l'influence des rapports que j'enverrais, il ne dépend pas de moi d'obtenir des Cortès un décret d'émancipation.

— Vous pouvez cependant envoyer par dépêche télégraphique le récit de ce qui s'est passé cette nuit.

« Vous pouvez rendre compte de mes offres et de notre entrevue.

« Vous pouvez enfin être mon intermédiaire auprès de l'Espagne.

« Y consentez-vous ?

— Sans doute.

— En échange, je m'engage à ne donner le signal de la révolte aux noirs dans les autres provinces que dans un mois, et, si la réponse de Madrid était favorable, j'apaiserai aussitôt la révolte de ce district qui ne restera en arme que pour prouver au gouvernement et à l'assemblée que les noirs peuvent devenir des adversaires redoutables.

— Je le sais! dit Herrera.

— Il faut que vos ministres en soient aussi convaincus à Madrid.

« Attendez-vous donc à des combats furieux où rarement vous serez vainqueurs.

— Pour ceci, dit Herrera, vous vous trompez ; nos Espagnols sont d'autres soldats que les volontaires américains.

Le vaudoux sourit et dit :

— Je crois que vous conviendrez avant peu que j'avais raison, quelle que soit la bravoure de vos troupes.

Le vieillard se leva.

— Je pars! dit-il.

« Lorsque vous voudrez me voir, il vous suffira d'en manifester le désir.

— A qui ?

« Comment ?

— Je me nomme Sabali !

« Vous n'aurez qu'à dire devant n'importe quel nègre qu'il vous serait agréable de parler à Sabali, le lendemain je me présenterai à vous sous la sauvegarde de votre parole qu'il ne sera pas porté atteinte à ma liberté.

— J'en fais serment.

— Au revoir !

« Puissions-nous nous entendre.

— Je le souhaite !

Herrera reconduisit le vaudoux jusqu'à la porte.

Quand il fut seul, il réfléchit longuement à cette étrange aventure.

La puissance de cette secte lui paraissait formidable.

Il se jura de connaître un jour ses secrets.

CHAPITRE XIII

Les Vaudoux.

Herrera avait raison de s'effrayer du pouvoir des Vaudoux.

Ils ont en effet sur les nègres une action inouïe.

Sur leur ordre, tous les noirs d'une plantation s'enfuient.

Quand ils l'ordonnent, tous les bestiaux tombent empoisonnés.

Possédant des secrets redoutables, maîtres en fait de miracles, sachant étonner par des prodiges, les Vaudoux sont les prêtres d'une religion que nul ne connaît, s'il n'est affilié.

Des blancs sont reçus membres de cette société : les femmes en font partie ; elles sont surtout devineresses.

M. Piron, qui s'est fait recevoir au premier degré d'initiation, sans révéler complétement les secrets des Vaudoux, donne sur eux des détails très-intéressants.

— On attribue, dit-il, toutes sortes de maléfices aux Vaudoux. Aussi en a-t-on une peur énorme et sacrifie-t-on ses principes, ses répugnances, à la nécessité de se bien mettre avec eux. Le moins que vous ayez à redouter d'eux, c'est qu'ils pénètrent chez vous et introduisent sous votre oreiller un *ouanga* qui vous donne une migraine perpétuelle. Ils ont d'ailleurs tant de moyens de vous nuire ! Ils n'ont qu'à vous regarder de travers, et rien désormais ne peut vous réussir ; votre santé, votre fortune, tout est atteint.

Les Vaudoux, par leurs conjurations, par leurs grimaces, par leurs maléfices, par leurs sortilèges, prêtent beaucoup aux exagérations insensées. Ils ont toujours sur eux quelques *ouangas*, c'est-à-dire des ingrédients propres à faire du mal. Ils se dissimulent, parce qu'ils se sentent profondément méprisés ; mais ils sont heureux néanmoins quand ils sont devinés et qu'on les craint. Cette sorcellerie a été importée d'Haïti par le bas peuple ; depuis, elle s'est facilement acclimatée à Cuba, elle a pris des proportions notables, elle a gagné une partie de la société créole. Il y a des dames très comme il faut qu'on reçoit chez soi, qu'on fréquente et qui sont de la secte.

Dans cette secte, ce sont les femmes qui ont mission de deviner l'avenir.

Elles font des prophéties surprenantes.

Elles arrivent par des pratiques que nous allons décrire à un degré d'exaltation tel qu'elles semblent possédées d'une sorte de délire.

Alors elles ont le don de double vue et une prescience incroyable des événements futurs.

L'avenir n'est que la conséquence du présent, l'enchaînement logique des causes aux effets.

Arrivée à l'extase lucide, la voyante juge les faits avec une sûreté extrême et *voit* leurs développements se dérouler en quelque sorte d'avance.

Ainsi s'expliquent les prédictions des pythonisses antiques, celles des vierges gauloises comme Velléda, celles de certaines prophétesses comme nous en avons rencontré en Algérie, entr'autres Lala-l'atma, l'héroïne des Kabyles du Djerjera.

Nous allons, du reste, assister à une scène de conjuration magique des femmes vaudoux qui s'est passée à l'occasion d'un des héros de ce drame et en présence de M. Piron qui l'a racontée *de visu*.

Lorsque, montant à cheval, Choquart eut emmené son armée, renforcée par les chasseurs d'esclaves, il la dirigea sur le groupe de plantations où il pouvait la ravitailler et l'organiser.

Sa troupe était improvisée avec les nègres marrons, les Indiens que le corsaire Leone avait débarqués et des Cubains, tous cavaliers venus des plantations.

Choquart savait que cette nuit même, le capitaine Leone allait audacieusement canonner avec son corsaire les batteries de Santiago; que des nègres conduits par des Vaudoux, fomenteraient une révolte dans les environs de la ville.

Donc la garnison de celle-ci devait être trop occupée pour tenir la campagne.

Choquart avait plusieurs jours devant lui.

Il voulait en profiter pour se guérir de mieux en mieux de ses blessures et songer à la délivrance de son oncle.

A peine était-il installé que Vendredi vint le trouver dans sa chambre et lui dit :

— Si vous le voulez, nous avons ici une voyante vaudoux.

« Consultons-la sur ce que nous devons faire pour sauver M. Balouzet.

Tombant de fatigue, mais croyant par expérience à la lucidité des voyantes, Choquart désigna M. Piron et M. Pierre Ferragut pour le remplacer.

Ces officiers furent conduits par Vendredi dans un endroit d'où ils pouvaient assister à la scène de conjuration sans être vus.

— On nous fit entrer, dit M. Piron, dans un cabinet dont la porte vermoulue, percée de fissures nombreuses, nous permettait de voir ce qui allait se passer dans la pièce destinée aux sorcelleries. Une seconde porte, dont on nous remit la clef, nous laissait la liberté de fuir, si le spectacle nous déplaisait. Nous n'avions pas à craindre d'être surpris, car ce cabinet était vide et, en outre, un verrou nous protégeait contre les inadvertances.

Une fois à mon poste, j'eus à souffrir d'une attente longue et pénible. Enfin la pièce s'éclaira tout à coup; c'était une grande chambre à coucher assez simple. Un lit à baldaquin, orné d'un moustiquaire, un *tocador* (sorte de toilette), une table ronde au milieu, une grande armoire et des chaises de rotin, formaient tout l'ameublement. La maîtresse de la maison parut la première, en négligé, tenant à la main une antique lampe de fer-blanc. A sa suite, venaient les autres matrones au nombre de douze. Une jeune fille de seize ans environ les suivait, portant un paquet et deux poules, l'une blanche et l'autre noire. Le centre de la table était occupé par une grande *batea* (gamelle) contenant une matière fumante, récemment apportée dans l'obscurité et que je ne pouvais apercevoir de ma place. Treize cuillers de bois étaient rangées comme si l'on devait faire quelque étrange repas.

A la lumière pâle et vacillante de la lampe fumeuse, tous les objets prenaient un aspect fantastique; les figures, de nuances diverses, devenaient sinistres. La jeune fille jeta dans un coin son paquet et les poules, prit un tambourin, s'assit, et en tira des sons qui furent comme le prélude de la fête. Puis elle se mit à le frapper des deux mains par des mouvements saccadés. Je me rappelai alors ce bruit de tambourin qui se faisait parfois entendre vers onze heures ou minuit, et qu'on me disait la musique favorite des Vaudoux.

Les treize femmes vinrent former une ronde autour de la table, puis ralentissant leur danse, elles prirent les treize cuillers, les trempèrent dans la gamelle et les portèrent à leurs lèvres. Elles continuèrent ainsi à manger, sans cesser leur ronde cabalistique. Quand elles finirent, la jeune fille déposa son tambourin, s'agenouilla devant elles, et elles essuyèrent leurs mains dans ses cheveux, qui se dénouèrent et se répandirent sur ses épaules en noires boucles. L'opération terminée, la maîtresse de la maison saisit la poule blanche par le cou et lui trancha la gorge avec un couteau fraîchement aiguisé. La pauvre bête ne poussa qu'un cri étouffé ; son sang fut recueilli dans un vase, que la dame porta à ses lèvres et qu'elle fit passer ensuite à sa voisine, qui en fit autant, jusqu'à ce qu'il eût passé entre les mains des treize femmes. La poule noire eut le même sort, et son sang fut employé au même usage. Puis on regarda les deux vases attentivement, sans doute pour en déduire quelque pronostic ; on y jeta ensuite une poudre grise, et on les plaça de côté pour quelque usage mystérieux et coupable.

Alors l'une de ces femmes prit le tambourin et le frappa avec fureur. Aussitôt la jeune fille se dépouilla de ses vêtements ; son corps décharné apparut à mes regards surpris. Je n'eus pas le temps de plaindre sa maigreur, car elle bondit en une danse effrénée. Ses membres paraissaient doués d'une prodigieuse élasticité ; parfois elle semblait diminuer, parfois grandir. Sa longue et régulière figure prenait une étrange expression. Du paquet jeté par terre, se glissa une couleuvre, qui rampa jusqu'à elle, s'enroula en trois anneaux et demeura immobile. La danse changea subitement ; elle se composa de trépignements et de bonds capricieux. Tantôt la jeune fille courait autour du triple cercle, tantôt elle le franchissait d'un bond léger, tout cela avec une rapidité merveilleuse, sans effleurer l'immonde reptile charmé. Les yeux noirs de la brune enfant brillaient dans l'obscurité d'une façon effrayante. Ses maigres bras, jusqu'alors demeurés ballants le long de son corps, se mirent à faire des gestes, qui accompagnèrent tous ses mouvements et en exagérèrent le caractère bizarre. Ses pas s'écartèrent, et bientôt elle parcourut la chambre en poussant des cris d'angoisse, comme arrachés par une affreuse torture, des cris inexprimables. Les treize femmes les répétèrent au bruit du petit tambour, dont les battements redoublaient, selon la progression du mouvement de la danse. Tout à coup la couleuvre se redressa et enlaça la jeune sorcière de nombreux anneaux. L'attention de la lugubre assemblée redoubla ; chaque pose que prenaient la tête et la queue du reptile, devenait un présage ou un pronostic, qu'elles interprétaient avec anxiété. Enfin, après un trépignement fébrile, la danseuse tomba en proie à une forte attaque d'épilepsie. Chacun de ses mouvements nerveux était une révélation du présent ou de l'avenir, avidement lue.

Je n'en pus supporter davantage ; je m'enfuis avec horreur. Cette malheureuse enfant, succombant sous les attaques d'une maladie terrible, dont les incidents servaient de prophétie aux Vaudoux, cette enfant m'inspira malgré moi une profonde pitié, mêlée à je ne sais quel sentiment de répulsion.

C'est dans ces séances que se composent les charmes destinés à opérer des prodiges et les poisons qui doivent venger la secte des ennemis qu'elle se connaît, qu'elle note avec un soin implacable.

Il est regrettable que M. Piron ait terminé là le récit de ce qu'il a vu.

Pour nous, ce précieux témoin, racontant qu'il n'a pas assisté au reste de la scène, se retranche derrière une fiction afin de ne pas livrer au public les secrets sérieux des Vaudoux.

Mais notre collaborateur et ami, Pierre Ferragut (1), qui faisait aussi partie de l'état-major de Choquart, et qui assistait à cette scène, nous a fourni, lui aussi, des notes qui nous permettent de continuer la description de M. Piron.

Lorsque la voyante, atteinte d'une crise assez semblable à celles que donne l'hys-

(1) M. Pierre Ferragut est initié ; il va publier un livre sur les Vaudoux pour faire connaître, avec l'autorisation du Grand Prêtre de la religion du Python, les mystères de cette société. Nous ne faisons que déflorer très-légèrement cette œuvre remarquable qui paraîtra prochainement.

térie, fut couchée sur le sol, les femmes qui l'entouraient se mirent à danser autour d'elle sur un rhythme plus grave et plus lent ; peu à peu leur chant devint doux et caressant, puis il s'éteignit, et les danses cessèrent.

Les initiées allumèrent alors avec des cérémonies bizarres un brasero de cuivre, sur lequel elles firent brûler en murmurant des paroles cabalistiques, une certaine poudre qui répandit dans la chambre un parfum voisin de celui de l'encens, mais plus intense, et qui, au dire de M. Ferragut, produit un effet bizarre.

Dans le cabinet où il se trouvait avec le nègre Vendredi, il respirait cette senteur balsamique, et il lui sembla aussitôt que son cerveau était hanté par des hallucinations très-pénibles.

Ainsi sa propre tête se détachait de son corps et se plaçait à deux pieds de son cou au-dessus des épaules.

Son cœur bondissait hors de sa poitrine et allait voler vers des régions lointaines où il l'entrevoyait brûlant comme une lueur imperceptible.

M. Ferragut vit alors distinctement rangée autour de son cœur, mais microscopiques et lumineux comme lui, tous les membres de sa famille, et il reconnut que sa sœur était tombée de cheval et s'était fracturé la jambe droite.

Il y avait une heure à peine que l'accident était arrivé.

Il raconta tous les détails de cette scène à ses amis et les nota curieusement à tout hasard ; deux mois après, il recevait de France une lettre confirmant ce qu'il avait vu.

Il demanda, par le retour du courrier, quelle était la couleur de la robe que portait sa sœur ce jour-là, et on lui répondit qu'elle était rose, ce qu'il avait vu dans son état d'hallucination.

Cette jeune fille chevauchant avec son oncle dans la forêt de Fontainebleau, n'avait pas d'amazone, mais un costume de campagne.

Tel fut l'effet que produisit sur M. Ferragut cet espèce d'encens brûlé ; effet bientôt combattu par Vendredi.

Le nègre lui tendit une poudre renfermée dans une tabatière.

— Prisez ! dit-il en lui donnant l'exemple. Prisez, ou vous tomberez en rêve !

M. Ferragut suivit ce conseil et remarqua que les initiées prisaient aussi.

Elles échappaient ainsi à l'influence du parfum.

Mais la jeune fille dont la souffrance nerveuse, poussée au paroxysme, avait tordu les membres, reprit peu à peu le calme du sommeil et parut reposer doucement ; puis ses traits prirent une expression extatique; elle ouvrit les yeux et parut fixer avec une béatitude mystique des objets placés hors de vue.

Alors on la fit lever et on la plaça debout au milieu de la salle.

Elle ressemblait en ce moment à un de ces mannequins articulés qui servent dans les ateliers de peinture.

On pliait ses membres par de certains attouchements et des frictions auxquelles ils obéissaient pour prendre la position voulue par celles qui opéraient ; mais tout aussitôt le massage fini, le membre gardant la position donnée devenait rigide et froid comme le marbre.

Alors M. Ferragut assista à des phénomènes étranges.

Les initiées se remirent à danser, à tourner, à chanter avec une fureur toujours croissante autour de l'illuminée.

Elles la pinçaient jusqu'au sang, la frappaient avec violence sans qu'aucune impression se peignit sur ses traits.

Le corps était en catalepsie à ce point que les sensations les plus aiguës ne l'affectaient en aucune façon.

M. Ferragut vit les initiées enfoncer des épingles à cheveux longues d'un doigt dans la chair de cette malheureuse sans qu'un muscle de son visage sourcillât.

Il s'indignait.

— C'est épouvantable ! dit-il.

« On ne martyrise pas ainsi une pauvre enfant.

Il voulait intervenir.

Vendredi l'arrêta.

— Prends garde ! dit-il.

« Si tu souillais le seuil de cette chambre ce serait notre arrêt de mort à tous les deux et celui de toutes ces femmes.

Au même moment, du reste, les danses s'arrêtaient de nouveau, mais cette fois, d'un seul coup et brusquement.

— Nous allons tout savoir sur M. Balouzet ! dit Vendredi.

« L'extase est complète.

« La voyante est insensible à tout ; son esprit est hors d'elle.

« On va la diriger vers la plantation du Morne aux Géants.

En effet les initiées, prenant des objets ayant appartenu à M. Balouzet et à Juanita, les placèrent dans les mains de la voyante.

Alors la plus âgée des femmes, la plus expérimentée sans doute et la mieux douée au point de vue magnétique, se livra à des passes mesmériennes pour établir un rapport entre elle et la voyante.

De temps en temps elle l'interpellait, lui demandant :

— M'entends-tu ?

La jeune fille agita bientôt les lèvres lentement, puis fébrilement, puis avec une rapidité extraordinaire.

— Elle va parler ! dit Vendredi.

En effet, elle se mit soudain à déclamer, dans une langue inconnue, une foule de phrases hachées par des soupirs, des sifflements, des cris et des pleurs.

Ce premier jet de paroles fut suivi d'un court repos.

— On va, dit Vendredi, la laisser dire tout ce qu'elle voudra.

« Elle ne saurait obéir avant d'avoir soulagé son cœur.

« Puis on la questionnera.

La patiente, en effet, recommença jusqu'à trois fois ses récitatifs.

— C'est triste, fit Vendredi, ce qu'elle dit là !

« Pauvre fille !

« Elle raconte l'histoire de sa famille et ses malheurs !

Et le vieux nègre essuya une larme.

— Vous comprenez donc ?

— Sans doute.

« Elle parle le yoloff.

« C'est l'idiome de mes pères.

— Mais elle n'est point négresse.

— Elle a du sang yoloff dans les veines ; elle ignore la langue de sa race dans l'état ordinaire ; mais dans les crises, elle parle le dialecte qu'ont parlé ses ancêtres.

— Comment expliquer cela ?

— Tout ce que nos parents ont su dort en nous et se réveille tout à coup, si nous respirons l'odeur des Gand-Ylh.

(Les Vaudoux appellent ainsi la substance connue d'eux seuls, qui produit les hallucinations.)

— Ceci n'est pas une explication ! dit M. Ferragut incrédule.

Vendredi insista.

— J'ai eu, dit-il, la preuve de ce que je te dis par un chien.

« Il était l'arrière-fils d'une chienne mâtinée de loup.

« Un jour je fis respirer à mon chien l'odeur du Gand-Ylh.

« Je voulais savoir si les bêtes subissaient son influence comme les hommes.

« Mon chien, qui avait toujours aboyé comme les chiens, se mit à hurler comme les loups.

« Du reste, si vingt enfants anglais, n'ayant jamais parlé, mais non muets de naissance, étaient jetés sur une île déserte avec des muets qui les élèveraient, ils finiraient par parler entre eux et par trouver des mots, et ce serait des mots anglais.

— Qu'en savez-vous, Vendredi ?

— Les savants le disent.

« Ma femme est de cet avis.

« Du reste, voilà un fait qui prouve que l'on sait, sans s'en douter, la langue paternelle, quand même on ne l'a jamais entendue parler.

« Cette fille ne comprend pas le yoloff en dehors de ses extases.

— Va-t-elle encore longtemps psalmodier de la sorte ?

— Ce sera bientôt fini.

« Elle pleure son dernier parent.

— Que va-t-elle faire ensuite ?

— On la priera de flairer les vêtements des deux prisonniers.

— Et après ?

— Elle se dirigera en esprit vers eux.
— Allons donc.
« C'est impossible !
— Vous verrez bien que la chose se fera.
— Comment voulez-vous que j'admette un miracle aussi invraisemblable ?
— Ce n'est pas un miracle.
« On ne sait pas où s'arrêtent les facultés des sens.

« Le chien, par exemple, a un flair qui lui permet de retrouver son maître à des distances prodigieuses et sans qu'il ait ni piste pour se guider, ni vue du paysage.

« En voulez-vous un exemple pendant que cette malheureuse sanglote ?

« Un jour, mon maître Robinson et moi, nous prenons un train.

« On nous force à mettre nos chiens aux bagages, nous montons en wagon.

« A la première station, master Robinson se prend de querelle avec un Yankee qui était ivre et qui l'avait bousculé.

« Nous tuons le Yankee et deux de ses amis ; mais le train part.

« Nous filons dans la campagne et nous gagnons l'espace.

« Nos chiens restent aux bagages et le chef de train les confie à l'administration, car ils étaient de valeur.

« Nous ne pouvions les réclamer sans indiquer nos traces.

« L'administration ne garda pas longtemps nos braques.

« Ils rongèrent leurs cordes, franchirent un mur et s'enfuirent.

« Ils étaient à cent huit milles de la station où la rixe avait eu lieu ; ils nous retrouvèrent trois jours après leur fuite.

« Je dis, moi, que c'est un prodige, et je suis cependant sûr que cela s'explique naturellement par la subtilité des sens.

« Si un pigeon reconnaît la route qu'il doit suivre, étant à mille milles de son colombier, pourquoi une voyante extatique dont les sens sont arrivés à une puissance de développement incomparable, ne jouirait-elle pas de facultés inconnues de nous ?

« Ma femme explique ainsi les mystères de notre religion du Python.

« Il y a beaucoup d'inconnu encore dans les sciences magnétiques.

« Du reste, vous allez en juger par vous-même.

En ce moment la jeune fille était plus calme et semblait soulagée.

L'initiée lui demanda :
— Veux-tu me répondre, ma fille ?
— Oui ! dit-elle d'une voix singulière qui semblait sortir de dessous le plancher.

C'est un effet de ventriloquie fréquent chez les hallucinés.

Cette voix était pénible à entendre venant ainsi d'une grande profondeur et faisant songer aux morts et aux tombeaux.

L'initiée reprit :
— Veux-tu nous dire ce que font les personnes dont tu tiens les vêtements en main ?

En ce moment Vendredi poussa M. Ferragut du coude et lui dit :
— Examinez-la bien.

La jeune fille se mit à respirer fortement l'odeur des vêtements, puis elle dit :
— Ouvrez les jalousies.

On lui obéit.

Elle se mit à prendre le vent comme un chien qui entre en chasse, puis, après des hésitations assez longues, elle ordonna :
— Placez-moi à la fenêtre qui regarde vers la montagne.

On obéit encore.

Alors elle parut faire un effort énergique pour concentrer son regard dans la direction du Morne, puis elle murmura :
— Je vois...
« Oh ! c'est affreux !
« L'homme n'est pas un nègre ; c'est un blanc et ils le battent !
« La jeune fille regarde comme moi, mais elle ne pleure pas.
« Son cœur est brisé.
« Ah ! comme elle souffre !

Elle eut soudain une exclamation qui peignait le plus profond dégoût.
— Quel monstre ! s'écria-t-elle.
« Il est là !
« Il la torture !

En ce moment Vendredi murmurait à l'oreille de M. Ferragut :
— C'est de don Saluste qu'elle parle.

Mais la jeune fille poussa soudain un cri déchirant :

— Elle brûle !
« Elle est en flammes ! disait-elle.

La chasse aux taureaux.

« Elle s'est brûlée vivante !
Le spectacle qu'elle voyait était si terrible qu'elle ne put le supporter.
Elle eut une brusque attaque d'hystérie qui la fit rouler sur le sol en proie à l'épilepsie et la bave aux lèvres.
— C'est fini, dit alors Vendredi.
« Elle ne parlera plus.

En effet, la patiente, après plusieurs spasmes, tomba dans une torpeur telle qu'on aurait pu la croire morte.

Vendredi et M. Ferragut se hâtèrent d'aller trouver Choquart pour lui raconter ce qu'ils avaient entendu.

CHAPITRE XIV

Le capitaine Sacripant.

Nous avons défini le tempérament de don Saluste ; il avait de l'audace, mais il manquait absolument de courage physique.

Malgré tout ce qu'avait pu dire don Saluste, il demeurait fort inquiet au sujet de la révolte ; et surtout, le canon, tonnant à Santiago même, l'avait terrifié.

Jusqu'au jour, il ne put dormir, en proie à des terreurs vaines.

La nuit épouvante les consciences troublées et peuple l'ombre des fantômes du remords ; le jour dissipe ces chimères.

Quand l'aurore, pointant à l'horizon, eut ranimé la nature, quand le clairon retentissant sonna la diane, quand on vit ces soldats sillonner les cours et les patrouilles rentrer, don Saluste se jugea bien gardé et il s'endormit.

Il ne s'éveilla que fort tard.

Il avait fourni la veille une très-longue traite à cheval, il avait été debout presque toute la nuit, il se reposa pendant neuf heures et nul n'aurait osé l'éveiller, si ce n'est Herrera ; mais celui-ci n'eut pas besoin de lui.

Il était trois heures lorsque don Saluste demanda un bain après lequel il donna ordre que l'on priât Herrera de dîner avec lui à cinq heures.

L'agent fit réponse qu'il acceptait.

Don Saluste appelant son intendant lui recommanda de faire en sorte que ce repas fût somptueux, car outre qu'il considérait Herrera comme un homme de haute importance, il avait de droit, à sa table, le lieutenant-colonel commandant les trois compagnies et les officiers de cette troupe.

Tel est l'usage aux colonies.

A cinq heures, c'est-à-dire au moment où le soleil déclinait à l'horizon, où la brise de mer commençait à rafraîchir l'air, où les frais parfums embaumaient l'atmosphère, la cloche de la plantation, sonnant à toute volée, appela les convives à table.

Le dîner était servi sur une terrasse recouverte d'un berceau de lianes entrelacées gracieusement et de plantes grimpantes qui enguirlandaient les piliers de soutien.

On jouissait, de là, d'une vue admirable sur la forêt voisine et sur le Morne que le soleil couchant illuminait.

Les officiers qui avaient l'insouciance de militaires braves et éprouvés, vinrent prendre place gaiement autour de la table, saluant leur hôte avec la politesse exagérée des Castillans qui donnent le ton à l'armée.

Herrera vint à son tour.

A sa vue, il y eut parmi les officiers quelques chuchotements.

Ils savaient qu'Herrera appartenait à la police et il leur répugnait de s'asseoir à côté d'un agent.

Mais, le colonel qui connaissait Herrera de longue date fit cesser toute hésitation.

Il vint serrer la main à l'agent secret et le présentant à ses officiers :

— Senors, dit-il, je vous prie d'accueillir, comme le mérite, un homme qui a contribué deux fois à ma connaissance, plus qu'aucun général, au salut de l'Espagne.

« Si mon ami Herrera n'était pas la modestie même, il porterait sur sa poitrine toutes les croix dont il a été décoré et qu'il a méritées comme personne, au jugement d'O Donell et de Narvaez.

« J'ajoute, senors, que dans l'insurrection qui commence, celui de nous tous qui est l'homme vraiment indispensable, c'est celui à l'honneur duquel nous boirons tout à l'heure.

Les officiers avaient toute confiance en leur colonel.

C'était un vétéran de la guerre de l'indépendance.

Un peu féroce, comme tout bon Espagnol, énergique et bon tacticien, il avait l'estime de son régiment.

LE MORNE AUX GÉANTS 71

Tous les officiers s'empressèrent de serrer la main d'Herrera.

On se mit à table.

Don Salusto fit tous ses efforts pour paraître gai et rassuré, mais au fond, chacune des questions qu'il posait aux officiers trahissait son agitation intérieure.

Il avait envoyé aux nouvelles pendant la journée.

Les émissaires de don Saluste étaient revenus un peu avant le dîner, annonçant que partout les plantations en cendres étaient abandonnées par les noirs qui avaient tué maîtres, majordomes, maîtresses et même enfants.

Il reçut même au moment où l'on buvait le madère après le potage au piment, le dernier de ses envoyés.

C'était un des drôles qu'il payait pour sa garde personnelle.

Celui-ci arrivait tard, car il venait de très loin.

Il raconta que les noirs de Toucoula avaient poussé leur vengeance si loin, qu'ils avaient allumé sur le corps de leurs propriétaires des mèches de coton trempées dans l'huile.

Le supplice de l'un d'eux avait duré pendans sept heures.

Don Salusto, à ce récit, frémit d'épouvante, il voulut boire pour s'étourdir; mais sa main tremblante versa le contenu de son verre sur la nappe pendant que les dents de ce misérable lâche s'entre-choquaient.

Herrera lui dit :

— Je comprends, señor, que ces nouvelles vous fassent frissonner de colère ; mais nous allons avoir la douce consolation de faire fouetter le nègre que vous savez.

L'agent rappelait ainsi ce qui avait été convenu la veille au sujet de M. Balouzet, mais don Saluste reculait effrayé par les représailles que les noirs avaient déjà exercées.

— Je ne crois point, dit-il, que ce soit le moment de sévir.

« Pourquoi exaspérer ces nègres?

— Señor, dit Herrera, en pareil cas, hésiter c'est se perdre.

« Une modération tardive ne vous sauverait certes pas.

« Vous êtes connu comme l'un des piliers de l'institution de l'esclavage.

« Mes rapports de police m'ont signalé que vous passiez parmi les nègres pour être un marchand de bois d'ébène sous le couvert de divers hommes de paille.

« Bref, si vous tombez aux mains des révoltés, vous êtes mort.

« A votre place, j'agirais comme un homme qui sait qu'on ne lui fera point quartier ; je n'en ferais pas non plus.

— Vous avez raison ! dit don Saluste sur lequel, du reste, le vin agissait déjà.

Et se tournant vers son intendant qui surveillait le service.

— Prévenez, Humbert, mon majordome, dit-il, que ce soir on fouette le nègre marron qui a été ramené hier.

— Bravo ! dit Herrera.

— Très-bien ! fit le colonel.

Tous les officiers approuvèrent.

Seulement, l'un d'eux dit :

— Si Sacripan était là il ne serait pas content ! Heureusement il est de patrouille, sans quoi il aurait fait la grimace.

— Qu'est-ce que cet officier? demanda don Saluste.

— Mon meilleur capitaine de l'aveu de ceux même qui sont ici présents ! dit le colonel.

« C'est le plus loyal, le plus chevaleresque et le plus intelligent officier de l'armée coloniale ; il est l'homme du devoir avant tout.

« Mais...

— Il y a un mais... fit Herrera attentif.

— Oui ! dit le colonel.

« Seulement ma restriction n'enlève rien au mérite de Sacripan.

« C'est par l'exagération même de ses qualités qu'il pèche.

« Ainsi, grâce à sa générosité native, il exècre tous les abus.

« Or, aux colonies, on abuse un peu trop du fouet pour les nègres.

— C'est vrai ! dit Herrera.

— Dans le cas actuel, je suis d'avis, continua le colonel, que ne pas flageller le noir marron que vous avez en mains, serait une faiblesse ; mais j'avoue qu'en général je trouve comme Sacripan que l'on tyrannise inhumainement ces esclaves.

« Toutefois, si l'occasion s'en présente, moi et ces senors nous écraserons les nègres et nous les hacherons comme chair à pâté.

« Sacripan, lui-même, exécutera strictement la consigne quelle qu'elle soit.

« Je réponds de lui.

— En somme, demanda Herrera, cet officier est anti-esclavagiste.

— Je le crois.

— Il a raison ! dit Herrera pensif et se souvenant de la scène de cette nuit même.

Les officiers se regardèrent étonnés de voir Herrera partager les opinions du capitaine Sacripan.

— Senors, dit don Saluste, si l'Espagne émancipait les esclaves, elle enlèverait aux insurgés cubains une force considérable.

— C'est vrai ! fit-on.

— Du reste, dit Herrera, c'est de la politique et les soldats n'en font point ; ils exécutent les ordres qu'on leur donne.

« Du moment où le capitaine Sacripan est homme à faire son devoir quand même, il peut penser ce que bon lui semble.

— Oh ! dit le colonel, sur le dévouement de Sacripan, pas l'ombre d'un doute.

« Tout ce que le régiment fera, il le fera aussi, car il mourrait plutôt que d'abandonner notre drapeau à l'ombre duquel il est né et a grandi.

« C'est un enfant de giberne.

« Il est le fils de Mira, la plus jolie cantinière des armées de 1812, et du général duc d'Olivarès.

— Est-ce qu'il est reconnu ? demanda vivement Herrera.

— Non.

« Jamais Mira, sa mère, n'a voulu consentir à se séparer de lui.

« Le duc mettait à son adoption cette condition que Sacripan quitterait le régiment pour être élevé comme un gentilhomme.

« Mira s'y refusa.

« Quand Sacripan eut dix-sept ans, il était alors sergent, le duc, à la suite d'une action d'éclat lui fit envoyer un congé et lui adressa l'invitation de le venir voir.

« Sacripan répondit qu'il respectait intimement le général duc d'Olivarès, mais qu'il n'avait point l'honneur de le connaître.

« Depuis, pour l'amener à résipiscence, son père a cherché à retarder son avancement ; mais il n'y a pas réussi.

« A force de sang-froid, de présence d'esprit et d'intelligente bravoure, Sacripan a gagné l'épaulette de capitaine avant d'avoir atteint l'âge de vingt-cinq ans.

— Voilà un type remarquable ! dit Herrera très-intéressé.

« Mais pourquoi son surnom ?

— Parce que quand il était enfant de troupe c'était un diable à quatre, qui se battait sans cesse avec les autres muchachos, pour la plus grande gloire du régiment.

« Les soldats le voyant si décidé et si batailleur le nommèrent Sacripan.

Don Saluste, qui n'avait rien dit jusque-là, demanda :

— C'est le seul capitaine qui ne soit pas à table.

— Oui, senor.

— Un grand jeune homme qui paraît avoir près de trente ans ?

— Précisément.

« La mâleté de ses traits et la maturité de son esprit le vieillissent un peu, dit le colonel, mais il n'a que vingt-quatre ans, soyez-en certain.

— Je ne crois pas être dans ses bonnes grâces ! fit don Saluste.

« Il m'a regardé plusieurs fois de travers hier et aujourd'hui.

Les officiers se mirent à rire.

— Senor, dit le colonel, il est probable que Sacripan vous trouve trop peu respectueux pour les femmes qu'il adore.

— Moi aussi j'adore les senoras ! dit don Saluste.

— Oh ! pas comme lui !

« C'est un chevalier.

« C'est un servant des belles.

— Comme moi, comme moi !

— Non, senor, non !

« Vous êtes un don Juan, un Lovelace ; Sacripan, c'est Scipion ou Bayard.

« Il est homme à sauver une femme et à la respecter, fût-il seul pendant dix ans dans un désert avec elle.

« Vous ne passez pas précisément pour être aussi continent.

Un éclat de rire général accueillit cette affirmation du colonel.

Don Saluste parut quelque peu gêné par cette liberté.

Son embarras redoubla quand le colonel lui dit :

— Voici le capitaine Sacripan.

Celui qui s'avançait était un homme à qui l'on aurait pu en effet, donner de vingt-huit à trente ans, si l'œil n'avait pas resplendi de l'éclat de la jeunesse.

Il eût été difficile à un général, dans une revue, à une femme dans une parade, de ne pas admirer un si bel officier.

Grand, large d'épaules, taille bien assise sur les hanches, la cuisse moulée à faire pâmer d'admiration une Anglaise, le genou fin, le pied petit, l'encolure ronde et gracieusement attachée, la tête caractérisée par tous les signes de la franchise, de la bravoure et de la loyauté, la bouche fraîche, les dents brillantes, un beau front de penseur, un nez légèrement busqué dénotant l'instinct de l'action, tout ce qui constitue enfin un homme complet, propre à tout, bien pondéré, ayant la clarté de l'esprit dans le cabinet, le sens net et pratique sur le terrain, l'élan pendant l'action, le charme des natures aimantes dans les relations de la vie et la haine rigoureuse du mal partout et toujours.

Le père de Sacripan était un Gallicien ; c'est dire que le capitaine avait dans les veines du sang des Gaulois qui jadis passèrent en Espagne.

C'est à cela sans doute qu'il devait sa verve entraînante et sa gaieté.

Sa mère était Basque.

C'est d'elle qu'il tenait son indomptable fermeté et son stoïcisme.

On remarqua que l'uniforme du capitaine était taché de sang ; on en conclut que sa compagnie, dans sa patrouille, avait eu à combattre.

Il salua gracieusement tout le monde, à commencer par don Saluste, le maître de la maison ; puis il dit en s'asseyant :

— Señors, j'ai des nouvelles.

— Ah ! dit Herrera, qui tressaillit.

— J'ai relevé un blessé de notre régiment que j'ai ramené ici.

« Il m'a raconté ce qui s'est passé cette nuit dans la marche des colonnes de cavalerie et d'infanterie qui nous ont quittés pour aller au secours de Santiago.

« Les compagnies qui sont parties d'ici ont été harcelées par les nègres.

« Le colonel est mort !

Cette déclaration produisit une impression profonde.

Non pas que ce chef fût aimé, tout au contraire ; on le haïssait.

Mais on concluait que l'affaire avait dû être très-chaude.

Sacripan reprit :

— Au dire du blessé, il y avait, à moitié route, sept ou huit officiers à terre et deux ou trois cents hommes.

« La cavalerie dut revenir sur ses pas pour charger les blessés sur les chevaux et il fallut tirer à mitraille pour ouvrir le passage du convoi sur certains points.

« Les nègres étaient enragés.

« J'ai vu plus de cent cadavres des nôtres sur le chemin.

« Je ne suis allé qu'à moitié route, jugeant imprudent de pousser plus loin et me trouvant engagé avec un millier de noirs.

— Vous avez eu maille à partir avec les insurgés ! demanda le colonel.

— Oui, mon colonel.

« Ils étaient une nuée de diables contre ma compagnie.

« Vraiment ils montraient de l'audace et ils avaient du cœur à la besogne, étant bien armés, du reste.

« Ils étaient dirigés par un blanc, vêtu très-bizarrement de peaux de chèvres.

— C'est Maracasse ! dit Herrera.

« Ses compagnons l'ont surnommé Poil-de-Bique à cause de ses vêtements singuliers.

— J'ai failli l'enlever ! dit Sacripan.

« Vraiment cet homme me gênait fort et, dans une charge, nous l'avons eu presque au bout des baïonnettes.

« Mais il a pu nous échapper.

« Tant mieux, du reste.

— Comment tant mieux ! fit Herrera.

— Eh, oui !

« Comme Espagnol et comme soldat je l'aurais voulu voir tomber sous nos balles ; j'ai fait tout ce qu'il fallait pour cela ; mais comme homme, j'admire son courage.

— Très-bien ! dit Herrera.

« Mais comment vous êtes-vous tiré d'affaire, capitaine ?

— Mes fantassins, dit Sacripan, tombaient comme des mouches.

« J'avais trente hommes touchés sur cent, mon lieutenant blessé, et ça tournait mal.

« J'ai poussé, comme je vous l'ai dit, une charge à la baïonnette qui m'a dégagé et j'ai fait mettre le feu aux herbes sèches pour arrêter l'ennemi par les flammes.

« J'ai pu ainsi enlever et emporter nos blessés et me voilà.

— Sain et sauf ! dit le colonel.

— Oh sain, pas tout à fait ! dit le capitaine ; j'ai tout bêtement trois blessures, ce qui vous prouve que ces nègres ne tirent pas mal.

« Heureusement le docteur, qui a extrait les trois balles, m'a assuré que ce ne serait rien, ce qui me permettra de prendre part à la défense de la plantation.

— Nous serons donc attaqués, selon vous, capitaine ? demanda don Saluste avec une angoisse visible.

— Tenez-le pour certain, senor.

« Les nègres criaient, en se battant, qu'ils voulaient délivrer Touche-Toujours et Juanita, prisonniers dans cet établissement-ci.

« Il parait qu'ils tiennent extraordinairement à ce Touche-Toujours.

« C'est un esclave marron ; dit-on.

— Oui, capitaine ! dit don Saluste.

— Si jamais, senor, ces enragés parviennent à enlever la plantation en nous passant sur le corps, je puis vous prédire une mort désagréable.

« Ils ont pour cri de ralliement : « Au « feu don Saluste !..

Jamais peuplier secoué par le vent ne trembla comme le marchand d'esclaves en entendant cette révélation du capitaine.

— Est-ce que vous pensez, capitaine, demanda-t-il, que les insurgés ont quelque chance de s'emparer de cette ferme ?

— S'ils ont du canon, oui !

— En ont-ils ?

— Peut-être.

« Le soldat blessé que j'ai rencontré et ramené prétend qu'ils ont enlevé deux pièces et cinq caissons à la colonne.

— Sacrebleu ! dit le colonel, voilà des gaillards qui nous donneront du fil à retordre.

Don Saluste, l'œil hagard, demanda d'une voix étranglée :

— Si réellement ils ont du canon, que va-t-il se passer, capitaine ?

— Ils nous bombarderont, pardieu ! dit Sacripan en riant.

— Et après ?

— Ils feront brèche ; nous recevrons un assaut et nous les repousserons.

— Ah ! fit don Saluste soulagé.

— Mais ils recommenceront et à chaque fois, ils nous tueront du monde.

« Au troisième ou au quatrième assaut, si nous ne sommes pas secourus, ils emporteront la place et les survivants seront torturés.

« Comme je serai mort depuis longtemps, je n'aurai pas le désagrément d'être comme vous brûlé vif !

Et Sacripan se mit à rire gaiement en voyant la tête que faisait don Saluste.

Tous les officiers firent chorus, excepté Herrera qui était préoccupé.

Don Saluste crut que Sacripan, exagérant le danger, s'était fait plaisir de l'effrayer.

— Capitaine, dit-il, vous avez la plaisanterie sinistre.

— J'ai ri, riposta Sacripan, mais je n'ai pas plaisanté.

— Si nous sommes réellement menacés, comme vous le dites, pourquoi donc affichez-vous une gaieté intempestive.

— Eh ! senor ! cent fois dans une carrière de soldat, il se trouve des situations pareilles ; s'il fallait s'en attrister, la vie militaire serait vraiment par trop lugubre.

« Mourir aujourd'hui, mourir demain, il faut arriver à quitter le monde.

« Or, je ne sais pas de trépas plus agréable, plus glorieux, plus brillant, qu'une bonne balle dans un beau combat, en plein élan, au milieu de bons camarades qui mêlent un beau sang vermeil et généreux au vôtre.

« Si vous m'en croyez, don Saluste, vous serez des nôtres, sur la brèche.

« Si vous rencontrez un projectile, cela vous évitera le bûcher.

Nouveaux rires des officiers.

Grimace significative de don Saluste.

Herrera réfléchissait toujours, étranger en apparence à ce qui se disait.

Il méditait profondément.

Don Saluste maudissait le jour où il avait eu l'idée de venir au Morne.

Dans tout ce que le capitaine Sacripan avait dit, il ne voyait qu'une planche de salut, une seule et il s'y accrocha.

— Capitaine, fit-il, pour nous tirer de là, il faut du secours.

« Mais le gouverneur sait-il que nous sommes dans cette situation ?

— Il est probable, senor, répondit Sacripan, que le gouverneur a fort affaire dans Santiago et qu'il ne pense à nous qu'à ses moments perdus ; une capitale de province à une autre importance qu'une bicoque comme celle-ci.

— Permettez !

« Je suis dans cette bicoque.

« Je vaux des millions de piastres.

— Est-ce que vous faites du gouvernement votre héritier, senor ?

« En ce cas, avant peu le trésorier encaissera les millions, si vous êtes assez patriote pour écrire un bon testament en faveur de l'Espagne.

— Soyez donc sérieux, de grâce, capitaine ; je puis peut-être envoyer un émissaire jusqu'à Santiago et faire avertir le gouverneur.

— Ceci, senor, est une bonne précaution et je l'approuve fort.

En ce moment le majordome Humbert entra suivi d'un mulâtre demi-nu, n'ayant qu'un pantalon de toile, mais que le colonel et les capitaines reconnurent aussitôt.

C'était un métis d'arabe et de nègre qui avait pris service dans le régiment espagnol, lorsque celui-ci tenait garnison à Melila sur les côtes d'Afrique, dans la petite colonie que possède l'Espagne sur les côtes du Maroc.

Il avait gagné les galons de sergent à force de services rendus, et les Cubains s'étonnaient fort de l'estime que lui témoignaient les officiers et ses camarades.

— Te voilà, mon brave Ali ! dit le colonel en remplissant un verre et en le tendant à son sergent qui paraissait exténué.

« D'où viens-tu ?

— Mon colonel, dit le sergent après avoir bu avidement, car il mourait de soif ; je viens de Santiago et je suis envoyé par le général.

« A cause de ma couleur, on pouvait me prendre pour un insurgé.

« J'ai pris un costume civil comme vous voyez et j'ai passé à travers les camps des noirs, leur racontant une fable bien tournée.

« On vous fait savoir que vous devez vous attendre à une attaque pour cette nuit ; on vous prie de tenir bon, car on fait marcher dix mille Catalans montés pour prendre les nègres en queue, pendant qu'ils vous donneront l'assaut.

« Les volontaires sortent de dessous terre et nous aurons une armée auxiliaire toute prête, bien armée, bien montée.

— Il y a six mois que je l'organise ! dit Herrera en souriant.

— Grand merci, senor ! fit Ali.

« C'est grâce à ces volontaires que nous avons comprimé l'émeute à Santiago.

« Sans eux, nous étions massacrés.

« Mais ils se sont rassemblés au premier coup de fusil et ils nous ont prêté la main pour exterminer les insurgés qui ont reçu une rude leçon.

« Malheureusement, la frégate qui croisait devant le port a laissé échapper le *Virginius* du capitaine corsaire Leone qui a eu l'audace de venir bombarder nos batteries.

« Malheureusement aussi le régiment a été écharpé dans sa marche d'ici à Santiago.

« Mais cette nuit, il aura sa revanche, car il se joint aux Catalans montés.

— Mais ceux-ci sont donc des cavaliers ,

— Mon colonel, j'ai dit montés.

— Qu'entends-tu par là ?

— Que ce ne sont pas précisément des cavaliers ; puisqu'ils sont trois pour un cheval.

« Afin de mener rondement cette marche de surprise, un homme est sur le dos du cheval, deux autres hommes sont à pied.

« On va sur le pas d'une lieue et demi à l'heure et l'on ne se repose jamais.

« Quand un des piétons est fatigué, celui des soldats qui est sur le cheval, descend et cède sa place à l'autre.

« Notre régiment a été organisé de la même façon que les Catalans.

« On compte faire ainsi vingt-quatre lieues en seize heures.

« Au moment de l'attaque les meilleurs écuyers resteront à cheval pour tourner l'ennemi et pour l'envelopper.

« Je crois que nous ferons cette nuit une belle razia.

A mesure que le mulâtre parlait le front de don Saluste se déridait.

Le colonel, ayant pesé toutes les paroles d'Ali, dit en tordant sa moustache.

— Nous les tenons s'ils osent nous assiéger cette nuit.

A cette déclaration, don Saluste rayonna, et dans sa joie il tira une bourse pleine d'or qu'il tendit au mulâtre en lui disant :

— Tiens, mon garçon.

Ali fronça le sourcil :

— Senor ! dit-il, mes officiers me tutoient parce que c'est une preuve d'estime et d'affection pour un bon soldat.

« Mais je ne veux pas qu'un civil, je ne veux même pas qu'un officier d'un autre régiment me traite familièrement.

« Quant à m'appeler, mon garçon ! c'est une chose que je ne tolère pas de qui que ce soit.

Et, laissant la bourse sur la table, Ali salua militairement et se retira.

— Preuve, dit malicieusement Sacripan, que l'or n'est pas tout-puissant et qu'un mulâtre peut être un homme.

Don Saluste était fort étonné et de l'action d'Ali et de la réflexion du capitaine.

— Vraiment, dit-il avec une certaine amertume, on dirait que vous souhaitez le triomphe des noirs, capitaine.

— Je voudrais les battre à plate-couture, dit Sacripan et avec eux les Cubains ; puis, j'émanciperais graduellement les malheureux esclaves et j'apaiserais ensuite les Cubains en les dégrevant des lourds impôts qu'ils payent.

— Décidément, dit Herrera, vous seriez un diplomate aussi remarquable que vous êtes un excellent officier, capitaine.

« Il n'y a pas autre chose à faire que ce que vous venez de dire.

« C'est tout un programme politique.

On était au dessert.

En ce moment Humbert vint mander à don Saluste qu'il était prêt à faire fouetter le nègre marron.

Un éclair de haine brilla dans les yeux du marchand d'esclaves.

Il avait été humilié et raillé par Sacripan, il avait eu peur, il s'était montré lâche ; il fallait que sa colère tombât sur quelqu'un ; il fut ravi d'avoir son prisonnier sous la main.

— Prépare tout ! dit-il à Humbert.

Et aux officiers :

— Senors, permettez-moi de vous offrir, pendant que vous fumerez vos cigares, le spectacle du fouet appliqué au nègre.

— Faites, senor ! dit Herrera.

Sacripan qui avait à peine touché aux mets servis sur la table, se leva et boucla son ceinturon.

— Où allez-vous donc, capitaine ? demanda le colonel.

— Je suis de service aux avant-postes, comme vous le savez, mon colonel, dit Sacripan ; je crois bon de m'y installer.

— Vous êtes blessé, mon cher, de plus très-fatigué ; on va vous remplacer.

« A peine, du reste, avez-vous eu le temps de vous réconforter.

— Mon colonel, je tiens à honneur d'être cette nuit au premier rang, puisqu'un heureux hasard m'y a placé.

« Je vais vous envoyer mon sous-lieutenant qui doit mourir de faim là-bas en m'attendant ; ne me le gardez pas longtemps.

« Mon lieutenant, avec sa jambe fêlée est sur son lit.

« Soyez assez bon pour lui faire porter une ou deux bouteilles de champagne, une boîte de cigares et une guitare.

« Le docteur s'opposera au champagne ; mais je connais mon lieutenant et je vous assure que l'on peut braver l'ordonnance du médecin.

« Au revoir, camarades.
« Senor don Saluste, je vois que vous ne serez pas encore brûlé cette nuit; mais avant l'arrivée d'Ali et de sa bonne nouvelle, vous sentiez furieusement le roussi. Sur cette raillerie, il s'éloigna.

La bande du Gentleman.

— Quel homme! dit le colonel.
« Regardez-le !

« Qui se douterait que ce gaillard a reçu trois balles cette après-midi ?

« Je suis sûr que ses blessures sont plus graves qu'il ne le dit.

— Je souhaite à l'Espagne, dit Herrera, que l'avancement de ce jeune homme soit rapide et qu'il devienne bientôt général.

— Il ne le sera jamais ! fit le colonel en souriant.

— Pourquoi ?

— Son ambition se borne à commander un jour le régiment.

« Quand il en sera le chef, il refusera tout autre commandement.

— On doit aimer la patrie plus que tout ! dit Herrera.

— Pour lui, la patrie, dit le colonel, c'est le drapeau.

— En sorte que, si le régiment passait à l'ennemi, le capitaine Sacripan le suivrait ? demanda Herrera.

— Le cas a failli se présenter.

« Dans la dernière guerre civile, les soldats très-travaillés, étaient sur le point de tourner aux insurgés.

« C'était au matin d'une bataille, et le mouvement de désertion commençait par des murmures et par un flottement.

« Sacripan courut au drapeau, le saisit et cria d'une voix qui vibra dans toutes les poitrines :

« — Voilà le devoir !

« Voilà l'honneur !

« Et vous avez prêté serment sur ce drapeau, et, tant qu'il flottera au soleil des Espagnes, si vous vous parjurez, il attestera votre honte et vous n'oserez pas le regarder !

« Passons à l'ennemi, soit !...

« Mais auparavant, déchirons la soie et brisons la hampe.

« Il ne faut pas laisser subsister le témoin de notre trahison.

« — Bravo ! s'écria Herrera.

— Vous concevez, reprit le colonel, que les soldats tenaient trop à un drapeau illustre, troué par la mitraille de cent combats, pour se résoudre à l'anéantir.

« Sacripan, sans attendre l'ordre du général, sans se préoccuper du colonel, se dirigea droit sur l'ennemi l'étendard en main.

« Tous les soldats le suivirent.

— De gré ou de force, il sera général ! dit Herrera.

Mais on amenait à quarante pas de la terrasse M. Balouzet pour être fouetté, et cette scène fit cesser toute conversation.

Cependant, Herrera dit au colonel à voix basse :

— Je crois que votre capitaine s'est éloigné pour ne pas être témoin de ce qui va se passer ici.

— Je le pense comme vous.

« Toutefois la loi étant la loi, il laisserait fouailler ce nègre.

« Mais s'il savait la vérité sur la jeune fille enfermée ici...

— Eh bien ? demanda Herrera.

— Je ne sais trop ce qui arriverait...

— Je saurais lui faire entendre raison, au nom du salut public.

— Je ne le crois pas.

« Quand la liberté ou l'honneur d'une femme est en jeu, il est intraitable.

En ce moment les deux interlocuteurs se turent, car le supplice commençait.

CHAPITRE XV

Brulée vive !

En quittant les officiers, don Saluste se rendit auprès de dona Inez.

— Ma chère, lui dit-il après l'avoir mise au courant des nouvelles, nous allons tenter une épreuve sur cette petite Juanita.

« Vous allez la placer à cette fenêtre, la jalousie fermée.

« De là, elle verra parfaitement le supplice de son amant.

« Vous lui direz qu'il doit mourir sous le bâton.

« Vous ajouterez qu'il dépend d'elle de le sauver.

« Si elle consent à m'aimer j'accorde la vie à son nègre.

— Je connais mon rôle ! dit Inez.

— Si vous réussissez, ma chère, je vous fais cadeau du plus beau cachemire que vous pourrez faire venir de Londres ou de Paris.

— J'espère peu ! fit-elle.

« Enfin nous verrons.

— Les coups seront donnés lentement, dit don Saluste.

« Je vous laisserai le temps d'agir sur l'esprit de Juanita.

Et il alla donner à Humbert ses instructions.

Dona Inez, elle, se dirigea vers la chambre de Juanita.

La jeune fille, depuis la veille, avait conservé une attitude calme qui annonçait la persistance d'une résolution bien prise.

Elle n'avait pas demandé une seule fois des nouvelles de M. Dalouzet.

Pas une seule fois, elle n'avait adressé la parole la première à dona Inez.

Elle lui répondait laconiquement lorsque celle-ci l'interrogeait.

Dona Inez sentait grandir sa haine à chaque minute.

Les haines les plus violentes sont celles qui résultent, non point de sévices personnellement exercés ou subis, mais de l'antipathie des caractères.

Qu'avait à reprocher dona Inez à Juanita ?

Rien.

Mais, comme nous l'avons dit, la pureté incomparable de cette jeune fille, la noble fierté de son esprit, sa supériorité morale enfin, exaspéraient dona Inez.

C'est un supplice pour une femme déchue de trouver en face d'elle une autre femme qui a droit à l'estime.

Si cette femme est de plus si belle qu'elle force l'admiration, l'envie s'ajoute aux cuisantes blessures que cause la conscience de sa bassesse.

Mais si, de plus, celle que l'on jalouse laisse deviner son mépris par son attitude, alors la haine devient d'autant plus ardente que les femmes, extrêmes en tout, sont cruelles avec raffinement, comme elles sont tendres à l'excès.

Tout en elles procédant du sentiment, elles agissent sans le contre-poids du raisonnement ; leurs sensations étant très-vives, les ressentiments sont très-énergiques et portent souvent sur des faits qui effleureraient à peine un homme alors qu'ils laissent une trace ineffaçable dans le cœur d'une femme.

Les haines féminines sont tissées de petits riens qui forment cependant une trame indestructible.

Juanita avait parfaitement compris que dona Inez, en dehors même de l'odieuse mission acceptée par elle, conjurait sa perte avec acharnement.

Rien ne lui avait échappé dans le jeu de cette femme, à partir du moment où elle avait conçu le premier soupçon.

A son tour, Juanita, Italienne, et par conséquent, vindicative, Juanita qui avait de la décision et de l'énergie, s'était mise à rendre haine pour haine, mépris pour persécution.

Car, tout en masquant son but, dona Inez ne manquait aucune occasion de torturer moralement sa victime.

Vingt fois en une heure, par exemple, sous prétexte de la plaindre, elle lui peignait le sort dont elle était menacée.

Jusqu'alors dona Inez avait gardé le masque et Juanita le lui avait laissé.

Mais cette nuit devant être celle où don Saluste accomplirait son attentat, dona Inez, certaine d'en finir, cessa d'être hypocrite et Juanita ne ménagea plus rien.

Lorsque dona Inez entra chez la jeune fille, celle-ci, accoudée à la fenêtre, rêvait en respirant l'air frais du soir qui descendait du Morne apportant l'âpre parfum des hautes cimes.

La lune, apparaissant au ciel, aussitôt que s'étaient éteintes les splendeurs du soleil couchant, la lune, brillant dans le ciel pur, enveloppait de ses rayons doux et chastes l'élégant profil de la jeune Vénitienne qui apparut aux yeux de dona Inez comme une divine incarnation du type de la Madone créé par les peintres italiens.

Le nimbe lumineux dans lequel Juanita était assise donnait à sa beauté incomparable un éclat divin.

Derrière elle, à chaque coin de la fenêtre, les deux mulâtres, ses surveillants, colosses de bronze, immobiles et muets, ressemblaient à deux cariatides.

Dona Inez s'arrêta un moment, frappée par les contrastes de ce tableau où tant de force encadrait tant de grâce ; puis, secouant le charme irrésistiblement subi, elle s'avança d'autant plus irritée.

— Petite, dit-elle en affectant la familiarité, je vous annonce une nouvelle fâcheuse ; votre nègre va, sous vos yeux, être fouetté tout à l'heure jusqu'à la mort !...

Elle suspendit sa phrase pour en calculer l'effet et reprit :

— ...Jusqu'à la mort, à moins que vous ne consentiez à vous montrer aimable avec don Saluste qui met entre vos mains la vie et la liberté de votre amant.

Juanita s'était préparée à tout avec cette fermeté stoïque qui donne l'impassibilité aux grandes âmes.

Elle se tourna vers dona Inez, la noya dans un regard de mépris et dit :

— Mon fiancé mourra cette nuit et moi ce soir.

« Ce sera pour vous la délivrance, car vous devez souffrir du rôle que vous remplissez près de moi.

— Qu'entendez-vous par là ? demanda dona Inez frémissante.

— Oh ! vous le savez bien... dit Juanita dédaigneusement.

Et, comme une reine qui, quoique prisonnière, se sait environnée d'assez de prestige encore pour être obéie, elle commanda à l'un des mulâtres :

— Allumez les bougies !

L'esclave fit un mouvement ; mais il fut cloué à sa place par un regard impératif de dona Inez.

Juanita eut un léger mouvement d'épaules et dit au mulâtre :

— Avant une heure, si je le veux, je n'aurai qu'à demander à don Saluste qu'il te fasse trancher la tête tu sais bien qu'il te livrerait à la hache d'un nègre pour me plaire.

« Va donc et allume.

Le mulâtre n'hésita plus.

Il obéit résolument.

Dona Inez ne tenta point de l'arrêter par une menace, elle comprit que ce serait inutile.

Mais, montrant la jalousie à l'autre mulâtre, elle lui ordonna de la fermer, ce qu'il fit sur-le-champ.

De l'intérieur de la chambre, à travers les jours ménagés dans le tissu, on pouvait voir au dehors sans être vu.

Juanita surveillait du regard ce qui se passait dans la cour de la plantation ; elle distinguait les officiers fumant et les entendait rire.

— Vraiment, dit-elle, si ces hommes savent ce qui se passe ici et le tolèrent, ce sont des lâches et je plains l'Espagne.

— Croyez-vous donc que des officiers vont prendre parti pour un nègre ? demanda aigrement dona Inez.

— Je ne parle pas seulement de mon fiancé, qui n'est pas esclave, qui n'est pas un noir, qui est citoyen libre de la nation française ; je parle aussi de moi qui suis femme, qui suis malheureuse et retenue ici en violation des lois les plus saintes.

— Oh, pas tant de grands mots !

« Une fille blanche qui se donne à un nègre marron ne mérite pas que des cabaleros se préoccupent d'elle.

« Vous êtes déchue...

— Vous savez bien, dona Inez, que vous vous mentez à vous-même.

« Mais un homme de cœur ne s'arrêterait même pas à la considération que vous faites valoir ; quand on a quelque courage, on protège contre la violence, même une créature de votre sorte, subirait-elle un outrage mérité.

— De ma sorte !...s'écria dona Inez, frappée par l'épithète comme par la lame acérée d'un stylet.

— Oui ! dit Juanita ;... même de votre sorte ! Croyez-vous que je suis dupe de vos lâches comédies et de vos protestations ?...

« Non, et avant de mourir avec vous, je tiens à vous expliquer pourquoi je veux vous donner l'enfer sur cette terre et vous faire partager les souffrances de mon agonie.

Dona Inez, au comble de la surprise, mais inquiète du ton de certitude dont parlait la jeune fille, dona Inez intimidée déjà, murmura à plusieurs reprises :

— Elle est folle !

Mais Juanita reprit :

— Si j'étais sûre qu'il y a un Dieu juste punissant les crimes et récompensant les vertus, je lui laisserais le soin de vous punir.

« Malheureusement je doute aujourd'hui de la Providence.

« Aussi je veux me venger moi-même et vous pouvez vous préparer à une fin épouvantable que je subirai, moi, avec courage, parce que ce sera la délivrance, mais que vous endurerez, vous, avec désespoir, parce que ce sera le châtiment.

Dona Inez, effrayée recula de plusieurs pas; mais Juanita lui dit :

— Oh! ne croyez pas que vous puissiez fuir votre sort; il est inévitable.

« Considérez-vous comme un cadavre qui marche; mais qui, dans quelques instants va chanceler et se rouler dans les tourments de la dernière convulsion.

— Mon Dieu! s'écria dona Inez épouvantée. Elle m'a empoisonnée.

La jeune fille regarda sa persécutrice avec un cruel sourire, puis elle dit :

— Oh, le poison n'est ni assez sûr, ni assez douloureux pour vous.

« J'ai mieux...

« Du reste, vous n'attendrez pas longtemps.

« Voyez...

En effet, M. Balouzet venait d'être amené dans la cour.

Dona Inez, préoccupée des menaces de Juanita, fut cependant distraite de l'impression qu'elle ressentait par la scène qui se déroulait dans la cour.

Deux compagnies espagnoles, sur l'ordre du colonel, avaient pris les armes; la troisième était aux avant-postes.

On craignait un soulèvement possible des esclaves de la plantation.

Ceux-ci, massés, hommes, femmes et enfants, devant les rangs des soldats, étaient directement sous leur feu et leur tournaient le dos faisant face à l'échelle sur laquelle devait être attaché le patient.

L'instrument du supplice était éclairé par une centaine de torches, fichées en terre et répandant des lueurs rouges et sinistres.

Près de là, se tenaient ivres de tafia deux nègres, bêtes fauves aux plus mauvais instincts qui aspiraient à remplacer un jour les deux bourreaux mulâtres en ce moment gardiens de Juanita.

Ils avaient la corde en mains et le rictus des appétits féroces aux lèvres.

Il régnait un silence profond.

Un mot d'ordre mystérieux avait circulé chez les esclaves et les avait rendus muets; les mères fermaient la bouche à leurs petits enfants, quand ils voulaient parler.

Les Espagnols, sous les armes, restaient immobiles; leurs officiers étaient partie dans les rangs, partie sur la terrasse.

Eux aussi se taisaient.

Ils subissaient, malgré eux, une douloureuse impression.

Cette révolte, les grands événements commencés, les pressentiments sombres, certains bruits sourds qui couraient sur la personnalité du condamné, tout contribuait à impressionner.

Lorsque M. Balouzet parut entre les chasseurs d'esclaves, qui l'avaient pris et livré, il y eut parmi les nègres un sourd murmure et un frémissement d'agitation; mais un commandement sonore retentit.

Les soldats apprêtant l'arme firent craquer les ressorts des batteries.

Les esclaves courbèrent la tête et retinrent leur souffle.

Alors passa le condamné.

Il avait beaucoup souffert et l'on apercevait sur son corps nu les traces des coups qui l'avaient précédemment ensanglanté; mais la volonté énergique de cet homme et sa robuste constitution triomphaient de la douleur.

Il levait fièrement sa tête ordinairement bienveillante et empreinte de cette bonhomie railleuse qui caractérise le bourgeois parisien; mais l'expression en était singulièrement changée. La souffrance vaillamment supportée avait imprimé à cette intelligente physionomie l'expression auguste du martyr; les officiers et les soldats eux-mêmes en furent frappés, et, malgré eux, ils s'intéressèrent à la victime.

Humbert, que son emploi de majordome appelait près du patient, pendant le supplice,

Humbert, qui selon son expression avait ses prôtets à liquider, Humbert ne put supporter le regard que M. Balouzet lui jeta en passant près de lui.

Il baissa les yeux.

M. Balouzet lui dit à voix basse :

— Ordonnez à vos bourreaux de bien frapper, Humbert.

« Nous sommes de Paris tous les deux, et il faut que vous m'aidiez à montrer à ces Espagnols que tous les Parisiens ne vous ressemblent pas.

Le majordome tressaillit et ne répondit rien à ce reproche voilé.

Pour la première fois il sentit l'ignominie de son rôle.

La dernière vertu qui survit chez l'enfant de Paris, à l'étranger surtout, c'est l'amour de sa ville, le sentiment de sa supériorité qu'il affirme partout avec passion.

Au bagne même, le forçat parisien est fier de Paris.

Humbert courba la tête humilié et confus de la recommandation que lui faisait son compatriote.

Celui-ci s'étendit de lui-même sur l'échelle et les nègres le lièrent solidement par les mains et par les pieds ; puis ils attendirent l'ordre d'Humbert.

— Allez... et lentement ; fit celui-ci d'une voix étranglée.

Les bourreaux commencèrent à frapper et les coups, au milieu du silence qui régnait, retentirent sourdement.

Les cordes, à chaque flagellation, disparaissaient dans la chair qui, formant deux bourrelets les enfermaient dans une gaîne sanglante ; chaque fois les bourreaux faisaient efforts pour les arracher du sillon dans lequel elles s'emprisonnaient.

Le patient, doué, nous l'avons vu déjà, d'une indomptable volonté, maître absolu de lui-même, ayant usé en quelque sorte la faculté des sensations douloureuses par l'habitude des souffrances qu'entraîne la vie de la Prairie, le patient héroïque supportait le supplice si merveilleusement que le colonel espagnol ne put s'empêcher de dire à don Saluste ;

— Décidément, ce n'est pas un nègre !

— Chut ! fit Herrera.

En ce moment, la victime, d'une voix sonore, pleine et mâle, entonna son chant de mort, imitant la coutume des guerriers indiens et des trappeurs attachés au poteau de la torture.

Les officiers s'entre-regardèrent avec surprise ; ils éprouvaient un saisissement d'autant plus grand, qu'ils entendaient la première strophe de l'hymne immortelle du Riego, ce chant de liberté qui fait vibrer tous les cœurs espagnols.

Les soldats, dans les rangs s'étonnaient et se sentaient émus.

Les coups de corde scandaient chaque vers de cette poésie dont le souffle brûlant allume le patriotisme dans les âmes et le rhythme entraînant de la marche nationale accélérait le mouvement de sympathie qui venait d'éclore et qui envahissait toutes les poitrines.

C'était une heureuse inspiration de la victime que de jeter ainsi à ses persécuteurs ces strophes empreintes de la fougue du génie espagnol, appels passionnés à l'indépendance, protestations généreuses contre la tyrannie.

Le dernier mot de ce chant sublime s'envolait des lèvres du martyr, suprême revendication contre les oppresseurs, lorsqu'un cri d'adieu, lancé en français de la chambre où était enfermée Juanita répondit distinct et entendu de tous.

Un sourire attristé erra sur les lèvres du patient.

Humbert, vaincu par l'attitude de son ennemi, avait compté les coups ; au cinquantième, sans attendre l'ordre de don Saluste, il fit cesser la flagellation.

Alors le condamné prononça à son tour la condamnation de ses bourreaux.

— Espagnols, dit-il, rappelez-vous que le supplice de John Braw a reçu son châtiment.

« Le sang d'un homme libre que vous venez de verser retombera sur vous !

On vit un officier espagnol s'avancer lentement vers la victime.

Il se plaça devant l'échelle, prit dans la ceinture d'un bourreau un coutelas dont il se servit pour trancher les liens qui retenait le bras droit du prisonnier, et, le saluant de la main gauche, il lui tendit la droite, en lui disant :

— Qui que vous soyez, monsieur, vous êtes un galant homme.

— Qui êtes-vous, capitaine ? demanda le prisonnier en serrant cette main loyale.

— On me nomme Sacripan.

— J'ignore si je vivrai, mais je vous lègue le devoir de venger au nom de l'Espagne même, votre patrie, non pas moi, mais ma fiancée qui est une jeune fille honnête et pure, la fille d'un grand patriote italien, que don Saluste a enlevée, qu'il retient ici, qu'il veut déshonorer.

Puis d'une voix stridente :

— Et ce sont vos épées qui protégent ce rapt infâme.

— Dites-vous vrai ? demanda Sacripan devenant très-pâle.

— Sur mon honneur, monsieur, je vous le jure ! s'écria M. Balouzet étendant la main.

— Et moi, je vous jure de délivrer cette jeune fille tant que mon bras portera mon épée ! s'écria le jeune homme en regardant les soldats.

Mais tout à coup cette scène émouvante fut interrompue par des appels déchirants qui partaient de la chambre de Juanita où l'on vit briller une lueur intense.

La jalousie tomba soudain et l'on vit une femme se précipiter dans la cour les vêtements en flammes.

Elle avait sauté d'un premier étage peu élevé, elle se releva éperdue et courut affolée vers une pièce d'eau où les troupeaux s'abreuvaient.

Mais en chemin elle s'affaissa, se tordit dans un spasme et rendit le dernier soupir.

Un trouble profond se traduisant en une confusion inexprimable, s'empara des spectateurs de cette scène.

Les soldats eux-mêmes rompirent leurs rangs ; tous sentaient planer sur cette maison la terreur sacrée qui suit les grands attentats.

CHAPITRE XVI

Vengeance de femme.

Pendant toute la durée du supplice de M. Balouzet, dona Inez avait épié toutes les impressions qui pourraient se produire sur le visage de Juanita.

Celui-ci était resté impassible.

Dona Inez se demandait en vain ce qu'il fallait penser des étranges affirmations de la jeune fille.

Que croire ?

Elle avait affirmé avec tant d'assurance sa mort prochaine et celle de dona Inez que celle-ci avait peur.

Mais si ce n'était point du poison que la jeune fille lui avait donné soit en la faisant respirer, soit en la piquant légèrement avec une épingle préparée par les Vaudoux, quel genre de péril la menaçait donc ?

Dona Inez se tint prête à tout, étudiant les intentions de sa victime ; celle-ci de son côté, ne cessait point de regarder M. Balouzet ; ses yeux semblaient rivés sur lui :

Lorsqu'il reçut stoïquement les coups, Juanita dit d'un air de triomphe :

— Voilà l'homme que j'aime !

« Il ne serait qu'un nègre qu'il serait encore digne de moi.

Elle était pâle, effet purement physique, car elle demeurait impassible comme une statue de marbre qui eût représenté Junon adolescente.

Cette insensibilité devant une scène si émouvante provenait d'une résolution prise qui, grandissant la jeune fille à la hauteur du supplicié, lui laissait assez sa propre estime pour qu'elle n'eût pas à pleurer sur le sort de son fiancé dont le sien allait dépasser l'horreur.

Quand M. Balouzet chanta l'hymne du Riego, Juanita se leva électrisé par l'enthousiasme ; une larme, une seule, perla ses beaux cils soyeux ; puis elle lança son adieu à son fiancé.

En ce moment, inquiète et sentant que le moment approchait où quelque catastrophe allait se produire, dona Inez fit signe aux deux mulâtres de surveiller la jeune fille dont ils se rapprochèrent.

Juanita se sentit surveillée ; mais dès ce moment l'héroïne redevint femme et rusa pour accomplir son projet.

D'instinct, la jeune fille la plus loyale est comédienne ; elle sait feindre, dissimuler, prendre une physionomie, une attitude.

Portant tout à coup la main à son cœur, Juanita murmura :

— J'étouffe !

« Mon Dieu, comme je souffre.

Et chancelante, suivie de dona Inez attentive et des mulâtres prêts à la soutenir, la jeune fille se dirigea d'un pas chancelant vers la cheminée où brûlaient les bougies dans les candélabres de bronze, représentant, ô ironie! les légères amours des fausses pastorales de l'époque Pompadour.

Juanita s'accouda sur le marbre et parut en proie à une prostration subite.

— De l'eau ! demanda-t-elle.

« De l'eau, j'étouffe !

— Décidément, pensa avec un trouble indicible dona Inez, elle avait quelque poison sur elle et elle en meurt !

Puis elle se demandait :

— N'ai-je pas bu près d'elle, dans cette chambre ?

« Ne m'a-t-elle point empoisonnée, quoiqu'elle m'ait affirmé que non?

On juge dans quel état d'angoisse et d'incertitude se trouvait cette misérable.

Juanita continuant à jouer son rôle avec une perfidie qui eût fait honneur à l'actrice la plus rouée, demandait encore d'une voix entrecoupée :

— Un médecin, vite.

« Allez chercher celui des soldats !

— Oui, dit aussitôt dona Inez en songeant qu'elle-même pourrait avoir besoin du docteur, oui, allez chercher le chirurgien.

L'un des mulâtres y courut.

L'autre présentait de l'eau à Juanita qui but du bout des lèvres et lui rendit le verre en se plaignant toujours.

Comme le mulâtre se tournait pour déposer le plateau, comme dona Inez recommandait à l'autre esclave de courir au plus vite, Juanita saisit soudain une bougie, et se baissant, mit le feu à ses jupes.

Le feu prit en quelques secondes et les flammes l'enveloppèrent pendant que les bras étendus elle se précipita sur dona Inez, l'enlaçant dans son étreinte et l'associant ainsi à sa mort volontaire.

Mais dona Inez fit un violent effort et parvint à se dégager.

Ce fut sa perte.

Libre, elle courut vers la jalousie et l'arracha criant : A l'aide !

Le vent activa le feu dans les légers tissus.

En ces régions brûlantes les femmes portent des vêtements très-fins et par conséquent très-combustibles.

Sentant la douleur mordre à vif dans sa chair, dona Inez perdit la tête ; elle avait remarqué la pièce d'eau ; elle la voyait à vingt pas d'elle sous les fenêtres ; elle céda à l'irrésistible tentation, sauta dans la cour, comme nous l'avons vu, mais n'arriva point jusqu'au bassin.

Elle mourut, ayant subi dans son agonie les tortures de l'enfer.

La menace de Juanita s'était réalisée... au premier rang des spectateurs effrayés de ce drame, don Saluste était accouru et il contemplait avec une morne stupeur les restes carbonisés et méconnaissables de dona Inez.

Comme Herrera, il croyait qu'il était en présence du corps de Juanita.

Il éprouvait le plus étrange désespoir et pleurait avec rage.

Il croyait que la mort lui enlevait une fille sinon ardemment aimée, du moins violemment désirée.

La passion trompée arrachait à ce don Juan monstrueux des sanglots tels que le capitaine Sacripan lui-même, accouru près de la morte, prêt à faire d'outrageants reproches à son hôte, s'arrêta devant sa douleur.

Pour la première fois don Saluste, se trouvait frustré ; pour la première fois la fatalité, plus forte que son or et sa volonté, lui enlevait une femme convoitée ; il poussait des cris déchirants.

Don Saluste et ses bravi.

— Il l'aimait ! pensa Sacripan.

Et il se tut.

Mais un mouvement se produisit dans la foule.

Le mulâtre qui était resté dans la chambre près de Juanita, venait de descendre, portant dans ses bras un fardeau ; on devinait une forme humaine sous une tenture.

L'esclave, courant au bassin, s'y plongea et en ressortit.

On le vit alors dérouler la tenture et l'on reconnut qu'elle entourait une jeune fille dont les vêtements étaient noircis et portaient les traces éteintes du feu.

Le mulâtre avait eu la présence d'esprit d'arracher les couvertures du lit et de les jeter sur Juanita.

Il avait ainsi étouffé la flamme.

Lorsque don Saluste revit le visage de sa victime intact, lorsqu'il fut certain qu'elle vivait, il éprouva une joie brutale.

Mais en même temps une jalousie bestiale le mordit au cœur.

Tous les officiers, tous les soldats, tous les nègres s'extasiaient sur la beauté de Juanita qui produisait un effet irrésistible.

Devant le murmure d'admiration qu'il entendait sourdre de toutes les poitrines, don Saluste éprouva l'inquiétude irritée du mâle fauve qui voit sa femelle convoitée ; il appela Humbert.

Humbert ne venait pas.

Humbert causait avec animation avec M. Balouzet, qui, abandonné de tous, excepté du majordome, était couché sur le sable de la cour, au pied de l'échelle.

Trop faible pour marcher, il attendait qu'on le transportât.

Enfin, entendant la voix de don Saluste, le majordome vint à lui.

— Faites enlever la senorita ! lui ordonna le maître.

« Prenez des précautions, qu'on la porte dans sa chambre et qu'on lui donne des soins.

— Bien, senor ! dit Humbert.

Mais Sacrispan s'avança.

— Pardon ! fit-il.

« Le chirurgien du régiment va soigner cette jeune fille.

« Des soldats de ma compagnie fourniront un poste pour la garder ; quand nous partirons, nous l'emmènerons.

— Vous dites !.. s'écria don Saluste regardant comme l'hyène à laquelle on dispute sa proie.

— Je dis que vous êtes un misérable, que vous détenez contre tout droit une jeune fille sur laquelle vous avez les plus mauvais desseins et que nous, officiers de ce régiment, nous ne prêterons pas plus longtemps notre concours à ces crimes.

— Cette fille est à moi ! dit don Saluste.

« Je ferai quand on voudra la preuve qu'elle est de sang mêlé.

« Elle a été mon esclave.

En ce moment, Juanita sortait de son évanouissement, et elle vit Sacripan, superbe d'indignation, se placer en face de don Saluste, le regarder dans les yeux, et lui dire :

— Vous en avez menti !

Le misérable pâlit et chercha un appui autour de lui.

Il crut l'avoir trouvé dans Herrera.

Celui-ci intervint en effet.

— Capitaine, dit-il, vous êtes chez votre hôte, prenez-garde !

— Mon hôte !

« Ça...

Rien ne saurait rendre le mépris avec lequel Sacripan prononça ce mot.

Rien ne saurait peindre le geste dont il l'accompagna.

Herrera aurait voulu ménager le jeune officier ; mais la scène prit rapidement un caractère de violence inouïe.

Se sentant appuyé par un homme armé de pouvoirs aussi redoutables qu'Herrera, don Saluste redevint insolent.

— Je ne permets à personne, dit-il, de m'insulter chez moi.

« Je ne saurais admettre qu'un inconnu, parce qu'il porte l'épaulette, paraîtra dédaigner le fils légitime d'un galant homme ennobli pour ses mérites par la Reine.

— Misérable, dit Sacripan, sentant que le mot inconnu faisait allusion à sa naissance, si ton père a payé un titre, c'est pour faire oublier le nom sous lequel il avait volé sa fortune dans un honteux métier.

« Si je ne porte pas un des plus grands noms de l'Espagne, c'est que j'ai voulu, moi-même, illustrer celui que m'a donné mon régiment.

« Quant à toi on va te juger à tes actes.

Et le soufflétant brusquement :

— Si tu as du cœur, dit-il, fais-le voir et battons-nous !

— Pas avec un bâtard ! riposta don Saluste livide sous l'outrage.

— Avec personne ! dit Sacripan.

En effet deux capitaines s'avançaient pour soutenir leur collègue.

Don Saluste allait être obligé de s'avouer lâche une fois de plus.

Herrera, fidèle allié, ayant trouvé en cet homme un instrument souple et jusque-là fidèle, voulut le sauver.

— Capitaine, dit-il à Sacripan, vous avez le tort de vous mêler de cette affaire où la politique joue un rôle important.

« Vous en jugez comme un jeune homme et je vous invite au calme.

— Au diable, vous ! s'écria brusquement Sacripan.

Herrera fronça le sourcil, et, la violence de son tempérament lui fit commettre une imprudence.

Il saisit Sacripan par le bras et lui dit d'une voix brève :

— Je vous ordonne, moi, de vous taire et de ne pas vous jeter étourdiment à l'encontre des mesures que je prends.

— Au diable, vous dis-je ! répéta Sacripan furieux de ce contact.

Et il se dégagea avec violence, repoussant Herrera.

— Celui-ci reprit tout aussitôt son empire sur lui-même.

Il se tourna vers le colonel et lui dit froidement :

— Vous connaissez mes pouvoirs !

« Je vous prie, colonel, d'infliger sur-le-champ les arrêts à cet officier et de l'envoyer dans sa chambre sous escorte !

Sacripan, exaspéré, protesta.

— Comment, s'écria-t-il, ce n'est pas assez qu'on nous impose la société d'un mouchard ; il faut encore qu'il nous punisse et qu'il commande au régiment !

Le colonel hésitait.

Il était placé entre l'honneur militaire et le devoir.

Tous ses officiers tenaient évidemment pour Sacripan.

Herrera comprit que son autorité allait être méconnue.

Tirant alors de son carnet un double de ses pleins pouvoirs, il s'écria d'une voix tonnante qui domina tous les bruits :

— Au nom du Roi !

Et il déploya le parchemin.

Il le lut lentement et l'effet fut grand sur les soldats et les officiers.

Mais, Sacripan, pour son malheur, regardait Juanita qui s'était levée et qui, les yeux fixés sur lui, se demandait si parmi tous ces Espagnols il y en aurait un à la taille de ces trappeurs dont elle admirait les audaces.

Emporté par sa nature chevaleresque, Sacripan, au lieu de se courber devant la volonté royale, demanda à son colonel ironiquement :

— Ainsi, parce que l'on a confié des pouvoirs à un sbire qui en abuse, nous déshonorerons nos épaulettes en devenant complices de crimes que l'on couvre d'un prétexte politique !

« Jamais je ne le supporterai...

Herrera voulut profiter de l'impression qu'avait produite la lecture de ses pouvoirs, pour en finir.

— Colonel, dit-il, au nom du Roi, je vous somme d'agir.

Il tendait ses pouvoirs vers le chef du régiment.

Sacripan comprit que le colonel allait donner ordre de l'arrêter : il s'empara, par un geste prompt, du parchemin de l'agent, et le déchirant en cent morceaux, il le jeta à ses pieds.

— Voilà, dit-il, comment j'obéis à des ordres déshonorants !

Les soldats, qui adoraient leur capitaine, le jugèrent perdu.

Il venait de commettre un crime de lèse-majesté toujours puni de mort sans recours en grâce possible.

On vit la douleur se peindre sur toutes ces rudes physionomies.

Le colonel, dominant son émotion, s'avança et dit froidement à Sacripan :

— Votre épée, capitaine !

Le jeune homme tira son épée rouge encore du sang de l'ennemi, en baisa la lame et la brisa ; puis, détachant ses épaulettes, il les tendit à ses collègues ; enfin, il ôta ses croix, les regarda tristement et appelant Ali, le sous-officier mulâtre, il lui dit :

— Pour ma mère !

Après quoi, il se croisa les bras...

Juanita lui souriait doucement et tristement ; il se sentit récompensé.

Tout le monde était ému excepté don Saluste qui regardait son ennemi avec l'expression d'un triomphe haineux.

Sacripan ayant protesté jusqu'à la mort contre les infamies d'un misérable, se soumettait à son inévitable destin.

Il se tourna vers les soldats et leur dit d'une voix calme :

— Le colonel va vous donner l'ordre de m'arrêter, mes enfants !

« Obéissez !

— Sergent Ali, dit le colonel, prenez quatre hommes et un caporal, conduisez le capitaine aux arrêts et gardez-le.

« Vous répondez de lui !

Ali obéit en silence et à contre-cœur.

Don Saluste, souriant, allait à son tour donner un ordre, lorsque Herrera lui dit froidement :

— Je vous devais, senor, sur le marché conclu, une vie humaine et un honneur, n'est-ce pas ?

« Vous avez pris l'honneur et la vie du capitaine Sacripan, cela vous suffit et cela me dégage.

« Je prends donc le droit de sauver cette jeune fille que je vous avais abandonnée tout d'abord.

« En conséquence, je la place sous la garde du colonel.

— Senor... voulut protester don Saluste.

— Oh ! fit Herrera, pas un mot.

« Je prononce un juste arrêt.

« Il ne fallait pas pousser à bout cet officier et me mettre dans une situation sans issue.

Puis saluant les officiers :

— Mille regrets, senors! dit Herrera d'une voix troublée.

En ce moment Sacripan lui touchait le bras et lui disait :

— Je vous connaissais mal!

« Ce qui est fait est fait; mais je vous tiens pour galant homme.

Il serra la main d'Herrera et fit un pas pour s'éloigner; mais Juanita s'approcha, s'inclina devant lui; lui tendit son front, et lui dit :

— J'ai voulu mourir cette nuit pour mon fiancé.

« Je mourrai demain pour vous qui êtes mon frère aimé et estimé.

Puis elle s'éloigna et alla s'agenouiller auprès de M. Balouzet.

En ce moment le cri : Aux armes! retentissait aux avant-postes.

CHAPITRE XVII

L'assaut.

Comme l'avait prévu Sacripan, les insurgés et les nègres venaient attaquer la plantation; aux avant-postes les balles pleuvaient sur les embuscades qui protégeaient les abords de la position; sur les murailles les obus s'abattaient par volées; les Cubains avaient du canon!

Le lecteur se souvient sans doute du plan conçu par le gouverneur de Santiago qui, sachant par ses espions que les insurgés voulaient donner l'assaut au Morne, dirigeait contre eux des forces écrasantes pour les broyer entre ces troupes et la position assiégée.

Tout l'intérêt de la lutte pour les insurgés consistait dans la délivrance de Juanita et de M. Balouzet.

Il y avait des chances de leur côté d'emporter l'établissement d'assaut.

Non-seulement ils avaient enlevé des pièces aux Espagnols dans des combats précédents, mais le capitaine Leone était parvenu à débarquer pour eux plusieurs batteries de montagne assez singulièrement attelées du reste pour que nous en parlions.

C'étaient des nègres, esclaves accoutumés aux plus dures fatigues, qui traînaient pièces et caissons et qui parvenaient à les établir partout où l'homme pouvait poser le pied.

Les Cubains durent leurs plus grands succès à cette artillerie.

Dans les circonstances où les manœuvres de vitesse étaient possibles, en plaine par exemple, les chevaux de la cavalerie remplaçaient les nègres.

Dès le début de l'attaque, le colonel et Herrera entendant tonner contre la plantation cinq pièces, sans compter celle que portait seul l'*homme-canon*, l'hercule de la bande du Gentleman, le colonel et Herrera jugèrent qu'il serait très-difficile de se maintenir jusqu'à l'arrivée de la colonne annoncée par Ali.

Ils tinrent conseil.

— Je crois, dit le colonel, qu'avant une heure nous verrons ces enragés passer par les brèches, qu'auront faites leurs obus.

« Voyez!

Et il montrait à Herrera les murs volant en éclats.

L'agent, qui ne s'attendait pas à ce déploiement d'artillerie, sous lequel on foudroyait la plantation, jugeait du péril.

— Que faire? demanda-t-il.

— Il faudrait mettre le capitaine Sacripan à la tête de sa compagnie et lui donner l'ordre d'éteindre le feu des batteries.

« Lui seul est capable de l'exécuter, car il fanatise le soldat.

— Ceci, dit Herrera, est impossible!

« Rendre le commandement de sa compagnie à ce capitaine, c'est le gracier.

« Au nom de la discipline, loi suprême du salut des armées et des empires, je ne puis consentir à ceci.

Le colonel n'insista pas.

Herrera se mit à la recherche de don Salusto.

Il lui fut impossible de trouver celui-ci; alors il manda ses agents.

Ceux-ci l'entourèrent.

— Cherchez le nègre marron qui a été flagellé, ordonna-t-il et amenez-le-moi.

Les agents s'enquirent de M. Balouzet et le trouvèrent couché dans une case au milieu d'esclaves qui le soignaient avec dévouement.

Les hommes d'Herrera enlevèrent le blessé et le conduisirent à leur chef.

Celui-ci s'était fait donner une cinquantaine de soldats, il les avait envoyés à la chasse des noirs qui s'étaient éparpillés dans les bâtiments.

Déjà beaucoup d'entre eux, hommes, femmes et enfants, liés quatre par quatre, attendaient en tremblant le sort que leur réservait le terrible agent ; celui-ci attendit que tous les esclaves fussent réunis et il donna ensuite ses instructions.

Il avait conçu un plan féroce.

Tout à coup, en effet, les artilleurs cubains virent les murailles s'illuminer au feu de torches nombreuses, et, aux endroits les plus exposés, des esclaves étaient entassés de telle sorte qu'on ne pouvait tirer sans les massacrer.

M. Balouzet était le plus exposé de tous sur la brèche déjà ouverte et croulante.

Le bombardement cessa aussitôt.

Herrera, triomphant, dit au colonel avec une joie barbare :

— Vous voyez qu'avec de l'énergie et en ne reculant devant rien, on peut faire face à tous les dangers !

— Senor, dit le colonel en secouant la tête, ne chantons pas encore victoire.

« Qui sait...

— Nous verrons bien ! fit Herrera.

« Mais où est donc ce don Saluste ?

Et il le fit chercher.

En vain la plantation fut fouillée de fond en comble !

En vain l'on interrogea les recoins les plus secrets.

Point de Saluste.

Bien mieux !

Pas un seul de la troupe spéciale d'estafiers attachés à son service ne paraissait : ils s'étaient évanouis, dissipés, sans laisser trace.

Bien pis !

Juanita, emmenée par eux on ne savait où, dirent quelques nègres, était devenue introuvable.

Herrera, surpris, creusa le problème qui se posait devant lui.

Il conclut que don Saluste était abrité dans quelque retraite secrète et qu'il y tenait Juanita cachée avec lui.

Il avait deviné juste.

Au premier coup de canon, don Saluste qui éprouvait une terreur extrême, mais auquel l'instinct de la conservation donnait une énergie factice, don Saluste, préoccupé de sauver sa vie et de reconquérir Juanita envers et contre tous, s'était entouré de son escorte.

Cette bande de scélérats comptait des drôles déterminés qui, bien payés, étaient capables d'audace.

Don Saluste qui tenait toujours fidèlement ses promesses d'argent à cette troupe d'assassins, s'engagea à distribuer des primes considérables, si le projet qu'il venait de concevoir se réalisait.

Il concerta son plan avec le chef et le plus hardi de ces hommes, un certain Lenox.

C'était un ancien forçat, autrefois bandit dans les Pyrénées, condamné au bagne, évadé, passé aux colonies, enrôlé par le père de don Saluste, parmi ses chasseurs d'esclaves, et protégé par lui contre les revendications de la police, et devenu le plus fidèle serviteur du fils.

— Lenox, lui dit-il, tu te rappelles sans doute qu'en 1848, le contre-coup de la révolution française se fit sentir partout.

« Ici même les nègres menaçaient de se révolter.

— Il y eut des soulèvements ! dit Lenox.

— Mon père, reprit don Saluste, eut l'idée de construire secrètement un souterrain sous cette plantation, afin de pouvoir s'y réfugier en cas de péril.

« Il m'a légué le secret de cette retraite sûre.

« Tu vas, sans bruit, sans esclandre, pendant que les Espagnols se battent, enlever la signorita et nous nous abriterons tous dans le souterrain.

— Bien, senor.

Et suivi de ses hommes, Lenox avait surpris Juanita auprès de M. Balouzet, il avait bâillonné et garotté la jeune fille, puis il était venu retrouver son maître.

Celui-ci entraîna tout son monde dans les caves ; au fond de l'une d'elles, à la lueur des lanternes qu'il avait fait allumer, il ouvrit une porte dissimulée dans la muraille avec beaucoup d'art ; il fit entrer tous les siens dans une espèce de crypte et il referma la porte derrière lui.

Alors, rassuré, il poussa un soupir de satisfaction et dit à Lenox :

— A la première apparence de danger, j'ai apporté moi-même ici des provisions ; nous pouvons demeurer bien longtemps dans cette retraite sans y être ni découverts, ni inquiétés.

— Personne ne sait donc, senor, qu'elle existe ? demanda Lenox.

— Personne ! répondit à voix basse don Saluste.

« Mon père était un homme de précaution ; il fit construire ce souterrain par un architecte mulâtre et une douzaine de nègres qui ne sortirent plus des caves une fois qu'ils y furent entrés et qui moururent la dernière pierre posée ; ce fut un lourd sacrifice ; treize esclaves coûtent cher ; mais le secret était assuré par le poison qui fut donné à ces ouvriers.

« Deux hommes, il est vrai, connaissaient la cachette en dehors de mon père.

« C'étaient ses bras droits.

« Tu les as connus.

« Il les avait chargés de surveiller le travail et d'assurer le silence des esclaves.

« Le dernier de ces deux bons serviteurs de mon père est mort.

« J'étais donc seul, il y a quelques minutes encore, possesseur du secret.

« Et maintenant, voyons cette belle enfant !

Il s'approcha de Juanita, toujours garottée et l'examina lanterne en main.

— Est-elle sérieusement brûlée ? demanda-t-il à Lenox.

— Non, senor ! dit le bravo.

« Le mulâtre a eu tant de décision que tout se borne à des rougeurs aux jambes qui n'empêchent même point la senorita de marcher ; vous avez pu le constater vous-même.

— Voyons cela ! dit don Saluste.

Et il leva les jupes de la jeune fille, découvrant un mollet qui le frappa d'admiration ; il tomba subitement devant lui dans cette surexcitation extraordinaire, absorbante, à laquelle sont sujets les hommes de ce tempérament, sur lesquels la contemplation d'un bas de jambe produit un effet d'attraction irrésistible.

Depuis longtemps Brantôme a constaté que ceux qui recherchent le plaisir des sens sont fascinés bien plus par le pied, le genou, le bas bien tendu sur le jarret que par le visage ou la gorge.

La luxure était si puissante chez don Saluste qu'elle lui faisait oublier le danger en certaines circonstances.

Pour sauver ses millions, il n'aurait peut-être pas attendu sous les obus comme il venait de le faire pour enlever Juanita ; sans sa passion effrénée, il se serait enfermé sur-le-champ et seul dans le crypte.

Maintenant que la jeune fille était sous ses yeux montrant le trésor que don Saluste appréciait le plus, celui-ci oubliait tout, et les sourdes détonations de l'artillerie qui avait recommencé à tonner et l'insurrection menaçante et son entourage de bandits.

Il s'abîmait dans une extase qui, selon le cours ordinaire de ces phénomènes sur les hommes érotiques, le plongea d'abord dans une sorte d'hébêtement idiot.

Les avares, à la vue d'un tas d'or, éprouvent ces chocs rapides et semblent, eux aussi, frappés d'abrutissement.

Les hommes de don Saluste, fascinés, eux aussi, par la divine perfection de ces formes féminines demouraient là silencieux et comme paralysés.

Don Saluste s'aperçut de leur présence et leur jeta un regard si terrible qu'ils s'écartèrent avec crainte. Ainsi les chacals, quand l'hyène sur sa proie les menace.

Don Saluste appela Lenox, lui montra Juanita et lui dit :

— Charge-la sur tes épaules et suis-moi !

Il marcha devant, se dirigeant dans les profondeurs de la crypte.

Là, il interrogea les murs, tourna une seconde porte dissimulée dans la maçonnerie et toucha des ressorts secrets.

La muraille se troua d'une ouverture étroite donnant accès à une sorte de boudoir souterrain, richement meublé.

C'était le *buen retiro* que s'était préparé don Saluste.

Il prit brusquement Juanita dans ses bras et la déposa sur un sopha en criant à Lenox d'une voix impérative, mais haletante et saccadée :

— Va-t'en !

« Va-t'en !

Le vieux serviteur s'éloigna...

Il entendit le bruit des baisers volant sur les joues de Juanita.

Lorsque Lenox fut revenu auprès de ses compagnons, il leur dit en riant :

— La brebis est sous la griffe du tigre, rien ne pourrait l'en arracher à cette heure.

Et les bandits firent les plus cyniques plaisanteries sur le malheur de Juanita ; mais deux cris stridents troublèrent leur conversation impure.

— Diable ! dit Lenox. L'infante appelle à son secours.

— Elle n'a donc plus son bâillon ! fit l'un des bravi.

Et tous écoutèrent.

Les cris recommencèrent, tantôt comprimés tantôt poussés à pleine voix.

— La brebis se défend ! dit Lenox et la lutte se prolonge.

« Joachim aura mal lié la petite !

— J'ai fait ce que j'ai pu, dit Joachim mis en cause.

« Nous étions pressés.

— On n'entend plus rien.

— Non... plus rien.

« C'est fini.

— Le maître aura resserré les liens et dompté la signorita.

Une détonation plus puissante que les autres produisit une commotion dans le souterrain et secoua les bandits.

— Vous entendez ! dit Lenox.

— Oui ! dirent les bandits.

— Savez-vous ce que c'est que cela ?

— Un caisson d'artillerie qui saute dans la plantation.

— La garnison n'a pas assez de pièces pour riposter aux insurgés.

« Ceux-ci feront brèche sûrement.

— Les Espagnols ne doivent pas être à la noce pour le quart d'heure.

— Ça... je m'en moque !

— Moi aussi !

— Moi, je tiens pour eux.

— Moi, ni pour eux, ni pour personne.

— Il a raison !

— A propos, la petite ne crie plus.

— Elle vaut quarante pour cent de moins maintenant.

Et tous de rire.

Mais il se fit un grand bruit dans les caves voisines.

— Par le Christ, fit Lenox en pâlissant, il me semble que l'on vient à nous ; les Espagnols sont dans les caves.

On percevait très distinctement le bruit de crosses de fusil frappant les murs ; il était évident qu'une troupe faisait des recherches.

Les bandits prêtèrent anxieusement l'oreille convaincus qu'on était à leurs trousses.

Voici ce qui s'était passé.

Herrera, pendant la suspension du feu, avait, comme nous l'avons raconté, fait chercher en vain don Saluste disparu.

Lorsqu'il lui fut bien prouvé que ses agents n'avaient rien négligé pour le découvrir, il raisonna sur cette disparition avec le colonel.

— Notre homme, dit celui-ci, est un fieffé poltron.

« Il se tient dans quelque trou connu de lui seul.

« Comme toute bête puante et lâche il a l'instinct du terrier.

— Vous devez avoir raison, colonel, dit Herrera en souriant.

« L'hiène se blottit sous les rocs.

« L'attaque étant moins vive, nous pouvons envoyer une trentaine d'hommes dans les caves pour en sonder les murs.

Comme Herrera terminait ces mots on entendit une salve de toutes les pièces insurgées qui recommençaient à tirer.

Sous les obus, les nègres entassés sur les brèches poussaient des cris déchirants ; mais le bombardement continuait sans trêve, sans pitié, sans relâche; l'idée d'Herrera n'aboutissait qu'à une effusion de sang inutile.

— Vous voyez, dit froidement le colonel, que j'avais raison en doutant de l'efficacité de la mesure que vous avez prise.

« Les insurgés semblent redoubler d'ardeur et ils écrasent les nègres.

« Il était impossible qu'un homme comme ce Choquart, dont on m'a peint le caractère, se laissât arrêter par l'obstacle que vous lui opposez.

« Aucun général n'hésiterait à faire comme lui.

— Il commet une faute! dit Herrera.

« Les nègres ne lui pardonneront jamais ce massacre.

— Erreur.

« Écoutez et voyez!

Herrera vit, sur les brèches, les noirs survivants qui, le premier trouble passé, s'étaient levés, et, sur le mot d'ordre, des Vaudoux qui se trouvaient parmi eux, criait : Vive la liberté!

Les obus hachaient ces martyrs, mais rien n'abattait leur enthousiasme.

Herrera fut frappé de la grandeur de cette scène.

Il serra tout à coup le bras du colonel et lui dit :

— C'est une faute, c'est crime pour l'Espagne de ne pas avoir émancipé les esclaves dans ses colonies.

— Cette faute, ce crime, dit le colonel tristement, nous l'expions.

— Et cette colonne qui tarde à venir! fit Herrera frappant du pied.

On voyait crouler des pans de murs entiers.

Les défenseurs bouchaient les vides avec des balles de coton; mais la provision n'en était pas suffisante.

— A tout prix, dit le colonel, il faut faire une sortie.

« Avant une demi-heure, si ces batteries tirent toujours, nous n'aurons plus une pierre sur pierre.

Herrera tortillait sa moustache avec rage et il hésitait.

Enfin il dit au colonel :

— Je comprends ce que vous voudriez; c'est une charge de Sacripan sur les batteries; mais je vous jure qu'en mon âme et conscience, mieux vaut que nous mourrions tous ici que de réhabiliter ce malheureux jeune homme.

« Au début d'une guerre aussi terrible, il serait extrêmement dangereux de ne pas faire un terrible exemple contre un officier coupable de lèse-majesté.

« Au début d'une pareille insurrection surtout, il importe de sévir contre tout acte portant atteinte au principe d'autorité.

« Vous concevez, colonel, que si les soldats, les officiers eux-mêmes, ne sentent pas une main de fer peser sur eux, ils finiront par critiquer les mesures de rigueur que nous prendrons, qui sont indispensables pour étouffer la révolte, et qui froisseront certainement les sentiments chevaleresques des natures plus généreuses que réfléchies.

Le colonel ne répondit rien et s'assura que son épée jouait dans le fourreau.

Puis se tournant vers Herrera, il lui tendit la main.

— Adieu! lui dit-il.

« Je vais charger moi-même.

« Malheureusement je n'ai pas le prestige de Sacripan, qui, sur le terrain, semble aux soldats un demi-dieu.

En ce moment les clairons et les tambours sonnèrent une marche hors des murs.

Le colonel tressaillit.

Il reconnut les notes, prit la main d'Herrera et lui dit :

— Venez!

« Vous allez voir Sacripan au feu!

« Il s'est mis de lui-même à la tête de sa compagnie.

— En violant la consigne! dit Herrera d'un ton sévère.

— Qu'importe!

« Il nous sauvera, si cela est possible.

Le colonel et l'agent montèrent tous deux sur une terrasse pour voir la lutte; mais la nuit était sombre.

On entendait les cris des soldats espagnols qui lançaient dans l'air des : Vivat Sacripan! les clameurs des Cubains et les hurlements des nègres.

Robinson en sentinelle.

On voyait la masse sombre de la compagnie pousser droit aux pièces; mais il était impossible de distinguer aucun détail, sinon que les Espagnols avaient percé à travers leurs ennemis.

En effet, devant eux, les rangs de leurs adversaires s'étaient ouverts.

Mais tout à coup un phénomène étrange, inattendu, terrifiant, se produisit.

En avant des Espagnols, au-dessus des Cubains, une lueur rouge, pareille à un bolide embrasé, pointa, grandit et prit l'aspect d'un œil formidable et brûlant, dardé sur les Espagnols.

L'effet de ce prodige était d'autant plus bizarre, même sur des hommes intelligents et raisonneurs, que cet œil avait tous les caractères de la réalité.

Ceux qui, dans la nuit, ont vu le regard du loup ou celui du lion, étincelant et fulgurant, n'auront qu'à grandir l'image un millier de fois pour se faire une idée exacte de la miraculeuse apparition.

Parmi les nègres, si férocement exposés sur les brèches par Herrera, elle causa une surexcitation joyeuse.

On les entendit s'écrier :

— C'est l'Œil-Sanglant !

« Victoire aux Vaudoux !

— Que veulent-ils donc dire? demanda Herrera.

— Je ne sais! murmura le colonel, impressionné lui-même.

Herrera courut à l'un des esclaves qui criaient victoire, et, le saisissant par le bras, il lui demanda :

— Qu'est-ce que ce signal?

— Celui de la mort des mauvais blancs! répondit l'esclave avec une fermeté et une exaltation étonnantes.

« C'est l'œil du Python sacré, du régénérateur du monde.

« Les prophéties l'annonçaient depuis longtemps.

Herrera, voyant autour de lui des soldats consternés, leur cria :

— Allez-vous donc vous démoraliser pour si peu ?

« Ne voyez-vous pas que c'est tout simplement une pièce d'artifice, une farce des Vaudoux.

« Je comprends qu'un nègre superstitieux croie à cela.

« Mais vous, des soldats espagnols !...

En ce moment, les fantassins qui étaient auprès d'Herrera reculèrent.

L'agent venait tout à coup d'être enveloppé d'un rayon lumineux d'une intensité inouïe.

— Ce n'est rien ! s'écria Herrera.

« Colonel, dites-leur donc que c'est un effet d'électricité.

Mais soudain le phénomène se compliqua et la joie des nègres redoubla.

On vit, au devant des insurgés et rampant sur les Espagnols de la compagnie de Sacripan, on vit soudain sortir de terre, comme par magie, une troupe monstrueuse de serpents gigantesques et lumineux qui s'avancèrent au nombre de plusieurs milliers contre la compagnie décimée, éclairée par les rayons empourprés que dardaient les écailles des monstrueux reptiles.

Avec leur lorgnette de marine, le colonel et Herrera contemplaient cette scène ; ils virent que seuls, Sacripan et Ali faisaient face aux serpents, abandonnés par toute la compagnie, réduite, du reste, à une poignée d'hommes.

Mais les Espagnols en fuite rencontrèrent les nègres dont ils avaient forcé les rangs pour passer et qui s'étaient ralliés et reformés.

Il y eut une mêlée courte et terrible et une extermination complète des débris de cette malheureuse compagnie.

Quant au capitaine et au sergent, enveloppés par une troupe de Cubains, ils disparurent aux yeux des spectateurs.

Alors tout s'éteignit, et les serpents de feu et l'œil sanglant.

La canonnade continuait à élargir les brèches.

Le colonel, qui s'expliquait fort peu les prodiges de cette nuit, montra beaucoup de fermeté jusqu'au dernier moment ; mais Herrera l'entendit murmurer à plusieurs reprises entre ses dents :

— Ce n'est plus une guerre, cela !

« Je n'aime pas à me mesurer avec des fantômes et à combattre contre des sorciers.

Il disait encore :

— Qui sait quel pouvoir mystérieux ont ces Vaudoux ?

Herrera comprit que la partie était désespérée.

Partout les soldats décimés et terrifiés faiblissaient.

Mais un de ses agents l'aborda en ce moment et lui dit :

— Je viens de visiter les caves et j'ai la conviction que don Saluste y est caché dans quelque souterrain.

« J'ai relevé des pas qui sont les siens et ceux de ses hommes.

« Tous aboutissent au même endroit.

— Très-bien ! dit Herrera, reprenant l'espérance à cette nouvelle.

Et il dit au colonel :

— En somme, il ne s'agit pour nous que de gagner du temps.

« Tenez le plus longtemps possible, puis retirez-vous dans les caves dont vous barricaderez les soupiraux et dont vous défendrez les escaliers en les bouchant avec des balles de coton.

« Je ne vous prends que dix soldats qui me suffiront avec mes agents pour découvrir la retraite de don Saluste où nous pourrons peut-être résister longtemps.

« La colonne de secours ne saurait tarder à paraître.

— Allez ! dit le colonel.

« Seulement, hâtez-vous.

« Dans un quart d'heure au plus, nous aurons l'assaut.

« Les nègres emporteront au moins l'une des brèches.

— Lorsqu'ils s'élanceront, placez un tonneau de poudre au milieu du passage, vous le ferez sauter et cela les intimidera en vous donnant le temps de gagner les cours.

Herrera s'éloigna avec ses agents et quelques hommes.

Mais il fit enlever par ceux-ci M. Balouzet toujours couché et incapable de se mouvoir.

Herrera pensait qu'au dernier moment cet otage pourrait lui être utile.

Comme l'avait prévu le colonel, les noirs se ruèrent bientôt sur la principale brèche ; mais l'engin de mort qu'Herrera avait conseillé de préparer, sauta comme une mine, suspendant la victoire des assaillants pour quelques minutes.

C'était l'explosion du baril de poudre que les hommes de don Saluste avaient pris pour l'explosion ; c'étaient les crosses des fusils du détachement d'Herrera qui frappaient les murailles de la crypte.

La fusillade crépitait aux soupiraux et à travers les interstices des barricades improvisées aux portes des caves par les quelques cents soldats espagnols survivants.

Lorsque les bandits entendirent la fusillade, ils comprirent ce qui se passait.

Les coups de crosse des carabines sondant les murs ne leur laissaient aucune illusion sur les recherches dont ils étaient l'objet.

Lenox, chef de la troupe en l'absence du maître, jugea qu'il fallait agir et dit à ses compagnons :

— Nous sommes certainement traqués !

« Les Espagnols sont dans les caves et ils s'y défendent.

« Ils ne pourraient y tenir longtemps et ils le savent.

« Ils se sont aperçus de notre disparition et ils veulent trouver notre cachette.

— Écoute! fit l'un des bandits.

« Entends-tu ?

Les soldats, ayant rencontré un pan de mur sonnant le creux, le frappaient à coups redoublés, et c'était l'endroit où se trouvait la porte secrète.

— Décidément, dit Lenox, je vais prévenir le maître.

Il alla frapper à l'entrée du boudoir souterrain ; mais don Saluste ne répondit pas et Lenox heurta fortement la porte de la crosse de son pistolet.

Don Saluste ne bougea pas.

Tous les bandits accouraient près du boudoir et ils murmuraient contre don Saluste :

— Presse ! presse ! disaient-ils.

« Hâte-toi, Lenox !

« Les Espagnols se dépêchent d'abattre la porte pour venir à nous, faisons comme eux pour arriver au maître.

« Il y a quelque issue souterraine et il nous la montrera.

Ils cognaient tous ensemble.

Point de réponse.

— Que fait-il donc ? disaient-ils avec rage et en redoublant.

« Beau moment pour s'amuser !

« C'est une brute.

« Les Espagnols vont pénétrer ici, attirant les insurgés.

« Si nous ne fuyons pas avant les soldats, nous serons rattrapés par les nègres lorsqu'ils auront tué les fantassins.

« Enfonçons.

Lenox, lui-même, ne ménageant plus rien, travaillait plus qu'aucun autre à la démolition de la porte.

Enfin celle-ci céda.

Les bandits comprirent aussitôt pourquoi don Saluste n'avait pas ouvert.

Le misérable, étendu sur le sol, se débattait dans les crises d'une attaque d'épilepsie qui lui mettait l'écume aux lèvres et qui tordait ses membres.

Il était sujet à ce mal terrible, étant atteint, comme tous les hommes érotiques, d'une névrose générale.

Maintes fois, ses maîtresses en témoignaient, arrivé au paroxysme du désir, il avait été tout à coup paralysé par une attaque qui le couchait impuissant sur le parquet.

C'était lui, et non Juanita, qui avait poussé des cris d'appel.

Mais la voix de don Saluste, montée au plus haut diapason, transformée par les constrictions de la gorge, n'avait pas été reconnue ; Lenox n'avait pas bougé.

Quant à la jeune fille, elle était encore sauvée pour cette fois des brutales atteintes de ce misérable.

Lenox avisa promptement.

Il fallait rappeler à lui au plus vite le seul homme qui pouvait peut-être tirer la bande d'embarras.

Une douleur vive, produisant une réaction sur le système nerveux, est le meilleur moyen de faire cesser une de ces crises.

Lenox, qui avait vu plusieurs fois son maître en cet état, connaissait le remède.

Il tira de sa poche une pièce de monnaie, l'introduisit sous l'ongle d'un des doigts du patient, entre la chair et la corne, puis il appuya progressivement, comme s'il voulait en enfonçant la pièce, séparer l'une de l'autre.

La sensation est atroce.

Don Saluste ouvrit les yeux aussitôt et reprit ses sens.

— Vite! lui dit Lenox.

« Buvez!

Il lui tendit sa gourde.

Don Saluste, hébété, la repoussait; mais Lenox la lui colla de force aux lèvres; le péril imminent bannissait tout respect.

Don Saluste, ranimé par le rhum, reprit possession de lui-même.

Lenox le fit lever, le mit sur pied, le secoua assez brutalement et lui dit :

— On se bat dans les caves.

Don Saluste tressaillit.

La fusillade redoublait d'intensité.

Lenox continua :

— Les Espagnols cherchent notre retraite et ils veulent se réfugier près de nous.

« Nous allons avoir les insurgés sur les bras avant peu.

La peur qui trouble souvent, illumine parfois les poltrons.

Don Saluste jugea la situation et dit avec autorité :

— Fais enlever la senorita et qu'on me suive en l'emportant.

« Que l'on ferme ce boudoir !

Il fut obéi.

Toute la bande se trouva enfermée dans la petite pièce.

Alors don Saluste prit une chaise et la plaça devant une pendule de l'espèce dite cartel, qui, encastrée dans un mur, ornait le buen-retiro.

Lenox remarqua que cette horloge ne marquait point l'heure.

Don Saluste monta sur la chaise, prit une clef dans sa poche, mit les aiguilles du cartel à une certaine heure et le remonta.

Au troisième tour de clef, les bandits sentirent que le plancher sur lequel ils se trouvaient, éprouvait une légère oscillation.

Peu à peu il descendit comme le plateau d'un ascenseur.

A mesure qu'il s'enfonçait, les bravi s'aperçurent qu'ils entraient dans un caveau, donnant sur une galerie munie d'une porte d'acier que don Saluste ouvrit, en ayant le secret.

— En avant! dit-il à ses hommes.

Ouvrant la marche, Lenox précéda ceux qui portaient Juanita.

Derrière ceux-ci, venait le reste de la bande, émerveillée de ce qui se passait.

Don Saluste passa le dernier après avoir fait jouer le mécanisme qui replaçait le plancher sous le boudoir.

Il ferma aussi derrière lui la porte de la galerie.

Reprenant la tête, il alla frapper sur l'épaule de Lenox et lui dit :

— Tu ne t'attendais pas, n'est-ce pas, vieux renard, à trouver un terrier aussi bien creusé sous la plantation?

— Votre père, senor, m'avait toujours laissé ignorer l'existence de ce passage, répondit Lenox.

« J'avoue que je n'ai jamais rien vu d'aussi ingénieux.

« Mais cet Herrera, avec son infernale pénétration, découvrira peut-être le chemin que nous suivons en ce moment.

— Impossible!

« La pendule que tu as vue est une des idées les plus ingénieuses de l'architecte mulâtre auquel mon père a fait fabriquer ce souterrain.

« D'abord qui pensera, dans un pareil endroit, à s'occuper d'une pendule qui ne marque pas l'heure et que l'on croit tout simplement ne pas avoir été remontée ?

« Suppose cependant qu'on devine que c'est là qu'est la serrure en quelque sorte du mécanisme, il faudrait une clef.

« Admettons qu'avec quelque pince, on puisse remplacer la clef, il serait nécessaire de placer les aiguilles comme elles doivent l'être, sinon les ressorts ne joueraient pas.

« On peut briser le cadran, chercher le secret dans les engrenages ; on ne le trouvera pas, il est trop compliqué.

« Enfin, Lenox, nous avons, fermant sur un roc d'une dureté telle que le burin s'y brise, une porte de trente pouces d'épaisseur en acier forgé et capable de résister à cent coups de canon de campagne.

« Tu vois donc que nous pouvons gagner avec sécurité l'issue du souterrain.

— Bon ! fit Lenox.

« Mais une fois là ?...

— Tu verras...

Et don Saluste, avec un calme parfait, continua à guider sa troupe.

Celle-ci, connaissant la lâcheté du maître, et le voyant si tranquille, se sentit pleinement rassurée.

Avec la sécurité revint l'insolence et la gaieté.

Les bravi se mirent à se moquer des Espagnols.

— Nous filons, disaient-ils ; les soldats restent dans le piége.

« Ils vont être traqués dans les caves par les insurgés, comme des souris par des des chats.

Ils s'amusaient du malheur qui allait frapper de vaillantes troupes.

Le cœur humain est ainsi fait.

Lorsque l'on échappe à un péril imminent, le premier sentiment, même chez les meilleurs, est une satisfaction égoïste qui s'augmente encore si l'on peut établir une comparaison entre soi et ceux qui ont péri là où l'on s'est sauvé.

De là, pour des natures mauvaises, il n'y a qu'un pas pour en arriver à jouir avec délices des infortunes de ses compagnons de lutte et pour les accabler de railleries.

C'est ce qui explique pourquoi la galerie retentit de rires impies soulevés par les remarques burlesques des bravi sur les incidents comiques dont, selon eux, devait être émaillée ce qu'ils avaient fini par appeler : *la chasse aux rats!*

CHAPITRE XVIII

Capitulation.

Les soldats s'étaient réfugiés dans la cave et ils y combattaient furieusement.

Le colonel avait eu recours à la suprême ressource.

Il venait de faire défoncer une tonne de bordeaux et le vin redonnait force, énergie, colères généreuses aux combattants épuisés.

Les assaillants, au dehors, étaient enivrés par la victoire.

Les nègres marrons et révoltés, longtemps traqués, toujours craintifs, n'ayant eu jusque-là que les qualités de l'animal qui fuit, venaient de faire l'épreuve de leur force et de leur vaillance.

Ils s'étaient prouvé à eux-mêmes qu'un noir, à la crosse d'un fusil, peut valoir un blanc, la balle tuant d'où qu'elle vienne ; pour l'envoyer il suffit d'avoir le sang-froid, de tirer juste, et la fermeté de rester sous les projectiles de l'adversaire.

Avec leurs natures enthousiastes et naïves, les noirs sont d'excellents soldats ; ils se sentaient, au feu, dans leur élément.

Fiers, emportés, superbes, insoucieux de la mort, grisés de gloire, ils avaient monté à l'assaut avec un brio dont les trappeurs s'étaient émerveillés et qui avait excité l'ardeur des Cubains.

C'est sur un croquis exact de cette affaire que nous avons donné la gravure représentant (page 5) le premier assaut des noirs.

Choquart, charmé, comparait leur bravoure joyeuse et brillante à celle des Français, et se déclarait sûr d'accomplir des prodiges avec ces hommes si longtemps dédaignés.

L'explosion du baril de poudre avait un instant jeté le désordre dans les rangs ; mais Maracassa et Vendredi n'avaient eu qu'à faire sonner la charge pour relancer les colonnes.

Elles avaient inondé la plantation.

Herrera, dans la cave, vit bientôt que s'il ne trouvait pas la retraite de don Saluste, il faudrait se rendre ou mourir.

Aussi pressait-il le travail des soldats qui s'acharnaient, du reste.

Les balles pleuvaient par les escaliers et les soupiraux, inondaient la cave.

Les nègres avaient cette audace de venir tirer les canons de fusil aux embrasures ménagées par les soldats.

Enfin la porte de la crypte fut attaquée vigoureusement par un sergent intelligent qui ouvrit un bon avis.

— Minons-la ! dit-il.

Et il introduisit de la poudre entre les interstices des pierres.

On sait que la poudre a une singulière propriété.

En supposant que l'on couvre de grains poudre une table et qu'on pose dessus une feuille de papier, puis, qu'on mette le feu à cet appareil, la feuille de papier vole en l'air à peine enflammée et la table est réduite en miettes, souvent en poussière.

D'où cette loi des mines.

Les explosions agissent beaucoup plus fortement sur l'obstacle puissant que sur le plus faible.

Ce qui explique comment un simple bouchon de sable légèrement refoulé ferme le trou d'une mine qui, au lieu de faire sauter simplement ce bouchon, fend des roches de granit.

Lorsque le soldat, qui avait autrefois débuté dans le génie, eut placé la poudre, il la couvrit de feuilles arrachées à des livrets de troupes, il fit une traînée et mit le feu.

Plusieurs détonations retentirent et la crypte fut ouverte.

Les fantassins avaient assez bu pour être au paroxysme de l'exaltation; il fallut, après avoir transporté M. Balouzet, précieux otage, dans la crypte, il fallut les arracher à leurs postes pour les faire se réfugier dans la nouvelle position.

Celle-ci était assez favorable.

Trois lézardes, assez larges pour le passage d'un homme, s'étaient produites.

Il ne restait, il est vrai, qu'une quarantaine de soldats; mais c'était un nombre plus que suffisant pour prolonger la résistance.

Herrera et le colonel, comptant toujours sur l'intervention de la colonne de Santiago, espéraient fermement être délivrés.

Herrera, du reste, avait eu la présence d'esprit de faire rouler des barils de jambons et de faire transporter des bouteilles de vin dans la crypte avant la retraite; il pouvait subir un nouveau siège.

Le feu des Espagnols, à travers les lézardes de la muraille, devint si meurtrier que Maracasse, fit cesser l'attaque.

Les balles fouillant la cave qui aboutissait au souterrain, les nègres durent l'évacuer, et l'on se contenta d'un blocus.

Les postes étant distribués, les dehors protégés, des travailleurs étant distribués aux brèches et les réparant, les vainqueurs mirent à contribution les magasins aux provisions.

Ils firent grande chère.

Pour les nègres, si mal nourris, privés du nécessaire le plus strict, c'était grande joie que de pouvoir piller à leur aise les caisses et les armoires.

On leur a beaucoup reproché par la suite leurs déprédations et l'instinct de destruction dont ils avaient fait preuve.

Mais ces hommes avaient eu faim et soif depuis leur enfance; ils étaient fous et en liesse; c'étaient des mineurs émancipés tout à coup et ne sachant pas encore user de leur liberté.

Les Cubains montrèrent plus de retenue, mais ils furent cruels.

Tous les blessés, sans exception, furent achevés et cinq prisonniers furent fusillés.

Dès le début, la guerre prenait le caractère sauvage qu'elle devait garder et qu'elle conserve encore à l'heure où nous écrivons.

Le premier exemple fut donné, il est vrai, par les Espagnols.

Dans la répression de l'insurrection de Santiago, ils se montrèrent atroces.

Le massacre des blessés à la plantation du Morne ne fut que la conséquence des exécutions sanguinaires commises dans les fossés de la capitale; chaque Cubain avait un parent ou un ami à venger, et le fond du caractère de ce peuple n'admet pas de milieu entre l'affection vive, sincère, délicatement, ardemment exprimée, et la haine implacable.

M. Piron a raconté dans son livre quelles atrocités les Espagnols avaient commises ; ce récit, très-intéressant, inspire l'horreur.

Voici ce qu'il raconte :

« Depuis 1837, l'île de Cuba était devenue la proie d'une foule de fonctionnaires et d'employés dont les appétits étaient excessifs. Au-dessous du capitaine général — qui prélevait pour lui la part du lion — se remuait toute une nuée d'ambitieux venus d'Espagne exprès pour faire fortune et qui accaparaient toutes les places. Quant aux Cubanos, non-seulement ils ne pouvaient jamais en obtenir une, mais encore ils se voyaient traités avec le dernier mépris. Accablés d'impôts, d'injustices, de vexations de toutes sortes, ils se séparaient peu à peu des Espagnols — dont pourtant ils descendent, — et leur haine s'accroissait de jour en jour. Cependant ils conservaient encore l'espoir d'obtenir des réformes. Mais tous les fonctionnaires, tous les employés, tous ces parasites qui vivaient si grassement du budget colonial et, en outre, gagnaient de grosses sommes en protégeant secrètement la traite des noirs, trouvaient que tout allait au mieux dans le meilleur des mondes possibles. D'après eux, Cuba jouissait de l'état le plus prospère, l'inutilité des réformes était évidente à tous les gens sensés ; les mécontents n'étaient que des factieux.

« Enfin au mois de novembre 1865, pour répondre à de si fréquentes réclamations, parut l'ordonnance royale dont le triste résultat fut de mettre un nouvel impôt de 10 0/0 sur le foncier. C'était faire déborder le vase.

« Depuis quelque temps déjà la date de l'insurrection avait été fixée par Cespedes, lorsque, par une circonstance imprévue, il se vit obligé de l'avancer de plusieurs mois. Le caissier de l'insurrection — car elle s'organisait sérieusement et avait son caissier — ayant entre les mains une somme importante, jugea bon de l'empocher et d'aller dénoncer ses complices. Pour parer ce coup, Cespedes et les siens, quoiqu'ils ne fussent pas prêts, résolurent de commencer les hostilités beaucoup plus tôt qu'ils ne l'avaient projeté. A ceux qui lui demandaient : « Avec quelles armes allons-nous combattre ? » le vaillant chef répondait, animé de la témérité de l'héroïsme : « Avec celles de nos ennemis. » (*Con las de nos enemigos.*)

« En effet, ils n'avaient que quelques mauvais fusils de chasse qui ne pouvaient guère compter ; ils partirent néanmoins ; ils en prirent d'autres sur leur passage, dans les haciendas, et vinrent audacieusement camper dans un endroit nommé *Puerto de Buniatos* (Port de Patates), c'est-à-dire devant Santiago. Ils y restèrent deux mois durant.

« A la fin de décembre, arrivèrent d'Espagne des forces importantes, composées de troupes régulières, de volontaires et d'un nombre respectable de navires pour augmenter l'escadre chargée de la surveillance de l'île. A partir de cette époque commencèrent les plus épouvantables massacres. Ces mêmes Catalans qui avaient fait montre de sentiments insurrectionnels étaient devenus dès lors — incorporés dans les bataillons de volontaires — les ennemis les plus acharnés et les plus cruels des insurgés.

« Les immenses propriétés de Carlos-Manuel Cespedes furent brûlées ; ce fut là le signal des incendies sans nombre qui ravagent la fertile reine des Antilles. Les Cubanos, exaspérés, brûlent par représailles les haciendas des Espagnols. Des deux côtés on montre une furie sans bornes.

« Les insurgés, presque sans armes, obligés de battre en retraite sur l'intérieur, proclament la liberté dans les haciendas où ils passent et entraînent avec eux hommes, femmes, enfants, et tous les esclaves, qui vont devenir leurs auxiliaires.

« Bientôt la ville de Bayamo est menacée d'être attaquée par les troupes espagnoles. Les insurgés *bayamosos* découvrent alors que les Catalans, qui semblaient faire cause commune avec eux, les trahissent et ont des intelligences avec la force armée. L'exécution des traîtres est résolue ; on les fusille sans pitié. Mais les Espagnols veulent prendre une terrible revanche ; ils s'avancent en nombre. En ce moment, Cespedes prend un parti désespéré : plutôt que de voir tomber sa ville natale aux mains des ennemis, il se décide à la brûler. Quand les Espagnols arrivent, ils trouvent des maisons enflammées.

« Les Espagnols, dont la haine est encore surexcitée, poursuivent les insurgés, et sur leur passage s'emparent des propriétés qui leur plaisent, incendient les autres et fusillent les malheureux *haciendéros* (habitants, planteurs) qui leur tombent sous la main. Ce sont les Espagnols qui ont donné les premiers exemples de ce système implacable, et ils le poursuivent avec une inflexible résolution.

« Depuis la fin de 1868, les mêmes atrocités se commettaient presque chaque jour, jusqu'à l'avénement d'Alphonse XII au trône d'Espagne, et l'insurrection, loin d'être écrasée, s'est propagée; elle a gagné presque toute l'île, mais elle reste forte dans la partie orientale.

« Pourtant les volontaires, parmi lesquels on compte bon nombre de Catalans, se sont rendus célèbres par les crimes les plus inouïs. Le gouvernement est annihilé par eux.

« Un grand nombre de volontaires se persuadait qu'on pouvait les réduire par l'intimidation, et beaucoup d'autres profitaient des désordres de l'île pour travailler à leurs propres intérêts.

« Ainsi, un Catalan nommé Campiño trouvait bon de faire fusiller tous les *begueros* (planteurs de tabac) pour s'emparer de leurs propriétés et de leurs esclaves. Les récoltes de tabac qu'il obtenait par ce moyen violent et peu scrupuleux étaient soigneusement expédiées par lui à Cuba à son ami Saturnino Tomas. Mais il se trouva que ce dernier avait aussi peu de scrupules que son digne compatriote; quand, après avoir bien vendu le tabac, il eut entre les mains une fortune assez gentille, il la considéra comme sienne et passa à l'étranger pour en jouir à son aise, laissant le señor Campiño fort désappointé d'avoir tué tant d'innocents pour un autre.

« Des traits de ce genre sont très-nombreux et ne se renouvelaient que trop souvent. Le général espagnol X... s'est rendu célèbre dans l'île par des exactions et des soustractions qui se sont élevées à des sommes considérables. Sur un seul point de l'intérieur, il s'est illégalement rendu maître d'une quantité de bêtes à cornes représentant au moins la valeur de 40,000 piastres (280,000 francs). D'une grande indépendance de cœur, lui et son collègue P... y G... pratiquaient les fusillades en grand. Lorsque de tels chefs donnent de pareils exemples, il ne faut point s'étonner que les subalternes les suivent avec empressement.

« A Cobre, un colonel Cañizal s'est signalé par d'horribles atrocités. Il y présidait un simulacre de conseil de guerre, qui condamnait impitoyablement à mort des masses de malheureux, fort innocents de toute rébellion. On employait la torture pour leur faire avouer de prétendus crimes, et l'on faisait venir leurs esclaves, qu'on forçait à déposer contre eux par l'intimidation. Le nombre des condamnés était devenu si embarrassant, qu'en dernier lieu on les faisait massacrer la nuit à coups de *machete* (sabre). Puis on jetait leurs dépouilles pêle-mêle dans les trous des mines abandonnées. Mais ce colonel Cañizal, lui du moins, ne devait pas rester impuni : il se retira en Espagne pour jouir du fruit de ses cruautés, et là il se rencontra avec un Cubano, nommé Vaillan, qui, ayant à venger la mort de Juan Colas, son beau-frère, le tua d'un coup de pistolet.

« Ce Juan Colas, jeune homme de bonne famille, avait été arrêté à Cuba sans motif, conduit à Cobre comme beaucoup d'autres et jeté en prison. Le lendemain matin, quand on entra dans sa cellule, on le trouva mort : il avait été étranglé pendant la nuit.

« Le quartier de *Braso de Cauto*, que j'avais vu si beau en 1868, est maintenant en partie détruit par les flammes. L'incendie a été promené dans presque toutes les habitations par les volontaires d'un côté et par les insurgés de l'autre.

« Car il est bien avéré que ces derniers ne respectent que les plantations abandonnées ; ils brûlent celles qui sont envahies et illégalement exploitées par leurs ennemis et celles que cultivent encore de tenaces pro-

LE MORNE AUX GÉANTS

Le solitaire du Morne.

priétaires, parce que celles-ci payent un impôt qui profite aux Espagnols.

« Mais aux incendies, les volontaires ont ajouté des crimes qui sont la honte de l'humanité. Que de malheureux restés paisiblement dans leur haciendas ont été surpris par eux, faits prisonniers, puis massacrés sans pitié à coup de machete! Beaucoup des *hacienderos* du *Braso de Cauto* ont péri de cette façon. L'un d'eux, un excellent homme nommé Lorencito, très-connu et très-estimé parmi les Cubanos, avait un fils de quinze ans qu'il adorait et qu'il voyait en danger de mort comme lui; il se jeta aux pieds des assassins pour les supplier d'épargner cet enfant. Cette prière d'un père eût touché des cœurs moins féroces; mais que firent-ils, eux? Ils commencèrent par l'enfant, et, en présence de ce père désolé, ils le tuèrent à coups de *machete*, afin qu'il fût mutilé et eût le temps de souffrir.

« Dans les premiers mois de l'insurrection, le général Lersundi, alors gouverneur général de l'île de Cuba, n'ayant pas assez de troupes à sa disposition pour défendre l'ordre, conçut la pensée d'organiser des bataillons de volontaires en attendant les renforts qui devaient venir d'Espagne. Seulement on ne veilla pas assez à la composition de ce corps ; recruté dans les bas-fonds de la société, parmi ces aventuriers prêts à employer tous les moyens pour arriver à la fortune, il s'augmenta graduellement d'une façon considérable et ne tarda pas à se révéler par des forfaits qui intimidèrent même ceux qui l'avaient formé et qui avaient espéré pouvoir le diriger. A différentes reprises, il s'accrut des bataillons de volontaires envoyés par le gouvernement républicain de Madrid en même temps que les troupes régulières. Toujours composé des mêmes éléments, ce corps étrange conservait toujours son même caractère de férocité et de domination.

« Le général Lersundi fut remplacé par le général Dulce. Celui-ci, qui autrefois avait gouverné l'île et y avait laissé les meilleurs souvenirs, les plus vives sympathies, y revenait comme un médiateur de paix entre le gouvernement de la Péninsule et les révoltés. Il signala son arrivée par un décret d'amnistie pour tous les rebelles qui feraient soumission dans l'espace de quarante jours. La lutte n'était encore qu'à son début, et beaucoup de Cubains eussent accepté sans difficulté des arrangements capables de leur assurer un sort moins pénible qu'auparavant. Mais un tel accord ne pouvait convenir aux terribles volontaires ; ils s'y opposèrent avec cette arrogance et ce despotisme dont ils devaient se faire une chère habitude. Ils mirent à mort un des chefs des insurgés qui, porteur d'un sauf-conduit, se présentait à Puerto-Principe (Port-au-Prince) pour obtenir les bases d'une convention.

« Cette prouesse, restée forcément impunie, les encouragea assez pour que, quelque temps après, ils voulussent qu'on fît injustement subir la même peine à des notables de la Havane qui, comme suspects, étaient retenus dans les prisons. Pour les soustraire à un tel sort, le général Dulce dut les faire déporter à l'île de Fernando-Po. Mais là, ses intentions humaines ne furent pas bien servies : l'insalubrité du pays fit lentement l'œuvre cruelle qu'avaient exigée les implacables volontaires.

« Bientôt ceux-ci lui témoignèrent ouvertement l'irritation que leur inspirait son gouvernement beaucoup trop équitable. Quelques-uns d'entre eux, bien armés, envahirent tout à coup son palais et osèrent exiger sa démission, et lui, le général Dulce, le représentant de la mère patrie, se vit réduit, sous des menaces de mort, à signer l'acte honteux qui lui était présenté.

On crut pendant quelque temps que le général Caballero de Rodas, le successeur de Dulce, parviendrait à réduire les maîtres de l'île de Cuba. Précédé d'une belle réputation militaire, il semblait leur imposer en arrivant par son caractère énergique. Mais peu à peu il se fatigua de la lutte journalière qu'il avait à soutenir ; il faiblit, il accorda des concessions, dont on ne put jamais se contenter. Ainsi, l'Espagne a non-seulement les insurgés à combattre, mais encore ceux qui prétendent la servir et qui déploient trop de zèle.

« On a dit que les volontaires se tiennent dans les villes et abandonnent les campagnes aux troupes régulières ; c'est là une erreur que les faits démontrent suffisamment : les volontaires sont partout, et c'est particulièrement dans les villages et dans les campagnes qu'ils se livraient à leurs plus affreux excès ; mais les troupes régulières ne peuvent rien contre eux, parce qu'ils sont en trop grande majorité. Il est expressément défendu à tout Cubain qui est à la ville de se rendre sur sa propriété ; s'il est arrêté en route, il est considéré comme insurgé et fusillé immédiatement. Cette mesure sévère avait pour résultat de leur livrer des haciendas dont ils tiraient un excellent parti ; ils s'y installaient, y menaient bonne vie, faisaient travailler les esclaves qu'ils y trouvaient et vendaient à leur profit les récoltes qu'ils obtenaient de cette façon. Si le propriétaire spolié s'avisait de le trouver mauvais et de se plaindre, il était pris, jeté en prison, puis massacré. Celui qui restait courageusement dans sa hacienda devait se soumettre à toutes leurs exigences ; chaque jour ils lui réquisitionnaient ses esclaves, ses bestiaux, et il devait les donner sans observation ; sinon, malheur à lui : pour la moindre plainte qui lui échappait, c'était la mort qu'il recevait. En outre, il courait à tout instant le risque d'être incendié par les insurgés, car aux yeux de ceux-ci il servait les intérêts de l'ennemi.

« Au commencement de l'insurrection, les campagnes furent précipitamment abandonnées par les autorités espagnoles ; les hacienderos se trouvèrent ainsi livrés sans défense aux insurgés, qui vinrent exiger d'eux des armes et des munitions. Plus tard les volontaires, avec l'injustice qui les caractérise, demandèrent à ces malheureux un compte sévère de la faute excusable d'avoir cédé à de telles exigences.

« Ces implacables tyrans inspirent même aux femmes des Cubains une haine vivace qui se manifeste par des actes. Ces femmes si jolies, si gracieuses, si élégantes, à l'apparence si frêle et si délicate, sont transformées en héroïnes par l'amour puissant de la patrie avilie. L'indignation a soudain révélé en elles des facultés qu'on était loin de leur soupçonner. Combattant à côté de leurs frères, de leurs pères ou de leurs maris, elles montrent une vaillance véritable et savent mourir avec un courage sublime. Elles ont toutes quelque être adoré — quelques-unes même leur honneur — à venger, et elles poursuivent leur vengeance à travers mille périls, qui, au lieu de les intimider, ne font que les exalter davantage. Beaucoup d'entre elles — aux environs de Santiago et de Cuba — s'organisent en guérillas, se répandent dans les *maniguas* (savanes) et tiennent tête à leurs redoutables ennemis.

« Un jour, vers la fin de 1873, une douzaine de femmes parcourant une forêt, rencontrent fort inopinément une colonne de volontaires. Le lieutenant qui commande celle-ci demande à ces dames si elles ne connaissent aucun campement dans les environs ; comme elles répondent négativement, on les attache deux à deux par son ordre, et on les emmène comme prisonnières. Elles font montre d'une dédaigneuse impassibilité. Mais, à quelque distance de là, on trouve un petit *campamento* (campement) d'insurgés ; une vive fusillade est échangée de part et d'autre ; pourtant, comme les Cubanos sont en grande minorité, ils sont obligés de fuir, abandonnant quelques morts sur le champ du combat.

Les prisonnières s'approchent de ceux-ci, les regardent avec anxiété, et bientôt l'une d'elles reconnaît son mari parmi eux. Sa faiblesse alors se trahit : un cri de désespoir lui échappe ; elle se jette sur ce corps inanimé d'un époux regretté, le couvre de baisers et de larmes. Cette profonde douleur, se manifestant ainsi, n'eût-elle pas touché des hommes d'un peu de cœur ? Mais un chef des volontaires de Cuba peut-il être accessible à la pitié ? Que fait notre lieutenant ? Il ordonne à ses soldats de fusiller les douze femmes, et cet ordre barbare est exécuté immédiatement.

« Cette scène horrible, racontée par les acteurs eux-mêmes en se vantant, donne une idée exacte de ce qui se passait presque chaque jour dans la malheureuse île. Dans les campagnes, un simple lieutenant pouvait faire fusiller hommes et femmes à sa fantaisie sans jugement aucun.

« Les volontaires se sont conduits là-bas comme se conduisaient naguère les Prussiens en France ; ils n'ont rien respecté. Il est souvent arrivé que des femmes, des jeunes filles, poussées par le désespoir, ont eu la folle imprudence d'aller se prosterner devant eux pour implorer la grâce d'un mari, d'un père menacé de mort, et elles les ont quittés plus désolées encore, en les maudissant de leur avoir ravi l'honneur.

« A la Havane ils se sont distingué par une prouesse qui a eu du retentissement jusqu'en Europe. Les journaux d'Angleterre et de France en ont parlé. Cela se passe au mois de novembre de l'année 1871. Quelques étudiants en médecine, en attendant l'heure des cours, se promènent, entrent dans un cimetière et, sans penser à mal, cueillent des fleurs sur les tombes. Par malheur pour eux, ils sont vus, et deux jours après ils sont tous arrêtés, enfermés dans une prison. Le crime dont on les accuse est d'avoir profané les sépultures, particulièrement celle de Gonzales Castaño, un des anciens chefs du parti espagnol, un des principaux rédacteurs de la *Voz de Cuba*, tué en duel par un Cubain. Après avoir récusé un premier conseil de guerre composé par les soins du général Crespo, les volontaires se contentent d'un second presque entièrement tiré de leur corps et tout disposé à servir leur cruauté. Sur quarante-cinq accusés qui comparaissent, huit sont condamnés à mort, trente et un à quatre et à six ans de galères. Ces derniers, après un martyre de plusieurs mois, ont été graciés ; mais les autres durent subir leur peine immédiatement : le plus âgé d'entre eux avait vingt ans et le plus jeune n'en comptait pas seize !

« Les emprisonnements et les confiscations prenaient chaque jour des proportions inquiétantes ; les confiscations surtout étaient pratiquées sur une très-vaste échelle. Au moindre soupçon qui s'arrêtait sur un propriétaire, on lui prenait son bien, puis on restait sourd aux réclamations les mieux justifiées. L'objet confisqué appartenait parfois à plusieurs ; les associés représentaient qu'étant innocents, ils ne devaient pas subir une peine imméritée. Qu'importait ? on ne les écoutait point. Alors les personnes les plus paisibles s'effrayèrent et renoncèrent à vivre sous un tel despotisme, au milieu d'un tel désordre ; elles s'expatrièrent en grand nombre et cherchèrent un asile plus sûr en Europe comme aux États-Unis.

« Les renforts envoyés d'Espagne dans les deux premières années de l'insurrection ont atteint le chiffre de soixante-dix mille hommes, outre une notable augmentation de l'escadre, déjà assez importante, chargée de surveiller l'île. Depuis, les envois de troupes régulières et de bataillons de volontaires continuent chaque mois et s'élèvent à vingt-cinq ou trente mille hommes par an. Mais les combats fréquents, le changement de climat, la fièvre jaune et les fatigues font de nombreuses victimes parmi eux.

« Cette guerre qu'avaient à soutenir les soldats de l'armée régulière les a bientôt exaltés, et ils se sont livrés, eux aussi, à des extrémités blâmables. Très-braves, très-résolus, supportant admirablement la fatigue et les privations, ils deviennent féroces dans les occasions où ils devraient se montrer généreux, après la victoire.

« Ce fut au mois d'avril 1869 qu'un général lança de Bayamo cette proclamation dont les résultats allaient être si funestes : « Tout individu au-dessus de quinze ans qui sera trouvé hors de sa propriété, et qui ne pourra justifier de son absence, sera immédiatement fusillé. Toute habitation inoccupée, ou sur laquelle ne flottera pas un pavillon blanc en signe que ses habitants demandent la paix et sont dévoués au gouvernement, sera réduite en cendres. » C'était l'autorisation de tous les crimes affreux qui devaient être commis ; c'était la porte ouverte au pillage, aux excès de tous genres, et la justification de terribles représailles.

« Il est évident qu'un planteur a toujours besoin d'entretenir des relations avec la ville ; il arrive immanquablement un moment où il est forcé de sortir de son habitation. Aussitôt elle peut devenir la proie des Espagnols.

« On conçoit que de pareils hommes, à la nouvelle des fusillades de Santiago, y eussent répondu par des représailles.

« Les nègres s'associaient à ces actes sauvages avec un entrain effrayant.

« Leur barbarie, conséquence de leur ignorance, était épouvantable.

« Mais, en conscience, pouvait-on leur demander de la pitié, de la générosité, les qualités enfin qui distinguent les races civilisées, alors qu'on les avait traités en bêtes de somme ?

« Les chasseurs d'esclaves et les trappeurs qui, dans le début, refusèrent de répandre le sang des prisonniers, devinrent par la suite plus terribles que tous les autres.

« Le drame du Virginius et l'assassinat légal de Leone Fry, leur héros, les transforma en bêtes fauves. »

Ce serait une déloyauté de notre part, historien de cette grande lutte, que de dissimuler les représailles des Cubains ; mais c'est justice de constater qu'ils furent toujours provoqués, et que les Catalans furent cruels avec plus d'atrocités qu'eux à leur charge devant l'opinion publique.

Le lecteur se souvient sans doute que le capitaine Sacripan et Ali avaient été enveloppés, étant restés seuls de tous, en face des serpents monstrueux lancés par les Vaudoux.

La vision s'était évanouie ; mais les nègres avaient surgi soudain.

Sacripan avait fait feu de son revolver et avait mis l'épée à la main.

Ali, sa carabine déchargée, n'avait plus que sa baïonnette.

Ils furent cernés, mais les nègres ne les approchaient point.

Une voix, celle de Maracasse, avait crié aux noirs :

— Ne les tuez pas !

« Il nous les faut vivants !

Et Vendredi criait de son côté :

— Échange ! échange !

« Avec l'officier, nous aurons Touche-Toujours !

« Échange, les enfants !

Les noirs comprirent et aucun d'eux ne tira sur les deux Espagnols.

Sacripan, voyant qu'on les ménageait, se tourna vers Ali et lui dit :

— Rends-toi !

« Ils t'échangeront comme ils disent.

« Moi, je veux mourir ici de leurs coups, pour éviter les balles espagnoles.

— Vous serez gracié, dit Ali.

— Admettons qu'on me commue ma peine en celle de la dégradation,

« N'est-ce pas une honte plus douloureuse que la mort ?

— Alors, capitaine, chargeons.

« Ali, vous le savez bien, n'est pas homme à mettre bas les armes tout seul, en abandonnant son compagnon.

Et le brave sergent s'élança sur le cercle de fer dont il était entouré.

Sacripan le suivit, criant :

— A mort !

« A mort !

« Pas de quartier !

Mais tout à coup, comme le cercle des noirs reculait, un homme se détacha et vint se planter seul devant Sacripan.

Cet adversaire était de haute taille et couvert d'une peau à longs poils ; il portait le costume primitif de Robinson Crusoé.

Cet original était Maracasse, dit Poil-de-Bique, devenu général des nègres et ayant Vendredi pour lieutenant.

Voyant cet homme, seul, devant lui, sans armes apparentes, Sacripan s'arrêta.

Maracasse, avec le plus beau sang-froid, lui fit un salut courtois.

Le capitaine, de plus en plus surpris, rendit cette politesse.

Alors Maracasse dit tranquillement :

— Capitaine, j'ai absolument besoin de vous faire prisonnier.

« Nous avons là-bas notre ami Touche-Toujours que nous désirons échanger.

« Vous concevez que je tiens à vous prendre tout vif.

— Et moi, monsieur, dit Sacripan, j'ai des raisons graves pour tenir à la mort.

— Comme c'est fâcheux ! dit Maracasse avec l'accent de la sincérité.

« Vous allez m'obliger à employer un moyen ridicule pour vous capturer.

« Quelle drôle d'idée de tenir à se faire tuer bêtement.

— Pardon, monsieur !

« Le mot bêtement n'est pas d'un galant homme.

— Vous avez raison.

« Je le retire.

« Mais croyez-moi, revenez à des idées plus conciliantes.

« Jetez vos armes !

— Non, monsieur.

« Les sérieux motifs qui m'obligent à tomber ici sous vos baïonnettes seront plus tard appréciés par vous.

« Quand vous les connaîtrez, et le bruit en viendra jusqu'à vos bivacs, vous avouerez que le capitaine Sacripan avait raison.

« Maintenant, place !

« Dites à vos nègres de ne plus reculer et expédiez-moi lestement.

— Sacrebleu, quelle corvée ! fit Maracasse. Votre entêtement m'est bien désagréable.

« Enfin... vous l'avez voulu.

Et tout à coup, lançant un lazo qu'il tenait à la main, il enveloppa le capitaine de la soie adroitement dirigée, puis ; par une brusque secousse, il le jeta bas.

Au même moment, les nègres se lancèrent sur le prisonnier.

En peu d'instants, celui-ci fut désarmé et réduit à l'impuissance.

Maracasse s'opposa à ce que Sacripan fût garrotté.

— Capitaine, lui dit-il, vous voilà en notre pouvoir, n'est-ce pas ?

« Vous n'allez point, je suppose, nous obliger à vous garrotter.

« Je vous prie de me donner parole que vous ne fuirez qu'autant qu'une belle occasion s'en présentera.

« Je vous laisserai juge de l'opportunité et je me fierai à votre loyauté.

— Vous me connaissez donc ? demanda Sacripan surpris de tant de conscience.

— Oui ! dit Maracasse.

« Vous êtes le fameux Sacripan.

« Je suis très-fier de vous avoir pris ; mais ce n'était pas difficile.

— Qu'avez-vous fait d'Ali ? demanda le capitaine inquiet pour son sergent.

— Il est pincé naturellement ; il me semble même que sa capture fait du bruit.

« Voyons donc ça.

Et Maracasse emmena Sacripan vers un groupe où l'on entendait des vociférations. C'étaient les nègres qui avaient pris Ali et qui s'apercevant qu'il était de couleur, vitupéraient contre lui.

— Tu es mulâtre ! criaient-ils.

« Tu es fils de noirs comme nous et tu sers les Espagnols !

« Tu es un traître à ta race !

Et tous lançaient l'injure.

— Ces noirs ont tort d'outrager mon sergent, dit Sacripan.

« C'est un mulâtre marocain.

Maracasse prit alors un fouet pendu à sa ceinture, et, sans souci des principes philanthropiques, il distribua les coups sur les dos nus de ses soldats.

— Taisez-vous, canailles ! criait-il.

« Celui-là n'est pas des vôtres !

« C'est un Marocain et il a fait son métier de soldat en garçon fidèle et brave.

Ali avait été terrassé et garrotté ; mais Maracasse coupa les liens.

— Est-ce que je vous ai commandé, immondes imbéciles, de ficeler cet excellent militaire comme un saucisson de Cincinnati !

« On doit des égards aux braves !

« Levez-vous, sergent.

« Vous me promettez de ne pas fuir ?

Ali regarda son capitaine qui lui dit impérativement :

— Tu dois le promettre.

Ali prêta serment.

— Très-bien ! dit Maracasse.

« L'affaire a mieux tourné qu'on aurait pu le supposer.

« J'ai craint un instant d'être obligé de vous hacher en morceaux.

« Enfin tout est bien.

— Pour vous autres ! dit Sacripan.

— Chacun son tour ! fit Maracasse avec insouciance.

« Demain sera le vôtre.

— Par Allah ! dit Ali, pour vaincre, il faudrait ne pas avoir à combattre contre des djenouns, la partie n'est pas égale.

— Qu'entend-t-il par ce mot djenouns ? demanda Maracasse au capitaine.

— En arabe, djenouns signifie génie, mauvais ou bon esprit.

— Oh ! fit Maracasse en hochant la tête, il paraît que ce n'est pas fini et que nous verrons bien d'autres diableries.

« L'enfer est avec nous.

« Nous avons des légions de diables rouges à notre service.

— Allons donc ! fit Sacripan.

— Vous en doutez ?

— Certes !

— Cependant vous avez vu les serpents et le terrible Œil-Sanglant.

— Peuh !

« Des farces.

Maracasse secoua la tête et dit lentement, et gravement :

— Capitaine, les Vaudoux sont des gaillards qui possèdent une ténébreuse puissance.

« Moi qui profite en ce moment de leurs serpents et de leurs maléfices, je vous déclare qu'ils me font peur...

« Je ne suis point superstitieux, mais je me rends à l'évidence.

— Enfin, monsieur, dit Sacripan, vous ne croyez pas au miracle en cette affaire ; ce sont des effets pyrotechniques.

— Pyro... quoi ? fit Maracasse qui était d'une ignorance admirable.

— Pyrotechniques.

— Qu'est-ce que ça veut dire, ce mot en ique?

— Quoi! vous ne le savez point?

— Ma foi, non!

« Je n'ai jamais appris à lire et il y a un tas de paroles dont le sens m'échappe, mais que je juge fort inutiles, puisque je m'en passe.

Sacripan vit à quel homme il avait affaire et il sourit.

— Je voulais dire, expliqua-t-il, que ces apparitions sont produites par des pièces de feu d'artillerie et ne sont que de vaines apparences.

— Bon!

« Des apparences!

« Mais ça tue, capitaine.

« Ça tue!

« Tenez!

Et il conduisit Sacripan vers un endroit où un groupe de soldats espagnols avait été renversé par les serpents de feu.

— Voyez! fit Maracasse.

« Voici des morsures qui prouvent que ces sacrées bêtes ont des dents.

« Et comme ça pue!

« Ça sent le soufre.

Sacripan examina avec stupéfaction les tas de cadavres.

Il constata que ceux-ci, en effet, avaient reçu des coups de gueule effrayants et il ne sut plus que conclure.

Maracasse lui frappa sur l'épaule et lui dit d'un air triomphant :

— Eh! eh!

« Vous ne riez plus!

« Ce sont des animaux pour de vrai!

— Étrange! murmurait Sacripan.

Ali, lui, marmottait des versets du Coran spécialement destinés à combattre ces djenouns; mais il concluait après chaque psalmodie.

— Ce n'est pas loyal.

« Mauvaise guerre.

« On ne doit pas se servir de maléfices.

— Ma foi, lui dit Maracasse impatienté, je pense un peu comme vous; le combat n'est plus loyal dans ces conditions.

« Mais, mon brave Arabe, pensez bien que ces bêtes-là viennent sans avoir été demandées; elles sont amies des nègres, nos alliés, et elles paraissent d'elles-mêmes.

« Moi, j'aimerais autant m'en passer, vu que je n'ai pas confiance.

« Si un de ces monstres-là me prenait en grippe et me mordait la fesse comme l'un d'eux a fait à ce soldat, voyez, je ne pourrais plus m'asseoir de la vie.

« J'imagine que des êtres de ce calibre-là sont très-fantasques.

« Ça doit se fâcher pour un rien et changer d'idée comme de peau. Vous savez qu'un serpent mue souvent.

Ali écoutait sympathiquement.

Entre le naïf trappeur et lui, l'enfant de l'Atlas, il y avait des points de contact, et il se prenait d'amitié pour lui.

— Vous me semblez un homme sincère, vous, flibustier! dit Ali.

« Si cette guerre finit sans que je sois tué ou que vous le soyez, je lierai amitié avec vous dans le cas où ça vous plairait.

« Nous échangerions nos armes à la mode de mon pays.

— Volontiers! dit Maracasse flatté.

— Il ne me faut pas longtemps pour juger un homme! reprit Ali.

« Ce que vous venez de dire me prouve votre bon sens.

« Vous avez compris tout de suite que c'était des alliés peu sûrs que ceux qui viennent à vous par des sorcelleries.

« Ce qu'une conjuration des astres et des maléfices vous donne, d'autres conjurations peuvent vous l'enlever.

— Voilà justement ce que je crains.

Ces deux natures primitives attirées par une sympathie mutuelle, avaient encore comme trait d'union la même simplicité d'intelligence due à un manque absolu de culture.

Fins, rusés, très-ingénieux pour tout ce qui concernait leur carrière, ces deux hommes étaient crédules et superstitieux.

Le capitaine Sacripan avait bientôt compris qu'on ne pouvait s'en fier à Maracasse pour savoir à quoi s'en tenir sur les prodiges des Vaudoux.

Aussi, loin d'y ajouter foi comme Ali, se réservait-il d'étudier ces phénomènes, s'il en était témoin encore une fois.

Mais il pensait qu'il n'en aurait pas l'occasion.

En effet :

De deux choses l'une :

Ou il serait renvoyé aux Espagnols.

En ce cas on le fusillait.

Pas de doute possible.

La raison d'État, impérieuse, implacable l'exigeait, surtout en ce moment.

— Ou il y aurait refus d'échange, ce qui était le plus probable.

Alors les insurgés ne faisant grâce à personne, il serait fusillé.

Sacripan n'avait aucune illusion à se faire sur ce point.

Maracasse ne lui laissa pas même l'ombre du plus petit espoir.

Le brave trappeur, qui se sentait de l'amitié pour Ali, lui dit :

— Je suis content que nous ayons besoin de troquer votre capitaine et vous.

« Les Cubains, après les fusillades de Santiago, ont fait le serment de tuer tous les prisonniers et vous avez pu voir qu'ils le tiennent.

« Par bonheur, on veut traiter de l'échange du trappeur Touche-Toujours.

« Sans cela...

Il fit le signe de mettre en joue...

Sacripan fit une observation :

— Supposons, demanda-t-il, qu'on ne veuille pas de l'échange, senor Maracasse.

— En ce cas, vous recevrez du plomb dans la poitrine tous les deux.

« Ça me fera de la peine...

Sacripan et Ali échangèrent un coup d'œil.

— Savez-vous, fit Maracasse, que nous ne sommes pas les maîtres, nous autres chasseurs.

« Choquart est notre chef ; au fond il commande et dirige tout dans l'armée.

« Seulement, pour les Cubains, il a dû avoir l'air de s'effacer.

« Nous avons un général en chef de ce pays-ci ; il a été nommé avant hier.

« C'est un certain Cespedes.

« Or, il a juré de venger les insurgés assassinés et il ne fait aucune grâce.

— En ce cas, dit Sacripan, vous nous fusillerez, mon cher Maracasse.

— Pourquoi ?

— Parce que jamais Herrera ne consentira à donner votre trappeur pour un capitaine qui lui paraît de peu de valeur depuis certaine affaire.

« Ali, d'autre part, n'est qu'un sergent dont la peau ne vaut pas celle de Touche-Toujours qui me paraît être l'âme de l'insurrection.

Maracasse se frisa la moustache en murmurant dans ses dents :

— Diable ! Diable ! Voilà que j'ai maintenant une inquiétude qui me taquine le cœur comme un taon agace le museau d'un cheval !

— Mon brave, dit Sacripan touché, ne vous chagrinez pas.

« C'est si peu de chose à la guerre que la vie de deux hommes.

— Dieu est grand ! ajouta le sergent Ali en manière de consolation. Ce qui est écrit, sera !

— Il y a donc quelque chose d'écrit sur cette affaire, demanda Maracasse.

— Certainement ! dit Ali.

« Depuis le commencement des choses, la destinée des hommes est écrite au livre saint ; rien ne peut la changer.

« La fatalité pèse sur tous et sur chacun ; notre sort est immuable.

— Vraiment ! fit Maracasse.

« Est-ce que vous savez lire, vous, dans ce livre-là ?

— Dieu seul et son prophète Mahomet savent ce qu'il contient.

— Mahomet !

« Ah ! oui, je sais...

« Une manière de Jésus-Christ, bon enfant qui permet d'avoir quatre femmes.

« Vous êtes de cette religion-là, vous !

— Oui.

— Eh bien, je vous en fais mon compliment, si ce qu'on m'en a dit est vrai.

« Nous en causerons.

« De toutes les religions dont on m'a parlé, celle-là me semble la meilleure pour des trappeurs et pour des hommes de prairie.

En ce moment l'attaque recommençait et Maracasse dit à ses prisonniers :

— C'est entendu !

La morte.

« J'ai votre parole !
« Vous ne fuirez pas.
— Où irai-je? dit Sacripan en souriant d'un air triste.
« Fusillé partout !...
— Tenez, dit brusquement Maracasse, ne parlons plus de ça.

« Vrai, j'en ai trop de peine !
Et il alla rejoindre Vendredi à la tête des nègres. Bientôt la position était enlevée.
Or, comme l'avait dit Sacripan, cela ne changeait rien à sa situation.
Quoiqu'il arrivât, il était voué au peloton d'exécution.

Il eut devant les yeux le lamentable spectacle du massacre de la garnison.

Il vit des soldats blessés que l'on dressait contre les murs et auxquels on lisait la sentence suivante avant de les expédier :

Au nom du peuple cubain, moi, Cespedes, général en chef des armées insurrectionnelles, en vertu de la décision de la haute cour martiale, je décrète que tout Espagnol pris les armes à la main sera fusillé, en représailles des atrocités commises contre nos frères.

L'homme qui avait rendu ce décret et qui le faisait exécuter avec une rigueur effroyable, allait devenir le héros national de Cuba, et il devait, à côté de Choquart, conquérir une gloire impérissable.

Depuis quelques heures, il était généralissime, Choquart ayant voulu qu'un Cubain fût à la tête des troupes, pour inspirer toute confiance et surexciter la fibre nationale.

Or, déjà il se montrait digne de la confiance de tous et il préludait aux exploits qu'il devait accomplir plus tard de concert avec Choquart.

Déjà l'Amérique avait vu un exemple d'une pareille association.

C'est ainsi que Garibaldi, l'aventurier italien, s'était uni à Bolivar pour délivrer la Bolivie et qu'ils avaient fait preuve, l'un pour l'autre, de la plus touchante amitié.

Cespedes est une si grande figure que nous devons lui consacrer une page écrite par M. Piron, dans laquelle celui-ci dépeint la mort de ce grand homme :

Nous, Français, vaincus par la lâcheté et la défaillance de certains généraux, nous devons connaître et honorer ceux qui, à l'étranger, ont donné de grands exemples de dévouement à la patrie.

En vain, par une étrange conspiration du silence, a-t-on essayé de cacher au monde la gloire du héros cubain.

Nous voulons la faire connaître à nos compatriotes.

Puissent rougir de honte, ceux qui ne surent pas imiter cet homme intrépide !

En racontant la mort admirable de Cespedes, M. Piron donnera à nos lecteurs la mesure de ce que valait cet homme.

« Au mois de mars 1874 dit M. Piron, les volontaires ont eu à se réjouir de la fin tragique de Carlos Manuel Cespedes.

« Ce dernier, se disposant à traverser à la Jamaïque, expédia à l'avance un nègre dans un simple bateau, le trajet n'étant point long. Ce serviteur ne fut pas à la hauteur de la mission qu'on lui avait confiée : tombé au pouvoir d'une canonnière espagnole, il prit peur et offrit, si l'on épargnait sa vie, d'indiquer le *campamento* où Cespedes et ses amis se disposaient à s'embarquer pour Kingston. Il fut conduit à Santiago, et de là il guida une petite troupe de soldats espagnols jusqu'au secret refuge de son ex-maître.

« Celui-ci et les insurgés qui l'entouraient se défendirent avec un suprême héroïsme ; mais, étant inférieurs en nombre, ils devaient inévitablement être vaincus. Cespedes opposa la résistance d'un lion ; après avoir fait feu nombre de fois de ses revolvers, déjà mortellement blessé, il réserva le dernier coup pour lui-même ; puis, respirant encore, ne voulant pas tomber entre les mains de ses ennemis, il eut la force de se jeter dans un précipice, d'où les Espagnols — qui tenaient à s'emparer d'une telle proie — eurent beaucoup de mal à le retirer. Ce cadavre sanglant et mutilé fut porté à Cuba ; on tenait à le montrer aux Cubanos désolés.

« Ainsi finit tristement ce héros, qui, ayant rêvé l'indépendance pour son pays opprimé, avait pu le soulever, mais qui ne devait pas voir son rêve se réaliser. »

On voit quel homme énergique était Cespedes.

On conçoit qu'un caractère de cette trempe, reconnaissant la nécessité d'être implacable et de rendre fusillade pour fusillade, devait ne jamais faire grâce.

Cespedes présida lui-même, froidement, aux exécutions qui eurent lieu dans la cour même de la plantation.

Il fut fort étonné d'apercevoir parmi les spectateurs, deux militaires espagnols qui saluèrent les condamnés au moment où les nègres faisaient feu.

Il alla droit à Sacripan :

— Qui êtes-vous ? lui demanda-t-il.

— Un capitaine espagnol ! répondit le jeune homme sèchement.

Le ton dont Cespedes lui avait posé la question l'avait froissé.

— Que faites-vous là ? continua le général.

— Je regarde mourir de braves soldats qui font honneur à mon régiment.

— Je vous demande à quel titre vous êtes au milieu de nous ?

— Comme prisonnier.

En ce moment Choquart parut.

— Mon cher général, dit-il à Cespedes, ces messieurs sont prisonniers sur parole et nous les réservons en vue d'un échange contre M. Balouzet.

— Il est mort dans les caves ! dit durement Cespedes.

« S'il vit, les derniers Espagnols le rendront pour sauver leur tête.

« S'il est mort nous n'aurons pas besoin d'épargner cet officier !

Puis avec un geste énergique :

— Au mur ! dit-il.

— Permettez ! dit Choquart.

« Il pourrait se faire que mon oncle ne fût pas dans la plantation.

« Peut-être regretterez-vous votre décision et je vous serais obligé d'attendre.

— Soit !

« Mais je crois devoir vous avertir que, sauf nécessité d'échange, je ne ferais jamais d'exception pour personne.

« Je fusillerais mon père, mon fils, mon frère, si je les trouvais dans les rangs espagnols.

— A la bonne heure ! fit Sacripan.

— Vous dites !... demanda Cespedes d'un air menaçant.

— Je dis que du moment où l'on est fanatique jusqu'au bout, où l'on ne faiblit jamais, où les lois les plus sacrées ne vous retiennent pas, on fait preuve de bonne foi.

« Vous êtes sanguinaire, mais vous êtes logique et consciencieux.

Cespedes jeta un regard farouche sur le jeune homme, puis il s'éloigna en murmurant avec rage :

— Oui ! oui, tous...

« Pas de pitié, s'agirait-il d'un héros !...

Maracasse qui avait tout entendu, s'approcha et dit :

— Vraiment, ce général a raison !

« Du moment où il tuerait père et mère, il a le droit de ne faire grâce à personne ; mais si j'avais su, je ne me serais pas laissé aller à l'amitié que j'avais pour vous deux, dès le premier moment.

Choquart ne dit mot et tourna les talons ; il avait pitié ; toutefois, il ne pouvait sauver les deux prisonniers.

Il alla s'occuper des mesures à prendre pour forcer les Espagnols dans leur dernier retranchement.

CHAPITRE XIX

L'aiguille indicatrice.

Dans la crypte, Herrera et le colonel, ayant enfin du répit, étaient bien gardés par leurs soldats qui veillaient aux embrasures.

Ils tinrent conseil.

— Évidemment, disait Herrera, évidemment don Saluste est en fuite.

« Il y a ici un passage, un souterrain qui conduit dehors.

« Cherchons !

Il se mit en quête avec le colonel, et il fit de vaines perquisitions pendant plus d'une heure ; mais enfin il remarqua la pendule dans le *buen-retiro*.

— Colonel, dit-il, voilà, si je ne me trompe, où gît le secret.

Et montant sur un fauteuil, il examina le cadran.

— Cette horloge, dit-il, n'a jamais marqué l'heure.

« Jamais elle n'a marché.

— Comment le savez-vous ? demanda le colonel.

— Parce que la voilà arrêtée !

« Or, elle est scellée au mur.

« Pour la remettre en marche, il faudrait imprimer un mouvement au balancier, ce qui est impossible.

— Vous devez avoir raison ! dit le colonel.

« Mais comment trouver le secret ?

— En le cherchant méthodiquement! dit Herrera d'un air joyeux.

« Évidemment il faut mettre une aiguille sur une certaine heure et l'autre sur une autre ; or, le calcul me prouve que je puis arriver à trouver le secret en une heure tout au plus.

« En effet, la petite aiguille étant placée sur la minute qui suit midi, je donne un tour complet à la grande aiguille ; je replace ensuite la petite aiguille sur midi deux minutes et je refais faire un tour complet par la grande aiguille ; il y a soixante minutes dans le cadran ; c'est soixante tours.

« Admettons une minute par tour pour aller lentement et j'arrive ainsi à soixante minutes, soit une heure.

Et, en même temps Herrera opérait.

Son calcul était ingénieux ; M. Balouzet toujours lié et assis dans un coin, sous l'œil d'une sentinelle, M. Balouzet captif avait espéré la délivrance ; il comprit qu'Herrera allait trouver ce secret et échapper aux poursuites de Choquart.

Il suivait donc d'un regard anxieux la scène qui se passait sous ses yeux.

C'était un tableau émouvant et bizarre qui eût frappé d'étonnement un observateur, non mêlé à ces événements

Dans la crypte, les soldats espagnols gardant les embrasures.

Dans les caves, les nègres s'occupant à une œuvre mystérieuse qui commençait à inquiéter le colonel.

Dans le *buen-retiro*, Herrera palpitant devant un cadran de pendule et se livrant à un travail en apparence insensé.

Une demi-heure s'était écoulée, lorsque l'un des soldats vint dire à son colonel :

— Je ne sais ce que font les insurgés ; mais à coup sûr, ils préparent quelque chose contre nous.

Le colonel alla se mettre à une des fentes et il vit des esclaves se dissimulant derrière des fûts, et roulant lentement ceux-ci.

Il devina ce dont il s'agissait.

Il revint à Herrera, lui toucha le bras et lui dit froidement :

— Continuez votre tentative ; mais sachez que l'ennemi va nous faire sauter.

« Il y a des tonneaux de munitions contre les murs du souterrain.

— Très-bien ! dit Herrera froidement.

« Je sais ce que nous aurons à faire au dernier moment.

« Vous m'imiterez, colonel.

Et il ne cessa de tourner les aiguilles.

Le danger prévu par le colonel était imminent.

Choquart, nous l'avons vu, était descendu lui-même dans les caves pour pousser le siége du dernier retranchement de l'ennemi.

Il avait examiné attentivement la situation et il s'était résolu à faire tomber le mur à travers lequel tiraient les Espagnols.

Parmi ses flibustiers, il en avait un qui était fort habile mineur.

C'était un ancien squatter qui avait autrefois à lui seul détourné le cours d'une rivière aurifère pour la faire passer sur son terrain ; il avait dans ce but travaillé pendant dix ans à faire sauter par la poudre une barrière de rochers et il avait acquis une grande expérience des mines.

Lorsqu'on le lui eut amené, Choquart lui montra la muraille qui lui cachait la crypte et lui dit :

— Derrière ce pan de mur il y a du monde ; non-seulement des ennemis mais encore des amis qu'il s'agit de ménager.

« Pourriez-vous, master Alstor, me faire là-dedans une ouverture de quelques mètres sans que Touche-Toujours, qui est là probablement, risque trop d'être écrasé ?

— C'est facile ! dit Alstor.

Et il fit rouler par les nègres, à plat-ventre, des tonneaux de provisions.

Quand ceux-ci, entassés les uns sur les autres, eurent fait masque, Alstor travailla tout à son aise pour loger quelques onces de poudre dans la muraille ; puis il fit une traînée et dit à Choquart :

— C'est prêt.

Choquart, avec ses flibustiers, se prépara pour se précipiter.

Ils étaient tous à l'abri derrière des piliers lorsque Alstor, sur ordre, mit le feu à la traînée.

Une formidable détonation rétentit, et à travers un nuage de poussière, de fumée et de débris, les flibustiers s'élancèrent dans la crypte qu'ils trouvèrent vide de soldats.

Tous ceux-ci s'étaient réfugiés dans le *buen-retiro* où les assaillants les suivirent, le long couteau des chasseurs au poing ; là, ils s'arrêtèrent devant un spectacle inattendu.

Herrera avait fait allumer toutes les bougies.

M. Balouzet, garrotté, était assis dans un fauteuil.

Les soldats survivants, en bataille, sur deux rangs, tenaient presque à bout portant le prisonnier en joue.

Herrera, depuis que les insurgés étaient entrés, continuait à tourner les aiguilles de la pendule ; mais il ne se hâtait plus.

A l'aspect bizarre de cet homme paraissant mettre un cadran à l'heure, au milieu d'un événement aussi dramatique, Choquart fut profondément surpris ; il comprit tout d'abord que le secret de toute cette scène extraordinaire se trouvait précisément dans l'acte en apparence insensé qu'accomplissait l'agent.

Le colonel espagnol, l'épée à la main, silencieux, tenait en respect, par le regard, les Cubains et les nègres.

Les soldats, par pelotons de six hommes, se relayaient pour tenir M. Balouzet en joue.

Un mot, un geste même, et les doigts jouaient sur les gâchettes.

Une imprudence même involontaire et les soldats faisaient feu.

Ainsi s'explique l'immobilité gardée par les acteurs de ce drame.

Ils étaient comme frappés de stupeur et rivés au plancher.

Pendant deux longues minutes encore, on entendit les aiguilles jouant sous le doigt d'Herrera ; puis, tout à coup, un ressort fonctionna et chacun sentit une légère oscillation rompre son équilibre statique.

Le plancher descendait.

Les insurgés firent un mouvement de retraite instinctif ; mais Herrera leur cria d'une voix énergique :

— Si l'un de vous bouge, le prisonnier est mort !

Et Choquart ordonna de son côté :

— Pas un mouvement !

Il comprenait que M. Balouzet serait foudroyé au moindre geste.

Celui-ci était superbe d'indifférence, du moins en apparence.

Il regardait d'un œil tranquille tout ce qui se passait.

Bâillonné et garrotté, il ne pouvait, il est vrai, ni protester, ni remuer ; mais son regard calme avait une telle expression de sérénité que Herrera lui-même lui a témoigné publiquement son admiration dans une circonstance solennelle.

Rarement, du reste, un homme supporta pareille aventure avec un courage aussi dédaigneux et montra plus de mépris pour la mort.

Cependant le plancher descendait toujours lentement.

Enfin, il s'arrêta.

Herrera s'attendait à trouver un passage et à traiter pour profiter du souterrain présumé, s'y engager, et gagner la campagne, en donnant M. Balouzet comme rançon.

Mais soudain la porte d'acier dont nous avons décrit l'épaisseur énorme, apparut, dernier et formidable obstacle !

Herrera ne pouvait plus rien contre cette porte.

Alors il se sentit en péril de mort imminent, voici pourquoi.

Il connaissait le caractère des Cubains ; il savait ce dont les nègres, en démence de victoire et de sang, étaient capables.

Il avait pu espérer, le souterrain étant ouvert, traiter avec Choquart, neveu du prisonnier, fuir par le passage secret et se sauver ainsi.

Cela devenait impossible.

Or, maintenant, Choquart allait certainement consentir à l'échange.

Mais M. Balouzet délivré, les nègres et les Cubains exaltés ne ratifieraient pas la promesse du jeune chef des aventuriers.

Herrera avait trop d'expérience pour ne pas savoir qu'en pareil cas, un général est presque toujours impuissant.

Cent fois, dans les guerres civiles, il avait vu les soldats improvisés se jeter malgré les officiers sur les prisonniers, et les massacrer.

Aussi, lorsque Choquart, voyant l'obstacle qui barrait la route, dit à l'agent :

— Monsieur, je crois que vous ferez bien de traiter, maintenant!

Herrera répondit :

— Traiter, général, serait possible, si cette porte était ouverte!

« Étant fermée, je crois que ce que nous avons de mieux à faire, c'est de mourir en combattant et en tuant, de vous, le plus d'hommes possible.

— Pourquoi cela, monsieur?

« Je vous offre à tous la vie sauve et la liberté en échange de la vie et de la liberté de mon oncle que voilà!

— Nous garantissez-vous, en votre âme et conscience, sur votre honneur de Français et de galant homme, que vous pourrez nous protéger contre les fureurs de vos soldats ivres?

Choquart hésita avant de répondre.

— Vous voyez bien, monsieur, dit Herrera, que nous risquons de faire marché de dupes, quelle que soit votre bonne foi personnelle.

En ce moment, dans les caves, on entendit un grand tumulte.

— Voilà, dit Herrera, le gros de vos forces qui vient pour le massacre.

« Votre meute veut du sang!

« La curée va commencer!

« Mais je jure par la Madone et par le sang du Christ, que jamais fauves acculés n'auront vendu leur vie aussi cher que nous.

— Monsieur, dit Choquart, du sang-froid je vous prie!

« Je vais tout d'abord arrêter le monde qui accourt et nous traiterons ensuite.

Choquart, se tournant alors vers l'élite des siens, vers les flibustiers qui l'avaient suivi, leur dit :

— Avant tout, n'est-ce pas, nous devons sauver notre compagnon?

— Oui! dirent énergiquement les flibustiers.

— Eh bien, feu sur le premier qui, malgré mes ordres, voudrait descendre ici.

Et il fit former ce que l'on appelle en gymnastique, l'échelle vivante, contre la muraille ; puis, avec trois aventuriers, il remonta vers la crypte, se servant des mains et des épaules de ses hommes superposés, pour arriver à la hauteur du sol des caves.

Il était temps.

Les premiers nègres arrivaient.

Ivres, féroces, l'écume à la bouche, les yeux congestionnés, pareils à des bêtes fauves, ils hurlaient la mort à pleine voix.

Le côté bestial se révélait en eux avec une violence inouïe.

Choquart et les siens se jetèrent au-devant d'eux et firent tête.

Ce fut en vain.

L'avant-garde de ces fous furieux, contenue à peine, fut bientôt poussée par une masse en délire qui s'entassait dans les caves.

Les cris sauvages montaient vers les voûtes retentissantes et les ébranlaient :

— A mort!

— Au bûcher!

— Nous voulons boire le sang des Espagnols et leur manger le cœur!

— A mort! à mort!

Et les Cubains, il faut l'avouer, mêlés aux noirs, criaient comme eux.

On voyait, dans la demi-obscurité des caves, cette foule démoniaque, dont les regards étincelaient et qui semblait en proie à un épouvantable accès de démence.

Choquart fit des efforts surhumains pour dominer le tumulte.

Impossible!

Sa voix était couverte par un concert de rauques hurlements.

Il était repoussé, il reculait; il perdait un pas à chaque seconde.

Lui et les siens firent une tentative suprême et désespérée.

Ils mirent le revolver au poing, menaçant de tirer sur ceux qui les serreraient de plus près; cette intimidation n'eut point de succès.

En vain ceux qui sentaient les canons des revolvers sur leur poitrine cherchaient-ils à reculer; ils ne le pouvaient pas.

On les poussait.

Et Choquart se vit bientôt au bord même du mur au-dessus du *buen-retiro*.

De même qu'un piqueur, débordé par une

meute, ne peut plus protéger le gibier contre la curée, de même il se sentit impuissant.

Et il entendit Herrera dire, à cet instant suprême, au colonel :

— Préparez-vous !...

Une seconde encore et tout était fini.

Mais soudain un silence subit, extraordinaire, inattendu, se produisit.

La foule en fureur se tut.

Tout mouvement cessa.

Un prodige s'était produit.

Herrera le vit comme tous les autres Espagnols ; il le vit, et, si énergique, si sceptique qu'il fût, il en frémit.

Soudain, des murailles des caves, des voûtes, des piliers, surgirent d'énormes prunelles de feu qui remplirent la cave de lueurs rougeâtres et qui semblaient regarder les nègres.

Puis, parmi ceux-ci, il se fit un léger murmure de voix.

C'était encore un ordre mystérieux des Vaudoux qui circulait.

Et cette masse en délire, tremblante et craintive, s'apaisa.

Alors, comme par enchantement, le phénomène disparut.

Cette fois, Choquart lui-même fut frappé de ce miracle.

Ce n'était plus un effet à distance ; les yeux fulgurants avaient dardé leurs flammes pour ainsi dire à bout portant.

En étendant la main, on aurait pu toucher certains d'entre eux.

Et, comme le dit Herrera dans un de ses rapports, ces yeux avaient une expression de vie réelle d'une intensité incroyable.

Les insurgés, muets et terrifiés à leur tour, voyaient donc, selon les craintes de Maracasse, les Vaudoux se retourner contre eux.

Et les nègres le comprirent si bien que Choquart n'eut qu'à faire un geste pour que les caves fussent évacuées sur-le-champ.

Il resta donc maître de traiter.

Il redescendit dans le *buen-retiro* et il y trouva ses aventuriers, les Espagnols, Herrera lui-même, frappés d'étonnement.

M. Balouzet, seul, avait un clignement d'yeux tout parisien, auquel Choquart comprit que le prodige n'avait produit sur son oncle qu'un effet fort médiocre.

Le bourgeois voltairien n'admettait point la sorcellerie.

Quant au colonel, il fronçait le sourcil et sacrait entre ses dents.

Herrera, en ce moment, commit une faute ; il crut que Choquart connaissait le secret des Vaudoux et de leurs prodiges.

Ne voulant pas avoir l'air impressionné, il lui dit d'un air dégagé :

— Général, vous avez fait paraître à propos votre fantasmagorie, et je crois qu'une seconde plus tard, nous allions réciproquement nous massacrer.

— Tandis que maintenant, nous allons traiter ! dit Choquart.

« Je puis vous répondre en conscience de mes hommes.

« Mais, il y a un général au-dessus de moi et il faut son assentiment.

« Un de mes flibustiers est allé le lui demander.

— Attendons son retour, alors !

— Attendons, soit !

Herrera se mit à regarder la porte d'acier et l'étudia avec soin.

Choquart lui frappa sur l'épaule.

— Pardon ! dit-il.

« Mais pour que nous traitions, il faut le faire complètement.

« Si vous vouliez, nous échangerions aussi la fiancée de mon oncle.

— Monsieur, don Saluste a fui, nous abandonnant fort lâchement.

« Il a emmené la senora.

« Entre elle et vous, il y a cette porte.

— Je la ferai briser.

— Elle est solide, dit Herrera.

« Mais ceci est votre affaire.

Puis, tout à coup et en souriant :

— Vous êtes un homme d'esprit et de plus vous êtes très-brave.

« Je vais vous donner un bon conseil.

— Parlez, monsieur.

— Eh bien, général, si par hasard don Saluste vous tombe sous la main, fusillez-le comme un chien, sans délai, sans merci.

— Oh, soyez tranquille ! dit Choquart, je

vous jure que je n'attendrai pas une minute et que je ne le ferai même pas juger.

Herrera baissa la voix et dit rapidement à Choquart :

— Dans la lutte que nous soutenons l'un contre l'autre, il peut arriver n'est-ce pas, général, que, soit moi, soit vous, l'un de nous ait besoin de se débarrasser d'un agent qu'il ne voudrait pas frapper lui-même.

« Vous me comprenez à demi-mot.

« Chaque fois que vous aurez quelqu'un de cette sorte sur votre chemin, faites-le moi savoir et arrangez-vous pour que je puisse l'atteindre.

« Je vous rendrai le service de pendre l'individu en question.

« Or, don Saluste m'a tellement indigné, que je serais ravi de vous le livrer.

« Préparez-vous donc à l'enlever !

— Merci ! dit Choquart.

« Je vois que vous savez traiter galamment une affaire.

En ce moment on entendit un bruit de pas et de voix.

Bientôt l'on vit glisser une échelle le long de la muraille.

Enfin le général Cespedes en descendit les échelons.

Il venait en personne traiter de l'affaire.

Les Espagnols survivants continuaient imperturbablement à coucher en joue tour à tour le trappeur Touche-Toujours.

Cespedes salua le colonel qu'il connaissait personnellement.

Le colonel rendit le salut.

Puis le général, sans saluer Herrera, lui dit laconiquement :

— Mon lieutenant, monsieur, vous a posé des conditions.

« Je les accepte !

— Nous aurons vie et liberté pour tous ? demanda Herrera.

— Oui, et sans réticences.

— Je crois à votre parole, général.

Et se tournant vers le colonel, Herrera lui dit en souriant :

— Délivrons le prisonnier, mon cher colonel ! L'affaire est conclue.

— Pardon ! dit le colonel.

« Vous avez oublié un point.

— Lequel ?

— Nous voulons les honneurs de la guerre !

— Oh ! oh ! dit Cespedes.

— Ne nous sommes-nous pas bien battus, général ? fit le colonel.

— Parfaitement bien ! répondit Cespedes.

« Mais je crains d'être imprudent en vous faisant défiler pour les honneurs devant nos Cubains en armes.

— Qu'à cela ne tienne ! dit Choquart. Mes flibustiers présenteront les armes et mes cors de chasse sonneront la fanfare d'honneur.

— Très-bien ! dit le colonel.

Et se tournant vers ses Espagnols :

— L'arme au pied ! ordonna-t-il.

Les soldats obéirent.

S'adressant alors à un sergent, le colonel lui commanda :

— Déliez le prisonnier !

Le sergent exécuta l'ordre avec une satisfaction visible.

Si brave que l'on soit, l'on est toujours enchanté de n'être pas fusillé.

Or, le sergent n'avait peut-être jamais vu la mort de si près et dans des circonstances si dramatiques et si étranges.

De plus, la belle attitude de M. Balouzet avait produit son effet.

Les soldats l'admiraient.

De l'un à l'autre, ils se redisaient que ce n'était point un nègre.

Son histoire singulière avait couru dans les rangs.

Lorsque M. Balouzet fut débâillonné, chacun s'attendit curieusement à lui entendre prononcer quelque parole mémorable, à la hauteur du grand caractère dont il avait fait preuve.

M. Balouzet, un peu remis de sa bastonnade, mais incapable d'un mouvement, parce que les cordes l'avaient trop serré, M. Balouzet tout engourdi, poussa un soupir joyeux et dit :

— Ah ! sapristi !...

Puis, à Choquart, qui s'approchait pour lui serrer la main avec effusion :

— Mon cher, dit-il tranquillement, prends donc ma tabatière dans ma poche et mets-la

Il se fit servir un dîner confortable.

sous mes mains que je puis à peine remuer!
 Les Espagnols se regardèrent au comble de la surprise.
 Herrera était fort étonné.
 Quoi! ce héros, ce foudre de guerre, M. Balouzet, le trappeur Touche-Toujours, l'intrépide chasseur de jaguars, l'homme stoïque, le roi des tireurs, dans une pareille situation, ne trouvait rien de noble à dire, il ne savait même pas prendre une pose majestueuse, il demandait à priser.
 Incroyable!
 Inouï!
 Et cependant, quoi de plus naturel?

M. Balouzet au fond, était un bourgeois de Paris; il avait un amour-propre qui frisait l'orgueil de bien près, il était brave et crâne, mais il était bon enfant, homme de grand sens; dans les débuts de sa carrière de trappeur, il avait cru devoir imiter Dumaine auquel il avait vu jouer *Les Pirates de la Savane;* il avait pris en ce temps-là des attitudes tragiques comme au théâtre.
 Mais le sentiment vrai, la nature sincère, le caractère réel avaient repris bien vite le dessus; M. Balouzet était redevenu lui-même, c'est-à-dire un bourgeois de Paris, ayant comme trait typique une bonhommie

gouailleuse, sceptique, ennemie de la pose.

Toutefois, Herrera et le colonel ne tardèrent point à s'apercevoir que tout en étant capable de sourire, à la suite d'un long martyre, M. Balouzet couvait des rancunes féroces, résultat d'une indignation bien sentie.

Il prit une pincée de poudre dans la tabatière que son neveu lui tendait et il dit à celui-ci :

— On ne s'imagine pas le plaisir que peut donner une prise à un homme qui en est privé depuis longtemps.

« Ça, et se venger...

— Il suspendit sa phrase pour regarder Herrera et les Espagnols.

— Çà et se venger, reprit-il, voilà qui vous met du baume sur le cœur !

Il salua ses compagnons en hochant la tête à chaque interpellation :

— Bonjour Maracasse !

« Tu es magnifique toujours sous ta peau de bique !

« Serre-moi doucement la main, ça me donnera de la satisfaction !

« Robinson, mes amitiés !

« Nous allons, je pense, frotter vigoureusement la peau à l'ennemi.

« J'ai besoin d'un fort massacre pour me remettre.

« Oh ! voici Oreilles-d'Argent !

« Ça va toujours bien !

« Quelle mine !

« Ah ! mes enfants, que je suis aise de vous trouver vivants, grouillants et gaillards ; je me fais une fête de vous montrer comment je vais fricoter les Espagnols dans leur propre jus !

Tout en parlant, les yeux de M. Balouzet s'étaient allumés, sa tête un peu banale, avait pris une expression de colère sombre qui, en accusant les reliefs, lui donnait un tout autre caractère.

Il répéta :

— Oui, je les cuirai dans leur jus !

« Une sauce lie de vin... au sang...

Et se levant d'une pièce, d'un geste puissant, il sembla suspendre la menace sur les têtes des Espagnols, et il s'écria :

— Ce sera terrible !

« Ce sera effroyable !

« Une mer de sang passera sur cette île pour laver vos crimes abominables !

« Ce n'est pas moi que je vengerai ; ce sont les millions de nègres qui ont souffert sous votre épouvantable tyrannie.

« Si je tenais en mes mains tous les fléaux qui désolent le monde, je les déchaînerais sur vous !

« Mais que je vive une année seulement, une seule, et j'aurai peuplé de vos cadavres les solitudes de cette terre trempée par les sueurs des esclaves !

Puis à Herrera :

— Quant à toi, fanatique imbécile, je te clouerai sur la porte d'une plantation et les corbeaux viendront, toi vivant, te manger les yeux !...

« J'aime la France autant que tu aimes l'Espagne, mais périsse ma patrie, plutôt que de la déshonorer !

Puis, mettant ses mains devant ses yeux, M. Balouzet murmura très-bas, très-vite :

— Du sang !

« Du sang !

« Du sang à flots, à torrents !

« Du sang partout...

« Qu'il retombe sur vous !

« Je suis l'instrument fatal de l'inexorable loi des châtiments qui frappent en masse les nations coupables !

On écoutait...

Tous étaient impressionnés.

Tous sentaient, qu'en ce moment, cet homme présidait l'avenir et représentait la justice vengeresse.

Cespedes, entraîné par la sympathie, tendit la main à M. Balouzet et lui dit :

— Venez !

« La vengeance va commencer pour vous.

« Nous avons deux prisonniers et je vais les faire fusiller devant vous.

Choquart dit vivement à M. Balouzet :

— Pour ceux-là, mon oncle, je vous demanderai grâce.

— Grâce ! fit M. Balouzet.

« Grâce, pour un Espagnol.

« Non !

« Toi, tu serais un des leurs, et je t'aurais pris, que je voudrais de ma main, te faire sauter le crâne.

La réaction de colère qui s'était produite chez M. Balouzet empourprait ses joues, gonflait son cou, chassait son sang à la tête et au cœur.

On vit tout à coup le visage devenir violet, les paupières papillotèrent et l'homme s'abattit d'un bloc sous le coup d'une congestion.

Herrera eut l'espoir que l'apoplexie allait le débarrasser de ce dangereux adversaire.

Choquart et ses flibustiers entourèrent M. Balouzet pour lui donner des soins.

Cespedes, hélant son escorte restée en haut et montrant à ses aides de camp les prisonniers, leur dit :

— Assurez-vous de ces hommes !

Puis il enjoignit aux Espagnols de monter le long de l'échelle.

Il les suivit.

A mesure que les soldats mettaient le pied dans les caves on les désarmait.

Cespedes ordonna qu'on les conduisît dans la cour où devait avoir lieu l'exécution immédiate de Sacripan et d'Ali.

Le général cubain fit sur-le-champ arrêter les deux prisonniers.

— Capitaine, et vous, sergent, dit-il, vous allez mourir !

« Vous êtes de braves soldats ; mais nos camarades vous valaient bien.

« Cependant les Espagnols les ont fait fusiller sans pitié.

Puis, à un officier :

— Qu'on lise aux condamnés le décret condamnant à mort les soldats espagnols pris les armes à la main !

— Inutiles ! dit Sacripan en haussant légèrement les épaules.

« Nous l'avons entendu déjà !

Cespedes montra les autres Espagnols couverts par la capitulation et rangés sur un rang, puis il dit à Sacripan :

— Il est bon que ceux-ci, échangés contre un des nôtres redisent à leurs compagnons comment nous savons exercer les représailles.

Sacripan salua son colonel qui lui rendit son salut.

Puis le capitaine et Ali se rangèrent d'eux-mêmes au mur et se croisèrent les bras, attendant la minute fatale.

Pendant que d'une voix lente, l'aide de camp lisait le décret, le colonel dit d'une voix émue à Herrera :

— Nous devrions sauver Sacripan.

« Il a, somme toute, pris parti pour un des flibustiers.

« Cette considération le ferait grâcier.

« Je vais en parler au général.

Herrera parut faire effort sur lui-même et dit :

— Inutile !

« Vous avez bien entendu le trappeur Touche-Toujours pour lequel Sacripan s'est compromis, vous l'avez, dis-je, entendu jurer que personne ne serait grâcié et qu'il fallait que l'exécution eût lieu.

— Permettez !

« Le trappeur ignorait qu'il s'agissait de Sacripan.

« Je suis certain que s'il l'avait su, il eût intercédé pour lui.

— Colonel, je vais être franc ! fit Herrera brusquement.

« Je vous concède que M. Balouzet, s'il eût connu le nom du condamné, l'eût sauvé ; mais après...

— Comment après ?

— Oui, je répète : après ?

« Après ! colonel, de deux choses l'une.

« Ou Sacripan grâcié viendrait rejoindre son régiment.

« Alors il nous faudrait le fusiller pour son crime de lèse-majesté.

« Ou ce brave garçon, ému du procédé des insurgés, passerait dans leurs rangs.

« Il se débarrasserait ; mais son exemple pourrait devenir contagieux.

« Il a beaucoup d'amis et il est très-populaire.

— C'est vrai ! murmura le colonel.

Et il baissa la tête.

Cependant l'officier avait lu la dernière phrase du décret.

Sacripan et Ali, beaux, braves et fiers, attendaient le feu.

Le sergent cubain qui commandait le peloton d'exécution fit charger les armes ; il allait commander : Joue !

Mais Choquart accourut.

Se plaçant entre le peloton d'exécution et les condamnés, il s'écria :

— Arrêtez !

Cespedes, dont le caractère entier ne supportait pas la contradiction, se lança vers Choquart et lui dit avec animation :

— Au nom de la cause que nous soutenons, laissez donc justice se faire, général !

« J'admire autant que vous ces deux vaillants jeunes gens ; mais je le répète, ceux qu'on nous a tués les valaient.

« Notre devise est : vengeance et représailles !

— Général, dit Choquart, permettez !

« Mon oncle, revenu à lui, vient d'apprendre que le condamné était le capitaine Sacripan.

« Ce capitaine a énergiquement protégé la fiancée de mon oncle ; il a souffleté don Saluste et il a foulé aux pieds, après l'avoir déchiré, un ordre du roi.

En ce moment, M. Balouzet, remis de son indisposition, s'avançait ; il dit à Cespedes :

— Ne me tuez pas celui-là !

« Général, vous ne pouvez fusiller un officier assez chevaleresque pour avoir joué sa tête en commettant un crime de lèse-majesté dans un moment de colère et d'indignation.

En ce moment, Cespedes qui faiblissait, entendit crier :

— Vive le roi !

Il se retourna...

Sacripan cria encore :

— Vive l'Espagne !

Il protestait ainsi contre toute connivence possible avec les insurgés.

Il repoussait leur grâce.

Il refusait la vie.

Alors Herrera, profondément ému, touché au cœur, dit au colonel :

— Oh ! maintenant son crime est réparé !

« Il vient de montrer un exemple qui électrisera l'armée, effaçant jusqu'aux traces de sa faute passée.

« Je voudrais qu'il vécût !

— Par malheur, dit le colonel, ce Cespedes est une espèce de maniaque.

« Voyez !

« Rien ne peut le toucher !

Le général, le sourcil froncé, semblait mûrir une sombre résolution.

— Capitaine, demanda-t-il enfin à Sacripan, voulez-vous être des nôtres ?

— Non.

— Et toi, sergent ?

— Non, dit Ali.

— Si je vous rends la liberté, jurez-vous de ne plus porter les armes contre nous ?

— Non ! dit Sacripan.

— Non ! dit Ali.

— Ainsi, demain nous vous retrouverions devant nous, armés et ennemis ?

— Oui !

— Oui, par Allah !

— Eh bien, dit Cespedes, en mon âme et conscience, jugeant impartialement comme un honnête homme, je déclare que quiconque, au péril de sa vie, a protesté contre un crime, ne saurait être compris dans des représailles.

« Je vous fais grâce à tous deux !

« Vous êtes libres !

— Non pas ! cria Choquart.

Et il dit à l'oreille de Cespedes :

— Vous envoyez ce capitaine sous les balles d'un autre peloton.

« Il sera fusillé pour le crime de lèse-majesté qu'il a commis.

« Gardons-le !

Cespedes allait rétracter en partie sa décision ; mais il était trop tard.

Le capitaine Sacripan s'écria :

— Cubains, et vous, flibustiers, vous êtes témoins que votre général, je ne dirai pas m'a fait grâce, mais a prononcé une sentence.

« Il a dit :

« *Vie et liberté !*

— Oui ! cria-t-on.

— Eh bien, il ne peut revenir sur la décision solennelle qu'il a prise.

« Nous avons donc la vie et la liberté avec elle !

— Oui ! oui !

Et, sur cet assentiment de tous, le jeune capitaine alla fièrement, suivi d'Ali, prendre place auprès de son colonel.

Mais il eut cet honneur rare et suprême d'entendre l'ennemi acclamer son nom.

Cubains, flibustiers et nègres crièrent :

— Vive Sacripan !
Et M. Balouzet, prenant une prise, cria aussi d'une voix grave et convaincue :
— Vive Sacripan !
Cespedes cependant, ne voulait pas laisser partir immédiatement les prisonniers.
Il allégua, et, en ceci, il était dans son droit, il allégua que la prudence lui faisait un devoir de ne pas renvoyer à l'ennemi des hommes qui connaissaient l'état de la place et la situation.
Comme il n'y avait rien à arguer contre cette décision, les Espagnols l'acceptèrent.
Mais ils eurent bientôt l'espoir d'être délivrés, car il était quatre heures du matin et l'armée de secours arrivait enfin.
Aux avant-postes, une fusillade venait d'éclater, intense et nourrie.
— Je crois, dit Herrera, que nous allons avoir une revanche.
— Espérons-le ! dit le colonel.
Et il avait le droit d'espérance, car une armée considérable, absolument disproportionnée au nombre des assiégés, venait d'envelopper la plantation.

CHAPITRE XX

L'armée.

Laissant la plantation entourée, les insurgés menacés d'une extermination complète et surtout du formidable écrasement que devait produire le feu des batteries de l'armée espagnole, laissant M. Balouzet sur le point d'être repris et de recommencer son long martyre, nous suivrons Juanita dans le souterrain.

Don Saluste et sa bande, emportant la jeune fille, continuèrent leur marche, éclairés par des flambeaux et protégés par la résistance que pouvait opposer la porte d'acier.

Ils marchèrent sous terre pendant plus d'une heure.

Enfin ils arrivèrent au bout du souterrain et là, ils trouvèrent une roche énorme qui leur fermait l'issue.

Mais des bouffées d'air frais, venant du dehors, attestaient qu'il y avait des communications avec l'extérieur.

En effet, don Saluste fit éteindre les torches et montrant les lueurs qui filtraient le long de la roche, il dit à ses hommes :
— Prenez vos poignards !
« Vous allez gratter doucement le sol autour de cette pierre et vous agrandirez facilement ces issues qui ne sont que des fentes.
« Le terrain n'est que de sable.
« Le travail sera facile et rapide.
Les bandits se mirent à l'œuvre.
En peu d'instants, ils eurent déblayé l'issue du sable très-meuble et très-fluant dont on l'avait obstruée à dessein; un passage par lequel un homme pouvait se glisser était ouvert.

Don Saluste n'aurait pas voulu se hasarder en plein champ dans la crainte de rencontrer des insurgés.

D'autre part, il craignait d'être poursuivi.

Si forte que fût la porte, elle pouvait être démontée par une mine.

Don Saluste hésitait.

Sachant que l'armée de secours devait venir cette nuit même, il résolut d'envoyer à la découverte.

Si ses espions la rencontraient, ils avaient ordre de demander et de ramener une escorte.

Don Saluste savait que ceux qui sortiraient joueraient gros jeu.

Pris par les insurgés, ils étaient hachés sans pitié.

Recourant à son argument favori, l'argent, il ne lésina point.
— Je donne six cents piastres, dit-il, à deux de vous pour sortir.
« Il faut trouver l'armée.
« Qui se risque ?
— Moi ! dit Lenox.
— Moi, moi ! firent plusieurs autres.
— Prends celui qui te conviendra ! dit don Saluste.

Lenox fit son choix.
— Bien entendu, fit don Saluste, vous ne serez payés que si vous me ramenez un fort peloton de cavalerie.
— Et si l'on refusait de nous le donner ?

— Qui l'oserait? dit superbement don Saluste à Lenox.

« Le seul capable de me braver, Herrera, dont j'aurai la vie un jour, s'il n'est pas mort à cette heure, vie que je vous payerai cher, mes enfants, la seule puissance que mon or n'ait pas asservie est annihilée.

« Va, Lenox.

« Pas un officier ne refusera l'escorte à l'envoyé de don Saluste.

— Un mot, maître.

— Parle.

— Et la petite?

— Eh bien?

— Avez-vous songé à ce que vous pourrez bien en faire?

« Vous ne pouvez point l'emmener à Santiago.

« Ce serait trop ouvertement braver les consuls étrangers.

— C'est vrai.

— Puis, souvenez-vous de Sacripan.

« Dans l'armée, il se trouvera peut-être encore un officier pour vous disputer cette fille et prendre parti pour elle.

— Les Sacripan sont rares!

« Cependant j'aviserai.

« Pars!

« Je vais songer à ce que je dois faire pour m'assurer de la senorita.

Lenox et son compagnon s'assurèrent du jeu de leurs armes, puis, en rampant, ils sortirent du souterrain.

Don Saluste, passant sa tête en dehors, les vit s'éloigner en rampant toujours.

Il écouta longtemps...

Rien de suspect ne l'alarma.

La nuit restait silencieuse.

L'ombre semblait déserte.

Don Saluste rentra dans le souterrain.

Mais à peine y était-il à l'abri que la terre trembla sourdement.

— On entend les pas d'une colonne d'infanterie! dit l'un des bandits.

Et un autre remarqua :

— Il y a certainement de la cavalerie ; les sabots sonnent sur le sol.

— Et j'entends distinctement rouler l'artillerie! fit un troisième.

— C'est l'armée espagnole! dit joyeusement don Saluste.

C'était en effet une des colonnes qui convergeait vers le Morne.

Bientôt les deux émissaires revinrent avec un escadron.

Don Saluste sortit du souterrain, dont il avait encore fait élargir les issues, et il dit à l'officier qui commandait cette cavalerie :

— A qui ai-je affaire, senor?

— Je suis le capitaine Segesta! répondit l'officier, et tout à votre service.

— Eh bien, senor capitaine, nous sommes à peine à une heure de trot du *Couvent du Morne*, et je vous prierais de nous y conduire.

— La chose est possible.

« Le général, en m'envoyant vers vous, m'a donné ses instructions.

« Il m'a chargé de battre la campagne sur les derrières de la colonne pour la mettre à l'abri d'une surprise.

« Or, une pointe du côté du couvent rentre dans l'esprit des ordres que j'ai reçus.

« Partons donc, senor.

— Vous permettrez!...

« J'ai un prisonnier à conduire à ce couvent et je vais le faire sortir.

— Très-bien!

« Est-ce un prisonnier de guerre ou un ennemi personnel à vous?

— Un ennemi à moi.

Le capitaine ne s'occupa pas de savoir si c'était un acte légal que de prêter main-forte avec des soldats à un citoyen accomplissant un acte de vengeance personnelle.

Les Espagnols n'ont malheureusement pas de ces scrupules.

Il vit sortir hors du souterrain un paquet ayant forme humaine et roulé dans un manteau d'homme.

On chargea ledit paquet sur un cheval que prêta un cavalier, et l'on se mit en route, sans que le capitaine s'occupât de savoir contre qui il agissait.

Ainsi périssent les nations!

Quand les principes sont oubliés, quand les agents de l'autorité, dépositaires de la force, font de l'arbitraire avec insouciance, quand la loi n'est pas respectée contre le fort en faveur du faible, un peuple est en décadence.

Et c'est le triste sort de l'Espagne !

Aux colonies, à Cuba surtout, ces signes de l'abaissement des caractères sont tellement visibles que tout homme d'État, ayant quelque prévision, prévoyait la révolte et le châtiment prochains.

Don Saluste chevauchait en tête de l'escadron avec le capitaine.

La cavalerie avait pris le petit trot et les bandits de don Saluste restaient naturellement en arrière.

Ils avaient ordre de rallier le couvent le plus vite possible.

Don Saluste était donc seul avec les soldats.

Mais tout ce monde, grâce au prestige de son or, était à lui.

En effet, lorsqu'il songea que ses bandits demeuraient en arrière, il voulut s'assurer le bon vouloir des cavaliers, quoi qu'il arrivât, et il dit au capitaine :

— Appelez donc votre fourrier !

Le capitaine héla ce sous-officier qui vint à l'ordre au galop.

— Fourrier, lui dit don Saluste, je vais vous donner un chèque.

« Il est de trois cents piastres et vous le toucherez chez mon banquier, à Santiago, pour le distribuer à l'escadron.

Ce disant, il laissait la bride sur le cou du cheval qu'il montait, et il détachait d'un carnet un chèque qu'il donnait au sous-officier, lequel prit de confiance.

Il faisait trop nuit pour vérifier ; mais douter de la valeur de ce chiffon de papier eût été stupide.

Le fourrier reprit son rang après les vifs remerciements de la politesse exagérée des Espagnols.

Il répandit la nouvelle dans les rangs ; elle y souleva des murmures de joie dont le bruit arriva à l'oreille de don Saluste.

Mais, comme on était encore à plusieurs milles du couvent, on entendit le canon.

— Ça commence ! dit le capitaine.

Et il éperonna son cheval pour gagner une petite éminence d'où l'on pouvait dominer la plaine au loin.

Il y arriva avec l'escadron au moment où la canonnade se prolongeait sur tout le cercle dont l'armée avait entouré la plantation.

Cette canonnade était formidable et le capitaine se frottait les mains.

— Vraiment, dit-il, si cette bicoque résiste, ce sera bien extraordinaire.

Mais don Saluste secouait la tête :

— Mon cher capitaine, dit-il, ne préjugez de rien, je vous prie.

— Cependant...

— Oui, je sais...

« L'armée est nombreuse...

— Et bien commandée.

— Je n'en doute pas.

— Nos canons sont excellents.

— Je le vois.

— Voilà déjà un toit qui flambe !

— En voilà même deux !

— Et vous supposez que les insurgés vont tenir dans une pareille situation ?

— Ils auront du secours.

— Il est temps qu'il arrive.

« En tous cas, je vous prédis que les bandes qui se présenteraient seraient balayées.

— Capitaine, le secours dont je parle ne se chiffre pas en hommes.

— En quoi donc alors !

— C'est un prodige !

« C'est un concours de puissances occultes et surnaturelles.

Le capitaine se mit à rire.

— Chut ! fit don Saluste.

« J'ai vu la chose.

« C'est épouvantable !

— Mais qu'est-ce enfin ?

— Une sorcellerie de Vaudoux.

— Eh, la belle affaire !

« Nous savons bien ce que valent ces sortilèges ridicules.

Don Saluste regarda le capitaine avec étonnement et lui demanda :

— Depuis combien de temps êtes-vous aux colonies.

— Depuis un mois ! dit le capitaine. J'arrive d'Espagne.

— Cela se voit !

« Si vous étiez depuis six mois à Cuba vous craindriez les Vaudoux.

L'officier salua, ce qui signifiait : je n'en

crois pas un mot, mais je suis trop poli pour vous donner un démenti.

Mais don Saluste lui prenant le bras, lui dit tout à coup :

— Voyez !

Il lui montrait le Morne.

Au sommet de la montagne, les deux géants de pierre, figurant des colosses humains, s'étaient illuminés.

Ils apparaissaient démesurés mais pareils à des cyclopes.

Chacun avait au front un œil fulgurant et cet œil projetait la lumière à des distances incroyables.

Le capitaine vit cela et dit avec une froide ironie.

— C'est une fantasmagorie !

« Nos pyrotechniciens imiteront cela quand on le voudra.

— Nous ne sommes pas au bout, capitaine ; attendez.

En effet, on vit monter dans le ciel une sorte de ballon lumineux, puis un autre, puis dix, puis cent autres, puis mille... qui semblaient sortir d'un cratère volcanique placé à mi-côte du Morne.

Ces ballons se répandirent dans le ciel et l'effet fut assez inquiétant pour que le bombardement en fût suspendu.

Les artilleurs n'avaient plus le sang-froid de tirer.

Sur un espace immense le ciel était couvert par les ballons unis et soudés les uns aux autres.

Tout à coup une seule et immense explosion se produisait.

Les colonnes d'air qui furent déplacées formaient un volume si considérable qu'un vide immense se produisit suivi bientôt d'un tel refoulement qu'il ressembla à une trombe de vent.

En même temps une pluie de feu tombait du ciel.

Pluie brûlante et qui causait d'atroces souffrances.

Et au même moment, roulant des flancs de la montagne, on entendit comme le bruit d'une avalanche qui, sombre d'abord, s'enflamma, resplendit et parut sous la forme d'une masse merveilleuse et terrible de chevaux ailés lançant le feu par les naseaux et laissant derrière eux une traînée lumineuse que fouettaient les queues et leurs crinières brillantes d'où ruisselaient des cascades d'étincelles.

Sous les sabots, le terrain s'embrasait, et cette charge fantastique, précédée par la terreur, laissait derrière elle un sillon éblouissant qui marquait son passage comme la traînée d'un météore traversant l'espace.

Sur ces chevaux-fantômes, des hommes, des nègres, noirs démons, nus, mais armés de glaives longs et courbes, formaient contraste par leur silhouette sombre avec leurs coursiers étincelants.

Cet ouragan passa sur la ligne espagnole qui lui était opposée et que la pluie de feu avait déjà démoralisée ; il la renversa.

Déjà partout les bataillons catalans et les escadrons fuyaient.

Quand une déroute prend le caractère d'une panique, rien ne saurait arrêter les fuyards.

En un instant les lignes furent abandonnées, les pièces d'artillerie, rattelées en hâte, enfilèrent la retraite au galop, écrasant les fantassins et augmentant la confusion ; tout fut désordre, bruit, cris désespérés, effroi lamentable.

Les insurgés, sortant en masse, poursuivirent l'armée.

Ils prirent douze ou quinze pièces, des caissons, un drapeau.

Ils tuèrent seize cents hommes !

Quant à la cavalerie bizarre qui avait poussé cette charge singulière, on la vit faire volte-face dès que les Espagnols eurent plié.

Elle remonta les flancs du Morne et disparut.

En haut, sur la cime, les deux géants qui avaient longtemps contemplé cette scène s'enveloppèrent peu à peu d'un voile d'obscurité.

Tout vestige du phénomène disparut.

Et, sur l'éminence, le capitaine sceptique qui avait refusé de croire aux Vaudoux, disait à don Saluste :

— Oui, c'est extraordinaire !

« Mais tout cela est naturel.

En embuscade!

— Non! dit don Saluste.

« Non, mille fois non.

— Ce n'est pas l'heure de discuter! dit le capitaine.

« Nous en recauserons.

« Je dois battre en retraite; donc, partons, senor.

« Mais, si vous voulez, je puis pousser jusqu'au couvent qui est sur mon chemin.

— Vous me rendriez un signalé service, capitaine, en agissant ainsi.

— Tout à votre disposition.

Et le capitaine lança l'escadron sur le chemin du couvent.

Juanita était toujours attachée sur un cheval.

Un cavalier tenait celui-ci en laisse et trottait à côté de don Saluste qui veillait avec soin sur sa prisonnière.

Tout le long de la route on rencontra des fuyards.

— Jamais, disait le capitaine, je n'ai vu pareille panique.

— Tous ces hommes savent qu'ils ont affaire aux Vaudoux, répondit don Saluste, et ils sont démoralisés.

— Mais, demanda le capitaine, vous y croyez, aux Vaudoux ?

— Certes.

— Vous n'êtes pas l'ami des nègres ? m'a-t-on dit ?

« D'où vient que les Vaudoux ne vengent point ceux-ci sur vous ?

— J'ai fait pacte.

— Quel pacte ?

— Une convention.

— Avec qui ?

— Avec les Vaudoux !

« Je me suis rédimé.

— Comment avez-vous su que vous traitiez avec de vrais Vaudoux ?

— Capitaine, ceux qui se présenteraient comme Vaudoux pour faire pacte et ne le seraient point, payeraient de la vie leur audace ; les Vaudoux les massacreraient.

« Cela s'est fait, du reste.

— Ainsi donc, moyennant finances, vous vous êtes mis à l'abri.

— Oui, et je suis tranquille, du moins quant aux Vaudoux.

« Ils ne me protégent pas, ils ne m'attaquent pas.

« Pris par les insurgés, je serais tué ; mais les Vaudoux ne feraient rien pour me livrer à mes ennemis.

— Est-ce que cette sécurité vous a coûté cher, senor ?

— Énormément !

— Et vous croyez les Vaudoux de bonne foi ?

— S'ils ne l'étaient pas, depuis longtemps je serais mort.

Le capitaine secoua la tête.

Le doute commençait à venir.

Il n'était plus si sceptique.

En ce moment on arrivait au couvent.

— Voici le monastère ! dit don Saluste.

« Je vais sonner.

« Veuillez, je vous prie, m'attendre.

Et don Saluste mit en branle la cloche d'appel ; mais le capitaine remarqua que le nombre de coups de battant était scandé d'une certaine façon.

C'était un signal.

En effet, cette porte close pour tous, refusée déjà à beaucoup de fuyards, fut ouverte sur-le-champ dès que la sœur portière eut, par un vasistas, reconnu don Saluste.

Celui-ci entra, pendant que l'escadron d'escorte gardait l'entrée.

Les cavaliers durent mettre sabre au poing contre les fuyards qui voulaient pénétrer dans le couvent, véritable forteresse et lieu d'asile, consacré par l'usage, respecté de tous les partis.

Don Saluste ne perdit pas de temps ; il fit introduire la prisonnière dans la cour et dit rapidement mais très-respectueusement à la supérieure qui venait d'accourir :

— Voici une personne que je vous confie et que je vous recommande.

« Je l'aime beaucoup et je vous la remets en mains.

« Ayez-en soin, de grâce, et tâchez d'assouplir son caractère entier.

La supérieure s'inclina et promit à don Saluste de tenir bon compte de ses instructions.

Elle voulut lui parler de ce qui se passait dehors.

Don Saluste lui donna en hâte quelques nouvelles ; puis il dit :

— Nous sommes talonnés par les insurgés !

« Je pars !

« Montrez à cette petite quel sort a mérité Mariquita.

« Cela lui donnera à réfléchir et la domptera.

« Mais ne poussez pas trop loin les choses.

— Quelques semaines d'*in pace* seulement au besoin ! dit la supérieure.

Le capitaine, du dehors, hélait don Saluste, car le temps pressait.

Les insurgés arrivaient.

— J'espère, dit don Saluste en quittant la

supérieure, que jamais on n'osera rien contre vous.

— Oh! dit-elle, les Cubains insurgés sont bons catholiques.

« Allez en paix, senor, sous la garde de Dieu!...

Dieu protégeant don Saluste, l'image était hardie !

La porte du couvent se referma et don Saluste partit avec l'escorte.

A courte distance, la fusillade crépitait, mais bientôt l'escadron fut hors de portée.

CHAPITRE XXI

L'in pace.

Le jour venait de poindre.

Le monastère du Morne, placé sous le patronage de San Ignatio, dressait au sommet d'une éminence sa masse énorme et sombre ; sans les clochers des chapelles, on l'eut pris pour un château fort.

Des murailles épaisses, des portes massives, des créneaux et des mâchicoulis lui donnaient l'aspect d'une citadelle.

Bâti au début de la conquête, on lui avait donné des moyens de défense contre les Caraïbes qui peuplaient alors les Antilles.

Depuis, les sœurs qui l'occupaient avaient conservé à ce couvent son caractère féodal, et, en raison de son isolement, elles entretenaient autour du couvent une soixantaine de familles qui ne vivaient que par lui.

De plus, le monastère possédait d'immenses territoires, couverts de troupeaux, gardés par des péons, et des plantations exploitées par des esclaves.

Les mâles de ces familles formaient une sorte de garnison.

La supérieure pouvait, en cas de besoin disposer de quatre cents hommes dévoués qui, ayant tous quelque bon emploi au couvent, l'auraient défendu à outrance envers et contre tous.

Mais on n'avait à craindre aucun danger, et jamais l'ombre d'une agression n'avait eu lieu.

Espagnols et Cubains, créoles et nègres, mulâtres et Indiens, sont tous fanatiquement catholiques.

Rares sont les exceptions.

Quelques esprits philosophes, quelques intelligences supérieures en sont arrivées à la libre pensée.

Mais personne n'oserait se dire incrédule, et bien peu se dispensent d'aller à la messe ; il y a danger à être signalé comme hérétique ou comme libre penseur.

Sans l'énergie des consuls anglais, américains et allemands, on insulterait les protestants étrangers dans les rues.

Toutefois, le couvent possédant de grandes richesses, une bande de voleurs pouvant être tentée de s'en emparer, les bonnes sœurs avaient soin d'établir des postes et des rondes ; leurs tenanciers étaient doublés de miliciens.

Les voleurs eussent été fort mal reçus par les péons, les esclaves et les fermiers de doña Natividad, la supérieure de San Ignatio.

Quant à rien craindre d'aucun parti, la digne supérieure, on l'a vu, n'en avait ni garde, ni souci.

Les nègres, même marrons, même insurgés, avaient trop peur des prêtres pour oser jamais molester les filles du Seigneur.

Les Cubains, d'autre part, avec l'ardeur de leur tempérament, montraient un zèle religieux plus vif encore que les Espagnols.

Aussi les généraux insurgés devaient-ils respecter tout ce qui touchait au clergé de près ou de loin.

Et, de fait, pendant toute cette guerre, les couvents furent absolument respectés, eux, leur personnel et leurs dépendances.

Aucun chef insurgé n'aurait voulu dépopulariser sa cause en châtiant les crimes bien connus de la supérieure de San Ignatio, quelque bonne envie qu'il en eût !

Ses soldats l'auraient abandonné, peut-être fusillé.

A ceux qu'étonnerait cette disposition des Cubains, nous répondrons que les prêtres ont tout fait pour don Carlos et que, cependant, à cette heure, gouvernement et peuple espagnol, après avoir triomphé des carlistes, respectent et vénèrent les inspirateurs de cette insurrection qui a coûté tant de sang et d'or au pays.

Donc dona Nativitad ne redoutait rien.

Et c'était un grand personnage que cette abbesse.

En raison de l'institution particulière de son couvent, elle ne devait obéissance qu'au pape et ne relevait que de lui.

Elle échappait à l'obédience des évêques et archevêques.

Mitrée, du reste, elle avait rang épiscopal par assimilation.

A la tête de ses nonnes, toutes titrées, appartenant aux plus hautes familles, elle disposait d'influences puissantes.

Elle faisait la pluie et le beau temps dans les antichambres des ministères à Madrid, quels que fussent les ministres.

Elle disposait des revenus du monastère, et, à certains moments, elle avait su obliger de grands personnages.

On avait osé toucher à la reine Isabelle, qui avait été chassée de son trône et de son pays par une révolution.

Personne n'aurait touché impunément à dona Nativitad.

Par son père, elle était de la grandesse espagnole, elle était duchesse, elle était l'une des femmes les plus, les mieux titrées d'un pays si riche en vieilles et illustres familles ; par sa mère, elle était du sang impérial et royal de Charles-Quint.

Le Saint-Père avait été son parrain et il s'était fait représenter dans cette cérémonie du baptême par l'archevêque de Grenade qui était en même temps le doyen des cardinaux espagnols.

Dona Nativitad avait reçu une éducation de grande dame.

Elle savait peu de chose en fait de sciences, peu en fait de lettres ; mais elle avait appris les grands airs, le bon ton, les manières de cour, tout enfin ce qui constitue la femme qui a droit à un tabouret à la cour et qui assiste sans invitation à la toilette de la reine.

Pourquoi avait-elle renoncé au monde et à ses pompes ?

Pourquoi s'enfermait-elle dans un monastère isolé ?

Pourquoi n'avait-elle point cherché à jouir de son rang ?

Parce que, dans sa famille, un usage constant vouait la fille aînée au couvent ; mais ce n'était pas un grand sacrifice qu'on lui imposait là ; car une abbesse, voire une nonne, même un nonnin mènent une vie charmante dans les monastères des colonies.

La maison dont était issue dona Nativitad, avait comme un droit d'usage à faire nommer l'aînée des filles abbesse de San Ignatio ; cela mettait dans la famille une source de revenus précieuse.

Lorsque les ancêtres de dona Nativitad avaient fondé ce monastère, ils avaient posé leurs conditions :

La première, c'est que la moitié des revenus appartiendrait à leurs descendants jusqu'à extinction de race.

La seconde, c'est que l'abbesse serait une fille de leur maison.

La troisième, c'est que les demoiselles nobles seraient seules admises.

Toutes conditions très-bien tenues.

Dona Nativitad avait donc été élevée en vue du rôle qu'elle devait remplir.

On en avait fait une princesse accomplie d'abord.

Ensuite en l'avait envoyée faire son noviciat *avec tolérance*.

Expliquons ce terme.

Une jeune personne qui est reçue novice à tolérance, entre d'abord dans un couvent où la règle est fort douce.

Mais cette règle elle ne la suit pour ainsi dire pas.

Elle est dispensée des offices fatigants, sous prétexte de faiblesse de constitution, elle a une sœur tourière pour femme de chambre.

Le couvent choisi étant riche, la nourriture est exquise.

On permet à la novice de sortir deux fois par semaine en toilette de ville et on lui accorde d'aller à toutes les soirées de gala auxquelles elle est invitée.

Après deux ou trois ans de ce noviciat pour rire, la jeune fille prend le voile, et, toujours par tolérance, elle sort, va, vient, s'amuse, danse au bal, a des amants sans grand mystère ; cela ne fait point scandale, ne choque pas.

A trente ans environ, on la nomme abbesse aux colonies.

Là, elle est encore très-libre et très-heureuse.

Tout un monde lui obéit.

Elle continue à sortir à sa guise, à faire ce que bon lui semble.

Au point de vue particulier du cœur, elle donne l'hospitalité à qui frappe à l porte du couvent et elle mesure cette hospitalité au rang du cavalier et aux grâces de sa personne.

On mène une existence adorable.

On reçoit des visites qui se prolongent pendant plusieurs jours, on fait des parties de plaisir, on s'amuse enfin autant que femme peut le souhaiter et le monde n'en jase pas.

En France, cela semble inouï.

Là-bas, c'est tout simple.

Le clergé français est généralement décent dans ses mœurs.

Aux colonies espagnoles, tout prêtre vit maritalement avec une femme que chacun regarde comme l'épouse légitime.

Les enfants qui résultent de ce concubinage sont appelés les enfants du curé.

On ne s'en formalise pas.

Les Espagnols et les Américains voient les choses autrement que nous.

Affaire de tempérament.

Dona Natividad, au physique, était une de ces Espagnoles blondes, aux yeux noirs, qui ont ce privilège de rester longtemps belles et qui ont le charme du contraste entre la douceur de teint des cheveux et le brillant du regard.

Elle avait quarante ans.

Ni le climat de l'île, ni les plaisirs, ni l'âge n'avaient pu entamer la majestueuse beauté de cette femme.

Elle avait le nez aquilin, le front haut et fuyant, l'oval du visage allongé, le profil bien découpé et hardi ; toute la tête annonçait l'instinct de la domination, l'impérieux besoin du commandement, l'orgueil de race.

Grande, elle avait cet embonpoint qui sans altérer les formes les arrondit en les préservant des atteintes du temps ; la joue était pleine ; la gorge était ferme ; la hanche était un peu forte, mais la taille s'accusait toujours ronde et souple.

La bouche était sensuelle.

La lèvre savait sourire ; mais elle savait aussi exprimer le mépris le plus dédaigneux et les plus insolents défis.

Un certain cachet aristocratique, certaines perfections de grande dame donnaient du relief à cette beauté mûre mais très-attrayante.

On prétendait que dona Natividad, quand elle voulait être aimable, devenait irrésistible et qu'elle avait damné plus d'un saint sans compter les profanes.

Comme duchesse, elle avait le prestige d'un grand nom et de ses façons princières.

Elle avait quarante ans !

Mais le savait-on ?

On lui en eût donné trente.

Elle était abbesse !

Mais quelle abbesse galamment troussée et élégamment parée !

Sa robe avait une coupe monacale sans doute.

Mais elle était coupée avec un goût parfait.

Mais les plis étaient savamment et harmonieusement groupés.

Mais l'étoffe était d'une finesse admirable.

Comme coiffure, la résille !

Une chaussure fine pour un pied divin.

Enfin un air prestigieux, fascinateur et un port royal.

Dona Natividad, avec tous ces avantages, exerçait facilement son autorité.

Devant elle, on pliait et l'on s'effaçait, pour peu que l'on fût d'une nature inférieure ; alors c'était une femme charmante, généreuse et sachant s'occuper de vous.

Mais si l'on avait, par malheur, de l'énergie et de la fierté, si on tenait tête à cette puissance, si l'on heurtait cette force, elle vous brisait impitoyablement.

Qui la froissait en mourait.

Telle était la femme aux mains de laquelle tombait Juanita.

Dona Natividad avait avec don Saluste des relations caractérisées par beaucoup de déférence du côté de l'un et de dévouement du côté de l'autre.

Don Saluste avait calculé qu'un jour ou l'autre il pourrait avoir besoin de la haute influence de dona Nativitad.

Celle-ci, d'autre part, convoitait pour son couvent d'immenses pacages qui étaient de peu de rapport pour don Saluste, mais qui convenaient admirablement au pâturage de l'énorme troupeau du couvent.

Don Saluste fit don de ces terres à dona Nativitad.

Depuis, celle-ci favorisa en tout et pour tout le bienfaiteur du couvent.

Mais cependant elle n'eût point fait subir à Mariquita le barbare traitement qui était infligé à celle-ci, si la victime de don Saluste n'eût pas montré un légitime et intraitable orgueil.

Dona Nativitad bravée, offensée, était devenue féroce.

Chez ces femmes de grande race, les rancunes de l'amour-propre humilié sont ineffaçables et cruelles.

Juanita allait se trouver, elle inflexible, en face d'une femme qui devait fatalement devenir implacable.

Par ordre de la supérieure, elle fut transportée dans une cellule.

Une sœur tourière fut chargée de la délivrer de ses liens et de lui donner des soins; brisée, Juanita fut forcée de se mettre au lit; on l'y laissa.

Mais quand après avoir longtemps dormi d'un lourd et fiévreux sommeil, elle s'éveilla, elle vit le jour à son déclin, et, pour tout vêtement, sur un coffre, un costume religieux.

On lui avait donné l'humble robe des sœurs tourières.

Près d'elle, une jeune et jolie recluse veillait sur elle.

Dans un autre coin de la chambre, une tourière sommeillait.

Cette tourière était un véritable type de maritorne.

Petite, râblée, solide sur des jambes cagneuses, ayant taille épaisse et mains énormes, grands pieds et chevilles proéminentes, elle était laide à faire peur.

Yeux chassieux, rouges, toujours humides et à paupières éraillées, menton carré et barbu, lèvres lippues et moustachues, la sœur Yriquitta eût fait fuir le trappeur le plus determiné et le moins délicat dans ses goûts.

Elle avait surtout un de ces nez à demi-écrasés, relevés en trompette, un nez dans lequel il pleuvait, un nez à travers les narines duquel on aurait vu la cervelle, si des bouquets de poils hirsutes n'avaient intercepté la vue, heureusement pour le spectateur.

Cette femme, rude d'aspect, étant brutale, grossière, avait été mise à certaines fonctions en raison de son physique et de ce que l'on connaissait de son moral; cette femme était en somme la geôlière du couvent.

Elle avait charge de conduire dans les *in pace* les sœurs punies par la supérieure, ce qui arrivait si rarement que, quant aux recluses, la place était une sinécure.

Mais on envoyait souvent au couvent des jeunes filles qui avaient fait quelques escapades ou commis quelque faute.

On procédait avec celles-ci d'une façon invariable.

D'abord le cachot!

Puis la cellule forcée!

Puis des retraites et des exercices pieux.

Enfin la vie des novices de la communauté jusqu'au moment où la mère supérieure jugeait la jeune personne convertie.

On la rendait alors à ses parents.

Sœur Yriquitta coffrait dans le cachot les susdites jeunes personnes avec une si superbe indifférence pour leurs sanglots, elle les bousculait si rudement au besoin que l'on avait en elle confiance absolue.

La mère supérieure la considérait comme le gendarme de l'établissement!

Avec cela dénonciatrice comme un agen de la police secrète ou un marchand de vir interlope.

Elle était complète...

Elle formait un contraste parfait avec l jeune sœur qui était assise au chevet d Juanita.

C'était une novice.

Elle s'appelait Agnès et le nom lui allai à ravir, elle était douce, naïve, ingénue e jolie à être croquée par un galant comme un agneau par un loup.

Pas de défense !

C'était vraiment chose heureuse qu'on l'eût mise au couvent avant qu'elle eût treize ans ; car, dans le monde, lorsqu'un jeune homme lui parlait, elle ne savait que rougir, trembler et baisser les yeux.

A treize ans, tant d'émoi !

Eh oui !

Ne sommes-nous pas aux colonies ?

Là, une fille, à treize ans pourrait à la rigueur se marier.

Mais, au couvent, dira-t-on, dans ce moment-là, il se passait des choses qui... des choses que... enfin des choses...

Sans doute.

Seulement les novices n'avaient jamais l'occasion de voir les caballeros auxquels on donnait l'hospitalité.

Jamais, pour elles, de parties de plaisir et de sorties.

Point d'entrevues.

A ceci, une raison :

Tout couvent, toute communauté a le sentiment du prosélytisme.

Toute nonne, toute sœur veut gloire, richesses et développement pour son monastère et fait du recrutement.

On cherche à avoir le plus grand nombre de sœurs ou de frères possibles ; on veut surtout des néophytes riches, apportant des très-grosses dots.

Or, les novices de San-Ignatio étaient toutes d'excellentes familles.

Supposez, qu'avant les vœux prononcés, un accident arrivât à une novice !

Supposez une de ces jeunes filles éprise et enceinte ! Un mariage, voilà le seul moyen de réparer le scandale.

C'était une novice perdue !

C'était une dot envolée !

C'était une perte riche pour le couvent !

Aussi, y mettait-on bon ordre et ne permettait-on rien à une novice.

Quant aux sœurs, en cas d'accident... mais n'anticipons pas.

Nous en reparlerons.

Mais pourquoi avait-on donné à Juanita deux gardes de caractères si différents et de manières si opposées ?

Parce qu'avec elle, on voulait essayer de la persuasion d'abord, de la douceur, des caresses.

En ce cas Yriquita semblait inutile.

Elle était la forte fille qui en vue de tentative de suicide, devait opposer une résistance énergique.

Quelques mots de don Saluste avaient mis la supérieure au fait de ce qu'elle pouvait craindre du désespoir de Juanita et de son énergie.

Mais, à part la surveillance qu'elle devait exercer, Yriquitta ne devait point molester la prisonnière, du moins jusqu'à nouvel ordre ; elle devait même chercher à se rendre agréable si cela lui était possible.

La chose était difficile ; de temps à autre, elle avait jeté sur Juanita encore endormie des regards haineux.

Elle disait à Agnès :

— Ne trouvez-vous pas, Agnès, que cette fille ressemble à ce monstre de Mariquitta qui crie sans cesse dans l'*in pace* et me maudit chaque fois que je lui porte sa nourriture et que je vais faire mon service dans son cachot ?

— Pauvre Mariquita ! murmura la petite Agnès.

— Vous la plaignez...

« Si la supérieure le savait...

— Vous ne le lui direz pas, n'est-ce pas, Yriquitta !

— Je devrais le dire.

— Vous ne voudriez pas me faire de peine, Yriquitta.

— Non, je ne vous en ferai point, dit la maritorne, non.

« Mais une autre que vous plaindrait cette orgueilleuse Mariquita, j'irais tout de suite en prévenir la supérieure.

— Ce serait mal !

— Non, ce serait bien.

« Toutes les sœurs me détestent et me font des niches.

— Parce que vous êtes méchante, Yriquitta, très-méchante.

— Moi !

— Oui, vous !

— Je ne vous ai jamais rien fait, mignonnette.

« Pourquoi me répéter toujours que je suis méchante ?

— Pour vous rendre bonne !

« Si vous étiez pour toutes ce que vous êtes pour moi, vous vous feriez aimer.

— Je ne tiens pas à être aimée par des femmes ! dit la tourière.

« Toutes les sœurs me chériraient, je n'en serais pas plus belle, n'est-ce pas ?

« Eh bien, j'enragerais toujours et quand on souffre on n'est pas bonne !

Yriquitta poussa un soupir et grimaça affreusement.

— Que vous importe d'être laide ou jolie ? dit naïvement Agnès.

« Vous êtes destinée au Seigneur qui apprécie le cœur et ne s'occupe pas du visage ; il ne tient compte que des vertus !

« On dit que je suis belle !

« A quoi ça me servira-t-il ?

Yriquitta haussa les épaules !

— Sotte ! fit-elle.

« Vous autres novices, petites fillettes ignorantes, on vous fait croire ce qu'on veut ; mais quand vous serez sœurs, quand vous irez librement au parloir et à la promenade, vous verrez si vous ne serez pas bien heureuse d'avoir une gentille petite figure !

Agnès écoutait avidement :

— J'ai remarqué, dit-elle, que les sœurs reçoivent des visites et en font. Nous savons aussi que dans le réfectoire des mères, on reçoit des hôtes, des caballeros, des senors qui quelquefois donnent des sérénades le soir ; mais ce sont des frères, des parents.

« Enfin ce n'est pas pour... pour... par... il n'y a pas de... d'a...

Agnès rougissait.

Elle balbutiait.

Et la tourière de rire.

— Achevez ! dit-elle.

— Vous savez bien ce que je veux dire !

— Oui, je le sais.

« Vous voulez me faire entendre qu'il n'y a pas d'amour dans tout cela.

— Sans doute !

« Ne serait-ce pas un sacrilège !

La tourière haussa les épaules plus fort que jamais.

Puis elle regarda tendrement Agnès, le seul être au monde qu'elle aimât, puis elle lui prit la main et la mit sur ses genoux :

— Écoute, mon âme, mon amour, mon cher trésor, lui dit-elle, en baisant les cheveux de la nonne et en les lissant, écoute-moi.

« Tu es le nourrisson de mon cœur et je te regarde comme une fille à laquelle j'aurais donné mon lait.

« Je t'ai adoptée parce que tu m'as souri quelquefois et que tu ne m'as pas repoussée comme toutes les autres !

« Je veux que tu sois heureuse et, pour être heureuse, il faut que tu aies un amant ; moi, je n'en ai pas, et je suis plus triste que la chouette en cage.

« Tu peux prendre le voile à quatorze ans, ma fillette.

« Prends-le !

« C'est la liberté !

« C'est l'amour !

« Les sœurs sont émancipées.

« Quand le couvent aura touché la dot, quand on ne craindra plus que tu refuses de faire des vœux, quand tu seras liée à jamais, alors ce sera le moment où tu commenceras à vivre.

« Car ce n'est pas vivre que de ne pas aimer.

« Ce qu'on veut de toi, c'est l'argent que verseront tes parents dans la caisse de San-Ignatio.

« Mais, à part cela, la règle te sera douce, la supérieure est tolérante.

— Cependant... on nous disait...

— Que ne dit-on pas à de petites filles pour qu'elles se tiennent tranquilles !

« On vous prépare !

» On vous endoctrine !

« Vous vivez dans un coin du monastère, loin du bruit.

« Vous n'êtes d'aucune fête.

« Il faut endormir vos cœurs.

« Mais les vœux prononcés, on n'est pas cruel pour vous.

« Tu verras comme les caballeros sont aimables et galants.

Pancho raconta son histoire à M. Balouzet.

« Je serai ta confidente !

« Je t'accompagnerai au parloir et à la promenade.

« Je protégerai tes rendez-vous.

Agnès enchantée, ravie, battit des mains, et embrassant Yriquitta, lui dit du fond du cœur :

— J'étais bien triste quelquefois, en songeant que je n'aurais pas d'enamorador (amoureux); mais maintenant je suis bien heureuse.

Mais tout à coup elle songea à quelque chose et rougit :

— Qu'as-tu ? demanda la tourière.

— Je pense que quand on se marie, on devient maman.

« Je crois même que l'on peut l'être en aimant un jeune homme sans être mariée; c'est arrivé à ma cousine Zina.

— Et tu te demandes alors ce qui se passe ici en ce cas?

— Oui, dit Agnès, confuse et rouge comme une cerise.

— Eh! petite, il y a ici des familles de péons dont les femmes sont complaisantes.

« Si une sœur est embarrassée, on l'envoie, sous prétexte qu'elle est malade, dans Santiago où, sous des habits mondains, elle passe les derniers mois de sa grossesse.

« Quand l'enfant est venu, on le donne à la femme d'un péon qui a simulé d'être enceinte et qui passe pour sa mère.

« La vraie mère est la marraine.

« C'est ainsi que tu vois des sœurs, caresser leur filleul, l'embrasser, en être folles, le dorloter, l'habiller, le changer.

« Et le péon reçoit, en payement, sa ferme en propriété.

« Voilà comment les choses se passent et comment les fils de certains péons font si bonne figure à Santiago et même à la Havane; ils sont bien protégés.

Et longtemps encore Yriquitta donna des détails circonstanciés à Agnès.

Cette conversation a dû suffisamment donner la clef du caractère de la tourière au lecteur pour nous dispenser d'une plus longue explication.

En résumé, ce pauvre laideron, n'était méchant que par désespoir d'être hideux.

Cette fille avait soif d'affection, de tendresse et d'amour.

Sevrée de tout cela, elle avait reçu un jour d'Agnès un sourire.

Et elle s'était donnée corps et âme à cette enfant!

Phénomène plus fréquent que l'on ne pense!

Des monstres de férocité s'éprennent ainsi tout à coup d'une profonde amitié et ils étonnent par leur constance et leur dévouement.

Cette malheureuse tourière mit du reste toute son âme dans un cri du cœur qui vint clore sa longue conversation et les rêves d'avenir qu'elle faisait pour Agnès.

Elle lui dit :

— Enfin, j'aimerai en toi!

« Je serai jalouse ou joyeuse avec toi!

« Mon cœur sera dans ta poitrine!

Un mouvement de Juanita qui s'éveillait rompit l'entretien.

Agnès courut avec curiosité au lit de la jeune fille.

Celle-ci, en ouvrant les yeux, fut frappée de voir le gracieux visage d'Agnès; elle se sentit sur-le-champ attirée vers cette jeune fille.

Agnès lui procura mille soins délicats ; elle était elle-même fascinée par la beauté de Juanita.

Elle lui aida à faire toilette et lui donna des conseils charmants dans sa bouche d'enfant.

— Vous allez paraître devant la supérieure, disait-elle.

« Prenez garde de la froisser.

« Elle est très-bonne; mais c'est une très-grande dame.

« Je tremble que vous ne résistiez et que vous ne la fâchiez.

« Teresa, la fiancée de Pancho, a su être très-douce.

« Aussi est-elle sortie de sa cellule et partage-t-elle nos amusements.

— Qu'est-ce que Tereza? demanda Juanita avec curiosité.

— Une jeune fille qui voulait se marier avec un *mulato* (mulâtre).

« Ce Pancho, son *enamorador*, est vraiment joli garçon.

« Je l'ai vu.

« Mais pour rien au monde, on ne doit épouser un homme de couleur.

« Moi, je ne sais ce que je ferais...

« On dit que vous aimez un nègre?...

— Non !

« C'est un blanc.

Et Juanita raconta brièvement son histoire à Agnès émerveillée.

La pauvre petite en pleura.

Yriquitta intervint.

— Mignonnette, dit-elle, il ne faut pas croire la première venue.

« Cette jeune fille est mulâtresse, elle-même; elle est esclave.

« Elle vous en conte!

Juanita allait protester.

Agnès ne lui en donna pas le temps et elle s'écria vivement :

— Tais-toi, Yriquitta.

« Tu redeviens méchante.

« Si tu m'aimes, tais-toi !

« Cette pauvre Juanita a bien du chagrin et elle paraît être sincère.

« Je veux que tu sois bonne pour elle.

Puis elle reprit :

— Votre position ressemble à celle de Tereza ; faites comme elle.

« Vous serez heureuse avec nous.
— Il y a une différence ! dit Juanita.
« On veut me livrer à don Saluste.
Agnès frissonna :
— Comme Mariquita ! murmura-t-elle en pâlissant.
Puis avec élan :
— Je vous en supplie, Juanita, n'irritez pas la supérieure.
« Elle vous protégera !
Juanita eut le triste sourire de ceux qui n'ont pas d'espoir.
En ce moment, une sœur entrait et demandait d'un ton sec.
— La *mulata* (la mulâtresse) est-elle réveillée ; la supérieure la demande.
Juanita répondit :
— S'il s'agit de moi, je ne suis pas *mulata*, mais blanche.
— C'est bon ! fit la sœur.
« On sait ce qu'on sait !
« Amène-la, Yriquitta.
Et elle s'éloigna.
Tout le couvent, la supérieure elle-même, était convaincu que la jeune fille était réellement esclave.
Le dédain de la race noire ou métis était tel qu'il étouffait toute pitié, toute humanité dans les cœurs.
Il y avait un abîme entre les femmes blanches et celles de couleur.
Pas une blanche n'accordait une âme et un cœur à une esclave.
Nous avons dit de quel dédain ces malheureuses étaient accablées.
Nous avons décrit les tortures qu'elles subissaient de la part de leurs maîtresses.
Celles-ci, pour peindre leur sentiment d'un trait, considéraient et considèrent encore à Cuba les esclaves et même les mulâtresses libres comme des êtres absolument inférieurs.
A peine admettent-elles qu'elles puissent aller au paradis.
On les entend, elles religieuses, parler non-seulement d'un paradis spécial pour les nègres, où Dieu daigne parfois les visiter, mais encore d'un enfer particulier, où les diables sont noirs eux-mêmes.
On peut, par ce trait, juger de ce pensent sur l'honneur d'une mulâtresse, une grande dame cubaine ou espagnole.

Nous étonnerons peut-être un Français en lui disant qu'une dame des colonies à esclaves, engage les filles esclaves à prendre des amants pour avoir des négrillons.
Cela s'appelle faire produire des esclaves et c'est une source de richesses.
Mais que l'on questionne n'importe quel voyageur sincère.
On sera édifié.
Nous racontons ces détails pour bien faire comprendre quelle plaie horrible l'Espagne entretient à Cuba et aussi pour que le lecteur se rende compte du peu de cas que dona Natividad pouvait faire de Juanita.
Du reste, chez une religieuse, un intérêt prime tout : c'est celui de son couvent.
Chez une femme de la race de dona Natividad, un autre intérêt fait taire tout sentiment d'humanité : celui de sa maison.
Or, depuis que don Saluste avait donné les terres qui avoisinaient le couvent, celui-ci avait doublé la pension servie à sa famille en vertu des droits de celle-ci.
Comme supérieure, comme fille noble soutenant son blason, elle était prête à tout sacrifier pour conserver l'amitié précieuse de don Saluste ; du reste, la vie monastique avait tué en elle certains sentiments.
Le précepte jésuitique qui pose comme base morale que tout est bien qui tourne au profit de la religion fausse absolument la notion du juste et de l'injuste, surtout chez les femmes.
Le confesseur aidant, elles se croient tout permis et tout pardonné, si Dieu est censé y trouver son compte.
Or, le directeur de dona Natividad était tout naturellement le prêtre le plus complaisant qui se pût trouver.
Il était un vieux jésuite sceptique et fatigué qui avait été placé là, comme on met un vétéran aux Invalides.
Il approuvait tout, ou tout au moins donnait pour tout absolution.
Il était supérieur à dona Natividad en ce sens que lui ne croyait à rien et se moquait au fond de Dieu et des saints.
La supérieure avait la foi.

Et le tempérament, les usages, les mœurs des Espagnoles expliquent ce phénomène.

Aux colonies surtout, les femmes espagnoles allient la galanterie à une dévotion outrée ; les courtisanes elles-mêmes sont pieuses.

Témoin, on l'a répété cent fois, leur façon de recevoir un galant.

En arrive-t-il un !

Elles voilent aussitôt le Christ, la madone et la sainte qui ornent leur chambre dans des niches garnies de fleurs.

Quand le galant s'en va, elles tombent à genoux, se purifient par une prière, achètent sur les générosités de l'amoureux de petits cierges qu'elles allument devant les images vénérées et se croient la conscience nette.

Ainsi de toutes !

Ainsi jusqu'aux reines !

On sait quelles Messalines ont été la plupart des amoureuses de l'Espagne.

En fût-il jamais de plus dévotes ?

Que le lecteur se souvienne de l'histoire contemporaine, qu'il se rappelle le récent règne d'une débauchée fameuse, qui eut tant d'amants et qui était proclamée quasi sainte par le pape, et il comprendra que nous n'exagérons rien en mettant en lumière le type bien connu dans Cuba de dona Natividad.

Elle ne fut que trop réelle, cette incroyable alliance d'une certaine bienveillance, de la foi en Dieu, d'une générosité et d'une fierté d'âme souvent prouvées, avec des mœurs de courtisane, des bassesses commises en vue de captation de biens, des férocités durables et implacables.

Toute l'île en témoigne.

Et le type n'est pas rare.

En France même, n'avons-nous pas vu, dans les couvents de femmes, des exemples inouïs en ce genre ?

Rien n'atrophie le cœur et l'âme comme les préjugés aristocratiques doublés des préjugés religieux.

Malgré les recommandations de la pauvre Agnès, Juanita était condamnée à l'*in pace*.

Et il eût été difficile qu'elle en sortît jamais autrement que pour être livrée à don Saluste, et reprise ensuite déshonorée pour être enterrée de nouveau vivante dans cette tombe monacale.

Juanita fut conduite devant la supérieure, dans la chambre du chapitre.

C'était une salle immense et voûtée au milieu de laquelle on se sentait perdu ; l'ornementation austère, un parfum monacal, une tristesse morne disposaient l'âme à la mélancolie.

Un froid mortel saisissait l'esprit en y entrant.

Donc Natividad, seule, sur une stalle, dans une sorte de chaire en bois de chêne sculptée, attendait, un chapelet en mains, qu'on lui amenât Juanita.

Devant la supérieure était posée une tête de mort.

Au-dessus d'elle, de grandeur naturelle, une effigie de Jésus en croix.

Juanita se présenta, escortée de la sœur Yriquitta.

Agnès avait reçu l'ordre de regagner sa cellule.

La supérieure n'avait pas voulu de la jeune novice comme témoin dans une pareille entrevue.

Quant à la tourière, la jugeant idiote ; elle ne s'en préoccupait point.

Pour elle ce n'était point une femme, mais une brute.

Puis elle en était sûre.

La tourière conduisit Juanita devant la chaire.

Elle lui dit alors :

— Mettez-vous à genoux !

Juanita n'obéit point.

La supérieure, qui n'avait pas encore daigné s'occuper d'elle, l'examina d'un regard rapide et elle fut frappée de l'attitude de cette jeune fille et de sa beauté.

Peut-être le premier mouvement fut-il bon, peut-être mauvais.

Il eût été difficile de le dire.

En tous cas, elle dit d'un ton froid et impérieux :

— On vous dit de vous agenouiller !

« Pourquoi ne le faites-vous pas ?

Juanita fixa son œil fier sur la supérieure et lui dit :

— Je n'obéis jamais à ceux qui n'ont pas le droit de me commander.

Une flamme passa sur le visage hautain de la supérieure.

— Vous êtes *mulata*! s'écria-t-elle.

« Vous êtes esclave !

« Votre maître m'a donné ses droits sur vous.

— Je suis blanche ! répliqua Juanita.

« Je suis libre !

— Vous mentez !

— Madame, regardez-moi en face !

« Vous verrez que je n'ai pas une goutte de sang nègre dans les veines.

La supérieure, qui croyait réellement la jeune fille mulâtre ou au moins de savane, lui dit :

— Approchez !

« Montrez-moi votre main !

Juanita obéit.

La supérieure regarda les ongles où une ligne un peu noirâtre aurait dû accuser une origine douteuse ; mais elle ne vit rien.

Elle prit entre ses doigts les cheveux de Juanita et les roula.

Ils n'étaient point laineux !

Le doute n'était plus possible.

Juanita était blanche.

Comme circonstance atténuante, nous devons dire que la supérieure eut encore comme une velléité de bon mouvement.

— Allez vous agenouiller, ma fille, dit-elle sur un ton moins impératif.

« Priez Dieu !

« Il disposera votre cœur à écouter ce que j'ai à vous dire.

— Madame, déclara Juanita, vous êtes convaincue à cette heure !

« Vous savez que je suis blanche.

« Vous n'avez plus qu'un seul devoir à remplir.

« Si vous êtes une honnête femme, vous devez me rendre à la liberté.

« Quant à me mettre à genoux devant le Dieu des catholiques, je ne le ferai point ; ce serait de l'idolâtrie.

Cette énergique profession de foi souleva une violente colère dans l'âme de la supérieure.

Elle se sentit offensée comme femme et comme religieuse.

Elle crut du reste n'avoir aucune mesure à garder avec une hérétique.

— Misérable ! s'écria-t-elle.

« Vous insultez Dieu et moi !

— Madame, dit Juanita, on est libre d'être ou non catholique.

« Quant à vous, je vous ai dit quel était votre devoir.

« Est-ce là une injure ?

Le sang-froid de Juanita exaspéra la supérieure.

— Sœur Yriquitta, s'écria-t-elle, mettez d'abord cette enfant rebelle à genoux non pas seulement devant le Christ, mais devant moi ; qu'elle sache dans quelle attitude une *mulata* coupable parle à une femme de mon rang.

La tourière voulut exécuter cet ordre : mais la jeune fille résista avec une vigueur inattendue et il fut impossible à Yriquitta étonnée de lui faire plier les genoux.

On sait combien vite s'irritent et s'exaltent les femmes devant une résistance physique.

La supérieure s'indigna !

La tourière s'acharna !

Une lutte ignoble, douloureuse, désolante, s'engagea entre Juanita et la sœur ; celle-ci fut repoussée.

Mais la supérieure avait sonné, plusieurs domestiques mâles accoururent.

Avant qu'ils eussent le temps de s'emparer d'elle, Juanita put crier devant tous à dona Natividad :

— Vous êtes, madame, une proxénète infâme et vous faites le plus vil métier.

« Vous assassinez lentement vos victimes ; mais elles seront vengées.

« Vous serez pendue à la grande porte de votre couvent !

La malheureuse enfant n'en put dire davantage.

Elle fut enlevée et emportée par les domestiques.

Un flot de sœurs s'était précipité dans le chapitre.

Toutes avaient entendu les menaces de la jeune fille.

Les unes l'approuvaient tout bas; les autres criaient au scandale.

Une novice pleurait.

C'était Agnès.

. . . .
. . . .

Quelques minutes plus tard, Juanita était enfermée à cent dix-sept pieds sous terre dans un *in pace*.

Elle était là, dans une sorte de tombeau humide, froid, glacé, dont les quatre murs ne lui permettaient ni de se coucher, ni de se lever, ni de s'asseoir.

La torture commençait.

Et non loin d'elle, elle entendait un sânglot qui se répétait comme un hoquet convulsif.

Elle devina que c'était la plainte incessante dont Mariquita la *morte vivante*, avait contracté l'habitude.

C'était lugubre.

Et chacun des râles presque rhythmés de cette malheureuse rappelait à Juanita que l'on ne sort pas des *in pace*.

CHAPITRE XXII

Une histoire d'amour.

Aussitôt le Morne débloqué et l'armée espagnole en fuite, une question grave se dressait en face de Choquart et de M. Balouzet.

Il s'agissait de sauver Juanita.

Mais où était-elle?

Ils lancèrent des émissaires.

Trois jours après, ceux-ci revinrent sans nouvelles.

M. Balouzet commençait à désespérer, quand un jeune homme, nommé Pancho, se présenta au camp des insurgés et demanda à lui parler.

C'était un jeune quarteron, si blanc, si blond, qu'il eût été difficile de le classer parmi les gens de couleur si l'on n'avait point connu son origine.

Ce jeune homme était le héros d'une aventure d'amour, racontée par M. Piron, et ce fut lui, on le verra, qui mit M. Balouzet sur la bonne voie des recherches à faire pour retrouver Juanita.

« Pancho était mulâtre, *mulato*, nous l'avons dit.

« Il avait réussi à se faire aimer d'une jeune fille espagnole, d'excellente famille, nommée Tereza.

« Celle-ci avait une tante qui avait été élevée en Europe dans une pension particulièrement destinée aux jeunes filles des colonies et où celles-ci, quelle que fût la différence de rang et de couleur, se confondaient; cette tante de Tereza avait plus tard subi des revers; elle avait eu recours à l'obligeance de mulâtresses riches qu'elle avait connues en pension; elle avait contracté avec ses anciennes amies des relations qui l'obligeaient parfois à descendre au-dessous de son rang. Pancho avait une parente qui venait de sortir de cette école; cela vous expliquе comment il rencontra Teresa et produisit sur elle le plus favorable effet. Il s'aperçut bien vite de l'attention toute particulière qu'elle lui accordait; d'autant plus qu'il avait été émerveillé de la beauté de la jeune fille. Les deux amoureux, cédant à un invincible transport, se jetèrent naïvement dans les bras l'un de l'autre, et un baiser fut l'aveu de leur mutuelle passion.

« Après avoir été ainsi entraînée par son cœur, la jeune fille, revenue chez elle, se prit à réfléchir. Il lui était impossible d'espérer l'assentiment de sa famille à une mésalliance avérée. L'idée seule d'affronter le regard paternel, justement sévère, la faisait frémir. Mais elle aimait, et elle prit la résolution bien ferme de franchir tous les obstacles. Elle jugea inutile de sonder les intentions de son père sur elle, d'essayer de l'amener par la douceur à l'accomplissement de ses vœux. Elle revit Pancho, elle l'encouragea à se présenter chez son père pour lui demander solennellement sa main, et elle lui promit d'être là pour l'appuyer. Elle savait qu'elle allait livrer un terrible combat, mais l'amour lui donnait l'énergie de le soutenir.

« Naturellement le jeune homme subit un refus. Ce fut en vain que Tereza osa prononcer quelques mots en sa faveur, en déclarant qu'elle l'aimait ; il fut presque mis à la porte. Il était aussi surpris qu'affligé de cet accueil impitoyable, que rien, à ses yeux, ne semblait justifier. Teresa connaissait déjà les habitudes de son pays, et, en outre, l'amour lui avait fait présent tout à coup de ce que ne donnent que lentement les années : l'expérience. Elle profita d'une courte absence de sa famille pour assigner à Pancho un rendez-vous et se faire enlever. Dans notre pays, une jeune fille bien née peut se faire enlever, tout en conservant des principes d'honneur très-arrêtés. Du reste, son *enamorador*, aussitôt qu'il l'a prise chez ses parents, s'empresse de la conduire dans une famille connue pour son honorabilité. Elle est *depositada*. En effet, elle est alors considérée comme un dépôt sacré, sur lequel on veille avec sollicitude. La médisance ne peut trouver à ternir une telle conduite. Aussitôt *depositada*, elle est sous la protection de la loi. Quoique mineure, elle peut épouser, malgré toute opposition de son père et de sa mère, l'homme de son choix.

« Dès que Teresa fut enlevée, *el señor* C..., son père, déposa une plainte contre Pancho, qui n'avait fait que ce qu'autorise la loi. Quel était donc le motif de ce procès ? Sa couleur... je me trompe, non sa couleur, car sa peau était parfaitement blanche, mais sa race ; il était d'une origine impure. Le père de Teresa, *el señor* C..., prétendait avec raison qu'un *mulato* n'avait pas le droit d'enlever une jeune fille blanche ; que la loi, faisant cette fois une indispensable exception à ses habitudes, loin de protéger l'union des deux jeunes gens, — laquelle eût été une criante mésalliance, — devait punir l'audacieux mulâtre de l'insulte faite à une honorable famille dans la personne de son enfant. Cette curieuse affaire fut portée devant le tribunal et fut jugée en présence d'un nombreux auditoire.

« Il faut que je vous dise ici quelques mots de la famille de Pancho. Son père était un Français, M. G..., qui, pour quelque mystérieux motif, cachait sa nationalité sous un nom italien. Il habitait la Havane, où il s'était marié depuis quelques années, lorsqu'une affaire fortuite l'amena dans notre ville. En arrivant, il vit une jeune quarteronne créole qui produisit sur lui une vive impression. Grâce à de belles promesses, il parvint à plaire. Au bout d'un an, il n'était pas encore reparti, mais il était père d'un joli petit garçon. Quand enfin il se fut éloigné, la quarteronne apprit, par quelqu'un qui venait de la Havane, le secret qui lui avait été soigneusement caché. Vous concevez le désespoir de la pauvre femme. Elle avait cru naïvement que M. G... reviendrait tout exprès pour l'épouser. Le ciel prit en pitié les larmes de la délaissée ; il lui envoya une consolation bien inattendue. Sa rivale mourut tout à coup, et M. G..., redevenu libre, put exécuter un engagement qu'il avait pris sans penser à le tenir. Mais, en se remariant, il ne voulut pas légitimer son premier enfant. Il mourut sans revenir de sa résolution. Ce fils était Pancho, qui, vous le voyez, est non-seulement de couleur, mais encore bâtard.

« *El señor* C... se servit énergiquement de cette double souillure de la naissance du jeune homme pour faire opposition au mariage qui le scandalisait. Pancho fut d'abord atterré ; sa mère ne l'avait instruit de rien. Il ne ressentait aucune humiliation en apprenant qu'il était de couleur ; ce ne fut pas sa préoccupation en ce moment ; son cœur saigna, non parce qu'on voulait le rabaisser, mais parce qu'on insultait sa mère. Celle-ci, qui était près de lui devant le tribunal, vit sa pâleur ; elle comprit ce qui se passait dans son âme, et elle lui remit un écrit en lui disant quelques mots d'encouragement. Il y jeta un regard et releva fièrement la tête.

« — M. et madame G... ne m'ont pas légitimé, s'écria-t-il, parce que je ne suis pas leur fils ! J'ai été recueilli par madame G..., et je suis enfant trouvé.

« Il reniait sa mère, mais il la réhabilitait. Il détruisait publiquement son passé coupable, il lui redonnait son honneur ravi. Et en défendant sa mère, il gagnait sa propre cause sans le savoir, sans y songer.

« La loi espagnole sur les *expositos* (les enfants trouvés), faite par Charles IV, est une loi toute de grandeur et de générosité. Grâce à elle, tous les enfants abandonnés par leur famille sont légitimés; ils peuvent prétendre à toutes les fonctions ; ils peuvent jouir de toutes les faveurs que l'on accorde aux *hombres buenos*, qui tiennent un rang respectable dans la société; ils peuvent aspirer aux dignités, et ils ont droit aux priviléges.

« Aux colonies, ils sont considérés comme blancs. Aussi beaucoup de gens de couleur font-ils passer leurs enfants pour *expositos*, en les faisant baptiser comme tels, puisque c'est un moyen de les garantir du mépris.

« Par conséquent, il était impossible au père de Teresa d'empêcher un enfant trouvé de devenir son gendre.

« A la suite de cette décision des juges, le mariage aurait dû avoir lieu.

« Mais le président même du tribunal qui avait dû prononcer le jugement, était indigné d'être obligé de rendre l'arrêt.

« De concert avec le gouverneur et toutes les autorités, il engagea en sous-main le père de Tereza à la mettre au couvent de San-Ignatio ; ce qui fut fait.

« La famille enleva la jeune fille et Pancho, un matin, ne la trouva plus dans la famille chez laquelle il l'avait placée.

« Cette famille était composée de gens de couleur.

« On sait a quel mépris les *mulatos* sont tenus.

« Impossible à eux, si libres et si riches qu'ils soient, d'obtenir le gain d'un procès; tous se liguent contre eux.

« L'huissier qui leur prêterait son concours perdrait ses clients.

« Ainsi des avocats !

« Les juges épuisent les moyens délatoires contre les malheureux.

« Bref il fut impossible à Poncho de réclamer sa *novia* (fiancée).

« Alors se fit insurgé. »

Il vint au camp, nous l'avons vu, avec l'intention de s'unir à M. Balouzet pour obtenir la délivrance de Tereza.

Le trappeur conférait précisément avec Choquart sur ce qu'il devait faire pour retrouver Juanita, quand on lui annonça Pancho.

Le jeune homme se présenta avec les meilleures recommandations.

Il gagna aussitôt la confiance de M. Balouzet.

Il lui raconta son histoire en peu de mots et termina en lui disant :

— A cette heure, Tereza est dans San-Ignatio ; et comme votre fiancée Juanita y est aussi, j'ai songé que vous me prêteriez votre concours pour les enlever.

— Comment, s'écria M. Balouzet, Juanita est enfermée dans ce couvent.

— Oui ! dit Sancho.

« Vous l'ignoriez donc ?

— Je la cherchais vainement !

— Vous ne savez sans doute pas qu'on l'a jetée dans un *in pace*.

— Vous dites, jeune homme ?

— Je dis que l'on a enterrée vivante, votre Juanita, dans une tombe de pierre à cent pieds sous terre...

M. Balouzet bondit et s'écria :

— Choquart, nous allons marcher sur ce couvent et il n'en restera pas pierre sur pierre : le feu et le fer l'anéantirons.

— Mon oncle, dit le jeune homme, je suis prêt à vous suivre.

« Seulement...

— Comment... tu as des objections !

« Que veut dire ce : *seulement?*...

— Rien !

« Une question de discipline.

— Au diable !

« Je ne suis pas soldat, moi !

« Je n'ai rien à faire avec votre discipline et j'agis à ma guise.

— C'est votre droit !

« Mais moi, je suis engagé.

« Je suis général.

« Je fais fusiller qui me désobéit, et mon chef Cespedes a le droit de me faire fusiller à son tour si je brave ses ordres.

« Alors, souffrez que nous allions demander au général la permission de brûler San-Ignatio avec nos flibustiers.

— Allons !

« Mais il ferait beau voir que Cespedes ne consentît point !

Herrera entra dans l'auberge.

Choquart ne dit mot.

Il saisit son ceinturon, mit son feutre et **partit** précédant M. Balouzet et Pancho.

Quand Cespedes les vit entrer, il dit à Choquart :

— Général, vous arrivez à propos !

« Vos flibustiers ont enlevé un troupeau qu'il faut rendre.

« Il appartient au couvent de San Ignatio et on doit le lui restituer.

« Le clergé et les nonnes sont neutres dans cette guerre.

— Pardon, général Cespedes, dit M. Balouzet ; avant de rendre le troupeau, je viens vous demander, moi, de réduire ce couvent en poussière.

— Parce que?...

— Parce que c'est un repaire de crimes épouvantables.

« A cette heure, Mariquita et ma fiancée Juanita sont dans des *in pace*.

« La fiancée de ce jeune homme est détenue illégalement.

« La supérieure est une entremetteuse et une Messaline.

— Je le sais, monsieur, dit Cespedes.

« Toutefois ce m'est impossible de vous laisser punir cette femme.

M. Balouzet eut un geste violent et voulut protester.

— Mon oncle, lui dit Choquart, écoutez ce que le général a le droit de vous expliquer ; sachez que je suis de son avis.

M. Balouzet se domina non sans des efforts énergiques.

Cespedes reprit la parole :

— Monsieur, dit-il, vous, Français, vous, voltairien, vous ne vous doutez pas de l'empire qu'exerce ici la religion.

« Le clergé y est tout-puissant.

« Si nous le heurtions, il serait contre nous et la révolte échouerait.

« Les Cubains, monsieur, le jour où nous aurions détruit San Ignatio, crieraient au sacrilége et quitteraient nos drapeaux.

« Partout, dans les églises, on prêcherait la guerre sainte.

« Partout nous serions traqués, égorgés, brûlés ou pendus.

« J'ai dû, monsieur, moi qui vous parle, prendre les engagements les plus formels avec l'archevêque de la Havane.

« Si j'avais hésité à lui promettre ce qu'il exigeait, c'en était fait de notre cause et nous n'aurions que vos flibustiers.

— Et les nègres ! dit M. Balouzet.

— Non, monsieur !

« Les nègres ont deux croyances.

« Ceci est extraordinaire, mais vrai.

« Ils sont catholiques et fervents catholiques, croyez-le.

« En même temps, ils ont foi aux Vaudoux, et à leurs sorcelleries.

— C'est tout à fait contradictoire ! dit M. Balouzet.

Choquart fit observer :

— Pas autant que vous le supposez, mon oncle.

« Nos paysans sont ainsi en Bretagne et dans la Vendée.

« Ils vont à la messe, mais ils révèrent les anciens dieux.

« Ils ont peur de certaines pierres et de certains esprits.

— C'est vrai ! murmura M. Balouzet.

Cespedes continua :

— Le nègre respecte profondément le prêtre et il a peur des Vaudoux.

« Entre ces deux sentiments, il hésiterait et serait annihilé.

« Rien ne prouve que les Vaudoux resteront nos alliés.

« Si, demain les Chambres espagnoles votaient l'émancipation des noirs, les Vaudoux seraient contre nous.

« Nous sommes donc obligés d'agir avec prudence.

« Nous devons prendre des ménagements et conserver précieusement, sinon l'amitié, du moins la neutralité du clergé.

— Général, s'écria M. Balouzet, ce n'est pas la peine d'émanciper les nègres et les Cubains, s'ils doivent rester sous le joug des préjugés religieux.

— Permettez ! monsieur, dit Cespedes.

« Les maîtres d'esclaves tyrannisent ceux-ci contre la volonté de ces malheureux et les Cubains veulent leur indépendance.

« Au contraire, la soumission au clergé est volontaire.

« Il en résulte que si notre devoir est de libérer par la force les Cubains et les nègres de la domination imposée, nous ne pouvons ensuite combattre l'influence du clergé que par la persuasion.

« Je crois, monsieur, être dans le vrai en agissant ainsi.

— Mais, général, s'écria avec explosion M. Balouzet, je ne puis laisser ma fiancée mourir sans secours dans un *in pace*.

— Je ne m'oppose pas à ce que de votre plein gré, en dehors de moi, comme personnage particulier, vous ne tentiez la délivrance de votre fiancée.

« Mais je ne saurais que vous souhaiter le succès.

« Quant à vous prêter mon concours, c'est impossible.

— Eh ! mon oncle, dit Choquart, vous avez fait des choses plus difficiles que celles-là ; point n'est besoin d'une armée, d'un assaut, pour enlever une fille dans un couvent.

« Nous saurons bien en venir à bout.

Puis au général :

— Je vous prie d'accepter, mon cher collègue, ma démission.

— Vous nous abandonnez ? demanda douloureusement Cespedes.

— Pour quelque temps !

« Voilà les Espagnols vaincus et hors d'état de marcher pendant un mois au moins ; il en faudra deux peut-être même pour qu'ils reçoivent des renforts d'Espagne.

« Vous allez profiter de ce répit pour recruter des hommes.

« Vous allez organiser l'armée.

« Vous n'aurez qu'un travail d'organisation à faire.

« Je vous suis inutile.

— Mais vous nous reviendrez.

— Oui, après avoir sauvé Juanita, sans vous avoir compromis.

— Merci, et tous mes souhaits les plus sincères, dit Cespedes.

Il tendit la main à Choquart et celui-ci serra cette main loyale avec effusion.

M. Balouzet, de très-mauvaise humeur, tourna les talons après un froid salut.

Quant à Pancho, il avait si parfaitement compris que le général ne pouvait agir autrement, qu'il le félicita.

Et il ajouta :

— Nous pouvons du reste nous passer de vous !

Il rejoignit M. Balouzet.

CHAPITRE XXIII

Plan de campagne.

Choquart était expéditif.

Il proposa sur-le-champ à son oncle d'arrêter un plan de concert avec Pancho qui pouvait les renseigner sur San Ignatio.

On tint conseil.

— J'ai des intelligences dans le couvent, dit Pancho, et voici comment.

« Je suis le fils nourricier d'une femme de péon qui m'aima beaucoup.

« Elle est veuve.

« Elle vit dans une petite ferme (rancho) qu'elle exploite avec ses trois fils qui me sont tout dévoués.

« Je vais, comme M. Balouzet, me transformer en nègre.

— Pourquoi ? demanda Choquart.

— Pour être méconnaissable.

« J'assurerai ensuite à ma nourrice et à ses fils, par une somme placée sûrement à New-York, une existence supérieure à celle qu'ils mènent.

« Grâce à cette libéralité et à l'affection qu'ils me portent, ils seront mes auxiliaires absolument dévoués.

« J'entrerai à leur service, comme esclave ; ils seront censés m'avoir acheté.

« Ce sera beaucoup déjà pour moi que d'être si près de San Ignatio !

« Il me faudrait un compagnon.

« Nous allons bientôt avoir une occasion excellente pour glisser un de vos flibustiers parmi les péons.

« Avant trois jours, on abattra les bœufs pour fabriquer la viande sèche et pour tanner les peaux.

« Il y aura grand abattage.

« Si vous connaissez, parmi les vôtres, un brave garçon, parlant bien l'espagnol et sachant lasser un buffalo, je me charge de le faire engager par ma nourrice.

— C'est très-bien, dit Choquart. Vous attaquerez le couvent par un bout pendant que mon oncle et moi nous donnerons l'assaut d'un autre côté.

— Que ferez-vous ?

— Ce n'est pas encore arrêté dans mon esprit.

« J'ai une idée, toutefois ; il faut que je la creuse.

« En attendant, je vais vous donner un compagnon.

Et Choquart appelant son planton d'ordonnance, lui commanda :

— Trouvez-moi Maracasse !

« Vous l'amènerez.

Dix minutes après Poil-de-Bique se présentait.

CHAPITRE XXIV

Un ingénu.

Maracasse ou Poil-de-Bique est un type que nous n'avons qu'entrevu, mais qui va jouer un grand rôle.

Il faut donc dessiner ses traits et esquisser sa physionomie.

C'était un singulier garçon.

Il avait été recueilli très-jeune par un trappeur.

Quand nous disons très-jeune, c'est mal définir notre pensée :

Maracasse venait de naître.

L'histoire est curieuse.

Un vieil homme de Prairie, nommé Stimplon, suivi de deux engagés ou apprentis trappeurs, rencontra un jour un enfant de trois mois, nu comme un ver, au fond d'une espèce de grotte dans un ravin perdu des montagnes Apaches.

Point de traces d'une mère quelconque, d'un père, d'un protecteur.

Rien que les griffes bien marquées d'une femelle de jaguar, empreintes sur le sable et fraîches encore.

Stimplon et ses apprentis attendirent que quelqu'un vînt à la grotte ; mais il ne se présenta personne.

Seulement une femelle de jaguar poussa des plaintes lamentables autour du repaire.

L'enfant y répondait par des sanglots que la faim lui faisait pousser.

Stimplon n'avait pas de lait à lui donner pour le nourrir.

Il fut convaincu que la panthère (on appelle le jaguar, panthère d'Amérique), il fut convaincu, disons-nous, que la panthère était la mère nourrice de l'enfant.

Comment ce prodige s'était-il fait ?

Le vieux chasseur l'expliquait par des exemples.

Tous les trappeurs admettaient la chose et ils savaient assez leur Prairie pour ne pas accorder une confiance crédule à des contes bleus sur des questions d'histoire naturelle et de chasse.

Donc Stimplon prétendait que souvent la panthère perd son unique petit au moment de la dentition ; elle souffre de l'abondance de son lait et il est arrivé parfois qu'après avoir égorgé une chevrette mère, elle laisse vivre les petits, qui sentant le lait, viennent aux tetons.

Ceci est incontesté des chasseurs.

Le fait admis, rien d'extraordinaire à ce que le petit être trouvé par Stimplon eût été déposé plusieurs mois auparavant dans le repaire du jaguar femelle.

Celle-ci l'aurait nourri étant encore gonflée de lait.

Quant à savoir pourquoi, comment l'enfant avait été abandonné, impossible d'en donner l'ombre d'un indice.

Seulement il portait au cou, quoique nu, une chaîne d'or à laquelle était suspendu un médaillon.

Stimplon s'était trouvé fort embarrassé pour nourrir l'enfant ; mais il y avait pourvu bizarrement.

Avec l'adresse d'un vieux chasseur, il avait fabriqué un piége à fosse, et, la nuit venue, la panthère s'y prit.

Stimplon avait de l'opium dans son sac, pour guérir la dyssenterie dont les chasseurs sont souvent atteints.

Il eut l'idée ingénieuse de lancer un quartier de venaison bourré d'opium à la panthère.

Celle-ci dévora la chair, moitié par faim moitié par fureur.

Ensuite elle s'endormit.

Stimplon et ses amis purent sans danger couper les griffes de l'animal, le museler puissamment, et lui mettre un collier de force au cou et l'attacher.

Puis on fit téter l'enfant.

Il dormit lui-même profondément, le lait étant opiacé.

La nuit fut donc calme.

Au jour Stimplon, voyant la panthère et l'enfant éveillés, ne se laissa pas intimider par l'air farouche de la fauve ; il lui présenta l'enfant, pendant qu'un engagé se tenait prêt, en cas d'accident, à brûler la cervelle à l'animal.

Mais la panthère était bien réellement la nourrice du bébé.

Elle lui fit mille caresses et elle le laissa faire.

Depuis la fauve se familiarisa et s'apprivoisa.

Elle, Maracasse, Stimplon et les engagés firent bon ménage.

C'était du reste la plus étrange famille qui fût au monde.

Tout cela chassait ensemble et les Indiens avaient une peur effroyable de celui qu'ils appelaient l'*homme au jaguar*.

Maracasse grandit dans la Prairie et devint fameux.

C'était un adolescent infatigable, hardi au delà de toute idée et surtout agile pour les bonds à rendre des points à un élan ; il se livrait à des sauts prodigieux.

Stimplon lui faisait toujours porter des vêtements en fourrures, étant petit ; Maracasse, jeune homme, conserva cette mode.

Il aimait surtout les peaux de chèvre et en voici le motif :

Plusieurs fois il avait failli être tué par des camarades, alors qu'il était vêtu d'autres peaux de couleur uniforme ; la chèvre est souvent bicolore.

Maracasse portait des peaux de bique noire et blanche.

De la sorte, on ne pouvait le prendre pour une des bêtes fauves de la Prairie et il ne recevait plus que les balles qui lui étaient spécialement destinées.

Stimplon était mort.

Morte était la panthère.

Morts les engagés.

Maracasse à douze ans était resté seul sans maître et son maître.

Il n'avait pris service d'engagé auprès d'aucun trappeur.

Il était resté seul et il avait mené, à cet âge, sans le secours de personne, la vie périlleuse de la Prairie.

Aussi son éducation littéraire laissait-elle à désirer.

Il ne savait ni lire, ni écrire ; passé cent mille, les nombres lui paraissaient si formidables, qu'il ne cherchait pas à s'en rendre compte ; et il disait aussi bien un million qu'un milliard.

Il n'était point sot.

Tout au contraire, il avait l'esprit vif et fin.

Mais, faute d'instruction, il appliquait son intelligence aux petites choses et se perdait dans les grandes en raison de leur étendue ; les idées complexes lui échappaient.

Ainsi, Maracasse ne se figurait pas ce que c'était qu'une grande nation.

Le mot patrie le laissait froid.

Il ne connaissait que la Prairie, les savanes, les trappeurs.

En dehors de ces derniers tout était ennemis ou indifférents.

Il ne s'imaginait rien de la constitution d'un État.

On lui avait parlé de parlement, de juntes, de ministères ; tout cela était fort brouillé dans son cerveau.

Quant à la religion, Maracasse croyait qu'il y avait un Dieu, plusieurs dieux même ; seulement la religion catholique lui déplaisait souverainement.

Un jour il avait entendu prêcher un missionnaire.

Tant que celui-ci parla aux sauvages de la création du monde, du déluge, des patriarches, tout alla bien.

Maracasse écoutait cette belle histoire dans le ravissement.

Mais lorsque le prêtre affirma les saints mystères, lorsqu'il aborda les sacrements et quand il exposa le dogme de la présence réelle, alors Maracasse se fâcha et il eut une colère terrible.

— Tu mens, robe noire ! s'écria-t-il devant toute la tribu indienne.

« Une souris peut se cacher sous terre et j'enferme une balle dans mon fusil ; la souris est plus petite que la terre et la balle plus petite que le canon de fusil.

« Mais un Dieu grand comme le monde trouver place dans un pain à cacheter !... c'est ce que Maracasse ne croit pas et ce qu'il ne croira jamais.

« A tes dernières paroles, je te reconnais pour un imposteur.

« Tu es de ceux qui ont la langue dorée et qui nous charment par de beaux contes inventés pour endormir la défiance.

« Puis après avoir bercé votre esprit, ils vous insinuent un mensonge.

« Nous ne sommes pas gens de villes et nous sommes simples, mais pas bêtes ; va conter tes farces à d'autres.

« Si les guerriers Pawnies qui m'écoutent ont la faiblesse de te croire, je proclamerai dans la Prairie qu'ils sont devenus idiots comme des outardes.

Sur ce, les Pawnies, qui avaient la plus grande confiance dans les hautes lumières et la bonne foi de Maracasse, les Pawnies indignés chassèrent le pauvre missionnaire.

Et c'est ainsi que Poil-de-Bique empêcha une grande tribu de se convertir.

L'homme moral laissait donc en lui à désirer.

C'était un être inculte, mais charmant toutefois de droiture, de naïveté et d'élan ; on l'aimait à cause de la vigueur de son courage qui lui donnait le ressort d'une lame d'acier bien trempée.

On l'aimait encore en raison de l'originalité de ses manières et de son langage ; les fruits sauvages ont une saveur particulière, âpre et franche qui flatte le palais.

On l'aimait aussi parce que rien de faux, de louche, de suspect ne pouvait échapper à sa perspicacité instinctive ; il était comme ces pierres de touche qui éprouvent l'or et font découvrir la fraude.

Enfin les femmes auraient adoré Maracasse s'il l'eût voulu.

Mais il avait mené la vie du désert et jusqu'alors il avait absolument ignoré l'amour ; les marches, la chasse ardente, l'exercice incessant et lassant, l'isolement, l'absence absolue de surexcitation, avaient conservé à Maracasse une chasteté dont Joseph eût été jaloux.

Il avait vu peu de femmes dans la Prairie et il se défiait de tout ce qui portait un jupon.

Comme presque toutes les femmes qu'il avait rencontrées l'avaient trouvé très-beau et l'avaient désiré plus ou moins, comme elles l'avaient accablé d'agaceries incomprises, il avait pris les avances pour des taquineries, les provocations pour des plaisanteries de mauvais goût qui le ridiculisaient.

Ce qui surtout l'irritait chez la femme, c'était ce qu'il appelait sa fausseté ; pour lui le badinage, les bouderies, les airs penchés, les soupirs à contre-temps étaient autant d'énigmes incompréhensibles.

Maracasse ne savait-il donc rien, absolument rien sur ce sujet ?

Il savait... sans savoir.

Il avait vingt ans !

Mais au désert, entre Indiens, entre trappeurs, jamais il n'est question de femmes ; pour ces guerriers, l'amour est un simple besoin dont ils sont même honteux.

Tous les peuples primitifs ont une tendance à considérer la passion comme une faiblesse et ils tiennent la femme en mince estime ; ils rougiraient de se montrer galants, empressés et humbles devant elles.

Ils s'en servent, voilà tout !

Ces mâles se sentiraient humiliés, de subir le joug de l'amour ; ils prétendent à l'asservir en exigeant de la femme la soumission et l'humilité.

Étant donnée cette tendance, rien de plus simple que la chasteté relative des conversations entre gens de Prairie.

Maracasse avait donc eu peu d'occasions de s'instruire sur les questions de cœur et il les avait peu cherchées, d'ailleurs, n'y étant point porté.

Comme chasseur, ce qu'il avait cru remarquer en certaines saisons, lui donnait une piètre et triste idée de la chose.

Il la trouvait ridicule.

Ainsi s'explique comment Maracasse à vingt ans était encore ingénu, ma foi nous écrivons le mot.

Et c'était dommage !...

Il eût été difficile de trouver dans toute la Prairie un chasseur plus appétissant pour une femme friande en amour.

Maracasse, du reste, n'avait qu'à paraître pour plaire, malgré son costume.

C'était une originalité, partant une saveur de plus.

La fourrure faisait ressortir les reliefs charmants de sa physionomie à la fois spirituelle et étonnée, énergique et douce, bronzée et paysannesque par certains aspects mais distinguée comme ensemble.

Maracasse était châtain, une couleur qui a ses séductions, qui plaît à toutes, qui donne à l'homme un je ne sais quoi charmant ; c'est la fusion des nuances, c'est l'adoucissement de l'éclat des bruns et une certaine pointe de vigueur dans le doux reflet des blonds.

Sous les touffes bouclées de la chevelure fine et soyeuse, Maracasse avait le front sans pli d'un enfant ; un beau front haut, gracieusement modelé aux tempes, un front que les soucis et les pensées graves n'avaient jamais plissé.

Les femmes aiment à baiser ces fronts-là qui sont comme des pages blanches sur lesquelles on peut écrire mille choses folles et gaies, tendres et douces, sans trouver des impressions passées qui reparaissent sous les nouvelles...

C'est l'attraction de la virginité.

Une harmonie existe entre l'oreille et le haut du visage.

Si Maracasse avait la tempe très-amoureusement dessinée, l'oreille la faisait encore valoir, car elle était sculptée avec une incroyable délicatesse ; les vieux chasseurs trouvaient là un signe de race du côté maternel ; ils prétendaient que Maracasse devait descendre d'une duchesse par les femmes.

Le nez était aquilin, fier et surmonté de sourcils arqués avec une grâce piquante ; l'œil brun était expressif sous les cils noirs ; grand ouvert, ferme, franc, limpide, il faisait rayonner la lumière dans les âmes.

Mais le triomphe de Maracasse, c'était sa bouche vermeille, son sourire ravissant, ses dents blanches, dont l'émail éblouissant avait l'orient des perles et s'enchâssaient dans des gencives aussi roses que celles d'un chat.

Quelle femme n'eût rêvé le contact pur et frais de ces lèvres sur le satin de ses épaules !

Et, d'autre part le cou de Maracasse, rond, plein, ondulant, doré, était de ceux qui provoquent les baisers féminins.

Le corps portait noblement cette jeune et belle tête.

Maracasse était grand, élancé, mais large d'épaules déjà.

Il ressemblait à ces jeunes chênes qui dans les forêts, pour gagner la lumière au-dessus des taillis, s'élancent et empruntent au peuplier ses élégances en conservant leurs forces.

Un détail à noter.

Il est d'importance, étant donné que les parents de Maracasse étaient inconnus et que l'on se livrait toujours sur ses ascendants (style de mairie) à des hypothèses sans fin et souvent sans raison.

Donc constatons que Maracasse avait un pied d'un modèle spécial, un pied type, un pied long, étroit, cambré, nerveux, délicat, agile et très-significatif.

Les vieux Comanches, gens de chevaux, avaient souvent remarqué ce pied-là, et ils déclaraient que certainement le père de Maracasse était cavalier, fils de cavalier.

En ceci ils étaient d'accord avec les trappeurs.

Ceux-ci même allaient plus loin, car ils reconnaissaient la nationalité de ce pied-là ; ils l'appelaient le pied *franc*, non pas le pied français, mais celui de la haute aristocratie de race franque.

On prétend même que le moineau franc doit son nom à la ressemblance de sa patte avec ce pied franc.

Aussi, souvent Stimplon avait-il affirmé à son fils adoptif que son père devait être certainement gentilhomme français de haute naissance.

Maracasse s'en moquait et n'en avait souci.

D'où venait son nom ?

De ce que, dans son extrême jeunesse, il zézayait.

Stimplon, Suisse genevois, lui avait appris notre langue.

Or, l'enfant ne pouvait pas prononcer marcassin et disait *maracasse*, d'où le sobriquet qu'on lui avait donné.

Et c'était ce jeune homme si bien tourné, que Choquart désignait pour jouer le rôle de peon, pour dompter et tuer les taureaux quasi sauvages dans une grande et pittoresque chasse de huit ou dix jours, à laquelle assistaient les sœurs et la mère abbesse de San Ignatio.

Il allait devant elle, sur un coursier fougueux, disputer à tous les autres péons le prix d'adresse ; car il y avait fête, joute et récompense !

Choquart lui expliqua ce qu'il attendait de lui.

— Mon cher, lui dit-il, je viens vous demander de rendre à une jeune fille en péril un imminent service.

A ce début, Maracasse fit la moue et dit de la voix traînante des créoles :

— Il m'ennuie, à moi, de me mêler d'une entreprise dans laquelle se trouvent mêlées des femmes.

« Chaque fois que j'ai protégé une fille et que je lui été agréable, il m'arriva du désagrément !

« C'est très-perfide, de sa nature, la femme, et je m'en défie.

« Il y en a une que j'avais tiré d'un très-mauvais pas, qui a été très-aimable pour moi pendant quelque temps et qui tout à coup est devenue méchante, furieuse et médisante contre moi.

— Vous lui avez refusé quelque chose, Maracasse? dit Choquart en souriant.

— J'ai refusé de me laisser embrasser, voilà tout.

« Elle m'assommait.

« Je ne sais pas, sacrebleu ! quel plaisir les femmes ont à promener leurs lèvres sur mes joues.

« Puis elles disent des bêtises qui m'humilient beaucoup.

— Vraiment !

— C'est comme je vous l'affirme, Choquart ; j'en suis honteux.

« Elles me caressent le cou, me frisent les cheveux avec la main, comme on fait pour la crinière d'un cheval, et elles m'appellent mon ange, mon chérubin, mon gros bébé…

« Pouah !

« Ça me donne des envies de les battre et je me sauve.

« Je me fais l'effet d'imbécile quand elles me donnent ces noms-là.

« Et puis elles me font des yeux qui me donnent peur, car je crains de les voir s'évanouir ; des yeux de chevrette blessée à mort et qui se pâme.

« N… de D… ! ça n'est pas agréable d'avoir des conversations de ce genre-là.

Choquart avait une envie de rire que partageaient ses compagnons ; mais il y aurait eu péril à se moquer de Maracasse qui, très-bon garçon, se vexait cependant très-facilement, surtout quand on touchait à certaines cordes.

Il reprit :

— Enfin, Choquart, pour vous être agr ble, je ferai ce que vous voudrez ; mais préférerais qu'il n'y eût pas de femmes de l'affaire.

— Mon cher, il s'agit de Juanita.

— Oh ! c'est différent !

« Celle-là, du moins je la juge ainsi, n' pas ennuyeuse.

« Elle a causé souvent avec moi et elle m'a jamais embrassé.

« Je ne la crois pas comme les autres e ne la fuierais pas.

Il s'arrêta, puis avisant M. Balouzet lui demanda :

— Vous qui êtes son fiancé, vous save quoi vous en tenir.

« Elle ne vous appelle pas son gros bé n'est-ce pas ?

M. Balouzet, ainsi mis en cause, se tro vait fort empêché.

— Mon ami, dit-il, ceci est de peu d'i portance et il s'agit de tout autre chose.

« Si vous…

Maracasse regarda attentivement M. F louzet qui se troubla de plus en plus.

— Bon ! fit le jeune homme.

« Lui aussi !

« On l'appelle ange, séraphin, oiseau che chien-chien et bébé…

Puis d'un air protecteur :

— Ne rougissez pas, Touche-Toujou ce n'est pas notre faute.

« Peut-être même cela vous fait-il plai puisque vous voulez vous marier avec ce petite Juanita.

« Comme je suis sûr qu'elle me laiss tranquille, je ne demande pas mieux que lui être agréable !

— Alors, dit Choquart coupant cour cette conversation décousue, je vais v expliquer ce dont il s'agit.

Maracasse écouta attentivement.

Quand Choquart eut fini, il fit ses flexions :

— Ces nonnes, dit-il, font des vœux n'aimer que leur Jésus.

« Par conséquent elles ne s'occuperont de moi.

« Voilà qui me va !

Les avant-postes sous bois.

« Pour risquer sa peau pour un ami, je suis toujours prêt.

« Le senor Pancho a une bonne figure et il me plaît.

« Il m'est agréable de faire expédition avec lui.

« Je serai très-heureux de délivrer ces pauvres filles, Juanita, Mariquita et Tereza.

« Quant à savoir mon métier de péon, on peut compter sur moi.

« Pour ce qui est de l'espagnol, je le parle comme un Castillan.

— Ce n'est pas tout ! fit Choquart.

« Il faudrait apprendre quelques prières : le Credo, l'Ave Maria, le Pater Noster.

« Puis il faut savoir faire le signe de la croix.

« Ces nonnes s'étonneraient qu'un péon fût une sorte de païen.

Le jeune chasseur fit une grimace de profonde répugnance et un geste énergique, en s'écriant :

— Des prières !

« Moi, Maracasso, réciter des prières en latin, une langue incompréhensible !

« Et dire cela à un Dieu que je n'aime pas, car ses prêtres mentent !

« Non, Choquart.

Pancho sourit finement.

Il était l'homme des fins expédients et des habiletés diplomatiques.

— Général, dit-il, je fais mon affaire de ce détail !

— Bien !

« Je compte donc sur vous, Pancho.

— Si jamais j'apprends vos litanies, dit Maracasse, je veux que ma langue sèche dans mon gosier.

— Ne jurons de rien! fit Choquart.

Pancho, lui, riait plus fort dans ses moustaches brunes.

— Général, dit-il, Maracasse passera pour un blanc, enlevé par les sauvages, élevé par eux et délivré ensuite.

« On s'expliquera de la sorte que son éducation religieuse ait été négligée.

« Je fabriquerai là-dessus un bon conte très-vraisemblable.

— Senor Pancho, dit Choquart, vous êtes un homme avisé.

« Je vois qu'on peut se fier à votre sens et à votre ingéniosité.

Et à Maracasse :

— Merci de tout cœur.

M. Balouzet, de son côté, serra avec effusion la main du jeune homme.

Choquart, pour donner au trappeur de la prudence et de la docilité envers Pancho, lui dit d'un ton grave :

— Vous savez, Maracasse, que ce n'est rien d'être un bon trappeur ; ça ne prouve pas que l'on soit beaucoup plus intelligent que les autres gens de Prairie.

« Mais si vous réussissiez dans cette entreprise, vous prouveriez que vous êtes très-supérieur aux meilleurs d'entre nous.

— Sacrebleu! dit Maracasse, je réponds de réussir.

Et il prit avec Pancho congé de l'oncle et du neveu.

CHAPITRE XXV

Bataille de dames.

C'est grande fête sur les terres de San Ignatio.

Le jour de la chasse aux taureaux s'est levé ; on va massacrer en grand les mâles adultes ; on n'épargnera que les femelles, les veaux et quelques reproducteurs choisis parmi les plus beaux et les plus vigoureux.

Depuis cinq jours et cinq nuits les péons, à cheval, ont rassemblé et parqué près de cent mille bêtes.

Chiffre énorme !

Chiffre prodigieux !

Chiffre incroyable !

Chiffre vrai cependant et qui explique l'immense fortune de San Ignatio.

Le couvent charge à lui seul, tous les ans, une véritable flotte de ses cuirs, de ses chairs séchées et de ses noirs de fumée fabriqués avec des os.

Sur les cent mille têtes de bestiaux, il fallait compter une tuerie de vingt à vingt-cinq mille au moins.

Les péons, au nombre de quatre ou cinq cents, exécutaient ce massacre.

C'était du reste un spectacle sublime d'horreur.

Les Espagnols aiment le sang, les scènes de carnage et de meurtre.

Leur goût passionné pour les combats de taureaux est connu ; rien d'étonnant à ce que les chasses de San Ignatio ne fussent très-courues.

On y venait de loin et surtout de Santiago.

En ces jours de plaisir, le couvent recevait un nombre infini d'hôtes distingués ; les dames cubaines y venaient en toilettes élégantes ; les cavaliers étaient en costume avantageux ; le peuple lui-même, s'endimanchait.

Mais cette année, pour cause de guerre, il n'était venu personne.

La supérieure n'en décida pas moins qu'il y aurait fête malgré tout.

Comme de coutume, à l'endroit du parc le plus favorable, une estrade fut dressée et on l'entoura d'un mur protecteur.

Les sœurs pouvaient, de cette estrade élevée, suivre les péripéties de la chasse.

Le jour venait de se lever sur l'île et le puissant soleil des tropiques avait aspiré le voile de vapeurs qui s'était étendu, ondulant et léger, sur la mer, aux premières lueurs de l'aube.

Le troupeau dormait encore paresseusement, couvrant la vaste étendue du parc ; les chefs de hardes, mâles vigilants, se levaient un à un et réveillaient les jeunes et les femelles en battant de leur pied fourchu le sol humide.

Les mères s'éveillaient, levaient languissamment la tête, agitaient leurs longues cornes luisantes de rosée et mugissaient pour appeler leurs veaux.

Tout le long des fossés bordés de haies épaisses qui cernaient le parc, des cavaliers faisaient bonne garde le trident au poing ; c'est l'arme terrible avec laquelle ils abattent l'animal.

On voit venir des jeunes filles et des femmes.

Elles portent des jarres fumantes et des gourdes pleines.

Elles vont chacune à leurs hommes, pères, fils, frères ou maris.

D'où vient qu'un groupe est beaucoup plus nombreux que les autres ?

D'où vient que les jeunes filles se dirigent vers celui-là ?

Pourquoi un attroupement de jupes sur ce point ?

C'est qu'un nouveau péon est venu s'engager chez les lanceadors.

C'est que depuis quelques jours les jeunes filles se racontent que ce péon est beau, distingué, attrayant.

Et toutes veulent le voir, lui parler et lui plaire.

Chose miraculeuse, les autres péons ne sont pas jaloux.

Ordinairement, quand un novio (fiancé), ou un amant espagnol voit poindre à l'horizon un soupçon d'infidélité, quand il a une ombre de motifs pour soupçonner sa maîtresse, il la menace de son couteau.

Mais rien de pareil.

Les hommes rient, causent, boivent avec le péon Maragazor.

Un nom sonore.

Un nom bien porté, je vous jure.

Les péons ne jurent plus que par Maragazor et ils lui ont voué amitié.

C'est une nature sympathique qui inspire confiance à tous.

Le péon a une histoire qui est connue maintenant de tous.

Il a été enlevé par les sauvages étant au Mexique ; il a eu d'étonnantes aventures que raconte surtout son nègre, car il a un esclave.

Ce noir est bien tourné, un peu plus âgé que Maragazor, et il a bonnes façons vraiment pour un homme de sa race.

Maragazor a vendu son noir à la famille chez laquelle il s'est engagé ; quand à lui, il est classé déjà comme un des meilleurs torreros de tout le district.

On prétend qu'il a des chances de gagner le prix.

Et le prix est très-envié ; c'est une belle montre d'or que la mère abbesse donne de ses mains.

Précisément on cause devant Maragazor des probabilités de succès qu'il peut avoir, et on ne paraît pas douter autour de lui de son triomphe.

Le cercle des jeunes filles s'agrandit toujours de plus en plus.

Que de jupes courtes !

Que de mollets appétissants sous les bas bien tirés !

Quelles dents dans ces bouches riantes et roses !

Quelles riches collections de gorges sous le léger foulard, les unes naissantes timides et attrayantes comme le fruit vert, les autres hardies, provocatrices, faisant craquer le corsage.

Et les yeux !

A coup sûr il eût été dangereux que le cœur de Maragazor eût été une poudrière ; les regards de ces prunelles espagnoles l'eussent enflammé et il y aurait fait explosion.

Le beau péon restait aimable ; mais il paraissait d'un calme dont se piquaient les jeunes filles.

Et comme, à Cuba, les femmes ne diffèrent des autres femmes que par une pointe de hardiesse en plus, les attaques et les agaceries allaient grand train.

C'était Nina, une belle brune, grande et forte, ayant, disait-on, les formes de la vénus de Milo et les ayant montrées par conséquent, c'était Nina, répétons-le, qui demandait :

— Lorsque vous étiez chez les Indiens, est-ce que vous aviez une novia, senor étranger ?

« Vous avez eu, sans doute ennamorada, là-bas ?

— Non, toute belle ! répondit le péon.

« Je n'aime pas les femmes qui ont la peau rouge.

— Et les Cubaines...

« Sont-elles de votre goût ?

— Je ne saurais dire !

« J'arrive à peine.

— Ah !...

« Voilà bientôt huit jours que vous êtes parmi nous !

« Vous avez pu voir.

« Je suis certaine que votre choix est fait et que nous le connaîtrons aujourd'hui.

— Pourquoi donc ?

— Si vous êtes vainqueur, vous choisirez une reine.

« C'est l'usage !

— Ah ! fit Maragazor qui parut contrarié de ce qu'on lui apprenait.

— Comme vous êtes singulier !

« Est-ce donc désagréable de donner un baiser à une belle fille et d'en recevoir un d'elle après chaque boléro ?

« Sans compter qu'une reine est souvent très-aimable pour son roi, car elle reçoit un beau présent de la mère abbesse et elle a tout sujet d'être contente.

Maragazor paraissait de plus en plus ennuyé de ce qu'il apprenait.

— Mais qu'avez-vous donc ? demanda curieusement la Nina.

— Rien ! répondit-il d'un ton brusque. Je suis bien déterminé à être roi tout seul, voilà tout.

Explosion de voix !

Concert d'interjections étonnées !

Toutes les jeunes filles se fâchaient et protestaient :

— Comment, pas de reine !

« Ça ne s'est jamais vu !

« C'est impossible !

Et Nina plus fort que les autres s'écriait et se récriait.

Enfin toutes conclurent :

— C'est l'usage !

« Ce serait offenser les filles de Cuba que se conduire ainsi.

« Nous ne subirons pas cet affront sans vous punir, étranger !

Maragazor, depuis quelques secondes, souriait comme un homme qui, dans une difficile situation, veut trouver le moyen d'en sortir ; en effet il avait une idée, et ma foi, elle n'était pas mauvaise, quoique bien étrange pourtant.

Il apaisa d'un geste toutes ces insurgées en jupons et leur dit :

— Puisque vous y tenez, je ferai une reine, si je suis le roi.

— A la bonne heure ! dit Nina qui se fiait à ses appas pour être choisie.

— C'est bien, disaient les autres prétendantes ; il ignorait l'usage.

— Ce qu'il en faisait c'était dans la crainte de faire des mécontentes.

— Et puis il voulait réfléchir ; car prendre reine, c'est presque prendre une *novia*, ça engage et il faut connaître son monde.

— En effet, dit Carmen, une jolie fille aussi, qui pouvait disputer la palme à Nina ; en effet, il ne faut pas agir légèrement et se fier seulement à ses yeux.

« J'engage l'étranger à se renseigner sur nous toutes.

« Il pourra apprendre des choses qui le feront se défier de certaines filles sans vergogne accoutumées à se jeter à la tête des jolis garçons et très-capricieuses de caractère.

Elle jetait un regard injurieux à la Nina en lançant cette insinuation.

Celle-ci avait la riposte vive et elle renvoya le volant très-gaillardement :

— Maragazor, dit-elle, fera mieux encore de se défier des hypocrites qui ne galantisent que la nuit et qui envoient tous les mois de l'argent à San Pablo pour y payer la nourrice de leur bâtard.

— C'est pour moi que tu dis cela, Nina ? demanda Carmen perdant son sang-froid et prenant une attitude menaçante.

— Cela dépend, dit l'autre.

« A qui en avais-tu tout à l'heure ?

— A toi !

— Alors prends pour toi ce que j'ai dit, ma fille.

— Tu as menti, Nina ; moi je ne mens point en disant que tes enfants, à toi, on les trouve sur les marches de la chapelle du couvent, et tout le monde sait ça.

Nina avait le geste non moins vif que la parole.

Elle soufﬂeta Carmen.

Celle-ci, d'un mouvement brusque, tira son stylet de sa jarretière.

Nina, non moins agile, prit aussi le sien et elles reculèrent toutes deux.

Les combats à coups de couteau entre hommes sont trop fréquents, pour que les femmes ne sachent pas comment on s'y prend pour parer et pour attaquer.

Nina avait pris la garde basque et Carmen la garde andalouse.

Elles étaient fort belles ainsi toutes deux, l'œil enﬂammé, les lèvres pâles, les mains frémissantes et le corps frissonnant.

Deux lionnes se disputant une proie ne sont pas plus superbes.

Les péons ne bougeaient point.

C'était l'affaire à Maragazor, et un péon ne se mêle pas volontiers de ce qui ne le regarde pas, surtout quand il y a des juges qui voltigent dans l'affaire.

Les filles laissaient faire.

Chacune calculait que ces deux créatures trop bien douées et très-entreprenantes avaient chance d'enlever le cœur du beau péon ; si elles se blessaient gravement, ni l'une ni l'autre ne seraient reine.

Alors on ne pouvait dire ce qui se passerait.

Toutes s'octroyaient des attraits particuliers capables de décider le péon.

Celui-ci ne bougeait pas et il haussait les épaules.

On l'entendit murmurer :

— Pas de chance !

« C'est toujours ainsi !

« Dans la Prairie, à cause de moi, une fille de squatter a donné un coup de poignard à miss Bradow, la femme du missionnaire protestant.

« Il y a eu aussi une bataille entre bouquetières au marché de San-Francisco ».

Il ne daignait pas même regarder ces rivales prêtes à s'égorger.

Heureusement un cri général : « La visiteuse ! la visiteuse ! » les arrêta et elles rentrèrent leur stylet dans leur gaîne au plus vite.

Ce changement à vue était produit par l'arrivée d'une sœur, montée sur une mule pie et armée d'un fouet.

C'était une vieille femme, mais elle était verdelette encore, malgré ses soixante ans, sa petite taille maigre et sèche et ses lunettes de garnitures d'or.

Elle était gaie, rieuse et pourtant on la redoutait beaucoup.

C'est qu'elle vous corrigeait les filles et même les femmes à coups de fouet et les menait au doigt et à l'œil.

C'était une excellente femme, très-charitable ; elle était chargée de secourir les pauvres et les malades.

Sa fonction officielle était de visiter les clients du couvent, de s'enquérir de leurs besoins et d'y pourvoir.

C'est par elle que venaient l'aumône, les remises d'amendes, les grâces de toutes sortes ; mais en revanche elle exerçait la police et sévissait vigoureusement contre les délits.

Gare aux maraudeurs !

Gare aux pillardes !

Malheur aux péons qu'elle surprenait se battant !

Le terrible fouet dont jamais sa mule n'avait senti la lanière, caressait le dos des délinquants.

Elle haïssait surtout les rixes.

Au demeurant bonne personne, et ayant la manie des mariages.

Elle protégeait les amoureux et leur facilitait l'entrée en ménage.

On prétendait que jadis elle avait eu des amants.

Mais il y avait si longtemps...

Toutefois elle adorait se mêler des affaires de cœur.

La fille qui voulait se mettre dans ses bonnes grâces n'avait qu'à la choisir pour confidente de ses petits secrets mignons et elle en recevait des marques d'amitié.

Mais quand les jacasses se querellaient, quand des cancans avaient amené des querelles, elle battait crânement les coupables et plus d'une fois Nina et Carmen avaient eu la peau sanglée par le fouet.

On juge de la précipitation avec laquelle

les deux rivales cessèrent la lutte à peu près commencée.

Elles se dissimulèrent et prirent des airs de saintes en pain d'épice.

Mais la visiteuse avait tout vu et elle appela :

— Carmen !

« Ici, mauvaise langue !

« Ici, pie bavarde !

« Et toi, la Nina, avance !

« Tu seras donc toujours la même ?

« Vous vous battiez !

Elle allongea de rudes coups de fouet aux deux filles qui se sauvèrent en poussant des cris de miséricorde.

Tout le monde riait, même Maragazor, qui semblait particulièrement ravi.

Mais la visiteuse demanda aux pauvres filles :

— Pour qui se battent-elles ?

— Pour celui-ci ! dirent-elles en montrant Maragazor.

La visiteuse poussa sa mule vers lui et le toisant, elle lui dit :

— Je devine que c'est toi qui est le nouveau péon...

« Celui qui doit gagner la montre.

« On m'a parlé de toi.

« Tu serais, paraît-il, extraordinairement adroit, et personne à Cuba ne te vaudrait comme vacher et torrero.

« Tu as été sauvage, n'est-ce pas ?

— Oui ! dit Maracasse.

— On dit : « Oui, ma mère ! » fit la visiteuse, tu sauras cela.

« Pour un homme élevé comme tu l'as été, tu n'es pas mal.

« Tu pourras choisir ta femme !

Et elle regarda en fine connaisseuse ce gracieux type d'un sexe qu'elle avait beaucoup aimé dans sa jeunesse.

— Vraiment, dit-elle, tu n'étais pas né pour être péon !

Elle le questionna.

Il lui raconta son histoire.

Elle prit un intérêt extrême à l'entendre, et finit par se pencher sur sa mule et par lui donner une claque sur la joue en lui disant du ton le plus aimable :

— Tu es un joli homme !

« Tu parles très-gentiment.

« On le protégera.

Mais elle avait autre chose à voir et à savoir.

Elle entrevit le nègre de Maracasse et elle demanda :

— N'est-ce point là ce phénix dont on m'a parlé ?

« Serait-ce l'esclave qui fabrique des glaces et des sorbets avec tant de perfection et de raffinements ?

« Voyons ça !

« Voyons un peu !

« Lève donc la tête, face barbouillée de cirage.

— Oui, senora visiteuse, lui dit-on.

« C'est lui !

Elle l'examina d'un œil connaisseur et le détailla.

Puis elle lui dit :

— Eh ! mais, pas mal !

« Physionomie avenante !

« Tu seras placé aux cuisines et tu seras glacier.

Le nègre se mit à manifester sa joie par une bamboula extravagante.

Il criait :

— Vive la mama !

« Vive la visiteuse !

« Vive elle et vive moi !

« Tralalala, zin la, trou bamlaboula !

Et il dansait d'une façon ébouriffante.

— Très-bien ! s'écria la sœur en riant et en applaudissant du bout des doigts.

« Si tu es gai, bon serviteur et fidèle, tu seras gratifié.

« Mais gare au fouet, si tu es ivrogne et si tu manques les sorbets.

Sur ce, elle dit aux péons :

— Les sœurs arriveront à trois heures de l'après midi.

« Que tout soit prêt !

« Si l'on nous donne une belle fête, il y aura ce soir d'excellente *aguardiente* pour fêter le roi.

« A bientôt, mes enfants.

Elle partit.

Mais on remarqua que plusieurs fois, elle se retourna pour regarder Maragazor.

— Le voilà bien avec la vieille mère ! disaient les péons.

« Il aura d'elle tout ce qu'il voudra et il sera mis comme un haciendéro (grand propriétaire).

On félicita chaudement Maragazor, puis on se mit au travail.

Il y avait beaucoup à faire pour les derpréparatifs.

CHAPITRE XXVI

Il est beau !

La visiteuse était revenue au couvent où elle jouissait d'une très-grande considération, car elle avait l'oreille de l'abbesse.

Et comment en eût-il été autrement, puisque successivement elle avait été l'institutrice de celle-ci, sa maîtresse de noviciat et sa *sœur aînée* quand elle avait pris le voile.

Noble du reste, mais très-pauvre, elle était d'assez bonne race pour avoir tutoyé Natividad enfant et pour avoir conservé cette habitude, même quand la jeune sœur fut nommée abbesse de San Ignatio.

Leurs rapports pouvaient se caractériser en les comparant à ceux qui s'établissent entre une tante pauvre et restée vieille fille et une nièce riche.

On sait combien ces tantes-là gâtent et adorent leur nièce ; combien celles-ci aiment en retour ces parentes complaisantes et adulatrices.

Ainsi de la visiteuse et de l'abbesse.

Du reste pas de secrets entre elles, pas d'hypocrisie ; de tout et sur tout, on se parlait à cœur ouvert avec l'audace des femmes de grande lignée qui ne reculent pas devant l'expression vraie, laissant la bégueulerie aux bourgeoises.

Pendant que l'abbesse ajustait sa coiffure d'un air nonchalant ; la visiteuse lui disait en souriant de cette négligence :

— Cette pauvre Nana (par abréviation de Natividad), pauvre femme, je te plains, car tu t'ennuies.

« A la façon dont tu te coiffes, on voit que les cabaleros n'assisteront point aux chasses cette année.

— Quelle maudite guerre ! dit l'abbesse en soupirant.

« Personne...

« Plus de visiteurs !

— Si don José n'était pas parti pour l'Europe il y a un mois, malgré l'insurrection, nous aurions vu quand même ce brave gentilhomme accourir à San Ignatio.

— Oh ! il m'a bien aimée celui-là ! Et je l'aimais aussi.

« Mais il a fallu qu'il me quittât, et, au fond, c'est heureux.

« Ne faut-il pas que je songe à mon salut ?

— Tu as trente ans, Nana !

« Tu aimeras encore.

— Ne nous mentons pas !

« J'ai quarante ans.

— Tu n'en parais que trente et encore trente ans fleuris !

« Les amants feront longtemps encore tort à Dieu dans ton cœur.

— Pas de sitôt !

Et l'abbesse soupira profondément ; elle eut un joli bâillement.

— Cette fête sera assommante ! dit-elle, et je voudrais que cette journée de fatigues sans compensation fût passée.

— Tu t'amuseras peut-être.

— Cela m'étonnerait.

— Il y a un torrero sans pareil, dit-on ; je l'ai vu.

— Ah, vraiment !

— De plus c'est un garçon de vingt ans hors ligne comme grâce, comme élégance de gestes, comme naïveté de langage et comme beauté fine et fière.

— Après...

« Que faire d'un torrero ?

— Moi, je trouve celui-là intéressant ; il a eu des aventures.

Et la visiteuse raconta ce qu'elle savait ; mais l'abbesse ne parut guère s'y intéresser.

— Ma chère, dit-elle, ceci pourrait être un petit roman assez intéressant, si le héros était bien né et s'il valait quelque chose.

« Mais les aventures d'un vacher ne m'intéresseront jamais.

« Un péon ne peut être et n'est jamais au fond qu'un manant.

« La femme qui se commet avec un croquant souffre de lui.

« Souviens-toi de la reine disant à Espartero, son amant : Je t'ai fait général, duc, prince, grand d'Espagne, je t'ai fait riche, je t'ai rapproché des marches du trône, mais je n'ai pu faire de toi un gentilhomme.

« Ainsi de tous !

— Moi, j'ai connu des petits étudiants bourgeois littéralement délicieux.

— Passe encore pour les étudiants qui ont de la culture, des traditions et qui sont l'aristocratie de l'intelligence.

« Passe pour les artistes qui ont génie ou talent et qui sont des demi-dieux.

« Mais un péon...

— La princesse des Ursins a aimé ses laquais et plusieurs reines ont ennobli les leurs pour services de cœur.

— Je comprends le laquais !

« Je n'admets pas le croquant !

— Ceci est drôle.

— Pas tant que tu le crois ! dit l'abbesse. Je suis logique.

« Nos laquais sont dressés, pliés au joug, assouplis, rampant, policés ; ils sont convaincus de notre supériorité.

« Qu'on ait la lâcheté (et, crois-le, c'est une lâcheté et un abaissement) de les prendre comme passe-temps, parce qu'on les a toujours sous la main pour en faire les instruments dociles d'un plaisir de cœur, ils sont satisfaits, du moment où on les paie.

« Ils ne s'imaginent pas que cela leur donne des droits.

« Ils continuent à vous appeler respectueusement senora, même dans l'intimité.

« On peut d'un regard, les clouer à terre ; d'un geste les chasser à l'office.

« Ils satisfont un besoin, s'ils le savent; ils ne sauraient s'en targuer.

« Remarque que j'aimerais mieux mourir qu'user de ces moyens.

« Toutefois le laquais n'est pas dangereux comme le croquant.

« On s'avilit soi-même en l'utilisant ; mais on n'est pas ravalée par lui.

« Vous ne vous donnez pas à lui, vous le prenez et c'est tout autre chose.

« Mais si vous vous livrez à un drôle quelconque qui a le sentiment de son indépendance, le rustre veut vous asservir.

« Il vous traite à la turque, vous rudoie de mille façons.

« Il se sent au-dessous de vous et il veut vous mettre au-dessous de lui.

« Il venge sur nous sa race de nos dédains et de ses bassesses.

« Il prend de l'empire par tous les moyens possibles.

« Il nous menace, nous subjugue et surtout il nous compromet.

« Un homme de rien ne possède pas une femme, tant qu'il ne l'a pas affichée.

« Est-ce vrai ?

— Pas toujours.

« Du reste la beauté est reine et mon péon triomphera de toutes les femmes.

« Arrivée à un certain degré de grâce piquante mêlée à une perfection charmante, la beauté des jeunes gens est irrésistible.

— Oh ! tu me fais rougir.

« Un torrero....

— Quoi, en somme !

« Qu'est-ce ?

« Tu as tant de mépris pour l'œuf et tu admires le coq !

— Je ne comprends plus.

— N'as-tu pas applaudi le grand torreador Napolini !

« Ne se l'est-on pas disputé à Madrid et partout entre femmes de haute lice et filles de bonne maison ?

— Un torreador est un artiste qui ajoute la crânerie à ses talents.

— Le torrero est l'œuf du torreador, ma chère âme.

« Tous ont été torreros !

« Du reste, je n'ai qu'un mot à opposer à toutes ces dénégations :

« *Il est si beau !*

— Peu importe, t'ai-je dit !

— Nous allons le savoir, car tu vas tout à l'heure l'applaudir et le couronner.

— Je t'assure que je le hais d'avance, fût-il un Apollon.

— Et moi je souhaite qu'il ne vienne point

LE MORNE AUX GÉANTS

La bénédiction.

un jour de désespoir pour toi, à cause de lui!

Et la visiteuse, malgré l'abbesse, donna un tour avantageux à la toilette de celle-ci, toilette demi-monacale, demi-mondaine.

Et elle l'admira.

— Vraiment, Nana, lui disait-elle, tu as le privilége rare des femmes extraordinairement belles dont l'histoire nous a légué le souvenir : tu ne changes qu'à ton avantage.

— Flatteuse ! dit l'abbesse.

— C'est pure vérité.

« Regarde-toi.

« Tu ne saurais dire que Diane de Poitiers, la merveilleuse Diane, fût mieux que toi à l'âge réel que tu as.

« Ninon de Lenclos, qui fit des passions passé la soixantaine, avait à quarante ans quelques rides à la tempe !

« Toi, pas une !

« Et les sévérités du costume t'empêchent de recourir à l'artifice.

« Te vois-tu en un costume de cour !

— A ton avis, je puis plaire encore? demanda l'abbesse du ton joyeux et caressant des femmes complimentées.

— Saches que tu es plus triomphante que jamais.
— Soit !
« Tu exagères un peu ; mais réellement je me trouve assez jeune encore pour enamourer quelque jeune gentilhomme un peu novice ; on aime à vingt ans les femmes... mûres.
Elle eut un rire forcé.
La visiteuse, d'un geste rapide, ouvrit la robe de l'abbesse et montrant des marbres étincelants :
— Ceci est-il donc si mûr? demanda-t-elle en riant.
« C'est le fruit ferme, vert encore, auquel il faudra des jours et des hivers pour s'attendrir un peu et devenir fondant.
« C'est la poire des Asturies que l'on ne mange qu'à Pâques, au renouveau.
« Tu es splendide, ma Nana !
— Et toi, indulgente.
« Mais à quoi bon ces folies?
« Cette année est perdue.
« Point d'amour d'ici à la fin de cette guerre ridicule et stupide.
« Nous offrirons cette pénitence à Dieu comme expiation des riantes années qu'il a daigné nous donner dans son infinie bonté.
— Tu charmerais Jésus et tous les saints même si tu mourais en état de péché, et jamais saint Pierre ne te refusera l'entrée du paradis.
« Je suis si sûre de toi, que je te prie, en passant, de me prendre au purgatoire ; tu diras que je te suis indispensable.
« On n'osera pas te contrarier.
En ce moment des vivats retentissaient dans la cour du couvent où la grande cloche d'appel avait retenti bruyamment.
— Qu'est ceci? fit l'abbesse.
« Une visite.
« Quelque grand personnage.
— Il faut que ce soit quelqu'un de la noblesse ou du gouvernement, dit la visiteuse, car on sonne l'appel à la supérieure.
— Va voir.
« Tu m'excuseras auprès de cette personne, en disant que je m'habille.
La visiteuse revint bientôt.
En passant dans un couloir, elle avait mis la tête à une fenêtre et elle en avait assez vu pour annoncer une bonne nouvelle.
— Viens Nana! dit-elle.
« Viens chère belle !
« Il y a encore des beaux jours dans cette année pour nous toutes.
« Voici une troupe de visiteurs.
« Que dis-je ! Une foule.
Et elle entraîna l'abbesse en murmurant gaîment :
— Quand on ne peut plus marcher, le bruit du pas des autres fait plaisir à entendre ; je ne puis plus aimer, je veux qu'on s'aime.
« On festinera encore!
« Il y aura bruit, mouvement, intrigues, rendez-vous, amusements à San Ignatio.
Elle déroulait tout un programme de plaisirs avec verve.
Quant à l'abbesse, elle rayonnait.
La cour du couvent était couverte, bondée de calèches remplies de dames et de cavaliers de fort bonne mine.
C'étaient les invités d'élite, ceux que l'on conviait tous les ans.
La supérieure avait envoyé sans aucun espoir, par pure politesse, les lettres d'avis ; mais, par miracle, on y avait répondu en foule.
— Ah ! dit-elle à la visiteuse, voilà une surprise bien agréable !
Puis riante :
— Et le péon !
« Crois-tu que le pauvre diable vaut ces gentilshommes ?
— Qui sait ! dit le visiteuse.
« Il est si beau !
L'abbesse se moqua de la sœur et vint au-devant des hôtes.
On lui fit une ovation qu'une reine lui eût enviée certainement.
Il n'était personne dans tout ce monde qui ne fût quelqu'un.
C'était l'élite de Cuba.
Et chacun, dans cette foule titrée, riche, élégante, distinguée, chacun ou chacune devait reconnaissance à l'abbesse.
Personne qui ne la sût disposée à rendre encore de signalés services.

Il y avait donc un élan de sympathie très-franc vers elle.

Ajoutez-y sa beauté majestueuse, le prestige de son autorité, cette assurance de châtelaine qui lui donnait une grande dignité de manières, et vous comprendrez de quelle amitié les femmes l'entouraient, de quel amour les cabaleros soupiraient pour elle.

Heureux celui qu'elle favorisait d'un bienveillant regard!

Or, on savait que son amant était parti pour l'Espagne.

Donc son cœur était libre.

Combien soupiraient et espéraient.

Elle reçut les compliments et les rendit en souveraine, après avoir été quelque peu haranguée par le chevalier de Gomez, un vieux célibataire, un peu poète, épicurien de bon goût et dont on prisait fort l'esprit.

— Dona Nativitad, dit-il, vos amis viennent vous surprendre, car vous ne nous attendiez guère, malgré vos invitations.

« Or, nous voici, heureux de vous voir et de vous faire notre cour.

« Nous vous demandons de prier Dieu qu'il convertisse Cespedes à la cause espagnole, car c'est à lui que nous devons le bonheur d'être ici.

« Le général ayant su que nous étions fort dépités de ne pouvoir déposer nos hommages à vos pieds, nous a fort gracieusement envoyé des saufs-conduits.

« Il n'a fait qu'une exception et n'a refusé cette faveur qu'à don Saluste ; mais les militaires eux-mêmes que leurs fonctions ne retiennent point à l'armée, sont venus.

« Voici tout un état-major pour vous faire escorte.

« Vu la guerre, ces messieurs n'ont pas endossé leurs uniformes de gala et sont en habits civils; mais ils n'en ont pas moins bonne grâce.

L'abbesse salua d'un sourire le groupe d'officiers.

Le chevalier présenta ensuite tous les jolis jeunes gens qui étaient venus avec bon espoir de s'amuser beaucoup ; puis il eut un mot flatteur pour chacun des autres invités.

On eût dit le grand maître des cérémonies de l'Escurial à l'audience de la reine.

Quant aux dames, elles s'étaient présentées toutes seules ; quelques-unes étaient d'assez haute race pour embrasser l'abbesse, ou assez jeunes pour en recevoir un baiser; toutes semblaient fières d'elle.

Elle faisait honneur à leur sexe.

Les autres sœurs accouraient.

Il y eut accolades entre elles et les dames, compliments voilés de certains cavaliers à certaines sœurs ; tout le monde exultait.

Mais déjà la visiteuse, avec son activité ordinaire, avait fait improviser le déjeuner et toute la bande joyeuse et brillante se rendit au réfectoire où le repas fut très-animé.

Chez les novices, il y avait grand émoi, comme on pense.

Quoique l'on ne mêlât jamais les jeunes filles aux profanes et qu'elles n'eussent jamais assisté à cette fête, on avait décidé, avant l'arrivée des hôtes, que, pour cette fois, il y aurait exception.

On ne redoutait en effet aucun danger puisque l'on croyait qu'aucun cabalero ne viendrait à San Ignatio.

Et les nonnes avaient été fort joyeuses de cette tolérance.

Mais les invités étant là, il eût été cruel de revenir sur la décision prise, quoique l'abbesse en eût bonne envie.

La visiteuse plaida la cause des jeunes filles et se chargea de les surveiller avec Yriquitta, ce qui leva toute hésitation.

On juge de l'explosion d'enthousiasme qui accueillit cette nouvelle.

Le déjeuner des novices ne fut pas long; chacune l'expédia et courut à sa cellule pour se faire jolie.

Et comment ?

Elles avaient la sombre robe de l'ordre, un triste uniforme en quelque sorte !

Comment lutter contre les dames et demoiselles en toilette?

Les femmes sont ingénieuses et savent trouver mille petits enjolivements.

Croit-on que même une robe de sœur ne prête pas à quelque coquetterie?

Et la façon de poser la coiffure !

Et mille riens qui forment un ensemble harmonieux !

Puis, si pour les laides, la sévérité de

cette toilette est un repoussoir, pour celles qui sont belles, c'est un contraste qui leur donne un charme de plus.

Et même celles qui sont simplement jolies ou agréables y gagnent.

Qu'une physionomie soit chiffonnée, émoustillante !

Si elle est dans son cadre naturel, sous une coiffure en coup de vent, avec rubans, fanfreluches et colifichets, il y a chance pour qu'elle passe sans exciter autre chose qu'une remarque flatteuse.

Mais, que ce soit une nonne qui ait cette figure !

Alors on est frappé de l'opposition qui existe entre le minois et la profession.

On scrute les traits, on y découvre des finesses, on fait des études qui vous attachent au sujet et qui vous amusent.

Le principal pour une femme est d'exciter la curiosité, de provoquer le regard, d'être observée enfin.

Bref, étant donné les libertés qui régnaient au couvent, les licences qu'on y autorisait, les nonnes comme les sœurs pouvaient affronter le soleil en face des senoras mondaines qui venaient d'arriver à San Ignatio.

Il y avait même un je ne sais quoi d'irritant pour la passion dans les vœux qu'elles avaient faits ou qu'elles allaient prononcer.

En somme, tromper un mari, séduire une fille, enlever une femme à son amant, c'est vulgaire et ça se voit souvent.

Mais s'attaquer à Dieu, souffler à Jésus-Christ une de ses épouses, triompher de Jéhovah, c'est une victoire qui a ses enivrements.

Que dire enfin !

La jupe ample cache un peu trop la taille, il est vrai.

Cependant certains mouvements permettent de la deviner.

Alors l'imagination à laquelle il ne faut qu'une étincelle pour la faire flamber, l'imagination, toujours en éveil, s'enflamme et l'esprit en feu conçoit, invente, caresse des formes qu'il se plaît à reconstituer.

Même sous ces corsages amples, on se figure volontiers une grande fraîcheur de charmes.

Le cloître semble devoir tenir à la glace les fruits les plus savoureux de l'amour et c'est délices que faire fondre cette glace sous les baisers.

Toutes ces nuances sont précieusement appréciées par les connaisseurs.

Ajoutons-y qu'il doit y avoir possession plus pleine, plus complète.

Les convenances qui empêchent, sous peine de scandale, les relations d'être affichées et trop fréquentes, imposent un frein à la passion, la contiennent et rendent le désir plus vif.

La possession fréquente qui amortit le feu des amours faciles, n'existe pas avec une femme qui est enfermée dans un cloître et qui ne peut avoir que des rendez-vous furtifs.

Il y a le mystère des introductions nocturnes dans la cellule de la sœur aimée, les chuchotements imposés par le voisinage, une certaine naïveté qui existe et persiste chez la nonne en raison de son isolement relatif du monde ; et, à côté de cet attrait de certaines ignorances, il y a les audaces de la femme cloîtrée, qui à force de rêves s'est habituée à des hardiesses inouïes, résultat du dévergondage de l'esprit, quand le corps est sevré de ses légitimes plaisirs.

De tout ceci, il résulte que certains hommes (et ce sont les mieux doués) préféreront une recluse à une dame du monde ; les senoras s'en aperçurent du reste.

Lorsque l'on se prépara à monter en calèche, sur des mules ou à cheval, pour gagner le parc, les nonnes parurent dans de grands chars-à-bancs.

Et les caballeros de les entourer et de leur faire fête.

C'est que beaucoup étaient irrésistiblement jolies.

Puis, les unes avaient l'air si timide en baissant les yeux !

D'autres semblaient si joyeusement-étonnées en regardant les cavaliers !

Toutes éprouvaient des sensations vives qui se reflétaient sur leurs traits.

Si la visiteuse n'avait pas été là, doublée par Yriquita, on ne sait trop ce qui se serait passé.

Plus d'une senora se réserva de faire une scène, in petto, à son ennamorador qui l'abandonnait.

Mais laissons courir vers le parc cette troupe joyeuse et occupons-nous d'un incident d'une importance capitale qui se passait hors du couvent.

CHAPITRE XXVII

Le bazar ambulant.

Quand Paris adopte une mode, le monde l'accepte; mais avant que cette mode n'ait fait le tour du globe, il se passe des années et l'on suit ses étapes de ville en ville, d'État en État.

L'île de Cuba est généralement en retard de sept années.

Ainsi, depuis longtemps Paris s'était accoutumé aux bazars.

A l'époque où se passe ce drame, ce genre d'établissement faisait fureur à Santiago et de là se répandait, mais en miniature, sur les pays d'alentour.

Des marchands avaient eu l'idée de monter des bazars forains; idée simple mais très-lucrative.

Elle avait un succès fou.

Lorsqu'un village, une plantation était visitée par un bazar, on l'enlevait d'assaut; ce genre de spéculation obtenait un succès de vogue.

Donc le vent était aux bazars dans l'île de Cuba.

Mais le village groupé autour de Santiago n'avait encore reçu la visite d'aucun *bazarero*.

Aussi, quand après avoir failli se battre pour Maragazor, les jeunes filles rentrèrent au village, furent-elles émerveillées de voir une espèce de boutique, organisée dans une vaste voiture et qui présentait pour des filles d'Ève, les objets les plus tentants.

Le bazariero était à son poste; c'était un bel homme, ce qui ne nuit jamais au débit.

Il avait un nègre qui lui aidait dans son commerce.

Les jeunes filles s'abattirent sur le bazar comme une volée de pies, de corneilles et de tourterelles.

Les unes piaillant, les autres jacassant, d'autres roucoulant.

Car, des maisons, à la vue des filles, étaient sortis des amoureux.

Or, c'était où jamais le moment de rouler des yeux langoureux et de se dire tendrement éprise pour se faire payer des colifichets.

Le commerce allait comme sur des roulettes et cela n'avait rien d'étonnant; il se faisait en voiture.

Le marchand était fort poli.

Si poli même, qu'une fille lui dit avec une conviction profonde :

— Vous êtes Castillan.

« Vous n'avez pas toujours vendu sur les routes et vous aurez éprouvé quelque malheur qui vous a forcé à faire ce métier.

— J'étais étudiant! dit le marchand.

« Mais mon père s'est ruiné et je n'ai pu continuer à suivre la carrière dans laquelle j'étais entré.

« J'ai éprouvé tant d'ennuis en Europe, qu'un jour, ayant reçu un petit héritage, je passai aux Antilles et je m'y résignai à faire le commerce de bazarero; mais je ne le regrette pas.

« Les femmes sont si jolies à Cuba, que les galants achètent beaucoup.

« Le commerce est excellent.

— Je savais bien que je ne me trompais pas! dit la jeune fille.

De son côté le nègre obtenait aussi un immense succès.

Comme c'était fête, les esclaves ne travaillaient point.

Les hommes seuls étaient au parc pour la garde des bœufs.

Les femmes entouraient le bazar.

Il y avait là des négresses très-jolies et des mulâtresses fort belles.

La jeunesse a tant de séve dans cette race, que les filles y sont superbes et ne se dégradent que très-tard.

Or, le nègre du bazarero était un très-beau garçon.

Son maître le traitait avec une certaine considération.

Cela le posait en esclave de valeur et lui donnait du relief.

Il va sans dire que les malheureuses femmes de couleur n'étaient point riches ; ces pauvres êtres disposaient cependant de quelques piécettes et elles achetaient.

Elles s'adressaient au noir.

Celui-ci faisait des concessions.

On lui en savait gré.

Comme les négresses sont poussées à la débauche par les propriétaires en vue d'obtenir une reproduction active, elles sont fort dissolues.

Le nègre reçut cent propositions fort peu voilées, dites à voix basse, tout en achetant.

Il en accepta huit pour la nuit suivante.

C'était un mâle.

Cependant le marchand, son maître, parut se lasser de vendre.

Il dit au nègre de veiller sur le bazar et il entra dans une auberge du village, où une fille accorte et jolie s'empressa autour de lui.

Il se fit servir un repas confortable et le meilleur vin.

(*Voir* la gravure aux livraisons précédentes, page 117.)

Bientôt il vit entrer son nègre.

Celui-ci avait donc abandonné son poste, ce qui pour un nègre constituait une audace assez grande pour être remarquée.

Le marchand du reste sembla s'en étonner, sans se fâcher.

Le nègre avait fermé les volets de la voiture et il venait avertir le marchand d'un fait qui l'intéressait vivement.

Ce nègre avait vraiment des façons singulières.

Il s'assit, respectueusement il est vrai, auprès du marchand qui ordonna qu'on lui mît son couvert sur la table.

La servante obéit.

Toutefois elle montrait quelque peu d'étonnement.

— Ma fille, lui dit le marchand, je suis d'Espagne où les noirs sont égaux aux blancs ; je n'ai pas encore pris le préjugé de la couleur.

« Du reste, mon nègre et moi, nous sommes compagnons depuis trop longtemps pour ne pas être amis.

« Servez, ma belle !

Et quand, ayant tout apprêté, la servante se fut retirée, le nègre dit :

— Vous n'imaginez pas qui j'ai vu ici, dans ce village.

— Qui ? demanda le marchand.

— Maracasse...

« Il est comme vous, suivi d'un nègre.

— Voilà qui prouve, dit le bazarero, que les flibustiers cherchent à sauver Juanita. Maracasse est venu préparer l'enlèvement.

« Comment est-il déguisé ?

— En péon.

— T'a-t-il reconnu ?

— Certainement.

— Que t'a-t-il dit ?

— Rien.

« Il allait me parler, quand je lui ai fait signe de se taire.

— Très-bien ! dit le marchand.

« Mange, bois, retourne à ton bazar, ouvre-le et vends.

« Pas un mot au flibustier.

Le nègre expédia son repas et il retourna à son commerce.

Maracasse avait disparu.

Mais pendant que le marchand fumait, dans l'auberge, sa cigarette avec nonchalance, comme un patron qui a un excellent employé et qui s'en rapporte à lui, l'aubergiste accourut, chapeau bas, et vint lui dire :

— Senor, quelqu'un demande à vous parler et y insiste fort.

(*Voir* notre gravure aux livraisons précédentes, page 141.)

Au même moment un cabalero, homme de très-bonne mine, se présentait sur le seuil de la porte.

Il avait mis chapeau à la main et il salua le bazarero avec une humilité qui aurait paru surprenante, si l'on n'avait pas remarqué que cet homme avait la peau huileuse et jaunâtre des quarterons.

De plus ses cheveux étaient laineux quoique châtain-clair.

A n'en pas douter, l'homme était un *mulato* (mulâtre).

Cependant il y avait, malgré une obséquiosité voulue, tant de fermeté dans son regard, tant d'aisance dans sa démarche, un tel air d'autorité dans toute sa personne, que le bazarero en fut frappé.

Le mulato s'approcha, salua une seconde fois, et dit à l'aubergiste :

— C'est bien, senor Actrino.

« Retirez-vous.

Le maître du logis s'éloigna avec une soumission qui parut étrange au marchand, étant donné l'impertinence des blancs pour les gens de couleur, quels qu'ils fussent.

Le *mulato* s'assit, quoique le bazarero ne l'y invitât point.

— Senor, lui dit-il, vous ne me reconnaissez donc pas ?

— Non ! dit le marchand.

— Alors, je suis mieux déguisé que vous, car je vous reconnais.

— Vraiment ? fit le bazarero.

Et il sourit d'un air un peu contraint ; mais c'était un maître homme.

Il ne se troubla pas.

Le *mulato* reprit :

— Vous jouez gros jeu.

« Je veux, autant que possible, non pas vous faire gagner la partie, mais vous permettre d'en sortir indemne le plus tôt possible.

— Je ne joue jamais.

— Ne nions pas.

« Vous êtes le capitaine Sacripan.

Le marchand tressaillit.

Le *mulato* continua :

— Votre nègre est le sergent Ali.

Le bazarero parut éprouver le besoin de fourrer sa main dans ses poches.

Le *mulato* dit en haussant les épaules et en riant :

— Laissez donc tranquille votre révolver, acheté chez Peter-Meyer et Cie, en vue de votre petite expédition.

Ce détail était vrai.

Le bazarero, ou plutôt le capitaine Sacripan, jugea inutile de nier.

Le *mulato* continua :

— Si je voulais vous trahir, vous livrer, je n'aurais qu'un signe à faire et cent péons vous tomberaient sur le corps.

« Je suis seul.

« Je viens traiter avec vous.

« A vrai dire, je viens vous proposer une sorte de marché.

— Parlez ! dit Sacripan.

Et il faisait des efforts de perspicacité pour deviner à qui il avait affaire.

Mais le visage de l'homme le déroutait complétement.

Il avait vu ces yeux-là.

La coupe du menton ne lui était pas étrangère.

Certes il avait rencontré ce nez-là quelque part ou ailleurs.

Toutefois l'ensemble de ces traits ne lui rappelait personne.

Le capitaine Sacripan aurait donné six mois de solde pour connaître l'homme auquel il avait affaire ; celui-ci lui dit d'un air protecteur :

— Vous avez suivi les prisonniers de votre régiment remis en liberté par les flibustiers.

« Vous avez été héroïque, puisque vous risquiez la mort.

« Mais Herrera a voulu sauver en vous un très-brave officier.

« Il a consenti à vous faire grâce pleine et entière.

— Il a agi en galant homme, dit Sacripan.

« Le connaissez-vous ?

— C'est moi.

— Vous !...

Sacripan reconnut alors seulement le célèbre agent de Madrid.

— Vous ? répéta-t-il.

« C'est étrange.

« Je ne vous reconnais pas encore.

— Parce que je suis bien grimé.

« J'ai trouvé un système pour changer si bien l'aspect du visage, que je déroute tous les espions et défie qui que soit de me reconnaître ; parce que je procède autrement qu'on ne l'a fait jusqu'ici et que vous ne l'avez fait vous-même.

« Vous vous êtes rasé.

« Puis vous avez fait ajuster sur vos joues des favoris postiches.

« Vous les avez choisis d'une couleur brutalement opposée à celle de votre barbe d'autrefois ; là vous vous êtes trompé.

« Moi, je procède par petites et légères transformations.

« Je suis brun.

« Je ne me fais pas nègre, mais simplement mulâtre un peu clair.

« Mes cheveux sont noirs, je mets une perruque châtain-clair.

« Je ne diminue mon front que d'un quart en hauteur, mais je fais bouffer ma perruque en mèches sur les tempes.

« Je n'épaissis et n'agrandis mes sourcils que d'une ligne.

« Je coupe mes cils.

« Je bourre une de mes narines avec une petite boule de coton.

« Cela rend mon nez un peu difforme.

« J'ai les dents très-blanches d'ordinaire et je les salis avec du bétel.

« On ne retrouve plus aucun trait saillant auquel accrocher une ressemblance ; la mémoire est déroutée.

« Vous, en opérant des oppositions brusques, vous permettez aux souvenirs de réagir par suite de cette loi : les extrêmes se touchent.

« Je grossirais démesurément mes deux narines que l'on se délierait et que l'on retrouverait mon nez sous la caricature.

« Une très-légère déformation change au contraire absolument l'expression sans que l'esprit conçoive le moindre soupçon.

— Je vous savais habile, dit Sacripan. Toutefois je ne me doutais pas de la science qu'il faut déployer dans votre état.

« Vous venez d'exposer les principes philosophiques de l'art du grimage.

« Et maintenant que me voulez-vous ?

— Je vous l'ai dit.

« Je viens vous sauver !

« Vous avez demandé un congé et je vous l'ai fait donner.

« Cela ne nuisait en rien au service, puisque votre régiment, à reconstituer tout entier, ne peut plus faire d'expéditions d'ici à quelques mois.

« Je me doutais bien que c'était pour courir les champs.

« J'ai fait surveiller vos démarches.

« La pension que vous fait votre mère vous met à l'aise.

« Vous avez donc pu acheter le matériel d'un bazarero et vous voilà en route.

« J'ai deviné du premier coup où vous alliez, capitaine.

— Un peu partout...

— Non pas.

« Soyons francs.

« Vous venez sauver la belle Juanita que vous aimez depuis l'affaire de la plantation.

Le capitaine rougit et dit :

— Vous vous trompez.

— Allons donc ! protesta Herrera.

« Que feriez-vous ici ?

« Vous ne venez pas pour l'abbesse.

— Je vous avoue, et il serait enfantin de le nier, que je voulais délivrer Juanita.

« Je nie seulement l'aimer.

« Je veux tout simplement réparer l'injustice dont souffre cette généreuse fille.

— Que vous adorez...

— Je jure...

— Ne jurez pas.

« Vous vous mentiriez à vous-même !

— Cependant...

— Capitaine, interrogez votre cœur.

— Mais je ne puis, ni aimer Juanita, ni en être aimé.

« Elle est trop fière, trop grande, trop généreuse, pour ne pas se marier avec son fiancé qui la mérite, du reste, à tous égards.

— Sauf qu'il a la quarantaine !

« Puis il peut mourir !

— S'il était tué, consentirait-elle jamais à épouser un Espagnol !

— Pourquoi pas ?

« Ce que la femme voit dans l'homme, c'est l'homme.

« Elle ne s'inquiète guère de la nationalité, mais elle se préoccupe beaucoup de la tournure et de la valeur personnelle.

« Que M. Balouzet périsse dans cette guerre et vous avez des chances.

Une légère pâleur marqua un point blanc, large comme une pièce de dix sous, aux joues du capitaine.

Herrera reprit :

— Donc nous allons traiter.

« Vous me savez loyal ?

— Oui.

Le désespéré.

— Vous avez foi en ma parole comme j'ai foi en la vôtre?
— Oui.
— Causons donc et discutons.

Le capitaine prêta la plus grande attention à ce que Herrera allait dire.

Un homme de la valeur de cet agent méritait qu'on l'écoutât.

Donc, Sacripan, les bras croisés, les yeux demi-clos comme un homme qui médite chaque parole tombant des lèvres de son interlocuteur, Sacripan, le sourcil demi-froncé, entendit ce qui suit :

— Je vous dois, mon cher capitaine, cette profession de foi que, pour moi, l'Espagne passe avant tout.

« Je ne considère les hommes, quels qu'ils soient, que comme des instruments de son salut en temps de crise, de sa grandeur pendant les phases de prospérité, trop rares hélas depuis deux siècles !

« Donc, le jour venu, quoique vous aimant et vous estimant beaucoup, je vous sacrifierais au bien de l'État.

Sacripan s'inclina en signe d'assentiment.

Herrera reprit :

— Lorsque vous avez déchiré l'exemplaire de mes pleins pouvoirs, je n'ai pas vu en vous l'homme qui m'offensait, mais celui qui donnait l'exemple de l'indiscipline.

« Si, plus tard, je vous ai tiré de ce mauvais pas, c'est en raison du bel exemple de fidélité à la patrie que vous donniez.

« Le mauvais effet de votre rébellion était largement réparé.

« D'après ma conduite, vous pouvez juger des principes qui me guident.

« Ma loi suprême, je le répète, c'est l'intérêt de mon pays.

Ici Sacripan souleva une objection.

— Il y a, dit-il, une loi qui prime celle-là ; c'est l'intérêt général de l'humanité.

— C'est possible ! fit Herrera.

« Mais il faut tant de discernement philosophique pour distinguer le moment où la patrie doit céder le pas à l'humanité, que je ne me sens pas capable de le faire.

« Je suis persuadé, du reste, que sauver son pays est dans tous les cas un devoir ; je n'hésite donc jamais à tout sacrifier à l'Espagne, dont le péril est permanent.

« Nous sommes en pleine période de décadence, hélas !

— C'est malheureusement vrai ! dit Sacripan avec un soupir.

Herrera continua :

— Ayant pénétré vos desseins, désirant votre bonheur, je me suis posé cette question :

« Peut-il sauver Juanita sans que le service de l'Espagne en souffre ?

— Et vous avez répondu : *Oui !* dit Sacripan joyeusement.

— Avec certaines réserves.

« Sachez d'abord qu'à cette heure, votre fiancée est dans un *in pace*.

Sacripan pâlit.

Herrera ajouta :

— Elle est aux mains d'une abbesse qui, sans être une Messaline (elle est de trop grande race pour devenir abjecte), n'en est pas moins une femme d'une liberté de mœurs très-grande, d'une audace extrême et d'une puissance d'influence telle, que je n'entrerais en lutte avec elle qu'à la dernière extrémité.

« Derrière elle, tout le clergé la soutient, ainsi que la noblesse, ainsi que la bourgeoisie et d'autres pouvoirs occultes.

« A vrai dire, je hais ce clergé qui a causé tous nos malheurs.

« Je suis aussi libéral, plus libéral même que vous.

« Je sens ce qui conviendrait à mon pays et je travaillerai à lui donner le régime républicain-fédéraliste, qui ferait sa gloire et sa prospérité ; mais l'heure n'est pas venue.

« Ici, surtout, à Cuba, nous devons imitant la sage attitude des insurgés, ménager le clergé et les couvents.

« Mais je vous jure que si mon action était libre, demain, toute belle et grande dame qu'elle est, doña Natividad serait pendue à la plus haute tour de San Ignatio.

Sacripan tendit la main à Herrera et lui dit avec émotion :

— Je vous comprends tout entier maintenant et vous admire.

L'agent reprit :

— Vous concevez que je ne puis rien directement pour vous en ce moment.

« Je juge que vous risquez votre avenir et je crains de vous voir échouer ; mais, à votre place, je ferais comme vous.

« Donc, essayez...

« Seulement votre action va se croiser avec celle des flibustiers.

« Ceux-ci vont aussi tenter de sauver Juanita et ils vous rencontreront sur leur chemin indubitablement.

« Il est impossible que vous, capitaine espagnol, vous deveniez l'allié de ces hommes ; ce serait une trahison caractérisée.

« Donc, je consens volontiers à rester neutre en cette affaire, si vous me jurez, *quoi qu'il arrive,* vous entendez bien, *quoi qu'il arrive,* de ne vous compromettre en aucune façon avec les flibustiers, de ne jamais les instruire de ce dont je les menace, de les laisser enfin se prendre aux pièges que je leur tendrai.

« Vous concevez, n'est-ce pas, qu'il m'est impossible de vous laisser aller et agir, si vous ne faites point ce serment.

— C'est évident ! dit Sacripan.

— Prenez-y garde, dit Herrera.

« Il vous faudra un grand courage pour résister à certains entraînements et conserver votre honneur dans certaines situations.

« Vous aurez des luttes terribles à soutenir contre vous-même.

— Mais, dit Sacripan, si je refusais de m'engager, que feriez-vous ?

— Dans dix minutes vous seriez prisonnier et en route pour Santiago.

— Donc il vaut mieux que je jure ! dit Sacripan.

— Sur le drapeau de votre régiment ! fit Herrera.

« Sur votre honneur de soldat !

« Sur la vie de votre mère !

— Je le jure ! dit le jeune homme.

— Bien... dit simplement Herrera.

Et il reprit encore :

— Vous pouvez parler à ces gens, mais ne vous compromettez pas.

« Songez que l'on cherchera à incriminer vos actions.

« Toutefois, je vais vous mettre tout à fait à l'abri.

« Dès aujourd'hui je vous charge d'une mission dont j'aviserai le ministre.

— Laquelle ?

— Celle d'utiliser les loisirs de votre congé en étudiant le terrain autour de Santiago et du Morne aux Géants.

« Si, un jour, on vous reprochait votre présence ici et votre déguisement, vous sauriez au moins répondre que c'était affaire de service et cela vous couvrirait.

— Merci mille fois.

— Un mot encore !

« A votre place, je ne ferais rien pour Juanita, mais je laisserais faire et je me tiendrais prêt à agir au dernier moment.

« Il y a toujours, dans ces tentatives d'enlèvements, un moment précis où l'on va échouer ou réussir ; je vous jure, moi, que les flibustiers échoueront ; mais rien ne vous empêche, eux pris, de vous substituer à eux et d'arriver inopinément pour profiter de leur tentative avortée.

— Voilà un bon avis !

« J'en profiterai.

— A propos, pas un mot à votre sergent, Ali, n'est-ce pas ?

« Il a une vive amitié pour un certain Maracasse.

« Il pourrait se faire qu'il lui voulût porter secours.

« Ce Maracasse, du reste, sera un des premiers que nous pincerons.

« Il est ici.

— Quoi...

« Vous saviez...

— Comment diable imaginez-vous que j'ignorerais pareil fait ?

« Je sais mon métier, que diable !

— Pauvre Maracasse !

« Un si gentil garçon !

— Bast !

« Laissez donc !

« S'il fallait s'apitoyer sur tous les jolis garçons qui mourront dans cette guerre, on n'en finirait pas !

« Et maintenant je vous laisse à votre commerce.

— Un mot.

« Si vous étiez découvert !

— Je n'ai rien à craindre.

« Je suis sur le territoire, en quelque sorte neutre du couvent.

« Jamais les insurgés n'oseraient m'enlever ici ; ce serait porter atteinte aux privilèges de San Ignatio :

— Bien ! dit Sacripan.

« Seulement qu'êtes-vous censé faire dans ce village ?

— J'achète les cuirs des taureaux que l'on va abattre.

« Je ne manquerai même pas d'assister à la fête.

« On dit ce Maracasse d'une force à rendre

des points à tous les torcadors de l'Espagne et je suis grand amateur.

— Quelle attitude aurons-nous l'un vis à vis de l'autre ?

— Pour que l'on n'ait rien à vous reprocher après l'événement, vous êtes censé ne m'avoir point reconnu.

« Nous ferons connaissance sur le *champ du massacre*.

« Là vous paraîtrez sensible aux charmes de ma conversation, et moi, je vous paierai de réciprocité.

« Nous aurons l'air de deux bons marchands qui se lient d'amitié.

— Ainsi sera ! dit Sacripan, selon la courte formule espagnole.

Et il salua Herrera après l'avoir encore une fois remercié.

CHAPITRE XXVIII

Le Matador.

On s'imagine difficilement l'aspect imposant et pittoresque d'un immense parc, couvert par cent mille bêtes à cornes, demi-sauvages, nerveuses, vives et vaillantes.

Sous le soleil, les dos velus luisaient et les yeux noirs resplendissaient.

Divisés en *hardes* ou familles, commandées chacune par un mâle magnifique, les animaux paissaient ; mais resserrés et gênés sans cesse, cherchant à s'étendre et repoussés par les péons à cheval, ils s'inquiétaient et manifestaient leur irritation par des luttes entre eux.

Une harde chargeait l'autre et après une mêlée acharnée, celle qui était vaincue fuyait à l'autre bout du parc.

Ces luttes semblaient être les intéressants préludes de la grande chasse qui allait suivre bientôt.

Déjà la population se massait autour du parc.

On venait de bien loin.

Cespedes avait envoyé l'avant-veille des lettres proclamant la trêve pour cette fête et l'on circulait librement.

Il y avait plus de six mille spectateurs assemblés.

Les péons, à cheval, attendaient l'heure de charger.

Au milieu d'eux Maracasse.

Et toutes les femmes en parlaient déjà ; sa popularité grandissait.

A mesure qu'une bande nouvelle arrivait, elle allait naturellement voir les péons et surtout les champions du prix.

C'est l'attraction de la journée.

Il vient souvent des jouteurs du Mexique ou du Texas pour disputer le prix de Santiago ; cette année il n'y avait qu'un étranger, mais il suffisait aux femmes.

On les entendait s'écrier franchement :

— Oh ! le mignon !

« Oh ! le joli homme !

« Quel gracieux garçon !

« Quelle tête d'ange il a !

« A lui cent baisers !

« Mon cœur vole vers lui !

« Chère, on ne résisterait pas à son sourire ; ce serait un péché !

Puis elles s'inquiétaient de savoir s'il avait des chances.

Les femmes de San Ignatio étaient là, au plus près.

Pas une n'eût consenti à perdre de vue Maracasse.

Et les étrangères demandaient :

— Ce gentil péon est-il habile ?

— Oui ! oui !

— Est-ce qu'il aura le prix ?

— On l'affirme !

— Vive Dieu, alors !

Telles étaient les dispositions de la multitude, côté des dames.

Côté des hommes, on subissait aussi le charme.

Maracasse était un fascinateur.

Survint tout à coup un incident ; on vit arriver un cavalier, qui fendit la foule au milieu des murmures.

C'était un homme de quarante ans environ, grand, sec, nerveux, ayant une de ces figures que l'on qualifie de sinistres à première vue ; regard sombre, front soucieux, rictus menaçant aux lèvres et des allures d'homme sûr de lui et méprisant les autres.

Sur son passage, on disait :
— C'est le Matador.
(*Matador*, tueur.)

Il était bien connu, trop connu même, et il avait une histoire de sang et de crimes ; mais quoique l'on fût certain qu'il avait assassiné souvent, jamais on ne l'avait poursuivi ; les preuves manquaient.

Depuis trois ans on ne l'avait pas vu dans la province de Santiago.

Il reparaissait inopinément.

Personne n'en était ravi, tout au contraire.

On le redoutait.

La province pensait en être débarrassée ; mais point.

Au grand déplaisir des honnêtes gens, il allait sans doute reprendre ses allures d'autrefois.

Il avait une façon de vivre aux dépens d'autrui qui ne manquait ni de sans-gêne, ni d'originalité.

Il s'imposait pour quinze jours ou un mois dans une maison, s'y mettait à son aise, fumait les meilleurs cigares du maître, caressait les femmes, exigeait bonne chère et buvait sec et souvent.

Il fallait faire bonne mine.

Si l'on manifestait du déplaisir et si l'on mettait le *Matador* à la porte, il arrivait un malheur.

Tantôt la maison brûlait.

D'autres fois on perdait ses chevaux par la morve, dont le virus avait été communiqué aux mangeoires par une main inconnue.

Une famille de braves gens et de gens braves, qui avait chassé le Matador, avait vu tous ses mâles assassinés en sept mois, et, Matador accusé, avait prouvé des alibis qui le mettaient à couvert.

Pourtant nul ne doutait qu'il ne fût le meurtrier.

Il s'était arrêté en face des péons, et le poing sur la hanche, l'air insolent il leur dit :
— Bonjour, camarades !
« Me voici !
« On dirait que vous n'êtes pas charmés de me revoir.
« Faites-moi d'autres têtes que celles-là et riez un peu.

« Salut, Numeno !
« Tu me dois une piastre que je t'ai prêtée il y a trois ans.
« Paye-moi donc, l'ami.
« Je ne suis pas en fonds.

Numeno ne devait pas un maravédis, mais il donna la piastre en rechignant.
— Comme tu es ladre ! dit le Matador.
« Tu payes tes dettes en avare.
« Je ne suis pas comme toi, puisque je ne réclame pas d'intérêt.

Puis à un autre :
— Eh ! mon petit Rivero, fais-moi l'amitié de me prêter deux piastres.
« Je suis à sec.
— Matador, moi aussi.
— Alors, c'est différent.

Et le drôle jeta un mauvais regard à Rivero qui regretta son mensonge.

Il demanda un cigare à l'un, se fit donner en cadeau, par celui-ci un foulard, par cet autre un poignard.

Bref il leva une sorte d'impôt sur tous les péons.

Mais piquant de l'éperon son cheval qui se cabra, il le dirigea tout en l'irritant du côté de Rivero.

Près de celui-ci, il s'arrangea de façon à le frôler dans une caracolade fort habile, et, d'une main dextre, il lui enleva sa bourse dans sa ceinture.

— Mauvais petit cœur ! s'écria le Matador en montrant la bourse.
« Tu mentais !
« Tu prétendais n'avoir pas d'argent et en voici.

— Prenez les deux piastres ! dit le petit péon et rendez-moi le reste.
« Cette somme est destinée à un remboursement que je dois faire aujourd'hui et j'en ai grand besoin.
— Tant pis ! fit le Matador.
« Il faut que ta fausseté soit punie, mon garçon.
« Je garde tout.
— Mais...
— Assez...

Et le Matador fit volter son cheval, mais il se trouva nez à nez avec Maracasse que les allures de cet homme agaçaient.

Le trappeur saisit rapidement la bourse que le Matador tenait encore à la main et la jetant à Rivero, il lui dit :

— Empoche !

Puis au bandit :

— Tu m'as tout à fait l'air d'un de ces impudents coquins que l'on appelle des pirates de savane, et je t'engage à ne pas tyranniser mes camarades, sinon gare à toi.

Le Matador, stupéfait, toisa le jeune homme, et le trouvant bien osé pour son âge, il lui dit :

— Tu as bien peu de barbe sous le nez pour te mêler de mes affaires.

« Reprends cette bourse à Rivero et rends-la-moi, sinon...

— Sinon, sinon, sinon... fit Maracasse d'un air dédaigneux.

« Sinon... quoi ?

Le Matador, ainsi bravé et poussé à bout, ne pouvait reculer.

La foule silencieuse écoutait et attendait ; ne point agir, c'était perdre son prestige et son influence.

Le Matador tira son couteau et, vert de fureur, il s'écria :

— Drôle, je vais te couper une oreille et te marquer comme un poulain vicieux.

— Essaie, répondit Maracasse.

En ce moment l'on entendit un murmure de voix confuses ?

C'étaient les femmes qui murmuraient.

— Pauvre péon !

« Ce monstre va le déligurer ; puis, plus tard, il l'assassinera au coin d'un bois ou au détour d'un chemin.

Les hommes n'osaient espérer la victoire pour le jeune homme.

Le Matador était si grand, si fort, si adroit, que l'on ne doutait point de sa victoire, et que l'on craignait pour le péon.

Cependant le Matador, écuyer consommé, ayant lancé son cheval pour passer à portée de Maracasse, celui-ci manœuvra si bien sa monture qu'il évita son adversaire, lequel ne put le frapper en passant.

Le Matador revint à la charge et manqua son coup encore une fois ; ce qui le mit dans une telle colère, d'autant plus qu'on commençait à rire, qu'il jeta son couteau et saisit son revolver.

— Prends garde, crièrent les femmes.

« Il va tirer !

Maracasse se contenta de rassembler bien en main les rênes de sa monture et il attendit.

Les deux adversaires se trouvaient à une longueur de cheval.

Le bandit ajusta...

Maracasse, enlevant son cheval, le fit dresser sur ses pieds de derrière et le maintint ainsi.

On sait quel aspect terrible présente alors un cheval.

On a pu remarquer qu'en pareil cas, il marche toujours en avant, poussé par le besoin de garder l'équilibre.

Le Matador menacé tira précipitamment ses six coups, qui trouèrent le ventre du cheval, et celui-ci s'abattit comme une masse ; le bandit, pour éviter d'être atteint, fit faire à sa monture un brusque écart.

Mais Maracasse, qui avait sauté à terre, bondit avec la légèreté inouïe d'un homme habitué aux sauts les plus périlleux ; en un clin d'œil il se trouva en croupe du Matador ; il étreignit le bandit à la gorge, et, de ses doigts d'acier, il l'étrangla si bien que le misérable, aux rires de la foule, fit bientôt la laide grimace d'un pendu.

L'on applaudit.

Les femmes criaient :

— Pas de grâce !

« Tue le tueur !

Les hommes huaient celui qui les avait si longtemps tyrannisés.

Mais Maracasse ne voulait point, par la mort de ce bandit, se mettre une mauvaise affaire sur les bras.

Il le lâcha et lui fit vider les arçons sur le gazon.

Le Matador y resta pâmé.

Alors ce fut une explosion de cris, de battements de mains, d'acclamations, de trépignements.

Chacun comprenait que le Matador était un homme fini.

Il était écrasé, avili, réduit à néant et

incapable de reprendre sa terrible influence d'autrefois.

Tous ceux qui avaient à se plaindre de lui, l'entourèrent.

Il s'était péniblement relevé, et, pâle, chancelant, il se courba sous un flot d'injures et de menaces.

Déjà les couteaux se levaient sur lui quand un roulement de voitures retentit et quand on cria :

— Los hôtes !

« Voici les hôtes !

En effet les calèches amenaient les invités et les sœurs.

Cet incident sauva certainement la vie au Matador.

On l'abandonna.

Personne n'aurait osé répandre le sang devant l'abbesse.

Le misérable se traîna loin de la foule, gagna la campagne et disparut.

Mais avant de s'éloigner, il lança un regard sombre et déterminé du côté de Maracasse et dit :

— Je me vengerai, dussé-je en mourir !

CHAPITRE XXIX

La course aux taureaux.

Ordinairement, lorsque l'abbesse, avec son cortége, arrivait sur le terrain du parc, de grands cris de joie saluaient son entrée.

Cette fois, dona Natividad fut fort étonnée d'entendre un nom d'homme au milieu des vivats qu'on lui envoyait.

On acclamait Maragazor.

Elle fit appeler une paysanne et lui demanda :

— Qu'est-ce que Maragazor ?

— C'est un brave jeune homme qui vient de punir le *Matador* et de nous en débarrasser.

La visiteuse s'approchait en ce moment et disait à son tour :

— C'est le péon dont je t'ai parlé ; il a étranglé à moitié une espèce de bandit qui terrifiait tout le monde.

« Décidément cet étranger est un gentil compagnon.

— Voilà que *vous* approuvez les rixes ! dit sévèrement l'abbesse à la visiteuse. J'ai défendu que l'on se battît.

— Mais *tu* n'as pas ordonné qu'on se laissât battre ! riposta la sœur qui ne renonçait jamais à son franc-parler.

En ce moment la troupe des péons, cinq cents hommes à cheval, s'ébranlait et venait au-devant de l'abbesse pour lui faire honneur.

A mesure que ces cavaliers approchaient, Maracasse produisait sensation sur tout le monde.

Dames et gentilshommes, sœurs et nonnes, tous et toutes étaient frappés de la distinction et de l'élégance du péon étranger, de sa beauté parfaite, de sa grâce à cheval et de sa jeunesse.

L'abbesse, elle-même, quoique fort prévenue contre ce *manant*, ne put réprimer ni son étonnement, ni son admiration.

Elle se sentit troublée au delà de tout ce qu'elle avait éprouvé dans sa vie ; elle fut envahie par une émotion inconnue qu'elle n'avait jamais ressentie.

C'était plutôt une sympathie tendre et profonde qui naissait en elle, qu'une passion ; mais ce sentiment était irrésistible.

Lorsqu'elle s'aperçut qu'elle était fascinée, elle rougit de dépit, d'autant plus que la visiteuse souriait malicieusement.

Natividad éprouva une telle honte de sa faiblesse, que, par un effort de volonté énergique, elle se donna une figure sévère et regarda durement Maracasse.

Mais celui-ci, frappé à son tour de la beauté de l'abbesse, la contempla avec une si visible admiration, et ses beaux yeux s'éclairèrent d'une si douce surprise, que la fausse colère de l'abbesse, ne tint pas et tomba comme par enchantement.

Il salua.

Elle sourit !

Il passa.

Elle le suivit de l'œil !

Et autour d'elle, les chuchotements des femmes lui prouvèrent qu'elle n'était point seule à s'occuper de ce péon.

Le défilé terminé, l'abbesse et son cortége prirent place sur l'estrade qui était préparée.

Un coup de canon, tiré sur la tour de l'abbaye, annonça que la fête commençait ; les péons y répondirent par une décharge de leurs pistolets.

L'abbesse cependant, voyant la visiteuse avec un sourire stéréotypé sur les lèvres, s'en agaça.

Elle l'appela de la main.

— Ma chère, dit-elle à voix basse, il est très-beau, c'est vrai.

« Toutefois ne triomphe pas trop.

« Cela ne signifie rien.

— Nous verrons ! fit la visiteuse.

« Mais souviens-toi qu'il est bâtard, ou plutôt que l'on ignore qui est son père, et demande-toi s'il n'est pas gentilhomme.

— C'est possible, murmura l'abbesse devenant rêveuse.

Elle examina de nouveau Maracasse et le détailla facilement à distance, car tout le monde, sauf les novices, comme pour le théâtre, avait une lorgnette.

Elle remarqua que Maracasse avait les pieds et les mains très-aristocratiques et elle se dit que la visiteuse devait avoir raison.

Le jeune trappeur était le point de mire de toutes les jumelles.

L'abbesse s'en aperçut.

Elle murmura :

— Il fait donc tourner toutes les têtes, ce petit garçon?

Instinctivement elle chercha du regard, quelles devaient être les femmes qui pouvaient être ses rivales.

Quand nous disons *rivales*, le mot n'entraîne pas cette conséquence que l'abbesse s'avouait qu'elle aimait.

La fierté ne lui permettait pas de l'admettre.

Ce mouvement compromettant de jalousie naissante se produisait inconsciemment, à l'insu de la raison.

L'abbesse vit d'abord, parmi les senoras, la très-charmante de Murice ; étant donné la pétulance, l'esprit et le genre de beauté tout spécial de cette jeune femme, qui avait cet avantage d'être veuve et libre, dona Nativitad la classa immédiatement parmi celles qui pouvaient lui disputer le cœur du péon.

Elle dit à la visiteuse qui se trouvait près d'elle en ce moment.

— Vois donc, chère mère !

« N'est-ce pas indécent !

« Cette petite marquise...

La visiteuse fit l'étonnée.

— Qu'y a-t-il ? demanda-t-elle.

« Jamais je n'ai vu la Murice demeurer si tranquille.

— Justement !

« Elle ne reste en place que pour examiner du regard avec sa lorgnette le petit péon et je gagerais...

— Que gagerais-tu?

— Je parierais que ce soir, il y aura des démarches compromettantes de la part de cette folle.

— Que t'importe?

« Tu ne saurais aimer un péon.

— C'est vrai !

« Mais... les convenances...

La visiteuse se mit à rire.

L'abbesse se dépita.

Elle parlait de convenances et l'on se gênait si peu au couvent !

— La marquise, reprit l'abbesse, fera ce qu'elle voudra.

« Je t'engage seulement, ceci est dans ton rôle, à la prier de ne pas causer de scandale ; qu'elle sache se tenir.

— On peut s'en fier à elle ! fit la visiteuse ironiquement.

« Elle est avisée, fine et plus prudente que l'on ne croit.

L'abbesse eut un moment de mauvaise humeur.

— Vous semblez vouloir me contrarier sur tout, fit-elle.

— Non point, ma fille ! dit la visiteuse baissant encore la voix.

« Je veux t'éclairer.

« Avoue-toi et avoue-moi que tu aimes ce péon.

« Alors, Nana, je t'aiderai, et nous prendrons nos mesures.

— Tu es insensée !

« Je ne voudrais jamais, moi, déshonorer ma maison par un pareil amour.

— Alors, laisse faire les autres !

Suspendu aux rochers.

« Tiens, vois!

« Il n'est pas jusqu'à nos nonnettes qui ne s'en mêlent.

L'abbesse lança un regard investigateur sur les novices.

Elles n'avaient que deux ou trois lorgnettes prêtées obligeamment par des cabaleros et elles se les disputaient.

Invinciblement, c'était Maracasse qui devenait le but de leurs investigations.

L'abbesse distingua Agnès.

La petite, jumelle au poing, lorgnait et pâlpitait; doña Natividad la voyant rouge, émue, frissonnante et attrayante au delà de toute idée, dit à la visiteuse :

— Ceci est trop fort !

« C'est folie d'avoir amené ces petites filles.

« Je te prie de leur défendre de lorgner.

« Ici, il y a réellement péril ; une nonne est chose précieuse à conserver.

— Conviens, dit toujours en riant la visiteuse, mais très-bas, bien entendu, que la petite Agnès le paraît charmante.

« Si le péon.....

Doña Natividad lança un coup d'œil si furieux à sa confidente que celle-ci n'osa cette fois continuer et s'en alla vers les novices.

Elle confisqua les lorgnettes et les rendit aux cabaleros.

Les novices en furent bien désolées ; mais elles avaient leurs yeux de seize ans.

Et bientôt, du reste, le carrousel allait ramener Maracasse sous leurs yeux.

Ce carrousel, à quelques nuances près, ressemblait à tous ceux qui se donnent en pareilles occasions : courses à la bague, sauts de barrières, etc.

Maracasse fut si brillant qu'il étonna les officiers espagnols, dont plusieurs étaient des cavaliers habiles et distingués.

Jamais ils n'avaient rien vu de comparable à ce péon.

Rien de surprenant, du reste, aux choses prodigieuses que le jeune homme accomplissait : depuis l'âge de deux ans, il montait à cheval.

Stimplon et ses *engagés* avaient porté, dans leurs courses, leur nourrisson à tour de rôle ; puis le bambin grandissant et prenant du pied, Stimplon s'était procuré un mustang, et pour chaque étape, il avait attaché l'enfant sur le dos de l'animal.

Peu à peu Maracasse s'était accoutumé à se tenir.

Au bout de six mois, on avait supprimé les courroies.

Au bout d'un an, il était ferme en selle comme un petit roc.

A six ans, il avait dressé lui-même un petit mustang qu'il faisait coucher pour monter en selle et qui lui obéissait comme un chien.

A dix ans, il s'embarquait dans un *canon* (défilé), attendait sur un roc le passage d'un troupeau de chevaux sauvages, sautait sur le dos de l'un d'eux et le domptait.

A quinze ans, il forçait un cheval en huit heures de poursuite.

On juge de ce que pouvait être un écuyer de cette force dans un carrousel.

Quand le programme ordinaire fut épuisé, Maracasse avait déjà soulevé des tonnerres d'applaudissements et conquis tous les suffrages.

On avait admiré sa bonne mine, son élégance, ses façons aristocratiques.

Les novices raffolaient de lui, les nonnes en étaient coiffées, l'abbesse était tantôt rêveuse et éblouie, tantôt sombre ou maussade ; les senoras commençaient à se compromettre avec un entraînement communicatif.

La petite marquise de Murice ne dissimulait plus sa tendresse.

Elle avait dit hautement :

— Tous les actes de naissance, tous les témoignages ne parviendraient point à m'ôter l'idée que ce jeune homme est né d'un père de bonne race ; ne fût-il pas noble du reste que, par amour, les femmes l'anobliraient.

Et toutes de renchérir sur ce propos.

Le vieux chevalier de Gomez, du reste, était de leur avis.

Il disait, en caressant sa tabatière et en clignant de l'œil :

— Oui, c'est un bijou !

« Certes, il est gentilhomme !

« J'en mettrais au feu les cinq doigts de la main.

« Il n'y a pas un mari, pas un amant bien élevé capable de se fâcher, si un caprice le lui donnait pour rival.

« Il est irrésistible.

« Donc, pas de culpabilité.

Il prenait sa prise et répétait :

— Senoras, voilà un garçon dont l'éducation sera faite rapidement.

— Si elle ne l'est pas ! fit observer la petite marquise.

En ce moment, Maracasse passait et on pouvait le voir de près.

— Non, il n'est pas encore savant et expert ès choses d'amour et de sentiment ! déclara le chevalier.

« Il est novice peut-être au delà de tout ce que l'on supposerait.

« Le teint, l'œil, la naïveté du regard, tout le prouve.

— Comment, chevalier, vous supposeriez que ce péon...

— Oui, marquise.

— Vous voulez rire !

— Ma foi, non.

« C'est un sauvage après tout !

« Il nous arrive des savanes !

— Mais il a vingt ans !

— Les idées viennent vite aux garçons qui sont entourés de filles.

« Dans la Prairie, où il a vécu, il n'a guère vu que des sauvagesses qui ne sont point des femmes.

— C'est vrai ! dit une douairière qui s'y connaissait.

« C'est un enfant, un véritable enfant !

— Alors, s'écria la marquise en riant, ce serait un véritable amusement de l'instruire ; on jouirait de ses surprises, de ses progrès et de ses erreurs.

Et elle lorgna le jeune homme en murmurant plusieurs fois :

— Après tout... c'est possible.

Et les commentaires repartaient de plus belle volée.

Mais quand l'on vit Maracasse rentrer seul dans l'arène après la sortie de tous les autres péons, on se demanda ce qui allait se passer et on eut bientôt un spectacle étrange.

Une dizaine de chevaux sans bride, n'ayant jamais été montés, pris au lazo, dans les prairies où ils paissaient, furent lâchés sur la piste et surexcités à grands coups de fouet.

Ils partirent à fond de train, ruant, renâclant, sauvages, superbes.

Maracasse, d'un bond prodigieux, sauta sur l'un d'eux, et, l'étreignant des genoux ; il lui laissa la liberté de ses mouvements.

Le cheval furieux, écumant, fournit une course vertigineuse, puis il ralentit son élan, s'arrêta, frémit, hennit douloureusement, et se laissa diriger devant l'abbesse ; là, phénomène bizarre, il faiblit, plia les genoux et tomba rendant l'hommage.

Alors Maracasse le laissa se relever et le maintint immobile, face vers la supérieure de San Ignatio.

Les cabaleros étaient émerveillés, et, au camp des péons, il y eut rumeur d'étonnement ; jamais on n'avait ouï parler de pareilles choses ; c'était tout à fait extraordinaire.

Mais ce n'était pas tout.

Maracasse se mit à pousser un sifflement prolongé, dont l'effet était sinistre ; certains péons qui avaient voyagé au Mexique dirent aux autres que c'était le sifflement des serpents de marais.

Tous les chevaux dressèrent l'oreille et se mirent à trembler.

Le sifflement retentit de nouveau et les mustangs s'affolèrent.

Ils se mirent, en un groupe, à tourner en cercle avec une vitesse incroyable, et, les sifflements retentissant toujours, le galop allait augmentant de rapidité.

On eût dit que le fouet et l'éperon déchiraient le ventre et les flancs de ces animaux emportés.

Mais, à bout de force, ils ralentirent bientôt leur allure, et, quand ils furent épuisés, Maracasse, détachant neuf lazos, les enveloppa tous les neuf en un instant ; puis, maître du troupeau, il défila triomphalement devant les hôtes.

Cette fois, on lui jeta, selon la coutume espagnole, à défaut de bouquet, des objets, tels que mouchoirs, gants, nœuds de robes, volants.

On voit à Madrid, les spectateurs, dans leur délire, lancer leurs mouchoirs et les femmes leurs parures ; ainsi, et plus encore à Cuba.

Au milieu de ce déluge de projectiles qui prouvaient l'enthousiasme, Maracasse, passant devant les novices, remarqua Agnès, qui, très-pâle, lui lançait son éventail.

Il le saisit avec adresse, le suspendit à sa ceinture et se retourna pour voir encore la jolie nonne qui le lui avait envoyé.

Il lui sourit.

Elle en fut si heureuse qu'elle faillit s'évanouir.

Si rapide qu'eût été l'incident, l'abbesse l'avait remarqué.

Elle en éprouva une jalousie qui lui tordit le cœur au point qu'elle aussi faillit perdre connaissance.

Mais la visiteuse était près d'elle.

— Nana, lui dit-elle très-bas, lance-lui ton mouchoir.

« Il le ramassera.

— Et s'il le laisse tomber ?

— Essaye donc.

L'abbesse n'en était plus à discuter si elle aimait.

La question était de savoir si elle serait aimée.

Maracasse, qui allait au petit pas, sous l'ovation, était presque en face de l'abbesse qui hésitait encore.

— Mais va donc ! disait la visiteuse.

Se décidant, Natividad tira de son doigt une bague, souvenir de famille, ornée d'un brillant, et, d'un geste prompt elle la fit voler vers le péon.

Celui-ci saisit le bijou, le passa à son doigt, puis, à plusieurs reprises, il regarda l'abbesse d'un œil caressant.

Elle en fut si heureuse pendant quelques secondes que sa figure se transfigura.

Mais l'orgueil reprit le dessus.

— Tu m'as fait faire une folie ! dit-elle à la visiteuse.

« Je suis compromise.

— Tu le seras bien plus avant huit jours dit la vieille sœur.

— Ne parle donc pas ainsi !

— Je sais ce que je dis.

« Tu es éprise.

— Pas du tout !

« Je voulais seulement savoir si ce garçon était bien élevé.

« Il ne pouvait décemment laisser tomber ce présent à terre avec dédain, sans blesser les convenances.

— Tu exprimes là une crainte dans une fausse excuse.

« Tu te mens à toi-même.

« C'est le jeu de toute femme qui lutte contre la passion.

Natividad haussa les épaules et affecta une superbe indifférence.

Comme elle pouvait si bien cloîtrer Agnès, que le péon ne la verrait jamais, elle ne redoutait rien de cette enfant.

D'autre part, Maragazor ayant paru très-touché de la marque d'amitié qu'il avait reçue, l'abbesse était en droit de redire qu'elle avait fait impression sur lui.

Quand une femme se croit certaine de son succès, elle est très-portée à se croire maîtresse de son cœur.

L'orgueil de la femme satisfait, celui de la race reprenait ses droits.

Natividad eût juré de bonne foi en ce moment, qu'elle ne faillirait pas en se donnant à un péon.

Mais voilà que, tout à coup, des bancs des senoras, part comme un éclair resplendissant qui va frapper Maracasse.

C'était la petite marquise qui envoyait au jeune homme tous ses bijoux qu'un ruban rose attachait ensemble.

Bracelets, pendants d'oreilles, bagues, tout formait un paquet étincelant.

Maracasse le reçut étonné et flatté ; il regarda la marquise, et la salua galamment, ce qui la mit aux anges, pour employer une expression catholique, toute de circonstance.

Mais dona Natividad éprouva un nouvel et subit accès de jalousie.

Ses joues se creusèrent, ses lèvres se pincèrent, ses yeux se cavèrent et l'œil s'alluma d'un feu sombre.

— Prends garde ! dit la visiteuse.

« Tu as soixante ans, en ce moment, ma pauvre Nana.

Et la vieille s'esquiva en riant.

Natividad était au désespoir.

Avant de se mêler, de nouveau, à ses camarades et de se perdre dans leurs rangs, le péon avait à plusieurs reprises retourné la tête vers la marquise.

Cela était significatif au plus haut point, inquiétant au premier chef.

L'abbesse, qui voulait une confidente, rappella près d'elle la visiteuse.

— Tu t'es trompée ! lui dit-elle.

« C'est un manant !
— Pourquoi donc ?
— Il a l'âme d'un croquant.
— Mais pourquoi, pourquoi ?
— Il préfère la marquise, parce qu'elle lui a envoyé tous ses bijoux.
— Voilà ce que je ne crois pas.
« On m'a conté que ce garçon ne tient pas à l'or.
— Cependant ce qu'il vient de faire prouve le contraire.

En ce moment, on entendit parmi les péons des cris joyeux.

Chacun braqua sa lorgnette de ce côté pour se rendre compte de ce qui arrivait, et l'on vit que Maracasse, faisant sauter les pierreries des bijoux de la marquise, les distribuait à ses compagnons.

— Tu conviendras, dit la visiteuse en raillant, que voilà un avare étonnant.
— Je voudrais bien savoir, murmura Natividad, s'il gardera ma bague.
— On peut s'en informer.
— Va ! dit l'abbesse.

Et elle espérait.

La visiteuse appela un valet qui avait sa confiance.

— Neridano, lui dit-elle, tu vas discrètement aller rôder là-bas, près des péons ; tu ouvriras les yeux et les oreilles.

« Il s'agit de savoir si le petit péon a gardé des bijoux pour lui et, en ce cas, quels sont ces bijoux-là.

Neridano, un vieil intrigant discret, nature de sacristain et de laquais, accomplit sa mission rapidement et intelligemment.

— Le péon, dit-il, a tout donné aux autres, excepté une bague.
— Celle de notre abbesse ?
— Je le crois.
« C'est une chevalière ornée d'un gros brillant et de saphirs autour du brillant.
— Bien !
« C'est cela.

La visiteuse allait annoncer cette bonne nouvelle.

Neridano la retint.
— Un moment ! fit-il.
« Il serait peut-être intéressant que vous sachiez certains détails.

« L'éventail de sœur Agnès est toujours à la ceinture du péon.
— Ah ! fit la visiteuse.

Et mentalement :
— Pauvre Agnès !
— De plus, ajouta Neridano, le ruban qui attachait les bijoux de la marquise, est à la boutonnière de notre jeune homme.
— Voilà qui change tout ! murmura la visiteuse en allant vers l'abbesse.
« Pauvre Nana !

Elle alla trouver l'abbesse.
— Eh bien ? demanda celle-ci.
« Quoi de nouveau ?
« Que sais-tu ?
— Rien de décisif.
« Ce naïf se conduit comme un roué, et il voudrait vous donner de la jalousie à toutes les trois, qu'il n'agirait pas autrement.
— Mais enfin, qu'a-t-il fait ?

La visiteuse s'expliqua.
— Que penser ? fit l'abbesse.
— D'abord, dit la visiteuse, il faut que tu reconnaisses que nous ne sommes point en face d'une nature vile et basse, comme tu le prétendais.
— Soit.
« Et après ?
— Il faudra étudier ton cœur pour savoir si, oui ou non, tu veux aimer ce garçon ; car ce ne serait point la peine de s'ingénier à te le donner, si tu devais le repousser.
— Sans rien te conceder, dit Natividad, sur ma prétendue passion, agis comme si elle existait.
— Non, ma fille.
« Je respecte trop l'amour pour jouer avec lui.
« On se brûle cruellement au feu de cette bougie-là.
— Comme tu voudras ! fit Natividad boudeuse et dépitée.

Pendant que cette conversation avait lieu entre la visiteuse et l'abbesse, Agnès, dont Yriquitta s'était rapprochée, disait en confidence à la tourière.
— Je veux tout te dire !
« J'aime ce péon.
« Je ne consentirai jamais à être sœur, et j'épouserai ce jeune homme.

— C'est impossible.

« Tes parents ne consentiront jamais à ce mariage.

« Tu es sans dot, parce que l'on veut avantager ton frère.

— Je me ferai enlever par ce jeune homme.

« On sera bien forcé ensuite de nous marier.

— Et de quoi vivrez-vous?

« Consentiras-tu à devenir une paysanne, vivant de maïs et cultivant la terre, pendant que ton mari gardera les troupeaux ?

— J'aimerais mieux cela que le cloître?

— Tu as tort!

« Tu te lasserais.

« Lui, de son côté, serait bientôt très-malheureux et regretterait de t'avoir épousée, car il ne manquera pas de riches partis pour lui dans l'avenir, quand il sera connu et remarqué.

« Il te reprocherait ta pauvreté.

— Non!

« Il a l'air si bon!

— Je t'assure, moi, que les ménages pauvres sont malheureux.

— Que faire?

« Je l'aime tant!

— Demande à prononcer les vœux, par dispense, avant l'âge.

« Avant trois mois, tu seras sœur, comme les autres, et libre.

« Je t'ai expliqué cela.

— Mais l'abbesse l'aime!

— Dans trois mois, il ne lui plaira plus et elle te le cédera.

Agnès fit la moue.

— Tu n'es pas raisonnable! dit Yriquitta; il faut savoir attendre.

Et elle la consola de son mieux.

Le chevalier disait à la marquise.

— Que disais-je !

« Ce péon est un chevalier.

« Marquise, il a distribué vos joyaux, mais il a gardé votre ruban.

« C'est galant au possible!

— Mais il paraîtrait que ce petit péon conserve aussi l'éventail d'Agnès et la bague de l'abbesse! fit la marquise.

« Ceci est... trop galant.

— Peut-il faire fi du pauvre petit *bibelot* que lui a jeté cette charmante Agnès?

« Peut-il se dessaisir de la bague de notre abbesse?

« Non, marquise.

« Le lui demander, ce serait le pousser à une impolitesse.

Et autour des intéressées, on commentait ces trois incidents.

Qu'en pensait Maracasse?

Il causait avec son faux nègre.

— L'abbesse vous aime! disait celui-ci.

« Tout va bien.

« Vous allez avoir l'entrée du couvent.

— Tant mieux! fit Maracasse.

« Mais j'espère bien que cette abbesse n'ira pas plus loin qu'il ne faut.

— Que diable voulez vous dire par là? fit Pancho étonné.

— Que je veux bien être son ami, mais pas son amant.

— Une aussi belle femme!

« Ne l'aimeriez-vous donc pas?

— Je l'aime beaucoup, mais je ne me marierais pas avec elle.

« Je serais content de l'embrasser, je ne sais pas pourquoi; mais quelque chose se révolte en moi à l'idée de... ce que vous savez.

« Il est vrai que jusqu'ici je n'avais eu le désir de me marier avec aucune femme, tandis qu'aujourd'hui...

« Aujourd'hui j'en prendrais volontiers deux; la marquise me plaît et la petite novice me séduit beaucoup, je suis comme jamais je n'ai été.

Pancho se mit à rire de bon cœur.

— Deux à la fois? s'écria-t-il.

« Ce que c'est que les gens en retard et comme ils se rattrapent !

— Il paraît que la marquise est veuve! dit Maracasse.

— Elle est libre en effet.

— Je l'épouse alors.

— Elle est bien capable d'y consentir!

— La nonne, reprit Maracasse, n'a pas encore prononcé ses vœux.

« Elle est libre aussi et je l'épouse aussi.

— Quelle idée vous faites-vous donc des lois?

« Vous seriez bigame !
« Vous seriez condamné au bagne !
— Pourquoi ?
— Il est défendu d'avoir deux femmes !
— Dans la religion catholique.
« Mais je me ferai musulman.
— Un Espagnol, même musulman, ne peut avoir deux femmes légitimes.
— Je ne suis pas Espagnol.
« Je ne suis d'aucune nation !
« Ma patrie, c'est la *Prairie* qui n'appartient à personne.
— Où trouverez-vous un iman islamite pour la cérémonie ?
— Je ne sais.
« Le sergent Ali m'expliquera cela, pas plus tard que ce soir.
— Au fait, pensa Pancho, Maracasse n'appartient en effet à aucune nationalité ; il peut se dire ou se faire Turc.
Et il lui dit :
— Il est certain qu'un sujet du sultan trouverait le moyen de se marier quatre fois, si bon lui semblait, en plein territoire espagnol.
« Les ambassadeurs et les consuls turcs sont là pour représenter les magistrats de leur pays, et je crois qu'en effet vous pourrez vous marier.
« Mais, croyez-moi, si la difficulté ne vient pas de là, elle viendra des dames elles-mêmes, qui ne voudront pas partager.
— Ceci est possible ! fit Maracasse.
« C'est bien singulier cependant.
— Pourquoi ?
— Parce que la jalousie, chez la femelle, n'est pas naturelle.
— Drôle d'idée !
— Mais c'est vous qui avez des idées bizarres.
« Est-ce que les femelles des animaux sont jalouses des mâles ?
« Jamais.
« La poule ne se soucie pas du tout que son coq ait d'autres poules.
« Il n'y a que la femme à qui cela porte ombrage et encore...
« Les musulmanes, elles, rentrent dans la loi naturelle.
— C'est vrai ! dit Pancho.

« Il y a une foule de faits auxquels on ne songe pas et qui vous étonnent.
« La femme n'est peut-être jalouse que dans les nations trop civilisées qui faussent leur éducation.
« Mais qu'allez-vous faire ?
« Je crains que vous ne soyez obligé de choisir, mon cher ami.
— Alors je prendrai peut-être la nonne... peut-être la marquise.
« Je ne suis pas bien certain.
— Et pour celle qui fixera votre choix, ce ne sera pas comme pour l'abbesse.
« Vous l'aimerez jusqu'au bout.
— Oui ! dit Maracasse.
« La chose est ridicule ; bien des fois je me suis dit que c'était grotesque ; mais depuis ce matin, je n'ai plus les mêmes idées.
« Ainsi les filles me lutineraient que ce ne me serait plus désagréable.
— Vous vous formez, mon cher.
« Aussi, suis-je certain que, malgré ce que vous en dites, l'abbesse vous ferait des avances, vous n'y résisteriez pas.
Maracasse se cabra.
— Non, non ! dit-il.
« Tenez, si j'avais eu une mère, je l'aurais aimée comme j'aime l'abbesse.
— Bon ! bon ! fit Pancho à son tour d'un air narquois.
« Vous auriez pour *maman* un singulier monstre dans cette femme.
« C'est une atroce coquine.
— C'est vrai ! dit Maracasse.
« Et pourtant, je ne pourrais dire comment cela se fait, je ne lui en veux plus autant qu'avant de l'avoir vue.
« Il me semble, qu'au fond, elle n'est pas méchante.
— Qu'elle sache, mon cher, que vous aimez Agnès, et elle jettera celle-ci dans un *in pace*, absolument comme Juanita.
— Si elle l'osait !...
— Que feriez-vous ?
— Je lui tordrais le cou comme à une simple tourterelle prise au lacet.
— Il faudrait d'abord la faire tomber dans le piège.
— Elle y tombera.

— Pour cela, mon cher, il faut bien vous imaginer que c'est vous l'appeau.

« Restez donc dans votre rôle.

« Ajournez vos amours pour la marquise et la petite Agnès.

« Devenez l'amant de l'abbesse.

« Endormez sa défiance.

« Une belle nuit nous enlèverons du couvent Mariquita, Juanita, Thérésa et Agnès.

— Je vous assure, Pancho, que j'aurai beaucoup de peine à me décider.

« Cependant... s'il le faut.

— C'est nécessaire !

Maracasse n'en avait pas l'air bien convaincu, quand les péons les appelèrent.

Il s'agissait de commencer la course aux taureaux.

Personne, parmi les péons, n'osant disputer le rôle de torreador à Maracasse, celui-ci, l'épée de mort à la main, attendit le moment suprême où il devait frapper l'animal, d'un seul coup, derrière la nuque.

La bête doit tomber foudroyée, le nœud vital étant coupé.

Il faut, pour produire cet effet, un rare sang-froid, une adresse consommée et un coup d'œil tel que l'on voie, sur le cou d'un taureau lancé à toute vitesse, une place large comme une pièce de dix sous.

C'est là qu'il faut enfoncer l'épée.

Parmi tous les taureaux, on en avait choisi trois, les plus beaux et les plus redoutables du troupeau ; ils étaient depuis huit jours soumis à un système d'irritation qui les rendait furieux.

Le premier qui parut était une énorme bête, à longues cornes.

Sa masse lui donnait la puissance du rhinocéros et son cuir replié et épais accusait encore cette ressemblance avec le monstre des marais indiens.

Ce taureau avait l'air stupide et redoutable ; c'était une force immense et aveugle.

Il fut amené par huit cavaliers qui tenaient chacun un bout des grosses cordes ou des chaînes qui l'entravaient ; il ne pouvait avancer que lentement ; mais quand il refusait de le faire, les huit chevaux tirant de toutes leurs forces, ne lui faisaient pas faire un pas.

Il s'obstina ainsi surtout à l'entrée dans l'arène, quand il vit la tribune et le peuple ; il fallut alors employer les pétards.

On lui plaça deux tubes remplis de poudre et munis de crochets dans la peau.

On y mit le feu.

Le taureau, tout à coup, fit un tel effort qu'il se dressa épouvantable et magnifique sur son train de derrière, rompit ses entraves, brisa les chaînes et se trouva libre au milieu des cavaliers qui crièrent :

— Fermez l'arène !

Et qui se jetèrent de côté.

Le taureau, une fois qu'il se sentit débarrassé de ses liens, battit le sol de son sabot, s'enveloppa d'un nuage de poussière, flaira l'air et tout à coup il s'élança contre un des cavaliers.

Le rôle de ceux-ci consiste à harceler l'animal avec une lance.

Ils l'agaçaient, lui portant coups sur coups et se dérobant à ses poursuites.

Mais souvent le taureau atteint le cheval et l'éventre.

Le cavalier vide les arçons lestement et fuit sous la protection des banderilleros.

Ce sont des jeunes gens alertes qui, avec des drapeaux et des écharpes, tendant des bandes flottantes d'étoffe rouge aux yeux du taureau, lui font donner de la tête dans le vide.

Banderilleros et picadors se prêtent mutuellement secours.

Mais cette fois l'affaire s'était mal engagée ; la surprise avait troublé les cavaliers, sauf un seul, jaloux de se distinguer.

D'autre part, les banderilleros étaient trop éloignés pour agir.

Il y eut de la confusion.

Le cavalier qui s'exposait bravement, comptait qu'au détour de la piste, les banderilleros feraient diversion et le débarrasseraient de la bête.

Mais ils manquèrent leur but.

Décontenancés, mal placés, sans entente, ils laissèrent passer le taureau qui, emporté avec la vitesse d'un ouragan, fondit sur le cheval poursuivi, et, d'un coup de tête dans le ventre, envoya l'homme et sa monture tomber à dix mètres.

Lui-même étourdi, recula de trois pas.

Le malheureux cavalier restait engagé sous son cheval; le taureau frappait de nouveau le sol avec son sabot et mugissait.

Il allait charger!

Le péon était un homme mort, lorsqu'en trois bonds, Maracasse vint se planter droit entre les cornes de l'animal furieux, à deux pas de lui.

Baisser la tête, allonger le cou, c'était l'affaire d'une seconde.

Maracasse, souriant, ne regardait même pas le taureau et criait aux banderillos :

— Du cœur !

« Allez à l'homme.

« J'ai six balles dans mon révolver pour les lâches qui hésiteront.

Et les péons s'élancèrent au secours de leur camarade.

Pendant ce temps-là, le taureau, après un moment de stupéfaction, car Maracasse était tombé du ciel en quelque sorte, le taureau recula pour prendre du champ, ce qui est son instinct.

Mais Maracasse s'élança et vint une seconde fois mettre sa poitrine à un mètre des cornes du taureau qui mugit et recula encore.

Jamais les amateurs de course qui se trouvaient là, n'avaient vu pareille chose, et il y eut une explosion de bravos frénétiques.

Maracasse, homme de la *Prairie*, savait des choses qu'ignorent les torreadors.

Il basait ses audaces sur certaines particularités connues des trappeurs.

Ainsi, le jeune homme calculait que la stupidité et la lourdeur intellectuelle du taureau, favorisaient singulièrement les surprises.

En face de l'inattendu, la bête la plus furieuse s'arrête.

D'autre part elle a l'instinct de se reculer pour prendre élan.

C'est sur ces deux faits que Maracasse établissait sa manœuvre intrépide.

Et quand le taureau, à la troisième fois, las de battre en retraite, se précipita dès que Maracasse eut touché terre, le jeune homme lui mit un pied sur la tête et bondit de l'autre côté de la bête qui ne trouva rien devant ses cornes, battant le vent.

Dans les tribunes on trépignait.

L'homme menacé était sauvé.

Maracasse dit quelques mots à des péons qui vinrent l'entourer et il alla reprendre sa place.

Le taureau, lui, poursuivait sa course contre le cheval blessé.

Quand il fut sur lui, il donna de la corne contre le flanc jusqu'au crâne, étripa le ventre et piétina sur le corps avec les sabots ; c'était une scène hideuse.

Le sang et la sanie coulaient à flots couvrant la poussière d'une flaque infecte et fumante ; le cheval se débattait convulsivement et ne parvenait pas à se relever ; à chaque secousse, il vidait ses intestins dans lesquels le taureau enfonçait jusqu'au jarrets.

Et les spectateurs applaudissaient à cette scène révoltante !

Quiconque a vu les Espagnols dans les cirques, ne doute plus de la cruauté naturelle de ce peuple.

Tout à coup le taureau, acharné, vit le cheval, galvanisé par l'agonie, se relever dans une dernière convulsion !

Il fondit dessus.

Le malheureux mustang retomba, se piquant lui-même sur les pointes des cornes qui donnaient un choc et en reçurent un : de ce double heurt, il résulta une telle impulsion, que le taureau essaya en vain de se dégager.

Les cornes restèrent enfoncées dans les côtes.

Le taureau relevant la tête, jeta son fardeau sur ses puissantes épaules et il apparut ainsi, coiffé de son énorme victime dont le sang l'aveuglait.

C'était une scène d'horreur, mais d'un grand effet tragique, surtout quand le taureau se mit à marcher lentement en secouant son fardeau de temps à autre pour s'en débarrasser.

Il y parvint enfin.

On juge en quelle faveur était cette bête devant le public.

Jamais on n'avait vu si beau taureau, jamais de plus brutal.

Et des voix criaient :

— A toi, torreador.

« Tu es mort si tu le manques.

« Tu seras porté sur ses cornes comme le cheval.

C'est la coutume d'interpeller ainsi les torreadors.

On encourage également la bête en lui criant :

— Bravo, bravo !

« Tu es mon ami !

« Tu es un ange, etc., etc.

Et il semblait, en ce moment, que l'animal fût le favori contre Maracasse, si fêté tout à l'heure.

Le jeune homme dit aux péons qui l'entouraient :

— Ce bœuf est idiot !

« Il ne vaut pas l'honneur de l'épée certainement !

« Je vais montrer à ce peuple imbécile que je suis plus fort, moi, sans armes, que cette brute.

— Que vas-tu faire ?

— Vous allez voir !

« Amenez-le-moi seulement jusqu'à l'endroit où je vais me placer et vous vous amuserez, je vous assure.

Il alla se planter devant la stalle même de l'abbesse.

Au lieu d'assurer son épée dans sa main, il l'éleva au dessus de la barrière et la déposa au pied de Nativitad.

Celle-ci n'avait pas encore vu le jeune homme d'aussi près ; elle rougit et l'on remarqua qu'elle baissait les yeux avec un trouble évident.

On se demandait ce qui allait se passer, quand Maracasse, reculant d'un pas, dit d'une voix haute :

— Vous semblez croire ce taureau doué d'une force supérieure à celle d'un homme comme moi.

« Je vais vous prouver que je n'ai besoin ni d'épée, ni de couteau, ni de fusil, ni de cordes, ni d'aucune espèce d'armes pour tuer cette bête stupide.

« Les mains que voilà y suffiront.

La surprise produisit d'abord le silence parmi les spectateurs.

Puis il y eut des murmures et enfin une explosion de vivats.

Cependant les péons harcelant le taureau, le conduisaient peu à peu vers Maracasse qui l'attendait ; mais le regard du jeune homme se promenait sur l'assemblée aussi calme, aussi tranquille que s'il n'eût pas été en danger de mort.

Le taureau approchait.

Les péons, en le harcelant, manœuvraient pour couvrir d'abord de leurs groupes le torréador et le démasquer ensuite tout à coup, afin que le taureau se jetât sur lui, seul obstacle demeuré immobile devant ses yeux.

Ainsi fut fait et bien fait.

L'escadrille fut extrêmement brillante dans ses jeux d'excitation.

Le taureau avait eu vingt pétards hardiment plantés sur son corps par les péons, et il était ruisselant de sang.

On ne pouvait souhaiter une fureur plus complète.

On eût dit une tempête vivante, quand les péons, comme une volée d'oiseaux, tirèrent des pieds et disparurent dans toutes les directions, laissant trente mètres libres entre Maracasse et l'animal se ruant juste dans la direction de l'homme.

Le sang-froid et l'immobilité du torréador, l'impétuosité du taureau formaient un contraste qui donnait une émotion profonde aux spectateurs, tous silencieux, tous penchés en avant, tous inquiets et palpitants.

L'animal était lancé avec la rapidité d'une locomotive.

L'homme était légèrement posé, une main pendante, l'autre dans sa ceinture et il laissait venir l'orage en lui souriant.

Quand la bête fut sur lui, on le jugea mort, car il ne fit pas un mouvement ; on eût dit un suicide.

Mais ceux qui avaient l'œil perçant, virent le jeune homme pirouetter sur son pied droit en s'effaçant si à propos, mais d'une façon si juste, si sobre pour employer le mot propre, que la corne du taureau effleura le ruban de la marquise, placé à la boutonnière du torréador et pendant jusqu'à la ceinture.

C'était une passe superbe qui fut saluée de cris d'enthousiasme.

Le taureau n'avait saisi que l'air jouant dans ses cornes...

On remarqua que quelque chose brillait extraordinairement à l'une de celles-ci et l'on chercha à savoir ce que c'était.

Lorsque, son élan épuisé, l'animal s'arrêta pour souffler, on put, avec les lorgnettes, s'en rendre compte.

C'était une bague, la bague de l'abbesse,

passée à la pointe de la corne par l'inimitable torreador.

Et ce coup-là, jamais les plus célèbres artistes de la métropole ou des colonies ne l'avaient réussi ou même tenté...

On ne saurait décrire la joie des péons, la frénésie du peuple, le délire des hôtes.

L'arène fut couverte de chapeaux, de vestes, de pièces de monnaie, d'une foule d'objets qui tombèrent en averse.

Et, cette fois, on cria des injures au taureau.

— Maladroit !

« Puante brute !

« A mort, l'imbécile !

« A mort !.. A mort !...

— A mort soit ! cria Maracasse au peuple.

Et aux péons il dit :

— Amenez-le !

Cette fois, l'escadrille prolongea ses jeux, puisque c'était *la fin de la bête !*

Elle fit encore mieux qu'auparavant et le taureau n'arriva sur Maracasse que disparaissant entièrement sous les rubans passés dans des stylets qu'on plante sur l'échine du taureau, en ayant soin de lui laisser la tête libre.

Maracasse, le corps penché, les bras tendus, les pieds enracinés au sol, les mains ouvertes, s'apprêtait à recevoir le taureau.

Ce qu'il allait faire, on le pressentait vaguement, sans le définir absolument.

A coup sûr, il y aurait lutte corps à corps entre les deux adversaires.

Et comment admettre la victoire de l'homme frêle comme un roseau, devant cette avalanche de muscles et d'os qui allait passer sur lui et l'écraser, comme l'avalanche des montagnes déracinant un peuplier !

L'abbesse eut un cri.

— Arrêtez ! dit-elle.

« Je défends ce jeu !

« Tuez avec l'épée !

Maracasse se retourna et dit très-tranquillement à l'abbesse.

— Laissez faire !

Mais les voix de la foule et des hôtes faisaient déjà entendre un concert d'imprécations et de protestations contre l'abbesse.

— Non !

« Pas d'épée !

« Maragazor, tue-le comme tu l'as promis et sois le roi des torreadors !

« Meurs ou triomphes !

Natividad connaissait ces foules.

Au cirque, les Espagnols sont capables de tout, même d'étrangler une mère qui voudrait empêcher son fils de porter défi à des torreadors.

Elle se tut.

Mais son cœur se gonfla et ses yeux reflétèrent une mortelle angoisse.

Elle ne vécut pas, pendant les secondes qui s'écoulèrent jusqu'au dénoûment.

Tout au contraire, la marquise, debout, déchirait ses gants, en criant :

— Bravo, le péon !

« C'est un homme !

« Ave ! Ave !

Et la petite Agnès, transportée aussi, battait aussi des mains.

Comme la première fois, les péons s'éclipsèrent, le taureau n'eut plus personne entre lui et Maracasse.

Le moment était décisif.

Cependant Maracasse tourna la tête vers l'abbesse et lui dit :

— N'ayez donc pas peur !

« Je vais *casser* la bête.

Celle-ci accourait.

Ce serait être au-dessous du vrai qu'évaluer seulement la course à 7 lieues à l'heure ; ces taureaux sauvages ont une vigueur inouïe.

On n'entendait que le sourd retentissement du galop de l'animal.

Quand il toucha Maracasse, celui-ci s'effaça comme la première fois, puis on le vit suspendu à l'une des cornes du taureau qui, modifiant sa direction, décrivit un cercle, traînant toujours le torreador suspendu à sa corne droite.

Lorsque le cercle fut terminé et que les deux adversaires furent revenus presque à la même place, une brusque secousse arrêta le taureau qui n'allait plus qu'au petit trot.

Maracasse alors, de sa main droite, saisit la corne gauche et soudain tordit le cou du taureau qui tomba renversé.

Il était mort.

Deux vertèbres étaient littéralement cassées et la moelle épinière était déchirée.

Cette victoire était étonnante.

Il ne s'agissait plus de l'homme, triomphant de la brute avec les armes qu'il a su créer ; c'était une victoire de l'humanité, nue en quelque sorte, sur un des plus puissants types de l'animalité féroce.

Une pareille lutte aurait passionné la Grèce qui fut la nation la plus policée du monde et qui avait voué un culte aux vainqueurs athlétiques des jeux olympiens.

En ce jour, ce jeune trappeur, terrassant et tuant ce monstre, relevait en quelque sorte la race humaine de son infériorité physique, et prouvait que l'homme, rendu matériellement et corporellement si chétif par la civilisation, peut acquérir dans la libre vie de la Prairie, une force herculéenne.

Et cette force s'offrait au regard avec le prestige de la grâce.

Maracasse jeune, beau, élégant, formait une opposition charmante avec la masse inerte, informe et hideuse qui gisait à ses pieds !

On se serait cru au temps mythologique des héros et des demi-dieux terrassant les monstres.

C'était plus que le triomphe d'un simple péon sur un taureau.

La pureté du type humain et la puissance de l'animal donnaient un caractère élevé à ce combat qui empruntait une grandeur épique à la haute signification du dénoûment.

La preuve d'une grande vérité était faite : l'homme, même au point du vue de la mécanique des forces vivantes, est l'être le mieux doué, lorsqu'il développe la vigueur qui est en lui.

Sans l'atrophiement qu'une éducation mal entendue produit, il resterait, même musculairement, le roi de la création.

En veut-on un exemple ?

Le mandril, ce singe redoutable, moins haut que l'homme pourtant, est respecté par l'éléphant, le tigre et le lion qui le craignent.

Et le mandril, au point de vue de la structure, n'est qu'une dégénération de la race humaine ou un *homme des bois* non encore arrivé à la perfectibilité.

Lorsque la foule vit Maracasse debout et le taureau couché, elle se sentit prise d'un immense orgueil et d'une tendresse reconnaissante pour le vainqueur.

La manifestation dont il fut l'objet prit un caractère presque solennel.

Ce n'était plus l'ardeur des premiers instants, on eût dit que le peuple rendait un culte à quelque dieu nouveau qui venait de se révéler à lui.

La visiteuse résuma cette impression générale par un mot naïf :

— Ne te fait-il pas, dit-elle, l'effet de Jésus-Christ, le jour des Rameaux ?

— Oui ! dit Nativitad à peine revenue de l'émotion qu'elle avait subie.

« Mais, pour tout au monde, je voudrais qu'il cessât de lutter !

— Impossible !

« Il n'y consentirait pas !

« Puis le peuple se fâcherait.

— Qu'il se fâche !

— Ah ! tu en entendrais de belles !

« En un jour, en une heure, tu ferais perdre à tout ce monde le respect.

« Tu n'obtiendrais plus ensuite ni obéissance, ni dévouement.

« On te jetterait à la tête de cruelles et offensantes vérités.

— Ils oseraient...

— Que n'osent-ils pas ?

« Ils croient à la madone !

« Ils vénèrent saint Joseph !

« Et je sais comment, ayant fait une offrande à la Vierge, ils la traitent s'ils n'ont rien obtenu de ce qu'ils lui demandaient.

« Ils incriminent jusqu'au mystère de l'incarnation !

« Quant à saint Joseph, ils le qualifient de mari complaisant.

— Ma chère, je serais si désespéré que cet enfant pérît sous mes yeux que je risquerais tout pour le sauver !

— Alors tu... l'aimes !

— Oui ! dit enfin Nativitad les larmes aux yeux et s'attendrissant.

« Seulement je ne l'aime point comme j'ai aimé les autres.

« J'en suis jalouse et je ne saurais dire que je le désire pour amant.

« Mais je le ferais tuer comme un chien, s'il aimait une autre femme.

La visiteuse secoua la tête.

Elle murmura :

— Pauvre péon !

Elle savait ce dont Natividad était capable dans ses fureurs.

Elle prévoyait un drame sanglant.

Elle avait peur de l'avenir.

Ce n'étaient plus là les riantes amours qu'il lui faisait tant plaisir de protéger et de favoriser !

Elle entrevoyait des catastrophes.

Cependant le second taureau était amené dans l'arène.

C'était une bête mâtinée de bison, moins massive, mais plus râblue que la première ; elle avait une sorte de crinière léonine qui lui donnait un royal aspect.

Elle fut, comme la première, excitée par l'escadrille, mise dans une fureur indescriptible et elle tua trois chevaux.

Elle fut jugée digne d'un coup d'épée par Maracasso.

Cette fois encore, il procéda de façon à exciter l'admiration.

Il demanda une chaise, s'assit et attendit, l'épée en main.

Le taureau détourné, ramené ensuite, fut laissé par les péons en présence du jeune homme.

Celui-ci, sans se lever, attendit l'attaque qui fut vertigineuse.

Mais le fer frappa le taureau d'un coup sûr.

Il avait une telle impulsion, qu'il ne tomba qu'à dix pas.

Ces dix pas, il les fit mort en quelque sorte et en flageolant.

Il aurait dû écraser l'audacieux toreador en passant.

Celui-ci, pivotant sur un pied de la chaise, se retrouva debout et son siége fut broyé !

C'était encore une prouesse inédite que l'on n'avait jamais vue.

L'étonnement grandissait toujours.

Enfin on lança le troisième taureau, un beau mâle de la plus rare espèce, noir comme du jais.

Il avait l'œil rosé, pétillant et ce clignotement de la paupière qui dénote au connaisseur un animal sournois.

Il était fin, agile, nerveux.

On appelle ces taureaux, les tueurs d'hommes, car rarement ils s'en prennent aux chevaux et cherchent à tuer les péons.

Dès qu'il fut libre, il demeura d'abord immobile ; puis, à la surprise générale, il parut refuser la lutte.

Il prit, au trot, le chemin par lequel il était venu.

Les péons coururent à lui.

Le peuple cria des injures.

— Piquez ce lâche.

« Crachez sur lui !

« Taureau, tu as peur !

« Un couteau pour ce poltron !

« Il faut le livrer au boucher !

L'animal se laissa aiguillonner, et quoique sa race mit les péons en défiance d'abord, il parut si couard qu'ils s'enhardirent et l'enveloppèrent en l'approchant.

Il se pelotonna.

Décidément, il trompait l'attente générale, et c'était un combat manqué.

Tout à coup, il rua des pieds de derrière et envoya un péon en l'air.

L'homme était tué.

Des cornes il fit sauter en trois secondes trois autres péons — Encore un mort.

Les deux survivants n'en valaient pas mieux.

Pendant que l'escadrille fuyait, la bête rusée revenait librement sur les blessés et les achevait.

Elle promena son mufle sur les blessures et aspira le sang.

La queue battait les flancs, avec un retentissement sonore, l'œil dilaté lançait la flamme, le pied grattait la poussière en creusant à la façon des félins et non point en battant le sol.

Les péons étaient terrifiés.

La foule se prenait d'un bel amour pour ce brave animal.

Personne n'écoutait les cris de désespoir des veuves et des orphelins qui assistaient au carnage des pauvres péons.

Cette fois Maracasse avait un adversaire digne de lui.

Alors il vint au milieu de l'arène, à trois cents pas de la foule qui hurlait et des tribunes où personne ne restait assis, car on sentait que quelque drame allait se dérouler.

Maracasse jeta au loin veste, ceinture, pantalon.

Il se mit nu.

C'était singulier !

C'était inattendu !

C'était en dehors de tout programme et de toute tradition.

On chuchota.

Toutefois on regarda de toutes les lorgnettes pour ne perdre aucun détail de ce qui allait advenir.

Et, sincèrement, personne ne supposa au péon une arrière-pensée d'audace inconvenante.

Le taureau flairait toujours ses victimes, aspirant le carnage.

Le péon planta son épée à quelque pas de lui.

Il assura ses pieds au sol, rejeta ses cheveux en arrière, croisa ses bras sur sa poitrine et ferma les yeux.

On se regardait, on se questionnait, on était au comble de la stupéfaction.

Maracasse, sans ouvrir les yeux, siffla longuement.

A partir de ce moment, il ne bougea plus, pareil à une statue de marbre, chef-d'œuvre de la statuaire.

Le taureau, lui, leva la tête.

Le sifflement avait attiré son attention et il examina l'arène.

Voyant Maracasse, il trotta d'abord rapidement vers lui.

Le jeune homme l'entendait, mais ne le voyait point.

Quel était son but ?

Voulait-il encore *casser* celui-là ?

Non !

Répéter une prouesse, c'est la diminuer et la discréditer.

Le taureau, en approchant, se mit au pas.

Défiant, il s'étonnait que l'homme fût nu.

Cette immobilité le déconcertait et il ne savait que penser, si toutefois une bête pense et raisonne. Instinct ou intelligence, comme on voudra, il se produisit dans ce cerveau un phénomène qui s'explique par les faits.

L'immobilité absolue, complète, en impose aux animaux.

La brute n'a conscience de la vie que par le mouvement.

Le nu, chez l'homme qu'elle voit toujours habillé, lui donne le doute.

Le chien qui court sur vous, plein de courage, s'arrête, si vous restez droit, fixe, et, si vous avez la fermeté de ne pas remuer, il s'éloigne après vous avoir flairé.

Le taureau tourna et retourna sans se décider à s'approcher.

Enfin, il avança lentement, son œil intelligent fixé sur le péon.

Il l'aborda par le dos.

Ce fut pour la foule, un moment cruel que celui où le mufle encore ensanglanté de l'animal, maculа de bave empourprée les épaules du jeune homme.

Celui-ci, sentant la bête derrière lui, ouvrit les yeux et sourit...

Cette héroïque sérénité mettait le sceau à la supériorité de Maracasse.

Aucune faiblesse n'avait donc prise sur cette vaillante nature !

Mais le jeune homme referma les yeux aussitôt.

Le taureau continuait son examen et il passait par devant.

Pendant une demi-minute, au moins, ce qui semble, en pareil cas, démesurément long, il huma l'air, regarda le péon, recula et revint.

Enfin il s'éloigna.

Mais, tout à coup, il remarqua l'épée, vit le sang sur la lame, la jeta par terre et la cassa d'un coup de sabot, puis il retourna vers les morts.

Alors Maracasse regarda.

Il vit les tronçons de son arme, saisit celui de la pointe, l'assujettit en ses mains avec un lambeau de sa ceinture et courut au taureau.

Ce fut lui qui chargea.

La bête, et cela lui donnait avantage, attendait corne basse.

On savait que, dans cette attitude, elle devait être beaucoup plus dangereuse et plus sûre de ses coups.

On cria à Maracasse :

— Attendez !

A l'escadrille le peuple ordonnait :

— Lancez le taureau !

Mais le jeune homme n'écouta rien et continua d'approcher.

Le taureau, sournois, fit une feinte, avec une habileté apprise dans les luttes contre ses pareils.

Mais Maracasse savait à fond cette escrime singulière.

Il profita de la feinte même et planta son tronçon d'épée dans la nuque de son adversaire qui tournoya et s'abattit !

La foule exhala sa joie dans un long soupir.

Personne n'avait plus la force de pousser un cri.

Maracasse, enveloppé aussitôt par les péons, reprit ses vêtements et fut placé sur le cheval d'honneur.

On lui fit faire le tour de l'arène au milieu d'une ovation telle que les spectateurs, sautant sur la piste, jetaient leurs vestes sur le passage du jeune homme pour en faire des tapis.

Il serait fastidieux de décrire, par le menu, les incidents de cette promenade, la nouvelle pluie de bijoux, les regards jetés par Maracasse aux trois femmes qu'il avait distinguées et les jalousies qu'il leur causa.

Nous passons sur ces détails.

Il restait à exécuter la partie la plus bruyante du programme.

Nous voulons parler du massacre général du troupeau.

Cette opération, très-brillante, présentait des difficultés.

Il s'agissait de pénétrer au milieu de masses énormes d'animaux cornus et féroces, d'en séparer des petits groupes et de cerner ces groupes pour les abattre.

Dans ce but, les péons, par petits pelotons, manœuvraient de façon à trouver jour entre les hordes qui erraient dans le parc et à les couper une à une du gros du troupeau.

Lorsque les péons avaient réussi, avec leurs lances et tridents, à envelopper ainsi trente ou quarante bêtes, les égorgeurs, à pieds, se glissaient en rampant.

Ils coupaient les jarrets aux mâles, et on laissait ensuite veaux et femelles fuir où bon leur semblait.

Sur vingt points en même temps, la même scène se reproduisait avec des incidents divers et souvent dramatiques.

Malgré leur redoutable trident, les péons étaient souvent chargés et il leur fallait des prodiges d'adresse pour ne pas être éventrés, eux et leur monture.

Les hôtes prenaient un vif plaisir à ces péripéties violentes.

Les corps s'amoncelaient de toutes parts dans le sang.

Les combattants s'exaltaient.

Il y avait dans l'air des menaces d'orage et le ciel était chargé.

Aux Antilles, un ouragan est un cataclysme dont nous n'avons pas idée.

Le vent souffle avec une violence que nous n'imaginons pas.

La pluie, selon la belle expression de La Condamine, forme cascade entre le ciel et la terre.

L'expression de la Bible : les *cataractes d'en-haut s'ouvrirent*, se réalise.

Personne cependant ne remarquait les signes avant-coureurs.

Personnes, excepté Maracasse, qui en causait avec son nègre.

Celui-ci (on se souvient que c'était Pancho déguisé), celui-ci, dirons-nous, sous prétexte de donner des soins à son ancien maître, s'était empressé près de lui.

Ils avaient tous deux gagné un ruisseau voisin.

Là, Maracasse se baignait pour laver le sang dont il était couvert.

Entre le trappeur et son ami, il y avait une conversation intéressante.

— Voyez-vous, là-bas, ce petit nuage roux, à bords cuivrés ?

— Oui, dit Pancho.

LE MORNE AUX GÉANTS

L'embarquement d'Agnès.

— Savez-vous ce qu'il dit, ce petit nuage qui semble gros comme un mouton ?
— Non !
« Que signifie-t-il ?
— Qu'avant une demi-heure les taureaux et tout le troupeau se réuniront, formeront une impénétrable masse, et, tout à coup, pris d'une espèce de panique, fuiront vers les bois.
— Pourquoi cela ?
— Parce qu'ils pressentiront le cyclone qui va fondre sur l'île.
— Vraiment il y aura tempête ?

— Une tempête affreuse.
« Elle éclatera brusquement.
— Il faut prévenir les hôtes.
— Non pas.
« Laissez donc !
« Qui sait si...
— Expliquez-vous.
— Je crois, dit Maracasse, que dans le désordre qui suivra l'orage, je pourrai arriver à causer avec la petite novice.
— Ah ! décidément, c'est celle-là qui vous plaît !
— Oui.

— Et que lui direz-vous?
— Le plus de choses possible.
— Très-bien.
— Regardez là-haut.
« Le nuage grandit.
— C'est-à-dire que j'en suis effrayé ; il avance sur le ciel des griffes dorées par places et noires comme de l'encre en d'autres endroits.
— Aussi croyez à un orage comme on n'en a pas vu depuis cent ans.
« Il y aura danger.

Comme l'annonçait Maracasse, le point noir qu'il avait signalé à l'horizon, grandissait avec une surprenante rapidité.

Les vapeurs, poussées par le vent, s'accumulaient dans le ciel et formaient de grandes masses qui détachaient en avant des lambeaux de nuées en forme de langues de chats ou de griffes gigantesques.

C'est ce que les marins appellent un grain griffant le ciel.

Cet indice annonce un ouragan.

Alors que tout est calme encore sur terre et sur mer, le cyclone déchire déjà les hautes régions de l'air.

Il arrache aux nuages leurs bordures frangées et les projette en avant dans l'espace.

Quand ce signe paraît, les péons des Savanes gagnent au plus vite les bois ou les montagnes, cherchant les taillis ou les ravins pour s'abriter, eux et leurs troupeaux.

A bord des navires, on cargue toutes les voiles, en ne gardant que quelques morceaux de toiles pour gouverner, et l'on s'attend à une tempête terrible.

Mais tout ce peuple assemblé là, ne voyait rien, rien que le carnage, la tuerie et le sang.

Tous les Espagnols, tous les Cubains, narines dilatées, yeux grands ouverts, suivaient les péripéties de la chasse.

Les bœufs cependant, guidés par leur sens subtil, sentaient l'approche du cataclysme, et, selon la prédiction de Maracasse, ils cherchaient à se masser.

C'est un instinct particulier à cette race; elle se groupe contre le danger.

Les taureaux sauvages et domestiques avaient inventé la formation en rond, cornes basses, contre le jaguar, longtemps avant que l'on eut imaginé le rassemblement des tirailleurs en cercle, baïonnettes croisées contre la cavalerie.

Même contre le vent, les bœufs sentaient la force de résistance que leur donnait la cohésion.

Certes, parmi ces animaux, aucun n'avait vu de cyclone.

D'où vient qu'ils avaient en quelque sorte conscience de ce qui allait se passer et prenaient les mesures nécessaires pour le salut du troupeau?

La brute est-elle donc plus intelligente que l'homme?

Non.

Mais elle est en communication plus intime avec la nature.

Elle se laisse aller aux impressions qu'elle en ressent.

L'orage qui exerce sur nous-mêmes une action puissante, produit un effet plus grand sur l'animal qui ne réagit pas contre les phénomènes électriques ; il suit les impulsions données.

Tout le monde a pu remarquer que les grandes tempêtes étaient précédées d'accalmies lourdes, pendant lesquelles une inquiétude vague saisit tous les êtres vivants.

Cette inquiétude suffit pour expliquer l'admirable instinct des troupeaux libres.

Les taureaux dirigeaient donc les hordes de façon à former un grand tout de troupeaux ; les vaches poussaient de longs mugissements ; les mâles s'animaient et rabotaient le sol ; ils étaient tous sur le bord extérieur de l'immense cercle et ils se serraient en collant leur mufle sur la poussière en signe de menace, chaque fois que les péons essayaient sur un point ou sur l'autre de séparer un groupe.

Mais ils ne pouvaient plus y réussir.

Acharnés et encouragés par les cris du peuple, ils commencèrent à lazer les taureaux ; la manœuvre consistait à lancer leurs lassos sur les bêtes et à les entraîner hors du troupeau.

Ce jeu qui réussit quand les animaux sont en fuite, parce qu'alors on les arrête dans un élan en les étranglant, ce jeu manquait en ce moment son effet.

Dans la course, l'animal qui est tout à coup saisi par le lasso, reçoit une secousse et tombe comme quand on butte en se sauvant à toutes jambes.

Mais là, ce n'était plus la même chose.

Le cheval du péon qui avait lazé un taureau, n'était pas assez fort pour le tirer hors du rang.

Devant la tribune des hôtes, une centaine de péons eurent l'idée de couvrir de leurs lassos un beau mâle et de le tirer dehors tous ensemble.

L'animal résistait ; mais plus de vingt lassos avaient bonne prise, soit sur les cornes, soit au cou.

Le taureau céda.

Mais à peine avait-il fait un pas que sa horde l'imita.

Une longue agitation se manifesta dans toutes les autres hordes.

En ce moment Maracasse demanda au faux nègre Pancho :

— Croyez-vous que si vous enleviez votre fiancée en ce moment vous pourriez la mettre en sûreté quelque part ?

— Oui, dit Pancho :

« Je sais que je trouverais au Morne, dans la montagne, un refuge assuré et jusqu'à un certain point confortable.

— Et quand l'orage se déchaînera, saurez-vous la garantir ?

— Je l'espère, dit Pancho.

Maracasse secoua la tête.

— C'est bien terrible, fit-il, un cyclone, et je crains pour vous.

« Toutefois, si vous parvenez à gagner un taillis, enfoncez-vous au plus épais et là vous serez presque en sûreté.

« A vous, Pancho, de juger si vous devez vous risquer.

« Vous jouez votre vie et celle de la jeune fille contre la liberté.

— Vive la liberté ! dit Pancho.

« Nous mourrons ou nous serons libres de nous aimer.

Maracasse examinait toujours le troupeau avec attention.

— Les fous ! murmurait-il.

« Voilà les bêtes en mouvement.

« Quelle imprudence d'avoir voulu tirer ce chef de horde hors du cercle !

« Rien maintenant ne saurait arrêter les bœufs.

« Et justement la forêt est en face d'eux à deux milles d'ici ; ils la sentent.

— Que voulez-vous dire ?

Au lieu de répondre, Maracasse demanda à Pancho :

— Parmi les novices, où se trouve donc votre fiancée ?

« Vous ne me l'avez pas montrée !

— J'évitais même de la regarder par prudence.

— Indiquez-la-moi.

Pancho désigna Thérésa.

— Bien ! dit Maracasse.

« Vous pouvez facilement manœuvrer de façon à la sauver et à fuir.

« Venez !

Et il conduisit le jeune homme à un endroit où des chevaux de rechange étaient entravés pour remonter les péons démontés pendant la chasse.

— A cheval ! dit Maracasse.

— Qu'allons-nous faire ?

— Voici un révolver et vous avez votre couteau, reprit le trappeur.

— Mais, encore une fois, de quoi s'agit-il donc ?

Maracasse continua :

— Vous me suivrez, si vous pouvez.

« J'en doute pourtant.

— Où vous suivrai-je ?

— Dans les taillis.

« Allons nous placer de l'autre côté de l'estrade où sont les nonnes.

« Avant trois ou quatre minutes le troupeau va se lancer.

— Sur qui ?

— Droit devant lui !

« Oh ! vous n'avez pas idée de ça.

« Inquiétées par l'orage, massées, cherchant un bois, le parc entier, ces cent mille bêtes, ayant déjà comme vous le voyez reçu un mouvement dans le sens de la tribune par l'imbécillité des péons, ces cent mille têtes armées, ces quatre cent mille sabots pesants vont se ruer en avant et d'un bloc.

« Barrière, planches, charpentes, tout sera broyé, pillé, réduit en pâte.

« Si les péons n'ont pas quelque lueur de raison, au dernier moment, et ne sauvent pas les sœurs et les hôtes, en les saisissant et en fuyant, avec elles et eux en croupe, il ne restera rien de ces créatures vivantes que des morceaux de chair.

« Vite ! vite !

« Pressons-nous !

« Les bêtes s'affolent.

Et Maracasse, suivi de Pancho, alla au galop se ranger à son poste.

En ce moment le nuage voila brusquement le soleil.

Une ombre épaisse se répandit sur l'arène et on eût dit qu'on étendait un linceul noir sur le ciel.

A ce brusque changement à vue, chacun sortit de son exaltation pour rentrer en soi et comprit le danger.

Le peuple, lui, ne redouta que l'orage imminent.

Les péons, rappelés à la réalité, virent à la fois la tempête et l'imminence d'une charge à fond par le troupeau.

Alors l'un d'eux cria :

— En fuite, les hôtes !

« En fuite, les dames !

Déjà le troupeau s'ébranlait.

Les péons, cavaliers hors ligne, gens de décision et de bravoure, tourbillonnèrent au galop pour contourner les tribunes ; ils arrivèrent à temps pour saisir qui une sœur, qui une senora, qui une nonne, qui un cabalero.

Tout ce monde s'était tumultueusement jeté à bas des tribunes.

Les bœufs, affolés par le subit passage du jour à l'obscurité, s'étaient lancés à corps perdu.

Heureusement, dans ces grandes masses, avant que l'impulsion générale n'ait régularisé les efforts particuliers, il se produit des à-coups et des flottements.

Les personnes qui, du haut de l'estrade, entendirent l'invitation des péons, eurent le temps de descendre, de se précipiter, de courir aux cavaliers qui les appelaient.

Ceux-ci se dispersèrent en éventail, gagnant par les flancs...

Ils ouvraient passage au troupeau.

Celui-ci, massé comme il l'était, formait une colonne presque carrée d'un front de cinq à six cents pas.

Les bêtes étaient si pressées l'une contre l'autre, que des débris de planches, retombés sur le dos des premiers bœufs, sautillaient sur la masse, descendaient vers la queue de la colonne à chaque secousse et ne retombaient qu'aux derniers rangs.

On n'aurait point placé une pièce de dix sous entre le flanc gauche d'un bœuf et le flanc droit de l'autre.

Quand cette masse, dont la vitesse s'accélérait progressivement, donna contre les barrières, tout se coucha devant elle.

Une centaine de taureaux, les premiers, furent tués au choc, mais ils tombèrent sans retarder les autres.

Cette mer vivante, cette lame puissante faite de muscles et d'os, balaya tout et couvrit tout.

Quand elle eut passé sur les corps des taureaux, ceux-ci n'étaient plus que des pâtes agglutinées.

Le peuple, cloué sur place par la stupeur, ne respira que quand cette vague effrayante roula ses ondes au loin vers la forêt.

Mais, soudain, un bruit sourd, profond, pareil au grondement lointain de chars lourdement chargés, retentit et se prolongea.

Des voix crièrent :

— Un cyclone !

« Un cyclone !

C'étaient les vieillards qui se souvenaient des catastrophes passées.

Le peuple prit à la course le chemin du couvent et des villages qui l'entouraient mais la tempête arrivait avec une rapidité telle qu'elle ramassa toute cette foule dans son premier coup d'aile.

Une grande rafale passa sur l'île, cassant les arbres isolés, couchant bas les récoltes, décoiffant les toits des maisons, rasant les masures et renversant bêtes et gens sur le sol.

Pas un homme, surpris dehors, qui ne fut couché et roulé.

Heureusement, quand ce premier et large souffle du typhon eut passé, la pluie tomba à torrents, abattant le vent pour quelques minutes.

La multitude, trempée, mouillée, souillée de boue, s'engouffra dans le couvent et remplit cours, grands couloirs, promenades, caves, chapelles et vastes salles.

Il était temps!

Un quart d'heure plus tard l'ouragan se déchainait.

Le vieil édifice, bâti sur roc, était battu avec une telle violence que ceux qui s'y tenaient blottis, éprouvaient parfois comme une sensation d'arrachement.

Il leur semblait que tours, remparts, pavillons, assises des bâtiments et assises des rues, tout en bloc était enlacé et transporté par la tempête au delà de l'île, au-dessus des flots.

La terreur était au comble.

Les cloches, selon la coutume, retentissaient, sonnées à toute volée.

On entendait, entre deux rafales, le glas du tocsin, couvert bientôt par le fracas de la foudre, suivant les éclairs fulgurants.

Autour du couvent, au-dessous de lui, dans le ravin qu'il dominait, une rivière impétueuse s'était formée et roulait ses eaux troubles avec un bruit lugubre.

Pendant que la foule recevait ainsi asile à San Ignatio, les hôtes, remis de leur panique, les sœurs ayant oublié leur effroi, s'étaient rassemblés au réfectoire après avoir changé de vêtements.

On riait de l'orage.

On trouvait maintenant que la fête avait été extraordinairement dramatique, partant des plus amusantes.

Mais on s'inquiétait de savoir ce qu'était devenu Maracasse.

— Où est-il?

— L'a-t-on vu?

— Est-il entré au couvent?

Telles étaient les questions que l'on posait sur lui.

Quant aux réponses, les personnes interrogées disaient :

— Il n'a pas paru.

« Il n'est pas à San Ignatio.

Cependant on espérait à chaque instant que le joli péon se montrerait bientôt, le cyclone étant entré dans la phase d'accalmie, car ces phénomènes présentent ce trait particulier, qu'au plus fort de la tempête, le vent tombe tout à coup.

C'est qu'alors l'on se trouve au centre même du cyclone.

Car c'est un ouragan tournoyant et circulaire.

Pendant une heure ou deux on jouit d'un calme absolu.

Le soleil reparaît même et l'on croit au retour du beau temps.

Mais tout à coup, la tourmente reprend de plus belle.

Comme on connaît la marche ordinaire des cyclones aux Antilles, on supposait que Maracasse profiterait de l'apaisement momentané du temps pour se présenter.

N'avait-il pas à recevoir le prix de sa victoire?

Aussi l'abbesse, qui espérait être aimée, pensait qu'il se rapprocherait du couvent, et la petite marquise tenait le même raisonnement.

Mais un incident vint soulever dans le cœur de ces deux femmes des rafales de jalousie semblables à celles qui fouettaient le couvent et menaçaient de le jeter bas.

La visiteuse avait eu soin de rassembler les novices dans le pavillon qui leur était réservé.

Elles s'aperçut de la disparition d'Agnès et de Thérésa.

Elle vint trouver Natividad qui présidait au diner des hôtes.

— Il me manque deux novices! dit-elle à l'oreille de l'abbesse.

— Sainte Vierge! fit celle-ci.

« Est-ce possible?

« Voilà seulement que l'on s'en aperçoit et qu'on me prévient!

L'abbesse tenait à ses novices, comme une poule à ses poussins.

On entendit ses exclamations.

On écouta avec anxiété.

— Seraient-elles mortes sous les pas des taureaux.

— Non! dit la visiteuse.

— Comment le sais-tu?

La visiteuse était visiblement gênée.

Elle eût voulu ne pas parler haut devant les profanes.

Mais Natividad impérieuse lui dit avec impétuosité :

— Je meurs d'inquiétude !

« Parleras-tu ?

La visiteuse réfléchit rapidement à ceci, que déjà l'on causait de cette aventure dans la foule et que le secret ne serait pas gardé ; d'autre part, le ton de Natividad l'irritait.

— Un péon, dit-elle, vient de m'affirmer que les deux novices ont été enlevées sous ses yeux, l'une par Maracasse, l'autre par son nègre.

Natividad ne demanda pas les noms, elle les devina.

— C'est Agnès et Thérésa ! dit-elle en blémissant.

— Oui ! dit la visiteuse.

Natividad étouffait d'une colère subite ; elle jugea que Maracasse préférait Agnès à elle et elle en souffrit atrocement.

— A tout prix, dit-elle, qu'on les poursuive.

« Je veux qu'on me les ramène.

— Par ce temps-là, fit observer la visiteuse, personne ne saurait s'aventurer dehors sans courir à la mort.

« Le vent vient de casser sous mes yeux, dans la cour, un arbre de cent ans, et il enlèverait chevaux et cavaliers.

« Puis une poursuite serait absurde.

« On ne trouverait rien.

« Il faut attendre !

— Je veux que les péons partent à l'instant même ! dit Natividad qui avait cet entêtement nerveux de femmes surexcitées, entêtement stupide que rien n'arrête.

— Alors, dit la visiteuse impatientée, allez le leur commander vous-même.

Natividad se leva.

Tout le monde l'imita.

Mais l'abbesse redevint femme du monde et d'un geste invita ses hôtes à s'asseoir en leur disant :

— Je reviens à l'instant !

Elle sortit, non sans avoir foudroyé sa veille amie d'un regard menaçant.

La visiteuse haussa les épaules et retourna vers ses novices.

Mais, à peine avait-elle quitté la salle, que la marquise se dérobait en quelque sorte et sortait aussi.

Les invités se regardaient en riant, les sœurs, à leur table, chuchotaient entre elles et faisaient leurs petites remarques, très-envenimées et très-piquantes.

Le chevalier, lui, marquait les coups.

— Eh ! eh ! disait-il.

« Voilà une grave affaire.

« Cela fera du bruit.

« Ce péon !

« Il a bon goût !

— Agnès est charmante ! faisait observer une senora.

« Malheureusement, voilà à peu près toute sa dot, à cette pauvre petite.

— Et il faudra la marier à ce garçon après cette escapade.

— On fera quelque chose pour ce joli jeune homme ! dit le chevalier.

« On lui donnera quelque bonne place dans les douanes.

— Il aurait pu trouver mieux que cette petite qui est réellement trop pauvre.

« Elle apportait quelque chose comme 10,000 douros (50,000 francs) à San-Ignatio, ce qui est joli pour une religieuse ; mais ce n'est rien pour une fille de qualité qui se marie.

— La marquise tarde à revenir, fit le vieux chevalier.

— Ah !

— Tiens !

— Oui, au fait !

« La marquise est sortie...

Et l'on sourit discrètement.

Personne n'avait remarqué ce départ opéré fort discrètement.

Le chevalier reprit :

— Notre abbesse ne revient pas non plus ; les péons sans doute ne veulent point se hasarder dehors par ce temps affreux.

Et la conversation continua ainsi, pleine de fines allusions, mais restant sur le ton de la plus parfaite réserve.

On effleurait seulement la question.

Voici en somme ce qui se passait dans les couloirs.

L'abbesse avait mandé le régisseur du parc qui s'était présenté aussitôt.

Vieux péon enrichi, dévoué à outrance, il était prêt à tout, excepté bien entendu à l'impossible, pour le service de l'abbesse, sa bienfaitrice.

— Vous savez l'événement, Marquez? lui dit celle-ci.

— Hélas, oui ! répondit le régisseur.

— Je veux qu'on me retrouve les novices et Maragazor.

— Aussitôt l'orage fini, je lancerai des hommes sûrs...

— Il faut qu'il partent maintenant...

Le régisseur regarda l'abbesse avec stupeur.

— Mais, fit-il...

— Autant d'or qu'il en faut est à votre disposition.

— Cent piastres ne décideraient pas les péons à sortir.

— Je les ferai jeter dehors.

— Ils se réfugieront dans les villages.

En ce moment, avec un fracas terrible, tout un toit était enlevé sur un pavillon nouvellement bâti dans une cour voisine.

Le régisseur ouvrit une fenêtre et dit à l'abbesse :

— Voyez !

« Entendez !

« Jugez vous-même.

Le temps était affreux au point que Nativitad dut céder.

Mais elle se retirait en murmurant :

— Je veux qu'elle meure après dix ans de torture dans l'*in pace*.

En ce moment un homme l'abordait.

— Pardon ! dit-il en saluant.

« Si Votre Seigneurie le permettait...

Il avait le chapeau à la main.

— Qui êtes-vous? demanda l'abbesse.

— Un marchand !

« Je suis venu pour acheter des peaux.

— Adressez-vous à mon régisseur ! dit Nativitad avec un air de mauvaise humeur.

— Permettez...

« Il s'agirait de certaines choses...

— Que voulez-vous dire ?

— Je souhaite vous parler.

— Faites.

« Hâtez-vous.

« Le moment n'est pas bien choisi.

— Oh ! dit ce marchand d'un air fin, Votre Seigneurie ne parlerait pas ainsi, si elle savait de quoi je souhaite l'entretenir.

Nativitad regarda le marchand avec plus d'attention.

Elle remarqua que cet homme avait le sourire fin et le regard assuré.

Elle soupçonna que c'était tout autre chose qu'un marchand de cuirs.

— Venez, dit-elle.

Elle se rendit au parloir intérieur, sorte de salon où elle recevait les étrangers.

Là, elle était chez elle.

Elle s'assit, mais n'invita pas le marchand à en faire autant.

Celui-ci avait quitté son air humble et ses façons obséquieuses.

— Madame, dit-il, je suis un agent de la haute police.

« Je me nomme Herrera.

« J'ai des pouvoirs très-étendus qu'il vous plaira de regarder sans doute.

L'abbesse était surprise au delà de toute idée.

Elle eut même peur.

Un agent, chez elle !

Le gouvernement, placé entre des mains libérales, voulait-il faire fouiller San Ignatio pour y retrouver Mariquita.

Mais l'abbesse se tranquillisa vite.

Si, de Madrid, des ordres en ce sens étaient venus, elle y résisterait.

Puis elle passait aux insurgés avec tout le clergé de l'île.

Elle eut donc la tranquillité d'esprit nécessaire pour examiner Herrera qui prenait dans son porte-cigare un havane, le déroulait fort habilement et en tirait une copie de pleins pouvoirs écrite sur une feuille à décalquer très-mince.

L'abbesse lut cette pièce, la rendit et demanda :

— Que voulez-vous ?

Herrera replia le plein pouvoir, le mit dans le porte-cigarre et dit :

— Madame, vos intérêts sont les mêmes que les miens.

« Je dois donc vous servir.

« Je tiens dès maintenant à vous rassurer sur votre novice et sur Maracasse.
— Vous dites Maracasse.
« Qu'est-ce?
« Entendez-vous parler du péon?
— Oui.
« C'est un trappeur fameux.

Et l'agent mit l'abbesse au courant ; Nativitad toute en rage, jalouse qu'elle fût, s'émerveillait du récit d'Herrera.

Celui-ci, ayant satisfait la curiosité de l'abbesse, lui dit :

— J'ai mes hommes en campagne.

« Ce que vos péons ne veulent et ne peuvent pas faire, ils le font.

« Je me suis créé une brigade de police incomparable avec des Indiens que j'ai enrôlés pendant mon voyage à San-Francisco.

« A cette heure, mes Peaux-Rouges suivent pas à pas Maracasse.

— Ils l'arrêteront?
— Si j'en donne l'ordre.
— Je vous en supplie, donnez-le.
— A une condition.

« Maracasse arrêté, le couvent lui servira de prison.

— Je ne demande pas mieux.
— De plus, comme les trappeurs sont acharnés à délivrer non-seulement Juanita, mais encore ce jeune homme, vous me permettrez de tendre ici mon piège pour m'emparer de ces gens qui, en somme, sont vos ennemis.

— Vous ferez ce que vous voudrez.

« Je ne vous demande que cette fille et son amant.

— En vertu de mes pleins pouvoirs, je vous promets que l'homme sera fusillé dans un coin du couvent.

— Et la fille?
— Oh!... ce que vous voudrez.
« Ceci est votre affaire.
— Bien, dit l'abbesse.
— Je puis, madame, compter sur vous comme sur une alliée?
— Absolument!
« Mais... qu'allez-vous faire?
— Si vous n'y voyez pas d'inconvénients, je m'installerai dans un coin du couvent ; on m'a dit que souvent les marchands y étaient défrayés et cela ne portera ombrage à personne.

— En effet, c'est possible et facile.
— Je pourrai donc de là surveiller nos adversaires.

Et ils convinrent tous deux du plan à suivre.

Lorsque l'abbesse rentra au réfectoire, elle était rayonnante.

L'amour en elle étant devenu de la haine, l'espérance de la vengeance prochaine faisait rayonner la joie sur son visage.

De son côté, la marquise n'avait pas manqué d'agir.

Elle avait gagné sa chambre et mandé une fille attachée à son service depuis l'enfance ; c'était sa sœur de lait.

— Pindilla, lui dit-elle, tu assistais à la fête, tu sais ce qui s'est passé.

« Tu as vu le péon.

— Oh, le joli garçon! s'écria Pindilla en joignant les mains.

— Bien joli, en effet.

« Le malheur est qu'il a enlevé cette niaise de novice.

— Et, madame, il ne l'aimera point longtemps, soyez-en sûre.

— Je compte sur toi pour cela.
— Et comment?
— Je saurai bientôt où ce jeune homme s'est retiré.

— Et après?
— Tu iras offrir à Agnès tes services comme femme de chambre.

— Elle me refusera.
« Elle sait que je suis à vous.
— Es-tu devenue sotte!

« Tu raconteras à cette petite Agnès une noire histoire sur mon compte.

« Elle te croira.
— Ensuite...
— Comment, tu le demandes...

Il est certain, qu'étant donné Pindilla, une gueuse, rouée, futée, intrigante et coquine au possible, cette crainte était une hypocrisie, aussi s'empressa-t-elle de dire :

— Je sais mon rôle.

« Je ferai habiller déplorablement cette petite demoiselle.

Pancho surpris par le Matador.

— Bien! fit la marquise.
— Je la coifferai ridiculement.
— Très-bien!
— Je lui ferai commettre des maladresses devant son amant.
— Parfait!
— Quand celui-ci commencera à s'en lasser, je le désillusionnerai.
— Pindilla, tu es un ange.
— Enfin, je ne cesserai de comparer madame à cette sotte petite fille, quand j'en aurai l'occasion devant l'amant.

— Va, Pindilla, tu es précieuse.
« Nous réussirons.
Et toutes deux s'entendirent à merveille.
Quand la marquise rentra au réfectoire, elle aussi avait l'air joyeux.
Du moment où il ne s'agissait que d'attendre, sa jalousie tombait.
Elle était sûre de vaincre un jour.
Le repas se ressentit des incidents et de l'orage; il se termina relativement tôt.
Chacun, fatigué, gagna sa chambre.
L'orage continuait à sévir.

CHAPITRE XXX

Triomphe d'Ali!

Nous avons évalué à dix mille personnes environ la foule rassemblée pour assister à la course aux taureaux.

Il était venu du monde des plantations les plus éloignées.

Cette multitude, en masse, avait envahi San Ignatio.

Le couvent était immense, nous l'avons dit, et semblable à une citadelle.

Toutefois, la masse des gens qui s'y étaient réfugiés était si considérable, que, dès le premier moment, on avait dû ouvrir les caves et y recevoir le trop plein.

Les Espagnols, au temps de la conquête, étaient grands amateurs de constructions; on admire encore les monuments de cette époque.

Murs épais, sous-sols immenses, voûtes hardies!

Le San Ignatio souterrain était si étendu que ses caves, en grande partie, ne servaient à rien.

Donc on plaça dans celles qui étaient vides, près d'un millier d'individus.

C'étaient des hommes.

La visiteuse avait ordonné que l'on parquerait là les célibataires jusqu'à la fin de l'orage; on leur avait distribué des bougies et des vivres en abondance.

Chacun avait pu faire son repas.

On avait aussi donné de la paille à profusion.

Le typhon devant durer au moins douze heures, il fallait bien que tout ce monde passât la nuit et dormît.

Partout on voyait, une heure ou deux après l'envahissement, des gens étendus çà et là et ronflant philosophiquement.

D'autres causaient encore et peroraient sur les événements.

Peu à peu, cependant, les groupes de bavards s'éclaircissaient et le silence se faisait lentement.

Mais parmi ceux qui veillaient, se trouvaient Sacripan et Ali.

Ils ne s'étaient point fait prier pour descendre dans les caves; le capitaine avait une arrière-pensée.

En vrai soldat, en bon officier, il avait eu soin, avant de se lancer dans cette aventure, de se rendre à la bibliothèque militaire et d'y consulter le plan du couvent.

San Ignatio, plutôt place forte que cloître, était un de ces monuments que le génie militaire regarde comme pouvant devenir un centre d'opérations.

Aussi le plan détaillé en était-il déposé aux archives.

Sacripan savait donc exactement où se trouvaient les *in pace*.

Rien d'étonnant à ce qu'il fût dans la cave la plus rapprochée de ceux-ci; il s'y était faufilé avec Ali.

Là, des premiers, il avait cherché un coin, étendu la botte de paille qu'on lui avait donnée, et il avait fait semblant de dormir; Ali l'avait imité.

Mais au lieu de réfléchir, comme son maître, le brave sergent s'était mis à ronfler de son mieux.

Sacripan, lui, songeait et observait.

Il savait qu'au-dessous du premier étage de caves, il se trouvait un second étage de caveaux, moins étendus, qui servaient surtout à serrer le vin.

C'était là que se trouvaient les *in pace*.

Ces tombes anticipées n'étaient point des caveaux appropriés pour la circonstance; l'architecte les avait fait construire pour leur destination spéciale.

C'étaient des cabanons de pierre dure, larges d'un mètre, longs d'un mètre vingt, hauts de trois, et dans lesquels il était impossible de se coucher en s'étendant.

Il fallait s'y tenir accroupi.

Chacun de ces tombeaux destinés à des cadavres vivants, avait une double porte de chêne, garnie de sa ferrure.

L'air arrivait par des ouvertures grillées, pratiquées dans la pierre.

On jetait là-dedans, sans pitié, les malheureuses qui avaient encouru la haine de l'abbesse ou celle de quelque personnage clérical.

Comment ces monstruosités étaient possibles ?

L'influence du clergé, en Espagne, aux colonies surtout, l'explique.

Il tourne la loi quand il ne la viole pas ouvertement.

Contre lui, l'autorité civile est impuissante et désarmée.

Le fanatisme des populations est tel encore, soit dans la métropole, soit dans les colonies, que l'on y couvre d'une indulgence inouïe, les scandales les plus révoltants.

Ostensiblement, prêtres et moines ont des concubines.

Ostensiblement, de ces ménages, naissent des enfants.

Ostensiblement, ils sont reconnus comme fils de curé.

Et, ostensiblement enfin, le père s'occupe de leur avenir, de leur éducation, de leur établissement, les élevant sous son toit.

On appelle ces enfants, quand ce sont des mâles : *graines d'abbés*.

Quand ce sont des filles, on les désigne sous le nom de *perles de chapelet*.

Les premiers vont dans les séminaires et en sortent tonsurés.

Les jeunes filles font de bons mariages, car elles ont dot et protection.

Nous n'en finirions pas s'il nous fallait nous étendre sur ce sujet.

Aujourd'hui encore, un mari qui s'opposerait à ce que sa femme reçût dans sa chambre, longtemps et souvent, son confesseur, serait honni, conspué et lapidé !

Quels droits superbes pour un jeune et ardent *padre* !

Il arrive chez une belle pénitente, il s'enferme avec elle.

Le mari n'ose jamais troubler ce tête-à-tête pieux.

Comment constater un flagrant délit dans ces conditions ?

Aucun agent, du reste, ne voudrait y prêter son concours.

Quant à pénétrer dans un couvent, quant à le visiter, quant à recenser le nombre des personnes qui en font partie, voilà ce que les représentants de la loi ne font jamais.

Quelle que soit la rumeur qui court à propos d'un *in pace* occupé par un frère, ou par une sœur, l'autorité civile ne s'en émeut point et fait la sourde oreille.

Elle redoute de terribles conflits avec les populations fanatisées, et celles-ci sont toujours et quand même autour des couvents pour ces couvents dont elles vivent.

Un fait suffira pour faire apprécier une telle situation :

En Espagne, l'évêque de Seo d'Urgel fit assassiner, il y a quelques années, un prêtre dont il était jaloux.

Comme cet évêque avait pris parti pour don Carlos, celui-ci étant vaincu, le gouvernement du roi don Alphonse, victorieux, voulut poursuivre l'évêque coupable.

Malgré la découverte dans l'évêché, d'un puits où des cadavres étaient enfouis à la suite de crimes, dont certains ne remontaient pas à plus de dix ans, malgré les horreurs palpables, les meurtres évidents dont ce prélat s'était rendu coupable, malgré l'émotion causée par une enquête, il fut impossible de donner suite à l'affaire.

Tant d'influences s'agitèrent, menaçant le trône et la vie du jeune roi, que les ministres renoncèrent aux poursuites.

L'évêque continua à administrer en pompe la confirmation dans sa cathédrale et à bénir le peuple du haut de sa calèche, dans ses promenades pastorales.

On comprend maintenant comment il peut se faire que, de nos jours, à Cuba, San Ignatio ait des *in pace*.

Ceci dit, revenons, au cours de notre récit et au capitaine Sacripan.

Grâce aux renseignements qu'il avait eu le temps de prendre, il savait que sœur Yriquita était chargée de veiller sur les prisonnières dans les *in pace* et de leur porter leur nourriture.

Sacripan s'était placé de façon à voir passer Yriquita, si, comme la chose était probable, elle venait à passer.

Il paraissait logique qu'elle fit son service pendant la durée de l'ouragan.

En effet, tout le monde dormait dans la cave, excepté Sacripan.

Fatigués de cette journée de fête et d'émotions, chacun s'était enfin étendu sur sa paille et le silence régnait profond et lourd.

Sacripan vit une sœur, portant d'une main une lampe, de l'autre un panier, s'avancer lentement en observant si on la regardait.

Elle arriva, au fond de la cave, contre une porte dont elle avait la clef.

Elle mit à terre le panier, ouvrit la porte, pénétra dans un couloir, referma la porte derrière elle, et on entendit ses pas descendant les gradins d'un escalier.

Sacripan murmura :

— Elle va dans l'*in pace*.

Alors il réveilla Ali, son sergent.

Celui-ci, comme tout soldat, passait facilement du sommeil au réveil.

Les alertes de nuit, les factions, les rondes, habituent un troupier à reprendre rapidement sa lucidité d'esprit et sa liberté d'action.

Sacripan lui dit à voix basse :

— Tu as vu la sœur Yriquita ?

« Je te l'ai fait remarquer pendant la course de taureaux.

— C'est une femme très-laide ! dit Ali en secouant la tête.

— Laide ou non, dit Sacripan, quand elle va repasser, tu la suivras.

— Bien, capitaine !

— Elle rentrera dans sa cellule.

— Bien, capitaine !

— Au moment où elle sera sur le point de s'enfermer chez elle, tu t'approcheras et tu lui demanderas un moment d'entretien.

— Bien, capitaine !

— Elle fera des difficultés.

« Elle te demandera ce qu'un nègre comme toi peut lui vouloir.

« Mais si tu roules des yeux amoureux, si tu lui fais bien comprendre qu'elle te plaît, tu finiras par entrer.

— Bien, capitaine !

— Alors tu lui feras la cour.

— C'est une blanche !

— Oh, si laide !

« Si privée d'amour !

« Et tu es un beau garçon, Ali.

— C'est vrai ! dit le sergent avec une conviction profonde.

Le capitaine reprit :

— Tu raconteras à Yriquita que tu es riche, que tu n'es pas mon esclave, mais mon affranchi et mon associé.

« Tiens, voici une bague.

« Tu la lui offriras.

« Le brillant a une certaine valeur.

« Bref, il faut la convaincre que tu peux lui donner l'aisance.

« Alors tu lui proposeras de fuir le couvent et Cuba.

« Elle acceptera cette proposition.

« Tu l'en récompenseras en l'aimant... passionnément.

— Par Allah, capitaine, la femme est affreuse, mais cette nuit je ne serai pas fâché d'avoir cette aventure.

« J'avais de nombreux rendez-vous et je suis très-surexité.

« Mais où et comment retrouver mes jolies négresses ?

« Tout à l'heure je rêvais le paradis du Prophète.

« Mais, faute de houris, je prendrai la sœur tourière.

Ali était un brave.

Nous en avons prévenu le lecteur ; il ne reculait devant aucune femme quand il n'avait pas le choix par hasard.

C'était un tempérament.

Le capitaine reprit :

— Tu laisseras la tourière endormie, et, je compte qu'elle aura besoin de sommeil !

— Soyez tranquille, capitaine !

« J'avais huit rendez-vous !

— Bon !

« Je te connais !

« Donc, Yriquita endormie, prends-lui ses clefs et sa lanterne et apporte-moi le tout.

En ce moment la porte du souterrain conduisant aux *in pace* se rouvrit.

Yriquita parut.

Sacripan s'était recouché.

Ali, lui, était debout.

Lorsque la tourière passa, elle regarda qui était ainsi levé.

Elle reconnut Ali, car elle avait visité le bazar ambulant.

Ali la salua galamment

Yriquita, sevrée d'hommages, s'étant déjà aperçu que le mulâtre était un des plus beaux mâles qu'elle eût rencontrés, Yriquita, disons-nous, fut troublée par cette politesse.

Ali avait des façons d'agir irrésistibles avec les femmes.

Il réussissait presque toujours, même avec les blanches, quand elles n'avaient pas le préjugé trop enraciné.

Ali étendit la main, prit le panier de la tourière et lui fit signe de marcher devant, ce qui la ravit et l'étonna.

— A la bonne heure! dit-elle.

« Voilà un mulâtre complaisant!

Elle accepta ce service.

Plusieurs fois elle se retourna.

Ali mit dans ses yeux pour la regarder tous les feux de l'Orient.

Cette pauvre Yriquita arriva très-émue à la porte de sa cellule.

Rendons-lui cette justice qu'elle ne songeait pas à céder.

Elle avait, oui, même ce laideron avait le préjugé.

Un mulâtre!

Un esclave!

Pouah!

Mais elle était flattée néanmoins.

Ali l'aimait, l'admirait, la désirait, c'était certain.

Cependant il n'avait rien dit.

Tout en se promettant de le chasser hors de sa cellule au premier mot de sa déclaration, Yriquita voulut se donner le plaisir d'entendre au moins ce mot.

En conséquence elle entra chez elle, laissant la porte ouverte.

Ali put donc pénétrer.

Il avait un prétexte!

Déposer le panier.

Il le mit sur le plancher et attendit muet que la tourière lui parlât.

C'était habile.

Il la forçait à commencer le feu.

Mais la porte ouverte la gênait.

Elle hésita.

Elle ne pouvait se résigner à congédier le mulâtre, sans qu'il lui eût dit quelques paroles d'amour.

Elle tourna, vira dans la chambre, eut l'air de fouiller, bousculer et finalement, comme par mégarde, de pousser la porte.

Puis, sûre d'être chez elle enfin, elle se tourna vers Ali délibérément.

— Ah çà! fit-elle, que veux-tu?

« Tu as été gentil.

« Tu m'as porté mon panier.

« C'est bien, çà.

« Je vais te donner des bonbons.

Comme toutes les nonnes, elle avait des dragées et des friandises.

Elle offrit des pralines.

Ali les repoussa.

— Non! dit-il.

« Je veux un baiser.

Yriquita rougit de plaisir.

— Un baiser! fit-elle d'un air indigné.

« Tu es de couleur!

« Tu es esclave!

« Oses-tu demander un baiser!

— Oui! dit Ali.

« Sachez d'abord que je suis libre.

« Sachez que mon maître est riche, que je suis son associé.

« Nous avons fait fortune.

« Tenez, voici un brillant que je vous offre, et je vous couvrirai de bijoux si vous voulez me suivre et m'épouser.

Yriquita était stupéfaite.

Elle s'attendait peu à ces façons, à ces manières, à ce présent.

— Voyons, fit-elle.

« Il est beau, ce brillant!

« Il est très-beau.

Puis cessant d'être familière.

— Vous êtes donc assez riche pour vous charger d'une femme?

— Oui.

« Et je veux une blanche.

— Mais je suis au couvent.

« J'ai prononcé des vœux.

— Aux États-Unis, on ne reconnaît point les vœux.

— Et vous m'enlèveriez!

— Certainement.

— Vous êtes fou, mon pauvre garçon!

— Point du tout!

— Vous n'auriez pas peur de l'abbesse et des prêtres?

— Il n'y a pas de prêtres aux États-Unis, où le peuple est protestant.

Yriquita voyait se dérouler devant elle les enivrantes perspectives de la liberté, de l'amour et du bonheur.

Elle était fascinée !

A peine pouvait-elle combattre, résister, se faire prier.

Elle se sentait si laide, du reste !

— Vous m'aimez donc bien ! fit-elle.

Ali, sur cette provocation, risqua une déclaration par geste.

Quand sa main s'abattit sur la taille de la sœur, celle-ci fut incapable d'y résister ; elle se défendit à peine.

— Laissez-moi !

« Ah ! ah !...

« Vous...

« Un mulâtre !

« Vous êtes bien osé pour un homme de couleur et je vais appeler.

« Jésus, Dieu !

« Il embrasse !

« Ah ! Seigneur !

« Finissez donc !

« Monstre d'homme !

« Ali, je ne veux pas.

« Je...

« Je...

« Je t'aime !

Deux heures après, Ali sortait de la cellule ; il avait le trousseau de clefs.

Et le capitaine Sacripan, amoureux loyal, mais passionné de Juanita, allait pénétrer près d'elle dans l'*in pace*.

Ici nous arrivons au point où les événements vont se précipiter en se mêlant.

Nous sommes obligés d'abandonner, pour un instant :

Juanita dans l'*in-pace*.

Sacripan sur le point de pénétrer près d'elle à l'aide des clefs de la tourière.

Sancho et sa fiancée sont en pleine campagne, et Maracasse fuit avec Agnès sous l'ouragan déchaîné.

Mais avant de raconter ce qui advint, nous devons, dans l'espace d'un court chapitre, mettre en lumière un nouveau personnage qui va jouer un rôle important dans cette intrigue ; nous voulons parler du fameux Leone Fry.

Quand en quelques pages nous l'aurons présenté au lecteur, nous reprendrons notre récit.

CHAPITRE XXXI

Le Virginius.

Ce que nous avons à raconter est tellement horrible que pour l'*historique* du drame maritime du *Virginius*, nous passons la plume à M. Piron, qui, témoin des faits réels les raconte successivement.

Si nous citons là les pages que M. Piron a consacrées au *Virginius* et au capitaine Leone Fry, c'est que nous voulons absolument prouver au lecteur que nous faisons récit de faits réels, vrais, prouvés, quoique cruauté des Espagnols y paraisse invraisemblable.

Donc, avant de continuer notre drame, Leone Fry va paraître, nous prions le lecteur de lire l'histoire de ce héros écrite quelques pages par M. Piron.

Puis fort de ce témoignage, nous reprendrons le récit des événements auxquels Leone fut mêlé dans cette aventure.

Le lecteur aura dès lors cette certitude que nous n'inventons rien.

« La junta cubana de M. Peras, possède plusieurs navires employés à déjouer la surveillance de l'escadre espagnole et à transporter dans l'île des engins de guerre et hommes pour renforcer les insurgés. Elle se décourage jamais ; active, ingénieuse elle trouve toujours de l'argent et des soldats dévoués à sa cause. Mais, pour les faire parvenir à destination, les difficultés sont sérieuses : les autorités de la ville, averties à temps, peuvent empêcher le départ du navire ; après avoir échappé à ce premier danger, presque au terme du voyage, peut-être arrêté par les croiseurs espagnols et enfin le débarquement opéré, le convoi court grand risque de rencontrer sur la côte des ennemis, et alors tout tourne au profit de ces derniers.

« Le *Virginius* était l'un des navires de la junte. Entièrement en fer, ce vapeur à roues, de quatre cents tonneaux, fut contruit en Angleterre pour les confédérés pendant la guerre de Sécession. Pris par les fédéraux, il fut vendu aux enchères lorsque l'Union était pacifiée, et acheté secrètement par les mandataires de la révolution cubaine, toute récente alors. Il reprit dès lors son ancienne et aventureuse destinée, et fit plusieurs voyages heureux sous le commandement du capitaine Fry. Né à la Louisiane, doué d'un caractère énergique et résolu, celui-ci s'était fait une réputation par son adresse et avait acquis toute la sympathie des Cubanos, dont il servait la cause avec dévouement. Vers le commencement d'octobre 1873, le *Virginius*, parti de New-York, s'arrêtait à Kingston, port de la Jamaïque, pour compléter son chargement d'armes, de munitions, d'approvisionnements de divers genres, à destination de Cuba. L'équipage se composait de ces matelots accoutumés aux aventures et qui risquent tout pour de l'argent. Le convoi devait être escorté de cent soixante hommes environ, commandés par des chefs qui avaient déjà combattu avec éclat pour l'insurrection : Bernabé Varona, Jesus del Sol et l'Américain Ryan. La cargaison et l'équipage complétés, le *Virginius* reprit la mer, et le capitaine Fry ne se doutait guère qu'à Cuba l'on connaissait déjà son entreprise hardie.

« En effet, le consul espagnol à Kingston, instruit de l'affaire, en informa aussitôt par dépêche télégraphique le gouverneur de Santiago, le général Burriel, qui, sans hésiter, envoya la canonnière *le Tornado* à la recherche de l'audacieux steamer. Ce dernier fut aperçu à vingt milles environ de la ville. Se voyant reconnu, n'étant pas armé pour soutenir le combat, le capitaine Fry crut prudent de chercher le salut dans la fuite, à cause de la responsabilité qui lui incombait. Il fit mettre toutes voiles dehors et augmenter la vapeur. Malheureusement, la coque du *Virginius*, qui tenait la mer depuis longtemps, se trouvait en fort mauvais état, et sa marche, si rapide autrefois, était maintenant fort alourdie. Le *Tornado* gagnait visiblement sur lui. Alors commença une lutte de vitesse, lutte ardente, acharnée, pleine de rage du côté du poursuivant et de désespoir de celui du poursuivi.

« Pourtant on était dans une mer neutre, le *Virginius* voyageait sous pavillon américain ; ainsi, le capitaine Fry avait la légalité pour lui ; mais, connaissant les Espagnols, il craignait fort qu'ils ne la respectassent point, et il voulait leur échapper à tout prix.

« Il fit jeter les armes à la mer ; cette mesure avait pour double but d'alléger le navire et de se débarrasser d'objets compromettants ; en outre, les caisses qui les contenaient servirent à alimenter le feu des fourneaux : pour comble de malheur, le mécanicien venait d'annoncer qu'on manquait de charbon. Après les caisses, on fut obligé d'employer au même usage les boiseries du steamer, puis les barils de lard et de jambons. Mais, malgré tous ces efforts désespérés, le *Tornado* se rapprochait toujours. Alors Varona émit l'avis qu'on devait plutôt faire sauter le *Virginius* que de se rendre. Le capitaine Fry lui fit remarquer que, comme ses papiers étaient parfaitement en règle et que le but officiel du voyage était Santo-Domingo, les Espagnols n'oseraient probablement rien contre eux. Après ce raisonnement, il se rendit sans résistance aucune. On se trouvait alors tout près du port de Kingston, où l'on eût été sauvé, mais qu'on n'avait pu atteindre. Le vainqueur entra triomphalement dans la baie de Santiago de Cuba, traînant sa capture après lui. Cet événement causa dans la ville une émotion considérable. Si les Espagnols s'en réjouissaient, les Cubanos en étaient désolés.

« Une cour martiale s'établit immédiatement à bord du *Tornado* ; tous les hommes de l'équipage et tous les passagers furent jugés et condamnés comme pirates, excepté pourtant cinq ou six qui ignoraient le but de l'expédition et qui eurent leur liberté. Le général Burriel, poussé par les volontaires catalans — qui avaient une si belle occasion de satisfaire leur haine — fit commencer les exécutions avant même la fin du procès, sans se demander s'il avait le droit pour lui, sans bien s'expliquer la gravité de ce qu'il faisait. Soixante et un prisonniers — parmi lesquels se trouvaient des Anglais, des Américains, le malheureux capitaine et des jeunes gens de seize ans — furent fusillés impitoyablement; ils l'eussent été tous sans l'entrée fort opportune dans le port de Cuba de navires de guerre américains et anglais. Cette apparition inattendue calma soudain l'effervescence des terribles volontaires et de l'imprudent général Burriel.

« Dès la première nouvelle de cette grave affaire, M. Castelar, comprenant les funestes conséquences qu'elle pouvait avoir pour son pays, s'était hâté d'envoyer l'ordre à la Havane, par dépêche télégraphique, de suspendre toute exécution; mais justement alors, par un hasard surprenant, les fils du télégraphe entre la capitale de l'île et Santiago se trouvaient rompus, et, de cette façon, le général Burriel avait pleine liberté d'agir selon son inspiration... et les exigences des volontaires.

« Tous les prisonniers fusillés moururent bravement; les Cubanos rendirent le dernier soupir en criant : « Viva Cuba libre! » Parmi ces derniers, Varona prouva une fois de plus son héroïsme. Des officiers espagnols qui, ayant été ses prisonniers, lui devaient la vie, s'intéressaient à son sort et voulaient s'acquitter envers lui en le faisant mettre en liberté; mais ils se heurtaient contre la cruauté des inflexibles volontaires. Enfin, après beaucoup d'instances, ils obtinrent l'autorisation de lui promettre la vie s'il consentait à passer dans le parti espagnol. Quand l'un d'eux lui fit connaître cette condition qu'on mettait à sa grâce, il lui répondit :

« — Je vous remercie de l'intérêt que vous me témoignez, mais remarquez que vous me tenez en bien petite estime, puisque vous me croyez capable d'une lâche défection; ma vie n'est rien : mon pays et mon honneur sont tout. Jamais je n'entacherai l'un ni ne trahirai l'autre. Si vous m'accordez la liberté, je vous en serai reconnaissant... mais immédiatement je retournerai aux miens et je me ferai tuer pour la défense d'une cause à laquelle j'ai juré fidélité.

« Cette digne et fière réponse imposa l'admiration à celui qui la reçut, et il ne put s'empêcher de la divulguer. Jeune encore, fort riche, intelligent, instruit, doué d'une noble et belle figure, Varona semblait être appelé à un brillant avenir; il a sacrifié tous les plaisirs de ce monde à son vaillant amour pour l'indépendance de son pays.

« Dans la matinée du 5 novembre, il fut conduit à l'endroit de l'exécution avec Ryan, Jesus del Sol et Pedro Cespedes, le frère du président.

« Les quatre condamnés étaient entourés d'une forte escorte de soldats espagnols. Varona et Ryan marchaient au milieu, calmes et côte à côte. Ils furent poursuivis durant le trajet par les injures et les vociférations des implacables volontaires. Au moment de l'exécution, on força Pedro Cespedes et Jesus del Sol à s'agenouiller, et c'est dans cette position qu'on les fusilla par derrière. Puis les soldats armés ordonnent à Varona et à Ryan de venir s'agenouiller à la même place; ceux-ci refusent obstinément. Alors ils sont saisis, renversés par terre, et, quoiqu'ils aient les mains et les bras liés, ils parviennent à résister, à se relever... et c'est debout qu'ils reçoivent la mort, en braves.

« Ryan respirant encore, un officier espagnol s'en approche et lui plonge son épée dans le cœur. La vue de ce sang met ces vautours en appétit, car ils se précipitent sur ces cadavres encore chauds, dont ils tranchent les têtes.

« Ensuite ils placèrent ces têtes sanglantes au bout de quatre piques et les promenèrent triomphalement, comme de sinistres trophées, par les rues de Santiago de Cuba.

« Le massacre fut fêté par des bals, des banquets, des sérénades, des réjouissances de diverses sortes. Mais, à la nouvelle de ces atrocités, l'Amérique entière s'émut vivement. Aux États-Unis, on n'entendait de toutes parts que de grandes clameurs d'indignation; il y eut des *meetings* partout pour traiter du grave événement. On y parlait déjà de s'emparer de l'île de Cuba. Le président Grant demanda au cabinet de Madrid des réparations immédiates, consistant dans la restitution du *Virginius*, un salut au pa-

Il se tenait suspendu entre le ciel et l'eau.

villon américain, la mise en liberté des prisonniers survivants, une indemnité aux familles des fusillés et le désaveu des fonctionnaires qui avaient pris part à cette affaire.

« Ceux-ci, par leur imprudente précipitation, avait placé la Péninsule dans une situation fort critique ; après avoir méconnu la légalité, violé le Code maritime en faisant capturer un steamer voyageant dans des eaux neutres sous pavillon américain, ils avaient poussé leurs torts jusqu'à sévir d'une façon cruelle contre des prisonniers appartenant à deux nations puissantes et amies, malgré toutes les démarches du consul des États-Unis et de son collègue d'Angleterre. M. Castelar, ne voulant pas engager son pays, déjà épuisé par les luttes intestines, dans une guerre désastreuse, télégraphia au président Grant qu'il subirait toutes ses exigences.

« La nouvelle de cette résolution sage et nécessaire produisit à Cuba une agitation très-grande. Les volontaires, qui s'étaient montrés si féroces, furent exaspérés de ce blâme que recevait leur conduite ; ils déclarèrent audacieusement qu'ils s'opposeraient à la restitution du *Virginius*, sans s'inquiéter des conséquences que pouvait avoir un tel coup de tête. Dans leur orgueilleuse exaltation, ils se croyaient capables, réduits à leurs propres forces, de soutenir la guerre contre les Américains. Cette démence furieuse ne laissa pas d'inquiéter sérieusement M. Jovellar, le gouverneur général de l'île, qui parlait de donner sa démission. Déjà les États-Unis avaient leur flotte toute prête, tant fut grande l'activité déployée dans cette circonstance.

« Pour échapper à la difficulté de la situation, on se vit obligé de conduire le *Virginius* à Bahia-Honda, dans la partie septentrionale de l'île, et là il fut remis aux autorités américaines. Ainsi finit cette grosse affaire qui préoccupa pendant quelques jours l'Amérique et l'Europe entières. Mais ce dénoûment pacifique ne dut pas être du goût des Américains, qui perdaient là une magnifique occasion de s'emparer de l'île de Cuba, tant convoitée.

« Il est certain qu'ils ont toutes sortes de bonnes raisons pour la désirer ardemment; mais, en leur appartenant, n'aura-t-elle pas à regretter de n'avoir pu obtenir son indépendance, à déplorer d'avoir seulement changé de maîtres? Englobée dans les États-Unis, soumise à cette puissance absorbante, ses propres intérêts n'auront-ils pas à souffrir? C'est là un difficile problème, dont on ne peut trouver la solution que grâce à l'expérience.

« Pendant le trajet de Bahia-Honda à New-York, le *Virginius*, en sombrant à cause de son mauvais état, coupa court à une complication nouvelle qui surgissait. Les États-Unis, après avoir obtenu réparation, ayant avoué que ce steamer ne portait pas à juste titre le pavillon fédéral, les Espagnols songeaient déjà à réclamer leur prise. La difficulté fut ainsi tranchée d'une façon fort inattendue. »

Le lecteur connaît maintenant l'affaire qui termina si douloureusement, la brillante carrière du capitaine Leone Fry.

Il voit quel homme était ce héros.

Il peut lui accorder son admiration, non point comme à un personnage inventé par les poëtes, mais comme à un être réel.

A nous maintenant de raconter quel fut, dans cette aventure douloureuse, le côté le plus émouvant, le plus dramatique.

Nous aurons à révéler, dans la suite de cet ouvrage, ce que M. Piron a dû passer sous silence à l'époque où il publiait son livre.

Le lecteur saura bientôt pourquoi nous avons dû interrompre notre récit pour mettre en scène le capitaine Leone.

Pendant qu'avait lieu la fête des taureaux au couvent de San Ignacio, un navire à vapeur, le *Virginius*, déjà fameux par des exploits audacieux, cinglait à pleines voiles, mais à petite vapeur, vers Cuba, économisant son charbon et mettant à profit toute sa toile pour fournir bonne marche.

Le *Virginius*, à cette époque, avait déjà étonné le monde maritime en se hasardant jusqu'à couvrir de bombes les forts de Santiago.

Puis il avait bravé une corvette espagnole beaucoup mieux armée que lui.

En six voyages, il avait amené aux insurgés des quantités incroyables d'armes et de munitions; il en était à sa septième course.

C'est dans ce septième débarquement que Leone Fry montra le plus d'esprit et d'ingéniosité en face du péril.

Quand six mois plus tard, il périt, les Espagnols vengèrent sur lui, la défaite qu'il leur infligea lors de ce septième débarquement.

Donc le *Virginius*, disons-nous, filait grand largue, ce qui lui permettait de recevoir dans ses larges voiles taillées en brigantine, tout l'air de la brise.

Leone était sur le pont.

Il avait l'attitude dans laquelle le dessinateur l'a représenté.

(*Voir la vignette dans la livraison 5, page 29.*)

Autour de lui, ses corsaires, vieux marins de toutes nationalités, étudiaient comme lui, les apparences d'un navire qui, comme un point noir, tachait la mer bleue sous le vent.

L'équipage était préoccupé.

Tout ce monde savait à quoi s'en tenir sur la générosité des Espagnols.

On causait autour de Leone.

C'était d'abord un vieux quartier-maître basque, déserteur d'un bâtiment français depuis vingt ans, ayant quitté le bord pour gagner les placers californiens ; il se nommait Clatery.

Et passant sa main brune sur sa peau bistrée, il disait :

— Ce gueux de navire, qu'on voit là-bas, c'est une canonnière :

« Elle marche à toute vapeur.

« Elle gagne sur nous terriblement, et nous recevrons son boulet d'avertissement avant trois heures d'ici.

— Si elle est espagnole, fit un matelot anglais.

— Glastonn, tu es un imbécile avec ton si ! dit le quartier-maître.

« Quand un vieux requin comme moi affirme qu'un navire est espagnol, les faillis chiens comme toi ne se permettent pas d'en douter.

Maître Clatery se posait volontiers en oracle ; c'était un droit acquis en raison d'une expérience conquise sur toutes les mers du monde, à bord de navires faisant les plus étranges traversées.

L'équipage écoutait.

Le matelot si vertement remis à sa place se tint coi.

Mais comme on tenait à s'assurer des choses, un gabier américain demanda à maître Clatery, en nuançant sa question de respect :

— Si cela ne vous était pas désagréable, master, je vous serais obligé de me dire comment vous pouvez savoir que nous sommes pourchassés par une canonnière espagnole ?

« Moi, j'ai bons yeux !

« A bord du *Camoran*, un baleinier qui a sombré depuis, j'ai signalé un troupeau de cachalots que le second n'apercevait pas avec sa longue-vue ; pourtant je ne pourrais pas dire d'ici, quel est le pavillon sous lequel navigue ce bâtiment.

— Ce n'est pas le tout d'avoir de l'œil ! dit Clatery d'un air dédaigneux.

« Il faut avoir de la tête et dans la tête une cervelle !

Puis magistralement :

— Raisonnons !

« Pour sûr ce navire n'a pas un pouce de toile au vent.

— C'est vrai.

— Cependant il a bonne brise, puisqu'il fait même route que nous.

— Encore vrai.

— Il dédaigne donc de se servir du vent du bon Dieu !

— Toujours vrai, master !

— Conséquemment ce vapeur n'est pas un paquebot d'une compagnie marchande.

Les matelots se regardèrent.

Ils étaient surpris de cette conclusion.

Maître Clatery cracha un jet de salive jaune et s'écria avec mépris :

— Ce n'est pas un équipage que commande le capitaine Leone.

« C'est un troupeau de marsouins.

« Vous n'êtes bons qu'à jouer au *monte* et à faire ribotte ; pour ce qui est de réfléchir, va te promener, vous en êtes incapables...

« J'excepte le Parisien.

« Ici, l'Accroche-Cœur.

Celui auquel s'adressait ce compliment était un matelot parisien, type de marin fantaisiste, devant son surnom à une boucle de cheveux, aplatie sur la tempe, selon la mode des faubourgs.

— Tu es, lui dit le quartier-maître, un propre à rien, bon à l'embusquer partout où il n'y a rien à faire, à preuve que l'on serait bien embarrassé de dire quel poste tu occupes ici...

— Je suis perruquier.

— Blagueur !

« Tu m'as taillé les cheveux une fois et ma tête ressemblait à l'escalier d'honneur qu'on accroche à bâbord pour recevoir les dames et les amiraux quand ils viennent en visite.

« Si tu n'étais pas un bon luron pour le coup de torchon et si tu ne chantais comme un linot siffle, je te ferais rayer du contrôle.

« Mais enfin, tu as de la boussole, toi ; dis-leur donc pourquoi le navire qui nous appuie une pareille chasse n'est pas un paquebot.

— D'abord, maitre, un paquebot ne nous donnerait pas la chasse.

« Puis, un paquebot aime à se servir du vent pour économiser son charbon.

« Donc nous avons affaire à un navire de guerre, et comme ce n'est ni la coupe d'une frégate, ni celle d'une corvette, je conclus que c'est une canonnière, dont le capitaine ne met pas de toile au vent pour ne pas être embarrassé par des manœuvres au moment de nous couler bas à coups de canons, si nous ne nous rendons pas.

— Voyez, fit Clatery.

« Voilà le plus mauvais marin de vous tous et il en sait plus que vous.

« Pourquoi ?

« Parce qu'il a de l'esprit.

Mais comme maitre Clatery était incapable d'être gracieux jusqu'au bout pour quelqu'un, il ne manqua pas d'ajouter :

— Ce qui ne t'empêche pas, merlan d'occasion, d'être un propre à rien.

— Dans trois heures d'ici, fit le Parisien, vous verrez si je ne suis pas capable de quelque chose dont vous n'avez même pas idée, vous, vieux cormoran.

— Pas d'offenses, failli chien !

« Pas de familiarités !

« Ça engendre le mépris.

« Qu'est-ce que je verrai dans trois heures ?

— Vous n'en avez pas idée, je vous dis.

Et montrant le navire ennemi :

— Pendant que vous serez tous pris par ces Espagnols, moi je serai libre...

Leone, qui écoutait vaguement cette conversation, fut frappé de ce que disait le Parisien, il lui lança un regard rapide ; mais il ne dit mot.

— Qu'est-ce que tu feras ? demanda le quartier-maitre.

— Cela, je le dirai au capitaine, s'il veut le savoir.

« Pour les autres, je fermerai mon bec, comme si c'était une soute aux poudres.

« Mais je rirai bien pendant qu'on vous fusillera.

A cette déclaration, il y eut une tolle de malédictions.

Les poings se levèrent.

Les pieds s'allongèrent.

Le Parisien, sans se déconcerter, s'écria en riant :

— Tas de brutes que vous êtes, il y en a-t-il un seul de vous, le capitaine excepté, qui mérite qu'on s'intéresse à lui ?

« Vous n'êtes qu'un ramassis de crapules, et je veux me désopiler la rate en voyant exécuter un tas de chenapans qui m'ont causé toutes sortes de désagréments depuis que je suis à bord.

Le Parisien était un type singulier qui tantôt fascinait l'équipage et qui souvent n'en était pas compris ; il en résultait des malentendus dont le faubourien se vengeait par des lazzis cruels.

Cette fois, en face d'un danger imminent, sa plaisanterie parut si mauvaise, que ses camarades voulurent lui tomber dessus.

Mais lui, faisant la roue, se dégagea, et, toujours décrivant un cercle roulant, il gagna l'arrière où il alla s'engloutir dans une écoutille.

— Propre à rien !... répétait Clatery, propre à rien !...

« Mais il a de l'esprit.

« Il s'en tirera, oui !

« Ces Parisiens, c'est fûté comme des équilles !

« Quant à nous !...

Le quartier-maitre regarda mélancoliquement les vergues.

— Pendus... fit-il.

« A moins qu'on ne nous fusille !

— Cependant, dit un matelot, je ne croyais pas qu'on fusillât pour ça.

— Mon fils, dit Clatery, je connais les Espagnols ; notre affaire est sûre.

« Si j'étais à la place du capitaine, je ferais chauffer à blanc.

« Tant pis, si le navire sautait.

C'était un avis indirect que donnait maitre Clatery à son supérieur.

Leone se retourna.

C'était un jeune homme de vingt-huit ans.

Il en paraissait vingt.

L'équipage l'aimait et le redoutait au delà de toute idée.

Né à la Louisianne, il était d'origine française ou plutôt créole.

Mais il avait pour aïeule une Circassienne à laquelle, disait-on, il ressemblait, comme le prouvait un portrait de famille.

Il lui devait sa beauté merveilleuse et aristocratique, cette régularité et cette finesse de traits qui étaient l'objet de l'admiration des artistes et de la jalousie des femmes.

Comment le grand-père de Leone s'était-il marié à une Circassienne ?

C'était un secret.

On savait seulement que, capitaine d'un navire corsaire, il était un jour revenu, ayant à bord sa fiancée, qu'il avait épousée en grande pompe.

Leone devait sans doute aussi, au sang oriental qui s'était mêlé à celui de sa race, la finesse soyeuse de sa moustache.

On eût dit celle d'un adolescent.

Encore ne la portait-il point souvent, ayant pour cela de bonnes raisons que nous expliquerons plus tard, à l'occasion.

La vie de Leone s'était passée à la mer ; comme tous ses ancêtres, comme tous ses parents, sans exception, il était né et il était resté marin.

A cinq ans, il nageait et moussaillait sur le bâtiment que commandait son père.

A douze ans, on lui confiait le quart et les matelots lui obéissaient.

A quinze ans, il était le véritable second de son oncle, un capitaine baleinier.

Depuis, il était devenu fameux.

Pendant la guerre de Sécession, il avait eu la plus bizarre situation.

Anti-esclavagiste par conviction, il aurait été porté à prendre parti pour le Nord qui émancipait les esclaves.

Mais la Louisiane, sa patrie, était pour le Sud, qu'il ne servit qu'après un mois au moins de douloureuses hésitations.

Comme corsaire, il fut prodigieusement habile et audacieux.

On raconte que déguisé en lady, il s'exposa vingt fois à être pendu ou fusillé en allant relever en yacht de plaisance, sous pavillon anglais, les positions des flottes de blocus.

Il avait pris parti pour Cuba, afin d'expier, disait-il, le crime que le patriotisme lui avait fait commettre en combattant en faveur de l'esclavage, sous le drapeau sudiste.

L'autorité qu'il exerçait sur ses matelots était incroyable.

Tous tremblaient devant lui, même ce vieil ours pyrénéen de Clatery qui, pourtant, ne redoutait pas grand'chose ni en ce monde, ni dans l'autre.

Aussi, quand Leone fixa sur lui son clair et impérieux regard, le quartier-maître se sentit embarrassé et baissa la tête.

Le capitaine prit son sifflet.

Il en tira trois appels.

Le capitaine d'armes accourut.

Leone, du doigt, montra Clatery :

— Aux fers ! dit-il.

Puis il ajouta :

— Pour m'avoir donné un avis que je ne lui demandais point.

Puis, sans écarter les marins, sans s'éloigner d'eux, il se fit envoyer le maître mécanicien et continua d'examiner le ciel et le navire ennemi, en attendant qu'il vînt.

Quand celui-ci se présenta, il lui dit de façon à être entendu :

— Vous voyez là-bas un navire ?

— Oui, capitaine.

— C'est une canonnière.

— Ah !

— Espagnole.

— Ah ! ah !

— Qui marche plus vite que nous.

— Ça se voit, capitaine.

— Au train dont nous allons, toutes voiles dehors, ce navire sera sur nous, à portée de canon, dans trois heures et demie.

« Or, il faut que vous poussiez les feux de façon à nous donner un répit de cinq heures au plus ; cela vous est facile.

— Oui, capitaine.

— Allez !...

Puis Leone sourit et dit :

— Dans cinq heures...

Il remarqua ou fit seulement semblant de remarquer que ses hommes l'écoutaient avidement, et il leur dit :

— Vous êtes là comme des goëlands, becs béants, et vous pensez que je vais vous dire ce qui se passera dans cinq heures d'ici ?

« Voyons, je vous autorise à parler.

« Vous espérez que je vais vous dire ça ?

— Non, capitaine.

« Non, non.

— Et bien, vous le saurez.

« Dans cinq heures d'ici, il y aura un cyclone.

« Si nous atteignons l'anse de Maracavi, nous serons sauvés et de l'Espagnol et de l'ouragan ; mais si nous n'atteignons pas cette crique, nous serons coulés bas par le vent.

« Car le *Virginius* est vieux, mes enfants, très-vieux et il ne vaut pas cher.

« Si tout autre que Leone vous commandait, vous seriez depuis longtemps au fond de l'eau par la tempête, ou pris par l'ennemi.

Et il tourna les talons.

Les matelots regardaient le ciel.

Pas encore de nuage.

Pas une vapeur.

Rien.

Ils crurent que Leone était sorcier pour prédire ainsi un cyclone.

Le jeune homme devait cette prescience à l'un de ses oncles.

C'était un météorologiste bien distingué qui fit de précieuses recherches et fonda en Amérique cet art d'annoncer le temps que nous voyons poussé si loin aujourd'hui à New-York par son fils et successeur.

Leone ayant dit, se retira dans sa cabine, laissant le commandement à son second qui avait ses instructions ; les matelots devisèrent entre eux.

— As-tu vu ?

— As-tu entendu ?

— Il parle de notre mort avec une tranquillité qui fait peur.

— Il est vrai qu'avec lui, on se tire toujours des mauvais pas.

— Rude homme !

— Bon capitaine !

— Et l'Espagnol qui va se trouver pris par l'ouragan et qui ne pourra nous poursuivre !

— Ça sera drôle !

— Avez-vous vu comme il a flanqué aux fers ce vieux requin de Clatery !

Et l'équipage continua de chanter ainsi les louanges du capitaine.

Celui-ci, cependant, avait mandé dans sa cabine le maître canonnier.

Il causait avec lui.

— Ainsi, lui dit-il, tout est prêt ?

— Oui, capitaine.

— Vous êtes sûr de poser rapidement ce *chapelet* quand il en sera temps ?

— Oui, capitaine.

— Très-bien.

« Allez.

« Surtout, soyez *paré*, car c'est avant cinq heures d'ici que vous opérerez.

Le maître canonnier se retira en se frottant les mains joyeusement.

Le Parisien, qui le rencontra, lui demanda d'un air insinuant :

— Vous êtes bien gai, maître ?

Le canonnier répondit :

— Oui, garçon !

— Cela vous sourit donc d'être pris ?

— Pris !

« Il n'y a pas de danger !

« C'est nous qui prendrons l'Espagnol.

« Ou plutôt...

— Plutôt quoi...

— Va te promener dans les haubans, canaille de Parisien que tu es !

« Tu veux me tirer les vers du nez, mais je n'en dis pas plus long.

Et le canonnier s'éloigna.

. . . .

Cinq heures environ s'étaient écoulées.

On était en vue de terre.

Le capitaine Leone venait de remonter sur le pont et, à son arrivée, son équipage le salua d'un hourrah de joie.

Il commanda le silence.

On voyait distinctement la canonnière espagnole ; elle avait hissé les signaux.

Elle donnait l'ordre au *Virginius* de s'arrêter.

Celui-ci, loin d'obtempérer à cette injonction, continuait sa marche.

Leone ordonna de l'activer.

Le mécanicien fit chauffer à blanc.

Aussitôt le *Virginius*, poussé par son hélice, prit une allure plus rapide.

Mais Leone ordonna de carguer les voiles, ce qui fit reperdre de la vitesse.

Sur la canonnière espagnole, en voyant les voiles tomber, on crut que le *Virginius* se rendait aux injonctions données.

Quand on vit qu'il n'en était rien, le capitaine espagnol se fâchant, envoya un coup de canon à blanc.

Leone répondit à cette menace en criant à son maître timonnier :

— Au vent le pavillon cubain !

Et les couleurs de l'insurrection flottèrent sur le *Virginius*.

La rage des Espagnols fut au comble.

Ils avaient affaire au *Virginius*, à Leone, à ses contrebandiers.

Mais ils les tenaient enfin.

Le vapeur ne pouvait échapper.

Où aurait-il fui ?

En haute mer ?

Le *Tornado* avait une marche supérieure et l'aurait rejoint.

Dans une anse.

Le *Tornado* l'y suivrait.

Cette canonnière avait un faible tirant d'eau et la crique de Maracavi, la seule qui fût à portée, était connue du capitaine espagnol ; il pouvait s'y engager.

Cependant le *Tornado* commençait à recevoir l'impulsion lente, mais très-puissante, d'une grande houle que le vent ne justifiait pas, puisque la brise qui soufflait était assez légère.

Mais le capitaine remarqua le point noir que Maracasse, à cette heure même, en d'autres lieux, signalait dans le ciel.

Il en conféra avec ses officiers.

— Messieurs, dit-il, je crois que nous allons avoir une tempête.

« Le baromètre et l'état du ciel, nous annoncent un ouragan.

— C'est incontestable, dit le second.

Tous les officiers furent d'avis conforme.

— En ce cas, dit le capitaine, coûte que coûte, il faut pousser la chasse, dussions-nous sauter ; car si le cyclone s'abat sur nous avant la capture de ce maudit *Virginius*, il s'échappera encore.

— Je crois, dit un officier, que ce bâtiment ne peut tenir la mer par un très-gros temps ; il gouverne du reste à se réfugier dans la crique de Maracavi et nous pouvons l'y suivre.

« Là, nous le prendrons comme dans une souricière.

Le capitaine et ses officiers étaient tous de cet avis ; il fut donc décidé par le conseil de guerre que l'on se jetterait dans la crique de Maracavi, à la suite du *Virginius*.

Le *Tornado*, sur l'ordre du capitaine espagnol, força plus que jamais sa vapeur.

Un mot de description sur cette anse où le capitaine Leone se réfugiait.

Que l'on s'imagine une sorte d'entonnoir, entouré de falaises à pic, décrivant un demi-cercle presque régulier et ne communiquant avec la mer que par deux issues.

L'une était accessible aux navires d'un fort tonnage comme la canonnière et le *Virginius* ; mais c'était une passe, un couloir, entre des falaises.

Il n'avait pas cent mètres de large et il présentait des sinuosités.

Toutefois, Leone et le capitaine espagnol, connaissant cette passe, ayant la vapeur pour force motrice et gouvernant entre vent et marée, pouvaient, à moins d'obstacles imprévus, atteindre le refuge, sans craindre de se briser.

C'est par là que Leone devait entrer dans l'anse de Maracavi.

C'est par là aussi que son adversaire devait le suivre de près.

Il y avait une seconde passe.

Celle-là était barrée par une roche énorme, qui ne permettait qu'à des barques de faibles dimensions de la franchir.

Le *Virginius* se serait brisé en cherchant à fuir de ce côté.

Cette anse de Maracavi offre cette particularité que, comme la rade de Brest, mieux qu'elle-même, elle est à l'abri de tous les vents et d'une sûreté absolue.

Encaissée dans des collines à base de granit, à peine ressent-elle les effets du vent et de la houle, quelle que soit la tempête.

Les ouragans y produisent des vagues, mais elles sont sans force.

Par contre, une fois qu'un navire est arrivé dans cette espèce de port naturel, si des forces supérieures l'y surprennent, il est perdu.

Et c'est là que Leone se réfugiait avec son *Virginius*.

C'est là que les Espagnols comptaient le bloquer et le couler.

Bientôt, à n'en pas douter, le *Virginius* se dirigea droit vers la passe.

Il y avait environ trois portées de canon entre lui et le *Tornado*.

Cependant la distance était encore diminuée, tant la canonnière forçait sa vapeur, quand le bâtiment entra dans le couloir creusé entre les rocs et disparut aux yeux de ses adversaires.

Les Espagnols, sûrs désormais de capturer leur ennemi, poussèrent des hourrahs.

Malgré la mauvaise apparence du temps, ils étaient sans inquiétude.

Avec leur artillerie puissante, leur équipage très-supérieur en nombre, ils ne redoutaient rien de la coquille de noix de Leone.

Celle-ci prise, ils se trouveraient avec leur capture dans un havre incomparable pour braver le cyclone.

Telle était la situation.

Le capitaine espagnol, qui ne manquait point de prudence, fit ralentir la marche en approchant de la passe.

Il ne voulait pas risquer une fausse manœuvre au moment de la victoire et il tenait déjà sous son feu le débouché de ce défilé maritime; si le *Virginius*, se ravisant, avait essayé de sortir, le *Tornado*, d'une volée de ses canons, le broyait et le coulait à fond.

En raison du ralentissement de la marche, il se passa un certain temps, entre le moment où le navire espagnol entra dans la passe et celui où le *Virginius* y avait disparu.

Les Espagnols s'engagèrent dans le col qui s'ouvrait libre devant eux ; mais leur navire avait pris une faible allure de trois nœuds à l'heure seulement.

Après avoir suivi les sinuosités de la passe, le *Tornado* arriva à un endroit où, pareille à un canal, elle s'allonge droit pendant l'espace de six cents pas.

On voit alors se dérouler la perspective de l'anse.

Le *Virginius*, par son travers, présentant tribord, attendait son adversaire.

Trois de ses canaux le rejoignaient en ce moment, l'accostaient et on les hissait par babord ; détail insignifiant du reste.

Le *Virginius* bravement, salua son adversaire d'une bordée impuissante d'ailleurs, puisque la canonnière ennemie était cuirassée.

Le capitaine espagnol haussa les épaules et murmura :

— Tire si tu veux.

« Tire à boulet, ce sera comme si tu tirais à poudre.

Et, comme il était obligé de présenter l'avant, comme une riposte était encore inefficace, il ne répondit point.

Mais toutefois il commanda de pousser la marche du *Tornado*.

Sous l'impulsion de la vapeur, la canonnière fila de nouveau avec rapidité.

Dans quelques minutes, elle allait déboucher de la passe.

Dans quelques instants, si le *Virginius* ne se rendait pas, elle le crevait dans ses œuvres-vives avec ses canons puissants.

L'on voyait cependant distinctement, à bord du corsaire, le capitaine Leone tranquille, ayant son équipage à son poste, sans qu'aucun trouble se manifestât à bord de ce bâtiment si menacé.

Le capitaine espagnol s'alarma de cette attitude et appela son second.

— Monsieur, lui dit-il, vous voyez avec quelle insolence ces forbans nous attendent ?

— Il est de fait, dit le second, que ces gens-là sont aussi calmes que s'ils étaient sûrs de nous capturer.

— Je crois, fit le capitaine, que Leone nourrit un espoir.

— Lequel, commandant !

— Celui de sauter à l'abordage en renouvelant les prouesses des anciens flibustiers.

— Étant donné son audace, cela est possible ! fit le second.

— En ce cas, dit le capitaine, faites tout disposer, selon les règlements, pour recevoir de bonne sorte ces misérables pirates...

Et la mer montait toujours...

— Capitaine, tout ce qui sauterait à notre bord serait foudroyé.

Le second ne se vantait pas.

Les navires cuirassés sont inattaquables à l'abordage par un équipage.

Leur pont est vide.

Si l'ennemi, évitant le choc redoutable de l'éperon, parvient à jeter sur eux le grappin et à lancer du monde sur leur pont, celui-ci n'offre aux assaillants qu'une carapace semblable à celle d'une tortue.

De toutes parts, des meurtrières vomissent les balles et la mitraille.

Le pont est balayé en tous sens.

Les Espagnols étaient donc fort tranquilles aussi, quoique le calme de leurs adversaires produisît un certain effet sur eux.

Ils avaient vaguement conscience d'un danger latent.

Tout à coup un choc se fit sentir à l'avant du *Tornado*.

Une colonne d'eau haute de vingt mètres se souleva, tomba, projeta le navire en arrière et, en redescendant, le couvrit de ses flots brisés.

Le *Tornado* venait de heurter une torpille.

Léone avait eu cette ingénieuse idée de

semer dans la passe un chapelet de ces engins terribles et de la fermer ainsi.

C'est à ce projet qu'il avait fait allusion en conférant avec son maître canonnier et en lui disant de se tenir prêt...

On juge de l'effet produit par cette explosion à bord de la canonnière.

Heureusement pour son équipage, le capitaine était un homme de tête.

Il avait été renversé.

Se relevant contusionné, il commanda machine en arrière.

Le navire recula.

Le capitaine se rendit compte de la situation ; il constata que la torpille avait ouvert le bordage à l'avant ; mais la cloison étanche, sorte d'enveloppe intérieure et supplémentaire, résistait et n'était point endommagée.

Continuer à avancer eût été de la folie ; le capitaine battit en retraite.

Il était temps.

Le ciel devenait de plus en plus menaçant et le cyclone allait souffler.

Le *Tornado* vira dans la passe étroite et en sortit à toute vitesse.

Pour ce navire, à tout prix, il fallait atteindre le port de Santiago.

Fort heureusement le premier grand souffle qui précède l'ouragan, le portait dans cette direction.

Le *Tornado* mutilé entra dans la rade de Santiago au moment où le cyclone commençait à rugir.

La canonnière était sauvée.

Conduite aux bassins de radoub, elle y fut bientôt en sûreté.

Mais son capitaine et l'équipage jurèrent qu'ils feraient une guerre à mort au capitaine Leone.

Revenons maintenant à notre drame, en nous souvenant que le *Virginius* et ses marins sont dans la crique de Maracavi.

CHAPITRE XXXII

La folle !

Nous avons abandonné le cours de notre récit au moment où se précipitait le dénoûment des incidents dramatiques qui se déroulaient à San Ignatio.

Mais pour les œuvres dont les données historiques obligent l'auteur à rester dans le domaine de la réalité, il est souvent nécessaire de rompre ainsi l'unité que l'on conserverait à l'action, si l'on écrivait un roman d'imagination.

Nous ne sommes pas maîtres de notre intrigue, puisqu'elle est vraie.

Il nous faut écrire les choses telles qu'elles se sont passées.

Le lecteur jugera bientôt si nous avons eu raison de lui expliquer d'avance comment et pourquoi le *Virginius* se trouvait à Maracavi.

Et maintenant revenons à San Ignatio.

Nous y avons laissé l'abbesse en émoi de la double perte d'Agnès et de Teresa avec Pancho et Maracasse.

Mais, nous l'avons dit, Herrera lui avait donné l'espoir, le solide espoir que les fugitifs seraient rattrapés.

D'autre part, Ali venait d'apporter dans les caves, à son capitaine, les clefs et la lanterne de sœur Yriquita, endormie d'un lourd sommeil.

Lorsque Sacripan eut en mains la possibilité de visiter les *in pace*, il ne perdit pas une minute.

Il ouvrit doucement la porte du caveau et fit signe à Ali de le suivre et de refermer cette porte.

Ils descendirent tous deux un escalier étroit de trente-sept marches et ils arrivèrent à l'étage inférieur des caves.

Là, étaient les *in pace*.

Là, gisait Juanita !

Là, pourrissait Mariquita !

Sacripan passa d'abord devant la tombe où cette malheureuse achevait de mourir, et, y entendant des gémissements, no sachant qui était enfermé là, il ouvrit la porte.

Si pressé qu'il fût d'agir, il s'arrêta un instant pour contempler l'affreux spectacle qui s'offrit à sa vue.

Sur la paille infecte, accroupie, hideuse, décharnée, n'ayant plus même un lambeau de guenilles pour se couvrir, se tenait immobile une femme, semblable à un squelette ;

sur les os, on eût tendu une peau humaine corroyée.

La malheureuse était folle !

Sacripan remarqua avec terreur que ses ongles qui avaient atteint un développement incroyable, à force de se poser toujours à la même place, sur le visage, avaient creusé les joues qui étaient littéralement trouées.

Cette misérable ne quittait l'attitude dans laquelle elle se trouvait, que pour dévorer les misérables croûtes qu'on lui apportait une fois par jour

Sacripan ému et indigné prit aussitôt une résolution héroïque.

Au lieu d'une femme, il voulut en sauver deux.

La folle ne paraissait même pas le voir ; mais quoiqu'il fût évident qu'elle ne pouvait plus raisonner sa souffrance, le chevaleresque officier voulut l'arracher de ce tombeau.

— Reste ici ! ordonna-t-il à son sergent. Tiens-toi prêt à emporter cette femme.

Ali demeura planté comme un factionnaire devant l'*in pace*.

Chose remarquable !

Ce nègre, métis d'Arabe, restait impassible devant cette scène.

La race arabe et sémitique est ainsi faite.

Ni le sang, ni les douleurs morales ou physiques, endurées par les étrangers, ne la touchent ; elle n'est sensible qu'au mal des proches parents.

Et cependant Ali avait du sang nègre dans les veines.

Mais l'insensibilité orientale prédominait en lui.

Sacripan, troublé, chercha l'*in pace* de Juanita.

Il entendit enfin le bruit d'un léger mouvement qui le guida.

Il ouvrit la porte du cachot et baissant sa lanterne, il vit la jeune fille.

La forme du caveau la forçait à s'asseoir selon la mode turque ; comme Mariquita, elle était immobile.

Mais elle avait conservé toute sa beauté, malgré la pâleur mortelle de son teint.

Ses yeux semblaient avoir grandi encore, et leur éclat inouï idéalisait l'expression chaste et pure de cette tête virginale, que la torture, fièrement subie, ceignait de l'auréole des martyrs.

Le front rayonnait d'un reflet divin et le capitaine fut frappé d'un respect tel qu'il demeura pendant quelques secondes hésitant, pareil à un de ces hardis voyageurs qui pénétrant dans les cryptes mystérieuses des vieux temples abandonnés, se trouvent tout à coup en présence de quelque déesse dont la splendeur les frappe d'admiration.

Juanita ne reconnaissait point son sauveur ; l'éclat de la lumière l'éblouissait.

Mais, secouant l'espèce d'intimidation qui s'était emparé de lui, Sacripan se hâta de dire à la jeune fille.

— Je viens essayer de vous sauver !

« Levez-vous et venez.

— Vous ! s'écria Juanita.

« Vous, ici !

Et presque douloureusement :

— Mais *lui*...

« *Il* ne vient donc pas !

Ce cri était un reproche à l'adresse du trappeur ; ce cri était peut-être une révélation ; ce cri soulevait à flots l'espérance dans le cœur du capitaine.

Mais il étouffa énergiquement toute velléité de jalousie basse contre son rival et il répondit noblement :

— Vous accusez à tort M. Balouzet de vous oublier.

« Il tente l'impossible et joue sa vie pour vous sauver.

« Si j'arrive avant *lui*, c'est parce que le hasard me favorise.

— Merci pour lui, dit-elle en tendant la main au jeune homme.

« Merci pour *moi* !

« Je serais désolée de me sentir oubliée, ou même moins aimée.

Sacripan sentit de nouveau l'espoir le quitter, après avoir envahi sa poitrine.

Mais il était stoïque.

Il regardait comme son devoir de sauver, lui officier espagnol, cette jeune fille sacrifiée par la politique espagnole ; il ne voulut plus songer qu'à la mission qu'il s'était donnée et il dit à Juanita :

— Ne perdons pas une minute, pas une seconde.

« Fuyons, je vous en prie.

— Je ne puis me tenir debout ! dit douloureusement Juanita.

« Le supplice de cette position m'a brisée et je ne saurais marcher.

Il se pencha vers elle, l'attira doucement hors du caveau et lui dit :

— Je vous porterai.

Il l'enleva dans ses bras, la priant seulement de tenir la lampe pour éclairer sa marche.

Et il commandait en même temps à Ali d'emporter Mariquita et de le suivre.

La folle, par malheur, quand Ali voulut la saisir, poussa un cri perçant qui retentit sous les voûtes avec des échos longtemps répétés.

Si brave qu'il fut, Sacripan frissonna et jugea tout perdu.

Ali, toutefois, homme de décision, avait saisi la folle à la gorge et comprimait la voix de cette malheureuse.

De sa main libre, il la bâillonna avec sa ceinture de laine.

Ceci fait, il la chargea sur son épaule et dit à Sacripan :

— Quand vous voudrez, capitaine.

— Attendons ! dit celui-ci.

« Tout le monde dormait là-haut !

« Mais ce cri peut avoir réveillé quelques individus qui, en ce moment, écoutent à demi assoupis, n'étant pas sûrs d'avoir bien entendu.

« N'entendant plus rien, ils se rendormiront bientôt.

Et il s'assit sur un banc de pierre taillé en plein roc.

Près de lui, il plaça Juanita.

Ali resta debout, portant toujours son fardeau trop léger pour le fatiguer.

Sacripan jugea qu'il fallait demeurer ainsi pendant dix minutes...

Ils attendirent anxieux...

Enfin le capitaine reprit Juanita dans ses bras et monta l'escalier donnant accès aux caves supérieures.

Au moment d'ouvrir la porte du caveau, il dit à Juanita :

— Éteignez la lanterne !

« C'est déjà trop des lampes qui restent encore allumées sur le chemin que nous allons avoir à parcourir.

Et il ouvrit.

Dans la cave où il débouchait, il occupait précédemment avec Ali les deux places les plus rapprochées de la porte.

Il n'eut donc, en refermant celle-ci, qu'à se baisser pour ramasser son manteau ample et large à la mode espagnole.

Il le jeta sur lui et sur Juanita.

De son côté, Ali imitait en silence son capitaine.

Ils s'avancèrent ensuite rapidement, mais prudemment, à travers les files de dormeurs et ils débouchèrent dans les couloirs du rez-de-chaussée.

Là, Sacripan dit bas à Ali :

— Conduis-nous à la cellule d'Yriquita, tu en sais le chemin.

Le sergent obéit sans objection.

Juanita n'avait aucune observation à faire, car elle ne savait rien du plan de son sauveur ; mais elle fut effrayée de la violence de l'ouragan.

Elle demanda à Sacripan :

— Est-ce l'effet de ma faiblesse ?

« Il me semble que cet orage dépasse tout ce que je pouvais imaginer.

— C'est un cyclone ! dit Sacripan.

« Grâce à lui, peut-être parviendrons-nous à échapper aux poursuites.

« Mais je ne vous cache pas que, dans la fuite, nous affronterons la mort.

« Je vous connais assez pour ne pas vous demander si vous préférez un péril imminent à la captivité que vous subissiez.

— Mon ami, dit-elle avec une touchante familiarité, plutôt que de me laisser retomber vivante entre les mains de don Saluste, je vous prie, je vous conjure, je vous ordonne de me tuer.

Il frissonna.

Elle comprit qu'il hésiterait.

Elle reprit :

— Pour faire ce que vous avez fait, pour vous dévouer à une étrangère, mu par le sentiment le plus délicat de l'honneur national, il faut que votre âme ne soit pas vulgaire.

« Un homme comme vous, en songeant à ce qui m'attendrait dans cet *in pace*, en se rappelant Mariquita qui est là, devant nous, un homme de cœur, vous dis-je, ne peut refuser d'épargner à une femme un pareil supplice.

« Je compte sur vous !

Il se taisait.

— Ah ! fit-elle douloureusement, vous autres gens des villes, vous ne serez jamais d'aussi grands cœurs que les flibustiers.

« Il vous restera toujours des scrupules mesquins.

Sacripan, reçut un coup de fouet sur son orgueil.

— Vous l'exigez ? fit-il.

« Comme vous l'aurez voulu, je ferai !

— Merci ! dit-elle joyeusement.

« Voilà comme je vous aime !

Et dégageant son front, elle le lui donna à baiser.

Il l'effleura des lèvres.

Depuis qu'il la tenait ainsi pressée contre sa poitrine, il sentait un volcan grandir dans son cœur.

Il ne doutait pas que lui laisser voir sa passion, c'était déchoir.

Mais ce contact l'enivrait et il eût voulu échapper à cette fascination.

Longtemps encore, il la porta ainsi à travers les réfugiés endormis.

Heureusement les grandes pluies semblent semer la torpeur.

Dans les longs orages, quand on ferme enfin les yeux, quand la fatigue l'emporte, le sommeil devient si dur, si lourd, que les éclats du tonnerre ne produisent même plus d'effet.

Personne ne vit passer les fugitifs.

Ils arrivèrent enfin à la cellule de la tourière.

Sacripan, posant Juanita près d'une fenêtre, sur l'appui de laquelle elle put s'accouder, dit à Ali :

— Entre !

« Éveille-la !

« Dis-lui que c'est l'heure de fuir avec toi et décide-la.

— Si elle refuse !

— Menace-la !

— Si elle refuse encore !

— Embrasse-la… dit Sacripan à l'oreille de son sergent.

« Jure-lui ensuite de ne la revoir jamais… jamais.

Ali entra.

Sacripan lui avait donné les clefs.

Il déposa dans la chambre même la folle, toujours dissimulée sous son manteau, et il alluma une bougie.

Yriquita était si fatiguée, qu'il dut la pousser.

Elle ouvrit les yeux, se mit sur son séant et demanda :

— Où t'en vas-tu donc, mon chéri ?

Elle voyait Ali tout habillé.

— Nous nous en allons ! dit celui-ci.

« Jamais nous n'aurons si belle occasion ; nous allons gagner le camp des insurgés, et, de là, nous nous embarquerons.

— Fuir !

« Par un pareil temps !

— C'est pour cette nuit ou… jamais !

Yriquita qui avait apprécié Ali et qui était entièrement revenue de ses préjugés, tenait à lui énormément.

Du reste, l'énergique soldat exerçait déjà sur elle, l'irrésistible fascination du mâle sur la femelle.

— Lève-toi ! commanda-t-il.

— Mais…

— Ne parle pas.

« Ne résiste pas.

« Je t'aime, moi…

« Je veux faire ton bonheur.

« Si tu t'y refuses, je t'enlève !

« Si tu cries… je te tue !

Elle se leva et s'habilla.

— Voilà qui est bien ! dit-il.

« Maintenant que tu es décidée, écoute et prends garde.

« Pas une parole !

« Pas de protestation.

Il tira son couteau et le prit en main ; elle vit la lame et frémit.

Ali avait l'air terrible.

Il dit :

— Nous ne fuyons pas seuls.

« Mon maître, qui me fait riche pour avoir mon aide en cette circonstance, enlève Juanita... ne dis rien, malheureuse ou tu es morte. Je veux que tu le fasse sortir, ainsi que cette jeune fille, en même temps que nous. »

Et jugeant que la tourière terrifiée ne s'opposerait à rien, il ouvrit la porte.

— Entrez ! dit-il.

Sacripan entra, soutenant Juanita.

La tourière, épouvantée, joignait les mains et murmurait des mots sans suite.

Ali allait la secouer durement.

Sacripan lui dit à l'oreille :

— Pas de violence.

« Prends-la maintenant par la douceur. »

Et donnant lui-même l'exemple, Sacripan dit à la tourière.

— Rassurez-vous.

« Je connais Ali.

« Il sera un excellent mari. »

Puis il montra Juanita.

— Cette jeune fille vous fera richement récompenser par son fiancé qui est millionnaire et vous serez très-heureuse.

Yriquita, malgré son effarement et son trouble, ne put s'empêcher de faire une observation toute féminine.

— Ce n'est donc pas vous qui épousez la senorita ? demanda-t-elle.

Puis se reprenant tout à coup, elle s'écria :

— Ah c'est vrai !

« J'oubliais.

« Le fiancé est un nègre. »

Avec amour, regardant Ali :

— Je ne serai pas seule à me marier avec un homme de couleur.

Ali esquissa un sourire pour répondre à ce compliment ; mais il dit impérativement ensuite à la tourière :

— C'est assez d'observations !

« Il faut partir.

« Comment allez-vous nous faire sortir d'ici ?

« Pouvons-nous ouvrir une porte ?

— Hélas, non, dit-elle.

— Pourquoi ?

— Le portier, quoi qu'il arrive, est toujours sur ses gardes.

« Il a huit hommes chaque nuit pour monter la garde et faire des rondes.

Sacripan savait ce détail.

— Ce n'est point sur la porte que je comptais ! dit-il à son sergent.

« Il n'y a qu'un seul bon moyen d'évasion pour nous.

« J'ai étudié la place.

« Vers le nord, la muraille de San Ignatio aboutit à une petite plate-forme, qui domine un ravin, au fond duquel on descend par un sentier étroit mais praticable.

« Le vent souffle du sud en ce moment ; nous serons abrités contre ses rafales par le massif même du couvent.

« Arrivés dans le ravin nous chercherons un chemin vers la mer.

« Vous nous procurerez facilement, sœur Yriquita, une échelle.

— Oui ! dit-elle.

« J'ai les clefs des hangars où l'on serre les grandes échelles dont les vignerons se servent pour atteindre les plus hautes treilles.

« Vous trouverez là des outils, au besoin.

— Hâtons-nous donc ! dit Sacripan.

« Faites vos derniers préparatifs.

Yriquita, en ce moment, soulevait le manteau d'Ali qui couvrait la folle et jetait un cri d'épouvante.

— Seigneur Dieu ! s'écria-t-elle.

« L'idiote !

— Silence ! dit Ali.

« La délivrance de celle-ci sera payée plus cher encore que la senorita.

« Votre dot s'augmentera d'autant ! »

Ces mots dot, mariage, amour, sonnaient comme une fanfare si délicieuse à l'oreille d'Yriquita, qu'elle se laissait toujours charmer en les entendant ; elle obéit à une dernière injonction d'Ali lui ordonnant de les guider vers le hangar.

Peu à peu cependant la force et l'usage de ses jambes étaient revenus à Juanita ; elle pouvait enfin marcher.

Elle accepta un manteau que la tourière lui jeta sur les épaules, et, tous ensemble, sans bruit, ils suivirent leur guide.

La pluie qui tombait à torrents, le tonnerre et les éclairs, le vent rugissant, faisaient rage dans les cours.

Nulle crainte de rencontrer qui que ce fût.

Yriquita conduisait son monde au hangar dont elle avait parlé; il était tellement bondé d'instruments de toutes sortes, que l'on n'y avait logé personne; en soldat expert, Ali jugea que dans le cas présent une hache serait à la fois une arme redoutable et un instrument utile.

Il en prit une.

Le capitaine l'imita.

Tous deux ensuite choisirent une échelle et, en prenant chacun un bout, ils la portèrent sur le rempart dont il s'agissait de descendre l'escarpe.

Ils firent passer l'échelle par-dessus la crête de la muraille et ils l'appliquèrent contre l'escarpe, la base appuyée sur la petite plate-forme dont Sacripan avait parlé, le sommet atteignant et même dépassant l'arête du rempart.

Ceci fait, ils retournèrent chercher les fugitives en toute hâte.

Fort heureusement, comme Sacripan l'avait prévu, le couvent lui-même abritait la partie nord extérieure contre la violence du vent, sans quoi l'échelle eût été culbutée.

Une masse de gros bâtiments masquaient ce coin-là.

Sacripan fit placer Ali sur le rempart, il prit Juanita sur ses épaules et il descendit avec elle; il la déposa au pied de l'échelle et il revint enlever la folle.

Alors Ali descendit aussi avec Yriquita.

Tous deux renversèrent enfin l'échelle et la précipitèrent dans le ravin.

Juanita, se croyant libre enfin, poussa un joyeux soupir.

Sacripan jugea que, le long du sentier, il fallait la porter encore.

Il le lui dit.

Elle se confia de nouveau à ces deux bras vaillants.

Le capitaine s'engagea dans l'étroit chemin à peine visible.

Ali, insoucieux, résolu et calme comme un fataliste qu'il était, chargea la folle sur son dos et dit à Yriquita d'un ton sec :

— Suivez-moi.

— Mais... mon ami.... je... aidez-moi... je ne puis marcher.

Ali, sans s'apitoyer en voyant trébucher la tourière, descendit vers le ravin.

La pauvre Yriquita suivit comme elle put, tombant et gémissant.

Peu importait.

Le vent mugissait si terriblement que les plaintes de la malheureuse tourière ne pouvaient être entendue, partant elles n'étaient point dangereuses.

Déjà les fugitifs étaient à vingt-cinq mètres en contre-bas du couvent, ce qui représentait une distance de plus de cinq cents mètres parcourue le long du sentier, déjà ils venaient de tourner un coude pour suivre un lacet en retour du chemin, quand, eux passés, deux hommes se levèrent derrière un rocher qui les abritait; ils échangèrent lèvres contre oreille un court dialogue.

L'un était vêtu comme un péon.

L'autre portait un costume européen.

Tous deux parlaient ou baragouinaient l'anglais avec deux accents différents.

— Les tuons-nous? demandait l'un.

— Non! dit l'autre.

« Herrera nous a recommandé la prudence, et, si ces deux hommes sont des flibustiers, il y aurait un rude combat entre nous.

« Or, le maître veut que l'on n'attaque qu'étant certain de réussir.

« Va chercher du renfort.

Ces deux hommes étaient des agents d'Herrera.

Celui-ci prudent, prévoyant, toujours habile, avait étudié son terrain ; il avait jugé que si les flibustiers faisaient quelque tentative contre le couvent, ce serait de ce côté ; il y avait placé avec ses ordres, ses deux meilleurs hommes.

Celui qui portait le costume européen faisait partie de la brigade de choix qu'il avait amenée d'Espagne; celui qui avait la veste des péons était un des Indiens rôdeurs, gens de sac et de corde, qu'il avait recrutés dans l'État de San-Francisco.

L'agent et le Peau-Rouge parlant un peu l'anglais ou si l'on veut le patois yankee, s'entendaient en cette langue.

L'agent attendit à son poste que l'Indien lui amenât du renfort.

Un mot de la disposition des lieux.

De la terrasse, le sentier descendait vers le ravin qui courait au bas des amoncellements de rocs sur lesquels le couvent était bâti.

Ce chemin, en raison de la conformation du sol, pour franchir l'espace de quinze cents mètres, le long des pentes, décrivait plus de soixante lacets et il aurait eu en droite ligne un développement de six kilomètres.

Impossible de s'écarter à droite ou à gauche du chemin sans rouler dans des précipices ; il fallait suivre ce tracé comme un fil conducteur à travers un labyrinthe d'abîmes.

L'agent impatient voyait de temps à autre, à la clarté des éclairs, les silhouettes des fugitifs se dessiner tantôt loin de lui, tantôt plus rapprochées selon les tours de lacets où ils se trouvaient ; mais il apprécia que les deux hommes couraient avec leurs fardeaux et qu'ils gagnaient de l'avance.

L'agent comprit alors que si à la lueur des éclairs il avait vu les fugitifs, de même son compagnon avait été vu aussi.

En effet Ali avait parfaitement distingué une silhouette à un certain moment, où, au retour du sentier, un coup de foudre resplendissant lui montrait, courant rapidement vers le couvent, l'homme qui allait chercher des renforts.

Il avait prévenu Sacripan.

Celui-ci, avec l'audace que donne aux fugitifs l'espoir d'échapper, s'était mis à courir, le pied dût-il lui manquer.

En ce cas c'était la mort.

Mais il était résolu à tenir sa promesse, à tuer Juanita et à se tuer avec elle, plutôt que de la laisser retomber aux mains de don Saluste.

Derrière lui, agile comme un montagnard Marocain, Ali bondissait.

La pauvre Yriquita abandonnée, poussait en vain de déchirants appels.

L'ingrat mulâtre ne s'arrêtait point pour si peu.

Du train dont ils allaient, les fugitifs atteignirent le ravin en une demi-heure ; mais là, Sacripan fut effrayé, en voyant qu'un ruisseau, ordinairement large d'un pas, où l'eau n'eût pas mouillé le genou d'un enfant, était devenu un torrent.

Les flots y roulaient profonds, impétueux, infranchissables.

C'était une rivière déchaînée dont le courant terrible rendait vaine toute tentative de franchissement.

Sacripan dut s'arrêter là, désespéré.

Impossible de filer soit en amont, soit en aval le long des rives.

Le torrent roulait entre deux barrières de rochers à pic, absolument impraticables ; il n'y avait pas moyen de marcher le long des bords. Le gué que l'on franchissait ordinairement à la cheville et qui avait six mètres d'eau en ce moment, était le seul passage.

En haut, l'agent connaissait cette situation, et tout impatient qu'il fût, il se disait que les fugitifs seraient capturés.

Lorsque parurent les hommes qu'il avait envoyé chercher au couvent, dans un poste préparé chez le portier, et où celui-ci tenait tout ce monde bien caché, l'agent donna ses ordres.

— Nous voilà quatorze ! dit-il.

« Les flibustiers, si ce sont des flibustiers, ne sont que deux.

« Nous les tenons et nous tenons la prime qui est de mille piastres.

« Ils ont leur retraite barrée par le torrent et ils ne peuvent fuir à nouveau qu'en remontant le sentier.

« Il leur faudrait nous passer sur le corps et nous sommes sept fois plus nombreux.

— S'ils se mettent à la nage ? demanda l'un des agents.

— Ils seront noyés !

« Quand ils ont passé devant l'embuscade, je venais d'aller visiter la rivière et je vous assure que personne au monde ne la traverserait.

« J'ai vu, à la clarté de la foudre, un arbre déraciné filer dans l'eau, sous mes yeux, avec la rapidité d'une flèche.

— Ils sont à nous alors.

L'agent reprit :

— Tâchons de les avoir vivants.

« Préparez les lassos.

« Agissons prudemment.

« Trois hommes vont descendre sans hâte, en rampant et en se défilant.

Et voilà comment seront traités tous ceux qui manqueront de respect aux femmes.

« Derrière eux, trois autres à cinquante pas en soutien.

« Puis, moi, à cent pas avec le gros de mon escouade dont un homme ramassera la tourière qui se lamente en arrière et la conduira au couvent.

« Maintenant en route.

Tous ces hommes semblaient de bronze ; les ruissellements de pluie qui les trempaient jusqu'aux os paraissaient glisser sur eux comme sur des statues de métal.

Ils défilèrent par groupes, allongés sur la boue.

Ils avaient une longue marche à fournir

ainsi ; mais peu importait le temps qu'ils y mettraient, puisqu'au bout, ils atteignaient sûrement leur but et capturaient les fugitifs.

Ils montraient du reste une circonspection extrême.

Les Indiens surtout, sachant quels hommes étaient les trappeurs-flibustiers, rasaient le sol comme des reptiles.

Enfin l'on arriva à un certain endroit d'où l'on dominait le gué.

Là, d'instinct, tous les groupes s'arrêtèrent pour observer.

L'arrière-garde rejoignit l'avant-garde et l'on attendit un éclair.

Mais une vaste lueur courut en vain du ciel à la terre, illuminant le ravin ; rien ne parut au bord du gué.

Il n'y avait plus guère que six cents mètres à parcourir pour l'atteindre.

En ce moment un homme, descendu par le sentier, rejoignit les agents.

C'était Herrera, prévenu, qui accourait se mettre à la tête de l'escouade.

En quatre mots, on le mit au courant et il jugea la situation.

— Les deux hommes que nous poursuivons, dit-il, ne sont pas des flibustiers.

« Ce sont des Espagnols.

« C'est le capitaine Sacripan et son sergent Ali.

Il y eut un mouvement de surprise.

Herrera reprit :

— En ce moment ils doivent nous attendre, cachés et prêts à nous charger.

« Ils ont des revolvers.

« La lutte sera très-vive ; du reste ces hommes ne se battront pas en trappeurs, mais en soldats.

« Pas de quartier, tuez-les, et s'ils ne sont que blessés, achevez-les.

« Cela vaudra mieux pour eux :

« Et qu'on ne se hâte pas.

Herrera avait parfaitement deviné qu'il avait affaire à Sacripan et à Ali.

Il prenait ses mesures en conséquence.

Au lieu de disséminer son monde par petits pelotons, sachant bien que les deux soldats chargeraient ensemble, à découvert et à fond, il mit sa troupe à la file pour pouvoir opposer une masse au moment où ses deux adversaires, s'élanceraient.

Les agents se promettaient de ne pas faire grâce.

Ils étaient indignés qu'un officier espagnol trahît.

Ils appelaient cet enlèvement une trahison.

Herrera, lui, ne jugeait pas ainsi en son for intérieur.

Mais précisément à cause de l'affection qu'il avait vouée au jeune capitaine, sachant bien que, pris, il serait accusé, condamné et fusillé, il voulait lui épargner un procès et lui faire cette pitié qu'il mourût en combattant.

A chaque instant, Herrera s'attendait à entendre tout à coup crépiter le feu des revolvers dont il savait que les deux adversaires étaient munis ; mais rien n'annonçait leur présence.

A gauche du sentier, son agent le plus sûr sondait tout endroit où il eût été possible de se blottir.

A droite, c'était Herrera lui-même qui examinait le terrain.

Du reste, lui et ses hommes avaient toujours pensé que quelque chose se passerait de ce côté, puisque c'était le seul point accessible.

Ils avaient étudié, de jour et de nuit, ce sentier qui leur était familier.

Ils avançaient donc convaincus que les fugitifs ne restaient point cachés sur les bords de ce ruban si mince qui, d'un côté, se déroulait entre des murailles surplombantes et de l'autre sur l'extrême limite des abimes.

Du reste, si les fugitifs se fussent jetés hors du sentier, ils eussent été broyés certainement.

Donc ils étaient au gué.

Mais on arrivait à trente mètres et rien ne paraissait.

A vingt pas, rien encore.

A dix, toujours rien.

Là, le sentier s'élargissait et formait comme une place.

Elle fut fouillée.

Toujours rien !

Les éclairs cependant se succédaient si

vite que l'on en comptait trois, souvent six par minutes.

Cette illumination ne permettait pas le doute, et après de minutieuses investigations, Herrera déclara froidement, :
— Ils ont passé l'eau !
— Non ! dit un Indien.

Ces agents nouveaux parlaient encore et agissaient avec la liberté d'allures des sauvages ; Herrera, du reste, souffrait la contradiction ; il avait la modestie des hommes supérieurs qui discutent leur avis.
— Pourquoi dis-tu non, *Bison-Cornu?* demanda-t-il à l'Indien.
— Parce que, fit le Peau-Rouge, je sais ce que c'est qu'un torrent.

« Mes frères peuvent l'affirmer que personne ne nage mieux que moi.

« Cependant je ne pourrais pas, j'en suis certain, franchir cette rivière.
— Mais que sont devenus nos ennemis alors ? demanda Herrera.
— Le scorpion se tue quand il est entouré de charbons ardents. Les Visages-Pâles perdent parfois la tête dans le danger et se suicident. Ceux-ci se sont noyés volontairement.

Herrera secoua la tête.
— Je connais Sacripan ! dit-il.

« Il aurait peut être tué la jeune fille avec l'intention de mourir aussi ; mais il aurait voulu combattre et périr armes en main.
— Si l'homme dont tu parles est ainsi, dit le *Bison-Cornu* d'un air railleur, il est probable qu'en effet il ne se sera point noyé, mais qu'il aura emprunté des ailes de chauve-souris géante pour passer par-dessus ce torrent sans même se mouiller les pieds.

Herrera regarda l'Indien, lui toucha doucement le crâne, le fit sonner sous l'angle de la deuxième phalange du medium replié et parut enfin se livrer à une sérieuse investigation phrénologique.

L'Indien inquiet demanda :
— Que fais-tu ?
— Je m'assure d'une chose dont je me doutais, *Bison-Cornu*.

« Voilà plusieurs fois que je remarque combien ta parole ressemble au duvet des pintades qui est une des choses les plus légères que l'on puisse voir voler.

« Parole creuse, cerveau creux !
« Tiens, regarde.

Herrera montra au Peau-Rouge un bouquet d'arbres qui s'élevait au débouché de la petite place et lui dit :
— Hier, ce matin même, tu as pu compter ces arbres.

« Combien il y en avait-il ?
— Cinq ! dit le sauvage.
— Et ce soir.
— Il me semble que je n'en vois que quatre, oui quatre seulement.
— Sache donc que nos adversaires ont coupé un arbre, l'ont jeté à l'eau et se sont accrochés à lui, espérant atterrir.

« C'est Ali, un Arabe, un homme d'une race aussi fine que celle des Peaux-Rouges, c'est ce sergent, je le parierais qui a eu cette idée ingénieuse.

« *Bison-Cornu*, une autre fois, mets autant de plomb sur chacun de tes mots que l'on en met dans un canon de fusil, quand on ne veut pas que la charge trop légère s'écarte du but.

« Remontons.

« Toute recherche serait inutile cette nuit.

« A l'abri du vent ici, nous serions culbutés en plaine.

« Puis on ne saurait trouver une piste à cette heure.

Et à son agent de confiance, il dit :
— Nous avons à interroger cette vieille tourière qui est là-haut.

« Mais je crois qu'elle ne nous en apprendra pas plus que nous n'en savons, car tout ce qui s'est passé est facile à reconstituer.

L'escouade se remit en marche.

Bison-Cornu baissait la tête en homme qui n'est pas content.

Tout le monde, du reste, était dépité.

Seul peut-être, Herrera ayant fait son devoir, ne se trouvant rien sur la conscience, ne pouvant rien se reprocher, Herrera qui aimait Sacripan était ravi, sans se l'avouer, de n'avoir point réussi à le capturer.

L'escouade rentra au couvent, et se mit à couvert contre l'ouragan.

Désormais, à San Ignatio, plus rien qui

attirât les flibustiers ; en conséquence, plus de surveillance à établir.

CHAPITRE XXIII

Dans le torrent.

Revenons aux fugitifs.
Que s'était-il passé ?
Tout ce qu'avait si bien deviné Herrera, grâce à sa puissance de déduction et à la pénétration de son intelligence.
Arrivés au bord du gué, les fugitifs se trouvèrent arrêtés net.
Que faire ?
Comment dépasser l'obstacle ?
— Nous sommes pris ! dit Sacripan.
« Se jeter dans le torrent, c'est mourir noyés.
« N'aimeriez-vous pas mieux, Juanita, recevoir une balle ?
— Je ne sais pas nager ! dit la jeune fille ; l'eau m'effraie.
« Je préférerais un coup de pistolet ou de couteau à la lente agonie que je trouverais dans cette rivière.
— Allons, dit Sacripan, voilà un révolver; nous tirerons lentement, quand nos adversaires seront sur nous.
« La lutte sera courte.
« Je connais Herrera et ses hommes, qui sont résolus.
« Ils se jetteront sur nous et nous les forcerons à frapper en nous défendant.
« Si par malheur, vous ne receviez pas une blessure mortelle, comme nous serons un peu en avant de vous, comme vous vous tiendrez sur le bord du torrent, à toute extrémité, jetez-vous dedans.
— Ainsi ferai-je ! dit Juanita avec un calme héroïque.
Puis, tendant la main à Sacripan, elle lui dit avec une tendresse profonde :
— Adieu, mon ami !
« Vous mourez pour moi et je meurs avec vous !
Tout à coup un éclair enveloppa Juanita d'une auréole et elle apparut si prestigieuse aux yeux du capitaine, qu'en cet instant suprême, dans un élan d'admiration, il se jeta aux genoux de la jeune Vénitienne, et, avec l'emportement passionné des amoureux Espagnols, il baisa le pan de la robe de Juanita.
C'est ainsi qu'on adore la Madone ; par cet acte, il déifiait Juanita.
Il se releva, étourdi lui-même d'avoir cédé à ce mouvement et murmura :
— Oui, nous mourrons.
« Cela vaut mieux que vivre !
« La tombe est un refuge !
Il se fit dans le cœur de Juanita une clarté vive.
Pure et grande, Juanita, en était toujours au point de départ de ses relations, avec Sacripan ; il était évident que cet officier, intervenant en faveur d'une femme qu'il n'avait jamais vue, agissait uniquement ainsi par chevalerie.
Juanita ne soupçonnait point que l'amour s'était mêlé plus tard au dévouement ; elle ne prêtait à Sacripan que le mobile de l'honneur le poussant à laver son pays de cette honte d'une persécution dirigée contre une femme.
Mais tout à coup la vérité lui apparaissait et elle répéta douloureusement, après lui :
— Oui ! mieux vaut mourir !
Elle arma son révolver.
Sacripan tenait le sien en main.
Mais Ali qui venait d'apercevoir les arbres dont le bouquet s'élevait au débouché du sentier, Ali qui avait l'ingéniosité d'un Arabe et la ruse d'un nègre, Ali qui n'avait aucune raison pour mourir cette nuit-là plutôt qu'une autre, dit à son capitaine :
— Quand la plaine de l'Oued-Ferjun, dans mon pays, est inondée, on coupe les arbres et on se suspend après.
« Si rapide que soit le courant, on se sauve ainsi, car on finit par atterrir.
« Voulez-vous en essayer, capitaine ?
Sans trop attendre la réponse, il se jeta vers les arbres, et, choisissant le moins fort, il le coupa à un pied au-dessus du tronc pour avoir plus tôt fini.
Sacripan montrait peu d'enthousiasme pour ce moyen de salut.
Fort heureusement il se rappela une parole d'Herrera :

Celui-ci avait dit un certain jour au capitaine et avec assurance :

— Je ferai pendre et fusiller M. Balouzet.

Or, M. Balouzet étant le principal obstacle au bonheur de Sacripan, celui-ci pourrait conserver de l'espoir.

Quand une lueur d'espérance entre dans l'âme d'un homme, il renonce aussitôt à toute pensée de mort.

Sacripan se mit donc à aider aux efforts de son sergent.

A eux deux, ils ébranchèrent rapidement le sommet trop touffu de l'arbre et ils le poussèrent à demi dans l'eau, sur le bord, dans un remous où le courant était moins rapide.

— Vite, dit alors Sacripan à Juanita qui hésitait.

« Tenez-vous ferme à cette branche et nous ferons de même.

« Nous allons entrer dans le torrent en tirant à l'eau le tronc de l'arbre qui porte encore à terre.

« Je serai près de vous.

« Je ne vous abandonnerai pas.

— Je le sais ! dit-elle.

Il se mit à l'eau le premier et il lui tendit la main.

Elle dompta toute faiblesse et le suivit, saisissant la branche qu'il lui désignait et à laquelle elle se cramponna.

Ali, de son côté, attachait l'idiote à une autre branche.

Quand il eut terminé, le brave sergent demanda :

— Y sommes-nous, capitaine?

— Oui ! dit Sacripan.

— Ensemble alors !

« Tirons.

Ils entraînèrent l'arbre plus avant, perdirent pied et furent bientôt entraînés par le courant avec une rapidité vertigineuse.

En peu de minutes ils furent loin du gué.

Ils étaient loin déjà lorsque les hommes d'Herrera arrivèrent au gué.

Mais cette impétuosité du torrent qui les emportait si vite loin de leurs adversaires était pour eux un péril en raison des obstacles que l'arbre heurtait.

A chaque fois qu'il touchait à quelque autre arbre, non encore déraciné, ou à un arbre submergé, au toit de quelque maison engloutie, les fugitifs recevaient quelque rude secousse.

Sacripan craignit même que Juanita, trop faible, ne lâchât prise.

Alors, tout en se tenant d'une main à sa branche, de l'autre main, avec sa ceinture basque, il la lia à l'arbre.

Ils naviguèrent ainsi pendant une demi-heure au milieu d'une gorge qui retenait captives, sur chaque bord, les eaux du ruisseau.

Mais bientôt ils entendirent un fracas terrible de mugissements.

Sacripan reconnut que c'était le bruit menaçant d'une cascade.

Comme il avait étudié à fond les abords du courant et le chemin de fuite, il se souvint qu'à un certain endroit, avant de déboucher dans la plaine, le ravin se resserre et descend par une pente brusque au niveau des terres situées en aval.

Là, le torrent formait une chute

Là, un danger de mort imminent attendait les fugitifs.

Sacripan calcula que, sur un espace de cent mètres, la cascade devait suivre une déclivité de trente mètres au moins...

Et les flots écumants devaient se briser contre plusieurs rocs, blocs énormes, détachés des crêtes, et tombés dans le ravin.

Sacripan désespéra.

A mesure que l'on approchait, le vacarme assourdissant des eaux déchaînées devenait plus puissant.

Sacripan cria à son sergent :

— Ali, essayons de pousser l'arbre à bord en nageant.

— Non ! cria de toutes ses forces Ali pour se faire entendre.

A deux pas, c'était à peine si l'on percevait le son de la voix.

— Non ! répéta-t-il.

Et, de fait, la proposition de Sacripan était insensée.

Les rives filaient déjà sous ses yeux avec une fantastique rapidité.

L'arbre était emporté vers la cascade avec

tant de force, que rien n'aurait pu le retenir dans sa course.

Sacripan comprit l'inutilité de tout effort et n'en fit plus aucun.

Juanita jugeait, elle aussi, que le gouffre dont elle devinait l'existence, allait les engloutir et elle se résigna.

Mais, attachée, ayant les mains libres, elle voulut dire un dernier adieu au vaillant soldat qui lui avait donné de si grandes preuves de son dévouement.

Sacripan sentit une main se poser sur son front.

C'était celle de Juanita.

Cette caresse muette, à l'instant suprême, adoucit l'agonie morale du jeune capitaine au point de lui rendre la mort agréable.

Mais la catastrophe était imminente : les fugitifs éprouvèrent tout à coup comme un sentiment d'arrachement.

Ils entraient dans le *rapide* qui précédait la chute.

L'eau bondissait, projetée contre les rochers avec une violence dont les lames déferlant contre les rochers donnent seules une idée ; les gerbes rejaillissantes montaient à une hauteur prodigieuse, et, quand les éclairs traversaient le ravin, elles produisaient à travers les vapeurs de l'écume des illuminations féeriques.

C'était une scène si merveilleuse que les fugitifs en ressentaient une impression admirative qui les jetait dans un eespèce de délire ; ils éprouvaient l'enivrement de la vitesse produite par les attractions irrésistibles, le tourbillon qui les emportait les fascinait et se les assimilait ; ils n'avaient plus de volonté et se laissaient aller non sans une volupté étrange ; ils auraient eu la liberté de s'arracher à cette situation qu'ils n'auraient pas su le vouloir ; ils étaient saisis par le vertige.

Ils franchirent le *rapide* avec la vitesse d'un train lancé à toute vapeur ; ils eurent le sentiment que l'arbre, effleurant des rochers, tournoyait ; mais comme ils arrivaient au point où, s'inclinant brusquement, les flots tombaient presque à pic, ils donnèrent contre un bloc de granit qui séparait la chute en deux.

La secousse fut si terrible que l'arbre se brisa.

Sacripan sentit qu'il ne tenait plus en ses mains qu'une branche rompue et, en même temps, il était précipité.

Il disparut roulé, tournoyant, virant sur lui-même avec une étourdissante rapidité, puis il revint à la surface.

Il sentit, près de lui, un corps qui frôlait le sien.

Il le suivit.

Tout étourdi qu'il fût, il se rendit compte qu'il avait franchi la chute, et, quoique le courant fut toujours impétueux, il était dans une nappe d'eau plus calme couvrant une vallée.

Quant au corps qu'il cherchait à soutenir, c'était celui de la folle, lié encore après une maîtresse branche de l'arbre rompu ; Sacripan lâcha le faible rameau auquel il se cramponnait encore et il saisit la branche plus forte qui soutenait Mariquita.

En ce moment, se produisait chez le capitaine, une réaction dangereuse.

Quand les forces de l'intelligence et celles du corps sont tendues outre mesure pendant trop longtemps, quand une action physique débilitante comme un bain prolongé, ajoute encore une cause de défaillance, il arrive inévitablement une détente générale de tous les ressorts.

C'est ce qu'éprouva Sacripan.

Il fut atteint d'une défaillance qui ressemblait presque à une paralysie ; si l'instinct suprême des noyés ne les poussait pas à serrer convulsivement l'objet qu'ils tiennent, Sacripan aurait lâché la branche.

Mais l'homme qui se sent périr dans l'eau a toujours en quelque sorte ses derniers restes de volonté et d'intelligence au bout des doigts.

Sacripan, par une crispation des nerfs de ses mains, resta suspendu.

Combien de temps flotta-t-il ainsi ?

Il n'aurait pu le dire.

Toutefois il se souvint d'avoir senti, comme dans un rêve, la terre sous ses pieds, et d'avoir retrouvé tout à coup une sorte de vigueur ; comme Antée, retrouvant sa force en touchant le sol, il était redevenu maître de mouvoir ses membres.

Il s'affermit, marcha vers une rive qu'il apercevait dans l'ombre, traînant derrière lui la branche et la folle.

Quand il eut pris pied, il détacha la malheureuse et la chargeant sur son épaule, il s'éloigna cherchant un endroit sec.

Il trouva sur une petite éminence, un bouquet de bois; il tombait de sommeil, de fatigue et de faim; ses derniers efforts lui causèrent une nouvelle faiblesse.

Il tomba sur la mousse, au pied d'un chêne et s'endormit.

Il n'avait pas même remarqué que l'ouragan avait diminué d'intensité.

. . . .

Le lendemain, quand il s'éveilla, le soleil avait séché les terres.

Sacripan regarda autour de lui comme un homme qui sort d'un mauvais rêve.

Au milieu de la nature riante, au milieu des ruines de la veille qu'elle se hâtait déjà de réparer, au pied d'un arbre, Sacripan vit un homme au visage rude, à la barbe inculte, tenant sur ses genoux une femme âgée, dont le corps avait l'apparence cadavérique.

(Voir *notre vignette, 15ᵉ livraison du Morne aux Géants, page* 109.)

Sacripan chercha du regard la folle et ne la trouva pas.

Il examina l'homme.

Celui-ci était immobile; ses yeux fixés sur la morte étaient animés d'un désespoir farouche; il ne s'apercevait même pas de la présence de Sacripan.

Celui-ci s'approcha et toucha du doigt ce malheureux.

L'homme leva la tête.

Comme Sacripan portait le costume national espagnol, il était facile à cet homme de juger, en apparence du moins, à qui il avait affaire.

Or, lui, il était Havanais.

Il posa à terre la tête de la morte qu'il soutenait et, se dressant, il demanda d'un air brutal et menaçant :

— Qui t'a permis, chien de Catalan, de porter la main sur moi.

En même temps, de l'œil, il cherchait quelque pierre pour s'en faire une arme et il serrait les poings.

Sacripan jugea que ce malheureux voulait lui faire un mauvais parti.

Il avait conservé ses révolvers dans leurs gaines de cuir.

Les balles à cartouches métalliques sont imperméables.

Sacripan montra ses armes et dit :

— Je vous invite, mon ami, à ne pas me chercher une mauvaise querelle.

« Vous êtes Cubain, je le devine !

« Vous maudissez les Espagnols et je le comprends !

« Ils font une guerre atroce qu'ils ont causée par leurs injustices.

« Quoique je sois Espagnol, moi-même, je les blâme.

« A cette heure, ma tête est menacée pour m'être opposé à certaines infamies.

— Qui êtes-vous ? demanda le Cubain encore défiant.

— Le capitaine Sacripan !

La figure du Cubain s'illumina.

— Je vous reconnais, dit-il.

« Je vous ai vu souvent à Santiago à la tête de votre compagnie.

« Vous êtes un brave et loyal officier et nous savons tous quelle conduite vous avez tenue au Morne.

Il tendit la main au capitaine qui la serra cordialement

— Voilà ma mère !

« Voilà les conséquences des persécutions des Catalans.

« J'étais passé aux insurgés, comme c'est le devoir de tout Cubain.

« J'avais laissé ma mère dans une petite maison avoisinant une plantation sur les terres de laquelle nous vivions.

« Le planteur, notre cousin, était passé lui aussi, aux insurgés.

« Les volontaires catalans vinrent brûler ses constructions et ses récoltes.

« Ma mère s'enfuit !

« Il y a deux jours j'appris les faits et je partis à sa recherche.

« Je la retrouvai hier seulement, errante et affaiblie par la faim.

« Au même moment, l'orage se déchaînait et la malheureuse femme est morte de terreur, de fatigue et de froid.

Puis se levant :

— Vienne le jour de la vengeance ! cria-t-il. Je serai sans pitié.

Enfin il pria Sacripan de lui aider à creuser une fosse.

Ils cherchèrent un trou, un fossé naturel, ils y couchèrent la morte, puis de leurs mieux ils couvrirent son corps de pierre et de terre autant que le manque d'outils le leur permettait.

Ils se hâtèrent.

Pendant qu'ils se livraient à ce pieux travail, Sacripan questionnait le Cubain à propos de la folle qui avait disparu.

— Il est probable, dit-il, que vous êtes arrivé ici après moi.

— Je le suppose aussi ! dit le Cubain.

« Je suis arrivé à ce refuge exténué.

« Je n'ai rien vu.

« Ma mère que j'avais portée pour fuir l'inondation avait rendu le dernier soupir sur mon épaule ; je m'en aperçus en la plaçant à terre.

« Alors je pleurai de rage longtemps, puis je m'endormis.

« J'ignore si déjà arrivé vous étiez couché là où ce matin je vous ai vu lever.

— Que peut-être devenue cette malheureuse ! pensait Sacripan.

Il ne parla point de Juanita dont le sort lui tenait bien plus au cœur.

Évidemment cet homme ne pouvait lui en donner des nouvelles.

Ayant terminé leur œuvre, ils résolurent d'un commun accord d'aller au camp des insurgés ; Sacripan voulait prévenir M. Balouzet de ce qui s'était passé à San Ignatio.

Ils se mirent en marche.

Sacripan était désolé, morne, silencieux.

Il se demandait si Juanita avait survécu.

CHAPITRE XXXIV

Premières amours.

Pendant que ces événements s'accomplissaient, Pancho et Theresa d'un côté, Maracasse et Agnès de l'autre, fuyaient à toute course, évitant le troupeau de bœufs.

Autant que possible, selon les recommandations reçues, Pancho se tenait sur les traces de Maracasse ; si bien qu'ils prirent tous deux sur leur gauche.

Ils arrivèrent ainsi sur une petite colline qui permettait de dominer le pays et qui les plaçait en sûreté par rapport au troupeau.

En ce moment, l'orage s'abattait avec fureur et la pluie tombait avec fracas.

C'était le premier grand souffle qui précède l'ouragan.

Dans le lointain, à trois milles environ, Maracasse vit une maison.

Il se tourna vers Pancho et lui dit :

— Nous allons avoir sept ou huit minutes de calme après ce grain.

« C'est tout ce qu'il en faut pour gagner cet asile là-bas.

— Est-ce donc un asile qu'une maison habitée peut-être par des Espagnols ?

— Elle doit être vide !

« Tout le monde s'est rendu à la course des taureaux.

« Les maîtres n'affronteront pas l'ouragan pour regagner leur domicile et se réfugieront au couvent.

— C'est possible après tout ! fit Pancho après réflexion.

Maracasse reprit :

— S'ils revenaient, d'ailleurs, ils ne doivent pas être nombreux.

« Nous leur tendrions une souricière et nous les prendrions.

« On les garrotterait sans leur faire de mal, et à la fin de l'ouragan, nous les laisserions chez eux pour filer sous bois.

— Bien, dit Pancho.

« Du reste, pour ces jeunes filles, je préfère une maison à la forêt par un temps comme celui qu'il va faire.

— En route dit joyeusement Maracasse en lançant son cheval.

Pancho qui faisait galopper sa monture, à côté de celle de Maracasse, fit une réflexion sensée :

— J'imagine, dit-il, que nous allons trouver là-bas trois choses bien précieuses pour nous en ce moment.

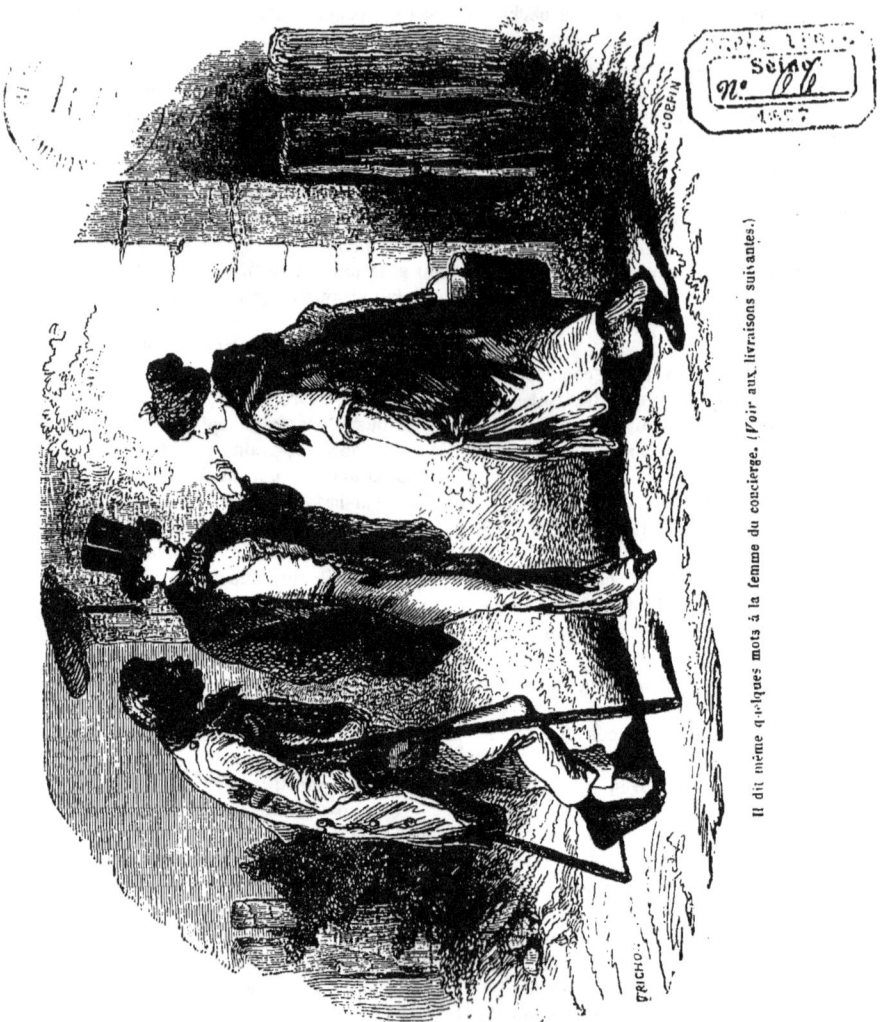

Il dit même quelques mots à la femme du concierge. (*Voir aux livraisons suivantes.*)

« D'abord des armes !
— En effet, dit Maracasse, ces colons doivent en avoir.
— Ensuite des vivres !
— Je meurs de faim.
— Enfin des vêtements !
« Il importe d'en changer.
Et ils éperonnèrent leurs montures.

Transportons-nous maintenant dans la maison vers laquelle ils se dirigeaient si joyeusement.

C'était une jolie, modeste, mais charmante construction, une petite maison, confortablement construite, ayant le caractère des chalets suisses, avec toiture très-légère, mais très-solide.

Bâtie au flanc d'une colline, elle était abritée des vents par la hauteur elle-même et par de belles rangées d'arbres qui formaient l'une des principales exploitations de cette ferme : car c'en était une.

Tout y respirait l'aisance.

Dans ces pays, brûlés par le soleil, l'ombre, loin de nuire aux plantes, les protège presque toutes.

Le fermier suisse qui vivait là, avec sa famille, avait eu l'ingénieuse idée de faire venir, à l'abri des grands arbres du pays, des fruits d'Europe qui sont rares et précieux dans l'ile, et qui, n'étant point poussés trop vite à maturité, grâce aux aménagements que nous venons d'indiquer, étaient très-succulents.

Ordinairement, en ces pays, la prune, la pomme et la poire, trop mûres du côté exposé au soleil, sont vertes de l'autre.

Ici, elles réussissaient à merveille.

Le Suisse qui occupait cette maison avait une nombreuse famille.

Trois filles d'abord.

L'une, de seize ans.

Les deux autres bonnes à marier, mais attendant des prétendus mandés au pays et devant étendre la culture des terres, leur futur beau-père en ayant acheté beaucoup depuis peu.

C'est là que venaient se réfugier les fugitifs.

Malheureusement, là avant eux, un homme avait eu l'idée de se cacher pendant l'ouragan.

Dix minutes avant qu'ils arrivassent, un individu, armé, couvert de boue — il pleuvait déjà, — meurtri, sombre et menaçant, s'était avancé avec des allures tortueuses.

Il avait fait avec défiance le tour de la maison.

Il avait jugé qu'elle était déserte, mais il avait sonné,

Personne ne répondant qu'un chien de garde, il avait sonné de nouveau sans qu'on ouvrît.

Il avait jugé que tout le monde était aux courses.

S'enhardissant, il avait préparé son lasso et l'avait lancé contre un cerisier, dont les branches pendaient du dedans de la cour intérieure sur le chemin.

Avant de se hisser, hésitant encore, il avait interrogé la campagne du regard ; mais la pluie fouettait si vertement, le temps était si affreux, qu'il murmura entre ses dents :

— Personne n'est là-dedans.

« Personne n'y viendra.

« Je ne veux pas recevoir cette eau sur le dos pendant vingt-quatre heures.

« C'est un cyclone.

« Je ne serai pas dérangé par maître Hanss avant demain.

« Quand il arrivera, j'aurai décampé depuis deux heures.

Et il se hissa.

L'homme, on le voit, faisait exactement le même raisonnement que l'ancho.

Son ascension réussit.

Cet aventurier devait être exercé depuis longtemps à cette gymnastique.

Quand il eut atteint la branche, il s'y suspendit et défit son lasso.

Il le roula ensuite de nouveau, et, de branche en branche, tourna de l'autre côté de l'arbre ; là, il voyait la cour.

Le chien de garde, un molosse, faisait rage contre l'intrus.

Celui-ci paraissait fort peu inquiet de l'animal.

Un homme, armé d'un revolver, se moque d'un chien.

L'aventurier prit son arme.

Au moment de tirer, il réfléchit et se dit à voix basse :

— Non !

« Pas de bruit !

« Cela ne peut que nuire.

« Attendons.

« Peut-être va-t-il venir du monde aux hurlements de ce mâtin !

Mais la maison resta close.

Alors l'aventurier déroula de nouveau son lasso.

C'était une corde de soie longue de plus de cent mètres.

Un bon péon la lance à cette distance et ne manque jamais le but, cheval, taureau, homme ou bête fauve.

Ce fut un jeu pour l'aventurier de *lasser* le chien.

L'animal, saisi à la gorge par le nœud, se trouva pris.

Il continua d'aboyer, mais de plus en plus sourdement en se débattant.

Ses efforts n'aboutissaient qu'à serrer le lasso de plus en plus.

Il finit par tomber presque étouffé.

Alors l'aventurier, tenant toujours la cordelette de soie et voyant le chien à terre, le jugea désormais inoffensif.

Il se suspendit à la branche la plus basse de l'arbre, se raidit d'abord, puis se laissa choir sur la pointe du pied en se repliant élastiquement sur les talons.

Le chien pâmé râlait.

L'homme regarda l'arbre, puis le sol, en mesura la distance, et, content de lui, il murmura d'un air satisfait :

— Joli saut !

C'était en effet un saut que peu d'hommes eussent exécuté.

De ce moment, l'aventurier procéda avec le plus grand sang-froid.

Bien certain d'être seul, il prit ses mesures contre le chien.

— Ne le tuons pas ! dit-il.

« S'agirait-il d'une mouche, un meurtre inutile est un meurtre dangereux !

Et il avait raison.

A preuve, l'anecdote suivante.

Herrera racontait que, parcourant le vaste salon d'un château où il cherchait quelqu'un, il allait en sortir, car il n'y trouvait aucune trace et le châtelain lui assurait que, depuis huit jours, personne n'y avait pénétré.

Tout semblait le prouver.

Mais Herrera vit contre une glace une mouche écrasée dont le sang encore frais maculait le verre.

Il continua ses perquisitions et trouva dans une cachette secrète celui dont il avait mission de s'emparer.

— Vous avez eu tort, lui dit-il, de tuer des mouches pour vous désennuyer ; cela vous vaut, monseigneur, les quatre balles que vous allez recevoir.

Nous ne pourrions dire si l'homme qui venait de violer le domicile du fermier Hans, connaissait cette anecdote, mais il agissait comme s'il en eût tiré des conséquences.

L'aventurier, prudent et avisé, se contenta de traîner — et il eut du mal, la bête étant lourde, — de traîner, dirons-nous, le chien toujours *lassé* vers sa niche.

A celle-ci était attachée une chaîne à laquelle pendait un collier.

Le chien, presque mort, ne bougeant plus, l'homme lui mit le collier au col et le débarrassa du lasso.

L'animal, dès qu'il eut respiré, recommença à hurler.

La chaîne, étant solide, peu importait à l'aventurier.

Il reprit en s'éloignant de la niche le cours de ses réflexions.

— Je ne veux pas voler ! dit-il.

« Le vol inutile, nuit autant que le meurtre qui n'est pas indispensable.

« Je cherche simplement un abri, il n'est donc pas nécessaire de forcer les portes si je puis faire autrement.

Il examina en détail la maison dont les portes étaient fermées.

Pas moyen d'y entrer sans briser les serrures et verrous.

Dans les dépendances, il aperçut une espèce de buanderie.

Comme elle ne contenait rien de précieux, on n'avait fait qu'en tirer la porte qui n'avait même qu'un loquet.

Il vit qu'il ne serait pas trop mal en cet endroit.

Il y avait pour lui, du reste, un avantage, dans la disposition de la buanderie : c'est qu'elle avait vue sur l'entrée de la cour, par une espèce de meurtrière sans vitres.

L'aventurier pouvait donc, de là, exercer une surveillance.

Il s'établit du mieux qu'il put, faisant un lit de camp du fond d'une immense cuve renversée sens dessus dessous.

Et, plaçant ses pistolets à portée, il faisait ses dispositions, quand il entendit sonner à la porte de la cour.

Maracasse arrivait !

L'aventurier pâlit.

Il n'était certainement pas brave, car il frissonna légèrement.

Toutefois, il était *déterminé*, car il ne perdit point la tête.

Il devait appartenir à cette catégorie d'individus qui, n'étant pas courageux par tempérament, évitent volontiers le péril, mais qui, forcés de se défendre, s'y *déterminent* et le font vigoureusement.

Il courut à la meurtrière et il attendit en monologuant.

Le nombre de gens qui, pour bien saisir leur propre pensée, se l'expriment à eux-mêmes en paroles, est très-considérable.

Presque tous nos paysans sont ainsi : ils réfléchissent haut.

Le manque de culture intellectuelle ne permet ordinairement point aux gens du commun de suivre avec eux-mêmes une discussion muette.

L'homme se dit :

— Ce ne sont pas les maîtres de la maison ; ils ne sonneraient point.

« Ce sont donc des étrangers !

« Il est même probable que ce sont des voyageurs, tous les habitants de la contrée étant aux courses de taureaux.

« S'ils me découvrent, qu'ai-je à craindre de ces inconnus ?

Puis il caressa une pensée.

— Si c'étaient des voleurs !

Et immédiatement il se répondit :

— Je les laisserais faire et je les dénoncerais secrètement.

« Il est bon d'être au mieux avec les gens de police.

Il sourit de sa duplicité.

Cependant, du dehors, après avoir carillonné, on y renonça.

— Bon ! pensa l'aventurier.

« Ils vont s'en aller.

Mais tout à coup, un homme volant par-dessus le mur, retomba dans la cour avec la légèreté d'un oiseau.

L'aventurier fut stupéfait.

Son saut précédent lui parut un jeu d'enfant à côté de ce bond prodigieux.

— C'est inouï ! pensa-t-il.

« Un singe s'y serait cassé les pattes !

Puis tout à coup il murmura :

— Ah !

Et sa voix s'étrangla.

Il devint blême.

Il avait reconnu Maracasse.

— Lui ! pensa-t-il.

« Ici...

Malgré l'ouragan, malgré la pluie, il eût voulu être à cent lieues.

Maracasse, cependant, après un coup d'œil jeté au chien, le voyant enchaîné, se dirigea vers la porte de la cour.

Il voulait l'ouvrir aux fugitifs et c'était assez facile.

Cette grande porte (il y en avait une autre plus petite par où l'on sortait sur les jardins après avoir barricadé celle-là), cette grande porte, disons-nous, était close par une barre de fer, encastrée dans des entailles creusées aux murs.

Maracasse leva la barre.

Les battants s'ouvrirent.

Quand l'aventurier vit entrer Pancho et les deux jeunes filles, il devint tremblant comme un peuplier sous le vent.

— Il n'est pas seul ! pensa-t-il.

Aussitôt il songea :

— Si, n'étant pas voleurs, ils n'osaient forcer la maison et se réfugiaient ici comme je l'ai fait !

En un tour de main il souleva la cuve, se glissa dessous avec ses armes, et se blottit, gardant l'immobilité la plus complète.

Quelques secondes après, Maracasse entrait disant :

— Tout va bien !

« Personne.

« Demeurez un instant à l'abri ici, pendant que je vais ouvrir la maison.

— Peut-être est-ce mal, dit Thérésa, d'entrer par effraction chez ces gens-là !

— Si ce sont de braves gens, dit Pancho, ils seront heureux de nous avoir été utiles ; si ce sont des personnes peu serviables, je ne me soucie point de leur opinion.

« Allez, Maracasse.

« A propos, avez-vous besoin de moi ?

— Non !

« Demeurez près des senoritas !

— Dites-moi ! fit Pancho.

« Un mot !

« Que pensez-vous du chien attaché ?
— Je ne sais trop.
« Peut-être ce chien est-il méchant même pour les domestiques.
« Le maître, songeant qu'il pourrait en envoyer un à la ferme, aura fait tenir ce dangereux mâtin à l'attache.
— Vous devez avoir raison !
« Ce chien paraît féroce.
L'animal en fureur aboyait toujours avec une indicible rage.
Pancho attacha les chevaux dehors, pendant que les jeunes filles s'asseyaient sur la cuve même, sous laquelle l'aventurier faisait des réflexions qui le rassuraient fort peu.
Maracasse sortit en disant :
— Savez-vous ouvrir facilement la plus solide serrure ?
« Non.
« Eh bien, d'ici vous pouvez me voir opérer.
« Regardez.
Et il se dirigea vers la porte de la maison même.
Pancho qui n'était pas homme à dédaigner une bonne leçon sur n'importe quoi, suivait du regard l'opération qu'allait exécuter son ami.
Il le vit prendre de la poudre dans la poire en corne qu'il portait sur lui.

Notons un détail.

Maracasse, comme tout bon trappeur, avait des révolvers d'un système mixte, semblable à celui des fusils Sniders.
En laissant une cartouche de cuivre brûlée et percée au fond de la culasse, en fermant cette culasse, en retirant le percuteur qui frappe le culot, on établit un canal qui communique à la culasse même.
On peut dès lors charger l'arme par la bouche comme un fusil ou comme un pistolet ordinaire.
Comme les trappeurs ne peuvent emporter qu'une certaine quantité de balles à culot de cuivre et qu'ils restent longtemps absents, comme d'autre part on trouve de la poudre dans la prairie, dans certaines stations, et qu'on peut en fabriquer au besoin, comme l'argile durcie au soleil ou au feu donne des balles de calibre, et que suiffées elles sont excellentes, il en résulte que grâce au système dont nous parlons, les chasseurs ayant épuisé leurs balles à culot de cuivre, ne sont pas pour cela réduits à l'impuissance.
Ils usent avec la même arme de l'ancienne méthode.

Maracasse avait donc une poire à poudre bien garnie.
Il fit un petit cornet avec du papier à bourre, cornet ouvert au deux bouts, et il introduisit le petit dans l'ouverture de la serrure, y glissant de la poudre, grain à grain.
Ensuite, avec un brin de son mouchoir, il fit une mèche.
Il la plaça également dans le trou de la serrure.
Après quoi, battant le briquet sur de l'amadou saturé de poudre, il alluma celle-ci, puis la mèche, et se mit de côté.
Une petite explosion se produisit ; la serrure disloquée tomba.
La porte était ouverte.
— Sti-is-ou-ip ! siffla Maracasse.
C'était le signal d'appel des trappeurs invitant un camarade à venir à eux.
Pancho connaissait cet appel.
Il avait déjà eu soin de mettre les chevaux à l'écurie qui, elle non plus, n'était point fermée à clef.
Ce soin pris, il vint aussitôt, suivi des jeunes filles, et il complimenta Maracasse.
— Vraiment, dit-il, le procédé est bon et il est expéditif.
« Peu de bruit !
« Peu de feu !
« En certaines circonstances, c'est le meilleur.
Maracasse referma la porte et il dit à Pancho :
— Il nous faut laisser tout bien clos ; parce que nous allons allumer de la bougie, si nous en trouvons.
— Je vais voir cela ! fit Pancho.
Il entra dans un salon.
On n'avait point jugé utile d'en fermer la porte à clef.
Un voleur, ayant pénétré dans la maison

n'aurait pas reculé devant la nécessité de forcer une nouvelle serrure.

Pancho trouva des bougies sur les candélabres et il les alluma.

Les jeunes filles furent enchantées.

Le salon était presque luxueux et il possédait un piano.

Le fermier était fort à l'aise, et, quoique agriculteur, il aimait l'élégance.

En Suisse, les maisons des cultivateurs ont souvent un salon relativement très-bien tenu.

Pancho, jeune homme actif et sensé, laissa les dames en admiration devant le piano et il proposa à Maracasse de faire un tour à la cuisine et dans les caves ; le trappeur accepta.

Ils descendirent tous deux dans les celliers et y trouvèrent d'excellents vins, des jambons fumés, différentes conserves.

Ils remontèrent bouteilles et victuailles.

Dans la cuisine, la lampe une fois allumée, ils aperçurent des volailles froides et des pâtés à croûtes dorées.

Le fermier, gourmand comme un bon Suisse, avait voulu qu'une collation abondante fut prête au retour.

— Vraiment, dit Maracasse, voilà un homme de précaution.

« Je l'estime.

« Aussitôt que je serai retourné dans la Prairie, je tuerai une douzaine de belles bêtes à son intention.

— Pourquoi? demanda Pancho.

— Pour lui envoyer les fourrures donc ! dit Maracasse.

« Croyez-vous, par'hasard, que les filles de ce bonhomme ne seront pas enchantées de trouver, le matin, sous leurs pieds, en se levant, une bonne peau d'ours ?

— Si ! parfaitement.

« Moi, de mon côté, je leur ferai parvenir des caisses de confiserie.

— Décidément, dit Maracasse avec une nuance de dédain, vous êtes gourmand ; vous ne parlez que de friandises.

« Vous savez faire les sorbets et les plats sucrés.

— Je suis gourmet ! répliqua Pancho. Vous, Maracasse, vous êtes un goinfre, et je veux vous voir tout à l'heure engloutir un de ces pâtés.

« J'y mets plus de retenue et de délicatesse.

— Je mange pour dix jours, s'il le faut ! fit Maracasse indigné qu'on le crût glouton ; mais, s'il le faut aussi, je jeûne pendant cinq jours.

« J'ajoute que je ne touche jamais aux friandises.

« C'est bon pour les femmes !

Pancho haussa les épaules.

— Mon cher, dit-il, des goûts et des couleurs, ne disputons pas.

« Tel que vous me voyez, tout femmelette que vous me supposez, j'ai eu cinq ou six duels, et en dehors de ça, trois fois j'ai joué, mortellement pour mes adversaires, du couteau dans des rixes.

« Vous admettrez bien que ce sont des preuves suffisantes de virilité.

« Quant à mes petits raffinements de palais, c'est affaire d'éducation.

« Vous auriez été élevé comme moi, peut-être seriez-vous comme moi.

« Enlevons, voulez-vous ?

— Enlevons quoi ?

— Mais les vivres.

« Il nous faut mettre la table.

— Permettez ! fit Maracasse.

« Je ne serai jamais le domestique de ma femme.

« Elle me servira.

« Je lui fournirai les plats ; c'est mon devoir de chasseur.

« A elle de les apprêter.

La différence de caractère s'accusait de plus en plus.

L'Espagnol galant, le Cubain empressé, prodiguent aux femmes mille soins et leur épargnent toute peine.

C'est dans les mœurs. Le Cubain surtout se fait littéralement le domestique des femmes.

Celles-ci tiennent énormément à ces usages et les maintiennent avec vigilance.

Les étrangers sont bientôt forcés de s'y conformer.

Bon et franc trappeur, très-infatué des

supériorités de son sexe, Maracasse n'aurait dérogé à aucun prix.

— Ah çà! fit Pancho stupéfait, c'est donc humiliant d'être le cavalier servant d'une dame?

— Certainement! dit Maracasse.

— Mais prenez-y garde, mon cher; vous jouez un jeu dangereux.

« Si vous n'êtes pas aimable pour Agnès, elle vous abandonnera ou elle vous trompera avant peu.

— Cela m'est bien égal! dit Maracasse avec une superbe indifférence.

« Si la petite Agnès me quitte, bon voyage!... j'en trouverai tant que je voudrai, des jolies filles!

« Elles se battent pour moi.

« Si Agnès me trompe, je la tue d'un bon coup de couteau.

« Voilà...

En ce moment Agnès faisait irruption dans la cuisine.

Elle était en larmes.

Elle se jeta dans les bras de Maracasse en sanglotant.

Elle avait tout entendu.

Les femmes écoutent toujours aux portes; elles manquent complètement de dignité vraie et s'abaissent même à l'espionnage le plus vil, celui des laquais.

Maracasse eut d'abord un mouvement d'humeur.

Il voulut repousser Agnès.

Mais celle-ci l'embrassait, protestait, conjurait et montrait un si joli minois couvert de si jolies larmes, que le trappeur se sentit tout ému.

Enfin il parvint à se dégager doucement et demanda :

— Pourquoi pleurez-vous ?

— Vous voulez m'abandonner ou me tuer! s'écria Agnès.

« Suis-je assez malheureuse, Vierge sainte! Maintenant que me voilà compromise, il veut me quitter.

« Il ne fallait pas m'enlever Seigneur Jésus-Christ !

« J'irai en enfer, à cause de vous !

Et l'ingénue versa de nouveau un torrent de larmes.

Pancho, homme d'esprit, s'était esquivé vers le salon.

Il trouva Thérésa riant.

Ils se devinèrent.

— Pourquoi donc, demanda le jeune homme, Agnès fait-elle cette scène à ce pauvre garçon ?

— Eh! mon ami, dit Thérésa, elle veut prendre de l'empire sur lui, en usant dès le début du pouvoir des larmes pour obtenir une explication et un engagement.

« Tout à l'heure, elle me disait très-finement : — Il m'a enlevée, mais il ne m'a rien dit de ses intentions.

« Je lui ai conseillé d'obtenir au plus tôt une déclaration de principe.

« Vous voyez qu'elle ne perd pas de temps!

— Si jeune et déjà si... habile !

— Mon ami, elle a été au couvent, et je vous jure qu'une nonnette à l'air sainte-n'y-touche comme elle est plus rouée qu'une femme de trente ans.

« Elle a tout entendu.

— Vous aussi, sans doute? fit Pancho en riant.

— Naturellement! dit Thérésa riant à son tour.

« On est femme ou on ne l'est point, ma chère âme !

« Mais laissez-moi vous dire que la prétention de ce beau garçon à être servi nous a choquées toutes deux.

» J'ai lu dans les yeux d'Agnès qu'elle se vengerait.

— Que fera-t-elle?

— Elle le réduira ce soir même, vous le verrez, à être son domestique.

— Ce sera bien amusant.

— Chut ! les voilà.

Maracasse faisait son entrée portant un pâté.

Derrière lui, Agnès suivait les mains vides et faisait des grimaces comiques à Maracasse qui ne s'en apercevait pas.

Comme celui-ci surprit un léger plissement de lèvres de Pancho, il comprit le ridicule de sa situation et dit :

— J'ai consenti, pour une fois, à aider Agnès au service de table; j'ai porté le pâté parce qu'il était trop lourd pour elle ; mais à l'avenir...

Agnès ne lui laissa pas le temps d'achever. Avec un mouvement de chatte, elle donna un baiser à Maracasse, en lui disant d'un air profondément tendre et reconnaissant :
— Vous êtes un ange !

Puis à Thérésa :
— Si nous nous mettions la table !

« Pendant ce temps-là, le senor Pancho apporterait les bouteilles, et mon fiancé, — car nous nous épouserons, c'est juré, n'est-ce pas, mon ami ? — ferait cuire les grillades de jambons.

« Il sait comment cela se pratique, et nous, nous l'ignorons !
— Je vous le montrerai ! dit Maracasse avec dignité.

« Car, faire la cuisine, pour une fois, passe, j'y consens.

« Mais à l'avenir...
— Mon chéri, à l'avenir, je me mettrai en quatre pour vous être agréable.

« Du reste, nous prendrons des domestiques, puisque vous ne voulez pas d'esclaves.

Et l'étourdissant d'une salve de nouveaux baisers, elle le poussa dehors.

Puis regardant Thérésa malicieusement, elle lui dit :
— Il est beau !

« Je l'aime...

« Malheureusement c'est un vrai sauvage qui s'imagine que je vais vivre avec lui dans la Prairie.

« Mais... je le formerai !

Elle avait à peine quinze ans, cette petite fille qui voulait former les hommes !

Et voilà comment elles sont !

Elle jugea que par le temps qu'il faisait on pouvait, sans risquer d'être entendu — qui se serait promené dehors du reste ? — on pouvait, disons-nous, se livrer à une fantaisie musicale.

Elle demanda à Thérésa :
— Savez-vous un morceau à quatre mains, chère amie ?

« J'ai une idée pour assouplir mon sauvage !

« La musique adoucit les mœurs.
— Je vous comprends, ma belle, dit Thérésa naturellement disposée à conspirer en faveur de la tyrannie des femmes.

« Je sais, entre autres choses, la *Valse des Roses*, de Métra.
— Moi aussi !
— Jouons-la !

« Vous verrez que nous arriverons à lui faire mettre la table.

Elles se mirent au piano, et, en sourdine, s'accordèrent et répétèrent la valse pour bien se la remettre au bout des doigts.

Puis elles étudièrent aussi le *Bacchio* et un air de bravoure très-entraînant qu'elles savaient aussi toutes deux.

Pancho, lui, allait et venait de la cuisine à la salle à manger, portant les provisions et les grillades que Maracasse préparait avec conscience.

Il arrivait quelques notes dans la cuisine, de temps à autre.

— Il me semble, dit-il à Pancho, que l'on fait concert ; c'est assez singulier.

« J'aime tant la musique que je m'imagine souvent en entendre au loin.

— Cette fois vous ne vous trompez pas, mon cher !

« On vous ménage avec surprise.

— Vraiment, dit Maracasse.

« Est-ce que ces dames sauraient jouer de cet instrument qui est dans le salon ?
— Oui !

« C'est un piano !
— Oh ! je sais le nom, dit Maracasse fièrement ; j'ai même touché plusieurs fois les petits morceaux d'ivoire qui font chanter les voix dans l'intérieur.

« A San-Francisco, quand je venais m'y amuser, je louais une chambre où il y avait un de ces pianos et je payais un musicien pour en jouer.
— Alors, vous aurez du plaisir en ménage, mon cher.

« La senorita que vous épousez est de première force.
— Par le diable ! fit Maracasse impatient, ce jambon met un temps incroyable à rôtir et le feu est mou.

Il activa la flamme.

Pancho lui aida.

Sacripan avait étudié les abords de San Ignacio. (*Voir les livraisons précédentes.*)

Les grillades étaient faites, Maracasse courut au salon.

Les jeunes filles enlevaient les premières mesures du *Bacchio*.

Maracasse, comme toutes les natures fines et artistiques, mais incultes, était extrêmement impressionnable par la musique qui s'adresse moins à l'intelligence qu'aux sensations.

Toute la poésie dont il débordait, mais qu'il n'aurait pu formuler, vibrait en lui aux sons du piano,

Il fut saisi, transporté, enivré en quelques secondes.

Il s'adossa le long du mur dans une pose extatique.

Sa tête charmante prit une expression sublime.

Cette nature distinguée, ce tempérament délicat, cette intelligence naïve et fraîche, tout enfin, dans ce primitif enfant de la Prairie, vibrait aux accords de l'instrument; l'œil dilaté reflétait les profondeurs de l'infini dans l'immensité duquel l'âme, enlevée au delà des espaces, planait sur les ailes enchantées de l'harmonie ; le front resplendissait de l'auréole lumineuse dont les irradiations magnétiques ceignent les têtes inspirées, leur donnant à certaines heures cet éclat qui éblouit et fascine ; les traits s'idéalisaient et semblaient s'éclairer du feu sacré qui brûlait dans cette poitrine enthousiaste.

Agnès, tout en accompagnant Thérésa, glissa un regard du côté de Maracasse ; elle fut frappée d'admiration.

Poussant légèrement du pied le pied de son amie, elle lui dit :

— Regardez donc !

« Ne dirait-on pas que c'est le Saint-Baptiste de la chapelle du couvent.

Elle avait raison.

San Ignatio possédait un admirable tableau représentant saint Jean, très-jeune, baptisant des pâtres sur les rives du Jourdain ; le peintre, un artiste inconnu de la grande époque espagnole, avait merveilleusement compris que ce précurseur était un illuminé, prophète et poëte, en même temps qu'un ascète épris du désert ; il l'avait peint ainsi.

A cette heure, le jeune chasseur lui ressemblait d'une façon surprenante.

Thérésa en fut frappée.

— Ma chère, dit-elle, si vous l'aimez ce qu'il vaut, vous l'adorerez à genoux.

Et toutes deux demeurèrent pendant quelques instants sous cette impression.

Mais la femme est mobile ; ses sensations sont rarement des impressions ; elle passe avec une légèreté inouïe d'un sentiment à un autre.

Un incident futile change tout à coup ses dispositions.

Le *Barchio* fini, les deux jeunes filles se retournèrent.

Le trappeur, qui sortait du rêve pour rentrer dans la réalité, éprouvait un désenchantement qui se peignait sur son visage.

Tout aussitôt, pour Agnès, le charme fut rompu.

Elle revint aux instincts féminins que caractérise le besoin de dominer ce qui est fort, d'asservir ce qui est mâle, de triompher de l'homme.

C'est la logique de l'éducation absurde que les nations civilisées donnent aux filles ; c'est la conséquence des exagérations ridicules de la galante politesse, léguée par l'époque chevaleresque.

Sous prétexte de protéger et de respecter la faiblesse de la femme, nous lui accordons des hommages outrés, des droits superbes, des flatteries insensées ; elle voit l'homme plat et petit ; elle s'accoutume à le mépriser ; si l'amour lui vient, si les sens parlent, elle n'abandonne point la préoccupation incessante dont elle a pris l'habitude ; elle veut soumettre l'amant qu'elle a distingué.

Une excessive vanité se mêle à la passion ; elle veut l'homme brave et fort contre tous et contre tout, mais désarmé de sa puissance devant elle.

Comment pourrait-il en être autrement étant donné ce qu'une jeune fille voit chaque jour se passer devant elle ?

Une femme parle !

L'homme se tait !

Avançant une énorme erreur, elle prendra le plus savant à témoin !

Sous peine de passer pour un rustre, l'homme de science devra acquiescer.

On cède aux dames les places d'honneur, on les sert les premières, on est aux petits soins, on voile leur ignorance et on leur tend la perche quand elles se noient dans une conversation ; bref, la femme en conclut naturellement qu'elle a dans l'homme son esclave né ; de là cette lutte constante qui amène souvent des résistances énergiques chez les natures fières, et la guerre implacable, suivie d'irrémédiables séparations dans des unions qu'avait cimentées l'amour.

Cinq minutes plus tôt, Agnès se fût volontiers mise aux pieds de Maracasse.

Mais en ne retrouvant plus que l'expression de la contrariété sur ses traits, elle fut, elle aussi, désillusionnée, et, reprenant perfidement son plan de mystification, elle dit insidieusement au trappeur :

— Vous paraissez aimer la musique ?

— Je voudrais en entendre toujours, répondit Maracasse.

— Eh bien, mon ami, dit-elle du ton le

plus enjoué, si vous voulez vous occuper du couvert avec le senor Pancho, nous allons vous jouer un air d'une gaieté folle.

Maracasse fronça légèrement le sourcil ; il allait dire : Non !

Mais les deux jeunes filles avaient attaqué un motif d'Offenbach.

Maracasse trouva le motif si charmant, qu'il murmura entre ses dents :

— Bon, pour cette fois !

C'était comme son refrain à lui.

Et tout en écoutant, presque en dansant, il aida Pancho à mettre la table dans la salle à manger attenant au salon.

Quand tout fut prêt, Pancho, qui n'était pas fou de musique et qui prétendait que *ventre affamé n'a pas d'oreilles*, Pancho déclara formellement qu'il fallait dîner.

Et l'on se mit à table.

La jeunesse a l'heureux privilège de l'insouciance ; elle oublie vite le danger.

Il est vrai que ces quatre jeunes gens qui dînaient gaiement, pouvaient raisonnablement compter que personne ne les dérangerait par cet ouragan.

Leur repas fut même légèrement troublé par un accident.

On entendit tout à coup des craquements, puis le fracas d'un toit enlevé qui retomba çà et là en débris.

C'était un hangar que le vent démolissait.

Pancho alla mettre le nez à une fenêtre, vit ce dont il s'agissait, s'en soucia fort peu, et vint donner cette nouvelle plutôt rassurante qu'alarmante.

— Je défie bien, dit-il, à qui que ce soit, à moins d'être abrité par une forêt ou un ravin, de se tenir debout dans la campagne.

— Buvons au cyclone ! dit Maracasse.

« Sans lui, Agnès, vous seriez encore nourrie au couvent.

— Oui, vive le cyclone ! dit Pancho. C'est à lui, Thérésa, que vous devez la liberté et que je vous dois.

— Au bon cyclone ! dit Agnès.

— A l'excellent cyclone ! s'écria Thérésa.

Et ces fous vidèrent leurs grands verres suisses en l'honneur d'un ouragan qui jetait sept cents navires à la côte, qui causait dix mille morts et des désastres incalculables.

(*Voir* les *Archives du bureau Veritas*.)

Inutile de dire que Maracasse, subissant de plus en plus l'ascendant d'Agnès, on arrivait à une soumission humiliante.

Pour la première fois, il était amoureux ; pour la première fois, le feu du désir le troublait et il perdait d'autant mieux la tête qu'il n'avait pas conscience de ce qu'il éprouvait.

— Vraiment, murmura-t-il, les vins de ce Suisse sont forts.

« Plus forts que du rhum !

« Ils me grisent !

« J'ai bu de l'eau-de-vie comme du lait sans être ivre et voilà que la tête me tourne et que je vois trouble.

— Embrassez votre voisine, mon cher ! dit Pancho en riant.

« Cela vous remettra.

Et il donna l'exemple.

Maracasse, qui ne trouvait plus rien de ridicule dans les jeux de l'amour, ne se fit pas prier et prit un baiser sur les joues d'Agnès ; mais, novices tous deux, ils rougirent beaucoup, ce qui fit beaucoup rire l'autre couple.

Maracasse, piqué, recommença plantureusement, et naturellement il s'anima beaucoup.

Agnès, fidèle à son rôle d'ingénue, fort peu expérimentée, du reste, en réalité, jugea que pour se dispenser de protester, elle devait tout simplement montrer l'étonnement qu'elle éprouvait et cacher le plaisir qui lui causaient les caresses hardies d'un beau garçon.

Maracasse dont les sens avaient été si longtemps engourdis par la vie de la Prairie et l'absence d'excitants, Maracasse eut des audaces scandalisantes.

Quand un jeune homme s'éveille tardivement à l'amour, le premier désir éclate souvent en lui avec la puissance explosive d'un volcan.

Agnès, étourdie, bouleversée, attaquée avec une vigueur superbe, donna bientôt le spectacle charmant d'une jolie fille affolée qui ne trouve plus de salut que dans la fuite ; elle se leva pour échapper aux entreprises téméraires du jeune homme.

Mais, naturellement, elle voulait être poursuivie, et Maracasse n'était pas un garçon à y manquer ; il prit un flambeau et courut derrière la jeune fille qui atteignit l'étage supérieur, où, d'inspiration, elle avait trouvé la chambre à coucher des filles du fermier.

On eût dit un calcul.

Ce n'était qu'un heureux hasard, dirigé quelque peu par un instinct réfléchi.

— Bonne nuit! avait crié Pancho ironiquement à Maracasse.

Et les éclats de rire du jeune Cubain et de Thérésa accompagnèrent la pourchasse du trappeur dans les escaliers.

Celui-ci n'eut pas de peine à forcer la porte de la chambre, malgré les efforts maladroits d'Agnès pour la tenir fermée; il entra, posa son flambeau sur un meuble et réclama hardiment le baiser devant lequel la jeune fille avait fui.

Celle-ci refusa.

Il y eut lutte.

Elle mit des chaises entre lui et elle, se cacha derrière des meubles, riant, l'agaçant, pareille à une souris se sauvant du chat quand elle se tapissait dans un coin, d'autre fois ayant des mouvements de chatte jouant avec un rat, quand, de sa main preste, elle punissait ses tentatives.

Enfin, par mégarde, elle renversa le flambeau, mais si malhabilement que la lumière s'éteignit, et que, dans l'obscurité, elle fut enfin saisie par l'amoureux chasseur.

On l'entendit alors dire d'une voix étouffée:
— Non!
« Je vous en supplie!
« Que penseriez-vous de moi!

Et autres propos sans grande importance, auxquels il ne prêtait du reste aucune attention, si bien qu'elle en arriva à demander seulement la garantie des grands serments:
— Au moins, disait-elle, vous me jurez de m'épouser.
« Vous m'aimerez toujours.
« Vous...

Il jura d'un ton précipité, et à part quelques cris assez vifs, l'on n'entendit plus bientôt que des soupirs et des baisers.

Pancho et Thérésa, gens plus calmes, menèrent moins de bruit encore; il n'est pas prouvé qu'ils s'en aimèrent moins.

CHAPITRE XXXV

Vengeance.

L'amour est une puissance qui pousse l'homme aux actions hardies.

La haine, cependant, qui est sa contrepartie, inspire encore peut-être plus d'audace.

On voit des poltrons, animés par la soif de la vengeance, braver les plus grands dangers pour frapper leur ennemi.

Ainsi, par ce temps, alors qu'il y avait péril de mort à quitter son abri, un homme qui certainement tremblait devant Maracasse et n'aurait jamais osé s'attaquer à lui, un homme qui n'aurait même pas frappé le trappeur endormi, un lâche enfin, songeait à s'exposer au vent, à la foudre et aux torrents qui sillonnaient la campagne, parce que, dompté, terrifié, châtié par le jeune trappeur, il voulait le livrer aux balles espagnoles.

Cet homme était celui qui s'était caché sous la cuve de la buanderie.

Il écouta longtemps, cherchant, malgré le bruit de la pluie, du vent et du tonnerre, à se rendre compte de ce qui se passait dans la maison.

Il en jugea assez sagacement.

— Ils se préparent certainement à passer la nuit là, se dit-il, quand il vit les filtrations de la lumière à travers les fentes des volets et des portes.

Puis entendant avec stupéfaction quelques accords du piano, il murmura :
— C'est incroyable!
« Cet homme est un démon!
« Il donne de l'audace même aux femmes!
« Oh! je vous en ferai entendre, moi, une musique qui vous paraîtra funèbre!

Puis il attendit encore.

Bientôt il jugea que les jeunes gens mangeaient et buvaient.

— Peut-être, pensa-t-il, vont-ils se réconforter, puis partir.

« Cependant... avec des femmes... non... ça ne me paraît pas possible.

Toutefois il attendit toujours.

Enfin il vit, au premier étage, des reflets de lumière, puis bientôt plus rien.

— Ah ! ah ! fit-il joyeusement.

« Couchés...

« A vous, le sommeil !

« A moi, le réveil !

Et, sûr de sa vengeance, animé d'une résolution inébranlable, il sortit.

Pour passer par-dessus les murs, il prit le chemin de l'arbre, à l'aide de son lasso, risquant d'être enlevé par l'ouragan.

Puis, se glissant sur le chemin, il eut cette constance d'y avancer en rampant ; il se blottissait sur le sol humide quand la rafale soufflait trop fort.

Deux heures après, il arrivait, mouillé et ensanglanté au couvent.

Il carillonna avec tant de violence et de persistance qu'on lui ouvrit.

Alors il dit au portier :

— Je veux, sur-le-champ, parler à l'abbesse elle-même.

« Tu lui diras que je suis le *Matador*, et que je sais où sont réfugiés le nègre et le péon qui ont enlevé les nonnes.

Au nom du Matador, à sa déclaration, le portier se disposait à courir réveiller la supérieure, lorsqu'un homme l'arrêta.

C'était Herrera.

Il revenait de la poursuite infructueuse dirigée contre des fugitifs.

On se souvient que Sacripan, Ali et Juanita s'étaient échappés.

Herrera mit la main sur l'épaule du Matador et lui dit :

— Inutile de troubler le sommeil de la vénérable abbesse.

« Vous pouvez me parler.

— Qui êtes-vous ? demanda le Matador.

Herrera sourit.

— Tu étais en prison, à la Havane, il n'y a pas dix jours, l'ami ! fit-il.

« Tu te trouvais dans une assez mauvaise passe, n'est-il pas vrai ?

« Or, la porte de ton cachot s'est ouverte inopinément.

Le Matador étonné écoutait sans protester cette révélation.

Herrera continua :

— Tu supposes bien, n'est-ce pas, que quelqu'un t'a tiré de là ?

— Sans doute ! fit le Matador.

— Ce quelqu'un avait besoin de toi et d'autres mauvais sujets de ta sorte.

« Il y a, par ici, beaucoup de *bonne besogne* à mener à *bonne fin*.

« Donc on t'a donné argent et recommandations pour les autorités.

— C'est vrai ! fit le Matador.

Herrera reprit :

— Enfin, l'on t'a bien reçu au bureau de police de Santiago ?

« On t'a ordonné de te rendre au couvent de San Ignatio ?

— Oui, senor.

— Au lieu de te tenir tranquille, tu as encore mené ton métier de bandit.

« Il t'en a cuit.

« Tu as mal compris ton rôle.

« Je veux, tu entends, je veux ! que mes agents ne se compromettent jamais.

« Je paye bien.

« A l'avenir, si ta nature de *loup-cervier*, reprenant le dessus, te pousse à quelque rapt, meurtre ou larcin, je m'arrangerai de façon à te faire disparaître.

« Je ne fais jamais mettre un agent en jugement.

« Jamais... tu entends !

« Je le supprime.

Le Matador frissonna en entendant cette menace froidement faite.

Herrera disait ces choses avec un flegme incomparable.

Il ordonna ensuite :

— Parle !

Le Matador se retourna.

Il craignait la présence du portier ; mais celui-ci avait disparu.

— Triple sot ! fit Herrera.

« Crois-tu donc qu'un homme à moi se permet jamais de demeurer en ma présence, quand on me fait un rapport.

« Mon personnel est bien dressé.

« Pas un de mes agents n'aurait commis la faute que tu as faite, en déclarant, à un portier que tu ne connais point, le motif de ta visite à San Ignatio.

« Parle, te dis-je !

Le Matador était absolument dompté par Herrera.

C'était du reste un loup en face d'un tigre ; il sentait la supériorité du maitre.

Il raconta tout ce qu'il savait.

— Bien ! lui dit Herrera.

« Mais, à ta place, un de mes agents aurait tué Maracasse et Pancho à coups de révolver et c'était facile.

« Ensuite il aurait gardé les filles jusqu'à la fin de l'orage, dans cette ferme, et il m'aurait fait aviser.

« Mais tu n'as pas grand courage pour la lutte corps à corps.

« Je sais que l'on ne peut compter sur toi sous ce rapport.

« Néanmoins tu toucheras une prime.

Il fit appeler deux escouades de sa bande d'agents et d'Indiens.

Il leur donna ses instructions.

— Voici, leur dit-il, un homme qui, malgré l'ouragan, vient d'une ferme.

« Avec lui, malgré l'ouragan, vous pouvez retourner à cette ferme.

Il attendit, regardant son monde.

Personne ne protesta.

Personne ne parut hésiter.

Herrera qui était un praticien remarquable, recommanda aux siens :

— Pour résister au froid, vous allez tous, l'un après l'autre, vous tremper nus dans un bain d'huile que j'ai donné ordre de préparer.

« Vous endosserez ensuite des vêtements qui seront suiffés.

« Vous garnirez vos gourdes de rhum et vos bissacs de provisions.

« Ainsi munis vous partirez !

« Voici votre guide.

Il montra le Matador.

Les deux chefs d'escouade échangèrent un fin sourire.

Ils avaient vu Maracasse frapper cet homme et ils comprenaient pourquoi le battu était là et avait bravé l'ouragan.

Herrera reprit :

— Quant à la consigne, elle est très-simple et se résume ainsi :

« 1° Garder les issues de la ferme jusqu'à la fin de l'orage ;

« 2° Autant que possible, ne rien faire avant mon arrivée ;

« 3° Si les fugitifs voulaient quitter la ferme avant que je fusse venu, vous retrouver avec une troupe de péons que je compte amener, vous chercherez seulement à les repousser dans la ferme à coups de révolver.

« En un mot, je veux, moi-même, les prendre vivants.

« Donc, tirez mal et manquez-les, à moins que vous ne soyez obligés de viser à toute extrémité.

Puis n'oubliant pas l'argument irrésistible : l'argent, il déclara.

— Si vous me les contenez prisonniers dans la ferme, qu'ils s'y défendent ou pas, qu'ils cherchent ou non à la quitter, vous avez une prime de mille piastres.

« Si vous les tuez, par malheur, la prime est réduite de trois cents piastres par mort.

« Bonne chance !

Et quittant le corps de garde du portier, Herrera rentra dans le couvent.

Là il consulta un vieux péon sur la durée de l'ouragan.

— Mon ami, lui demanda-t-il, à votre avis, quand ce cyclone cessera-t-il enfin de souffler ?

— Senor, dit le péon, autant que j'en puisse juger, demain vers onze heures du matin, le calme se fera tout à coup.

— Très-bien ! dit Herrera.

« Merci, mon brave !

Et il alla se coucher avec la joie intime du chasseur qui sait que de bons limiers lui préparent pour le lendemain un *pannotage* bien fourni.

Le pannotage consiste à entourer les remises du gros gibier avec des filets pour le tirer dans l'enceinte ainsi formée.

Quant aux deux escouades, l'huile sur le corps, imperméables à l'extérieur, imbibées de rhum à l'intérieur, animées par l'espoir de la prime, elles se mirent en marche.

Nous disons *marche* quoique tout ce monde rampât sous la pluie.

CHAPITRE XXXVI

Un médaillon.

Dans la ferme, au matin, vers huit heures, les amoureux s'éveillaient.

Maracasse ouvrit la fenêtre de sa chambre ; le vent s'y engouffra avec violence arrachant les rideaux.

Il s'empressa de refermer volets et fenêtres.

— L'ouragan, dit-il, n'est pas prêt de finir ; nous avons encore au moins deux heures devant nous avant de fuir.

Il faisait nuit dans la chambre ; il alluma une bougie.

Agnès, à cette heure, comme toute jeune fille au lendemain des premières amours, était transfigurée ; la molle langueur des voluptés satisfaites voilait ses yeux, donnant à son regard une morbidesse pleine de charme ; les joues légèrement creusées et pâlies attestaient la lutte amoureuse ; les cheveux épars prêtaient à la physionomie les attraits d'un désordre qui donnait du piquant à certains détails.

Elle avait en outre cet attrait de la transformation subite.

Elle s'était endormie jeune fille et se réveillait femme.

Quand Maracasse reprit sa place auprès d'elle, il lui dit :

— Tu est plus jolie qu'hier !

Il se trompait.

Elle était *autrement* jolie.

Agnès, comme toute maîtresse complimentée à ces heures-là, eut un élan de tendresse.

Elle jeta ses deux bras au col de son amant.

En ce moment, elle était à lui.

En ce moment, elle ne songeait plus à le dominer sottement.

En ce moment elle se donnait reconnaissante et fascinée.

On sait combien les jeunes gens sont curieux de recherches.

Ils s'étudient minutieusement avec plaisir et s'extasient de leurs découvertes.

Agnès avait, sur une épaule, un signe auquel Maracasse donna cent baisers.

Elle de son coté, découvrit tout à coup, ce qu'elle n'avait pas vu la veille, le flambeau étant éteint.

Une petite chainette d'or retenait au cou du trappeur un médaillon.

Elle regarda avec un étonnement profond ce bijou très-précieux, du reste.

Naturellement elle accabla le jeune homme de questions.

Maracasse lui raconta ce que le lecteur sait déjà.

C'était un médaillon trouvé sur lui par Stimplon, quand ce vieux trappeur l'avait recueilli dans la grotte.

Ce médaillon portait une armoirie.

Comme toute fille noble, d'Espagne surtout, Agnès était forte en blason.

Elle s'écria :

— Mais, mon chéri, cet écusson est celui d'un Bourbon !

Elle étudia longuement les armoiries et finit par conclure :

— Ce sont les armes d'un Bourbon, avec barre de bâtardise, mais celui qui portait ces armes était reconnu et avait titre de baron. S'il était ton père, tu es gentilhomme.

Maracasse haussa les épaules.

— Peu importe ! dit-il.

« Je serais roi que mes amis ne m'en aimeraient pas plus !

« Du reste, nous avons eu, parmi nos compagnons, un souverain.

« C'était un géant nommé Tomaho qui avait régné sur l'Araucanie.

« Mais il a été détrôné par un certain de Tonneins.

« Eh bien, sache que je me moquais du rang de Tomaho et que je n'estimais en lui que ses qualités réelles.

« Il était bon et fort (1).

— Mon ami, dit Agnès, je t'ai aimé sans savoir si tu étais noble.

---

(1) Nota. Voir notre précédent roman, publié il y a quatre ans et intitulé *le Secret du Trappeur*.

« Mais je suis joyeuse de trouver un indice de ta naissance.

« S'il était prouvé — et l'on peut y arriver grâce à ce médaillon — que tu es né d'un Bourbon, même bâtard, tu serais un grand personnage.

« En ce cas ma famille serait très-honorée de ton alliance.

« Puis tu obtiendrais un grade dans l'armée espagnole.

« Tu y deviendrais rapidement général.

— Je ne serai jamais soldat ! dit Maracasse en manifestant une horreur profonde pour le métier militaire.

— On te donnerait une sous-lieutenance tout de suite.

— C'est toujours être soldat et recevoir des ordres ! fit Maracasse.

« Je veux me battre librement, comme il me plait !

— Mais, mon ami, il faut songer à vivre, à prendre une carrière.

« Il faut conquérir un rang, des honneurs, me faire une situation.

— Vivre ! dit Maracasse.

« Mais c'est facile.

« D'abord, dans cette guerre-ci, je suis général des nègres.

— Peuh ! fit dédaigneusement Agnès.

« Un beau grade, ma foi !

— Ça n'empêche pas que j'ai battu les Espagnols, aidé par mon ami Vendredi.

« Mais je ne tiens pas du tout à ce commandement et je n'y attache point d'importance.

« La guerre finie, je toucherai les primes promises par Choquart et par la junte, puis nous irons à New-York ou à San-Francisco.

« Nous dépenserons notre argent en nous amusant à notre guise.

— Et ensuite ? dit-elle.

— Nous gagnerons la *Prairie*.

« Il y a toujours du gibier pour un chasseur, des fourrures et des pépites d'or au pied des montagnes ; nous ramasserons une fortune nouvelle et nous irons la dépenser à la ville.

— Et vous croyez que je puis mener une vie de sauvage !

— Si tu m'aimes, oui.

« Si tu ne m'aimes pas, non.

— M'emmener dans la Prairie ! fit Agnès en esquissant un sanglot.

« Quelle tyrannie !

— Pas du tout !

« Liberté pour toi !

« Liberté pour moi !

« Tu ne veux pas venir à la chasse ! Reste à la ville.

« Je te donnerai de l'argent.

— Vivre sans toi !

— Alors suis-moi !

— Impossible !

« Je mourrais dans ces affreux déserts.

— Vis à San-Francisco.

— Je m'ennuierai.

— Il y a un moyen ! dit Maracasse avec une calme sérénité.

— Lequel ?

— Nous divorcerons.

« Quand on ne peut pas s'accorder, on se quitte, c'est bien simple.

Et il résuma la dispute :

— Ou tu me suivras.

« Ou tu vivras à San-Francisco pendant mes absences, et je te tue, si tu me trompes.

« Ou nous divorcerons.

La logique était pour Maracasse.

Comme il parlait tranquillement, en homme sûr d'avoir le droit pour lui, et fermement résolu à ne faire aucune concession, Agnès se trouva réduite au silence.

On pouvait appeler cette matinée : la revanche du mâle.

Maracasse, du reste, accentua sa victoire en disant :

— Hier, j'ai, pour une fois, consenti à faire certaines choses qui sont dans le service que la femme doit au mari.

« J'ai porté le pâté.

« Tu n'es pas forte et je n'ai rien à dire pour cela.

« Mais, comme j'aime la musique, tu en as profité, je m'en aperçois très-bien aujourd'hui matin, pour m'amener à mettre la table.

« Tu es fine !

« Toutes les femmes que j'ai connues sont fines et méchantes.

Le champ de bataille sous l'hacienda.

« Rappelle-toi ce que je vais te dire.

Il scanda chaque mot :

— Toutes les fois que tu m'auras tendu un piège et que j'y serai tombé, aussitôt que je le verrai, tu seras battue.

Et il ajouta avec un geste qui affirmait sa conviction :

— Oh! mais... battue !

— Vous me faites peur ! s'écria-t-elle en fondant en larmes.

— Il le faut !

« Si tu ne me craignais pas, tu ferais tes volontés et ton malheur en même temps ; les femmes agissent par fantaisie, moi par raison.

« Les nations sages les soumettent à la volonté de l'homme.

« Ali m'a expliqué cela.

Puis il ajouta :

— A propos, tu te feras musulmane !

— Moi !

— Certainement !

« Je veux être musulman... c'est la plus belle religion !

— Mais je suis catholique !

— Mauvaise religion !

« Les femmes vont parler aux prêtres de robe noire qui sont des menteurs.

« Elles disent tous les secrets de leur ménage à des fourbes.

— Alors vous violentez ma conscience.

— Pas du tout !

« Si vous ne voulez pas être musulmane, nous nous marierons, puisque j'ai promis de me marier avec vous.

— Ah, très-bien ! fit-elle.

— Mais, déclara Maracasse, aussitôt après, nous divorcerons.

— Et si je refuse ?

— Oh, je sais le moyen à employer.

Agnès comprit que si elle avait compté mener son futur mari, elle s'était trompée ; l'effet inévitable se produisit.

Matée, elle prit une haute estime pour ce caractère.

Elle plia, se soumit, se fit petite et elle implora.

Elle le cajola, l'embrassa, l'accabla de mille protestations de dévouement.

— Je ferai mon possible, dit-elle, pour m'habituer à la Prairie.

— Eh! dit Maracasse, ce sera plus facile que tu ne crois.

— Je crains d'y devenir laide!

— Est-ce que je suis laid, moi?

— Non, mon ange!

— J'ai toujours vécu au désert cependant et je trouve que la vie que l'on y mène embellit; il y a des filles plus belles que toi dans les tribus.

Ils causèrent ainsi longtemps sans qu'il cédât rien des avantages qu'il venait de conquérir.

Mais, vers neuf heures, Maracasse qui n'oubliait pas que tout a fin, même les cyclones, Maracasse, affamé du reste, se leva et cette fois sérieusement.

Il engagea Agnès à s'habiller.

— Il faut quitter, lui dit-il, ton costume de nonne.

« Tu dois trouver ici de quoi te vêtir dans les armoires.

— Mais, dit-elle, c'est voler!

— Nous empruntons.

« Je rendrai à ces gens-là cent fois plus que nous ne leur aurons pris.

Il descendit.

Déjà Pancho était levé.

— Ah! ah! fit-il.

« On s'endort dans les délices de Capoue, mon cher Maracasse.

Le trappeur ignorait absolument ce que c'était que Capoue.

Du reste, il ne tenait pas à le savoir.

Pancho continua :

— Le déjeuner est prêt!

« Nos chevaux sont sellés!

« Nous pouvons faire un repas puis partir quand bon nous semblera.

— Aussitôt après avoir mangé, nous quitterons la ferme, dit Maracasse.

— A table alors!

Et ils pressèrent les deux jeunes filles qui toutes deux s'habillaient.

Thérésa s'empressait, elle aussi, de quitter le voile.

Elles descendirent toutes deux, ayant un petit air pudique et discret que leur donnaient la coupe des robes et la tournure des coiffures des filles du fermier.

Celles-ci avaient conservé les modes des villes de la Suisse allemande.

— Très-bien! dit Maracasse en regardant Agnès d'un air approbateur.

— Un peu vieillotte, cette toilette! dit Pancho à Thérésa.

Les deux jeunes hommes se peignaient dans cette façon d'apprécier la mise de leurs maîtresses.

On se mit à table de bon appétit; quoi qu'on en dise, les amoureux ne vivent pas de soupirs à la lune.

Les émotions qui creusent le plus l'estomac sont celles que l'on éprouve dans une nuit passée en tête à tête avec une jolie fille.

Toutefois, Maracasse qui jugeait le temps en homme expert, engagea chacun à mettre les bouchées doubles.

Il déclara qu'entre onze heures et midi, le soleil brillerait.

Il était dix heures.

Déjà le vent soufflait moins violemment.

Il fit faire des sacs de provisions, il emprunta des manteaux à la garde-robe du fermier et il sortit dans la cour avec Pancho pour préparer les chevaux.

A peine avait-il fait dix pas qu'il s'arrêta soudain.

Il examina dans le sol boueux des traces de pas.

On voyait des empreintes allant de la porte de la buanderie à travers les allées.

Maracasse fit allonger le pied à Pancho, regarda la forme de ses chaussures, et, sans mot dire, il se mit à continuer ses études de piste à travers la cour.

Il arriva au pied de l'arbre par où le Matador était venu et par où aussi il était reparti; il ramassa à terre plusieurs branchettes et quelques feuilles.

Mais il vit çà et là, des poils de chien sur les aspérités des graviers.

Alors il regarda Pancho et il lui dit d'un air grave :

— Quelqu'un était ici quand nous sommes venus !

— Vraiment ! fit Pancho.

« Où voyez-vous cela?

— Aux empreintes.

« L'homme était un voyageur égaré comme nous sous l'orage.

« Il a monté sur cet arbre à l'aide d'un lasso, puis il est descendu dans la cour en se laissant glisser à une branche.

— Comment devinez-vous cela?

— Voyez ces feuilles qu'il a fait tomber et ces petits rameaux.

— C'est l'ouragan peut-être.

— Non point.

« Le vent arrachant une branche l'emporte au loin.

« Les feuilles sont sous l'arbre et y sont tombées avec l'homme.

« Voici du reste deux pointes de pied qui marquent l'endroit où il a touché terre.

« D'autre part, vous vous êtes étonné comme moi de trouver le chien attaché.

— Oui, sans doute.

— Ce pauvre chien a fait son métier ; il a été lassé, à moitié étranglé, traîné mi-mort vers sa niche.

« Tenez, là, baissez-vous.

« Ses griffes ont labouré le sol !

— Diable d'homme vous êtes, pour tout deviner ainsi !

— Je ne devine rien ! dit Maracasse.

« Je vois.

Et il poursuivit son enquête.

— L'homme, dit-il, est dehors.

« Il a pris le chemin de l'arbre et appuyé son pied ici, contre le mur qui est égratigné par un clou des souliers.

— C'est évident ! fit Pancho.

« Mais si vous ne me l'aviez point fait remarquer, je ne l'aurais pas vu.

Maracasse revint vers la buanderie et montra sur le sol des marques laissées par les bords de la cuve renversée et qui décrivaient des cercles.

— Cette cuve, dit-il, a été dérangée ; mais non par nous.

« L'homme, nous entendant venir, s'est caché dessous.

— C'était un malfaiteur ! fit Pancho.

— Je n'en sais rien ! dit Maracasse. Toutefois, il ne cherchait pas à voler.

« Il n'a pas tué le chien.

« Il se contentait de s'abriter sous le toit de la buanderie.

— Vous avez raison !

« L'homme n'avait nulle envie de mal faire en cette ferme.

— D'autre part, c'est un ennemi à nous, puisqu'il ne nous a pas parlé.

« Il a fui !

— Mon cher, dit Pancho, je vous trouvais charmant caractère, vous étiez un brave et joli garçon ; je vous aimais comme tel.

« Mais, par le Christ ! voilà que vous témoignez d'une merveilleuse puissance de déduction et d'une intelligence remarquable ; je vous admire très-sincèrement.

— Ça n'en vaut pas la peine ! dit Maracasse d'un air convaincu.

« J'ai débrouillé des pistes bien autrement compliquées.

Les jeunes filles, cependant, inquiètes, parurent à la porte.

Maracasse leur fit signe de rentrer ; elles obéirent effrayées.

— Qu'allons-nous faire? demanda Pancho.

— J'imagine, dit Maracasse, que si notre homme est notre ennemi, il aura essayé de gagner le couvent.

« Peut-être avons-nous eu affaire à un éclaireur espagnol.

« Les généraux doivent envoyer des espions dans le pays.

— Nous allons avoir les péons de l'abbesse sur les bras ! dit Pancho.

— Peut-être nous attendent-ils déjà dehors pour nous prendre vivants dans quelque embuscade et par surprise.

— Voilà ce dont il faudrait nous assurer ; mais comment s'y prendre.

— C'est facile ! dit Maracasse.

« Venez.

Ils rentrèrent dans la maison.

Là, les jeunes filles tremblantes les questionnèrent.

Ils les mirent au courant.

Puis Maracasse dit à Pancho :

— Otez votre veste et votre chapeau.

« Bien !

« Habillez-vous maintenant comme vous pourrez.

« Quand vous serez couvert, courez vite aux écuries !

« Rapportez-moi quatre bottes de paille et vous retournerez ensuite préparer deux chevaux de selle du fermier.

— Bien, dit Pancho.

Il sentait la supériorité de Maracasse et il lui obéissait passivement.

— Vous, dit Maracasse aux femmes, apportez vos vêtements de religieuses.

En même temps il se débarrassait de son costume de péon.

Pancho revint avec la paille.

— Retournez aux chevaux ! lui dit Maracasse, préparez-les.

Et, aidé des jeunes filles, il confectionna quatre mannequins.

Ceux-ci les représentaient.

Quand ils furent terminés, Maracasse les porta dans la cour.

Avec des courroies et des ficelles, lui et Pancho assujettirent ces mannequins de façon à ce que les deux bonshommes eussent l'air d'emmener en croupe les deux religieuses.

Cela fait, Maracasse ordonna à Pancho d'ouvrir la porte d'entrée.

Lorsqu'elle le fut, il cravacha les chevaux qui partirent au galop.

A peine étaient-ils lancés, qu'une fusillade vigoureuse les accueillit.

Epouvantés, les chevaux tournèrent tête, et, par instinct, rentrèrent dans la cour.

Maracasse et Pancho en refermèrent la porte aussitôt.

Puis, dans la crainte d'une attaque par les murs de la cour et du jardin, les deux jeunes gens, ayant laissé les chevaux regagner les écuries, se réfugièrent eux-mêmes dans la maison où il s'abritèrent contre les balles.

Pancho, quoique brave, était un peu troublé.

Maracasse avait le calme imperturbable de l'homme qui a vu plus de cent fois la mort de si près qu'il a pu s'habituer à la regarder face à face.

Les deux jeunes filles pleuraient.

— Il ne s'agit pas de ressembler à des sources ! dit Maracasse.

« Il faut se battre !

« Dans le salon du fermier, il y a des armes à feu.

« Nous pouvons longtemps nous défendre et nous ne sommes pas pris.

Il entra au salon.

Là étaient disposés en panoplie d'excellents fusils de chasse, destinés aux battues fructueuses du fermier et de ses domestiques.

En outre, Maracasse trouva une de ces excellentes carabines suisses qui portent si loin et si juste, et que le fermier avait apporté en Amérique comme souvenir de sa patrie.

En fouillant dans la maison, on trouva poudre, balles, capsules, cartouches.

Et Maracasse dit gaiement.

— Nous avons un puits !

« Nous avons des vivres !

« Le siège sera interminable, à moins que ces gens-là n'amènent du canon.

Pancho croyait que Maracasse parlait ainsi pour rassurer les jeunes filles.

Profitant d'un moment où elles étaient éloignées, il demanda :

— Entre nous, que comptez-vous faire ? Nous ne tiendrons pas une heure.

— Vous plaisantez ! fit Maracasse.

« Ne vous ai-je pas dit que, sans canons, ces péons n'enlèveraient pas la maison !

— Comment ferez-vous ?

— Vous verrez cela.

Une chose étonnait Pancho.

Il se demandait pourquoi Maracasse semblait, pour l'instant, ne rien craindre de ses adversaires.

Il le questionna.

— Mon cher, dit le trappeur, on a envoyé pendant l'ouragan, une petite bande de gens déterminés pour nous bloquer.

« Le gros des péons ne viendra que l'orage fini.

« Si ceux qui ont tiré avaient osé nous assaillir, il auraient essayé d'une surprise et ils ne l'ont pas fait.

« Encore moins donneraient-ils l'assaut maintenant.

— C'est juste, fit Pancho.

« Nous sommes sur nos gardes et ils doivent naturellement nous redouter plus en ce moment que quand nous dormions.

— Prenez le plus d'armes possible, dit Maracasse, et suivez-moi !

Il prit lui-même des fusils.

Le fermier, qui avait trois domestiques blancs et huit nègres, avait aussi des fusils pour tout ce monde, car il était fort amateur de battues et grand tueur de gibier.

Maracasse, avec Pancho, montèrent tout cet arsenal sur le toit de la petite maison qui était en terrasse, selon la mode des colonies espagnoles.

La pluie ne tombait plus que très-faiblement.

Maracasse ordonna à Pancho de lui monter des matelas.

Bientôt la balustrade de la terrasse fut garnie.

Elle formait banquette de fusillade et dominait les alentours.

La maison était entre une cour et un jardin, au centre d'un enclos ceint de murs ; tout homme qui franchissait ces murs était sous le feu de la terrasse.

Maracasse appela les jeunes filles, et, mettant le temps à profit, il leur apprit d'abord à charger les fusils.

Pancho, lui, s'en tirait très-bien.

Quand il fut satisfait de ses élèves, il leur dit :

— Maintenant, vous allez apprendre à faire feu.

Thérésa avait très-peur.

Agnès, chose assez singulière, semblait plus résolue.

Après tout, l'extrême jeunesse donne quelquefois l'extrême courage.

Maracasse fit d'abord décharger, tant bien que mal, à chaque jeune fille, des coups de revolvers, pour les habituer au bruit.

Ensuite il leur montra à appuyer les fusils contre la balustrade et à tirer au posé, ce qui est très-facile.

Elles finirent après une douzaine d'essais par se familiariser avec les fusils et Agnès atteignit même au quinzième coup, le tronc d'un arbre qu'elle visait.

— Maintenant, disait Maracasse bas à Pancho, il ne s'agit plus que de les griser un peu et elles se battront.

Puis comme le Cubain était un peu pâle, Maracasse lui conseilla :

— Buvez aussi !

« Pas trop pourtant !

— Mais je n'ai pas peur ! dit Pancho fièrement.

— Buvez toujours !

« Ça vous mettra du sang aux joues et vous vous en trouverez bien.

Il alla féliciter les jeunes filles, car Thérésa à son tour atteignait le but.

— Vous voilà flibustières ! dit-il.

« A vos santés !

Il leur tendit des verres remplis de rhum qu'il avait eu le soin de faire verser par Pancho, et elles burent, croyant prendre une liqueur douce et inoffensive.

Peu à peu l'exaltation attendue par le trappeur se produisit.

Les jeunes filles, très-animées, mirent une vive ardeur et un extrême amour-propre à se disputer la palme du tir.

Maracasse, ne voulant pas laisser gaspiller les munitions, intervint.

— C'est assez ! dit-il.

« Si ces péons donnent un assaut général, on vous confiera une face de la terrasse à chacune, et, avec un peu de sang-froid, vous la défendrez très-bien.

Puis il recommanda :

— Voici des chevrotines.

« Vous n'oublierez pas, si vous voyez les péons franchir les murs en grand nombre, de surcharger vos fusils avec cinq de ces petites balles et de viser au plus épais.

Il continua, de la sorte, à prendre toutes ses mesures.

Pancho, d'après son conseil, s'était versé rasade aussi.

Maracasse lui dit :

— A votre tour !

« Appuyez ce fusil sur ce coin de matelas, visez cet arbre.

« Tirez en pressant lentement la détente et par à-coup.

Pancho fit feu.

Il toucha.

Maracasse se frotta les mains et dit tranquillement :
— Tout ira bien !
— Vous espérez donc nous tirer de là ? demanda Pancho surpris d'une attitude aussi réjouie.
— Sait-on jamais ce qui arrivera dans un combat ! fit Maracasse.

« Seulement avec vous et ces deux petites filles, disposés comme nous le sommes, je suis sûr de défendre longtemps la maison, et, si je meurs, d'avoir une belle mort !

« Or vivre n'est pas l'important pour un trappeur.

« Le principal, c'est de bien mourir pour laisser derrière soi une belle réputation et que l'on parle de lui longtemps.

Pancho, qui était moins héroïque, déclara franchement sa manière de voir.
— Je préférerais, dit-il, que nous fussions sauvés !

« Toutefois comptez sur moi.
— Espérez ! fit Maracasse.

« Sans canon, ils ne forceront pas la maison.

« Moi et Stimplon, en l'absence des engagés, qui étaient allés vendre une charge de peaux d'ours et de jaguars, nous avons tenu pendant cinq jours, dans une maisonnette de squatter abandonnée et en ruines, contre plus de trois cents Indiens Sioux bien armés.

« Ici les conditions sont meilleures.

« La maison est solide.

« Les péons ne valent pas les Sioux.
— Mais moi, je ne vaux pas Stimplon ! fit Pancho.
— La bonne volonté de Thérésa et d'Agnès compenseront la différence.

« Ah !... du nouveau !

« Attention !

En effet, dehors il se passait quelque chose de menaçant.

CHAPITRE XXXVII

Le siège héroïque.

Dans les fastes de l'insurrection cubaine, le drame que nous allons décrire a un nom ; on l'appelle *le siège héroïque* ou *des huit jours*.

Tous les trappeurs de la Prairie en savent les péripéties.

Le soir, les guides des caravanes racontent cette légende aux émigrants, autour des feux, et, les Indiens eux-même apprennent à leurs enfants l'histoire du *fils de la Panthère*, c'est ainsi qu'ils désignent Maracasse, à cause de son allaitement par une femelle de jaguar.

C'est qu'aussi il faut remonter haut dans les souvenirs des flibustiers pour trouver l'exemple d'une pareille résistance, que l'on compare à celle du Beau Laurent et de son *matelot*, le chevalier de Morvan, enveloppés dans une maison isolée lors du sac de Grenade.

Encore ne tint-il que dix-sept heures, ayant été délivré par le retour de ses flibustiers, qui apprirent, que loin d'être morts, leurs chefs vivaient et arrêtaient cinq cents Espagnols en échec.

Herrera venait d'arriver.

Il précédait cinq ou six cents péons, tous trop dévoués au couvent pour ne pas capturer Maracasse sur l'ordre de l'abbesse.

Et, non-seulement cet ordre avait été donné, mais l'abbesse elle-même, quelques-unes des sœurs et les invités accouraient.

L'ouragan avait cessé.

Le ciel était redevenu riant.

Les péons, derrière Herrera, arrivaient par bandes.

Tout d'abord, il n'y eut que des hommes, des cavaliers, des jeunes gens surtout.

Chaque famille ne détachait que celui de ses mâles qui, par un accord tacite et immémorial, devait le service à San Ignatio.

Les autres s'occupaient de visiter leurs demeures et de réparer le gros des dégâts causés par le cyclone.

Toutefois, l'attrait d'une lutte contre Maragazor était si grand, que bientôt l'on vit des femmes et des filles accourir.

Les familles dont les maisons étaient encore debout, se hâtaient de les approprier et d'accourir ; car on s'attendait à de grandes choses de la part d'un homme aussi habile et aussi brave que Maragazor.

Bientôt toutefois, on sut le véritable nom du jeune homme.

Alors la foule se passionna plus que jamais.

Quand les péons apprirent qu'il s'agissait du redoutable flibustier *Poil-de-Bique*, de Maracasse, fils de la Panthère, général des nègres, alors il se produisit dans la foule des assaillants un phénomène assez fréquent: elle s'enthousiasma pour la prise du héros qu'elle admirait...

Herrera prenait ses dispositions, en attendant l'abbesse; il ne voulait rien faire sans qu'elle fût là, malgré l'impatience des péons.

En ceci, il avait un but.

Il espérait que les péons de San Ignatio s'emparant du flibustier, les camarades de celui-ci et les nègres voudraient se venger.

Il comptait qu'une attaque du couvent par les insurgés serait le résultat de cette affaire; dès lors le clergé serait contre les révoltés et pour les Espagnols.

C'était un appui considérable.

Toutefois il répartit les péons de façon à former un cercle infranchissable autour de la maison.

A une heure, des voitures amenaient l'abbesse et ses hôtes.

Natividad était pâle, sombre, résolue, à côté de sa confidente, dans une petite calèche qui était suivie de chars suspendus amenant beaucoup de monde, les hôtes nombreux du couvent.

La visiteuse disait en hochant la tête :
— Grave affaire !

« Tout cela se terminera par un mariage, ma chère Nana.

« Les parents d'Agnès sont prévenus.

« Le péon épousera la petite.
— Le péon ! fit Natividad, sera fusillé.
— Oh ! oh !
— Tu ignores encore ce qui s'est passé cette nuit entre moi et un certain agent dont tu ne connais pas la valeur.

« C'est un certain Herrera armé de pleins pouvoirs.

« Or, le prétendu péon est ce célèbre flibustier Maracasse.

« C'est le général des nègres !

« C'est enfin un homme à fusiller dès qu'il sera pris.
— Quel roman ! s'écria la visiteuse.

« Quelle aventure !

« Pauvre petit !

« Et tu ne feras rien pour lui.
— Rien !... s'écria Natividad avec une sourde fureur.

« Ce matin même, j'ai eu soin d'appeler cet Herrera.

« Je lui ai demandé comme un signalé service, aussitôt qu'il aurait pris ce bandit, de l'enlever sous escorte pour le faire fusiller à San Ignatio même.

« On le pendra ensuite.

« C'est ainsi que les ravisseurs de nonnes apprendront à respecter les lieux saints.

La visiteuse haussa les épaules.
— S'il t'avait enlevée, fit-elle, tu ne le ferais pas pendre !

Natividad jeta un regard de lionne irritée sur la visiteuse.

Celle-ci ne s'émouvait pas beaucoup, toutefois elle connaissait l'abbesse.

Les explosions de cette femme hautaine étaient terribles d'autant plus qu'une décision prise, jamais elle ne revenait dessus.

L'avait-on blessée, c'était une haine mortelle et implacable.

La visiteuse savait à quel point, juste, elle devait s'arrêter.

Elle reprit donc d'un ton plus conciliant :
— Ma chère Nana, si je plaide pour ce garçon, c'est parce que je ne vois pas qu'il soit légal de le fusiller ainsi.
— L'agent dont je t'ai parlé, dit sèchement l'abbesse, a pleins pouvoirs.

« Je reconnais qu'en lui prêtant mes péons, je ne me compromets pas contre les insurgés, et je fais mon devoir.

« Tous nos évêques et le Saint-Père m'approuveront.

« Si les insurgés manifestent de l'hostilité à la suite de cette affaire, tant pis pour eux, car l'Église se déclarera leur adversaire.

« Pour ce qui est de la légalité, un décret ordonne que tout insurgé, pris les armes à la main, soit immédiatement passé par les armes.

« Herrera ne peut donc hésiter.

« Le texte de l'arrêté est formel.

« Cet agent n'aurait-il point de pleins pouvoirs, qu'il serait encore en droit de jeter sous les balles de ses hommes un révolté.

« Et moi, moi qui te parle, moi qui aurais adoré ce garçon, je le hais assez pour assister à son exécution avec autant de plaisir que s'il s'agissait de mon plus mortel ennemi.

« Qui me dédaigne, en meurt !

Elle dit cela avec un si royal orgueil et c'était si bien le cri de son cœur, que la visiteuse jugea tout effort inutile.

Elle murmura :

— Pauvre garçon !

Plus rien à dire.

Plus rien à faire.

Désormais Nativitad devait être de marbre ; rien n'avait de prise sur elle.

Elle était de la race de ces souveraines qui font tuer par des assassins ou qui livrent au bourreaux leurs amants infidèles ou ceux qui n'ont point accepté leurs avances.

Ainsi fut la grande Élisabeth.

Ainsi fut Christine de Suède.

Il était impossible de pousser la fierté hautaine plus loin que l'abbesse, impossible à une femme de ressentir plus profondément qu'elle une offense.

Aussi la confidente de ses amours, la visiteuse qui l'avait élevée et qui connaissait à fond son caractère, ne fit-elle plus l'ombre d'un effort en faveur du jeune homme.

Celui-ci, à genoux, aurait demandé la vie en promettant l'amour, qu'il n'aurait rien obtenu que le mépris.

L'abbesse aborda Herrera.

Celui-ci était un fin politique ; il voulait, nous l'avons dit, brouiller à l'aide de cette offense, le clergé et les insurgés.

Mais il dut s'apercevoir ce jour-là une fois de plus, que les gens d'Église, de tous sexes, sont très-fins diplomates.

— Monsieur, dit l'abbesse à haute voix devant la foule, vous êtes un des hommes les plus dévoués au gouvernement espagnol qui vous a donné de pleins pouvoirs.

« A cette heure, le couvent de San Ignatio est toujours, *de fait*, sous l'autorité de l'Espagne ; je m'adresse donc à vous qui la representez, comme je m'adresserais au général Cespèdes, si les vicissitudes de la guerre me plaçaient, *en fait*, sous sa dépendance et me mettaient à la merci des insurgés.

« Un homme qui appartient à un corps de flibustiers et un Cubain de Santiago, un mulâtre, m'ont enlevé violemment deux de mes filles, deux novices, en profitant d'un incident, pendant une course de taureaux.

« Je vous prie, monsieur, à la tête de vos agents et de tous les bons citoyens que j'engage à vous seconder, je vous prie et vous requiers de vous emparer de ces deux malfaiteurs pour que justice en soit faite.

« Comme abbesse de San Ignatio, je les accuse d'un rapt sacrilége.

« Comme Espagnol et chef militaire, vous savez ce que vous avez à faire.

Puis sans attendre la réponse d'Herrera, elle dit aux péons :

— Le couvent adoptera les familles de tous ceux qui seraient tués en cette affaire.

« Aux blessés, je ferai une vie heureuse et tranquille.

« A tous, largesses !

Les péons savaient que ces promesses seraient tenues.

Ils poussèrent des hourrahs.

L'abbesse, cependant, évitant habilement de laisser Herrera lui parler, se fit entraîner par la calèche sur une colline voisine.

C'était le comble de l'habileté.

Elle avait dit juste ce qu'elle voulait dire, ne s'engageait pas, constatait qu'elle s'adressait à l'autorité *de fait*, ménageait les insurgés et obligeait Herrera à fusiller Maracasse non pas pour le clergé et pour le rapt, mais comme révolté et général des nègres.

En effet, à l'un de ses chefs de service, Ancôo, qui se trouvait près de lui, attendant des ordres, Herrera dit :

— Voilà une leçon de diplomatie que nous donne cette abbesse.

« L'as-tu comprise, Ancôo ?

— Oui, capitaine ! dit l'agent.

Le rang officiel d'Herrera dans la police correspondait à celui de nos officiers de paix et l'assimilait comme grade à un capitaine de l'armée.

LE MORNE AUX GÉANTS

Toujours déguisée en homme, elle lisait à ses hôtes...

Ses hommes lui donnaient donc hiérarchiquement ce titre.
— Il pourra se faire, murmura entre ses dents Herrera, que l'abbesse se repente de son machiavélisme.

« Moi je jouais le franc jeu avec elle ; dès maintenant, je jouerai double.
Puis à Ancôo :
— Laissons toujours faire les péons ; inutile de prodiguer nos hommes.

Les gens du couvent, armés de fusils et de pistolets, un grand nombre ayant des haches, n'attendaient qu'un ordre.

Herrera allait le donner quand une main se posa sur son épaule.

En se retournant, il vit la face de cuivre du Bison-Cornu.

L'Indien regardait les péons qui se divisaient en groupes, par hameaux, et qui s'apprêtaient tumultueusement à donner l'assaut.

— Que me veux-tu? demanda Herrera avec impatience.

« Encore quelque observation.

— Cette fois, dit Bison-Cornu, mes paroles pèseront lourdement ; j'ai longtemps réfléchi avant de parler.

« A chacun de mes mots, il y a une balle de plomb.

— Alors j'écoute!

L'Indien dit lentement, mais à voix très-basse en pesant sur chaque syllabe :

— Si le capitaine n'aime point ces hommes qui vont attaquer, qu'il les laisse aller, car ils tomberont comme les mouches atteintes par le premier souffle du vent d'hiver.

« Si, au contraire, le capitaine aime ces gens-là, qu'il les arrête.

— Bast! fit Herrera.

« Quand le flibustier abattrait une douzaine de ces pauvres diables, ce ne serait pas une affaire.

— Douze... fit Bison-Cornu avec un étrange sourire.

— Mettons le double pour faire bonne mesure et n'en parlons plus.

L'Indien eut un haussement d'épaules significatif.

Toutefois, se souvenant de la leçon reçue la veille, il n'insista point et il tourna les talons.

Herrera l'arrêta.

— Aurais-tu par hasard cette idée que l'assaut coûtera plus de vingt hommes ?

— Plus de cent! fit Bison-Cornu. Plus de deux cents.

— Es-tu fou?

— Je me sens une cervelle très-fraîche dans la tête et c'est à peine si j'ai vidé un quart de ma gourde.

« Je suis sûr de bien penser et mes paroles vont au but comme une balle envoyée par un trappeur.

« Le capitaine pourra bientôt en juger s'il persiste dans son dessein.

— Croyez-vous un mot de ces radotages, Ancôo? demanda Herrera.

— Si les péons, dit le lieutenant d'Herrera, sont braves, ils perdront cinq ou six hommes et quelques-uns seront blessés.

« S'ils sont lâches, et, s'ils battent en retraite, le trappeur leur jettera bas dix ou douze hommes au plus.

Et Ancôo ajouta :

— C'est déjà beaucoup pour un homme seul!

— Ils sont quatre ! dit Bison-Cornu.

— Tu comptes les femmes!

— Les squaws se battront.

« Elles tirent assez juste, au posé, pour toucher les péons en groupe.

— Une fillette de quinze ans, une autre, qui n'en a pas vingt, un farceur déguisé en nègre et mulâtre en somme, voilà l'effectif de la garnison.

« Sans le général, on enverrait les péons avec des fouets.

« Cela suffirait.

— Non! dit Bison-Cornu.

« Les squaws ont bu de l'eau de feu, je le parierais.

« Elles seront très-braves.

« Le mulâtre est amoureux, et, pendant le rut, le cerf lui-même est intrépide.

« Mais si Maracasse était seul, je suis sûr qu'il tuerait beaucoup de monde.

« Dans une petite maison, lui et Stimpton, ils ont arrêté cinq cents Sioux.

— Des lâches !

— Les Sioux savent mieux ramper, tirer, se battre que les péons.

« Ils ont été braves puisqu'ils ont perdu plus de cent hommes!

« J'ai dit ce que je devais dire et je me tais maintenant.

Sur cette conclusion, Bison-Cornu se retira avec dignité.

Herrera fut frappé de ce que venait de lui déclarer l'Indien.

Toutefois, peu lui importait que les péons perdissent du monde.

Au fond, c'étaient des Cubains, des hommes qui ne servaient que l'abbesse et qui tourneraient aux insurgés sur un signe d'elle.

Sans admettre les chiffres effrayants que venaient d'énumérer l'Indien, il se dit que si l'on perdait beaucoup de monde, les pensions à servir seraient au compte du couvent et il cria aux péons :

— Vous avez entendu votre abbesse !

« Lancez-vous, mes braves !

« Faites vite !

« Amenez-moi ce Maracasse vivant ou mort.

Les péons bondirent à cheval, poussant des vivats.

Pourquoi à cheval?

Nous allons le dire.

Il fallait franchir les murs, et, de leur selle, habiles écuyers et agiles, les péons pouvaient atteindre la crête de la muraille, se hisser dessus et sauter dans les cours et dans les jardins.

Ils ne doutaient point, du reste, de gagner la partie en un clin d'œil.

Ils arrivèrent comme la foudre contre l'enceinte.

Du haut de la terrasse, pas un coup de feu ne partit.

Mais lorsqu'une centaine d'hommes eurent franchi l'obstacle et furent dans la cour et le jardin, Herrera vit le feu commencer rapide et terrible.

Les jeunes filles tiraient avec les fusils de chasse, chargés de chevrotines.

Maracasse et Pancho déchargeaient d'abord leurs revolvers sur les plus proches qui tombèrent sous ce feu d'autant plus juste que les jeunes gens appuyaient leurs pistolets sur des meurtrières ménagées exprès.

Puis, les pistolets vides, ils saisirent à leur tour les fusils de chasse.

Il leur restait chacun quatorze coups à tirer et ils eurent bientôt une cible où chaque chevrotine et chaque balle portaient.

Voici ce qui s'était passé :

L'effet d'une fusillade, à bout portant pour ainsi dire, sur des colonnes d'assaut, s'agît-il même de soldats disciplinés et aguerris, est toujours démoralisant.

Les Prussiens, du reste, savent si bien cela, qu'ils ont imaginé le feu de salve.

Ce principe est désormais passé en pratique dans toutes les armées.

On juge du saisissement qui s'empara des péons, quand, courant vers la porte et vers les fenêtres de la maison, ils furent salués en peu d'instants par vingt, trente, quarante coups de feu, tous meurtriers, car les chevrotines faisaient mitraille.

Sur une centaine d'hommes qui avaient sauté, une vingtaine étaient morts, d'autres hurlaient les plaintes et les jurons dont sont si prodigues les blessés espagnols.

Sur les murs, ceux qui étaient en train d'escalader, s'arrêtaient.

Bientôt, voyant les autres si maltraités, ils se gardèrent naturellement de se jeter dans cette affreuse boucherie.

De toutes parts, ceux qui survivaient dans l'enceinte, cherchaient à fuir.

Ils essayaient de se cramponner aux aspérités des pierres.

Vains efforts !

Maracasse les laissait s'épuiser en élans désespérés pour couvrir de balles un groupe épais qui courait à la porte de la cour ; là, tous s'entassèrent en troupeau.

Les derniers poussaient les premiers qui ne pouvaient ouvrir en raison même de la presse foulant sur eux.

C'est sur cet amoncellement de malheureux que les assiégés firent surtout des ravages effrayants en quelques secondes.

Maracasse avait l'horrible sang-froid, avec sa prodigieuse habileté, de viser ceux qui étaient le plus près des battants.

Bientôt un rempart de corps ne permit plus d'espérer que cette porte s'ouvrirait et les péons se dispersèrent de nouveau pour trouver une issue.

Heureusement pour eux, les cavaliers restés dehors, lancèrent leurs lassos par dessus les murailles.

Ils permirent ainsi à leurs camarades de se hisser.

Heureusement encore, toutes les armes des assiégés étaient déchargées.

Maracasse, qui avait son plan, venait de crier à Pancho :

— Vite, rechargez.

Et aux jeunes filles :

— Vous aussi, senoritas.

« Rechargez !

« Vite ! vite !

« Les cavaliers vont fuir ! dit-il.

« Lorsque tous leurs compagnons seront sauvés, ils détaleront.

« Ne tirez pas, vous n'êtes pas assez adroits.

« Mais passez-moi les fusils tout chargés et je ferai bonne besogne.

En effet, bientôt les péons songèrent à la retraite.

Qu'auraient-ils fait sous ces murs ?

Rien ; et ils se doutaient bien qu'on les canarderait du haut de la terrasse.

Tant qu'ils étaient blottis contre l'enceinte, les assiégés, n'ayant pas vue sur eux, ne pouvaient pas les atteindre ; mais, une fois lancés dans la fuite, ils étaient sous les projectiles.

Un mot d'une façon de tirer particulière à certains trappeurs.

Ils ont, presque tous, étudié une certaine façon de viser et de faire feu qui est si rapide qu'on croirait qu'ils tirent au jugé ; on prétend qu'à San-Francisco, en une minute, ayant un garçon de tir qui présentait les carabines armées, un certain Kortenerr a mis quarante balles dans une cible à trois cents mètres de distance.

C'est presque une balle par seconde...

Et Maracasse passait, dans cet exercice spécial, pour être sans rival.

Debout sur la terrasse, Pancho et les jeunes filles autour de lui, lui chargeant et lui présentant les armes, il attendit.

Un groupe de cavaliers, sur l'une des faces, ayant hissé plusieurs blessés et les ayant pris sur les chevaux, quitta la muraille.

Sept fois, Maracasse fit feu dans le tas ; et les cavaliers, à chaque coup, vidaient les arçons ; mais ce groupe était à peine à trois cents mètres, qu'un autre détalait.

Maracasse tira encore sur celui-ci avec tant de succès que les péons, blottis, n'osèrent plus se détacher du mur.

Enfin l'un d'eux, mettant pied à terre, circula autour de la maison en donnant un mot d'ordre intelligent.

Tous se tinrent prêts.

Quand celui qui avait eu l'idée salutaire qu'ils allaient mettre à exécution, cria de toute la force de ses poumons : Au galop ! tous s'éparpillèrent en éventail et ensemble.

Néanmoins il en périt encore au moins une douzaine.

Et Maracasse satisfait, dit en repoussant l'arme que Pancho lui tendait encore :

— En voilà assez !

« Ils sont trop loin !

« Je parierais pour quarante morts et autant de blessés.

Il se trompait.

Il y avait cent dix-huit hommes atteints, comme le constata l'intendant de San-Ignatio avec désespoir !

Herrera qui avait vu des choses prodigieuses, était émerveillé.

— Quel homme ! dit-il.

« Qu'en pensez-vous Ancôo ?

— Inoui ! fit laconiquement le lieutenant.

— Après tout, murmura Herrera, j'ai oui dire qu'en Algérie, douze soldats français dans un blockaus en bois, bravent souvent trois mille Arabes ; on en a eu des exemples.

Et avec une fausse pitié :

— Ces pauvres péons !

L'abbesse qui avait suivi toute cette scène, lorgnette en main, donna l'ordre à son cocher de la conduire auprès d'Herrera.

Elle avait dans les yeux des larmes de rage et elle apostropha Herrera.

— Monsieur, dit-elle, vous avez fait massacrer mes péons.

« Pas un de vos agents n'a combattu ; c'est lâche.

Herrera pâlit.

— Chacun de mes hommes, dit-il, vaut cent des vôtres !

« Puis, je ne suis pas pressé, moi, de m'emparer de ces fugitifs.

« Qu'est-ce en somme que ces gens-là ?

« Un seul m'intéresse : le flibustier

« Encore ne donnerais-je pas la vie de

deux des miens pour celle de ce Poil-de-Bique.

Et il tourna les talons.

— Prenez garde! dit froidement l'abbesse en fronçant les sourcils.

« Vous devenez impertinent !

D'un geste, dont l'énergie farouche était irrésistible ; l'agent fit signe au cocher de s'éloigner.

L'homme, effrayé, sauta à terre et se retira à distance.

Nativitad se trouva seule dans la calèche.

Herrera s'approcha très-lentement, fixant son œil noir sur l'abbesse, la fascinant, la dominant, la forçant à éviter son regard.

Il lui dit alors à voix basse pour être entendu d'elle seule :

— Je sais à Rome un cardinal de la race des Bourbons qui a l'oreille du pape, l'amitié des jésuites et le pouvoir de vous briser.

« D'un mot je l'éclairerais sur la façon dont a péri son neveu, assassiné par des pirates de Savane déguisés en Indiens.

« Vous savez, madame, qui a mis le poignard aux mains de ces hommes!

Et, après avoir foudroyé l'hautaine abbesse par cette révélation, il ajouta :

— Je puis vous affirmer, madame, qu'entre moi et Son Eminence, il y a pacte d'alliance, cimenté par vingt ans de services réciproques.

« Entre elle et moi, tous les huit jours, il y a échange de dépêches télégraphiques d'après un chiffre convenu.

« Croyez que, si je le voulais, dans les quarante-huit heures, le Saint-Père, lui-même, enverrait télégraphiquement à l'archevêque de la Havane l'ordre de votre incarcération.

« J'ai des pleins pouvoirs.

« Nous sommes en état de siége.

« Jugez de ce qui adviendrait...

Il s'éloigna, dédaigneux, laissant Nativitad écrasée par le sentiment de son impuissance.

Tous avaient pu juger qu'entre la hautaine abbesse et le célèbre agent il y avait lutte et lutte décisive.

Mais, par discrétion, chacun s'était tenu à l'écart.

L'abbesse, en deux minutes à peine qu'avait duré cette scène, était devenue vieille ; ses traits tirés, ses joues caves, ses yeux hagards, l'enlaidissaient, donnant à sa tête une expression terrible.

Elle éprouvait pour la première fois le choc d'une volonté plus forte que la sienne, et, pour la première fois aussi, elle se sentait forcée de plier.

Jamais blessure morale plus profonde n'avait percé ce cœur altier.

La visiteuse, alarmée, se précipita vers Nativitad.

D'autres voulaient s'empresser ; mais la vieille confidente de l'abbesse les tint éloignés en levant la main.

Puis elle demanda à l'abbesse qui se sentait défaillir.

— Qu'as-tu ?

— J'étouffe ! Je meurs ! murmura Nativitad d'une voix brisée.

« Cet homme m'a tuée.

Mais avec une présence d'esprit et une force de volonté inouïe, elle ajouta :

— Je vais m'évanouir !

« Tu diras que c'est la mort de mes... de mes... pauvres péons qui m'a... m'a...

Il lui fut impossible d'achever : elle tomba en syncope.

Cette fois la visiteuse accepta le concours de plusieurs dames.

Celles-ci s'empressèrent autour de l'abbesse, pendant que la visiteuse s'écriait :

— Grand Dieu !

« Elle en mourra !

« La vue des blessés l'a frappée au cœur !

Et l'adroite vieille religieuse joua si bien sa comédie que les moins perspicaces et par conséquent les plus nombreux crurent aux apitoyements de l'abbesse.

Toutefois le chevalier, tout en humant sa prise, disait à la petite marquise :

— Entre nous, je crois que l'homme a dû dire des choses bien fâcheuses à notre chère abbesse !

— Une maîtresse femme comme elle, dit la marquise, ne tombe pas ridiculement en faiblesse pour quelques croquants qui trépassent.

— Mystère ! fit le chevalier.

— Mystère que je pénétrerai! dit la marquise, car ma femme de chambre interrogera ce soir même les gens de ce singulier personnage.

Herrera, lui, revint vers ses hommes, un sourire aux lèvres.

Il dit à son lieutenant favori :

— La lutte est engagée!

« Nous verrons qui triomphera de la Police ou de la Religion.

« En tous cas, je crois avoir gagné la première manche brillamment.

Et très-bas, à son lieutenant, sur la fidélité duquel il savait pouvoir compter absolument, il dit très-rapidement :

— Vous allez, mon cher, partir pour Santiago et vous m'en ramènerez le plus tôt possible une demi-batterie d'artillerie..

— Pour cette bicoque, capitaine !

— Eh! lieutenant, croyez-vous que l'insuccès de la première attaque permette d'espérer beaucoup de vigueur dans un second assaut de la part de ces péons découragés?

— Permettez-moi, capitaine, de vous dire que nous allons grandir énormément le prestige de ces flibustiers en combattant un seul d'entre eux avec de l'artillerie.

— Vaut-il mieux lever le siége?

Il n'y avait pas à répondre oui.

Quant à prendre la ferme sans la bombarder, c'était difficile.

— Diable d'homme, ce Poil-de-Bique ! fit le brave lieutenant en tortillant sa moustache !

« Je voudrais disposer de trois cents gaillards de ce poil-là et je me chargerais de balayer l'insurrection.

— Ce n'est pas la peine de faire des souhaits et de se livrer à des regrets inutiles, mon cher ; laissons là ce Maracasse contre lequel vous allez chercher de quoi l'écraser.

« J'ai une autre mission à vous donner.

Herrera tendit à son lieutenant un croquis dessiné sur parchemin.

— Ceci, lui dit-il, est le plan d'une forêt qui se trouve sur la colline boisée que vous rencontrerez à gauche après trois heures de marche en nous quittant.

— Je la connais! dit le lieutenant.

— Vous voyez, tracé au crayon rouge sur le croquis, un itinéraire qui aboutit à un énorme bouquet de vieux arbres.

— Oui ! dit le lieutenant.

— Quand vous aurez fait ma première commission, au retour par conséquent, vous pénétrerez avec un de nos hommes, un des plus sûrs, Pachecho, par exemple, vous pénétrerez dans la forêt et là vous vous arrêterez devant les arbres.

« Vous crierez distinctement : Vive Bourbon-Navarre! — et vous attendrez.

— Bien! dit toujours le lieutenant.

« Mais s'il ne venait personne?

— Il viendra quelqu'un, car, en cas de mort, je serais prévenu.

— Et que ferai-je, capitaine?

Herrera prit un carnet spécial qu'il portait toujours sur lui; sur l'une des pages, il écrivit quelques mots. puis il tira du même carnet une enveloppe préparée d'une façon spéciale et y plaça le billet.

Cette enveloppe était enduite d'une gomme si bien collante qu'il était impossible d'ouvrir sans déchirer.

— Voilà ce que vous avez à remettre à la personne qui se présentera et pour laquelle vous serez plein d'égards.

— Soyez tranquille, capitaine.

« Au revoir !

Le lieutenant sauta en selle et partit à franc étrier.

Herrera le regarda s'éloigner en murmurant entre ses dents :

— Oui, il a raison !

« Du canon contre ce flibustier, c'est humiliant pour nous.

« N'y aurait-il donc pas d'autres moyens de procéder ?

Il avisa Bison-Cornu qui rôdait autour de lui.

Il l'appela d'un signe.

L'Indien, incapable de modestie, aborda son chef en disant :

— J'ai compté les cadavres; il y a soixante-cinq morts !

« J'ai compté les blessés ; il y en a quarante-trois, sans compter ceux qui n'ont que des chevrotines sous le cuir !

« N'avais-je pas prévenu le capitaine que

mes paroles étaient lourdes comme des balles de plomb !

— Bison-Cornu, je suis juste, loyal et franc ; je t'ai reproché hier d'avoir été étourdi, je te félicite aujourd'hui d'avoir été sage.

Bison-Cornu se dressa fièrement sous l'éloge comme un mustang de race sous la caresse.

Herrera reprit :

— Un homme comme toi, connaissant bien les flibusiers, doit savoir le moyen de s'emparer de Maracasse.

« Que penses-tu qu'il faut faire ?

— Nous autres, dit sentencieusement Bison-Cornu nous sommes les amis de l'ombre.

« Vis-tu jamais le jaguar guetter sa proie dans le jour ?

« On peut, dans l'ombre, éviter la balle et surprendre l'ennemi.

— Alors, dit Herrera, selon toi, il faut renouveler l'assaut ce soir.

— Non.

« Le soir est peu propice.

« L'heure favorable est celle qui précède le lever du jour.

« Alors celui qui veille a la paupière alourdie par la fatigue.

« L'air plus frais lui enlève plus de chaleur ; il est affaibli.

« Ceux qui ont passé la première veille en sentinelle sont profondément endormis et ils ont la tête lourde du rhum qu'ils ont bu.

« Si tu veux m'en croire, nous attaquerons au second chant du coq.

— Soit ! dit Herrera.

Et comme c'était un homme trop fin pour prendre inutilement une responsabilité quand il pouvait la faire endosser par un autre, il dit au Bison-Cornu :

— Il est juste que celui qui a eu l'idée, l'exécute.

« Tu commanderas cette attaque.

L'œil de l'Indien rayonna de plaisir et d'orgueil.

Herrera reprit :

— Les péons, ces guerriers que tu vois, ne m'appartiennent pas.

— Je le sais ! dit l'Indien.

— Va trouver l'abbesse, leur maîtresse, et dis-lui que je suis bon pour la police, mais que je ne sais pas diriger un combat ; que si elle veut te confier ses péons, tu te charges, toi, d'enlever cette nuit la maison.

— Ma bouche ne saurait mentir contre toi ! dit l'Indien.

« Tu ne connais pas encore les ruses des trappeurs, mais tu es un grand chef.

— Je t'ordonne, moi, dit Herrera, de faire comme je viens de te l'expliquer.

« C'est pour le bien du service.

— Alors c'est différent ! fit Bison-Cornu.

« Je vais donc me présenter devant cette squaw qui s'habille de noir, comme une corneille.

« Je lui dirai que tu es un bon limier sur les pistes, mais que tu es un mauvais chien de meute pour l'attaque de la bête quand elle fait tête.

« Je lui demanderai le commandement de ses péons.

— C'est cela.

— Et... comme prime...

— Je te donne vingt dollars.

— Merci.

« Ta main est généreuse comme celle du Wacondah.

« Mais ta récompense ne m'empêchera pas d'en demander une autre à la squaw.

— A ton aise ! fit Herrera en riant.

Il trouvait Corne-de-Bison très-fort, au point de vue du marchandage de ses services mercenaires.

Le sauvage alla donc faire ses offres de services à l'abbesse.

Celle-ci, revenue à elle, causait mystérieusement avec la visiteuse.

— Enfin, demandait celle-ci, que t'a dit ce policier ?

« Car il y a eu menace.

— Il sait mon secret, dit Natividad.

— Lequel ?

« En est-il un que j'ignore ?

— Oui ! dit l'abbesse en baissant les yeux et en frissonnant.

— Et... ce secret... je ne le saurai pas ? Natividad hésita.

— Garde le silence, lui dit la visiteuse, si je ne puis te rendre service en cette circonstance ; sinon, parle.

— Te-souviens-tu, demanda Nativitad, de don Carlos y Bourbon-Navarre?
— Oui! dit la visiteuse.
« Ce fut un beau et malheureux jeune homme!
— Bien coupable envers moi!
— Il cessa de t'aimer.
— Il fit plus.
« Tu fus absente pendant dix-huit mois, négociant à Rome une des affaires les plus importantes de notre couvent.
« Pendant que tu étais à Rome, j'aimais ce gentilhomme.
— Je sais cela.
— Ce que tu ignores, ce que je te cachai au retour, c'est que, de lui, j'eus un fils.
« Un jour, je m'aperçus que don Carlos était infidèle, et je le menaçait de mort; il s'enfuit en m'enlevant mon enfant...
« Je ne pus obtenir qu'il me rendit mon fils et je le fis assassiner.
— Qu'est devenu ce fils? demanda la visiteuse avec angoisse.
— Je l'ignore.
« Je n'ai revu aucun des matadores que j'avais envoyés.
« Ils ne réclamèrent pas leur salaire.
La visiteuse regarda l'abbesse avec une profonde pitié.
— Je comprends maintenant, dit-elle, cette tristesse sombre qui te poursuit depuis si longtemps chaque fois que tu es seule en face de toi-même.
« Je comprends que tu sois implacable comme la lionne à laquelle on a ravi ses petits.
« Je m'explique ce qui me semblait obscur dans ton caractère.
L'abbesse cependant continuait d'une voix amère :
— Tout ce qu'il était humainement possible de faire pour retrouver l'enfant, je l'ai fait sans succès.
« Il a dû périr.
— Ou il traîne dans quelque coin obscur une vie misérable! dit la visiteuse.
— Tais-toi! s'écria Nativitad.
« A cette pensée mon cœur saigne comme s'il était percé par la lame d'un stylet!
En ce moment Bison-Cornu, s'avançant avec lenteur, attirait sur lui l'attention de l'abbesse en tirant un coup de feu en l'air.

Cette façon originale de s'annoncer fit jeter un cri aux deux dames; mais l'Indien s'inclinant avec la dignité élégante des enfants de la Prairie, dit en mauvais espagnol :

— J'ai tiré cette poudre en l'honneur de la squaw sacrée.

« Je la prie d'écouter son fils respectueux qui vient lui proposer de réparer les fautes commises par le capitaine Herrera.

A ce nom, l'abbesse fut tout oreilles et elle dit à l'Indien :

— Parlez!

« Que voulez-vous?

— Les péons, pour cette nuit! répondit l'Indien; et il exposa ses idées.

L'abbesse, croyant être désagréable à Herrera, consentit à tout ce que demandait le Peau-Rouge, même à donner la prime exorbitante que l'Indien réclama.

Bison-Cornu revint triomphalement l'annoncer à Herrera.

Mis par l'intendant à la tête des péons qui le reconnurent pour chef, l'Indien fit ses préparatifs.

De son côté, Maracasse prenait ses précautions après la fuite des assaillants.

Il descendit dans la cour avec Pancho et Thérésa, laissant Agnès en observation sur la terrasse.

Ils ramassèrent tous les fusils abandonnés et les pistolets.

Le trappeur fut enchanté d'enlever aussi des poires à poudre bien garnies.

— Nous avons des munitions pour un mois! disait-il.

Tout en fouillant le jardin et la cour, Maracasse trouva des blessés.

Après les avoir dépouillés, il les passait par-dessus le mur.

— Que faites-vous donc? demanda Pancho étonné.

— Je me débarrasse de ces gens-là?

— Vous ne les achevez pas?

— Non...

« Je pends sans miséricorde les pirates, qui sont des voleurs.

L'aigle enleva la boîte.

« Quant à des malheureux comme ceux-ci, je leur fais grâce.

« Ce sont des ennemis honnêtes.

— Qui vous écharperaient.

— C'est possible.

« Je suis plus généreux qu'eux.

« Vous autres Espagnols ou Cubains, vous êtes des bêtes féroces. »

Et l'insouciant jeune homme renvoya ainsi aux péons une douzaine de blessés qui se traînèrent vers leurs camarades.

Maracasse continua son œuvre.

Il fit porter tous les fusils dans la maison et se retira ensuite.

Il était temps.

Bison-Cornu, homme ingénieux quoique sauvage, faisait élever une plate-forme de troncs d'arbres sur chaque face de la maison.

Cette espèce de retranchement, très-haut, et répété quatre fois, dominait l'intérieur de la cour.

C'étaient quatre terrasses en quelque

sorte, opposées à celles de la maison, du haut de laquelle Maracasse était si fort par son feu plongeant.

Herrera, qui suivait avec intérêt le travail de l'ingénieur sauvage, dit à l'un de ses agents, Nerbaëz, son limier préféré :

— Décidément ce Bison-Cornu n'est point le premier venu.

« Ce Peau-Rouge a l'instinct de la guerre de siège.

« Il est étrange cependant que ce plan ait poussé spontanément dans la cervelle d'un Indien.

« Ces gens-là ont un développement intellectuel si borné, que leur tactique ressemble à celle des animaux.

« Ce qu'une tribu fait en guerre, elle le refait toujours.

Il chercha le chef des agents indiens et le trouva.

Il commença par le complimenter et le questionna ensuite.

— Bison-Cornu, lui demanda-t-il, comment l'idée de ces terrasses t'est-elle venue ?

— En me souvenant ! dit l'Indien.

« J'ai la mémoire d'un corbeau qui se rappelle longtemps les choses extraordinaires qui lui arrivent, et qui, ayant été tiré, fuit toujours les hommes armés de fusil.

« J'ai vu les Visages-Pâles du Mexique construire des terrasses et j'en construis comme eux, parce que je sais me souvenir.

Herrera regarda son agent d'un air significatif.

— Vous voyez ! fit-il.

« C'est de la mémoire.

« Ce n'est que de la mémoire.

« Ces gens-là sont si près du singe qu'ils en ont conservé l'instinct d'imitation.

Et c'était vrai.

La race indienne est, par elle-même, condamnée à être stationnaire dans le seul genre de vie qu'elle puisse mener et qui est le plus élémentaire.

Les tribus sont réduites à vivre de chasse et rien que de chasse.

C'est la première étape de l'humanité dans la voie du progrès.

C'est le premier état de l'homme qui devient ensuite pasteur, puis agriculteur, puis industriel.

Pour marquer ces stations diverses, disons que les Arabes-Bédouins d'Algérie en sont encore à l'état de peuplades barbares, parce que surtout ils sont pasteurs et qu'ils ont à peine ébauché leur éducation agricole.

Le Kabyle, au contraire, très-supérieur en éducation, est sédentaire, industriel, civilisable et assimilable à nous.

Les Arabes disparaîtront parce que nous ne pourrons jamais les transformer.

Les Kabyles, au contraire, avant trente ans, se marieront avec nos filles.

Là est l'avenir.

Le signe de la fortune future d'une race, c'est la perfectibilité.

L'Arabe naît, vit et meurt pasteur et se refuse à tout perfectionnement de ses aptitudes et à toute transformation.

Le Kabyle est accessible aux idées de progrès et d'affinement.

Herrera, en quittant Bison-Cornu, se retira dans le voisinage.

Il se faisait servir son repas sous un arbre quand il fut dérangé par l'arrivée de Schnerbb, le maître de la ferme.

Celui-ci, ayant appris ce qui se passait, avait laissé ses fils et sa femme à San Ignatio et il venait assister au siège de sa maison.

Comme tout bon Suisse, ami de la légalité avant tout, il avait eu soin d'aller requérir les autorités.

Elles étaient représentées par l'alcade, ou si l'on aime mieux par le maire du village dont dépendait sa ferme.

Or, ledit alcade, était au nombre des péons qui assiégeaient la maison.

C'était tout simplement le chef d'une famille de paysans plus riche que les autres.

Schnerbb, après avoir longtemps cherché ledit alcade, avait appris qu'il se trouvait à la ferme même.

Il accourait, mais en retard.

L'incident que nous allons rapporter est curieux en ce sens qu'il peint bien les Suisses ; de plus il est touchant.

Schnerbb, à cheval, parut sur la route de San Ignatio ; il était suivi d'une escorte de domestiques et précédait une voiture dans laquelle se trouvaient une femme et deux filles.

À sa vue, les péons s'écrièrent :
— C'est le père Schnerbb !

C'était le surnom familier que, dans le pays, on donnait au fermier dont, en ce moment, l'on assiégeait l'hacienda.

Il était aimé et respecté.

Respecté, parce qu'il était brave, ferme, juste et loyal.

Aimé, parce qu'il était bon, bienveillant et bon homme.

Vrai Suisse-Allemand, il avait cette belle rondeur de formes, cette ferme assiette, cette puissance musculaire, cette charpente solide enfin qui fait ressembler les montagnards du Bernois aux ours de leur pays.

Très-intelligent, ce qu'attestait son œil fin, brun, pénétrant, il entendait les affaires aussi bien que les plus madrés ; mais il ne cherchait qu'à défendre ses intérêts, sans songer jamais à nuire à ceux d'autrui.

Il aimait à boire sec, sans être ivrogne ; il mangeait plantureusement sans être goinfre ; il riait volontiers lourdement mais franchement ; il corrigeait parfois un esclave, mais ne le faisait jamais fouetter.

Excellent mari, il était maître chez lui ; père très-prévoyant, il tenait ses filles en bride, quoiqu'il les aimât fort, et qu'elles fussent d'excellentes femmes.

— Gâte ta fille, disait-il souvent, et tu voles ton futur gendre.

Le père Schnerbb arrivait en retard sur tout le monde.

Affaire de calcul.

Au fond de son âme de citoyen suisse, d'homme libre, il souhaitait le triomphe de l'insurrection ; il trouvait d'autant plus détestable la tyrannie des Espagnols qu'il en souffrait lui-même.

Donc, apprenant que l'on appelait les péons aux armes, pour s'emparer du fameux flibustier, il fut très-contrarié que celui-ci se fût réfugié chez lui ; mais il eût voulu qu'il s'échappât ; ce qui, du reste, lui parut impossible quand il le sut cerné.

Il dit alors à sa femme impatiente d'arriver à leur hacienda :

— Ces péons vont s'emparer de ce brave Poil-de-Bique.

« Il sera fusillé comme un chien, séance tenante.

« Je ne veux pas assister à ce spectacle-là et nous allons nous arranger pour arriver quand tout sera fini.

— Mais, mon ami, notre présence, dit madame Schnerbb, serait nécessaire pour protéger notre demeure contre le désordre.

— Vous voulez dire contre le pillage et je vous entends.

« Aussi vais-je combiner notre voyage pour arriver à propos.

« Nous ferons halte à un millier de pas de la ferme.

« De là nous entendrons les coups de feu ; car ce Poil-de-Bique est un jeune homme qui ne se laissera pas égorger comme un poulet, je vous en réponds.

« Quand la fusillade cessera, nous nous hâterons d'accourir.

« Nous arriverons juste à temps pour arrêter les malintentionnés, s'il y en a, et ce pauvre flibustier sera déjà écharpé, ce qui nous évitera l'odieux spectacle de son supplice.

— Ah ! mon ami, avec quel sang-froid, vous parlez de ce malheureux jeune homme ! s'écria madame Schnerbb en fondant en larmes.

Les jeunes filles pleuraient aussi silencieusement.

— Par tous les ours de la montagne ! s'écria le père Schnerbb, pleurez dans vos mouchoirs sans que l'on s'en aperçoive.

« Voulez-vous que nous devenions suspects à ces Espagnols ?

Et il ajouta entre ses dents :

— Aussi bien si mes filles étaient établies et si ma terre était réalisée en bonnes espèces sonnantes, ces coquins de Catalans entendraient mes balles leur siffler des airs désagréables aux oreilles.

« Mais, pour le moment, il est impossible de se passer cette petite fantaisie.

Il se mit en route.

Le voyage fut dirigé par lui de façon à réaliser son programme.

Il attendit donc sous un bouquet de bois,

à petite distance de son hacienda, que le moment de paraître opportunément fut venu.

Quand la fusillade eut cessé, il poussa son cheval en avant.

Tout son monde le suivit.

On juge de la surprise du père Schnerbb, quand il vit ce qui se passait.

Les péons en fuite, des traînées de cadavres, Maracasse qu'il voyait sur la terrasse, tout lui montrait que le flibustier avait remporté une victoire meurtrière sur ses adversaires.

Il aurait eu bonne envie de reculer et d'attendre encore ; mais c'était difficile.

On se serait étonné de cette attitude.

— Diable d'homme ! s'écriait-il.

« Voilà un gaillard !

« Il tire comme Guillaume Tell, ce brave garçon !

— Et il défend bien notre maison ! dit naïvement madame Schnerbb.

— Ce pauvre jeune homme ! soupiraient les jeunes filles.

« Sauvez-le, papa !

— C'est impossible ! murmurait le père Schnerbb en renâclant comme un ours en colère.

« Impossible ! Impossible ! Et je le regrette de tout mon cœur.

« Ce Poil-de-Bique va faire casser mes miroirs et abîmer mes meubles ; mais je lui pardonne ça.

« Au besoin, il faudrait perdre un millier de piastres pour le sauver que j'y consentirais volontiers.

« Malheureusement, je le répète, c'est impossible.

Il poussa son cheval du côté d'Herrera et l'aborda.

— Senor ! dit-il en le saluant, on me dit que vous êtes capitaine de police et que vous dirigez cette attaque.

« Est-ce vrai ?

— Oui ! dit Herrera.

« Et vous êtes, vous, M. Schnerbb, le propriétaire de cette ferme ?

— Oui, capitaine.

Herrera tira de sa poche un carnet paginé alphabétiquement.

L'ouvrant à la lettre S, il chercha une note et la lut haut.

Schnerbb, propriétaire de l'hacienda suisse du Rio-Secco ; riche, considéré, déterminé, libéral, ayant du bon sens, suspect de sympathie pour la cause cubaine, mais ne bougera pas à cause de ses filles et de ses intérêts.

Très-loyal.

Le père Schnerbb écouta cette lecture avec curiosité et le côté jovial de sa nature l'emportant en lui, il s'écria en riant :

— Par les cornes du dernier chamois que j'ai tué, senor capitaine, celui de vos agents qui vous a envoyé ce rapport peut se vanter d'être véridique, et voilà un portrait qui me ressemble trait pour trait.

— Même en ce qui concerne vos sympathies pour les Cubains ? demanda sévèrement Herrera en regardant le fermier.

— En tout et pour tout ! dit celui-ci.

« Je voudrais voir les Cubains moins opprimés et réconciliés avec les Espagnols.

« Je puis vous assurer que malgré ça, je ne bougerai pas de chez moi et que je ne prendrai parti pour personne.

— Chez vous... chez vous... fit Herrera. Où prenez-vous ça... chez vous ?

— Mais là ! dit le fermier.

Il montra son hacienda.

— C'est un chez soi sur lequel je ne compterais pas à votre place.

— Pourquoi donc ?

— Parce que je vais le démolir ! dit froidement Herrera.

« Votre ami Poil-de-Bique ne veut pas se rendre, il nous a tué une centaine d'hommes et je fais venir du canon.

— Diable ! Diable ! fit le père Schnerbb en se grattant le nez, le front, l'occiput, puis les genoux.

Et après ces frictions il demanda :

— Vous allez démolir ma ferme, alors ?

— Il le faut bien.

— Me la payerez-vous, au moins ?

— Si vous n'aviez pas été suspect, je dis même convaincu de faire des vœux pour les Cubains, oui, j'aurais payé des dommages et intérêts pour le dégât.

« Mais ce serait duperie que de vous donner un maravédis.

— Diable de diable! fit Schnerbb.

Et il s'éloigna d'un air dépité.

Herrera murmura entre ses dents, pendant que le fermier s'en allait :

— Il a l'air d'un excellent homme, mais il faut donner des leçons à tous ceux qui sont suspects comme lui.

Schnerbb, de son côté, venait sans hâte, comme un homme confus et chagrin, trouver sa femme et les siens.

Ils étaient restés à l'écart.

Il dit froidement, d'un ton tranquille, à sa femme :

— Vous savez, ma bonne Kett, que toute notre fortune est déposée à New-York, dans la solide banque anglaise Samuel Thomson et Cie; voici les moyens de la retirer au besoin.

— Mon ami! murmura madame Schnerbb, qu'allez-vous faire?

— Kett, il ne sera pas dit qu'un citoyen suisse aura laissé démolir sa maison sans la défendre.

« Ces Espagnols n'ont décidément aucune notion du droit des gens et ce sont des bêtes féroces.

— Mon Dieu! mon Dieu! s'écria madame Schnerbb en cachant sa tête dans ses mains. Vous allez vous faire tuer.

— Kett, vous vous exagérez singulièrement les dangers de la situation.

« Vous me connaissez, ma bonne Kett, et vous savez que je ne suis pas un étourdi, se jetant dans le péril comme un papillon dans la flamme d'une bougie.

« J'ai une idée, ma chère Kett, une excellente idée pour concilier mon devoir d'homme avec la conservation bien entendue d'un mari qui vous aime fort.

« Vous avez, sans exagérer, en calculant froidement et commercialement, 70 0/0 de bonnes chances pour me revoir.

Les jeunes filles, qui respectaient trop leur père pour hasarder la moindre observation, pleuraient à chaudes larmes.

— Petites, dit Schnerbb, s'il m'arrivait malheur, ce dont je doute, vous épouseriez, le deuil fini, vos fiancés.

« Ce sont de bons garçons, avisés et intelligents, auxquels je conseille d'aller s'établir au Brésil, où l'on respecte la loi, où la nation est unie, où la colonisation prospère.

« Vous aurez soin de raconter à vos enfants que le vieux Schnerbb, s'il meurt ici, ce dont je doute, n'a pas voulu supporter que la tanière d'un vieil ours de Berne fût forcée par des jaguars.

« Il faut soutenir l'honneur national, mes enfants.

« Pas d'émotion!

« Pas d'embrassades!

« Ne donnons pas l'éveil à ces Catalans qui doivent nous observer.

Et à sa femme :

— Venez, Kett.

— Où allons-nous, mon ami?

— Vous le verrez, ma bonne!

Et à ses filles :

— Votre mère va revenir auprès de vous et, sans bruit vous partirez ensuite avec elle, pour Santiago; là, vous trouverez dans le port un brick américain, le *Vermont*, dont le capitaine, mon ami, m'a signalé l'arrivée, m'invitant à me rendre à son bord pour festoyer en souvenir de nos bonnes années de jeunesse.

« Vous prierez cet excellent gentleman de lever l'ancre et de partir, en l'indemnisant bien entendu pour ce déplacement.

« Il vous déposera en terre libre, sur le sol des États-Unis.

« Là, Kett, je vous laisse l'autorité d'agir selon les circonstances, en femme sage, prudente et avisée que vous êtes.

Il fit un léger salut à ses filles, et, suivi de sa femme qui parvenait difficilement à dominer son émotion, il vint trouver Herrera et lui dit :

— Capitaine, puisque je ne dois point toucher d'indemnités, vous trouverez juste que je cherche à préserver ma maison.

« Je désire aller avec madame Schnerbb que voici, sommer ce Poil-de-Bique d'avoir à vider les lieux.

Herrera regarda le fermier avec étonnement; mais connaissant le respect des Suisses pour la loi et la propriété, il se dit que, jugeant des autres par lui-même, Schnerbb supposait que les injonctions du propriétaire même de l'hacienda produiraient de l'effet sur le flibustier.

— Mon brave, dit-il au fermier, vous vous trompez fort si vous croyez avoir assez d'éloquence pour amener ce bandit à se rendre, car il sait qu'il serait fusillé.

Schnerbb sourit d'un air fin.

— Capitaine, dit-il à voix basse, je ne vais pas là-bas en parlementaire, cela m'engagerait trop.

« J'emmène ma femme, ce qui empêchera ce jeune homme de nous tirer dessus, j'en suis certain.

« Une fois chez moi...

— Une fois chez vous?... demanda Herrera croyant comprendre.

— Eh! capitaine, dit Schnerbb, ce Poil-de-Bique n'est pas immortel.

— Bon! dit Herrera.

« Je vois où vous voulez en venir !

— Oh ! protesta vivement Schnerbb, je tiens à sauver ma maison, sans cela je ne me mêlerais de rien.

— Je n'en doute pas! fit Herrera en riant.

— Si vous aviez une bonne paire de revolvers à me prêter pour la circonstance, dit Schnerbb, je vous en serais reconnaissant.

— Voici les miens, dit Herrera.

— Grand merci, capitaine.

« A propos, si je ne réussissais pas, il ne faudrait point m'en vouloir.

« Gardez-moi le secret, n'est-ce pas ?

« Il est inutile de me brouiller avec les insurgés.

— Soyez tranquille ! dit Herrera.

Schnerbb salua, et offrant le bras à sa femme, il s'achemina lentement vers la ferme, sous les yeux des péons stupéfaits.

Herrera, qui, dans sa vie, n'avait jamais eu l'occasion d'étudier le caractère des Suisses-Allemands, ne se défiait point des airs tranquilles, un peu niais, et des allures lourdes de Schnerbb.

Il dit à son second lieutenant :

— C'est un brave homme décidément, mais je crois qu'il va se faire casser la tête par Maracasse.

« En tous cas, pour nous, il résulte de ceci la confirmation d'un principe : en prenant les gens par leurs intérêts, on paralyse leurs sympathies et leurs convictions.

— Plus que jamais, capitaine, je me rallie à cette théorie.

Ils suivirent tous deux avec intérêt la marche du fermier.

Celui-ci s'avançait d'un pas ferme et tranquille.

Comme il l'avait prévu, les assiégés ne tirèrent point.

En effet, Maracasse voyant venir le couple, dit à Pancho :

— Je parierais que voilà le maître de l'hacienda.

— Et sa femme ! fit Pancho.

— Ils viennent probablement nous prier de nous rendre.

— Ou ils nous demanderont simplement d'emporter les objets précieux.

— Pancho, ceci me semble être le plus probable.

« Nous leur permettrons de déménager ce qu'ils voudront.

« Je vais leur ouvrir la porte.

Et Maracasse descendant dans la cour, se mit à ramper à plat-ventre, car les plates-formes de Bison-Cornue s'élevaient à vue d'œil et dominaient déjà les murs.

Le trappeur introduisit le fermier et sa femme.

Schnerbb, sans mot dire, se dirigea droit vers la maison.

Maracasse referma la porte et revint toujours en rampant.

Une fois en sûreté, il rejoignit maître Schnerbb, lequel montait sur la terrasse, en haut de laquelle veillaient Pancho et les jeunes filles.

Le fermier salua celles-ci en leur disant gaiement :

— Mes compliments et mes remerciements, mes demoiselles !

« Vous défendez si bien ma propriété que si ces gueux de Catalans ne nous regardaient pas, je demanderais à ces messieurs la permission de vous embrasser.

Puis aux jeunes gens :

— Vous êtes entrés ici sans ma permission et c'est une violation de domicile; mais, en conscience, à votre place, j'en aurais fait autant pendant la tempête.

« Je n'ai donc rien à vous reprocher. »
Puis réfléchissant :
— Il y a bien une question de moralité : l'enlèvement des jeunes filles ; mais elles ont donné leur consentement.

« Si vous survivez, vous vous mariez, n'est-il pas vrai ?
— Certes ! dit Pancho.
— Alors tout est bien.

« On voulait emprisonner ces enfants dans un cloître et vous les sauvez de la prison perpétuelle pour en faire de bonnes et honnêtes petites femmes ; il n'y a qu'à vous applaudir.

« On envoie chercher du canon pour démolir ma ferme sans indemnité ; je ne puis voir cela de sang-froid.

« Mais d'autre part, je voudrais bien, tout en me vengeant, conserver un père à mes filles, et Kett que voilà tiendrait essentiellement à revoir son mari.

Maracasse écoutait avec une attention soutenue ; Pancho observait chaque impression sur le visage du fermier et pesait chaque expression qui se formulait sur ses lèvres.

Schnerbb reprit :
— Vous pouvez me donner la satisfaction de tirer sur ces gens-là, d'en tuer beaucoup, et de sauver ma peau :
— Que proposez-vous ? demanda Maracasse avec bienveillance.

Son merveilleux instinct l'avertissait que le Suisse était de bonne foi.
— Je vais, dit le fermier, faire semblant de tirer sur vous un coup de revolver, — remarquez, qu'avec sa lorgnette, le capitaine Herrera voit tout ce qui se passe ici ; — mon coup de feu tiré, votre ami Pancho se jette sur moi et vous aussi.

« Ma femme pleure.
« Vous m'entraînez dans la maison.
— Et après ? fit Maracasse.
— Après, Kett, reconduite par vous jusqu'à la porte, va tout éplorée, raconter à Herrera que j'ai manqué mon coup, que vous m'avez terrassé à vous deux et garrotté et que vous me gardez comme otage.
— Et puis ?

— Et je reviendrai m'aplatir derrière ces matelas, vous me donnerez ma carabine et je vous jure que je descendrai beaucoup de ces péons qui s'apprêtent à monter sur les terrasses.

« Abrité, comme je serai, l'on ne me verra pas du camp.

« Plus tard, au dernier moment, je descendrai dans les caves et vous m'y ficèlerez.

« Ils viendront me... délivrer.

« Ce n'est pas aussi crâne que de partager votre sort jusqu'au bout, ce que je vous propose là ; mais je vous rendrai service, je me vengerai, ils n'auront pas la satisfaction de me fusiller et j'aurai celle de les avoir dupés : tout profit.

« Si ça vous va, tope là !
« Sinon, au revoir et bonne chance !
« Mais, croyez-le, j'aimerais mieux demeurer ici, près de vous.

Maracasse n'hésita pas.
— Vous ferez comme vous voudrez ! dit-il en tendant la main au fermier.

« Sachez bien seulement que nous sommes de très-honnêtes gens.

« Ainsi, moi qui vous parle, je voulais vous indemniser.

« J'ai de l'or, déposé à San-Francisco et je vous le réservais pour vous payer de vos pertes.

« Le difficile était de vous mettre à même de le toucher.

« Puisque vous voilà, prenez ce carnet de tchèques.

« Si vous partez, vous n'aurez qu'à vous présenter chez Plunkatt-Gensiol, à San-Francisco, ou à négocier ces tchèques dans la première ville venue.

« Si vous nous restez, vous donnerez le carnet à madame Schnerbb.

« Elle a des filles à marier !
— Vous êtes décidément un brave flibustier ! s'écria Schnerbb.

« Kett, ma bonne Kett, décemment je ne puis abandonner ce garçon.

« Prenez le carnet, ma chère et vous en ferez au besoin excellent usage.

Puis tout à coup :
— Pardon !

« N'avez-vous pas d'héritiers naturels, monsieur Maracasse?

« Je ne voudrais frustrer pesonne.

— Je suis orphelin! dit le flibustier.

« Ni père, ni mère, ni frère, ni cousins, ni cousines.

— Et... mademoiselle?
Schnerbb désignait Agnès.

— Chut! fit Maracasse.

« Moi pris... elle rentre pour jamais au couvent.

— Mon ami, dit Schnerbb ému, en ce cas, je consacrerai votre argent à tâcher de la tirer de là.

Puis énergiquement :

— Je reste!...

A sa femme :

— Kett, je ne vous reconduirai pas; la comédie va commencer.

« Maracasse, préparez-vous?

« Je tire.

Et il fit partir son coup de revolver brusquement.

Maracasse, et Pancho hésitaient, madame Schnerb, au désespoir, joignait les mains; tout était compromis.

Mais Schnerbb tira un second coup et cria énergiquement :

— Lancez-vous donc sur moi, monsieur Pancho; il faut jouer votre rôle.

« Maracasse, tombez-moi dessus et terrassez-moi.

« On nous regarde.

« Vite!

Il fallait agir.

Les jeunes gens se sentaient la main forcée.

On devait, du dehors, lorgner la terrasse et la surveiller.

Ils se jetèrent sur Schnerbb et le garrottèrent.

Et le fermier riait en disant :

— Très-bien !

« Le capitaine Herrera me traite de maladroit là-bas.

« Ah! il ne paye pas d'indemnités, ce mouchard !

« Il lui en coûtera cher !

« Kett, ma bonne amie, jetez-vous à genoux !

« Bien !

« C'est attendrissant !

« Vous autres, messieurs, traînez-moi sur l'escalier.

« La! La!

« J'y suis !

« Maintenant, Kett, embrassons-nous et partez.

« Du courage !

« Quelle femme singulière vous êtes! je crois que vous pleurez réellement.

« Alors c'est sur ces pauvres jeunes gens qui sont seuls menacés.

« Moi, je ne cours presque aucun risque, vous devez le comprendre, et nous faisons une affaire superbe, puisque vous emportez le carnet de chèques.

« Il est vrai que je délivrerai les jeunes filles du couvent ; mais nous aurons encore un beau bénéfice, je vous en réponds.

Il brusqua les adieux.

Madame Schnerbb, reconduite par Maracasse au dehors, regagna le camp seule; le trappeur, quoiqu'il rampât pour rentrer dans la maison, reçut des coups de fusil; il est vrai qu'aucun ne l'atteignit.

Les terre-pleins extérieurs, élevés par Corne-de-Bison, étaient donc déjà assez hauts pour que l'on pût tirer !

Quand le trappeur revint, il trouva Schnerbb, à plat-ventre sur la terrasse de la maison.

Le brave Suisse avait sa bonne carabine en mains.

— Mon camarade, dit-il à Maracasse, quand ma brave femme sera arrivée au camp, je vous montrerai ce que l'on peut faire avec cette arme.

« Si bon tireur que vous soyez, ne connaissant point cette carabine, vous ne pouvez en tirer parti comme moi pour les longues distances.

« Vous allez voir.

Un quart d'heure après, en effet, Schnerbb étonnait le trappeur par la précision extraordinaire de son tir.

Cependant madame Schnerbb était arrivée au camp.

Dans la situation d'esprit où elle se trou-

Il s'approcha et reconnut...

vait, il lui était facile de paraître désespérée.

Elle raconta ce que son mari voulait qu'elle dise à Herrera.

Celui-ci, après quelques mots de consolation banale, la congédia.

Elle alla rejoindre ses filles.

Et lentement sa voiture s'éloigna jusqu'à ce qu'elle fût hors de vue.

Alors, sur l'ordre de madame Schnerbb, qui voulait sauver ses filles, le cocher lança ses chevaux.

Il s'agissait de gagner Santiago et le brik américain.

Herrera, lui, disait à son lieutenant d'un air railleur :

— Ce Schnerbb, si Maracasse ne le tue pas au dernier moment, deviendra un de nos plus enragés partisans après cette affaire.

— Toujours la règle des intérêts ! fit le lieutenant en riant.

Et ils se moquèrent du fermier.

Les travaux, commandés par Corne-de-Bison avançaient toujours.

Le capitaine Herrera se frottait les mains.

Il murmurait joyeusement ;

— Allons ! Allons ! Peut-être n'aurons-nous point besoin du canon.

« Cette nuit, l'on forcera cette bicoque et nous fusillerons ce monde-là !

Il était en si belle humeur qu'il invita son lieutenant à dîner avec lui d'un quartier de bœuf, apporté d'un village voisin par les péons.

CHAPITRE XXXVIII

Bourbon-Navarre.

Le lecteur se souvient sans doute de la mission donnée par Maracasse à son lieutenant Ancòò.

Celui-ci, accompagné par une escorte, suivi de Pachecho, un homme de confiance, était allé jusqu'à Santiago tout d'une traite avec une rapidité extraordinaire.

Lui et ses compagnons voyageaient à la mode des péons.

Ils poussaient devant eux un troupeau de chevaux, unis et rattachés par quatre à l'aide de leurs longes.

Ces chevaux, sans cavaliers ne se fatiguaient pas ou du moins se fatiguaient peu, étant donné le fond extraordinaire de la race.

Quand les voyageurs sentaient leurs montures lassées, ils en changaient.

De ce train, ils allaient avec une rapidité inouïe.

Après une course vertigineuse, ils atteignirent la ville.

Ancòò se rendit chez le gouverneur sans perdre une minute.

Il le trouva dans un état de crispation indéfinissable.

— Vous voilà, lieutenant ! fit-il en froissant un papier qu'il venait de lire et en le jetant au feu.

« Quelles nouvelles ?

« Mauvaises, je le parierais ?

« Nous sommes dans une déveine incroyable !

— Senor, dit Ancòò, nous tenons bloqué le fameux Maracasse.

Et Ancòò exposa rapidement la situation.

Le front du gouverneur se rasséréna peu à peu.

— Vous me demandez du canon ! dit-il joyeusement.

« Je vais vous donner une colonne toute entière.

« A vrai dire, elle est déjà partie et je n'ai qu'à modifier légèrement son itinéraire, ce qui va être fait sur-le-champ.

Il fit appeler un aide de camp.

— Capitaine, lui dit-il, montez à cheval, prenez une escorte et allez de ce pas, grand train, porter cet ordre à la colonne du général Eglesias.

L'aide de camp sorti, le gouverneur reprit :

— Figurez-vous que le *Virginius* se trouve en ce moment bloqué dans une crique n'ayant d'autre issue qu'un goulot étroit.

Le gouverneur expliqua comment le capitaine Leone avait trouvé un refuge dans la baie et comment il avait failli faire sauter une canonnière espagnole.

— A cette heure, reprit il, le *San Pablo*, notre meilleure corvette, est à l'entrée de la passe.

« Le capitaine qui la commande, sûr des qualités de son navire, a quitté le port cinq ou six heures avant la fin du cyclone, alors que sa violence diminuait et que la direction du vent tournait vers la baie.

« Car vous avez dû remarquer, Ancôô, que ces tempêtes décrivent un cercle complet sur un point central.

« Le *Virginius*, vieux vapeur, presque hors de service, ne pouvant supporter la violence du vent comme notre frégate, est resté à l'ancre dans la baie.

« Je vais recevoir bientôt l'avis qu'il y est bloqué.

« Le capitaine de notre frégate, à cause des torpilles, ne s'engagera point dans la passe ; il condamnera le *Virginius* à l'immobilité dans cette crique.

« Mais je suis quelque peu inquiet, car je ne reçois aucune dépêche.

En ce moment une estafette se présentait avec un pli.

Le général l'ouvrit :

— Très-bien ! s'écria-t-il.

« Le *Virginius* est bloqué.

« La chance tourne en notre faveur et nous allons sans doute avoir enfin une série heureuse.

— Espérons-le, dit Ancôô.

Le gouverneur reprit :

— Pour compléter les mesures que j'avais à prendre, j'ai envoyé une colonne considérable pour bloquer aussi par terre ce damné navire.

« Cette colonne, en passant, va s'emparer de ce Poil-de-Bique, un drôle de nom ! puis elle ira camper sur la plage devant le *Virginius*.

« Ainsi seront interceptées les communications de ce bâtiment avec les insurgés.

« Quand notre canonnière sera réparée, ce qui aura lieu avant peu, elle rejoindra la corvette.

« On enlèvera les torpilles avec des canots ; et, la passe nettoyée, on s'emparera du navire ennemi.

« Ce Locoro et tous ses pirates seront fusillés ici.

— Très-bien ! dit Ancôô.

« Le capitaine Herrera de son côté fera exécuter Maracasse.

— Pourvu que les insurgés ne délivrent point ce diable d'homme avant l'arrivée de la colonne.

— C'est peu probable, dit Ancôô.

— Pourquoi ?

— Parce que Cespèdes, le général insurgé, ne voudra pas se mêler de cette affaire et se mettre à dos tout le clergé, Maracasse, ayant enlevé une nonne.

— Très-bien ! fit le gouverneur.

« Est-ce tout ce que vous avez à me dire, lieutenant ?

— J'ai à vous demander une vingtaine de chevaux frais pour moi et mon escorte, afin de retourner auprès du capitaine.

— Ne dormez-vous pas ?

— Senor, il faut que je remplisse encore une mission.

— Laquelle ?

— Affaire particulière du capitaine ! dit Ancôô en s'inclinant.

— Alors, je n'insiste pas.

« Voici un ordre pour les écuries.

« Au revoir, lieutenant.

Ancôô sortit.

Dix minutes après, le temps de dévorer un morceau de pain et de boire un verre de vin d'Espagne, il était en selle.

Il avait hâte de savoir ce qu'était le personnage qu'il devait trouver dans le petit bois qu'Herrera lui avait signalé sur le plan.

Un mot sur une particularité du caractère espagnol.

On sait qu'aucune nation du monde n'a plus de moines.

On explique cette vocation étrange et générale pour la vie monastique par la paresse et le désir de vivre grassement sans travailler.

Parmi ceux qui se font moines, il y en a certainement beaucoup qui n'ont d'autre mobile que la fainéantise.

Beaucoup d'autres cependant sont poussés à entrer dans les monastères ou à se faire ermites par une tendance bien connue du tempérament espagnol à la mélancolie et au mysticisme qui engendrent l'amour du silence, de la solitude et des pratiques religieuses.

Charles-Quint se fit moine.

Plus d'un parmi ses successeurs furent plus moines que rois.

D'autre part, la foi est vive encore chez ce peuple.

Il n'est pas rare d'y trouver des fanatiques, et, si certaines éventualités se produisaient, si une invasion marocaine était possible, par exemple, on verrait renaître le temps des martyrs.

Aucune nation n'est plus prompte à s'exalter par masse ou par individu.

Rien de facile à entraîner au bien comme au mal, comme un Espagnol ; le même homme qui vient de commettre un crime, est capable d'un acte d'héroïsme.

Que l'on suppose donc une de ces natures énergiques, ardentes, ayant l'imagination sombre et sentant peser sur elle le remords d'un meurtre, on comprendra qu'elle se réfugie dans la pratique des austérités et qu'elle fuie le monde.

De là cette quantité incroyable d'ermites qu'on s'étonne de trouver vraiment convaincus, menant une vie ascétique et donnant l'exemple de toutes les vertus.

Ce qui, chez nous, est l'exception très-rare aujourd'hui, y fut du reste autrefois très-général.

Que d'ermites au bon vieux temps sur le sol de France !

Ceci dit uniquement pour que le lecteur ne s'étonne point du chiffre auquel les voyageurs évaluent les ermites de Cuba ; ils varient, dans leurs supputations, entre huit à neuf cents.

Ancòò se doutait bien que c'était à l'un d'eux qu'il allait avoir affaire dans le petit bois.

Il y arriva à la pointe du jour, sans avoir pris de repos.

Selon les instructions du capitaine Herrera, il laissa son escorte aux abords de la petite forêt, et, le plan à la main, il s'engagea dans un sentier qui devait le mener à l'ermitage du solitaire.

Il s'arrêta devant l'endroit que lui avait désigné son chef, et, à Pachecho, son seul suivant, il dit :

— C'est bien là !

« Tu as une belle voix de basse, toi, Pachecho !

« Crie un peu le mot.

— Quel mot ! fit l'agent.

« Vous ne me l'avez point donné, mon lieutenant.

— C'est vrai !

« Eh bien ! crie :

BOURBON-NAVARRE !

Pachecho, qui possédait une magnifique basso-taille, lança l'appel.

L'écho des fourrés en retentit profondément.

Les deux voyageurs attendirent l'effet de leur appel.

Bientôt les lianes qui pendaient en voile, sur le tronc d'un vieil arbre dix fois centenaire, furent écartées lentement par une main humaine.

On eût dit qu'un rideau se soulevait.

L'arbre était creux.

Il avait environ seize mètres de tour à deux pieds du sol (1).

L'intérieur, écorce déduite, et l'arbre ne reposait plus que sur elle, l'intérieur offrait une espèce de cellule qui avait un diamètre de trois mètres cinquante à quelques centimètres près.

La porte, masquée par les lianes, avait un mètre soixante de haut et soixante-quinze centimètres de large.

Un vieillard en guenilles, cassé, voûté, à barbe longue, inculte et blanche, parut dans cet encadrement.

Il était amaigri de visage, mais ses membres semblaient encore très-vigoureux.

Il était nu-pied.

(Voir notre vignette, livraison 73, page 101.)

Lorsqu'il fut hors de sa retraite, il se

(1) Nous donnons ici des détails exacts, puisés dans les descriptions des guides du voyageur en Amérique et dans le récit extrêmement curieux du touriste anglais qui a décrit l'ermitage et le solitaire du Morne aux Scorpions, récit publié dans le *Daily Telegraph*, après les événements qui mirent cet homme étrange en relief.

redressa lentement et regarda Ancôô avec attention.

Le lieutenant portait le costume national des Catalans, avec le pantalon fendu à la façon mexicaine.

Le vieillard lui demanda :

— Qui êtes-vous?

« Est-ce du Mexique ou de l'Espagne que vous êtes envoyé vers moi pour réveiller mes souvenirs et mon chagrin ?

— Senor ermite, dit respectueusement Ancôô, je suis chargé par le capitaine Herrera de vous remettre ce pli.

— Enfin ! dit le vieillard en tressaillant fiévreusement.

« Enfin il se souvient de moi, et l'heure de la punition a sonné avant ma mort.

Il fit un effort lent, douloureux, et se campa droit et ferme devant les cavaliers.

Son regard s'anima quand il ouvrit la lettre, sa lèvre palpita, ses narines se dilatèrent.

En ce moment ce n'était plus un vieillard, mais un homme de quarante ans, auquel l'espérance redonnait son âge.

Il ferma la lettre, la plaça dans sa poitrine, rejeta en arrière ses longs cheveux et dit à Ancôô :

— Vous répondrez au capitaine Herrera qu'il sera fait comme il le demande et que je le remercie.

— Senor, n'avez-vous point besoin de nos services; nous sommes à vos ordres? dit Ancôô avec déférence.

— Je vous remercie.

« Je pourvoirai à tout.

« Depuis vingt ans je suis prêt et j'ai pris mes mesures.

D'un geste, le vieillard congédia les deux envoyés.

Ceux-ci reprirent le chemin du camp.

CHAPITRE XXXIX

Combat de nuit.

Le jour tombait.

L'ombre envahissait rapidement la plaine; de l'hacienda, on n'apercevait plus distinctement que la terrasse.

Maracasse tint, avec ses amis, un conseil de guerre.

— Je suis convaincu, dit-il, que nous serons attaqués cette nuit.

« J'ai vu, au loin, allant et venant, des Peaux-Rouges.

« Cet agent, le capitaine Herrera, comme vous l'appelez, maître Schnerbb, en a certainement engagé quelques-uns.

« Et la tactique de ces Indiens, c'est l'attaque de nuit.

« Nous recevrons l'assaut vers deux ou trois heures du matin.

— Quelles mesures faut-il prendre ? demanda Pancho.

— Nous avons déjà ramassé plus de soixante fusils et de cent pistolets provenant des blessés ! dit Maracasse.

« Il faut entasser des armes chargées derrière chaque fenêtre, derrière la porte du rez de chaussée et celle de la cave.

« Nous barricaderons du reste toutes les issues en dedans.

« Évidemment les péons vont franchir les murs de nouveau, et, cette fois, ils se jetteront le plus vite qu'ils pourront contre les murs de la maison.

« Des terrasses que les Peaux-Rouges ont fait élever, on tirera sur la nôtre à force, ce qui nous empêchera de nous pencher dehors pour fusiller les assaillants au pied des murailles, et ceux-ci hacheront portes et fenêtres.

« Mais nous serons là derrière nos barricades.

« Si une seule entrée était forcée, ce serait chose finie !

« Nous serions perdus !

« Comptez que les péons seront ivres et acharnés.

— A mon avis, dit Schnerbb, le danger est que nous avons à défendre deux portes et six fenêtres.

« Nous ne sommes que cinq.

— On se multipliera ! dit Maracasse.

« En perçant des communications à travers les cloisons, on pourra relier la défense et se porter mutuellement secours.

— A l'œuvre! dit Schnerbb.
— Un instant encore! fit observer Pancho.
« J'ai une idée.

« Voyons, Maracasse, quoique Cespèdes ne veuille pas attaquer les gens de San Ignatio et se mettre mal avec le clergé, ne pensez-vous pas, qu'en dessous main, il ferait quelque chose pour nous?
— Ceci est possible! dit Maracasse.

« Je songe même que le capitaine Herrera finira toujours par demander du canon, si ce n'est déjà fait.

« Ces canons seront fournis par de l'artillerie espagnole.

« Les flibustiers auraient alors un prétexte pour nous dégager.

« Ils diraient qu'un de leurs détachements, à la vue des uniformes ennemis, a chargé sans savoir que l'affaire concernait le couvent.

« Ceci est une excellente excuse.

« Mais...
— Mais vous vous dites, Maracasse, qu'il faudrait avertir le général Cespèdes et le presser d'agir.

« C'est ici surtout que mon plan est ingénieux.

« Nous nous battrons cette nuit.

« Si nous sommes vaincus, notre affaire sera faite.

« Si nous repoussons les péons, je me glisse dans le désordre qui suivra, parmi les fuyards, et je gagne un camp insurgé.

« Remarquez que je suis déguisé en nègre; que des esclaves ont chargé ce matin avec les péons; que beaucoup de ces noirs ont travaillé aux terrasses; que, très-certainement, on les grisera et qu'on les lancera sur nous.

« Au moment de leur fuite, je décampe avec eux! j'arrive devant Cespèdes et je lui arrache son consentement.

« Qu'en pensez-vous?
— Pancho, mon camarade, dit Maracasse, vous allez risquer votre peau ; reconnu, vous êtes pendu ou fusillé.

« Mais, tout bien pesé, comme en restant ici le résultat serait le même, partez derrière les nègres, s'ils fuient.

« En attendant, montez sur la terrasse, faites bonne garde, et, dans une heure, ayant crevé les cloisons, nous irons vous relever de votre faction pour que vous dormiez un peu.

Schnerbb, qui avait été chercher des pioches et des haches, attaquait déjà silencieusement les compartiments de son immeuble.

C'était plaisir de le voir à l'œuvre.

Pendant quelque temps, dans l'hacienda, les coups lourds des outils retentirent; puis tout redevint silencieux.

Au dehors, pas un bruit!

Les péons, sur l'ordre de Bison-Cornu, bivouaquaient et ils devaient dormir jusqu'à deux heures du matin.

Alors seulement, ils devaient monter à cheval, avec un nègre en croupe.

Le rusé sauvage s'était parfaitement rendu compte de la situation des esclaves noirs, vis à vis des péons blancs.

Il avait trouvé un excellent moyen de prendre l'hacienda.

C'était un plan féroce, mais vraiment ingénieux.

Il avait appelé près de lui les principaux péons et leur avait dit :

— Mes fils, quand on a, comme vous, des esclaves, on les fait tuer à sa place.

« Vous ferez monter sur vos chevaux chacun un nègre.

« En arrivant aux murs, vous forcerez chacun votre nègre à sauter par-dessus le mur et vous lui jetez ensuite des armes et surtout des haches pour briser les obstacles.

« Vous aurez soin, mes fils, de crier à ces faces de suie que si elles reculent, vous tirez dessus sans hésiter.

— Ce que nous ferons! dirent les péons avec joie.

« Sachem, vous êtes un grand guerrier!

« Nous sommes maintenant certains de prendre et de fusiller ce Maragazor avec son compagnon.

Les péons auxquels Bison-Cornu venait de confier ses instructions, les transmirent secrètement à leurs camarades.

Ceux-ci adoptèrent le plan de l'Indien avec enthousiasme.

On suivit, du reste, ses recommandations avec exactitude.

Dès huit heures, tout le monde dormait au bivac.

A deux heures, Bison-Cornu lui-même ordonna le réveil.

Il était d'une tribu de cavaliers qui savaient employer toutes les ruses pour surprendre l'ennemi.

Il fit empaqueter de chiffons mouillés les pieds des chevaux ; de la sorte, le bruit des pas était assourdi.

D'autre part, sachant que, par les nuits sans lune, les vues les plus perçantes ne distinguent pas à plus de cent mètres, il voulut que les péons décrivissent d'abord un cercle autour de la maison.

Puis il leur enjoignit de marcher ensuite lentement, en convergeant vers les murs au pas, sans hâte, jusqu'au premier coup de feu tiré du haut de la terrasse.

La manœuvre s'exécuta avec une précision qui eût fait honneur à des réguliers.

A trois heures moins le quart, Maracasse vit les cavaliers.

Il réveilla son monde.

— Attention ! dit-il.

« Nous ne tirerons que quand ils sauteront dans la cour et le jardin.

Il avait devant lui un certain nombre de pots à fleurs.

Schnerbb lui demanda :

— Est-ce que vous voulez jeter cela sur la tête des péons ?

— Non ! dit Maracasse.

« Je veux faire seulement à ces Espagnols une surprise.

« Stimplou, mon maître et votre compatriote, m'a enseigné cette petite ruse et elle nous sera très-utile.

— Voilà les cavaliers tout près des murs ! fit observer Agnès.

— Attendons encore.

Puis avec tendresse :

— Ma petite Agnès, je vous félicite et vous serez une excellente campagne dans la Prairie, votre voix ne tremble pas, vous n'êtes pas émue, vous avez du sang froid.

« Embrassez-moi !

« Je suis très-fier de vous et je serai très-heureux de vous présenter à mes camarades ; je n'aurai pas à rougir de vous.

— Je constate avec plaisir, dit Schnerbb, que ces senoritas sont braves à rendre des points aux plus déterminés.

« Je demande la permission de les embrasser toutes les deux.

Les jeunes filles tendirent leurs joues au gros fermier.

Elles étaient réellement très-calmes ; la première heure de crise passée, les femmes s'accoutument au danger et on pourrait presque dire qu'elles ne le voient plus.

En ce moment, Maracasse disait à Pancho qui apprêtait son arme :

— Vous allez tirer !

« Cela forcera ces gaillards-là à précipiter l'attaque.

« Moi, je prépare mes pots à fleurs !

Et à tous :

— Attention !

« A vos postes !

« Dès que nous commencerons le feu, des terrasses du dehors on nous fusillera ; que personne ne lève la tête au dessus des matelas et qu'on se tienne prêt à descendre quand il en sera temps pour défendre les portes et les fenêtres.

A Pancho :

— Feu, vous !

Pancho tira.

Les péons, se voyant découverts, prirent le trot pour atteindre les murs.

Ils furent sous ces abris en un instant et ils forcèrent les nègres à faire le saut périlleux.

Mais, comme l'avait dit Maracasse, une surprise attendait les assaillants.

Tout à coup, du haut de la terrasse, une vingtaine de pots tombèrent.

Ils étaient remplis de poudre mouillée et préparée d'une certaine façon pour éclairer et durer longtemps.

Les nègres, bien en vue, furent accablés de balles et reculèrent.

Les péons, impitoyables, les criblèrent à leur tour, en proférant des menaces épouvantables.

Les malheureux nègres, ivres de rhum,

fous de terreur, pris entre deux feux, saisis de rage, coururent aux portes et aux fenêtres avec une colère aveugle.

Mais à peine eurent-ils fait voler les volets et les battants, que, par des trous ménagés dans de solides barricades, ils furent littéralement mitraillés.

On juge de la prodigieuse rapidité avec laquelle pouvaient tirer les assiégés, puisqu'ils avaient un nombre considérable d'armes chargées sous la main.

Les fusils et les pistolets étaient bourrés de clous et de petits cailloux.

Quelle que fut la fureur des noirs, ils s'enfuirent.

Les cadavres, entassés sous les portes et au pied des fenêtres baignaient dans des ruisseaux de sang.

L'impitoyable lumière des pots à feu permettait aux assiégés de continuer la fusillade.

Pris de panique, les nègres s'élancèrent vers la grande porte de la cour et vers la petite du jardin; munis de haches, ils les firent voler en éclat et s'enfuirent dans la campagne.

Les péons comprirent l'impossibilité de les ramener au combat.

L'attaque de nuit était manquée comme celle de jour.

Au moment où les nègres se sauvaient, une main puissante, celle de Schnerbb, soulevait une commode pesante dans un couloir barricadé.

Un homme se glissait par cette ouverture, gagnait la cour en rampant, se mêlait aux nègres, et prenait avec eux la clef des champs.

C'était Pancho !

Il parvint, comme les autres, à gagner la campagne, et, à un moment donné, il se trouva seul.

Il marcha le plus rapidement qu'il put, mit longue distance entre lui et les camps, et, au jour, il se trouva aux bords d'une petite mare d'eau vive, qu'il rencontra fort à propos.

Il tenait à se débarrasser de la teinte noire qui le couvrait.

Au naturel, il avait si peu de sang noir dans les veines, qu'il pouvait se prétendre blanc de race pure.

A moins d'un examen attentif des cheveux et des ongles, on ne s'apercevait point qu'il était de couleur.

Il y avait intérêt pour lui à ne pas passer pour nègre.

Dans les pays à esclaves, quand un homme libre rencontre un noir isolé, il a tout lieu de supposer qu'il a devant lui un fugitif, un nègre marron.

En raison des primes considérables qui sont offertes à qui ramène un de ces fuyards, les blancs pauvres, par amour des leurs, arrêtent ce malheureux.

Les gens riches, tous possesseurs d'esclaves, mus par le sentiment du propriétaire qui voit commettre un vol, les gens riches, disons-le, par solidarité, n'hésitent presque jamais à faire métier de recors.

Donc Pancho, étant encore teint et étant aperçu par quelque voyageur, risquait fort d'être pris, après avoir été questionné.

Qu'eût-il dit ?

Ce fut avec plaisir que maître Pancho trouva cette flaque d'eau fraîche et limpide du reste.

Rares sont les sources en cet endroit.

Il but d'abord.

S'étant désaltéré, il se mit à se débarbouiller.

Si Pancho, au lieu d'être un garçon civilisé, expert en l'art de fabriquer les sorbets et autres friandises, si Pancho, au lieu d'être un métis riche et oisif, avait reçu d'un Stimplon quelconque l'éducation d'un coureur de prairie, il aurait abordé cette mare avec précaution.

Il aurait su d'abord ce que savent, nonseulement les trappeurs, mais aussi les jaguars et toutes les bêtes fauves.

Là où l'eau n'est pas abondante, une fontaine est un centre attractif.

Hommes et bêtes viennent s'y désaltérer.

Bandits et fauves s'embusquent là pour attendre leur proie.

Maracasse, s'il eût été à la place de Pancho, eût inspecté les abords de la mare et examiné les traces.

Agnès dans la troupe des saltimbanques, d'après un croquis du peintre américain Borelli.

S'il eût vu des pas frais (et il y en avait) sur la terre baveuse, il se fût certainement défié.

Se jetant à plat-ventre, il aurait rampé, cherchant qui venait de passer là et tâchant de le surprendre.

Car un trappeur réputé toujours l'inconnu comme son ennemi.

Pancho, lui, ne songea qu'à boire avec délices et à se laver.

Grand tort!

Grave imprudence!

Un homme qui avait une espèce de tenue mi-partie militaire, mi-partie civile, était caché dans un champ de maïs avoisinant et il y dormait.

Cet homme était le Matador.

Il avait réfléchi qu'à rester près de l'hacienda, il n'y aurait que des balles à recevoir.

Il n'aimait, en fait de métal, que le cuivre, l'argent et surtout l'or; il avait une vive répulsion pour le plomb, surtout quand lui en était offert sous forme de projectiles ronds ou oblongs.

Partant de cette idée saine et conservatrice que la prudence est la mère de la sécurité, le Matador, qui avait appris à connaître l'humeur d'Herrera, qui redoutait d'être chargé de quelque fâcheuse mission, et qui n'était jamais brave qu'à son corps défendant ou s'il y avait quelque grosse somme au bout d'un coup d'épée, le Matador, si lâche et cependant si redoutable, s'était dit qu'il serait très-bien pour passer la nuit auprès de la petite mare qu'il connaissait.

Il avait là de l'eau, de la paille de maïs pour se faire un lit, un bon manteau pour sa couverture.

Il emporta une bonne gourde pleine de rhum, un pain, du jambon et il se dirigea vers son gîte.

Si bien qu'il dormit, d'un œil, il est vrai, mais enfin qu'il dormit pendant que les autres se battaient.

Au matin, le soleil pointant à l'horizon l'éveilla.

Il était homme de précaution, ne ressemblant en rien à Pancho.

Dans l'île, il est vrai, pas d'autres bêtes féroces, que celles que pouvaient montrer les ménageries.

Néanmoins son métier inspirait la défiance et l'observation constante au Matador; aussi ne se leva-t-il que très-doucement, sur le coude.

Alors il regarda autour de lui et vit un nègre.

— Eh! San Anito, mon délicieux patron, pensa-t-il, serait-ce un noir marron que vous m'enverriez.

« Grand merci, bon saint!

On croira peut-être que c'était de la raillerie.

Non point.

Les bandits cubains ou espagnols croient fermement en Dieu, à la Vierge, aux Anges et aux neuvaines.

Pas un qui ne fasse des vœux et des prières.

Dix cierges s'ils réussissent dans tel vol!

Trente cierges s'ils parviennent à assassiner tel individu!

C'est mettre la foi, le bon Dieu, les saints et la morale à une singulière sauce; mais voilà comment on cuisine ces choses sacrées à la mode espagnole.

Le Matador promit un médaillon d'argent à son patron si le nègre était fugitif et si, lui, Matador s'en emparait, ce qui semblait facile.

Mais, ô surprise!

Le susdit nègre s'approchant de l'eau, se déshabilla, et, tirant de sa poche un certain flacon, contenant quelque drogue, il s'en frotta la peau.

À mesure, il baignait les endroits frictionnés, qui devenaient blancs.

— Oh! oh! pensa le Matador; je crois deviner!

Il n'avait jamais vu Pancho, puisque dans la seule occasion qu'il avait eu de l'approcher, le jeune homme était assis sur une cuve, pendant que lui, Matador, était dessous.

Toutefois il murmura — on se souvient qu'il monologuait volontiers — il murmura entre ses dents :

— Le nègre qui a enlevé Thérésa, la

nonne, est faux teint, à ce qu'on prétend; or, voici un faux nègre.

« Ne serait-ce point le senor Pancho, par hasard?

« Il se serait donc échappé ! »

Il y réfléchit.

Il creusa la question profondément et découvrit :

1° Que Maracasse ne pouvait avoir mis en déroute les péons.

Les faire reculer, possible.

Forcer leurs lignes, impossible.

2° Il jugea que, par quelque subterfuge, Pancho s'était évadé.

3° Pour abandonner ainsi son ami et sa maitresse, Pancho devait être un lâche, à l'estime du Matador.

Conséquence :

On pouvait l'attaquer surtout en le surprenant.

Sur ce, l'épée en main, il rampa vers le pauvre Pancho qui se frottait avec une conscience que n'ont pas toujours les masseurs des établissements de bains.

Parvenu à cinq pas de lui, lui coupant la retraite ou le forçant à se jeter dans la mare, il se leva et bondit, lui mettant l'épée sur la gorge.

Pancho sentit la pointe pénétrer même assez douloureusement.

Mais le Matador ne voulait pas la mort du prisonnier.

Le livrer vivant devait être plus lucratif que le tuer.

— Rends-toi! cria-t-il.

— Eh ! senor, dit Pancho frémissant de tous ses membres, je suis tout rendu ; ne me massacrez pas.

« Si vous vouliez traiter avec moi, je vous donnerais une bien grosse somme pour avoir ma liberté.

Le Matador voyant trembler son homme, le prit en mépris.

— Ces mulâtres ! pensa-t-il.

« Quels poltrons !

« En voici un qui est sous mon épée, comme un chien sous le bâton.

Et il demanda :

— Que m'offres-tu ?

« Est-ce réalisable cette somme que tu vas me proposer?

— Senor, dit Pancho, voici déjà un beau brillant.

Il avait une bague de prix au doigt et il la tendit au matador.

— Joli diamant! dit celui-ci.

« Je ne l'avais pas remarqué !

Il mit son épée sous son bras gauche, le pommeau en avant pour examiner la bague au soleil.

Pancho, prompt comme un chat sauvage, mit la main sur la poignée de l'arme, tira, recula d'un pas et transperça le Matador qui tomba comme une masse.

On voit que si Pancho n'était pas prudent, il avait l'esprit subtil et la main leste.

Il le prouva de nouveau en déshabillant prestement le Matador qui crevait rapidement d'une congestion intérieure et qui ne pouvait faire la plus petite résistance, sa vie l'abandonnant avec une rapidité effrayante.

Le misérable essayait de parler dans les affres de l'agonie.

Un seul mot sortit distinctement de ses lèvres blêmies.

Il demandait un prêtre.

Pancho eut la cruauté de lui dire :

— Ah! brigand, tu crois aux curés !

« Tant mieux !

« Tu souffres plus, ayant peur d'aller en enfer.

Et, comme le bandit était entièrement déshabillé, il le traîna dans la mare, s'engageant dans l'eau jusqu'à la ceinture ; et là, couchant le cadavre dans la fange, il le foula aux pieds pour l'enfoncer le plus possible sous les boues, formées par les dépôts.

Cette besogne terminée, le hardi mulâtre termina rapidement l'opération qu'avait interrompue le Matador; il se lava bien à fond, et, d'autre part, il fit disparaître les taches sanglantes qui couvraient la veste du mort et endossa l'espèce d'uniforme que celui-ci avait adopté de son vivant.

Le Matador avait une monture qui, entravée près de là, s'occupait fort peu de ce qui se passait, l'intelligence du cheval étant très-bornée.

Bon écuyer, le mulâtre s'empara de l'animal, sauta en selle et partit au trot.

Il se croyait à peu près sûr de trouver bientôt le camp des insurgés ou tout au moins leurs coureurs.

Pendant que Pancho courait ainsi, les péons, absolument découragés, regagnaient à tire-d'aile leur bivac.

Bison-Cornu, regrettant sa prime perdue, s'en consolait en s'enivrant d'eau-de-vie avec ses Indiens.

Herrera prenait le parti d'attendre l'arrivée de l'artillerie.

Dans l'hacienda, Snerbb célébrait la victoire en buvant de son meilleur vin dont il fit les honneurs à Macarasse et aux jeunes filles.

Il y eut entre les combattants une sorte de trêve passive jusqu'au moment où l'on entendit le roulement des pièces de canon sur le sol.

Le dénoûment de ce siége tragique allait commencer.

CHAPITRE XL

L'infanterie.

Le lecteur se souvient sans doute de ce fait que le gouverneur de Santiago avait envoyé à une colonne, l'ordre de se diriger vers la ferme suisse pour se mettre à la disposition d'Herrera.

L'arrivée de cette force considérable — trois mille baïonnettes, quinze cents sabres et une batterie de six canons — allait changer la situation du tout au tout.

La première conséquence de l'apparition de ces troupes était la prise rapide, foudroyante, inévitable de la petite hacienda, pourtant si bien défendue.

La seconde conséquence était l'annulation de l'autorité de l'abbesse; car ses péons ne comptaient plus que pour rien devant une brigade régulière espagnole.

En conséquence, Herrera était maître de la situation.

Dès qu'il aperçut, vers midi, l'avant-garde des troupes, suivie du gros, il comprit à l'étendue de la poussière soulevée, que c'était toute une colonne qui arrivait.

Il dit joyeusement à son lieutenant en lui montrant les fusils étincelants à travers le nuage qui, sous les pas des soldats, s'élevait dans l'air :

— Voilà qui est bien heureux et bien opportun, mon brave ami.

« Depuis quelques heures je creuse une idée que je ne pouvais réaliser, faute de forces suffisantes, et je regrettais de n'avoir pas demandé du monde pour appuyer l'artillerie.

« Le gouverneur a été au-devant de mes désirs.

— Que comptez-vous faire ?

— Après les menaces que j'ai adressées à la supérieure, dit Herrera, étant donné l'intelligence de cette femme, son caractère et les forces dont elle dispose, elle va tout mettre en œuvre pour me nuire.

« Qui sait même si, après avoir favorisé Cespedes en dessous main, elle ne livrera pas aux insurgés ce formidable couvent de San Ignatio !

— C'est possible ! dit le lieutenant. Tout est à craindre d'une pareille femme.

— J'ai bien, contre elle, l'appui d'un cardinal, ses ordres même, au cas où certaine culpabilité serait démontrée.

« Mais, d'une part, c'est chose grave d'entrer en lutte ouverte avec cette femme; je voulais seulement avoir sous la main, contre elle, un témoin de son crime.

« D'autre part, j'ai réfléchi que si, se sentant menacée, elle levait le masque et livrait San Ignatio aux insurgés, elle nous porterait un coup terrible.

« Tout bien pesé, j'aime mieux lui poser ce dilemme :

« Ou nous occuperons, de son consentement, le couvent sur-le-champ.

« Ou je la fais arrêter immédiatement, ayant pour moi l'approbation du cardinal de Bourbon.

— Il sait donc le secret des in pace du couvent ?

— Lieutenant, ce brave cardinal ne se mettrait guère en peine de punir l'abbesse pour certains crimes qu'il lui impute ; mais il la soupçonne d'avoir touché à un Bourbon-Navarre, et, chef de famille, aimant fort son neveu que l'on dit son fils, qui a disparu assassiné par ordre de l'abbesse, suppose-t-il, il m'a donné des instructions pour rechercher la vérité sur ce point et une invitation formelle d'arrêter les coupables quels qu'ils soient, le Saint-Père approuvant.

— Comment le pape lui-même...

— Il a contre-signé les lettres à moi envoyées par le cardinal.

« Bien entendu, ce dernier s'est gardé de dire qu'il s'agissait de l'abbesse de San Ignatio.

« Mais il est écrit : *les coupables, quels qu'ils soient !*

« Donc...

Herrera, en forme de conclusion, eut un geste énergique.

Le lieutenant, homme de réflexion comme tous les gens de police, pesa toutes les révélations de son chef et finit par conclure à son tour :

— Oui, décidément, capitaine, stratégiquement parlant, à tout prix il faut s'assurer de la forteresse de San Ignatio.

« Et si vous avez un accusateur sérieux, votre plan est bon.

« Il faut cependant prévoir une éventualité, capitaine.

— Laquelle ?

— Si, se méfiant, l'abbesse nous glissait dans les mains, retournait occuper la citadelle et s'y enfermait !

— Elle est femme !

« Elle a aimé ce Maracasse !

« Il la dédaigne !

« Donc, haine à mort !

« Donc, tant qu'il ne sera pas tombé sous nos balles, elle restera là.

« L'exécution finie, le danger de fuite commence.

« Mais, lieutenant, vous serez là ; c'est à vous que je confie cette surveillance.

Et, comme l'officier d'état-major du général commandant arrivait, Herrera poussa vers cet officier.

Celui-ci salua le fameux agent avec déférence et lui dit :

— Il paraît, capitaine, que vous tenez assiégé le général des nègres dans cette bicoque ?

— Oui, lieutenant ! dit Herrera.

— Le drôle se défend à ce qu'on assure de façon à défier ces bandes de péons et d'esclaves qui l'ont attaqué.

— Cet homme, lieutenant, est tout simplement un héros.

L'officier sourit.

— Croiriez-vous, capitaine, dit-il, que mon général prétend qu'il fera enlever cette ferme par une compagnie.

Puis avec dédain :

— Vous comprenez que ces péons, misérables gardeurs de vaches, ne sont pas des soldats et que leur retraite n'a rien d'étonnant !

Montrant une trentaine de cavaliers, chasseurs à cheval, qui le suivaient et derrière eux une compagnie de fantassins :

— Le général, dit-il, m'engage à vous faire remarquer que l'emploi du canon serait humiliant.

« On rirait de nous en Amérique et en Europe, s'il fallait bombarder une ferme pour prendre un homme.

« Donc le général m'a donné cette avant-garde, et, si vous le permettez, sans canons, je vais emporter la position.

« Le général, éloigné d'une lieue encore, pourra écrire dans son rapport que passant près d'une hacienda dans laquelle les vachers du pays bloquaient un bandit, il a envoyé un petit détachement qui s'est rendu maître de ce flibustier.

— Et ce sera moi, dit Herrera en tortillant sa moustache, ce sera moi qui serai bafoué, n'est-ce pas ?

« A Santiago, à la Havane, comme à Madrid, on se gaussera du capitaine Herrera qui avec ses fameux limiers et six cents péons n'a pu prendre une ferme qu'un petit lieutenant a emportée avec une poignée de soldats et un tour de main.

— Oh, capitaine ! dit le lieutenant.

— Eh bien, monsieur, continua froidement Herrera, allez-y.

« Je m'en lave les mains !

Le lieutenant dissimula sa joie sous les formes les plus polies.

— Pardon ! fit-il.

« Capitaine ! je vous prie de m'écouter et de croire que je serais au désespoir de vous avoir froissé.

« Capitaine...

Mais Herrera avait tourné le dos et s'éloignait.

— Ah ! fit le lieutenant, c'est comme ça que tu me traites, toi, un mauvais agent auquel je montre trop d'égards !

« Attends et tu vas voir.

Il retourna vers la compagnie.

— Messieurs, dit-il aux officiers, vous connaissez l'ordre du général.

« Dans cette ferme, il y a un bandit qu'il importe de prendre !

« En avant !

« J'espère que nous ne nous couvrirons pas de ridicule en reculant.

Les officiers haussèrent les épaules de dédain pour Maracasse.

Les soldats riaient et plaisantaient agréablement.

— En avant ! répéta le lieutenant.

Comme la compagnie n'avait pas de capitaine, le sien étant en convalescence ; comme son lieutenant était fort jeune, c'était le lieutenant d'état-major plus ancien que celui de l'infanterie, qui avait le commandement et qui devait en recueillir tout l'honneur.

Le général avait su choisir le détachement pour qu'il en fût ainsi et que son protégé profitât de cette petite victoire, grosse d'importance pourtant, puisque Maracasse était général des nègres et très-connu dans toute l'Amérique.

La colonne se mit en marche, ayant les cavaliers comme arrière-garde.

La compagnie marchait par sections massées.

Elle formait un tout compacte, officiers en tête.

Le lieutenant d'état-major, à cheval, appelait les balles comme à plaisir, tant il se détachait en vue.

Les tambours battaient et les clairons sonnaient.

Les péons, spectateurs de cette scène, décrivaient, pour la contempler, un vaste demi-cercle hors portée de balles.

Bison-Cornu et ses Indiens composaient autour d'Herrera un groupe pittoresque, suivant avec un étonnement profond la manœuvre des soldats.

Le chef indien ne comprenait pas que l'on s'offrît ainsi en masse aux coups de l'ennemi ; mais après avoir réfléchi, il dit :

— J'ai entendu raconter que les blancs d'Europe ont des soldats couverts de fer qui peuvent braver la fusillade ; sans doute en voilà !

Herrera regarda le chef indien et lui dit avec une douceur, rare chez lui :

— Mon pauvre Cornes-de-Bison, tu as été battu cette nuit et tu en étais confus.

« Console-toi !

« Voilà une compagnie qui va se faire écharper si cruellement que, dans l'armée, personne ne songera à se moquer de toi.

— J'en remercie le Wacondah ! dit Bison-Cornu avec joie.

— Et moi, je maudis le sort ! murmura Herrera.

« Voilà une centaine de braves gens qui vont se faire exterminer !

« Autant de soldats perdus pour l'Espagne !

Il braqua sa lorgnette sur la compagnie en marche.

Sur la terrasse, tout le monde était à son poste.

Tous les fusils chargés étaient posés le long des meurtrières.

A genoux, derrière celles-ci, les assiégés causaient avec stupéfaction de ce qui se passait.

— Par le diable ! disait Schnerbb, ces pauvres fantassins sont fous !

« Lorsqu'ils vont se trouver sous le feu de ma carabine, je veux en abattre deux à chaque coup.

« Ils se serrent à plaisir et s'emboîtent le pas.

— Je ne suis pas soldat, disait la petite Agnès en secouant sa jolie tête, je ne suis qu'une petite senorita ; mais je serais plus intelligente que l'officier qui commande ces pauvres garçons.

— Je suis sûre, disait Thérésa, que c'est un de ces jolis polkeurs qui avaient de si beaux uniformes et de si jolies moustaches aux bals du gouverneur.

— Il ne dansera plus ! dit Maracasse en souriant cruellement.

— Vous tirez ? demanda Schnerbb.

— Pas encore !

« Laissez approcher !

« Si nous faisions feu maintenant, tout ce monde se disperserait ; car il viendrait sans doute à ces fous l'idée de s'étendre en tirailleurs.

« Tandis que, tant que nous ne tirerons pas, ils marcheront ainsi tambour battant et clairons sonnant.

Puis, railleur :

— C'est très-agréable de mourir au son de la musique.

Schnerbb, homme pratique, creusait un problème insoluble pour lui.

— Expliquez-moi donc, Maracasse, demandait-il, pourquoi les chefs d'armée et leurs officiers sont si bêtes quand ils se trouvent en face de partisans, au lieu d'avoir d'autres soldats pour adversaires.

— Il y a longtemps que j'ai compris cela ! dit Maracasse.

« Et pourtant, fit-il remarquer, je suis un homme simple qui a très-peu fréquenté les villes et qui n'est pas savant.

Puis, après avoir jeté un coup d'œil pour s'assurer que les soldats étaient encore trop éloignés, il reprit :

— A San-Francisco, où j'allais vendre ma poudre d'or pour acheter des munitions, j'ai eu la curiosité de voir un cirque et il y avait là des petits poneys qui me paraissaient si intelligents que j'en étais tout surpris.

« Ils faisaient des exercices extraordinaires et je voulus avoir un de ces poneys, certain de lui apprendre mille ruses, tant il m'étonnait par ses tours.

« J'en achète un très-cher, je l'emmène au désert, j'essaie mon animal ; en dehors des exercices qu'il avait appris, qu'il répétait toujours de la même façon, il était bête, mais bête à faire rire un mouton, qui est l'animal le plus emprunté que l'on connaisse.

« Vous concevez que mon poney avait perdu l'instinct ; il était devenu une mécanique à force de répéter les mêmes choses.

« Sur un commandement, il se couchait ; sur un autre, il se levait ; il sautait à droite ou à gauche, comme un soldat qui est à la parade.

« De lui-même, il ne savait plus rien faire et il semblait hébété.

« Les troupiers sont comme mon poney ; leurs chefs eux-mêmes sont comme paralysés quand il faut commander autre chose que ce qu'ils commandent tous les jours.

« Je crois que les soldats ne pensent pas, ayant des chefs qui les dirigent, et que ceux-ci ne pensent pas non plus, ayant des livres à dessins qui pensent pour eux et enseignent les mouvements.

« Quand il faut imaginer quelque chose d'imprévu, ils sont stupides comme les chevaux de c·· que dans la campagne.

— Vrai ! s'écria Schnerb, vous n'êtes pas bête, mon cher ami.

« Les hommes de Prairie peuvent être naïfs, mais ils raisonnent juste.

« Jamais je n'ai entendu une explication plus satisfaisante de l'imbécillité des généraux qui frappe les bourgeois les plus ignorants dans l'art de la guerre.

Pendant cette conversation, Thérésa observait avec attention la colonne et mesurait les distances.

On n'imagine pas avec quelle étonnante facilité les femmes oublient leur timidité dans les grandes crises qui se prolongent pendant un certain temps.

Les villes assiégées, Paris en 1870 notamment, ont prouvé que les femmes acquièrent vite un sang-froid dont on les croirait incapables, combien leur éducation se fait rapidement dans des métiers pour lesquels elles ne semblent pas faites.

Ainsi, Maracasse entendit à sa grande surprise, Thérésa dire avec conviction :

— Voilà les Espagnols à trois cents pas.

« On pourrait les tuer avec les fusils de chasse.

— C'est vrai ! dit Maracasse.

« Vous jugez juste.

« Il n'y a pourtant pas longtemps que

vous vous servez d'un fusil ; comment diable appréciez-vous si bien la distance ?

Thérésa eût été fort embarrassée de le dire.

Quant à ceux qui approfondissent certaines transformations surprenantes chez les femmes, changées en un tour de main, ils finissent toujours par convenir que celles-ci, en raison de leur constitution nerveuse, sont à certaines heures électrisées, magnétisées si l'on veut, au delà de tout ce qui peut arriver de pareil chez les hommes.

En cet état, elles acquièrent une sorte de pouvoir surnaturel, une seconde vue, une lucidité inouïe.

On s'accorde, à reconnaître aux artistes quelque chose d'anormal dans la constitution, on dit qu'ils ont le tempérament double, les qualités de l'homme et de la femme dans le cœur et dans l'esprit ; ce qui expliquerait la supériorité et l'instantanéité de leurs conceptions.

Toujours est-il que les deux héroïnes du fameux siége de l'hacienda furent surprenantes d'adresse et de courage.

Comme l'avait si bien jugé Thérésa, la colonne d'infanterie était à bonne portée.

Mais Maracasse voulut encore attendre un peu.

Enfin, quand il la jugea à deux cents pas, il ordonna :

— Préparez-vous !

« Il faut piler ces soldats comme dans un mortier.

« Schnerbb, quand il tourneront le dos, à vous et moi ceux qui fuieront le plus vite et seront le plus loin.

« A vous, les plus proches, senoritas, et tirons juste.

« Ne faites feu qu'au commandement, surtout.

« C'est important.

Il se fit quelque bruit sur la terrasse, puis les quatre défenseurs gardèrent un profond silence.

On avait entendu craquer les chiens de plus de cent fusils que les assiégés avaient armé...

La colonne cependant, à mesure qu'elle avançait, devenait plus vive dans sa marche ; les soldats, sous les batteries plus rapides des tambours précipitaient le pas.

Ils ne doutaient pas que le fameux flibustier ne tirât et ils étaient prêts à courir à la charge au premier coup de feu.

De doute du succès, pas l'ombre !

D'émotion, pas la moindre !

Pas même d'enthousiasme !

C'était pour de braves troupes, si mesquine besogne.

Le lieutenant se retourna même pour dire en riant à son collègue d'infanterie, à pied derrière lui :

— J'ai bien peur que le fameux Maracasse ne se soit terré dans les caves comme un renard.

Et de rire !

La compagnie fit chorus.

Mais quatre balles sifflèrent.

L'une, celle de Maracasse, entrée dans l'œil du lieutenant d'état-major, lui brisa le crâne.

Une autre, celle de Schnerbb, trouait la poitrine du lieutenant d'infanterie et blessait un sergent au bas-ventre, derrière lui.

Les deux autres balles frappaient dans le tas et en plein.

Puis, à deux secondes d'intervalle, quatre autres balles et toujours ainsi pendant une minute au moins, soit environ soixante-dix secondes, soit à peu près une centaine de balles, dont quarante placées avec une sûreté telle que tout homme touché était mort.

Sans chefs, abasourdis, décimés, éclaircis, flottant, les uns criant : « En avant ! » et s'élançant ; les autres stupéfaits et hésitants ; d'autres encore blessés et s'enfuyant ; tous frappés d'un coup moral foudroyant, les soldats tourbillonnèrent un instant encore, et ensemble, chassés par les projectiles, prirent le pas de course en se sauvant.

Malheureusement ils furent, comme les péons, tirés sans épauler, presque au juger, comme Maracasse savait si terriblement le faire ; ils laissèrent sur le chemin sanglant de leur retraite, le sol couvert de nombreux cadavres ou de blessés qui se traînaient en criant lamentablement.

Schnerbb, en costume du pays, les bras croisés......

C'était un spectacle navrant.

Les péons, qui, nous l'avons vu, étaient nés à Cuba, qui, avant tout, étaient à l'abbesse, qui, hors de leur dévouement au couvent, penchaient plutôt pour l'insurrection que pour les Espagnols, les péons précédemment décimés, auraient eu presque envie d'applaudir, car cette défaite les justifiait.

Quant à Bison-Cornu, il avait sur les lèvres un sourire cruel.

Herrera, sombre, murmura :

— Voilà une compagnie écrasée ; mais la démonstration est faite.

« On ne me reprochera pas d'avoir demandé le canon.

Il envoya son lieutenant recueillir les débris de la compagnie.

Un sergent blessé au bras, un autre à la cuisse, un seul caporal, la valeur d'une escouade en soldats valides, voilà tout ce qui restait de la compagnie.

En ce moment le général et son escorte arrivaient.

Herrera le reçut en tête des survivants.

— Que s'est-il passé ? demanda le général après avoir arrêté son cheval écumant.

« Où est mon aide de camp ?

— Mort ! dit Herrera.

— Et la compagnie ?

— Couchée là-bas !

« Ici, debout :

« Voilà ce qu'il en reste !

Le général était consterné.

Herrera lui dit alors :

— Croyez-moi, général, quand un homme comme moi demande des canons, c'est qu'il en faut.

Le général dut accepter cette leçon sans mot dire.

L'évidence éclatait devant lui.

Saisi de rage, il envoya ordre à l'artillerie de venir se mettre en batterie et de foudroyer la ferme.

Les six pièces arrivèrent au trot et le général dit au capitaine qui les commandait :

— Rasez-moi murs et maison comme si jamais il n'y en avait eu ; je veux place nette.

« Ce bandit nous a tué assez de monde.

« J'entends ne plus perdre un seul homme.

— Bien, général, dit le capitaine.

Et il établit ses canons, ordonnant de tirer, au ras de terre, de telle façon que les murs sapés par les boulets, s'écroulassent.

Cette fois, plus de doutes, on tenait le flibustier.

Ou il allait périr sous les décombres, ou il se rendrait.

Les péons, satisfaits d'avoir vu les Espagnols frottés de main de maître, étaient revenus tout à leur haine contre Maracasse.

Ils attendaient avec impatience la première volée d'obus.

Le premier coup qui retentit fut salué de hourras joyeux.

Les pièces continuèrent à tirer méthodiquement.

D'abord elles abattirent les murs des jardins.

Ce fut facile.

Le premier obstacle tombé, on s'attaqua au second.

La maison fut détruite en une heure.

Le général ne voulait point qu'il restât un pan de muraille debout, un amas de décombres qui ne fût point pulvérisé.

Deux personnes surtout suivaient avec attention les progrès du bombardement : c'étaient l'abbesse et Herrera.

Celui-ci était partagé entre deux désirs également vifs.

Il eût souhaité s'emparer de Maracasse vivant.

D'autre part il eût voulu ménager les soldats.

Lorsque le général, enfin satisfait de l'œuvre des canons, fut sur le point de lancer une compagnie sur les ruines, Herrera lui dit :

— Et les caves !

« Croyez bien que le flibustier s'y est réfugié.

« Permettez-moi de vous conseiller de prendre des précautions.

— Je vais disperser mes fantassins en tirailleurs, dit le général.

Et il donna ses ordres en conséquence.

Les tirailleurs se développant en un cercle, enveloppèrent les décombres hors portée des balles ; puis se rapprochèrent insensiblement.

Dans la ferme, ou plutôt dans les caves de la ferme, Maracasse et Schnerbb, aidés par les jeunes femmes, avaient organisé la suprême défense, leur dernier effort de résistance.

Ils s'étaient retranchés à l'entrée des caves et aux soupiraux, ne laissant entre les pierres qu'ils amoncelaient, que l'espace nécessaire pour tirer.

Les Espagnols s'approchaient, ne faisant pas feu, puisqu'ils ne voyaient rien ; mais Maracasse les entendait.

Ils rétrécissaient leur cercle, rampant sur le sol, et prenant, cette fois, toutes sortes de précautions.

— Voilà encore des gens, dit Maracasse, qui vont être surpris de la façon la plus désagréable.

« Quel malheur pour eux que le vieux Stimplon, mon maître, eût été dans sa jeunesse artilleur-artificier au service du roi de Naples.

« C'était un homme très-expert en fait de manipulation de poudre et surtout très-expéditif.

— J'en suis fier, dit Schnerbb, puisqu'il était mon compatriote.

— Les Suisses ont du bon ! dit Maracasse, j'ai appris à les estimer.

Et s'adressant aux jeunes filles :

— Senoritas, vous allez être bien récompensées du mal que vous vous êtes donné en nous aidant.

« Vous vous amuserez, je vous le promets, avant cinq minutes.

— On voit très-mal par les meurtrières ! dit Agnès.

— Vous entendrez très-bien, en revanche, et vous vous imaginerez le tableau.

— Les voilà ! dit Schnerbb.

— Tirez, mon camarade.

« Senoritas, faites feu !

Par les soupiraux et par l'entrée les assiégés dirigèrent une vive fusillade sur les Espagnols.

Ceux-ci avaient la possibilité de s'abriter derrière les décombres et de s'avancer de pierres en pierres ; ainsi firent-ils.

Comme ils s'approchaient, perdant du monde, mais gagnant du terrain et sur le point d'atteindre les caves, une grande lueur brilla, partant d'un soupirail et courant de toutes parts sur les ruines d'où partaient des détonations multipliées qui semaient la mort parmi les assaillants.

On eût dit que des obus éclataient de tous côtés.

La compagnie, presque aussi maltraitée que l'autre, s'enfuit entièrement démoralisée.

Herrera, voyant cette nouvelle honte et ce nouveau désastre, dit au général exaspéré :

— J'avais eu l'honneur de vous prévenir qu'il restait des caves.

« Tant que cet homme aura un abri, il y sera redoutable.

Le général lança son cheval vers le capitaine d'artillerie et il lui commanda de détruire les caves.

— Mon général, dit le capitaine, pour y arriver, il faut un feu plongeant et nous sommes en plaine.

« Mais j'aperçois là-bas des terrasses ; il y en a quatre.

« Je vais y placer quatre pièces.

— Soit, allez.

— Mes hommes vont préparer des rampes d'accès, je m'installerai au sommet de ces terre-pleins et nous crèverons les voûtes des caves.

— Très-bien. Mais pour l'honneur de l'Espagne, hâtez-vous ; cette ridicule affaire n'a que trop duré !

Le capitaine mit son monde à l'œuvre.

Pendant que se déroulait cette péripétie nouvelle de ce siége héroïque, on riait dans les caves.

— Quelle déroute ! disait Schnerbb. Décidément, on peut mourir quand on fait payer sa peau à ce prix-là.

« C'est une idée excellente que celle de transformer des bouteilles vides en obus ; à l'occasion, si je survis, je connaîtrai le procédé : un peu de poudre dans la bouteille, un bouchon traversé par une mèche, et voilà un projectile ; une bonne traînée reliant les bouteilles et voilà le moyen de les faire sauter !

« Décidément, Maracasse, le vieux Stimplon avait du bon, puisque c'est lui qui nous a montré ça.

— C'était un très-savant homme ! dit Maracasse.

« Mais qu'a donc la senorita Thérésa à interpeller un blessé ?

— Je le connais ! dit la jeune fille. C'est le capitaine Baratcha.

« Nous avons dansé ensemble et il m'aimait beaucoup ; mais je lui ai préféré Pancho.

— Est-ce un brave homme ? demanda Maracasse.

— Excellent !

— Alors il ne faut pas le laisser là, car on va tirer.

Et, dérangeant des pierres, Maracasse ouvrit un passage et s'en alla ramasser le capitaine qui avait une jambe cassée et auquel Thérésa criait :

— Ne craignez rien, senor Baratcha ; mon ami Maracasse va vous amener ici et nous vous soignerons.

Jamais homme ne fut plus étonné que le capitaine.

Thérésa et Agnès le pansèrent tant bien que mal et lui offrirent à boire ; on sait quelle soif ardente s'empare des blessés.

— Par le Christ ! s'écria le capitaine, vous êtes des anges, senoritas.

« Quel malheur que vous soyez dans cette situation !

« Rien ne saurait vous sauver.

— Qui sait ! dit Thérésa.

« Nous sommes bien sorties une fois déjà de San Ignatio !

« On nous délivrera encore, si nous sommes reprises.

— Moi, je me délivrerai à ma façon ! dit Agnès.

« Je me suiciderai.

— Pauvres enfants ! murmurait le capitaine.

Et à Maracasse :

— Général, je vous remercie.

« Vous êtes un héros.

— Il m'est bien indifférent d'être général ou héros ! dit Maracasse avec tranquillité.

« Je ne tiens qu'à mourir de façon à ce que mes camarades de la Prairie parlent bien de moi.

Puis d'un ton farouche :

— Vous allez faire un serment, capitaine.

— Lequel ?

— Vous voyez bien cet homme !

— Oui, général.

— C'est un Suisse.

« Il s'appelle Schnerbb et il est le propriétaire de cette ferme que l'on démolit, mais qu'on a refusé de lui payer, ce qui fait qu'il se venge.

« Il a femme et enfants.

« Tout à l'heure, je l'attacherai pour faire croire qu'il était mon prisonnier et vous ne le dénoncerez pas.

— Je le jure !

— Très-bien ! dit Maracasse.

« Les soldats sont loyaux.

Et il dit au Suisse :

— Schnerbb, tout n'est pas fini ; il faut gêner les artilleurs.

— Eh ! eh ! fit le Suisse d'un air narquois en clignant de l'œil du côté du capitaine, j'ai idée que l'artillerie va être aussi maltraitée que l'infanterie.

Il prépara sa carabine.

Par les meurtrières, on avait vue sur les plates-formes.

Schnerbb se plaça à l'une, Maracasse à l'autre, chaque jeune fille prit aussi un poste.

Les pièces venaient d'être amenées et on les établissait.

Le feu commença, au posé, terrible toujours et produisant des ravages, parce que chaque balle portait, quand c'étaient celles des hommes, presque chaque balle quand c'étaient celles des femmes.

Le capitaine, émerveillé du sang-froid des jeunes filles, murmurait :

— Est-il possible !

« Des senoritas que j'ai fait danser et qui étaient si douces !

« Les voilà plus enragées à la bataille que des soldats.

Il remarqua que les deux hommes, changeant de place avec les jeunes filles, tiraient ainsi tour à tour à chaque créneau.

Chaque changement était marqué par une plus grande précision du feu sur le point où visaient les deux hommes.

Les pertes s'équilibraient ainsi sur les plates-formes.

A peine les artilleurs parvinrent-ils à charger.

Sous une pièce, trois pointeurs furent successivement tués !

La canonnade retentit, mais elle était sans grand effet.

Les décombres, amoncelés en poussière et en débris, formaient au-dessus des caves une route protectrice.

Les obus éclataient sans faire de grands ravages.

Et les morts s'amoncelaient autour des affûts.

On raconte que devant ces résultats, Herrera pleura de rage.

Quarante-cinq artilleurs jonchaient le sol à trois heures (rapport officiel).

Devant les pertes qu'il subissait, le commandant de la batterie déclara au général qu'il fallait élever des embrasures pour protéger ses hommes.

La nécessité de ce travail s'imposait, on allait s'y résigner.

Herrera s'y opposa.

— Général, dit-il, une sorte de matelas de débris couvre la cave ; nous n'obtenons pas de résultats ; je propose mieux que la continuation d'un pareil bombardement.

« Attendons la nuit !

« Nous allons préparer des fascines et des gabions ; nos soldats, l'ombre venue, feront à trente pas de l'entrée de la cave un masque à embrasures, on y amènera les pièces qui pulvériseront à bout portant les embuscades souterraines de ce damné flibustier.

— Va pour un siége en règle! dit le général qui voyait les cadavres s'amonceler sur les terrasses.

Et il reprit :

— Nous serons la risée du monde militaire !

« Mais je voudrais voir un autre à ma place.

— Moi aussi ! dit Herrera.

« Seulement si un flibustier nous cause tant de mal, que sera-ce quand nous en aurons cinq ou six cents sur les bras !

« La guerre sera interminable.

Il prédisait juste.

La guerre dure encore; depuis sept ans elle n'a pas cessé...

Les péripéties mouvementées de ce drame nous ont fait négliger certains détails ; nous n'avons rien dit de l'abbesse.

Celle-ci, en voyant que la lutte se prolongeait, avait refusé de retourner à San Ignatio.

Elle avait donné congé à ses hôtes, les engageant à regagner le couvent ; mais tous s'y étaient refusé.

Jamais spectacle plus émouvant ne pouvait se représenter ; chacun tenait à en voir la fin.

Ce que voyant, la visiteuse, femme d'expédients, avait envoyé chercher des tentes servant aux campements des péons et on avait installé un camp.

Les couvertures épaisses, étendues sur de la paille, avaient servi de lit, même aux dames.

Celles-ci étaient enthousiastes de Maracasse.

L'amour n'a point de patrie !

Les hommes, de leur côté, ne pouvaient qu'admirer ce jeune flibustier qui tenait en échec des forces si considérables.

L'abbesse, silencieuse, étouffait ses impatiences.

Plus le jeune homme grandissait, plus elle souffrait de l'affront reçu et sentait aussi grandir sa haine.

La visiteuse, qui connaissait Natividad, l'évitait ; car cette pauvre vieille avait les plus vives sympathies pour le flibustier.

Elle n'aurait pu s'empêcher de prendre sa cause et l'abbesse se serait laissée emporter à quelque violence.

Elle eut à en parler avec le vieux chevalier, ce galant homme et cet homme galant qui avait si bien conservé les bonnes traditions de l'ancienne noblesse ; elle lui dit sa façon de penser.

— Eh! cher visiteuse, lui dit le vieux gentilhomme, après l'insuccès de la canonnade, ne trouvez-vous pas que ce charmant jeune homme est digne d'admiration !

« C'est le Cid Campeador !

« C'est le brave des braves.

« Mordieu ! que nos officiers font piètre figure à côté de lui !

« Est-ce que notre abbesse ne va point s'attendrir un peu et faire cesser cette lutte ?

— N'y comptez pas ! dit la visiteuse en secouant la tête.

« Natividad est d'une famille qui n'a jamais pardonné.

« Dans les affaires de cœur surtout elle a des vengeances cruelles et implacables ; vous le savez bien, chevalier.

— Oui ! oui ! murmura le vieux gentilhomme en baissant la voix.

« Il en a coûté cher, dit-on, au pauvre Bourbon-Navarre pour avoir été infidèle à cette chère abbesse.

— Chut ! fit la tourière.

— Oh ! je me tais.

« La chose est grave, je le sais et je me tais.

. . . .
. . . .

« Mais avez-vous idée, dites-moi, de ce qui va se passer ?

— On finira toujours pas prendre ce jeune homme ! dit la visiteuse.

— Qui sait ?

— Chevalier, vous comprenez bien qu'on en finira d'une façon ou d'autre.

— Après ?

— On le fusillera.

— Après, après !

— La famille de la petite Agnès ou la réclamera ou la laissera au couvent.

« En ce cas, je plains la pauvre petite ; elle pourrira dans un *in pace*.

« Quant à l'abbesse, elle va vieillir de dix ans, pleurer le mort et nous rendre toutes malheureuses.

— Adieu les fêtes ! dit égoïstement le vieux chevalier.

— C'est triste ! murmura la visiteuse.

Et longtemps elle et lui déplorèrent cette déplorable aventure.

La nuit vint.

Les soldats et les péons avaient travaillé avec acharnement aux fascinages et aux gabionnades.

C'était chose inouïe que de voir un homme forcer une brigade à un siége régulier avec tranchée et batterie !

La honte dévorait le cœur des soldats et des officiers.

Du reste, le moyen que l'on allait employer était sûr et l'on devait réussir.

En effet, la nuit venue, on commença les opérations.

Une centaine de soldats, roulant devant eux des gabions farcis, c'est-à-dire remplis et à l'épreuve de la balle, s'approchèrent en toute assurance de la porte de la cave et s'arrêtèrent à trente pas, formant ainsi une ligne de cent gabions, offrant un abri de un mètre de haut.

Derrière eux, cent autres, puis cent autres vinrent apporter des gabions et des fascines, ne risquant rien, masqués par les gabions même qu'ils roulaient et par le retranchement commencé et déjà haut.

En vain Maracasse et Schnerbb tirèrent sur les travailleurs ; il n'y eut pas dix blessés en tout.

Vers dix heures du soir, la batterie était établie.

Les canons braqués, pour ainsi dire à bout portant, commencèrent le bombardement ; ils tirèrent plusieurs salves dont l'effet fut terrible.

Herrera, qui voulait prendre Maracasse vivant, fit cesser le feu pour voir si, par hasard, ne fût-ce qu'à cause des femmes, le jeune homme ne se rendrait pas.

On entendit une voix crier :

— Ne tirez pas !

« Je suis le capitaine Baratcha et je désire parler au général.

« Mais je ne puis me traîner étant blessé à la jambe.

« Je demande deux hommes pour m'enlever d'ici.

— Capitaine, demanda Herrera, que se passe-t-il, je vous prie ?

« Le flibustier se rend-il ?

— Au nom de Dieu, senor Herrera, répondit le capitaine, sur mon honneur d'officier, je vous assure que vous ferez bien de m'envoyer deux hommes pour me tirer dehors.

« Une fois près de vous, je vous parlerai et vous dirai des choses importantes.

La loyauté du capitaine étant connue, deux artilleurs n'hésitèrent point à le tirer hors de la cave par un trou au bord duquel il se présentait.

Amené devant Herrera, il fut assis sur un gabion, et, tout le monde s'étant écarté, il dit à l'agent :

— Senor, le jeune flibustier, qui s'est bien conduit du reste avec moi, est à même de vous faire encore beaucoup de mal, par un moyen que je ne puis révéler ; mais il voudrait se rendre, en sauvant les jeunes filles qui sont avec lui.

« Vous ne devez pas tenir extraordinairement à vous couvrir de honte en faisant massacrer ces senoritas.

« Elles sont de bonnes familles espagnoles et on vous blâmerait à Madrid si...

— Capitaine, dit Herrera, assez de plaidoirie.

« Je pèserai moi-même le pour et le contre.

« Une question d'abord ?

« Le moyen de nous nuire dont vous parlez est-il efficace ?

— Infaillible.

— Vous le jurez !

— Je le jure !

— Bien !

« Continuez !

« Que demande le flibustier pour lui et son compagnon ?

— Rien !

« Il se rendra à discrétion !

« Quant à son compagnon, il a fui !

Et le capitaine raconta l'évasion de Pancho.
Puis il ajouta :
— Il y a, dans la cave, un pauvre diable de Suisse, le maître de la maison, qui est garrotté, du reste.
« Le flibustier ne lui a fait aucun mal.
— Peu m'importe !
« Combien, dites-moi, à votre estime, perdrions-nous d'hommes en repoussant les conditions du flibustier.
— Cent, peut-être plus !
— Et il se rendra ?
— Sans conditions.
« Il veut seulement qu'on lui assure la vie et la liberté des jeunes filles.
— C'est accordé !
— Vous savez, senor, que j'engage mon honneur en cette affaire.
— Et moi aussi, capitaine !
— Je compte donc sur vous pour faire exécuter la convention.
— Absolument !
— Faites-moi porter à l'entrée de la cave par deux hommes.
Herrera donna ses ordres.
Deux artilleurs transportèrent le capitaine à l'entrée ruinée de la cave et il cria à Maracasse :
— Général, la convention est acceptée, je la garantis sur ma parole.
Tout aussitôt, le jeune flibustier sortit et vint serrer la main du capitaine auquel il dit :
— Merci, senor !
« J'aurais été désolé de ne pas sauver ces pauvres filles !
Maracasse était sans armes.
Les soldats, sortant de la gabionnade, voulaient s'élancer et l'entourer, mais Herrera les cloua à leur place en criant :
— Halte-là !
« Mort à qui bougera de son poste !
Puis, seul, aussi sans armes, il s'avança au moment même où les jeunes filles sortaient à leur tour.
L'agent connaissait la soldatesque et il voulait que personne ne manquât de respect aux deux héroïnes.
D'abord, ayant juré de leur accorder la liberté, il était dans son caractère de tenir sa promesse en y ajoutant des égards.
Puis il avait calculé que les deux familles de ces jeunes filles lui sauraient gré de sa conduite, et il ne fallait pas dédaigner le crédit de ces deux nobles maisons.
Enfin, homme de haute valeur, il était assez connaisseur en bravoure, pour admirer Maracasse.
Il voulait le fusiller, mais avec les honneurs de la guerre.
— Général, dit-il, lui reconnaissant ce titre et le saluant, vous vous rendez sans rien stipuler pour vous ?
« C'est bien entendu ?
— Oui ! senor ! dit Maracasse en souriant, le regard fixé sur la batterie.
Herrera, salua les jeunes filles ; mais il leur dit sévèrement :
— Vous aurez la vie, la liberté, mais je crois, moi, patriote, devoir vous dire que vous avez trahi l'Espagne en vous associant à la révolte de deux ennemis de votre pays !
— Senor, dit fièrement Thérésa, une patrie où deux jeunes filles peuvent être jetées dans un couvent malgré elles, n'est pas une patrie pour une femme. Si deux Espagnols, nous aurait sauvées, nous les aurions aimés. Ce sont des insurgés qui nous ont délivrés, tant pis pour l'honneur des cabaleros espagnols !
— C'était affaire de familles ! dit Herrera.
— Oh ! fit Thérésa, convenez de la vérité et avouez que vous rougissez de la tyrannie que l'on fait peser sur les jeunes filles.
« Rien, du reste, rien au monde ne saurait justifier ce qui s'est passé à San Ignatio, pour Mariquita.
« Et ce crime, tout le monde le connaissait, senor !
« Il a duré si longtemps !
— Senorita, dit Herrera lentement, je vous jure qu'avant l'aube, vous me rendrez ce témoignage, que moi, du moins, je sais faire mon devoir quand même.
Agnès, cependant, avait quelque chose à demander et elle tirait Herrera par le pan de son manteau.
— Senor ? faisait-elle.

— Que voulez-vous? demanda-t-il assez brusquement.

Mais un rayon de lune éclairant le doux visage d'Agnès, fort joli sous le voile de tristesse qui lui donnait une expression touchante, il s'adoucit.

— Parlez! dit-il.

« Sauf la vie de votre amant, je vous accorderai tout ce que je pourrai.

« Je voudrais me marier! dit Agnès en rougissant.

« On mandera le chapelain du couvent; il nous unira.

— Soit! dit Herrera.

« Le général y consent-il?

— Certainement! dit Agnès.

Herrera regarda Maracasse, mais celui-ci regardait encore du côté de la batterie et il souriait toujours.

Herrera s'en préoccupa.

— Général, dit-il, on dirait que vous avez une arrière-pensée.

« Je traite loyalement!

« Je pense que je n'aurai pas à m'en repentir.

— Sûrement non! dit Maracasse.

« Pourquoi avez-vous cette inquiétude?

— Parce que je me connais en expression de figure.

« Vous caressez quelque projet.

Il était assez étonnant en effet que Maracasse, insensible au chagrin d'Agnès, à sa propre mort prochaine et à la situation, ne quittât point des yeux la batterie et parût très-satisfait de sa position.

La réponse du trappeur combla Herrera de stupéfaction.

— Capitaine, dit-il, ce sont bien des Indiens qui sont là-bas, derrière la gabionnade, avec vos soldats!

— Oui, général.

— Eh bien, capitaine, vous pourriez me faire un grand plaisir.

« Je le reconnaîtrais du reste par un fort beau cadeau.

« Je voudrais que l'on me livrât à ces Indiens pour qu'ils me mettent à la torture, selon leur coutume!

— Pourquoi cela? demanda Herrera abasourdi.

— Capitaine, répondit Maracasse, il ne s'agit pas pour rester grand dans la mémoire des hommes de Prairie, il ne s'agit pas seulement de vivre en brave, il faut surtout trouver une belle mort, ce qui a manqué au vieux Stimplon et à d'autres.

« C'est au poteau de la torture qu'on juge un homme.

« Je me suis bien battu, mais on pourrait dire : — Qui sait! Il aurait faibli peut-être sous les souffrances, s'il avait été tué par les Indiens, lentement et atrocement.

« Ne me privez donc pas de la torture.

« Cela me manquerait!

Herrera ne pouvait concevoir un doute sur la sincérité du jeune homme.

Il y avait tant de simplicité dans son geste, de vérité dans son accent, qu'il fallait y croire.

— Ce que vous me demandez est impossible, déclara-t-il.

« On me reprocherait ce supplice et j'en serais rendu responsable!

— Puisque c'est moi qui l'aurai voulu! dit Maracasse.

« Et puis, qu'est-ce que cela vous fait qu'on me torture?

« Vous devriez être enchanté au contraire.

« Ne vous ai-je pas tué beaucoup de monde?

— Décidément c'est un sauvage qui ignore tout de nos usages, pensa silencieusement l'agent.

Et sans plus discuter il envoya un des porteurs du capitaine demander le général.

Celui-ci comprit que les pourparlers étaient finis et que le flibustier se rendait définitivement.

Bientôt Maracasse fut entouré par un brillant état-major et une forte escorte.

— Général, dit Herrera, voici deux jeunes filles que je vous confie.

« Elles devront être rendues à leur famille et sont sous votre sauvegarde.

« Quant au prisonnier, on va rassembler une cour martiale.

« Il sera jugé, condamné, puisque le crime est certain, et exécuté à la pointe du jour par un peloton.

La baie du blocus.

— Vous me refusez les Indiens? demanda Maracasse.

Herrera ne répondit même pas et se contenta de le remettre aux mains des cavaliers d'escorte.

— Au camp! dit-il.

Le général, cependant, questionnait Herrera.

— Que voulait donc le flibustier? demanda-t-il à l'agent.

— Etre torturé! répondit Herrera en haussant les épaules.

— Et pourquoi?

— Pour prouver qu'il sait souffrir et avoir une mort plus terrible!

« Ces hommes de Prairie ont la démence de la gloire.

« Remarquez qu'il se soucie peu de notre opinion.

« Il veut être brûlé à petit feu, uniquement pour que quelques centaines de chasseurs et quelques milliers d'Indiens pouilleux parlent de lui avec admiration.

— Où la gloire va-t-elle se nicher? s'écria le général.

En ce moment on amenait Schnorbb, que des soldats avaient extrait de la cave; il était garrotté.

— Eh bien! lui dit Herrera, vous avez de la chance!

« Heureusement pour vous, ce Maracasse, au fond, est généreux.

— Si je n'avais pas été Suisse, il me tuait, ce petit tigre! dit Schnorbb.

— Et c'est à cause de votre nationalité qu'il vous a épargné?

— Oui, capitaine!

« Son père nourricier, un certain Stimplon, était de mon pays.

« Et puis ma femme était là; les senoritas ont intercédé pour moi, lui représentant que j'étais le propriétaire de la maison ; alors il m'a fait grâce.

— Conservez-vous toujours vos sympathies pour les insurgés ?

Schnerbb eut la finesse de ne pas affecter trop de haine.

Il secoua la tête et murmura :

— Au diable, insurgés, Espagnols, flibustiers et tous ceux qui se battent !

« Que cette guerre finisse et que je puisse reconstruire ma maison.

— A la bonne heure !

« Un étranger doit rester neutre !

« Je vous ferai indemniser.

— Alors, vive l'Espagne !

Et Schnerbb parut radieux.

Il l'était en effet.

Tromper un homme aussi fin que cet agent, avoir tué beaucoup d'Espagnols qu'il exécrait, conserver la vie et la liberté, recevoir une indemnité, c'était un joli tour de force.

Schnerbb eut l'audace de demander à Herrera :

— Est-ce que vous ne pourriez pas me donner quatre ou cinq soldats avec un caporal, mon capitaine ?

— Pourquoi faire ?

— J'ai encore en cave du vin, des provisions et je tiendrais à les garder.

« Les péons me voleraient peut-être.

— On va vous donner un poste.

— Grand merci, capitaine.

Et Schnerbb dissimula un sourire moqueur.

Maracasse, cependant, était reconduit au camp.

Il marchait fièrement, tête haute, sans pose, sans forfanterie.

Les soldats le regardaient curieusement, silencieusement, respectueusement.

Les péons l'injuriaient.

L'escorte les faisait taire à coups de plat de sabre.

On le fit entrer dans une tente et on le garda avec soin.

Il ne perdit pas un seul instant son calme ; la mort le laissait absolument indifférent.

Cependant la nouvelle s'était répandue parmi les invités de l'abbesse ; celle-ci poussa un cri de joie sauvage, quand elle la connut.

Le chapelain du couvent vint la trouver ; elle le reçut avec ce mot cruel :

— Vous allez confesser ce joli garçon, n'est-ce pas, mon père ?

— Éminence (elle avait droit à ce titre), je suis demandé pour cela.

— Est-ce que vous l'absoudrez ?

— S'il se repent !

— Vous oubliez que son crime est de ceux dont l'absolution demande une permission du pape : c'est un rapt sacrilège !

— Mais il n'a pas violé l'enceinte du couvent !

— L'abbé, je vous dis, moi, que vous ne pouvez l'absoudre.

— Agnès n'avait pas prononcé ses vœux, elle n'était que nonne.

— L'abbé ! l'abbé ! Vous serez blâmé par notre archevêque.

— Cependant...

L'abbesse eut un regard si menaçant que le chapelain eut peur.

— Vous tenez donc à ce qu'il meure en état de péché ? fit-il.

— Oui ! dit-elle en frappant la terre du pied.

« Je le voue à l'éternel supplice des damnés.

— Alors, dit-il, me voilà dans une situation fâcheuse.

« Il faut pourtant l'absoudre pour le marier.

— Le marier ! s'écria l'abbesse.

— Oui, Éminence !

« Le père d'Agnès exige ce mariage et le capitaine Herrera y consent.

— Moi, je refuse !

« Les marier !...

« Pourquoi pas leur faire grâce et les doter richement ?

— Éminence, que répondrai-je au père de la jeune fille ?

— Que vous appartenez au couvent.

« Que je refuse.

« Qu'Agnès doit rentrer à San Ignatio pour expier sa faute.

« Du reste, que ferait-elle dans le monde, sans état, veuve d'un bandit?
— Elle est riche !
— Comment, riche ?
— Le flibustier lui a légué beaucoup d'or, ramassé en pépites, déposé dans des banques à cette heure et disponible; le père a lu le testament.
« Agnès sera un bon parti !
— Elle sera... elle sera punie et rentrera au couvent!
« Allez.

Le chapelain porta la réponse, pendant que l'abbesse exhalait son indignation contre ce mariage *in extremis*.

Mais vingt minutes plus tard elle entendit un grand bruit.

C'était un peloton de cavalerie qui accourait.

On lui annonça que l'officier désirait lui parler.

— Qu'il entre! dit-elle frémissant de colère.

Elle pressentait ce qui allait se passer.

— Éminence, dit l'officier respectueusement, je suis désolé d'avoir à accomplir une fâcheuse mission.
« Mais je ne suis qu'un subalterne, un instrument.
« Votre Éminence voudra bien ne pas m'en vouloir.
— De quoi s'agit-il ?
— Je dois ramener au camp le chapelain du couvent.
— Et si je m'y oppose ?
— Je dois employer la force...
— Et si je l'emploie aussi ?...
« J'ai mes péons...
— Éminence, en grâce, ne vous illusionnez pas sur eux.
« La brigade les écraserait !
— Allez! dit-elle sourdement.
« Sortez vite !
« Sortez !

Elle étouffait.

Elle tomba, suffoquée, dans les bras de la visiteuse.

— Mariés ! murmurait-elle.
« Mariés tous deux !
« Oh ! je me vengerai d'elle.

« Lui .. il va mourir !
« Quant à cet agent... c'est de lui que me vient ce coup... oh ! quant à lui, il faut que je le tienne comme un serpent sous mon talon.

Elle eut une syncope.

Cependant, les événements se précipitaient au dehors.

La terrible volonté d'Herrera voulait que tout fût fini au jour.

Les parents d'Agnès, accourus de loin pour la plupart, étaient tous réunis, tous gens d'importance, et tous, il faut le dire, enchantés de la tournure que l'affaire avait prise.

Selon eux, tout était pour le mieux, quoique en apparence ils eussent, au contraire, raison de s'attrister; mais chacun juge mieux de son intérêt qu'autrui.

A vrai dire, la famille d'Agnès était mi-espagnole, mi-cubaine.

Elle avait des intérêts énormes dans l'île; si l'insurrection triomphait, la veuve du général Maracasse devenait un personnage influent et intéressant.

D'autre part, la jeune femme se trouvait dotée.

Maracasse, garçon fort dédaigneux du confort, n'avait jamais fait de grandes dépenses ; or, comme tous les trappeurs, il gagnait beaucoup d'argent.

Les fourrures rares, les primes, les parts dans les expéditions et toutes les pépites d'or qu'il avait trouvées depuis l'âge de cinq ans, dans les terrains aurifères, lui constituaient une fortune considérable dont il s'était fort peu soucié jusque-là.

Il la donnait à sa veuve.

D'autre part, il mourait.

Les parents trouvaient cela charmant.

Vivant, il les eût embarrassés.

Mort, il les débarrasserait.

Donc, tout était pour le mieux.

Ainsi sait raisonner l'égoïsme.

Le mariage, en Espagne, où l'on ne s'unit pas encore par une cérémonie civile, mais où la bénédiction d'un prêtre constitue la formalité légale, le mariage est légal dès que la bénédiction nuptiale a été donnée.

On avait le prêtre.
Les parents consentaient.
Les autorités autorisaient.
Le marié seul élevait une objection assez originale.

Maracasse avait fait appeler Herrera, qui s'étonnait toujours quand il avait une conversation, si courte qu'elle fût, avec le jeune homme.

— Senor capitaine, lui dit le prisonnier, vous êtes un homme avisé, un homme de police, une espèce de trappeur qui chasse le malfaiteur.

« J'ai vu que si vous étiez mon ennemi, du moins vous me portiez de l'estime et que vous étiez disposé à me rendre de petits services.

« Je vais vous confier mon embarras.

— Parlez, dit Herrera.

« Si je puis vous être utile, comptez que la chose est faite.

— Eh bien, dit Maracasse, je voudrais me marier, mais comme on prétendrait le faire, avec un prêtre catholique.

— Pourquoi?

« N'êtes-vous pas catholique vous-même? demanda Herrera.

— Je ne suis rien, moi !

« Jamais le vieux Stimplon ne m'a parlé de religion (1).

— Croyez-vous en Dieu ?

— Je ne sais pas trop !

— Pensez-vous qu'il y ait un autre monde où l'on revit?

— J'en doute.

— Alors il devrait vous être très-désagréable de mourir?

— Pourquoi?

— Si vous pensez que vous périssez tout entier, c'est le néant !

— Je laisse un nom honoré !

— Mais vous ne serez plus !

— Qu'importe?

« Quand on vit bien, on est loué par ses compagnons ; mais ils ne vous flattent pas, vous présent.

« On n'entend pas les compliments.

« On n'en jouit pas.

(1° Cette conversation est tirée d'un interrogatoire consigné au rapport de l'agent.

« C'est comme si l'on était mort ; donc autant vaut l'être.

« J'estime autant les trappeurs illustres qui ont péri, que s'ils vivaient ; vous voyez donc que c'est la même chose d'être ou de n'être plus.

Herrera admira la grandeur sublime de ce jeune homme.

— Jamais, dit-il plus tard, je ne vis pensées plus élevées, plus simplement exprimées.

Il reprit ses explications :

— Si vous n'avez pas de religion, dit-il, peu vous importe alors d'être marié par un prêtre catholique.

— Je déteste ces hommes de robe noire.

« Ils mentent !

Herrera, qui était un philosophe, qui n'avait qu'une passion, qu'une religion : la patrie ! Herrera ne voulut pas entreprendre une polémique.

En somme, peu lui importait que le jeune homme épousât ou n'épousât point.

— Mon cher général, dit-il, je n'ai qu'un prêtre catholique, à vous offrir.

« Si j'en avais d'autres je vous donnerais le choix.

— J'aurais voulu un musulman ! dit Maracasse.

« S'il n'y en a point, je m'en passerai et me marierai catholiquement, quitte à divorcer, pour me remarier à la mode de mon ami Ali.

— Vous n'aimez donc pas la senorita Agnès?

— Pardon !

« Je divorcerais et me remarierais avec elle ensuite.

— Très-bien !

« Je n'avais pas compris.

« Mais... vous allez mourir.

« Par conséquent pas de divorce !

Maracasse sourit.

— Mourir... mourir!... fit-il.

« Voilà qui n'est pas sûr !

« J'ai senti tant de fois la mort sur moi, que vraiment, je ne suis pas du tout convaincu de périr cette fois plus qu'une autre.

« J'étais au poteau de la torture avec Stimplon.

« On commençait le supplice.

« Nous fûmes sauvés.

— Par quoi?

— Par un tremblement de terre comme je n'en ai jamais vu depuis.

« Une autre fois, j'étais encore attaché à l'arbre du supplice.

« Savez-vous ce qui arriva?

— Dites toujours.

— Une éclipse de soleil !

« Moi-même je fus très-étonné, ne sachant ce que c'était.

« Une autre fois...

— Mais vous avez donc été bien souvent sur le point de mourir?

Maracasse parut se livrer au calcul et finit par dire :

— Plus de trois cents fois !

— Cette fois sera la dernière ! dit Herrera.

— C'est possible ! fit le trappeur avec indifférence. Seulement j'affirme que vous n'en savez rien.

Puis après un peu d'hésitation il demanda encore :

— Voulez-vous m'être agréable?

— Volontiers.

— Je désirerais prier l'abbesse de ne pas assister à ma mort.

« Ça lui ferait de la peine.

— Elle vous hait ! dit Herrera.

— Non ! dit Maracasse avec conviction ; elle m'aime.

— Je vous assure...

— Elle est tout simplement furieuse parce que j'ai enlevé Agnès.

— Et vous... vous l'aimez?

— Oui... bizarrement...

— Que voulez-vous dire?

— Je l'aime autrement qu'Agnès !

« Ferez-vous ma commission?

— Oui! dit Herrera.

Et il sortit.

Le charme de ce jeune homme commençait à le fasciner.

— Vraiment, murmura-t-il, ce singulier garçon me séduirait.

« Mais, par tous les saints de l'Espagne! il mourra; car, pour l'exemple, il faut qu'il meure !

On préparait, dans une tente voisine, une espèce de chapelle.

A la place de l'autel, une table improvisée recouverte d'un drap.

Au bout d'une branche d'arbre, le Christ que l'aumônier du couvent portait sur sa poitrine.

Au lieu de cierges, des torches répandant une lueur funèbre.

Le prêtre qui, venu du couvent au début de l'action, avait pensé qu'il aurait à administrer des blessés, le prêtre avait son surplis et son étole.

La cérémonie qui se préparait empruntait à ces détails et aux circonstances un caractère tragique et touchant.

Agnès, amenée par ses parents, était à genoux éplorée.

Quand Maracasse entra, rien ne put l'empêcher de se jeter à son cou en pleurant.

Il la consola d'une façon originale en lui disant :

— Ma chère, si c'est le trappeur et l'homme brave et fort que vous aimez en moi, il ne manque pas de trappeurs à marier, et vous êtes trop jolie pour être dédaignée.

« Si c'est le beau garçon que vous regrettez, il y a de très-magnifiques guerriers dans les tribus indiennes et de très-beaux hommes pauvres qui seront enchantés de vous épouser, parce que vous êtes riche.

« Ainsi plus de larmes !

« Nous nous sommes aimés, je meurs, mais vous me remplacerez.

Puis avec une incroyable bonhomie et un sans-souci colossal des convenances, il ajouta :

— Vous aurez peut-être un fils ou une fille de moi.

« Apprenez-lui qui je fus!

Pour faire cesser cette scène qui les scandalisait, les parents de la jeune fille intervinrent.

— Vraiment, se disaient-ils les uns autres, il est heureux qu'il meure.

« C'est un rustre !

Mais l'état-major espagnol ne pensait pas comme ces bourgeois.

Le général disait :

— Je trouve ce jeune homme plus grand

encore ici, dans sa simplicité naïve, que sur le terrain de la lutte où il a été merveilleux.

Herrera répondit :

— Messieurs, nous sommes en face d'un héros d'Homère.

Le prêtre cependant avait commencé ses prières.

Chacun se recueillait.

Après cette bénédiction nuptiale, chacun songeait à l'office des morts, et une morne tristesse planait sur cette petite tente.

Pendant toute la cérémonie on entendit les sanglots de Thérésa et d'Agnès qui, toutes deux, aimaient sincèrement Maracasse et l'admiraient passionnément.

Enfin le mariage fut consommé...

A la porte de la tente, l'escorte attendait.

De la tente-chapelle, le prisonnier devait être conduit à la tente où se tenait la cour martiale.

Il y eut un dernier et déchirant adieu entre lui et sa femme.

Thérésa voulut aussi donner un baiser à cet ami qu'elle avait si peu connu et qu'elle allait quitter pour l'éternité.

Maracasse montra un vrai cœur d'homme en supportant toutes ces émotions sans faiblir un instant.

Il parut devant la cour martiale.

Celle-ci n'avait pas à délibérer longtemps sur son sort.

Le président, par un interrogatoire sommaire, constata l'identité du prévenu, puis il lui lut le texte du décret, condamnant à mort tout insurgé pris les armes à la main pendant l'insurrection.

Maracasse ne contesta ni son identité, ni la légalité du décret ; il se borna à renouveler énergiquement sa prétention d'être livré aux Indiens.

Le conseil la repoussa.

La condamnation à mort fut prononcée et l'exécution fut fixée à l'aube.

Or, le soleil allait bientôt se lever, déjà des lueurs pointaient à l'horizon.

Maracasse fut conduit devant un peloton d'exécution qui attendait.

Les soldats formaient une ligne sombre, mais les canons de fusil brillaient déjà sous les rayons pâles des premières et fugitives clartés du jour naissant.

Une foule immense formait deux lignes épaisses de spectateurs, un peu élargies en éventail, en prenant comme pivot le peloton d'exécution.

Des cavaliers maintenaient l'ordre, empêchant que l'on approchât trop ou qu'on rompît l'éventail.

Dans leur ardente curiosité, péons et soldats, accourus en curieux, auraient formé bientôt un cercle et auraient rendu l'exécution impossible par le danger de les atteindre en tirant; selon l'usage, les hommes d'escorte avaient baïonnette au canon.

La foule des péons, haineuse et vile, brutale et sauvage, hurlait les injures comme une meute aboyant la curée.

Herrera en fut indigné.

— Général, dit-il au brigadier espagnol, que pensez-vous de ces misérables qui insultent ce brave ?

— J'ai envie de les faire charger par ma cavalerie à coups de plat de sabre, dit le général.

— Et moi, je vous propose de nous honorer en rendant les honneurs militaires à ce héros pendant qu'il défile ainsi.

— Oh ! volontiers.

Et le général, qui avait sous la main deux bataillons préparés à toute éventualité, car Herrera, on le sait, avait certaines arrière-pensées, le général fit former cette troupe en deux lignes de bataille devant les curieux.

Et quand Maracasse s'engagea entre ces lignes, les tambours battirent, les clairons sonnèrent et la troupe présenta les armes.

Maracasse demanda à l'officier qui l'accompagnait :

— Qu'est-ce que cela veut dire ?

— On vous rend les honneurs ! dit l'officier.

— Je les mérite ! dit simplement le flibustier.

« Seulement, j'aurais été plus honoré encore, si l'on m'avait accordé la torture comme à un vaillant guerrier.

Il revenait toujours à cette idée fixe et on le vit jeter un étrange regard sur le groupe d'Indiens rangés autour de Bison-Cornu.

Celui-ci avait su quelle avait été la demande du jeune homme.

Se détachant des siens, le Peau-Rouge vint au trappeur.

— Frère, lui dit-il, on nous refuse de te faire les funérailles d'un brave en éprouvant ton courage à l'arbre du supplice, nous le regrettons.

« Nous t'aurions fait souffrir avec un plaisir infini ; parce que tu es un brave guerrier et un ennemi redoutable.

« Mais que je sois mordu par les scorpions, dévoré par les jaguars, abandonné sans sépulture, si ma langue ne proclame pas que tu as demandé de nous être livrés !

Et, après cette déclaration solennelle, Bison-Cornu se retira.

Les officiers espagnols étaient dans la stupeur.

Cette succession de faits singuliers leur causait les impressions les plus extraordinaires, la vie et les sentiments des hommes de Prairie, blancs ou rouges, les étonnait prodigieusement.

Enfin, Maracasse arriva devant le peloton d'exécution.

On ne lui proposa même pas de lui bander les yeux.

Il fut placé en face des soldats et attendit le coup mortel.

Des torches flambaient.

L'adjudant commanda :

— Apprêtez armes !

Les fusils s'abattirent.

Herrera remarqua un très-léger mouvement de muscles chez le patient.

Il dit au général qui était près de lui, très-ému :

— Il n'est pas aussi impassible qu'on le croirait.

« Il a tressailli !

— Joue ! cria l'adjudant.

Un silence de mort régnait dans la foule.

— Voyez ! voyez ! murmurait Herrera à l'oreille du général.

« Il tremble !

— C'est possible, dit le général.

« Toutefois il sourit.

En ce moment des cris se firent entendre, on distingua une voix de femme, un bruit de voiture, un grand tumulte attira l'attention de tout le monde.

L'abbesse accourait.

Mais le sergent avait commandé le feu !

Les détonations avaient retenti !

L'abbesse arrivait trop tard !

Voici ce qui s'était passé.

L'abbesse, revenue de sa syncope, avait congédié tout le monde.

Seule, elle pleurait de fureur impuissante.

Depuis longtemps les larmes sillonnaient ses joues.

Depuis longtemps elle murmurait sourdement, mais avec un accent de profonde colère, des menaces contre Herrera, quand elle entendit gratter à l'entrée de la tente.

Elle se composa un maintien et cria d'entrer.

La visiteuse parut.

Elle tenait en mains un objet de mince volume, enveloppé d'un morceau d'étoffe.

— Nana, dit-elle, on vient d'apporter ceci pour toi.

— Qu'est-ce ? demanda l'abbesse.

— Un souvenir de ce jeune homme.

L'abbesse fit un mouvement violent pour repousser ce présent.

La visiteuse dit lentement, froidement et avec fermeté :

— Prends garde !

« Vingt ans de larmes ne te consoleraient peut-être pas, si tu ne regardais pas ce que ce malheureux te lègue au moment d'être fusillé.

— Rien de lui ! dit Nativitad.

Mais elle remarqua que la visiteuse était extraordinairement pâle.

— Que contient ce chiffon ? demanda-t-elle comme par condescendance.

— Regarde ! dit la visiteuse.

L'abbesse déplia lentement l'étoffe, un bijou tomba sur ses genoux.

Elle eut comme un éblouissement, rougit d'abord, puis devint à son tour tellement émue, et si blanche que la visiteuse s'approcha pour la soutenir.

Mais, après avoir examiné le bijou avec des yeux troublés, l'abbesse demanda avec une agitation qui faisait trembler sa voix :

— D'où a-t-il ce médaillon ?
« Vite !
« Parle vite !
— Il est à lui.
« Il le portait au col.
« Le péon qui a été chargé de l'apporter le lui a vu sur la poitrine.
— Et c'est un enfant... trouvé ?
— Oui.
« Je te l'ai dit.
— Regarde...

L'abbesse montrait les armoiries qui ornaient le médaillon.

— J'ai vu ! dit la visiteuse.
« Ce sont les armes de Bourbon-Navarre et le chiffre de...
— Le chiffre de son père !
« C'est mon enfant que je faisais fusiller !
« Ma voiture !
— Elle doit être prête, dit la visiteuse en ouvrant la tente.

Elle avait pris toutes les mesures les plus rapides après avoir reconnu le blason de Bourbon-Navarre, et examiné le bijou avant de le remettre.

— Dieu ! Que je le sauve ! s'écria l'abbesse en joignant les mains.

Elle se jeta dans sa calèche.

Elle était dans cet état que rien ne peut dépeindre.

La visiteuse lui répéta à vingt reprises :

— Du calme !
« Tu ne peux avouer que ce jeune homme est ton fils.

Si d'autre part le bruit de la voiture n'eût étouffé ses imprudentes exclamations et ses cris, tout le monde aurait su que l'abbesse de San Ignatio avait un enfant et qu'elle l'avait jeté, sans s'en douter, sous les balles espagnoles.

Elle ne cessait d'ordonner au cocher nègre de fouetter l'attelage.

— Mille piastres ! criait-elle.
« Arrive à temps.

Puis avec désespoir :

— Je te fais déchirer à coups de fouet, s'il est trop tard !

Elle lui disait encore :

— La liberté, si nous arrivons !

« La mort, si nous n'arrivons pas.

Puis elle murmurait :

— Oh ! je savais bien que je ne l'aimais pas comme les autres, celui-là !
« Pauvre enfant !

Elle fondait en larmes !

La calèche courait avec une rapidité inouïe.

Sous les sabots des chevaux, les pierres volaient, lançant des étincelles ; les roues grinçaient sur les essieux ; la visiteuse redoutait à chaque instant de voir la voiture se briser.

On approchait cependant.

Le cocher entra dans l'éventail que formait la foule.

Il criait :

— Gare ! gare !
— C'est grâce qu'il faut dire ! lui enjoignit la visiteuse.

Elle jetait ce mot, comme un ordre, aux péons étonnés.

Ceux-ci le répétaient, mais faiblement, commentant cet incident singulier et pour eux inexplicable.

L'abbesse, en voyant les préparatifs d'exécution, était tombée sans force sur les coussins, perdant toute énergie.

Elle voyait Maracasse debout sous les fusils.

Par un phénomène dû à la rapidité de la course, il semblait que c'était le jeune homme, les soldats et tous les spectateurs qui arrivaient sur la calèche avec une vélocité inouïe.

Tant cette scène était comme une vision, comme un rêve !

Les torches allumées contribuaient à donner à ce spectacle un caractère fantastique.

Mais tout à coup le peloton d'exécution fit feu.

Maracasse tomba !

Au même instant, la calèche se renversait sur l'attelage foudroyé.

Les chevaux avaient reçu des blessures et s'abattaient...

Il y eut un moment de désordre indescriptible.

Soldats et péons se précipitèrent ensemble.

En même temps des cris éclataient dont la signification paraissait bizarre.

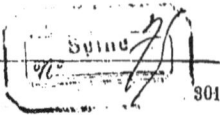

Ils regardaient dans l'abîme.

On entendait des voix s'exclamer :
— Il a sauté ! il a sauté !

Et les bataillons de service qui avaient conservé leurs rangs, faisaient efforts pour repousser les péons.

Ils y parvinrent après quelques moments d'une inexprimable confusion pendant laquelle Herrera se sentit perdu dans la foule.

Enfin l'ordre se fit.

Les uns s'occupaient de relever la calèche et l'abbesse.

D'autres continuaient à écarter les curieux, plus ardents que jamais.

Herrera s'agitait au milieu d'une multitude à travers laquelle il avait en vain cherché à percer.

Il finit par être enveloppé et ce ne fut qu'au bout d'un instant qu'il fut enfin délivré par un détachement qui piqua de la baïonnette pour se faire jour.

Si Herrera s'était ainsi lancé au milieu de la foule, c'est qu'il avait vu, au moment où l'adjudant criait feu, Maracasse tomber une demi-seconde avant la détonation.

Puis, tout à coup, d'un bond prodigieux, — nos lecteurs savent comment le trappeur sautait, — le jeune homme s'était lancé à corps perdu au milieu de la foule, faisant son trou.

Il s'était aussitôt baissé et avait rampé entre les jambes des spectateurs massés.

Un serpent n'eût pas glissé avec plus de prestesse.

Des cris, des vociférations avaient éclaté.

Les péons se sentaient les mollets déchiquetés à coups de poignard; Maracasse n'avait pas été fouillé et il avait conservé cette arme.

Herrera, entraîné par son ardeur de limier, s'était jeté à la poursuite du jeune homme.

Vaine tentative.

Maracasse, sortant à plat ventre de l'autre côté des rangs, remparts qu'il avait percés avec une vitesse incroyable, s'était relevé, et en une vingtaine de bonds, il s'était trouvé à plus de cent mètres de là; puis, en courant, il s'était perdu dans l'ombre.

Personne à pied ou à cheval n'aurait pu le rattraper.

Herrera cria au général :

— Lancez votre cavalerie.

- A Bison-Cornu et à ses Peaux-Rouges.

— Que faites-vous, imbéciles !

« Courez donc !

« Des hommes comme vous, rester là les bras croisés.

— Capitaine, dit Bison-Cornu, retrouver un trappeur, dans la nuit, en campagne, c'est impossible.

« Autant chercher une souris.

« Autant chercher un gri-gri !

(Le gri-gri est l'équivalent de notre grillon.)

Herrera sentit que c'était la vérité ; sa fureur se tourna contre l'abbesse que l'on avait relevée et qui était sans blessure.

Elle venait d'apprendre que le flibustier s'était échappé ; elle était rayonnante de joie.

Mais, Herrera s'avançant, lui mit la main sur l'épaule, en disant à voix basse :

— Au nom de la loi, je vous arrête !

En sentant ce contact, l'abbesse s'indigna. Son premier mot fut :

— Ne me touchez pas !

« Je vous défends de me toucher !

Puis d'un air hautain :

— De quel droit m'arrêtez-vous ?

« De quoi m'accusez-vous ?

— J'ai des pleins pouvoirs ! dit Herrera; quant à l'accusation, voici celui qui la porte !

Herrera s'écarta.

Derrière lui deux agents avaient amené l'ermite qu'ils étaient allés chercher dans sa retraite.

La foule respectueuse, devant ce vieillard qui passait pour un saint, la foule vivement impressionnée par cette scène, écoutait dans un religieux silence.

L'abbesse regardait l'ermite, sans le reconnaître.

Celui-ci s'avança, repoussa ses longs cheveux en arrière, fixa un clair regard sur Natividad et lui dit :

— Je suis Antonio Parraz !

L'abbesse reconnut cet homme et pâlit.

Herrera était de ceux qui ne font jamais un scandale inutile.

Il dit à ses agents :

— Faites éloigner, hors portée de la voix, tout ce monde.

Et quand il vit l'ordre exécuté, quand il ne resta plus que lui, l'accusateur, l'accusée et la visiteuse, il dit à Antonio :

— Parlez, maintenant !

— J'étais votre majordome ! dit le vieillard.

« Vous m'avez mis le poignard à la main

contre un de vos amants, en me faisant croire qu'il avait séduit ma femme.

« J'ai poursuivi au loin ma vengeance, et, j'ai tué, pour vous, don Bourbon de Navarre, que nous avons surpris et assassiné, étant déguisés en Indiens, alors qu'il fuyait, emportant son enfant, suivi de deux serviteurs fidèles et cherchant un refuge dans la Prairie où il comptait demeurer jusqu'à ce que vous ayez perdu sa trace !

« J'ai eu la preuve que vous avez menti, que jamais ma femme n'avait été violentée par ce seigneur, et j'expie ma faute depuis bien des années, en attendant le jour de la justice qui est arrivé.

« J'avais dénoncé, par écrit, il y a vingt ans, ces faits à la police de Santiago ; mais elle n'a pas poursuivi jusqu'ici.

« Le châtiment tardif va vous frapper enfin !

L'abbesse était foudroyée par cette révélation.

Elle croyait Antonio mort depuis longtemps ; il était là, vivant.

Mais, en ce moment, Herrera entendant un murmure dans la foule, se retourna et fut stupéfait.

Maracasse, le flibustier, plus souriant que jamais, venait d'un pas léger à travers la multitude qui s'écartait, sans que personne songeât à l'arrêter.

Il aborda Herrera en riant, après avoir salué l'abbesse désespérée et il dit à l'agent :

— Capitaine, un trappeur n'a qu'une parole.

« Je me suis rendu ; à la condition que l'on sauverait les jeunes filles ; je reviens me faire fusiller.

— Pourquoi vous êtes-vous enfui ? demanda Herrera.

— Parce que je voulais vous prouver, à vous qui me défiez, que vous ne me teniez pas si bien que vous pensiez.

« N'avez-vous point dit : — Cette fois vous n'échapperez pas.

« Oui, vous l'avez dit.

« Je me suis sauvé pour vous prouver que vous vous trompiez.

« Maintenant, si vous étiez généreux, ce serait cet excellent chef indien qui remplacerait vos soldats.

Et, ce disant, il serrait cordialement la main de Bison-Cornu.

Mais en ce moment, brusquement, Natividad tirait Herrera à l'écart.

Elle avait dans le regard une telle expression de prière, dans le geste tant d'autorité et d'énergie, qu'Herrera la suivit.

— Senor, lui dit-elle, vous servez passionnément l'Espagne, donc vous l'aimez, donc vous aimez ses héros et ses enfants illustres.

— Senora, inutile... fit Herrera.

— Il ne s'agit pas de moi ! dit-elle. Il faut surseoir à l'exécution de ce jeune homme.

— Vous dites qu'il est Espagnol ! Mais il est doublement coupable.

— Il ignore sa naissance ! dit-elle. C'est un enfant perdu.

— Comment savez-vous quel il est ?

— Par ce médaillon, qu'il m'a envoyé et que vous avez eu en main.

« Ce jeune homme, senor, est mon... mon fils.

« Son père était don Bourbon de Navarre ; il l'avait reconnu solennellement.

« Allez-vous faire fusiller un grand d'Espagne, le dernier rejeton d'une famille illustre, un héros qui sera la gloire de son pays contre lequel il a porté les armes inconsciemment et qu'il aimera ?

— Senora, voici ma réponse :

« Si la preuve de tout ce que vous me dites est faite, bien faite, et si ce jeune homme consent à quitter les rangs de l'insurrection, j'étoufferai toute cette affaire.

« Mais s'il refuse de reprendre son rang parmi nous, il sera d'autant plus fusillé qu'il est noble, qu'il est héroïque et qu'il est né Espagnol.

« Maintenant, senora, nous allons tous gagner le couvent de San Ignatio que j'occuperai militairement.

« Ceci est la condition *sine qua non* du sursis que j'accorde pour l'exécution de votre... fils.

— Venez, senor.

« Partons.

« Mais surtout qu'il ignore... pendant quelque temps encore, que je suis sa mère.
— Cependant...
— Voulez-vous qu'il sache en même temps que j'ai fait tuer son père!
— Il faudra pourtant bien le lui dire enfin.
— Plus tard...
— Soit! dit Herrera.
« Veuillez monter en calèche, senora.
Il enjoignit à Antonio de garder, jusqu'à nouvel ordre, le plus profond silence, et, venant à Maracasse :
— Général, lui dit-il, à cheval !
« Je me fie à votre parole.
« Vous ne fuirez pas?
— Où allons-nous?
— A San Ignatio !
— Pourquoi?
— Parce que là, général, vous apprendrez des choses très-intéressantes.
— Vous ne me fusillez donc pas encore, capitaine?
— Non, général.
Puis, cédant à un singulier mouvement, Herrera dit au jeune homme :
— Si vous repoussez certaine proposition — oh! très-honorable — que je vous ferai, c'est à Santiago, devant quarante mille personnes, que vous serez exécuté.
« Vous aurez là une belle mort, n'est-il pas vrai ?
— Vous feriez tout à fait bien les choses en donnant à ces gens-là le spectacle d'une torture à l'indienne! dit Maracasse qui tenait essentiellement à son idée :
— Nous verrons cela ! dit Herrera sans avoir la moindre envie de satisfaire cette fantaisie bizarre.
Il pensait seulement à se débarrasser des sollicitations du trappeur.
Déjà Natividad, le cœur palpitant, était remontée dans sa calèche.
— Je le sauverai ! dit-elle à l'oreille de la Visiteuse.
— Mais, toi, malheureuse !.... Tu es perdue, déshonorée !
Natividad ne répondit que par un sanglot.
Quelle situation fut jamais plus dramatique que la sienne !
Elle retrouvait son fils dans le jeune homme qu'elle avait livré elle-même aux balles.

Ce fils retrouvait en elle une femme flétrie par une accusation terrible, il allait savoir qu'elle avait fait assassiner son père !
Les lèvres de ce fils effleureraient-elles jamais son front !
Le sauverait-elle ?
Vivrait-il puissant, honoré, portant son nom, appelé aux plus hautes destinées ?
Allait-il mourir ?
Et que lui dirait-elle ?
Que ferait-elle pour lui ?
Tel était le monde de pensées poignantes qui tourbillonnaient dans son cerveau pendant ce voyage.
De temps à autre, elle apercevait Maracasse, superbe de désinvolture, au milieu des Espagnols.
Ceux-ci l'admiraient.
Ce peuple est cruel, mais il est chevaleresque.
La bravoure et la loyauté le fascinent, et il rend justice à ses ennemis, tout en étant féroce et impitoyable.
L'abbesse était fière de son fils ; mais elle faisait sur elle-même de douloureux retours.
Elle vit Maracasse quitter l'escorte — il était libre sur parole — et se diriger vers sa femme — il était bien et dûment marié — qui cheminait sur une mule apprêtée pour elle.
Natividad éprouva un sentiment de colère.
— Quel malheur ! dit-elle.
« Ce mariage...
« C'est odieux !
— Mais Agnès est charmante ! fit observer la visiteuse.
— Charmante... cette ingénue à la figure chiffonnée !
« Puis c'est à peine noble.
— Cependant la famille a des parchemins authentiques datant de quatre siècles ! dit la visiteuse.
— Qu'est-ce que cela pour un Bourbon Navarre ?
« Qu'est-ce que cela pour mon fils, à moi ?
« De son père et de sa mère, il tient à trois races de rois.
« Mais ce mariage sera cassé !

Ainsi se révélait ce caractère hautain, indomptable.

Le fils de cette femme était menacé de mort; elle était déshonorée; mais elle songeait à ce qu'une légère mésalliance présentait de désagréable pour son orgueil.

La visiteuse s'en indigna.

— Vraiment, dit-elle, quand ton enfant n'est pas encore sauvé, quand toi-même tu es dans une effrayante position, tu te préoccupes d'une vétille.

« Si ton fils meurt, si tu es condamnée, qu'importe ce mariage?

— Beaucoup! dit-elle fièrement.

« Qu'ai-je fait?

« J'ai fait tuer mon amant; j'ai agi en grande dame.

« C'est un crime qui ne déshonore qu'aux yeux de la canaille, et encore...

« J'ai tenu dans un in pace une fille de rien, cette Mariquita!

« Ce n'est pas mon affaire, d'abord; ce don Salusto était le protégé de la reine et du clergé.

« On m'avait fait prier de lui être agréable en tout!

« S'il y a eu faute, cela regarde la supérieure de l'Ordre.

« Puis c'est si peu, si peu de chose, une Mariquita!

« Cette sotte ne m'avait-elle pas insultée, du reste?

« Non, je ne me reproche rien; toute femme de mon rang, sentant sa valeur, eût agi comme moi.

« Quant à don Bourbon de Navarre, mon fils, s'il doit mourir, je suis désespérée vraiment qu'il laisse une veuve comme celle-là pour porter son nom.

La visiteuse courba la tête et ne dit plus rien.

En face de ces démences de la vanité nobiliaire, il n'y a qu'à se taire ou à frapper des blessures cruelles.

Au fond, cette vieille femme aimait trop l'abbesse pour la faire souffrir; elle se résigna à garder le silence.

Lorsque l'on arriva devant le couvent, l'abbesse passa la première; elle reçut comme si rien ne s'était passé, la bienvenue des serviteurs qu'elle avait laissés à San Ignatio, puis se tournant vers Herrera.

— Senor, dit-elle, je mets le couvent à votre disposition.

Herrera salua.

Il connaissait la place.

Lui-même il organisa le plus sévère et le plus complet service de surveillance; ordre était donné de ne laisser sortir qui que ce fût.

Il pouvait donc laisser libres à l'intérieur et Maracasse et l'abbesse.

Il existait un passage souterrain; mais il le connaissait.

Il y avait mis un poste.

Toutes ces dispositions prises, il dit joyeusement à son lieutenant :

— Nous occupons, du consentement même de l'abbesse, ce couvent qui est un centre d'opérations précieux.

« Je crois avoir bien manœuvré.

« Reste à donner à mon pays un grand d'Espagne de première classe, un prince du sang quelque peu bâtard, mais légitimé.

— Que voulez-vous dire?

— Lieutenant, à vous, on peut confier la chose. Ce Maracasse est un Bourbon de Navarre assez authentique.

— Et notre ennemi.

— Il ignore tout!

« Je vais lui donner le choix entre la fusillade ou les marches du trône, avec les perspectives les plus brillantes.

— S'il choisit la mort!

— Il en est bien capable!

« Mais plus il est prince, plus je dois le fusiller.

« On m'approuvera à Madrid.

« Voyez-vous, lieutenant, un Bourbon-Navarre généralissime des insurgés!

— Vous avez raison.

« Il faut qu'il soit des nôtres ou qu'il meure!

Et comme tout le monde était brisé par les fatigues et les émotions, Herrera laissa chacun se reposer.

Il comptait poser à Maracasse, le lendemain seulement, le dilemme terrible :

Ou se rallier à la cause espagnole.

Ou mourir!

CHAPITRE XLI

Un dénoûment !

Maracasse, lui-même, après tant d'efforts surhumains, était extrêmement las ; il put facilement s'écarter, puisque, par l'ordre d'Herrera, on le considérait comme prisonnier sur parole.

Il avait cru remarquer beaucoup de froideur chez les parents de sa femme, et, peu soucieux de ces gens-là, il renonça à voir Agnès, la laissant aux mains des siens.

Il chercha un coin propice au sommeil, le trouva, s'enveloppa d'un manteau emprunté au premier soldat venu, et il s'endormit profondément.

L'abbesse le fit en vain chercher ; on passa cent fois devant lui sans le trouver ; on ne le reconnut pas sous le manteau d'uniforme.

L'abbesse fit demander des renseignements à Herrera.

Celui-ci répondit :

— J'ignore absolument où est le général ; mais je suis sûr de lui, ayant sa parole ; je conseille à tout le monde de dormir, ce que fait probablement le général dans quelque coin, avec la simplicité d'un soldat et d'un trappeur.

Comme personne ne triomphe du sommeil, Natividad elle-même, finit par s'assoupir, bercée entre l'espoir et la crainte.

Quand tout le monde eut reposé, le lendemain, au jour, avant que l'abbesse eût fait demander Maracasse, celui-ci, debout, fut accosté par un agent qui lui dit :

— Général, le capitaine Herrera désire vous parler.

— Très-bien ! dit Maracasse.

« Moi aussi, je veux lui parler ; il faut qu'il s'explique.

Herrera attendit Maracasse dans une chambre luxueuse.

Il le salua avec un respect qui étonna le trappeur.

— Monseigneur, dit-il, veuillez vous asseoir, je vous prie.

Et il lui offrait le fauteuil d'honneur.

Maracasse s'étonna.

— Monseigneur ! fit-il.

« Est-ce que c'est la coutume d'appeler les généraux ainsi ?

— Non ! dit Herrera.

— Mais je vous donne le titre auquel vous avez droit.

« Et maintenant, si Votre Altesse le permet, je vais lui révéler comment il se fait qu'elle est espagnole.

Maracasse fit un geste.

— Pardon ! dit Herrera.

« Rien n'est plus vrai.

Et prenant les choses dès le début, il raconta tout, ne taisant que le nom de l'abbesse.

A mesure qu'il parlait, Herrera était surpris de voir Maracasse, étonné d'abord, devenir de plus en plus calme.

Il écoutait, mais rien ne révélait ses impressions.

Quand Herrera eut fini, le jeune homme demanda :

— Ma mère vit-elle encore ?

— Oui ! dit Herrera.

— Vous allez me rendre un service ; si elle se présentait, je ne veux pas la voir.

— Mais, monseigneur...

— Elle a fait tuer mon père ; je dois à la mémoire de celui-ci de ne pas aimer celle qui a ordonné son assassinat.

« Toutefois, j'avoue qu'elle a eu raison ; elle était dans son droit.

« Une panthère à laquelle son mâle enlèverait son enfant, égorgerait le mâle si elle le pouvait.

« Ainsi des ourses.

« Ainsi des chiennes, qui sont des bêtes presque humaines.

— Monseigneur, dit Herrera, vous êtes maître d'en agir à votre volonté.

« Du reste, quand vous serez, avant peu, établi dans vos honneurs, biens et dignités...

— Oh ! dit Maracasse en riant, les honneurs, les biens, les dignités, à quoi cela sert-il à un trappeur ?

Puis, finement :

— Je pourrais même dire à un mort : car je devine ce qui va se passer. Vous allez me demander de trahir mes compagnons pour servir votre cause.

« Jamais !

« Alors, vous me fusillerez.

« Je trouve cela très-juste.

Herrera essaya, non sans éloquence, mais sans aucun succès, de convaincre Maracasse ; il n'y réussit pas.

Le jeune homme lui dit :

— Je suis né dans la Prairie !

« J'y ai toujours vécu.

« Rien ne me plaît, rien ne m'attire, tout me semble odieux dans la vie que l'on mène dans les villes.

« Pouvez-vous mettre un jaguar en cage sans qu'il s'ennuie ?

« J'aime plus passionnément la liberté qu'un fauve peut l'aimer.

« Il me faut l'espace, l'air, les chasses du désert et ses combats.

« Il me faut surtout mes compagnons qui, seuls, sont mes égaux et que seuls j'estime !

« Vous, par exemple, je vous trouve des qualités.

« Vous auriez fait un bon trappeur, très-certainement.

« Mais, pourtant, je vous méprise pour beaucoup de motifs.

— Lesquels ?

— Vous êtes chef, mais vous n'êtes pas libre et vous n'êtes que le premier limier d'une meute qui ne chasse pas pour son compte.

« Moi, à votre place, j'accomplirais mes engagements, je me dégagerais de tout lien et je me ferais trappeur.

« Avant deux ans, vous seriez un des meilleurs de la Prairie.

« Je vous donne là un bon conseil.

« On n'est heureux que quand on ne dépend de nul être au monde, et que, contre tous et chacun, on peut en appeler à son fusil.

— C'est votre dernier mot ? demanda Herrera.

— Oui, dit Maracasse.

— Alors, je prie Votre Altesse d'attendre ici pendant quelques instants mon retour.

— Soit ! dit Maracasse.

Herrera sortit.

Cinq minutes à peine s'étaient écoulées que la visiteuse entrait.

On sait combien elle avait toujours aimé Maracasse.

Quand elle le vit, elle l'embrassa avec une si maternelle tendresse, que le jeune homme en fut ému.

— Johannès, mon cher Johannès, lui dit-elle, toi que, si petit, j'ai bercé dans mes bras, faut-il donc te revoir pour te perdre !

Quand une femme pleure sincèrement, le cœur d'homme le plus ferme s'attendrit.

Cette bonne figure de vieille, encadrée de cheveux blancs, ce franc visage, ordinairement si joyeux, bouleversé en ce moment, ce désespoir profond enfin toucha Maracasse qui demanda :

— Vous m'avez donc connu ?

— Ah, cher petit, mon Johannès, mon gracieux trésor, si je t'ai connu...

« Mais, c'est moi qui te reçus dans mes bras, quand tu vins au monde, et tu étais déjà beau comme un ange.

« Quand je pense, hélas ! que par ton fatal entêtement, tu vas mourir en devenant un objet d'horreur.

— Moi ! fit Maracasse.

« Moi, faire horreur !

« Que dites-vous là ?

« Je serai approuvé par tous les chasseurs et on me vantera, au contraire.

— Tu ignores donc tout ?

« Tu ne sais donc pas quel crime horrible tu vas commettre ?

« Cet Herrera ne t'a rien dit.

« Écoute.

La visiteuse prit les deux mains du jeune homme et d'une voix persuasive, elle lui dit :

— Ta mère a été bien coupable envers ton père, c'est vrai.

— Pas autant que vous autres, gens civilisés, vous le pensez ! dit Maracasse.

« Ma mère a suivi la loi de la nature en défendant son enfant.

« Mon père m'enlevait.

« Ce devait être un homme brave et généreux, un homme qui m'aimait, et je l'aime et je le regrette.

« Mais je ne puis condamner ma mère.

— Tu es juste.

« Je vois que ma cause est gagnée ; tu ne mourras pas.
— Pourquoi ?
— Parce que cet Herrera, qui peut tout, sait que ta mère a commis ce meurtre ; parce que si tu refuses de reprendre ton rang, il jettera ta mère sur le banc d'accusation, devant un tribunal qui la condamnera et la déshonorera.

« Ta mère est une grande dame, une fière patricienne.

« Elle a commis, par orgueil, des fautes qui sont siennes.

« Comme abbesse, elle a trempé dans des actions cruelles, qui lui étaient imposées par sa situation.

« Mais je la connais.

« Comme toi, je l'ai tenue toute enfant sur mes genoux.

« C'est un cœur d'or, une intelligence d'élite, dont une éducation insensée a faussé le caractère, dont la vie imposée des cloîtres a comprimé les meilleurs élans, mais qui, mère, t'aimant, vivant désormais pour toi et par toi, réparerait le passé et se purifierait par la maternité.

« Je te le demande, étouffe ton amour insatiable de gloire.

« Peux-tu laisser mourir ta mère ?

« Peux-tu la laisser déshonorer ?

— Est-ce donc, demanda Maracasse, l'abbesse de San Ignatio.

— Oui ! dit la visiteuse.

— Il n'est pas étonnant, dit le jeune homme, que, malgré sa cruauté envers Mariquita, je me sentais pour elle une affection dont je n'étais pas le maître.

Puis embrassant la visiteuse :

— Allez chercher Herrera ! dit-il.

Sur un appel de la visiteuse le capitaine entra en souriant :

— J'espère, monseigneur, dit-il, que vous avez une bonne nouvelle à me donner ?

— Je ne sais trop.

« Mes compagnons de Prairie sont réputés des hommes justes.

« Un jour, un Sioux, adopté jeune par les Apaches, se trouva, homme, dans les rangs des Apaches attaqués par les Sioux.

« Il demeura parmi ceux qui l'avaient nourri et les défendit.

« Les trappeurs dirent que c'était bien.

« Mais une autre fois, un enfant pris par des Pieds-Rouges, sachant que sa tribu d'origine allait être en guerre avec sa tribu d'adoption, se retira loin du terrain de guerre.

« Les trappeurs dirent cette fois que c'était très-bien.

« Voilà ce que je ferai.

« Je ne porterai pas les armes contre les miens ; je ne veux pas égorger mes amis.

« A cette condition, vous me laisserez la vie si bon vous semble, vous m'appellerez altesse si cela vous fait plaisir, mais, au fond du cœur, je serai toujours Maracasse.

— Monseigneur, dit Herrera, j'accepte vos conditions.

— Vive Dieu ! s'écrie la visiteuse sautant au cou de Maracasse.

« Viens.

« Allons embrasser ta mère.

— Je m'étais promis, dit-il, de ne pas la voir ; mais mon père me pardonnera.

Et il se dirigea vers l'appartement de l'abbesse.

CHAPITRE XLII

Le châtiment.

Maracasse et la visiteuse furent surpris d'entendre des cris singuliers qui n'avaient rien d'humain, dans la chambre de l'abbesse.

Cris sourds !

Hurlements étouffés !

Deux pièces, précédant la chambre à coucher de Natividad, avaient empêché ces lugubres plaintes d'arriver jusqu'à la tourière qui servait de femme de chambre à Natividad.

La visiteuse ouvrit la porte.

Une scène étrange, horrible, épouvantable, s'offrit à leurs yeux.

Une folle, les yeux hagards, couverte d'un uniforme de soldat qu'elle avait mis en lambeaux, dansait sur le corps de Natividad, criblé de coups de poignards.

Rencontre.

Elle poussait des rires insensés, brandissait son arme, chantait et disait :

— Je suis Mariquita.

« Je suis la fiancée qui va se marier avec son novio.

« J'ai tué, tué, tué l'abbesse !

Et, maigre, décharnée, hideuse, mais terrible, personnifiant l'idée de vengeance atroce, le couteau sanglant en main, elle continuait à écraser la morte sous son talon.

Debout, les bras croisés, un pistolet en main, un homme, un vieillard, assistait à ce spectacle sinistre.

C'était le solitaire.

Il vit Maracasse et lui dit :

— Depuis longtemps j'attendais la justice des hommes.

« On me l'avait promise.

« Hier j'ai cru qu'on me la donnerait.

« J'ai vu que l'on me trompait et que cette grande coupable serait épargnée.

« Ayant trouvé Mariquita errante, je l'avais recueillie ; je l'ai amenée ici, déguisée en soldat, et lui promettant la vengeance.

« Cette vengeance, c'est le châtiment de Dieu !

« Quant à moi, assassin aussi, voici ma punition.

Et il se brûla le cervelle. . . . . .
. . . .

Maracasse jeta un grand cri et s'enfuit. Ce fut la seule fois de sa vie qu'il eut peur.

CHAPITRE XLIII

Les bons parents.

Hors de la chambre, il trouva Herrera qui accourut.

Le bruit de la détonation l'avait averti que quelque chose d'anormal se passait.

Il arrêta Maracasse.

— Qu'y a-t-il ?

— Allez, voyez ! dit le jeune homme.

« Moi, je ne puis assister à ce spectacle et regarder ma mère morte.

Herrera entra dans la chambre où gisaient les trois cadavres.

Lorsque Herrera sortit de cette chambre, il était, lui aussi, fortement impressionné.

Il trouva Maracasse abasourdi sur le siége où il venait de le laisser dans l'antichambre.

Il le laissa là.

Ce n'était pas à lui qu'il convenait de consoler le jeune homme; du reste, il partageait, au sujet de son mariage, les idées de l'abbesse.

— Vraiment, pensait-il, si j'avais su, je n'aurais pas enchaîné le prince à cette fausse ingénue.

Et il se rendit aussitôt dans la chambre que l'on avait donnée à cette sémillante marquise qui, elle aussi, avait été remarquée par Maracasse, pendant la course aux taureaux.

Il la trouva causant avec le vieux chevalier.

Ils ignoraient tout encore.

Herrera salua en homme qui se sent sinon égal, du moins supérieur par équivalence à tout le monde.

— Chevalier, dit-il d'abord, j'admire fort vos talents.

« Vous êtes certainement l'homme du monde le plus capable de former une jeune Altesse, qui pour le quart d'heure ne serait qu'une espèce de sauvage.

« Or, votre fortune n'est certainement pas à la hauteur de vos mérites, et cela m'est pénible.

« Mais je puis faire de vous le Mentor d'un Bourbon-Navarre qui vient d'être retrouvé par miracle sous la peau d'un flibustier; je vous garantis l'authenticité du fait et je vous en ferai télégraphier, puis écrire, par le seul proche parent survivant du prince, le cardinal de Bourbon.

« Il en sera l'héritier.

« C'est une affaire de dix millions de piastres...

« Je ne parle que de la terre.

« Quant aux biens meubles et à l'argent disponible, cela doit doubler l'héritage et faire notre prince plus riche que certains rois.

« Je vous sais trop habile et doué de trop de tact, pour ne pas faire rompre un mariage, facile à annuler du reste pour vice de forme, mariage contracté par ce cher prince dans une circonstance dramatique.

« J'espère que vous réussirez sans peine à rendre ce service à Son Altesse.

Puis se tournant vers la marquise, il dit en souriant :

— Si madame voulait y aider !

— Il s'agit, n'est-ce pas, fit-elle, de ce gentil péon de la course aux taureaux, de ce flibustier héroïque de l'hacienda du Rio-Secco ?

— Oui, senora.

— Il est Bourbon-Navarre ?

— Oui, senora.

Et, en quelques mots, Herrera expliqua comment on avait reconnu cette naissance.

La marquise objecta :

— Mais sa mère?

— L'abbesse est morte ! dit Herrera.

Il y eut un long silence.

Le chevalier aimait Natividad ; mais combien il allait être plus libre par suite de cet accident !

Quant à la marquise, elle se sentait certaine de se faire aimer ; Agnès écartée, elle était la seule femme capable de séduire ce jeune homme.

— Pauvre abbesse ! dit le chevalier en prenant une prise de tabac avec satisfaction.

— Pauvre mère ! fit la marquise en jetant un regard vers un miroir et en rajustant une boucle.

— Je vous en prie, dit finement Herrera, ne perdez pas de temps.

« Que vos regrets ne vous fassent pas manquer l'occasion.

« Les parents d'Agnès ignorent tout encore.

« J'ai prié la visiteuse de ne pas dire un mot.

« Le prince n'a pu parler encore, j'en suis sûr.

« Allez, chevalier.

« Ramenez-le ici.

« Selon moi, il faudrait qu'il sût que la famille d'Agnès l'aime mieux mort que vivant.

« Si, pour vous être favorable, je répandais le bruit qu'il sera fusillé dans un instant, vous pourriez bâtir un plan là-dessus ; improvisez donc quelque chose.

Herrera reçut du chevalier un compliment bref, mais significatif.

— Capitaine, dit-il, je sais trop la vie pour ne pas être tout à vous dans l'avenir.

« La reconnaissance est le meilleur des calculs.

Il se précipita, d'un pas léger, à la recherche de Maracasse.

La marquise, elle, se contenta de donner sa main à baiser au capitaine, soulignant cette faveur d'un regard et d'un sourire qui avaient la signification d'un sérieux engagement pour l'avenir.

Où qu'il fût, quel qu'il fût, Herrera pouvait compter sur cette femme comme sur une alliée.

Il sortit à son tour.

La marquise sonna sa femme de chambre.

En deux tours de mains, elle eut fait une délicieuse toilette.

Du reste, elle était charmante ; elle avait l'âge où les femmes n'ont absolument rien perdu de leur beauté, rien de l'éclat de la jeunesse, tout en ayant pour les jeunes gens cet attrait puissant de la coquetterie piquante, de l'habileté dans l'intrigue et des fins savoirs en amour.

Le bruit, cependant, était semé au dehors que Maracasse allait être fusillé.

Herrera prit un de ses agents et lui dit secrètement :

— Vous allez sortir du couvent avec dix de vos hommes, à vous.

« Un indigène mettra un capuchon, un morceau d'étoffe quelconque sur sa tête ; une robe de moine, si vous en trouvez, un manteau quelconque sur son corps.

« Il faut que l'on croie qu'il s'agit de fusiller le général Maracasse.

« Vous direz en sortant : — Pauvre général ! Pauvre jeune homme ! — Mais rien de plus compromettant.

« Vous descendrez dans les fossés du couvent et vous vous arrangerez de façon à vous dissimuler dans quelque coin.

« Que personne ne vous voie.

« Vous tirerez un feu de peloton ; puis vous rentrerez.

« Bien entendu, celui qui aura simulé d'être le flibustier jettera le manteau et le capuchon.

« En passant sous la porte, dans les cours, vous direz : — C'est fait !

« Pas un mot de plus, par exemple.

« Allez !

Et, sur ce, Herrera se promena pendant quelques instants, en se frottant joyeusement les mains.

Puis ayant combiné un plan, il écrivit un mot rapidement, une petite phrase concise au chevalier, et ordonna à un de ses agents de faire remettre ce pli à destination par la femme de chambre de la marquise.

Il en écrivit un autre qui devait être porté à la famille d'Agnès.

Ceci fait, il se rendit chez lui.

L'appartement qu'il avait choisi avait plusieurs pièces ; celles-ci communiquaient entre elles par des tentures doubles, selon la mode des pays chauds, où l'on aime à supprimer les portes pour établir, en été, la circulation de l'air.

En hiver, saison très-douce relativement, on chauffe avec un brasero la pièce où l'on se tient et l'on s'y enferme en laissant tomber les tentures.

Herrera attendit pendant quelques instants dans son salon ; il entendit bientôt de légers bruits de pas dans la pièce voisine, puis le silence s'y fit.

Quelques instants après, la chambre du

capitaine était envahie par la famille d'Agnès

Il en prit à part le père et l'aïeul et les conduisant vers la tenture de séparation, auprès de laquelle il se tint, et il leur dit :

— Vous êtes Espagnols !

« Je suis chargé d'une mission.

« A ma place, l'heure venue, en bons patriotes, vous agiriez comme moi.

« Cette heure, elle a sonné !

Le père d'Agnès soupira, mais plutôt en homme satisfait que désespéré.

— Mon cher capitaine, dit l'aïeul, je ne pousserai pas le patriotisme jusqu'à vous approuver, non.

« Toutefois, dire que je vous blâme : non encore.

« La fatalité exige qu'il en soit ainsi et nous nous inclinerons devant elle.

— Dieu soit béni ! dit le père.

« Sa volonté soit faite !

Herrera, en somme, avait parlé de sa mission ; mais il n'avait pas dit un mot de la mort de Maracasse ; les parents, qui la désiraient, s'enferraient donc d'eux-mêmes.

Il dit encore :

— Vous savez donc la nouvelle ?

— Senor, le bruit en est répandu dans le couvent.

— Sur l'honneur ! fit Herrera d'un air furieux, c'est intolérable ; on va bientôt connaître mes décisions avant moi.

« Veuillez m'attendre et prier votre famille de demeurer ici.

« Je sors un instant pour m'assurer *si la chose est faite*.

« Ensuite, je reviens pour vous entretenir de certaines mesures à prendre.

Il salua et sortit.

A peine était-il dehors, qu'Agnès se mit à pleurer.

— Ils vont le fusiller ! dit-elle.

— Tais-toi donc, sotte, fit sa mère.

« Pourquoi des larmes ?

« Était-ce un mariage, cela ?

Avec un profond mépris :

— Toi !

« Une fille noble !

« Épouser un bâtard !

« Un aventurier !

Et la famille en chœur :

— Un homme de rien !

— Un manant !

— Un rustre !

— Tu aurais eu honte !

— Et quelle figure aurais-tu faite dans le monde ?

— Il m'a enlevée ! dit Agnès.

— Aussi nous te pardonnons.

« Tu as subi un malheur.

— Et sa mort est un châtiment qu'il va payer.

— En nous débarrassant.

— Mais il était général ! protesta encore Agnès.

— Beau général !

« Un Soulouque !

« Un chef de nègres !

— Vraiment, Agnès, vous auriez été dans une bien fausse situation.

« N'avez-vous pas avoué qu'il voulait vous conduire au désert ?

— Je l'aurais détourné de ce projet ! dit l'ingénue.

« Il était naïf, quoiqu'il fût très-fin ; mais je l'aurais dominé.

« Il aimait tant la musique que je le tenais par là.

« Et puis il était si ignorant que je lui aurais fait croire tout ce que j'aurais voulu.

— Ces gens-là sont des butors !

« N'as-tu pas convenu qu'il t'avait menacée de te battre.

— Oui... mais... il était bon au fond et je l'aimais bien !

— Voyons, Agnès, raisonnons.

« Il y a six mois, lorsque tu es entrée au couvent, tu as bien pleuré, parce que tu aimais ton cousin, le lieutenant ; le mariage était impossible.

« Tu étais sans dot ; il n'a que sa solde pour vivre.

« Il t'a bien regrettée !

« Aujourd'hui que tu es veuve, que tu es à ton aise, ton cousin t'épousera avec joie.

« Il sera certainement général un jour, poussé comme il l'est.

« Ce ne sera pas un général pour rire, lui.

« Il aura le gouvernement d'une province.

« Te vois-tu, sa femme !

« Un gentilhomme, comme ton cousin, ne vaut-il pas mieux que ce Maracasse ?

— Ah ! ah ! ah ! fit-on.

« Maracasse.

« La senora Maracasse !

« Quel nom !

— Tout à l'heure fais bien attention à toi, dit la mère.

« Si tu veux épouser ton cousin, ne t'avise pas de pleurnicher.

« Si Petrino apprenait que tu as trop regretté ce flibustier, il ne voudrait plus de toi.

« Tu sais ce que tu dois dire à tout le monde ?

— Que dirai-je, maman ?

— Que tu as été enlevée !

« Ce misérable a commis l'infamie de te déshonorer.

« Il t'a rendu l'honneur par un scrupule de mourant.

« Tu es une victime !

« Une victime ne regrette pas son bourreau.

— Mais, maman...

— Veux-tu donc rester vieille veuve, ou être mal mariée ?

« Veux-tu, dans un an, veux-tu, oui ou non, épouser Petrino ?

— Je ne dis pas non.

« Certainement, j'aimais mon cousin avant... Mara... avant mon mar... avant... l'autre.

« Mais ça me fend le cœur de penser qu'il va mourir.

On entendit le feu de peloton dans les fossés.

Agnès, il faut lui rendre cette justice, poussa un grand cri et s'écria :

— Grand Dieu !

« C'est fait !

Elle pleura... beaucoup même...

Mais, peu à peu, on recommença si bien à la chapitrer que son chagrin devint moins intense.

Un quart d'heure après le feu de peloton, le chevalier entrait ; il était suivi d'un notaire, celui du couvent, logé au couvent même.

On comprit que quelque chose de grave allait se passer.

Le chevalier pria tout le monde de s'asseoir et fit la déclaration suivante qui fut écoutée avec étonnement :

— Pour tout le monde, pendant quelque temps, le général Maracasse est fusillé ; il faut que les insurgés le croient pour jeter parmi eux l'épouvante et le découragement.

« Le général part pour l'Europe où sa peine sera très-probablement commuée ; le capitaine Herrera, malgré ses pleins pouvoirs, ne peut rien prendre sur lui sous ce rapport.

« Comme il y a tout lieu de supposer que le général sera longtemps retenu en prison, mu par une généreuse inspiration, il entend rendre à sa femme sa liberté et lui conserver en même temps l'aisance.

« Ce qu'il lui a donné, il le lui laisse par acte authentique.

« Le notaire que voici vous remettra cet acte.

« D'autre part, le général, si telle est la volonté de sa femme, consent à faire annuler le mariage.

« Un vice de formes existe...

« Du moment où les deux époux y seraient consentant, la nullité serait prononcée sans difficultés.

S'adressant à la mère d'Agnès, il lui dit :

— Le général, qui part sur-le-champ, désire être fixé.

« A vous, senora, de consulter votre fille sur son choix.

Agnès pleurait sans répondre.

Évidemment elle aimait bien Maracasse, mais elle aimait aussi Petrino.

Puis cette prison, très-longue peut-être, l'effrayait.

Ne pas voir son mari pendant des années et des années...

La mère chuchota longtemps à l'oreille de sa fille.

Celle-ci hésitait, sincèrement elle hésitait, mais en penchant du côté du cousin ; car, après une honorable résistance, la mère dit très-joyeusement :

— Ma fille consent à poursuivre l'annulation du mariage !

Il ne restait qu'à signer.

Tout le monde le fit.

Agnès lacha l'acte de ses pleurs.

Ils étaient sincères ; mais Maracasse n'était point là.

Les absents ont tort.

En ce moment, le chevalier s'éclipsa.

La famille attendait toujours le retour d'Herrera.

Il ne venait point.

Tout à coup des fanfares éclatèrent dans la cour du couvent.

Les tambours sonnèrent!

Les soldats crièrent : Vivat !

C'était un bruit de triomphe solennel et des acclamations sans fin.

Toute la famille d'Agnès sortit dans les couloirs dont les fenêtres permettaient de voir ce qui se passait.

On entendait le cri de : Vive le prince de Bourbon-Navarre !

Maracasse, à la stupéfaction d'Agnès, passait entre les troupes en haie ; il était à cheval, vêtu comme un dandy de Cuba, grâce au prêt gracieux de certains invités qui avait vidé leurs malles.

Il avait vraiment fort grand air et saluait en prince.

Près de lui, le chevalier chevauchait, déjà fier de son élève.

La marquise était à la gauche de Son Altesse, rayonnante et suivie de jolies femmes, invitées des fêtes qui repartaient.

Le général, les hôtes, les officiers, formaient escorte.

C'était superbe et .... désolant.

En ce moment le père d'Agnès entend une voix qui disait derrière lui :

— Vraiment, senor, vous avez eu tort de ne pas m'attendre avant de vous décider et de faire décider votre fille.

« Vous perdez pour quelques piastres une situation princière.

— Ah ! senor, dit l'aïeul furieux, que ne nous avez-vous prévenus ?

— Je vous ai fait des signes !

« Je vous ai parlé d'une nouvelle.

« J'ai fait ce que j'ai pu.

« Vous aviez si grande hâte de voir fusiller votre gendre, que vous avez pris le change tout le temps.

— Il fallait être net, clair !

— Eh ! senores, le prince était derrière la tenture.

— Sainte Vierge ! fit Agnès.

— Jésus Dieu ! fit sa mère.

— Si j'avais su ! dit le père.

Et chacun de se désespérer.

— Vous comprenez, reprit Herrera, que je ne pouvais pas trahir ouvertement Son Altesse qui avait exigé cette épreuve, inspiré en cela par la marquise et le chevalier.

« Je suis désolé...

« Moi qui avais fait ce mariage...

— Mais rien n'est fini !

— Allons donc ! dit Herrera.

« Son Altesse emporte vos signatures et il n'y a aucun espoir de revenir là-dessus ; la nullité sera prononcée.

« Le cardinal Bourbon-Navarre, oncle du prince, enlèvera le consentement du Saint-Père sans aucune difficulté.

« Mais, je vous quitte.

« Il faut que je laisse ce couvent, car je tiens à assister aux funérailles de l'abbesse qui auront lieu en grande pompe à Santiago, où j'ai déjà fait partir son corps sous l'escorte des sœurs de la communauté qui quittent le monastère, à cause de son occupation par la troupe.

« Vous pourrez revoir le prince aux funérailles, car l'abbesse le touchait de très-près ; la chronique des salons de Santiago vous apprendra tout cela.

« Et je vous en prie, dans votre intérêt, soyez doux et conciliants.

« Le prince est furieux.

« Je vous dirai même que, s'il a consenti à se vêtir à l'européenne, à passer au milieu des troupes, à se faire reconnaître enfin pour Bourbon-Navarre, c'est sur l'observation de la marquise que cela vous humilierait.

Puis avec une hypocrisie parfaite, il s'écria :

— Moi qui avais fait ce mariage !

« Moi qui comptais sur la faveur de la senora (il montrait Agnès), moi qui... moi que... Tout est manqué !

Et il s'en alla d'un air de mauvaise humeur en marmottant des exclamations sur les gens qui ne savent pas comprendre les demi-mots et les clignements d'yeux.

Quand il rencontra son lieutenant, il lui dit joyeusement :

— Bien joué !

« Bien terminé !

« Le couvent à nous !

« Le cardinal enchanté de moi et faisant approuver l'occupation de San Ignatio !

« Justice faite des crimes commis dans les *in pace*.

« Un général de moins aux insurgés et un héros à ma patrie ; car il est à nous ; il est compromis et s'il ne nous sert pas en cette guerre, il défendra l'Espagne dans une autre.

« La marquise va le tranformer !

« Tout est très-bien !

« Lieutenant, nous quittons le couvent qui reste sous bonne garde.

— Et nous allons ?

— Nous allons, avec la colonne du général, bloquer par terre le *Virginius* qui est bloqué par mer.

— Je serai ravi de voir un peu fusiller ces pirates ! dit le lieutenant.

— Moi aussi ! dit Herrera.

Puis riant ;

— Je pense, dit-il, à un senor qui va faire triste figure.

— Qui donc ?

— Eh mais, don Saluste !

« Le prince m'a dit que son premier soin serait de le cravacher, quand il le rencontrerait.

— Pourquoi cette haine ?

— Le prince a le plus profond respect et la plus grande affection pour cette jeune Italienne, Juanita, que le capitaine Sacripan a sauvée.

« Son Altesse veut venger cette jeune fille.

« Je lui ai conseillé d'attendre un peu les réponses télégraphiques de Rome et de Madrid.

« Une fois en possession de son titre et de ses droits, le prince pourra lutter de pair avec cet ignoble don Saluste !

— Pourvu qu'il ne soit pas assassiné ; ce don Saluste a des bravi.

— Mais le prince est brave, ce qui vaut peut-être mieux.

« En tous cas, la lutte sera intéressante et dramatique.

Et sur ce, ils montèrent à cheval, pour suivre la colonne qui se mettait en marche.

CHAPITRE XLIV

Ce qui advint d'Agnès.

Nous avons vu se développer le caractère d'Agnès.

C'était une charmante fille, mais il faut convenir que pour une ingénue, elle était rouée.

Ses tentatives pour dominer Maracasso, ses arrière-pensées, sa prompte résignation à renoncer au jeune homme pour épouser le lieutenant Petrino, tout un ensemble de petits faits, marqués au coin de la coquetterie et des calculs roués d'une petite fille qui avait beaucoup appris avant et pendant le couvent, ses colères quand elle se vit dupée, tout enfin nous permet de porter sur elle un jugement sévère, mais mitigé de circonstances atténuantes.

C'est donc sans trop de pitié que, conduit par notre ami Ferragut, nous avons retrouvé Agnès au milieu d'une troupe de saltimbanques qui jouaient dans une foire à Fontainebleau certains contes des *Mille et une Nuits*.

Agnès, taquinée par une rivale, pleurait amèrement.

Un petit singe, habillé en turc, grimpé sur ses genoux, cherchait en vain à la consoler.

Un dessinateur américain, qui se trouvait avec nous, voulut faire un croquis de cette scène.

Les aventures d'Agnès avaient eu assez de retentissement en Amérique pour qu'elle méritât les honneurs de l'illustration dans une Revue.

C'est d'après ce croquis que nous avons donné au lecteur la vignette de la page 277.

Comment cette jolie fille en avait été réduite là ?

D'abord, elle s'était mariée au lieutenant Petrino.

Ce cher cousin était un fat, un joueur et un débauché.

Etait...

Nous pouvons hardiment écrire *est*.

Son premier soin fut de dévorer la dot de sa femme.

Par la suite, il fut expédié sur Madrid avec son régiment.

Après avoir commis des indélicatesses, il déserta, prit parti pour don Carlos et devint colonel dans l'armée carliste.

Agnès avait été laissée à Santiago par son mari, avec promesse de la faire venir.

Comme il n'envoyait rien, comme, d'autre part, sa famille la laissait dans l'embarras, elle vendit tout ce qu'elle put réaliser, et, en fort modeste toilette, s'embarqua comme passagère de troisième sur un navire de commerce français de Bordeaux.

Elle conquit l'équipage et le capitaine rapidement.

Nos lecteurs peuvent voir cette petite scène d'embarquement dans une de nos vignettes ; déjà, l'on peut conjecturer à l'empressement des marins, que cette petite femme sera très-appréciée à bord.

Elle le fut trop.

Il y eut des querelles, des rixes à cause d'elle. Un jour même elle fut l'objet d'une tentative de vengeance de la part d'un pilotin, beau, hardi et brutal garçon que le capitaine blessa gravement d'un coup de pistolet, ce en quoi il montra de l'énergie et fut approuvé plus tard par les autorités compétentes, car il avait défendu une femme réellement menacée de mort. (*Voir* notre vignette, page 221.)

L'héroïne de cette aventure, après avoir témoigné dans le procès du capitaine, se rendit à l'armée de don Carlos où elle retrouva son mari.

Ce fut le beau temps d'Agnès, qui devint la maîtresse d'un grand personnage de l'état-major insurgé.

Tant que dura la guerre civile, le mari, auquel cette situation profitait, ne trouva rien à redire.

La guerre terminée, le grand seigneur qui trouvait agréable d'avoir dans son camp Agnès sous la main, la congédia une fois qu'il fut en France, à Paris, où il pouvait trouver mieux, en tout cas plus nouveau.

Les quelques dix mille francs que cet amant donna au moment de la rupture, furent rapidement dévorés par le mari qui, à son tour, lâcha sa femme.

Celle-ci s'amouracha d'un Léotard quelconque.

Avec lui, elle fit partie de cette troupe de saltimbanques où nous l'avons retrouvée ; troupe qui eut son heure de succès, grâce surtout à un aigle apprivoisé qui emportait dans une cage le singe habillé en sultan ; mais un jour le roi des oiseaux s'ennuya d'être saltimbanque, il s'envola sur les montagnes avec la cage et le singe, et la troupe fut privée de son premier sujet. (*Voir* la vignette page 261.)

Il est advenu seulement cette bonne fortune à Agnès.

Grâce à la publication du croquis que le lecteur a vu, cette pauvre petite se trouve hors de misère, sinon précisément hors de peine.

Don Bourbon de Navarre apprit par la Revue qui a publié l'illustration en question, que sa première maîtresse faisait triste figure.

Il lui fit savoir qu'il lui assurait une rente mensuelle de mille francs et il lui donnait sur-le-champ une somme fort ronde.

Mais... mais... mais...

Agnès a lâché son Léotard pour prendre un journaliste de la basse presse, un de ces jolis messieurs qui nagent si bien dans toutes les eaux.

Elle est toujours battue, toujours exploitée, et elle fait un assez vilain métier pour le compte dudit journaliste.

Pauvre Agnès !...

CHAPITRE XLV

Les caïmans !

Nous avons laissé Pancho, l'ami de Maracasse, se dirigeant à cheval vers un camp d'insurgés.

Il lui posa la main sur l'épaule.

Le lecteur se rappelle sans doute la façon dont Pancho s'était procuré le cheval.

Au moment où, fort habilement sorti de l'hacienda de Schnerbb avec les nègres, il était parvenu aux bords d'un petit lac, il avait voulu se débarrasser de la couleur de suie qui le faisait ressembler à un nègre, lui qui n'était qu'un quarteron si peu teinté qu'on le prenait pour un blanc.

Mais au moment où il se lavait à grande eau, le Matador était tombé sur lui.

Pancho, habile garçon, avait trouvé moyen de tuer ce coquin avec sa propre épée; il lui avait pris son cheval, caché non loin de là dans un bouquet d'arbres, et il était parti avec les armes, la monture et les habits du mort.

Il chevauchait.

Son point de direction était le Morne aux Géants.

Il en voyait les rocs.

Il savait, que là, se trouvait un camp d'insurgés.

Il allait droit devant lui, à travers la campagne.

Qu'avait-il à craindre maintenant?

Des Espagnols, rien.

Dans les poches du mort, il avait trouvé une précieuse carte qui n'était autre chose qu'un brevet d'agent, lequel avait été signé au Matador par Herrera.

D'autre part, il était l'ami, le complice des insurgés.

Dans cette situation, maître Pancho chevauchait au petit trop — il lui fallait ménager sa monture — il allait insouciant pour lui, inquiet cependant pour ses amis.

Qu'allait-il advenir?

Que se passait-il?

Il fit ainsi sept milles et il arriva au bord d'une rivière qu'il fallait traverser.

Cette rivière, comme généralement toutes celles de l'île, était ordinairement un ruisseau, dont le cours était transformé, interrompu si l'on veut, par des lagunes et des marécages.

En un mot ce cours d'eau habituellement très-faible, servait en quelque sorte de trait d'union à plusieurs lagunes, jusqu'au moment où il se jetait dans la mer.

Mais, en raison du cyclone et de l'énorme quantité d'eau tombée, ce ruisseau, gonflé, était devenu considérable.

Le courant avait perdu de son impétuosité première, toutefois l'eau était laide, profonde et trouble.

Ceci constituait un danger, non point quant aux flots en eux-mêmes, mais en ce qu'ils recélaient.

Pancho savait — ayant voyagé dans le pays — qu'il existait un gué; mais, à cette heure, plus de passage.

Comment faire?

Le jeune homme pensait à mettre son cheval à l'eau.

En nageant derrière lui, il franchirait l'obstacle.

Mais il eut cette chance — nous disons chance à dessein — d'apercevoir un bateau.

C'était un léger canot d'écorce, dont la tradition caraïbe a légué la fabrication aux Cubains.

Ceux-ci, dans certaines régions, savent encore construire ces pirogues.

Lorsque la saison des pluies va faire déborder les cours d'eau, ils pensent à se munir de moyens de transport.

Pour cela, les riverains abattent des arbres d'une certaine espèce, dont l'écorce est lisse, épaisse, solide, facile à détacher des bois.

Ils exposent l'arbre au soleil après avoir introduit des coins dans une fente longitudinale de l'écorce.

Chaque jour l'écorce se lève et on enfonce les coins davantage.

Au bout de douze ou quatorze jours, l'écorce est détachée.

On la fait tremper, on la façonne, on soude les extrémités avec une résine et l'on a un excellent bateau à peu de frais, sans grand travail.

Or, c'était un de ces bateaux, descendu d'amont pendant l'inondation, que Pancho apercevait.

Les rames, liées avec des garrots d'écorce au bordage, étaient intactes.

La pirogue s'était arrêtée dans un ais au milieu d'un amoncellement d'épaves; Pancho n'eut qu'à la tirer dans un endroit propice à l'embarquement.

Il l'écopa avec son chapeau ou plutôt avec le chapeau du Matador; il plaça ensuite cette coiffure à l'arrière pour qu'elle séchât.

Puis il attacha son cheval à l'arrière et poussa au large.

Il eut des difficultés.

Le cheval refusait d'avancer, guidé par son instinct.

— Eh! fit Pancho, tu es bien le cheval d'un couard.

« Tu nages pourtant!

« Tous les chevaux savent nager!

Il parvint à entraîner avec lui son cheval dans le courant.

A peine était-il à vingt mètres du bord, qu'il crut voir se produire des remous d'un aspect singulier dans les eaux troubles.

Son cheval poussa des hennissements terribles.

— C'est extraordinaire! pensa Pancho avec inquiétude.

« Cet animal flaire un péril dont je ne me rends pas compte.

Au même moment le cheval se débattait désespérément.

Pancho vit distinctement l'eau se teindre en rouge.

Des remous plus violents que jamais formèrent des tourbillons autour de la barque.

Pancho vit bientôt émerger de la rivière les gueules ensanglantées, effroyables, d'énormes caïmans.

Déjà ceux-ci avaient coupé les jambes du cheval.

Le jeune homme, en toute hâte, coupa la corde qui attachait le malheureux animal au canot.

La bande des caïmans se précipita sur le corps du cheval et en fit une horrible curée.

On voyait cette meute formidable se disputant les lambeaux de chairs et soulevant une tempête de vagues sur l'eau.

Le canot menaçait de chavirer.

Pancho se précipita sur les rames pour regagner le bord au plus vite ; mais plusieurs caïmans, détachés de la bande, le suivirent.

Au moment où il approchait de la rive, deux de ces monstres lui coupèrent la retraite.

Heureusement ils étaient jeunes et des moins hardis.

Ils n'avaient pas osé disputer aux plus gros leur part du festin et avaient suivi, puis précédé le canot.

Pancho se défendit avec un aviron, tantôt frappant et écartant les caïmans, tantôt poussant à bord, il parvint ainsi à accoster.

(*Voir* notre vignette, page 181.)

Une fois à terre, le danger n'était pas conjuré.

En même temps que Pancho sautait sur la rive, ses adversaires sortaient de l'eau : le caïman est amphibie.

Pancho se vit donc menacé de nouveau ; il vit les caïmans courir droit sur lui rapidement.

Sur l'eau, le canot qui, pour eux, faisait corps avec l'homme, grossissait démesurément celui-ci.

Sur terre, réduit à sa taille et à ses proportions naturelles, Pancho ne leur semblait plus redoutable.

Heureusement celui-ci savait ce que tout le monde sait sur les caïmans ; ces animaux, à cause de leur cuirasse, sont tout d'une pièce en quelque sorte ; ils ne peuvent se détourner, se plier, revenir brusquement sur leurs pas.

Pancho, très-agile, chaque fois qu'il était sur le point d'être atteint, faisait un bond de côté.

En même temps, il dirigeait sa fuite vers un arbre sur lequel il espérait trouver un refuge.

C'était une sorte de palmier dont le tronc rugueux lui permettait de grimper facilement.

Il l'atteignit après maintes péripéties émouvantes.

Il était temps, du reste.

Haletant, épuisé, il s'élança comme un chat, saisit les aspérités de l'arbre avec ses ongles et grimpa.

Les deux caïmans, arrivés presque sur ses talons, ne purent que constater avec dépit leur déception, qui se peignit du reste très-clairement dans leurs yeux.

Ils demeurèrent sous l'arbre ; gueule béante, dans une attitude d'expectative menaçante qui, au premier moment, fit rire Pancho, car c'était un jeune homme léger et insouciant.

Il passait rapidement, trop rapidement, d'une sensation à une autre ; ces deux caïmans en faction lui semblèrent grotesques et il se moquait d'eux.

C'était un tort.

Il se trouvait en sûreté, c'était vrai, mais provisoirement.

Si les caïmans se mettaient à le bloquer, il était évident qu'il faudrait finir par combattre.

Toutefois Pancho ne pensa d'abord pas à cette éventualité.

Dans un mulâtre, si peu fils de nègre qu'il soit, il y a toujours un peu d'enfantillage.

Pancho jugea à propos de faire aux caïmans des mauvaisses plaisanteries.

Il cueillit autour de lui des fruits du palmier, espèce de régimes de dattes très-amères, et il les laissa tomber dans les gueules béantes des caïmans.

Ceux-ci, stupidement irrités, se jetaient sur ces fruits détestables, les avalaient, écumaient, puis se dressaient autant qu'ils le pouvaient contre l'arbre et le secouaient avec fureur.

Mais le palmier n'était même pas ébranlé.

Pendant que Pancho continuait à s'amuser de tout son cœur, le gros de la bande des caïmans avait dévoré le cheval jusqu'aux miettes.

Ce repas terminé, toute la troupe se mit à nager en masse vers la terre et se dirigea vers le palmier où Pancho se permettait des facéties.

Jamais le jeune homme n'aurait cru que tant de caïmans pussent se trouver réunis.

La terre en était noire.

Il en compta plus de cent quarante...

Si l'on songe que plusieurs mesuraient douze mètres de la pointe du nez à l'extrémité de la queue, on se rendra compte de la longueur de leur colonne.

Pourquoi tant de caïmans ensemble et pourquoi surtout hors de leurs lagunes ? car ils préfèrent les marécages aux eaux claires ?

Pancho crut se rappeler que les animaux avaient ainsi des époques fixes de rassemblement.

Quelques jours avant le rut, il sont saisis d'une inquiétude vague, sortent de leurs repaires et de leurs marécages, cherchent une rivière limpide, peu profonde, un gué favorable à l'accouplement ; celui où Pancho avait été surpris possédait dans le pays la réputation de servir aux ébats des caïmans, mais en cette saison seulement.

Chose remarquable !

Ces bêtes féroces, quand elles sont entrées dans les trois ou quatre journées qui forment la période aiguë de leurs feux, ces monstres toujours affamés perdent leur cruauté et leur appétit.

Enflammés ou alanguis, selon les incidents de leurs amours, elles ne prêtent plus aucune attention aux proies qui passent à leur portée.

Si Pancho avait traversé la rivière huit ou dix jours plus tard, lui et son cheval eussent été dédaignés ; mais les caïmans en étaient au début de leur saison, avancée du reste par le grand bouleversement du cyclone ; ils n'étaient massés ainsi que depuis douze ou quinze heures.

Loin d'être pacifiques, ils étaient enragés de faim.

Trop nombreux pour trouver des victimes suffisantes, ils avaient un appétit dévorant qui datait de vingt ou trente heures, plus peut-être pour certains.

Le cheval débité entre tant d'estomacs capables d'engloutir chacun un bœuf entier, le cheval n'avait été qu'un hors-d'œuvre excitant la faim.

Cette troupe marchait avec enthousiasme à la conquête d'un repas.

A la vue des gros crocodiles qui s'approchaient, les deux petits décampèrent ; c'étaient des jeunes gens timides, si l'on veut bien nous permettre cette expression, des adolescents qui se glissaient dans la société des grands mâles pour la première fois.

Ils s'effaçaient prudemment et modestement devant leurs anciens.

Ils craignaient sans doute le voisinage trop immédiat des grandes griffes et des crocs démesurés de leurs aînés.

Pancho, voyant ses ennemis se retirer, pensa qu'ils avaient une indigestion de dattes amères.

Il rit de plus belle.

— Ils ont la colique, se disait-il.

Or il n'avait pas encore vu la bande qui arrivait ; mais quand il l'aperçut, il pâlit.

C'était une scène effrayante.

Cette armée rampante avait un aspect terrible ; ces dos couverts d'écailles luisantes sous la mousse verdâtre, ces queues traînantes de forme fantastique, ces gueules capables d'engloutir d'un seul coup un mouton, un veau, quelques voyageurs disent même un daim, ces yeux phosphorescents, dardés sur l'arbre, une odeur de musc qui montait dans l'air et qui était insupportable, nauséabonde écœurante, tout enfin produisait sur Pancho une impression profonde.

Il ne riait plus.

Il frissonnait !

S'ils allaient donner l'assaut !

S'ils se mettaient à fouiller le sol et à déraciner l'arbre !

S'ils montaient les uns sur les autres dans l'ardeur de l'assaut ; les derniers finiraient par atteindre le sommet !

Pancho fit toutes ces réflexions et il frémit.

Heureusement les caïmans étant stupides, ne savent pas faire le siége avec intelligence.

Ils ne firent que bloquer, mais ils bloquèrent méthodiquement, en cercle à rangs serrés.

Il se placèrent sur plusieurs rangs, les plus gros, par droit de force, étaient les plus rapprochés.

Pancho se sentit, lui, chétif, le centre de ce quintuple cercle d'êtres gigantesques, étranges, qui tous le regardaient.

Il ferma les yeux pour ne plus les voir ; il avait peur d'être fasciné et il craignait de devenir fou.

La première impression passée, il devint plus maître de lui.

S'assurant bien au milieu même du creux formé par la gerbe des palmes au sommet de son cocotier, il se lia fortement avec sa ceinture.

— Comme cela, pensa-t-il, si j'ai le vertige, je ne tomberai pas.

« Si je dors, je ne me laisserai pas choir. Et, bien lié, il se risqua de nouveau à regarder.

Peu à peu il s'habitua à ce spectacle et son âme se raffermit.

Il se dit qu'il fallait en finir et il arma le fusil à deux coups du Matador qu'heureusement il avait eu soin de prendre avec les munitions de celui-ci et qu'il portait en bandoulière au moment où la chasse des caïmans avait commencé.

Pancho savait que toute balle tirée ailleurs que dans la gueule ou dans l'œil de ces sauriens était une balle perdue, en raison de l'épaisseur des écailles qui couvraient leur corps.

Il prit son arme qui était chargée, il remarqua un des plus gros qui, la gueule ouverte, aspirait délicieusement le goût de chair qui descendait du palmier ; Pancho visa, tira fort bien, et le caïman bondit en crachant des flots de sang rouge ; il retomba, blessé, sur ses voisins qu'il chercha à déchirer de ses griffes.

Ce fut l'occasion d'une bataille qui prit des proportions inouïes, car elle se généralisa en un instant.

Le caïman blessé mordant les autres, ceux-ci ripostèrent ; mais les secousses violentes, irritant la bande de proche en proche, tous en vinrent aux prises.

Pancho sentait le sol trembler sous les racines de l'arbre.

Les cuirasses des monstres s'entrechoquant, et leurs masses se heurtant, formaient un vacarme assourdissant, une tempête de bruit, au milieu de laquelle on distinguait les bizarres cris plaintifs d'enfants qui pleurent, plaintes ridicules, seule voix de ces animaux géants.

Ce contraste était grotesque.

Tant de force, tant de puissance, tant de férocité et des gémissements de bébé à la mamelle !

Pancho redevint mulâtre !

Pancho n'y tint pas et se remit à rire comme un fou.

Il avait fait se battre ses adversaires entre eux, il les trouvait stupides, ridicules, il était ravi.

Il eût voulu avoir près de lui quelqu'un pour faire des bons mots.

Il en fit pour lui-même.

— On va vous envoyer vos nourrices, ne pleurez pas ! criait-il.

Et autres facéties.

En même temps, il rechargeait son arme.

Le combat se termina enfin.

Quand des caïmans s'attaquent, ils ne peuvent se blesser qu'aux pattes.

Pancho vit deux de ses adversaires seulement se retirer de la lutte ; se sentant mordus fortement aux pattes, ils gagnaient l'eau et se dirigeaient en se traînant vers la rivière.

Celui qu'il avait tiré était mort.

Pancho attendit qu'un des monstres ouvrît de nouveau la gueule.

Quand il en vit un en bonne posture, il fit encore feu.

Nouvelle blessure, nouvelle bataille, nouveau triomphe joyeux de Pancho.

Il s'amusait énormément.

Il calcula qu'il avait assez de balles et de poudre pour tuer tous ses ennemis et il était ravi.

— Quelle victoire ! pensait-il.

« Il y a là plus de cent caïmans et si je les abats tous, que seront les plus grands chasseurs près de moi ?

« Je dépasserai Jules Gérard.

« Cent caïmans contre un seul homme et celui-ci vainqueur !

Il n'avait plus aucune crainte.

La paix revenue parmi les sauriens, il regretta presque d'en voir encore un se retirer et ramper vers l'eau.

— Je vais, murmura-t-il, tâcher de les foudroyer.

Et, pour cela, il en visa un dans l'œil.

Comme il pouvait poser son fusil sur une branche, il tirait à coup sûr ; il tua donc net le saurien.

Mais...

Mais, tableau inattendu, tous les autres s'enfuirent.

Cette fois ils avaient, quoique stupides, établi une corrélation entre le coup de feu et la mort de leur compagnon ; auparavant les bonds des blessés trompaient leur instinct et troublaient leurs raisonnements ; mais là, ils furent renseignés par l'évidence.

Pancho les vit battre en retraite avec regret.

Toutefois il se dit :

— Enfin, m'en voilà délivré.

« Je vais bientôt descendre et reprendre mon voyage.

Erreur n'est pas compte.

Les caïmans ne reprirent pas le chemin du ruisseau.

A cent pas de l'arbre environ, ils s'arrêtèrent et reformèrent encore un cercle, un seul, très-vaste, mais constituant un blocus non interrompu.

Ils avaient imité l'exemple de ces généraux qui, cernant une place, s'aperçoivent qu'ils souffrent de son feu et reculent leurs lignes d'investissement.

Pancho fit des réflexions amères.

Cette stratégie n'annonçait rien de bon pour lui.

Comme tous les nègres, comme tous les mulâtres, il éprouvait le besoin de boire beaucoup.

Déjà il avait soif.

Il songeait avec dépit que ceux de ces adversaires qui auraient trop faim ou trop soif pourraient quitter leur poste, humer l'eau du gué, happer quelques poissons et revenir.

Il se voyait déjà mort d'inanition sur le palmier.

Il se jura qu'il ne donnerait point à ses ennemis la satisfaction de le dévorer ; il voulait succomber attaché sur le palmier.

— Comme cela, se disait-il, ils verront les corbeaux me déchiqueter et ce sera pour eux un crève-cœur.

Sur ce, Pancho, fidèle à son caractère, rit encore, mais lugubrement.

Le pauvre garçon sentait la soif grandir peu à peu.

Du côté de l'ennemi, nul symptôme de découragement.

Les caïmans, étendus sur le sable, le ventre contre le sol, les quatres pattes étalées, immobiles, somnolents, ressemblaient à des animaux fabuleux, coulés dans le bronze, vernis de vert ; de même que les sphynx des déserts égyptiens ; ils avaient cet air mystérieux des monstrueuses statues que les peuples antiques adoraient.

Pancho comprit alors pourquoi les Indiens révèrent à l'égal des dieux ces derniers survivants de l'époque antédiluvienne.

Rien de plus imposant, de plus troublant, de plus étrange que ces colosses au repos !

Le pauvre Pancho était si las de sentir sur lui les yeux de ses ennemis, qu'il vit arriver la nuit avec joie.

La rosée tomba au moment même où le soleil disparut.

Ce phénomène est instantané dans l'île de Cuba.

Pancho se sentit aussitôt rafraîchi et il respira d'aise.

Bientôt il eut sous la main en touchant aux palmes, le contact des gouttelettes d'eau qui se formaient.

Il eut l'idée de lécher doucement ces palmes, et il s'étonna de la quantité d'eau que l'on pouvait absorber ainsi.

La rosée se reformait vite et en promenant sa langue pendant un quart d'heure sur les feuilles, Pancho étancha sa soif.

Restait la faim !

Les régimes de dattes étaient trop amers ; il en tâta, mais il y renonça.

D'autre part, manger du caïman cru, ce

n'était pas possible, à moins d'être arrivé au dernier degré de la faim.

La chair de ces grands sauriens est comme empoisonnée par l'odeur du musc.

Mais Pancho réfléchit.

Il lui vint une idée.

Il savait que les caïmans pondaient comme les serpents.

D'autre part, il avait ouï-dire que les œufs constituaient pour les nègres un repas friand.

Certes Pancho, qui avait beaucoup de délicatesse de palais, avait fort apprécié les œufs de tortue.

Mais ceux d'un caïman lui semblaient devoir être détestables.

Toutefois, il résolut d'en tâter si c'était possible.

Il regarda si les caïmans étaient tranquilles à leur poste.

Tous conservaient leur distance.

Il descendit.

Les caïmans, dont les sens sont obtus, ne s'aperçurent de rien.

Pas un d'eux ne bougea.

Pancho, en rampant, s'approcha des morts et — détail peu poétique — il plongea son bras dans l'orifice placé sous la queue de ces grands sauriens.

Au premier, il eut beau chercher et chercher intelligemment, le bras enfoncé jusqu'à l'épaule; il ne trouva rien.

Au second, rien encore.

Au troisième il sentit quelque chose de rond, de flasque, qui lui fit le même effet au toucher qu'une peau de bouc pleine; il retira l'objet avec précaution : c'était un œuf bien formé.

Il était de taille à faire une omelette pour six à lui seul.

Pancho se sentit tout joyeux.

Les caïmans ne bougeaient toujours point ; il avait tranquille.

Il chercha encore et il retira sept œufs successivement.

Il se sentit riche.

Il s'agissait de conserver ces œufs et Pancho se souvint que les caïmans enterraient les leurs dans le sable.

Le soleil les couvait de sa chaleur en échauffant le sol.

Or, Pancho avait entendu raconter, par les nègres, que même alors que le petit germe du caïman avait pris un certain développement, l'œuf était toujours excellent.

En effet, l'on a confondu souvent l'œuf *couvis* avec l'œuf couvé.

Dernièrement, une grande discussion s'est engagée entre savants à ce sujet.

Un voyageur sérieux, de retour de Chine, raconta que, là-bas, on prenait souvent des œufs sous la poule, à n'importe quelle période de l'incubation ; que l'on faisait frire le contenu de ces œufs dans une pâte quelconque et que l'on obtenait ainsi d'excellents beignets.

On cria au mensonge.

Le voyageur expliqua alors que l'œuf couvé, celui qui sent si mauvais quand on le casse, est un œuf fécondé par le coq, mais dont le non couvé est mort, s'est pourri et a gâté tout le reste.

Mais si l'on considère que ce germe est un imperceptible point qui se développe et finit par devenir le poulet; que le jaune et le blanc servent de nourriture audit poulet, jusqu'à ce qu'il casse sa coquille, on comprendra que cette nourriture ne peut être corrompue.

Ainsi s'explique que les Chinois peuvent faire frire, à la fois, le poulet à peine formé, le jaune et l'œuf, et trouver cette friture parfaite.

Le savant voyageur fit casser des œufs pris sous des poules.

Aucune mauvaise odeur !

Il fit préparer une friture à la chinoise, et des académiciens en mangèrent et la déclarèrent excellente.

Le fait est acquis.

Donc, en laissant incuber les œufs dans le sable, à un œuf par jour, Pancho avait sept jours devant lui.

Il ne pouvait croire que ses ennemis tiendraient si longtemps.

En conséquence, il défit sa veste, noua le bout d'une des manches, en fit un sac, mit un œuf dedans, puis passant l'autre manche, laissant celle qui formait sac pendre le long de son dos, à la hussarde, il regrimpa sur son arbre.

Là il ouvrit l'œuf qui s'était déjà durci à l'air.

Il le flaira.

Excellente odeur !

Il en goûta.

Goût exquis !

Le Matador, comme tout aventurier qui expéditionne, avait avec lui l'indispensable musette de cuir où se trouvent les instruments indispensables de l'homme exposé à vivre de chasse ; il avait du sel, il avait une fourchette, il avait l'indispensable enfin.

Pancho qui se fût regardé comme un imbécile d'oublier un si précieux sac, y fouilla et prit pour saler son œuf.

Il en huma la moitié, ce qui constituait un fort repas.

Les chimistes ont constaté que l'œuf destiné à nourrir le poulet est un aliment complet.

Ceci veut dire que l'homme qui mourrait faute de certains éléments constitutifs essentiels en ne mangeant que des pommes de terre par exemple, serait *complètement* nourri en ne mangeant que des œufs.

Maître Pancho se trouvait donc dans d'admirables conditions pour braver les projets impuissants de ses ennemis.

Une situation inexpugnable et des vivres.

Que lui fallait-il de plus ?

Il eut même la précaution de se procurer de l'eau pour la journée.

En roulant doucement en cornet les palmes, il recueillait la rosée et la versait dans sa gourde.

Il éprouva une joie d'enfant quand il se vit à la tête d'un demi-litre d'eau à peu près vers minuit.

Alors il songea à dormir.

Il était dans un état d'esprit qui touchait presque à la béatitude.

Bien repu, bien rafraîchi, pas trop mal logé, car les palmes formaient berceau, il se disposait à passer une nuit agréable, une nuit pleine de charmes.

Braver une centaine de caïmans, ce n'est pas vulgaire.

En avoir tué trois, ce n'est pas du premier venu.

Mais, dira-t-on, ce pauvre Pancho, excellent garçon du reste, oubliait donc son camarade, sa maîtresse ?

Eh bien, oui !

Un mulâtre d'abord est d'une mobilité de caractère inouïe.

Intelligent, mais très-impressionnable, le mulâtre est l'homme du moment, de la circonstance, de l'heure, de la minute, de la seconde présente.

Puis, il est humain, quand on se trouve soi-même au milieu d'événements bizarres et dangereux, d'être tout entier à ce qui se passe autour de soi.

Au milieu même d'un combat, un soldat marié ne pense pas à sa femme ; il ne songe qu'aux péripéties de l'affaire.

Il ne faut donc pas reprocher à Pancho d'avoir savouré les joies du far-niente en fermant les yeux lentement.

Mais il se rappela qu'il manquait quelque chose à son bonheur.

Quoi ?

Il chercha.

C'était pourtant bien simple, mais dans une pareille aventure, il avait perdu la notion d'un certain besoin qu'il éprouvait sans bien le préciser encore.

C'était le besoin de fumer !

— Ah ! fit-il, il me manquait quelque chose pour bien dormir !

« Je n'ai pas fumé.

« Mais ce Matador avait des cigares, si je ne me trompe.

En effet, dans la musette il en trouva deux paquets.

Comme il y avait aussi de l'amadou et un briquet, Pancho fit bientôt flamber un excellent havane.

Et voilà un homme heureux, complètement heureux !

Cependant... non.

Au moment même où ses yeux se faisaient petits, où il dodelinait doucement de la tête, il aperçut deux lueurs...

C'étaient deux flammes naissantes qui grandirent et brillèrent comme deux torches d'un vif éclat.

Il était devant les Peaux-Rouges.

Pancho, qui se disposait à faire un bon somme, se sentit tout à coup réveillé par la curiosité.

Les lueurs approchaient lentement, recevant de légères et régulières oscillations.

Parfois, mais pour un instant seulement, leur mouvement cessait.

— Que diable cela peut-il être? se demanda Pancho.

Mais peu à peu il réfléchit que sans doute c'étaient là deux hommes portant des torches.

Pourquoi des torches?

Pourquoi s'éclairer la nuit?

On y voyait suffisamment pour se conduire.

Puis, en ce temps de guerre civile, si ces deux hommes appartenaient soit à l'un, soit à l'autre parti, vraiment ils avaient tort d'illuminer ainsi leur course nocturne.

Ils ne pouvaient manquer d'attirer sur eux l'attention.

Pancho en conclut que ces hommes, car ce devaient être des hommes, n'appartenaient point aux insurgés, car ils auraient redouté les patrouilles de cavalerie espagnole; ils n'étaient point non plus des soldats espagnols; il y aurait eu imprudence stupide de leur part à s'exposer ainsi.

Seulement il conçut pour eux de très-vives craintes.

Les deux torches, étant donné la direction qu'elles suivaient, devaient passer à portée des caïmans.

— Ces gaillards-là, pensa Pancho, vont se faire dévorer!

Ame généreuse, cédant toujours à son premier mouvement qui était le bon, Pancho se dit :

— Après tout, qu'ai-je à craindre?

« Si ce sont des Espagnols, je les avertis et je les sauve.

« Ils iront chercher un escadron quelque part et me délivreront.

« J'exhiberai ma carte ensuite et ils me laisseront libre d'aller où bon me semblera.

« Si ce sont des insurgés, je leur révèle le péril.

« Ils me tireront de là.

Toutefois il pensait que cent caïmans, c'est une grosse troupe.

Se retireraient-il devant un escadron ou une compagnie?

Peut-être faudrait-il du canon?

Comme les lueurs avançaient sans cesse, Pancho se fit des deux mains un porte-voix et cria :

— Halte là-bas!

La voix porta, car les deux torches cessèrent d'onduler.

Pancho cria encore :

— N'avancez pas!

« Je suis sur un palmier, bloqué par les caïmans.

« Si vous venez par ici, vous êtes mort!

« Retirez-vous, mais, je vous en prie, revenez en forces me sauver.

« Je puis attendre, car j'ai de l'eau et des vivres.

Une voix demanda à Pancho :

— Qui êtes-vous?

— Un pauvre diable de voyageur, dit-il d'un air piteux.

— Espagnol ou Cubain?

— Ni l'un ni l'autre.

« Je suis Français.

Il mentait.

Toutefois parlant très-purement et sans accent notre langue, il pouvait soutenir ce mensonge.

Il reprit :

— Qui que vous soyez, je vous en conjure, ayez pitié de moi!

« Eloignez-vous, mais ramenez du monde pour me débarrasser de ces caïmans!

— Taisez-vous! lui cria-t-on.

« Tenez-vous tranquille.

« Nous venons à vous.

— Comment! pensa Pancho.

« Comment!... ils viennent!

« Mais oui... il viennent!

« Ils avancent...

« Les voilà!

« Ces hommes sont fous!

Maître Pancho s'égosilla pour crier aux deux porte-torches :

— Garde à vous!

« Gare aux caïmans!

Mais une voix qu'il n'avait pas encore entendue lui cria impérativement :

— Senor Français, de grâce, faites silence ou nous vous abandonnons.

Pancho se tut, mais il était prodigieusement surpris.

Les hommes avançaient toujours.

Jusqu'alors les sauriens n'avaient pas plus bougé que des termes.

Mais lorsque les torches, au juger de Pancho, furent presque sur eux, on vit la portion du cercle qui allait être touchée par la lumière, se mouvoir en avant et se rapprocher de l'arbre, chassée par l'approche des deux nouveaux venus.

On eût dit que ces hommes avaient un pouvoir magique.

Pancho, stupéfait, vit le cercle des caïmans s'ouvrir ; les deux hommes le franchir ; derrière eux les caïmans se reformèrent dans leur ordre primitif.

Les inconnus étaient bloqués aussi ; mais ils semblaient s'en moquer.

Ne possédaient-ils pas quelque talisman précieux qui assurait leur autorité sur les caïmans?

Pancho se souvint alors que les prêtres égyptiens passaient pour connaître le secret d'apprivoiser les crocodiles.

Les deux inconnus s'arrêtèrent au pied de l'arbre.

Pancho, à sa grande surprise, reconnut le bazardier qui était venu vendre des articles de toilette, de ménage et de bimbeloterie à

San Ignatio, autrement dit, le capitaine Sacripan ; mais il ignorait que ce fût lui.

L'autre personnage lui était inconnu.

— Senor, lui cria Sacripan, veuillez descendre sans crainte.

Pancho n'hésita pas.

Il était dominé par cette pensée que ce bazariero était un mystérieux personnage, doué d'un pouvoir occulte.

— Pour sûr, se disait-il, c'est un Vaudoux, un affilié.

Comme il croyait aux Vaudoux, comme il en avait peur, comme il était très-impressionnable, il dégringola plutôt qu'il ne descendit.

Sacripan le considéra de la tête aux pieds, puis il lui dit :

— Où alliez-vous, senor, quand les caïmans vous ont attaqué ?

— Du côté du *Morne!* dit le jeune homme ; je passais l'eau.

— A cheval peut-être ?

— En canot !

— Ah ! dit Sacripan, vous avez trouvé un canot ?

— Oui, senor.

« Un canot abandonné.

« Il s'était arrêté dans un ais du gué et j'ai cru pouvoir m'en servir.

« Mais les caïmans ont dévoré mon cheval, et pendant qu'ils se le disputaient, j'ai pu atterrir.

— Pourquoi alliez-vous au Morne ? demanda Sacripan.

Pancho réfléchit avant de répondre ; il voulait mentir. Si l'inconnu était Vaudoux, il devinerait que Pancho mentait ; mais Pancho se dit que les Vaudoux n'étaient pas ennemis des insurgés.

Or, comme Pancho allait aux insurgés pour la bonne cause, le Vaudoux pardonnerait le mensonge.

— Senor, dit-il, donc voici la chose.

« Je suis Français.

« Je représente une maison de commerce importante.

« Un des principaux insurgés nous doit de l'argent.

« Nous savons qu'il a réalisé sa fortune avant de prendre parti.

« Il a des fonds placés aux États-Unis et je vais le prier de me faire toucher, sur ces fonds, ce qu'il nous doit.

— Très-bien ! dit Sacripan.

« Venez avec nous.

« Nous allons aussi au Morne.

— Alors, vous êtes insurgé ! dit joyeusement Pancho.

Sacripan le regarda de nouveau attentivement, sourit et dit :

— Allons ! allons ! vous nous avez raconté une histoire.

« Vous allez rejoindre Cespedes pour vous battre.

Pancho protesta faiblement.

— Moi, dit Sacripan, je veux vous donner l'exemple de la franchise.

« Oui, nous tenons pour la cause de l'émancipation.

Pancho n'hésita plus.

— Moi aussi ! dit-il.

« Mais, puisque vous êtes Vaudoux, vous allez écarter les caïmans, comme vous avez déjà fait et nous passerons l'eau avec le canot.

— Nous ne sommes pas Vaudoux ! dit Sacripan en souriant.

« C'est mon compagnon de route qui m'a appris que la lumière épouvantant aussi bien les caïmans que les lions, on n'avait rien à craindre d'eux, avec une torche à la main.

« Or, pour cause, nous ne marchions que la nuit dans la crainte des Espagnols et nous savions — du moins, mon compagnon qui est de ce district savait qu'en cette saison, les caïmans se rassemblent au gué, près d'ici.

« Nous voulions abattre des arbustes, faire un radeau et passer dessus.

« Craignant les caïmans, nous avons allumé des branches résineuses.

« En voici une.

« Faites comme nous.

Pancho s'illumina aussi.

— Maintenant, dit Sacripan, c'est avoir trop causé.

« Cherchons le canot et passons.

— Volontiers ! dit Pancho.

Il guida ses deux compagnons vers l'endroit où il avait sauté sur la rive.

A leur approche les caïmans se retirèrent mais à aussi courte distance que portée de lumière.

C'est au milieu de cette escorte respectueuse, mais imposante, qu'ils arrivèrent au bord de l'eau, près du canot.

Pancho qui d'abord n'était point trop rassuré, prit confiance :

— Vraiment, murmurait-il, c'est étonnant!... ces imbéciles de caïmans! avoir peur d'une torche !

— Senor, lui dit Sacripan, les caïmans voient rarement du feu.

« Supposez que vous n'en ayez jamais vu et que dans la nuit, vous soyez ébloui par le rayonnement d'une lumière.

— J'aurais peur ! dit Pancho.

Le canot, par suite de la baisse assez rapide du torrent, était ensablé.

Les fugitifs le mirent à l'eau.

Le compagnon du capitaine prit les rames et recommanda :

— Tenez-vous à l'avant, capitaine.

« Vous, senor, à l'arrière.

« Éclairez bien la rivière.

Ils obéirent.

On passa sans encombre.

Le mot de *capitaine* avait frappé Pancho.

— Capitaine ! pensait-il.

« Ce bazariero est quelque officier de Cespedes qui faisait de l'espionnage à San Ignatio ; c'est un hardi compère.

De l'autre côté de l'eau, Sacripan parut e trouver à son aise.

Quand ses compagnons furent sortis du canot, il tira celui-ci à terre et dit avec satisfaction :

— Enfin !

« Entre nous et les Espagnols, il y a un cours d'eau qu'il est impossible de faire franchir à une armée sans un équipage de pont.

« Nous n'avons à craindre de ce côté-ci du rio que des partis isolés et nous sommes trois hommes bien armés.

« Nous pourrions nous défendre.

« Maintenant, marchons un peu encore pour nous éloigner des caïmans.

On fit environ deux kilomètres encore et, comme les caïmans n'avaient pas suivi bien loin les voyageurs, on éteignit les torches.

Alors Sacripan dit à Pancho :

— Senor, permettez-moi de faire les présentations !

« Je suis le capitaine Sacripan.

Pancho, qui ne s'attendait pas à ce coup de théâtre, sachant Sacripan officier de l'armée régulière, bondit en arrière et mit la main sur son révolver.

Mais Sacripan lui dit :

— Je suis Espagnol, mais je déserte.

« Marchons.

« En route je vous raconterai mon histoire qui est fort triste.

On se remit en marche.

Pancho écouta avec intérêt le dramatique récit du capitaine et comprit la rencontre de celui-ci avec son compagnon.

Le capitaine ajouta :

— Comme j'ai déjà eu l'honneur de vous le dire, nous ne pouvions marcher que de nuit ; mais ce senor qui me guidait, connaissait très-bien le pays.

« Tout d'abord, il me conduisit dans une habitation ruinée, pillée par un détachement espagnol, mais où nous pûmes changer nos vêtements mouillés pour ceux que nous portons et où nous trouvâmes même le fusil de munition que voici et qu'un soldat espagnol ivre aura laissé tomber dans un coin, pendant le sac de cette ferme.

« Ensuite, ayant passé la journée en cet endroit, nous avons marché la nuit seulement, avec force détours.

« Nous voulions atteindre le gué et nous vous y avons rencontré.

« Mon compagnon, qui s'attendait à rencontrer des caïmans, m'avait fait allumer des torches comme vous l'avez vu.

« Voilà mon histoire.

Alors Pancho raconta la sienne.

Quand Sacripan sut ce qui arrivait à Maracasse, il voulut hâter le pas.

— Vraiment, dit-il, il faut nous presser d'atteindre un poste insurgé.

« Je veux voir Cespedes.

« Ce Maracasse est l'homme le plus brave que j'aie rencontré.

« On ne peut le laisser tomber aux mains des Espagnols.

Et ils firent force de jambes pour arriver.

Le compagnon de Sacripan, toujours accablé par un sombre désespoir, ne desserrait point les dents.

Ils marchèrent ainsi ayant toujours le Morne comme direction.

CHAPITRE XLVI

Au camp.

Cette nuit-là même, maître Robinson et trois hommes, dont Oreilles-d'Argent, avaient été placés en avant-poste sous bois à une lieue du camp.

Robinson, vers trois heures du matin, se chauffait tranquillement, causant avec son ami Oreilles-d'Argent, pendant qu'un Cubain, dormait auprès du feu et qu'un autre à plat-ventre, à cent pas de là, sur un tertre, faisait sentinelle pour le poste, épiant tous les bruits.

Cette sentinelle, en cas d'alerte, avait ordre de donner comme signal le cri de la chouette et de se tenir ensuite blottie dans son embuscade et d'attendre.

Or, elle entendit un bruit de pas, à distance, se retourna vers le poste, dont elle apercevait, du reste, le feu de bois sec, et elle lança son appel.

(*Voir* la belle gravure, page 269, où cet incident est crayonné de main de maître par Gustave Doré.)

Lorsque le cri de la chouette retentit, Oreilles-d'Argent se retourna (1) pour écouter et dit :

— Vraiment, c'est bien imité !

« Ces Cubains se forment :

« On dirait d'une vraie chouette !

— Les Cubains ont un défaut ! dit Robinson avec un peu de mépris.

« Ils dorment trop !

Et il poussa du pied le Cubain, en lui disant :

(1) *Voir* la vignette, page 149.

— Debout !

« Il y a du nouveau.

Le Cubain se leva, prit ses armes, puis tous trois, en rampant, rejoignirent la sentinelle qui les attendait.

— Qu'y a-t-il ? demanda Robinson.

— Du bruit ! fit la sentinelle.

— Dans quelle direction ?

— Là-bas !

Robinson colla son oreille à terre, écouta et dit :

— Trois hommes, pas plus !

— J'y vais ! dit Oreilles-d'Argent.

Et avec l'étonnante rapidité des coureurs de prairie, il fila sous bois en rampant et disparut.

Un quart d'heure après il revenait avec Pancho et ses compagnons.

Il donna des nouvelles de Juanita et de Maracasse à Robinson.

Le brave trappeur dit au capitaine Sacripan avec effusion :

— Courez vite vers Choquart !

« Le Cubain que voici vous conduira vers le général.

« Vous l'avertirez, ainsi que Touche-Toujours, de ce qui se passe.

« Vous ajouterez que moi et Oreilles-d'Argent nous demandons à être chargés soit de rechercher Juanita, soit de secourir Maracasse.

Puis avec énergie :

— Que de sang il faudra verser pour venger notre petit Maracasse, si l'on nous le tue ; nous en submergerons l'île !

Sacripan serra la main des deux trappeurs et le Cubain désigné les conduisit au camp.

Au jour ils y arrivèrent.

Sacripan dit alors à Pancho :

— Vous, senor, allez voir Cespedes et parlez-lui de Maracasse.

Puis à son autre compagnon :

— Veuillez m'attendre.

« J'espère avoir bientôt à vous donner une occasion de vengeance.

« Je vais parler à Choquart et à M. Balouzet.

On juge de l'accueil que reçut Sacripan de la part de l'oncle et du neveu.

M. Balouzet obtint facilement de Cespedes

l'autorisation de prendre un détachement pour se mettre à la recherche de Juanita.

Il choisit Robinson parmi ceux qui devaient l'accompagner.

— Permettez-moi, dit Sacripan, d'emmener un homme dévoué qui connaît le pays, mon compagnon, dont je vous ai parlé.

— Faites! dit M. Balouzet.

« Mais hâtons-nous!

« Je vous attends dans deux heures aux avant-postes.

« Soyez bien armés tous deux.

Et il s'occupa d'organiser son expédition.

Sacripan retourna vers son compagnon qui avait si bien l'attitude d'un homme écrasé par le malheur que désormais il l'appela : Le Désespéré.

Le capitaine le retrouva seul, morne, désolé, assis sur une roche, son revolver déposé près de lui.

— Levez-vous, lui dit Sacripan, et venez si vous vous sentez assez fort.

— Où allons-nous? demanda le Désespéré.

— Retrouver Juanita, si elle est vivante; la venger si elle est morte!...

(*Voir* notre vignette, page 149.)

Sacripan emmena son compagnon aux avant-postes où ils retrouvèrent Robinson.

De son côté, Pancho était allé trouver Cespedes et lui avait expliqué ce qui se passait à l'hacienda de Schnerbb.

Le général assembla aussitôt un conseil de guerre dont les résolutions furent tenues secrètes ; mais à la suite duquel une forte colonne, dont tous les flibustiers faisaient partie, prit les armes et quitta le camp.

Mais il était impossible qu'elle délivrât Maracasse.

Le lecteur sait quelle tournure avaient prise les événements du côté de l'hacienda et comment Maracasse s'était réveillé duc de Bourbon-Navarro, prince de Seo-d'Urgel, marquis de Palavanca, seigneur d'une centaine d'autres lieux, grand d'Espagne de première classe, cousin du futur roi Alphonse XII.

En ce moment, les télégrammes pleuvaient à Santiago.

C'était d'abord une dépêche de Madrid, ratifiant la conduite d'Herrera et enjoignant au gouverneur de Santiago de traiter don Bourbon de Navarre avec tous les honneurs dus à son rang et *à ses mérites*.

Ceci était une allusion à son héroïsme, déployé il est vrai contre l'Espagne ; mais don Bourbon de Navarre ignorait alors qu'il fût Espagnol et il avait honoré la nation à son insu en montrant tant de courage.

La ville lui faisait, à chacune de ses sorties, des ovations enthousiastes.

Le peuple était fier de lui.

En déclarant qu'il gardait la neutralité, Maracasse conciliait tout.

D'une part ceux qui tenaient secrètement pour les Cubains, acclamaient en lui l'insurgé qui seul avait arrêté une armée.

D'autre part les Catalans, les volontaires, les soldats, saluaient en lui le gentilhomme de leur race qui avait renouvelé les exploits du Cid Campeador.

Après le télégramme officiel un autre était venu de Rome.

Il était signé du cardinal de Bourbon qui exultait de joie.

Tout d'abord il créditait Maracasse pour quatre millions de réaux, soit un million de francs environ, sur les banques de la ville et de la Havane.

De plus, il lui cédait, en toute propriété, des châteaux, des terres, des fermes qui faisaient de Maracasse le plus riche seigneur des Castilles.

Il lui constituait ainsi un revenu de huit cent mille francs.

Maracasse, que nous ne pouvons nous déshabituer d'appeler ainsi, était fait, en même temps, commandeur des ordres divers dont un cardinal influent peut disposer.

On sait que jamais un gouvernement ne refuse à une chancellerie étrangère les décorations qu'elle sollicite à titre de réciprocité.

Maracasse put donc se décorer d'une foule de hochets, ce dont il se moquait, prétendant que les nègres seuls pouvaient être fiers de porter toute cette ferblanterie sur leur poitrine.

Enfin, de tous les points de l'Europe, tout ce qui était Bourbon, de près ou de loin, même le prétendant Henri V, même don Carlos, même les princes d'Orléans, même don Alphonse, le roi actuel, même la reine d'Espagne, envoyèrent par télégrammes leurs félicitations.

Maracasse fut enchanté d'avoir tant de parents.

Il fit acheter toutes leurs photographies pour les connaître.

La grêle des dépêches continua longtemps; tous les amis de son père, toutes les grandes familles d'Espagne complimentèrent le jeune homme.

Il avait excité, du reste, les plus vives sympathies.

Herrera avait résumé la conduite des flibustiers dans son rapport et les imaginations s'étaient enflammées d'après les récits qui, commencés dans les salons officiels de Madrid, firent le tour de la péninsule.

Le chevalier, tout à son rôle, sut admirablement s'emparer de Maracasse sans qu'il s'en doutât.

Il fit rapidement de lui un grand seigneur de très-bonne tenue.

La marquise, de son côté, étant la seule femme de Santiago, digne de ce riche, jeune et beau prince, se sentit sûre de le garder. Elle s'ingénia à l'amuser, ce à quoi elle réussit prodigieusement.

Deux mois plus tard, personne n'aurait reconnu dans le prince de Bourbon, le flibustier naïf et intrépide qui faisait trembler des millions d'hommes en leur jetant son nom.

Toutefois don Bourbon garda et il conserve toujours de son ancienne profession une vigueur musculaire inouïe.

On se souvient à Madrid de lui avoir vu prendre d'une main par le cou, de l'autre par les reins, un drôle impertinent, qu'il lança sur le balcon d'un premier étage.

En outre, don Bourbon de Navarre est demeuré loyal, franc, fier, mais sans morgue, très-simple d'allures et généreux à l'excès.

A peine avait-il été crédité qu'il avait songé à ce brave Schnerbb dont l'aide lui avait été si utile.

Il l'appela près de lui.

Déjà il avait envoyé un télégramme pour prier madame Schnerbb de revenir à Santiago au plus vite.

Le prince retint le brave Suisse près de lui.

Schnerbb reçut dix fois le prix de sa maison en argent.

Pendant deux mois, il attendit le retour de sa femme.

Celle-ci revint avec ses filles, et avec le prince et la marquise, il fut convenu que l'on reprendrait le chemin de l'hacienda pour voir ce qu'il y avait à y faire pour la restaurer.

On juge de la joie du fermier quand il retrouva sa maison reconstruite comme par miracle, son bétail reconstitué, ses esclaves en fête, ses domestiques blancs en costume de dimanche et... ses deux futurs gendres, arrivés et installés depuis trois jours.

Schnerbb fit les deux mariages au plus vite; sûr de la bienveillance des Espagnols et de celle des insurgés, il resta dans le pays dont, depuis ce jour, il adopta le costume.

C'était indiquer qu'il n'avait plus l'idée de le quitter.

Le lendemain du départ du prince, au matin, à l'aube, Schnerbb qui s'apprêtait à partir pour une chasse aux caïmans, était, tête nue, sur le pas de sa porte, attendant, les bras croisés, que le soleil parût pour donner le signal du réveil.

Le brave Suisse vit arriver un cavalier, guidé par un piéton qui dit à ce cavalier :

— Senor, ici est l'hacienda !

« L'homme est devant vous.

(*Voir* notre gravure, page 285.)

Et, sur ce, le piéton s'éloigna.

Schnerbb, étonné, reçut aussitôt ce cavalier étranger avec empressement.

Celui-ci lui demanda un entretien secret, et ne causa pas plus de trois minutes avec lui ; il remonta à cheval et disparut.

Quand il fut parti Schnerbb rentra joyeusement chez lui :

— Mes enfants, dit-il à ses gendres, j'ai tout lieu de croire qu'un certain Pancho, un mulâtre très-astucieux, mais franc de cœur, a parlé au général Cespedes.

« Voici un sauf-conduit en bonne et due forme de ce général.

« Avec cela, jamais les insurgés ne nous molesteront.

Ainsi du côté de don Bourbon de Navarre, comme du côté de Schnerbb tout étant pour le mieux.

Reste à savoir ce qui advint de M. Balouzet et de Juanita.

CHAPITRE XLVII

Les scorpions.

Forcé d'abandonner nos héros au moment où le récit bifurque, nous reprenons un à un tous les épisodes de ce drame.

Le lecteur se souvient sans doute que nous avons laissé Juanita et le brave sergent Ali séparés de Sacripan, dans le rapide du torrent, par suite du choc violent contre un roc, de l'arbre qui les portait.

Ali était un mulâtre fils d'Arabe et de nègre, deux races merveilleusement faites pour s'unir et qui donnent d'admirables produits.

Ali était d'une force peu commune, d'une vigueur nerveuse extraordinaire.

Il nageait merveilleusement.

Il parvint à saisir Juanita qu'il entrevit dans un tourbillon et il lui soutint longtemps la tête hors de l'eau.

Le courant portait précisément le sergent sur la rive opposée à celle où devait débarquer le capitaine.

Ali, après avoir nagé pendant un grand quart d'heure, sentit la terre sous ses pieds et il gagna la rive.

C'était l'homme industrieux par excellence, il avait mené la vie des chasseurs d'autruches au Sahara, il savait faire flèche de tous bois, même quand il n'y avait pas de bois.

Juanita était évanouie.

Après les souffrance de l'*in pace*, la jeune fille étant très-affaiblie, il pouvait arriver que ce bain lui fût mortel.

Donc, à tout prix, il fallait la rappeler à la vie.

Il fallait lui redonner de la chaleur et ramener le sang aux extrémités.

Ali n'était pas pour les demi-mesures et il commença par étendre à terre l'espèce de manteau de nonne dont Juanita était enveloppée.

Puis il la déshabilla entièrement.

Après quoi, ayant coupé une branche d'arbuste, il flagella vigoureusement le corps nu de la jeune fille.

Puis avec un morceau de drap arraché à ses vêtements, il la frictionna vigoureusement en imbibant le drap de quelques gouttes de rhum prises dans sa gourde.

Ensuite il tordit les vêtements de la jeune fille et la rhabilla.

Déjà le sang revenait à la peau.

Ali compléta sa cure en versant dans la bouche de Juanita quelques gouttes de son cordial.

Bientôt la jeune fille se ranima et revint à elle.

Alors Ali l'obligea à plusieurs reprises, mais à très-petit coups, à boire encore du rhum et elle se sentit bientôt des forces.

Alors elle se leva et le sentiment de la situation lui revint.

— Où est-il? demanda-t-elle à Ali avec émotion.

— Je parierais cent piastres contre cent maravédis, dit Ali, qu'il est sauvé.

— Mais où est-il?... je ne sais.

— Pauvre jeune homme! s'écria Juanita effrayée malgré les espérances manifestées par Ali. Et ce serait pour moi qu'il aurait péri!

— Par Allah! je vous jure, moi, qu'il n'est pas assez bête, mon capitaine, pour se laisser mourir ainsi.

« C'est un nageur!

« Est-ce que je suis noyé, moi?

« Est-ce que vous l'êtes?

« Senora, croyez-moi, le capitaine est à sec pour le moment.

— A sec... non!

« Il pleut toujours!

« Mais il est hors du torrent.

« Maintenant, senora, donnez-moi le bras et marchons.

— Où allons-nous?

— Nous allons autant que possible nous diriger vers la mer.

Ils examinaient avec attention.....

« Tous les ruisseaux y vont.

« J'ai idée que celui-ci y mène presque en droite ligne.

« Côtoyons-le.

— Et pourquoi vers la mer?

— Parce que, là, senora, nous trouverons à manger des coquillages.

« Il va falloir vivre tout un jour cachés, nous ne pouvons marcher que la nuit ; vous devez bien penser que vingt-quatre heures de jeûne, c'est bien long.

« Une fois près de la mer, je me charge de vous préparer des repas convenables et réconfortants.

« Puis nous nous orienterons vers le Morne

« Là sont les insurgés.

— Mais le... capitaine?

« Il va me chercher...

— Senora, le capitaine vous aime assez pour vous donner jusqu'à la dernière goutte de son sang.

« S'il y avait chance de vous trouver, il vous chercherait.

« Mais cherche-t-on une aiguille dans une meule de fourrage ?

« Non.

« Vous êtes au milieu de cette inondation et de ces campagnes, comme l'aiguille dans la meule de foin.

« Le capitaine n'est pas assez chercheur de piste pour essayer de retrouver nos pas ; il ira droit aux insurgés.

« Là se trouvent des trappeurs qui savent lire à terre comme moi.

« Il reviendra avec eux, à moins que nous ne soyons au camp des flibustiers avant lui, ce qui pourra arriver.

Et le sergent, pressant le pas, entraînait Juanita.

Cette marche vive ranimait la jeune fille et conjurait le danger d'une maladie grave ; la réaction se produisait.

Ali et Juanita se trouvèrent au jour non loin d'une falaise.

Quand l'aube lui montra les flots, encore houleux de l'impulsion donnée par le cyclone, Ali poussa un cri de joie.

— Voilà, dit-il, où se trouvent notre déjeuner et notre dîner.

« Cherchons un gîte.

« Ce ne sera pas difficile.

« J'ai entendu dire que ces côtes étaient trouées de souterrains, d'excavations et de repaires innombrables.

« Nous sommes certains, le voyage durerait-il huit jours, de ne pas coucher à la belle étoile.

Il se mit en quête à travers la falaise et il découvrit une espèce de grotte toute tapissée de mousse.

L'entrée aux dernières heures du cyclone était tournée du côté opposé à la pluie ; l'eau de ciel, depuis un temps assez long, ne fouettait plus à l'intérieur.

L'air vif avait séché le sol sablonneux, il y faisait sec.

— Restez là, dit Ali à Juanita.

« Otez vos vêtements pendant mon absence et prenez les miens.

« Vous étendrez les vôtres devant le feu que je vais allumer.

Comme il allait se déshabiller elle se détourna.

Il se mit presque nu.

Il sortit aussitôt.

Muni de la hachette qu'il avait emportée du hangar aux outils, comme nous l'avons dit, il alla abattre un arbre d'une essence grasse comme l'olivier, et il revint avec une brassée de bois fendu et mouillé seulement à la surface.

Avec une cartouche de son revolver, il eut bientôt allumé du feu.

— La ! dit-il à Juanita toujours réfugiée dans un coin obscur, par pudeur, voici déjà un foyer dans votre maison.

« Chauffez-vous.

« Séchez les vêtements.

« Dans une heure, nous déjeunerons.

Il gagna la plage.

La marée étant basse, il s'aida d'une forte branche d'arbre comme d'un levier et déplaça ainsi de grosses pierres, éparses sur le sable.

Sous ces blocs il trouva, comme cela arrive toujours, des congres, de gros crabes, des soles, des plies et des crevettes.

Il ramasse aussi des petits animaux assez bizarres, nommés vulgairement vaches de mer par les pêcheurs.

Puis il emporta quelques petites pieuvres très-gluantes.

Il revint bientôt chargé de poissons, de coquillages, d'herbes marines, et portant de l'eau de mer dans de grandes coquilles.

Avec des moules, des congres coupés ou morceaux, en mélangeant de l'eau douce et de l'eau de mer dans une vaste écaille, il fit un potage au poisson exquis, dont les plantes marines étaient les légumes.

Quant aux soles et aux plies, il les fit griller industrieusement.

Une heure ne s'était pas écoulée que, comme il l'avait prédit, on déjeunait et l'on déjeunait bien.

On causa.

Juanita parla encore du capitaine avec inquiétude.

Cette fois Ali sourit dans sa barbe, il se demanda si Juanita ne s'était pas mise à aimer Sacripan.

Il la rassura, de son mieux, sur le sort de son sauveur.

La jeune fille cependant revenait toujours sur ce sujet.

Ali, qui avait à lui parler d'un certain projet assez bizarre, déclara, une fois pour toutes, que sa conviction était basée sur de très-sérieuses espérances quant au salut du capitaine et que les paroles ne pourraient rien y changer.

Juanita se le tint pour dit et n'en parla plus. Ali en profita pour réaliser son projet :

il se mit à peindre très-vivement les dangers que courrait la jeune fille, si prise elle était reconnue.

— Ce serait, dit-il, le cachot, pour toujours !

Il voulait produire un grand sentiment d'effroi et il y réussit.

Il conclut en laissant échapper cette exclamation :

— Oh ! si vous m'en croyiez, vous vous déguiseriez !

— Et comment ? fit-elle.

Il en était arrivé à ses fins et il cacha sa satisfaction.

Il dit alors à Juanita :

— J'ai pris, sur la rive, une espèce de bête marine que l'on appelle dans mon pays la vache de mer.

« C'est une sorte de boule noire, visqueuse et molle, surmontée d'une tête semblable à celle d'une vache.

« La voici !

« La boule contient une encre corrosive qui fait gonfler et tuméfier la peau pour quelques jours, sans danger.

« Si vous vouliez, vous pourriez vous défigurer avec cette encre sans que personne au monde pût vous reconnaître.

« Nous pourrions marcher sans crainte ; même pris, nous ne serions pas reconnus, car moi, je sais comment me blanchir.

— Sergent Ali, dit Juanita, faites tout ce que bon vous semblera.

— Très-bien ! dit-il joyeux.

« J'avais peur de vous voir faire des manières et refuser.

« Mais je vois que vous êtes bien la plus vaillante petite senorita qui soit au monde, puisque vous consentez à tout, même à être laide.

« Il est vrai, fit-il en souriant, que je ne serai pas beau non plus.

Ali procéda aussitôt à l'opération du maquillage fort singulier qu'il avait amené Juanita à accepter sans trop de répugnance.

A l'idée de retomber entre les mains de l'abbesse, de mourir de nouveau à petit feu dans un *in pace*, de devenir idiote comme Mariquita, à la pensée des persécutions qui l'attendaient, Juanita se résignait à perdre sa beauté pour quelques jours.

Ali, le déjeuner fini, exprima le jus corrosif et noir de la marine vache dans une écaille, et, avec un pinceau d'herbes sèches, il promena ce baume très-acide sur le visage de la jeune fille.

Celle-ci ne se doutait pas à quel point l'action de cet acide animal était puissante.

En dix minutes, son visage enfla.

Elle devint bouffie, hideuse : on eût dit d'une caricature.

Elle n'avait pas de miroir, heureusement pour elle.

Mais elle éprouva un feu violent au visage et dit :

— Il me semble que mes joues brûlent et je souffre.

— Voici de l'eau douce, dit Ali qui en avait apporté dans un coquillage.

Et pendant que la jeune fille rafraichissait ses pommettes brûlantes et gonflées, Ali fit, pour lui, certains préparatifs.

Il se mit à broyer des coquillages en poudre.

Il chantonnait une de ces ballades espagnoles si gaies, mêlées de rhythmes dansants qui feraient effet sur un paralytique.

De temps à autre il demandait à la jeune fille :

— Eh ! senora,

« Ce feu passe-t-il ?

— Oui ! disait-elle.

Enfin, la sensation de brûlure entièrement calmée, elle dit :

— C'est fini !

« Je ne souffre plus !

— Alors, dit Ali, tout est pour le mieux !

« Vous êtes laide à ne plus être reconnue même par votre mère.

« Moi, je vais avoir l'air d'un blanc galeux.

« Par Allah ! ceux qui nous reprendront seront malins s'ils nous reconnaissent et je leur ferai une bonne fable.

Sur ce, le sergent continua à broyer ses coquilles en chantant.

Entre elle et lui le contraste était frappant.

Autant il était gai, autant elle était soucieuse.

Ali, armé, en face d'un bon feu, bien séché, ayant déjeuné confortablement, se sentait heureux, tranquille et joyeux.

Juanita, réchauffée, ranimée, ayant de l'espoir, presque convaincue par le sergent que Sacripan devait être sauvé, Juanita était fort triste.

Tellement triste qu'Ali le remarqua et s'en étonna.

— Senora, dit-il, maintenant que le feu nous a servi, que la pluie cesse, que nous avons chaud, que le soleil luit, que la brume se lève sur la mer et se dissipe, nous allons éteindre la flamme et ne conserver que des charbons sous les cendres.

« Puis, bannissant tout souci, nous dormirons tranquillement.

— Soit !

« Mais pourquoi des charbons ? demanda Juanita étonnée.

— Pour rallumer le feu ce soir et cuire notre dîner.

— Nous restons là !

— Certainement, senora.

« Je ne vais pas m'exposer à vous faire rencontrer des Espagnols en plein jour, quoique vous soyez devisagée ; nous sommes bien ici, restons-y.

« Cette nuit, nous marcherons.

« Encore, vu votre faiblesse (vous êtes loin d'être remise), ne ferons-nous que trois lieues au plus.

Juanita sentait bien qu'Ali avait raison et qu'elle ne pourrait point fournir une longue marche.

Le sergent reprit :

— Nous continuerons à suivre le rivage, d'abord parce que la mer nous fera vivre, puis parce que les falaises arides ne sont pas habitées ; on les fréquente peu ou pas, cette île étant peu peuplée.

« En dehors des grands ports de mer et des grandes villes, il n'y a que des plantations et toutes sont dans l'intérieur.

« Mon feu éteint, rien n'attirera personne, ici ; alors même que, par hasard, quelqu'un se promènerait dans ces solitudes, vous ne vous ressemblez plus, et, je vais me transformer aussi.

« Donc pas grand'chose à redouter, même si l'on nous arrêtait.

« Vous allez pouvoir dormir.

« Ça vous remettra.

« Après le dîner, nous partirons et nous nous reposerons souvent.

« Je calcule que nous mettrons ainsi trois ou quatre nuits pour atteindre le Morne qui n'est pas éloigné de la plage.

« Notre dernière nuit sera consacrée à nous rendre de celle-ci à la montagne où nous trouverons les insurgés.

— Vous prenez rang parmi eux ? demanda Juanita.

— Ce que fera le capitaine, je le ferai ! dit Ali.

— Pensez-vous, sergent, qu'il passera aux Cubains ?

— Je crois bien que cette fois-ci mon officier n'aura plus de scrupule, toutefois, je ne puis rien prédire.

« Mais, senora, pour une femme sauvée des in pace de San Ignatio, vous n'êtes pas gaie.

« A votre place, d'autres chanteraient.

« Il y a quatre-vingt-dix chances sur cent pour que nous arrivions sans encombre au Morne.

« Là, vous reverrez votre fiancé, ce fameux Touche-Toujours !

A ce nom, Juanita tressaillit.

Elle ne répondit rien et se mit à rêver.

Ali reprit :

— Du reste, serions-nous arrêtés, que personne ne nous reconnaîtrait.

« Je suis habillé comme le premier péon venu.

« Grâce à Yriquita qui m'a procuré ces vêtements, j'ai même l'air d'un vachero très à son aise.

« Je serai quasi blanc avant une heure et vous serez fort laide.

« Donc vous pouvez être tranquille.

— Je le suis ! dit Juanita.

— Alors, fit Ali, pourquoi froncez-vous ainsi les sourcils ?

— Parce que je prévois pour quelqu'un que j'aime une vie de tourments et de regrets ! répondit-elle.

« Mais, sergent Ali, si vous voulez m'être

agréable, nous ne causerons plus de ça.

Ali se mit à rire.

— Qu'avez-vous? fit-elle.

— Je pense, dit-il, que vous feriez peur à votre fiancé, s'il vous voyait ainsi faite!

— Mais, dit-elle, M. Balouzet n'est pas beau.

« Je ne l'ai point aimé pour sa jeunesse.

« Il est vieux.

« Encore moins, parce qu'il est joli garçon!

« Il est très-vulgaire comme traits et comme tournure.

« Ce que j'ai admiré en lui, c'est le courage et l'intelligence, c'est l'héroïsme et la générosité.

« Je suppose que si une petite vérole ou un accident me défigurait, il se souviendrait que sous le masque repoussant du visage, j'aurais une âme!

— Peuh! peuh! fit Ali.

— Vous en doutez?

— Nous autres, hommes, nous aimons les jolies femmes.

« Peu importe, après tout, que l'âme soit très-belle, à supposer qu'elle existe!

— Comment! s'écria Juanita, à supposer...

« Quel doute impertinent!

« J'ai une âme comme vous!

— Moi, dit Ali, je l'admets volontiers, senora.

« Cependant... nos docteurs...

— Des ignorants!

« Que savent-ils, vos prêtres mahométans, vos imans?

— Autant pour le moins que les prêtres catholiques.

« Mahomet vaut le Christ.

« La Bible n'est pas supérieure au Coran et le Coran vaut l'Évangile.

« Ce sont trois livres sacrés!

« Nos docteurs étudient le Coran, comme les vôtres la Bible.

— Et que prétendent-ils, ces docteurs? demanda Juanita.

— Ils doutent que les femmes aient une âme.

Puis pour que la conversation ne s'engageât pas trop aigrement sur ce sujet, Ali s'empressa de dire :

— Du reste, peu importe!

— Comment! dit Juanita.

« Mais là est le point capital, la chose essentielle.

— Non! dit gravement Ali.

« Pour la femme, l'affaire importante est d'être aimée par un homme afin d'aller au paradis où elle est aimée de nouveau.

« Qu'elle ait ou n'ait pas d'âme, la femme musulmane s'en moque.

« Ce qu'elle veut, c'est être houri dans le ciel de Mahomet.

« C'est être aimée! je le répète.

Puis il ajouta :

— Avez-vous remarqué combien facilement une femme éprise change de religion pour épouser un homme?

Le coup était direct.

Juanita se souvint de ses croyances passées et de son scepticisme actuel; elle rougit et se tut.

C'était M. Balouzet, voltairien, qui avait fait d'elle une voltairienne; elle ne pouvait se le dissimuler.

Ali reprit fort tranquillement et avec assurance :

— Autant d'hommes vous aimerez, autant de religions vous aurez, si ces hommes ont des croyances différentes.

— Mais, protesta-t-elle, je n'aime que M. Balouzet.

Ali secoua la tête et dit cette simple petite phrase :

— Et s'il mourait!...

Elle voulut parler.

L'Arabe leva la main pour lui imposer doucement le silence et il dit :

— La femme est faible!

« Il est juste qu'elle s'appuie sur l'homme qui est fort.

« Un arbre vient à manquer au lierre ou à la liane!...

« Serait-il juste de leur reprocher d'enlacer un autre arbre?

« Non!

« Si vos lèvres sont franches, elles ne démentiront pas votre cœur.

« Interrogez-le.

« Vous saurez alors si, ce Balouzet mort,

vous n'aimeriez pas un autre héros, puisque ce sont les héros qui vous attirent !

« Et maintenant, dormez, jeune fille !

« L'Arabe Ali, qui connaît le cœur des femmes, vient honnêtement de jeter la lumière dans le vôtre !

Jamais Juanita n'avait entendu pareil langage.

Jamais elle n'avait été forcée d'interroger ainsi sa conscience et de lire dans sa pensée intime.

Lorsqu'une lueur trop vive blesse le regard, on ferme les yeux.

Ainsi fit-elle.

Elle se tut et voila son regard.

Il y eut un silence.

Elle essuya une larme.

Ali, qui commençait à deviner la cause de son chagrin, chercha à y faire diversion et dit :

— Tenez, senora, à votre place j'essaierais de dormir.

« Cette mousse est sèche, c'est un bon lit, et vous avez besoin de sommeil.

La jeune fille suivit le conseil du sergent.

Elle prit un air de dignité froissée, se leva, et se retira vers son lit qu'elle avait préparé avec de la mousse et du varech dans un coin de la grotte.

Ali n'eut pas l'air de s'en préoccuper.

Pour lui, Arabe, la femme, être inférieur, capricieux, ne comptait que comme machine à fabriquer des enfants, moule à statuettes vivantes.

C'était un moyen de plaisir et de procréation.

Il était tranquille quant à sa théorie, qu'il jugeait juste et saine en général, particulièrement applicable dans ce cas spécial.

N'ayant plus de souci, il se prépara au sommeil.

Très-prévoyant, il avait approché du feu sa blague à tabac mouillée : il bourra une pipe et se mit à fumer.

Sa pipe finie, il se grima à son tour comme nous le verrons, plus tard, et il s'endormit aussi, mais, de ce sommeil du soldat, qu'un rien réveille.

Il faisait nuit quand il s'éveilla et s'empressa de rallumer le feu.

Bientôt le dîner fut prêt.

Juanita, éveillée à son tour regardait de temps à autre le sergent avec un étonnement profond.

Il était entièrement transformé.

Ali, dont le teint n'était pas beaucoup plus foncé que celui d'un Espagnol était devenu tout à fait blanc ; on eût dit qu'il s'était mis de la poudre de riz sur le visage.

— Qu'avez vous fait ? demanda-t-elle.

« Vous êtes méconnaissable ?

— J'ai coupé mes sourcils avec mon couteau qui vaut un rasoir, et changé la coupe de ma barbe.

« De plus j'ai pilé la nacre des coquilles vides et avec la colle que j'ai recueillie sur la pieuvre, je me suis enduit le visage ; puis j'ai soufflé au-dessus de la poudre de nacre qui s'est attachée à ma peau.

— Qui vous a appris cette ruse ?

— Senora, dans mon pays, beaucoup de mulâtres sont esclaves ; ils cherchent souvent à fuir et leur premier soin est de se déguiser ; ce sont eux qui m'ont montré la manière de se blanchir la peau de cette façon ; seulement ils ont une autre colle, meilleure encore que celle-ci, qui cependant est solide.

— Et moi ? demanda Juanita.

« Comment suis-je ?

— Hideuse ! dit le mulâtre.

« Plus laide qu'Yriquita.

« Votre fiancé ne vous reconnaîtra pas, et si vous deviez rester ainsi, il ne voudrait plus de vous, pour sûr.

Juanita sourit tristement.

— A table, senorita ! dit Ali.

Ils dînèrent.

Quand ils eurent terminé, ils éteignirent le feu, et, après avoir ramassé tout leur petit bagage, ils s'éloignèrent.

Ali eut soin de marcher de façon à ne pas s'éloigner des rives à plus d'un mille.

C'était, du reste, un guide excellent et expérimenté.

Une heure environ s'était écoulée depuis le départ des deux fugitifs, lorsque sous la falaise même où se trouvait la grotte, une barque aborda.

Elle était montée par deux hommes, vêtus à la mexicaine, et conduite par cinq marins dont un maître.

— Depuis une heure, dit ce dernier à voix basse, on ne voit plus la flamme.

« Mais la nuit est claire, j'avais bien pris mon point de direction sur ce roc, et je suis sûr que ce feu a brillé juste au dessus de nous.

— Il devait être allumé dans une grotte! fit un Mexicain en étouffant le bruit de ses paroles.

— A quoi le jugez-vous? demanda le marin.

— Parce que, quand vous couriez des bordées, tantôt il paraissait, tantôt il disparaissait et la façon brusque dont la flamme se représentait avec un rayonnement puissant, concentré, me fait supposer qu'on ne l'apercevait qu'en face de l'orifice de cette grotte.

— Vous, senors, coureurs de savanes, gens de prairie, dit le maître, vous lisez sur la terre comme nous lisons sur la mer, une foule de choses que les autres ne savent pas déchiffrer.

— Question d'habitude!

Pendant que cette conversation avait lieu, quatre marins avaient sauté à l'eau et par groupe de deux, ils s'apprêtaient à porter les deux Mexicains sur la base de la falaise.

— Vous savez, dit l'un de ceux-ci, au maître, que si nous évitons de nous mouiller, c'est pour ne pas glisser en escaladant cette falaise.

— On sait que vous n'avez pas peur d'un bain! dit le maître.

« Mais il faut que vous ayez du sang de jaguar dans les veines pour grimper là-haut; quelle pente escarpée, bon saint Dieu!

« Pourquoi vous risquer là?

« Faites le tour par la plage plate qui est là-bas.

— Non pas?

« Nous pourrions nous égarer.

« Puis, s'il y a du monde là-haut, nous le surprendrons.

« On ne nous attend point par ce côté-là, qui sûrement ne doit pas être gardé.

« Vous allez, dès que nous serons à terre, filer vers la plage que vous signaliez tout à l'heure et vous y simulerez un petit débarquement.

« De cette façon, si l'on nous observe de là-haut, on croira que, renonçant à aborder ici, vous avez cherché un endroit plus commode.

« On ne se doutera pas que nous serons restés blottis au pied de cette falaise.

« On ne nous verra pas de là-haut, c'est impossible, la distance est trop grande pour distinguer des hommes; la masse seule du canot est visible.

« Le voyant se diriger vers la plage, les gens qui l'observeraient ne manqueraient pas de descendre vers la rive.

« Pendant ce temps-là, nous escaladerons avec succès.

— Bien raisonné, si vous pouvez monter; mais j'en douterais, si ce n'étaient point des hommes comme vous qui m'affirment la chose comme étant possible.

« Vous vous souvenez des conventions.

« Si vous voulez que nous venions vous donner un coup de main, vous tirerez un coup de fusil seulement.

« S'il faut vous reprendre à terre, vous nous hélerez et nous accourrons.

« Si vous trouvez une piste et que vous la jugiez bonne à suivre, nous vous attendrons jusqu'au jour s'il le faut.

« Vous connaissez le signal.

« La nuit, c'est deux flambées de poudre à intervalle d'une minute.

« Le jour, c'est une ceinture agitée en l'air et bien en vue.

— C'est dit!

— Là-dessus, au revoir!

— Au revoir, maître!

Et les deux Mexicains se mirent aux mains des marins.

Quelques instants après ils étaient sur le rebord de la falaise.

A dix minutes de là le canot s'orientait vers la plage.

Une demi-heure plus tard, les deux Mexicains commençaient l'escalade.

La nuit, nous l'avons dit, était claire; les blancs rochers de la falaise reflétaient la clarté de la lune et étincelaient sous ses rayons.

Les Mexicains pouvaient voir en gros le sommet de la falaise, non y distinguer des hommes toutefois.

Du haut de celle-ci, on pouvait également plonger un regard au bas des pentes et on apercevait un bateau, non une forme humaine.

Mais, à mesure que par l'escalade, les hardis étrangers raccourcissaient la distance entre eux et la hauteur, il devenait naturellement plus facile de les observer pour quelqu'un qui eût été sur l'arête où finissait l'escarpement.

Au lieu d'un observateur, il y en avait trois.

C'étaient des flibustiers, coureurs de l'armée insurgée.

Eux aussi, ils avaient voulu savoir à quoi s'en tenir.

Ils étaient arrivés à la grotte qu'ils avaient facilement trouvée.

Comment?

A l'odeur.

Un vrai trappeur a l'odorat assez subtil pour sentir de loin le goût de brûlé, que laisse un foyer, éteint depuis quelques heures.

Dans la grotte, ils avaient fait leurs perquisitions en rallumant le feu, qu'ils éteignirent dix minutes après, ayant relevé toutes traces, tous indices et pressés d'observer une chose qui les intéressait fort au dehors.

Comme de la grotte on avait vue sur la mer, ils avaient reconnu bientôt qu'un canot à voile se dirigeait vers le point de la côte qu'ils occupaient.

Ils avaient curieusement observé ses manœuvres.

L'un d'eux, chercheur de piste fameux, appelé le Lynx, dit :

— Par tous les diables, voilà qui promet pour cette nuit.

« Dans la grotte, un feu.

« Empreinte d'un pied de femme !

« Empreinte d'un pied d'homme.

« La femme a eu les pieds nus pendant un certain temps.

« L'homme aussi.

« Evidemment, ces gens-là, trempés comme soupe, se sont mis nus pour se sécher devant la flamme.

« Mais ce qui m'intrigue, c'est que le pied de l'homme appartient à une race qui m'est absolument inconnue.

— Bien conformé, ce pied ! dit un autre trappeur, nommé Tape-à-l'Œil, parce qu'il avait reçu sur l'œil gauche un coup de poing si formidable que l'arcade sourcilière en était déformée.

— Bien conformé, tu l'as dit ! approuva le Lynx.

« Mais à quelle tribu, à quelle nation appartient-il ?

Et il creusait le problème.

Pattes-d'Éléphant, le troisième flibustier, gros Anglais, aux pieds énormes, glissa une observation ingénieuse :

— Mes enfants, dit-il, vous avez vu comme moi, que l'homme a préparé très-habilement deux repas.

« Je dis deux repas, car par les arêtes qui en restent, on voit que certaines soles ont été mangées ce matin ; les autres le soir.

« Pour qu'un individu quelconque soit aussi malin que celui-là, il faut qu'il soit habitué à vivre d'expédients.

« Nous avons affaire à un aventurier qui a beaucoup voyagé et qui sait une foule de choses.

— C'est vrai !

— L'homme est un mulâtre, dit Pattes-d'Éléphant.

« Il a rasé son poil.

« Tenez, en voici que j'ai ramassé.

« N'est-ce pas là le laineux très-doux et un peu gras d'une barbe de mulâtre ?

Chaque flibustier fit rouler le poil entre ses doigts et déclara :

— Oui, c'est un mulâtre.

— Du reste, fit observer Tape-à-l'Œil appelé aussi par les Indiens le Nez-Subtil, du reste, j'ai flairé la mousse à l'endroit où il s'est couché.

« Sa place empoisonne l'odeur de bouc melée à celle du musc.

— Pas de doute, là-dessus.

Une barque débouchait. (Voir la livraison 105.)

— D'autre part, continua Tape-à-l'Œil, la femme est blanche et même, au parfum de la mousse, j'inclinerais à la croire jeune fille.

— Et maintenant, déclara Pattes-d'Éléphant, je vous dirai en toute assurance que l'homme est soldat.

— Ça, dit Œil-de-Lynx, si tu le prouves, je te déclare fort.

— Il a marché, viré, il s'est tourné, retourné sur lui-même dans la grotte.

« Or ses traces sur le sable prouvent qu'il a toujours fait demi-tour à droite : une habitude militaire.

— Pattes-d'Éléphant, mon vieux, dit le Lynx, tu n'es pas bête.

« Le mulâtre est ou a été soldat.

Et tout en surveillant la marche du canot, ils réfléchirent.

— Ce qui m'embarrasse, dit Tape-à-l'Œil, c'est que ce mulâtre soit soldat.

« Soldat où ?

« Soldat de qui ?

Tout à coup Pattes-d'Éléphant se frappa le front.

— J'y suis ! dit-il.

— Tu as deviné ?

— Certainement.

« Vous souvenez-vous du capitaine Sacripan, vous autres ?

— Oui !

« C'était le prisonnier fait dans le combat de la plantation du Morne.

— Il avait un sergent.

« C'était un mulâtre.
— Tiens, c'est vrai.
— Et il est Arabe, cet homme !
— Encore vrai !
— De là, ce pied extraordinaire qui nous intriguait.
— Toujours vrai !

« Pattes-d'Éléphant, j'ai plus d'œil que toi, mais tu as plus de jugement que moi ; c'est pour nous compléter que Choquart nous a réunis tous les trois.

« A moi, l'œil et l'oreille.

« A toi, Nez-Subtil, le flair !

« A toi, Pattes-d'Éléphant, le jugement !

« Et nous sommes à trois une machine vivante à chercher les pistes, comme la trinité qui est un Dieu en trois personnes.

— Bon ! c'est dit ! Nous sommes très-forts... mais qu'est-ce que la fille ? fit Nez-Subtil.

— Je suppose dit le Lynx que cet Ali aura enlevé cette petite blanche et qu'il s'est enfui avec elle.

« En ce cas-là, il passerait dans nos rangs pour éviter le conseil de guerre.

— Voilà une probabilité, dit Pattes-d'Éléphant, qui ne supporte pas le raisonnement.

— Pourquoi ? demanda le Lynx, un peu froissé.

— Parce que les lits de mousse étaient aussi éloignés l'un de l'autre que possible.

— Bonne remarque ! dit Tape-à-l'Œil.

« Ils ne sont rien l'un à l'autre.

— Chut ! fit le Lynx.

« La voix porte si loin en mer, que le canot s'approchant, je pense qu'il est prudent de se taire.

Et tous trois s'installèrent sur la falaise pour voir ce qui allait se passer.

Ils reconnurent que le canot s'arrêtait, puis repartait vers la plage.

— Ils renoncent à débarquer ici ; dit Œil-de-Lynx.

« Je ne puis rien distinguer au bas de la falaise ; mais ils vont certainement débarquer sur la plage, là-bas.

— Possible, fit Pattes-d'Eléphants. Possible !

« Mais comme leur but est de venir ici, je suis d'avis que nous ne risquons rien à les y attendre.

« Nous ferons bien néanmoins de surveiller les pentes.

— L'escalade est à peu près impossible ! dit le Lynx.

— La tenterais-tu ?

— Oui, mais je suis trappeur.

— Qui sait à qui nous avons affaire ?

« Restons là.

C'est ainsi qu'il arriva que le premier Mexicain qui monta — son camarade était en retard sur lui par deux tentatives infructueuses — que le premier Mexicain, disons-nous, qui fut sur le point d'atteindre la crête, s'arrêta tout à coup, suspendu aux rochers, se retenant aux lianes, et se laissa tout aussitôt glisser le long des falaises, en donnant à son compagnon le léger signal de battre en retraite.

(*Voir* la page 173.)

En ce moment, le Lynx dit aux autres trappeurs :

— Demeurez là !

« Je cours à la plage, moi.

« Je veux savoir ce qui se passe !

Et il s'éloigna, pendant que ses camarades plongeaient en vain leurs regards dans l'abîme.

Ils n'y voyaient plus rien.

(*Voir* la vignette, page 301.)

Alors ils attendirent silencieusement le retour de leur compagnon.

Le Lynx, qui avait cette élasticité de jambes si remarquable chez les hommes de prairie, revint bientôt.

— Il dit à voix basse à ses compagnons :

— Là-bas, sur la plage, il m'a suffi d'un coup d'œil pour me rendre compte de leurs desseins.

« Ils font du bruit, se donnent du mouvement.

« Quant à débarquer, ils ne débarquent point.

— C'est un simulacre alors ! dit Pattes-d'Éléphant.

— Pour moi, fit Nez-Subtil, il n'y a pas de doute.

« Ces hommes sont des amis.

« C'est un vaisseau corsaire qui est à l'ancre dans la baie.

« Il s'est tenu péniblement coi pendant la tempête.

« Maintenant qu'elle est terminée, il envoie des émissaires à la côte pour s'aboucher avec Choquart.

— Pas de précipitation dans les jugements, dit avec autorité Pattes-d'Eléphant. Parler trop tôt nuit.

« Qui sait si nous n'avons pas affaire à quelque navire espagnol qui, surpris par le cyclone, se sera réfugié dans la baie ?

« Le capitaine, ignorant si le pays est occupé par les insurgés, voyant d'autre part le feu qui nous a attirés ici, le capitaine, curieux comme nous, aura envoyé du monde pour se rendre compte.

« Puis, qui sait ?

« De tous temps, il y a eu des contrebandiers de mer fréquentant cette côte pour y introduire des marchandises prohibées et y embarquer des matières dont l'exportation était interdite.

« Il peut se faire que les gens en question soient des flibustiers de cette sorte, des quasi pirates.

— Eh bien ! fit Nez-Subtil.

« Après ?

« Nous ne devons rien craindre d'eux.

— Et s'ils nous livraient contre récompense aux Espagnols !

— Diable ! fit Nez-Subtil.

— Bigre ! fit Le Lynx.

— Il faut pourtant savoir ! dit Pattes-d'Éléphant.

« Ou nous ne sommes pas des trappeurs, ou nous surprendrons ces gens-là.

« Toi, Lynx, dit-il, tu es léger et tes yeux percent l'ombre.

« Tu vas te faire descendre à cent pas d'ici par Nez-Subtil avec nos cordes à lasso et tu ramperas de roc en roc, jusqu'à ce que tu rencontres notre hardi grimpeur.

« Alors, agis selon les circonstances.

« Nez-Subtil gardera la corde pour que tu remontes.

« Moi j'irai voir ce qui se trafique sur la plage.

« Avec des Espagnols, il faut s'attendre à toutes les surprises.

« Ces gens vont peut-être envoyer une flotte dont ce navire est l'avant-garde, pour jeter une armée sur la plage, à l'improviste, et marcher droit au Morne, pendant que d'autres troupes nous cerneraient par terre.

« A tout prix, mes enfants, éclairons cette situation.

« Je donnerais beaucoup pour tenir un de ces gaillards-là.

« Nous le confesserions.

Et Pattes-d'Éléphant se dirigea à son tour vers la plage.

Pendant ce temps-là, les deux autres espions de Choquart atteignaient l'extrémité de la falaise, et, comme l'avait recommandé Pattes-d'Éléphant, ils se trouvaient à quelques centaines de pas de l'endroit où les deux Mexicains avaient tenté l'escalade.

Là le Lynx, pouvant avoir à nager, se dépouilla de sa blouse de chasse ; il attacha son lasso à celui de son ami et il en lia le bout à une aspérité du roc.

Puis laissant le nœud qui retenait la corde à la garde de son ami, il se laissa glisser lentement...

Pendant qu'il opérait cette descente, à trente pas au plus, à mi-chemin d'escalade, un Mexicain, demi-nu et trempé d'eau de mer, s'arrêtait pour le regarder, et il le distingua parfaitement.

(*Voir* la vignette, page 205).

L'éclat argenté de la lune, les reflets merveilleux de la mer, éclairaient suffisamment cette scène pour qu'à cette courte distance, on pût s'apercevoir.

Aussitôt le Mexicain s'aplatit, rampa comme une couleuvre à travers les rochers et il alla rejoindre son camarade qui le suivait à dix ou douze mètres de distance.

Ils tinrent rapidement conseil.

— J'ai vu l'un de ces hommes descendre le long de la falaise.

« Il était pendu à une corde.

— Hardi garçon ! fit l'autre.

— Il nous faut enlever un Espagnol ou nous aboucher avec nos amis ! dit le premier Mexicain.

« Tel est l'ordre de Leone, notre capitaine.

« Il veut des renseignements.

« Si nous avons affaire à un insurgé, nous lui ferons des excuses.

« Il les acceptera avec plaisir et viendra au navire avec nous.

« Si nous sommes tombés sur un Espagnol, nous le portons au capitaine.

— Bien !

« Et maintenant, à la manœuvre !

« Prépare ton lasso.

— J'y suis.

— Moi je serai l'amuseur.

— Soit !

— Toi tu lacera mon gaillard d'un bon nœud coulant.

— Très-bien.

« Ça va.

« Cette homme a beau être crâne, il est pris comme une anguille en nasse.

Et ces deux intrépides espions de Leone Fry, le capitaine du *Virginius*, se mirent à l'eau.

Ils nagèrent, l'un de façon à se placer à gauche, l'autre de manière à se trouver à droite, tous deux à quarante mètres environ du point où, lâchant sa corde, le Lynx allait prendre pied.

Celui-ci se trouva sur un quartier de roc émergeant de l'eau.

C'était un ilot dont on pouvait faire le tour en dix pas.

Il s'aplatit dessus et observa.

Bientôt il entendit dans l'eau un clapotement sourd.

Le Mexicain qui devait jouer le rôle d'amuseur était de ce côté.

Il attirait l'attention du Lynx qui était tout yeux, tout oreilles.

Pendant ce temps, l'autre Mexicain abordait l'ilot.

Cet homme avait nagé entre deux eaux avec l'aisance d'un phoque.

Il se glissa sur le roc, s'affermit sans bruit et lança son lasso sur le Lynx qui fut atteint, renversé, étranglé et entraîné dans la mer, le temps d'en parler.

Les deux espions de Leone remorquèrent, à eux deux, dans l'eau, leur proie et vinrent reprendre pied à cent pas de là.

Le Lynx était suffoqué.

Une fois sur les roches, les deux Mexicains examinèrent leur prisonnier.

— Eh ! dit l'un, c'est le Lynx.

— Pardieu oui ! fit l'autre.

— C'est un ami.

Et ils s'empressèrent de le frictionner.

Le Lynx revint à lui.

Il se dressa sur ses pieds, se frotta les yeux et, regardant ceux qui l'avaient capturé, il les reconnut :

— Tiens, tiens ! fit-il en riant.

« C'est toi, Bon-Coureur !

« Te voilà, Bras-de-Fer !

« Je suis content que la chose se soit passée entre amis.

« Il n'est pas humiliant pour un trappeur d'être pris par deux trappeurs.

« Surtout par vous !

« A la façon dont vous escaladiez, nous aurions dû vous reconnaitre.

Bon-Coureur et Bras-de-Fer étaient deux des guides de caravane les plus célèbres de la prairie dans le Texas.

Ils avaient surtout une réputation de grimpeurs merveilleux.

Les compagnies qui faisaient rechercher et exploiter des terrains aurifères dans les montagnes sauvages de l'Apacheria, employaient ces deux hommes pour fouiller les ravins les plus escarpés.

Des singes n'auraient pu les suivre.

— A la bonne heure ! dit Bras-de-Fer.

« Tu ne nous en veux pas ?

— Non, colosse, non.

« Je le répète, il n'y a pas de honte avec vous autres.

Colosse était un nom que l'on donnait souvent à Bras-de-Fer.

Il le méritait.

C'était un homme de six pieds, admirablement charpenté.

Il empoignait un individu, quel qu'il fût, par le cou, et le jetait sous son bras comme il eût fait d'un léger paquet ; puis il s'en allait ainsi chargé n'importe où, faisant ainsi plusieurs milles sans plus s'occuper de l'individu ainsi pressé, entre son coude et ses côtes, que si c'eût été un chat empaillé.

Le Lynx demanda :

— Inutile, je pense, de vous questionner sur ce qui vous amène.

« Je présume que vous êtes au service de l'insurrection ?

— Vous l'avez dit.

« Nous venons rejoindre Choquart, le Roi des Aventuriers.

« Pour le quart d'heure, nous appartenons encore à l'équipage du *Virginius* et peut-être Leone, le capitaine, vous gardera-t-il comme espions.

« Il nous a envoyés à terre pour que nous allions prévenir Choquart de son arrivée dans la baie.

« Il faut lui remettre la lettre que voici.

« En voyant un feu, on a pensé, sur le navire, que, de ce côté, on trouverait ou un poste de douaniers espagnols ou des insurgés.

« De toutes façons, nous pouvions obtenir des renseignements soit par l'ami, soit par l'ennemi.

— Et si vous n'aviez rencontré personne !

— Nous aurions battu le pays, fouillé, cherché jusqu'à la rencontre de quelqu'un, et nous aurions essayé de pénétrer jusqu'à Choquart.

« Mais puisque vous voilà, c'est tout à fait inutile.

« Vous vous chargerez de la lettre, nous irons, nous, au navire.

« Dites-nous tout ce que vous savez et ce qui est utile.

« Nous le rapporterons au capitaine.

Le Lynx fit une proposition.

— Si vous voulez, dit-il, je vais héler mon ami Tape-à-l'Œil.

« Il hèlera, de son côté Pattes-d'Éléphant.

« Le bateau qui vous a amenés viendra nous prendre tous.

« Vous avez bien de quoi allumer un petit fanal quelconque dans ce canot et moi, je porte toujours un carnet sur moi ; c'est très-utile pour prendre des notes.

« J'enverrai un rapport détaillé au capitaine Leone.

— Très-bien ! dirent les Mexicains.

Et à la suite de ce petit conseil de guerre, des appels et des signaux échangés, tout le monde se trouva bientôt réuni sur le tillac du canot.

Là, les espions qui, en campagne depuis plusieurs jours, avaient manqué de rhum, en firent une large consommation dans la gourde des marins.

Bras-de-Fer et Bon-Coureur échangeaient des nouvelles avec Pattes-d'Éléphant et Nez-Subtil.

L'équipage écoutait avec admiration les fameux exploits des flibustiers insurgés et les merveilles des Vaudoux !

Le rapport fini, il fut convenu que l'on aurait un point commun par lequel les communications s'échangeraient entre le navire et la terre.

— Il faudrait, dit Bras-de-Fer, que l'endroit fût commode, abrité de la vue du côté de terre.

« Je veux dire que le canot pourrait accoster sur une roche, au pied de quelque falaise surplombante.

« Là, vous d'en haut, vous descendriez les dépêches de Choquart, avec une corde.

« Nous, d'en bas, nous vous renverrions celles de Leone par le même chemin.

« De terre on verrait bien un canot sillonner la baie ; mais quand il longerait la falaise au plus près, on le perdrait de vue ; ceux qui seraient dans l'attente, au sommet, pourraient seuls se rendre compte de ce qui se ferait.

— Je sais un endroit ! dit le Lynx. Un bon endroit.

« Imaginez-vous un cap s'avançant dans la baie de près d'une lieue.

« A la pointe du cap, celui-ci, comme le nez de certains chiens, est coupé par une crevasse qui, de loin, a l'air mince comme une ride entre deux narines ; mais de près elle a près de trente brasses de large.

« Elle est profonde.

« Au milieu du creux se trouve un petit îlot.

« On ne peut le voir que de la pleine mer.

« Ce lieu semble choisi exprès.

— Est-ce que cet îlot est toujours à découvert, même à marée haute ? demanda le maître d'équipage.

— Je ne sais trop, fit le Lynx avec hésitation.

« Je l'ai vu deux fois seulement dans mes tournées.

« Car il y a bientôt huit jours que nous rôdons par ici.

« Or, les deux fois le rocher était à découvert.

« Mais je ne saurais dire si la marée était haute.

— C'est qu'il importe, dit le maître d'équipage, de pouvoir accoster à toute heure, pour établir la communication.

« Car, pour peu que la mer soit mauvaise, il serait difficile de maintenir un canot en place, à moins de pouvoir le haler à terre ; vous devez comprendre ça.

— Sans doute.

« Cependant je ne puis affirmer, non, décidément, je ne le puis.

— Attendez donc ! fit le maître.

« Peut-être allons-nous être fixé sur ce sujet.

« Fixez vos souvenirs.

« Remettez-vous où vous étiez.

« Y êtes-vous en pensée ?

— Oui !

— Fermez les yeux !

— Drôle d'idée !

« Enfin, je les ferme !

— Avez-vous bien l'image de l'îlot devant vous ?

— Oui.

« Oh ! je le revois très-bien.

— Y a-t-il de l'herbe ?

— Oui.

— Alors il n'est jamais, où il est très-rarement submergé.

— Tiens, je n'avais pas pensé à cela ; c'est vrai, l'herbe ne pousse pas où la mer couvre toutes les six heures.

« Choisissons donc cet endroit.

« Vous saurez que, près de là, se trouve une immense caverne.

« Vous n'aurez pas de peine à en découvrir l'entrée.

« Elle a une sortie.

« Je vous donne le renseignement, parce que cette grotte immense, à l'occasion, peut servir.

— Cette plage, du reste, est semée de souterrains et d'excavations.

« Il y en a partout.

— En effet.

— Là-dessus, au revoir.

— Quand vous voudrez un canot, vous n'aurez qu'à donner, comme signal, une ceinture au vent, sur le cap.

— Bien !

— Et vous allez sur-le-champ porter la lettre à Choquart ?

— Oui.

« Pas tous trois, cependant.

— Pourquoi ?

— Nous voulons retrouver un ami, le sergent Ali.

« Il est peut-être embarrassé, car il fuit avec une fille.

« C'est un bon soldat.

« Puis il peut beaucoup servir à Choquart, s'il vient aux insurgés.

« Il renseignerait Choquart sur tout ce qui s'est passé, depuis peu, chez l'ennemi.

— Vous avez sa trace ?

— Oui.

Et Pattes-d'Éléphant raconta ce que sait le lecteur.

Il conclut :

— Un de nous, demain au jour, suivra la piste.

« Les deux autres iront au Morne porter la lettre de Leone.

— Écoutez, dit Bras-de-Fer, le mieux est de filer tous trois.

« Nous laisserons le maître d'équipage retourner au navire avec le rapport, et, mon ami et moi, nous irons à la recherche de votre sergent.

« De cette façon, nous serons deux, là où il n'y aurait qu'un de vous.

« Vous serez trois, là où vous ne seriez que deux.

« En cas de danger ce n'est pas une considération à dédaigner.

— Accepté ! dit Pattes-d'Éléphant.

On but large rasade, puis on prit congé des matelots.

A terre, les trois espions de Choquart se dirigèrent vers le Morne.

Les deux Mexicains gagnèrent la grotte,

pour le lendemain en partir sur la piste d'Ali.

Ainsi finit cette nuit fidèlement décrite d'après les notes que nous tenons d'un des témoins et acteurs de cette série d'incidents dans une seule nuit, sur un seul point des côtes de l'île.

Il nous a paru curieux, intéressant, instructif, au point de vue de l'histoire anecdotique, de peindre les péripéties dont est semée la vie des coureurs et des espions qui, au moment où nous écrivons, continuent leur périlleux métier dans l'île, toujours insurgée.

N'est-il pas incroyable, inouï, prodigieux d'invraisemblance, que dans cette île qui, dans sa plus grande largeur n'a pas plus de trente à quarante lieues, quarante mille Espagnols, secondés par des volontaires enthousiastes jusqu'à la férocité, que quatre-vingt mille baïonnettes, dix mille sabres, deux cents canons, ne prennent point l'île par l'extrémité orientale, en s'étendant en largeur, et ne balayent point les forces insurrectionnelles de bout en bout, en les chassant devant eux, jusqu'à l'extrémité occidentale !...

Si l'on veut considérer que quarante lieues, dans la plus grande largeur, ne l'oublions point, forment en tout 160 kilomètres, que 160 kilomètres forment 160,000 mètres, on reconnaîtra que formés sur une seule ligne, les Espagnols seraient à deux mètres l'un de l'autre.

En admettant que leurs bataillons de volontaires ou de réguliers, soient de 500 hommes, chaque bataillon n'aurait à couvrir de ses tirailleurs qu'un kilomètre.

Impossible donc aux insurgés de se cacher, de passer entre les cases de l'échiquier stratégique sans être signalés.

Eh bien, ce plan si simple, Herrera l'a fait exécuter trois fois.

Trois fois, lorsque les colonnes atteignaient l'extrémité opposée à celles dont elles étaient parties, on apprenait que l'armée insurrectionnelle avait glissé à travers les mailles du filet tendu et qu'elle opérait des razzias fructueuses dans des régions dégarnies de troupes.

C'est ainsi que Cespèdes, ses vaillants successeurs, et leurs inspirateurs, MM. Balouzet et Choquart, tiennent toujours haut et ferme le drapeau insurrectionnel.

La lutte dure depuis dix ans !

Quelle leçon, pour nous, Français, qui n'avons pas su résister plus de sept mois, avec des forces incalculables, si tous avaient voulu se battre !

Or, tous les généraux de l'insurrection s'accordent à reconnaître que c'est surtout à leurs flibustiers, venus de la prairie américaine et aux espions qu'ils fournissent, que sont dus ces succès.

Les flibustiers une fois pendant seize jours ont tenu à eux seuls, au nombre de trois mille seulement, vingt-deux lieues de positions devant le centre et l'aile droite de l'ennemi.

Ils ont rendu nécessaire l'envoi de renforts pris à l'aile gauche espagnole.

Celle-ci étant dégarnie, toute l'armée insurrectionnelle, donnant à la fois, a saisi un passage, l'a traversé en une nuit, et s'est trouvée établie sur les derrières de l'ennemi.

Or, sans les rapports sûrs, minutieux, des espions, ces tours de force seraient absolument impossibles.

Le lecteur a vu comment ils opéraient !

Telle était, telle est leur vie nuit et jour !

Et un préjugé stupide empêche la France de se servir d'espions !

On méprise l'espion en France !

On ne récompense pas l'espion, et même on l'accable de dédain, en France !

Or, l'espion risque à chaque heure, à chaque minute, à chaque seconde, d'être connu et pendu.

L'espion doit avoir l'audace, la témérité même, la prudence, le sang-froid, la perspicacité, la ruse, la pénétration, l'habileté, la science de l'appréciation, la santé, l'adresse, la décision, l'expérience des hommes et des choses.

Que de qualités !
Que de vertus !

Par-dessus tout, lui auquel on devra le gain des batailles, il doit être modeste, car jamais on ne parlera de lui.

Et cet homme, un préjugé idiot pèse sur lui en France.

Sommes-nous donc décidément une nation d'imbéciles !

Les Prussiens nous ont vaincu, pour les quatre dixièmes de la victoire, par l'emploi judicieux des espions.

Chez eux, l'espionnage militaire est honoré comme il le mérite.

Un officier qui se dévoue à espionner l'étranger est sûr d'avancer, d'être soutenu par ses chefs, aimé de ses camarades, honoré par l'opinion.

C'est pendant la paix que la Prusse prépare ses espions de guerre.

Que ne faisons-nous comme elle !

Mais, hélas ! nous personnellement, nous qui écrivons ces lignes, étant colonel d'un régiment de marche, nous avons été témoin de la scène suivante :

Un brave homme, un homme brave, un citoyen admirable de dévouement, se risquait chaque jour dans les lignes prussiennes et rapportait de précieux renseignements.

Un jour, il est pris.

Le lendemain, il est fusillé.

Sa veuve vient solliciter le général et n'en reçoit que cette réponse :

— J'ai employé votre mari, je l'ai payé ; je ne dois rien.

Un officier, un colonel, indigné, va faire auprès de ce général un effort en faveur de la veuve et des orphelins.

Voici la réponse textuelle du général :

— Je ne pense, je ne penserai jamais comme vous sur les espions ; ce sont des misérables auxquels on jette à regret dix louis pour un renseignement et qu'on renvoie à coups de botte dans le cul, la guerre finie.

Voilà comment les grands dévouements sont appréciés et récompensés dans l'armée française.

Et ce sentiment est plus étendu qu'on ne le supposerait dans les hautes régions de l'état-major.

C'est pitoyable.

Nous nous adressons à la jeune génération qui nous lit et nous la supplions de secouer le préjugé et de lui faire une guerre acharnée.

Ainsi disparaîtra une des plus fatales erreurs des généraux français.

Peu à peu, le revirement s'opérera.

Peu à peu, on payera aux espions le tribut d'estime qui leur est dû.

CHAPITRE XLVIII

En marche.

Nous avons laissé Ali et Juanita se dirigeant le long de la mer, de façon à arriver en face et au plus près du Morne ; de telle façon qu'en une seule nuit, il leur fût possible d'aller de la plage au mont.

Or, l'endroit le moins éloigné de la côte au Morne, était précisément ce cap dont les espions avaient parlé, car ce cap lui-même, n'était que le prolongement, dans la baie, d'une des ramifications de la chaîne au sommet de laquelle se dressait le Morne aux Géants.

A moins que rien ne vînt contrarier leur projet, l'itinéraire des fugitifs devait donc fatalement aboutir au cap.

Il fallut trois nuits pour l'atteindre, car Juanita ne marchait pas beaucoup.

Ali fit des prodiges pour faire perdre sa trace.

En Arabe qu'il était, sachant que maître Herrera possédait à son service des Indiens et des pirates de savanes, gens exercés à suivre les pistes, il s'arrangea de façon à brouiller la sienne.

Il en fit des lacets entrelacés et inextricables.

Voici comment :

Chaque nuit, entrecoupant de repos, les trois ou quatre lieues qu'il faisait faire à Juanita, il finissait toujours par arriver à découvrir une grotte quelconque.

Là, il déposait la jeune fille et il l'engageait à dormir en paix, après lui avoir emprunté sa chaussure.

Il ôtait la sienne qu'il portait sur son épaule et il se ficelait aux pieds, du mieux possible, celle de Juanita.

Il marchait ainsi vers l'intérieur des terres, jusqu'à ce qu'il trouvât un ruisseau.

Sous terre!....

Là, il s'arrêtait et s'arrangeait pour que l'on pût croire qu'il était descendu, dedans.

Puis il mettait ses propres chaussures dans le ruisseau même, mais il les attachait à rebours.

Il retournait à la grotte ainsi.

De cette façon, les pointes des bottines de Juanita et celles de ses souliers, à lui, étaient tournés vers le ruisseau.

Lui et elle, ils avaient l'air d'avoir cheminé ensemble dans la direction du ruisseau, et un chercheur de pistes ne pouvait manquer de supposer que les deux fugitifs avaient marché dans le lit de ce ruisseau pour cacher leur trace.

En pareil cas, des pisteurs se divisent ; l'un suit l'amont, l'autre l'aval du ruisseau, jusqu'à ce que l'un ou l'autre rencontre l'endroit où le gibier humain est ressorti.

Or, comme les fugitifs n'étaient pas entrés le moins du monde dans le cours d'eau, les pisteurs perdaient leur temps.

C'est ce que voulait Ali.

La ruse était très-bien combinée et faisait honneur au génie de cet Arabe.

Lorsqu'il était revenu à la grotte, il s'y endormait pour toute la journée.

Le soir venu, il prenait Juanita sur ses épaules et se dirigeait vers la mer, en choisissant l'heure de la marée basse qui laissait roc et plage à découvert.

Alors, là où la future marée devait recouvrir ses traces, il mettait Juanita pied sur sable.

Elle pouvait marcher, puisque le flux devait effacer ses pas.

Sans doute, les pisteurs ne manqueraient point de remarquer les pas d'Ali se dirigeant vers la mer.

Toutefois cela ne prouvait rien, absolument rien.

Les pisteurs devaient tout naturellement supposer que l'Arabe, du moment où l'on ne voyait que ses pistes, avait été pêcher des soles et des coquillages.

Et les combinaisons d'Ali furent si ingénieuses que ni Bras-de-Fer, ni Bon-Coureur ne parvinrent à débrouiller sa piste.

Ce fut un grand triomphe pour Ali et il en fut parlé longtemps.

Aujourd'hui encore, dans la Prairie, comme dans l'île de Cuba, on dit en proverbe et par manière d'exemple :

—Dérobe ta marche comme le sergent Ali !

Ce n'est certes pas un mince honneur que d'être cité ainsi par les trappeurs et par les squatters.

Ali et Juanita arrivèrent au cap vers la fin de la troisième nuit.

Ce cap était leur but depuis trois fois vingt-quatre heures.

Ce cap, ils n'avaient cessé de le regarder la nuit.

Ils voyaient parfaitement qu'il se reliait au mont des Géants.

Ils avaient cet avantage, qu'à partir de là, en suivant l'arête de ce cap dans ses attaches avec le Morne, ils s'élevaient lentement vers celui-ci.

Ali, comme toujours, chercha un abri et il fut enchanté de découvrir l'immense excavation dont avait parlé Bras-de-Fer.

Il y établit Juanita.

Après quoi, il se dispensa de faire une fausse piste.

Ne devant partir de là que la nuit suivante, pour gagner d'une seule fois le camp insurgé, peu importait de laisser la marque de leurs pas sur le sol, puisqu'ils seraient arrivés au but le matin, alors qu'on pourrait distinguer leurs traces.

En conséquence, Ali se reposa pendant quelques instants, puis il se dirigea vers la mer pour pêcher.

Il réussit et revint préparer le repas qui fut bientôt en train.

Dans sa course, il avait trouvé des arbres résineux.

Il en avait coupé des branches et, comme l'excavation était très-vaste, très-découpée en couloirs et galeries diverses, le sergent, pour voir clair, avait planté une branche dans le sable, en guise de torche.

Il était fort tranquillement occupé à cuire une large plie et quelques oursins, Juanita épluchait des racines farineuses ramassées pendant la route, lorsque tout à coup un ricanement retentit.

Ali bondit.

Juanita, saisissant la torche, se leva et éclaira les profondeurs de la grotte, où deux hommes apparurent.

Ali, avait saisi son poignard.

L'un des nouveaux venus, le corps rejeté en arrière, s'apprêtait à recevoir son choc, mais il n'avait aucune arme en main, ce que le sergent remarqua avec la promptitude de coup d'œil d'un soldat.

(*Voir* notre vignette, page 241.)

Le deuxième inconnu dit gravement au sergent :

— Ne frappez pas.

« Vous pourriez tuer un ami !

Et comme Ali, défiant, examinait les étrangers, ceux-ci se présentèrent.

— Je suis, dit le plus grand, Bras-de-Fer, éclaireur au service de l'insurrection et attaché au *Virginius*.

« C'est le navire que vous avez pu voir à l'ancre dans la baie.

— Moi, dit le plus petit, je suis Bon-Coureur et compagnon de Bras-de-Fer.

« Quant à vous, si je ne me trompe, vous devez être Ali.

— Avez-vous des preuves que vous êtes bien aux insurgés ? demanda Ali.

C'était un homme de précaution et de haute prudence.

— La meilleure que nous puissions vous donner, dit Bon-Coureur, c'est que nous n'avons pas cherché à vous faire prisonnier.

« C'était pourtant bien facile.

— Oh ! oh ! fit Ali.

— Très, très-facile ! répéta le Mexicain avec un sourire.

« Nous étions bien près de vous et vous ne nous aviez pas entendu.

« Nous vous voyions, vous ne nous voyiez pas.

« Croyez-vous qu'avec un lazo bien lancé, nous ne vous aurions pas saisi, paralysé et garrotté ?

Ali reconnut la justesse de cette observation et dit :

— Senores, je vous tiens pour amis.

Puis il ajouta :

— Si rien ne presse, voulez-vous déjeuner avec nous ?

— En toute hâte ! dit Bon-Coureur. Car nous avons quelque chose à faire.

— Quoi donc ?

— Un message à porter au général Cespedes, et un Espagnol à capturer.

« Il nous faut des renseignements, par conséquent un prisonnier.

« Bon-Coureur que voilà portera la lettre de Leone.

« Moi, je m'emparerai du soldat espagnol.

« Il faut que tout cela soit fait avant l'aube, bien entendu.

— Il y a donc des Espagnols près d'ici ? demanda Ali.

— C'est-à-dire que les postes ennemis sont à peine à trois milles.

— Vrai ! dit Ali, inquiet.

Et il demanda encore :

— C'est depuis peu qu'il y a des Espagnols si près du Morne ?

— Depuis hier soir.

« Ils forment entre le Morne et le *Virginius*, une ligne de surveillance.

« Ils sont très-nombreux, sur de fortes positions.

« Ils veulent empêcher le *Virginius* de débarquer les munitions et les armes qu'il apporte aux insurgés.

— Par Mahomet ! s'écria Ali, voilà qui est fâcheux.

« La senora ne pourra point passer.

« Son fiancé l'attend, et il doit s'impatienter.

Les deux Mexicains avait prêté peu d'attention à Juanita.

Elle leur semblait si laide !

Cependant, Bon-Coureur demanda :

— La senora va donc se marier avec un insurgé.

— Avec Touche-Toujours ! dit Ali.

Les deux Mexicains se regardèrent en silence, échangeant un regard étonné.

Toutefois, ils se gardèrent de rien dire de désobligeant.

— Pour sûr, sergent, votre fiancée ne passera point, fit Bras-de-Fer.

« Mais fort heureusement, à la pointe du cap, se trouve un îlot, encaissé au milieu d'une ceinture de rocs surplombant et peu en vue.

« Je propose de la descendre sur cet îlot et de l'y cacher dans un amas de varech et d'algues sèches.

« Vers l'aube, le canot du navire vient chaque jour stationner près de l'îlot.

« Moi et mon prisonnier, je reviendrai et je rejoindrai la senora.

« Elle s'embarquera pour aller sur le *Virginius* où Leone la recevra bien.

Juanita fit un geste.

Ali lui dit :

— Attendez !

Et au Mexicain :

— Continuez, camarade.

Bras-de-Fer reprit :

— Je désirerais que la lettre de Leone fût confiée à deux hommes, plutôt qu'à un seul ; car, quand nous avons débarqué hier, nous ignorions que les Espagnols arrivaient, sans quoi nous aurions réclamé deux ou trois autres camarades pour accomplir cette mission.

« Mais, vous voilà, sergent.

« Vous êtes un brave.

« Vous seconderez Bon-Coureur.

— C'est un devoir ! dit Ali.

— Mais, moi, moi, fit Juanita s'effrayant de ne pas rejoindre les insurgés.

— Senora, dit Bon-Coureur, écoutez un sage conseil.

« A bord, près de Leone, rien à craindre ; six torpilles empêchent l'ennemi de franchir le seul passage praticable.

« A terre, tout est péril pour vous et embarras pour nous.

« Comment vous faire passer ?

« Comment se charger d'une femme,

quand on sait que le devoir commande de l'abandonner plutôt que de se laisser prendre avec une missive importante.

— Tout ceci est vrai ! dit Ali.
— Oh parfaitement vrai ! ajouta Bras-de-Fer avec conviction.

Mais Juanita ne se décidait pas.

Bon-Coureur reprit :

— Avant peu, bataille !

« Les insurgés culbuteront les Espagnols pour avoir les communications libres avec les marins du *Virginius*.

« Alors vous reverrez votre fiancé.

— Et, dit Ali, il ne vous aura point vue, laide comme vous êtes.

« D'ici à trois jours, vous serez redevenue aussi jolie qu'avant.

— Je suis donc affreuse ?

Les trois hommes se mirent à rire et l'un des Mexicains tira un miroir de sa poche et le tendit à Juanita en disant :

— Nous autres, espions, nous avons tous un miroir pour nous grimer à l'occasion ; ça peut être utile.

Juanita se contempla, mais pas longtemps, il faut le dire.

Sa figure lui fit horreur.

— Non, non ! s'écria-t-elle.

« Je ne regarderai jamais ni *lui*, ni *l'autre* avec ces yeux-là et je ne veux pas qu'ils me voient ainsi.

« Vous me cacherez !

— Oui, dit Ali.

« Nous allons déjeuner et vous conduire sur l'îlot.

Aux Mexicains :

— Comment y va-t-on ?

— Par air ! dit Bon-Coureur.

« Nous vous descendrons d'abord, sergent, avec une corde, puis ensuite la senora.

« Vous l'installerez.

« Après quoi, nous vous remonterons.

— Et le canot viendra bientôt vous prendre, senora ! dit Bras-de-Fer.

Tout étant ainsi réglé, l'on déjeuna et ce fut même un bon repas.

Les Mexicains avaient du pain fabriqué par le boulanger du *Virginius* ; ils sortirent aussi de leurs musettes du jambon, du vin, des biscuits Sandwich et du rhum.

Ali fit fête à ces mets, même au jambon, ayant perdu tout préjugé au sujet du cochon, animal immonde, mais excellent.

Le repas fini, on se dirigea vers l'îlot, et, pour des hommes aussi expéditifs, ce fut chose rapide et facile que d'installer Juanita.

Lorsque, d'une main preste, Ali eut fait un amoncellement d'herbes marines, éparses sur l'îlot, séchées depuis longtemps, il plaça dans cette meule, la jeune fille et lui dit :

— Tenez-vous là bien tranquille.

« Bientôt M. Balouzet aura de vos nouvelles et je parierais qu'avant quatre ou cinq jours vous l'embrasserez.

— Pourvu, dit-elle avec un soupir, que le capitaine Sacripan soit sauvé !

— N'en doutez pas ! dit Ali.

Elle espéra.

— Au revoir et merci de tout mon cœur, sergent Ali ! dit-elle.

— Au revoir, senora !

Il plaça plusieurs poignées de varech sur la tête de la jeune fille et il s'éloigna pour se suspendre à la corde qui le hissa sur la crête de la falaise.

En regagnant le souterrain où ils avaient des préparatifs à faire, les trois insurgés s'expliquèrent sur un point qu'ils n'avaient pas encore élucidé.

Ali s'étonnait qu'ils eussent pu découvrir sa trace.

— Nous n'avons rien trouvé ! dit franchement Bon-Coureur.

« Le hasard a tout fait.

Il expliqua comment les choses s'étaient passées jusqu'au moment où ils s'étaient quittés avec les trois espions de Choquart.

— A l'aube, continua-t-il, nous avons cherché votre piste.

« Au ruisseau plus rien.

« A dix milles, le long des rives, rien, rien, rien !

« Vraiment nous avons été bien surpris, mon camarade et moi.

« Enfin certains d'avoir perdu la trace, nous avons abandonné les recherches et nous sommes revenus sur le *Virginius* pour recommencer chaque nuit notre service.

« Or nous devions nous rencontrer, puisque cette excavation est notre quartier général à tous les deux.

« Là, nous cachons provisions, munitions et déguisements.

« Mais, expliquez-nous comment vous avez caché vos pas.

Ali raconta sa ruse.

Les deux Mexicains s'émerveillèrent et lui firent des compliments qui, dans leur bouche, avaient triple valeur.

Sur ce ils s'apprêtèrent pour la tentative hardie qu'ils allaient faire.

CHAPITRE XLIX

Et la mer montait toujours !

Juanita était brave.

Cependant quand elle se sentit seule, en face des flots et sous l'immense voûte du firmament étoilé, elle eut peur.

Un frisson la secoua.

Plus que l'homme, la femme s'effraie de l'isolement.

Puis les flots ont une voix qui émeut et qui trouble.

Tout autour d'elle, Juanita voyait se dresser noirs, menaçants, gigantesques, les rocs qui montaient à pic vers le ciel ; partout des anfractuosités sombres où les oiseaux de mer avaient fait leurs nids et d'où partaient, de temps à autre, des cris étranges.

Le vent s'engouffrait en tourbillonnant dans la crique, et tirait des gouffres de longs gémissements, auxquels les sourds coups de mer donnaient une base puissante qui mettait la terreur dans l'âme.

Juanita regardait, avec un effroi mystérieux, les vagues succédant aux vagues, éternel mouvement des ondes ; elle admirait en frissonnant, les gerbes d'écume que projetaient les lames, en déferlant sur les rocs.

Il lui sembla qu'à chaque minute, le flot devenait plus fort, montait plus haut et maculait d'embruns des blocs plus élevés.

C'était l'effet du flux.

Elle avait bien entendu dire par Bras-de-Fer que l'îlot n'était jamais couvert ; cependant une crainte vague, mais tenace comme un pressentiment, l'envahissait.

Elle regardait les progrès de la marée et elle se disait que jamais, sur aucune plage, elle ne lui avait vu faire des progrès aussi effrayants.

Elle éprouvait une sensation physique étrange qu'ont ressentie tous ceux qui ont assisté au phénomène grandiose d'un raz-de-marée.

Les marins appellent ainsi un déplacement d'eau subit, rapide, anormal, et d'une violence épouvantable, qui projette des masses liquides vers une plage, sur un point, cap, baie ou falaise.

C'est le résultat d'une poussée produite loin de là par un déplacement d'équilibre causé par un cyclone.

La pression de l'air sur la mer peut être si violente pendant un ouragan, que les couches supérieures soient pressées et refoulées ; l'océan se creuse sur une vaste étendue.

Les couches d'eau les plus basses étant refoulées, tendent à s'élever.

Une fois le mouvement commencé, il devient très-rapide.

Il se produit alors des courants dont la force est irrésistible.

Or un cyclone venait de se produire récemment.

Il agissait à cinquante lieues de là et causait sur l'île un raz-de-marée.

Voilà, ce que n'avaient prévu ni Ali, ni les Mexicains.

Juanita se trouvait sur le bord de l'îlot, là où il y avait le plus de varech entassés ; elle sortit de la meule, chassée par l'eau, et recula.

Mais la mer montait toujours, comme dans le drame célèbre où Frédérick Lemaître semait la terreur sur cinq mille personnes en lançant cette phrase pleine de menaçantes perspectives :

Et la mer montait toujours !

Juanita commençait à redouter la mort, béante autour d'elle, lorsque l'aube envoya quelques lueurs blafardes sur l'îlot.

La jeune fille se souvenait que, comme preuve que le rocher émergeait par les hautes mers, Bras-de-Fer avait signalé l'herbe qui y poussait.

Aux premières et pâles clartés qui glissèrent sur le sol, Juanita vit que le flot noyait la pelouse, étendue sur la petite plage.

Elle comprit que quelque chose d'extraordinaire se passait.

Ce n'était point là le flux d'une marée ordinaire.

Alors elle examina le terrain pour juger des minutes qui lui restaient à vivre; elle vit, au centre de l'îlot, un amas de blocs amoncelés, et se terminant par une aiguille.

(Vignette de la page 218.)

Elle se réfugia sur ces rochers.

Mais la mer montait toujours.

L'aurore cependant empourprait l'horizon, le ciel se teignait à l'orient d'une splendide écharpe d'or et de rubis; les oiseaux de mer, à la large envergure, s'éveillaient gaiement, saluaient le jour de cris joyeux, et, de leurs grandes ailes déployées, allaient rayer le flot, fouetter la lame, écrêter les vagues, puis d'un élan superbe montaient dans l'espace.

Cet essor sublime semblait un défi à Juanita qui enviait à la mouette ses longues pennes blanches, dont elle fouettait les airs à six mille pieds au-dessus de l'océan !

Mais la mer montait toujours.

Bientôt il fut impossible à Juanita de fuir.

Elle avait essayé en vain d'atteindre au sommet de l'aiguille.

Le roc nu ne permettait pas à ses mains de le saisir.

L'eau baignait les pieds de la jeune fille, l'écume l'enveloppait de ses tourbillons à travers lesquels s'irisait la lumière du soleil qui, splendide, venait d'émerger des flots.

C'était la joie rayonnant sur la nature ; c'était la chaude caresse du ciel à la terre et son baiser éblouissant à l'onde !

C'était la vie enfin s'épendant sur le monde !

Et Juanita se sentait mourir.

La mer montait toujours !

Alors, ayant de l'eau jusqu'aux genoux, sentant par intervalles les vagues passer sur sa tête et la presser sur le rocher, Juanita éperdue vit qu'il fallait dire adieu à l'espérance, à l'amour.

Cet adieu fut enfermé par elle dans un aveu et dans une prière.

Cet adieu fut presque joyeux.

Les bras étendus vers le ciel, elle dit avec un accent passionné.

— Tant mieux !

« J'aurais trop souffert !

« Je ne l'aimais plus... et j'aimais l'autre !

« Dieu me punit et me fait grâce en même temps !

Et sur les vagues qui semblaient animées, se poussant échevelées, hurlantes, sur ces abîmes où elle allait s'engloutir, elle jeta un regard calme et résigné.

Elle pensait que mieux valait mourir que souffrir.

Une lame énorme, cette terrible septième lame, revenant plus forte que les autres de sept en sept ! la lame qui renverse les navires, noie les naufragés, brise les épaves! la lame des morts surgit, se souleva, s'abattit de toute sa formidable puissance, couvrit l'îlot et emporta la jeune fille . . . . .
. . . .

C'en était fait. . . . .
. . . .

CHAPITRE L.

L'enlèvement d'une sentinelle.

Revenons au sergent Ali et à ses deux compagnons.

Les trois aventuriers une fois revenus dans le souterrain, firent leurs dispositions en vue du double objectif à atteindre :

1° Ils devaient se procurer une sentinelle que le colosse aurait à emporter ensuite vers la plage ;

2° Ils devaient, deux d'entre eux du moins, devaient franchir les lignes.

Ali, qui avait déjà étonné les Mexicains par sa ruse, leur dit :

— Si vous voulez, je me charge, moi, de

vous montrer une façon de prendre les sentinelles, plus sûre que votre méthode.

« Vous employez le lazo ?

— Oui ! dit le colosse.

— Moi, dit Ali, j'ai un autre système et il est excellent.

« Au lieu de lancer le lazo à distance, je garrotte mon homme sur place et sans bruit ; c'est plus certain que le lazo.

« Je vais vous montrer cela.

— Voyons ! dirent les Mexicains enchantés de la démonstration.

Ali dit à Bon-Coureur :

— Allez me couper des branches d'arbres, et des herbes à liens.

« Hâtez-vous.

« Tout près d'ici, il y en a.

Pendant que Bon-Coureur était sorti, l'Arabe se mit nu comme un ver et comme il était resté un fort quartier de jambon, il dit à Bras-de-Fer :

— Prenez le gras de ce jambon et frictionnez-moi partout avec.

Le Mexicain fit ce que le sergent lui demandait.

— Cette friction à la graisse, dit Ali, a trois buts :

« D'abord elle me rend glissant pour la main d'un adversaire.

« Bras ou jambes lui fileraient entre les doigts comme une anguille.

« Essayez, colosse, de saisir mon biceps à plein poignet.

Le Mexicain fit l'expérience.

Quand il tint le bras du sergent entre ses mains de fer, Ali donna une secousse vive et retira brusquement son biceps de l'étreinte.

— Vous voyez, dit-il, que je diminue ainsi les chances de capture.

Et il ajouta :

— Un homme nu est très-difficile à empoigner.

« Où le saisir ?

« Rien qu'aux jambes ou aux bras et ça glisse.

— C'est vrai ! dit le Mexicain.

Ali reprit :

— La friction à l'huile ou à la graisse a un autre résultat.

« Toute émanation humaine est arrêtée sur la peau.

« Ceci a de l'importance quand l'adversaire a des chiens.

« Les Espagnols en ont.

« Il y a, parmi eux, des chasseurs d'esclaves dont on a loué les services et les meutes.

« En abordant les avant-postes à contre vent, les chiens ne sentiront rien.

« La graisse supprime la transpiration et l'odeur.

— Décidément, dit le Mexicain, les Arabes sont très-expérimentés.

— Il le faut bien ! dit Ali.

« Songez donc que nous allons en plein douar ennemi, la nuit, malgré des centaines de chiens, enlever des bœufs et des chevaux sans attirer l'attention.

Et il reprit :

— Enfin, la graisse et la friction empêchent qu'on ne se refroidisse et que l'on n'éternue, ce qui est dangereux.

En ce moment, Bon-Coureur rentrait avec une brassée de rameaux et de très-longues herbes.

Ali lui dit :

— Il s'agit de m'habiller en buisson vivant.

Et il fit un agencement ingénieux de toutes les branches autour de son corps, si bien qu'il ressembla bientôt à un gros buisson.

— Vous remarquerez, dit-il, que je n'ai qu'un seul coup de couteau à donner dans les liens, pour que tout tombe aussitôt à mes pieds.

« Ceci a son avantage.

« Vous le comprenez, n'est-ce pas ?

— Oui ! dit Bon-Coureur.

« L'ennemi est stupéfait par cette transformation.

« On bondit et l'on frappe.

— Ou l'on fuit selon la circonstance, dit Ali.

« Maintenant, donnez-moi mon poignard, camarades.

« Vous voyez que je le glisse ici, à portée de ma main.

« C'est l'arme dont il faut surtout user dans l'attaque.

« Elle est silencieuse.

« Regardez la façon dont est fait le nœud que voici, avec une cordelette.

« C'est à ce nœud que j'attache mon revolver, un seul revolver.

« C'est l'arme de la fuite.

« Trop pressé, on se détourne et on arrête la poursuite par une balle bien placée.

« Ça contient l'ennemi.

« Tout est prêt.

« Venez.

Les Mexicains, en amateurs expérimentés, avaient étudié les procédés de l'Arabe et ils étaient disposés à bien en augurer pour le succès.

Ali, guidé par eux vers l'ennemi, se mit en marche.

— Voici la direction, n'est-ce pas ? dit-il quand il eut été mis en route.

— Oui ! firent les Mexicains.

— Eh bien, dit Ali, restez-là et fermez les yeux.

« Vous les ouvrirez quand je sifflerai, et vous tâcherez de me reconnaître au milieu des autres broussailles.

« Vous vous mettrez à marcher et si vous passez à côté de moi sans me reconnaître, vous avouerez que mon déguisement est bon et que l'épreuve est concluante.

— Allez ! dirent les Mexicains.

Ils étaient curieux de faire cette expérience. Au lieu de fermer simplement les yeux, ils se retournèrent.

Ali fit deux cents pas et se plaça au milieu de plusieurs autres buissons et il changea la disposition des branches dont il était enveloppé.

Alors il siffla légèrement.

Les deux espions se mirent en marche, lentement, observant les touffes avec la plus scrupuleuse attention.

Mais pendant qu'ils avançaient dans la direction d'où le coup de sifflet était parti, Ali s'en éloignait.

Il ne se permettait qu'un léger piétinement, qui le déplaçait d'une demi-semelle, c'est-à-dire imperceptiblement.

Mais ce piétinement était assez rapide cependant, pour que l'Arabe fût à cinquante pas de son point de départ quand les deux Mexicains y arrivèrent.

Ceux-ci auraient pu voir remuer les branches du buisson vivant, si la brise n'eût pas agité toutes les autres branches.

Pendant qu'ils continuaient leur examen, Ali tournait, en décrivant d'abord un quart de cercle vers l'endroit où les Mexicains s'étaient retournés pour ne pas le voir.

Ensuite, il se dirigea droit sur ce but et là, il s'arrêta.

Alors il siffla de nouveau.

Les Mexicains étonnés revinrent de ce côté ; mais Ali s'était écarté de trente pas, si bien qu'ils ne le trouvèrent pas encore.

Alors l'Arabe se mit à rire, et, les appelant, il leur expliqua sa manœuvre.

Ali grandit encore davantage dans leur estime.

— En route ! dit l'Arabe.

On repartit.

En marchant, de la voix légère des trappeurs en marche, souffle perceptible seulement à deux pas mais très-distinct, les espions causèrent:

— Vous concevez, disait Ali, combien il est difficile à une sentinelle de se rendre compte qu'un *buisson vivant* arrive sur lui, surtout vers deux ou trois heures du matin.

« Les yeux du soldat, à force de fixer les objets, sont fatigués.

« Il est halluciné, maboul, comme nous disons.

« Les objets tournent et dansent dans l'ombre.

« Le buisson vivant avance, mais il semble ne pas bouger tant chaque piétinement est faible ; c'est un glissement.

« On dirige sa marche de façon à passer entre deux sentinelles..

« Comment en reconnaissez-vous la place ?

— Nous jugeons à l'œil des meilleurs endroits qui puissent abriter un homme, dit Bon-Coureur.

— J'ai un moyen plus sûr ! fit l'Arabe.

« Je casse quelques branchettes de bois sec, ce qui fait du bruit.

« Les sentinelles qui sont en face de moi

Poursuite!...

secouent leur torpeur et elles arment leur fusil.

« J'entends le bruit sec des ressorts et je suis renseigné.

« Dix minutes après je reprends ma marche de façon à passer entre deux embuscades et... je passe.

« Je continue à piétiner de façon à me placer derrière le soldat.

« Je reviens sur lui !

« Une fois, étant avec ma tribu en guerre avec les Français sur les frontières du Maroc, je me trouvai à cinq pas d'un factionnaire, lorsqu'une pierre dérangée par mon pied, roula sur le sol qui allait en pente.

« Le Français se retourna brusquement et regarda, le fusil au poing.

« Je ne bougeai pas.

« Il me prit pour un vrai buisson et n'apercevant rien, il fit face au Maroc ; je restai ainsi pendant un bon quart d'heure sans bouger.

« Puis je repris mon piétiment.

« Cinq minutes après, j'étais sur lui, je le poignardai sans bruit et je lui détachai la tête avec mon goutmi.

« Car nous scions le cou à nos ennemis, ne trouvant pas suffisant de les scalper.

« Je passai une corde dans la mâchoire inférieure que je trouai et je suspendis la tête sur mon dos.

« Je m'écartai de vingt mètres au plus en arrière.

« Je vis bientôt un caporal et des soldats qui venaient relever les factionnaires.

« Il s'arrêtèrent auprès du mort, cherchèrent la tête, questionnèrent les sentinelles voisines, et finalement, le caporal mit en place un autre soldat et s'en alla.

« Moi je piétinai pendant un quart d'heure environ et je surpris une autre sentinelle que je traitai comme la première.

« Cette nuit-là, j'ai coupé quatre têtes et tué cinq hommes.

« Je n'ai pas eu le temps de scier le cou au dernier.

« L'éveil fut donné parce que le fusil, tombant des mains de l'homme, fit feu ; je dus fuir.

« Nous autres, nous faisons confire les têtes de nos ennemis dans du miel et nous les séchons ensuite au soleil.

« J'ai, dans le gourbi de mon père, quarante-trois têtes.

« Là-dessus, il y en a vingt-huit ayant appartenu aux infidèles.

« Cela me donne droit à vingt-huit parts de paradis.

Les Mexicains se dirent que cet Arabe valait n'importe quel homme de prairie.

Cependant on arrivait sur le camp espagnol.

— Écoutez, dit Ali, j'ai un scrupule de soldat.

« Je ne suis pas Espagnol, mais ces gens m'ont toujours bien traité.

« Les circonstances me forceront à quitter leur service probablement.

« Si le capitaine s'insurge, je m'insurge aussi.

« En attendant, je ne voudrais pas faire trop de tort à d'anciens camarades ; aussi je demande qu'on ne brutalise pas celui que je vais prendre.

« Bras-de-Fer, promettez-moi que quand le capitaine Leone le pourra, il mettra ce pauvre diable en liberté.

— Entendu ! dit le colosse.

— Et maintenant, dit Ali, restez là, je vais bientôt revenir.

« Nous avons deux heures devant nous avant le jour.

« Une heure pour capturer l'Espagnol et vous l'amener.

« Une heure pour traverser le camp avec Bon-Coureur.

Et Ali se mit en marche.

Il fit exactement ce qu'il avait promis.

Une heure à peine s'était écoulée qu'il revenait avec un fantassin sur ses épaules, et rien n'était plus singulier que de voir ce paquet humain, se balançant au-dessus des branches.

— Voilà ! dit Ali au colosse.

« Emportez-moi ça.

« Il est bien ficelé, bien garrotté et bien bâillonné.

— Très-bien ! dit le géant.

Et il lança le prisonnier sous son bras comme il eût fait d'un enfant.

— Au revoir ! dit-il.

— Au revoir ! dit Ali.

— A bientôt ! dit Bon-Coureur.

Et montrant le Morne :

— Dans trois heures la lettre sera aux mains de Choquart.

« Moi aussi je me déguise en buisson vivant.

(*Voir* la vignette page 45; si Ali n'y est pas représenté c'est qu'il est confondu au milieu des vrais buissons.)

Le colosse s'éloigna et les deux autres aventuriers se préparèrent à leur nouvelle expédition.

CHAPITRE LI

Péripéties.

Pendant que ces événements se passaient, dans la même nuit, Herrera arrivé au camp avec la colonne, prenait comme toujours, ses dispositions avec intelligence et activité.

Il avait prévu que, du moment où le *Virginius* se trouvait dans la baie, il chercherait à communiquer avec les insurgés ; il songea qu'il serait intéressant de surprendre les messages.

En conséquence, il fit rassembler et chargea sur des fourgons le plus de bateaux d'écorce qu'il put trouver.

Personne ne sait mieux manier ces fragiles et légères pirogues que les Indiens.

Ceux-ci, par les plus mauvaises mers,

montent ces bateaux et les dirigent avec une adresse surprenante.

La flottille fut confiée à Bison-Cornu.

On répartit sur les pirogues les sauvages et les agents.

Lorsque le camp fut installé, vers dix heures du soir, la petite escadrille fut lancée à l'eau.

Elle eut ordre d'explorer tout le littoral de la baie.

Recherche longue, minutieuse, difficile et périlleuse.

Il fallait éviter les récifs et les tourbillons.

Une heure avant le jour, Bison-Cornu aperçut le cap.

Avec la sagacité d'un vrai Peau-Rouge, il flaira que là peut-être il ferait bonne rencontre de marins du *Virginius*, car il jugea que là devaient s'échanger les communications entre corsaires et insurgés.

Il fit faire force de rames de ce côté.

Il fut du reste porté en plein vers cette pointe, par un fort courant que détermina le raz-de-marée.

Au lever du soleil, Bison-Cornu doublait le cap.

(*Voir* la vignette, page 341.)

Le courant le poussa dans la petite crique, vers l'îlot.

En ce moment, une scène étrange se présenta aux yeux du sauvage.

Une femme suspendue à une corde montait lentement le long des rochers, hissée par une main invisible.

C'était Juanita!

Voici ce qui s'était passé.

Au moment où la jeune fille était enlevée par la lame, un lazo, lancé par une main habile, s'abattait sur elle et une voix lui criait du haut des rocs :

— Passez le nœud coulant sous vos bras et je vais vous tirer à moi.

Avec cet instinct suprême de la conservation, si puissant chez les noyés surtout, la jeune fille saisit la corde.

D'autre part la lame, en s'affaissant, permit à Juanita de reprendre pied ; grâce au lazo, elle ne fut pas entraînée par le ressac.

Elle se lia le nœud coulant sur la poitrine, se hâtant de suivre les instructions du colosse.

Celui-ci, plaçant sa veste sur l'angle d'une roche, fit passer le lazo sur cet espèce de coussin, et tira.

L'étoffe faisait glisser la corde de soie sans l'user.

Mais au moment où Juanita s'enlevait, parut la barque de Bison-Cornu qui poussa un cri sauvage de victoire.

Juanita y répondit par un cri de terreur.

Le colosse se rapprochant pour voir ce qui se passait, montra sa haute taille au dessus de la falaise.

Jamais les agents d'Herrera, qui étaient dans la pirogue, ne virent d'homme mieux campé et plus mâle.

Ces géants, magnifique expression de la beauté et de la force humaine, sont superbes à certaines heures.

Bras-de-Fer enveloppé d'une auréole, par les rayons du soleil, semblait un demi-dieu, un Hercule, sur la crête de la falaise.

Avec la prompte décision d'un homme de coups de main, il laissa retomber Juanita dans la mer.

Toutefois, il garda liée à son poignet l'extrémité du lazo.

Les sauvages, sautant sur leurs armes, ainsi que les agents tirent feu sur lui ; mais il ne daigna pas se baisser.

Les vagues donnaient tant de secousses au canot que le tir en était incertain et inoffensif.

Lui, au contraire, sur le roc, abaissant son arme, fit feu.

Un agent fut tué raide...

D'un second coup, il cassa le bras d'un autre, et, il allait encore tirer, car il avait une de ces carabines Winchester à répétition qui permettent d'envoyer quinze cartouches sans recharger.

Mais il s'arrêta.

Plus personne à tuer.

Les Indiens, à l'exemple de Bison-Cornu, s'étaient jetés à la mer.

Plongeant vivement, ils avaient filé entre deux eaux.

Cet incident avait pris un quart de minute à peine.

Bras-de-Fer, voyant l'équipage du canot en déroute, lassa de nouveau Juanita, et, en quelques secondes, il la mit à terre.

— Vite, lui dit-il, venez.

Et, prenant son prisonnier sous son bras, il entraîna la jeune fille vers le souterrain.

Là, il lui dit :

— Senora, les Indiens qui sont au service des Espagnols, vont nous donner la chasse ; ils ont pour les appuyer toute leur armée ; il n'y a pas de lutte possible.

« D'autre part, il faut que je porte, à mon capitaine, l'homme que cet Arabe a si bien enlevé.

« Vous allez vous cacher ici.

« Bon-Coureur et moi nous avons préparé un trou pour nous abriter.

« Tenez, le voici.

Et, de ses mains puissantes, le colosse leva un bloc énorme qui cachait un creux, une espèce de puits naturel formé entre des rocs.

Le bloc en recouvrait presque exactement l'orifice ne laissant que des interstices utiles du reste, pour le renouvellement de l'air.

— Vous trouverez là-dedans, dit Bras-de-Fer, de l'eau et des vivres.

« Nous avions tout disposé pour un cas extrême.

« Vite, entrez !

— Et vous ? demanda-t-elle.

— Moi ! fit-il ; moi, je vais au navire avec le prisonnier.

— Emmenez-moi.

— Je n'ai pas de bateau.

« Je puis pousser un homme devant moi, mais non un homme et une femme ; je n'irais pas assez vite.

« Entrez ! Entrez donc !

Et comme Juanita hésitait, le colosse impatient la mit dans le puits, ferma le bloc et s'en alla.

Inutile de dire qu'il n'oublia point son soldat.

CHAPITRE LII

A la nage !

Bras-de-Fer, son soldat sous le bras, en sortant du souterrain, se dirigea, en courant de toutes ses forces, vers une falaise rapprochée qu'il connaissait et il y arriva au moment où Bison-Cornu et ses sauvages, sortis l'eau, escaladaient cette falaise.

Bras-de-Fer prit sa résolution avec une rapidité foudroyante.

Il bondit comme un taureau, passa à travers les sauvages, en renversant un d'un coup de tête qui envoya le guerrier à trois mètres en l'air, et il se jeta dans la mer avec son fardeau.

Avec non moins de résolution, Bison-Cornu et ses hommes se lancèrent à l'eau pour donner la chasse à l'intrépide colosse.

Ils étaient cinq.

Il était seul.

Encore avait-il un corps à soutenir et à diriger.

Néanmoins il nageait si bien qu'il conserva de l'avance.

Bison-Cornu et les siens croyaient que ce qu'il portait sous le bras, informe paquet de vague apparence humaine, c'était Juanita ; ils n'avaient fait qu'entrevoir.

A cause de la prime, ils s'acharnaient dans cette poursuite.

Au bout d'un quart d'heure, les meilleurs nageurs distancèrent les autres.

Il devint bientôt évident que le flibustier se fatiguerait ; c'était uniquement à une vigueur herculéenne qu'il devait d'accomplir ce prodige de gagner malgré son fardeau, pareil effort ne pouvait se soutenir longtemps.

En effet, deux Indiens qui étaient en tête, prirent avantage sur lui.

L'un d'eux arriva même à vingt brasses environ du colosse.

Celui-ci donna à son prisonnier une poussée formidable qui devait, en chassant cet homme au large, le soutenir longtemps sur l'eau ; puis il prit son revolver et l'arma.

Les cartouches de revolver partent très-bien, quoique mouillées.

C'est l'avantage des cartouches à culot métallique.

Le colosse d'un coup de jarret se dressa jusqu'à la ceinture, visa et fit feu sans hâte, au moment où le Peau-Rouge, comprenant le danger, piquait vers le fond.

Mais la balle le surprit au moment où il culbutait, tête en bas, pour plonger; il eut les reins cassés.

Il coula, teignant la vague de son sang.

Déjà Bras-de-Fer tirait sa coupe et cherchait son prisonnier.

Celui-ci ne tenait pas du tout à mourir.

Bon nageur et homme expérimenté sur les situations diverses où l'on peut se trouver dans la mer, il savait sans doute que l'eau salée porte bien.

Il avait gonflé ses joues, formant vessie, et appuyant sa nuque, la tête renversée en arrière sur la lame, il avait le nez hors de l'eau.

Quoique garrotté, il pouvait plier les jarrets, et, quand il voulait respirer l'air, il donnait un coup de pied qui le faisait saillir de toute la tête et lui donnait le temps de renouveler sa provision d'oxygène.

Le colosse, quand il vit que son soldat se tirait si bien d'affaire, se mit à rire, et il lui dit :

— A la bonne heure, camarade !

« C'est un plaisir d'avoir affaire à vous, et, comme, sur l'honneur, je vous promets la vie sauve, tâchez de vous maintenir ainsi pendant que je vais massacrer ces Peaux.

A la promesse de la vie, le soldat eut un éclair de joie dans les yeux.

Pour prouver qu'il avait compris et qu'il n'était pas du tout disposé à se laisser noyer, il secoua la tête.

En ce moment, imitant la manœuvre de Bras-de-Fer, le sauvage le plus avancé se dressait sur l'eau.

Il tira.

Mais le colosse avait plongé si vite, que la balle le manqua.

Le sauvage se maintenant le mieux qu'il put hors de l'eau, attendit qu'il reparût : il tenait son revolver en main.

Mais Bras-de-Fer, à dix mètres sous l'eau, nageait vers son adversaire.

Il le dépassa, replongea après avoir repris haleine, vint saisir son homme par une jambe et lui coupa le jarret et une artère.

Après quoi, il s'éloigna.

L'Indien se débattit, appela au secours, perdit ses forces rapidement et coula comme son camarade.

Alors Bison-Cornu effrayé donna le signal de la retraite.

— Ce Visage-Pâle, dit-il, n'est pas un homme.

« C'est un requin!

Et il regagna la terre avec les deux guerriers qui lui restaient.

Il regarda, du bord, d'un œil mélancolique, le colosse qui s'éloignait avec son prisonnier.

Celui-ci avait continué à faire des efforts intelligents pour flotter et le colosse eut idée qu'il pouvait s'épargner beaucoup de peine avec un gaillard d'aussi bonne volonté que celui-là.

— Écoute ! dit-il.

« Je suis armé !

« Tu ne l'es pas !

« Je suis plus fort que toi.

« Si bon nageur que tu puisses être, je nage mieux que toi.

« Je vais te débâillonner et couper tes liens avec mon poignard.

« Tu nageras.

« Mais si tu cherches à t'échapper, tu es mort, mon garçon.

Le soldat fit signe qu'il ne ferait pas de tentative pour fuir.

— Très-bien ! dit le colosse.

Et il délivra son homme.

— Oh ! fit joyeusement le soldat en respirant à son aise.

« J'aime mieux ça !

Et il se trémoussa, s'étira, se frictionna dans l'eau avec aisance.

Puis il se mit à nager à côté de son adversaire.

— Ainsi, demanda-t-il, foi d'honnête homme, j'ai la vie sauve.

— Je m'en porte garant, camarade ! dit le Mexicain.

— Alors, fit le soldat, tout va bien !

« Nous allons au *Virginius*?
— Oui! dit le Mexicain.
— Il me semble qu'il nous envoie des embarcations.
— En effet!
— J'aime autant ça.
« Nous n'aurions qu'à rencontrer des requins, ça ne m'irait pas.
— Peuh! fit le colosse.
— Vous n'avez pas peur de ces animaux-là, vous?
— Non!
— Cependant...
— J'en ai tué déjà.
« Pensez donc que, ceux qu'ils dévorent y mettent de la bonne volonté.
— Heuh! heuh! fit le soldat.
— Puisque je vous l'affirme.
« Songez que le requin, pour dévorer sa proie, est obligé de passer sous elle et de se retourner ventre en l'air.
« Sa gueule est faite de façon à ce qu'il ne puisse saisir autrement.
« Moi je guette le moment où il fait sa petite manœuvre et je lui plante mon poignard dans le ventre.
« Ce n'est pas difficile, comme vous voyez!
Et c'est en causant ainsi qu'ils arrivèrent au *Virginius*.
Ils étaient déjà les meilleurs amis du monde.
Soldats et trappeurs, insouciants par habitude du péril, sont ainsi faits qu'ils n'ont pas de rancune et qu'ils se parlent volontiers en amis, dix minutes après s'être réciproquement fusillés.
Cependant les canots du *Virginius* s'approchaient rapidement.
L'un d'eux recueillit bientôt les deux nageurs qui, un quart d'heure plus tard, montèrent à bord du *Virginius*.

CHAPITRE LIII

Cherchez la femme.

Pendant que Bison-Cornu regardait s'éloigner la proie qu'il avait manquée, il sentit une main se poser sur son épaule et il se retourna.

Herrera était derrière lui.
— Que s'est-il passé? demanda le célèbre policier.

Bison-Cornu raconta laconiquement les faits.

Herrera ne dit mot, mais prenant sa lorgnette, il la braqua sur Bras-de-Fer en fuite.

Jusqu'au moment où le Mexicain et le prisonnier furent recueillis, Herrera ne desserra pas les dents.

Quand on tira le soldat dans le canot, Herrera dit :
— Tu crois que le Mexicain emportait une femme?
— Oui! dit le chef.
— Tu te trompais.
« C'est un fantassin.
« Je sais, du reste, qu'une sentinelle a été enlevée cette nuit.
« C'est elle que ce Mexicain emportait vers le *Virginius*.
— Et la femme! fit le chef Indien. Où est la femme?
— Tu as vu une femme?
— Oui.
— Bien vu!
— Comme mon œil te voit, capitaine!
— Alors la femme est à terre.
« Elle est cachée.
— Faut-il la chercher?
— Il faut toujours chercher qui se cache! dit Herrera.

Bison-Cornu siffla ses Indiens et les mit en quête sur les pistes.

Mais il eut beaucoup de peine à étudier les traces.

Si pressé qu'il fût, le Mexicain avait eu soin de laisser tomber à terre les franges de son zarapé, garnies de plomb.

Ces franges balayant le sol, avaient effacé la piste.

Après une heure de perquisition les Indiens découvrirent le souterrain.

Ils l'annoncèrent à Herrera.
— Bien! dit celui-ci.
« Voici un grand pas de fait.

« Je suis certain que si la femme est quelque part, c'est là.

« Allumez des torches !

« Fouillez-moi cette excavation.

« Je vais au camp !

« Vous viendrez me dire comment les choses se seront passées.

Les Indiens se mirent à l'œuvre et ils apportèrent à cette recherche le soin extrême qu'ils mettent en ces sortes d'affaires.

Mais ils ne trouvèrent rien.

Une heure, deux, trois, quatre, sept heures durant, ils fouillèrent la grotte, qui du reste était immense.

Ce fut en vain.

Alors Bison-Cornu laissa deux hommes en embuscade et il alla annoncer à Herrera que le découragement avait saisi ses hommes qui n'avaient rien découvert.

Ceci n'était pas le compte d'Herrera qui s'irritait toujours, quand un problème difficile se dressait devant lui, et qui ne renonçait pas facilement à une entreprise commencée.

Il appela son lieutenant.

— Voilà ce qui se passe, dit-il.

« Une femme, comme je vous l'ai raconté, accompagnait l'espion de Leone, et, sûrement, cette femme a dû rester à terre.

« Sur ceci, pas de doute.

« Cette femme, les différentes pistes me l'ont prouvé, est cachée dans une grotte située près de la mer.

« Cet imbécile de Bison-Cornu n'est pas capable de la trouver.

« Que pensez-vous de la femme ?

« Comment croyez-vous que l'on pourrait la découvrir?

— Pour la femme ! dit le lieutenant en secouant la tête, il m'est venu comme un vague soupçon que ce pourrait bien être Juanita.

Herrera dit d'un ton dubitatif :

— Je l'avais déjà pensé comme vous, mon cher.

« Mais, quoique la chose soit possible, quelque peu probable, elle n'est prouvée par aucun indice.

« En bonne police, il faut se défier de tout jugement ou de toute supposition dictée par l'espérance.

« On évite ainsi de se laisser tromper par un faux mirage.

« Toutefois, comme en examinant les choses sans parti pris, on est forcé d'admettre qu'il y a quelque chance pour que cette femme soit la prisonnière évadée de San Ignatio ; comme, d'autre part, quelle que soit cette femme, nous avons un vif intérêt à la prendre, faisons des efforts pour la trouver.

« Elle est bien cachée ; donc on a intérêt à nous dépister.

« En vertu du principe qu'il faut toujours contrarier l'ennemi dans ses projets, nous devons lui enlever cette femme qu'il cherche à nous dissimuler.

« Qui sait ?

« Peut-être est-ce une de ces espionnes, si dangereuses, dont sont remplies les villes cubaines, et qui soutirent à nos généraux, à leurs officiers, à nos administrateurs tous les secrets de nos opérations politiques et militaires.

— Eh bien, capitaine, si vous le voulez, moi je trouverai la femme.

« Mais je vous demande la permission d'agir à ma guise.

— Vous savez, lieutenant, que par principe je donne toujours carte blanche à mes agents, leur laissant toute la responsabilité de leurs actes.

— Je puis employer qui je voudrai, sans exception ?

— Sans aucune exception.

— Bien, capitaine.

« Renvoyez Bison-Cornu à la garde de la grotte.

« Moi je vais m'occuper de cette affaire-là.

— Mais, fit observer Herrera, tout notre monde est en campagne ; je n'ai plus un seul homme à vous donner.

— Inutile, capitaine.

— D'autre part, il faut que je quitte le camp.

« Seul vous pouvez recevoir les rapports de nos hommes !

— Je resterai au camp toute la nuit, car

dans une heure, je serai de retour ici, mon capitaine.

— Avec la femme ?

— Non, certes.

« Il faudrait avoir une chance toute spéciale pour réussir si vite.

« Mais j'aurai mis les perquisitions en bonne voie.

— Très-bien !

« Allez !

« Moi je monte à cheval.

« J'ai une mission importante et difficile à remplir.

— Au revoir, capitaine.

— Bonne chance, lieutenant !

Herrera sortit de sa tente et sauta sur un cheval qu'on lui amena.

Le lieutenant regarda son capitaine s'éloigner et dit :

— Après un tel service, il faudra bien que tu *lui* pardonnes.

Et il donna un ordre écrit au crayon à un planton.

CHAPITRE LIV

L'agent français.

Le lieutenant, en fumant son cigare, attendit le retour du planton qui revint suivi d'un individu vêtu en civil, mais en civil qui fait un métier exigeant des vêtements solides et des chaussures sérieuses.

Le nouveau venu était un jeune homme de petite taille, mais dont les proportions un peu grêles étaient fort élégantes.

Il était pâle et il eût paru efféminé sans la virilité du regard, vif, spirituel et hardi.

Toute la physionomie de ce personnage respirait l'audace joyeuse, la verve insouciantée, la raillerie gaie, la finesse et la pénétration.

A l'allure aisée, vive et preste, aux poses abandonnées et au débraillé pittoresque du geste, on reconnaissait un Parisien des faubourgs.

Il semblerait que ces enfants de Paris aient tous pis quelque chose au masque de Voltaire ; ce qui fait qu'on les reconnaît partout.

Le rire sarcastique de ce jeune homme devait naturellement déplaire aux Espagnols, gens graves et orgueilleux.

S'il est au monde un peuple que la blague parisienne offusque, c'est celui-là ; aussi Ragottier était-il cordialement détesté dans le camp.

Il y remplissait du reste des fonctions qui n'étaient point faites pour lui concilier l'amitié des soldats.

Il était secrétaire du grand prévôt, c'est-à-dire du chef suprême de ce que nous appelons la gendarmerie.

Or, dans l'armée, on savait que le grand prévôt ne jurait, ne voyait et n'arrêtait que par Ragottier.

Celui-ci avait servi d'abord, beaucoup servi, bien servi Herrera.

Mais un jour ce dernier avait eu le tort de traiter Ragottier d'imbécile et le Parisien lui avait répondu vertement.

Herrera, d'esprit hautain et despotique, avait cassé aux gages Ragottier, son meilleur agent, celui auquel il devait de merveilleuses découvertes.

Ragottier était allé offrir ses services au grand prévôt.

Celui-ci les avait acceptés avec un grand empressement.

Il connaissait l'homme.

Entre le grand prévôt et Herrera il n'y avait aucune relation ; c'étaient deux autorités différentes.

Herrera ne s'occupait que des grandes questions politiques.

Le prévôt n'avait qu'à exercer la police militaire.

Ce n'est pas une petite affaire que de maintenir en discipline et obéissance une armée espagnole.

Les soldats de cette nation sont très-remuants, très-entreprenants.

A chaque instant, il y a, aux colonies surtout, des actes de maraude, des viols, des vols à main armée.

Ragottier était sans rival pour découvrir les coupables.

A peine le coup était-il fait que les mau-

Lynx, Pattes-d'Éléphant et Nez-Subtil tirant à la cible.

vais sujets qui l'avaient commis étaient arrêtés.

D'où venait Ragottier ?

De Paris naturellement.

Mais pourquoi était-il en Espagne ?

Parce que la France était pour lui un séjour malsain.

Figurez-vous que, malin comme plusieurs singes, et des plus madrés encore, Ragottier avait joué un vilain tour à un préfet de police dont il était l'agent.

Ce préfet s'était très-mal comporté envers Ragottier.

Celui-ci avait droit à une gratification considérable pour une certaine prise qu'il avait su faire.

Or, le préfet, qui avait un favori, fit retomber tout l'honneur de la prise sur ce protégé et lui donna tout l'argent.

Ragottier, pas content, ne dit mot et entra dans la police des mœurs.

Celle-ci est très-indépendante ; ses chefs, qui savent tant de secrets, sont à l'abri de l'arbitraire et de la fantaisie du préfet de police, quel qu'il soit.

Qui les touche est châtié bientôt par quelque révélation qui le compromet et qui le ruine dans l'estime publique.

C'est la police des mœurs qui a frappé tant de hauts personnages.

C'est elle qui s'est vengé de Roger, du Nord.

C'est elle qui a mis M. Delessert dans un grand embarras.

C'est elle qui a si bravement, si énergiquement frappé de Germiny.

Ragottier, fils d'un agent déjà célèbre du reste, était au courant de tout cela ; ce n'était pas un de ces vulgaires mouchards qu'on brise comme verre.

Il offrit donc ses services aux chefs de la police des mœurs.

Il savait que ceux-ci seraient enchantés de frapper au cœur le préfet.

Mais, en ce cas, l'agent inférieur est toujours sacrifié.

Tôt ou tard le préfet s'en venge et l'écrase à son tour.

Ragottier fit aux chefs de la police des mœurs la proposition suivante :

— Je sais que le préfet fréquente une maison qui est un lupanar secret où il se passe des orgies à scandaliser tout Paris.

« Si vous le voulez, un soir, j'arrête là, au milieu de femmes du monde compromises avec les plus ignobles filles, dans un déshabillé complet, au milieu d'hommes pas plus vêtus, j'arrête là le préfet.

« Tout aussitôt le procès-verbal fait et le préfet bouclé, je toucherai sur votre caisse trente mille francs.

« Sur ce, compliment et bonsoir, je file en Belgique.

On avait accepté.

Et bientôt tout Paris s'occupait de la fameuse maison de la rue Marbeuf.

Mais ce que le gros Paris ne savait pas, ce que le haut Paris savait, c'est que le préfet était pris dans ce coup de filet.

Une dame de la plus haut rang, dont il était l'amant et à laquelle il devait son crédit, apprit la chose.

Quelque temps après, le préfet perdait sa position et passait du reste à l'opposition.

Tout cela à cause de Ragottier qui n'avait pas eu sa gratification.

Inutile de dire qu'il s'enfuit avec ses trente mille francs.

Bien avisé, au lieu de gagner la Belgique, il se dirigea sur la frontière d'Espagne, déguisé en jeune abbé anémique, envoyé à Luchon pour se remettre.

Pendant ce temps-là, on le cherchait partout et surtout du côté de la frontière belge pour l'arrêter.

Mais, dira-t-on, il n'avait rien fait d'illégal !

Permettez !

On peut toujours pincer un agent comme Ragottier.

Ainsi, par ordre, il avait dû, pendant la commune, surveiller Raoul Rigault et autres; pour ce faire, il avait dû aussi par conséquent accepter des fonctions à la préfecture communarde.

Il avait signé des ordres d'arrestations, lesquelles arrestations furent suivies de mort, lors de la fusillade des otages.

Bien entendu, tant que Ragottier n'eut pas compromis le préfet, on se garda bien de jamais parler de ce passé.

Mais après le scandale que nous avons raconté, il s'agissait de châtier l'audacieux agent.

Que fit-on ?

Une infamie.

On s'arrangea pour que Ragottier fût condamné à mort.

Tenez pour certain que, pincé, il eût été exécuté.

Ragottier, qui cependant n'avait fait que suivre les instructions qu'on lui avait données et en subir les conséquences, Ragottier, après sa vengeance contre le préfet, fut dénoncé comme un communard enragé, et le conseil, sur des faits patents, prononça la peine de à mort par contumace.

C'est ainsi que la France apprit, avec étonnement, que la police avait conservé, pendant sept ans, un communard enragé à son service.

On a de ces stupéfactions, quand on ne connaît pas le dessous de certaines cartes.

Et voilà comment Ragottier avait dû aller se mettre au service des Espagnols et d'Herrera.

Celui-ci l'avait emmené à Cuba et c'est là qu'ils s'étaient brouillés.

Mais, au fond, Herrera regrettait son agent français.

Celui-ci le complétait.

Il manquait à Herrera une certaine souplesse d'esprit, une certaine rouerie qui est particulière aux Parisiens.

Sans elle, certaines nuances précieuses échappent; sans elle, notamment quand il s'agit des femmes, on se trompe souvent.

Mais Herrera était de ceux qui ne reviennent jamais les premiers, sur une injustice commise.

Il était fanatique d'autorité, et tout en souhaitant que Ragottier reprît son service, il ne lui aurait fait aucune offre pour rien au monde.

Cet orgueil était une de ses forces, mais aussi une de ses faiblesses.

Toujours est-il que les choses en étaient là entre eux, quand le lieutenant manda Ragottier.

— Vous voilà, vous, mauvaise tête, dit le lieutenant.

« Asseyez-vous et causons !

« Comment allez-vous ?

« Bon pied, bon œil toujours ?

— Oui, lieutenant.

« Et toujours du chic, du galbe, et du torse et du sacré chien.

« On en pince de toutes les façons.

Ragottier avait des prétentions d'homme à bonnes fortunes, vanité toute parisienne, faiblesse d'agent des mœurs.

Il résumait du reste l'excellente opinion qu'il avait de lui-même, en quatre mots qu'il répétait souvent.

— Du chic !

« Du torse !

« Du galbe !

« Et du sacré-chien !

A vrai dire il ne mentait pas et... il en pinçait...

Les femmes l'adoraient !

Ragottier prit un siège, regarda le lieutenant et dit en riant :

— Qu'a donc besoin de ce mauvais petit Ragot ?

« Qu'est-ce qui se passe, lieutenant ?

« Est-ce que, par hasard, le capitaine se serait aperçu que Leone a des espions qui le roulent ?

« Il en est passé deux dans la nuit précédente à travers le camp.

« Heuh ! heuh !

« Ragot sait bien des choses.

« Quand le grand prévôt a appris que des sentinelles avaient eu le cou coupé dans la nuit il a appelé son petit Ragot.

« Et Ragot, mis au fait, a dit à son grand prévôt !

« — Ça pue l'Arabe à plein nez, cette affaire-là.

— L'Arabe ! fit le lieutenant.

« Où prenez-vous des Arabes dans l'armée insurgée ?

« C'est bien peu vraisemblable.

— Lieutenant, je prends les Arabes où je les trouve !

« Ces cous coupés et de cette façon-là avec un tour de main sur le couteau pour séparer les anneaux de la colonne vertébrale, c'est une méthode algérienne.

Et il chanta d'une voix flûtée :

— Connue ! Connue !

Puis il reprit :

— Le grand prévôt ne voulait pas m'en croire et disait :

(Ici Ragottier imita grotesquement les gestes et les intonations de voix du prévôt qui roulait les R et parlait avec pompe, majesté et points d'orgue !)

« ..... Il disait :

« — Des Arrrrabbbes !

« Vous êttttes fou, arrrhhi fou, mon pauvrre pétttit Rrragottte.

Le lieutenant ne put s'empêcher de rire tant l'imitation était drôle.

Ragottier reprit :

— J'ai démontré au prévôt qu'un couteau suppose une main.

« Or, une main ne travaille pas comme une autre main.

« Tel malfaiteur a une méthode, celui-ci en a une autre.

« Telle nation a un goût prononcé pour le poignard.

« Témoin l'Italie.

« L'Espagne a un penchant très-accusé pour le couteau.

« Les Américains montrent un faible pour le revolver.

« Le Peau-Rouge scalpe.

« Le Thugg des Indes étrangle.

« L'Arabe est pour la décapitation.

— Mais, encore une fois, d'où pourraient venir ces Arabes ?

— N'y a-t-il pas eu dans l'armée française, au Mexique, des Turcos dont quelques-uns ont déserté ?

— C'est vrai ! dit le lieutenant.

« Les aventuriers arabes sont au service de Cespèdes, probablement.

— Remarquez, dit Ragottier, que je n'affirme rien.

« C'est une simple supposition.

« Mais, lieutenant, dites-moi pourquoi vous me demandez ?

Le lieutenant expliqua ce qui s'était passé et il demanda à l'agent français de trouver la femme cachée dans le souterrain.

— Hum! hum! fit Ragottier.

« Travailler pour Herrera !

« Un homme qui traite d'imbécile un agent comme moi.

« Moi qui ai du chic, du torse, du galbe et du sacré-chien !

Le lieutenant n'hésita pas à blâmer le capitaine.

— Il a eu tort ! dit-il.

— Un homme hautain ! fit Ragottier.

— Mais généreux ! protesta le lieutenant.

— Un homme violent !

— Mais bon !

Ragottier secoua la tête, et, pour couper court, protestant très-énergiquement de son refus, il déclara :

— Lieutenant, pour tout dire, il ne me convient point d'être ingrat avec le grand prévôt qui m'appelle ssson pppetit Rrragggottt, et qui est fier de moi et qui me donne une haute paye très-convenable.

— Pour ce qui est de ça, jamais il ne vous fera toucher des gratifications aussi fortes que le capitaine Herrera.

— Possible !

« Mais je suis mon maître !

« Je chasse mon gibier à mon idée et sans avoir un piqueur sur les talons.

— Vous me refusez, Ragottier ?

— Carrément...

« Et pourtant j'ai déjà deviné, d'après votre récit, que l'Arabe qui a traversé le camp n'est pas un turco.

« C'est le sergent Ali.

— Ce doit être lui ! s'écria le lieutenant.

« Ragottier, avec la perspicacité que vous avez, c'est une honte de servir un grand prévôt.

« Vous, un agent illustre, faire le vulgaire métier d'argousin !

« Vous, dont Herrera me disait il n'y a pas huit jours :

« — Ce jeune homme a l'étoffe d'un diplomate, et, après l'avoir stylé aux façons du monde élégant, je l'aurais employé un jour à l'étranger dans un poste de haute confiance.

Ragottier tressaillit.

Il était pris par l'amour-propre, levier puissant sur les natures parisiennes, le lieutenant s'en aperçut.

Il continua :

— Quelle décadence !

« Quand on songe que nous tous, hommes de haute police, nous vous avons tant et si souvent admiré !

« Quand on pense que dans tous les salons diplomatiques de l'Europe, on riait du beau tour que vous aviez joué à votre préfet !

« Quand on se dit qu'à cette heure vous vous abaissez à n'être que le limier d'un officier de maréchaussée.

« Vraiment lorsque, de retour à Madrid, on me demandera de vos nouvelles, par égard pour vous, je ne répondrai pas.

— N. de D...! dit Ragottier, jurant en français, assez de jérémiades ; je me rends, puisque vous m'attaquez par mon faible.

« J'irai vous dénicher cette femme.

« Et d'abord, tenez pour certain que c'est Juanita.

« Car du moment où c'est le sergent Ali qui a enlevé la sentinelle, c'est Juanita qui est dans la grotte.

« Il y a là double contrôle d'identité de personnes, l'une par l'autre.

Puis d'un air déterminé :

— Écoutez-moi, lieutenant.

« Votre Herrera a un f...ichu défaut qui ne lui permettra jamais d'employer des Parisiens à ses opérations.

« Et les agents parisiens, voyez-vous, il n'y a qu'eux pour certaines choses.

« Ils sont plus fins que l'ambre.

« Dites-lui donc, à cet excellent capitaine, qu'il se modère avec moi.

« Que diable, il parle poliment à cette brute de Bison-Cornu.

« Je vaux bien ce sauvage !

— Soyez tranquille, Ragottier.

« Je suis sûr que le capitaine y regardera

à deux et même à trois fois avant de vous rudoyer.

— Je pars pour cette grotte ! dit Ragottier, si la femme y est, je vous la servirai chaude et bonne.

Il prit son fusil de chasse à répétition, visita ses revolvers, salua le lieutenant et partit en sifflant un air des Bouffes.

CHAPITRE LV

Les recherches.

Ragottier était arrivé à la grotte et y avait trouvé les Peaux-Rouges faisant bonne garde, mais ayant suspendu toute recherche.

A son approche, dès qu'ils l'eurent reconnu, les Indiens accoururent joyeusement vers lui.

Ils le connaissaient, l'avaient apprécié et l'estimaient beaucoup.

Ce qu'ils aimaient surtout en lui c'était sa bonhommie.

Ragottier, avec la facilité d'allures et la familiarité d'un Parisien, traitait ses inférieurs en camarades.

Il serra la main à tous les Indiens et dit à Bison-Cornu :

— Bonsoir, chef !

« Ça ne va donc pas ?

« On s'est mis le doigt dans l'œil jusque-là !

Ragottier montrait son coude, en riant.

Le Peau-Rouge, qui s'exprimait assez mal en espagnol, ne comprenait pas souvent Ragottier quand celui-ci parlait cette langue, qu'il savait très-bien, mais dans laquelle il introduisait les formes de l'argot parisien.

Corne de Bison tendit sa volonté pour saisir le sens de ces mots figurés ; il n'y parvint pas et dit d'un ton sérieux :

— Je prie mon frère, l'homme de la Grande-Ville, de se servir d'expressions que je connaisse !

— Bien ! bien ! dit Ragottier.

« Je sais…

Et il chantonna en riant le refrain de la ballade du Brésilien :

Il était un peu dur d'oreilles !
Mais il avait l'esprit subtil !
Mais il avait,…………

— C'est tout le contraire ! dit Corne-de-Bison qui saisit l'allusion.

« J'ai l'oreille fine.

« C'est quelquefois le raisonnement délié des Blancs qui me manque.

« Ils étudient des livres qui leur enseignent la science.

« Moi, je ne sais pas lire.

— Mon brave ami, dit Ragottier, tu te calomnies.

« Tu es très-intelligent !

« Ce qui te manque, c'est d'être *à la coule* !

« Quatre ans de Paris et tu serais un agent épatant !

« Je ne dis pas que tu aurais autant de torse, de chic, de galbe et de sacré-chien que moi ! Non ! ça vient de naissance et ça ne s'acquiert pas.

« Mais tu deviendrais roublard sur le truc, et tu *filerais ton suspect* comme pas un.

Bison-Cornu secoua la tête, désespérant de jamais saisir le sens exact des paroles que prononçait Ragottier.

Celui-ci, sans plus se préoccuper des sauvages, se mit à inspecter la grotte lentement, mais sans regarder aucune piste.

— Mon frère dédaigne donc les traces ? demanda Bison-Cornu.

« Quoique ce Mexicain ait effacé les pistes avec son zarapé, nous avons débrouillé une partie des pas qui ont été faits, et si mon frère le veut, je…

Ragottier fit un geste d'impatience et dit au Peau-Rouge.

— Ecoute-moi.

« Je vais te donner une bonne leçon !

Bison-Cornu, qui respectait beaucoup Ragottier, prêta une oreille attentive à ce que le Parisien allait dire.

— Vois-tu, sauvage de mon cœur, fit Ragottier, tu n'as pas assez réfléchi à ceci, c'est que nous faisons un métier de chasseur.

« Or, un chasseur commence d'abord par faire manœuvrer son intelligence.

« Il se demande où peut être le gibier au moment où l'on se trouve.

« Il sait ce que mange ce gibier, où croît la plante dont il vit, dans quel canton il se tient, selon le temps qu'il fait.

« Là-dessus, il prend son fusil et part avec son chien.

« Le chien ne doit opérer et n'est utile que sur le terrain de chasse.

« Vous autres, vous vous acharnez à trouver des pistes, vous allez au hasard de votre nez.

« Ainsi du chien !

« Quand vous perdez la piste, vous êtes tout désorientés !

« Toujours comme le chien.

« Moi, je fais mes petits calculs et mes petites observations et je vais plus vite, plus sûrement que vous.

« En un mot vous n'avez que le flair physique, j'ai le flair moral.

« M'as-tu compris, triple Corne-de-Bison que tu es !

— Oui ! dit le sauvage.

— Alors fais travailler ta tête et tu trouveras peut-être avant moi.

« Demande-toi, par exemple : — Si j'avais une femme à cacher dans cette grotte, où la cacherais-je ?

Bison-Cornu répondit sur-le-champ :

— Je l'enterrerais !

— Très-bien.

« Mais le sol étant rocheux, où et comment l'enterrer ?

— Il y a des fentes dans le roc ! dit Bison-Cornu.

— Parfait !

« Mais ces fentes sont ouvertes.

— Je les boucherais.

— Avec quoi ? délicieux sauvage.

— Avec des blocs de pierre.

— Tu y es, mon vieux.

« Tu y touche !

« Tu brûles !

« Si la femme est ici, et elle doit y être, elle est sous un bloc couvrant quelque trou naturel.

— Mon frère cette fois a des paroles qui brillent comme des rayons de soleil.

— Merci du compliment.

— Je soulèverai les blocs un à un dit le sauvage.

— Très-bien ! fit Ragottier.

Et aux Indiens :

— Allez couper des branches d'arbres pour faire levier !

On obéit joyeusement.

Les sauvages de Corne-de-Bison sentaient qu'ils étaient en bonne voie de réussir.

Pendant qu'ils hachaient des branches avec leurs tomahaws, Ragottier et le sachem inspectaient la grotte et marquaient les rocs à soulever.

Mais, tout à coup, les Indiens qui étaient dehors depuis une demi-heure à peine, se fabriquant des leviers, revinrent en hâte.

— On se bat ! dirent-ils.

« Nous avons entendu la fusillade.

— Où cela ? demanda Ragottier.

— Au camp.

— En êtes-vous sûrs !

— Oui.

« Nos oreilles ne nous trompent jamais.

— Il faut, dit Ragottier que nous sachions à quoi nous en tenir.

« Je vais aller au bivac avec un de tes hommes, Bison-Cornu.

« Je te laisse ici avec les autres.

« Tu as la manière d'opérer.

« Continue.

« Je vais voir comment les choses tournent là-bas.

« Si, par hasard, ça se passait mal pour les Espagnols, je t'enverrais ton guerrier ; il te donnerait des instructions.

« Mais l'armée espagnole est si forte, si bien installée que je parierais pour elle à cent contre dix.

« En tous cas, tiens-toi assuré que tu recevras un bon avis à temps.

« Tu sais que je suis de parole.

— Je te connais ! dit Bison-Cornu.

« D'abord, tu es Français.

« Toujours ma tribu a été l'alliée fidèle de tes frères, quand ils étaient puissants dans nos prairies.

« Je sais en outre que tu es loyal et sincère ami.

« Tu ne voudrais pas abandonner un allié.

Ragottier et Bison-Cornu se serrèrent la main, et l'agent parisien se dirigea vers le camp accompagné d'un sauvage.

CHAPITRE LVI

Découverte.

Étant donné le système indiqué par Ragottier, Bison-Cornu devait immanquablement trouver Juanita.

Les Peaux-Rouges mirent une ardeur extrême à leur travail.

Ils avaient à soulever d'énormes blocs!

Un à un, ils ébranlaient les rocs qui leur paraissaient non adhérents au sol et ils les déplaçaient.

Bison-Cornu montrait, depuis le départ de Ragottier, une exaltation singulière qui chez un Indien, annonce toujours quelque projet extraordinaire.

— Mes fils (on sait qu'un chef appelle toujours ainsi, ses guerriers), mes fils, dit-il, le Grand-Esprit nous favorise.

« Il y a bataille là-bas!

« Le Français est parti.

« Nous allons trouver cette femme blanche.

» Elle s'appelle Juanita.

« Elle est plus belle que la nouvelle lune, elle est la fiancée d'un grand chef des Visages-Pâles insurgés.

« Mes fils, nous devons la livrer vivante à Herrera, mais non pas vierge.

« C'est une gloire de prendre des femmes à ses ennemis.

« Il faut que cette Européenne soit pour cette nuit l'esclave de Bison-Cornu.

— Och! s'écrièrent les guerriers.

« Tu as bien parlé!

« Nous serons fiers de raconter un jour à notre tribu que nous avons jeté dans tes bras Juanita la belle!

Et il jouèrent du levier avec la sombre ivresse d'une criminelle espérance.

Rien ne saurait rendre la soif de désir d'un Indien pour la femme blanche.

Ce n'est pas que l'Indien la trouve plus belle que ses femmes.

En somme, nous avons tout lieu de croire qu'il préfère celles-ci.

Mais il convoite l'Européenne ou la créole par orgueil.

Il croit se grandir à l'égal des Blancs par cette possession.

Il se venge, sur cette esclave, des humiliations subies.

Toujours le chef indien traite durement la femme blanche.

Bison-Cornu allait se trouver en face d'une jeune fille dont la réputation de beauté était établie depuis son apparition dans les rues de Santiago; tout le monde en parlait dans le district.

Jamais cependant Bison-Cornu n'avait vu Juanita.

Toutefois il était profondément convaincu que c'était bien elle qui était cachée sous un roc.

Et, après maintes tentatives sans résultat, qui n'avaient fait qu'encourager les ardeurs féroces du chef, tout à coup, une pierre étant dégagée, la jeune fille apparut enfin au fond du trou dans lequel elle se tenait blottie.

Les Indiens poussèrent des cris de joie furieux.

Juanita gisait, inanimée, le visage ensanglanté.

La vaillante jeune fille, se sentant découverte, avait voulu en finir avec cette vie de terribles émotions qu'elle menait depuis si longtemps.

A aucun prix elle ne voulait repasser par les angoisses dont elle avait été assaillie dans l'in pace

. D'autre part, ayant reconnu à leur rauque façon de parler qu'elle avait affaire à des Indiens, elle avait eu le pressentiment sinistre et puissant de leurs criminelles espérances.

Avec un courage stoïque, elle s'était lancée de toutes ses forces contre le roc et avait donné de la tête contre une des aspérités; le coup avait été si violent qu'elle s'était évanouie.

Bison-Cornu la retira du trou où elle était affaissée et il cria à l'un de ses hommes :

— Apporte ici la torche!

« Approche-la du visage de cette lumière de beauté.

« Fais resplendir cette lune merveilleuse dont je vais être le soleil.

Le guerrier qui tenait la torche, la leva pour éclairer la figure de Juanita, dont le chef avide tenait la tête reposée sur un de ses bras.

Mais à la vue de cette physionomie, dont la laideur, on s'en souvient, avait frappé les deux Mexicains, les sauvages parurent stupéfaits.

— Ohe! s'écria avec dépit Bison-Cornu, laissant brutalement tomber la jeune fille à terre.

« Est-ce donc une belle femme?

« Les Visages-Pâles sont fous !

« Je trouve nos femmes plus belles que les leurs ; mais j'ai rencontré des blanches qui étaient presque jolies.

« Celle-ci est affreuse et sa figure ressemble à une gourde.

— Och ! Och ! Och ! répétaient en riant les sauvages.

« La coyotte bleue qui s'est piquée le museau aux raquettes est moins hideuse que cette fille.

« Mais les Blancs la réputent belle et le chef doit aimer cette femme pour l'honneur de la tribu.

— Och! Och! Il le faut! dirent les autres guerriers.

« Le chef, ensuite, ne pouvant scalper la tête de la prisonnière, puisqu'il faut la livrer vivante, lui enlèvera les cheveux comme preuve qu'il l'a eue en son pouvoir et on dansera le *pas des amours sanglantes* (1) autour de ce trophée.

Bison-Cornu ne montrait pas le moindre enthousiasme.

Il secoua la tête et dit :

— Mes fils, je suis un guerrier glorieux et j'ai souvent enlevé à l'ennemi des femmes que j'ai aimées et scalpées ensuite; je ne tiens pas à une chevelure de plus.

Et s'adressant à un jeune homme il lui dit :

— Toi, Pied-d'Élan, tu n'as pas encore dansé la *danse des amours sanglantes* devant la tribu, en tenant à la main la chevelure d'une femme blanche.

« A toi, la prisonnière!

— Non, sachem ! dit le Pied-d'Élan.

« A toi l'honneur !

« J'attendrai une autre occasion.

Et ce jeune guerrier s'effaça derrière les autres.

Bison-Cornu interpela un certain lovelace indien qui avait souvent risqué sa vie pour enlever des femmes.

— Toi, dit-il, *Étalon-Hennissant*, tu n'hésiteras pas.

« Tu me remplaceras.

— J'aimerais mieux perdre mon nom ! dit le guerrier.

Et il tourna le dos à son chef qui pria encore un autre Indien, mais pour en subir un refus.

Alors il s'écria :

— On va tirer au sort afin de savoir qui se dévouera.

« Pour la gloire de la tribu, il faut que nous ayions possédé cette femme de si grande renommée.

« Mais il ne serait pas juste que je fusse obligé à un sacrifice qui me serait pénible et peut-être... impossible.

— Pas de sort ! dirent les sauvages.

« Toi !

« Rien que toi !

« Toi seul !

— Jamais ! s'écria-t-il.

— Tu as cru la trouver belle ! cria l'Étalon-Hennissant !

« Tu l'as voulue !

« Tu nous l'as annoncé !

« Garde-la !

Et tous de rire !

Tous de se moquer du sachem.

Celui-ci crut se tirer d'affaires en disant :

— La tribu n'aura pas l'honneur que je voulais lui faire.

« La fille restera vierge.

A cette déclaration la scène changea.

Les chefs indiens n'ont d'autre autorité que celle que leur donne sur leurs hommes leur prestige personnel.

Du moment où un sachem, par pusillanimité ou par esprit d'injustice, en vient à

---

(1) Nous traduisons textuellement cette expression indienne.

Bras-de-Fer, en vedette sous bois.

perdre l'affectueux respect des siens, il est en danger de mort.

On a vu des bandes d'Indiens, massacrer leurs chefs pour cause d'incapacité, d'injustices ou de lâcheté.

Or, cette prétention que venait d'afficher

Corne-de-Bison froissait la loyauté fruste de ces hommes.

Ils murmurèrent d'abord.

L'Étalon-Hennissant dit :

— Est-ce un sachem celui qui dit oui et non à la fois ?

« Est-ce un homme celui qui veut agir puis qui recule ?

— Non ! non !

« C'est une femme !

— Que fait-on à une squaw (femme) quand elle agit mal ? demanda l'Étalon-Hennissant énergiquement.

— On la bat !

— Battons-le !

Toutes les crosses de fusils se levèrent contre Bison-Cornu.

Il connaissait le caractère de ses compatriotes.

Ils frappent d'abord, puis s'exaltent et tuent.

— Assez ! dit-il.

« Je ferai comme vous le voulez !

« Mais partez !

« Emportez cette torche !

« Je ne veux pas voir la figure de cette misérable blanche.

« Je veux penser à une belle fille, et, changer mon cerveau de piste (textuellement : me faire des illusions).

— Prends garde à toi ! dit l'Étalon-Hennissant en menaçant.

« Si dans l'espace de temps que l'on met à manger une cuisse d'élan, cette fille est encore fille, tu es un homme mort.

« Un guerrier de nos tribus, un sachem comme toi, rester en affront devant une blanche, ce serait nous déshonorer !

« Nous laverons cette honte avec ton propre sang.

— Allez ! dit le sachem.

« Je vous ai dit que je donnerais le change à mon esprit.

Les Indiens quittèrent la grotte, encore irrités, mais bientôt riant et échangeant entre eux des plaisanteries grossières sur le chef.

CHAPITRE LVII

Violences !

Le sachem, quoiqu'il cherchât, comme il disait, à donner le change à son esprit, commença par où il aurait dû finir.

Il coupa la chevelure de Juanita qui était toujours évanouie.

Puis il murmura des mots blessants pour elle et les Visages-Pâles.

— Ces Blancs !

« Quel mauvais goût !

« Je crois que j'aimerais encore mieux une très-vieille femme avec la peau sur les os que cette figure tuméfiée qui semble un abcès prêt à crever.

« Je...

Nous faisons grâce au lecteur des imprécations de Bison-Cornu.

Le début nous semble suffisant pour que l'on juge dans quel ton le sachem put finir ce morceau d'un style douteux, mais de très-haut goût.

Ce fut pour Juanita un bonheur de ne rien entendre.

Et si elle avait vu...

Quelle humiliation !

Elle, si fière de sa beauté qui la faisait reine, déesse, digne de disputer à la Vénus antique le culte des artistes.

Elle si grande par l'élévation du caractère !

Elle, l'objet de l'adoration des héros de la *prairie*, ces demi-dieux du Nouveau-Monde !

Se voir dédaignée, insultée, bafouée, battue par un Indien !

Car, de son pied immonde, chaussé de mocassins, le sachem la repoussait dédaigneusement.

Mais court était le délai fixé par les guerriers !

Le sachem savait que ses *fils*, comme il les appelait, passaient d'un sentiment à l'autre, avec une foudroyante rapidité.

L'Indien qui vient de vous faire un compliment tire son couteau, deux minutes après, et vous charge pour un mot mal interprété.

Ces natures primitives ont les fureurs soudaines et souvent mal justifiées du taureau.

Pour celui-ci, c'est un chiffon rouge qui l'irrite!

Pour eux, c'est la langue, « ce chiffon rouge » de l'argot parisien!

Une phrase excitante de l'Étalon-Hennissant, son rival farouche et toujours menaçant, une seule excitation de ce guerrier aux autres Indiens, et ils mettaient Bison-Cornu à malemort.

Mais le chef sentait le danger et il résolut d'agir!

Il jeta la chevelure de Juanita qu'il avait coupée et saisit la jeune fille avec la fureur sourde d'une brute déterminée à tout.

Sous l'étreinte du sachem, Juanita reprit ses sens.

Elle comprit l'horreur de sa situation, et, poussant des cris désespérés, elle repoussa l'Indien avec une énergie qui produisait sur ce misérable un effet dont il désespérait.

La résistance l'anima.

Il devint furieux.

Il semblait que cette lutte qui épuisait Juanita, donnait des forces au sachem.

De son lazo, il enlaça les poignets de la jeune fille et la paralysa.

Elle se sentit perdue...

Sous la voûte retentit son dernier cri, protestation de la pudeur aux abois...

Tout à coup, le sachem, arraché à ses tentatives, sentit dans l'obscurité, deux terribles mains s'abattre sur lui et l'étreindre.

L'une le tenait à la gorge, l'autre aux reins.

Et soulevé de terre, étendu horizontalement à mi-hauteur d'homme, éperdu, hébété, idiot de surprise, Bison-Cornu, qui savait fort bien le dialecte mexicain, entendit une voix mâle, une basse-taille superbe et léonine qui disait :

— Allume! allume!

« Que diable fais-tu, Bon-Coureur!

« Je tiens l'animal.

« Allume donc que l'on voie un peu sa tête!

C'était l'excellent colosse Bras-de-Fer qui venait d'intervenir de la sorte avec son féal ami.

— Flaires ce que tu tiens, dit Bon-Coureur en battant le briquet.

« Je me dépêche, mais mon amadou est un peu mouillé.

Bras-de-Fer éleva Bison-Cornu à la hauteur de ses narines.

En vain Bison-Cornu fit-il des efforts pour se débattre.

Le redoutable colosse le maintint sous son nez et s'écria en éternuant :

— Pouah!

« Ça pue l'Indien!

— Quelle tribu? demanda Bon-Coureur battait toujours le briquet.

— Ça emboucane le Sioux! dit Bras-de-Fer avec conviction.

« Il n'y a que cette tribu pour avoir cette méchante odeur de graisse d'ours mêlée à du musc.

— Mets ta main sur la fesse gauche de ce chien-là!

— Bon!

« Je tâte!

— Que sens-tu?

— Rien!

« La fesse manque.

— Et bien! mon cher, tu peux dire sans te tromper que tu as entre les pattes un joli gibier de potence.

« C'est Bison-Cornu.

« Il a eu cette fesse mangée par mes propres chiens!

— Ah! c'est Bison-Cornu! s'écria Bras-de-Fer.

« Le coquin!

« Il m'a joué un vilain tour et je le pendrai avec joie, si toutefois le capitaine Leone le permet.

— Espérons-le, de par Dieu! fit Bon-Coureur avec componction.

— Pourvu que cet immonde porc n'ait pas trouvé la jeune personne! dit Bras-de-Fer avec crainte.

En ce moment Bon-Coureur était parvenu à faire flamber le bout d'un rouleau de cordon à bougie, ce que nous appelons en France un rat de cave.

Tout espion se munit de ce moyen facile,

économique et durable de s'éclairer à l'occasion ; en répandant, sur la mèche éteinte, un peu de poudre, et en approchant de cette mèche l'amadou enflammé, on allume rapidement, à la condition que l'amadou soit sec.

Lorsque la lumière brilla, les deux Mexicains virent à terre Juanita.

Ils jetèrent sur elle un rapide regard et Bon-Coureur dit :

— Heureusement !

« Nous arrivons à temps !

Il trouva la torche éteinte des sauvages et la ralluma, puis il la planta en terre et dit à Bras-de-Fer :

— As-tu fini de garrotter ton homme ?

— Oui, dit Bras-de-Fer.

« Il est ficelé.

— Alors, relève la petite.

Bras-de-Fer, avec des précautions paternelles, délia les mains de Juanita, puis il lui fit tomber de sa gourde deux gouttes de rhum sur les yeux.

Moyen un peu piquant, mais très-sûr, de ranimer une jeune personne, voire une vieille tombée en syncope.

Juanita ouvrit les yeux, mais pour les refermer aussitôt.

Elle éprouvait une cuisante douleur, très-passagère du reste.

Elle avait reconnu les Mexicains et se jugeait sauvée.

Toutefois elle eut un cri d'alarme et dit à ses braves libérateurs :

— Prenez garde !

« Ils sont plusieurs autres dehors !

Mais Bras-de-Fer lui dit :

— Rassurez-vous !

« Leone est à terre !

« Il couvre tous les abords du souterrain, et s'il y a d'autres sauvages aux environs, ils sont en train de fuir.

« Le capitaine, avec une partie de ses flibustiers, va s'attaquer aux Espagnols, en les prenant par derrière.

« Il veut favoriser l'attaque de front de Cespedes.

« Si nous sommes vainqueurs, le capitaine fera sa jonction avec les insurgés et vous reverrez le senor Balouzet.

« Si nous sommes vaincus, une petite flottille de canots assure la retraite.

« En tous cas, moi et Bon-Coureur, nous avons ordre de vous garder.

Elle serra les mains de ces deux braves éclaireurs et leur dit :

— Merci à vous deux !

« Je vous conserverai une reconnaissance éternelle !

Mais tout à coup elle aperçut dans un coin le sachem garrotté.

Elle eut un cri de haine.

— Ah ! dit-elle, il est pris !

« Et vous ne me le disiez pas !

Puis elle demanda d'une voix sombre :

— Est-il bien attaché ?

— Je vous garantis qu'il ne peut faire un mouvement.

Elle les regarda d'un air suppliant et leur dit :

— J'ai à me venger !

« Je veux que cet homme vive, mais qu'il soit un objet de honte pour tous les siens et qu'il porte partout la preuve qu'une Italienne, comme moi, sait punir qui la touche.

« Éloignez-vous !

« De grâce, laissez-moi !

Ils hésitaient.

Cependant, belle à cette heure, l'œil étincelant d'une colère inspirée, sainte, presque divine, elle ressemblait à Diane chasseresse, perçant de ses flèches les indiscrets qui osaient jeter sur elle un regard profane.

A cette fille, un vulgaire châtiment ne pouvait suffire.

Elle avait conservé du reste, en bonne Vénitienne, les traditions hardies des antiques vengeances féminines.

Tuer ne lui suffisait pas !

Elle voulait que son ennemi vécût, à jamais courbé sous l'écrasement d'une honte, dont la crainte met l'effroi au cœur des plus braves.

Regardant les Mexicains en face, elle leur répéta avec un geste impérieux de déesse outragée :

— Retirez-vous !

« Moi seule suis juge du supplice que je dois infliger à cet homme.

Il y avait tant d'autorité dans l'attitude de

la jeune fille que les deux éclaireurs lui obéirent.

Ils se retirèrent à l'écart.

. . . .

Dehors, ils entendirent bientôt des cris et des vociférations.

Bon-Coureur poussa du coude son camarade et lui dit :

— Entends-tu ?

— Oui, dit Bras-de-Fer.

« C'est l'Indien qui hurle !

— Cette fille est plus habile que nous à torturer un Peau-Rouge.

« Jamais je n'aurais cru qu'il fût possible d'en faire crier un.

Et ils continuèrent à écouter.

Tout à coup la voix du sachem s'affaiblit et il se tut.

Cinq minutes à peine s'étaient écoulées que la jeune fille les rappelait.

Ils accoururent.

Le chef indien était à la même place.

Il vivait.

Son œil lançait des éclairs.

Une écume sanglante salissait ses lèvres !

Tous les muscles de son visage, crispés, tordus, exprimaient la fureur.

Juanita superbe de dédain, farouche et triomphante, regardait le misérable qui gisait à ses pieds.

Elle le montra aux deux Mexicains et leur dit :

— Je veux qu'il vive !

« Vous entendez, il faut qu'il vive ; c'est là son châtiment !

« Emportez-le !

« Vous le délierez et il se traînera où il pourra.

Les deux Mexicains ne purent deviner quel genre de punition avait employé Juanita ; mais ils ne doutèrent pas un seul instant qu'il ne fût effrayant.

Ils prirent le sachem et le transportèrent hors de l'excavation.

Lorsqu'il fut dehors — il était sans armes, partant peu à craindre — ils le délièrent et lui rendirent sa liberté.

D'une jeune fille, ils n'eussent jamais cru à pareille audace !

Il se jeta à terre, mordit le sol et parut en proie à des convulsions démoniaques ; comme les chiens enragés, il cassait ses dents sur les cailloux.

Enfin, blessé évidemment, mais sans que les Mexicains pussent savoir où, il se traîna dans une broussaille.

Les deux éclaireurs le laissèrent là pour revenir auprès de Juanita.

Celle-ci avait sans doute réfléchi et pris une résolution, car elle leur demanda :

— Avez-vous un canot pour vous et pour moi, senors ?

— Oui, dirent-ils.

Alors elle leur déclara :

— A aucun prix, laide comme je suis, je ne veux être vue de ceux qui m'aiment ; je voudrais, quoi qu'il arrivât, me cacher d'eux pour quelques jours.

« Pouvez-vous me conduire tout de suite au navire ?

— Oui ! dirent-ils.

— Alors, embarquons-nous.

— Bon-Coureur va rester ici ! dit le colosse ; il faut que si le capitaine envoyait un émissaire, celui-ci trouve quelqu'un.

— C'est bien ! dit Juanita.

« Venez !

Elle remercia une fois encore très-vivement Bon-Coureur de la part qu'il avait eue à sa délivrance et suivit le colosse.

Hors de l'excavation, elle entendit le canon qui tonnait.

— Que pensez-vous de la bataille ? demanda-t-elle anxieuse.

— Rien de bon ! fit le Mexicain.

« Cespedes a écrit au capitaine Leone que les Vaudoux refusaient leur concours pour ce combat.

« Vous savez que ce sont des espèces de sorciers, ces gens-là !

« Or si les Vaudoux ne font pas savoir aux nègres, par des signes et des prodiges, qu'ils les soutiennent, les noirs refuseront de se battre ou se battront mal.

« C'est la plus grande force de l'insurrection pourtant.

— Pourquoi ces Vaudoux s'abstiennent-ils cette fois ?

— Il paraît dit Bras-de-Fer, que l'on

discute à Madrid pour savoir si oui ou non l'esclavage sera aboli à Cuba.

« Les Vaudoux ne veulent pas faire acte d'hostilité avant la fin du débat.

— Pourvu, murmura Juanita, qu'il ne leur arrive rien, ni à l'un, ni à l'autre.

— Espérons-le! fit Bras-de-Fer.

On avait atteint la rive.

Le Mexicain fit monter la jeune fille dans un you-you.

Puis, lançant la petite embarcation, il sauta dedans.

Pendant que la jeune fille, rêvant à tout ce qui lui était arrivé d'étrange, gardait le silence, le colosse, de ses bras vigoureux, poussait le you-you vers le *Virginius* qui s'était rapproché et se tenait prêt à bombarder la plage.

En trente coups d'aviron le Mexicain l'eût bientôt atteint.

Il ne restait à bord que juste le nombre d'hommes nécessaires à la manœuvre.

Le *second* de Leone les commandait et il reçut Juanita.

Il s'empressa de lui donner une cabine et de lui faire servir une collation.

Par discrétion, il ne lui adressa aucune question, se mit à son service, lui donna un mousse comme domestique et remonta sur le pont où il dit à Bras-de-Fer:

— Je crois, colosse, que nous avons affaire à une fausse Juanita.

« Quelle laide personne !

— Capitaine, dit le colosse, attendez trois ou quatre jours avant de juger.

— Pourquoi?

— Avant la fin de la semaine, vous en serez amoureux.

— Jamais...

— Je vous assure que si.

Et, sans plus s'expliquer, le colosse s'en retourna à terre.

Le canon tonnait toujours.

Il y retrouva Bon-Coureur qui s'y chauffait en compagnie de plusieurs flibustiers.

(*Voir* notre vignette, livraison 106) (1).

(1) Dans cette vignette se trouve un blanc que nos lecteurs ont dû remarquer et qui produit très-mauvais effet; voici comment nous avons été obligés de faire donner un coup de burin dans le cliché

CHAPITRE LVIII

La bataille.

Comme l'avait trop bien prévu Cespedes, ainsi que l'avait dit Bras-de-Fer, les Vaudoux, dans ce combat, n'intervinrent pas.

Nous avons raconté quelques-uns des prodigieux effets qu'ils savaient produire au sommet du Morne.

Or, cette nuit-là, ni l'Œil-Sanglant, ni les chevaux de feu, ni les serpents de flammes ne brillèrent.

Les nègres se dirent les uns aux autres que les Vaudoux blâmaient cette bataille et ils lâchèrent pied.

Cespedes cependant, avec ses bataillons cubains fit des efforts inouïs pour enlever les positions espagnoles.

Il faillit réussir.

A un certain moment, le canon se fit entendre derrière l'ennemi.

Leone avait amené trois pièces légères avec lui.

C'étaient des canons de montagne.

L'effet moral eût été grand et il le fut même pendant un moment.

Les Espagnols se crurent tournés, ils fléchirent.

Mais un homme était accouru près d'Herrera et lui avait dit :

— Il n'y a là que des pièces de petit calibre et une poignée de marins du *Virginius* avec Leone.

C'était Ragottier qui donnait ce précieux renseignement au capitaine.

Il alla en même temps le porter au général, puis au grand prévôt.

de cette gravure. On avait déjà tiré quelques numéros, lorsque le conducteur de la machine s'aperçut, en regardant comme d'habitude à travers la feuille, que le repoussage des lettres de la contrepage produisait un singulier dessin qu'il était impossible de laisser s'étaler aux yeux du public. Prévenu, nous avons fait enlever ce malencontreux effet d'impression dû au hasard. De là, cette tache blanche. L'Éditeur.

Déjà Herrera courait partout et criait aux soldats :
— Tenez donc, tas de lâches !
« Vous ne recevez pas un obus de ces canons, qui sont à trop longue distance.
« Il n'y a pas derrière vous trois cents hommes !
« Ce sont quelques flibustiers du *Virginius*, que cinq escadrons vont balayer.

Au même temps le grand prévôt et ses gendarmes ramenaient les fuyards à leur poste à coups de sabre.

Le général lançait un bataillon et des escadrons de sa réserve contre Leone.

Celui-ci dut battre en retraite.

Il avait eu assez de prudence pour ne pas trop s'engager.

Il se replia savamment.

Les Espagnols ne purent l'entamer et se firent décimer.

Leone établit sur une crête qui descendait vers la mer, une série d'embuscades qui se succédaient.

Chaque fois que l'ennemi donnait contre une de ces embuscade, il était écharpé par un feu subit et il s'arrêtait.

L'embuscade se repliait, en démasquant une autre.

Ainsi jusqu'à la mer.

Là les gros canons du *Virginius* protégèrent l'embarquement.

Leone rentra sur son navire n'ayant perdu que cinq blessés et un mort.

Cespedes, de son côté, entendant s'éloigner le canon de Leone, se retira.

La bataille était gagné par les Espagnols qui en firent, dans leurs télégrammes, une victoire beaucoup plus importante qu'elle ne l'était.

Personne, ni en Europe, ni en Amérique, ne s'y trompa.

On connait la jactance des Castillans !

CHAPITRE LIX

Le cas de Bison-Cornu.

Ragottier avait promis à Bison-Cornu de l'avertir en cas de défaite.

Mais on était victorieux.

En entendant le canon de Leone, l'agent français songea au danger que devait courir le sachem.

Il espéra cependant que celui-ci avait pu fuir avec Juanita.

Il envoya à la découverte le sauvage qui l'avait suivi.

L'Indien revint bientôt accompagné de tous les guerriers, excepté pourtant de Bison-Cornu.

Ce fut l'Etalon-Hennissant qui raconta ce qui s'était passé.

Ragottier ne put s'empêcher de rire en songeant à la bêtise des sauvages trouvant laide une femme comme Juanita.

Il ignorait que le sergent Ali avait rendu la jeune fille méconnaissable !

Avec les Indiens, il suivit le bataillon qui attaquait Leone.

Ils étaient tous à cheval,

Ils passèrent leur temps à gagner des primes, en rattrapant les chevaux des cavaliers espagnols qui avaient vidé les arçons, par suite de mort ou de blessures.

On donnait, à l'état-major espagnol, une piastre par cheval ainsi ramené à l'escadron.

La nuit fut très-fructueuse pour les Indiens.

(*Voir* notre vignette, livraison 107.)

A l'aube, Leone étant embarqué, les Espagnols se repliant, les Indiens étant fort occupés de leurs captures de chevaux, Ragottier se trouva seul, et, qui pis est, démonté, en arrière de la colonne.

Il cherchait toujours Bison-Cornu.

Du moins voulait-il tâcher de savoir s'il était mort.

Il examinait le terrain pour le découvrir parmi les cadavres.

Arrivé non loin de la grotte, il aperçut le sachem.

Celui-ci marchait tête basse, titubant et vieilli de vingt ans.

L'agent Parisien fut très-étonné de cette attitude.

Aucune blessure apparente du reste !

Ragottier observa pendant quelques secondes le sachem qui semblait ou hébété ou fou.

Enfin il lui mit la main sur l'épaule.
(*Voir* la livraison 107.)

Le sachem s'arrêta comme une machine dont on suspend la marche.

Tête basse, le corps affaissé, les mains ballantes, l'Indien ne bougea plus, ne se retourna pas, demeura inerte.

Ragottier était consterné.

Il se trouvait en face d'une ruine humaine et il ne s'expliquait pas pourquoi cette mystérieuse déchéance, si subite, si étrange, lui inspirait une espèce de terreur.

Il fit faire volte-face au guerrier.

Celui-ci obéit docilement à l'impulsion.

Alors Ragottier vit des larmes dans les yeux de l'Indien.

Un sauvage, pleurant, cela ne s'était jamais rencontré.

Les yeux des hommes rouges semblent n'être point faits pour être baignés par la rosée des pleurs.

Enfants, ils crient, mais leurs prunelles restent sèches.

Ragottier fut navré.

Il prit en pitié cet homme dont il connaissait assez le stoïcisme pour juger qu'un malheur extraordinaire avait dû le frapper, malheur en dehors des prévisions et des probabilités.

— Voyons ! voyons ! fit Ragottier.

« Qu'est-ce que ça veut dire ?

« Tu n'as pas honte !

« Voilà que tu vas pleurer dans mon gilet, comme une femme !

Le chef baissa la tête plus bas encore et murmura :

— Ce n'est pas un ami qui doit injurier son ami.

« Les Français sont délicats et généreux ; ils ne raillent que les forts.

— Mais je ne blague pas, mon vieux sauvage ; je suis même ému.

Et prenant la main du sachem, Ragottier la serra affectueusement.

— Conte-moi ton affaire ! fit-il.

« Que t'est-il arrivé ?

— Mon frère n'a donc pas lu mon malheur sur ma figure ?

— Non ! dit Ragottier.

— Bientôt tout le monde cependant s'en apercevra.

« Ma voix va devenir grêle comme celle d'une vieille femme.

« Mon sang circulera dans mes veines sans flamme et sans chaleur.

« Je serai la risée de tous.

— Mais, sacrebleu ! s'écria Ragottier, à t'entendre, on dirait que...

— Chut ! fit le sachem.

« Oui, cette fille...

Et il répéta en sanglottant :

— Je ne suis plus un homme !

Ragottier, si insouciant de tout péril, si blasé sur tout, pâlit.

— Bigre ! faisait-il.

« Diable !...

« Eh mais ! j'ai eu de la chance.

« Si j'avais été à ta place, cela aurait pu m'arriver !

« Il est vrai que moi je ne me serais pas conduit comme toi.

« N'y a-t-il donc pas des filles joyeuses et complaisantes avec lesquelles on peut rire sans les compromettre !

« Drôle d'idée de violenter cette Juanita, qu'au dire d'Étalon-Hennissant tu trouvais laide !

— Je voulais l'honneur de ma tribu.

— Vous autres, sauvages, vous avez une façon biscornue d'entendre l'honneur.

— Cependant, dit Bison-Cornu, tout le monde doit sentir qu'il n'y a pas de mérite à obtenir les faveurs d'une femme que l'on paye ou qui nous aime.

« C'est une question d'amour ou d'argent qui ne prouve pas la valeur d'un guerrier et n'ajoute rien à sa gloire.

« Tandis qu'enlever une femme, la posséder de force, c'est se montrer un mâle, ce que je ne serai plus.

« Que vont dire mes guerriers ?

« Je ne suis plus capable d'être sachem, et l'Étalon-Hennissant va devenir chef à ma place.

— Sois philosophe.

— Vous autres, dit Bison-Cornu, vous dites à chaque instant :

« — Sois philosophe !

Déguisé en Catalan, il était à ses genoux.

Il secoua la tête et reprit :

— Il paraît qu'être philosophe c'est très-avantageux.

« Mais voilà cent fois, mille fois que je demande à des Visages-Pâles ce que c'est qu'un philosophe, il n'y en a pas un qui m'ait répondu clairement.

« Cependant, si cela peut me rendre ma virilité, je ne demanderais pas mieux que de devenir philosophe.

« On prétend que ça ne dépend que de la volonté ! »

Ragottier avait trop d'esprit pour risquer une définition.

Il dit au sauvage :

— Écoute, vieux chef, il faut te faire soigner.

« Nos chirurgiens sont habiles.

« Peut-être y a-t-il de l'espérance.

— Non ! dit l'Indien.

« Est-ce que l'on peut faire repousser une main ?

« Jamais.

« Je suis sûr que tout espoir est perdu, j'en suis certain.

Ragottier employa les grands moyens pour redonner un peu d'énergie à son ami, le sachem.

Il lui tendit sa gourde en s'écriant :

— Eh! si la femme te manque, ou pour mieux dire, si tu manques à la femme, mon vieux, il te restera la bouteille et la bonne chère.

« Allons, bois !

Le chef indien ne se fit pas prier et il colla ses lèvres avidement au col de la gourde pleine de rhum.

Telle est la constitution de fer de ces hommes, qu'il reprit de la vigueur; Ragottier fut stupéfait de le voir ferme sur ses jambes deux minutes après avoir avalé une gorgée de tafia (1).

— Vraiment, dit-il, je me demande si l'opération a été sérieuse.

« Comment n'es-tu pas couché sur le flanc et à moitié mort !

— Nous autres, dit l'Indien, nous sommes au moins aussi forts qu'un chien, n'est-ce pas? Sache donc qu'un chien auquel on fait subir la même blessure que la mienne, court, mange, jappe et boit en sortant des mains qui l'ont mutilé.

« Pourquoi serais-je moins résistant au mal qu'un chien ?

« Seulement la bête a sur moi cet avantage qu'elle ne se doute de rien et ne regrette rien.

---

(1) Nos lecteurs nous sauront gré de leur prouver que les notes de M. Ferragut, sur lesquelles nous écrivons, sont exactes. Nous nous étonnions que le sachem pût marcher après l'opération subie; mais l'exemple des chiens nous avait convaincu.

Depuis, nous avons trouvé dans le *Journal des Voyages*, la plus sérieuse publication de ce genre, le récit suivant des épreuves auxquelles se soumettent les jeunes gens, aspirant, dans les tribus indiennes, au titre de guerriers. Nos lecteurs seront édifiés après avoir lu cette note. Nous les engageons du reste à lire l'intéressante publication du *Journal des Voyages* tout entière.

« Les Indiens, écrit M. Gabriel Marcel, savent qu'ils n'ont pas de pitié à attendre de blancs ; ils n'en demandent pas et reçoivent une éducation destinée à porter à ses dernières limites la force d'endurance. Écoutez plutôt le récit de cette épreuve qu'on fait subir aux jeunes gens lorsqu'ils veulent devenir des guerriers. Cela rappelle les anciennes épreuves de la franc-maçonnerie.

« Après une préparation, un entraînement qui dure plusieurs jours, le néophyte est introduit dans la loge à médecine. Là, sur une sorte d'estrade, au bruit sourd et lugubre que produisent des Indiens en frappant sur des outres en peau de bison remplies d'eau, le jeune homme est saisi, on lui lève sur chaque épaule un morceau de chair de façon à pratiquer une sorte de trou par lequel est passé un bâton auquel est attachée une corde qui pend du toit de la loge. La victime est hissée ; on passe de la même façon dans ses mollets deux autres bâtons auxquels sont suspendues ses armes, puis une tête de bison, non pas pour rendre le supplice plus pénible, comme on pourrait le croire, mais au contraire pour empêcher la victime de se faire mal en se débattant.

« Alors un des bourreaux s'approche, frappe d'abord doucement, puis de plus en plus fort sur le malheureux ainsi suspendu, de façon à le faire tourner comme un gigot qu'on veut rôtir également de tous les côtés. Vous croyez peut-être que le malheureux Indien va demander grâce? Pas du tout; il supplie seulement le Grand-Esprit de lui donner la force nécessaire pour supporter la douleur, puis la voix s'affaiblit, l'individu s'évanouit on le décroche et on le dépose délicatement dans un coin, où on attend patiemment qu'il revienne à lui.

« Il en a fini avec l'épreuve, pensez-vous? Non, il faut maintenant qu'il remercie le Manitou de l'aide qu'il lui a donnée : il se traîne donc sur les mains et les genoux vers un coin de la loge où se tient assis un Indien devant lequel est dressée une tête de bison. Le néophyte lève sa main droite, la dépose sur le crâne et déclare sacrifier au Grand-Esprit son petit doigt, qui est aussitôt tranché sans réflexions et sans phrases par le vieillard chargé de cet office. Mais avant de rentrer chez soi faire panser ses blessures, comme généralement plusieurs néophytes sont admis ensemble à l'épreuve, ils s'attachent les uns aux autres le poignet avec une lanière de cuir, forment le cercle et se livrent à une danse effrénée qui ne s'arrête que lorsque tous sont tombés évanouis et à demi morts. Les voyageurs très-dignes de foi qui nous racontent ces curieux détails ont soin d'ajouter que ces terribles épreuves ne sont pas aussi souvent suivies qu'on pourrait le croire d'un résultat fatal. Les blessures guérissent assez vite, ce qu'il faut sans doute attribuer à l'état de dépression auquel était arrivé le corps du patient par suite de l'entraînement auquel il s'était soumis. »

— C'est vrai ! fit Ragottier ; elle ne sait pas qu'elle a gagné, de divers côtés, ce qu'elle a perdu d'une autre partie.

« Car généralement tous les autres sens profitent de ce sixième sens supprimé ! dit encore Ragottier.

« Le limier prend plus de flair ; le chapon a la vue plus longue que le coq ; le cheval hongre a l'oreille plus subtile que l'étalon.

« Tu vas devenir un sujet précieux pour Hern ra.

— Mes guerriers me bafoueront.

« Ils ne m'écouteront plus.

— Lâche tes guerriers.

« Je te prendrai avec moi.

« Veux-tu devenir mon associé ?

— Tu m'accepterais pour ton compagnon ?

— Oui.

— Cependant...

— Eh ! je suis philosophe, moi !

« Peu importe le préjugé !

« Moins complet comme homme, tu deviens supérieur comme agent.

« Allons à la grotte !

« Nous pouvons y trouver des indications précieuses.

Bison-Cornu était redevenu fier, presque joyeux.

— Décidément, dit-il, les Visages-Pâles sont supérieurs aux Peaux-Rouges.

« Pas un guerrier ne voudrait plus de moi comme ami.

Il tendit la main avec élan à Ragottier qui la pressa en souriant.

— Au moins, dit-il, entre nous, une cause de brouille est supprimée.

« Ce ne sont pas les jupons qui nous feront disputer.

« Viens.

— Je serai ton chien fidèle ! dit Bison-Cornu, tu n'auras qu'à te louer de moi.

Mais, apercevant des Indiens au loin, il eut un tremblement convulsif.

— Les voilà ! fit-il.

« Tu vas entendre leurs propos cruels..

— Vraiment ! fit Ragottier.

« Nous allons voir.

En effet, la bande d'Indiens s'approchait, leur chef conduite par l'Étalon-Hennissant.

Il faut rendre cette justice aux Peaux-Rouges qu'ils parurent joyeux en revoyant leur chef sauvé et, pensaient-ils, complet.

Mais à son attitude, ils soupçonnèrent quelque chose.

— Qu'as-tu ? demanda l'Étalon.

« Tu ressembles à un coupable qui a trahi sa tribu !

« Regarde-nous en face !

« Parle.

Tous les guerriers avaient pris des airs soupçonneux.

Ils tournaient autour du malheureux sachem qui regardait Ragottier d'un air suppliant.

L'agent Parisien saisit l'Étalon par son manteau de guerre et lui dit :

— Tu as l'air d'une coyotte qui rôde autour d'un jaguar blessé.

« Je n'aime pas ces allures-là !

« Tu veux savoir ce qui est arrivé à ton sachem ?

« Écoute.

L'Indien prêta l'oreille, mais en fronçant le sourcil.

Les manières du Parisien l'offusquaient et commençaient à l'irriter.

— Pendant que vous étiez hors de l'excavation, dit Ragottier, stupides comme des élans ivres de bourgeons au printemps ; pendant que vous ne gardiez pas votre chef ; pendant que vous preniez lâchement la fuite, étant surpris, il tombait aux mains de ses ennemis.

« Il est excusable.

« Vous l'avez obligé à faire violence à cette fille.

« Un homme, en ce cas, est à la merci de ses ennemis.

« Garrotté, le Bison-Cornu a été livré à Juanita.

« Ce grand chef, par votre faute — et vous seuls en êtes responsables, — ce grand sachem, honneur de la tribu, n'est plus un homme...

« A vous la honte.

— Non ! non ! se mirent à hurler les sauvages à bout de patience.

Et l'Étalon disait, menaçant :

— Tu rentreras la parole que tu viens de

prononcer dans ton gosier, sinon je t'égorge comme un chevreau.

— Toi ! fit Ragottier d'un air dédaigneux.

Et d'un coup de genoux, placé à un endroit horriblement sensible, il envoya l'Étalon se pâmer sur le sable.

Puis, doué de la merveilleuse prestesse d'un enfant des faubourgs, il fit la roue avec une rapidité inouïe, envoyant des coups de souliers en pleine figure ou en pleine poitrine à ses adversaires.

Ceux-ci n'avaient jamais rien vu de semblable.

Au poignard, ils auraient répondu par le poignard.

Au revolver, par le revolver.

Mais ce prodigieux tourbillon humain les étonnait et les ahurissait.

Superstitieux, ayant mille chimères en tête, ils virent une espèce de sorcier redoutable et sachant d'incroyables tours, dans ce Parisien qu'ils avaient toujours trouvé si railleur, si sûr de lui, si étonnant ; qui seul avait tenu tête à Herrera.

Ils ne se relevèrent que pour s'enfuir à bonne distance.

Ragottier dit alors à Bison-Cornu émerveillé de cette prouesse :

— Ne bouge pas.

« Assieds-toi comme je fais.

« Nous allons boire tranquillement.

— Je le veux bien ! dit le sachem ; mais ils vont tirer sur nous.

— Je le sais.

« C'est pour cela qu'il ne faut ni bouger, ni avoir l'air de se soucier d'eux ; car il y va de la vie.

Bison-Cornu, qui avait une foi aveugle en Ragottier, s'accroupit sur le sable, et tous deux se mirent à fumer, le Parisien sa cigarette, le chef son calumet.

Mais ils surveillaient les Indiens qui s'étaient arrêtés à deux ou trois cents pas de là et qui tenaient conseil.

— Ils s'apprêtent ; dit Bison-Cornu et ils vont faire feu.

« Je vois l'Étalon-Hennissant qui nous couche en joue.

— N' bougeons plus ! —comme dit Pierre Petit ! — fit le Parisien.

Un coup de feu retentit, et la balle passa par-dessus les têtes des buveurs qui ne parurent pas s'en préoccuper.

Ils dégustèrent leur rhum à petits coups entre deux bouffées de tabac.

Seconde, troisième, quatrième balle sans effet.

— Vois-tu, vieux sachem, disait le Parisien, les Indiens ne sont pas si bons tireurs que les trappeurs.

« Il faut tenir compte de leur maladresse.

« De plus, ils sont intimidés par l'idée, qu'ils ont toujours eue, que je suis un peu sorcier, et je me souviens d'avoir, un jour, escamoté devant eux une piastre, en m'amusant à la faire sortir de mon nez et de mon oreille ; ils me regardaient bouche béante.

« Ce que je viens de faire les confirme dans leur conviction.

« En sorte qu'ils tirent tout en tremblant de m'atteindre.

« Tu vois !...

« Ils cessent !...

— Ne serais-tu pas réellement sorcier ? demanda naïvement Bison-Cornu.

— Imbécile...

Ce fut la seule, mais significative réponse du Parisien.

Voyant que l'inutile fusillade des Indiens était finie, il dit à Bison-Cornu avec autorité :

— Va vers eux, en leur donnant le signe d'amitié

« Ils t'attendront !

« Tu les aborderas et tu leur ordonneras de ma part de revenir près de moi, en ajoutant que je pardonne.

« S'ils hésitent, effraie-les en les menaçant de mort au cas où ils désobéiraient, et amène-moi ces jobards-là.

Bison-Cornu exécuta cet ordre.

Pendant qu'il s'éloignait, Ragottier riait en se disant :

— Je suis sûr que cet animal-là lui-même, malgré mes dénégations, m'attribue un pouvoir surnaturel.

« Pas forts, ces Indiens !

« Après ça, j'ai un chic, un galbe, un sacré-chien qui les épate !

Et selon ses habitudes, le Parisien se mit

à jouer des castagnettes avec ses doigts, imitant le tambour de basque avec sa langue et rythmant un boléro.

Les Indiens, accostés par Bison-Cornu, parurent peu disposés à venir.

Ragottier ne voulut pas en avoir le démenti.

L'air entraînant qu'il jouait des doigts et de la langue, lui donna une idée assez comique.

Il se leva et dansa, dessinant des pas extraordinaires.

Peu à peu cette musique dégénéra en cancan et devint un chahut désordonné.

Cette comédie eut un succès immédiat et prévu par Ragottier.

Il savait que les jongleurs indiens se livrent, dans leurs conjurations, à des danses furieuses; les Indiens crurent qu'il appelait ainsi sur eux les colères des esprits.

Bison-Cornu le leur dit du reste avec une conviction profonde :

— Courez à lui, mes fils! s'écria-t-il.

« Mieux vaut venir à son appel que d'être changés en bêtes immondes ou d'avoir quelque mauvais insecte dans la cervelle, ce qui vous arriverait certainement en lui désobéissant.

Et à l'Étalon-Hennissant :

— Toi surtout, dit-il, prends garde à toi, Étalon superbe.

« D'un geste, il peut te rendre aussi malheureux que moi.

L'Étalon, épouvanté, devant cette perspective, prit sa course et donna l'exemple de la soumission.

Derrière lui, tous les autres suivirent, et Ragottier essoufflé, arrêta le cours de ces exercices chorégraphiques.

— Vous voilà, crétins! fit-il.

« Vrai, ça n'est pas malheureux!

« Faut-il s'en donner du mal pour se faire écouter par des brutes comme ça.

« Si je n'avais pas du galbe, du chic et du sacré-chien, je n'en viendrais pas à bout !

Pendant qu'il s'essuyait le front, les sauvages murmuraient :

— Galbe!

« Chic !

« Sacré-chien !

Ils cherchaient à bien prononcer et à retenir ces formules dont ils ne comprenaient pas le sens assurément.

Ils se disaient entre eux :

— Ce sont les mots sacrés.

Comme Ragottier, après chaque prouesse, se félicitait lui-même, en s'adressant ce compliment, les Indiens l'avaient souvent entendu prononcer ces mots.

Ils se figuraient que c'étaient des formules magiques, faisant naître des présages heureux, puisque Ragottier ne s'en servait que quand il lui arrivait quelque bonne fortune, petite ou grande.

Pour bien les confirmer dans leur erreur, Ragottier fit encore quelques signes cabalistiques ; puis, roulant une cigarette, il mêla au tabac une pincée de poussière, l'alluma et poussa de la fumée aux quatre coins cardinaux.

Après quoi, cette cigarette étant naturellement détestable et ayant un goût de terre très-prononcé, il la donna à Corne-de-Bison en lui disant :

— Fume-la !

« Elle te portera bonheur !

Corne-de-Bison obéit consciencieusement.

Après toutes ces singeries et ces simagrées, Ragottier se dirigea vers la grotte, accompagné des sauvages.

Désormais il pouvait tout oser contre eux.

Il pouvait beaucoup attendre d'eux et en obtenir les plus grands services.

Il était reconnu sorcier !

On arriva dans la grotte.

Bison-Cornu, un peu avant le moment où il avait été attaqué et surpris, avait jeté la chevelure de Juanita.

Il s'en souvint.

Il la chercha et la trouva.

Ce fut une joie pour lui.

Il appela ses sauvages et Ragottier qui l'entourèrent.

(*Voir* notre gravure, livraison 102.)

— Regarde ! disait Bison-Cornu.

« Voilà des cheveux qui m'ont coûté cher ; mais ils orneront toujours ma ceinture.

Ils examinèrent avec attention cette chevelure et la trouvèrent splendide.

— Tu auras l'air, d'un garçon coiffeur qui va-t-en ville ! dit Ragottier.

« Enfin, ça ne fait rien.

« Chacun a ses petites idées.

Et il fit continuer les recherches ; mais elles n'aboutirent à rien.

Alors il ordonna le retour au camp.

Tout le long du chemin, les Indiens cherchèrent s'ils ne trouveraient pas des cadavres de marins morts pendant la retraite de la veille.

Ils en découvrirent un et le scalpèrent.

Qu'il nous soit permis à ce sujet, de citer encore le *Journal des Voyages* qui donne sur la façon de scalper d'intéressants détails, dus à M. Gabriel Marcel ; cette description exacte doit trouver place ici.

« Savoir scalper est à la fois une science et un art ; une science, car les Indiens ont des professeurs de scalp comme nous avons des professeurs de coupe ; un art, car chacun y apporte ses dispositions naturelles, un goût, une aptitude qui ne s'acquièrent pas. Tout le monde n'enlève pas un scalp avec la même élégance, la même dextérité : ce sont là des qualités qu'une longue pratique de cette opération est impuissante à donner. On vante chez nous la sûreté de main, la délicatesse de certains de nos chirurgiens ; il est probable qu'ils auraient fait d'excellents scalpeurs. Ce n'est pas qu'un scalp soit difficile à détacher et qu'il y ait pour expliquer en quoi cela consiste matière à longue dissertation. Vous prenez un couteau spécialement destiné à cet usage ; il était autrefois, il est encore souvent fait généralement d'un caillou tranchant, ou c'est simplement une coquille (nos excellents scalpels de Charrière sont inconnus des Indiens, et c'est malheureux, car il y aurait vraisemblablement chez eux un énorme débouché) ; puis, avec cet instrument, vous pratiquez une profonde incision autour du crâne de votre ennemi vaincu et vous détachez d'un coup sec la peau du crâne avec la chevelure : c'est ce qu'on appelle le scalp. — Ah ! mais pardon. Je m'aperçois que je dis : *vous* ; permettez-moi un conseil, aimable et doux lecteur : n'allez pas vous livrer à cet exercice en plein Paris ; il pourrait vous en cuire et dame Justice qui, vous le savez, n'est pas tendre, n'admettrait sûrement pas ce genre d'études.

« Mais revenons à nos moutons, ces excellents Indiens qu'on traite de sauvages et qui n'ont qu'un tort : défendre leur patrie et leur existence. Quand ils ont scalpé leur ennemi et qu'ils ne sont pas pressés par le temps, ils enlèvent généralement le reste de la peau de la tête qu'ils découpent en minces lanières et dont ils font une frange élégante pour leurs vêtements. Le scalp a ses règles, dont il est absolument défendu de se départir. Ainsi il n'est permis de scalper que des guerriers d'une tribu ennemie, encore seulement après leur mort ; il n'y a pas d'exemple d'un Indien scalpant un homme de sa propre tribu ou d'une tribu amie ou alliée. Ce n'est pas à nous de nous indigner d'une coutume qui nous paraît féroce, et plus d'un de mes lecteurs, pour peu qu'il descende des Scythes, des Anglo-Saxons ou même des Francs, a eu des grands-pères qui pratiquaient le scalp tout aussi correctement que les Indiens de l'Amérique du Nord. Sans vouloir défendre cette pratique, on peut du moins l'expliquer. Posséder dans sa cabine suspendues à un clou les chevelures de tous les ennemis que l'on a tués, cela vaut tous les brevets possibles, même quand ils sont libellés par la main, élégante mais peu correcte, d'un sergent-major. Puis, il ne faut pas nous le dissimuler, les sauvages ne possèdent pas encore une bureaucratie aussi compliquée que la nôtre. Ils nous l'envient, c'est convenu, mais ils se gardent bien de rien faire pour se la procurer.

« Nous disions un peu plus haut que les Indiens de l'Amérique du Nord luttent pour leur vie et leurs propriétés. Cela est rigoureusement exact. Nous autres peuples plus ou moins civilisés (je ne chicanerai pas sur le degré), nous prétendons avoir une mission, et, en vertu de cette mission, imposer du jour au lendemain à des nations qui n'en ont jamais entendu parler, qui n'en ont que faire et qui sont heureuses sans cela, notre civilisation et notre culte. C'est en vertu de cette théorie que les Espagnols ont brûlé au Mexique, au Pérou et dans toute la partie de l'Amérique qu'ils ont pu soumettre, tant de millions d'Indiens. C'est en vertu de ces principes qu'en 1704, dans le Massachussets, on offrit une récompense en argent à quiconque livrerait des Indiens vivants ou des scalps d'Indiens. La prime était de 70 dollars pour tout prisonnier âgé de dix ans et double pour chaque Indien au-dessus de cet âge. On n'agit pas autrement avec les loups et les autres animaux malfaisants. Comme on peut le voir, c'était l'expropriation pour cause d'utilité publique, le massacre général pour cause d'utilité privée. Il s'agissait, en un mot, de s'emparer du sol, et on ne pouvait mieux faire pour cela, afin d'éviter toute réclamation, toute revendication, que de supprimer le propriétaire. Chaque nouveau traité qu'on faisait avec ces pauvres Indiens était aussitôt violé, et je dois avouer que le progrès des temps n'a rien changé à cela. Les Américains mettent toujours le même enthousiasme à chasser et à détruire les Peaux-Rouges. Qu'y a-t-il donc d'étonnant à ce que ces malheureux, dont la race est près de s'éteindre, aient vu se développer leurs instincts sanguinaires et aient cherché à faire expier, dans les tortures du supplice du feu, les tourments que leurs pères ont soufferts depuis cinq cents ans ? »

CHAPITRE LXI

À bord.

Retournons au *Virginius*.

Lorsque Leone, revenant de son expédition, fut à bord, il voulut voir Juanita, et lui demanda la permission de se présenter le lendemain chez elle.

Elle lui fit répondre qu'elle le préviendrait, quand elle pourrait le recevoir.

Le jour n'était pas levé depuis une heure, que le mousse qui servait Juanita, vint appeler le capitaine.

Celui-ci, prévenu cependant par les deux éclaireurs, éprouva néanmoins une douloureuse surprise à la vue de la jeune fille qui était encore enlaidie par la corrosive sécrétion de la *vache-marine*.

Juanita s'aperçut de l'effet qu'elle produisait et dit :

— Je vous fais peur, capitaine.

Il essaya de nier l'impression qu'il avait éprouvée ; elle sourit tristement.

— Croyez-vous, fit-elle, que les miroirs du bord soient menteurs ?

« Je me suis regardée !

« Je comprends que je fasse horreur.

« Et maintenant que vous vous êtes rendu compte de l'état où je suis, vous vous figurez facilement mon chagrin, si je devais être ainsi en présence de mon fiancé.

« Je veux requérir de votre galanterie, un service à ce sujet.

« Quoi qu'il arrive, tâchez de vous arranger pour que M. Balouzet ne puisse me voir d'ici à huit jours.

— Ce sera facile.

— Puis, dit-elle, j'ai un ami que je ne veux pas rencontrer non plus en cette situation ; c'est le capitaine Sacripan.

Elle rougit légèrement en prononçant ce nom.

Leone n'eut pas l'air de s'en apercevoir.

— Très-bien ! dit-il.

« Il est inutile de vous préoccuper de cette affaire.

« Jusqu'à ce que nous sortions de cette baie où nous pouvons rester éternellement, il n'y a aucune vraisemblance que ces deux gentlemen puissent venir jusqu'à vous.

— Quand comptez-vous partir ?

— Vous n'ignorez pas, senora, dit Leone, que nous sommes bloqués par le *Tornado* et que ce navire nous coulerait, si nous cherchions à quitter la baie par le seul passage praticable qu'elle possède.

« Il y en a un autre ; mais un gros canot ne le franchirait pas.

« Aussi les Espagnols ne le font-ils garder que par deux petits bâtiments, chargés seulement de m'empêcher de fuir avec mes embarcations par cette issue.

— Que ferez-vous ?

— Senora, dans notre métier, prévoir est très-difficile.

« Demain, il peut survenir une tempête, dont je profiterai.

Juanita comprit que Leone était un de ces

hommes qui ne livrent jamais leurs projets d'avenir...

Elle n'insista pas.

Mais elle revint sur la promesse que lui avait faite Leone de ne point la montrer, si par impossible M. Balouzet ou Sacripan arrivaient au navire.

— Comment me cacherez-vous ? demanda-t-elle.

« Vos marins, questionnés, diraient qu'il se trouve une femme à bord.

— Ne vous inquiétez pas ! dit Leone.

« Ce soir, à la nuit, vous monterez en canot.

« On sera censé vous reconduire à terre ; mais on vous ramènera habillée en gentleman et vous serez devenue méconnaissable.

« Ce seront mes éclaireurs, que vous connaissez, qui vous emmèneront et vous ramèneront.

« Vous pouvez être certaine qu'il vous garderont le secret.

— Très-bien, capitaine ! dit Juanita. Je vous remercie.

« A la brune, je me tiendrai prête.

Leone remonta sur le pont.

Il fit armer tous ses canots et il consacra sa journée à donner la chasse aux pirogues d'écorce d'Herrera.

Celles-ci furent presque toutes coulées ou forcées de se réfugier à terre.

Le soir venu, Juanita monta sur le pont.

Leone lui conseilla de se promener tout le long du navire pour qu'on prît attention à elle ; ainsi fit-elle.

En allant de poupe en proue et de bâbord à tribord, elle remarqua que toutes les embarcations, sauf une, rangées à l'avant du navire, montées par leurs équipes, recevaient des chargements que l'on descendait avec des précautions minutieuses et par très-petits paquets.

— Qu'est-ce que cela ? demanda-t-elle à un officier qui passait.

« Qu'y a-t-il donc dans ces petites boîtes que l'on embarque ?

— Senora, dit l'officier, ceci est le secret du capitaine.

Et saluant poliment, l'officier passa outre sans plus en dire.

Juanita ne laissa pas que d'être très-intriguée.

Mais le porte-voix du capitaine retentit tout à coup.

Il appelait :

— Bon-Coureur !

« Bras-de-Fer !

— Présents ! répondirent les deux éclaireurs à ce double appel.

Le capitaine continua :

— Parez le youyou, pour conduire à terre la senora :

Tout l'équipage entendit cet ordre.

Le capitaine reprit :

— Vous trouverez, où vous savez, un gentleman que vous me ramènerez.

— Oui, capitaine !

Nul, sur le *Virginius*, ne soupçonnait que la senora et le gentleman étaient une seule et même personne : Juanita.

Celle-ci prit congé de Leone, monta dans le youyou, et celui-ci fut lancé vers la plage par les deux éclaireurs.

Ceux-ci avaient embarqué avec eux un coffre à bagages.

Quand ils eurent ramé assez longtemps, Bon-Coureur, dit en riant à Juanita :

— Voilà le moment venu de vous habiller, mon jeune gentleman.

« Nous allons installer la tente de baignade que l'on dresse pour les dames à bord de cette coquille de noix.

« Vous ferez votre toilette.

Et tous deux, très-ingénieusement, avec les cordages et la petite voile du youyou, improvisèrent un abri.

En cinq minutes, Juanita était devenu un jeune homme.

Les vêtements de Leone lui allaient fort bien.

— Vrai, dit Bon-Coureur en la voyant sortir de dessous la toile, celui qui vous reconnaîtra sera bien avisé.

« Vous avez coupé le reste des cheveux que vous avait laissés ce Bison-Cornu et vous êtes toute changée.

Il se garda d'ajouter :

— En laid !

Il le pensait pourtant ; car en garçon, Jua-

Les flibustiers du *Virginius* pendant la poursuite du *Tornado*.

nita était encore moins plaisante (pour employer le mot des paysans) qu'on lille.

Lorsque l'on revint à bord, il faisait nuit noire.

Juanita remarqua que toutes les embarcations étaient revenues; à peine était-elle montée, que l'on hissa le youyou à son poste en toute hâte. Tous les officiers, tout l'équipage étaient sur le pont.

Le *Virginius* chauffait.

Leone, voyant le youyou en place, regarda sa montre à la lueur d'un fanal, et, une certaine heure étant sans doute arrivée, il prit son porte-voix.

L'équipage, silencieux, semblait éprouver une émotion profonde.

Juanita comprit qu'un grave événement allait s'accomplir.

En effet, Leone cria :
— Attention !

« Tous à plat-ventre !

Sans exception, les flibustiers se couchèrent sur le pont.

Juanita restait debout.

La large main de Bras-de-Fer la plia et l'étendit sur le plancher.

Seul, Leone, le bras enlaçant le mât de misaine, regardait, par-dessus le bord, la seconde passe de la baie; celle qui était impraticable à cause des récifs.

Le vapeur s'en trouvait à quelques encablures.

On voyait les rocs montrant à quelques mètres hors de l'eau, leurs pointes aiguës ou dentelées.

Tout à coup une explosion sourde, qui se produisit sans éclat, presque sans bruit, souleva les flots au loin; son effet se fit sentir formidablement à plusieurs milles dans la baie.

Quelques quartiers de rochers furent projetés en l'air ; le plus grand nombre furent écartés et poussés le long des rives de la passe.

Le *Virginius*, après une secousse terrible, oscilla sur des vagues énormes ; mais peu à peu les grandes ondulations s'apaisèrent.

L'équipage se leva au joyeux appel de Leone qui, montrant le détroit ouvert, dit à ses hommes.

— La dynamite a fait son œuvre ! Nous avons devant nous la mer libre.

Et au mécanicien, il cria :

— Machine en avant !

« Doucement !

Le *Virginius* s'ébranla et lentement s'engagea dans le chenal.

Il le parcourut sans péril ; et, quand il déboucha en pleine mer, l'équipage salua sa délivrance par un hourrah enthousiaste !

En ce moment Bon-Coureur disait à Juanita :

— Vous avez compris, n'est-ce pas ?

— Non ! dit-elle.

— Vous ne savez donc pas ce que c'est que la dynamite ?

— Non, senor.

— Figurez-vous une poudre particulière, une découverte nouvelle.

« C'est de la nitro-glycérine mélangée à du sable.

« L'effet est beaucoup plus puissant que celui de la poudre.

« De plus cette poudre détone par le simple choc.

« L'eau ne la détériore pas.

« Enfin elle pulvérise surtout ce qui se trouve en dessous de la mine et produit des effets d'écartement.

« Depuis que nous sommes bloqués, nos plongeurs préparent des mines dans les anfractuosités des rochers.

« Ce soir on les a chargées de cartouches de dynamite.

« Vous avez vu qu'on les transportait au dernier moment.

— Où allons-nous ? demanda Juanita.

— Il faut le demander au capitaine fit Bras-de-Fer.

« Mais, comme on va passer la nuit à manœuvrer pour donner le change au *Tornado*, Leone sera très-occupé.

« Questionnez-le demain seulement et peut-être vous répondra-t-il.

— Avons-nous chance d'échapper au *Tornado* ? demanda Juanita.

— Espérons-le.

« Il nous bloque là-bas à l'autre entrée de la baie.

« Nous avons sept ou huit heures d'avance sur lui.

« Il fait nuit !

« Nous parviendrons sans doute à égarer la canonnière dans une poursuite à faux et à nous échapper.

« Là-dessus, jeune homme, allez vous coucher, croyez-moi.

« Demain matin, nous saurons si nous serons, oui ou non, pris, condamnés et fusillés par les Espagnols.

« Bonne nuit !

— Bonne nuit, senor !

Et Juanita se retira dans sa cabine.

CHAPITRE LXII

Voyage (1).

Le lendemain matin, montant sur le pont, un soleil splendide éclairait la mer, Juanita ne vit aucun navire à l'horizon.

Elle jugea, du reste, à la mine joyeuse de l'équipage, que le *Tornado* était dépisté.

Elle vint trouver Leone qui fumait, avec la gaieté dans les yeux, un cigare sur le pont du navire.

— Bonjour, mon jeune gentleman ! dit-il en la voyant.

« Comment va, ce matin ?

(1) Pour bien pénétrer nos lecteurs de cette vérité que notre œuvre a pour base solide des événements contemporains, nous avons cité le récit que fait M. Piron, dans son histoire de Cuba, sur le drame qui termina la carrière de Leone, par la prise du *Virginius*, la mort du capitaine et celle de l'équipage.

Nous renvoyons nos lecteurs à la livraison 26 du Morne aux Géants, page 202.

Ils pourront comparer notre description des faits à celle de M. Piron.

— Très-bien, capitaine !

« Je venais vous demander si nous étions hors de danger.

— A peu près, cher ami.

« A peu près.

« Nous avons joué un bon tour à ces Espagnols !

« Quelle rage à bord du *Tornado* et à Santiago !

— Capitaine, je vous fais tous mes compliments.

« Vous êtes homme de ressources

« Mais, dites-moi, où allons-nous, s'il vous plaît ?

— A Kingston, mon cher.

« C'est une ville anglaise de la Jamaïque, un port neutre.

— Et pourquoi là ?

« Vous ne cherchez donc pas à débarquer vos armes ?

— Tout d'abord, dit Leone, je veux racheter de la dynamite dont Cespedes a le plus grand besoin.

« J'ai usé toute celle que je lui apportais.

« Puis il faut que fasse prévenir Cespedes de l'endroit où je compte débarquer les munitions.

— Tout cela prendra-t-il beaucoup de temps ?

— Juste ce qu'il faut de jours pour que vous redeveniez une jolie fille ! dit à voix basse Leone en souriant.

— Alors, dit Juanita, tout est pour le mieux.

Ils causèrent tous deux amicalement des exploits passés du *Virginius*.

Mais, peu à peu la conversation tomba sur les insurgés, puis sur M. Balouzet, au sujet duquel Leone demanda mille renseignements, s'étonnant toujours qu'un bourgeois parisien fût venu mener cette vie d'aventures.

Enfin, Leone mit la question sur un chapitre délicat.

Il le fit du reste franchement.

— Expliquez-moi donc, fit-il, par quel étrange caprice, vous avez aimé M. Balouzet, un homme d'un âge si disproportionné avec le vôtre ?

« C'est étrange ! Mais j'en ai comme le pressentiment ! Vous vous êtes laissé entraîner par un enthousiasme que vous avez pris pour de l'amour.

« Les très-jeunes filles commettent de ces erreurs-là.

Juanita rougit, balbutia, ne sut que dire et baissa les yeux.

— Mille pardons, dit Leone.

« Je vous ai touché un mot de ceci, parce qu'une parente à moi, étant dans votre position, n'a pas suivi mes conseils.

« Elle a épousé un vieux colonel fédéral qu'elle croyait aimer.

« A cette heure, lui et elle plaident en divorce.

Juanita leva ses grands yeux loyaux sur Leone et lui dit :

— Supposez que vous ayiez deviné juste !

« Comment pourrai-je dégager ma parole, l'ayant donnée ?

« Vais-je faire le désespoir d'un galant homme !

— Traînez les choses en longueur.

« Dites que vous ne voulez pas vous marier avant la fin de la guerre.

— Ah ! dit-elle, vous parlez comme si je n'aimais pas mon fiancé !

Leone sourit finement et parla d'autre chose.

Le lendemain, il revint sur le sujet de la veille.

Le surlendemain, encore.

Chaque jour, il arracha quelque confidence à Juanita.

Il sut enfin toute la vérité.

Mais la jeune fille se montra très-énergique quand elle eut tout avoué.

— A aucun prix, dit-elle, devrais-je en mourir, je ne reprendrai ma parole. Ce qui est promis est dû.

Depuis lors, Leone ne dit plus mot de cette affaire.

On arriva sans encombre à Kingston.

Leone mit une activité prodigieuse à faire son chargement.

Il le compléta en trois jours et à la fin du troisième jour, il revint à bord avec trois passagères et quelques passagers.

C'était d'abord une vieille dame anglaise

horriblement laide, et ses deux femmes de service.

Puis il y avait avec elle un magistrat américain qu'elle appelait le schériff.

Celui-ci était accompagné de plusieurs gentlemen.

Tout ce monde s'installa et le *Virginius* leva l'ancre au jour

CHAPITRE LXIII

Le schériff.

Le *Virginius* avait quitté le port de Kingston, il avait à peine fait vingt milles ; sur le pont, une conversation s'était engagée entre un groupe de passagers ; ils causaient gravement à voix basse.

— Il faut, disait l'un, tenir nos langues, car nous sommes à bord d'un bâtiment plus que suspect ; ce *Virginius*, que nous avons pris pour un paquebot marchand, me fait tout l'effet d'un corsaire de l'insurrection.

« Qu'en pensez-vous, greffier ?

Le gentleman interpellé secoua la tête et dit :

— Nous sommes dans la gueule du jaguar ; gare à nous !

« Je crois, schériff, qu'il faut beaucoup de prudence.

« J'ai prévenu notre cliente.

« Sous prétexte de mal de mer, elle ne se montrera pas.

— Du reste, elle est inconnue de ce monde là, dit le schériff.

« Mais, néanmoins, qu'elle ne sorte pas de sa cabine.

Puis souriant :

— Forte femme ! dit-il.

« Écoutez ceci, mes amis, car vous n'êtes pas au courant comme le greffier.

« Notre cliente, vous le savez, a été trompée par une comédie de son mari qui a simulé un suicide pour être libre.

« La brave dame tient à ce cher homme.

« A bon chat, meilleure souris !

« Quand elle a eu surpris la vérité ; quand, par une indiscrétion involontaire de sa nièce, à la porte de laquelle elle écoutait, elle a su que son mari n'était pas mort, elle a tout aussitôt rendu la pareille à ce fin renard.

« Par la même supercherie que lui, elle s'est fait passer pour morte aussi.

« Et ce pauvre homme, lisant le récit du suicide de son épouse, dans les journaux, a donné dans le piège.

« Il a repris son vrai nom.

« Bientôt, comme le gaillard est remuant, il a fait parler de lui.

« Elle a appris où il était.

« Elle m'a donné mission de la réintégrer dans ses droits conjugaux.

« A nous, gentlemen et amis, de lui rendre cet excellent époux.

« J'imagine que ce mariage, depuis que les deux conjoints ont tour à tour recouru à nos bons services, nous a fait gagner pas mal de dollars et nous en fera gagner plus encore !

« Qu'en pensez-vous, greffier ?

— Bonne affaire !

« Excellente affaire !

« Affaire d'or !

« Et toujours honnêtement.

« Nous avons loyalement tenu nos conventions soit avec l'un, soit avec l'autre.

« Mais, schériff, vous n'avez pas encore desserré les dents quant à votre plan.

« Est-ce que nous ne pourrions pas, si près de l'exécution, en connaître un mot, pour nous préparer ?

Le schériff dit :

— Voici mon idée.

Tous écoutèrent.

— D'abord, fit le schériff, je vais trouver un certain Herrera.

« C'est un peu mon collègue international et il me recevra bien.

« Sans me vanter, je lui ai rendu service à San-Francisco.

« Je lui expliquerai mon cas.

« L'époux de la dame est son ennemi acharné ; il est sur territoire espagnol, à Cuba ; il est sujet américain et insurgé.

« Rien de plus facile que d'obtenir contre lui un mandat d'extradition, basé sur une accusation fort bien construite.

« Son déguisement, certains agissements imprudents m'ont permis d'obtenir des tribunaux san-franciscains un verdict d'extradition.

« Herrera le fera accepter et autoriser par les autorités espagnoles.

« Nous l'exécuterons.

— Au milieu même des insurgés !

— En plein camp !

« Ce sera beau..... nous nous couvrirons de gloire.

— Et d'argent! dit le greffier.

« Mais comment nous y prendrons-nous?

— Vous me permettrez, greffier, d'y réfléchir encore.

« Quant mon idée sera mûre, je vous l'exposerai.

Le greffier se leva :

— Je vais, dit-il, de ce pas recommander encore à notre cliente le plus profond incognito et la plus grande prudence.

— Allez, mon cher !

Puis, pendant que le greffier s'éloignait, le schériff dit aux autres individus qui l'accompagnaient :

— Vous autres, mes enfants, je vais vous donner un petit bout de rôle.

« Vous allez causer avec les hommes de l'équipage, obtenir d'eux l'aveu qu'ils sont flibustiers et leur dire que votre intention est d'entrer dans les rangs des insurgés.

« Après... nous verrons.

Sur ce, il congédia son monde et se mit à fumer silencieusement.

Il combinait son plan.

Forte tête!

Puissant cerveau!

Les dents serrées, le front crispé, les mains fermées, il réfléchit longtemps :

Mais une main qui se posa sur son épaule, lui fit lever la tête.

— Eh! schériff, lui disait le greffier; ne vous apercevez-vous de rien?

Le schériff regarda autour de lui et reconnut que l'on avait changé de route et que l'on retournait vers Kingston.

— Que se passe-t-il donc?

« Nous avons viré de bord ! s'écria-t-il surpris.

— Voyez! dit le greffier.

Un gros navire de guerre arrivait à toute vapeur sur le *Virginius*.

C'était la canonnière espagnole, le *Tornado* !

CHAPITRE LXIV

Capture.

Nous n'avons pas à répéter le détail des incidents que par avance, pour donner à nos lecteurs la certitude qu'ils lisent des faits historiques, nous avons insérés dans la 26ᵉ livraison de cette œuvre.

Le *Virginius* était entré dans Kingston, comme paquebot marchand.

Il avait changé son nom et pris de faux papiers.

Il avait même, par un subterfuge de Leone, haussé ses bastingages, badigeonné ses flancs, transformé sa mâture.

Son capitaine avait, en cale, de quoi changer rapidement, en un tour de main, l'aspect de son navire.

Par malheur, le consul espagnol fut avisé, par une dénonciation odieuse, que le prétendu paquebot marchand embarquait de la dynamite, ce qui lui fit concevoir des soupçons.

Il fit observer le *Virginius*.

En peu de temps, sa conviction fut faite et il télégraphia à la Havane.

On envoya le *Tornado*.

Nos lecteurs savent ce qui advint; mais c'est à nous d'éclairer, par les notes de M. Ferragut, certains points obscurs de la relation de M. Piron qui, lui, fut moins au courant des détails.

Dans le récit de M. Piron (livraison 26) on voit que ce fut Leone Fry qui refusa de faire sauter le *Virginius*, arguant que ses papiers étant en règle, on ne pouvait s'emparer de son navire.

C'était du reste, la règle maritime, et les Espagnols violèrent indignement le droit des gens.

Ce que M. Piron ignore ce sont les circonstances qui déterminèrent Leone Fry à prendre le parti de se rendre.

D'autre part (*Voir* la page 203, à la 2ᵉ colonne) M. Piron constate bien que l'on relâcha cinq ou six personnes qui ignoraient le but de l'expédition.

Mais il ne dit pas quelles 'étaient ces personnes.

Ce point a une importance considérable dans notre drame.

Ce furent le schériff, le greffier, leurs acolytes, tous Américains, leur cliente Anglaise et ses femmes qui furent mis ainsi en liberté.

Le *Tornado*, lancé à toute vapeur, ressemblait à un aigle fondant sur une proie lente et lourde.

L'officier espagnol eût préféré sauter que manquer son adversaire.

Le *Tornado* arrosait son charbon de pétrole.

Après la capture, on constata que la machine chauffée à blanc avait besoin de réparations urgentes.

Un bras de levier était faussé.

A bord du *Virginius*, on faisait aussi, mais en vain, force vapeur. L'ennemi gagnait toujours.

Les flibustier se demandaient quel parti ils allaient prendre.

Varona, le capitaine d'une compagnie de soldats, destinés aux débarquements, voyant tout espoir perdu d'atteindre Kingston, eut une héroïque inspiration.

Il alla sur le pont, d'un groupe de matelots à l'autre, il échauffa les têtes ; il leur représenta que mieux valait mourir en combattant que fusillés après condamnation, et il enflamma ses soldats par des discours ardents.

Mais le schériff avait vu les préparatifs de résistance.

— Eh! greffier, dit-il à son scribe, il me semble que ces fous vont se battre et que nous allons être écrasés.

— Vous l'avez dit, schériff! fit le greffier dont la figure s'allongea.

— Est-ce que cela vous va d'être noyé ou massacré ?

— Pas le moins du monde.

— Alors, avisons.

Et il alla trouver Léone.

— Pardon, capitaine ! dit-il.

Leone était perplexe.

Certainement il serait rattrapé et coulé avant d'atteindre Kingston.

Fallait-il se battre?

Fallait-il se rendre?

Il entendait déjà les rumeurs des soldats et de l'équipage.

Très-étonné de l'air solennel et autoritaire que prit le schérif, en l'abordant, il le fut bien plus encore des paroles de celui-ci, qui dit avec gravité :

— Capitaine, vous êtes parti de Kingstone comme navire marchand.

« Je me suis embarqué à votre bord, moi magistrat des États-Unis, convaincu que c'était à un honnête homme que j'avais affaire, à un brave marin.

« Vous n'avez pas le droit de nous sacrifier, et je ferai surtout respecter ici la vie de ma cliente.

« Il ne fallait pas nous prendre comme passagers.

« Vous l'avez fait pour vous donner plus l'air d'un vrai marchand.

« Ce serait commettre un crime odieux, ternir votre gloire, capitaine Leone, que nous faire couler avec vous.

Leone voulut parler.

— Écoutez-moi ! dit le schériff.

« J'ai mes pouvoirs.

« Je puis vous sauver.

« En somme, je suis un magistrat, envoyé en mission pour demander l'extradition d'un coupable.

« Je vais revêtir mes insignes.

« Ma vue produira son effet sur l'officier espagnol qui viendra à bord, si vous vous rendez sans combattre.

« Jetez à l'eau vos munitions et vos armes ; tout ce qui vous compromet.

« Vos papiers sont en règle.

« Je ferai valoir votre cause moi-même, moi, magistrat.

« En arrivant à Santiago, j'irai chez le consul le réquérir.

« Impossible qu'il vous arrive d'autre mésaventure qu'une courte détention.

— Schériff, dit Leone, je vous connais et je sais que vous tenez parole.

« Vous vous engagez d'honneur à faire ce que vous promettez !

— Je le jure, dit le schérfif.
— C'est bien !

Et prenant son porte-voix, il domina le tumulte qui commençait à se produire et cria à pleins poumons :

— Soldats et marins, le gentleman ici présent est un magi... des États-Unis ; il est muni de pouvoirs en règle.

« Il fera respecter ses droits !

« A l'eau, les armes !

« A l'eau, les munitions !

« Hâtons-nous.

« Quant à vous, soldats, songez que vous devez tous passer pour des passagers.

« Qu'on se hâte.

Cette déclaration changea les dispositions des flibustiers.

On se précipita vers la cale et l'on fit disparaître toutes les traces du chargement compromettant qu'il portait.

Une demi-heure à peine s'était écoulée, que le *Tornado* était à portée de canon et envoyait un boulet au *Virginius* qui continuait à faire force vapeur vers Kingston dont il n'était plus qu'à un demi-mille.

— Stoppez, capitaine ! cria le schériff en ce moment.

« Votre rôle finit.

« Le mien commence.

« Je le remplirai consciencieusement.

Le schériff revêtu de ses insignes, son greffier près de lui, l'écritoire et le carnet en main, ses policemen portant leurs uniformes qu'ils avaient été revêtir, formèrent sur la dunette un groupe bien en vue au-dessus duquel un agent du schériff déploya le drapeau des États-Unis.

Le *Virginius* avait stoppé.

L'équipage et les soldats, tous ces derniers vêtus en civils, attendaient silencieux.

Le *Tornado*, cuirassé noir, de formes brutales, engin formidable de mort et de destruction, fondait toujours sur le *Virginius* avec une puissance d'impulsion énorme et un déplacement d'eau effrayant.

A quelques encablures seulement du navire flibustier, il modifia son allure et décrivit un demi-cercle, tournant autour de sa proie, la menaçant de ses canons dont les gueules monstrueuses eussent vomi des projectiles de cinq cents sur le malheureux petit corsaire.

Bientôt, s'étant placé entre la ville et le *Virginius*, le *Tornado*, dont l'impulsion s'était enfin ralentie, stoppa.

L'heure de la crise avait sonné.

A cette heure, Leone était dans la main de son adversaire.

Pas un homme à son bord ne montra ni faiblesse, ni inquiétude.

Un témoin oculaire a raconté avec admiration que le silence le plus solennel, régnait à bord du *Virginius*, quand l'officier ennemi qui venait s'en emparer, monta sur le pont avec dix hommes en armes, seulement ; on affirme que les Espagnols hésitèrent devant l'attitude des flibustiers.

Leurs mines résolues, leur calme dédaigneux faisaient craindre à leurs adversaires d'être tombés dans un piège.

Mais le *Tornado* tenait, à une encablure de là, le *Virginius* sous son feu.

L'officier s'avança résolument et demanda le capitaine.

Leone se présenta.

Alors le schériff vint se placer à ses côtés avec ses hommes, son greffier et son drapeau flottant dans l'air.

Interpellant l'officier, il lui dit d'une voix ferme :

— Je suis schériff et magistrat des États-Unis, lieutenant !

« Je vais à Santiago exécuter un mandat d'extradition.

« Muni de pouvoirs réguliers, ayant pouvoirs pour parler au nom de mon gouvernement, je vous somme de m'expliquer votre agression contre ce navire marchand.

— C'est le *Virginius* ! dit l'Espagnol.

« Son capitaine est Leone !

« Ce bâtiment est monté par des pirates.

— Tout au plus pourriez-vous dire que dans le passé, il était corsaire.

« Mais aujourd'hui le navire est en règle, protégé par le pavillon américain ; il n'a pas un atome de contrebande de guerre à bord ; il est, du reste, dans les eaux anglaises, ce qui vous interdit toute capture.

« Je vous somme donc de vous retirer, en vous prévenant que je demanderai réparation des dommages, retards, inquiétudes que vous avez causés par votre poursuite.

— Voyons vos pouvoirs, attestant votre mission? demanda l'officier.

Les schériff exhiba ses pièces, plus une lettre de recommandation pour Herrera.

Les pouvoirs étaient en règle.

La lettre à Herrera produisit une impression telle que l'officier crut devoir en référer à son capitaine.

Il lui envoya un mot par un matelot dans une embarcation.

Le capitaine répondit en se rapprochant par quelques tours d'hélice du *Virginius* et en criant avec son porte-voix :

— Le navire suspect sera conduit à Santiago où les autorités supérieures décideront de son sort.

« L'équipage sera gardé à vue sur le paquebot.

« Le schériff et les passagers *réels* seront laissés en liberté.

Contre cette décision, le schériff protesta avec énergie.

— Nous sommes, répéta-t-il, dans des eaux anglaises, partant neutres.

« Vous n'avez pas l'ombre d'un droit sur nous.

— C'est possible ! dit le capitaine.

« Les tribunaux en jugeront.

« Si nous sommes obligés de vous donner des dommages et intérêts, nous vous en payerons ; mais dût-il en coûter un million de piastres, il faut que le *Virginius* soit conduit à Santiago.

Toute résistance était impossible.

Le capitaine espagnol, à son point de vue, avait raison.

En somme, il ne risquait en arrêtant le *Virginius*, que d'exposer l'Espagne à payer une indemnité.

En le laissant aller librement il risquait, lui, d'être destitué.

Le schériff n'insista plus.

Mais, à haute voix, il dicta un procès-verbal à son greffier.

Pendant ce temps-là, on amarinait la prise, et le *Tornado*, après avoir laissé garnison à bord, s'apprêtait à remorquer le *Virginius* vers Santiago.

Ses canons de retraite étaient braqués sur le corsaire.

A la moindre révolte, celui-ci eût été coulé.

Du reste assez court est le trajet entre Kingston et Santiago.

C'est une affaire de soixante-huit heures si le vent est favorable.

Il l'était.

Avant trois ou quatre jours, on verrait à l'attitude des autorités espagnoles, s'il fallait espérer ou non.

Les Espagnols cependant prenaient leurs mesures pour assurer les câbles destinés à la remorque de leur capture, manœuvre longue et difficile qui devait bien durer une heure.

Pendant ce temps-là, le greffier expédiait en triple exemplaire les minutes du procès-verbal, et il se passait à bord une scène qui eut, comme on le verra, un dénoûment fatal pour Juanita.

CHAPITRE LXV

Résurrection.

Il faut rendre cette justice aux Espagnols, qu'ils usèrent d'égards envers Leone.

Du reste, pour tirer les câbles de remorque ; ils avaient besoin de monde.

L'officier dit en riant à Leone :

— Puisque vos passagers ne sont pas des flibustiers, ils n'auront pas de répugnance à nous donner un coup de main.

— Non, certes ! fit Leone, forcé de jouer son rôle jusqu'au bout.

Et il enjoignit à ses hommes de haler sur les câbles.

Lui-même les dirigea.

Leone ne pouvait espérer jusque-là que les choses prissent une autre tournure.

A la place du capitaine espagnol, il eût fait comme lui.

Tout dépendait de la décision qui serait rendue par les tribunaux.

A coup sûr, le droit incontestable était du côté des flibustiers.

En effet, ceux-ci étant dans cette bande de mer, rapprochée de terre, qui constitue

Nez-Subtil, Pattes-d'Éléphant et le Lynx étudiant une piste.

ce que l'on appelle l'eau d'un pays et qui est réputée la continuation de son territoire, Leone avait été pris en quelque sorte sur le sol anglais, terrain neutre par conséquent.

Il y avait violation du droit.

De plus ses papiers étaient en règle.

Mais les Anglais, en ce moment, détestaient les Américains.

Ceux-ci avaient eu avec eux une affaire de ce genre, quelques années auparavant, à propos du corsaire *l'Alabama*.

Les Anglais avaient été forcés de verser aux États-Unis une somme très-forte, en raison des dommages causés par ce corsaire.

Il en était résulté une haine entre les deux nations.

Nul doute que les autorités de Kingston ne missent une grande mauvaise volonté à protester contre la violation de neutralité. C'était cependant un devoir.

Mais les Anglais voyaient d'un œil jaloux l'immixtion des flibustiers américains dans l'insurrection de Cuba qui est convoitée par les États-Unis et qui est rivale de la Jamaïque, dont Kingston est la ville la plus importante.

Donc il fallait peu compter sur le concours des Anglais.

D'autre part, les tribunaux étant espagnols quel cas feraient-ils de la légalité ?

Rien de plus arbitraire que la justice en Espagne.

Ni Leone, ni les siens n'entretenaient de bien grandes espérances.

Le scheriff, cependant, homme de loi, avait pleine confiance.

Il ne pouvait admettre que la force primât le droit.

— Nous allons aller à bord du *Tornado* ! dit-il à Léone.

« Là, vu ma qualité de magistrat, le commandant doit m'admettre à sa table, et, par suite de l'ordre hiérarchique d'assimilation des usages civils aux grades militaires, mon greffier doit manger à la table des officiers.

« Nous vous rendrons de signalés services et nous vous défendrons.

Leone, généreux comme toujours, songea à Juanita.

Celle-ci était bien changée depuis une heure à peine.

Selon le cours ordinaire de la maladie de peau factice qu'elle s'était donnée, le masque, où si l'on veut la croûte dont le visage était couvert, était tombée tout à coup et d'une seule pièce.

On eût dit d'un moule se détachant d'une figure dont il a pris l'empreinte.

Juanita recouvra sa belle et régulière physionomie d'autrefois.

Elle fut même stupéfaite de l'éclat de son teint, de sa fraîcheur et de la finesse du grain de sa peau.

Elle poussa un cri de joie en se regardant dans son miroir.

Hélas !

La pauvre fille était menacée de ne pas jouir longtemps de sa beauté.

Leone, pour la sauver quand même, dit au scheriff.

— J'ai ici, à bord, une jeune fille.

« Ne pourriez-vous, scheriff, prier votre cliente de la prendre avec elle, en disant que c'est une femme de chambre !

« Je crois l'arrangement facile.

— Certes oui ! dit le scheriff.

« Je vais en parler à mon Anglaise.

« Que la jeune fille se tienne prête à suivre cette lady.

Juanita prévenue s'habilla en femme ; elle fit une toilette modeste.

Bientôt on vint la chercher.

Elle entra dans la cabine où la dame anglaise faisait ses malles pour passer à bord du *Tornado*.

Le scheriff présenta la jeune fille ; qui poussa un cri d'étonnement, presque d'effroi en voyant l'Anglaise.

— Aoh ! fit celle-ci.

« Qu'avez-vous !

— Mille pardons, madame ! dit Juanita.

« Vous ressemblez à une personne que je n'ai vue que deux fois ; mais dont, pour certaines raisons, je n'oublierai jamais les traits.

« Elle est morte, du reste.

« De là mon effroi.

« Je l'ai crue ressuscitée.

— Comment s'appelle cette lady ? demanda l'Anglaise qualifiant ainsi une personne qui avait l'honneur de lui ressembler.

— C'est lady Bernett ! dit Juanita.

— Chut ! fit imprudemment la vieille dame en mettant un doigt sur ses lèvres.

« Chut !

« C'est moi !

Nous avons dit imprudemment : car le scheriff fit un geste, inaperçu du reste par lady Bernett, qui continua :

— Je vais vous rendre un grand service et vous le méritez, paraît-il.

« En échange, je vous demande la discrétion, car ce monstre de M. Balouzet prendrait l'éveil.

« Je...

« Mais qu'avez-vous ?

« Miss... Miss...

Juanita avait pâli, tremblé, puis s'était affaissée sur un siège.

Mais brusquement elle se releva domptant cette défaillance.

— Milady, dit-elle, je ne puis accepter rien de vous.

« Ma fierté me le défend.

Elle partit.

Le schériff était surpris au delà de toute idée et lady Bernett confondue.

— Le croirait-on ! s'écriait-elle.

« Quelle impertinente !

— Milady, fit le schériff, quelle rage de dire votre nom !

« Ne pouviez-vous le taire !

— Et vous !

« Parlez donc !

« Je vous le conseille !

« M'amener cette péronnelle !

La dispute allait s'engager venimeuse et prolongée, quand un sergent espagnol, suivi de l'homme de corvée, vint dire au schériff :

— Le lieutenant vous prie de vous hâter, señor, ainsi que vous, senora.

« Montez vite, là-haut !

Lady Bernett s'empressa de remettre ses malles aux matelots et de suivre le schériff et le sergent, tout en maugréant.

En attendant qu'elle s'embarquât sur un canot avec le schériff pour rejoindre le *Tornado*, elle ne cessait de répéter :

— Mais aussi, j'ai vu cette figure-là quelque part.

« Où cela ?

Elle chercha, faisant appel à ses souvenirs.

Le schériff lui dit :

— Tâchez de vous rappeler où vous avez rencontré cette fille !

« Cela peut être important.

Et il la vit, fronçant le sourcil, creuser les profondeurs de sa mémoire.

Pendant qu'elle songe ainsi péniblement, disons que c'était bien lady Bernett qui était là en personne, tout en os.

De chair, il est inutile d'en parler, puisque c'était un squelette recouvert d'une peau de vieille femme.

Le schériff, dans son entretien avec le greffier, a révélé au lecteur comment la vieille madame Balouzet avait découvert le secret du faux suicide de son mari.

Elle avait écouté à la porte de la cabine de sa nièce.

Les vieilles femmes ont de vilains défauts ; s'en méfier.

Aussitôt qu'elle sut la vérité, rouée comme elle l'était, elle descendit à terre au premier port de relâche.

Là elle déclara à sa nièce et à son neveu qu'ils étaient des monstres, qu'ils avaient vis-à-vis d'elle des procédés peu respectueux, qu'elle refusait de les accompagner plus loin.

Bien entendu, elle ne leur fit pas connaître qu'elle avait découvert la vérité.

Puis elle manifesta l'énergique volonté de retourner à San-Francisco.

Il fallait bien la laisser faire.

Elle était assez vieille pour être majeure et libre de ses volontés ; assez laide et assez tracassière pour que l'on fût enchanté de s'en débarrasser.

Au lieu d'aller à San-Francisco sous son vrai nom, elle en prit un faux, fit courir dans les journaux le bruit de sa mort et attendit.

Bientôt, M. Balouzet la croyant trépassée, ne se cacha plus.

Elle apprit ses exploits à Cuba.

Alors elle recommença sa chasse au mari, achetant les services du schériff qui lui avait déjà rendu son époux.

Elle ignorait que c'était le même schériff qui l'avait noyée pendant la première nuit de ses noces.

Ah ! si M. Balouzet avait connu la vérité ! Comme il eût tremblé !

Et le hasard venait de mettre en présence la femme légitime et la fiancée !

Lady Bernett avait raison de dire qu'elle avait vu Juanita.

Autrefois, à San-Francisco, la vieille Anglaise sentimentale allait souvent au marché aux fleurs s'acheter des bouquets qu'elle s'offrait à elle-même, puisqu'aucun galant ne lui en envoyait.

Elle en avait fait emplette auprès de Juanita, elle-même, si bien que tout à coup, sa mémoire s'illuminant, elle dit au schériff :

— C'est Juanita, cette fille infâme qui, les journaux l'ont assez raconté, a débauché mon mari.

Les feuilles publiques, en effet, depuis les

événements de Cuba, avaient retenti du nom de la jeune héroïne et de son histoire.

— Silence! dit le scheriff.

« Vous perdez cette malheureuse!

— Eh! fit lady Bernett, c'est ma rivale! Je lui souhaite mille tourments!

Rien ne put empêcher cette femme haineuse de faire sa déclaration au capitaine qui donna ordre de s'assurer particulièrement de la célèbre fiancée de M. Balouzet.

Vingt minutes plus tard, elle était à bord du *Tornado* et bien gardée.

Lady Bernett triomphait.

C'était odieux.

Mais de quoi n'est pas capable une vieille femme jalouse!...

CHAPITRE LXVI

A l'eau, les canards!

Le greffier et le scheriff possédaient en ce moment, trois exemplaires contresignés du procès-verbal des faits.

En ce moment, les Espagnols poussaient l'équipage et les passagers dans le faux pont et dans la cale du *Virginius*.

Il s'agissait de tenir emprisonnés les flibustiers et les matelots, pendant la traversée de Kingston à Santiago.

Deux hommes cependant, deux Mexicains, n'avaient pas l'air de vouloir se laisser enfermer et manœuvraient en conséquence.

C'étaient Bon-Coureur et Bras-de-Fer, les éclaireurs de Leone.

Ils s'étaient approchés du scheriff et l'avaient salué tous deux.

Puis gravement, ils avaient attendu que les procès-verbaux fussent terminés.

L'officier espagnol, les voyant et les jugeant de l'équipage ou du nombre des passagers, leur avait ordonné :

— Éloignez-vous!

« Que faites-vous là ?

— Señor, dit Bon-Coureur, nous sommes les courriers du señor scheriff.

« Nous pensions qu'il allait nous demander nos services pour porter à Kingston les procès-verbaux que l'on termine en ce moment.

Le scheriff, à l'air des deux Mexicains, jugea qu'il avait affaire à des gaillards aussi habiles que résolus.

Il leur dit :

— Tenez-vous là!

« Je solliciterai tout à l'heure du capitaine l'autorisation de vous envoyer à Kingston.

— Elle sera refusée! dit le lieutenant d'un air narquois.

« Je vois bien ce que vous voulez.

« Votre intention est de faire avertir les consuls américains et anglais qui télégraphieraient à New-York et à Londres.

« Et l'on nous enverrait à Santiago des cuirassés qui chercheraient à intimider le gouverneur et à empêcher les exécutions.

« Mais j'aviserai le capitaine au cas où il n'y penserait pas.

— Soit! fit le scheriff.

« Ce sera une illégalité de plus.

« Insérez les paroles de l'officier en observation, Eveling.

Et le greffier inséra.

Puis on signa.

Pendant que l'officier tenait la plume Bras-de-Fer dit rapidement au scheriff en lui glissant les mots dans l'oreille :

— Nous allons partir sans permission, Bon-Coureur et moi, Bras-de-Fer.

« Donnez-nous à chacun un exemplaire du procès-verbal.

« Nous le serrerons dans nos sachets de caoutchouc imperméables qui contiennent notre poudre, quand nous allons en expédition.

« Faites semblant de croire que nous attendrons bénévolement l'autorisation du capitaine pour quitter le bord.

— Mais comment ferez-vous ?

— Nous nagerons!

— Et les requins!

« Et la poursuite!

— Nous avons nos couteaux, nos hachettes et nos révolvers sous nos jaquettes.

— Très-bien!

Le greffier avait distrait le lieutenant pour donner à son scheriff le temps de causer avec Bras-de-Fer.

— Non! disait l'Espagnol.

« Je ne signerai pas l'observation où vous consignez mes réflexions.

— Vous ne pouvez, sans mauvaise foi, vous y refuser ! disait le greffier.

Et le débat se poursuivit.

Mais le scheriff ayant terminé avec Bras-de-Fer, dit à Eveling :

— Greffier, constatez le refus de signer du lieutenant et terminons.

Le greffier obtempéra et scella les procès-verbaux.

Le scheriff en donna un à Bon-Coureur et l'autre à Bras-de-Fer.

— J'espère, dit-il, que l'on vous permettra d'aller les porter à terre avec un canot du *Virginius* que vous consignerez ensuite aux mains du conseil espagnol, jusqu'à ce que le tribunal ait prononcé sur le *Virginius*.

— Voilà un espoir qui ne se réalisera pas, dit le lieutenant en se moquant.

Mais tout à coup, des cris retentirent, puis des coups de feu.

Bras-de-Fer venait de sauter dans l'eau et d'y disparaître à tribord.

A bâbord, Bon-Coureur avait fait de même...

Et le scheriff disait tranquillement à l'officier espagnol :

— Voilà mes courriers qui se passent de la permission du capitaine.

— Tant pis pour eux ! dit le lieutenant.

Et il cria, furieux, aux équipes des embarcations stationnant contre le *Virginius* :

— Feu sur ces évadés !

En même temps il ordonnait aux deux plus petits canots de poursuivre les fugitifs à force de rames.

Personne, parmi les Espagnols, ne doutait que les deux courriers ne fussent repris.

Le lieutenant dit même au scheriff.

— Tant pis pour vos hommes !

« Je les regarde comme morts !

— C'est parce que vous êtes enclin aux illusions ! dit railleusement le scheriff.

Puis à Eveling, très-bas :

— Savez-vous, greffier, quelle bonne fortune nous est échue ?

« Ces deux courriers qui se sont offerts, sont Bon-Coureur et Bras-de-Fer.

« Dans notre voyage à la recherche de M. Balouzet, au milieu des savanes, vous avez entendu parler de ces deux hommes !

— Ils sont capables d'arriver à la côte, sains et saufs ! fit Eveling.

— Moi, je le parierais !

« Qui parie contre ? demanda le scheriff.

« Lieutenant, tenez-vous cent dollars contre moi dans cette affaire.

— Mille, si vous voulez !

— Pardon ! gentleman, dit gravement le scheriff à son adversaire.

« Les avez-vous ?

— Je suis le marquis de Tervesillo ! dit fièrement l'officier de marine.

« Ma solde ne suffit pas à payer mes cigares.

— Alors, dit flegmatiquement le scheriff, mettons dix mille dollars.

« C'est mon chiffre.

— Va pour dix mille.

— Entendons-nous.

« Si un seul arrive à terre vous perdez dix mille dollars.

— C'est dit.

— Si les deux arrivent...

— Ce sera vingt mille ! s'écria l'officier. Je ne lésine pas.

— Convenu ! fit le scheriff.

— Écrit ! dit laconiquement Eveling qui couchait tout sur son carnet.

Il présenta le pari à signer.

— Ma parole suffit ! dit le marquis.

« Je suis gentilhomme !

— Vous pouvez mourir !

Le marquis mit son paraphe et le scheriff apposa le sien.

Puis tous deux suivirent avec intérêt les péripéties du drame qui s'accomplissait en mer.

Chose qui aurait profondément surpris des Européens, le démon du jeu s'était emparé de tout le monde.

Aux colonies, les Espagnols, si joueurs par tempéramment, deviennent des parieurs aussi enragés que les Américains.

Dès ce moment, toute l'attention des marins et des soldats du *Tornado* se concentra sur les fugitifs.

Les flibustiers que l'on cessait de refouler

vers la cale, remontèrent en hâte sur le pont.

Ils engagèrent aussitôt des paris avec leurs adversaires.

Tous les aventuriers avaient la bourse bien garnie.

Si prisonniers qu'ils fussent, leur argent leur restait.

Les Espagnols, bien payés dans ces possessions lointaines, avaient le gousset plein ; on se jeta des défis.

Leone, dont la signature valut plus de cent mille dollars, cria au capitaine du *Tornado* qu'il jouerait à 200 contre 100 en faveur de ses éclaireurs.

Le capitaine releva la provocation au pair et voulut parier à chances égales.

De toutes parts, d'un bord à l'autre, on s'interpellait.

Le plus amusant, c'est que l'on désigna à titre de trésoriers l'aumônier du *Tornado* et le greffier du scheriff, qui passa pour un instant à bord du *Tornado*.

On leur jetait les enjeux et ils inscrivaient les noms et les sommes.

Ainsi ces hommes étaient tous dans la situation la plus palpitante.

Les Espagnols tenaient enfin ces flibustiers qui leur avaient si longtemps échappé ; pour les prendre et les garder, ils se seraient battus jusqu'à la mort.

D'autre part, les flibustiers, eux, étaient menacés de mort !

N'importe !

Tout ce monde pariait.

Les deux barques cependant avaient eu quelque temps d'arrêt d'abord, parce que les marins qui les montaient avaient tiré des coup de révolver au lieu de ramer tout de suite.

Puis il avait fallu border les avirons, se dégager des autres embarcations et prendre la direction.

Or, les deux éclaireurs avaient la rare faculté de rester plus d'une minute sous l'eau et ils employaient cette minute à nager avec une rapidité extrême ; quand il voulaient respirer, ils sortaient à peine le bout de leur nez dans l'embrun des vagues.

Il était difficile de les tirer, même de les voir.

Cependant, grâce à leurs lorgnettes, les aspirants qui dirigeaient les barques, distinguaient de temps à autre suffisamment les fugitifs, et ils donnaient des indications au barreur.

Mais les deux marins, qui s'étaient rejoints du reste, allaient en zigzag ; à chaque instant leurs adversaires étaient dévoyés.

Bientôt, poursuivants et poursuivis eurent fait le quart du chemin entre les navires et Kingston.

Sans doute les deux éclaireurs jugèrent que s'ils se débarrassaient des deux canots qui les chassaient, ils auraient une telle avance, que les autres ne les atteindraient pas ; ils manœuvrèrent de façon à couler bas les Espagnols.

Bon-Coureur continua de fuir, tantôt paraissant, tantôt s'enfonçant.

L'ennemi ne pouvait distinguer l'un de l'autre ces éclaireurs, dont la tête seule paraissait.

Il crut avoir toujours deux hommes devant lui.

Mais point.

Bras-de-Fer, se cachant dans le sillon des vagues, laissa arriver les canots, puis plongeant, il poussa entre deux eaux vers le youyou.

Pour peu que la mer soit houleuse, il est difficile de trouver dans ses creux un homme tombé par accident dans l'eau, et qui cherche à attirer l'attention.

Rien de plus facile à Bras-de-Fer que de se dissimuler.

On sait combien un youyou est légèrement construit.

Le géant, qui avait sa hache, arriva sous la petite embarcation et, d'une main, saisissant la quille qui débordait en dessous, de l'autre main, il creva le fond en trois coups de son arme.

Plusieurs clins, volant en éclats, ouvrirent une voie d'eau énorme.

Les Espagnols sentirent couler leur youyou avant de se rendre compte de ce qui leur arrivait.

En quelques secondes, ils furent dans l'eau jusqu'à la cheville.

En une demi-minute, ils avaient les genoux baignés.

Une minute ne s'était pas écoulée qu'ils barbottaient.

Bras-de-Fer les attendait.

Cependant les hourrahs des flibustiers, ivres de joie, lui arrivaient chauds d'enthousiasme, il ramassait un béret flottant et s'en coiffait.

De la sorte, on ne le distinguait pas des Espagnols.

Pendant que la seconde embarcation venait au secours de l'équipage de la première, mais le terrible colosse agissait.

Avec sa terrible habileté, il allait au milieu de la confusion et à travers les vagues d'un marin à l'autre, et, d'un revers de son large couteau, coupait le jarret aux nageurs avec une prestesse inouïe ; on sait que dans l'eau l'on ne sent pas une coupure.

Les malheureux blessés, ne se doutaient pas de cette perfidie, et perdant leur sang, disparaissaient un à un et criaient à l'autre barque :

— A nous! A nous !

« Les requins sont sur nous !

« A nous !

Le second canot qui s'avançait ignorait comment l'accident avait eu lieu ; on supposait que le youyou avait donné, comme cela arrive, contre quelque grosse épave flottant entre deux eaux.

Une avarie se produit fréquemment dans ces conditions.

Bras-de-Fer, voyant cette barque arriver, cessa sa tuerie.

Il renouvela la manœuvre qui lui avait si bien réussie.

Mais cette fois Bon-Coureur lui venait en aide, sinon pour couler le canot, du moins pour noyer l'équipage.

Comme la première, la seconde barque s'enfonça.

Alors, sur le *Virginius*, les flibustiers se déchirèrent la poitrine pour saluer par leurs cris le triomphe des éclaireurs.

Ceux-ci, acharnés, plus redoutables que les requins, béret en tête, trompant ainsi leurs adversaires, s'approchaient, longeaient leur homme, lui tranchaient le jarret, en saisissant l'occasion, puis continuaient à nager un instant près de lui et allaient à d'autres.

Et tous ces malheureux croyaient être attaqués par les squales et tous continuaient à crier :

— Les requins !

Enfin, supposant que tous leurs adversaires étaient à fond, Bras-de-Fer et Bon-Coureur se laissèrent porter tous deux, au sommet d'une lame et, tous deux en même temps, sortant à demi des flots ils saluèrent leurs compagnos par un long vivat; puis ils reprirent le chemin de Kingston.

A bord du *Tornado*, les Espagnols, la rage dans le cœur, virent le greffier emporter leurs enjeux et les distribuer aux flibustiers qui riaient et se moquaient, disant :

— Ils sont allés à l'eau, les canards !

Aux colonies, on appelle ainsi, par dérision, des soldats espagnols, parce qu'on prétend qu'ils détestent se laver et ont horreur de l'eau.

C'est une antiphrase, comme on dit en rhétorique.

Cependant le *Tornado* avait envoyé d'autres barques pour recueillir quelques naufragés, s'il en restait.

Elles revinrent sans ramener personne...

Les flibustiers, enfermés dans le faux pont, n'en surent pas moins la chose et s'en gaussèrent.

Quant aux Espagnols, ils mirent les navires en marche pour gagner Santiago.

Là devait se dérouler le drame sanglant des exécutions !

CHAPITRE LXVII

Massacre.

Cependant la nouvelle s'était répandue à Santiago de la prise du *Virginius* ; le consul espagnol de Kingston en avait télégraphié au général gouverneur de la province.

Aussitôt la ville avait été mise en émoi ; les Cubains, désespérés, songeaient aux terribles dangers qui menaçaient Leone.

Les Espagnols étaient fous de joie.

Ce peuple est d'un orgueil féroce ; quand on l'humilie, il ne pardonne plus.

Or, Leone avait profondément blessé l'amour-propre de ses adversaires en les couvrant de ridicule en maintes circonstances.

Ainsi des journaux américains illustrés avaient publié des caricatures mordantes où l'on voyait les marins espagnols, joués par le hardi corsaire et bafoués par lui.

Tout le sang de Leone et de ses flibustiers ne pouvait laver cette tache faite à l'honneur espagnol.

L'honneur !

Peut-on le faire dépendre d'une plaisanterie, d'un dessin bouffon ?

Oui, en Espagne.

Ce peuple est d'une susceptibilité incroyable et c'est pourquoi le coup de couteau s'y donne si fréquemment.

Un sourire est une offense.

Un mot plaisant est une insulte.

Aussi, dès que la nouvelle circula vit-on le quartier des Catalans se soulever en masse avec bannières de corporations, drapeaux des régiments de milice, musiques et fanfares.

Il se forma un cortége immense d'hommes de femmes et d'enfants, qui défila en hurlant vers le palais du gouverneur.

Les cris de victoire remplissaient les rues, mêlés à des chants improvisés.

Des poètes de la rue lançaient des quatrains que la foule répétait.

Puis, quand on passait devant la maison d'un cubain connu, les groupes envoyaient des volées de pierres dans les carreaux et des salves de clameurs sauvages :

— A mort les Cubains !

« A mort les flibustiers !

« Au voleurs leurs cendres brûlées!

Tout ce monde déboucha devant le palais du gouvernement.

La foule se rangea par pelotons massés, en colonnes serrées, et garda le silence jusqu'à ce que tous les rangs fussent formés.

Alors un cri, un seul, fait de vingt mille et qui dura plus d'une heure, ébranla le palais sur sa base.

Ce peuple réclamait Leone.

— A nous le pirate !

« A nous le forban !

Le général Burriel, gouverneur de la province, connaissait les détails de la façon dont la capture avait eu lieu.

Il ne pouvait se dissimuler qu'elle était illégale.

En outre, comment promettre à ces bandes de bêtes fauves, de leur livrer les prisonniers ?

Il aurait fallu tenir.

Or, le général n'était pas certain qu'à Madrid, Castelar, le ministre prépondérant, approuverait cette atrocité.

Vu l'illégalité, la mise en liberté pouvait même être ordonnée.

Dans ces conditions, la situation du général pouvait devenir difficile.

Il craignait les fureurs des Catalans s'il leur refusait Leone.

D'autre part, il ne voulait pas se compromettre vis-à-vis du ministre.

Depuis une heure, il refusait de se montrer au peuple.

Survint Herrera.

— Général, dit celui-ci, je viens vous avertir que le peuple s'impatiente.

« Il va se passer un fait grave avant dix minutes.

— Lequel ? demanda le général.

— Vous serez pendu !

« Ecoutez.

Irrités, furieux, les Catalans, avec la mobilité des foules méridionales, ne criaient plus :

— A mort Leone !

Mais bien :

— A bas Burriel !

« La corde à Burriel !

Le général savait qu'il avait affaire à de vraies bêtes fauves.

On avait exalté cette population catalane, écume de la province espagnole où les mœurs sont les plus rudes et les plus brutales ; on avait armé des volontaires qui s'étaient donnés pour officiers les plus violents d'entre eux ; on avait lâché la bride et donné le coup de fouet à leurs instincts sanguinaires ; chez eux, ni discipline, ni générosité ni sentiment élevé ; chez eux, l'ignorance, l'abjection,

Cornes-de-Bison inspectant la grotte.

l'habitude de la bassesse et des pratiques interlopes du commerce colonial.

Le patriotisme de cette tourbe dégénérait en fanatisme sombre et cruel; elle accusait les chefs de manquer d'énergie; elle eût voulu égorger toute la population cubaine.

Qui se dressait devant elle, pour la rappeler au devoir, était suspect.

Et, nous devons l'avouer, un homme poussait, encourageait ces déportements.

C'était Herrera.

Il avait calculé froidement que jamais la race cubaine ne se réconcilierait, que trop de griefs s'étaient accumulés.

Dès lors, il avait tout fait pour imprimer à la guerre un caractère impitoyable qui devait aboutir à l'extermination des rebelles.

— Général, dit-il à Burriel, je crois que si vous tardez à promettre au peuple ce qu'il vous demande, dans peu d'instants vous serez fort désagréablement balancé entre ciel et terre.

— Capitaine, dit le général, j'ai trois bataillons sous la main.

« Je vais balayer cette canaille.

— Vos soldats n'obéiront pas.

— Je suis sûr d'eux.

— Et moi, je suis plus sûr encore de mes agents qui sont dans l'antichambre.

— Que voulez-vous dire?

— Une chose bien simple.

« Ne l'avez-vous pas comprise?

« J'ai des pleins pouvoirs.

« Si, au moment où la patrie a besoin de

tous ses défenseurs, vous avez cette pensée fatale de susciter une guerre civile dans les rues de Santiago, entre l'armée et les volontaires, je vous ferai arrêter et très-certainement je laisserai la foule bousculer mes agents et vous pendre.

Le général savait qu'Herrera possédait des pleins pouvoirs.

Le général connaissait l'homme.

Il eut peur de la mort ignominieuse qui l'attendait.

Fusillé, soit!

Écharpé par un peuple en furie, non, si c'est possible.

— Capitaine, dit le général, je vais, sur votre conseil, promettre que les prisonniers seront fusillés ; mais, à vous la responsabilité.

— A personne.

« Allez, général.

« Je vous expliquerai mon idée après.

Burriel parut à son balcon.

La foule, voyant qu'il cédait, cessa de crier et écouta.

— Volontaires, dit le général, justice sera faite ; les cours martiales prononceront.

Un murmure parcourut les rangs des volontaires qui n'étaient pas satisfaits.

Heureusement Herrera souffla au général une phrase qui calma l'orage renaissant.

— Les cours martiales, dit Burriel, seront mixtes et formées d'officiers de volontaires et d'officiers de l'armée de ligne.

Cette déclaration, qui donnait de l'importance à l'état-major des volontaires, fut accueillie par des vivats unanimes.

Le défilé recommença, mais pour vider la place et les rues.

Burriel dut rester au balcon jusqu'à ce que le dernier homme eut passé en hurlant son cri de : *Mort à Leone!*

Alors il se retourna et vit Herrera souriant qui lui dit d'un air narquois :

— Vous plaît-il, général, de parler un peu de responsabilité ?

— Volontiers, capitaine ! dit Burriel en entraînant Herrera vers son cabinet.

— Général, dit l'agent, une fois seul avec Burriel, figurez-vous qu'en ce moment Castelar, auquel vous avez demandé télégraphiquement des instructions est fort embarrassé.

« Il peste contre vous.

« Si vous l'entendiez vous traiter de maladroit, vous seriez froissé.

— Capitaine...

— Général, s'il ne vous plait point d'entendre la vérité, restons-en là.

— Non !

« Continuez.

— Je disais donc que, pour le quart d'heure, l'Espagne est en république provisoire et que Castelar en est le ministre le plus influent.

» Or, c'est un républicain humanitaire qui doit se montrer logique avec ses théories ; d'autre part, ce n'est point un sot.

« Il sait qu'ici nous devons exercer une impitoyable répression.

« Son plus cher désir serait que, par une initiative intelligente, on fît fusiller Leone et ses flibustiers, quitte à nous désavouer tout haut et à nous féliciter tout bas.

« Il faut soumettre à tout prix cette île qui est la nourrice de l'Espagne.

« Or, entre nous et les révoltés, il s'est creusé un infranchissable abîme.

« Donc, pas de faiblesse !

« A mort, les Cubains !

— Vous voulez donc l'extermination ?

— Absolue, si c'est possible.

« Du moins devons-nous faire si grand vide, que les colons de Catalogne trouvent assez de place ici pour devenir plus nombreux que les Cubains.

« Il n'y a pas d'autre solution au problème sanglant qui se pose devant nous.

— Mais, dit Burriel, maintenant il est trop tard, quant à Leone.

« Les ordres vont arriver.

« J'en ai demandé.

— Et moi, j'ai fait rompre les fils télégraphiques, si bien que les dépêches n'arriveront pas! dit froidement Herrera (1).

Le général regarda avec une admiration

---

(1) Nos lecteurs verront, page 204, colonne 2, que l'on prétexta, à Santiago, d'une rupture des fils, pour expliquer que l'on n'avait pas obéi aux ordres de pitié, venus de Madrid.

jalouse, cet homme assez hardi pour oser rompre les communications entre une colonie et la métropole.

Herrera continua :

— Il ne faudrait cependant pas nous déshonorer tout à fait aux yeux du monde en laissant le peuple massacrer les prisonniers.

« Il n'est pas bon de donner à crier aux États-Unis et à l'Europe.

« Voici ce qu'il y aurait de mieux à faire pour conserver les formes judiciaires.

« Dès l'arrivée du *Tornado*, on lui télégraphiera par le sémaphore d'avoir à rester en rade et d'attendre.

« La cour martiale sera transportée à bord du *Virginius*.

« Elle fonctionnera sur-le-champ.

« On constatera l'identité de Leone et des principaux officiers.

« C'est là le point important.

« Un défenseur prononcera quelques mots pour la forme.

« Puis on condamnera à mort.

« Pour le premier soir, il me faut dix exécutions, dont celle de Leone.

— Mais si le peuple réclame comme aujourd'hui pour qu'on lui livre les prisonniers et s'il veut les brûler lui-même?

Herrera haussa les épaules.

— Général, dit-il, on va répandre le bruit que la fièvre jaune est à bord du *Virginius*, et c'est à peine si le peuple terrifié permettra que l'on débarque les condamnés sur l'îlot de la rade pour les fusiller.

— Vraiment, dit le général, vous êtes homme de ressources.

« Si vous vouliez, vous pourriez sauver ces malheureux, pris contre tout droit.

— Certes oui, je le pourrais, dit Herrera ; mais je ne le veux pas !

Et il s'en alla sur ce mot cruel, après avoir salué militairement le général.

Chaque jour, jusqu'à l'arrivée du *Virginius*, la foule renouvela ses manifestations et revint demander au gouverneur la mort des prisonniers.

Lorsque le *Tornado* et sa capture furent signalés, une multitude énorme s'assembla sur le port et l'on entendit ses vociférations à une lieue en mer.

Cris de bêtes fauves altérées de sang.

CHAPITRE LXVIII

Le père Anselme.

Nous avons raconté que Pancho était arrivé au camp des insurgés.

D'autre part, Theresa était libre.

La jeune femme voulait rejoindre Pancho au plus tôt.

L'entreprise ne laissait pas, comme bien on le pense, de présenter des difficultés et des périls.

Partout la campagne était sillonnée de partis de cavalerie espagnole et de bandes de volontaires et d'espions.

D'autre part, les éclaireurs indiens d'Herrera se multipliaient.

Rien n'arrêta Theresa.

Elle avait rencontré une jeune femme cubaine dont le mari était aux insurgés et qui voulait le voir, ayant appris qu'il avait été blessé.

Un vieux parent, sacristain de la cathédrale, avait promis de l'accompagner : Theresa résolut de partir aussi sous la protection de ce vieillard.

Celui-ci comptait sur son costume de coupe cléricale, sur sa coiffure et ses allures, sur une recommandation de monseigneur l'évêque et sur son éloquence pour arriver au camp sans trop d'encombre.

Son éloquence surtout lui inspirait la plus grande confiance.

C'était un bonhomme excellent, mais infatué de lui-même.

A force d'entendre les prédicateurs fulminer et tonitruer du haut de la chaire, il avait retenu des fragments de discours et il les débitait gravement à tout propos et hors de propos.

C'était une douce mais fort ennuyeuse manie.

D'autant plus que le brave sacristain émaillait ses phrases de citations latines qu'il comprenait fort peu le plus souvent ; mais comme il savait que ses auditeurs ne comprenaient pas non plus, il y allait hardiment.

Les bonnes gens de son entourage le croyaient un grand savant et s'imaginaient volontiers qu'il eût fait un évêque remarquable; il regrettait de n'être point veuf pour entrer dans les ordres.

Il avait cinquante-quatre ans...

Grand, long, mou, quasi désossé, avec une figure de don Quichotte et une calotte de sacristain, toujours enrhumé et nasillant, prisant et mouchant, il avait des poses solennelles, et généralement courbé, affaissé, avachi, il se redressait de temps à autre pour lancer avec solennité une niaiserie ou une banalité.

Il avait bien reçu Theresa.

— Mon enfant, avait-il dit, soyez la bienvenue, *Dominus vobiscum et cum spiritu tuo.* Vous êtes bonne catholique, je le sais, quoique vous ayez été élevée en France, un pays d'athées. — *Credo in unum Deum.* — On a été dur pour vous dans votre famille ; votre père, *patrem omnipotentem*, s'est opposé à votre mariage. — J'avoue que ce Pancho est un polisson bien hardi de se faire aimer par une blanche, et, s'il m'avait demandé la main de ma nièce, je l'aurais fait rosser par mes bedeaux, *ad majorem Dei gloriam*, pour l'exemple et les bonnes mœurs. Mais le mal est fait et ce mulâtre doit vous épouser puisque vous avez eu la faiblesse de transgresser le sixième commandement. — Il est indispensable de vous marier. — *Conjungo vos!* — Vous partirez donc avec nous et je vous couvrirai de la haute protection de monseigneur que je représente humblement, mais avec dignité. *Domine, non sum dignus intrare.* — Je vous engage à vous approcher de la sainte table avant le départ et à prendre le saint viatique qui vous donnera des forces pour le voyage ; c'est le coup de l'étrier du chrétien. Allez, ma fille, je vous bénis de tout mon cœur — *benedicat vos* — et je vous attends demain.

Le père Anselme, avec l'onction d'un évêque, appela sur la tête de Theresa la bénédiction d'en haut et la jeune femme se retira en pensant :

— Voilà un voyage qui ne promet pas d'être amusant.

« Enfin, c'est pour Pancho que j'avalerai tout ce latin.

Le lendemain on se mettait en route.

En ce moment déjà, l'on connaissait la prise du *Virginius;* mais l'on ignorait ce détail que Juanita se trouvait au nombre des prisonniers.

Theresa fût peut-être restée à Santiago, si elle l'avait su.

On voyageait à dos de mules, à petites journées, en suivant un itinéraire qui aboutissait invariablement le soir à quelque couvent d'hommes ou de femmes.

Tant que l'on fut sur le territoire occupé par les troupes espagnoles, tout se passa au mieux : Anselme exhibait sa recommandation épiscopale qui annonçait que ledit Anselme et sa nièce se rendaient au couvent de San Sebastiano, communauté de sœurs qui marquait l'extrême limite du pays occupé par les Espagnols.

Mais lorsque l'on fut rendu là, Anselme expliqua en toute confiance à la supérieure que son but était d'atteindre le camp des insurgés.

Et il montra, dans la lettre de recommandation de l'évêque, un paragraphe qui faisait allusion à cette entreprise, en engageant la supérieure à y aider de son mieux.

— Mon très-cher frère, dit la supérieure à Anselme, vous risquez beaucoup.

« Ici les autorités espagnoles se montrent fort déférentes.

« La discipline règne.

« On ne commet aucun dégât.

« Mais à deux milles du couvent, se trouve une rivière.

« Au delà de cette rivière commence le territoire insurgé.

« Toute personne, quelle qu'elle soit, surprise sur la rive gauche du cours d'eau est réputée en rébellion.

« Hommes, femmes et enfants sont capturés, maltraités, souvent massacrés.

« Car, sachez-le, la ligne d'avant-postes au delà de la rivière est gardée par des volontaires catalans, gens de la pire espèce et capables de tout.

— Mais nous sommes couverts par la haute protection de monseigneur, dit Anselme. Les Catalans eux-mêmes n'oseront pas maltraiter des personnes que protége un saint évêque. *Sanctus! sancta! sanctum!*

« Ne touchez pas! c'est sacré!

— Point d'illusions! dit la supérieure.

« Une petite bande vous rencontrerait, loin de tout contrôle.

« La beauté de votre nièce et celle de son amie tenterainet ces misérables. Vous seriez fusillé et elles subiraient l'outrage et la mort; on vous enterrerait. Qui connaîtrait les coupables?...

Le père Anselme éprouva un frémissement d'indignation.

— Ces Catalans sont des coquins! s'écria-t-il, des bandits! des scélérats! des...

— Chut! fit la supérieure.

« Pas de bruit!

« Pas d'esclandre!

« L'esprit de l'Église est de s'accommoder de tous les pouvoirs et de se taire sur ce qu'elle ne peut empêcher.

« Du reste, à vous, mon frère, de ne pas désobéir aux lois espagnoles.

« En réalité, vous passez aux insurgés.

« Il n'y a là qu'un intérêt de personnes et non de religion.

— Mais je tiens à l'Église! dit le père Anselme avec orgueil.

« Mes fonctions, mon costume sévère, ma vie entière passée au service de la religion me permettent presque de me regarder comme un prêtre!

— Ne blasphémez pas! s'écria la supérieure en joignant les mains.

« Parce que vous savez un peu de latin et parce que vous remplissez des fonctions mercenaires et lucratives dans une église, vous croyez toucher au sacerdoce!

« Quel orgueil!

« Quelle erreur!

« Le démon vous inspire cette monstrueuse prétention!

« D'abord vous êtes marié!

« Ayant les joies du monde, comment osez-vous réclamer les priviléges des chastes serviteurs de Dieu?

— Ma révérende, ce que vous appelez les joies du monde se réduit à une femme sourde comme un pot qui, quand je dis *Deo gratias*, répond : *Dominus vobiscum*.

« Elle n'entend même pas le canon au moment de l'élévation à la Fête-Dieu.

« Avec cela, fort laide et toujours grognon; c'est mon purgatoire sur terre.

— Dieu a voulu vous punir peut-être d'avoir préféré un riche mariage au saint état vers lequel vous appelait votre vocation.

« Je suis certaine que votre femme vous a apporté une belle dot.

— Elle avait quelque bien.

— Et vous n'avez pas d'enfants!

— Dieu n'a pas béni notre amour.

— Preuve qu'il le désapprouvait.

— Aussi ai-je hâte d'être débarrassé de ma pauvre sourde, pour demander à recevoir les ordres.

— Ne souhaitons la mort de personne! fit la supérieure en dissimulant un sourire.

— Oh! la chère vieille est en bon état de grâce, elle irait droit en paradis et elle serait bien heureuse devant le Seigneur! Je lui ferais un très-beau service et je pourrais enfin suivre ma sainte vocation.

— Très-bien, père Anselme. Quand on souhaite le bonheur éternel à ses proches, on peut désirer leur mort, si l'on n'y mêle aucun intérêt temporel.

« Mais, dites-moi, vous n'avez que cette nièce?

— C'est ma seule parente.

— Et vous l'aimez?

— Comme ma fille.

— Il y aurait moyen de s'entendre.

« Vous seriez prêtre, je mettrais tous les moyens dont je dispose à votre service ; mes supérieures n'auraient rien à me reprocher.

« Mais pour un simple sacristain, risquer d'attirer sur ma communauté la colère des Espagnols, cela ne se peut.

« Il y aurait pourtant un moyen.

« Si, par une générosité bien entendue et profitable à votre salut, vous, riche sacristain d'une cathédrale, vous faisiez le vœu d'un cadeau considérable à notre vénéré patron, san Sebastiano, alors on tenterait tout pour vous faire réussir.

« Encore faut-il, si je compromets mon

couvent, que ma responsabilité soit couverte par l'intérêt qu'il devrait prendre à maintenir son patron en bon crédit et à montrer son pouvoir en faveur de ses dévots.

Anselme, qui avait avoué son amitié pour sa nièce, la dot de sa femme et qui n'avait pas protesté, par vanité, quand la supérieure lui avait parlé de sa fortune, Anselme était pris.

Il s'exécuta, mais il était trop homme d'église pour ne pas tirer profit de sa générosité.

— Ma révérende, dit-il, je ne demanderais pas mieux que d'offrir une châsse d'or à san Sebastiano.

Les yeux de la supérieure brillèrent, car le cadeau était considérable.

Mais le sacristain reprit :

— Vous avez, ma révérende, une petite chapelle à Santiago.

« Là se trouve une relique renfermant une dent de san Sebastiano et une des flèches dont les sauvages l'ont percé.

« Cette petite chapelle est dans un pauvre quartier et vous y entretenez un aumônier qui y dit la messe et qui vous coûte, parce que le casuel ne suffit pas à son entretien.

« Si vous voulez me nommer sacristain titulaire de cette chapelle, non-seulement l'aumônier ne coûterait plus rien, mais je verserais à la caisse du couvent la première année mille réaux et je doublerais, tous les ans, la somme pendant dix ans, *argentum et aurum* !

— Et comment vous y prendriez-vous pour cela, mon frère ?

— J'ai lu une brochure française, traduite en espagnol, racontant les miracles de Lourdes et de La Salette. Je me charge de faire bien et dûment constater que la petite fontaine qui coule dans la cour de la chapelle a des propriétés merveilleuses pour guérir les plaies et les douleurs, *aqua sanctissima*.

« Quand j'aurai rendu, avec cette eau, la vue aux aveugles et leurs jambes aux paralytiques, il se fera de cette eau un grand commerce et vous pourrez chanter avec reconnaissance le *magnificat*.

« Votre couvent, ma révérende, n'aura bientôt plus rien à envier à celui de San Ignatio et vous serez à la tête du plus riche monastère du monde entier avant trente ans.

« Ce qui m'avait incité à entreprendre ce voyage, c'était l'idée de proposer quelque grande affaire de ce genre à un couvent ou à l'autre de ceux que je visiterais.

« Puisque c'est le vôtre qui peut me faire arriver aux insurgés, j'aime autant traiter avec lui, si ma proposition vous agrée, auquel cas, ma révérende, vous n'aurez qu'à dire *amen*, car mes conditions sont douces et agréables.

— Frère Anselme, dit la révérende, c'est une affaire entendue.

« Nous signerons un traité à votre retour et je vais vous trouver un guide.

La supérieure de San Sebastiano était une femme entendue, avisée, jugeant d'un coup d'œil une situation et en tirant tout le parti possible.

En quittant le sacristain, elle rassembla son conseil et raconta l'offre qu'on venait de lui faire.

Les bonnes sœurs furent dans la joie.

Mais la supérieure, forte femme, leur dit avec un fin sourire :

— Ne trouvez-vous pas bien mesquine la part que le bonhomme Anselme veut faire au couvent ?

« C'est d'un mauvais chrétien.

— C'est vrai ! dit-on.

— Et puisque notre eau de la chapelle est si merveilleuse, qu'avons-nous besoin de lui pour avoir des miracles ?

« Nous les obtiendrons bien nous-mêmes.

« Je propose d'envoyer plusieurs de nos sœurs s'établir dans notre petite succursale de Santiago, et de s'y entendre avec notre aumônier, qui est acquis au couvent, dévoué à ses intérêts, et qui sera quelque jour évêque, quand nous aurons richesses et crédit en cour de Rome.

« Notre aumônier fera, bien mieux et avec plus d'autorité que cet Anselme, ce qu'il faut pour obtenir des miracles.

« Quant au sacristain, il serait bon qu'il fût enfermé pendant un temps, pour lui enlever la possibilité d'agir contre nous ou de proposer une concurrence à d'autres monastères.

« En lui donnant un guide intelligent, il tombera au milieu des avant-postes et il en adviendra ce que Dieu voudra.

« Je laisse à sa sainte justice le soin de décider quel sort les éclaireurs espagnols réserveront à cet indigne sacristain qui nous offre mille réaux d'une eau qui en vaut beaucoup plus.

« Cet homme est fort peu intéressant et il est marqué au sceau de la colère divine, car il emmène avec lui une fille qui a causé à San Ignatio un grand scandale.

« Rien qu'à cause de cette Theresa, je n'hésiterais pas à donner au guide de certaines instructions...

Tout le chapitre approuva.

Du reste, quelle âme délicate, vouée au bien, à la religion, souhaitant le triomphe de l'Église, et par conséquent l'accroissement de ses richesses, aurait pu faire l'ombre d'une observation.

Sur quoi?

L'affaire était superbe.

Que risquait-on?

Rien.

Si les miracles réussissaient, sans conteste, l'évêque les consacrerait.

Si, par hasard, ils ne réussissaient point, on les désavouerait.

Quels risques?

Aucun.

Quelle mise de fonds?

De l'eau claire.

Mais, dira-t-on, ce pauvre bonhomme Anselme qui avait eu l'idée, et que l'on envoyait traîtreusement à la mort ou tout au moins à la prison?

Permettez.

Cet homme était un mercenaire, d'abord, qui, engraissé par une cathédrale, songeait à s'enrichir aux dépens d'un couvent.

Il était mû par les plus vils intérêts et il n'excitait aucune sympathie.

Qu'est-ce qu'un misérable sacristain, quand il s'agit de la plus grande gloire de Dieu et du plus grand bien-être des bonnes sœurs?

Du reste, on ne commettait aucun crime, soyez-en sûr.

On promettait un guide.

On le donnait.

On disait devant ce guide:

— Celui qui enlèverait à ce voyageur les recommandations épiscopales que cet intrigant d'Anselme a subtilisées à monseigneur, celui qui en débarrasserait le couvent, en le livrant aux Catalans ou aux éclaireurs du capitaine Herrera, celui-là serait sûr d'être heureux sur terre et au ciel.

On n'ordonnait donc pas à ce guide de voler et de trahir.

On émettait un simple désir, expression de la vérité.

Ainsi fut fait.

Le guide choisi était un certain Valerio.

Le lendemain matin, Anselme devait quitter le couvent avec les deux jeunes femmes, en compagnie de ce péon, depuis vingt ans au service de la communauté, comme chasseur et comme pêcheur.

C'était une espèce de trappeur, sauvage, adroit et rusé.

Il avait deux défauts.

Il volait et même on prétendait qu'il tuait quelquefois.

De plus, il buvait.

Jamais, cependant, l'on n'avait pu formuler contre lui une accusation nette avec preuve, et, à ceux qui se plaignaient par insinuations, la supérieure disait:

— Prouvez.

« Valerio a une mauvaise figure, j'en conviens.

« Est-ce une raison pour le soupçonner témérairement?

« Je ne me rendrai qu'à l'évidence.

En *aparté* elle pensait:

— Qui sait si je n'aurai pas un jour besoin de cette brute?

Ce jour était venu.

Valerio avait cligné de l'œil en entendant ce que la supérieure avait dit, et celle-ci l'avait entendu murmurer:

— C'est singulier!

« J'ai comme une idée que ce voyage sera malheureux!

Il était parti aussitôt.
Où se rendait-il ?
Nous allons le voir.

CHAPITRE LXIX

Les deniers de Juda

Valerio, vers dix heures du soir, la veille du départ, se trouvait amené par un Indien, au camp de l'Étalon, qui commandait les éclaireurs, au lieu et place de Bison-Cornu, passé à d'autres fonctions depuis son accident.

Le chef indien connaissait Valerio, car il l'accueillit bien.

Sans doute le péon avait dénoncé quelques bons coups au chef et l'avait aidé à les exécuter, vol et pillages, meurtres de Cubains, viols de Cubaines.

Rien de plus naturel que l'association de ces deux hommes.

Valerio ne pouvait manquer de mettre son flair et sa connaissance du pays, au service des Indiens d'Herrera.

C'était indiqué.

Le chacal est le compagnon humble et utile du lion qu'il conduit vers sa proie.

L'Étalon reçut en chef le salut de Valerio et lui demanda avec bienveillance :

— Mon frère le Renard-Bleu — il l'avait baptisé ainsi — nous apporte-t-il une bonne nouvelle ?

« Connaît-il quelque bonne entreprise à tenter dans le voisinage ?

« Il sait que je suis loyal ?

« Je donne toujours aux *yeux qui voient* et aux *bouches qui parlent* (éclaireurs et espions) la part de butin convenue.

— C'est vrai, chef ! dit Valerio.

« Aussi je vous apporte les meilleures affaires, au lieu de m'adresser aux Catalans.

— Tu as raison ! dit l'Indien.

« Les volontaires sont des squaws (femmes) bavardes et sans prudence.

« Il n'y a pas de silence chez eux, on manque les embuscades et les surprises en leur compagnie.

« Mais que mon frère me dise ce qui l'amène à moi.

— Demain j'escorte un homme et deux femmes qui veulent gagner le camp des insurgés et tu pourras, si tu le veux, les surprendre et les enlever tout à ton aise.

— Où cela ?

— Au Ravin-des-Couleuvres.

Puis d'un air significatif :

— Les femmes sont jolies.

— Ah ! fit l'Étalon.

Et il eut un ricanement, semblable à un hennissement.

Il méritait son nom.

— L'homme peut mourir ! ajouta Valerio. Cela te vaudra cent dollars au moins en monnaie d'Espagne.

« Tu me donneras le lendemain de l'affaire les papiers que portait l'homme et je te compterai la somme en échange.

— Bien !

« Mon frère causerait ainsi pendant des jours et des jours que mes oreilles ne se fatigueraient pas de l'entendre.

« Que fera-t-on des femmes ?

— Ce que tu voudras.

« Est-ce que tu es embarrassé d'elles ?

« Tue-les.

« Envoie-les aux insurgés, si tu veux.

— Une femme morte ne crie plus ! dit sentencieusement l'Étalon.

« Vos blanches ne cessent de crier vengeance, quand on les a faites prisonnières et qu'on les a traitées comme doit le faire un guerrier vainqueur.

« Si l'on est assez sot pour les relâcher, elles appellent sur vous les colères des hommes de justice à robes longues.

« Les tribus blanches ennemies, après s'être battues, se réconcilient.

« Alors ce que vous appelez le tribunal met en jugement les pauvres Indiens qui ont été au service des blancs.

« Qu'une femme les accuse, on les condamne, quoiqu'ayant bien servi.

« Je tuerai les deux femmes.

— Très-bien ! dit Valerio avec une parfaite insouciance.

« Mais pense aux papiers.

— Mon frère les aura.

Bison-Cornu et l'Étalon.

— A demain.

« Au Ravin-des-Couleuvres.

« J'aurai l'air de me défendre...

« Vous tirerez quelques coups de fusil et je riposterai.

« Vous chargerez et je fuirai.

« Laissez-moi m'échapper.

— C'est une convention jurée.

Valerio prit congé du chef et quitta son camp.

CHAPITRE LXX

Le lendemain, vers midi, Anselme et les jeunes femmes, sous la conduite de Valerio, atteignaient le Ravin-des-Couleuvres.

L'étape s'était faite au milieu d'un silence morne.

Valerio était taciturne.

Anselme, poltron fieffé, avait peur et frissonnait en songeant à une rencontre possible avec les Espagnols.

Les jeunes filles se taisaient sous le coup d'une émotion causée par l'inquiétude et les pressentiments.

Thérésa avait demandé au guide :

— Répondez-vous de nous?

— Autant qu'un homme peut répondre de lui-même ! avait dit Valerio.

« Je risque ma peau comme vous, et je tâcherai de vous sauver en me sauvant moi-même.

« J'espère passer sans mauvaise rencontre,

et si nous atteignons le Ravin-des-Couleuvres, nous serons hors de danger.

« Mais plus de questions !

« Laissez-moi vous guider sans troubler mes réflexions en m'interrogeant.

Il s'était ainsi débarrassé de l'ennui de rassurer ses voyageurs.

Lorsque l'on fut arrivé au ravin, il vit, en y entrant, des cailloux noirs, disposés de façon à former un fer à cheval, ou si l'on veut et ce qui est la même chose, le plat du pied d'un cheval passant sur le sol.

C'était le signe de l'Etalon.

Le chef l'avertissait ainsi qu'il était en embuscade.

On mit pied à terre pour luncher, c'est-à-dire pour déjeuner.

Valerio, affectant la joie, dit à ses voyageurs :

— Maintenant, à moins d'une déveine complète, toutes les chances sont pour nous et je réponds de vous.

« Il y a au moins, derrière nous, deux avant-postes insurgés.

« Les Espagnols ne peuvent plus passer sans recevoir des coups de fusil.

— Loué soit Dieu, dit Anselme en prenant une prise. — *Benedicamus Domino.*

Et il éternua.

Les jeunes femmes, joyeuses, songeaient qu'elles allaient revoir leurs maris.

Tout à coup l'on entendit des coups de fusil ; des balles sifflèrent aux oreilles des voyageurs et Valerio sauta sur ses armes.

Il fit feu en criant :

— Sauvez-vous !

Anselme affolé levait les bras au ciel et hurlait.

— La paix ! La paix ! *Pax Domini !* La paix du Seigneur.

« Je suis le protégé de Son Eminence l'archevêque ! »

Les jeunes filles fuyaient et il arriva même que Thérésa courut avec tant de prestesse, de résolution et de chance, qu'elle passa par le point non cerné laissé exprès ouvert à Valerio, elle gagna de l'avance et se perdit dans la broussaille.

Mais les Indiens prirent la nièce du sacristain et le bonhomme lui-même, pendant que Valerio s'esquivait."

Anselme avait tiré ses papiers de ses poches.

— Epargnez-nous ! criait-il.

« *Parce, Domine ! Deo gratias !* Grâce pour nous !

« Nous sommes couverts par la protection de la sainte Église, *sancta Ecclesia !*

« Lisez !

Il tendait les lettres de recommandation que l'évêque lui avait données. Pied-d'Elan, qui était le neveu de l'Etalon, et qui commandait en son absence, prit les papiers et les mit dans les poches de son manteau.

Puis il dit :

— Notre chef, l'Etalon, n'est pas là ; il poursuit l'autre antilope.

« Il va revenir.

« Avant de décider de ton sort, vieux cerf qui brâme, il faut attendre le retour de notre père ; mais je te conseille de te taire.

« Sinon.

Pied-d'Elan fit un geste menaçant dont s'épouvanta le sacristain.

Les sauvages attendirent dans l'impassibilité qui leur est habituelle.

Le sacristain la tête basse se taisait, sa nièce pleurait.

Mais bientôt l'Etalon revint entraînant Thérésa.

Il avait facilement suivi la trace de la jeune femme qui laissait des lambeaux de robe aux épines, et il l'avait enfin rencontrée derrière un amas de rocs où elle se reposait épuisée.

(*Voir* la vignette page 319.)

En vain Thérésa avait-elle imploré le Peau-Rouge.

Il l'avait forcée à le suivre.

Arrivé au milieu des siens, il plaça gravement les deux jeunes filles l'une auprès de l'autre et il les examina en détail avec le sans-façon d'un pacha qui est sur le point d'acheter des esclaves.

Le père Anselme protesta.

— Au nom de la sainte Madone, mère de Dieu, *mater Dei,* s'écria-t-il, je vous somme de respecter ces senoras, je...

Un coup de pied au bas des reins, envoyé

par Pied-d'Elan, coupa court aux jérémiades du vieux bonhomme.

D'autre part, le choix de l'Etalon était fait.

Il dit en montrant Thérésa :
— Je prends celle-ci.
« Pied-d'Elan, à toi l'autre ! »

Tous deux, pareils à des faunes, enlevèrent les deux femmes.

Déjà ils disparaissaient, quand parut un officier espagnol, à cheval, accourant à toute bride et si rapidement que son chapeau s'était envolé.

Il cria :
— Halte-là !

Et sautant à terre au milieu des sauvages déconcertés, laissant son cheval libre, il s'écria d'un air furieux et la main sur la garde de son épée :

— Est-ce pour faire violence à des femmes que l'on vous paye ?
« Qu'un de vous bouge !
« Je lui passe mon épée à travers le ventre ! »

Le prestige de l'uniforme était trop grand, l'homme était trop imposant d'aspect pour que les Indiens ne fussent point terrifiés de cette intervention inattendue.

Les jeunes filles s'étaient rangées derrière l'officier.

Un peu à l'écart, le père Anselme se frottait les fesses en murmurant :
— Deo gratias !

(Voir notre vignette page 325.)

L'officier, un capitaine, demanda à l'Etalon avec sévérité :
— De quel droit en agis-tu ainsi ?
— Ces gens passent aux insurgés.
— Qui te l'a dit ?
— Leur guide.
— Un traître, ce guide !
« On ne doit pas croire à un traître.
« Où est ce guide ?
— Il s'est enfui.
— Comment sais-tu que ces gens se rendaient au camp insurgé ?
— Parce que, dit avec embarras l'Etalon, le guide m'a prévenu hier.
— Alors c'est un guet-apens.
— Pour la bonne cause.
— Vous êtes des bandits !

— Honte à l'Espagne de vous employer, car vous n'êtes que des brutes.

En ce moment il aperçut un sergent qui accourait à cheval.
— Ah ! murmura-t-il
« Je m'en doutais !
« Il a voulu me rejoindre à tout prix et partager mon sort.
« Je le sauverai malgré lui, en sauvant ces malheureuses.
« Restez là ! ordonna-t-il aux Indiens avec autorité.

Au sergent il cria :
— Halte !

Puis il prit la bride de son cheval et dit aux jeunes filles et à Anselme :
— Remontez sur vos mules !

Très-bas à Anselme :
— Pas un mot !
« N'ayez pas l'air étonné.
« Je suis un officier déserteur qui vient se rendre.
« Je trompe ces sauvages.
« Vous allez suivre mon sergent en toute confiance.
« Il vous mènera aux insurgés.
« Montez vite sur votre mule.

— Dominus vobiscum ! dit avec onction le père Anselme que la joie et l'émotion étouffaient.

Le capitaine Sacripan, c'était lui, courait à Ali.
— Tu as voulu me rejoindre, n'est-ce pas, et te faire bêtement fusiller ?
« Je ne le veux pas.
« Je suis Espagnol, moi !
« Mon devoir est de venir me faire juger par mes compatriotes.
« Ton devoir, à toi, est de vivre et de sauver ces gens-là.
« Tu es Marocain.
« Peu t'importe l'Espagne ! »

Et avec un geste de commandement irrésistible :
— Emmène-moi ces pauvres gens et ne traîne pas en route.

Ali essuya une larme, serra la main de son capitaine, tourna bride, et, à la tête de la petite cavalcade de voyageurs, il disparut bientôt, pendant que Sacripan silencieux maintenait du regard les Indiens qui murmuraient entre eux.

Survinrent deux hommes à cheval.

C'étaient Ragottier et Bison-Cornu qui montait en amazone.

Sa blessure ne lui permettait pas encore de chevaucher autrement.

Il fallait même que ce sauvage eût un corps de fer pour n'avoir pas cessé d'aller et de venir après son opération.

Il est vrai que les chiens en font autant et qu'un Indien est plus dur qu'un chien à la souffrance.

A la vue de Ragottier, Sacripan qui le connaissait et l'appréciait vint à sa rencontre en souriant :

— Pardier ! lui dit-il, je suis enchanté de me rendre à vous.

Ragottier, de son côté, avait une grande sympathie pour Sacripan.

— Sacrebleu ! dit-il, taisez-vous donc !

« Pas un mot de plus !

« Il faut que je vous parle !

— Mais... fit le capitaine.

— Tonnerre de D..... taisez-vous, je vous en supplie.

« Ragottier voulait sauver Sacripan.

Le Parisien se doutait bien que Sacripan n'était point connu des Indiens, et il soupçonnait le capitaine d'avoir pris la résolution héroïque de se rendre aux Espagnols.

— Deux mots, je vous prie, mon officier ; j'ai à vous parler, reprit-il.

Sacripan s'éloigna avec Ragottier.

Hors portée de la voix, l'agent français dit au capitaine :

— J'ai deviné votre plan !

« Vous revenez bravement et bêtement vous fourrer dans la gueule de loup, par loyauté, par héroïsme.

« C'est beau !

« C'est sublime !

« Et... c'est idiot !

— Monsieur Ragottier !

— Ne prenez point vos grands airs, capitaine, c'est inutile.

« Si ce n'était qu'idiot, je le répète, je vous laisserais faire.

« Je ne me permettrais même pas d'exprimer une opinion.

« En somme, chacun est maître d'en agir à sa guise, quand... il est seul !

« Mais la sottise que vous voulez commettre fait de vous un égoïste, sacrifiant la gloire au devoir.

— Que voulez-vous dire ?

— Entre nous, capitaine, vous êtes, comme moi, amateur du sexe.

« Vous avez comme le petit Ragot du galbe, du torse et du chic.

« Il vous faut de la jupe !

« C'est votre droit, comme bel homme et comme brave cavalier.

« Seulement, moi, je collectionne ; mais vous vous en tenez à une.

« Connu votre numéro !

« Un lierre, quoi !

« Je meurs où je m'attache !

— Enfin, monsieur, arrivez au fait et trêve de plaisanteries !

— Pas Parisien, le capitaine Sacripan ! fit Ragottier.

« N'aime pas la blague !

« Le fait, le voici !

« Votre Juanita est entre les pattes d'Herrera, dans la prison de Santiago.

« Ah ! ah !

« Vous pâlissez !

« Rengainez donc l'héroïsme, déguisez-vous en ce que vous voudrez, filez sur Santiago et sauvez-moi cette jolie fille.

— Vous donnez votre parole d'honneur que vous m'avez dit la vérité ?

— Tiens !

« Vous croyez à l'honneur d'un mouchard ! Faut-il que vous m'estimiez !

« Je vous jure que je vous dis vrai, à preuve, tenez !

Et Ragottier montra un journal qui détaillait la prise du *Virginius*.

— Trop vrai ! murmura Sacripan.

Il tendit la main à Ragottier, mais celui-ci lui dit :

— Non, pas de poignée de main ; vous me compromettriez.

« On trouverait étrange que moi, Ragottier, homme intelligent, j'aie été aussi bête que ces sauvages.

« Sachant qu'un officier s'est mêlé de faire

fuir des suspects devant moi, sans que je proteste, le grand prévôt me dirait :

— Côôment, mon petitite Rrraagoto, vous n'avéez pas arrrêté ce pôolisson de cââpitaine...

Sacripan ne put s'empêcher de rire, tant Ragottier se moquait bien du grand prévôt ; mais l'agent reprit :

— Vous allez vous disputer avec moi ; je lèverai la main sur vous pour vous arrêter ; vous me renverserez d'un coup de crosse de révolver et vous sauterez à cheval.

« Filez vite !

« Je tirerai sur vous.

« Naturellement, je vous manquerai, mais les Indiens viseront.

« Heureusement, ils ne sont pas de la force des trappeurs.

— Monsieur Ragottier, dit Sacripan, au revoir et merci.

« A vous, de tout cœur !

— Sacrebleu, ne prenez pas ces airs-là ! fit l'agent.

« Il s'agit de nous disputer !

Et il cria :

— Vous avez eu tort, capitaine.

Sacripan, entrant dans son rôle, riposta vivement.

La comédie suivit son cours.

Une minute après, comme dénoûment, Sacripan filait sous les balles.

Et Ragottier maugréait contre ses sauvages et disait à l'Etalon :

— Imbécile !

« Pourquoi avoir laissé fuir ces prisonniers ?

« Te voilà dans de beaux draps !

— Beaux draps ! fit l'Etalon.

« Je ne comprends pas.

— Je veux dire, crétin, que tu vas être fusillé, quand Herrera saura ce que tu as fait ; tu es un homme mort !

« Ne vois-tu pas que ce prétendu capitaine espagnol est un insurgé déguisé ?

L'Etalon serra les poings :

— Si j'avais su ! s'écria-t-il.

Puis avec finesse :

— Mais toi, fin comme un loup gris, tu n'as pas reconnu l'homme au premier aspect ; tu as été maladroit aussi.

Ragottier simula l'embarras.

— Moi, fit-il, je m'en suis douté au moins et j'ai voulu l'arrêter.

— Trop tard !

« Crois-moi, Ragottier, nous ferons bien tous de nous taire.

« Herrera ne saura rien.

Ragottier venait d'amener adroitement le sauvage à ce qu'il voulait.

— Soit ! dit-il.

« Ne disons rien !

« Aussi bien, je crois qu'en cette circonstance le silence est d'or.

Et après avoir examiné la piste :

— Pas de sang ! dit-il.

« Le coquin n'a pas été touché !

« Nous sommes des maladroits.

Puis, pour entretenir les Indiens dans leur conviction qu'il était sorcier, il leur dit d'un air de regret :

— Si j'avais eu le temps, j'aurais sans balles, sans couteau, sans armes, fait tomber le capitaine à mes pieds.

Et il murmura des mots étranges.

Les Indiens se dirent entre eux :

— Il aurait fait une conjuration ; mais il a été surpris.

Sur cette stupide croyance, on se sépara.

Les Peaux-Rouges demeurèrent à leur poste et Ragottier continua l'inspection des éclaireurs dont il était chargé.

Il était enchanté de lui-même et il joua toute la journée des castagnettes avec ses doigts.

Voir fusiller Sacripan lui eût été chose désagréable.

CHAPITRE LXXI

Les exécutions.

Pendant que ces incidents se déroulaient dans la campagne, la ville était le théâtre de douloureux événements.

Le programme sanglant, tracé par Herrera, suivait son cours.

Pour épargner à l'Espagne la honte d'un massacre général dont l'Europe se fût indignée, Herrera avait fait répandre le bruit que la fièvre jaune régnait à bord du *Virginius* et du *Tornado*.

Grâce à ce stratagème, la foule n'avait plus demandé à ce que les prisonniers fussent débarqués.

Une cour martiale — aux membres de laquelle on avait eu soin de dire que la fièvre jaune était une fable — s'était installée à bord du *Virginius*.

On sait quels procédés sommaires et rapides caractérisent cette justice militaire.

Les premiers accusés — comme on a pu le lire dans le récit que nous avons publié, récit exact, et témoignage non démenti — les premiers condamnés furent Leone et Varona.

Varona refusa énergiquement de sauver sa vie.

Sa famille, dont une partie était espagnole, intercéda.

On offrit, à ce brave jeune homme, sa grâce entière.

Comme condition, on lui proposait de prendre du service parmi les Catalans.

Il répondit :

— Fusillez-moi !

Quant à Leone, il demanda une seule grâce aux juges :

Celle de voir le schériff.

On n'osa pas la lui refuser.

Le schériff avait solennellement protesté entre les mains des consuls étrangers, qui tous, en corps et en uniforme, s'étaient rendus chez le général Burriel.

Ils lui avaient représenté l'illégalité de ces exécutions.

Le général leur avait sèchement répondu en disant :

— Affaires d'intérieur !

« Ceci ne nous regarde pas.

Puis, non sans esprit, un journal de Santiago avait écrit :

— Avons-nous reproché :

« Aux Anglais d'avoir massacré les cipayes révoltés.

« Aux Français d'avoir exécuté sommairement trente mille communards à Paris, dont beaucoup d'étrangers.

« Aux Américains, d'avoir écrasé sans pitié le Sud.

Dans tout ceci on oubliait que les Espagnols avaient violé les lois internationales, ce qui différenciait la situation.

Mais les consuls eurent soin de le constater énergiquement.

Le schériff, du reste, fit son devoir aussi complètement que possible.

Leone, en le recevant, lui dit avec effusion et reconnaissance :

— Merci à vous !

« Ce qu'un magistrat intègre pouvait faire, vous l'avez fait.

« Je vous rends, en face de la mort, un solennel témoignage.

— Et moi, dit le schériff, je suis désolé du conseil que je vous ai donné.

« J'aurais dû vous prier de mettre, dans une barque, ma cliente, demeurer avec vous sur le *Virginius* et combattre jusqu'au dernier souffle de vie.

— C'eût été inutile ! dit Leone.

« Nous aurions tous péri.

« Cette lutte aurait été aussi meurtrière et moins utile que ces procès qui vont porter un coup mortel à la cause espagnole devant l'opinion publique.

« Mort pour mort, autant vaut être utile à son pays.

« Je suis Américain.

« Tôt ou tard, Cuba reviendra aux États-Unis, et je hâte le dénoûment en passionnant le monde contre l'Espagne.

Les deux hommes s'étaient silencieusement serré la main.

Leone reprit :

— Il me reste un service à vous demander, schériff.

« Souvent, près de la mort, on a une révélation soudaine.

« Figurez-vous que j'ai atteint l'âge d'homme au milieu des révolutions qui ont désolé les États-Unis.

« Je n'ai pas eu le temps d'aimer ; je me suis toujours battu.

« Aujourd'hui, par un de ces coups de foudre de la passion qui frappent tout à coup un homme, je me suis senti invinciblement entraîné vers une jeune fille.

« Elle se nomme Juanita.

« Vous la connaissez.

« Je vous demande de faire votre possible pour la sauver.
— Je vous le promets !
— De plus, je vous prie de faire son bonheur, si c'est possible
« Elle est fiancée à ce trappeur qui se trouve à la tête d'un corps insurgé.
— Balouzet ?
— Précisément.
« Elle ne l'aime plus !
— Oh ! oh !
— Elle aime le capitaine Sacripan.
— Ah ! ah !
— Elle m'en a fait l'aveu.
— Je désire que vous éclairiez M. Balouzet sur cette situation.
« C'est un galant homme.
« A n'en pas douter, il renoncera à faire le malheur de cette jeune fille et lui rendra sa liberté.
— D'autant plus que, dit le schériff en souriant, il n'est pas libre.
— Vraiment ?
— Il est marié !
— Il est veuf.
— Non pas.
« Ruse de femme !
« Madame Balouzet existe.
— Vous en êtes sûr ?
— C'est ma cliente.
— Quoi !
« Cette Anglaise !...
Et Leone se mit à rire.
— Pauvre homme ! fit-il.
Le schériff avait déjà entrevu un plan et pris une résolution.
— Vraiment, dit-il, je crois que vous pouvez mourir en paix.
« Vous aurez fait une heureuse.
« J'ai mon idée.
— Alors, dit Leone, tout est bien ; on peut me fusiller.
— Vous serez vengé.
— Que l'esclavage soit aboli à Cuba, son dernier repaire en Amérique, dit Leone, et je serai payé de mes sacrifices.
Sur cette noble parole, les deux hommes se séparèrent.

Le même soir Leone, Varona et beaucoup d'autres malheureux tombaient sous les balles des marins du *Tornado*.

CHAPITRE LXXII

Le Bal.

Par le récit des faits, d'après les témoins qui étaient dans l'île, d'après M. Piron, Français et digne de foi, nos lecteurs ont pu voir que la mort des condamnés avait été le signal de bals et de réjouissances.
Or la plus brillante de ces fêtes fut donnée par un misérable de notre connaissance ; don Saluste !
Revenu à Santiago, toujours entouré de ses bravi, cet archi-millionnaire s'était remis à son train de vie ordinaire.
Il n'avait pas oublié Juanita, non certes ; mais quant à s'exposer de nouveau pour la conquérir, il y avait renoncé.
Il s'était promis d'attendre une occasion et il avait lancé des émissaires qui le mettaient au courant de tout ce qui concernait la jeune fille.
Il avait repris à Santiago le haut du pavé et recommençait ses insolences.
Il enlevait des filles cubaines, insultait des Cubains et faisait florès, grâce aux Catalans auprès desquels il était très-populaire, grâce à ses libéralités.
Comme Herrera détestait les Cubains, il laissait faire.
Or, un jour, don Sallustre apprit avec une joie infinie que Juanita était prisonnière à bord du *Virginius*.
Aussitôt il forma le projet de réaliser son rêve.
Il vit des gens influents.
Il intrigua.
Ce qu'il voulait obtenir, c'est que la jeune fille serait transférée à la prison de la ville.
Et il y parvint.
Le plan d'Herrera n'était point de faire fusiller Juanita.
Pour lui, cette fille n'était qu'un appât pour attirer M. Balouzet, peut-être Choquart, et à coup sûr Sacripan.

A cette heure, Herrera avait voué à Sacripan une haine mortelle.

Depuis que Ragottier, par ses déductions habiles, avait si bien trouvé et prouvé que c'était le sergent Ali qui avait enlevé une sentinelle; depuis que cette sentinelle, retrouvée à bord du *Virginius*, parmi les prisonniers, avait raconté les faits; depuis que Sacripan, non-seulement avait passé aux insurgés, mais avait pris du service chez eux — du moins cela était supposable, puisque Ali s'emparait des vedettes et qu'il était l'ombre de Sacripan, — depuis enfin qu'Herrera voyait dans le capitaine un ennemi de l'Espagne, il voulait sa mort et l'eût fait fusiller, s'il l'eût tenu.

Or, on vint de différentes bonnes maisons espagnoles de la ville, le solliciter en faveur de la jeune fille.

Non pour la ménager, disait-on.

Non pour l'épargner.

Mais une femme fusillée ou une femme outragée, cela ferait le plus mauvais effet sur la population.

Il fallait donc ne pas la condamner, parce que ce meurtre eût été excessif, il suffisait de l'emprisonner.

Il importait, d'autre part, de soustraire la jeune fille aux insultes de la multitude, en traversant la ville.

En conséquence, il fallait cacher son transport du navire à la ville.

— Tenez cela secret ! conseillait-on à Herrera.

« Écrouez-la comme une simple voleuse, ou comme une fille de mauvaise vie.

De cent endroits différents, non suspects, lui vinrent ces conseils.

Herrera n'eût rien écouté, si son idée n'eût pas été d'emprisonner simplement la jeune fille.

Comme son avis, à lui, était conforme à l'avis des autres, il n'eut pas de peine à faire plaisir aux conseillers.

Il les satisfit même complétement en écrouant Juanita sous un faux nom et en l'accusant de vol.

En ceci, il suivait un principe de police qui est bien connu.

Lorsque l'on ne comprend pas bien le but d'une demande faite avec insistance et suspecte, avoir l'air d'y accéder de bonne grâce.

On surveille ensuite et l'on voit venir.

— Pourquoi diable, s'était demandé Herrera, tant de gens des plus huppés, viennent-ils solliciter la même chose, au sujet de cette jeune fille, qui les intéresse peu?

« Car je connais mes compatriotes.

« Pas de pitié !

Et il se creusait la tête en vain.

— Ah! fit-il, si ce damné gouailleur de Parisien était ici.

« Il devinerait, lui !

« Percer à jour ces intrigues où il y a de la jupe (comme il dit), c'est sa spécialité.

« Mais je l'ai laissé à l'armée, ne me fiant qu'à lui pour les éclaireurs.

« Enfin... nous verrons.

Et il laissa aller les choses.

Cependant, vingt minutes avant d'ouvrir son bal, don Saluste conférait avec un de ses bravi.

— Ça, maître Panadjio, lui disait-il, vous êtes sûr de votre affaire ?

— Oui, señor.

— Le concierge de la prison a consenti pour cette nuit ?

— Pour cette nuit même.

« J'ai regret d'avoir offert une si forte somme.

« Il ignore qu'il s'agit de Juanita, et avec une simple voleuse, il n'y a pas à se gêner.

« Vous aurez carte blanche.

— Très-bien.

« Voilà cinquante piastres dans cette bourse, Panadjio.

— Merci, señor.

Et le drôle empocha joyeusement, puis sortit.

Don Saluste, ivre de joie, s'écria en se frottant les mains :

— Enfin !

« Je la tiens !

Et il se rendit dans ses appartements où la foule accourait.

Pour couvrir les convenances, un homme non marié ne pouvant inviter des femmes du monde à un bal, c'était une tante de don

Bison-Cornu et l'Étalon (1).

Saluste qui était censée donner cette fête patriotique.

Dans les splendides appartements de ce misérable, qui avait déshonoré tant de familles, on s'empressait.

Il avait eu soin que toutes celles qu'il avait séduites à prix d'argent fussent ce soir-là chez lui.

Aucune n'y avait manqué.

Toutes ces misérables créatures s'étaient empressées d'accourir.

O puissance de l'or !

O prostitution des plus grandes, des plus nobles, des plus pures !

Il avait souillé les plus fières de ses baisers payés.

Avec une infernale adresse, il avait épié les heures de caprice ou de détresse ; il avait fait naître les occasions et il avait toujours réussi.

Deux, deux jeunes filles seulement lui avaient résisté.

C'étaient Mariquita, la folle, Juanita, la prisonnière.

Il avait abusé de l'une par la force ; de l'autre, il allait faire de même, cette nuit-là.

Tels étaient ses plaisirs.

Et, cette fois, il n'avait plus le caprice de vouloir se faire aimer.

Non.

Il serait violent et infâme.

Il souriait à tous et à toutes, dans son espoir immonde.

Chose ignoble !

(1) C'est par erreur qu'au-dessous de notre vignette page 413 se trouve la légende : *Bison-Cornu et l'Étalon* ; il faut lire : *Je fus terrassé*.

Devant ce millionnaire, plus roi de l'île que ne le furent les rois d'Espagne, on était à plat ventre.

Les gentilshommes dans l'embarras, savaient que, de lui, dépendait la saisie de leurs biens ; sur lesquels il avait prêté, en sous main, afin de les tenir sous son joug.

Les riches tremblaient.

Cet homme savait préparer une ruine avec un art merveilleux.

Puis il tuait par le fer ou le poison avec une audace impunie.

Avait-on jamais obtenu justice contre ses bravi ?

Jamais.

Et voilà comment la démoralisation s'imposait à toute une ville.

Le bal s'ouvrit.

Don Saluste dansa avec une de ses dernières victime.

Nous disons victimes...

Cette femme avait toujours été vertueuse jusqu'alors.

Don Saluste apprit qu'elle avait blâmé avec indignation sa conduite vis-à-vis de Mariquita, si miraculeusement sortie du couvent de San Ignatio, folle mais vivante.

Don Saluste avait juré qu'il se vengerait et il acheta d'abord toutes les dettes du mari, joueur effréné.

Puis, il acquit, à prix d'argent, la preuve que le père de cette jeune femme était en correspondance avec les insurgés.

Enfin il se procura des armes diverses et terribles contre tous les membres de cette malheureuse famille.

Que faire ?

Résister ?

Mais le mari même, homme taré, perdu de réputation et d'honneur, désirait échapper à la ruine...

La jeune femme avait succombé, se dévouant pour tous.

Elle ouvrit le bal avec don Saluste, et toutes celles qui avaient été séduites avant elle furent ravies.

Les femmes sont souvent lâches et féroces comme tous les faibles.

Tachées, elles ne peuvent supporter l'éclat d'une vertu immaculée.

C'était un plaisir pour toutes celles qui avaient subi l'affront lucratif des faveurs de don Saluste, de voir à son bras une femme si longtemps chaste et fière.

Sous l'éventail, on entendait des rires, des mots ironiques, des remarques blessantes.

— La voilà, disaient ses rivales, bien affichée cette fois.

— Elle ne fera plus sa tête de Junon à l'église !

— Elle ne saurait nier !

« Don Saluste la compromet comme à plaisir.

— Ah ! ah !...

« Qui l'eût dit !

— Eh !...

« Qui l'eût cru !

La malheureuse femme qui était l'objet de cette hostilité, supportait courageusement et les epigrammes mal déguisées et les attitudes impertinentes, et les regards insolents.

Elle se savait martyr.

Martyr des siens.

La vanité qui fait le fond du caractère de la haute société en Espagne, avait égaré tout son entourage, toute sa famille.

Personne n'avait eu le courage de dire à cette femme :

— Garde ton honneur, Clara !

« C'est le bien le plus précieux de la maison.

« Mieux vaut que nous soyons pauvres, ruinés, sans pain ni toit, mais que tu restes une sainte mère de famille.

Tous, égoïstement, l'avaient poussée dans le bras de don Saluste.

Elle s'était sacrifiée.

Mais, ayant horreur de don Saluste, elle eût, pour elle-même, préféré la mort plutôt que de se donner à ce monstre.

Sa conscience lui rendant ce témoignage, elle regardait avec mépris tout ce monde qui l'entourait.

Elle prouva bien, depuis, ce qu'elle valait.

Son mari mort de débauche, ses parents tirés des mains de don Saluste, elle se dévoua avec sa fille aînée à une tâche sainte et généreuse.

Elles passèrent toutes deux aux États-Unis où les nègres, nouvellement émancipés, sont dans un déplorable état d'ignorance, et elles se dévouèrent à l'instruction de ces malheureuses populations.

Clara est morte, laissant un nom respecté qui met une auréole au front de sa fille, connue aujourd'hui dans tout le Sud des États-Unis, sous le nom de master Paul.

Sous des vêtements d'homme, elle répand l'enseignement parmi les noirs, leur lit la Bible, les moralise et les guide.

(*Voir* notre vignette, page 253.)

Comme les ennemis des nègres, hostiles par conséquent à ceux qui les aiment, ont eu l'infamie de raconter sous les plus fausses couleurs l'histoire de lady Clara, nous avons profité de l'occasion pour rétablir les faits.

Lorsque don Saluste eut dansé avec sa victime, il la reconduisit à sa place, au milieu d'un cercle hostile qui l'attendait et qui comptait bien la déchirer à belles dents.

Mais, en ce moment, l'entrée de la marquise de Murice, maîtresse de Maracasse ou, pour rester respectueux, de don Bourbon-y-Navarre, l'entrée de cette très-grande dame, accompagnée du vieux chevalier, fit une sensation profonde.

La petite marquise n'avait jamais été si charmante.

Veuve, libre, riche, aimée à cette heure, tous le savaient, du prince le plus brave et le mieux apanagé d'Espagne, elle était enviée de toutes, désirée de tous.

Depuis les événements que nous avons décrits, la marquise et le prince vivaient loin de la ville, dans une villa charmante appartenant à une vieille parente de la marquise qui, invitant don Bourbon, d'une part, avec quelques autres seigneurs, avait le droit d'inviter, d'autre part, des señoras à sa campagne.

Rien à dire pour le monde.

Le monde! Il est bon enfant quand il s'agit des grands.

Pourvu que l'apparence des apparences soit sauvée, c'est tout ce qu'il demande, cet excellent monde.

Or, qui eût osé se permettre d'insinuer quoi que ce fût?

Sans doute, à mi-voix, on riait, on jasait, on cancannait.

Mais personne n'aurait osé soutenir à haute voix que la marquise était au prince; c'eût été grossier, de mauvais goût et... très-dangereux!

Un coup d'épée de don Bourbon eût puni le gentilhomme assez mal avisé pour soutenir de pareilles insinuations.

Donc la marquise continuait à être reçue partout mieux que jamais.

On se demandait pourtant ce qui l'amenait à ce bal.

Jamais elle n'avait appartenu à don Saluste.

D'autre part, on supposait que don Bourbon devait mépriser et haïr l'homme qui avait enlevé Juanita.

Toutefois ce n'était qu'un *on-dit*.

Don Saluste, étonné, ravi, flatté au delà de toute idée, supposa que le prince, devenu Espagnol, avait reçu de bons conseils; il crut qu'Herrera, le gouverneur et d'autres l'avaient engagé à le ménager, lui, don Saluste.

Puis, probablement ayant de grands biens, un oncle richissime, mais pas autant d'argent liquide qu'il l'eût voulu, le prince avait peut-être besoin de quelques cent mille piastres!

Et il envoyait au bal la marquise; peut-être y viendrait-il.

En ce cas, quel honneur!

Don Saluste se précipita au-devant de la Murice, se confondit en compliments et réclama humblement l'honneur d'être inscrit sur son carnet.

— Señor, répondit la marquise, je ne danserai pas ce soir.

« Arrivée ce matin, forcée de repartir demain, sachant ici ma meilleure amie, ne doutant pas du bon accueil de votre tante, je suis venue pour voir la señora Clara Cervantino.

Et laissant don Saluste sous le coup de ce refus, la marquise s'assit auprès de Clara, lui servant d'égide.

Dès ce moment, personne n'osa garder une attitude impertinente, moqueuse ou hostile contre cet ange déchu.

Les deux jeunes femmes s'étant parlé à voix basse, on s'éloigna pour les laisser libres de s'entretenir.

Le premier mot de la marquise fut une promesse de délivrance.

— Chère, dit-elle, je viens te tirer des griffes du monstre.

« Pourquoi ne m'as-tu pas avertie ?

« Je t'aurais sauvée.

— Hélas ! dit Clara, si tu savais quels secrets possède cet homme.

« Il pouvait tout contre nous.

— Et nous, contre lui, nous pouvons tout aussi.

« Du reste, c'est fini...

« Tu vas être vengée.

— Moi !

— Terriblement vengée !

— Par qui ?

— Je ne sais.

« Imagine-toi que le prince, comprenant ses devoirs, devenu bon Espagnol depuis qu'il a lu l'histoire de sa famille, n'en est pas moins resté, au fond du cœur, très-sympathique aux flibustiers.

« Il déplore cette guerre et il voudrait qu'elle fût finie.

« Ayant fait serment de ne point servir contre l'Espagne, très-patriote du reste, il ne favoriserait en rien l'insurrection.

« Mais il a appris ce matin que l'on fusillait les prisonniers du *Virginius* et que don Saluste donnait une fête.

« — Je veux châtier ce misérable, a-t-il dit, et ce soir un drame terrible ensanglantera son bal.

Clara frissonna.

La marquise reprit :

— J'ignore absolument ce qu'il médite. Je sais qu'il a envoyé une calèche et une escorte dans une de ses maisons, pour y chercher quelqu'un.

« Qui ?

« Je n'ai pu le découvrir.

« C'est un charmant jeune homme, mais le tigre des savanes reparaît en lui si souvent, que j'obéis, sans répliquer, quand il commande d'une certaine façon.

« Il m'a ordonné de venir ici et m'y voilà.

« Je sais, d'autre part, qu'il est allé chez le gouverneur pour obtenir qu'on ne fusillât plus personne.

« Il échouera certainement.

« Sa colère retombera sur ce misérable.

Du regard elle désignait don Saluste.

Celui-ci, quoique froissé du refus de la marquise, n'en continuait pas moins à être ravi de sa présence.

— Vois-tu, Beneditto, disait-il à un Italien de ses amis, le prince va venir, il sera gracieux, il m'empruntera beaucoup d'argent et je le tiendrai, lui comme les autres.

« En attendant, puisque la marquise ne veut pas valser, faisons-en valser d'autres.

Et il fit ses invitations.

Toujours il choisissait ses anciennes maîtresses ; on en riait sous l'éventail.

Mais l'huissier jeta tout à coup le nom du prince et ouvrit à deux battants les portes du grand salon.

Tous les yeux se portèrent sur don Bourbon-Navarre.

Ce fut une entrée presque royale.

Le prince, transformé, avait naturellement la haute distinction d'un gentilhomme de grande race ; de plus il avait conquis cette assurance de manières, cette élégance raffinée, ce sentiment de la puissance du nom, qui donne le prestige.

Sa beauté rayonnante, incomparable, le rendait plus que jamais irrésistible aux femmes ; il fascinait les hommes par le courage qui étincelait dans ses yeux.

Alors même qu'il se fût présenté seul, son entrée eût produit grand effet ; mais il donnait le bras à une femme, vêtue de deuil, entièrement voilée.

On juge de l'étonnement de tous.

Il y eut une rumeur générale.

Le prince, cependant, agissait comme s'il n'eût pas été le cavalier d'une dame dont l'accoutrement lugubre exigeait au moins des explications pour la tante de don Saluste. Il ne dit mot à personne et ne présenta pas cette dame.

Autre singularité.

Derrière lui, venaient une trentaine de jeunes gens, dont jusqu'alors on avait remarqué l'absence ; c'était l'élite de la jeunesse espagnole qui formait cortège au prince.

On remarqua que tous étaient proches parents de quelque victime de don Saluste.

Don Bourbon salua la maîtresse de la

maison, interdite; puis il reçut les compliments de don Saluste, très-inquiet, qui vint lui présenter ses hommages.

— Senor, dit le prince, je viens attrister votre bal ; car je ne pourrai prendre sur moi d'y danser.

« Je porte le deuil de dona Natividad.

« Mais venir *était un devoir*.

Le prince souligna ces mots.

Et il termina en disant :

— Je suis venu !

Puis il salua très-légèrement de la main, ce qui était une façon de dire :

— Éloignez-vous.

Don Saluste se retira, n'ayant pas osé questionner le prince.

— Vraiment, dit-il à ses amis, je crois que le prince ne m'aime point.

« On l'aura engagé à faire acte de présence et il en a compris la nécessité ; car il est suspect de sympathie pour les Cubains.

« Mais, au fond, il aimerait mieux passer la soirée en tête à tête avec la marquise.

— Quelle idée, dit Beneditto, l'Italien, de nous amener cette duègne en deuil et voilée si lugubrement !

— Ceci m'inquiète, dit don Saluste.

— Si, par un coup de théâtre, le prince allait nous mettre face à face avec une de nos victimes ! dit Beneditto.

« Quel scandale !

Don Saluste pâlit.

— Eh ! fit-il.

« Je crains quelque complot de ce genre !

Il n'était guère explicable que, sans intention, le prince eût amené cette dame voilée.

Tout le monde avait éprouvé comme un choc à la vue de ce fantôme noir dont le costume tranchait avec les robes blanches des invitées.

L'attitude de la dame voilée était, du reste, des plus bizarres.

Elle se tenait assise auprès de la marquise stupéfaite, et elle restait immobile, ne faisant pas le plus petit mouvement.

Le prince, cependant, paraissait ne plus s'occuper que de sa maîtresse, à laquelle il avait dit à voix basse :

— Pas de question !

« Cette femme, qui est là, joue ce soir dans la tragédie qui se donne, le rôle du spectre de Banco.

« Ni vous, ni moi, ni les miens, ne devons nous occuper d'elle ; nous sommes censés ne point la voir.

— Très-bien ! avait dit la marquise.

Et, dès ce moment, elle n'avait plus paru s'apercevoir de la présence de la dame en deuil.

Dans le bal, on entourait les jeunes gens de la suite du prince.

Ils répondaient évasivement.

L'un disait :

— Je crois que c'est une parente.

Un autre :

— Je ne sais rien.

Un troisième :

— C'est une grande dame en deuil qui vient faire acte de présence.

« La fête est patriotique.

On ne put rien tirer d'eux.

Mais une crainte vague s'était emparée de tous.

On ne dansait plus.

Don Saluste, très-ému, prit peur et il se dit que le mieux était de se retirer.

Il s'approcha donc sournoisement d'une porte et voulut sortir.

Mais trois jeunes gens de la suite du prince se tenaient là.

L'un d'eux dit à don Saluste :

— Senor, vous ne pouvez vous retirer si tôt.

— Pourquoi donc?

— N'avez-vous pas dit, ce matin — le propos a été répété par vos amis, — n'avez-vous pas dit que vous feriez danser ce soir toutes vos anciennes maîtresses ?

— Et l'eussé-je dit ! fit don Saluste avec insolence.

— Rien de plus naturel alors que nous vous forcions à tenir parole.

« Nous avons parié que vous feriez en effet valser toutes, vous entendez, toutes vos anciennes maîtresses.

« Le prince de Bourbon-Navarre a parié contre nous qu'il en amènerait une que vous n'oseriez inviter.

« C'est cette dame en deuil qui est auprès de Son Altesse.

« Si vous ne nous faites pas gagner notre pari, comme il s'agit de sommes importantes, nous vous traînerons devant cette dame, et, à coups de pieds, nous vous forcerons à nous obéir.

— Et moi, je vais vous faire chasser par mes gens.

— N'y comptez pas.

« Vos bravi sont paralysés par les gens du prince, qui sont plus nombreux et plus courageux que vos chenapans.

— C'est un guet-apens !

— Guet-apens, si vous voulez.

« Toujours est-il que vous allez à l'instant inviter la dame voilée.

— Non ! dit don Saluste frissonnant. Je ne me jetterai pas moi-même dans le piège.

Un des jeunes gens le saisit par le poignet et lui dit :

— Faut-il vous traîner ?

Don Saluste comprit qu'il n'y avait pas de résistance possible.

Il se résigna lâchement.

L'œil injecté, la face livide, au milieu de la curiosité générale éveillée par l'incident qui venait de se produire, don Saluste se dirigea du côté du prince.

Un silence profond s'était fait ; chacun s'attendait à quelque chose de grave.

Le prince s'était levé...

— Monseigneur, dit don Saluste en s'efforçant de sourire, vos amis prétendent que vous désirez me voir danser avec la senora que vous nous avez fait l'honneur d'amener à notre bal !

— C'est-à-dire, senor, dit le prince, que j'ai parié que vous n'oseriez pas l'inviter ?

— Et pourquoi, monseigneur...

— Invite-t-on la mort à valser ?

— La mort, monseigneur...

— Sans doute...

« Voyez...

Et, en même temps, le prince enlevait le voile qui couvrait la dame en deuil.

Un cri d'horreur et d'épouvante retentit dans la salle.

L'image de la mort, telle qu'on la représente dans les œuvres d'art symboliques, s'était dressée tout à coup devant don Saluste.

Il avait devant lui un squelette vivant.

Sur les os, plus de chair ; la peau, parcheminée, jaunie, était ridée et racornie sur les creux, tendue, prête à percer aux angles.

Les yeux vitreux, glabres, immobiles, sans pensée, avaient une fixité terrible et mystérieuse.

Les vêtements pendaient sur ce corps décharné, et, à chaque mouvement, au milieu d'un lourd silence, on entendait craquer les articulations dont la synovie n'adoucissait plus le jeu.

Ce bruit d'ossements produisait une frayeur profonde sur ces gens du monde ignorant les effets de certaines maladies.

Le spectre, un instant ébloui, parut distinguer les objets et s'animer.

Son regard se fixa sur don Saluste.

Celui-ci tremblait, essayant en vain de maîtriser son effroi.

Le prince dit lentement :

— Senor, vous me paraissez décontenancé devant cette morte.

« Ne la reconnaissez-vous donc pas ?

« C'est... Mariquita !...

Et à celle-ci :

— Vois donc, Mariquita !

« Voici don Saluste qui vient t'inviter à danser.

En même temps le prince qui avait envoyé sans doute quelqu'un préparer ce coup de théâtre à l'orchestre, le prince donna un signal.

Aussitôt le *Dies iræ*, ce chant funèbre, éclata formidable, mais rhythmé de façon à marquer des temps de valse.

La partition avait été distribuée en secret aux musiciens, une heure auparavant.

Le prince qui avait fait recueillir Mariquita et l'avait placée dans une maison de santé, connaissait son genre de folie. Il savait que, tant qu'un voile l'enveloppait, elle s'imaginait être dans son *in pace* et ne bougeait plus ou se laissait passivement conduire.

Lui enlevait-on ce voile, elle était saisie aussitôt de la manie dansante.

Le prince avait admirablement calculé avec le médecin aliéniste tous les effets de cette scène.

— Danse, ma fille, avait-il dit à Mariquita ; danse avec ton séducteur et entraîne le dans la tombe avec toi.

Il avait poussé légèrement la folle vers don Saluste.

Elle entendit les premières mesures du *Dies iræ*, poussa un hurlement lugubre, se jeta sur don Saluste et lui imprima avec la vigueur surhumaine des insensés le mouvement de la valse.

Le misérable, éperdu, haletant, sentait sa raison s'égarer.

Il se laissa lourdement entraîner d'abord ; puis au contact du spectre, il sentit peu à peu un froid mortel l'envahir ; la volonté lui fit défaut ; il tourbillonna comme un objet inerte aux mains de celle que cent voix tremblantes appelaient *la morte*.

Celle-ci s'exaltait à mesure que l'orchestre imprimait à cette valse d'outre-tombe un mouvement plus rapide ; chaque fois qu'elle passait devant l'orchestre, elle criait d'une voix rauque : Plus vite !

Sous cet appel les instruments se déchaînaient et la tempête de sons mugissait furieusement, accélérant prodigieusement la mesure.

La *morte*, dans une étreinte furieuse, enlaçait don Saluste, blême, l'œil égaré, ayant déjà l'écume aux lèvres.

Ses vices lui avaient donné une maladie de cœur, dont l'art des médecins paralysait les progrès, mais qui se réveillait implacable en ce moment.

Tout à coup un flot de sang s'échappant de la bouche, macula la chemise du valseur ; et il étendit ses bras qui retombèrent inertes, puis se relevèrent, mis en mouvement par la force centrifuge du tournoiement, et battirent l'air ; la tête se renversa en arrière ; l'homme était mort.

. . . .

Et Mariquita valsait toujours avec la frénésie sauvage et la puissance nerveuse inexplicable des folles.

Enfin épuisée, elle s'affaissa tout d'un coup lâchant le cadavre de don Saluste qui tomba d'un bloc sur le plancher et en vomissant son sang à flots.

Mariquita, reçue par des jeunes gens qui épiaient cette crise, fut enlevée, voilée et reconduite en voiture dans la maison de santé d'où elle sortait.

La foule, silencieuse et saisie d'horreur, quitta le bal...

Le prince et la marquise l'avaient abandonné au moment où les premières gouttes de sang perlaient au coin des lèvres de don Saluste.....

Lorsqu'Herrera, le lendemain, apprit ce qui s'était passé, il dit :

— Morte la bête !

« Mort le venin !

« Ce don Saluste devenait gênant.

Puis il reprit :

— Il est châtié de main de prince et d'Espagnol.

« Tout est bien !

Quant à Ragottier, il s'écria en apprenant ce tragique dénoûment :

— Quel effet pour un cinquième acte à l'Ambigu !

Toute la ville applaudit à cette justice *providentielle*, comme on dit encore aujourd'hui à Santiago, quand on parle de ce bal de la mort.

Le prince avait cette nuit-là remplacé Dieu.

CHAPITRE LXXIII

Le scheriff et le vieux nègre qui mangeait des perruches.

Comme nous l'avons vu, le scheriff avait fait marché avec lady Bernett pour lui ramener son volage époux.

Il s'agissait d'une tâche difficile.

Conduire lady Bernett auprès de son époux, c'était chose faisable ; mais forcer celui-ci à remplir ses devoirs, voilà qui était peu réalisable.

Le scheriff cependant avait un plan ; il savait M. Balouzet homme de parole ; déjà il avait obtenu de lui un serment en le mettant dans une fausse position.

Ne pouvait-on, en le plaçant dans une périlleuse situation, lui imposer un nouveau serment ?

C'est là-dessus qu'avait été bâclé le marché passé entre lui et lady Bernett, qui s'engageait à payer deux mille livres sterlings au scheriff, si celui-ci parvenait à faire jurer à M. Balouzet :

1° Qu'il ne quitterait plus sa femme ;
2° Qu'il la traiterait avec aménité et lui témoignerait un ardent amour ;
3° Qu'il ne la tromperait jamais.

Il fallait être Anglaise, vieille Anglaise même, pour poser des conditions pareilles ; mais, on le sait, avec toutes les apparences du bégueulisme le plus outré, les Anglaises sont quelquefois d'une audace cynique.

Il fallait, d'autre part, être Américain pour ne pas reculer devant la tâche d'obtenir pareille promesse d'un homme comme M. Balouzet.

Les choses en étaient là, lorsque le scheriff eut, comme Herrera, l'idée lumineuse que M. Balouzet ne manquerait pas de tenter la délivrance de Juanita.

Herrera, très-occupé de politique, ne pouvant être partout, avait semé autour de la prison des espions nombreux.

Le scheriff en fit autant pour son compte personnel.

De plus, n'ayant rien de mieux à faire pour le moment, il s'installa aux environs de la prison, sous un déguisement.

Or, un jour, il vit venir un groupe composé de plusieurs nègres, d'un majordome et d'un jeune élégant à cheval.

Au milieu des esclaves, il s'en trouvait un qui marchait nu-pieds, avec des béquilles ; il était dans un déplorable état.

Le scheriff, au fait des usages, comprit que ce noir avait été fortement battu pour quelque méfait et que de plus, son maître l'amenait au geôlier pour qu'il le tînt au dur régime de la prison.

Dans les précédentes études que nous avons faites sur l'esclavage à Cuba, nous avons constaté que, dans la ville, les malheureux nègres étaient quelque peu protégés par une apparence de légalité.

Ainsi le maître est censé n'avoir pas le droit de les maltraiter ; il les fait bâtonner, après condamnation, par un geôlier qui a cette mission spéciale.

Puis il peut les faire mettre en prison ; là on oblige ces misérables à toutes les corvées les plus pénibles, en les nourrissant très-mal, juste ce qu'il faut pour qu'ils ne crèvent pas.

Le jeune homme qui semblait le maître du vieux nègre, paraissait très-irrité contre lui ; il le menaçait sans cesse, le traitant de vieux voleur.

Il descendit de cheval, à quelque distance de la maison de force, pour cravacher le vieillard.

Rencontrant, près de la porte de la prison la femme du concierge, il lui dit même quelques mots si brutalememt cruels, qu'elle lui demanda (1) :

— Mais enfin, ce pauvre vieux, qu'a-t-il donc fait?

— Il était chez moi, bien soigné, car il est infirme! s'écria le jeune homme. On le nourrissait à rien faire.

« Ce misérable, au lieu d'être reconnaissant, a pris la perruche favorite de ma sœur, l'a tuée et l'a mangée!

— Maître, dit le vieux nègre, c'était pour guérir mes douleurs.

« Une sorcière vaudoux m'avait ordonné de manger de la perruche.

— Tais-toi, vieux coquin!

« Tais-toi, scélérat.

« Les Vaudoux t'auraient commandé d'empoisonner ma sœur, ma mère et moi, tu l'aurais fait.

Le vieux nègre baissa la tête.

Le jeune homme le cravacha.

Tout ce monde allait entrer dans la prison, quand le scheriff se présenta et dit au jeune élégant :

— Deux mots à vous, senor !

— Qui êtes-vous? demanda le jeune homme, d'un ton rogue.

— Quelqu'un qui vous connaît beaucoup plus que vous ne pensez.

« Je vous prie de venir avec moi et avec ce nègre jusqu'au plus proche cabaret ; nous aurons à causer.

— Mais enfin qui êtes-vous?

Le scheriff prit une de ses cartes, qu'il

(1) *Voir* notre gravure, page 239.

On voit, dans les églises de Santiago, une femme vêtue de deuil.

avait préparée, dès le début de cette scène, et sur laquelle le jeune homme lut :

« Si vous ne me suivez pas à la première réquisition, vous êtes perdu, vous et votre prétendu nègre. »

Le jeune homme pâlit, mais se remit très-vite.

— Enfin, dit-il, que voulez-vous ?

— Je suis Américain et j'ai horreur de l'esclavage.

« Ce misérable nègre me fait pitié et je désire vous l'acheter.

« C'est un bon débarras pour vous.

— Si vous parlez sérieusement, dit le jeune homme, on pourrait s'entendre avec vous, senor.

— Je suis président de la Société san-franciscaine pour l'abolition de l'esclavage, dit le scheriff ; je ne puis, de sang-froid, voir battre ce pauvre vieux.

« Allons au cabaret où je m'étais installé et vous me céderez, contre argent, ce vieillard.

Le jeune homme échangea un rapide coup d'œil avec le nègre aux béquilles qui sembla dire du coin de l'œil :

— Acceptez.

Alors le maître dit :

— Soit !

« Voyons si nous nous entendrons.

Et tous ensemble, ils entrèrent dans un cabaret voisin.

Le scheriff pénétra avec les nouveaux venus dans une salle où se trouvaient son greffier et six de ses hommes.

La porte fermée, le scheriff dit à son greffier :

— Eveling, mon ami, saluez donc votre vieille connaissance.

Les policemen du scheriff et le greffier ouvrirent de grands yeux.

Ils ne connaissaient personne parmi ces gens-là.

Mais le scheriff reprit à voix basse :

— Regardez-moi donc ce nègre !

Il montrait l'esclave aux béquilles.

— Vous avez instrumenté, requis et écrit contre ce gaillard-là.

« Il est vrai que, depuis, il a changé de peau et considérablement vieilli.

— Ah ! fit le greffier, j'y suis ; c'est M. Balou...

— Chut, Eveling ! dit le scheriff.

« Figurez-vous que je suis arrivé à temps pour empêcher ce cher ami de faire une bêtise et de se jeter dans la gueule du loup, c'est-à-dire d'Herrera.

« Oui, mon cher Eveling, avec une imprudence qui fait frémir, il avait imaginé d'entrer en prison, comme un nègre condamné pour avoir déjeuné d'une perruche.

« Eh ! eh ! eh !

« C'était bien combiné.

« Quelle imagination il a ce bon, ce délicieux Touche...

— Chut ! fit à son tour M. Balouzet effrayé.

— Quel déguisement ! disait l'impitoyable scheriff.

« La lèvre lippue, grossie par des piqûres corrosives, les cheveux blanchis, le dos voûté, tout un maquillage d'acteur !

« Eh ! eh ! eh !

« On voulait voir sa Juanita, combiner un enlèvement !

« Mais, malheureux, vous vous perdiez !

Eveling secoua la tête :

— Oui, perdu ! fit-il. Il était perdu sans vous, scheriff.

— Heureusement, reprit le scheriff, que j'attendais votre arrivée, Touche, Ba... mon ami, veux-je dire.

« Oui, c'était prévu !

« J'avais parié que vous feriez quelque tentative de cette sorte.

« Alors, pour vous sauver des espions d'Herrera qui vous guettaient, j'ai chaque jour et chaque nuit, inventé des moyens de les détourner de leur faction.

« A cette heure, tenez, ils sont tous, vous entendez, tous, non loin d'ici, dans un enclos, où se livrent des combats de coqs.

« Il n'y a pas un Espagnol capable de résister à cet attrait-là, non pas un.

« Par conséquent, personne ne nous a remarqués, sinon la concierge de la prison...

— Elle était achetée, dit laconiquement le jeune homme qui avait joué le rôle de maître.

— Très-bien ! fit le scheriff.

« Vous ne parlez pas souvent, senor, mais vous dites des choses agréables à entendre.

« Je conclus qu'aucun ennemi n'a remarqué notre dangereuse comédie.

« Sur ce, M. Balouzet étant mon prisonnier à moi, je vous engage fortement, vous autres, à filer.

— Mais...

— Oh ! pas un mot.

« Touche-Toujours me connaît et il sait que je vous donne un bon conseil.

« Le combat de coqs va finir...

— Allez ! ordonna M. Balouzet à ses amis qui lui serrèrent la main et prirent congé de lui, non sans inquiétude.

Quand ils furent partis, M. Balouzet dit au scheriff :

— Ce brave jeune homme vient de risquer sa tête pour moi.

« Je vous remercie, scheriff, de le laisser aller, lui et ses gens, en liberté, sans rien exiger ; je reconnaîtrai ce bon procédé.

« Maintenant laissez-moi vous demander comment vous en êtes venu à vous occuper de mes affaires ?

« Je ne peux pourtant pas me figurer que vous soyez au service d'Herrera.

— Non, senor.

« Non, je ne suis pas au service de cet Espagnol.

« Vous êtes accusé de vol sur le territoire des États-Unis.

« J'ai un mandat d'amener contre vous et je puis obtenir l'extradition.

« Mais vous préférerez sans doute transiger, et je vous propose de quitter ce lieu qui est malsain pour venir conférer dans mon domicile.

« Ce sera plus sûr.

« Sortez après moi avec vos béquilles, sans avoir l'air de rien.

« Eveling va vous suivre ; moi, je vous précéderai.

« Inutile de vous recommander de ne pas chercher à vous échapper.

« Vite !

« Je ne souhaite pas faire la rencontre des agents d'Herrera.

M. Balouzet était si bien pris qu'il n'avait aucune protestation à faire ; le temps n'était pas propre aux explications : il fallait se hâter.

On fila.

CHAPITRE LXXIV

Entrevue.

M. Balouzet était un homme trop intelligent et trop prudent pour chercher à fuir.

Il connaissait son monde et il savait le scheriff, son greffier, les agents, capables de déjouer toute tentative de sa part pour recouvrer sa liberté.

Donc il suivit fidèlement son guide, non sans se laisser aller à des réflexions fâcheuses.

On arriva.

Le scheriff avait été assez fin pour se loger dans une dépendance du consulat américain.

La maison d'un consul ou d'un ambassadeur, par une fiction de la loi internationale, est considérée comme bâtie sur un sol appartenant à la nation qu'il représente.

Le consul américain, là où il loge, est sur terre américaine.

Ce terrain est inviolable.

Pour en retirer un des nationaux, qui s'y est réfugié, il faut procéder par voie d'extradition, comme si l'accusé était dans le pays même que représente le consul.

Une fois la porte de la maison occupée par le scheriff franchie, M. Balouzet se trouvait *légalement* hors portée des atteintes d'Herrera.

Pour le prendre, il eût fallu faire violer la maison consulaire ; mais c'est un cas de guerre, et Herrera ne s'y serait pas exposé, les Etats-Unis ne demandant qu'un prétexte pour s'emparer de Cuba.

M. Balouzet ignorait qu'il fût chez le consul.

Le scheriff se garda bien d'en avertir son prisonnier ; il l'installa sur un grand fauteuil dans le salon et lui dit :

— Ici Touche-Toujours, nous voilà chez nous.

« Parlons à notre aise.

« Nul ne nous écoute.

« Voulez-vous déjeuner ?

— Ma foi, dit M. Balouzet, ce n'est pas de refus.

« Mais vous avouerez, scheriff, que vos procédés à mon égard sont vraiment peu loyaux...

— Chut... mon ami !... chut !... fit le scheriff.

« Pas d'injures !

« N'aggravez pas votre situation ; mon greffier est là qui écrit tout, vous le savez.

Et après avoir commandé à l'un de ses hommes d'aller chercher de quoi luncher, le scheriff reprit :

— Je dois vous avouer, Touche-Toujours, que je vous trouve d'une imprudence folle.

« Pourquoi diable vous exposer ainsi !

« Sans moi vous tombiez aux mains d'Herrera.

— Je crois bien que oui ! dit M. Balouzet. Mais il fallait que je fisse mon devoir.

« Juanita était prise ; déjà elle avait été délivrée à San Ignatio par un jeune capitaine nommé Sacripan qui m'avait devancé.

« Vous comprenez bien, scheriff, que je ne pouvais, cette fois, laisser cet officier sauver encore ma future.

— Hein !

« Votre future ! fit le scheriff, simulant l'étonnement.

— Oui ! dit Balouzet.

— Vous voulez l'épouser ?

— Certainement.

Le scheriff, gravement à son greffier, dit d'une voix lente :

— Écrivez, Eveling, l'aveu de Touche-Toujours.

« Il médite d'être bigame !

— Moi !

« Ma femme est morte !

— Qu'en savez-vous ? riposta le greffier.

« Avez-vous reçu son acte mortuaire par hasard ?

« Tant que cette mort n'est pas bien et dûment constatée, vous êtes marié, gentleman ; vous ne pouvez, vous ne devez pas contracter une autre union.

— Mais, je ferai venir de France les papiers mortuaires, dit M. Balouzet.

Un sourire échangé entre le scheriff et le greffier l'inquiéta prodigieusement et il demanda :

— Est-ce que, par malheur, ma femme serait vivante ?...

— Nous n'en sommes pas à causer de cette honorable lady ! dit le scheriff.

« Parlons de votre fiancée.

« Avez-vous réfléchi, Touche-Toujours, qu'elle est bien jeune et que vous êtes d'un âge plus que mûr ?

— Monsieur...

— Ne vous fâchez pas.

« Je constate un fait.

« D'un côté le printemps, de l'autre, je ne dirai pas l'hiver, mais la fin de l'automne ; d'une part le feu, de l'autre, sinon la glace, au moins la gelée blanche, puisque vos cheveux grisonnent.

« Voyons, Touche-Toujours, rentrez en vous-même.

« Vous avez abusé de l'ignorance d'une fillette prenant pour de l'amour la reconnaissance et l'admiration qu'elle vouait à un héros.

« Vous êtes honnête, au fond, quoiqu'un peu vaniteux.

« Laissez-moi vous demander ce que vous feriez, s'il vous était prouvé que cette jeune fille ne vous aime plus, qu'elle a vu clair dans son cœur, qu'elle en aime un autre !

« Oseriez-vous, homme généreux et chevaleresque, profiter du silence magnanime de cette enfant pour l'épouser quand même.

— Monsieur, s'écria M. Balouzet vexé, vous descendez dans ma conscience, vous vous y promenez avec des bottes ferrées, vous foulez aux pieds les sentiments les plus sacrés, vous...

— Permettez, Touche-Toujours...

« Faire des phrases à grand tralala, ce n'est pas répondre.

« Oui ou non (notre conduite dépendra de votre réponse), oui ou non, étant donnée la situation hypothétique que je décrivais, cette jeune fille ne vous aimant plus et n'osant vous le dire, oui ou non, l'épouseriez-vous quand même ?

— Non, certes ! fit M. Balouzet ; mais je suis sûr de Juanita.

« Elle m'adore...

« Elle...

En ce moment, bon merle comme tout bon Américain, le greffier siffla entre ses dents :

Souvent femme varie.
Bien fol est qui s'y fie.

Les hommes du scheriff, tous accoutumés à siffler en chœur, pendant leurs longues expéditions, ne purent s'empêcher de répondre au signal de leur chef d'attaque ; ils accompagnèrent ce motif charmant de fioritures et d'arabesques, si bien que M. Balouzet qui avait déjà été berné et bernetté, lors de sa première capture, sur l'air des *Gendarmes* de Nadaud, le fut cette fois, sur cette charmante fantaisie musicale.

Le scheriff lui-même, homme grave, mais mélomane, lança les notes claires et perlées de son hautbois naturel dans ce concert et s'y distingua par des trilles qu'un rossignol n'aurait pas désavoués.

En même temps, il tendait à M. Balouzet la lettre de Leone.

Celui-ci, décontenancé, surpris au plus haut point, irrité, humilié, bafoué, mais impuissant, lut la déclaration du martyr de la veille, dont le sang chaud fumait encore sur le terrain de l'exécution.

Cette lettre commençait ainsi :

« En face de la mort... »

Il n'y avait pas à douter, à biaiser, à s'illusionner.

Leone citait l'exemple de sa sœur, si malheureuse, expliquait son intervention en cette affaire et révélait les aveux arrachés à Juanita.

M. Balouzet était atterré.

Tout à coup, il se redressa :

— Je vous défends, s'écria-t-il, de vous moquer de moi plus longtemps en sifflant ainsi.

— Prenez garde! dit le scheriff, vous criez bien haut, Touche-Toujours!

« Si l'on vous entendait dans la rue, ce serait dangereux.

— Peu m'importe!

« Et la preuve...

Il se précipita vers la fenêtre.

— Qu'allez-vous faire? demanda le scheriff en l'arrêtant.

— Jeter mon nom aux passants! dit résolument M. Balouzet.

« On m'arrêtera, Herrera me fera fusiller; mais du moins il ne me sifflera pas des scrinades aux oreilles et il me respectera.

— Combien peu vous êtes amateur de musique!

« Voyons, causons.

— Causons, soit!

« Mais plus d'impertinences.

— Eh! qui songe à vous offenser! vous! un ami!

— Une victime, vous voulez dire?

— Tenez, Touche-Toujours, vous vous méprenez sur notre compte.

« On voulait :

« 1° Vous sauver d'Herrera.

« 2° Vous empêcher de bigamer.

« Car... votre... femme... existe!...

— Vivante!.. s'écria M. Balouzet.

« Lady Bernett!...

— Oui, mon cher...

— Elle...

En ce moment la porte du salon s'ouvrit et madame Balouzet en grande toilette, plumes de la coiffure au vent, dentelles étalées, toutes voiles de grande toilette gonflées, ridicule plus que jamais, prétentieuse, sentimentale, couperosée, se précipita vers M. Balouzet en s'écriant :

— Ernest, mon ange, me voici, je te pardonne, je...

Mais à la vue d'un vieux nègre fort laid elle demanda :

— Qu'est-ce que c'est que ça?

— Votre mari... dit le scheriff.

— Ça... Ernest!

M. Balouzet indigné s'écria :

— Pas tant de dédain, madame!

« Ce n'est pas moi qui cours après vous!

— Aoh! s'écria lady Bernett, c'est bien sa voix!

— Et c'est bien lui, dit le scheriff.

— Mais, demanda lady Bernett, il est non-seulement devenu noir comme un nègre; de plus sa lèvre est lippue et ses cheveux crêpent. Est-ce qu'il doit rester toujours ainsi?

En ce moment, M. Balouzet eut une lueur d'espoir.

Serrant la main du scheriff, il lui dit à voix basse :

— Sur l'honneur, je double votre prime, vous devez avoir une prime, si vous me laissez faire.

Puis tout haut :

— Hélas! fit-il, je suis affreux et malheureusement ça ne fera que croître et enlaidir.

« Le pharmacien qui m'a vendu une drogue pour me négrifier ainsi, a forcé les doses.

« Je suis atteint d'une maladie épouvantable : l'éléphantiasis qui est comme l'érysipèle à sa vingtième puissance.

« La peau des blancs noircit et pèle, pèle, pèle tout en gonflant.

« Celle des noirs blanchit au contraire.

« Ce qu'il y a de déplorable, c'est que c'est contagieux.

« Personne, avant six mois, quand la maladie aura eu tout son développement, ne voudra me soigner.

« Mais vous voilà!

« Vous m'aimez!

« Bénie soit mon épouse, sainte femme qui ne m'abandonne pas dans mon malheur.

« Plus heureux que Job, j'aurai une main délicate pour panser mes ulcères.

« Dans mes bras, ma chérie...

Madame Balouzet, voyant son mari s'avancer pour la presser sur son cœur, s'écria :

— Ne m'approchez pas.

Mais, lui, avec indignation, s'écria :

— Vous me repoussez!

— Je ne vous reconnais pas! dit résolument lady Bernett.

— Scheriff, je vous somme de forcer cette femme à m'obéir.

« Je suis son légitime époux, je...

— Jamais je n'ai épousé un nègre ! dit lady Bernett.

« Vous n'êtes qu'un aventurier qui veut se faire passer pour feu mon mari.

« Je démasquerai votre imposture.

Puis au scheriff :

— J'ai à vous parler.

Le scheriff ne se fit pas prier.

Une fois dans la salle voisine, lady Bernett dit avec désespoir :

— Suis-je assez malheureuse, Seigneur, mon Dieu !

« Autant je désirais le retrouver, autant je voudrais le fuir.

— Voulez-vous doubler la prime ? demanda le scheriff, et jamais vous n'en entendrez plus parler.

— Soit !

« Qu'allez-vous faire ?

— Il va être établi une pièce par Eveling, constatant que vous ne reconnaissez pas plus cet homme, qu'il ne se reconnaît lui-même ; il signera, vous aussi.

« Dès lors, vous serez libres tous les deux.

— Faites cela, scheriff.

« Faites vite !

Puis avec découragement :

— Un si bel homme !

« Et j'étais sur le point de le reconquérir !

« C'est une fatale maladie que cet éléphantiasis.

— Fatale et mortelle ! dit le scheriff d'un air convaincu.

— Et contagieuse ! ajouta lady Bernett avec un haut le corps.

— Je vais faire préparer la pièce, dit le scheriff.

« Veuillez, m'attendre, mylady.

Et il rentra dans le salon.

— Eh ! eh ! fit-il en serrant la main de M. Balouzet ; ça va comme sur des roulettes, cher ami.

« Nos conventions tiennent toujours, n'est-ce pas ?

— Serai-je sérieusement et à jamais débarrassé de cette femme ? demanda M. Balouzet.

— Vous allez en juger ! dit le scheriff en souriant.

Et à Eveling :

— Écrivez !

Il dicta rapidement une formule qui satisfit amplement M. Balouzet dont l'œil se dilata au fur et à mesure que les mots tombaient des lèvres du scheriff.

Celui-ci, ayant terminé, dit à son greffier :

— Copiez une quadruple expédition mon bon Eveling.

Puis à M. Balouzet.

— Êtes-vous content ?

— Ravi.

« On ne saurait jamais payer trop cher le bonheur d'être enfin, à tout jamais, par un bon acte en due forme, hors des griffes de ce monstre.

« Je resterai nègre toute ma vie, s'il le faut, pour ne pas lui donner le droit de revenir sur sa décision.

— Il est en effet indispensable que vous restiez du plus beau noir ! dit le scheriff ; sinon elle déclarera qu'ayant renié un nègre, elle a le droit de réclamer un blanc. Ce serait logique.

— Vous avez raison.

« Aussi soyez tranquille, j'ai une provision de lotions qui n'est pas près d'être épuisée.

« Je resterai noir jusqu'à la mort authentique de lady Bernett.

— Mais, dit le scheriff, jamais vous ne pourrez être aimé de cette jolie fille, la señorita Juanita, qui, dit-on, alors que l'on croyait au trépas de lady Bernett, ne vous épousait pas à cause de la couleur.

— Oh ! fit M. Balouzet, avec Juanita, c'est fini.

« Pauvre fille !

« Qu'elle soit heureuse avec ce jeune homme !

« En fait, tout bien pesé, je l'aimais... comme un père.

« Ce n'était pas comme cette gueuse de Louisa, pour qui j'avais réellement une forte toquade.

« Juanita m'inspirait une sorte de respect.

« C'est une déesse.
— Alors vous lui rendez sa parole, Touche-Toujours ?
— Absolument.
— Mettez-vous donc à cette table, mon cher, et faites une petite lettre gentille pour cette pauvre fille.
« Je la lui ferai tenir.
— Volontiers, dit M. Balouzet. Mais je veux la sauver...
— Oh ! fit le scheriff, ne vous mêlez pas de ça, Touche-Toujours.
« Je m'en charge, moi !
« J'ai un plan.
« En voulant vous charger de cette affaire-là, vous pourriez faire manquer tout.
« J'ai juré à Leone de tirer cette jeune fille de là, et j'y ferai tout mon possible.
« Mais... c'est difficile.
— Ce Leone aimait donc Juanita ? demanda M. Balouzet.
— Je crois qu'il avait conçu pour elle une passion subite et ardente.
— Pauvre garçon !
« Enfin, vous me jurez, n'est-ce pas, que je vous entraverais par des tentatives pour la délivrer ?
— Sur l'honneur, Touche-Toujours !
— Eh bien, je m'abstiendrai provisoirement, et si vous échouez, je reprendrai mon idée.
— Très-bien, mon ami.
« C'est d'un cœur généreux.
« Vous écrivez, n'est-ce pas ?
— Oui, à l'instant.
Et avec un soupir :
— C'est une singulière destinée que la mienne.
« Non-seulement ma fiancée change d'amour et me lâche ; mais ma femme, acharnée à me poursuivre jusqu'ici, me repousse tout à coup.
« Oui, vous aviez raison tout à l'heure, mon cher ami...

« *Souvent femme varie !*

Et il se mit à écrire, pendant que le scheriff sifflait tout doucement :

Bien fol est qui s'y fie !

Il continua lentement l'air du bout des lèvres, pendant que les plumes de M. Balouzet et d'Eveling grinçaient sur le papier.
Mais les policemen reprirent l'accompagnement.
Peu à peu, charmés et entraînés par leur propre talent, ils se laissèrent aller à forcer le son et ils déployèrent une telle ardeur que les passants s'arrêtèrent dans la rue, croyant entendre un concert de flûtes.
Eveling ayant terminé les quadruples expéditions de sa déclaration se mit de la partie, et M. Balouzet, sans s'en douter, sifflota aussi tout en écrivant.
Il entra si bien dans le mouvement qu'il signa sa lettre en fredonnant les paroles, et, allant *reforzando*, il termina à pleine voix.
C'était un baryton assez remarquable ; aussi la foule enchantée, applaudit-elle dehors, en même temps que madame Balouzet entr'ouvrant la porte de communication regardait, tout effarée, se demandant ce que signifiait cette musique.
Le scheriff, sans perdre son sang-froid, lui fit signe de se retirer et mit un doigt sur ses lèvres.
Elle s'éloigna, ne sachant ce que cela voulait dire.
— Diable ! fit M. Balouzet, quand elle eut disparu...
« Elle va se délier.
— Signez ! dit le scheriff en présentant les déclarations.
Et quand il eut le paraphe de son client, il alla trouver lady Bernett dans la pièce voisine.
— Victoire ! s'écria-t-il.
« Il a consenti...
— Mais, fit-elle, non sans une certaine défiance, il chantait...
— Comment, mylady, fit le scheriff d'un air étonné, cela vous surprend ?
— Beaucoup...
— Vous n'avez donc pas lu dans la Bible que David, enfant, calmait les fureurs de Saül avec sa harpe ?
— Quel rapport ?...
— Un rapport facile à saisir pour qui sait que les gens atteints d'éléphantiasis sont

sujets à des accès de fureur qu'on apaise tout aussitôt avec un peu de musique.

« Cet homme, repoussé par vous, allait entrer en rage.

« Grâce à nos petits talents de siffleurs, nous l'avons tout doucement amadoué et il a même chanté.

« Vous l'avez entendu.

« Vous souvenez-vous, mylady, de ce mulâtre, dont les jambes étaient grosses comme celles d'un éléphant et qui se tenait, à San-Francisco, tout près du consulat anglais.

— Oui ! dit lady Bernett. Je me le rappelle.

— Il était atteint d'éléphantiasis cet homme, si toutefois un mulâtre est un homme.

« Or il jouait de temps en temps de la clarinette.

« Savez-vous pourquoi ?

— Pour attendrir les passants ?

— Non, mylady.

« Sa cruelle maladie faisait assez pitié, sans qu'il eût à recourir à un instrument criard qui ne pousse pas, avouez-le, à l'attendrissement.

— En effet ! dit lady Bernett, la clarinette ne m'a jamais émue.

— Il en jouait, mylady, ce malheureux mulâtre, quand il sentait venir un accès de colère.

« Immédiatement la crise était conjurée.

— Comme c'est singulier, fit lady Bernett en signant.

« Que de choses on laisse ignorer aux femmes, et qui sont utiles.

« Jamais on ne m'avait parlé de ça.

— Notre métier est de tout connaître ! dit le scheriff en ramassant les expéditions, sauf une qu'il laissa à lady Bernett.

— Et maintenant mylady, reprit-il, veuillez me signer un chèque pour ma prime.

Lady Bernett fit la grimace.

— C'est un peu cher ! dit-elle. Il a cédé bien facilement. Je lui aurais joué un petit air sur ce piano, qu'il aurait consenti...

— Je croyais, dit d'un air sévère le scheriff, qu'une honnête femme, une lady anglaise de haute fortune et de nom illustre, n'avait qu'une parole...

Lady Bernett se pinça les lèvres et s'exécuta.

— Un mot, lui dit le scheriff, en serrant le chèque.

« Silence sur tout ceci.

« Ne dénoncez pas ce malheureux

— Oh ! soyez tranquille. Maintenant je ne demande qu'une chose, c'est qu'il aille mourir où bon lui semblera sans que j'entende jamais parler de lui.

— Son intention est d'entrer dans un hospice d'incurables.

— Très-bien !

« Moi je prends le paquebot et je vais en France.

Puis elle demanda tout à coup :

— Entre nous, scheriff, puis-je me remarier ?

« Ce n'est réellement pas M. Balouzet, ce nègre ?

— Mylady, vous consulterez les avocats français sur ce point...

— C'est que, voyez-vous, à Paris, on est... comment dirai-je ?... on est... galant ! Je suis sûre d'être demandée en mariage.

— Pardon ! c'est votre affaire. Je ne saurais rien vous conseiller à ce sujet sans être indiscret.

« Je mets mes hommages à vos pieds et vous présente mes respectueux adieux.

Il salua et sortit.

Revenu à M. Balouzet, il lui dit :

— Vous voudrez bien sans doute attendre ici le résultat de mes efforts pour sauver la señorita ?

— Oui ! dit M. Balouzet. Et si vous échouez...

— C'est convenu ! vous ferez à votre idée, après moi.

« Installez-vous donc, mettez-vous à votre aise.

« Ici, vous êtes au consulat américain, donc en sûreté.

En ce moment, on entendit des coups de canon en mer.

— Qu'est-ce que c'est que cela ? demanda M. Balouzet.

— Ce sont, dit le scheriff, des navires blindés américains et anglais qui saluent le pavillon espagnol avant d'entrer dans le port.

« Ils viennent annoncer au gouverneur

Une ambulance insurgée.

qu'ils bombarderont la ville, si l'on ne cesse les atroces fusillades de ces jours passés.

« Mais je vous quitte pour aller trouver l'amiral de l'escadre des États-Unis qui arrive.

— Puisque vous allez au port, rendez-moi un service.

« Vous verrez là un brick, de très-fort tonnage, bas sur l'eau, qui s'appelle la *Délivrance*.

— Bien !

« Après ?

— Vous irez trouver le capitaine et vous lui direz que vous venez de ma part, en lui expliquant ma situation.

« Vous ajouterez que c'est vous qui vous chargez d'enlever Juanita.

— Est-ce que ce capitaine devait être pour quelque chose dans votre plan d'évasion ?

— Ce capitaine, mon cher, je puis vous le dire, car étant citoyen des États-Unis, vous devez naturellement souhaiter le triomphe de l'insurrection, ce capitaine est des nôtres.

« Il va s'en aller en France, avec une mission de nous.

« Il était convenu que j'amenais Juanita, sortie de prison, grâce à la geôlière, aux portes de la ville.

« Là, cinquante jeunes gens, des Cubains de Santiago, à nous dévoués, escortaient à cheval, armés jusqu'aux dents, Juanita jusqu'à une certaine petite crique où une barque nous attendait.

« Le brick, de son côté, levait l'ancre et filait vers cette crique où la barque nous menait à son bord

« Le capitaine longeait ensuite la côte, il débarquait sur un point à nous appartenant, prenait un chargement que nous lui confiions, et partait pour la France.

— Mon cher, dit le scheriff, ne changez rien à ces dispositions que je combinerai avec les miennes.

« Je ramènerai ce capitaine et nous nous entendrons tous les trois.

— C'est convenu ! Puissions-nous réussir !

— N'en doutez pas.

Et le scheriff s'en alla avec tout son monde vers les quais.

CHAPITRE LXXV

Délivrance.

Juanita était seule, dans une cellule de la prison où, grâce à la concierge, on l'avait installée aussi bien que possible :

Elle songeait tristement à son avenir brisé, à Sacripan qu'elle aimait, aux fatalités qui pesaient sur elle.

Des larmes roulaient de ses larges cils sur ses joues pâlies.

Elle entendait le pas lent et mesuré d'une sentinelle, se promenant dans le couloir qui longeait la porte de la cellule.

C'était son gardien.

Bientôt elle fut distraite par un bruit de pas et de voix.

On changeait le factionnaire.

Aussitôt que le caporal de pose se fut éloigné, une clef grinça dans la serrure, la porte s'ouvrit et un volontaire catalan vint se précipiter aux genoux de la prisonnière qui reconnut Sacripan.

— Vous ! s'écria-t-elle.

« Ici...

— Oui ! dit-il en couvrant de baisers les mains de la jeune fille.

« Et, dans une heure, à la nuit, nous fuyons !

« La concierge est gagnée ; un habile homme a dépisté tous les agents d'Herrera, en embuscade autour de la prison.

« Depuis longtemps les insurgés ont des hommes à eux parmi les volontaires et le poste qui garde la prison est tout entier dévoué à la cause cubaine.

Loin de partager la joie de Sacripan, Juanita, détourna la tête et se mit à pleurer.

(*Voir* notre gravure page 381.)

— Quoi ! s'écria-t-il, est-ce ainsi que vous accueillez la liberté !

— Qu'en ferai-je ? dit-elle.

— Nous partons pour la France ! dit-il avec feu. Nous nous y marions et après avoir écrit au roi don Alphonse ce que j'ai fait, j'obtiens *l'indulto*, je reprends mon grade, et avant peu, je suis général.

— Mais, malheureux, s'écria-t-elle, ce rêve est impossible, vous le savez bien.

— Ah ! dit-il, j'oubliais.

« Voici une lettre de M. Balouzet ; lisez-la.

Elle lut.

Et quand elle eut terminé, elle dit doucement, d'une voix émue :

— Je ne crois pas qu'il y ait au monde un homme plus généreux que *lui*.

— Et plus vaillant ! dit Sacripan.

Juanita baisa la lettre et la mit dans son sein ; puis elle tendit son front au capitaine qui la prit dans ses bras et l'embrassa avec la belle fureur des premiers élans.

Elle parvint enfin à le calmer et lui demanda ce qui était advenu de lui depuis leur séparation ; il le lui raconta.

Arrivé au point où nous l'avons vu fuir, grâce aux conseils de Ragottier, il dit :

— J'avais échappé aux balles des Indiens qui étaient avec l'agent français, mais je faillis être tué à quelque distance de là.

« Un éclaireur indien, embusqué, me cria d'arrêter.

« Voyant que je filais grand train, il tira et toucha mon cheval qui se cabra et me désarçonna.

« En un instant, l'Indien fut sur moi, le couteau levé.

« Je fus terrassé au moment où je me soulevais, à peine remis de ma chute.

(*Voir* notre gravure, livraison 53, et se rappeler l'erratum inséré dans la livraison 54.)

— Heureusement, continua Sacripan, je pus saisir le bras de mon adversaire, paralyser ses efforts, le retourner, le tenir sous mon genou, lui arracher son arme et le frapper.

« Une heure après j'étais au camp insurgé.

« Deux heures plus tard, je m'embarquais sur un bâtiment contrebandier pour venir vous délivrer.

« Au consulat d'Amérique, où j'allais demander son concours au consul, mon ami, j'eus cette bonne fortune de rencontrer un certain scheriff, en mission ici, qui était tout dévoué pour vous et désespéré de la dénonciation faite par sa cliente contre vous.

« C'est avec lui que nous avons combiné votre délivrance.

« Et maintenant, je vous embrasse encore, puis je vous laisse, jusqu'à ce que la nuit soit venue.

« J'ai jeté, là, derrière vous, un paquet contenant une robe et un voile de la confrérie des Sœurs de Miséricorde.

« Vous sortirez avec la concierge et vous monterez en voiture ; je serai, moi, déguisé en cocher, et je vous conduirai hors la ville.

— Mon Dieu ! s'écria-t-elle, si nous réussissons, ce sera trop de bonheur.

Ils échangèrent encore un long baiser ; puis il la laissa s'habiller.

Un quart d'heure à peine s'était écoulé que la concierge entrait chez Juanita, la prenait par la main, et, la conduisant à travers les couloirs, puis dans la cour, lui ouvrait la porte de la prison, sans que personne fît l'ombre d'une observation.

La voiture, enlevée par deux chevaux vigoureux que conduisait Sacripan, emporta la fugitive.

Aux portes de la ville, elle trouva son escorte de cavaliers, tous masqués et armés ; parmi eux M. Balouzet.

Avec eux, elle arriva sur la grève.
(*Voir* notre gravure, page 37.)

Là, M. Balouzet, elle et Sacripan, s'embarquèrent ; tandis que les jeunes gens se dispersaient, pour aller se reformer à dix lieues de là et y composer le noyau du fameux escadron des *Chevaliers de l'Ombre*, qui combattent toujours masqués.

Le canot gagna le large ; une fois en mer, Juanita se jeta aux genoux de M. Balouzet pour le remercier.

Celui-ci, confus, lui dit fort galamment :

— Ma chère enfant, vous n'êtes pas une jeune fille, mais une déesse, une Diane, une Junon. Notre place à tous est à vos pieds. Vraiment je vous voyais trop belle et vous respectais trop pour être amoureux de vous, autrement qu'on l'est d'une admirable statue, représentant une divinité mythologique.

Et il trouva mille choses aimables à dire.

Vers deux heures du matin on aperçut les feux du brick ; bientôt après on était à son bord.

C'était un maître brick qui avait pour capitaine un petit homme d'un aspect cacochyme, mais dont les yeux terribles donnaient beaucoup à penser.

— Je vous présente le capitaine Sacripan et sa fiancée, lui dit M. Balouzet.

Et à la jeune fille :

— Je vous présente, señora, vous qui vous connaissez en héros, le meilleur corsaire de l'Amérique, le capitaine Carter, le seul homme capable de succéder à Leone ; il a usé sa vie et sa santé au service de toutes les nobles causes.

Sacripan serra vivement les mains de ce marin dont la réputation était immense.

Il savait à quel grand homme de mer il avait affaire ; il n'ignorait pas de plus que, depuis la mort de Mazzini, Carter était devenu le chef de toutes les sociétés secrètes qui couvrent le monde et l'agitent en vue d'assurer partout le triomphe de la Révolution. Le grand conspirateur, qui connaissait Sacripan, lui fit le meilleur accueil.

On mit toutes voiles dehors et *la Délivrance* fila vent arrière pendant toute la nuit.

Le lendemain on était en vue d'une petite rade naturelle où le brick jeta l'ancre.

Vingt canots rassemblés attendaient l'arrivée du navire.

Ils lui apportèrent un chargement complet qui dura toute la journée et toute la nuit.

Pendant ce temps, Juanita revit les héros et les héroïnes de ce long récit qui lui apportèrent leurs félicitations.

Theresa, qui avait retrouvé Pancho, Robinson, Vendredi, Oreilles-d'Argent et cent autres.

Le vieux sacristain lui-même, qui avait accompagné, avec sa mère, Theresa dans son voyage, profita de la circonstance pour placer un petit sermon émaillé de latin.

Enfin M. Balouzet, quand le chargement fut fini, fit ses derniers adieux aux jeunes gens.

Il était profondément troublé.

Si troublé, qu'il laissa échapper un secret.

Juanita, qui était femme et curieuse, lui demanda :

— Que contiennent donc ces caisses que l'on a embarquées ?

— Ma chère enfant, dit-il, ce sont tous les bijoux, toutes les parures, tous les châles, toutes les dentelles des femmes cubaines qui sacrifient, toutes sans exception, leur luxe de toilette à la cause de l'insurrection.

« Le capitaine va négocier ces valeurs en Europe, et il nous rapportera deux ou trois millions de francs et un état-major d'officiers très-distingués.

« Silence là-dessus.

« Si ce terrible capitaine Carter se doutait que je vous ai dit cela, il m'en voudrait.

« Mais je ne sais pas résister à un désir de vous.

Et sur ce mot galant, il partit...

Le brick leva l'ancre, il livra ses longues voiles au vent et emporta les fugitifs.

. . , ...

Longtemps M. Balouzet, sur le rivage, contempla le navire qui emportait Juanita.

Vers le soir, Choquart, enchanté de voir son oncle libre de tout engagement, vint l'arracher à ses regrets.

— Il y a bataille cette nuit, mon oncle, dit-il. En êtes-vous ?

— Si j'en suis !... s'écria M. Balouzet en serrant les poings.

Et il sauta en selle.

Le lendemain matin, à la tête des flibustiers, il emportait trois redoutes espagnoles et gagnait la plus grande bataille que l'on eût livrée jusqu'alors.

En arrivant en Europe, Juanita fut saluée par un télégramme lui annonçant cette belle victoire.

Elle murmura :

— Oui, décidément, c'est un héros.

M. Balouzet retrouvait en gloire ce qu'il perdait en amour.

CONCLUSION.

La Délivrance arriva sans accident au Havre. Sacripan et Juanita se marièrent, et grâce à don Bourbon de Navarre, le jeune capitaine fut bientôt réintégré dans son grade. Il a beaucoup contribué à vaincre les carlistes et il est aujourd'hui colonel.

Juanita est certainement la plus belle marquise de la cour de Madrid ; car Sacripan, marié, vient enfin d'accepter que son père le reconnût, et que, du consentement du roi, il lui conférât un de ses titres.

M. Balouzet continue, avec Choquart et ses flibustiers, à se battre en héros ; l'avenir seul nous apprendra s'ils triompheront.

Quant au brick *la Délivrance*, à son chargement et au mystérieux chef qui le commandait, nos lecteurs sauront ce qu'il en advint, en lisant l'œuvre dont nous lui offrons aujourd'hui la première livraison.

Dans ce drame, un des plus effrayants de l'histoire contemporaine, ils retrouveront plusieurs héros des *Millions du Trappeur* et ils liront avec intérêt, nous l'espérons, des explications curieuses sur les créations fantastiques et les prodigieux effets de mirage auxquels les Vaudoux savent donner l'apparence de la réalité.

Puisse notre publication nouvelle obtenir le même succès que celle-ci. Nous l'espérons, car jamais nous n'aurons raconté aventure réelle plus palpitante, plus extraordinaire ; les scènes qui se déroulent, au pays des singes, offrent surtout l'attrait puissant de *l'authenticité.*

FIN

TABLE DES CHAPITRES

PREMIER ÉPISODE
LONG-COUTEAU

PREMIÈRE PARTIE
LE TROU-DES-TRÉPASSÉS

	Pages.
Chap. Ier. — Où le lecteur fait connaissance avec Courtes-Pattes et Poil-de-Bouc.	3
II. — Le secret de l'île des Trépassés.	7
III. — Ce que pensaient les espions sur le chêne.	10
IV. — Un Auvergnat dans la Prairie.	10
V. — Comment Courtes-Pattes comptait s'y prendre pour partager avec Long-Couteau.	18
Chap. VI. — Beau garçon dans les roseaux et jolies filles au bain.	21
VII. — Au feu !	28
VIII. — La bande des Manteaux-Rouges	31
IX. — Le fils de Long-Couteau.	38
X. — Cœur de lion, cœur de père.	45
XI. — L'embuscade.	50
XII. — Janoé et Bouton-l'Or.	53
XIII. — Noces et festins.	56
XIV. — L'abîme.	58
XV. — Le trésor.	60

DEUXIÈME PARTIE
LES MANTEAUX-ROUGES

Chap. Ier. — Miss Jane.	61
II. — M. Balouzet.	67
III. — Un chasseur de bêtes féroces en chambre.	70
IV. — Le naufrage.	77
V. — Elle et Lui.	88
VI. — Lui et Elle.	96
VII. — Honteux comme un renard qu'une poule aurait pris.	106
VIII. — Un lever de soleil.	114
IX. — L'ours de M. Balouzet.	128
X. — Le jaguar.	133
XI. — La bande du Gentleman.	135
XII. — La grotte.	147
XIII. — Le Soleil-d'Or.	154
XIV. — La décadence d'une tribu.	162
XV. — Scène de famille.	166
XVI. — Le blocus.	168
XVII. — Une mort stoïque.	172
Ch. XVIII. — La course au trépas.	177
XIX. — Une idée d'Auvergnat.	180
XX. — La charge.	183
XXI. — La torture.	186
XXII. — Double perte !	188
XXIII. — Intervention mystérieuse.	190
XXIV. — Complot.	195
XXV. — Tentative d'évasion.	197
XXVI. — Un drame souterrain.	201
XXVII. — Vol et meurtre.	211
XXVIII. — La faim.	211
XXIX. — Suppositions.	213
XXX. — Sens et volonté.	215
XXXI. — La mine.	222
XXXII. — La fin de la faim.	223
XXXIII. — Le coup de mine.	226
XXXIV. — D'outre-tombe.	230
XXXV. — En marche pour San-Francisco.	231

DEUXIÈME ÉPISODE

LE ROI DES AVENTURIERS

LE CHEF INCONNU

Chap.		Pages
Ier.	— Le neveu de M. Balouzet...	4
II.	— Révélations...	11
III.	— Père et fille...	17
IV.	— Départ...	20
V.	— Le révérend...	22
VI.	— Un coup de tête...	27
VII.	— Fâcheuse rencontre...	30
VIII.	— Fausse chasse...	31
IX.	— L'homme propose et la femme dispose...	35
X.	— Déception...	39
XI.	— Le message...	40
XII.	— Encore une idée de Robinson...	43
XIII.	— Une trahison...	44
XIV.	— Une nouvelle ruse de Robinson.	46
XV.	— Péril renaissant...	55
XVI.	— Capture...	56
XVII.	— Le bûcher...	60
XVIII.	— L'assemblée des sachems...	63
XIX.	— L'amour et l'or...	68
XX.	— Splendeurs...	70
XXI.	— Le défilé des Squelettes...	72
XXII.	— Coup de filet...	74
XXIII.	— Entrevue...	77
Ch. XXIV.	— Le châtiment...	91
XXV.	— Le duel...	99
XXVI.	— La nuit de noces...	111
XXVII.	— Le pari...	124
XXVIII.	— Un nid d'amour...	127
XXIX.	— Le manteau brûlé...	131
XXX.	— Le courrier...	142
XXXI.	— M. Balouzet parjure...	148
XXXII.	— En fuite...	153
XXXIII.	— Pincé!	160
XXXIV.	— Transaction...	165
XXXV.	— Dernières dispositions avant le sacrifice...	168
XXXVI.	— Viendra-t-il?...	171
XXXVII.	— A côté du bonheur...	176
XXXVIII.	— M. Balouzet montre son caractère...	188
XXXIX.	— Une partie invraisemblable...	190
XL.	— Le mariage...	200
XLI.	— Le lendemain de noces...	227
XLII.	— Bon teint!...	231
XLIII.	— Entrevue. — Les deux pères.	235
XLIV.	— Les deux martyrs...	236
XLV.	— Encore vierge!	243

TROISIÈME ÉPISODE

LE MORNE AUX GÉANTS

		Pages.
Chap. Ier.	— Le monstre et la jolie femme.	1
II.	— Chez le gouverneur.	8
III.	— Les recrues.	12
IV.	— Esclave!	22
V.	— Coup de fouet.	30
VI.	— Le bivac des chasseurs d'esclaves.	38
VII.	— Femme et femme.	48
VIII.	— La logique de la passion.	49
IX.	— Hyène et panthère.	51
X.	— Hyène et chacal.	56
XI.	— Manqués!	58
XII.	— Étrange entrevue.	60
XIII.	— Les Vaudoux.	63
XIV.	— Le capitaine Sacripan.	70
XV.	— Brûlée vive!	78
XVI.	— Vengeance de femme.	83
XVII.	— L'assaut.	88
XVIII.	— Capitulation.	97
XIX.	— L'aiguille indicatrice.	111
XX.	— L'armée.	121
XXI.	— L'in pace.	127
XXII.	— Une histoire d'amour.	138
XXIII.	— Plan de campagne.	143
XXIV.	— Un ingénu.	148
XXV.	— Bataille de dames.	150
XXVI.	— Il est beau.	155
XXVII.	— Le bazar ambulant.	161
XXVIII.	— Le Matador.	168
XXIX.	— La course au taureau.	171
XXX.	— Triomphe d'Ali!	198
XXXI.	— Le Virginius.	202
XXXII.	— La folle.	211
XXXIII.	— Dans le torrent.	224
Chap. XXXIV.	— Premières amours.	228
XXXV.	— Vengeance.	240
XXXVI.	— Un médaillon.	243
XXXVII.	— Le siége héroïque.	250
XXXVIII.	— Bourbon-Navarro.	270
XXXIX.	— Combat de nuit.	273
XL.	— L'infanterie.	280
XLI.	— Un dénoûment.	306
XLII.	— Le châtiment.	308
XLIII.	— Les bons parents.	310
XLIV.	— Ce qui advint d'Agnès.	315
XLV.	— Les caïmans.	316
XLVI.	— Au camp.	320
XLVII.	— Les scorpions.	332
XLVIII.	— En marche.	348
XLIX.	— Et la mer montait toujours.	353
L.	— L'enlèvement d'une sentinelle.	354
LI.	— Péripéties.	358
LII.	— A la nage.	360
LIII.	— Cherchez la femme.	362
LIV.	— L'agent français.	364
LV.	— Les recherches.	369
LVI.	— Découverte.	371
LVII.	— Violences.	374
LVIII.	— La bataille.	378
LIX.	— Le cas de Bison-Cornu.	379
LX.	— Le cas de Bison-Cornu (Suite).	382
LXI.	— A bord.	387
LXII.	— Voyage.	390
LXIII.	— Le scheriff.	392
LXIV.	— Capture.	393
LXV.	— Résurrection.	396

	Pages.		Pages.
Chap. LXVI. — A l'eau, les canards!...	400	Chap. LXXIII. — Le scheriffet le vieux nègre qui mangeait des perruches.	427
LXVII. — Massacre.	403		
LXVIII. — Le père Anselme.	408	LXXIV. — Entrevue.	431
LXIX. — Les deniers de Judas.	412	LXXV. — Délivrance.	438
LXX. —	413	Conclusion.	440
LXXI. — Les exécutions.	417		
LXXII. — Le bal.	419		

FIN DE LA TABLE DES CHAPITRES.

Clichy. — Imp. Paul Dupont, rue du Bac-d'Asnières, 12.

Aventures périlleuses d'un marin français dans la Nouvelle-Guinée. — *CHATIMENT DES CRIMINELS*

www.ingramcontent.com/pod-product-compliance
Lightning Source LLC
Chambersburg PA
CBHW070851300426
44113CB00008B/801